스펄전설교전집
욥기

스펄전설교전집 07

스펄전설교전집 욥기

역자 + 박문재

크리스찬
다이제스트

국립중앙도서관 출판시도서목록(CIP)

스펄전설교전집. 07, 욥기 / [저자: Charles
Haddon Spurgeon] ; 역자: 박문재. -- 고양 : 크
리스챤다이제스트, 2014
    p. ;   cm

원표제: Treasury of the Bible
원저자명: Charles Haddon Spurgeon
영어 원작을 한국어로 번역
ISBN 978-89-447-2207-3 94230 : ₩25000
ISBN 978-89-447-2200-4 (세트) 94230

설교집[說教集]
기독교[基督敎]
욥기[--記]

235.2-KDC5
252-DDC21   CIP2014023409

차례

■　　욥　　기

욥
기

제
1
장
—

성도들을 주시하고 있는 사탄

—

"여호와께서 사탄에게 이르시되
네가 내 종 욥을 주의하여 보았느냐." — 욥 1:8

　이 세상에서는 어떤 일이 언제 어떻게 일어날지 알 수 없고, 모든 일들이 너무나 불확실합니다! 그러므로 자신의 보화를 천국이 아닌 다른 곳에 쌓아 두는 신자는 정말 어리석은 자입니다. 욥의 형통은 달이 뜨고 지는 것만큼이나 영원할 것 같았습니다. 그에게는 충성스럽고 헌신된 많은 종들이 있었고, 그 가치가 갑자기 떨어질 염려가 없는 부를 축적해 두고 있었으며, 소와 나귀를 비롯한 가축 떼들도 무수히 많았습니다. 그는 먹을 것과 입을 것을 얻기 위해서 물물교환을 하러 시장이나 저잣거리에 갈 필요가 없었습니다. 왜냐하면, 그는 자신의 소유지에서 농사를 대규모로 지었던 까닭에, 그의 권속이 먹는 데 필요한 모든 것들이 자신의 소유지에서 생산되었을 것이기 때문입니다. 또한, 그에게는 자녀들도 많아서, 오랫동안 대가 끊어질 염려도 없어 보였습니다. 그의 형통이 계속해서 이어지는 것을 가로막을 것은 아무것도 없었습니다. 그의 형통은 만조(滿潮)를 이루고 있었는데, 그 형통이 썰물처럼 빠져나가게 만들 수 있었던 원인은 어디에 있었습니까?

　사람들의 눈이 닿을 수 없는 구름 위의 저 높은 곳에서 욥의 형통을 무너뜨리게 될 불길한 장면이 연출되고 있었습니다. 악의 영인 사탄이 무한히 선하신 영이신 하나님 앞에 섰고, 둘 사이에서는 아주 이례적인 대화가 오고갔습니다.

하나님께서 이 "악한 자"에게 무엇을 하고 다녔느냐고 물으셨을 때, 그는 자기가 "땅을 두루 돌아 여기저기 다녀왔다"(1:7)고 자랑하였는데, 이것은 자기가 온 땅을 자기 마음대로 휘저으며 돌아다녀도, 그런 그를 방해하거나 저항하는 사람은 아무도 없었다고 뻐기는 말이었습니다. 즉, 사탄은 자신의 영지를 그 어떤 방해나 도전도 받지 않은 채로 순시하는 왕처럼 의기양양하게 온 땅을 돌아다녔다고 말한 것입니다. 그러자 크신 하나님께서는 그에게 인간 세상 중에서 그가 장악하지 못하여서 그의 권세가 통하지 않는 곳이 적어도 한 곳이 있는데, 그 곳이 바로 욥의 심령이라는 것을 상기시켜 주셨습니다. 하나님은 그에게 하늘의 왕의 소유인 난공불락의 한 요새, 흠 없고 고결한 신앙과 완벽한 충성심으로 무장된 요새 같이 견고히 서 있는 한 사람이 있다고 말씀하셨습니다. "악한 자"는 여호와의 말씀을 믿지 못하겠다고 도전하여, 자기가 직접 욥이 과연 신실하고 충성된 지를 시험해 보겠다고 제안하면서, 욥이라는 족장이 고결한 신앙을 지키고 있는 것은 다 하나님이 그를 형통하게 하셨기 때문이라고 말하였습니다. 즉, 사탄은 욥이 하나님을 섬기는 것이 자기에게 이익이 되기 때문에, 그런 악하고 음흉한 동기에서 악을 피하고 하나님을 섬겨 온 것이라고 주장한 것입니다. 하늘의 하나님께서는 "악한 자"의 도전을 받아들이셔서, 그에게 그가 욥의 흠 없고 고결한 신앙의 동기이자 지주라고 주장하였던 것, 곧 하나님이 욥에게 주신 모든 은혜들을 다 제거해서, 그의 신앙의 모든 보루들이자 버팀목들로 보이는 것들을 다 허물어 버려도, 과연 욥의 신앙이라는 망루가 외부의 보루나 버팀목들 없이도 오로지 자체적인 힘만으로 견고히 서 있을 수 있는지를 시험해 보아도 좋다고 허락하셨습니다. 그 결과, 욥의 모든 부는 하루아침에 다 와르르 무너져 내렸고, 욥을 위로해 줄 자녀 한 명도 그에게 남아 있지 않게 되었습니다. 여호와와 그의 타락한 천사 간에 두 번째 면담이 이루어졌고, 둘 사이의 대화 주제는 이번에도 욥이었습니다. 크신 하나님께서는 다시 한 번 사탄의 도전을 받아들이셔서, 왕 같은 욥이 거지 중의 거지가 될 때까지 욥의 "뼈와 살을 쳐도" 좋다고 허락하셨습니다. 부유하고 행복하였던 욥은 졸지에 가진 것을 다 잃고 알거지가 되었고, "그의 발바닥에서 정수리까지 종기"가 나서, 고통을 조금이라도 줄여보려고, "질그릇 조각을 가져다가 몸을 긁는" 비참한 모습으로 전락하고 말았습니다 (2:5-8).

우리는 욥에게 일어난 이러한 일들 속에서 이 땅에서의 모든 일들이 얼마나 허망하고 덧없는지를 깨달아야 합니다. "여호와께서 그 터를 바다 위에 세우심이여 강들 위에 건설하셨도다"(시 24:2)라는 것이 이 세상에 대한 다윗의 묘사입니다. 하나님께서 이 세상을 "바다 위에" 세우셨다면, 이 세상이 늘 변하는 것을 이상하게 생각할 이유가 없지 않겠습니까? 별들 아래에 있는 것은 그 어떤 것이라도 의지하지 마십시오. 세상 만물의 이마에는 "늘 변함"이라는 글귀가 씌어 있다는 것을 기억하십시오. 그러므로 "내 산은 견고하니 절대로 요동하지 않을 것이다"라고 말하지 마십시오. 여러분의 산은 여호와의 눈빛 한 번에 무너져 내려서 먼지가 되고, 여호와의 발걸음 한 번에 옛적의 시내 산처럼 밀랍 같이 녹아 내려서 온통 연기만 자욱하게 될 것이니까요. "그리스도께서 하나님 우편에 앉아 계시는 … 위의 것을 생각하고"(골 3:1-2), "좀과 동록이 해하지 못하며 도둑이 구멍을 뚫지도 못하고 도둑질도 못하는"(마 6:19) 곳에 여러분의 마음을 두시고, 거기에 보물을 쌓아 두십시오. 여기에서 베르나르(Bernard)의 말은 우리에게 의미심장합니다: "참되고 큰 기쁨은 피조물로부터 오는 것이 아니라, 창조주로부터 온다. 그런 기쁨은 여러분이 한 번 소유하게 되면 결코 빼앗길 수 없다. 이 기쁨에 비하면, 다른 모든 기쁨은 괴로움이자 근심들이고, 다른 모든 달콤한 것들은 쓰디쓴 것들이며, 다른 모든 영광은 비루한 것들이고, 다른 모든 유쾌한 것들은 야비한 것들일 뿐이다."

　　하지만 이것은 이 아침에 우리가 다룰 주제가 아니고, 단지 우리의 주된 주제에 대한 서론일 뿐입니다. "네가 내 종 욥을 주의하여 보았느냐"는 여호와께서 사탄에게 하신 말씀입니다. 우리가 첫 번째로 살펴볼 것은 어떤 의미에서 악한 영 사탄이 하나님의 백성을 주시하고 있다고 말할 수 있느냐 하는 것입니다. 둘째로, 우리는 사탄이 성도들을 주시한다는 것이 무엇이냐 하는 것을 살펴보겠습니다. 셋째로, 사탄보다 훨씬 위에 계시는 분이 더 깊은 의미에서 우리를 주시하고 계신다는 사실이 우리에게 위로가 된다는 것입니다.

1. 첫째로, 어떤 의미에서 사탄은
하나님의 백성을 주시하고 있다고 하는 것입니까?

　　그것은 분명히 "주의하여 보다"라는 단어가 "여호와여 나의 고통을 보소서"(시 9:13), "여호와여 나의 심정을 헤아려 주소서"(시 5:1), "가난한 자를 보살피는 자에게 복이 있음이여"(시 41:1) 등과 같은 본문들에서 사용되었을 때의 의미, 즉

이 단어가 성경에서 통상적으로 지니는 의미는 아닙니다. 그런 본문들에서 사용되었을 때, 이 단어는 선의를 가지고서 어떻게 하면 가장 지혜롭게 은총을 베풀 것인가를 생각하며 은혜 베풀 대상을 면밀하게 살핀다는 뉘앙스를 지닙니다. 그런 의미에서 사탄은 절대로 다른 존재를 "주의하여 보고" 헤아릴 수 없습니다. 사탄이 너그럽게 베풀고자 하는 마음이 있다면, 오직 자기 자신만이 그 대상이 될 수 있을 뿐입니다. 그가 다른 대상들을 "주의하여 보는" 것은 모두가 지극히 악의적인 것입니다. 한밤중 같이 어두운 그의 마음에서는 유성의 불꽃처럼 잠깐 나타났다가 사라지는 그런 선의조차도 존재하지 않습니다. 우리는 하나님의 지혜와 사랑과 인자하심에 관한 교훈을 얻기 위해서 하나님이 행하신 일들을 "주의하여 보지만," 사탄은 우리가 하나님이 지으신 존재들이기 때문에 주시하는 것이 아닙니다. 그는 하나님께 존귀와 영광을 돌리기 위하여, 하나님이 행하신 일들이나 하나님의 백성을 주시하는 것이 아닙니다. "개미에게 가서 그가 하는 것을 보고 지혜를 얻으라"(잠 6:6)는 말은 사탄에게 통하지 않습니다. 그는 그리스도인들에게 가서, 그들이 행하는 것들을 "주의하여 보고," 어리석게도 이전보다 더 하나님의 원수가 됩니다. 사탄이 하나님의 성도들을 주시하는 것은 이런 식입니다. 즉, 그는 그들이 자기와 다른 것을 "주의하여 보고" 놀랍니다. 배신자는 자신의 마음이 철저히 악하고 검다는 것을 알기 때문에, 다른 사람들이 신실하다는 것을 믿지 않을 수 없게 되면 놀라고 당혹해하지 않을 수 없게 됩니다. 속이는 마음의 첫 번째 지지대는 사람은 누구나 다 근본적으로는 자기와 똑같이 속이는 자들이라는 믿음입니다. 배신자는 모든 사람이 자기와 같이 배신자들이기 때문에, 신의를 지키는 것보다 배신하는 것이 자기에게 더 큰 이득을 가져다주기만 한다면, 누구나 다 배신자가 될 수밖에 없다고 생각합니다. 사탄은 그리스도인들을 보고서, 그들이 하나님과 진리의 말씀에 신실하다는 것을 발견하게 되면, 그들을 어리석은 자들이라고 경멸하는 가운데, 마치 우리가 어떤 낯선 현상을 볼 때처럼 그들을 "주의하여 보고," 어떻게 그들이 그런 식으로 행할 수 있는지를 의아해하며 놀라워합니다. 그는 속으로 이렇게 생각합니다: "하나님의 궁정에서 열리는 조회에 참석할 수 있는 나 같은 대단한 존재도 여호와 앞에서 충성을 다하고자 하지 않는다. 나는 천국에서 신하로 섬기는 것보다 지옥에서 왕이 되어 다스리는 것이 더 낫다고 생각하였다. 나는 하나님이 처음에 내게 준 본분을 지키지 않아서, 내 보좌로부터 떨어졌다. 그런데 그들은 어째서 자신들의 본분을 지키고 있고, 어떤 은혜를 받았기에 충성을 다하고 있는 것인가? 나는 금그릇이었지만, 부서져 버렸다. 그들은 '질그릇' 인데도, 나는 그들을 부술 수 없다. 나는 하나님이 내게 준 복과 영광으로도 만족할 수 없어 하나님을 배신하였는데, 그들은 도대체 얼마나 큰 은혜를 받았기에, 지극히 가난하고 이름 없이 살며 박해를 받는데도, 자신들에게 별로 해준 것도 없는 하나님께 충성을 다하고 있는 것인가?' 또한, 사탄은 그리스도인들이 누리는 행복을 보고서도 의아해합니다. 그는 자기 속에서 고뇌의 바다가 펄펄 끓고 있는 것을 느낍니다. 그의 심령속에는 그 깊이를 헤아릴 수 없는 고통과 고뇌의 심연이 자리 잡고 있는데, 그가 보는 신자들의 심령은 고요하고, 평안과 행복이 충만하며, 외적으로 기뻐해야 할 일이 없는데도, 늘 기쁨과 빛이 차고 넘칩니다. 사탄은 온 세상을 두루 다니며, 큰 권세를 얻습니다. 이 세상에는 그를 충성스럽게 따르는 추종자들이 많기 때문입니다. 그렇지만 그에게는 초라한 초가집에서 거느리는 종도 없고 이름도 없지만 연약함의 침상 위에서 두 다리 쭉 뻗고 자는 영혼들이 누리는 그런 행복이 없습니다. 그는 신자들의 심령을 지배하고 있는 평강을 동경하면서도 미워합니다.

사탄이 그리스도인들을 "주의하여 보는" 것은 단지 위에서 말한 그런 이유 때문만은 아닙니다. 거기에서 한 걸음 더 나아가서, 그는 그들에게서 어떤 결함이나 잘못을 찾아내서 스스로 위안을 삼고 위로받기 위해서 그들을 주시합니다. 사탄은 속으로 이렇게 말합니다: "그들은 순전하지 않아. 주께서 피로 사신 이 자들, 창세 전부터 택함 받은 이 자들은 여전히 범죄하고 있어! 영광의 성자께서 자신의 머리를 숙이시고 자신의 목숨을 내어 주셔서, 그들로 하여금 하나님의 자녀들이 되게 하셨는데도, 그들은 여전히 주를 거역하고 있어!' 하나님의 백성들을 "주의하여 보고" 있다가 그들의 은밀한 죄들을 찾아내었을 때, 그는 너무나 좋고 기뻐서 얼굴에 웃음을 가득 띠우고 웃습니다. 그는 그들 속에서 그들의 신앙 고백과 일치하지 않는 것들, 자기와 같이 속이는 것들을 조금이라도 발견해 내면, 너무나 좋아합니다. 신자들의 심령 속에 있는 각각의 죄들은 사탄에게 "내 아버지! 내 아버지!"라고 소리쳐대고, 사탄은 자기를 꼭 빼닮은 자녀를 보는 아비의 심정처럼 그 추악한 피붙이들을 보며 기쁨을 느낍니다. 그는 그리스도인들 속에서 자신의 피붙이인 "옛 사람"(롬 6:6)이 신자들의 심령 속에서 자신의 자리를 끈질기게 유지하고, 그 심령들을 장악하기 위해서 아주 격렬하게 싸우며, 그때그때마다 온갖 교활한 술수들을 요령 있게 써서 자신의 힘을 확장하는 모습을 보면서 흐뭇해합니다. 그는 우리의 죄악된 육체를 "주의하여 보는" 것을 아주 좋아해서, 마치 자기가 가장 재미있어 하는 책들 중의 하나인 양 우리의 죄악된 육체를 제대로 읽어내기 위해서 부지런히 탐독합니다. 마귀가 가장 보기 좋아하는 광경들 중의 하나는 하나님의 참된 자녀 속에서 발견되는 위선과 추악함입니다. 그는 하나님의 참된 종인 욥을 "주의하여" 보았지만, 욥에게서 그런 것들을 찾아낼 수 없었습니다.

이것은 사탄이 그리스도인들을 "주의하여 보는" 목적의 전부가 아니라 단지 시작에 불과합니다. 그는 하나님의 백성, 특히 그들 중에서 뛰어나고 탁월한 그리스도인들을 자신의 나라를 확장하는 일에 큰 장애물들이라고 본다는 것은 의심의 여지가 없습니다. 철도를 놓고자 하는 기술자의 눈이 산들과 강들, 특히 거기에 터널을 뚫으려면 몇 년 간의 힘든 노동이 필요한 큰 산에 거의 고정되어 있다시피 하는 것과 마찬가지로, 사탄은 세상을 지배하고자 하는 자신의 다양한 계획들을 들여다볼 때에 가장 "주의하여 보는" 것은 바로 욥과 같은 인물들입니다. 사탄은 마르틴 루터(Martin Luther)를 정말 눈여겨보았을 것임에 틀림없습니다: "저 수도사가 없다면, 내가 온 세상을 호령할 수 있을 텐데. 그가 내 길을 가로막는구나. 저 고집불통이 나의 장자인 교황을 미워하고 사정없이 공격을 해대니, 내가 그를 제거할 수만 있다면, 다른 오만 명의 성도들이 내 길을 가로막는다고 하여도, 나는 눈 하나 깜짝하지 않을 수 있어." 그는 다른 신자들과는 달리 특출 났던 욥과 같은 하나님의 종이 혹시나 어디에 숨어 있는 것은 아닌지를 살펴보기 위해서, 성도들을 "주의하여 보고" 있는 것이 분명합니다. 우리 중에서 목회 사역으로 부르심을 받은 사람들은 우리의 직분으로 인해서 사탄이 특별히 주시하는 대상들이 되어 있을 것임을 알아야 합니다. 저 무시무시한 싸움꾼인 사탄의 눈에 망원경이 있다면, 그는 자기 부하들에게 적군인 우리 중에서 장교들을 찾아내라고 명한 후에, 스스로 망원경을 통해서 그 사실을 확인한 다음에, 저격수들에게 그 장교들을 겨냥하여 아주 조심해서 사살하라고 명령할 것은 뻔한 노릇입니다. "지휘관을 죽이면, 적들은 뿔뿔이 흩어져 도망갈 것이고, 우리는 쉽게 승리를 거두게 될 것"이라는 것을 사탄은 잘 알고 있기 때문입니다. 여러분이 다른 성도들보다 더 너그럽고 관용하며, 하나님을 더 가까이 하며 살아간다면, 마치 새들이 가장 잘 익은 열매들이 있는 나무를 노리듯이, 사탄은 여러분을 표적으로 삼아

서 집중적으로 공격할 것입니다. 온통 돌과 바위들로 뒤덮여 있거나, 땅 전체가
얼어붙어 있고 주변 바다들도 다 얼어붙어 있는 그런 지역을 차지하려고 다투는
사람이 누가 있겠습니까? 그러나 곡식들이 아주 잘 자라고, 농부가 자신의 흘린
땀에 대하여 차고 넘치는 보상을 받을 수 있는 비옥한 곡창지대는 서로 차지하
기 위해서 늘 치열한 다툼이 일어날 수밖에 없습니다. 따라서 여러분이 하나님
을 지극히 높이는 사람들이라면, 사탄은 아주 혹독하고 끈질기게 여러분에게 싸
움을 걸어올 것입니다. 그는 하나님의 면류관에 박혀 있는 보석들을 할 수만 있
다면 뽑아내 버리고, 구속주의 흉패로부터 거기에 박혀 있는 보석들을 빼내 버
리고자 합니다. 그래서 그는 하나님의 백성들을 "주의하여 보고" 있습니다. 그는
그들이 자신의 통치에 대한 장애물들이라는 것을 알기 때문에, 그들을 제거하거
나 자기편으로 만드는 방법들 생각해 냅니다. 만일 그렇게 해서 그가 빛들을 다
꺼버릴 수 있게 된다면, 온 세상에는 어둠이 뒤덮이게 될 것입니다. 만일 그가 산
꼭대기에 있는 한 줌의 알곡을 없애 버릴 수 있다면, "레바논 같이 흔들릴" 그런
"열매"는 하나도 없게 될 것입니다(시 72:16). 따라서 그는 신실한 자들을 "주의
하여" 보고서, 그들로 하여금 사람들 가운데서 넘어지게 하기 위하여, 늘 골똘히
궁리합니다.

　　사탄이 하나님의 백성을 유심히 살피는 주된 목적은 그들에게 해악을 가하기 위한
것이라는 사실을 아는 데에는 그리 큰 지혜가 필요하지 않습니다. 나는 하나님
께서 진정으로 택하시고 주의 피로 사신 생명의 상속자들을 사탄이 멸망시키고
자 한다고 생각하는 것은 조금 무리가 있다고 봅니다. 내 생각은 사탄은 아주 지
혜롭고 영악해서 그런 식으로 순진한 생각을 하지 않는다는 것입니다. 그는 하
나님의 백성들을 공격했다가 낭패를 당한 적이 한두 번이 아니었기 때문에, 자
기가 하나님의 택함 받은 자들을 멸망시킬 수 있을 것이라는 생각을 하는 것은
거의 불가능합니다. 하만과 친분이 두터웠던 점쟁이들이 그에게 한 말을 기억해
보십시오: "모르드개가 과연 유다 사람의 후손이면 당신이 그 앞에서 굴욕을 당
하기 시작하였으니 능히 그를 이기지 못하고 분명히 그 앞에 엎드러지리이다"
(에 6:13). 사탄은 이 땅에는 자기가 싸워 보아야 아무 소용이 없는 왕의 자손들
이 있다는 것을 아주 잘 알고 있습니다. 따라서 그는 어떤 영혼이 하나님의 택함
받은 자임을 절대적으로 확신할 수 있을 때에는, 그 영혼을 괴롭히고 욕보이려
고 하기는 하겠지만, 멸망시키려 애씀으로써 자신의 시간을 쓸데없이 낭비하고

자 하지는 않습니다. 하지만 사탄은 우리와 마찬가지로 누가 하나님의 택함 받은 자들인지를 알지 못할 가능성이 아주 큽니다. 그도 우리와 마찬가지로 외적인 행위들을 보고서 판단할 수 있을 뿐입니다. 그러나 사탄에게는 우리가 오랜 경험을 통해서 판단하는 것보다 더 정확한 판단을 할 수 있고, 우리가 볼 수 없는 지극히 사적인 영역들에서 사람들이 무슨 짓을 하는지를 볼 수 있는 이점이 있습니다. 하지만 하나님의 비밀한 작정하심들이 기록되어 있는 책은 그의 음흉한 눈으로도 결코 엿볼 수 없습니다. 어쨌든 사탄도 우리와 마찬가지로 열매를 보고서 어떤 사람이 하나님의 택함 받은 자인지의 여부를 압니다. 우리가 종종 잘못 판단하는 것과 마찬가지로, 사탄도 그렇습니다. 따라서 사탄은 자기가 어떤 사람을 공격해야 성공할 수 있는지를 알지 못하기 때문에, 모든 신자들을 다 무차별적으로 공격해서 멸망시킨다는 방침을 세우고서, 온 땅을 두루 다니며 삼킬 자를 찾습니다. 그는 자기가 누구를 삼킬 수 있는지를 알지 못하기 때문에, 하나님의 백성이라면 누구든지 격렬하게 공격합니다. 어떤 사람은 "마귀는 혼자인데, 어떻게 혼자서 그런 일을 할 수 있습니까?"라고 말합니다. 사탄은 혼자 그 일을 하는 것이 아닙니다. 여러분 중에서 사탄에 의해서 직접 시험을 받은 분들이 얼마나 되는지는 모르지만, 사탄으로부터 직접 시험을 받을 만한 사람들은 얼마 되지 않습니다. 그 대신에, 사탄의 휘하에는 그가 부리는 무수한 졸개 영들이 있습니다. 로마 백부장이 자기 자신에 대하여 말한 것은 사탄에게도 그대로 적용될 수 있습니다: "이더러 가라 하면 가고 저더러 오라 하면 오고 내 종더러 이것을 하라 하면 하나이다"(눅 7:8). 이렇게 정도 차이는 있지만, 하나님의 모든 종들은 영혼들의 원수인 저 사탄의 직간접적인 공격 아래 있고, 사탄이 그들을 공격하는 것은 멸망시키기 위한 것입니다. 사탄은 "할 수만 있으면 택하신 자들도 미혹하고자"(마 24:24) 하고, 멸망시킬 수 없는 경우에는 어떻게든 괴롭히고자 합니다. 사탄은 하나님의 백성들이 행복해하는 모습을 보고 싶어 하지 않습니다. 마귀는 목회자가 의심과 두려움과 근심과 낙심하는 것이 하나님의 백성임을 보여주는 증거들이라고 역설하는 설교를 하는 것을 보면 무척 기뻐할 것이라고 나는 믿습니다. 그럴 때에 마귀는 이렇게 말합니다: "그래, 계속해서 그렇게만 설교해라! 너는 내가 해야 할 일을 나 대신에 잘하고 있어. 나는 하나님의 백성들이 슬퍼하는 모습을 보고 싶거든. 내가 그들로 하여금 수금을 버드나무에 걸어 놓고 불쌍한 얼굴을 하고 돌아다니게 만들 수 있다면, 나는 내가 할 일을 아주 완벽하게 해낸 것이라고 생각해." 나의 사랑하는 친구들이여, 겉으로는 우리를 낮아지게 만드는 것 같지만 사실은 우리를 불신앙으로 이끄는 것을 목표로 하는 저 교묘한 시험들을 조심하십시오. 우리 하나님께서는 우리가 의심하고 불신하는 것을 기뻐하지 않으십니다. 하나님께서 자신의 사랑하는 아들 예수를 우리에게 선물로 주심으로써 우리에 대한 자신의 사랑을 의심할 여지 없이 확증하셨다는 사실을 기억하십시오. 그러므로 여러분 속에서 일어나는 온갖 의심들과 추측들을 추방하고, 요동하지 않는 믿음 안에서 기뻐하십시오. 하나님께서는 기쁨으로 예배하는 자들을 기뻐하십니다. "오라 우리가 여호와께 노래하며 우리의 구원의 반석을 향하여 즐거이 외치자"(시 95:1). "너희 의인들아 여호와를 기뻐하며 즐거워할지어다 마음이 정직한 너희들아 다 즐거이 외칠지어다"(시 32:11). "주 안에서 항상 기뻐하라 내가 다시 말하노니 기뻐하라"(빌 4:4). 사탄은 이것을 좋아하지 않습니다. 마르틴 루터는 "우리가 시편의 찬송들을 노래해서, 마귀를 괴롭혀 줍시다"라는 말을 자주 했다고 합니다. 나는 마르틴 루터의 말이 꽤 일리가 있다는 것을 의심하지 않습니다. 왜냐하면, 불화를 좋아하는 저 마귀는 신자들이 한마음으로 기쁘게 찬송을 드리는 것을 미워하기 때문입니다. 사랑하는 형제들이여, 우리의 원수 중의 원수인 저 마귀는 우리를 내세에서 괴롭힐 수 없는 경우에는 현세에서 우리를 비참하게 만들고 싶어 합니다. 물론, 그가 우리에게 이렇게 하고자 하는 것은 하나님의 존귀하심에 타격을 가하기 위한 것입니다. 그는 슬퍼하는 그리스도인들은 종종 하나님의 신실하심을 불신함으로써 하나님을 욕보인다는 것을 잘 알고 있습니다. 그는 우리를 괴롭혀서, 우리로 하여금 하나님의 신실하심과 선하심을 더 이상 믿지 않도록 만들 수 있다면, 하나님이 자기 백성들로부터 찬송을 받으시지 못하게 되실 것이라고 생각합니다. 하나님께서는 "감사로 제사를 드리는 자가 나를 영화롭게 하나니"(시 50:23)라고 말씀하십니다. 그래서 사탄은 우리에게 의심과 불신을 심어 주어 근본적으로 찬송을 드리지 못하게 함으로써, 하나님께서 영광을 받으시지 못하게 하는 것입니다.

또한, 사탄은 어떤 그리스도인을 멸망시킬 수 없을 때에는, 그 사람이 하나님으로부터 쓰임을 받을 수 없도록 방해하는 방법을 써 왔습니다. 많은 신자들이 넘어졌습니다. 그러나 그들의 목을 부러뜨려 놓는 것은 불가능하였기 때문에, 사탄은 그들에게 중요한 어떤 뼈를 부러뜨려서, 그들로 하여금 불구의 상태로 일생을 살다가 무덤에 들어가게 만들었습니다. 기억하기도 싫은 일이지만, 교회에서 한때 아주 중요했던 인물들이 경주를 잘 해오다가, 어느 날 갑자기 강력한 시험을 받고 죄에 빠져서, 그들의 이름이 교회에서 자취를 감추게 되었고, 분노 없이는 그들의 이름이 언급될 수 없었던 경우가 종종 있어 왔습니다. 모든 사람들은 그들이 "불 가운데서 받은 것" 같기는 하겠지만 어쨌든 "구원을 받을" 것이라 생각하고(고전 3:15), 그렇게 되기를 바랐지만, 다시 그들이 이전처럼 교회에서 쓰임을 받아 성도들에게 유익을 끼칠 수 없다는 것은 분명했습니다. 천국을 향한 순례길에서 되돌아가는 것은 아주 쉽지만, 되돌아갔다가 다시 돌아오는 것은 너무나 어렵습니다. 여러분이 잘못된 길로 들어서고, 여러분이 들고 있던 등불을 꺼뜨리는 것은 순식간이지만, 등불에 다시 불을 붙이는 것은 그렇게 빨리 되지 않습니다. 주 안에서 사랑하는 친구들이여, 사탄의 공격을 조심하고 견고히 서십시오. 왜냐하면, 하나님의 집의 기둥들인 여러분은 우리에게 아주 소중한 분들이어서, 우리는 여러분을 잃고 싶지 않기 때문입니다. 우리는 여러분을 우리 중에서 아버지 또는 여주인 같은 분들로 존경하고 있는데, 우리의 대적들이 "아, 대단하군, 우리가 해냈어"라고 기뻐 소리치는 것을 보며, 슬퍼하고 마음 아파하고 싶지 않습니다. 왜냐하면, 할례 받지 않은 자들의 딸들이 기뻐하고 블레셋 사람들의 아들들이 의기양양해하지 못하도록, 우리가 가드에서 말하지 않아야 하고, 아스글론의 길거리에서 공포하지 않아야 할 일들이 우리의 시온에서 많이 일어나 왔기 때문입니다. 오, 하나님이여, 당신의 교회에 은혜를 내려 주셔서, 우리로 하여금 사탄의 술수와 공격들에 맞서 견고히 서게 하심으로써, 사탄이 자신의 최선을 다하여 온갖 악랄한 공격을 다 감행한 후에도 아무런 소득도 얻지 못해서, 우리를 거듭거듭 유심히 "주의하여 보고" 또 보아도, 우리의 망대와 보루가 너무나 견고해서, 자신의 공성퇴로는 우리의 성벽을 무너뜨릴 수 없고, 자신이 던진 물맷돌로는 성벽 위의 군사를 단 한 명도 죽일 수 없다는 것을 깨닫고서, 물러나지 않을 수 없게 해주시기를 빕니다.

이 대지를 끝내기 전에, 내가 한 가지 말하고 싶은 것은 "악한 자가 이렇게 하나님의 백성을 끈질기게 악의적으로 주의하여 보는 것을 하나님께서 허락하시는 이유는 도대체 무엇입니까?"라고 묻는 분들이 아마도 있으리라는 것입니다. 물론, 이 질문에 대한 한 가지 대답은, 하나님은 무엇이 자신의 영광을 위한 것인지를 아시고, 자신이 하시는 일들에 대해서 사람들에게 설명해 주시지 않는다는 것, 그리고 하나님이 사탄을 멸하신다는 것은 그가 자유의지를 허락하시고, 어떤 신비한 이유로 인해서 악의 존재를 허용하신 것과 모순된다는 것입니다. 하나님께서는 죄와 거룩함, 하나님의 은혜와 교활함 간의 공정한 백병전이 되게 하시기 위하여, 사탄에게 권세를 주십니다. 또한, 우리는 사탄의 의도와는 달리 그의 시험들은 하나님의 백성에게 유익이 된다는 것을 기억하여야 합니다. 프랑수아 페넬롱(Francois Fenelon, 주후 1651-1715년, 프랑스의 로마 가톨릭 대주교)은 사탄의 시험들은 자부심이라는 녹을 제거하기 위한 공구인 줄이라고 말합니다. 나는 사탄의 시험들은 보초로 하여금 계속해서 깨어 있을 수밖에 없게 하는 소름끼치는 소리들이라는 말을 덧붙이고 싶습니다. 경건한 자들은 자신의 경험을 토대로 해서, 이 세상에서 신자들에게 시험이 없다면, 그것이 가장 혹독한 시험이 될 것이라고 말합니다. 왜냐하면, 우리는 시험을 받아야 계속해서 깨어 있을 수 있기 때문입니다. 시험이 없다면, 우리의 마음은 잠들고 싶어 하지 않아도, 우리의 육신이 연약해서, 결국 우리는 잠들어 버리게 됩니다. 자녀들은 큰 개가 자기 앞에서 무섭게 짖어댈 때에는 아버지를 꼭 붙들고서 그 곁을 떠나려고 하지 않습니다. 마귀가 우리를 삼키려고 으르렁댈 때, 우리는 그리스도께로 더 가까이 나아가게 되고, 우리의 연약함을 알게 되며, 우리 심령의 망루에서 더 눈에 불을 켜고 살피게 되어서, 결국 죄악들로부터 우리 자신을 지켜 나갈 수 있게 됩니다. "근신하라 깨어라 너희 대적 마귀가 우는 사자 같이 두루 다니며 삼킬 자를 찾나니"(벧전 5:8). 따라서 다른 사람들을 돌보는 위치에 있는 우리는 여러분에게 "형제들이여, 우리를 위해 기도해 주시오"라고 간절하게 부탁을 할 수밖에 없습니다. 우리는 사탄이 특별히 요주의인물로 선정해서 아주 "주의하여 보고" 있는 대상들이기 때문에, 하나님의 권능으로 보호받게 해 달라고 기도해 주십시오. 우리가 끝까지 깨어 있기 위해서는, 여러분의 신실한 기도로 말미암아 우리가 깊은 은혜 가운데서 부요해져야 합니다.

2. 둘째로, 사탄이 하나님의 백성을 해치기 위해서 "주의하여 본다"는 것은 무엇입니까?

하나님은 우리를 온전히 아시지만, 사탄은 그렇지 못합니다. 그러나 사탄은 지금까지 6천 년 동안이나 이 타락한 가련한 인류를 다루어 왔기 때문에, 그 기간 동안에 아주 방대한 경험을 축적해 왔을 것임에 틀림없습니다. 그는 온 땅을 두루 다니며, 지극히 높은 자들로부터 아주 비천한 자들에 이르기까지 모든 사람들을 망라해서 시험을 해 왔기 때문에, 사람들의 행위의 원천들이 무엇이고, 그 원천들을 어떻게 다루어야 하는지를 아주 잘 알고 있을 것입니다. 사탄은 무엇보다도 먼저 우리의 특히 연약한 부분들을 "주의하여 보고" 주시합니다. 마치 말을 거래하는 상인들이 말을 위아래로 이리저리 살펴보듯이, 사탄은 그런 식으로 우리를 살펴보고서, 우리의 약점이나 결함이 어디에 있는지를 금방 찾아냅니다. 나는 말에 대해서 잘 모르는 문외한이지만, 말이 길을 오르락내리락 하며 달리는 모습을 보면, 그 말이 정말 좋은 말인지 그렇지 않은지를 어느 정도 알 수 있습니다. 그러나 말을 전문적으로 거래하는 사람들은 내가 보지 못하는 것들을 보고, 바로 그런 부분들에서 말을 점검해 보고서, 그 말에게서 우리가 보지 못했던 숨겨진 결함들을 금방 찾아냅니다. 사탄은 우리를 어떻게 살펴보아야 하는지를 알기 때문에, 우리의 머리부터 발끝까지를 살펴본 후에, "이 사람의 약점은 정욕이군"이라거나, "저 사람은 성질이 급한 것이 약점이군"이라거나, "그는 교만해"라거나, "그는 게을러"라고 말할 수 있습니다. 악의에 가득 찬 눈은 약점을 찾아내는 데 아주 빠르고, 증오의 손은 그 약점을 이용하는 데 빠릅니다. 최고의 정탐꾼인 사탄은 우리의 성벽에서 약한 곳을 찾아내면, 즉시 공성퇴(攻城槌)를 동원해서 그곳을 무너뜨리기 시작합니다. 여러분은 자신의 약점을 여러분의 절친한 친구에게는 숨길 수 있어도, 여러분의 철천지원수인 사탄에게는 숨길 수 없습니다. 사탄은 살쾡이의 눈을 가지고 있어서, 여러분이 입고 있는 갑옷의 이음새가 어디인지를 순식간에 탐지해 냅니다. 여러분은 자신의 심령의 모든 화약을 다 완벽하게 숨겨 놓았다고 생각할지라도, 사탄은 횃불을 들고서 여러분의 심령의 이곳저곳을 두루 다니면서, 화약이 숨겨진 곳의 틈새를 찾아내어, 거기에 횃불을 던져 넣어서 폭발하게 만들 수 있습니다. 만일 하나님께서 자신의 영원하신 긍휼하심으로 그 일을 미리 막아 주시지 않으신다면, 여러분은 사탄의 그러한 공격으로 인해서 큰 재앙을 당하게 될 것입니다.

또한, 사탄은 우리의 체질과 심령 상태를 "주의하여" 봅니다. 우리는 마귀가 우리를 공격한다고 해도, 우리가 그와 싸워서 넉넉히 이길 수 있는 그런 마음 상태에 있는 때가 있습니다. 마귀는 그것을 알기 때문에, 그런 때에는 우리와 싸우는 것을 피합니다. 어떤 사람들은 괴롭고 힘들어서 마음이 눌리고 낙심될 때에 시험에 빠지기가 더 쉽습니다. 그러므로 사탄은 그런 때에 그 사람들을 공격합니다. 어떤 사람들은 기쁨에 충만해서 희희낙락할 때에 불이 붙기 쉽습니다. 그러므로 사탄은 그런 때를 놓치지 않고, 시험의 불이 잘 타들어갈 그들의 마음에 불을 붙입니다. 어떤 사람들은 몹시 화가 나서 어쩔 줄 몰라 할 때에 아무 말이라도 내뱉어 버립니다. 어떤 사람들은 자신의 심령이 지극히 고요하고 잔잔한 물 같을 때, 마귀의 배가 그곳을 휘젓고 다니며 노닐기 좋은 상태가 됩니다. 금속을 다루는 노동자들은 이 금속은 몇 도에서, 저 금속은 몇 도에서 벼려야 하는지를 압니다. 화학물질들을 다루는 사람들은 이 액체는 어떤 온도에서 끓고, 저 액체의 비등점은 이 액체의 경우보다 훨씬 더 낮다는 것을 압니다. 마찬가지로, 사탄도 우리를 정확히 몇 도에서 벼려야 자신의 목적을 이룰 수 있는지를 압니다. 작은 냄비는 불 위에 올려놓자마자 끓듯이, 성질이 급한 소인배들은 화를 잘 냅니다. 더 큰 그릇을 끓이려면, 더 많은 시간과 숯이 필요하지만, 일단 끓으면 쉽게 식지 않습니다. 원수 마귀는 어부처럼 자기가 잡을 물고기를 잘 살핀 후에, 자신의 먹잇감이 될 물고기에 맞는 미끼를 준비합니다. 그는 어느 계절과 어느 때에 물고기들이 미끼를 잘 무는지를 압니다. 이 영혼의 사냥꾼은 부지불식간에 우리에게 다가오고, 흔히 우리는 방심하고 있다가 덫에 걸리거나 실수를 하게 됩니다. 기가 막히게 좋은 금언들을 많이 쓴 토머스 스펜서(Thomas Spencer)의 책을 보면, 우리가 지금 얘기하고 있는 것과 딱 들어맞는 다음과 같은 글이 나옵니다: "풀 위에 누워 있다가 파리나 메뚜기를 잡아 먹는 카멜레온은 풀과 같은 색을 하고 있고, 폴립(polypus)은 물고기가 아무런 의심 없이 자기에게 마음 놓고 다가올 수 있도록 하기 위하여, 바위 색깔을 하고서 그 아래에 숨어 있습니다. 마찬가지로, 사탄은 우리가 그가 쳐놓은 덫 속으로 순순히 걸려들게 하기 위하여, 우리가 두려워하지 않을 모습으로 변장하고서, 우리의 본성이 아주 좋아하는 것들을 미끼로 사용하여 우리에게 접근합니다. 그는 바람이 되어서, 우리의 연약한 본성으로 말미암아 우리가 끌리기 쉬운 방식으로 우리에게 불어옵니다. 신앙의 일들에 대한 우리의 지식이 부족합니까? 사탄은 우리를 잘못된 길로 가도록 시험합니다. 우리 마음이 약합니까? 사탄은 우리가 지나치게 예민하고 꼼꼼하게 따지도록 시험합니다. 태양이 움직이는 궤도인 황도처럼 우리의 마음이 어느 정도는 규율에서 조금씩 벗어나는 것을 용납하는 성향을 지니고 있습니까? 사탄은 우리로 하여금 육체의 자유를 누리도록 시험합니다. 우리가 뻣뻣스러운 성격을 지니고 있습니까? 사탄은 우리가 주제넘고 교만하도록 시험합니다. 우리가 소심하고 겁이 많아서 남을 잘 믿지 않는 성격을 지니고 있습니까? 사탄은 우리로 하여금 절망하도록 시험합니다. 우리가 융통성 있는 성향을 지니고 있습니까? 사탄은 우리가 자유분방한 삶을 살도록 시험합니다. 우리가 융통성이 없습니까? 사탄은 우리를 완고한 이단이나 분열주의자, 또는 반기를 드는 자로 만들려고 애씁니다. 우리가 엄격한 기질을 가지고 있습니까? 사탄은 우리가 잔인하게 행하도록 시험합니다. 우리는 부드럽고 온유합니까? 사탄은 우리가 감정에 사로잡혀서 어리석은 동정을 베풀도록 시험합니다. 우리는 신앙 문제에 있어서 뜨겁습니까? 사탄은 우리가 맹목적인 열심과 미신을 갖도록 시험합니다. 우리가 냉정합니까? 사탄은 우리가 라오디게아 교회처럼 "미지근하여 뜨겁지도 아니하고 차지도 아니하도록"(계 3:16) 시험합니다. 이런 식으로 사탄은 우리를 덫에 걸리게 하기 위해서, 이런저런 방식으로 우리에게 맞춰서 덫을 놓습니다.

또한, 사탄은 사람들 가운데 있을 때에 우리가 어떻게 하는지를 "주의하여" 봅니다. 혼자 있을 때에 아주 쉽게 시험에 빠지는 사람들은 얼마 되지 않습니다. 그런 사람들은 마음에 큰 근심이 있어서 무거울 때에 아주 무서운 죄들을 짓게 될 수 있습니다. 하지만 아마도 우리 중 대다수는 여럿이 함께 있을 때에 더 죄를 짓기 쉬운 사람들일 것입니다. 나는 어떤 사람들과 함께 있을 때에는 결코 죄로 이끌리지 않고, 어떤 사람들과 함께 어울릴 때에도 거의 죄에 빠지지 않습니다. 많은 사람들은 아주 가볍고 경박해서, 성향이 비슷한 사람들을 만나기만 하면, 우리를 끈질기게 따라다니는 죄가 시동을 걸기 시작하는 것을 느끼게 됩니다. 내성적인 사람들은 마음에 맞는 형제를 만나면, 거의 십중팔구는 신앙이 좋은 사람들을 헐뜯기 시작합니다. 사탄은 어느 곳이 여러분의 허점인지를 잘 알고서, 거기를 공격해 들어갑니다. 맹금류의 새들이 자신의 먹이를 공격할 가장 좋은 때를 노리고 있다가 그 때가 오면 하늘로부터 쏜살같이 급강하해서 그 먹이를 공격하듯이, 사탄도 그런 식으로 여러분을 노리고 있다가 갑자기 급습할 것입니다.

또한, 사탄은 이 세상에서의 우리의 상태를 "주의하여" 봅니다. 그는 사람들이 부자인지 가난한지를 살펴보고서는, "저 사람은 돈이 많아서 돈으로 유혹하는 수법은 통하지 않을 것이니, 그런 수법은 저 아주 가난한 사람에게 써먹고, 이 부자에게는 허영을 부추기는 수법을 사용해야 하겠군"이라고 속으로 말합니다. 사냥꾼들에게 새들을 잡을 때에 쓰는 총이 있고, 사슴을 잡거나 시합을 할 때에 사용하는 총이 있듯이, 사탄도 다양한 부류의 사람들을 유혹하는 데 사용할 수 있는 갖가지 수법들을 준비해 놓고 있습니다. 여왕을 시험에 빠뜨리기 위하여 사용되는 수법은 부엌에서 일하는 마리아에게는 통하지 않을 것이고, 마리아를 유혹하기 위하여 사용되는 수법은 내게는 그렇게 심각한 것이 아니어서 잘 통하지 않을 것입니다. 그리고 나는 내게 시험거리가 되는 것이 여러분에게도 시험거리가 될 것이라고 생각하지 않습니다. 또한, 나는 종종 여러분에게 시험거리가 되는 것들이 내게는 시험거리가 되지 않을 것이라고 생각합니다. 물론, 과연 실제로 그럴 것인지는 미지수이긴 하지만 말입니다. 어쨌든, 사탄은 우리의 어느 부분을 쳐야 하는지를 알고 있습니다. 우리가 혼자 있거나 사람들과 함께 있는 것, 우리의 능력의 정도, 우리의 교육 수준, 사회 속에서의 우리의 지위, 우리가 하는 일들 같은 모든 것들이 사탄이 우리를 공격할 수 있는 통로가 될 수 있습니다. 하는 일들이 전혀 없는 사람들도 큰 위험에 처해 있습니다. 마귀는 그런 사람들을 즉시 삼켜 버리지 않습니다. 이 땅에서 아무 일도 하지 않는 사람이 지옥에 갈 가능성이 가장 많은 사람입니다. 나는 지금 농담을 하는 것이 아니라, 진지하게 말하고 있습니다. 어떤 사람이 아무런 일도 하지도 않아도 되거나 할 수 없는 곳에 놓여 있을 때, 그것은 그 사람에게 최악의 불행이라고 나는 믿습니다. 만일 내가 그런 처지에 놓이게 된다면, 나는 "악한 자"가 내 영혼과 육신을 사로잡아가 버리지 않도록 하기 위하여, 어떻게 해서든지 내가 할 일을 찾을 것입니다. 아무 일도 안 하고 빈둥거리는 사람은 마귀에게 "나를 잡아먹으라"고 손짓하는 것과 같습니다. 우리에게는 무엇인가 일할 것이 있어야 합니다. 우리에게는 우리의 마음과 정신을 둘 곳이 늘 있어야 합니다. 왜냐하면, 우리의 마음과 정신을 아무 데도 두지 않으면, 마귀가 그 자리를 차지하게 되기 때문입니다. 어떤 일들을 부지런히 행한다고 해서 우리가 은혜 가운데 있을 수 있는 것은 아니지만, 아무 일도 하지 않게 되면 악해지기 쉽습니다. 무엇인가를 늘 모루에 얹어 놓고 두드리거나 불 속에서 담금질을 하십시오:

> "책을 읽거나 일을 하거나 건전한 놀이를 해서,
> 나는 늘 바쁘게 움직일 것이라네.
> 그렇지 않으면, 사탄이 나의 놀고 있는 손에
> 뭔가 악한 일을 쥐어줄 것이기 때문이라네."

이렇게 와츠(Watts)가 우리의 어린 시절에 우리에게 가르쳤던 것을 우리는
어른이 되어서도 명심해서, 우리의 영혼과 육신을 건강하게 해주는 데에 꼭 필
요한 그런 책들이나 일들이나 레크리에이션에 우리의 시간을 써야 합니다. 내가
아무 일도 하지 않고 빈둥거리며 살아간다면, 나는 틀림없이 오래된 쇠막대처럼
점점 죄로 녹슬어 가게 될 것임을 의심하지 않습니다.

내가 할 말은 아직 끝나지 않았습니다. 사탄은 우리를 "주의하여" 살필 때에
우리가 좋아하는 모든 것들을 주목합니다. 도둑들이 보석 가게를 털려고 할 때에
그 가게의 구조를 미리 유심히 보아두듯이, 사탄도 욥의 집을 미리 유심히 둘러
보았으리라는 것은 의심의 여지가 없습니다. 도둑들은 보석 가게의 모든 문과
창문, 시건장치들을 아주 꼼꼼하게 살피고, 이웃집이 어떤지도 세심하게 살핍니
다. 왜냐하면, 그들은 어떻게 해서든지 가게를 뚫고 들어가야 보석들에 접근할
수 있기 때문입니다. 마찬가지로, 마귀도 욥의 집을 둘러보면서, 어디에 무엇이
있는지를 낱낱이 메모하면서, 이렇게 생각하였을 것입니다: '낙타와 소들, 나귀
와 종들이 있는데, 그것들이 나의 목적을 이루는 데에 아주 유용하게 사용될 수
있겠어. 그리고 세 딸이 있고, 열 명의 아들이 있어서, 자주 잔치를 벌이는군. 내
가 그들을 어떻게 잡아야 할지를 알겠어. 그들이 함께 모여서 잔치를 하고 있을
때, 내가 거센 바람을 일으켜서 그들이 잔치하고 있는 집을 무너뜨리면 되겠어.
그렇게 하면, 아버지인 욥의 마음은 갈기갈기 찢어지는 고통을 맛보게 될 거야.
그는 자신의 자녀들이 잔치를 벌이며 포도주를 마시다가 죽는 것이 아니라 기도
하다가 죽었다면 좋았을 것이라고 말하며 괴로워하게 될 테니까 말이지. 이 목
록에 그의 아내도 적어 놓아야겠군. 그녀도 내게 쓸모가 있겠어.' 그리고 모든 일
은 사탄이 이렇게 미리 살펴서 메모해 놓은 대로 진행되었습니다. 욥의 아내는
"하나님을 욕하고 죽으라"(2:9)고 말했는데, 욥의 아내가 던진 이 한 마디 말보다
더 욥의 마음을 갈기갈기 찢어놓을 수 있는 말은 없었습니다. 종들이 욥에게 그
어떤 막말을 한다고 해도, 욥에게는 이 말보다 더 고통스러운 말은 있을 수 없었
습니다. 이 말은 직역하면 "하나님을 송축하고 죽으라"로 번역될 수 있기 때문
에, 그 누구도 욥의 아내처럼 이런 고상한 언어로 욥의 마음을 찢어놓을 수는 없
었을 것입니다. 사탄아, 너는 욥의 아내라는 쟁기를 이용해서 욥의 마음을 후벼
팠지만, 너의 목적은 이루지 못하였다! 만일 욥의 힘의 원천이 그의 머리털이 아
니라 그의 하나님께 있는 것이 아니었다면, 사탄은 삼손의 경우처럼 욥의 머리

털을 밀어 버려서 그 힘을 제거할 수 있었을 것이지만, 욥은 삼손과 달랐기 때문에, 사탄에 의해서 머리털이 깎였어도 힘을 잃지 않았습니다. 아마도 "악한 자" 사탄은 욥의 개인적인 감수성까지 샅샅이 조사해서, 욥이 육체적인 고통을 가장 두려워한다는 것을 알고, 그 방법을 선택했을 것입니다. 평소에 욥은 성문 밖에 사는 가난한 사람들이 온 몸에 종기가 나는 그런 병을 앓는 것을 보고서 그 끔찍함에 치를 떨었을 것이고, 사탄은 욥의 그런 모습을 눈여겨보아 두었다가, 바로 그 병으로 그를 쳤습니다. 형제들이여, 사탄은 여러분에 대해서 너무나 잘 알고 있습니다. 여러분에게 자녀가 있고, 여러분이 자신의 자녀를 우상처럼 떠받치고 있다는 사실을 사탄은 알고 있습니다. 그는 이렇게 말합니다: "이것이 그의 약점이니, 내가 그곳을 치면 되겠군." 사탄은 심지어 여러분의 배우자를 화살통으로 삼아서, 때가 올 때까지 거기에 지옥의 화살들을 쌓아두고 있다가, 때가 되면, 그 배우자를 활로 사용해서 여러분에게 화살들을 쏘아댈 것입니다. 여러분의 이웃과 여러분의 품 속에 있는 아내까지도 조심하십시오. 왜냐하면, 사탄이 여러분에게 가장 가까운 사람들을 발판으로 삼아서 여러분을 공격해 올 수 있기 때문입니다. 우리의 습성들, 기뻐하는 것들, 슬퍼하는 것들, 우리가 혼자 있을 때나 사람들과 함께 있을 때, 이 모든 것들이 하나님의 백성의 철천지원수인 사탄의 공격 무기들이 될 수 있습니다. 우리가 자는 침상, 우리의 식탁, 우리의 집, 길거리 등등, 도처에 사탄이 여러분을 잡기 위해서 쳐놓은 덫들이 있습니다. 위험들과 올무들이 무리지어 있습니다. 우리가 혼자 있을 때, 거기에도 함정들이 파져 있습니다. 우리는 세상에서 있을 때만이 아니라 하나님의 전에 있을 때에도 시험거리들을 발견합니다. 우리가 높은 자리에 있을 때에도 거기에 덫들이 있고, 우리가 비천할 때에도 거기에 치명적인 독들이 있습니다. 우리가 요단 강을 건너서, 원수의 화살이 미치지 못하게 될 때까지, 우리에게는 시험들이 있을 수밖에 없습니다. 우리는 차가운 검은 강물 속으로 내려갈 때에는, 지옥의 개가 마지막으로 울부짖는 소리를 듣게 되겠지만, 그런 후에 영화롭게 된 자들이 부르는 할렐루야 찬송이 들리는 순간, 흑암의 왕과 얽힐 일은 영원히 없게 될 것입니다.

3. 셋째로, 하나님이 우리를 주시하시는 것에 비하면, 사탄이 우리를 주시하는 것은 아무것도 아닙니다.

전쟁 때에 한쪽 진영의 공병이 땅굴을 파면, 다른 쪽 공병들도 거기에 맞서 땅굴을 파서 적의 땅굴을 무너뜨려 무력화시켜 버리는 맞불 작전을 사용하는 것이 보통입니다. 하나님께서 사탄에 대응하시는 방법도 그런 것입니다. 사탄은 땅굴을 파들어 가면서, 화약의 심지에 불을 붙여서 하나님이 세우신 것을 다 폭파하여 날려 버릴 것이라고 생각하지만, 하나님께서는 그 사이에 사탄을 향하여 땅굴을 파시고서, 사탄이 어떤 해악을 저지르기 전에 먼저 사탄의 땅굴을 폭파해 버리십니다. 마귀는 우매한 자들 중에서 가장 우매한 자입니다. 그는 다른 어떤 피조물보다도 더 많은 지식을 갖고 있기는 하지만, 지혜는 부족합니다. 그는 들의 모든 짐승보다 더 교활하지만, 그것은 지혜가 아니라 **교활함**일 뿐입니다. 그것은 참된 지혜가 아니라, 단지 우매함의 또 다른 형태일 뿐입니다. 사탄은 욥을 시험하고 있는 내내, 자기가 하나님의 목적을 이루기 위한 도구로 사용되고 있다는 사실을 거의 알지 못합니다. 왜냐하면, 마치 사람이 말의 고삐를 잡고서 말을 제어하듯이, 하나님께서는 사탄의 고삐를 잡으신 채로, 모든 일의 추이를 "주의하여" 지켜보고 계시기 때문입니다. 하나님은 사탄으로 하여금 정확히 어디까지 하도록 허용할 것인지를 미리 다 생각해 두셨습니다. 하나님은 처음에는 사탄이 욥의 육신을 건드리는 것을 허락하지 않으셨습니다. 왜냐하면, 아마도 그때에 사탄이 욥의 육신을 건드린다면, 욥이 그 고통을 감당할 수 없으리라는 것을 아셨기 때문일 것입니다. 여러분의 육신이 튼튼한 경우에는, 손해나 고난이나 심지어 사별 같은 것들도 어느 정도 침착하게 감당해 낼 수 있다는 것을 여러분도 경험해 보지 않았습니까? 욥도 마찬가지였습니다. 만일 육체의 질병이 먼저 왔고, 다른 재난들이 그 뒤에 왔다면, 아마도 그것은 욥이 감당하기 어려울 정도로 너무 무거운 시험이었을 것입니다. 그래서 하나님께서는 원수 마귀에게 어디까지 허용해야 하는지를 아시기 때문에, "여기까지 되고, 그 이상은 안 된다"고 말씀하십니다. 욥이 자신의 가난에 점점 익숙해져서, 마침내 "주신 이도 여호와시요 거두신 이도 여호와시오니"(1:21)라고 말했을 때, 그것은 가난이 그를 괴롭히는 독침이 되는 힘을 잃었다는 것을 보여준 것입니다. 그리고 그가 이어서 "여호와의 이름이 찬송을 받으실지니이다"라고 말한 것은 원수 마귀가 죽어서 장사되었다는 선포였습니다. 두 번째 환난이 왔을 때, 욥은 첫 번째 환난을 통과한 덕분에 두 번째 환난도 감당할 힘을 얻게 되었습니다. 세상의 큰 부를 소유한 사람에게는 먼저 자신의 모든 소유를 다 잃은 후에 그 소유를 누리는 데 필요한 건강을 잃게 되는 것보다 갑자기 건강을 잃어서 자신의 소유를 누릴 수 없게 되는 것이 더 혹독한 시련일 수 있습니다. 왜냐하면, 그 부자는 자신의 모든 소유를 이미 다 잃은 후에는, 다음과 같이 말할 수 있을 것이기 때문입니다: "하나님께서 내가 누릴 수 있는 모든 것을 다 잃고 난 지금에 와서야, 세상의 부를 누리는 데 필요한 육신의 건강도 잃게 하심으로써, 내가 건강을 잃은 것을 그렇게 힘들어하지 않게 하신 것에 대하여 감사합니다. 나는 들에 나가서 내 종들의 얼굴을 어떻게 볼까 하고 걱정할 필요가 없습니다. 그들은 모두 죽었으니까요. 나는 내 자녀들의 얼굴을 어떻게 볼까 하고 걱정할 필요도 없습니다. 그들도 모두 죽었으니까요. 나는 그들이 다 죽어서, 이렇게 거름더미 위에 앉아 있는 이 가련한 아비의 모습을 보지 않아도 된 것이 오히려 감사합니다." 또한, 그는 자기 아내가 죽은 것도 다행이라고 생각할 것입니다. 왜냐하면, 그녀가 살아 있다고 해도, 그녀는 하나님께서 그녀에게 특별히 은혜를 베푸신 것이라고 생각하지 않을 것이 분명하기 때문입니다. 만일 그의 자녀들이 다 살아서 자신의 곁에 있었다면, 그는 지금보다 더 힘들고 괴로웠을 것입니다. 산들을 저울로 달아 보시는 하나님께서는 자기 종에게 필요한 재난을 정확히 달아보셔서 꼭 그만큼만 그 종에게 고난을 받게 하신 것입니다.

또한, 하나님은 환난 가운데 있는 자신의 종을 어떻게 붙들어 주어야 하는지도 잘 헤아리셨습니다. 사랑하는 자들이여, 마귀가 욥의 심령 속에 있는 하나님의 은혜의 불에 물을 쏟아 붓고 있는 동안에, 우리 하나님께서는 은밀하게 그 불에 기름을 붓고 계셨다는 것을 여러분은 알지 못합니다. 하나님은 속으로 이렇게 말씀하십니다: "사탄이 욥에게 물을 더 많이 쏟아 부을수록, 나는 그 물보다 더 많은 기름을 거기에 부어 주리라. 사탄이 많은 것을 빼앗아 간다면, 나는 그것보다 더 많은 것을 주리라. 사탄이 욥으로 하여금 욕하도록 시험한다면, 나는 그를 나에 대한 사랑으로 충만하게 하여, 나를 송축하게 하리라. 나는 그를 도울 것이고, 힘 있게 할 것이다. 내가 나의 의로운 오른손으로 그를 붙들어 주리라." 그리스도인들이여, 이 두 가지 생각을 취해서, 마치 꿀이 발라져 있는 과자인 것처럼, 여러분의 혀 밑에 두십시오. 그러면, 여러분은 예수께서 앉아 계시는 보좌로부터의 명시적인 허락 없이는 결코 시험에 빠지지 않을 것이고, 그가 시험을 허락하셨을 때에는, 거기에서 "피할 길"이나 그 시험을 넉넉히 이길 수 있는 은혜를 주실 것입니다.

다음으로, 하나님께서는 이 환난을 통해서 욥을 어떻게 성화시킬지를 "주의하여" 살피셨습니다. 이 이야기의 끝 부분에 나오는 욥은 시작 부분에 나온 욥보다 훨씬 성장해 있습니다. 처음에 그는 "온전하고 정직한" 사람이었지만, 그에게는 약간의 교만이 있었습니다. 우리는 욥과 같은 인물을 비판할 수 있는 위치에 있지 않은 보잘것없는 피조물들이지만, 나는 어쨌든 욥에게는 어느 정도 자기의가 있었다고 생각하고, 그의 친구들도 그 점을 드러냅니다. 엘리바스와 소발은 자기의를 지적하는 말들로 욥을 괴롭혔기 때문에, 욥은 다른 사람들이 보기에도 지나칠 정도로 아주 단호한 어조로 자신은 결백하다고 대답할 수밖에 없었습니다. 욥의 말 속에서는 자기 자신은 의롭고 아무런 잘못이 없다고 하는 주장이 강하게 드러납니다. 세상적인 관점에서 본다면, 그는 자랑할 만한 많은 것들을 가지고 있었기 때문에, 어느 정도 교만해도 용납될 수 있는 것이었고, 사실 우리가 욥의 자리에 있었다면 욥보다 더 교만했을 것입니다. 그러나 어쨌든 그에게는 자기 자신을 높이는 경향이 존재하였습니다. 마귀는 이 사실을 알지 못했겠지만, 만일 욥을 내버려 두었더라면, 아마도 그 교만이 씨가 되어서, 욥은 결국 죄를 짓게 되었을 것입니다. 그러나 사탄은 마음이 급해서 그 나쁜 씨가 자랄 때까지 기다리지 않고, 서둘러서 그 씨를 없애려고 손을 대는 바람에, 결국 욥을 낮아지게 하여서 좀 더 안전하고 복된 심령 상태를 지니게 하는 하나님의 도구로 쓰임을 받게 되었습니다. 게다가, 사탄은 전능자의 종복(從僕)일 뿐이라는 것을 주목하십시오. 이 종복의 활동으로 인해서 욥은 결국 더 큰 상을 받을 수 있게 되었습니다. 하나님에게 있어서 욥의 이전의 형통은 충분하지 않은 것이었습니다. 하나님은 욥을 너무나 사랑하셨기 때문에, 그의 이전의 소유를 갑절로 만들어 주시고자 하셨고, 자녀들도 다시 주셨습니다. 하나님께서는 욥을 이전보다 더 유명한 사람으로 만드셔서, 그의 이름이 모든 세대에서 대대로 사람들의 입에 회자되게 하고자 하셨습니다. 하나님은 그를 우스 땅의 사람에서 온 세계의 사람으로 만들고자 하셨습니다. 하나님은 환난 가운데서의 욥의 인내를 우스 지역의 소수의 사람들이 아니라 모든 사람들로 하여금 듣게 하고자 하셨습니다. 이런 일을 하실 수 있으신 분은 누구이시겠습니까? 마귀로 하여금 욥의 이름을 널리 알리는 나팔수가 되게 하신 분이 누구이셨습니까? 마귀는 욥을 유명하게 하고 빛을 발하도록 하기 위해서, 대장간으로 가서 열심히 땀 흘려 일했습니다. 어리석은 마귀여! 하나님께서는 자기 종 욥을 높은 좌대에 올려놓으시고서, 모든 세대의 사람들로 하여금 경이로워하는 마음으로 올려다볼 수 있게 하고자 하셨고, 그 좌대를 세우는 일을 마귀에게 맡기신 것이었습니다.

　　말씀을 맺겠습니다. 욥의 고난과 인내는 하나님의 교회에 지속적인 복이 되어 왔고, 사탄에게 믿기 어려울 정도의 치욕을 안겨 주어 왔습니다. 여러분이 마귀를 분노하게 하고자 한다면, 욥의 이야기를 그에게 들이미십시오. 여러분이 자신의 믿음을 유지하고자 한다면, 욥의 인내를 여러분에게 주시라고 성령께 간구하십시오. 지금까지 얼마나 많은 성도들이 욥의 인내에 관한 이 이야기를 듣고서, 환난 가운데서 큰 위로를 받아 왔는지 모릅니다! 우스의 족장의 어두운 경험들을 듣고서 사자의 이빨과 곰의 발바닥에서 건짐을 받은 사람들도 무수히 많았습니다. 원수 중의 원수여, 너는 네가 친 덫에 스스로 걸려들었다는 것을 아느냐! 너는 돌을 던졌지만, 그 돌은 네 머리 위에 떨어졌다! 너는 욥을 잡기 위해 함정을 팠지만, 그 함정에 빠진 것은 바로 네 자신이었다. 너는 자기 꾀에 속아 넘어갔다. 여호와께서는 지혜자들을 어리석은 자들로 만들어 오셨고, 점쟁이들을 미치게 해 오셨습니다. 형제들이여, 우리에게 가난이 찾아오든, 질병이 찾아오든, 죽음이 찾아오든, 믿음 안에서 우리 자신을 하나님의 돌보심과 지키심에 내맡기십시오. 우리는 모든 일에서 예수 그리스도로 말미암아 이기는 자들이 될 것이고, 성령의 능력을 힘입어서 결국에는 이기게 될 것입니다. 나는 하나님께서 우리 모두가 예수를 믿고 의지할 수 있게 해주시기를 바랍니다. 아직 예수를 믿고 의지하지 않는 사람들은 이 아침에 예수를 믿고 의지하는 것을 시작함으로써, 하나님께서 우리 모두에게서 영원토록 찬송을 받게 되시기를 빕니다. 아멘.

제
2
장
—

욥의 체념

—

"욥이 일어나 겉옷을 찢고 머리털을 밀고 땅에 엎드려 예배
하며 이르되 내가 모태에서 알몸으로 나왔사온즉 또한 알몸
이 그리로 돌아가올지라 주신 이도 여호와시요 거두신 이도
여호와시오니 여호와의 이름이 찬송을 받으실지니이다 하
고 이 모든 일에 욥이 범죄하지 아니하고 하나님을 향하여
원망하지 아니하니라." — 욥 1:22

욥은 너무나 큰 고통을 겪었고, 자신의 괴로움을 겉으로 드러내는 것을 애
써 감추려고 하지 않았습니다. 하나님의 사람은 스스로의 힘으로 고통과 괴로움
을 참아내고 견뎌내는 그런 존재가 아닙니다. 하나님의 은혜는 사람의 육신으로
부터 돌 같은 마음을 제거하지만, 사람의 마음을 돌로 변하게 하지는 않습니다.
하나님의 자녀들은 섬세하고 예민하게 느끼는 사람들입니다. 그들은 회초리를
감당해야 할 때, 회초리를 맞을 때마다 아픔을 느낍니다. 욥은 자기가 두들겨 맞
고 있다고 느꼈습니다. 여러분이 고통과 괴로움을 느낀다고 해서 스스로 자책하
지 마시고, 자신의 심령을 딱딱하고 무감각하게 해주시라고 구하지도 마십시오.
그것은 은혜가 역사하는 방식이 아닙니다. 은혜는 우리를 강하게 하여서 환난들
을 감당할 수 있게 해주지만, 어쨌든 우리는 환난들을 감당하지 않으면 안 됩니
다. 은혜는 우리에게 환난들을 순순히 받아들여서 인내할 수 있게 해주는 것이
고, 우리로 하여금 스스로의 힘으로 참고 견디게 하는 것이 아닙니다. 우리는 괴

로움을 느끼고, 그 괴로움으로 말미암아 유익을 얻습니다. 괴로움을 느끼는 것
은 죄가 아닙니다. 오늘의 본문은 이 족장이 크게 슬퍼하고 괴로워했지만, "이
모든 일에 욥이 범죄하지 아니하였다"고 분명하게 말하고 있습니다. 그는 이루
말할 수 없이 슬퍼하고 괴로워하였지만(욥은 내가 성경에서 가장 슬퍼하고 괴로
워한 인물이라고 부르고 싶을 정도입니다), 그가 슬퍼하고 괴로워한 것 속에는
죄가 없었습니다. 어떤 사람들은 우리의 마음이 무겁다면, 그것은 우리가 잘못
된 심령 속에 있다는 것을 보여주는 확실한 증거라고 말하지만, 그런 말은 사실
이 아닙니다. 사도 베드로는 "너희가 이제 여러 가지 시험으로 말미암아 잠깐 근
심하게 되지 않을 수 없으나"(벧전 1:6)라고 말하지만, 이 말 속에는 그들의 마음
에 근심이 있는 것 자체가 잘못된 것이라는 뉘앙스가 내포되어 있지 않습니다.
하나님의 징계를 받고 있는데도 울지 않는 사람들이 있고, 하나님으로부터 두들
겨 맞는데도 순복하려고 하지 않는 사람들이 있습니다. 우리는 그런 사람들 같
이 되기를 원하지 않습니다. 우리는 욥처럼 마음의 고통과 영혼의 비탄을 느끼
고 싶고, 저 복된 족장을 옥죄었던 심령의 괴로움을 느끼기를 원합니다.

    또한, 욥은 자신의 애통함을 보여주는 아주 분명한 표지(標識)들을 사용하
였습니다. 그는 마음속에 슬픔을 느꼈을 뿐만 아니라, "겉옷을 찢고 머리를 밀
고," 그가 스스로 말했듯이 어머니인 "땅에 엎드리는" 방식으로 자신의 슬픔을
겉으로 표현했습니다. 나는 우리의 형제들 중에서 욥이 했던 것과 같이 자신의
애통함을 표현하는 것이 옳다고 느끼는 사람들을 우리가 비판할 수 있다고 생각
하지 않습니다. 그런 것들이 그들의 슬픔을 조금이라도 달래줄 수 있다면, 그들
로 하여금 그런 것들로 자신의 슬픔을 표현하게 하십시오. 나는 어떤 사람들은
종종 이 점에서 지나친 감이 있다고 믿지만, 그들을 단죄할 수는 없습니다. 왜냐
하면, 본문이 "이 모든 일에 욥이 범죄하지 아니하고 하나님을 향하여 원망하지
아니하니라"고 말하고 있기 때문입니다. 검은 띠를 너무나 오랫동안 띠고 있다
거나, 슬픔을 부당하게 조장한다는 등과 같은 비판이 있지만, 우리는 다른 사람
들에게 어떤 것이 옳은지 그 기준을 제시할 수 없기 때문에, 각 사람이 자신의 행
위에 대하여 자신의 주께 책임을 져야 합니다. 나는 예수께서 애통해하는 자들
을 대하실 때에는 엄격함이 아니라 온유함을 보여주셨다는 사실을 기억하고 있
기 때문에, 그의 종들도 그런 온유함을 지녔으면 하는 바람이 있습니다. 여러분
이 슬퍼하는 가운데서도 강할 수 있어서, 굳이 자신의 애통함을 겉으로 표현하

지 않아도 된다면, 그것은 여러분이 더욱 견고하게 하나님의 뜻을 따르고 있음을 보여주는 것입니다. 그러나 여러분이 자신의 슬픔을 욥과 같이 겉으로 표현해야 하겠다고 느낀다고 할지라도, "욥이 일어나 겉옷을 찢고 머리털을 밀고 땅에 엎드려 예배하며 … 이 모든 일에 욥이 범죄하지 아니하고"라는 본문이 우리 앞에 있는 한, 우리는 여러분의 그런 행동을 책망할 수 없습니다.

하지만 나는 여러분이 늘 새벽을 기도로써 거룩하게 해야 한다는 것을 아셨으면 합니다. 욥이 동방의 관습을 따라 자신의 옷을 찢고 머리털을 밀고 난 후에, 땅에 엎드려 "예배하였다"는 것은 정말 기쁜 일입니다. 욥이 살던 당시에는 이렇게 애통함의 표시로 머리털을 미는 것이 허용되어 있었지만, 모세 율법 아래에서 이스라엘 백성들은 이교도처럼 그런 식으로 애통함을 표시하는 것이 금지되었습니다. 그러나 어쨌든, 욥은 그런 식으로 자신의 애통함을 표현한 후에, 부적절하고 합당하지 않은 표현들을 사용해서 불평을 늘어놓거나, 비탄에 빠져든 것이 아니라, "땅에 엎드려 예배"하였습니다. 사랑하는 친구들이여, 슬픔이 여러분을 짓눌러서 죽고 싶은 심정이 든다면, 그 자리에서 엎드려 하나님을 예배하십시오. 그 자리를 여러분의 겟세마네로 삼아서, 여러분의 하나님께 "심한 통곡과 눈물로 간구와 소원"을 올려드리십시오. "백성들아 마음을 토하라"(시 62:8)는 다윗의 권면을 기억하십시오. 그러나 거기에서 멈추지 마시고, 다윗의 권면을 끝까지 다 기억하십시오: "백성들아 그의 앞에 마음을 토하라." 그릇을 완전히 뒤집어서 거기에 들어 있는 내용물을 쏟아 놓듯이, 여러분의 마음을 그렇게 남김없이 다 쏟아 놓으십시오. 마음을 비우는 것은 좋은 일입니다. 왜냐하면, 슬픔은 마음속에서 끓어올라서 점점 더 신맛으로 변해가기 때문입니다. 마음의 그릇을 완전히 뒤집어서 한 방울도 남김없이 다 쏟아 놓으시되, 반드시 하나님 앞에서 그렇게 하십시오. "백성들아 그의 앞에 마음을 토하라 하나님은 우리의 피난처시로다"(시 62:8). 여러분이 슬픔의 무거운 짐에 눌려 엎드러질 때, 하나님을 예배하십시오. 특히, 하나님을 경배하는 것을 위주로 하는 그런 종류의 예배를 드리시는 가운데, 여러분 자신을 하나님의 뜻에 내맡기십시오. 그러면, 여러분은 욥과 마찬가지로 "그가 나를 죽이실지라도 내가 그를 의지하리로다"(욥 13:15 KJV)라고 말할 수 있게 될 것입니다. 자신의 뜻을 꺾고 순복하며, 주를 사랑하는 마음이 살아나게 하고, 온 마음과 생각을 분발하게 하며, 또다시 자기 자신을 엄숙하게 성별하여 하나님께 드리게 하는 그런 종류의 예배는 슬픔과 괴로움을 정화시켜 달콤하게 하고, 그 독침을 제거해 줍니다.

또한, 우리가 깊은 묵상 가운데서 진리들로 변증하고 마음에 새기면, 우리의 슬픔은 크게 누그러집니다. 욥도 분명히 그렇게 했습니다. 왜냐하면, 오늘의 본문은 그가 깊이 생각하고 묵상하였다는 것을 보여주는 증거들로 가득 하기 때문입니다. 이 족장은 적어도 네 가지 주제를 마음에 떠올리고 진지하게 묵상해서, 거기로부터 큰 위로를 이끌어 냈습니다. 마찬가지로, 여러분도 단지 조용히 앉아서 "나는 위로받게 될 것이다"라고 말하는 것에서 그치지 말고, 여러분에게 유익이 될 주제들을 깊이 생각하고 묵상하여야 합니다. 여러분의 가련한 마음은 슬픔과 괴로움으로 인한 스트레스 때문에 요동하기 쉽지만, 아주 분명하게 확증된 것들이라서 결코 한 점의 의심도 있을 수 없는 하나님의 몇몇 위대한 진리들에 여러분이 착념할 수 있다면, 여러분은 그 진리들로부터 위로를 이끌어 내기 시작할 수 있습니다. 다윗은 "내 마음이 내 속에서 뜨거워서 작은 소리로 읊조릴 때에 불이 붙으니"(시 39:3)라고 말했습니다. 묵상하는 동안에 그는 위로를 받았고, 그의 마음은 뜨거워졌다는 것입니다. 그가 마치 자기 자신을 또 하나의 독립적인 인격인 것처럼 취급하여 자기 자신에게 다음과 같이 말하고 있는 것을 보십시오: "내 영혼아 네가 어찌하여 낙심하며 어찌하여 내 속에서 불안해 하는가 너는 하나님께 소망을 두라 그가 나타나 도우심으로 말미암아 내 하나님을 여전히 찬송하리로다"(시 43:5). 두 명의 다윗이 서로 대화하는 가운데 서로에게 힘을 더해 주고 있는 것을 우리는 볼 수 있습니다. 사람은 자기 자신과 늘 잘 지내야 하고, 자기 자신을 하나님의 말씀으로 잘 가르칠 수 있어야 합니다. 자신에게 좋은 선생이 되지 못하는 사람은 남들에게도 좋은 선생이 될 수 없습니다. 여러분이 자신의 마음을 잘 가르치고, 하나님의 진리를 자신의 영혼에게 잘 주지시킬 수 없다면, 여러분은 다른 사람들을 어떻게 가르쳐야 하는지를 알 수 없습니다. 나는 세상에서 최고의 설교는 자기 자신에게 행하는 설교라고 믿습니다. 어떤 슬퍼하는 영혼이 스스로 위로받는 법을 알게 되었을 때, 그 영혼은 다른 사람들을 위로하는 법도 알게 된 것입니다. 욥은 이렇게 자기 자신을 가르친 한 사례입니다. 그는 자기에게 위로가 되는 서너 가지 주제를 자신의 마음에 떠올립니다.

1. 첫째로, 인생은 지극히 짧다는 것입니다.

욥이 무엇이라고 말하고 있는지를 주목하십시오: "내가 모태에서 알몸으로 나왔사온즉 또한 알몸이 그리로 돌아가올지라." 욥은 자기가 흙에서 왔기 때문에, 자신의 "모태"인 흙으로 다시 돌아가서 거기에 눕게 될 것이라고 생각했습니다. 이것이 욥의 인생관이고, 그것은 지극히 옳습니다: "내가 … 나왔사온즉 … 돌아가올지라." 어느 날 어떤 사람이 하나님의 사람에게 "인생이 무엇인지를 내게 말씀해 주시게"라고 부탁했습니다. 하나님의 사람은 잠깐 멈춰 섰다가, 유유히 걸어가 버렸습니다. 다음날 그의 친구가 그를 만나서, "어제 내가 한 질문에 자네는 아직 대답해 주지 않았네"라고 말했습니다. 그러자 그 경건한 사람은 "나는 이미 대답했다네"라고 했습니다. "아니, 자네는 거기에 잠깐 섰다가 가버리지 않았나?" "자네는 내게 인생이 무엇이냐고 물었고, 바로 그것이 내 대답이었네. 내가 자네의 질문에 대하여 어떻게 그것보다 더 잘 대답할 수 있었겠는가?" 그는 지혜롭게 대답하고 행한 것이었습니다. 왜냐하면, 우리가 왔다가 가는 것이야말로 이 아랫세상에서의 우리네 인생에 대한 완벽한 요약이기 때문입니다. 우리는 잠깐 나타났다가 사라져 버립니다. 나는 자주 속으로 인생을 행렬에 비유하곤 합니다. 사랑하는 친구들이여, 나는 여러분이 한 사람씩 내 곁을 지나가서 사라져 버리고, 또 다른 사람들이 내 앞으로 와서 지나가는 것을 봅니다. 그러나 여러분과 내가 잊기 쉬운 것은 나도 그 행렬 가운데 있고 여러분도 그 행렬 가운데 있다는 것입니다. 우리는 모든 사람이 죽을 수밖에 없다고 생각하지만, 은연중에 자기 자신은 예외라고 생각합니다. 하지만 우리 모두는 한 번 가면 돌아올 수 없는 곳을 향하여 날마다 나아가고 있습니다.

　　인생이 아주 짧다는 사실이 어떻게 위로가 될 수 있는지를 여러분은 아십니까? 욥은 자기 자신에게 이렇게 말합니다: "내가 왔고, 나는 다시 돌아갈 것이다. 그러니 내가 무엇을 잃었든, 그런 것으로 내 자신을 괴롭힐 이유가 없지 않는가? 나는 아주 잠시 여기에 있을 것인데, 수많은 낙타들과 양들이 내게 무슨 필요가 있겠는가?" 형제들이여, 우리는 하나님께서 우리에게 주신 것들을 이 순례길을 가면서 우리의 운임을 지불하고 동료 여행자들을 돕기 위하여 사용합니다. 그러나 우리 중에는 욥과 같이 많은 물질이 필요한 사람은 아무도 없습니다. 욥에게는 양이 칠천 마리가 있었습니다. 그렇게 많은 양 떼를 몰고 다니며 키우는 것은 얼마나 큰 일이었겠습니까! 또한, 그에게는 "낙타가 삼천 마리"가 있었고, "소가 오백 겨리," 즉 천 마리가 있었으며, "암나귀가 오백 마리이며 종도 많이" 있었습니다(1:3). 우리 속담에 "종들이 많을수록 말썽도 많아진다"는 말이 있습니다. 낙타와 말과 소 같은 것들을 많이 가지고 있는 사람일수록, 그것들을 돌보느라고 더 큰 고생을 할 수밖에 없다는 것은 사실이라고 나는 믿습니다. 따라서 욥은 속으로 이렇게 말하고 있는 것으로 보입니다: '나는 아주 잠시 여기에 머물 뿐인데, 그런 것들이 내게서 없어졌다고 해서, 내가 넋을 잃을 이유가 어디에 있겠는가? 나는 잠시 왔다가 가는 것일 뿐이니, 다른 것들이 잠시 왔다가 간다고 해도, 나는 아무렇지도 않아야 해. 내가 이 땅에 쌓아 둔 것들도 사라지고, 나도 역시 사라질 뿐이야. 그것들은 나와 같아. 언젠가는 그것들은 날개가 생겨서 날아가 버릴 것이고, 나도 날개가 생겨서 멀리 가게 될 거야.' 나는 어떤 사람이 인생을 "인생이라는 오랜 질병"이라고 부르는 것을 들은 적이 있습니다. 그에게는 인생이 그런 것이었습니다. 왜냐하면, 그는 자신의 주를 위해 큰 일을 했지만, 늘 아파서 골골했기 때문입니다. 오랜 질병을 앓기를 원하는 사람이 누가 있겠습니까? "인생이 아주 길다고 생각하면, 인생은 재앙이 됩니다." 우리는 인생은 길지 않고 짧다고 느끼고, 여기 이 아랫세상에 많은 것들을 쌓아 두려고 하지 않으며, 세상에 속한 것들을 우리 자신과 마찬가지로 잠시 나타났다가 곧 사라질 것들로 여길 필요가 있습니다.

또한, 욥은 특히 '나는 내 몸의 모든 입자들이 원래 속해 있던 곳인 흙으로 다시 돌아가게 되어 있지 않은가'라는 생각에 착념함으로써 위로를 얻을 수 있었던 것으로 보입니다. 부자의 넓고 아름다운 정원들을 본 어떤 사람이 "이 정원들이 사람을 죽기 어렵게 만드는 것들이로군"이라고 말했답니다. 여러분은 갓 지파와 르우벤 지파가 모세를 찾아가서 어떻게 말했는지를 기억하실 것입니다. 그들은 이렇게 말했습니다: "우리가 만일 당신에게 은혜를 입었으면 이 땅을 당신의 종들에게 그들의 소유로 주시고 우리에게 요단 강을 건너지 않게 하소서"(민 32:5). 물론, 그들은 요단 동편에서 자신들의 모든 소유를 얻을 수 있었기 때문에, 굳이 요단 강을 건널 필요가 없었습니다. 그러나 욥은 지금 요단 이편에서 모든 것을 잃고 아무것도 가지고 있지 않았기 때문에, 기꺼이 요단 저편으로 건너가기를 원하였습니다. 사람이 이 땅에서 모든 것을 잃으면, "차라리 세상을 떠나서 그리스도와 함께 있는 것이 훨씬 더 좋은 일"이기 때문에 "그렇게 하고 싶다"(빌 1:23)는 생각을 하게 되는 까닭에, 이 땅에서 무엇을 잃는다는 것은 실제로는 이득이고 유익입니다. 천국으로 가는 우리의 발목을 붙잡기만 할 뿐인 땅에 속한 것들이 우리에게 무슨 유익이 있겠습니까? 이 땅에서 많은 것들을 가진 사람을 보면, 내가 시골에 사는 한 친구를 방문했던 때의 일이 기억납니다. 나는 그 친구와 함께 쟁기로 갈아엎은 밭을 걷게 되었는데, 걸음을 걸을 때마다 나의 두 발에는 무거운 흙들이 들러붙어서 걷기가 힘들었습니다. 우리에게 이 세상이 바로 그렇습니다. 세상의 좋은 것들은 두터운 진흙처럼 우리에게 들러붙어서, 우리가 앞으로 나아가는 것을 방해합니다. 그러나 이 방해물들이 우리에게서 제거되었을 때, 우리는 '나는 곧 내가 왔던 저 흙으로 다시 돌아가게 되어 있어'라는 생각 속에서 위로를 얻을 수 있습니다. 우리는 단지 다시 흙으로 돌아가는 것이 아님을 알고 있습니다. 왜냐하면, 우리는 영원히 죽지 않는 생명을 소유하고 있으니까요. 우리는 장차 젖과 꿀이 흐르는 땅에 가서 영생을 누리게 될 것을 바라보고 있고, 다니엘처럼 세상 "끝날에" 우리의 "몫을 누릴" 것입니다(단 12:13). 그러므로 우리는 단지 우리의 "모태"인 흙으로 돌아가게 되어 있다는 사실을 체념하는 심정으로 받아들이는 것이 아니라, 종종 그 날이 속히 오기를 대망하기까지 합니다. 이름만 대면 여러분도 금방 아실 하나님의 한 사랑하시는 종이 우리의 사랑하는 형제인 소천하신 휴 스토월 브라운(Hugh Stowell Brown, 주후 1823-1886년) 목사님에 대해서 얘기를 나누다가, "나나 당신 나이대의 형제들이 모두 본향으로 가고 있는 것 같습니다. 교회의 아버지 같은 분들과 지도자 되시는 분들이 다 떠나가고 있는 것이지요."라고 하신 후에, "나는 하늘에 계신 우리 아버지께서 다음 차례로 부를 사람들 중에 내 이름을 적어 놓으셨기를 바랍니다"라는 말을 덧붙이셨습니다. 나는 하나님께서 그렇게 하지 마시고, 그 종을 좀 더 오래 여기에 두셔서 더 수고하게 하시고, 그의 이름 대신에 내 이름을 거기에 적어 놓으셨으면 좋겠다고 말했습니다. 우리가 본향으로 언제 가게 될 것인지를 결정하는 것은 우리의 권한 밖에 있습니다. 하지만 우리가 이 세상을 떠날 때가 와서, 우리 주님께서 우리에게 우리가 왔던 흙으로 다시 돌아가라고 명하실 때, 그것은 재난이 아니라, 우리가 승진해서 더 좋은 곳으로 가는 것임을 알고 있다는 것은 우리에게 참으로 기쁜 일입니다. 하나님께서 "너희 인생들아 돌아가라"고 말씀하실 때, 우리는 기쁜 마음으로 이렇게 대답할 것입니다: "예, 아버지, 우리가 여기 있나이다. 우리는 우리의 가련한 육신조차도 언젠가는 천사장의 나팔소리를 듣고 하나님께로 돌아가서, 우리가 하나님의 독생자 같이 되어, '그의 참모습 그대로 볼 것'(요일 3:2)을 기대하면서, 기꺼이 우리의 날개를 펴고 저 기쁨의 세계로 곧장 날아 오르리이다."

2. 둘째로, 이 땅의 모든 것은 하나님의 소유라는 것입니다.

욥에게 위로가 된 두 번째 진리는 자기가 이 땅에서 소유하고 있던 모든 것의 진짜 주인은 사실 하나님이시라는 것이었습니다. 그는 "내가 모태에서 알몸으로 나왔사온즉 또한 알몸이 그리로 돌아가올지라." 그는 자기가 모든 것을 다 잃고 완전히 빈털터리가 되어 지극히 가난해졌다고 느끼지만, "나는 지금 내가 태어난 그때보다 더 가난해진 것은 아니다"라고 말하고 있는 것으로 보입니다. "그때에 내게는 아무것도 없었고, 나의 모태인 흙이 내게 준 것 외에는 나의 등을 가려줄 옷조차도 없었다. 그때에 나는 혼자 힘으로는 아무것도 할 수 없는 그런 처지에 놓여 있었다." 일전에 어떤 사람이 내게 "목사님, 저는 건강과 힘을 빼놓고는 모든 것을 잃었습니다"라고 말했습니다. 하지만 우리는 우리가 태어났던 바로 그때보다는 더 많은 것을 가지고 있습니다. 그때는 우리에게 힘도 없어서, 우리는 우리의 보잘것없는 몸뚱이 하나를 건사할 만한 힘도 가지고 있지 못했습니다. 다윗은 종종 자신의 어린 시절, 특히 유년기를 되돌아보는 것을 좋아했는데, 이 점에서도 우리는 그를 본받는 것이 좋을 것입니다. 사람이 나이가 들면, 종종 두 번째 유년기가 찾아옵니다. 형제여, 당신이 그런 경우라면, 염려하거나 두려워하지 마십시오. 왜냐하면, 여러분은 이미 첫 번째 유년기를 통과해 오셨고, 두 번째 유년기는 첫 번째보다는 사정이 더 낫고, 힘도 더 있을 것이기 때문입니다. 여러분과 내가 극도로 연약하고 가난하게 되었다고 합시다. 그럴지라도, 우리는 우리가 태어났던 그때보다는 덜 연약하고 덜 가난할 것입니다. "하지만 그때에는 내게 어머니가 계셨잖아요"라고 어떤 분은 말합니다. 태어날 때에 어머니를 잃는 아이들도 있지만, 그때에 여러분을 돌보아 주실 어머니가 계셨다면, 지금은 아버지 하나님께서 여러분을 돌보아 주고 계십니다. 하나님의 자녀로서 여러분은 여러분이 연약할 때에 여러분의 어머니가 여러분을 지켜 주시기에는 역부족이시기 때문에 단지 부차적인 존재일 뿐이라는 것을 느낍니다. 오직 하나님께서는 여러분의 어머니에게 사랑을 주셔서 여러분을 돌보게 하셨을 뿐만 아니라, 그에게서 그녀에게로 흘러들어간 바로 그 사랑을 그가 여전히 자신의 품 속에 간직하고 계시기 때문에, 여러분을 온전히 지켜 주실 수 있으십니다. 나의 형제들이여, 염려하지 마시고 두려워하지 마십시오. 하나님께서 여러분을 온전히 지켜 주실 것입니다. 하나님께서 지난 50년 동안 우리에게 은혜를 베풀어 주셨는데도, 우리가 우리 인생의 나머지 기간 동안 그를 신뢰할 수 없다면, 그것은 정말 이상한 일일 것입니다. 여러분 중에서 나이가 60세, 70세, 또는 80세이신 분들에게 묻고 싶습니다. 하나님께서는 인생의 말년에 여러분으로 하여금 수치를 당하게 하시려고, 여러분을 이 날까지 돌보아 주시고 은혜를 주신 것입니까? 여러분이 가장 연약할 때에 여러분을 품어 주시고 지켜 주셨던 하나님께서 이제 와서 여러분을 버리실 것이라고 여러분은 생각하는 것입니까? 다윗은 마치 그때에 하나님 외에는 자기를 도울 자가 아무도 없었다는 듯이, "내가 날 때부터 주께 맡긴 바 되었고 모태에서 나올 때부터 주는 나의 하나님이 되셨나이다"(시 22:10)라고 고백하였습니다. 지금까지 우리를 돌보아 주신 하나님이 장래에도 끝까지 우리를 돌보아 주시지 않겠습니까? 그렇습니다, 하나님께서는 반드시 그렇게 하실 것입니다. 그러므로 우리가 지금 연약하고 가난하다면, 우리는 우리의 유년기의 가난함과 연약함을 생각해서 낙심하지 말고 용기를 내십시오.

그런 후에, 욥은 다음과 같은 말을 덧붙입니다: "내가 지금 아무리 가난하다고 할지라도, 장차 내가 죽을 때보다는 가난하지 않다. 왜냐하면, 나는 '알몸으로' 내 어머니인 흙으로 돌아가게 될 것이기 때문이다. 내가 지금 가진 것이 별로 없다면, 나의 소유는 머지않아 더욱더 줄어들 것이다." 어떤 농부가 죽으면서, 자기는 돈 한 푼 없이 또 다른 세상으로 가고 싶지 않다고 말하면서, 자신의 입에 5실링짜리 은화를 넣었다고 합니다. 그러나 그는 어리석은 자였습니다. 그가 그런 식으로 장래를 준비하는 것이 얼마나 어리석은 일인지는 누구나 다 압니다. 우리는 자신의 수의에 황금을 넣고 꿰맨 사람들에 관한 이야기도 들었습니다. 그러나 그들은 그렇게 애를 썼어도 단 한 푼도 내세로 가져갈 수 없었습니다. 왜냐하면, 우리는 죽을 때에 아무것도 가져갈 수 없기 때문입니다. 우리는 흙으로 돌아가야 합니다. 아무리 부자인 사람들도, 아무리 가난한 사람들도 흙으로 돌아가야 하고, 그때에는 가장 부자인 사람이라고 할지라도 가장 가난한 사람보다 더 많은 것을 소유할 수 없습니다. 위대한 가이사 황제가 흙으로 돌아갔을 때, 그 흙은 바람이 새는 틈새를 메우는 데에 사용될 것이고, 그의 노예가 흙으로 돌아갔을 때, 그 흙도 그런 용도보다 더 천한 용도로 사용되지는 않을 것입니다. 우리가 아무리 가난하고 연약하다고 할지라도, 장차 죽을 때만큼 가난하고 연약하지는 않습니다. 그러므로 우리는 이 사실을 생각하고서 스스로를 위로하여야 합니다. 우리 인생의 두 끝은 "알몸"입니다. 그 중간의 삶이 매일같이 화려한 옷을 입고 진수성찬을 먹는 삶이 되지 않는다고 하여도, 우리는 그것을 이상하게 생각하지 않아야 합니다. 그 중간의 삶이 늘 한결같지 않아 보여도, 우리는 그것을 참지 못하거나 불평해서는 안 됩니다.

또한, 여러분이 주목해야 할 것은 욥의 마음속에 실제로 자리 잡고 있었던 것은 자기는 태어날 때에도 흙이었고 죽을 때에도 흙이기는 하지만, 욥이라는 존재는 없어져 버리는 것이 아니라, 지금까지 늘 존재하였고 앞으로도 늘 존재하리라는 것입니다: "나는 '알몸으로' 태어났지만, 존재하였고, 장차 '알몸으로' 다시 흙으로 돌아갈 때에도, 여전히 존재할 것이다." 어떤 사람들은 자기가 가진 것들을 다 잃을 때까지는 자기 자신을 결코 발견하지 못합니다. 그들의 참된 모습은 사울처럼 외적인 치장들에 의해서 가려져 있습니다. 그들이 자신의 참된 모습을 보지 못하는 것은 외적인 것들에 의해서 화려하게 치장되어 있기 때문입니다. 사람들은 그들을 존경하는 것 같아 보이지만, 사실 사람들이 존경하는 것은 그들이 아니라 그들이 입고 있는 옷입니다. 그들은 대단한 사람들처럼 보이지만, 사실은 그들이 소유한 모든 것에도 불구하고 아무것도 아닌 사람들입니다. 하나님께서는 자신의 종 욥으로 하여금 다음과 같이 느끼게 하셨습니다: "내게 많은 낙타들이 있었을 때, 내게 나귀들이 많이 있었을 때, 내게 양 떼가 있었을 때, 내게 종들이 많이 있었을 때, 그것들은 진정한 '나'가 아니었다. 이제 그것들이 다 사라져 버리자, 원래의 나의 모습이 드러났다. 양 떼는 내 자신의 일부가 아니었고, 낙타들도 내 자신의 일부가 아니었다. 전에 모피로 내 자신을 두르고 있었을 때나, 지금 이렇게 알몸으로 있을 때나, 여호와의 종으로서 하나님 앞에 흠 없는 신앙으로 서 있는 진정한 나의 모습은 변함이 없구나." 여러분, 하나님께서 우리를 도우셔서, 우리로 하여금 우리의 소유가 있든 없든, 그런 것들에 연연해하지 않고 살아갈 수 있게 해주신다면, 그것은 정말 굉장한 일입니다. 그렇게 하시기 위해서, 하나님께서는 외적인 것들에 의지하지 않고, 소에서 나오는 우유가 아니라, 세상이 알지 못하는 양식을 먹고서 힘을 얻고 살아가는 것이 우리의 참된 모습이라는 것을 알게 하고자 하시는 것입니다. 그런 우리는 양털로 만든 옷이 아니라 하늘로부터 온 옷을 덧입고 있고, 빨리 달리는 낙타에 의존하는 생명이 아니라, 양 떼나 소 떼, 초장이나 밭에 있는 것이 아니라, 하나님을 기뻐하고 지존자에 의해서 유지되는 참된 생명을 소유하고 있습니다. 욥은 "내가 모태에서 알몸으로 나왔사온즉 또한 알몸이 그리로 돌아가올지라"고 말하고 있지만, 그 말 속에는 "무엇이 어떻게 변할지라도, 하나님으로부터 복을 받은 자, 하나님을 끝까지 믿고 의지하는 헌신된 종으로서의 나의 모습은 변함이 없다"는 의미가 담겨 있습니다. 이것은 욥의 심정을 잘 보여주는 것이 아니겠습니까? 욥이 이러한 심정을 말로 다 표현한 것은 아니었지만, 나는 이러한 생각이나 그것보다 훨씬 더 나은 생각이 이 족장의 마음을 붙잡고 있었기 때문에, 그는 모든 것을 잃고 슬픔과 비탄 속에 있던 때에 위로를 받을 수 있었다는 것을 의심하지 않습니다.

3. 셋째로, 이 모든 일 속에는 하나님의 손길이 있었다는 것입니다.

욥이 말한 것들 중에서 세 번째이자 가장 복된 것은 자기에게 일어난 모든 일이 다 하나님의 손에 의한 것이라는 고백입니다: "주신 이도 여호와시요 거두신 이도 여호와시오니 여호와의 이름이 찬송을 받으실지니이다." 내가 기쁜 것은 욥이 자기가 가진 모든 것 속에 하나님의 손길이 있다는 것을 인정하고 있다는 것입니다. 그는 "내가 이 모든 것을 벌었다"고 말한 것이 아니라, "여호와께서 주셨다"고 말하였습니다. 그는 "내가 힘들여 벌어서 모아 놓은 것들을 다 잃어버렸다"고 말한 것이 아니었습니다. 아마도 그는 "내가 심혈을 기울여서 양 떼를 돌보았고, 어마어마한 비용을 들여서 낙타들을 샀으며, 소들을 키우느라 무진 고생을 했는데, 이제 그것들을 모두 다 잃었으니, 이것은 있을 수 없는 일이야"라고 말할 수도 있었을 것입니다. 그러나 그는 그렇게 말하지 않고, 다음과 같이 말하였습니다: "여호와께서 이 모든 것들을 내게 주셨다. 그것들은 선물이었기 때문에, 그것들이 다 없어졌다고 해도, 여호와께는 그것들을 다 거두어 가실 권한이 있다. 왜냐하면, 그가 내게 주신 모든 것은 단지 내가 잠시 빌려서 쓴 것일 뿐이기 때문이다. '빌린 것은 원래의 주인에게 돌아가는 것이 마땅하다'는 말도 있지 않은가. 하나님께서 이 모든 것들을 내게 빌려 주셨다가 이제 다시 거두어 가신 것이니, 나로 하여금 그토록 오랫동안 이 모든 것들을 누리게 하신 것에 대하여, 나는 그의 이름을 송축할 것이다."

사랑하는 형제들이여, 여러분이 이 세상에서 가지고 있는 모든 것이 하나님께서 여러분에게 주신 선물이라고 여러분이 느낄 수 있다면, 그것은 얼마나 기쁘고 좋은 일입니까! 여러분이 그것들을 정직하지 못하게 얻었다면, 여러분은 그렇게 느낄 수 없을 것입니다. 그런 경우에, 그것들은 하나님의 선물도 아니고, 하나님이 주신 복도 아닙니다. 그러나 그것들이 여러분이 정직하고 성실하게 일한 결과이자 열매라면, 여러분은 그것들을 하나님이 주신 것들이라고 생각할 수 있게 됩니다. 아울러, 여러분이 욥처럼 자신에게 주어진 물질 중의 상당 부분을 가난하고 궁핍한 자들을 돕는 데 사용해서, 그 물질을 거룩하게 하였고, 과부들의 궁핍함을 덜어주어서, 그녀들로 하여금 진심으로 기뻐서 하나님을 찬송할 수 있게 하였다면, 여러분은 자신에게 있는 모든 것을 하나님의 선물이라고 말할 수 있습니다. 하나님의 섭리는 사람들에게는 기업(基業, inheritance)이 됩니다. 그렇기 때문에, 여러분의 기업은 하나님의 섭리로부터 온 것입니다. 여러분의 기업에 속한 모든 것들을 하나님의 선물로 여기십시오. 여러분이 그렇게 한다면, 매일같이 먹는 저 작은 떡 한 덩어리나 버터 조각조차도 여러분에게 한층 더 달콤할 것이고, 여러분이 눕는 저 딱딱한 침상도 훨씬 부드럽게 느껴질 것이며, 여러분이 추위를 피하기 위해 덮는 이불도 훨씬 더 따뜻하게 느껴질 것입니다. 여러분이 그렇게 한다면, 여러분은 적은 수입에도 더 많은 만족을 느끼게 될 것입니다.

　　우리는 우리가 가진 돈이나 물건들만이 아니라, 우리의 아내와 자녀들과 친구들도 하나님의 선물로 여겨야 합니다. 그들은 우리에게 얼마나 소중한 선물들입니까! 좋은 배우자를 가진 사람은 정말 부요한 자입니다. 경건한 자녀들을 둔 사람은 정말 부요한 자입니다. 그들을 돌보는 데에 많은 정성이 들어간다고 할지라도, 그들이 여러분을 진정으로 사랑한다는 것이 여러분에게는 충분한 보답이 됩니다. 그들이 여호와를 경외함에 있어서 성장해 간다면, 그들은 여러분에게 정말 소중한 선물입니다! 우리는 그들을 하나님의 선물로 보아야 하고, 그들이나 집안에 있는 그 어떤 것을 보더라도, "내 아버지 하나님께서 내게 이것을 주셨도다"라고 생각하여야 합니다. 여러분이 자신에게 있는 좋은 것들을 하나님께서 여러분에게 주신 것이라고 여기고서, 거기에서 하나님의 손길을 보는 가운데 그것들을 누리기만 한다면, 온갖 통렬한 환난이 지닌 이빨들은 뽑혀져 나가게 될 것입니다.

　　하지만 애석하게도, 여러분 중에는 하나님에 대하여 아무것도 알지 못하는 사람들이 있습니다. 그들은 자신이 가진 것들을 하나님의 선물이라고 여기지 않습니다. 하나님께서 온갖 좋은 것들을 우리에게 주셔서 풍성하게 누리게 하신 것임을 깨닫지 못하면, 인생의 달콤함과 기쁨을 놓치게 됩니다.

　　뿐만 아니라, 욥은 자신의 소유들을 거두어 가시는 것 속에서도 하나님의 손길을 보았습니다. 만일 그가 여호와를 믿는 자가 아니었다면, 그는 이렇게 말했을 것입니다: "이 가증스러운 스바 사람들아! 누구라도 가서, 갈대아 사람들을 갈기갈기 찢어서 본때를 보여 주어야 해." 하나님이 사용하신 도구들에게 모든 잘못을 돌리며 욕하고 저주하는 것이 흔히 우리의 대응방식입니다, 그렇지 않습니까? 욥은 스바 사람들이나 갈대아 사람들이나 바람이나 번개에 대해서는 일체 언급하지 않고, "여호와께서 거두어 가셨다"고 말하였습니다. 사탄은 욥이 "하나님의 불이 하늘에서 떨어져서 양과 종들을 살라 버렸나이다"라는 전갈을 들었을 때에, 이 모든 일들을 하나님이 하고 계시는 것이라고 느끼도록 만들고자 의도한 것이라고 나는 믿습니다. 사탄은 "하나님이 그를 대적하신다는 것을 그가 알게 될 것이다"라고 말하였습니다. 그러나 마귀의 술수는 성공하지 못했습니다. 왜냐하면, 욥은 자기에게 일어난 일들 속에서 하나님의 손길을 볼 수 있었던 까닭에, 이 일들 속에 있던 독침이 제거되었기 때문입니다. "거두신 이도 여호와시오니." 아론은 하나님께서 그 일을 하신 것을 알았을 때에 평안을 유지할 수 있었고, 시편 기자는 "내가 잠잠하고 입을 열지 아니함은 주께서 이를 행하신 까닭이니이다"(시 39:9)라고 말하였습니다. 욥도 바로 그렇게 느꼈습니다: "그분은 여호와 하나님이시니, 그가 보시기에 좋으신 대로 행하시는 것이 마땅하도다." 하나님이 사용하신 도구들에 대해서는 전혀 신경 쓰지 마십시오. 이런저런 악인들에게 발길질하는 일에 여러분의 힘을 낭비하지 마십시오. 그들은 자신들이 행한 모든 악에 대하여 하나님께 책임을 지게 될 것입니다. 그러나 이 도구들의 배후에는 하나님의 예정하심이 있고, 모든 것을 주관하시는 손길이 있습니다. 사람들 사이에서 악한 일들 속에서조차도 우리는 어떤 의미에서는 지존자의 손길을 분명히 발견할 수 있습니다. "주신 이도 여호와시요 거두신 이도 여호와시오니."

여러분은 자신의 자녀들을 생각하시면서 한 번 들어 보시겠습니까? 만일 욥이 단지 자신의 장자만을 잃은 것이었다면, 그가 "그를 주신 이도 여호와이시고, 그를 데려가신 이도 여호와이십니다"라고 말하기 위해서 하나님으로부터 대단한 은혜를 받을 필요는 없었을 것입니다. 욥은 장자만을 잃은 것이 아니라, 다른 여섯 아들도 잃었고, 세 명의 딸도 잃었습니다. 내가 아는 어떤 어머니는 이렇게 말했습니다: "나의 금쪽 같은 두 아들이 병에 걸려서, 일주일 사이에 둘 다 죽었습니다. 나는 이 세상에서 살았던 그 어떤 사람보다도 더 혹독한 시련을 견뎌 온 사람입니다." 사랑하는 친구여, 결코 그렇지 않습니다. 그 점에서 당신보다 훨씬 더 큰 시련을 겪은 사람들이 있어 왔습니다. 욥은 자신의 열 명의 자녀를 한꺼번에 다 잃었습니다. 사망이여, 그날에 욥의 열 명의 자녀를 한 방에 쓰러뜨린 너는 만족을 모르는 탐욕을 지닌 궁수였도다! 그렇지만 욥은 "주신 이도 여호와시요 거두신 이도 여호와시오니"라고 고백합니다. 그 일에 대해서 욥이 할 수 있는 말은 "여호와께서 데려 가셨다"는 것이 전부였습니다. 내가 여러분에게 어떤 정원사에 관한 이야기를 다시 할 필요는 없겠죠? 그 정원사는 자신이 아끼는 최고의 장미를 잃었지만 불평할 수 없었습니다. 왜냐하면, 그 장미를 뽑아서 죽게 한 사람은 다름아닌 주인이었기 때문입니다. 하나님께서 여러분이 가지고 있는 모든 것에 대해서 그렇게 하신다면, 여러분은 어떻게 하시겠습니까? 아, 하나님이 왜 그렇게 하시겠냐구요? 하나님은 그렇게 하십니다. 만일 내가 내 집에 가서 벽에 있는 어떤 장식을 떼어내 버린다고 해서, 내게 뭐라고 할 사람이 어디 있겠습니까? 나의 사랑하는 아내가 하녀에게 "여기 벽에 걸려 있던 그림이 어디로 갔지?"라고 물었고, 하녀가 "주인님이 떼버리셨어요"라고 대답했다고 합시다. 내 아내가 내게 따질까요? 그럴 수 없습니다. 만일 그 그림을 떼어 버린 사람이 하인이거나 외인이었다면, 그녀는 화를 내며 뭐라고 했을 수도 있겠지만, 내가 그랬기 때문에, 화를 내거나 뭐라고 말할 수가 없습니다. 왜냐하면, 그 그림은 나의 것이기 때문입니다. 만유는 하나님의 집이고, 그 주인은 하나님이시라는 것을 우리는 분명히 알아야 합니다. 거기에서 우리는 단지 자녀일 뿐입니다. 하나님은 우리에게 잠시 빌려 주셨던 것들을 언제든지 다시 회수해 가실 수 있으십니다. 형제들이여, 이 자리에서 우리가 이렇게 말하는 것은 쉬운 일이지만, 실제로 우리의 삶 속에서 우리에게 모든 것을 주신 하나님께서 우리로부터 그것들을 다시 가져가시는 일이 일어났을 때, 우리가 이렇게 말하는 것은 쉬운 일이 아니기 때문에, 우리는 그렇게 말할 수 있도록 노력하여야 합니다. 나는 욥이 하나님의 이 복된 진리, 즉 무엇을 우리에게 주시든 거두어 가시든 모든 일 속에 하나님의 손길이 작용하고 있다는 진리에 주목한 것은 잘한 일이었다고 생각합니다. 우리는 다음과 같이 생각할 때, 우리가 현재 겪고 있는 슬픔과 괴로움들, 손실과 십자가들을 가장 쉽게 받아들일 수 있게 됩니다: "이 모든 것은 하나님께서 하신 일이다. 악인들은 수단들일 뿐이었고, 그 일을 하신 것은 하나님이시다. 하나님께서 왜 그렇게 하셨느냐 하는 것은 큰 신비에 속하기 때문에, 나는 그 이유를 알 수 없고, 알 필요도 없다. 하나님께서 그렇게 하셨다는 사실만으로도 내게는 충분한 이유가 된다. '주신 이도 여호와시요 거두신 이도 여호와시오니.'"

4. 넷째로, 모든 일에서 하나님은 찬송을 받으실 분이시라는 것입니다.

이것은 욥에게 위로가 되었던 마지막 진리였습니다: "여호와의 이름이 찬송을 받으실지니이다." 사랑하는 친구들이여, 우리가 아무리 암울한 나날들을 보내고 있다고 할지라도, 하나님께 찬송을 돌리는 일을 결코 그쳐서는 안 됩니다. 오늘이 장례식 날이라고 합시다. 하나님께서는 결혼식 날만이 아니라 장례식 날에도 찬송을 받으시는 것이 마땅하지 않겠습니까? "하지만 나는 모든 것을 잃었습니다!" 그렇다고 해서, 하나님께서 합당한 찬송을 올려드리지 않아도 되는 것입니까? 영국 국민이라면 여왕께 내는 세금은 반드시 내야 한다는 것을 여러분은 알고 계실 것입니다. 마찬가지로, 우리의 크신 왕이신 하나님께 세금을 내야 한다는 것은 우리에게 부과된 최우선적인 의무입니다. 우리의 왕께 바쳐야 할 세금인 찬송을 바치지 않는 일이 우리에게 있어서는 안 됩니다. "해 돋는 데에서부터 해 지는 데에까지 여호와의 이름이 찬양을 받으시리로다"(시 113:3). "나는 자녀를 잃었어요!" 그렇군요, 하지만 하나님은 찬송을 받으셔야 합니다. "나는 어머니를 잃었습니다!" 그렇군요, 하지만 하나님은 찬송을 받으셔야 합니다. "나는 머리가 깨질 듯이 아파요." 그렇군요, 하지만 하나님은 찬송을 받으셔야 합니다. 어느날 저녁에 한 분이 내게 이런 말을 했습니다: "목사님, 우리 가족이 기도회를 가져야 하겠는데, 가족이 다 모여서 기도회를 가지려면, 시간이 너무 늦어서요. 목사님은 가족 기도회를 하시는 데 너무 피곤하지 않으십니까?" 나는 말했습니다: "아닙니다. 나는 내 형제들과 기도하는 것이 전혀 피곤하지 않고, 앞으로도 피곤하지 않게 되기를 소망합니다." 설령 가족이 다 모일 수 있는 때가 한밤중이라고 하더라도, 우리는 기도와 찬송 없이 자러 가서는 안 됩니다. 왜냐하면, 우리는 하나님께 합당한 영광을 빼앗는 일을 해서는 안 되기 때문입니다. "거리에 폭도가 있습니다." 그래도 우리는 하나님께 찬송으로 영광 돌리는 일을 그쳐서는 안 됩니다. "우리가 파는 물건 값이 점점 더 내려가서, 장사하는 우리는 망하게 생겼어요." 그래도 우리는 하나님께 찬송으로 영광 돌리는 일을 그쳐서는 안 됩니다. "나는 점점 뭐가 뭔지를 모르겠습니다." 그래도 우리는 하나님께 찬송으로 영광 돌리는 일을 그쳐서는 안 됩니다.

"여호와의 이름이 찬송을 받으실지니이다." 욥의 이 고백은 하나님께서 우리에게 무엇을 주시든지 거두어 가시든지, 우리는 하나님을 찬송하여야 한다는 의미입니다. 우리에게 무엇을 "주신" 여호와의 이름이 찬송을 받으실지니이다. 우리에게서 무엇을 "거두신" 여호와의 이름이 찬송을 받으실지니이다. 하나님께서는 우리가 좋아하는 일들만을 행하셔야 하고, 그렇지 않는 경우에는 우리가 하나님을 찬송하지 않는 그런 일이 하나님의 백성들 가운데서는 결코 있어서는 안 됩니다. 하나님께서 매일같이 우리를 기쁘게 해주시고, 우리의 변덕을 따라주시며, 우리의 취향을 만족시켜 주셔야만, 우리가 하나님을 찬송하겠다고요? 어떤 사람들은 "나는 하나님이 왜 그렇게 행하시는지를 이해할 수 없습니다"라고 말합니다. 여러분은 하나님께서 여러분에게 알아듣도록 설명해 주지 않으시면, 여러분을 불의하게 대하시고 계시는 것이라고 염려할 정도로, 하나님이 그렇게도 여러분에게 낯선 존재인 것입니까? 여러분은 20년 동안이나 하나님을 알아 왔으면서도, 아직도 모든 일에서 하나님을 찬송할 수 없습니까? 형제들이여, 우리 중에는 하나님을 40년 동안 알아 온 분들도 있고, 어떤 분들은 50년 동안 하나님을 알아 왔습니다. 그런데도 여러분은 아직도 하나님으로부터 성경의 몇 장 몇 절에 그런 내용이 있다는 설명을 들으시고 나서야 비로소 하나님을 찬송하고자 하십니까? 아닙니다, 나는 우리가 그런 단계는 이미 한참 지나 왔기를 바랍니다.

우리는 특히 마귀가 우리에게 하나님을 욕하라고 충동질할 때마다, 하나님을 찬송하여야 합니다. 사탄은 욥에 대해서 하나님께 이렇게 말했었습니다: "이제 주의 손을 펴서 그의 모든 소유물을 치소서 그리하시면 틀림없이 주를 향하여 욕하지 않겠나이까"(1:11). 이것은 마치 하나님께서 자기 종에게 마귀의 목적이 무엇인지를 귀뜸해 주신 것 같이 보입니다. 그리고 욥은 "여호와의 이름이 찬송을 받으실지니이다"라고 말했습니다. 나중에, 욥의 아내는 하나님을 욕하라고 말하며, 욥을 윽박질렀지만, 욥은 그런 짓을 하고자 하지 않고, 도리어 하나님을 찬송하였습니다. "악한 자" 마귀가 여러분에게 속삭이는 것과 정반대되는 것을 행하는 것이 통상적으로는 지혜로운 일입니다. 마귀가 "욕하라"고 말하면, 여러분은 찬송하십시오. 자선단체에 1파운드를 기부하러 갔던 한 사람에 관한 이야기를 기억하십시오. 그때에 마귀는 "너는 그런 기부를 할 만큼 경제적으로 여유가 있지 않아"라고 속삭였습니다. 그러자 그 사람은 "네가 그런 식으로 말하니, 나는 2파운드를 기부할 것이다"라고 말했습니다. 사탄이 "너는 미치광이구나!"라고 소리 쳤습니다. 그러자 그 사람은 이번에는 "나는 4파운드를 기부할 것이다"라고 말했습니다. 사탄은 "네가 4파운드를 기부했다고 집에 돌아가서 부인에게 말한다면, 네 부인은 무엇이라고 할까?"라고 위협했습니다. 그러자 그 사람은 이렇게 말했습니다: "나는 8파운드를 기부할 것이다. 지금 당장 네가 내게서 떠나가지 않으면, 나는 네가 나에게 16파운드를 기부하라고 권하는 것으로 알겠다." 마귀는 자기가 그를 유혹하면 할수록, 그가 정반대로 갔기 때문에, 결국 그를 떠날 수밖에 없었습니다. 여러분도 그렇게 하십시오! 마귀가 우리에게 하나님을 욕하라고 충동질할수록, 우리는 더욱더 하나님을 찬송하여야 합니다. 사탄은 자기가 우리를 몰아붙일수록, 우리가 정반대 방향으로 간다는 것을 알았는데도, 우리를 유혹하고 시험하는 일을 계속할 정도로 어리석지는 않습니다.

나는 지금까지 내가 전한 말씀들이 고난 받고 있는 성도들에게 달콤하고 기쁜 말씀들이 되기를 바라는 마음뿐입니다. 나는 여기에 계신 모든 분들이 이 말씀들을 듣고서 유익을 얻었기를 바랍니다. 여러분이 모든 것을 잃는다면, 여러분은 어떻게 하시겠습니까? 그리고 여러분 중에서 지금 모든 것을 잃으신 분들은 어떻게 하고 계십니까? 아내가 죽었고, 자녀들이 죽었고, 여러분은 늙어 가는데, 그런데도 여러분은 하나님 없이 살아가고 계십니까? 하나님께 아무런 관심도 없는 가련한 부자들이여! 여러분이 가진 돈이 여러분의 영혼을 갉아먹고 있습니다. 그러나 아무것도 가진 것이 없어서 가난하면서도, 하나님 없이 살아가고 있기 때문에, 앞으로도 소망이 없는 자들이여, 여러분의 처지도 너무나 서글픕니다. 하나님께서 그 풍성하신 긍휼하심 가운데서 여러분에게 약간의 상식이라도 주시기를 빕니다. 왜냐하면, 여러분이 약간의 상식이라도 갖게 된다면, 여러분은 분명히 하나님께로 나아오게 될 것이기 때문입니다.

우리는 믿지 않는 자들에게 구제를 베풀다 보면, 직장을 잃고서 고민으로 가득한 사람들을 종종 만납니다. 그들에게는 먹을 것이 전혀 없습니다. 우리가 그들에게 "왜 하나님께 도와주시라고 부르짖지 않으셨습니까?"라고 물으면, 그들은 "목사님, 우리는 일생 동안 기도를 한 적이 한 번도 없었습니다"라고 대답합니다. 여러분은 어떻습니까? 여기 여러분의 자녀가 먹을 것과 입을 것이 없어서 벌벌 떨면서 집안을 기어다니고 있다고 합시다. "너는 아버지에게 네가 필요한 것들을 주시라고 해본 적이 있니?" "한 번도 없어요."

친구들이여, 하나님께서 여러분을 지으셨는데, 여러분은 왜 아버지이신 하나님 없이 살아가려고 하신 것입니까? 하나님께서 여러분을 지으신 것이 맞습니까? 하나님께서 여러분을 지으셨다면, 하나님이 자기 손으로 지으신 여러분에게 관심을 가지고 돌보아 주시려고 하는 것은 당연합니다. 여러분이 지금 더 이상 떨어질 곳도 없을 만큼 낮은 곳에 있다고 할지라도, 아버지 하나님 앞에 나아가서 도와 달라고 하십시오. 하나님이 지으신 자로서 그에게로 나아가서 그의 얼굴을 뵙겠다고 청하십시오. 그랬을 때, 과연 하나님께서 여러분을 도와주시는지 그렇지 않은지를 보십시오. 불신앙이여, 너는 사람들의 혼을 빼놓고서 어디로 몰고 가는 것이기에, 사람들은 굶주려 죽을 지경인데도, 하나님께로 돌아오려고 하지 않는 것이냐! 하나님의 성령이시여, 인생들을 복 주십시오. 사랑하시는 구주의 이름을 인하여, 지금 두려움과 슬픔과 손실 가운데 있는 자들을 복 주셔서, 그들로 하여금 회개하고 구주의 발 앞으로 나아올 수 있도록 해주십시오. 아멘.

제
3
장
—

그리스도인의 죽음

—

"네가 장수하다가 무덤에 이르리니 마치 곡식단을 제 때에
들어올림 같으니라." — 욥 5:26

우리는 욥의 친구들이 말한 모든 것을 믿지 않습니다. 그들은 거의 대부분
마치 성령의 감동을 받지 않은 사람처럼 말했습니다. 왜냐하면, 우리는 그들이
말한 것들 중에서 많은 것들이 옳지 않다는 것을 발견하기 때문입니다. 우리는
욥기 전체를 읽고 나면, 그들에 대해서 "너희는 모두 형편없는 위로자들이었구
나"라고 말할 수 있을 것입니다. 그들은 하나님의 종 욥에 대하여 올바른 것들을
말하지 않았기 때문입니다. 그럼에도 불구하고, 그들은 학식과 재능을 지닌 사
람들이었을 뿐만 아니라 오랜 경륜을 지닌 나이 든 사람들이었기 때문에, 이 세
사람의 입에서 나온 말들 중에는 우리가 주목할 만한 가치가 있는 많은 거룩하
고 경건한 내용들이 있습니다. 머리가 희어진 이 세 사람의 원로들은 자신의 경
험을 통해서 알게 된 것들을 말해 줄 수 있었습니다. 당시에 그들에게는 우리가
지금 누리고 있는 저 환하고 밝게 빛나는 하나님의 빛이 없었기 때문에, 그들이
잘못된 말들을 한 것은 이상한 일이 아닙니다. 그들은 함께 만날 기회도 거의 없
었습니다. 당시에는 그들에게 하나님의 나라에 대하여 가르쳐 줄 선지자도 거의
없었습니다. 따라서 우리는 복음 계시의 빛이 없었는데도, 그들이 이 정도로 하
나님의 진리를 깨달을 수 있었다는 것이 놀라울 뿐입니다. 하지만 나는 이 장에
대해서 한 마디 하지 않을 수 없는데, 그것은 우리는 이 장을 전체적으로 사람의

말, 즉 데만 사람 엘리바스의 말이 아니라 하나님의 말씀으로 여길 수밖에 없다
는 것입니다. 다시 말하면, 오늘의 본문은 욥을 질책한 어리석은 위로자의 지혜
롭지 못한 말이 아니라, 자기 백성을 위로하시는 큰 위로자"(cf. 요 14:16, "보혜
사"), 늘 옳은 것들만을 말씀하시는 성령의 말씀이라는 것입니다. 이러한 견해가
옳다는 것은 사도 바울이 욥기의 이 장을 인용하고 있다는 사실로부터도 확증됩
니다. 엘리바스는 13절에서 "지혜로운 자가 자기의 계략에 빠지게 하시며"라고
말하는데, 사도 바울은 고린도전서 3장 19절에서 "기록된 바 하나님은 지혜 있는
자들로 하여금 자기 꾀에 빠지게 하시는 이라 하였고"라고 말합니다. 이것은 욥
기의 이 본문이 하나님의 감동을 받은 것으로서 지극히 참된 말씀이라는 것을
확인해 줍니다. 분명한 것은 엘리바스 같은 그런 인물의 경험은 우리가 많이 존
중할 가치가 있다는 것입니다. 그가 하나님의 백성의 일반적인 상태에 대하여
말하면서, 그들은 "혀의 채찍을 피하여 숨을 수가 있고 멸망이 올 때에도 두려워
하지 아니할" 수 있으며, "멸망과 기근을 비웃는다"고 했을 때(5:21-22), 우리는
그의 말들을 경험에 의해서 증명되고 하나님의 감동에 의해서 그 참됨이 확인된
말씀으로 받아들일 수 있습니다. "네가 장수하다가 무덤에 이르리니 마치 곡식
단을 제 때에 들어올림 같으니라." 이 말씀 속에는 나이 든 그리스도인을 "곡식
단"에 빗대어 말하는 매우 아름다운 비유가 들어 있습니다. 이것은 본문의 표면
에서 금방 알 수 있는 비유입니다. 추수하는 밭으로 한 번 가 보십시오. 거기에서
익은 곡식을 보고 있노라면, 나이 든 신자를 떠올리지 않을 수 없게 됩니다. 그렇
게 잘 익은 곡식을 거둘 수 있게 될 때까지는 얼마나 많은 수고와 염려가 있었겠
습니까! 씨를 뿌리고 나서 처음으로 싹이 나왔을 때에는, 농부는 저 연약한 싹을
벌레가 먹어 치우면 어쩌나 하고 염려하거나, 매서운 된서리가 내려서 어린 싹
이 해를 입어서 시들어 죽게 되면 어쩌나 하고 염려하게 됩니다. 그리고 달이 가
고 절기가 바뀔 때마다, 농부는 하늘을 올려다보며, 단비를 내려 주었으면 하고
바라거나, 따뜻한 햇볕을 곡식들에게 풍성히 내리쬐어 주었으면 하고 바라면서,
얼마나 애타게 기다렸겠습니까? 그리고 마침내 곡식이 거의 다 익어가게 되었을
때에는, 병충해나 거센 비바람으로 인해서 소중한 알곡들이 망쳐지면 어쩌나 하
고 얼마나 노심초사 했겠습니까? 이제 곡식들은 잘 익은 채로 들에 있고, 농부는
어느 정도 염려에서 벗어나 있습니다. 그가 노심초사 하던 때들은 지나갔습니
다. 그는 땅의 소중한 열매들을 인내로써 기다려 왔고, 마침내 그 열매들이 그의

눈 앞에 있습니다. 머리가 희끗한 사람도 마찬가지입니다. 그가 얼마나 많은 인고의 세월을 견뎌 왔겠습니까? 그는 젊을 때에 죽을 뻔한 적이 한두 번이 아니었지만, 그런 고비들을 무사히 넘기고서, 청년기와 장년기를 지나, 이제 노년기에 있습니다. 그는 이런저런 많은 일들을 겪어 왔습니다. 그는 전염병이라는 수레바퀴에 깔려 죽을 뻔하거나, 큰 사고로 목숨을 잃을 뻔하였지만, 하나님께서 자신의 섭리라는 방패로 그를 보호해 주셔서, 지금까지 살아올 수 있었습니다. 그가 겪어 온 걱정거리들과 괴로운 일들이 얼마나 많았습니까? 백발의 역전의 노장을 보십시오! 온갖 걱정거리들과 괴로운 일들이 그의 이마에 남긴 흔적들을 보십시오. 그가 온갖 시련을 헤치고 힘겹게 싸우느라고 그의 가슴 속에 깊이 새겨진 저 어두운 멍 자국들을 보십시오. 이제 그가 염려하고 걱정하던 시절은 어느 정도 지나갔습니다. 그는 이제 안식의 항구에 아주 가까이 와 있습니다. 몇 년간만 더 애쓰고 힘쓰면, 그는 하나님께서 약속하신 저 가나안 땅의 아름다운 항구에 다다르게 될 것입니다. 우리는 익은 곡식을 바라보는 농부가 느끼는 그런 기쁜 마음으로 나이 든 신자를 바라봅니다. 왜냐하면, 이 두 사람은 염려가 지나가고 안식의 때가 가까이 왔다는 점에서 서로 공통점이 있기 때문입니다. 줄기가 얼마나 약해졌는지를 보십시오. 그 줄기는 바람만 조금 불어도 이리저리 흔들리고, 시들어 말라갑니다. 마치 자신이 생겨난 근원인 땅에 입맞춤이라도 하려는 듯이 고개를 숙이고 있는 이삭들을 보십시오. 나이 든 신자도 마찬가지입니다. 그의 발걸음은 비틀거리고, 눈은 침침하며, 치아들의 기능은 멈추었고, 그 수도 얼마 되지 않아서, 음식을 씹는 것조차 짐이 되었습니다. 그렇지만 그 연약함 속에 영광이 있습니다. 그것은 어린 새싹의 연약함이 아니라, 다 익은 곡식의 연약함입니다. 그것은 성숙했음을 보여주는 연약함이고, 영광으로 덧입혀진 연약함입니다. 황금색을 띤 익은 곡식이 푸르른 빛을 띠고 한참 자랄 때보다 더 아름다워 보이듯이, 나이 든 사람의 백발은 영광의 면류관입니다. 그의 연약함은 한참 힘이 좋은 청년이나 꽃다운 나이의 아름다운 처자보다 더 영광스럽습니다. "곡식단"은 곧 집으로 옮겨진다는 점에서, 나이 든 신자를 곡식단에 비유해서 사람의 상태에 대하여 말한 것은 정말 대단하지 않습니까? 추수하는 자가 곧 오실 것입니다. 바로 지금도 나는 추수하는 자가 낫을 갈고 계시는 소리를 듣습니다. 추수하는 자는 낫을 날카롭게 갈아서, 머지않아 익은 곡식을 베어 수확하실 것입니다. 보십시오! 그가 익은 곡식을 거두어들이기 위하여 들판을 가로질러 오고 계십니다. 그런 후에, 곡식단은 곳간에 들여져서 안전하게 보관되어, 더 이상 마름병이나 흰가루병 같은 병충해를 입을 염려가 없게 될 것입니다. 그곳은 눈도 들어오지 못하고 바람도 들어오지 못하는 곳이어서, 곡식들은 안전할 것입니다. 추수할 날이 정해져서, 잘 익은 곡식단이 농부의 곳간으로 들여질 때는 기쁜 날이 될 것입니다. 나이 든 신자도 마찬가지입니다. 그도 곧 본향으로 데려가지게 될 것입니다. 죽음이 지금도 자신의 낫을 갈고 있고, 천사들은 그를 천국으로 데려오기 위하여 황금 수레를 준비하고 있습니다. 곳간이 지어졌고, 집도 준비되었습니다. 머지않아 주께서 "가라지는 먼저 거두어 불사르게 단으로 묶고 곡식은 모아 내 곳간에 넣으라"(마 13:30)고 말씀하실 것입니다.

이 아침에 우리는 단지 나이 든 그리스도인들만이 아니라 모든 그리스도인들의 죽음에 대해서 일반적으로 고찰해 보고자 합니다. 왜냐하면, 오늘의 본문은 겉보기에는 나이 든 그리스도인들에 대해서 말하고 있는 것처럼 보이지만, 사실은 모든 신자를 향하여 다음과 같이 큰 소리로 말하고 있기 때문입니다: "네가 장수하다가 무덤에 이르리니 마치 곡식단을 제 때에 들어올림 같으니라."

우리가 본문에서 주목해야 할 것은 네 가지입니다. 첫째로, 죽음은 불가피하다는 것입니다. 왜냐하면, 본문은 "네가 … 이르리니"라고 말하고 있기 때문입니다. 둘째로, 죽음은 받아들일 만하다는 것입니다. 왜냐하면, 본문은 "내가 너를 네무덤으로 들어가게 하리라"고 말하는 것이 아니라, "네가 무덤에 이르리니"라고 말하기 때문입니다. 셋째로, 죽음은 늘 제 때에 온다는 것입니다: "네가 장수하다가 무덤에 이르리니." 넷째로, 그리스도인에게 죽음은 늘 영광스러운 일이라는 것입니다. 왜냐하면, 본문은 "네가 장수하다가 무덤에 이르리니 마치 곡식단을 제 때에 들어올림 같으니라"고 말하기 때문입니다.

1. 첫째로, 죽음은 불가피합니다.

우리가 가장 먼저 살펴보고자 하는 것, 즉 그리스도인들에게조차도 죽음은 불가피하다는 말은 너무나 진부하고 단순하며 뻔한 것이어서, 사실 이런 말은 거의 할 필요조차 없을 것입니다. 그러나 나는 죽음을 본격적으로 살펴보기 전에 서론적으로 이것에 대해서 한두 마디 해 두는 것이 꼭 필요하다는 것을 발견했습니다. 사람이라면 누구나 다 죽을 수밖에 없다는 것은 너무나 뻔한 사실인데, 우리는 이것에 대해서 무슨 말을 할 필요가 있을까요? 그런데도 우리가 이 사실에 대하여 말해야 한다는 것은 부끄러운 일입니다. 왜냐하면, 이 사실은 너무나 잘 알려져 있는 진리인데도 불구하고, 사람들은 이 사실을 새까맣게 잊고 살아가기 때문입니다. 우리는 모두 이 사실을 이론적으로는 믿고 머리로는 받아들이지만, 이 사실을 마음에 새기고 살아가는 사람은 극히 드뭅니다. 사람이 죽어 장례식을 치르는 것을 보고서야, 우리는 이 사실을 떠올리게 되고, 엄숙하게 울리는 조종은 우리에게 이 사실을 상기시켜 줍니다. 우리는 조종이 울릴 때에 우리가 언젠가는 죽어야 한다는 사실을 알려 주는 묵직한 저음의 음성을 듣게 됩니다. 그러나 평소에는 죽음을 잊고 살아가는 것이 보통입니다. 죽음은 모든 사람에게 불가피합니다. 그러나 내가 죽음에 대해서 말하고자 하는 것은, 성경에는 "한번 죽는 것은 사람에게 정해진 것이요"(히 9:27)라고 기록되어 있지만, 어떤 그리스도인들이 결코 죽지 않게 될 때가 장차 오리라는 것입니다. 만일 아담이 결코 범죄하지 않았다면, 그는 죽지 않았을 것임을 우리는 압니다. 왜냐하면, 죽음은 죄에 대한 벌이기 때문입니다. 또한, 우리는 에녹과 엘리야는 죽음을 맛보지 않고 하늘로 옮겨졌다는 것을 압니다. 그러므로 우리가 얻을 수 있는 결론은 죽음은 그리스도인에게 절대적이라는 것이 아니라는 것입니다. 게다가, 우리는 성경에서 예수 그리스도께서 재림하실 때에 "살아 남아 있는"(살전 4:15) 자들도 있을 것이라는 말을 듣습니다. 사도는 이렇게 말합니다: "보라 내가 너희에게 비밀을 말하노니 우리가 다 잠 잘 것이 아니요 마지막 나팔에 순식간에 홀연히 다 변화되리니"(고전 15:51). 이때에 살아 있는 자들이 있을 것인데, 그들에 대하여 사도는 이렇게 말합니다: "그 후에 우리 살아 남은 자들도 그들과 함께 구름 속으로 끌어 올려 공중에서 주를 영접하게 하시리니 그리하여 우리가 항상 주와 함께 있으리라"(살전 4:17). 우리는 "혈과 육은 하나님 나라를 이어 받을 수 없다"(고전 15:50)는 것을 알지만, 우리의 육신이 어떤 영적인 과정을 통해서 정련되었을 때에는 썩어 없어지는 과정이 필요 없게 될 수 있습니다. 나는 이 말씀을 깊이 묵상하면서, 우리 중의 일부도 죽음을 보지 않게 될 저 복된 사람들에 속하는 것이 가능하지 말라는 법이 없지 않겠는가 하는 생각을 했습니다. 물론, 우리가 거기에 속하지 못한다고 할지라도, 그런 생각을 해보는 것은 정말 즐겁고 기쁜 일입니다. 그리스도께서는 죽음을 이기심으로써, 죄로 인하여 갇혀 있던 자들을 감옥에서 꺼내어 주실 뿐만 아니라, 괴물의 날카로운 이빨 사이에서 그들을 구하셔서 아무런 해도 입지 않은 채로 그 소굴에서 데리고 나오십니다. 그는 죽은 자들을 소생시켜서 단두대에서 죽임을 당한 자들에게 새 생명을 불어 넣어 주실 뿐만 아니라, 어떤 이들의 경우에는 죽음을 보지 않게 샛길로 데리고 나오셔서 천국으로 인도하십니다. 그는 죽음에게 이렇게 말씀하십니다: "너 괴물아, 썩 물러가라! 이 사람들에게는 네가 결코 손을 대지 못할 것이다. 이들은 택함 받은 자들이니, 너의 차가운 손가락들은 그들의 영혼의 물결을 결코 얼게 하지 못할 것이다. 나는 그들을 천국으로 곧장 데리고 가서, 죽음을 맛보지 않게 하려고 하고 있다. 나는 그들이 너의 음산한 관문을 통과하거나, 너의 황량한 음부의 땅에 포로로 잡혀 있는 과정 없이, 그들을 육신을 지닌 채로 천국으로 옮길 것이다." 그리스도께서 죽음을 이기셨기 때문에, 어떤 사람들은 죽음을 맛보지 않게 될 것이라는 사실은 얼마나 영광스러운 것입니까! 그러나 여러분은 내게 "사람의 육신은 본질적으로 죽을 수밖에 없는 속성을 지니고 있는데, 어떻게 그런 일이 있을 수 있습니까?"라고 말할 것입니다. 저명한 사람들은 한 생물은 다른 생물을 먹고 살아가야 하기 때문에, 자연에서 죽음은 필연적이라고 말하고, 그 말은 사실입니다. 만일 모든 생물이 다른 생물을 잡아먹는 것을 포기하도록 가르침을 받을 수 있다고 할지라도, 어쨌든 생물들은 식물이라도 먹어야 살 수 있고, 그러다 보면, 식물에 숨어 있던 벌레들을 먹게 되지 않을 수 없습니다. 그러므로 죽음은 자연의 법칙인 것처럼 보입니다. 사람들은 이미 현재 할당된 기간을 훨씬 넘어 살아가고 있기 때문에, 천 년을 생존할 수 있었던 피조물이 앞으로도 계속해서 생존할 수 있는 것은 그리 어렵지 않은 일처럼 보일 수 있습니다. 그러나 성도들은 이 세상에서 영원토록 살아가게 되는 것이 아니라, 자연의 법이 아니라 영광의 법이 적용되는 곳으로 옮겨가게 될 것이라는 사실을 생각하면, 그러한 반론은 타당하지 않습니다.

2. 둘째로, 그리스도인에게 죽음은 언제나 기꺼이 받아들일 수 있는 것입니다.
이것은 듣기 좋고 기분 좋은 사실입니다. "네가 무덤에 이르리니." 카릴 (Caryl) 목사는 이 절에 대해서 이런 주를 달아 놓았습니다: "이 절은 죽는 것이 자발적이며 즐거운 일이라는 것을 보여준다. 너는 누가복음 12장에서 저 어리석은 부자에 대하여 '오늘 밤에 네 영혼을 도로 찾으리니'(20절)라고 말하고 있는 것처럼 자신의 무덤으로 끌려가게 되지 않을 것이다. 너는 평안한 가운데 미소를 지으며 너의 무덤에 이르게 될 것이다. 너는 무엇에 실려서 무덤에 가는 것이 아니라, 자기 발로 걸어서 무덤에 가게 될 것이다." 악인은 죽으면 자기 무덤으로 내몰리지만, 그리스도인은 자발적으로 자기 무덤에 이릅니다. 비유 하나를 들겠습니다. 두 사람이 같은 집에 함께 앉아 있는데, 두 사람에게 모두 죽음이 찾아 왔습니다. 죽음은 한 사람에게는 "너는 죽을 것이다"라고 말하였습니다. 그 사람은 죽음을 쳐다보고서는, 눈에 눈물이 가득 한 채로 두려워 떨며, "죽음이여, 나는 죽을 수 없고, 죽고자 하지 않습니다"라고 말하였습니다. 그는 의사를 불러서 이렇게 말했습니다: "죽음이 나를 쳐다보았기 때문에, 나는 병이 들었습니다. 죽음의 눈은 나의 뺨을 창백하게 만들었고, 나는 내가 이 세상을 떠나게 될까봐 두렵습니다. 의사 선생님, 돈은 얼마든지 드릴 테니, 제발 나를 건강하게 해주셔서 살 수 있게 해주세요." 의사는 상당한 돈을 받고 심혈을 기울였지만, 자신의 모든 기술로도 그를 건강하게 할 수 없었습니다. 그는 의사를 바꾸어서 다시 한 번 시도했고, 자신의 생명줄을 조금이라도 더 연장할 수 있을 것이라고 생각했습니다. 그러나 유감스럽게도 죽음이 찾아와서, "나는 네게 여러 가지 핑계들을 댈 수 있는 시간을 주었으니, 이제 나와 함께 가자, 너는 죽을 것이다"라고 말하고서는, 그의 손과 발을 묶고, 저 음부의 어두운 땅으로 끌고 갔습니다. 그는 끌려가면서도, 길 옆의 기둥들을 필사적으로 붙잡고 가지 않으려고 했지만, 죽음은 강철 같은 손으로 그를 계속해서 끌고 갔습니다. 길 옆으로 나무가 보일 때마다, 그는 그 나무들에 매달려 보려고 했지만, 죽음은 "어서 가자, 너는 나의 포로가 되었고, 죽게 될 것이다"라고 말하였습니다. 학교에 가기 싫어하는 초등학생이 천천히 발걸음을 옮기듯이, 그는 죽음에게 이끌려서 그 길을 가고 있었습니다. 그는 자기 무덤으로 간 것이 아니라, 죽음이 그를 거기로 끌고 간 것이었습니다. 무덤이 그에게로 왔습니다.

그러나 또 다른 사람에게는 죽음이 "당신을 위해서 내가 왔습니다"라고 말하였습니다. 그는 미소를 지으며 이렇게 대답했습니다: "아, 죽음이여! 나는 당신을 압니다. 전에도 여러 번 보았거든요. 나는 당신과 교제를 가져 왔지요. 당신은 내 주의 종입니다. 당신은 나를 본향으로 데려다 주기 위해 온 것이죠. 내 주께 가서, 나는 언제든지 준비가 되어 있으니, 그가 기뻐하시는 때에 나를 데려가시라고 전해 주세요. 죽음이여, 나는 당신과 함께 갈 준비가 되어 있답니다." 그들은 사이좋게 동행하여 함께 길을 걸어갔습니다. 죽음이 그에게 말했습니다: "나는 악인들에게 겁주기 위해서 이런 해골 모양을 해 왔지만, 사실 나는 무서운 존재가 아닙니다. 나의 진짜 모습을 당신께 보여 드리죠. 벨사살의 궁정의 벽에 글을 쓴 손이 무서웠던 것은 아무도 그 손 외에는 나의 다른 부분을 보지 않았기 때문이지요. 하지만 당신에게는 내 모습 전체를 보여드리죠. 지금까지 사람들은 단지 해골 같은 내 손만을 보았기 때문에, 무서워하고 겁을 집어먹은 것입니다." 죽음은 이렇게 말하고 나서는, 위장하기 위해서 입은 것들을 벗고서, 그 그리스도인에게 자신의 진짜 모습을 보여 주었습니다. 그는 죽음의 진짜 모습을 보고서, 미소를 지었습니다. 왜냐하면, 죽음은 그룹 천사들의 날개를 지니고 있고, 가브리엘 같은 영광스러운 몸을 입고 있는 천사였기 때문입니다. 그 그리스도인은 죽음에게 이렇게 말했습니다: "당신은 내가 생각했던 그런 모습이 아니군요. 나는 기쁜 마음으로 기꺼이 당신과 함께 갈 것입니다." 죽음은 자신의 손으로 그 그리스도인을 툭 쳤습니다. 마치 어머니가 자신의 자녀가 사랑스럽게 느껴질 때에 한 번 툭 치듯이 말입니다. 아이들은 어머니가 그렇게 툭 쳐주시는 것을 좋아합니다. 그것이 애정 표현이라는 것을 알기 때문이죠. 마찬가지로, 죽음도 자신의 손가락으로 그 사람의 맥박을 툭 쳤고, 그 순간 맥박이 멈추었고, 그 그리스도인은 자기가 죽음의 사랑의 터치를 통해 영으로 변화된 것을 알았습니다. 그는 자기가 천사들 같이 된 것을 알았습니다. 그의 몸은 영적인 것으로 바뀌었고, 그의 영혼은 정화되었으며, 그는 천국에 있었습니다.

여러분은 내게 이것은 단지 비유일 뿐이라고 말할 것입니다. 그러므로 나는 이 비유가 사실이라는 것을 밑받침해 줄 몇몇 증거들을 여러분에게 제시하지 않을 수 없습니다. 나는 임종하는 순간에 성도들이 한 말들 중 일부를 여러분에게 들려드려서, 죽음이 그들에게 기분 좋은 방문객이었기 때문에, 그들이 죽음을 전혀 두려워하지 않았다는 것을 보여드리고자 합니다. 임종하면서 사람들이 한 말들은 아마도 여러분이 믿을 것이라고 나는 생각합니다. 죽는 순간까지도 위선자 역할을 할 사람은 없을 것이기 때문입니다. 연극이 끝나면, 사람들은 가면을 벗게 되어 있습니다. 죽음을 맞게 된 사람들도 마찬가지입니다. 그들은 모든 가면을 다 벗어 버리고 엄연한 현실을 있는 그대로 직면합니다.

먼저, 나는 최고의 저명한 칼빈주의자인 오웬(Owen) 박사님이 한 말을 여러분에게 들려드리겠습니다. 그가 쓴 책들이 남아 있는 한, 나는 사람들이 전적인 은혜의 복음을 옹호할 수 있는 논거들을 찾지 못하겠다고 탄식할 일은 없을 것이라고 생각합니다. 한 친구가 오웬 박사님을 찾아가서, 그의 저서인 「그리스도의 영광에 관한 묵상」(*Meditations on the Glory of Christ*)을 출판하였다고 말
하였습니다. 그러자 그의 기력 없는 눈이 순간적으로 빛이 나면서, 그는 이렇게
대답하였답니다: "그 말을 들으니 기쁘네. 내가 이 세상에서 해 왔거나 할 수 있
었던 것과는 전혀 다른 방식으로 그리스도의 영광을 보게 될 때를 그토록 오랫
동안 기다려 왔는데, 이제 마침내 그 때가 온 것 같네."

여러분은 "그분은 단지 신학자일 뿐이었고, 우리는 시인이 얘기하는 말을
듣고 있는 것이잖아요"라고 말할지 모르겠습니다.

조지 허버트(George Herbert, 1593-1633년, 영국의 목사이자 시인)는 위독한 상태
에서 아주 힘겨운 싸움을 한 후에, 큰 괴로움 속에서 울고 있던 자신의 부인과 조
카들에게 방에서 나가달라고 부탁하고서는, 우드놋(Woodnott) 목사님께 자신
의 유언을 맡기면서, 이렇게 소리쳐 말했답니다: "나는 죽을 준비가 되어 있습니
다. 주여, 나의 힘이 다한 지금 나를 버리지 말아 주시고, 내 주 예수의 공로를 인
하여 내게 긍휼을 베풀어 주소서. 주여, 지금 내 영혼을 받으소서." 그런 후에, 그
는 다시 몸을 눕히고서, 마지막 호흡을 하고 소천하였습니다. 이 시인은 그렇게
죽었습니다. 그는 평소에 "나는 천국의 교회 종소리가 울리는 소리를 듣고 있다
고 생각한다"고 입버릇처럼 말해 왔는데, 얼마든지 암울한 것으로 묘사될 수 있
었을 그의 죽음은 그가 늘 했던 말대로 그의 영혼이 천사들을 보며 황홀한 기쁨
을 누리는 순간이 되었던 것입니다. 나는 그가 요단 강 가까이 다가갔을 때에 그
종소리를 들었을 것이라고 생각합니다.

여러분은 "한 사람은 신학자였고, 한 사람은 시인이었으니, 두 사람의 말은
다 허황된 것일 수 있습니다"라고 말할지 모르겠습니다. 그렇다면, 이제 선교사
로 활동하였던 브레이너드(Brainard)가 임종 때에 한 말을 들어 보겠습니다.

그는 이렇게 말했습니다: "나는 거의 영원 가운데 있습니다. 나는 거기에 있
기를 갈망합니다. 내 일은 끝났고, 나의 모든 친구들에게도 내가 할 말은 다 했습
니다. 이제는 온 세상이 내게는 아무것도 아닙니다. 오직 천국에 가서 그의 거룩
한 천사들과 함께 하나님을 찬송하고 영광을 돌리게 되기를 바랄 뿐입니다." 이
것이 "그리스도 예수를 아는 지식이 가장 고상하기 때문에" "모든 것을 해로 여
기고서"(빌 3:8), 복음을 전하기 위하여 야만 상태로 살고 있던 인디언들 속으로
들어갔던 브레이너드가 한 말입니다.

그러나 여러분은 "그분들은 지나간 시대의 사람들이 아닙니까?"라고 말할

수 있습니다. 이제 여러분에게 오늘날의 인물들이 한 말을 소개해 드리겠습니다.

먼저, 스코틀랜드의 위대하고 유명한 설교자였던 홀데인(Haldane)이 한 말을 들어 보십시오. 그는 다음과 같은 말씀을 작고 분명한 목소리로 반복하며 일어났습니다: "우리 생명이신 그리스도께서 나타나실 그 때에 우리도 그와 함께 영광 중에 나타나리라"(cf. 골 3:4). 사모님이 그에게 지금 본향에 갈 것 같으냐고 물었고, 그는 "아마도 아직은 아닌 것 같아요"라고 대답했습니다. 사모님이 애정 어린 음성으로 "그렇다면, 당신이 나를 조만간에 떠나게 되지는 않겠네요"라고 말하자, 그는 웃으며, "세상을 떠나서 그리스도와 함께 있는 것이 훨씬 더 좋은 일이라"(빌 1:23)고 대답했습니다. 사모님이 그에게 많이 평안하고 행복하느냐고 질문했을 때, 그는 "보배롭고 지극히 큰 약속"(벧후 1:4)이라는 말을 두 번 반복한 후에, "그러나 나는 반드시 일어날 것이요"라고 말했습니다. 사모님은 "당신은 일어날 수 없어요"라고 말했고, 그는 미소를 지으며, "깰 때에 주의 형상으로 만족하리이다"(시 17:15)라고 대답하였습니다. 사모님은 "그것이 당신이 반드시 일어날 것이라고 말한 의미인가요?"라고 묻자, 그는 이렇게 대답했습니다: "그래요, 그것이 내가 반드시 일어날 것이라고 말한 의미라오. 나는 반드시 일어날 것이요."

위대한 자선가였고, 참된 신앙을 소유한 아주 뛰어나고 유명한 그리스도인이었지만, 늘 소박하게 행하여서, 누가 보아도 결코 광신자라고 할 수 없는 하워드(Howard)는 무엇이라고 말했는지 여러분은 아십니까? 그는 자신의 병이 아주 위독한 징후를 나타내기 시작했던 죽기 며칠 전에, 프리스트먼(Priestman) 장군에게 이렇게 말했답니다: "당신은 내가 죽음에 신경 쓰지 않도록 하기 위해 애쓰고 있지만, 나는 죽음에 대하여 당신이 생각하는 것과는 아주 다른 감정을 품고 있어요. 죽음은 내게 두려움의 대상이 아닙니다. 나는 늘 죽음을 기쁜 마음이라고 할 것까지는 없지만 어쨌든 유쾌한 마음으로 바라보아 왔거든요."

그러나 여러분은 "이 분들은 우리가 전혀 모르는 사람들이니까, 우리가 알고 있던 사람의 얘기를 들어 보고 싶습니다"라고 말할 수 있습니다. 그렇다면, 나는 여러분에게 내가 자주 애정을 가지고 언급하였던 분이 했던 말을 들려드리겠습니다. 그는 우리 교단에 속한 분은 아니었지만, "이스라엘의 지도자"(삼하 3:38)인 그런 인물이었습니다. 그의 이름은 조셉 아이언스(Joseph Irons, 주후

1785-1852년)입니다. 여러분 중에서 많은 분들이 그의 입에서 나온 향기롭고 복된 말씀들을 들어 보셨기 때문에, 내가 그분에 대하여 말하는 것이 사실이라는 것을 증명해 줄 수 있을 것입니다. 그는 시간 간격을 두고서, "여호와여 어느 때까지니이까"(시 79:5), "주 예수여 오시옵소서"(계 22:20), "나는 본향에 가서 안식하기를 사모하노라" 같은 성경의 짧은 본문들을 반복해서 암송하였습니다. 사랑하는 아내가 눈물을 흘리는 것을 본 그는 이렇게 말했습니다: "나 때문에 울지 마세요. 나는 저 훨씬 크고 영원한 영광을 기다리고 있는 것이니까요." 조금 후에 숨을 회복하고서, 그는 이런 말을 덧붙였습니다: "나를 지금까지 지켜 주셨던 분은 결코 나를 떠나거나 버리지 않으실 것입니다. 두려워하지 마십시오. 모든 것이 좋습니다. 그리스도는 귀하고 보배로우신 분이시고, 나는 본향으로 갑니다. 왜냐하면, 나는 다 익은 곡식단이 되었으니까요." 이것이 여러분 중 대다수가 알고 있는 분이 임종 직전에 한 말입니다. 이것은 내가 지금까지 전한 말씀이 옳다는 것을 증명해 줍니다. 즉, 그리스도인에게 죽음이 왔을 때, 그 죽음은 기꺼이 받아들일 만한 것이라는 사실을 잘 보여줍니다. 여기에 계신 나의 형제들 중 많은 분들도 나와 같은 생각이겠지만, 만일 하나님께서 우리 같은 죽을 인생들이 바랄 수 있는 은총들 중에서 최고의 은총을 내게 주시겠다고 하신다면, 나는 기꺼이 내가 죽을 수 있게 해주시라고 부탁드릴 것이라고 확실하게 말할 수 있습니다. 나는 죽을 것인가 살 것인가를 선택하는 권리가 내게 주어지기를 결코 바라지는 않지만, 죽는 것은 사람에게 주어질 수 있는 가장 행복한 일입니다. 왜냐하면, 죽는다는 것은 근심과 걱정, 염려에서 놓여나는 것이고, 하나님께서 사랑하시는 자들에게 주어지는 특별한 잠을 자게 되는 것이기 때문입니다. 그러므로 그리스도인에게 죽음은 기꺼이 받아들일 만한 것임에 틀림없습니다.

그리스도인은 죽음으로 인해서 잃는 것이 전혀 없습니다. 여러분은 죽으면 친구들을 잃게 된다고 말합니다. 하지만 나는 그렇게 생각하지 않습니다. 여러분 중에서 다수는 이 땅에서보다도 천국에서 더 많은 친구들을 가지고 있습니다. 어떤 그리스도인들에게는 아랫세상이 아니라 윗세상에 자기가 사랑하는 사람들이 더 많이 있습니다. 여러분은 흔히 자신의 가족을 생각하고 그렇게 말하지만, 워즈워스(Wordsworth)의 글에 나오는 저 작은 소녀처럼 "주님, 우리 가족은 여전히 일곱입니다"라고 말해야 합니다. 왜냐하면, 그녀의 가족 중에서 몇 사람은 이미 죽어서 천국에 갔지만, 그녀는 그들도 여전히 자신의 가족으로 있다고 생각했기 때문입니다. 우리 아버지 하나님의 집은 이층으로 되어 있고, 일층에서는 우리가 살고 있고, 저 이층에는 이 세상을 떠난 수많은 형제들이 살고 있습니다. 윗세상에 있는 수많은 사랑하는 사람들은 우리의 권속으로서 우리와 연결되어 있기 때문에, 이 땅에 있을 때와 마찬가지로 천국에 있는 지금도 우리의 가족입니다. 부활 이후에는 사람들이 혼인하지 않게 되겠지만, 저 천국에서는 사람들이 사랑의 끈으로 서로 연결되어 있어서, 우리는 예수 그리스도와는 물론이고 서로에 대해서도 가족으로 살아가게 될 것입니다. 그런데 우리가 죽음 때문에 무엇을 잃는다고 말할 수 있겠습니까? 따라서 죽음이 우리를 찾아온다면, 우리는 문을 활짝 열고서 죽음을 맞이해야 하지 않겠습니까? 어떤 자매는 죽으면서, "나는 내 주님을 맞아들이기 위하여 모든 준비를 마치고 자물쇠를 풀고서 열어 드릴 채비를 하고 있는 것 같다고 느낍니다"라고 말했는데, 나는 그 자매와 똑같은 심정입니다. 집을 잘 정돈해 놓고서 주님을 맞이하기 위하여 기다리고 있는 느낌은 얼마나 기분 좋은 상태이겠습니까? 악인에게 찾아온 죽음은 악인이 이 땅에 꽉 붙들어 매어둔 밧줄을 풀어서 바다로 몰고 나갑니다. 그러나 그리스도인에게 찾아온 죽음은 배의 돛을 올리면서, 그를 향하여, "당신은 할 일을 다 했으니, 내가 당신을 본향으로 모셔다 드리죠"라고 말한 후에, 향기로운 숨을 그에게 불면, 그 배는 이 땅에서의 삶에 대한 그 어떤 회한도 없이 미끄러지듯이 천국을 향하여 나아가게 됩니다. 그 뱃머리에는 천사들이 있고, 거룩한 영들은 키를 잡고 배를 조종해 나갑니다. 활짝 펴진 돛들 가운데로는 감미로운 노래들이 울려 퍼지고, 갑판은 온통 은빛으로 찬란합니다.

3. 셋째로, 그리스도인의 죽음은 언제나 제 때에 찾아옵니다.

"네가 장수하다가 무덤에 이르리니." 어떤 사람들은 이렇게 말합니다: "그것은 사실이 아닙니다. 선한 사람들은 그렇지 않은 사람들보다 일찍 죽죠. 아주 경건한 사람은 한참 젊은 나이에 죽기도 하고요." 그러나 오늘의 본문을 보십시오. 본문은 여러분이 "나이가 들어서"(in old age)가 아니라 "장수하다가"(in a full age, 원래의 의미는 "나이가 차서" ― 역주) 무덤으로 가게 될 것이라고 말하고 있습니다. 그리고 어떤 사람이 언제 "나이가 찼는지"를 누가 알겠습니까? 하나님께서 자신의 어떤 자녀를 본향으로 데려가는 것이 좋겠다고 생각하시는 바로 그때가 그 자녀의 "나이가 찬" 때입니다. 여러분도 아시듯이, 어떤 과일들은 늦게 익습니다. 그런 과일들은 크리스마스가 되기 이전에는 맛이 별로 좋지 않습니다. 어떤 과일들은 서리를 맞고 난 후에야 식탁에 올려놓을 수 있습니다. 모든 과일이 똑같은 때에 익는 것이 아닙니다. 그리스도인들의 경우도 마찬가지입니다. 하나님께서 그들을 본향으로 데려갈 때가 되었다고 생각하시는 그때가 바로 그들의 "나이가 찬" 때입니다. 어떤 그리스도인들이 21살에 죽었다면, 그들은 그때에 "나이가 찬" 사람들입니다. 어떤 그리스도인들이 90세까지 살았다고 한다면, 그들은 그때에 "나이가 찬" 사람들입니다. 어떤 포도주들은 포도를 수확한 직후에 마실 수 있지만, 한동안 숙성시킬 필요가 있는 포도주들도 있습니다. 그러나 포도주통에 구멍을 뚫어 열었을 때에 잘 숙성된 향기가 풍겨 나오기만 한다면, 숙성기간이 길고 짧은 것이 무엇이 문제가 되겠습니까? 하나님께서는 포도주가 완벽하게 숙성되기 전에는 결코 자신의 포도주통에 구멍을 뚫어 열지 않으십니다. 그리스도에게는 두 가지 은혜가 주어집니다. 첫 번째는 너무 일찍 죽는 법이 없다는 것이고, 두 번째는 너무 늦게 죽는 법이 없다는 것입니다.

첫째, 그리스도인은 결코 너무 일찍 죽지 않습니다. 몇 년 전에 아주 밝게 타올랐던 스펜서(Spencer) 목사님은 아주 기가 막힐 정도로 훌륭하게 말씀을 전하였기 때문에, 사람들은 이 큰 빛이 오랫동안 환하게 비쳐서, 많은 이들을 천국으로 인도하게 되기를 기대했습니다. 그러나 그 빛은 갑자기 꺼져서 사방이 어둡게 되었고, 그는 젊은 나이에 세상을 떠났습니다. 사람들은 눈물을 흘리며, "스펜서 목사님이 너무 일찍 돌아가셨다"고 말했습니다. 또한, 시인이었던 커크 화이트(Kirk White)는 공부하고 연구하는 일에 매진하다가, 마치 독수리가 자신의 몸에서 나온 깃털이 데려온 화살에 맞아 죽듯이, 너무 공부한 것이 화근이 되어 죽었습니다. 그러자 시인들은 그가 너무 일찍 죽었다고 말하였습니다. 하지만 그 말은 사실이 아닙니다. 그는 너무 일찍 죽은 것이 아닙니다. 그리스도인들에게는 너무 일찍 죽는 일은 있을 수 없습니다. 어떤 사람들은, "하지만 그들이 더 오랫동안 살아 있었더라면, 사람들에게 유익한 일을 얼마나 더 많이 했겠습니까?"라고 반문합니다. 그렇지만 반대로 그들이 더 오랫동안 살면서 사람들에게 해악이 되는 일들을 했을 수도 있습니다! 더 오래 살아서 그들 자신을 욕되게 하고 그리스도인들 전체를 욕먹게 할 일들을 하는 것보다는 차라리 죽는 편이 더 낫지 않겠습니까? 그들이 더 오래 살아서 그들의 사역을 망쳐놓는 것보다는 그들의 사역이 잘 되어 가고 있는 동안에 영원한 잠을 자는 편이 그들에게 더 낫지 않겠습니까? 우리는 하나님의 교회에 아주 큰 유익을 끼치는 일들을 해오다가, 나중에는 변질되고 넘어져서 그리스도를 욕되게 한 그리스도인들의 서글픈 예들을 종종 보아 왔습니다. 결국 그들은 다시 돌아와서 구원을 받기는 했지만, 우리는 그들이 그렇게 되기 전에 세상을 떠났더라면 더 좋았을 것이라고 생각하게 됩니다. 젊은 나이에 세상을 떠난 이런 사람들이 만일 나이 들 때까지 더 살았더라면 어떤 삶을 살게 되었을지를 여러분은 알지 못합니다. 여러분은 그들이 더 오래 살았더라면 틀림없이 더 많은 선한 일들을 했을 것이라고 정말 확신하십니까? 그들은 더 많은 악을 행하게 되었을 수도 있지 않겠습니까? 만일 우리가 꿈 속에서 장래를 볼 수 있어서, 그들이 장차 어떤 일들을 하게 될지를 보게 되었다면, 우리는 이렇게 기도하게 될 것입니다: "주여, 그들이 잘하고 있는 동안에, 그들을 데려가 주십시오. 그들이 감미로운 음악을 연주하는 동안에, 그들로 영원한 잠을 자게 하여 주셔서, 그들이 잠든 후에도, 우리에게 그 여운이 계속해서 남아 있게 해주소서. 우리는 그들이 암울하고 스산한 곡조를 연주하는 것을 듣고 싶지 않습니다." 그리스도인들은 가장 좋은 때에 죽기 때문에, 결코 너무 일찍 죽는 법이 없습니다.

또한, 그리스도인은 너무 늦게 죽는 법도 없습니다. 저기 계시는 노부인은 80세입니다. 그녀는 초라한 방에 앉아, 작은 불 앞에서 떨고 있습니다. 그녀는 남이 주는 돈으로 살아가고 있습니다. 그녀는 가난하고 초라합니다. 사람들은 그녀에 대해서 이렇게 말합니다: "그녀가 그렇게 오래 살아서 좋은 것이 무엇이란 말인가? 그녀는 너무 오래 살았어. 몇 년 전만 해도 그녀는 쓸모가 있었지만, 지금 그녀의 모습을 봐. 그녀는 남이 떠먹여 주지 않으면 음식조차 혼자 먹을 수 없을 지경이 되었고, 기동도 할 수 없어. 저렇게 오래 살아보아야 아무 쓸데가 없지." 여러분은 도대체 누구이기에, 감히 만유의 주께서 하시는 일에 트집을 잡고 시비를 거는 것입니까? 하나님께서는 너무나 선한 농부이시기 때문에, 자신의 알곡을 들에 너무 놓아두어서 엉망이 되게 하지 않으십니다. 저 80세인 노부인께 여러분이 한 번 가서 만나 보십시오. 여러분은 자신의 생각이 잘못되었다는 것을 깨닫게 될 것입니다. 그녀에게 가르침을 청해 보십시오. 그녀는 여러분이 일생 동안 살면서 결코 알지 못했던 것들을 여러분에게 말해 줄 수 있습니다. 또는, 그녀가 전혀 말을 하지 않는다고 하여도, 아무 말 없는 그녀에게서 풍겨 나오는 깊은 평안함과, 변함없이 자신을 낮추고 순복하는 마음이 여러분에게 고난을 어떻게 감당해야 하는지를 가르쳐 줄 것입니다. 여러분이 그녀에게서 배울 수 있는 것이 여전히 그녀에게는 있습니다. 그러므로 여러분은 누렇게 변한 오래된 잎이 나무에 너무 오래 매달려 있다고 말하지 말아야 합니다. 작은 벌레도 나무 위에서 안간힘을 써서 자신의 거처를 만들어 갈 수 있습니다. 오래 되어서 말라비틀어진 잎을 보고서, 진작에 나무에서 떨어져 죽었어야 했다고 말하지 마십시오. 그 잎이 자연스럽게 땅 위에 떨어질 때가 오고 있습니다. 그러나 생각이 없는 사람들에게는 그들의 삶이 얼마나 연약한지를 말해 주어야 합니다. 하나님께서 우리 각 사람에게 말씀하시는 것을 들어 보십시오: "네가 장수하다가 무덤에 이르리니." 콜레라여, 네가 온 땅을 휩쓸고 다니며 공기를 오염시킨다고 할지라도, 나는 "나이가 차서" 죽게 될 것이다. 나는 오늘도 말씀을 전하고, 이 주간의 여러 날들에도 말씀을 전하겠지만, "나이가 차서" 죽게 될 것입니다. 내가 아무리 열심히 수고한다고 할지라도, 나는 "나이가 차면" 죽게 될 것입니다. 환난으로 인해서 내 생명의 피가 줄어들고, 내 존재의 수액과 골수가 말라 버릴 수 있습니다. 그러나 환난이여, 네가 아무리 기승을 부린다고 할지라도, 나는 결국 "나이가 차서" 죽게 될 것이다. 자신이 죽을 날을 기다리고 계시는 분들은 이렇게 기도합니다: "주여, 언제까지니이까? 언제까지 기다려야 하는 것입니까? 나를 본향으로 데려가 주십시오." 하나님께서 여러분을 꼭 필요한 시간을 넘겨서까지 여러분의 사랑하는 자 예수와 떨어뜨려 놓는 일은 있을 수 없습니다. 여러분이 천국에 갈 준비가 된 바로 그 순간에, 하나님께서는 여러분을 천국으로 데려가실 것입니다. 천국은 여러분을 맞을 준비가 이미 다 되어 있기 때문에, 여러분의 "나이가 찬" 때가 이르기만 하면, 그 이전이나 그 이후가 아니라 바로 그때에 여러분의 주께서는 "위로 올라오라"고 말씀하실 것입니다.

4. 넷째로, 그리스도인의 죽음은 존귀한 것입니다.

본문은 "네가 장수하다가 무덤에 이르리니 마치 곡식단을 제 때에 들어올림 같으니라"고 말합니다. 사람들은 장례식을 호화롭게 치르는 것을 좋지 않게 말합니다. 물론, 나도 사람들이 장례식을 지나치게 호화롭고 거창하게 치르고, 말도 안 되게 어리석은 의식들을 도입해서 치르는 것을 많이 보았고, 그런 허례허식에 대하여 반대합니다. 어떤 사람들이 그런 허례허식을 조장하는 장례식을 혁파해서, 그렇지 않아도 돈 쓸 곳이 많은 미망인들로 하여금, 고인을 존귀하게 해

드리지는 못하고 도리어 경멸을 받게 하는 쓸데없이 호화로운 장례식을 치르느
라 많은 돈을 쓰지 않도록 해준다면, 얼마나 좋겠습니까! 그러나 나는 현란한 허
례허식으로 장례식을 치름으로써 사람의 죽음을 과시의 수단으로 사용해서는
안 되지만, 우리 모두 "내가 죽었을 때에 나의 장례식이 저런 것이 되었으면
좋겠다"고 진정으로 원하는 존귀한 장례식이 있다고 생각합니다. 우리는 우리에
대한 장례식이 마치 가라지를 단으로 묶어서 가져다 태워 버리는 것과 같은 것
이 되기를 원하지 않고, 경건한 사람들이 우리를 무덤까지 데려다주고, 우리를
위하여 많이 슬퍼해 주기를 원합니다. 우리 중에서 몇몇 분들은 "추수해서 곳간
에 들이는 것"과 아주 흡사한 장례식들을 보아 왔습니다.

　　나는 내가 전에 참석하였던 한 경건한 목사님에 대한 장례식을 지금도 기억
합니다. 강단에는 검은색 휘장이 내려져 있었고, 많은 사람들이 거기에 모여 있
었습니다. 그리스도의 군대에서 오랜 세월 복무한 나이 든 군인이 그 목사님이
남기신 것들에 대하여 추도사를 하려고 자리에서 일어섰을 때, 그 날에 "이스라
엘의 지도자가 죽은 것"(삼하 3:38)을 슬퍼하는 사람들도 울며 함께 일어섰습니
다. 그때에 나는 제이(Jay) 목사님이 로울랜드 힐(Rowland Hill)을 위해 "너 잣나
무여 곡할지어다 백향목이 넘어졌음이로다"(슥 11:2)라는 제목의 추도사를 했을
때에 무엇을 경험했을지를 알게 되었습니다. 거기에는 그러한 장엄한 애도가 있
었습니다. 하지만 우리가 죽었을 때에도 성도들로부터 저런 사랑을 받을 수 있
고, 성도들이 그런 눈물을 우리를 위하여 흘려줄 것이라고 생각하자, 내 심령은
기쁨으로 환해지는 것 같았습니다.

　　이 자리에 계신 나의 형제들이여, 이 교회에 있는 나의 형제들이여, 이 교회
에서 직분을 맡고 계시는 형제들이여, 여러분이 세상을 떠날 때, 우리는 여러분
의 죽음으로 인하여 지극히 깊은 비탄과 가슴 저미는 슬픔을 느끼게 될 것임을
아는 것은 여러분의 마음을 어느 정도 훈훈하게 해줄 것입니다. 여러분에 대한
장례는 여호야김에 대하여 예언된 그런 장례, 즉 나귀를 매장하는 것과 같이 아
무도 그를 위하여 울어 주지 않는 그런 장례가 되지 않을 것입니다. 도리어 경건
한 사람들이 그 자리에 와서 함께 모여, "여기 여러 해 동안 주님을 지극히 충성
되게 섬겼던 집사님이 누워 계십니다"라고 말할 것입니다. 그리고 아이들은 와
서, "여기 일찍부터 내게 구주의 이름을 가르쳐 주신 주일학교 선생님이 계시네"
라고 말할 것입니다. 만약 목회자가 소천하였다면, 많은 신자들이 무덤까지 그

를 따라가서, "곡식단을 제 때에 들어올림 같은" 그런 장례식을 치러드리게 될 것입니다. 나는 소천한 성도들의 육신을 대단히 소중하게 대하여야 한다고 믿습니다. "의인을 기념할 때에는 칭찬하거니와"(잠 10:7). 여러분이 교회에서 지극히 작은 성도라고 할지라도, 여러분이 죽었을 때, 아무도 여러분을 기억해 주지 않을 것이라고 생각하지 마십시오. 여러분의 무덤에 비석이 없을지 모르지만, 비록 비석이 없어도, 천사들은 여러분이 어디에 묻혀 있는지를 압니다. 그리고 여러분을 위해 울어줄 몇몇 성도들이 있을 것입니다. 성도들은 여러분을 아무렇게나 서둘러서 대충 매장해 버리는 것이 아니라, 여러분을 무덤까지 눈물로 배웅할 것입니다.

나는 모든 그리스도인들에게는 두 번의 장례식이 있다고 생각합니다. 하나는 육신에 대한 장례식이고, 다른 하나는 영혼에 대한 장례식입니다. 지금 내가 영혼의 장례식이라고 말했습니까? 내 말은 그런 뜻이 아닙니다. 그리스도인들에게는 영혼의 장례식은 없고, 오직 영혼의 결혼식만이 있습니다. 왜냐하면, 영혼이 육신을 떠나자마자, 추수꾼인 천사들이 기다리고 서 있다가 그 영혼을 데려가기 때문입니다. 천사들은 모든 그리스도인들을 데려가기 위하여 엘리야의 경우처럼 불병거를 대령한 채 기다리고 있는 것은 아니지만, 그들의 넓은 날개를 펴서 거기에 그리스도인들을 태워 데려갑니다. 나는 내가 죽을 때에, 천사들이 내 영혼을 호위하기 위하여 저 광명의 평원을 가로질러 올 것이라는 생각을 하면, 기쁘고 즐겁습니다. 천사들이 하늘로 올라가는 성도를 앞뒤로 호위한 가운데, 앞에서는 사랑이 가득한 표정으로 그의 얼굴을 바라보며, 그를 천국으로 이끌고, 뒤에서는 그를 떠받쳐 좀 더 쉽게 하늘로 날아오를 수 있게 하면서, 함께 천국으로 가는 모습을 상상해 보십시오.

농부들이 집에서 나오면서, "기쁜 추수 날이로다"라고 외치듯이, 천사들도 천국 문을 나서면서, "추수할 날이로다! 추수할 날이로다! 저기에 곳간으로 들일 잘 익은 곡식단이 있도다"라고 기뻐 소리칠 것입니다. 그리스도께서 천국과 자신의 영광 속으로 들어가신 것 다음으로, 우리가 장차 보게 될 가장 존귀하고 영광스러운 일은 하나님의 백성 중 한 사람이 천국으로 들어가는 것이라고 나는 생각합니다. 한 사람의 성도가 천국에 들어갈 때마다, 그 날은 축제날이 되고, 그런 날들이 계속 이어질 것이기 때문에, 천국은 늘 축제날이 됩니다. 한 명의 그리스도인이 천국에 들어갈 때마다, "많은 물소리"보다 더 큰 탄성 소리가 천국에 울려 퍼진다고 나는 생각합니다. 속량함을 받은 모든 성도들이 "저기 또 한 사람이 오고 있고, 그 뒤에도 한 사람이 오고 있다"고 소리치며 내는 큰 함성에 비하면, 만유의 우렛소리 같은 환호와 박수갈채는 오히려 마치 속삭임인 것처럼 그 함성에 묻혀 버립니다. 그리고 그들이 "찬송 받으실 농부여, 찬송 받으실 농부여, 당신의 수고로 맺어진 알곡이 수확되어 오고 있고, 다 익은 곡식단이 당신의 곳간에 들여지고 있나이다"라고 찬송하는 소리는 점점 더 크게 울려 퍼집니다.

사랑하는 자들이여, 조금만 더 기다려 주십시오. 몇 년이 안 되어, 여러분과 나는 천사들의 날개를 타고 창공을 날아 천국에 이르게 될 것입니다. 나는 내가 죽고, 천사들이 내게 다가오는 모습을 생각합니다. 나는 그룹 천사들의 날개에 타고 있습니다. 천사들은 나를 태워서 아주 빠르면서도 편안하게 날아오릅니다. 나는 사망과 그 모든 고통에서 벗어났습니다. 나는 얼마나 빠르게 날아가는지 모릅니다! 이제 나는 계명성을 지났고, 내 뒤로 행성들의 빛나는 모습이 아득히 보입니다. 정말 나는 아주 빠르면서도 기분 좋게 날아갑니다. 그룹 천사들이여! 당신들은 어떻게 그렇게 기분 좋고 편안하게 날아갈 수 있으며, 또 내가 기댄 당신들의 팔은 어떻게 이렇게 포근할 수 있는 것이죠? 천국으로 가는 동안 당신들은 내게 사랑의 입맞춤을 합니다. 당신들은 나를 형제라 부릅니다. 그룹 천사들이여, 나는 당신들의 형제입니까? 방금 전까지만 해도 흙 집에 갇혀 있던 내가 정말 당신들의 형제입니까? 그들은 "그렇습니다!"라고 말합니다. 오, 귀 기울여 보십시오! 기이할 정도로 황홀한 음악이 들립니다. 내 귀에 들리는 이 소리는 너무나 감미롭습니다! 나는 낙원에 가까이 왔습니다. 영들이 기쁨의 노래를 부르며 나를 마중나와 있는 것입니까? 그 영들은 "그렇습니다"고 대답합니다. 대답이 끝나기도 전에, 그들은 이미 내 곁으로 와서, 밝고 빛나는 모습으로 나를 호위하고 있습니다. 낙원의 문 앞에서 나를 기다리며 서 있는 영들의 모습이 내 눈에 들어옵니다. 아, 저기에 황금 문이 있습니다. 나는 거기로 들어가서, 나의 찬송 받으실 주님을 뵈옵니다. 내가 여러분에게 말해줄 수 있는 것은 여기까지입니다. 육신을 입은 자가 그 이상을 발설하는 것은 불법입니다.

나의 주여! 나는 주와 함께 있습니다. 물방울이 바다 속으로 삼켜지고, 하나의 색조가 빛나는 무지개 속으로 녹아들듯이, 나는 주 안으로 풍덩 빠져서 삼켜지고 녹아 버립니다. 영화로우신 예수여, 내게는 주님밖에 없고, 나는 없습니다. 나의 지극한 복이 완성된 것입니까? 마침내 혼인의 날이 온 것입니까? 내가 정말 혼인 예복을 입은 것입니까? 나는 당신의 사람이 되었습니까? 그렇습니다! 나는 당신의 사람이 되었습니다. 이제 내 것은 아무것도 없습니다. 천사들이여, 당신들의 수금도 필요 없고, 다른 모든 것도 필요 없습니다. 잠시 나를 내버려 두십시오. 당신들의 천국에 대해서는 내가 차츰차츰 알아가고자 합니다. 우선은 여기에서 내 주님의 이 포근한 품에 안겨서 몇 년, 아니 몇 세대를 지내게 해주십시오. 영원의 절반의 시간을 내게 주어서, 내가 저 미소에서 나오는 햇살을 마음껏 쬘 수 있게 해주십시오. 내게 바로 그것만을 하게 해주십시오. 예수여, 당신께서는 "내가 영원한 사랑으로 너를 사랑해 왔고, 이제 너는 나의 것이며, 나와 함께 있다"고 말씀하셨고, 그것이 바로 천국이 아닙니까? 나는 다른 것은 아무것도 원하지 않습니다. 너희 복된 영들아, 당신들을 만나 얘기하는 것은 나중에 천천히 할 수 있도록 해 달라고, 나는 당신들에게 다시 한 번 부탁합니다. 왜냐하면, 나는 지금 내 주님과 사랑의 잔치를 벌일 것이기 때문입니다. 오, 예수여! 나의 예수여! 당신은 천국입니다. 내게는 당신 외에는 다른 아무것도 필요하지 않습니다. 내게는 당신뿐입니다.

　사랑하는 자들이여, 이것이 "마치 곡식단을 제 때에 들어올림" 같이 나이가 차서 "무덤에 이르는" 것이 아니겠습니까? 그 날이 빨리 올수록, 우리는 더 기뻐하게 될 것입니다. 오, 너무나 느린 시간의 바퀴여! 좀 더 속도를 내거라. 천사들이여, 당신들은 먼 곳에서 오느라 날갯짓하기에 지쳐서 이렇게 늦게 오는 것입니까? 번개보다 더 빨리 창공을 날아오십시오! 내가 왜 죽지 않는 것입니까? 내가 왜 이 땅에 머물러 있는 것입니까? 조바심을 내는 내 심령아, 조금만 더 기다려주렴. 너는 아직 천국에 들어갈 준비가 다 되어 있지 않았다. 만일 준비가 이미 다 되었다면, 너는 이미 천국에 가 있었을 것이다. 너는 네게 주어진 일을 다 끝내지 못하였다. 만일 다 끝내었다면, 너는 이미 안식에 들어갔을 것이다. 조금만 더 수고하여라. 무덤에 가면, 충분히 쉴 수 있고, 너는 반드시 거기에 가게 될 것이다. 그러니 조금만 더 수고하며 기다려라:

> "등에 봇짐을 지고 손에는 지팡이를 든 채로,
> 　나는 원수의 땅을 서둘러 통과하고 있다네.
> 그 길은 거칠고 험할지라도, 결코 머나먼 길은 아니라네.
> 소망이 있어서 그 길은 평탄하고,

찬송이 있어서 그 길은 즐겁기 때문이라네."

나의 사랑하는 친구들이여, 아직 회심하지 않은 여러분에게는 이 아침에 내가 말씀드릴 시간이 없을 것 같습니다. 나는 여러분에게도 말씀드리고 싶었는데 말입니다. 그러나 나는 지금까지 내가 전한 말씀들이 여러분의 것이 되기를 기도합니다. 가련한 심령들이여, 내가 전한 말씀들이 바로 지금 여러분의 것이라고 내가 말할 수 없다는 것이 유감일 뿐입니다. 나는 할 수만 있다면, 여러분 모두에게 말씀을 전하고, 여러분 모두가 천국에 있게 될 것이라고 말하고 싶습니다. 그러나 하나님께서는 여러분 중에는 지옥으로 가는 길을 가고 있는 분들이 있다는 것을 아십니다. 그렇게 지옥으로 가고 있는 분들은 자기가 장차 천국에 들어가게 될 것이라고 생각하지 마십시오. 자기가 북쪽으로 가고 있으면서, 남쪽 지방에 당도하게 될 것이라고 생각할 사람은 아무도 없습니다. 여러분이 천국에 들어가려면, 하나님께서 여러분의 마음을 변화시켜 주셔야 합니다. 여러분이 세상에서 가장 흉악무도한 자라고 할지라도, 예수 그리스도를 믿고 그에게 여러분을 의탁하기만 한다면, 여러분은 그의 얼굴 앞에서 노래를 부르게 될 것입니다.

가련한 죄인들이여, 나는 지난주 수요일에 예배가 끝난 후에 한 가련한 여자 분이 말했던 것처럼 여러분도 내게 말할 것이라고 생각합니다. 그때에 내가 전하는 말씀을 듣고, 남녀노소를 불문하고 모두가 울었고, 심지어 설교자인 나도 강단에서 울었습니다. 나는 강단을 내려가면서, 어떤 분에게 "당신은 가라지입니까, 아니면 알곡입니까?"라고 물었고, 그녀는 "목사님, 오늘 밤 나는 두려워 떨었습니다"라고 대답했습니다. 내가 또 다른 분에게 "자매여, 나는 우리가 머지 않아 낙원에 있게 되기를 바랍니다"라고 말했더니, 그녀는 "목사님, 당신은 그럴 것입니다"라고 대답했습니다. 나는 또 다른 분에게 다가가서, "당신은 알곡으로 거두어질 것이라고 생각하십니까?"라고 물었습니다. 그녀는 이렇게 대답했습니다: "내가 말할 수 있는 한 가지는 하나님이 나를 천국에 들여보내 주신다면, 나는 온 힘을 다해서 하나님을 찬송하리라는 것입니다. 나는 내 자신을 잊어버릴 정도로 찬송하느라, 내가 얼마나 큰 소리로 찬송하는지도 알지 못할 것입니다." 그 말을 듣는 순간, 나는 전에 어떤 제자가 한 말이 생각났습니다: "주 예수께서 나를 구원해 주시기만 하신다면, 나의 찬송이 그치는 것을 결코 보지 못하시게 될 것입니다." 우리도 영원토록 하나님을 찬송합시다. 우리의 목숨이 붙어 있거나, 생각이 있거나, 존재하고 있는 한, 또는 영원히 죽지 않는 것이 지속되는 한, 하나님을 찬송하는 일을 그치지 마십시오. 이제 여러분이 삼위일체 하나님께서 여러분에게 주신 복을 가지고 이 자리를 나가시기를 빕니다.

제
4
장
—

싱거운 음식을 맛있게 해주는 것

—

**"싱거운 것이 소금 없이 먹히겠느냐
닭의 알 흰자위가 맛이 있겠느냐."** — 욥 6:6

　　이것은 욥이 자기에게 너무나 비우호적인 것으로 밝혀진 자신의 친구들에게 던진 반문입니다. 이런 식으로 그는 자신의 상처에 기름과 포도주 대신에 소금과 식초를 부어서 더욱 고통스럽게 한 저 "재난을 주는 위로자들"과 싸웁니다. 그들 중에서 한 친구는 방금 첫 번째로 나와서 그에게 포문을 열었고, 욥은 이 질문을 통해서 대응 사격을 하고 있는 것입니다. 욥은 이 세 명의 냉혹한 입회인들이 자기가 까닭 없이 불평하고 탄식하는 것이 아님을 이해하게 되기를 바랐습니다. 자기가 비통한 심정을 토로하는 말들을 쏟아놓았다면, 그것은 너무나 고통스러웠기 때문임을 그들이 알아주기를 바랐던 것입니다. 그는 엄청난 육체적인 고통 가운데 있었을 뿐만 아니라, 정신적으로도 몹시 눌려 있었고, 아울러 빈곤과 사별을 겪고 큰 충격 속에 있었습니다. 그러므로 그는 비통해할 이유가 있었습니다. 그에게는 위로가 될 만한 것이 하나도 남아 있지 않았고, 오직 슬픔과 괴로움의 화살들만이 그의 심장에 단단히 박혀 있었습니다. 그가 괴로워서 신음하였다면, 그것은 다 그럴 만한 이유가 있었기 때문입니다. 그가 겪는 고통들은 이전에 상상만 했던 그런 것이 아니었습니다. 지금 그는 그 고통들을 직접 몸으로 겪고 있습니다. 그러므로 그가 가장 먼저 던진 반문은 "들나귀가 풀이 있으면 어찌 울겠으며 소가 꼴이 있으면 어찌 울겠느냐"(6:5)는 것이었습니다. 이 짐승들이 울며 하소연하고 있다면, 그것은 배가 고프기 때문입니다. 어디서든 "들나귀"가 우는 소리가 들린다면, 그것은 그 짐승이 "풀"을 찾지 못한 것입니다. 외양간에 "꼴"이 없다면, 즉 소가 외양간에 묶여 있는데, 주인이 여물을 주지 않는다면, 소는 울 수밖에 없고, 그렇게 소가 우는 데에는 다 그럴 만한 이유가 있는 것입니다. 욥은 이렇게 말하는 것으로 보입니다: "나는 까닭 없이 탄식하는 것이 아니다. 내가 이전의 위로들을 그대로 누리고 있거나, 그 위로의 십분의 일만이라도 누리고 있다면, 너희는 내가 불평하는 소리를 듣지 않을 것이다. 그러나 나는 지금 극도로 지쳐 있다. 나는 엄청난 환난을 겪고 있고, 따라서 내가 신음하고 탄식할 이유는 차고 넘친다." 그는 이 땅에서 숨 쉬며 살고자 하는 의욕을 다 잃은 상태였습니다. 그에게 살고자 하는 의욕을 불러일으켜 줄 그 어떤 기쁨도 남아 있지 않았습니다. 그는 그 어떤 음식에서도 맛을 느끼지 못하게 되어서, 물 한 모금도 삼키기 싫어하게 된 사람과 같았습니다. 그에게 남겨진 것들은 "닭의 알 흰자위" 같이 맛없는 것들뿐이었습니다. 그것들은 그에게 아무런 위로도 주지 못했을 뿐만 아니라, 게다가 그를 역겹게 하는 것들이었습니다. 그는 자기에게 아무런 위로도 주지 못하는 것들을 먹고 있다고 말합니다. "내 마음이 이런 것을 만지기도 싫어하나니 꺼리는 음식물 같이 여김이니라"(6:7). 그러므로 욥은 사실상 그의 친구들에게 이렇게 반문하고 있는 것입니다: "어떻게 너희가 내게 이런 음식을 한숨과 눈물 없이 먹으라고 하는 것이냐? 싱거워서 맛이 없는 음식을 어떻게 소금도 없이 먹을 수 있겠느냐? 닭의 알 흰자위에 무슨 맛이 있겠느냐?" 그는 자기 주변의 모든 것이 맛을 잃어서, 자신의 삶은 무미건조하고 황량하게 되었기 때문에, 자기가 탄식하고 하소연하는 것을 그들이 이상하게 여겨서는 안 된다고 말하고 있는 것입니다.

또한, 욥이 데만 사람 엘리바스로부터 들은 얘기도 그의 입에 달콤한 것을 넣어주지 못했습니다. 왜냐하면, 엘리바스의 말 속에는 연민과 위로가 결여되어 있었기 때문입니다. 여러분이 엘리바스가 한 말을 잘 읽어 보시면, 욥이 듣고서 몹시 괴로워할 만한 말들만을 너무나 잘 골라서 모아 놓았다는 것을 알게 될 것입니다. 물론, 우리는 욥의 말도 만만치 않게 신랄하였고, 충분히 냉소적이었다는 것을 인정하여야 하지만, 그의 친구들은 그를 심하게 자극하여 화를 돋우었고, 그가 괴롭다고 하소연하면, 언제나 그를 두 배로 더 괴롭게 하는 말로 되갚아 주었습니다. 그가 그들의 말을 순순히 받아들이지 않고 반박할 때마다, 그들은 거기에 이자를 붙여서 되돌려준 것입니다. 그들은 그의 정직한 심령을 괴롭게 하고 화나게 하였기 때문에, 결국 그는 "너희는 다 재난을 주는 위로자들이로구나"(16:2)라고 진실을 말할 수밖에 없었습니다. 여기서 그는 엘리바스가 자기에게 소금도 치지 않은 싱거운 음식, 맛없는 닭의 알 흰자위를 주었다고 말합니다. 데만 사람 엘리바스의 말 속에는 사랑이 담긴 말이나 불쌍히 여기는 마음이나 동료애를 느끼게 해주는 말은 전혀 없었습니다. 엘리바스는 마치 자신이 지은 죄 때문에 마땅히 받아야 할 고통을 받고 있는 범죄자에게 훈계하는 재판관이나 된 것처럼 그저 가혹하고 냉혹한 말들만을 했을 뿐입니다. 욥은 엘리바스가 한 말을 들은 후에, 자신의 처지를 생각하면서, 자기에게는 너무나 맛없는 음식이 주어지고 있다고 느끼고, 자기에게 소금 없이 싱거운 음식을 먹으라고 하는 것이냐고 친구들에게 반문합니다. 그들은 그에게 "닭의 알 흰자위" 같이 전혀 먹고 싶지 않은 것을 주었고, 그는 그들에게 자기가 그들의 호의에 감사하면서 그들이 준 것을 고맙게 받아 먹을 것이라고 생각하는 것이냐고 묻습니다.

우리는 이제 극심한 고통을 겪은 욥이라는 족장을 잠시 잊고, 이 본문을 우리 자신에게 적용해 보고자 합니다. "싱거운 것이 소금 없이 먹히겠느냐 닭의 알 흰자위가 맛이 있겠느냐." 우리는 이 본문으로부터 세 가지를 생각해 볼 수 있습니다.

1. 첫째로, 맛이 없다는 것은 아주 큰 결핍입니다.

음식이 맛이 없다면, 그것은 보통 일이 아니라는 것입니다. 나는 요리 강좌를 하고 있는 것이 아니기 때문에, 우리 식탁에 오르는 빵이나 우리가 먹고 마시는 음식들과 관련해서 이 본문을 상세하게 설명하지는 않을 것입니다. 모든 동물들이 맛있는 음식을 좋아한다는 것은 누구나 다 아는 사실입니다. "묵묵히 끌려가는 가축들"도 말라비틀어지고 맛없는 음식을 보면 먹지 않으려 하고, 하나님이 그들 속에 창조해 주신 미각에 맞는 맛있고 수액이 풍부한 음식을 찾기 위해서라면 먼 길을 가는 것도 마다하지 않습니다. 이것은 우리 영혼의 음식에 대해서도 그대로 적용됩니다. 설교가 맛이 없다면, 그것은 크게 잘못된 것입니다. 어떤 책이 상당수의 참된 내용을 담고 있기는 하지만, 거룩한 맛, 즉 달리 말하면, "기름 부음"이라고 부를 수 있는 것이 결여되어 있다면, 그것은 하나님의 백성에게 치명적인 결함이 됩니다. 어떤 사람들은 "기름 부음이 무엇인지를 우리에게 말해 주십시오"라고 말합니다. 하지만 내가 여러분에게 무엇이 기름 부음이 아닌지를 말하는 편이 훨씬 더 쉬울 것입니다. 여러분은 어떤 대화가 맛없는 것인지를 알고, 어떤 설교가 메마르고 수액도 없으며 자양분도 없는 설교인지를 아십니다. 그렇지만 여러분은 그 차이를 말로 설명하지는 못합니다. 어떤 설교들은 기름 부음이 없는 설교라는 의심이 가지만, 여러분이 그 설교를 한 사람들에게 그런 식으로 말하면, 그들은 여러분을 비웃을 것입니다. 그러나 여러분은 거기에 소금이 빠져 있다고 느끼고, 골수로 가득 찬 기름진 것들이 차려져 있지 않다고 느낍니다. 그렇다면, 우리가 설교에서 기대하는 맛은 어떤 맛입니까?

첫 번째는 주 예수 그리스도의 맛입니다. 목회자들이 지나치게 지혜로워져서 성경의 영감론에 대하여 의문을 제기하지도 않고, 속죄 교리를 부정하지도 않았던 몇 년 전까지만 해도, 이 나라에는 하나님의 백성에게 너무나 맛있었던 목회를 하던 사람들이 있었습니다. 당시에 런던에는 그러한 설교자들이 하는 설교를 듣기 위해서 북쪽으로 갈까, 아니면 남쪽으로 갈까, 아니면 동쪽으로 갈까, 아니면 서쪽으로 갈까 하고 고민하던 그리스도인들이 많이 있었고, 그들은 그런 설교자들이 한 수많은 설교들을 큰 성찬(盛饌)으로 여겼습니다. 도대체 그들에게는 무엇이 있었을까요? 그들은 위대한 비평가들이었을까요? 나는 당시의 이 훌륭한 목회자들은 비평학에 관한 책을 읽어 보지조차 않았을 것이라고 생각합니다. 그렇다면, 그들은 많이 배워서 아주 박식했을까요? 분명히 그렇지 않았습니다. 왜냐하면, 박학다식한 형제들은 사람들보다 거미들이 더 많은 교회들에서 설교하고 있었으니까요. 많이 배우고 언변이 훌륭한 목회자들의 교회는 텅텅 비어 있었지만, 이 설교자들은 구름 같이 많은 무리들이 따랐습니다. 그들이 말씀을 전하는 곳마다, 사람들이 너무나 많이 몰려들어서, 장소가 비좁았습니다. 그 이유를 알지 못했던 사람들은 서로 이렇게 수근거렸습니다: "이 사람들에게는 도대체 무엇이 있는 거야? 우리가 보기에는, 그들에게는 특별한 은사나 재능이 없던데." 그들 중에는 특별한 재능이 있는 사람이 많지 않았습니다. "우리가 보기에는, 그들에게는 그 어떤 심오한 학식도 없는 것 같던데." 정말 그들 중에는 뛰어난 학식을 지닌 사람이 없었습니다. "우리가 들어보아도, 그들의 설교에는 그 어떤 진보된 사상이나 독창적인 내용도 들어 있지 않던데." 이 훌륭한 목회자들은 그러한 현대적인 질병들에 전혀 걸려 있지 않았습니다. 그렇지만 오늘 밤에도 이 자리에는 자신들이 보냈던 저 행복했던 시간들을 기억하고 있는 분들,

즉 이 훌륭한 목회자들의 설교를 듣기 위해서 6마일, 또는 8마일, 또는 10마일이
라는 먼 거리를 오는 것을 마다하지 않았고 , 그날 밤의 설교가 끝났을 때에는 오
로지 또다시 맛있는 영의 양식을 먹기 위하여 내일 밤에도 올 수 있게 되기만을
바랐던 분들이 백발이 된 채로 앉아 있는 하나님의 백성들이 계십니다. 무엇이
그들의 설교를 그토록 사람들의 마음을 사로잡고 사람들에게 덕을 세우는 설교
로 만들었을까요? 무엇이 하나님의 백성들을 아주 먼 길을 마다하지 않고 오게
한 것일까요? 무엇이 그들에게 그러한 열정을 불러일으킨 것일까요? 그 이유는
그들의 설교가 자신의 주님에 대하여 증거하는 설교였고, 결코 십자가에서 떠나
지 않는 설교였기 때문이었습니다. 우리는 어렸을 때에, 와츠(Watts) 박사님의
성경 교리 책을 배웠는데, 내가 기억하는 한 가지 질문은 "이사야가 누구였나
요?"였고, "그는 다른 모든 선지자보다도 더 많이 예수 그리스도를 증거한 선지
자였습니다"가 거기에 대한 대답이었습니다. 그렇다면, 하나님의 백성들이 그토
록 열심으로 따랐던 이 설교자들은 어떤 사람들이었을까요? 그들은 다른 모든
설교자들보다도 더 많이 예수 그리스도를 증거한 사람들이었습니다. 여러분은
아마도 호커(Hawker) 박사의 『아침과 저녁의 식사』(*Morning and Evening
Portions*)라는 책을 읽어 보셨을 것입니다. 나는 여러분이 그 책에서 성경에 대
한 새로운 설명을 많이 배웠다거나, 어떤 대단히 신선하고 독창적인 사상을 접
하고서 감동을 받았을 것이라고 생각하지 않습니다. 그러나 여러분이 그 책을
읽고서 유익을 얻었다면, 여러분은 자기 자신에게 이렇게 말했을 것입니다: "호
커의 글들이 말하고자 하는 것은 딱 한 가지로구나. 1월의 첫 날에도 그의 주제
는 그리스도이고, 12월의 마지막 날에도 그의 주제는 그리스도이며, 한 해의 모
든 날의 주제가 그리스도이구나." 그는 오직 그리스도에 대해서만 말하고, 그 밖
의 다른 것에 대해서는 말하지 않습니다. 마치 하녀가 여러분의 식탁에 언제나
빵을 내어놓고, 다른 것을 내어놓지 않는 것과 마찬가지로, 호커는 우리가 날마
다 주 예수 그리스도만을 양식으로 먹어야 한다는 것을 당연한 것으로 여기는
것으로 보입니다. 호커를 비롯해서 그와 같은 인물들에게는 십자가에 못 박히신
그리스도가 그들의 모든 것이었습니다. 그들의 대화 속에서는 그들의 사랑하는
주님에 대한 언급이 결코 끊이지 않았습니다. 그들은 교리에 대하여 말씀을 전
할 때에는 "예수 안에 있는 하나님의 진리"를 전하였고, 경험에 대하여 말씀을
전할 때에는 "그리스도와 그 고난에 참여함"(빌 3:10)과 관련된 것을 전하였으

며, 그들이 실천하고자 한 것은 거룩함을 덧입어서 예수와 같이 되는 것과 "그의 치욕을 짊어지고 영문 밖으로 그에게 나아가는"(히 13:13) 것이었습니다. 어떤 설교 속에 그리스도가 계시지 않는다면, 나는 그 설교가 맛이 있고 향기롭다고 믿지 않습니다(영어에서 savor는 "맛"과 "향기"라는 두 가지 의미를 다 가지고 있다 — 역주). 왜냐하면, 그리스도는 모든 좋은 기름의 향과 맛을 지니고 있으시고, 그리스도 없이 향기롭고 맛있는 것은 존재하지 않기 때문입니다. 우리는 그리스도에 대해서 무엇이라고 말할 수 있을까요? "네 기름이 향기로워 아름답고 네 이름이 쏟은 향기름 같으므로 처녀들이 너를 사랑하는구나"(아 1:3). 그리스도의 이름은 너무나 향기로워서, 천국 전체가 그의 이름에서 풍겨 나오는 향기로 진동합니다. 여호와께서는 자신의 사랑하는 아들의 이름과 인격과 사역 속에서 풍겨 나오는 향기를 기뻐하십니다. 그러므로 맛있는 음식이 되기 위한 필수적인 조건은 거기에 그리스도께서 계셔야 한다는 것입니다. 그리스도께서는 "내 살은 참된 양식이요 내 피는 참된 음료로다"(요 6:55)라고 말씀하셨습니다. 그리스도의 살과 피 같은 맛과 향기를 지닌 "양식"이나 "음료"는 존재하지 않습니다. 나는 우리가 모이는 모든 곳들에서 십자가에 못 박히신 그리스도에 대한 말씀을 지금보다 더 많이 듣게 되었으면 좋겠습니다.

설교에 맛과 향기가 있기 위해서 다음으로 꼭 필요한 것은 설교자의 경건한 심령입니다. 그것은 기도로 인한 맛과 향기입니다. 지금 나는 맛에 대한 정의를 통해서가 아니라, 맛의 구성요소들을 열거함으로써 맛을 설명하고자 하고 있습니다. 여러분이 전에 그 설교들을 듣곤 하였고, 지금은 천국에 가 계시는 훌륭한 설교자들의 공통점은 그들은 말씀을 전하는 동안에 기도하였다는 것입니다. 그들의 설교는 강론임과 동시에 기도였습니다. 그들의 수사(修辭)는 황홀경에서 나온 것이었고, 그들의 웅변(雄辯)은 하나님을 향한 뜨거움에서 나온 것이었습니다. 그들이 전하는 말씀들은 그들의 심령에서 나온 것이었지만, "아래로 깊은 샘"(창 49:25), 즉 성령께서 오직 하나님을 아는 자들에게만 열어 주시는 하나님의 영원하신 진리의 비밀한 샘으로부터 나온 것이기도 하였습니다. 그들은 "나의 모든 신선한 샘들은 당신 안에 있습니다"라고 고백할 수 있었습니다. 그들은 이 "깊은 샘," 곧 하나님의 마음 바로 그곳에서 하나님의 진리를 길어서, 사람들에게 말씀을 전하였습니다. 그들은 은혜의 복음을 알고 사랑하며 거기에 따라 사는 자로서 그 복음을 전하였습니다. 그리스도와 은혜, 죄 사함, 그리고 언약의

신뢰성에 대하여 전하는 것은 그들에게 귀찮고 성가신 일이 아니었습니다. 여러
분은 그들이 전하는 말씀들 속에서 심혈을 기울여 원고를 작성한 흔적이나 열심
히 준비한 흔적을 늘 볼 수 있었던 것은 아니지만, 그런 것들보다 더 좋은 것, 즉
하나님의 은혜라는 반짝이는 소금을 볼 수 있었습니다. 그들의 설교에는 한밤중
까지 타올랐던 기름 냄새가 배어 있지는 않았지만, 거기에는 성령의 기름 부으
심이 있었습니다. 그들은 펜과 잉크가 아니라, 마음으로 설교를 작성하였습니
다. 왜냐하면, 그들은 만왕의 왕에 대하여 그들 자신이 배워서 안 것들을 전하였
기 때문이었습니다. 그들은 지극히 기쁜 마음과 경외하는 마음으로 말씀을 전하
였기 때문에, 그 말씀들을 듣는 사람들에게 기쁨과 하나님에 대한 경외심이 생
겨나게 하였습니다. 그들은 아주 깊은 믿음으로 말씀을 전하였기 때문에, 그들
이 전한 것들은 틀린 것이 전혀 없는 참된 것들이었습니다. 왜냐하면, 그들이 전
한 것들은 하나님의 성령으로부터 새롭게 받은 것들이었기 때문입니다. 그것들
은 그들의 마음으로부터 나와서 여러분의 마음에 그대로 전해졌고, 여러분은 실
체가 있는 그들의 생생한 믿음으로 말미암아 기쁨으로 그것들을 믿을 수 있었습
니다. 하나님의 진리를 가르치는 교사가 스스로는 그 진리를 믿지 않는다면, 그
것은 악한 일입니다. 왜냐하면, 그는 사실상 진리가 아니라 잘못된 가르침을 전
파하고 있는 것이기 때문입니다. 다윗은 "내가 믿었으므로 말하였노라"(시
116:10 KJV)고 말하였습니다. 형제여, 당신은 믿지 않습니까? 그렇다면, 집에 돌
아가서, 믿게 될 때까지 가만히 계십시오. 당신의 주님이 당신에게 무엇을 전
하라고 하시는지를 알 때까지는, 적어도 강단에 서지는 마십시오. 제대로 마르
지도 않은 나무를 자신의 화로에 넣고 때어서 자욱하게 피어난 매운 연기가 하
나님을 찾는 가련한 심령들의 눈에 들어가 괴롭게 만드는 그런 설교자에게는 화
가 있으리로다. 우리에게는 제단에서 방금 꺼내어 온 활활 타는 핀 숯들이 필요
합니다. 의심의 연기가 덜할수록, 더 좋습니다. 어떤 사람이 분명하게 하나님과
함께 있어서 그의 진리를 배우고, 저 영원한 진리의 영으로 세례를 받아서, 살아
계신 하나님을 경외하는 가운데 자기가 아는 것을 전하고 자기가 본 것을 증언
한다면, 그의 증언에는 맛과 향기가 있고, 성도들은 그것을 알아차립니다. 이 거
룩한 맛과 향기는 모방할 수도 없고 빌려올 수도 없습니다. 그 맛과 향은 인격적
인 확신으로부터 옵니다. 그것은 거룩한 것이고, 그 구성성분은 온갖 신령한 은
사들을 주시는 분이신 하나님만이 아십니다. 그것은 거룩한 기름 부음을 통해서

부어진 기름으로서, 육신으로부터 올 수 없고, 육신에 속한 것들은 배제되어 있습니다. 그것은 오직 "머리" 되시는 분으로부터 내려와서, 그의 옷자락까지 이르는 방식으로가 아니면, 그 어떤 사람에게도 올 수 없습니다. 오직 그리스도로부터만 참된 기름 부음이 오기 때문에, 그리스도와 연합하여 하나가 된 사람은 복이 있습니다.

그러므로 맛없는 음식이 나쁘고 바람직하지 않은 음식인 것과 마찬가지로, 모든 기독교적인 가르침 가운데서 그리스도와 기도로 말미암은 맛과 향이 없는 것들은 용납될 수 없습니다.

맛있는 설교, 향기로운 설교가 되기 위해서 또 하나 꼭 필요한 것은 경험이라는 맛과 향기입니다. 여러분이 우리가 앞에서 말한 훌륭한 설교자들을 기뻐하는 이유는 그들이 자신이 전하는 가르침들을 직접 맛보았고 검증해 보았기 때문입니다. 사람들은 "저 형제는 말은 잘 하지만, 내가 오랜 세월 동안 들어 온 저 하나님의 사람만큼 신앙 경험이 많지 않다"고 말하며, 나이가 젊은 설교자들을 어느 정도 경시하는 경향이 있습니다. 여러분은 하나님의 은혜로 말미암아 새 힘을 얻고 인내하며 위로 받는 것을 직접 체험해 온 사람이 여러분에게 하나님의 진리를 전해 주는 것을 더 선호합니다. 여러분이 그것을 선호하는 것은 책망 받을 일이 아닙니다. 설교자가 큰물에서 일하면서, 영혼의 깊은 고통이나 환난을 직접 경험해 본 사람이고, 그런 경험이 많으면 많을수록, 그는 여러분에게 더 큰 유익이 될 것입니다. 설교자가 죄 사함을 더 많이 받아서 더 많이 사랑하게 된 사람일수록, 그는 여러분에게 더 큰 유익이 될 것입니다. 설교자가 자신의 연약함을 아는 사람이어서, 하늘로부터 온 말씀은 담대하게 전하면서도, 자기 자신은 마치 티끌에서 나온 자처럼 낮아져 있는 가운데 말씀을 전하는 사람일수록, 그는 여러분에게 더 큰 유익이 될 것입니다. 설교자의 그러한 경험은 그가 여러분에게 내어놓는 음식에 치는 일종의 향료 같은 것입니다. 또한, 그러한 경험은 우리 모두가 서로 소통하는 데에도 일종의 향료 역할을 합니다. 우리는 우리 자신이 어떤 것으로 인하여 덕 세움을 입지 않았다면, 그것이 다른 사람들에게도 유익이 되고 덕을 세워줄 것이라고 확신하는 가운데, 그것을 전해서는 안 됩니다. 나는 한 나이 드신 맹인이 일어나서, 자기가 직접 겪은 하나님의 신실하심에 대하여 얘기하는 것을 듣고서, 큰 은혜를 받았습니다. 또한, 나는 종종 죽음의 문턱에 있는, 가난하지만 은혜 가운데 있는 자매가 눈에 눈물이 고인 채로, 자기가 직접 겪은 하나님의 선하심에 대하여 간증하는 것을 들을 때에 큰 힘을 얻습니다. 그런 분들의 간증에는 무게가 실려 있습니다. 그 사람들은 신앙을 가지고 장난치지 않습니다. 가난하고 연단을 많이 받은 사람들, 고통과 괴로움을 많이 겪은 사람들, 이 세상에서 위로가 될 만한 것들을 하나도 가지지 않은 사람들, 죽음의 경계선 상에 있는 사람들은 우리에게 크신 아버지 하나님의 사랑에 대해 말해 줍니다. 그리고 그들이 말할 때, 그들의 간증 속에는 확신의 큰 무게감이 있습니다. 우리는 그들의 경험과 연륜을 고려하기 때문에, 그들이 말하는 한 마디 한 마디를 무게 있게 받아들입니다. 지금까지 내 영혼에 가장 무게 있게 다가온 말씀은 조지 밀러(George Mueller)의 설교였습니다. 내가 그에게서 들은 설교는 마치 주일학교 학생들에게 하는 설교 같이 아무런 꾸밈도 없이 소박하고 단순하며 쉬운 설교였습니다. 그러나 그 설교 속에는 그의 인격, 즉 하나님의 약속들을 그대로 믿고서, 일생 동안 모든 사람들이 놀랄 만한 기이한 일들을 해온 저 어린아이 같이 천진난만한 하나님의 자녀의 모습이 고스란히 담겨져 있었습니다. 그분은 둘에 둘을 곱하면 넷이 된다는 것을 의심할 수 없는 것과 마찬가지로, 하나님이 자신의 기도에 응답하시리라는 것에 대하여 아무런 의심이 없었습니다. 그가 그것을 의심할 이유가 어디에 있었겠습니까? 그는 자기가 받은 하나님의 진리를 직접 행한 사람이었는데, 어떻게 의심이 있을 수 있었겠습니까? 그에게는 사람들이 오늘날 품고 있는 의문들도 없었고 옛적에 품었던 의문들도 없었으며, 오직 하나님의 진리를 알고, 하나님의 진리대로 살며, 하나님의 진리를 기뻐함으로써 승리하였습니다. 그런 사람은 우리 모두의 본이자 모범입니다. 그는 일생 동안 직접 실천한 진리들을 자신의 경험에 비추어서 전했기 때문에, 그가 전하는 말씀 속에서는 아주 귀한 맛과 향이 났습니다.

　이렇게 설교가 맛이 있으려면, 그리스도에 관한 가르침과 성령을 움직이는 기도와 증언에 무게를 더해주는 경험, 이렇게 세 가지가 필요합니다. 그러나 이 세 가지가 전부인 것은 아닙니다. 또 하나 거룩한 것이 있습니다. 그것은 이름을 지니고 있지만, 나는 그 이름을 천천히 나중에 밝힐 생각입니다. 그것은 사람에게 임하는 하늘의 감화이지만, 인간에게 속한 것들 가운데서 이름을 가지고 있지 않습니다. 이 거룩한 감화는 설교자에게 스며들어 있어서, 그가 하는 일들을 향기롭게 하고, 그의 영을 지배합니다. 아울러, 그 감화는 듣는 자들에게도 임해서, 그들의 심령을 깨어나게 하고, 그들의 기관들로 하여금 정신 차리게 하며, 그

의 마음을 떨쳐 일어나게 합니다. 이 신비한 감화 아래에서 청중들의 영은 하나
님의 진리를 받을 수 있는 상태가 되고, 그 진리는 마치 눈송이들이 바다 속으로
떨어져 녹아들듯이 청중들의 심령 속으로 녹아듭니다. 그들은 마치 오랫동안 굶
주려서 기진맥진하던 사람이 음식을 먹고 기운을 차린 것처럼, 자신이 따뜻해지
고 즐거워지며 편안해지고 힘이 솟아나는 것을 느낍니다. 도대체 이것이 무엇일
까요? 이 맛과 향은 도대체 어디에서 온 것일까요? 한 마디로 말하자면, 그것은
성령으로부터 옵니다. 성령은 하나님의 사람들의 깨어 있는 심령과 양심에 하나
님의 말씀을 증언하고, 그렇게 증언된 하나님의 말씀은 그들에게 생명과 빛과
능력이 됩니다.

　이 모든 일은 우리에게 너무나 절실하게 필요합니다. 만일 우리에게 그런
일이 일어나지 않는다면, 우리는 어떻게 될까요? 나는 종종 말씀을 전하기 위해
이 자리에 섰을 때, 성령의 도우심 없이 여러분 가운데 말씀을 전하게 되지는 않
을까 하고 두려워 떨곤 합니다. 만약 그렇게 된다면, 차라리 침묵하는 편이 훨씬
더 나을 것입니다. 그럴 때에, 나는 우리의 친구들인 퀘이커 교도들이 누리고 있
는 자유, 즉 말씀을 전하도록 감동을 받았다고 느끼기 전에는 아무 말도 하지 않
고 가만히 앉아 있는 그런 자유가 우리에게도 있었으면 하는 마음이 간절해집니
다. 왜냐하면, 하나님의 성령의 인도하심 없이 말하는 것보다는 한 시간 반의 예
배 시간 동안 한 마디도 하지 않고 기다리는 것이 더 좋을 때가 있기 때문입니다.
사랑하는 자들이여, 하늘에서 단비와 이슬이 우리에게와 하나님의 모든 교회 위
에 촉촉히 내리게 해주시라고 많이 기도해 주십시오. 우리는 성령을 믿고 기도
해야 한다고 하니까, 의례적으로 기도해서는 안 되고, 성령이야말로 사람들을
살아나게 하고 구원하시고 위로하시는 교회의 유일한 큰 일꾼이시라는 사실을
경외하는 마음과 진실한 마음으로 인정하여야 합니다. 그러므로 우리는 우리 스
스로는 아무것도 할 수 없고, 오직 성령께서 우리와 함께 하실 때에만 만사가 형
통할 수 있다는 것을 깨닫고서, 낮아진 심령으로 성령을 기다려야 합니다.

　그 어떤 설교나 가르침으로부터 그리스도라는 주제와, 성령의 도우심을 청
하는 기도와, 증언을 힘 있게 해주는 경험, 그리고 모든 것 가운데서의 모든 것이
신 성령을 제거해 보십시오. 그러면, 그 설교나 가르침에서 모든 맛과 향이 제거
된 것입니다. 그랬을 때, 무엇이 남아 있을까요? 우리는 맛과 향이 없는 복음을
가지고 무엇을 할 수 있을까요? "싱거운 것이 소금 없이 먹히겠느냐 닭의 알 흰

자위가 맛이 있겠느냐." 얼마 전에 사람들이 어떤 형제에 대해서 얘기하면서, 그가 맛과 향이 있는 가르침을 좋아한다고 한 후에, "그 형제에게는 달콤한 이빨이 있어"라고 말했습니다. 이것은 그 형제를 경멸하고 비웃고자 한 말이었습니다. 그러나 그런 일에서 경멸을 받아야 할 사람이 있다면, 그것은 바로 나입니다. 왜냐하면, 나도 달콤한 이빨을 가지고 있기 때문입니다. 나는 맛과 향이 있는 책들을 좋아합니다. 그리고 내가 사람들로부터 그 어떤 비웃음과 경멸을 당한다고 할지라도, 나는 오늘날의 책들 중의 대다수는 불태워 버려야 할 것들이라고 생각한다는 것을 여러분 앞에서 선언합니다. 옛적의 신학 속에는 하나님의 사람들이 기뻐하는 달콤한 맛과 향기가 있고, 그것이 내가 옛적의 신학을 좋아하는 이유입니다. 나는 "닭의 알 흰자위" 같은 오늘날의 책들을 먹을 수 없고, 맛도 없고 향도 없는 그런 책들을 참고 먹을 수 없습니다. 나는 아버지 하나님께서 우리를 택하신 사랑과 언약의 목적에 대해서 듣고 싶습니다. 그런 것들은 내 영혼이 좋아하는 맛있고 향기나는 음식입니다. 나는 그리스도, 은혜의 교리들, 성령에 대하여 전하는 것들로 가득한 가르침을 듣기를 좋아합니다. 그런 것들을 듣지 않는다면, 내 영혼은 굶어 죽고 말 것입니다. 이상으로 나는 첫 번째 대지를 마치겠습니다.

2. 둘째로, 소금이 없어 싱거워서 맛없는 것을 먹어서는 안 됩니다.

이것은 내가 본문을 조금 다르게 번역해 본 것으로서, 절대적으로 정확한 번역이라고 할 수는 없지만, 한 가지 중요한 진리를 우리에게 말해 줍니다. 나는 두 번째 대지에 대해서는 몇 가지 주의할 점만 언급하고자 합니다. 지혜로운 자들에게는 말 한 마디로 충분합니다.

이 세상에는 소금이 없어서 싱겁고 맛없는 것들이 아주 많습니다. 우리의 일상적인 대화가 그렇습니다. 그들의 대화 속에 소금이 단 한 톨도 들어 있지 않은 사람들은 길거리에 널려 있고, 또한 그리스도인이라는 이름을 지니고 있다고 해서 예외인 것도 아닙니다. 그들은 덕을 세우는 데 도움이 되는 말은 단 한 마디도 하지 않습니다. 그들은 웃고 떠들며 와자지껄하게 얘기하지만, 그 속에서 은혜는 찾아볼 수 없습니다. 그들이 하는 말은 부담없고 흥겨울 수 있지만, 그 속에 경건함은 없습니다. 그들의 또 다른 대화 속에는 통속적인 일들에 대한 무게 있고 확실한 정보는 있지만, 하나님의 백성들이 바라는 영의 양식은 없습니다. 그들은 주 예수를 잊고 살아가는 사람들이기 때문에 그렇습니다. 얼마 전에 어떤 분이 내게 이렇게 말한 적이 있습니다: "우리가 어렸을 때에는, 믿음이 좋은 나이 드신 분들이 함께 만나서 주 예수 그리스도에 대하여 몇 시간이고 대화를 나누곤 했었습니다. 그리고 우리는 그런 모습을 옆에서 보면서, '우리도 과연 나중에 그런 대화에 낄 수 있게 될까' 하고 생각했었습니다. 그러나 지금은 그런 모습을 전혀 찾아볼 수 없습니다." 그래서 내가 그분에게 "나는 우리가 어디에서나 그런 모습을 볼 수 있게 되기를 소망합니다"라고 말하자, 그는 "근래에 나는 그런 모습을 본 적이 없고, 신앙인들이 만나서 나누는 대화들 속에도 우리의 영혼이 천국을 향하여 나아가는 데 도움이 될 만한 내용은 별로 없다는 것만을 느낄 뿐입니다"라고 말했습니다. 나는 이 문제에 대해서 어떤 결론을 내리고 있지는 않지만, 내가 말할 수 있는 것은 거룩한 대화가 거의 실종되다시피 한 것은 정말 애석한 일이고, 여러분과 나는 우리에게 유익이 되지 않는 대화를 멀리하는 것이 좋다는 것입니다. 대화 속에 "소금"이 없다면, 그런 대화는 참된 그리스도인의 영혼에 아무런 유익도 없는 맛없는 것이기 때문에, 그런 대화에는 끼어들지 않을수록 좋습니다.

또한, 세상에는 상식적인 도덕의식이라는 소금조차 없는 대화들도 있어서, 그런 대화들은 사람들을 타락시키고 부정하게 만드는 것이어서, 우리는 그런 대화들을 들으면 염증을 느낍니다. 그런데 이런 대화들은 세상 사람들 사이에서만이 아니라 신앙인들 사이에서도 행해집니다. 트랩(Trapp) 목사님은 그런 말들이나 대화들에는 구더기가 득실거린다고 표현합니다. 이것은 조금 거치른 표현이긴 하지만, 아마도 욥이 여기서 말하고자 했던 것도 그런 것이었던 것같습니다. 많은 사람들이 그런 조잡하고 악한 말들을 사용합니다. 여러분은 그런 말들에 대하여 귀를 닫으십시오. 흔히 섬광처럼 번뜩이는 말들은 사람들의 내면의 부패함에서 생겨나고, 악한 죄성으로부터 나온 재치 있는 말들은 마귀적인 것들입니다. 부패한 마음으로부터 나오는 현란함들은 거룩한 눈들이 보기에 합당하지 않은 것들입니다. 하나님의 자녀들이여, 여러분의 무리 속에서 그러한 말이나 대화를 결코 용납하지 마십시오. 여러분의 힘으로 악한 대화를 멈추게 할 수 없다면, 여러분 자신이 그 대화로부터 빠져 나오십시오. 음란한 말들이 배어 있는 입술을 지닌 사람들과 어울리는 것은 우리에게 합당하지 않습니다. 우리의 심령은 화약고이기 때문에, 불티들이 사방으로 날리는 대장간에 가까이 가지 않도록 조심하여야 합니다. 또한, 우리는 우리 자신의 입술로부터 부패한 말들이 나오지 않도록 조심하여야 합니다. 그런 말들이 우리의 입술에서 나오도록 내버려 두는 것은 정말 끔찍한 일입니다. 우리는 하나님의 진리로 말미암아 새로워진 마음의 순결함을 더럽힐 위험이 있는 사람들과는 결코 어울리지 않아야 합니다. 아울러, 우리의 일상적인 여가활동들 속에도 맛없고 부패한 것들이 많이 있기 때문에, 우리는 일상생활 속에서도 그런 것들을 조심해야 합니다.

또한, 일상적인 대화만이 아니라, 오늘날의 가르침들 중 상당수도 마찬가지입니다. 형제들이여, 이단의 물이 들어 있는 가르침을 피하십시오. 어떤 사람의 가르침 속에 거짓된 가르침이 되지 않을 정도의 충분한 소금이 있지 않다면, 그것은 여러분이 먹기에 합당한 음식이 아닙니다. 깨끗한 음식이 아주 희소한 것이 아니기 때문에, 여러분은 죽은 시체를 먹을 필요가 없습니다. 어떤 사람들은 고급 음식을 좋아해서, 이단의 냄새가 나는 설교자에게 끌립니다. 그러나 우리의 입맛은 우리로 하여금 소금이 있는 음식에 끌리게 합니다. 우리는 은혜가 없는 곳에서 먹는 것을 탐탁지 않게 여깁니다. 하나님의 진리로 잔치를 베푸는 자리에는 오류와 거짓의 식탁들이 필요하지 않습니다. 세 번째 대지를 전하는 데 어느 정도 시간이 필요하기 때문에, 두 번째 대지에 대해서는 이 정도로 끝마치겠습니다.

3. 셋째로, 세상에는 다른 것들을 곁들여야 하는 것들이 있습니다.

"싱거운 것이 소금 없이 먹히겠느냐 닭의 알 흰자위가 맛이 있겠느냐." 이 세상에는 그것들만을 단독으로 먹을 수 없고, 반드시 양념을 쳐야 제대로 먹을 수 있는 것들이 많이 있습니다. 그런 것들 중의 하나가 지혜의 훈계, 즉 책망입니다. 죄 가운데 있는 형제를 책망하는 것은 그리스도인의 의무이자 본분입니다. 형제가 더욱더 악으로 빠져드는 것을 막고, 어떻게 해서든지 올바른 길로 다시 이끌기 위해서는, 관용하는 마음으로 온유하고 침착하게 책망할 필요가 있습니다. 그러나 형제들이여, 책망을 한다는 것은 예민한 일이어서, 섬세하고 부드러운 손길이 필요하다는 것을 기억하십시오. 믿음 좋은 앤드류 풀러(Andrew Fuller)는 형제의 이마에 앉은 파리 한 마리를 죽이기 위해서 강력한 해머를 동원한다고 말할 수 있을 정도로 아주 호되게 사람들을 책망한 적이 빈번했다고 합니다. 어떤 형제들은 모든 일을 힘차게 행하는 것이 습관화되어 있습니다. 그러나 형제를 책망하는 일에 있어서는 힘보다는 사랑이 더 필요하고, 따뜻함보다는 지혜로움, 능력보다는 은혜가 더 필요합니다. 어떤 사람들은 남들의 결점들을 찾아내는 데 아주 빠르고, 그렇게 결점들을 찾아내서는, 거기에 과장을 더해서 책망하고 질책합니다. 그런 형제들은 언제나 잘못된 방식으로 책망하고 있는 것입니다. 잘 들으십시오. 그들은 이렇게 소리칩니다: "형제여, 이리 오시오! 빨리 와요. 내가 당신의 눈에서 들보를 빼내야 하겠어요." 그런데 그들이 말한 "들보"는 실제로는 하루살이에 불과한 것이고, 그런 말을 들은 형제는 부당한 대우에 화가 나서, 아무에게도 자신의 눈을 만지지조차 못하게 할 것입니다. 여러분은 왜 그런 식으로 지혜롭지 못하게 행동을 해서 여러분 자신이 지닌 영향력을 쓸모없게 만들어 버리는 것입니까? 하루살이가 제거될 수 있다면, 그것은 좋고 선한 일일 것입니다. 그러나 여러분이 그 과정에서 눈을 다치게 할 것이라면, 그 형제의 눈속에 있는 하루살이를 그대로 놓아두는 것이 더 낫지 않겠습니까? 하나님의 진리를 전파한다는 미명 아래 하나님의 진리의 생명이라고 할 수 있는 사랑을 죽여 버리는 사람들이 늘 있어 왔습니다. 그들은 한 형제를 올바른 진리 안에 견고히 세우고자 한다는 미명 아래에서, 그로 하여금 더 분명하게 볼 수 있도록 하기 위한 것이라고 말하며, 그의 눈을 때려서 못쓰게 만들어 버리고서는, 자신의 그러한 행동을 "변증"이라고 말합니다. "진리를 위하여 담대히 싸우는" 것과 여러분 자신의 견해를 고집하는 것은 전혀 별개의 것입니다. 여러분이 아무리 인자하게 책망하고, 아무리 지혜롭게 책망한다고 할지라도, 책망은 언제나 맛없는 음식입니다. 그러므로 거기에 소금을 잘 치십시오. 어떤 형제를 책망할 일이 있다면, 그것을 놓고 깊이 생각하고 많이 기도한 후에, 거기에 인자함을 섞고, 형제 사랑의 소금으로 절이십시오. 잘못한 형제를 깊이 존중하는 마음으로 말하고, 자애로움이 넘치는 마음으로 대하십시오. 왜냐하면, 여러분 자신도 결코 흠 없는 사람이 아니기 때문입니다. 그 형제의 탁월한 것들과 미덕들이 여러분보다 더 나을 수 있다는 것을 인정하는 가운데 말하십시오. 여러분이 책망하고자 하는 내용을 그 형제가 지닌 다른 탁월한 것들에 대한 따뜻한 칭찬의 말로 감싸서 얘기하십시오. 여러분이 말하고자 하는 것과 부합하는 주님의 말씀이 있다면, 바로 그 주님의 말씀을 사용해서 책망하십시오. 여러분의 환자에게 관용함으로 감싼 당의정을 주십시오. 환자는 그 당의정을 더 기꺼이 받게 될 것이고, 효과도 결코 덜하지 않을 것입니다. 여러분이 그에게 무조건 복종할 것을 요구한다면,

책망을 받는 당사자는 분노하며 여러분에게 대들지도 모릅니다. 여러분이 그에게 왜 화를 내는 것이냐고 물으면, 그는 "싱거운 것이 소금 없이 먹히겠느냐 닭의 알 흰자위가 맛이 있겠느냐"고 대답할 것입니다. 다른 형제들이 군소리 없이 소금 없이도 "닭의 알"을 먹을 것이라고 기대하지 마십시오. 그들이 참된 인자함도 없고 소금 역할을 할 성령의 은혜도 없는 여러분의 책망의 말을 순순히 받을 것이라고 기대하지 마십시오. 죄에 대해서 침묵하지 마십시오. 그러나 가혹하게 책망해서는 안 됩니다. 여러분의 책망에 사랑이라는 소금을 쳐서 맛을 내시고, 하나님께서 그 형제로 하여금 책망을 기꺼이 받아들일 수 있게 해주시라고 기도하십시오.

이것은 많은 사람들이 본성적으로는 좋아하지 않는 다른 것들에 대해서도 마찬가지입니다. 나는 지금 복음의 가르침들에 대해서 말하고 있는 것입니다. 복음의 참된 가르침들은 누구나 다 좋아하는 것이 결코 아니기 때문에, 그렇지 않아도 사람들이 본성적으로 싫어하는 것을 우리의 지혜롭지 못함으로 인해서 더욱더 싫어하게 할 필요는 없습니다. 사람의 마음은 특히 하나님의 주권적인 은혜에 대하여 반발하고 반감을 갖습니다. 사람은 자기가 왕이라고 생각합니다. 그렇기 때문에, 자기 이외에 왕이 있다는 말을 들으면, 즉시 반감이 올라옵니다. 사람은 하나님의 손과 발을 묶어 놓고서, 자기가 원하는 은혜를 순순히 베풀어 주시도록 만들어 놓고 싶어 합니다. 그런데 하나님께서 사람의 그러한 결박을 무시하시고서, "내가 긍휼히 여길 자를 긍휼히 여기고 불쌍히 여길 자를 불쌍히 여기리라"(롬 9:15)로 선언하시면, 사람의 심령 속에서는 분노가 불타오릅니다. 하나님께서 "원하는 자로 말미암음도 아니요 달음박질하는 자로 말미암음도 아니요 오직 긍휼히 여기시는 하나님으로 말미암음이니라"(롬 9:16)고 말씀하시면, 사람은 완전무장을 하고 전투태세에 돌입합니다. 사람은 하나님의 대권을 용납하고자 하지 않습니다. 이러한 가르침을 전하는 우리는 거기에 쓸데없는 반감을 더하지 않도록 조심하는 것이 합당합니다. 은혜의 가르침들에 속한 그 어떤 것도 자연인, 즉 본성 그대로인 사람의 입맛에 맞지 않습니다. 사람은 "전적 타락"이라는 진리를 좋아하지 않습니다. 그런 말을 들으면, 사람은 극도로 분노하게 됩니다. 사람은 그런 가르침을 인간의 고귀한 본성에 대한 명예 훼손이라고 합니다. 나는 인간의 본성이 고귀하다고 말하는 책들을 많이 접해 왔지만, 유감스럽게도 그렇게 고귀한 본성을 한 번도 본 적이 없다고 말할 수밖에 없습니다. 나는 인간의 본성은 비록 타락했다고 할지라도 여전히 고귀하기 때문에, 인간의 본성이 전부 다 타락해서, "선을 행하는 자는 없나니 하나도 없도다"(롬 3:12)라고 말하는 것은 인류에 대한 모욕이라는 말을 듣습니다. 이러한 가르침이 육신적인 교만에게는 싱겁고 맛없는 음식이라는 것은 이상한 일이 아닙니다. "지극히 선함" 여사(Mrs. Toogood)는 오직 믿음으로 말미암아 의롭다 하심을 얻는다는 가르침을 듣자, "내가 아무리 선행을 많이 한다고 해도 아무 소용이 없고 조금도 더 나아지지 않는다는 말인가?"라고 소리치면서, 길길이 뛰며 격노합니다. "충분히 선함" 씨(Mr. Good-Enough)는 사람은 자신의 공로로 구원 받을 수 없다는 가르침을 듣고서 이를 갈며 분노를 삭이지 못합니다. 사람은 우리가 예수 그리스도를 믿어야만 구원 받을 수 있고, 형편없이 타락해서 버려진 자들은 물론이고, 아무리 도덕적이고 훌륭한 사람이라고 할지라도 예수 그리스도를 믿어야만 구원 받을 수 있다는 가르침을 견딜 수 없어 합니다. 육신적인 심령들에게는 복음이 전혀 맛없는 음식입니다. 그들은 하나님께 영광을 돌리는 신학 체계를 무너뜨리려고 열변을 토합니다. 사람은 유일하게 위대한 인간(the great MAN)이 되고자 하고, 하나님은 작은 신(the little god)으로 묶어 두고자 합니다. 그리고 자신의 그러한 뜻대로 되어야만 만족합니다. 그러므로 하나님이 만유 안에서 만유를 다스리시는 분으로서 높이 계신다는 가르침은 그 즉시 많은 사람들의 반감을 불러일으킵니다.

그런데 형제들이여, 우리는 사람들로 하여금 이러한 가르침들을 받아들이게 하여야 합니다. 그렇다면, 우리는 어떻게 해야 하겠습니까? 우리는 그 가르침들에 소금을 많이 쳐야 합니다. 복음은 사람의 본성에 맛없는 것이기 때문에, 우리는 거기에 맛과 향을 더해야 합니다. 어떻게 하면, 우리가 그렇게 할 수 있을까요? 우리가 복음에 가장 뛰어난 맛과 향을 더하고자 한다면, 그것은 거기에 우리의 거룩한 삶을 더하면 됩니다. 우리가 거룩한 삶을 살아가고 있다면, 사람들은 우리의 거룩한 삶의 원천이자 토대가 되고 있는 기본적인 가르침들을 함부로 의심할 수 없게 됩니다. 사람들이 자신들이 받아들인 가르침들로 인해서 그리스도를 닮아서 인자하고 너그러우며 자애롭고 사랑이 많으며 정직하고 올바르며 진실하다면, 세상 사람들은 그러한 가르침들 속에 진리가 담겨 있음에 틀림없다고 생각하기 시작합니다. 복음을 가르치는 학교를 떠받치는 가장 강력한 토대는 첫 번째는 복음이고, 두 번째는 그 복음을 믿는 자들의 삶입니다. 우리가 거룩한 삶을 산 것으로 유명한 사람들이 모두 다 이 신앙을 고백한 사람들이라는 것을 보여줄 수 없다면, 세상 사람들은 무엇이라고 말하겠습니까? 이전 세대들에서 거룩한 삶은 성도들이 영적인 싸움을 싸울 때에 사용하였던 전투용 손도끼이자 병기였습니다. 청교도 시대를 보십시오. 하지만 오늘날에는 거룩한 삶은 사람들을 불신앙으로 내모는 걸림돌로 변했습니다. 오늘날 우리는 사람들이 청교도들을 비웃으며, 그들의 신앙은 낡아빠진 것이고, 자신들은 그들의 가르침을 이미 넘어섰다고 말하는 것을 비일비재하게 듣습니다. 하지만 그런 식으로 말하는 사람들도 칼라일(Carlyle, 1795-1881년, 스코틀랜드의 역사가)의 글들을 읽으면, 올리버 크롬웰(Oliver Cromwell)을 비롯한 위대한 인물들이 청교도였다는 사실에 놀라지 않을 수 없게 됩니다. 그런 사람들은 "이 사람들이 무엇을 양식으로 먹었기에 이렇게 위대한 인물들이 될 수 있었을까?"라는 질문을 스스로에게 해야 하지 않겠습니까? 여러분이 아침 일찍 치프사이드(Cheapside, 런던의 한 거리)를 따라 내려가다 보면, 거기에 사는 주민들이 가정예배를 드리기 위해서 블라인드를 다 쳐 놓았기 때문에, 블라인드가 처지지 않은 집을 단 한 집도 찾아보기 어렵다는 것을 알 수 있는 것과 마찬가지로, 그렇게 청교도들을 폄훼하는 사람들도 청교도들의 전기를 읽어 보면, 그들이 영국 전체를 얼마나 경건함으로 물들였는지를 인정하지 않을 수 없게 됩니다. 오늘날 대학을 갓 나온 우리의 청년들이 "가련하고 미개하며 어리석은 청교도들"이라고 부르는 바로 그 사람들 덕분에 그때에는 영국 전체가 하나님의 진리와 의의 힘을 느꼈습니다. 크롬웰이 이끄는 철기군이 당시에 그들 앞에 있는 적군을 추풍낙엽처럼 무찌를 만큼 강력하였다고 한다면, 하나님의 진리를 위한 싸움에서 청교도들은 그 철기군만큼이나 강력하였습니다. 그 후에 혼란의 시대가 찾아왔고, 그때에는 비국교도들이 있어서 정통적인 신앙을 이어갔지만, 점차 쇠퇴하여, 처음에는 아르미니우스주의(Arminianism, 17세기에 칼빈의 예정론에 반발하여 일어난 신학 운동으로서 인간의 자유의지를 중시하는 분파 — 역주), 다음에는 유니테리언주의(Unitarianism, 18세기에 등장한 이신론적 신앙 분파 — 역주)로 변질되다가, 결국에는 거의 소멸하고 말았습니다. 사람들은 이러한 과정을 잘 알고 있으면서도, 그런 과정을 또다시 반복하고자 합니다. 그들은 역사 책들을 읽으면서도, 옛적의 은혜 교리들은 또다시 폐기되어야 한다고 주장하면서, 우리의 교회들을 인간의 철학들로 채워서 굶주리게 하는 실험을 또다시 시도하고 있습니다. 마음이 둔한 어리석은 자들이여! 그들이 역사로부터 가르침을 받게 될 것이라고요? 그렇지 않습니다. 그들이 성경으로부터 가르침을 받지 않는다면, 역사로부터도 가르침을 받지 못할 것입니다. 그들이 그리스도와 그의 사도들의 말씀들을 듣지 않는다면, 또 다른 유니테리언주의의 망령이 그들의 눈 앞으로 지나간다고 할지라도, 그들은 결코 믿지 않을 것입니다. 교회가 또다시 하나님의 진리들을 깊이 품지 않는다면, 악한 날들이 머지않아 들이닥치리라는 것은 분명합니다.

그러나 내 생각은 조금 달라서, 단지 하나님의 진리들을 가슴속에 품는 것 만으로는 부족하다는 것입니다. 청교도들을 보면서 내가 주목하는 것은 그들의 영광스러운 삶이 있었기 때문에, 그들의 가르침들이 사람들 가운데서 공경을 받 고 힘을 얻을 수 있었다는 것입니다. 그러므로 지금 우리도 그래야 합니다. 우리 의 가르침들에 우리의 거룩한 삶이라는 소금이 들어가야 합니다. 우리가 그리스 도를 닮은 자들이 되어야만, 사람들은 우리가 그리스도에 대하여 전하는 말들을 믿게 될 것입니다.

소금 없이는 먹을 수 없는 세 번째 "닭의 알"은 환난입니다. 환난은 그야말로 정말 맛없는 것입니다. "나는 지금 나를 짓누르고 있는 환난 외에는 그 어떤 환 난에도 신경 쓰지 않을 것입니다"라고 말하는 사람들이 분명히 있을 것입니다. 형제들이여, 여러분은 이전의 다른 어리석은 형제들이 말했던 것처럼 말하고 있 습니다. 그들은 오직 자기 일에만 관심이 있기 때문에, 자기 옆에 앉아 있는 사람 이 겪는 환난에는 전혀 관심이 없습니다. 여러분은 자기가 지고 있는 십자가가 가장 힘겹다고 생각합니다. 저 거리에 있는 사람들이 진 무거운 짐들은 여러분 에게는 아무런 무게도 느껴지지 않습니다. 그러나 여러분이 직접 밀가루 포대를 지고 날라야 한다면, 그 포대는 아주 무거울 것입니다. 우리는 모두 우리 자신이 짊어진 짐이 무겁다는 것은 알지만, 다른 사람들이 짊어진 짐들의 무게는 과소 평가해 버립니다. 환난 가운데 있는 사람들은 자기가 얼마나 괴로운지를 알지 만, 다른 사람들도 무거운 십자가를 지고 있고, 그들도 마찬가지로 괴롭다는 사 실을 무시해 버립니다. 현재의 그 어떤 환난도 즐거워 보이지 않고 슬퍼 보이고 힘겨워 보입니다. 환난은 분명히 맛없는 음식입니다. 그렇다면, 우리는 환난을 어떻게 해야 합니까? 우리는 할 수 있는 데까지 환난에 소금을 쳐야 합니다. 여 러분의 환난에 인내라는 소금을 치십시오. 그러면 환난은 왕의 음식으로 변하게 될 것입니다. 하나님의 은혜로 말미암아 우리는 사도 바울처럼 "우리가 환난 중

에도 즐거워하나니"(롬 5:3)라고 말하게 될 것입니다. 자신에게 늘 붙어 다니는
연약함을 감당해 내며 살아가는 사람들을 보십시오. 여러분은 그런 사람을 알고
계십니까? 나는 알고 있습니다. 한 사랑하는 자매는 오랜 세월 동안 맹인으로 살
아 왔지만, 나는 그 자매보다 더 행복하게 살아가는 사람을 알지 못합니다. 그녀
는 자신의 눈으로는 햇빛을 볼 수 없지만, 기쁨을 보는 눈은 우리 중 대다수보다
더 밝습니다. 내가 아는 한 형제는 시력을 거의 잃은 상태에서도 목회를 계속하
고 있는데, 지금 그의 설교는 그 어느 때보다도 더 은혜가 넘칩니다. 그는 하나님
의 백성들 중에서도 소수만이 지니고 있는 하나님의 진리들을 깊이 통찰하는 눈
을 지니게 되었기 때문에, 우리 "이스라엘"의 선견자가 되었습니다. 다리를 저는
사람이 먼저 먹잇감을 차지한다는 속담이 있는데, 맞는 말입니다. 귀가 먹어서
듣지 못하는 사람이 다른 사람들보다 더 잘 주님의 음성을 듣는 경우가 흔히 있
습니다. 따라서 우리는 우리의 약한 것들을 자랑해야 합니다. 왜냐하면, 우리가
약할 때, 그리스도의 능력이 더 많이 우리에게 임하기 때문입니다.

     하나님께서 어떤 가난한 사람에게 은혜를 주시면, 그는 하나님이 자기에게
주신 것에 만족합니다. 그의 기쁨은 계속해서 더 많은 것을 탐하는 부자보다 훨
씬 더 크지 않겠습니까? 순교자의 시대에 감옥에 갇힌 하나님의 백성들 중에서
다수는 감옥 밖에 있을 때보다 더 행복했습니다. 맹약자들(the Covenanters)의
시대에 사람들은 황량한 산속이나 늪지대에서 하나님께 예배를 드렸지만, 하나
님께서는 더욱더 그들 가까이에 계셨습니다. 그러한 시절이 지나서, 그들이 많
은 신자들이 모인 교회에 와서 예배를 드리게 되었을 때, 그들은 "이런, 그때 산
속이나 늪지대에는 하나님이 계셨는데, 여기에는 하나님이 계시지 않네"라고 말
하였습니다. 주님은 깊은 산속의 안개 가운데서 제자들 앞에서 변화되셨습니다.
그때에 주님은 자신의 얼굴을 수건으로 가리지 않으셨고, 자기 자신을 있는 그
대로 아주 분명하게 나타내셨기 때문에, 그 깊은 산속의 성소는 다름아닌 하나
님의 전이었고 천국의 문이었습니다. 주님은 그들의 환난에 자신의 임재와 성령
의 풍성한 능력이라는 소금을 치셨기 때문에, 그들은 환난 가운데서 달콤한 맛
과 향을 누릴 수 있었습니다. 여러분과 나의 경우도 마찬가지입니다:

      "내 주님이 거기에 계시기만 하신다면,
        나는 모든 일을 할 수 있고,

모든 고난을 감당할 수 있다네.
주님의 왼손이 내 머리를 받쳐 주실 때,
나의 고통들 속에는 감미로운 즐거움들이 섞여 있다네."

형제들이여, 우리는 이제 "소금" 없이 "닭의 알"을 먹지 않아도 됩니다. 여러분은 더 이상 "여기에는 맛없는 '흰자위' 뿐이어서, 나는 그런 먹기 싫은 음식을 억지로 먹는 데 지쳤다"고 속으로 말하지 않아도 됩니다. 형제들이여, 거기에 소금을 치십시오. 자매들이여, 거기에 소금을 치십시오. 여러분은 그 "소금"을 잊어버리셨습니까? 여러분은 오늘 하루를 살아가는 데 필요한 은혜를 주시라고 하나님께 구하는 것을 잊고 살아가고 계십니까? 여러분은 "하나님을 사랑하는 … 자들에게는 모든 것이 합력하여 선을 이룬다"(롬 8:28)는 것을 볼 수 있는 은혜를 하나님께 구하는 것을 잊어버리셨습니까? 더 이상 잊고 살아가지 마시고, 한 줌의 소금을 치십시오. 그렇게 하면, 맛없는 것들이 현저하게 줄어들어서, 여러분은 하나님의 이름을 찬송하며 감사하게 될 것입니다.

또한, 박해도 위로의 소금이 절실하게 필요한 또 하나의 맛없는 음식이긴 하지만, 나는 여러분을 붙들어 놓고서 박해에 대하여 긴 얘기를 하지 않으려 합니다.

그러나 마지막으로, **죽음에 대한 생각**이 있습니다. 죽음은 그 자체로 맛없는 음식이 아니던가요? 우리의 육신은 분해되어 풀어지거나 썩어 없어지는 것을 두려워하고, 우리의 심령은 우리의 영혼이 이 따뜻한 흙집의 경내를 벗어나서, 여기 이 세상과는 완전히 다른 춥고 낯선 전혀 알지 못하는 곳으로 벌거벗은 채로 덜덜 떨면서 날아가야 한다는 생각에 죽음을 겁냅니다. 조용히 앉아서, 시신과 관과 수의 등등이 연상되는 자신의 마지막 시간을 생각하는 것을 좋아할 사람이 누가 있겠습니까? 삽과 곡괭이, 떨어지는 흙덩이들을 생각하면, 행복했던 마음도 어느새 우울해지고 맙니다. 또, 영안실은 어떻습니까? 하지만 사랑하는 친구들이여, 죽음에 대한 생각도, 우리가 거기에 소금을 치기만 하면, 신자의 식탁에 지금까지 올라 왔던 최고의 진수성찬들 중의 하나가 될 수 있습니다. 죽는다는 것은 무엇입니까? 죽음은 우리의 순례를 끝내고, 우리가 영원히 거할 집이 있는 곳으로 가는 것이 아닙니까? 죽음은 폭풍우가 몰아치곤 하던 바다를 건너서 모든 사람이 영원토록 지극히 복된 삶을 살게 될 천국의 "미항"에 다다르고자 했던 그 항해를 마치는 것이 아닙니까? 죽음은 영혼이 입고 있던 옷을 벗겨 버리는 것이기 때문에, 그 자체로만 보면, 시련의 과정인 것처럼 보입니다. 그러나 죽음에 대한 생각에 소금을 쳐서 간을 해 보십시오. 그러면 여러분은 하나님과 함께 영원한 안식을 누리기 위하여 썩어질 옷을 벗어 버리게 될 밤 시간을 손꼽아 기다리게 될 것입니다. 죽음에 소금을 치십시오. 그러면 여러분은 마치 학교 기숙사에서 생활하던 아이들이 집에 가고 싶어서 방학이 되기를 손꼽아 기다리듯이, 여러분에게 남아 있는 날들이 길게 느껴지고, 얼른 여러분의 마지막 시간이 오기를 간절히 기다리게 될 것입니다. 죽음에 소금을 치십시오. 그러면 여러분의 마음은 마치 타지에 간 남편이 집으로 돌아오기만을 애타게 기다리는 아내와 같은 심정이 될 것입니다. 여러분은 "그의 병거가 어찌하여 더디 오는가"(삿 5:28)라고 소리치게 될 것입니다. 내가 아는 어떤 성도들은 죽음에 대한 자신의 생각에 소금을 쳤고, 그 결과 마침내 죽음에 대한 그들의 생각은 천국에 대한 환상들(visions)로 바뀌어서, 우리의 "사랑하는 자"가 다시 나타나시는 그 날에 우리와 함께 새롭게 마시게 될 저 천국의 포도주를 마시기 시작하였습니다. 그렇게 할 수 있는 심령들은 복됩니다. 여러분은 왜 자신이 결코 죽지 않고 영원히 살게 되었다는 생각을 하지 않는 것입니까? 하나님께서 살아 계시기 때문에, 여러분도 살아 있게 될 것입니다. 또한, 거기에 여러분은 죽어도 살 것이라는 확신을 더하십시오. 그 날에 여러분이 부활하여, 진주 문들이 활짝 열리고, 거기로 들어가는 모습을 생각해 보십시오. 그 날에 여러분의 "사랑하는 자"의 얼굴을 뵐 것이라는 생각을 해 보십시오. 여러분이 주님의 오른편에서 영원무궁토록 누리게 될 영광을 생각해 보십시오. 이러한 것들은 여러분이 죽음에 대하여 생각할 때에 맛을 내기 위하여 칠 수 있는 소금들입니다.

　여러분 중에서 아직 그리스도 안에 있지 않은 분들은 여전히 맛없는 음식을 먹어야 하고, 여러분이 먹는 음식에는 소금이 들어가 있지 않을 것입니다. 내게는 여러분이 그 음식을 맛없다고 던져 버리는 모습이 보입니다. 여러분은 "나는 죽음에 대해서는 생각조차 하고 싶지 않아"라고 말합니다. 하지만 신사 여러분, 여러분은 죽지 않을 수 없을 것이고, 그 날은 여러분이 생각했던 것보다 훨씬 더 빨리 올지도 모릅니다. 숙녀 여러분, 여러분도 반드시 죽게 될 것입니다. 죽음의 씨앗이 지금 여러분의 품 속에 있습니다. 여러분이 지금 살아 있는 것이 확실한 사실인 것만큼이나, 여러분이 죽게 되리라는 것도 확실한 사실입니다. 그리고 죽음 이후에는 심판이 있습니다. "한번 죽는 것은 사람에게 정해진 것이요 그 후에는 심판이 있으리니"(히 9:27). 심판은 여러분의 그릇에 담기게 될 음식이기 때문에, 여러분은 그 음식을 결코 피할 수 없습니다. 심판은 "닭의 알 흰자위"이지만, 여러분은 원하든 원하지 않든 그것을 깨끗이 비워야 합니다. 심판은 여러분의 입맛에 맞는 맛도 없고, 두려움 외에는 그 어떤 향도 없습니다. 여러분의 양심이 깨어 있다면, 여러분이 죽어서 절망밖에 없는 곳으로 가야 한다는 생각이 들었을 때, 여러분은 어떻게 하게 될까요? 영혼들이여, 여러분이 지금 살고 있는 이 세상을 벗어나는 순간, 여러분은 다시는 기쁜 마음으로 하나님의 얼굴을 볼 수 없게 될 것입니다. 여러분은 그의 임재와 영광으로부터 쫓겨나서, 심판이 무엇을 의미하는지를 경험하게 될 것입니다: "거기에서는 구더기도 죽지 않고 불도 꺼지지 아니하느니라"(막 9:48). 사람들은 그런 상태가 영원히 지속되지는 않을 것이라고 말합니다. 그렇다면, 의인들은 잠시 영광을 받았다가 결국에는 죽어 없어지고 마는 것입니까? 악인과 의인이 앞으로 어떻게 될 것에 대하여 말하고 있는 다음 두 문장에서 "영원"은 동일한 의미를 지니고 있음에 틀림없습니다: "그들은 영벌에, 의인들은 영생에 들어가리라"(마 25:46). "영생"이 영원토록 지속되는 것이라면, "영벌"도 마찬가지일 것임에 틀림없습니다. 의인들이 존재하기를 그칠 때, 악인들도 존재하기를 그치게 될 것이고, 경건한 자들에게서 기쁨이 그칠 때, 경건하지 않은 자들에게서도 참담함이 그치게 될 것입니다. 그러나 그런 때가 오기 전에는, 악인들에 대한 "영벌"은 지속될 것입니다. 이것은 여러분에게 정말 맛없는 음식입니다. 하나님께서 여러분을 도우셔서, 여러분으로 하여금 예수를 믿음으로써 거기에 소금을 쳐서 영원한 구원을 발견할 수 있게 해주시기를 빕니다. 아멘.

제
5
장
—

한 사람의 인생역정 속에서의
하나님의 손길

—

"이 땅에 사는 인생에게 힘든 노동이 있지 아니하겠느냐
그의 날이 품꾼의 날과 같지 아니하겠느냐." — 욥 7:1

어제 나는 오늘 여러분에게 복음을 전하기 위하여 내 마음을 준비하려고, 의자에 편안하게 앉아서, 하나님의 말씀을 묵상하고 있었는데, 갑자기 음산한 죽음의 사자가 오늘 내가 전할 설교 제목을 그의 손가락으로 가리키며 알려 주었습니다. 왜냐하면, 이 교회의 존경 받는 장로님 한 분이 내 방에 들어와서, 더 듬거리는 말투로 "우리의 사랑하는 형제 헨리 올니 씨가 죽었습니다"라고 내게 말해 주었기 때문입니다. 헨리 올니라는 형제는 나의 가까운 이웃이고, 나는 아주 최근에도 그의 집을 심방하였기 때문에, 그 소식을 믿을 수 없었습니다. 그는 어깨에 심한 류마티스성 통증을 느껴서 정오에 시내에서 집으로 돌아와 의사를 불렀고, 의사는 약간의 응급처치만을 한 채, 조금 누워서 편히 쉬면 괜찮아질 것이라고 말했다고 합니다. 그래서 그는 침상에 누워서 쉬고 있었는데, 갑자기 한두 번 가쁜 숨을 몰아쉬더니 죽었다는 것입니다. 인생의 황금기를 맞아서 한참 힘이 철철 넘쳐흐르던 한 사람이 그 날 아침에 출근한 것이 마지막 출근이 되었고, 결국 그 날 조퇴하고 집에 돌아온 것이 마지막 퇴근이 되었습니다. 나도 너무나 갑작스러운 소식에 충격을 받아서 현기증이 나 비틀거렸을 정도였으니까, 이 아침에 이곳에서 그 얼굴을 볼 수 없는 그의 세 형제들은 갑작스러운 형제의 죽음에 너무나 놀라서 아직 그 충격에서 헤어나올 수 없을 것입니다. 내 주위의 많은 사람들이 아주 짧은 시간 동안 그와 함께 하였기 때문에, 자신들의 눈을 믿기 어려웠고, 그가 싸늘한 시신이 되어 침상 위에 꼼짝도 않고 누워 있다는 것을 실감하지 못했습니다. 그러나 나의 형제들이여, 우리가 삶 가운데서 언제 죽음을 만나게 될지를 모른다는 것이 엄연한 현실입니다. 저 사람은 절대로 일찍 죽지 않을 것이라고 생각되었던 사람들이 먼저 죽는 경우가 비일비재합니다. 만일 내가 이 아침에 어제 고인이 된 형제의 아버지 되시는 윌리엄 올니 씨가 돌아가셨다고 여러분에게 말한다면, 여러분은 "우리가 그를 잃은 것은 슬픈 일이기는 하지만, 그가 오랫동안 병석에 있었기 때문에, 그 소식은 놀랄 만한 것은 아닙니다"라고 말하였을 것입니다. 그러나 오랫동안 시름시름 앓고 있는 분들은 하나님께 감사하게도 여전히 우리 곁에 있는데, 아무런 병도 없이 튼튼하고 활기찼던 형제는 우리 곁을 떠나가 버렸습니다. 이렇게 죽을 것이라고 생각한 사람들은 남아 있고, 남아 있을 것이라고 생각한 사람들은 죽습니다. 우리 가운데 한 시간 뒤에 무슨 일이 일어날지를 알 수 있는 사람이 누가 있겠습니까? 우리는 우리 자신을 살아 있는 사람이라고 말합니다. 하지만 이 순간부터 우리는 그 말을 다른 말로 고쳐서 사용해야 할 것 같습니다. 즉, 우리는 한 번 숨 쉴 때마다 무덤으로 더 가까이 다가가는 사람, 죽어 가는 사람이라고 말입니다. 우리는 살아 있기도 하고 죽어 가고 있기도 한 존재입니다. "진실로 각 사람은 그림자 같이 다니고 헛된 일로 소란하며"(시 39:6). 우리는 한여름 날에 들판의 지면 위로 쏜살같이 날아서 사라져 버리는 저 구름들의 그림자 같이 실체가 없는 허깨비들입니다.

나는 어제 세상을 떠난 우리 친구가 여러 해 동안 앉아 예배드렸던 저 자리를 보면서, 하나님께서 우리에게 아주 가까이 와 계시는 것을 느낍니다. 나는 하나님의 두려우신 임재를 느끼고서 거기에 압도되어 나의 신발을 거의 벗고자 할 뻔하였습니다. 우리는 더 이상 하나님께서 저 머나먼 천국에 계시는 하나님이라고 생각해서는 안 됩니다. 하나님은 우리 가운데 계셔서, 산들을 만지시면, 산들이 연기를 내뿜고, 우리의 형제를 바라보시면, 그는 이 세상에서 옮겨집니다. 이것을 좀 더 부드럽게 표현하자면, 우리 주께서는 백합화들을 거두시기 위하여 자신의 동산에 오셨고, 그의 손에는 백합화들이 가득한데, 우리는 그것을 보면서 슬퍼합니다. 하늘에 계신 우리의 아버지께서 지극히 장엄한 모습으로 우리에게 아주 가까이 오시면, 우리는 하나님께 왜 우리와 다투시는 것이냐고 물어야 합니다. 우리는 하나님의 응답을 듣고서 그 말씀에 순종하기 위하여, 엄숙하고 공경하는 마음으로 하나님 앞에 나아가야 합니다. 저 들판의 꽃은 잔디 깎는 자의 칼날이 바쁘게 움직이는 것을 알지 못한 채로 풀밭 가운데 서 있습니다. 그 칼날 아래에서 풀들과 꽃들이 베어져 나가는데도, 그 꽃은 즐겁게 웃고 있습니다. 그 꽃은 그 들판에 있는 다른 꽃들에 대해서도 염려하지 않고, 자신이 신속하게 베어질 것에 대해서도 염려하지 않습니다. 그 꽃잎들은 이슬에 젖어 있고, 햇빛 속에서 그 꽃의 빛깔은 아주 곱습니다. 그 꽃은 자신의 동료들을 위해 애곡하지 않고, 자기 주변에서 일어나는 모든 일을 의식하지 않은 채로 즐거워하고 기뻐합니다. 이 점에서 여러분은 들판의 풀과 같지 않습니다. 여러분에게는 지각이 부여되어 있어서, 여러분은 자기 주변 사람들의 죽음을 보면서 교훈을 받거나 적어도 경고를 받을 수 있습니다. 양우리에 있는 양들은 자신의 동료들이 도살장으로 끌려가는 것을 알지 못합니다. 소들은 죽음이 도처에 도사리고 있는데도, 그 사실을 알지 못한 채 태평하게 초장에서 풀을 뜯어 먹습니다. 하지만 여러분은 "말 못하고 끌려가는 가축"이 아닙니다. 여러분에게는 자신이 죽는다는 사실을 알 수 있는 지각이 주어져 있습니다. 여러분은 자신의 동료들이 한 사람씩 차례로 아주 신속하게 세상을 떠나는 것을 보면서, 어떤 감정을 느끼지 않을 수 없고, 죽음에 대하여 생각하지 않을 수 없습니다. 여러분은 거기에서 "매"를 보고, 그 매를 정하신 분을 보게 됩니다. 이 아침에 여러분은 죽은 자들이 여러분의 "초등교사"(갈 3:24)가 되고, 여러분은 초등학생이 되어서, "우리에게 우리 날 계수함을 가르치사 지혜로운 마음을 얻게 하소서"(시 90:12)라고 부르짖을 수 있는 은혜를 주시라고 하나님께 구하게 되실 것입니다.

이 아침에 나는 하나님의 성령의 도우심을 힘입어서 여러분에게 한 가지 교훈을 가르치고자 하는데, 그것은 하나님의 작정하심이 인간의 삶을 주관한다는 것입니다. 그리고 이 교훈을 다 배우고 나서는, 우리는 두 번째로 하나님의 이 진리로부터 자연스럽게 도출되는 몇 가지 결론들을 살펴볼 것입니다.

1. 첫째로, 하나님의 작정하심은 인간의 모든 삶을 주관합니다.

우리가 먼저 살펴보고자 하는 이 하나님의 진리는 여러분이 신자가 된 이래

로 늘 진심으로 받아들여 왔던 진리이고, 우리 중 한 사람도 결코 부인한 적이 없
는 진리라고 나는 믿습니다. 나는 단지 한 사람이 이 땅에 태어나 존재하게 된 것
이 하나님의 작정하심을 따라 된 것이라는 것만을 말하고자 하는 것이 아닙니
다. 나는 그것은 하나님의 무한하신 섭리 가운데서 한쪽 구석에 있는 작은 것에
불과할 뿐이라고 믿습니다. 하나님의 작정하심은 인간의 모든 대소사에 미칩니
다. 우리의 조용한 방에서 세상을 내다보면, 세상은 대단히 혼란스럽고 엉망진
창인 것처럼 보입니다. 하나님 없이 역사를 연구하는 사람들은 자기가 혼돈 그
자체를 보고 있다고 생각하기 쉽습니다. 왜냐하면, 역사 속에서 갖가지 일들이
제멋대로 중구난방으로 일어나는 것 같이 보이고, 그 전체적인 광경은 어떤 질
서도 없는 어둠 자체인 것 같이 보이기 때문입니다. 우리가 가슴을 치며 비통해
할 사건들이 일어나고, 오직 해악만을 가져다 주는 것처럼 보이는 일들이 일어
납니다. 그리고 우리는 왜 하나님께서 그런 일들이 일어나게 허용하시는 것인지
의아해합니다. 우리 앞에 있는 세상의 모습을 우리의 이성으로 바라보면, 그것
은 어두운 색조를 띤 일련의 색들 같이 보여서, 빛들이 꼭 필요한 것 같아 보이
고, 온통 어두운 색들 가운데서 밝고 빛나는 색이 필요한 것 같아 보입니다. 인간
사는 우리가 그 실마리를 찾을 수 없는 미로와 같습니다. 세상은 뒤엉켜 있는 실
타래 같아 보여서, 우리는 그 실타래를 풀기 위해서 헛되게 애쓰다가 지쳐 버립
니다.

그러나 형제들이여, 이 세상의 일들은 처음부터 끝까지 그 모든 과정을 보
고 계시는 하나님께는 뒤엉켜 있는 것도 아니고, 혼란스럽거나 당혹스러운 것도
아닙니다. 하나님이 보시기에는, 모든 일들이 적정한 과정과 질서 가운데 있고,
모든 병력들이 질서정연하게 제자리를 지키고 도열해 있습니다. 하나님은 만유
안에 계셔서 만유를 다스리고 계십니다. 우리는 지극히 큰 자에게서와 마찬가지
로 지극히 작은 자에게서도 여호와의 능력을 봅니다. 하나님께서는 봄바람에 날
리는 티끌의 길도 인도하시고, 유성이 떨어질 때의 측량할 수 없는 길도 인도하
십니다. 하나님께서는 바위의 표면에 떨어졌다가 튕겨져 나오는 물방울의 진로
도 인도하시고, 아르크투루스(Arcturus) 별과 그 별이 이끄는 목동자리를 인도하
십니다. 하나님은 운명들을 정하시고, 수단들과 목적들을 정하십니다. 하나님은
만왕의 왕이시고, 주관자들 중의 최고의 주관자, 모사들 중의 최고의 모사이십
니다. 창칼이 부딪치는 전쟁터에도, 잔잔한 바다에도, 전염병과 기근으로 폐허

가 되어 버린 곳에도, 풍작으로 인해 기뻐하는 곳에도, 똑같이 하나님은 주관자이십니다. 하나님은 하늘의 군대 가운데서만이 아니라, 이 아랫세상의 주민들 사이에서도 자신의 뜻을 따라 행하십니다. 저기 시간의 대로를 따라 무섭게 질주하는 세월이라는 저 사나운 준마들은 미쳐서 날뛰고 있는 것이 아닙니다. 자신의 능력의 손으로 세월의 고삐를 꼭 쥐시고 시간의 준마들을 몰아가시는 분이 계십니다. 우리가 생각하는 것과는 달리, 모든 일들은 제멋대로 주먹구구식으로 일어나는 것이 아니고, 저항할 수 없는 힘이 그 일들을 몰아가고 있는 것입니다. 모든 일들은 하나님이 작정하신 법 아래에 있고, 한 치의 오차도 없이 하나님이 정해 놓으신 목표를 향하여 달려갑니다. 형제들이여, 모든 것이 잘 되어 가고 있습니다. 지금은 밤이지만, 파수꾼은 결코 자거나 졸지 않기 때문에, 이스라엘은 평안히 쉴 수 있습니다. 폭풍우가 거세게 휘몰아쳐도 괜찮습니다. 왜냐하면, 우리가 탄 배를 모시는 선장은 광풍을 주관하시는 분이시기 때문입니다. 갈릴리 호수 위를 걸으셨던 분이 우리가 탄 배의 조타석에 계시고, 그의 말씀 한 마디면 바람과 파도도 잔잔해집니다.

우리의 주된 요지는 하나님께서 우리의 죽을 인생을 다스리신다는 것입니다. 첫째로, 하나님은 우리의 삶의 기간을 정해 놓으십니다: "이 땅에 사는 인생에게 정해진 시간이 있지 아니하겠느냐"(KJV의 번역). 둘째로, 하나님은 우리가 싸워야 할 싸움을 정해 놓으십니다. 왜냐하면, 오늘의 본문은 "이 땅에 사는 인생에게 정해진 싸움이 있지 아니하겠느냐"로 읽는 것이 아주 적절할 수 있기 때문입니다. 셋째로, 하나님은 우리가 해야 할 일을 정해 놓으십니다. 왜냐하면, 오늘의 본문의 하반절은 "그의 날이 품꾼의 날과 같지 아니하겠느냐"고 말하고 있기 때문입니다.

그러므로 첫 번째는 하나님의 작정하심에 의해서 한 사람이 살아 있는 기간이 정해진다는 것입니다. 우리 중에서 한 사람의 인생이 시작되는 것과 관련해서 이것을 인정하지 않는 사람은 없을 것입니다. 한 사람의 삶이 언제 어디에서 시작되어야 하는지를 결정하는 데에는 무한한 지혜가 요구됩니다. 왜냐하면, 우연히 태어나는 사람은 아무도 없기 때문입니다. 또한, 사랑하는 친구여, 만일 어떤 인애하심이 없었다면, 당신의 삶은 바로 그때에 거기에서 시작될 수 없었을 것입니다. 어린아이들이 부르는 찬송 속에 자기를 "뜨거운 태양 아래에서 땀 흘리며 힘들게 일하는 작은 노예로 태어나지 않게 하신" 것에 대하여 하나님께 감사하

는 내용이 있는데, 거기에는 상당한 진리가 담겨 있습니다. 한 사람의 인생 전체
는 주로 인생의 출발점에 의해서 결정됩니다. 만일 우리가 다른 수많은 사람들
처럼 하나님이 알려져 있지 않은 곳에서 태어났더라면, 우리는 지금 이 시간에
우상 숭배자들이 되어 있었을 것입니다. 조상들이 우상들에게 제물을 바쳤던 그
런 시대에 태어나기를 바라는 사람이 어디 있겠습니까? 교황이 다스리는 캄캄한
어둠의 시대에 태어나서 인생에 첫 발을 디디고서, 미신에 물든 부모들의 강요
에 따라 고사리 같은 손을 들고 성모 마리아를 찬양하며, 성인의 유물이라고 믿
는 미신 아래에서 뼈 조각이나 다 썩은 옷을 경배하라는 가르침을 받기를 바라
는 사람이 누가 있겠습니까? 은혜의 역사들을 도처에서 볼 수 있는 19세기에 태
어났다는 것은 정말 큰 복입니다. 우리 중에는 유년기에 그리스도인인 어머니의
품 속에 안겨서, 예수의 이름을 주제로 한 거룩한 찬송들을 자장가 삼아 잠이 들
곤 하였기 때문에, 오늘 날마다 하나님을 찬송하게 된 분들이 많습니다. 마찬가
지로, 우리가 아직 앙증맞은 발을 지니고 있을 때, 우리에게 의의 길로 달려가라
고 가르치셨던 부모님의 교훈은 지금도 우리의 뇌리와 심령에 박혀 있습니다.
그리고 그것은 결코 하찮은 이점이 아니었습니다. 우리가 보는 것들을 보는 눈
들과 우리가 듣는 것들을 듣는 귀들은 복이 있습니다. 이 모든 것은 우리 주 예수
그리스도의 아버지 하나님의 작정하심에 의한 것입니다. 이 은혜의 날에 우리가
이 땅에서 살아가게 된 것은 우리가 정할 수 있는 것이 전혀 아닙니다. 그것을 정
하기 위해서는, 무수한 변수들이 고려되어야 하는데, 우리에게 그렇게 할 수 있
는 능력이 없습니다. 그러므로 우리는 이렇게 상서로운 시절에 우리로 하여금
이 땅에서 살아갈 수 있게 해주신 하나님께 마음 깊이 감사하고 찬송하는 것이
마땅합니다.

　마찬가지로, 우리가 인생을 살아가는 과정도 하나님에 의해서 결정됩니다. 우
리가 태어날 날을 정하신 하나님께서는 요람부터 무덤까지의 기간도 정해 놓으
셨기 때문에, 그 기간은 하나님이 정하신 것보다 단 하루라도 길거나 짧지 않을
것입니다. 여러분의 폐와 심장이 몇 번이나 뛸 것인지는 모든 것을 계수하시는
영원하신 분에 의해서 이미 정해져 있습니다. 이 말을 들으면, 우리에게는 몇 가
지 생각들이 떠올라야 합니다. 하나님께서 우리에게 한 날에 해야 할 일들을 정
해 놓으셨을 때에는, 그는 결코 가혹한 감독관이 아니시기 때문에, 우리가 하기
에 너무 벅찬 일들을 정해 놓으셨을 리가 없습니다. 그러므로 우리는 피곤하고

힘들더라도 우리에게 주어진 일들을 위해 기꺼이 땀흘려야 한다는 것입니다. 하나님께서 우리로 하여금 고난 받도록 정해 놓으셨다면, 우리는 고난이라도 기꺼이 기쁨으로 받는 것이 마땅합니다. 우리라는 수금의 현들이 너무 꽉 조여져서, 우리가 자주 고통스럽고 괴롭다고 할지라도, 수금을 타시는 악사이신 하나님의 저 사랑하는 손들이 좀 더 풍부한 선율을 이끌어 내시기 위하여, 수금의 현들을 그렇게 꽉 조이시는 것이라면, 우리 중에서 우리라는 수금으로부터 놀라운 하늘 곡조가 울려나오지 않아도 좋으니, 제발 수금의 현들을 너무 꽉 조이지 말아 주시라고 청하거나, 우리라는 수금을 저 사랑하시는 악사의 손에서 놓여나게 해주시라고 청할 사람이 누가 있겠습니까? 하나님께서 정하신 것이기 때문에, 우리는 참고 기다리는 것이 마땅합니다. 만일 우리의 괴로움들이 우연의 산물이라면, 우리는 그 괴로움들이 끝나기를 간절히 바랄 수도 있을 것입니다. 그러나 사랑하시는 하나님께서 정하신 것이라면, 우리는 하나님에게 우리를 사랑하시는 방식을 바꾸어 달라거나 아예 중단해 주시기를 바라지 않을 것입니다. 하나님께서 하시고 싶으신 대로 행하시게 하십시오. 아주 오랫동안 고통의 침상에 누워 있어서, 다음과 같이 말하고 싶은 마음이 간절한 사람들을 아주 상쾌하게 해주고 힘을 주는 말씀이 있습니다: "나의 고통은 결코 끝나지 않는 것입니까? 오, 주여, 구원의 병거들은 결코 오지 않는 것입니까? 천사들은 병들어 신음하는 주의 종을 완전히 잊어버린 것입니까? 주의 종은 영원히 자신의 연약함과 고독함과 썩어감의 포로로 살아가야 되는 것입니까? 주께서는 나를 망루에 보초로 세워두시고서는 계속해서 밤이 끝나지 않게 하고자 하시는 것입니까? 주께서는 나를 이렇게 보초로 세우시고서는 결코 교대를 해주고자 하지 않으시는 것입니까? 주께서는 내게 휴식할 시간을 주지 않고자 하시는 것입니까? 주께서는 나로 하여금 영원히 이 충혈된 눈으로 이 어둠 속을 뚫어져라 바라보지 않으면 안 되게 하고자 하시는 것입니까?" 형제들이여, 힘을 내십시오. 자매여, 힘을 내십시오. 영원히 긍휼하신 분이신 하나님께서는 여러분이 매순간 겪는 괴로움과 고통을 이미 정해 놓으셨습니다. 그가 "열"을 정하신 것이라면, 그 고통은 결코 "열하나"로 늘어날 수 없고, 여러분이 무슨 짓을 해도 그 고통을 "아홉"으로 줄일 수도 없습니다. 하나님께서 정해 놓으신 "열"이 최선의 것입니다. 하나님께서는 여러분의 수명을 머리카락 한 오라기의 오차도 없이 정확히 재어서 정해 놓으셨습니다. 하나님은 모든 것을 다 미리 정해 놓으셨습니다. 그러므로 불안해하는 심령들이여, 안심하시고, 하나님께서 자신이 정해 놓으신 대로 행하시게 하십시오.

또한, 하나님께서는 삶의 마지막도 정해 놓으셨습니다. "이 땅에 사는 인생에게는 정해진 시간이 있지 아니하냐"(KJV). 맥박이 멈추고, 피가 돌지 않게 되고, 눈을 감게 되는 때를 하나님이 정해 놓으셨습니다. 나의 형제들이여, 우리가 이 땅에서 영원히 살게 될 것이라는 망상 속에 빠져 있어 보아야 아무 소용이 없습니다. 주께서 친히 갑자기 나타나셔서, 우리가 죽지 않고 살아 있는 채로 영광의 몸으로 변화되는 일이 일어나지 않는 한, 이 세상을 떠나야 할 때는 누구에게나 찾아올 수밖에 없습니다. 이 땅에서 태어나서 살아가는 우리 중에서 장차 죽음을 보지 않을 사람은 아무도 없습니다. 아무도 이 전쟁에서 면제를 받을 수 없습니다. 성경이 그러한 사실을 우리에게 가르치고 있을 뿐만 아니라, 그러한 사실은 우리의 상식과 이성에 비추어 의심할 여지 없이 명백합니다.

백발의 사람들이 우리의 머리 위에 내리는 눈송이처럼 그렇게 스러져 가는 것은 무엇을 보여줍니까? 발걸음이 느려지고 힘이 쇠약해지는 것은 무엇을 보여줍니까? 눈이 침침해지고 힘이 없어 손과 발이 떨리는 것은 무엇을 보여줍니까? 그런 것들은 모두 우리의 흙집이 곧 무너질 것임을 보여주는 것이 아닙니까? 왜냐하면, 그런 것들은 우리의 흙집을 떠받치고 있던 기둥들과 벽들에 조금씩 금이 가고 있음을 보여주는 징후들이기 때문입니다. 하지만 하늘에서 정한 시간이 올 때까지는, 우리의 흙집은 무너지지 않을 것입니다. 우리의 죽음은 정해진 때가 있습니다. 하나님께서는 우리가 어떻게 죽게 되고, 언제 죽게 되며, 어디에서 죽게 될지를 정해 놓으셨습니다.

> "역병들과 죽음들이 내 주위에 횡행하여도,
> 주께서 기뻐하시는 때가 오기 전에는 나는 죽을 수 없다네.
> 사랑의 하나님께서 허락하시기 전에는
> 단 하나의 화살도 나를 관통할 수 없다네."

우리를 죽이려고 질병들이 도처에 매복해 있다고 할지라도, 여호와께서 허락하실 때까지는, 그 칼들은 우리의 목숨을 끊어놓을 수 없습니다. 보십시오, 하나님께서 자신의 깃털로 여러분을 덮어 보호해 주실 것이고, 여러분이 그의 날개 아래에 있을 때, 밤의 역병이나 한낮의 멸망도 여러분을 두려워하게 하지 못할 것입니다.

> "네 옆에서 천 명이 죽어가고,
>   네 오른편에서 만 명이 죽어가며,
>   도처에 죽은 자들과 무덤뿐이라고 하여도,
>   그 가운데서도 우리 하나님께서는
>   자신의 택하신 백성을 구원하신다네."

우리는 하나님이 우리에게 맡기신 일을 다 마칠 때까지는 죽지 않지만, 그 일은 영원히 지속되지 않을 것입니다. 그리고 그 일이 끝났을 때, 우리는 하나님이 우리에게 정해 주신 날들을 다 채우게 된 것이기 때문에, 우리의 본향인 하늘로부터 부름을 받게 될 것입니다.

이 모든 것은 참되기 때문에, 이것을 감히 반박하고자 할 사람은 아무도 없을 것이지만, 우리는 이것이 바로 이 순간 우리 자신에게도 그대로 적용된다는 사실을 기억하여야 합니다. 나의 형제들이여, 이 사실은 이 자리에 앉아 계신 여러분에게도 예외가 될 수 없습니다. 이 사실을 명심하고서, "다른 사람들은 다 죽어도 나만은 오래오래 살 것이다"라고 생각하지 마십시오. 여러분도 어느날 불시에 불려가서 여러분의 하나님을 만나게 될 수 있기 때문에, 미리미리 준비를 해 두어야 합니다. 이것은 지극히 엄중한 사실입니다. 우리는 영원히 사는 것이 아니라, 머지않아 죽을 것이고, 그 죽음은 불시에 찾아올 것입니다. 나는 이 아침에 예배위원실에서 내 형제들을 만나 인사했을 때, 우리가 모두 다 여전히 살아 있다는 사실에 그 기쁨과 놀라움을 어떻게 표현할 수 없었습니다. 왜냐하면, 우리의 친구가 어제 죽은 것과 마찬가지로 우리의 또 어떤 친구들이 여전히 살아 있다는 것도 정말 놀라운 일이 분명하기 때문입니다. 우리는 얼마든지 그 친구만큼이나 예기치 않게 세상을 떠날 수도 있었지만, 지금 이렇게 살아 있는 것이니까요. 하나님께서 그 친구의 죽음을 어제로 정해 놓으셨지만, 우리의 죽음도 어제로 정해져 있었을 수도 있었습니다. "너희도 준비하고 있으라 생각하지 않은 때에 인자가 오리라"(마 24:44).

그렇지만 이러한 사실은 우리에게 아주 큰 힘이 된다고 나는 생각합니다. 우리가 예정론을 진정으로 믿는다면, 그것은 강철 같은 역할을 하는 약이 됩니다. 예정론은 우리의 사고 체계에 상당량의 철을 주입해서, 우리를 강철 같이 견고한 사람으로 만들어 줍니다. 나는 마호메트(Mohammed)가 얘기한 그런 예정론을 말하는 것이 아닙니다. 그는 다음과 같이 말하면서, 자신의 군사들에게 적군을 향하여 돌진할 것을 독려하였습니다: "여러분은 자기가 죽을 때가 정해져 있어서, 그 때가 오면, 전쟁터에서든 집에서든 죽게 되어 있으니, 염려하지 말고 싸우라. 칼날의 그림자 아래에 낙원이 있느니라." 그러나 나는 예정론은 어떤 사람들을 졸며 잠자게 만드는 반면에, 좀 더 고귀한 심령들에게는 강력한 힘의 근원이자 용기와 담대함의 원천이 되는 것을 봅니다. 여러분에게 주어진 본분이나 의무가 여러분을 위험으로 부른다면, 예컨대 여러분이 더러운 질병들로 누워 있는 병자들을 돌보아야 하고, 하나님이나 사람에 대한 사랑이 여러분에게 그 일을 하도록 요구한다면, 결코 피하지 마시고, 모든 위험을 감수하며 과감히 뛰어드십시오. 여러분은 사망이 쏘는 빗나간 화살에 맞아서 죽는 일은 없을 것입니다. 오직 하나님께서만이 여러분의 숨을 거두어가실 수 있으십니다. 여러분의 죽음은 결코 우연에 의해서 결정되는 것이 아니고, 천부의 은혜로우신 뜻에 의해서 결정되는 것이기 때문에, 두려워하지 마십시오. 고통이 두렵거나 목숨을 부지하기 위해서, 예수께서 여러분을 부르시는 곳으로 가는 것을 피하지 마십시오. 왜냐하면, 그러한 경우에 자신의 목숨을 구하고자 하는 사람은 잃을 것이기 때문입니다. 여러분이 분별력도 없이 물불을 가리지 않고 위험 속으로 뛰어든다면, 그것은 미친 짓입니다. 그러나 여러분이 위험 속으로 여러분을 부르시는 하나님의 음성을 듣고서, 죽음을 두려워하지 않고 용감하게 그 위험 속으로 뛰어드는 것은 합당하고 마땅한 일입니다.

또한, 하나님의 이 진리는 우리에게 얼마나 큰 위로가 되는지 모릅니다. 왜냐하면, 우리 주 예수의 아버지께서 모든 것을 주관하시고 안배하시는 것이라면, 우리의 친구들은 결코 다 피어 보지도 못하고 요절한 것이 아니기 때문입니다. 하나님께서 사랑하시는 자들은 그가 정하신 때 이전에 갑자기 겪이는 일이 없습니다. 그들은 예수의 품 안에 안길 준비가 되어 있을 때에 거기로 갑니다. 하나님께서는 자신의 열매를 거둘 때들을 정해 놓으셨습니다. 어떤 열매들은 이른 봄에 이미 다 무르익기 때문에, 하나님께서는 바로 그 때에 그 열매들을 거두십니다. 어떤 열매들은 여름에 다 익기 때문에, 한 해가 가려면 한참 남은 때에 거두어집니다. 반면에, 어떤 과일들은 가을이 되어서야 무르익기 때문에, 우리 가운데 꽤 오랫동안 남아 있게 됩니다. 하지만 모든 열매들은 다 제철에 거두어진 다는 사실에는 변함이 없습니다. 우리에게는 어떤 열매가 언제 다 성숙하고 무르익게 되는지를 판단할 만한 능력이 결코 없습니다. 우리는 태어난지 하루밖에 안 된 갓난아기들이기 때문에, 아무것도 알지 못합니다. 그러나 하나님께서는 각각의 열매가 잘 익은 때를 속속들이 다 아십니다. 그러므로 결과론적으로 말하자면, 우리의 친구가 계속해서 더 살아가는 것보다 어제 죽은 것이 더 잘된 일입니다. 이것을 믿으시기 바랍니다. 이렇게 하나님께서는 이 죽은 인생의 시작과 과정과 마지막을 정해 놓으셨습니다.

　이제 우리는 오늘의 본문에 대한 또 다른 번역을 살펴보아야 합니다. 여러 성경들의 난외주에는 일반적으로 이 본문에 대한 다른 읽기가 이렇게 나와 있습니다: "이 땅에 사는 인생에게 정해진 싸움이 있지 아니하겠느냐." 이것은 우리에게 하나님께서 인생이 "싸움"이 되도록 정해 놓으셨다는 것을 가르쳐 줍니다. 모든 사람의 인생은 "싸움"입니다. 그것이 선한 싸움이든 악한 싸움이든 말입니다. 모든 사람은 자기 자신이 이런저런 대장 밑에 있는 군사라는 것을 발견하게 될 것입니다. 하나님과 그의 진리들을 거슬러 싸우고 있는 사람들은 정말 가련한 사람들입니다. 그들은 결국 패배하게 될 것이고 수치와 욕을 당하게 될 것입니다. 하지만 나는 주로 의인들이 싸우는 싸움에 대해서 말하고자 합니다. 그들의 경험은 인생이라는 것은 "너의 싸움이 끝났다"는 말을 듣게 될 때까지 끊임없이 싸워야 하는 하나의 긴 싸움이라는 것을 보여줍니다. 형제들이여, 인생은 "싸움"이기 때문에, 우리는 모두 어떤 권위 아래에 있는 사람들입니다. 자신의 생각을 따라 사는 그리스도인은 없습니다. 우리는 모두 그리스도의 법 아래에 있습니다. 군사는 자신의 뜻이 아니라 자신의 대장의 뜻을 따릅니다. 대장이 그에게 "가라"고 하면 가고, "이것을 하라"고 하면 그것을 합니다. 그리스도인의 삶도 마찬가지입니다. 그 삶은 주 예수 그리스도의 뜻에 기꺼이 순복하는 삶입니다. 그 결과, 우리가 있어야 할 자리가 정해져 있고, 우리의 계급도 정해져 있습니다. 우리의 삶의 상대적인 위치는 모두 미리 정해져 있습니다. 군사는 다른 나머지 군사들과 줄을 맞춰야 하고 보조를 맞춰야 합니다. 그는 자신의 오른편에 있는 군사, 그리고 자신의 왼편에 있는 군사와의 관계성 속에 있습니다. 그는 자신의 상관, 특히 대장과의 관계성을 깨뜨리거나 침범해서는 안 됩니다. 사랑하는 형제들이여, 여러분이 현재 서 있는 위치, 즉 아버지나 아들로서의 위치, 주인이나 종으로서의 위치, 선생이나 학생으로서의 위치는 모두 하나님께서 정해 주신 것입니다. 그러므로 여러분은 자신의 위치와 자리를 지켜나가는 일에 주의를 기울여야 합니다. 자신의 둥지를 떠나 방황하는 새처럼 자신의 위치와 자리를 벗어나 방황하는 사람들이 있습니다. 하나님께서 우리에게 정해 주신 싸움 속에서 만군의 여호와의 능력을 힘입어서 처음부터 끝까지 한결같이 자신의 자리를 지켜 싸워 나가서, 자기에게 정하신 하나님의 목적과 뜻을 기쁜 마음으로 이루어 드리는 사람은 복 있는 사람입니다.

우리는 싸워야 할 싸움이 있기 때문에, 우리에게 역경들이 닥쳐오리라는 것을 당연한 것으로 생각하여야 합니다. 군사는 편안할 생각을 해서는 안 됩니다. 싸움을 위해 원정에 나가 있는 동안에 군사들에게는 집도 없고 가정도 없습니다. 지난 밤에는 아주 좋은 골짜기에 장막을 쳤을지라도, 다음날이 되면, 그는 장막을 걷어야 하고, 밤이 되어서 이번에는 황량한 산기슭에 장막을 쳐야 할지도 모릅니다. 그는 사치스러운 삶과 편안함을 즐기는 삶을 포기했습니다. 끝없이 행군하고, 잠깐씩 잠을 자며, 끼니만 때우는 정도로 먹고, 갑작스럽게 기습을 당하여 힘든 날을 보내는 것이 그의 몫입니다. 원정을 하는 동안에 편안함과 안락함을 기대한다면, 그는 어리석은 군사일 것입니다. 인생들이여, 하나님께서는 여러분의 인생이 싸움이 되도록 정해 놓으셨습니다. 그런데 왜 여러분은 비단옷으로 자신의 몸을 감싸고, 여러분의 팔로 베개를 끌어안고서, "영혼아 여러 해 쓸 물건을 많이 쌓아 두었으니 평안히 쉬고 먹고 마시고 즐거워하자"(눅 12:19)고 스스로에게 말하고 있는 것입니까? 그래서는 안 됩니다. 그리고 하나님께서 여러분에게 시련을 주셔서, 여러분이 그렇게 하지 못하게 하실 때, 여러분은 하나님과 다투어서는 안 되고, 그런 시련은 이 땅에서의 싸움을 위해서 어쩔 수 없는 일이라는 것을 받아들여야 합니다.

인생이 싸움이라면, 우리는 격돌하고 씨름하며 고군분투하여야 합니다. 그리스도인들은 아무런 반대나 저항 없이 천국으로 가게 될 것이라고 기대해서는 안 됩니다. 적군과 한 번도 교전해 보지 않은 군사는 이름값을 할 수 없습니다. 우리는 그런 군사를 군사로 여기지 않고, "여자들 꽁무니만 쫓아다니기 바쁜" 허울뿐인 기사(knight)라고 생각할 것입니다. 부상을 당하여 큰 상처들을 입고 흉터가 있으며 다리를 저는 군사, 바로 그가 사람들이 진정으로 존경하는 영웅입니다. 여러분이 다스리는 위치에 있기 위해서는 싸워야 합니다. 여러분의 전임

자들도 면류관을 얻기 위해서 피바다를 헤엄쳐서 무사히 건너 왔습니다. 싸움의 형태는 바뀌었을지라도, 적군의 본질은 변한 것이 아무것도 없습니다. 여러분은 여전히 죄를 거슬러 싸워야 하고 환난 아래에서 견뎌야 합니다. 왜냐하면, 여러분은 많은 환난을 통과하고서야 비로소 하나님의 나라를 유업으로 받을 수 있기 때문입니다.

형제들이여, 앞에서 말한 모든 이유들로 인해서 인생은 싸움입니다. 또한, 우리는 위험에 대비하여 늘 깨어 있어야 한다는 점에서도, 인생은 싸움입니다. 전쟁터에서 안전한 사람은 아무도 없습니다. 총알들이 날아다니는 전쟁터에서 누가 언제 죽을지는 아무도 모릅니다. 형제들이여, 이 시대는 특히 위험합니다. 아마도 내 앞의 모든 설교자들도 마찬가지로 말하였을 것이고, 내 뒤에 오는 모든 설교자들도 자기 시대가 가장 위험한 시대라고 말할 것입니다. 그렇다고 할지라도, 나는 여전히 우리가 사는 이 시대에는 한편으로는 미신적인 신앙, 다른 한편으로는 회의주의를 비롯해서 우리의 영혼을 해칠 수 있는 수많은 위험들이 도사리고 있다고 말할 것입니다. 철저하게 자기 자신만을 믿고 의지하는 것, 다른 사람들을 맹목적으로 따르는 것, 악한 세상, 배교한 교회 등등으로부터 오는 위험들이 상존합니다. 여러분은 이러한 상황을 이상하게 여길 필요가 없습니다. 왜냐하면, 이 시대는 격렬한 싸움이 벌어지고 있는 시대이기 때문입니다. 적군은 자신의 무기들을 내려놓지 않았고, 싸움을 독려하는 북소리는 여전히 들립니다. 그러므로 여러분의 무기를 내려놓지 마시고, 여러분의 왕과 나라를 위해서, 즉 그리스도와 그의 교회를 위해서 용감하게 싸우십시오.

하나님께 감사하게도, 오늘의 본문은 "이 땅에 사는 인생에게 정해진 싸움이 있지 아니하겠느냐"고 말합니다. 형제들이여, 이 싸움은 우리의 싸움이 아니라, 하나님께서 우리에게 정해 주신 싸움입니다. 그러므로 하나님께서는 우리에게 우리 자신이 직접 우리의 비용을 들여서 갑옷을 만들어 입고 탄약을 준비하며 스스로 자급자족하며 싸우라고 하신 것이 아닙니다. 우리는 우리가 입을 갑옷을 스스로 만들어 입지 않아도 됩니다. 우리가 휘두르는 칼도 우리 스스로 제작할 필요가 없습니다. 모든 것이 우리를 위해 준비되어 있습니다. 우리의 크신 대장께서는 의심할 여지 없이 뛰어난 솜씨로 우리에게 필요한 병참들을 차고 넘치게 준비해 두셨습니다. 이 싸움은 하나님의 싸움이기 때문에, 하나님께서는 이 싸움에서 우리와 함께 하십니다. 헬라의 군사들은 페르시아를 치기 위해서 아주 머나먼 길을 산 넘고 물 건너 고된 행군을 해야 했습니다. 그러나 그들로 하여금 힘과 위로를 얻고, 그들 각 사람이 영웅이 될 수 있게 해준 것은 알렉산더 대왕이 그들과 함께 행군한다는 사실이었습니다. 군사들이 산 넘고 물 건너 힘든 행군을 하고 있는 동안에, 만일 알렉산더 대왕이 페르시아의 왕처럼 호화로운 가마에 타고 편안히 갔다면, 그들은 불평하였을 것입니다. 그들이 갈증으로 목이 타들어 가는데, 만일 값비싼 포도주를 마시는 대왕을 보았다면, 그들은 분개했을 것입니다. 그러나 알렉산더 대왕은 위대한 지휘관답게 자신의 군사들의 대열 속에서 함께 행군하였습니다. 그리고 군사들은 자신들의 대왕이 그들과 마찬가지로 힘들어서 기진맥진하는 모습을 보았습니다. 그들은 자신들과 마찬가지로 대왕도 그 이마에서 땀을 비 오듯 흘리는 것을 보았습니다. 그리고 군사들이 마실 물을 얻었을 때에 대왕에게 가장 먼저 갖다 바치면, 대왕은 그 물을 자신의 시위에게 도로 주면서, "나는 모든 군사들이 다 물을 마실 때까지는 마시지 않을 것이니, 이 물을 병든 군사들에게 갖다 주어라"고 말하였습니다. 영화로우신 예수여, 분명히 주께서는 그렇게 하셨고, 그것보다 더 하셨습니다. 주께서는 피 흘리시기까지 죄에 대항하여 싸우셨습니다. 주께서는 땀방울이 핏방울이 될 때까지 고민하시고 애쓰셨습니다. 주께서 마신 것은 고난(suffering)과 약함(weakness)과 자기부인(self-denial)이었습니다. 왜냐하면, 주께서는 다른 사람들은 구원하셨지만, 자기 자신은 구원하지 않으셨기 때문입니다. 그러므로 형제들이여, 담대하십시오. 우리 앞에 놓여 있는 싸움은 주님의 싸움입니다. 앞으로 전진하여 이기고 또 이기십시오!

셋째로, 하나님께서는 우리의 삶이 섬기는 삶이 되도록 정해 놓으셨습니다. 모든 사람은 이런저런 주인의 종입니다. 우리 중에서 종살이를 피할 수 있는 사람은 아무도 없습니다. 아무리 큰 자들일지라도 여전히 남들의 종인 것은 마찬가지입니다. 한 나라의 총리는 종들 중에서도 가장 힘쓰고 애쓰는 첫째가는 종입니다. 황제의 목에 메어진 멍에는 노예의 어깨를 쓰라리게 하는 멍에보다 더 무겁습니다. 독재자들은 모든 사람들을 속박하느라 가장 힘든 종입니다. 하나님의 은혜로 말미암아 우리가 예수를 우리의 주인으로 섬기게 되어서 일생 동안 그의 종이 되고, 진정으로 자유하게 되었다면, 우리는 정말 행복한 사람들일 것입니다. 왜냐하면, 예수의 멍에는 쉽고, 그의 짐은 가벼우며, 그에게서 배움으로써 우리의 영혼은 쉼을 얻을 수 있기 때문입니다. 우리가 지금 주 예수의 종들이라면, 우리의 인생은 우리로 하여금 이 땅에서 힘든 노동을 하며 도제 수업을 받도록 하나님이 정하신 기간입니다. 나는 공식적인 문서를 통해서 일생 동안 내 주님이자 주인이신 예수 그리스도께 묶여 있습니다. 그리고 나는 그렇게 묶여 있게 된 것을 기뻐합니다. 야곱이 칠 년 동안 종살이 한 후에, 라헬을 사랑해서 기쁜 마음으로 또다시 칠 년을 종살이 하였듯이, 우리는 예수를 사랑하기 때문에, 그가 원하신다면, 칠 년씩 칠십 번이라도 기꺼이 종살이를 할 것입니다. 그러나 아무리 긴 인생이라도 결국에는 끝이 나게 되어 있기 때문에, 우리의 인생도 언젠가는 끝나게 될 것입니다. 여기 이 아랫세상에서 우리가 주어진 시간, 즉 "품꾼의 날"은 정해져 있습니다.

　종으로 살아가는 사람에게는 자신의 시간이라고 말할 수 있는 시간이 단 한순간도 없습니다. 우리가 하나님의 백성이라면, 이것은 우리에게도 마찬가지입니다. 우리가 정직하다면, 한순간이나 한 호흡이나 우리의 어떤 능력이나 돈 한 푼이라도 우리의 것이라고 할 수 있는 것은 없습니다. 우리는 우리 자신에 대한 소유권을 영원히 예수 그리스도께 넘겼기 때문에, 우리는 전적으로 그의 소유입니다. 종은 그 어떤 일도 자기 마음대로 할 수 없고, 언제나 자신의 주인이 자기에게 명하는 일들만을 행합니다. 우리의 처지도 마찬가지입니다. 우리의 주인은 예수 그리스도이시고, 우리는 그를 섬겨야 하기 때문에, 그에게서 지시들을 받습니다. 그의 지시들은 우리의 법입니다. 종이 있어야 할 곳은 미리 정해져 있습니다. 종은 집안에서 일해야 할 수도 있고, 바깥에서 일해야 할 수도 있습니다. 종은 집 가까이에서 일하게 되어 있을 수도 있고, 멀리 밭에 나가서 일하게 되어 있을 수도 있습니다. 종은 주인의 심부름을 해야 할 수도 있고, 집에 머물러 있어야 할 수도 있습니다. 그러나 종은 자기가 해야 할 일이나 있어야 할 곳을 스스로 선택할 수 없고, 단지 주인이 정해 준 것을 그대로 받아들여야 합니다. 이런 말을 들으면, 우리는 기쁘지 않습니까? 우리의 마음은 "모든 것을 예수를 위해 할 수 있으니 너무나 좋구나"라고 말하지 않습니까? 우리의 마음이 그래야 합니다. 게다가, 종이 때로로 힘이 다 소진되어 기진맥진하게 되는 것은 자연스러운 일이 아니겠습니까? 어떤 종이 여러분의 집에 와서 품꾼으로 써 달라고 하면서, "나는 힘든 일은 원하지 않고, 일은 적고 품삯은 많았으면 좋겠습니다"라고 말한다면, 여러분은 "당신에게는 생각이 너무 많아서, 오직 열심히 일하겠다는 생각이 들 때까지는, 내가 당신을 품꾼으로 쓸 수가 없겠군요"라고 말할 것입니다. 여러분의 주님이자 주인이신 그리스도께서도 동일하게 생각하십니다. 여러분은 기진맥진하여 쓰러질 때까지 주를 섬겨 열심히 땀흘려 일하겠다는 각오를 가져야 합니다.

품꾼은 자기가 일해야 할 시간이 정해져 있다는 것을 압니다. 일주일 동안 일하기로 되어 있다면, 그는 자신의 일이 토요일에 끝날 것임을 압니다. 그가 한 달 동안 품꾼으로 고용되었다면, 그는 한 달이 며칠로 되어 있는지를 계산해서, 자신의 일이 끝나는 날을 압니다. 그가 한 해 동안 일하게 되어 있다면, 그는 한 해의 마지막 날에 자신의 일이 끝난다는 것을 압니다. 우리는 우리가 종으로 섬겨야 할 날이 정확히 언제 끝날지를 알지는 못하지만, 끝나는 날이 반드시 오리라는 것은 압니다. 그러므로 우리는 그 끝나는 날이 언제 올지 모르기 때문에, 늘 지금이 끝나는 날이 될 수도 있다는 것을 염두에 두고서 살아가게 됩니다. 마찬가지로, 하나님께서는 우리에게 그 정해진 끝이 언제일지를 말씀해 주지 않으셨습니다. 만일 하나님께서 우리에게 그 끝나는 날을 미리 알려 주신다면, 우리는 계속해서 빈둥거리다가, 끝날이 오기 얼마 전에야 열심히 일할 것입니다. 그러나 하나님께서는 우리로 하여금 주께서 다시 오실 그 날을 기다리며 늘 열심히 일하게 하시기 위하여, 그 날을 우리에게 알려 주지 않으셨습니다. 그럼에도 불구하고, 정해진 기간이 있고, 우리의 일이 끝나게 되리라는 것은 분명합니다.

품꾼은 품삯을 기대합니다. 그리고 이것이 그가 열심히 일하는 이유입니다. 마찬가지로, 우리도 우리의 품삯을 기대합니다. 물론, 우리의 품삯은 우리가 당연히 받아야 할 것이 아니라, 우리에게 은혜로 주어지는 상이라는 점이 다르기는 하지만 말입니다. 오늘날 많은 상인들이 그러하듯이, 하나님께서는 종들을 부리시고서는 아무런 품삯도 주지 않으시는 그런 분이 아닙니다. 종들은 하나님의 자녀들입니다. 그러므로 그들은 품삯을 받을 생각을 전혀 하지 않은 채로 기쁜 마음으로 섬기지만, 품삯을 주지도 않고 품꾼들을 부리는 것은 하나님의 방식이 아닙니다. 하나님은 그들이 "상 주심을 바라보게"(히 11:26) 되기를 바라십니다. 그래서 하나님은 그들을 자녀로 대하셔서 차고 넘치게 베풀어 주심과 아울러서, 그들이 종으로 일한 것에 대해서도 그들에게 후하게 품삯을 주십니다. 형제들이여, 우리의 주인이신 예수 그리스도께서 자신의 종들을 한데 불러 모으셔서, 각 사람에게 품삯을 나눠 주시는 저 큰 날을 바라보십시오. 만일 그 품삯이 우리가 일한 만큼 받는 것이라면, 우리의 품삯은 몇 푼 되지 않거나 아예 없을 것입니다. 왜냐하면, 우리는 무익한 종들에 불과하기 때문입니다. 그러나 그 품삯은 은혜로 주어지는 것이기 때문에, 우리가 구하거나 생각하는 것보다 훨씬 더 많은 품삯이 우리에게 주어질 것입니다. 이상으로 나는 우리의 삶이 종 또는 품꾼으로 살아가는 삶이라는 주제를 마치고자 합니다. 그것은 우리 모두에게 하나님께서 정해 주신 섬김의 일이 있기 때문에, 우리는 그 일을 행하고 이루어 내어야 한다는 것입니다.

2. 둘째로, 우리는 이러한 사실로부터 몇 가지 결론들을 도출해 낼 수 있습니다.

첫째, 욥의 결론이 있습니다. 욥의 결론은 각 사람에게는 정해진 기간이 있고, 자기는 한 해 동안 고용된 품꾼과 같기 때문에, 자신의 삶이 속히 끝나기를 바라고서, 이렇게 말하는 것입니다: "종은 저녁 그늘을 몹시 바라고 품꾼은 그의 삯을 기다리나니"(7:2). 욥이 도출해 낸 결론은 어느 정도 일리가 있긴 하지만, 전적으로 옳은 것은 아닙니다. 어떤 의미에서 모든 그리스도인들은 자신의 인생이 끝나는 날을 기쁨과 기대감으로 기다리고, 그 날을 위해 기도할 수 있습니다. 나는 신자들이 그러한 마음 상태에 있기를 바랍니다. 우리 중에서 다수는 다음과 같이 시작되는 시를 쓴 시인에게 진심으로 공감할 수 있을 것입니다:

> "폭풍우가 연이어 몰려와서 길을 캄캄하게 덮어 버리는
> 그런 곳에서 나는 언제까지나 살고 싶지 않고,
> 언제까지나 머물게 해 달라고 기도하지 않으리.
> 우리 위에 동터오는 얼마 안 되는 덧없는 아침들만으로
> 인생의 고락으로 충분하지 않겠는가?
>
> 하나님을 떠나, 지극히 복된 처소인 저 천국,
> 밝은 평지 위에 즐거움의 강물이 흐르고,
> 영광의 한낮이 영원토록 이어지는 저 천국을 떠나
> 언제까지나 이 땅에서 살고자 할 사람이 누구이겠는가?"

하지만 세상을 떠나고자 하는 이런 마음이 언제나 좋은 동기에서 나오는 것

은 아니기 때문에, 우리는 예외적인 경우들을 살펴볼 필요가 있습니다. 먼저, 종이 시간이 너무 안 간다고 늘 한숨 쉬며 신음하면서, 토요일 저녁이 오기만을 손꼽아 기다린다면, 그것은 게으름을 피우기 위한 아주 좋지 않은 동기에서 그 날을 기다리는 것일 것입니다. 마찬가지로, 이 땅에 사는 동안에 자신에게 주어진 일을 다 하기도 전에 천국에 가고 싶어 하는 사람은, 내가 보기에는, 천국에 갈 가능성이 거의 없는 사람인 것 같습니다. 천국에 가서 영원토록 하나님을 섬기기에 합당한 사람은 바로 이 땅에서 기쁜 마음으로 부지런히 하나님을 섬기는 사람입니다.

게다가, 우리의 날들은 품꾼의 날들과 같기는 하지만, 우리는 세상의 종들이 섬기는 주인보다 더 좋은 주인을 섬기고 있습니다. 세상의 종들 중에는 자신의 주인의 얼굴을 더 이상 보지 않았으면 너무나 기뻐서 춤을 추겠다고 말할 그런 주인을 섬기는 종들이 많습니다. 주인들은 가혹하고 냉정하며 독단적이고 포악합니다. 그러나 우리의 주인은 사랑 그 자체입니다. 너무나 감사하게도, 우리는 그를 섬길 때에 완전한 자유를 누리게 됩니다. 우리가 그를 전적으로 섬길 때가 우리가 가장 행복하고 우리 자신을 가장 이롭게 하는 때입니다. 내가 나의 주인이신 예수 그리스도에 대하여 자신 있게 말할 수 있는 것은 나는 내 주인을 사랑하고, 그를 섬기는 것을 사랑하며, 그의 집을 사랑하고, 그의 자녀들을 사랑하며, 그의 모든 것을 사랑한다는 것입니다. 만일 나의 삶이 끝나는 날에 그가 나를 해고하게 되어 있다면, 나는 그에게 나로 하여금 여기에서 영원히 살게 해 주시라고 애걸할 것입니다. 왜냐하면, 나는 그에 의해 해고되어서 그와 함께 있지도 못하고 그를 섬기지도 못하게 되는 것을 견딜 수 없을 것이기 때문입니다. 내가 이 땅에서의 삶을 마치고 천국에 가고 싶은 마음이 간절한 것은 그가 거기에서 나를 계속해서 써주실 것이기 때문입니다.

게다가, 우리는 다음과 같은 점에서 세상의 다른 종들과 다릅니다. 우리는 우리의 주인과 하나입니다. 우리는 그의 형제이고, 그의 신부이며, 그의 몸입니다. 우리는 이렇게 그와 깊이 연결되어 있기 때문에, 우리가 그를 위하여 일하는 것은 이루 말할 수 없는 기쁨입니다. 만일 그가 우리에게 품삯을 전혀 주시지 않는다고 할지라도, 우리로 하여금 그를 섬길 수 있게 해주신 것만으로도 우리에게는 충분한 품삯이 되고도 남을 것입니다.

"찬송 받으실 예수 그리스도여,
　내가 주를 사랑하는 것은
　천국에 가기 위해서도 아니고,
　지옥에 떨어지지 않기 위해서도 아니랍니다.
　내가 주의 향기로우심과 선하심을 알고,
　나를 지극히 사랑하시는 그 마음을 아는데,
　어떻게 내가 영원히 주의 것이 되고자 하지 않겠습니까?"

　그렇습니다. 어떤 점들에서 여러분은 이 세상을 떠나서 그리스도와 함께 있는 것이 더 낫겠다고 느끼면서도, 또 어떤 점들에서는 이 세상에 남아 있어야 한다는 것을 알고서는, 그러한 욕구를 억제하기 때문에, 바울과 마찬가지로 둘 사이에 끼어서 이러지도 못하고 저러지도 못하는 형편에 처하게 됩니다. 그 선택권이 우리에게 주어져 있지 않은 것은 큰 은혜입니다. 우리에게는 모든 것이 정해져 있습니다. 따라서 우리는 욥의 결론을 수정하게 만드는 여러 가지 근거들, 즉 우리의 고달픈 인생을 마감하고자 하는 지나친 갈망은 잘못된 것임을 보여주는 사실들이 있다는 것을 알게 됩니다.

　또한, 마귀의 결론이 있습니다. 마귀의 결론은 우리가 이 땅에 있을 시간과 싸움과 섬김이 정해져 있다면, 우리가 어떻게 해도 우리에게 정해진 운명이 성취될 것이기 때문에, 아무런 걱정도 하지 말고, 성전 꼭대기에서 뛰어내리기도 하고, 다른 무모한 일들도 하기도 하면서, 우리 멋대로 살아도 된다는 것입니다. 우리의 큰 원수인 마귀는 우리가 그렇게 했을 때에 어떤 결과가 초래될지를 이미 알면서도 그런 식으로 우리를 시험합니다. 지극히 복된 하나님의 진리들로부터 저주 받아 마땅한 결론들을 이끌어내 온 사람들이 얼마나 많았습니까! 그런 사람들은 자신들이 그렇게 하고 있을 때에 자신들의 결론이 터무니없는 것임을 압니다. 그들은 "우리가 영생을 얻을 자로 정해져 있다면, 어떻게 해도 구원을 받게 될 것이기 때문에, 굳이 그리스도께로 나아갈 필요가 없다"고 말합니다. 선생님들, 그렇다면 여러분께 한번 물어보겠습니다. 여러분은 왜 오늘 식사 시간에 무엇을 먹고 마셨습니까? 여러분이 살게 되어 있다면, 어떻게 해도 여러분은 살게 될 것이기 때문에, 굳이 무엇을 먹고 마실 필요가 없을 텐데요? 여러분은 왜 오늘밤에 침상으로 가서 잠을 자고자 하십니까? 여러분이 잠자게 되어 있다면, 어떻게 해도 여러분은 잠을 자게 될 것인데 말이죠. 여러분은 왜 내일 아침에 여러분의 가게 셔터를 올리고, 물건들을 진열해서, 팔고자 애쓰실 것이죠? 여러분이 부자가 되기로 정해져 있다면, 어떻게 해도 부자가 되실 텐데, 왜 굳이 그렇게 하시는 것이죠? 아, 알겠습니다. 여러분은 그렇게 해서는 안 된다는 것을 이미 알고 계시는 것이군요. 여러분은 보기보다 그렇게 미련한 사람들이 아님이 틀림없습니다! 여러분은 미련한 사람들이라기보다는 심술궂은 불한당이고, 여러분의 주장은 속임수입니다. 그렇지 않다면, 여러분은 왜 자신이 한 말을 일상의 삶 속에서 실천하지 않는 것입니까? 여러분은 예정론이라는 저 복된 진리로부터 가증스러운 결론을 이끌어 내어 사람들에게 마치 진실인 양 큰 소리로 말하면서도, 정작 여러분 자신은 그 결론과 아무 상관이 없다는 듯이 행하는 거짓된 마음을 지니고 있는 사람들입니다. 선생님들이여, 하나님의 계획이 내가 이일을 하도록 정해 놓으셨다는 이 믿음보다 나로 하여금 더 열심히 일하도록 자극하는 것은 이 세상에 아무것도 없습니다! 결코 변할 수 없는 지혜이신 분의 영원한 능력과 결코 실패할 수 없는 능력이 나의 배후에 있다는 확신이 있기 때문에, 나는 "하나님과 함께 일하는 자"(고후 6:1)에 합당한 자가 되기 위하여, 내게 주어진 일을 나의 온 힘을 다해 행합니다. 크롬웰과 그의 철기군 같이 인류 역사 속에서 가장 용감했던 사람들은 하나님의 작정하심을 믿었지만, 그 누구보다도 열심히 일하였고, 결코 빈둥거리며 아무 일도 하지 않으면서 세월을 보내지 않았습니다. 그들은 영원한 계획을 믿었고, 아울러 인간의 책임도 믿었습니다. 여러분과 나도 그래야 합니다. 여러분이 이 땅에서 살아야 할 기간은 정해져 있지만, 방탕하거나 술에 취해 세월을 보내지 마십시오. 만약 그렇게 산다면, 이 땅에서 여러분이 살 날은 단축될 것입니다. 사람들이여, 여러분의 싸움은 정해져 있지만, 어리석은 짓들을 하며 세월을 보내지 마십시오. 만약 그런 식으로 살아간다면, 여러분의 괴로움은 더 커지게 될 것입니다. 믿는 자들이여, 여러분이 섬겨야 할 것들은 이미 정해져 있지만, 빈둥거리지 마십시오. 만약 여러분이 빈둥거린다면, 그것은 하나님의 성령을 근심하게 하고, 여러분에게 맡겨진 일들은 방해를 받게 될 것입니다.

이제 나는 병든 자의 결론을 여러분에게 말하고자 합니다. "이 땅에 사는 인생에게 정해진 시간이 있지 아니하겠느냐 그의 날이 품꾼의 날과 같지 아니하겠느냐." 그러므로 병든 자들은 자신의 고통이 영원히 지속되지 않을 것이고, 모든 고난은 하나님의 사랑에 의해서 적절한 수준에서 정해져 있는 것이라는 결론을 내립니다. 질병이 쓴 잔인 것은 사실이지만, 치료하시는 여호와께서는 흔히 사람들에게 있는 영적인 질병을 치유하시기 위하여 육신적인 질병을 약으로 처방하셔서 사용하십니다. 하나님께서는 자신이 정하신 환난이 소기의 목적을 달성했다는 것을 아셨을 때에는, 병자를 일으키셔서 사람들 사이에서 다시 걸어다니게 하시거나, 자신의 영광의 품으로 영원히 데려가십니다. 그러므로 병든 자들은 참고 기다려야 하고, 하나님을 신뢰하는 가운데 잠잠히 기다릴 때에 힘을 얻게 될 것입니다.

다음으로 애곡하는 자의 결론이 있습니다. 우리는 이런 결론을 도출해 내야 하는데도 불구하고, 그런 결론을 도출해 내는 것이 언제나 그렇게 쉽지는 않습니다. 애곡하는 자의 결론은 이렇습니다: "내 아이가 죽었지만, 너무 일찍 죽은 것은 아닙니다. 하나님, 내 남편이 죽어 없는데, 나는 어떻게 해야 합니까? 나의 외로운 마음은 어디에서 위로를 받아야 합니까? 그렇지만, 내 남편은 때가 되어 불려간 것입니다. 하나님께서 그렇게 하신 것이고, 하나님은 지혜로우신 분이니까요." 여러분이 보살피는 사람이 죽어서 애곡하지는 않지만, 그 사람이 매일같이 참기 힘든 고통과 끊임없는 괴로움 속에서 죽어가고 있는 것을 보면서 가슴 아파하고 있다면, 여러분으로 하여금 "괜찮다"고 느낄 수 있도록 하나님께서 은혜를 주시라고 기도하십시오. 여러분이 가슴 아파할 줄도 모르거나 자신의 처지를 원망하면서 꾹 눌러 참고 있지 않는 것, 여러분이 슬퍼하고 탄식하기는 하지만 속으로 원망하지 않고, 애곡하지만 불평하지는 않으며, 괴로워하기는 하지만 범죄하지는 않는 것은 은혜의 위대한 승리입니다. 이러한 시련을 겪고 있는 분들을 위해 기도하십시오. 그들의 약함 속에서 은혜가 온전하게 해주시라고 그들을 위하여 기도하십시오.

또한, 우리는 건강한 사람의 결론에 대해 말할 수 있습니다. 어제 우리의 친구가 갑자기 죽었을 때에 내가 그 일로부터 어떤 결과를 이끌어 내었는지를 여러분은 아십니까? 그 순간 나의 뇌리에는 이런 생각이 스쳐갔습니다. "만일 내가 헨리 올니 씨 대신에 지난 토요일 오후에 죽었다면, 내가 지금 하고 있는 모든 일들이 다 제대로 정리되어 있었을까?' 내게는 일이 끝이 없고, 너무나 많습니다. 나는 '내가 이렇게 살아 있는 동안, 나는 마치 내가 지금 곧 죽을 것처럼 모든 것을 반듯하게 제대로 정리해 두어야 하겠다'고 결심했습니다. 사랑하는 형제들이여, 나는 여러분도 나와 똑같은 생각이기를 바랍니다. 여러분은 건강하지만, 늘 죽음을 준비하여야 합니다. 유언장을 만들어 놓으시고, 여러분의 계좌들을 다 정리해 놓아서, 상속을 받는 사람이 여러분의 것들을 이어받는 데 아무런 문제가 없게 해 두십시오. 여러분이 해야 할 일들을 속히 하십시오. 유언장을 써놓으시고, 여러분에게 재물이 있다면, 주의 일을 잊지 마십시오. 휫필드(Whitfield) 목사님은 늘 이렇게 말하곤 하였습니다: "내 장갑이 제자리에 놓여 있지 않으면, 나는 밤에 잠을 이룰 수가 없다네. 나는 언제나 모든 것이 정리되어 있기를 바라니까 말일세." 형제들이여, 언제나 배를 잘 손질해 두십시오. 여러분은 날씨가 어떻게 변할지를 알지 못하기 때문입니다. 갑판을 잘 정리해 두십시오. 마지막 원수가 언제 나타날지는 아무도 모르기 때문입니다. 여러분의 최고의 친구가 오고 계시니, 그를 맞을 만반의 준비를 해 두십시오. 단장도 하지 않고 부끄러운 모습으로 남편과 맞닥뜨리는 게으른 여자가 되지 마시고, 잘 단장하고서 남편을 반갑게 맞는 신부가 되십시오.

마지막으로, 죄인의 **결론**이 있습니다. "내게 주어진 시간, 나의 싸움, 나의 일은 다 정해져 있지만, 나는 지금까지 무엇을 해왔는가? 나는 하나님을 대적하는 싸움을 싸워 왔고, 마귀가 주는 품삯을 받으며 일해 왔는데, 그 마지막이 무엇일까?" 죄인들이여, 여러분은 자기 마음대로 살고자 하고, 흉악한 주인을 위하여 여러분의 날들을 사용하고자 하며, 그 흉악한 주인의 싸움을 싸우고자 하는데, 그렇게 했을 때에 여러분에게 주어질 품삯은 무엇일 것 같습니까? 여러분에게 정해진 시간이 다가오고 있고, 품삯이 지불될 날이 가까워 오고 있습니다. 여러분은 자신이 뿌린 대로 거둘 마음의 준비가 되어 있습니까? 여러분 자신과 여러분의 하나님을 대적하여 마귀 편에 서서 살아온 여러분은 그 결과를 받아들일 마음의 준비가 되어 있습니까? 제발 잘 생각해 보시고, 하나님께 예수 그리스도로 말미암아 여러분에게 은혜를 주셔서, 현재 여러분이 서 있는 자리에서 벗어나서 그리스도의 편에 서게 해주시라고 간청하며 매달리십시오.

나는 이 자리에 앉아 계시기는 하지만 아직 예수 그리스도를 믿지 않는 분들과 이 건물 안에 계시는 아직 거듭나지 않은 분들에게 그리스도의 편에 서시라고 간곡하게 부탁합니다. 나는 어제 세상을 떠난 형제의 죽음이 아니라 여러분의 죽음에 대해서, 이렇게 묻지 않을 수 없습니다: "여러분이 죽는다면 어디로 가 있게 될 것 같습니까?" 만일 당신이 죄 가운데서 죽는다면, 우리는 당신을 애

곡하는 장례 예배를 드리면서, 당신을 천국으로 데려가신 하나님께 감사한다고
말하는 위선자들이 되지 않을 것입니다. 또한, 우리는 우리도 당신과 같이 그렇
게 죽기를 소망한다고 말함으로써 지존자를 모욕하는 일을 하지 않을 것입니다.
우리는 감히 그런 식으로 "하늘에서 지극히 크신 이"(히 8:1)를 모독하고자 하지
않을 것입니다. 대신에, 우리는 보통 때보다 더 안타까워서 더 많은 눈물을 흘리
며 당신을 아주 조용히 무덤에 누여드릴 것입니다. 왜냐하면, 우리의 심령이 저
깊은 곳에서 "그는 결국 회개하지 않은 채로 죽었고, 거듭나지 못한 채로 죽어
서, 영원히 멸망을 당하게 되었구나!'라고 처량하게 외칠 것이기 때문입니다. 자
신의 한창때에 죽은 우리의 형제를 위해서 그의 자녀들은 애곡할지라도, 여러분
은 그를 위해 울지 마십시오. 그 형제의 부인은 그가 죽은 것이 도저히 믿기지 않
아서 그 시신을 부여잡고 슬피 애곡할지라도, 여러분은 그를 위해 울지 마십시
오. 그를 위해 울지 마시고, 믿지 않고 죽어서 하나님의 임재로부터 쫓겨나 영원
히 멸망당할 자들을 위해 우십시오. 그들은 거기에서 영원토록 싸울 것이고, 거
기에서 영원히 놓여날 수 없을 것입니다. 그들이 거기에서 해야 할 무시무시한
종살이는 끝이 없을 것입니다. 왜냐하면, 한번 죽어서 이 땅을 떠난 사람에게는
정해진 기간이라는 것이 없기 때문입니다. 거기에는 시간이라는 것이 존재하지
않습니다. 한 발을 바다에 딛고, 다른 한 발을 땅에 딛은 천사가 영존하시는 이의
이름으로 맹세하며 이렇게 선언합니다. 시간은 더 이상 존재하지 않을 것이고,
멸망에 처해진 영혼의 상태는 최종적인 것이고 영원한 것이라고 말입니다. 그러
므로 그리스도와 여러분 자신을 위해서 잘 주의해서 생각하시고 지혜롭게 행하
시기를 바랍니다. 아멘.

제
6
장
—

"내가 바다니이까
바다 괴물이니이까"

—

"내가 바다니이까 바다 괴물이니이까
주께서 어찌하여 나를 지키시나이까." ― 욥 7:12

욥이 이렇게 처절한 하소연을 하고 있는 때는 큰 고통 중에 있던 때였습니다. 이러한 하소연과 신음이 그에게서 나온 때는 그의 피부에 온통 종기가 나서 보기에도 역겹게 되고, 그가 거름더미에 앉아서 "질그릇 조각을 가져다가 몸을 긁고 있던"(2:8) 때였습니다. 우리는 그의 인내심을 보고 놀라지만, 그가 도저히 참지 못해서 이렇게 처절하게 하소연하는 것을 보고는 놀라지는 않습니다. 그는 계속해서 놀라울 정도의 인내심으로 참아내다가, 가끔씩 도저히 참을 수 없어서 이런 식으로 하소연하며 불평한 것이기 때문입니다. 하나님의 성도들이 지극히 영화로울 때, 거기에서 여러분은 그들의 흠들을 발견하게 됩니다. 성도들의 약점들은 그들의 강점 바로 옆에 있습니다. 엘리야는 용감한 자들 중에서도 가장 용감한 자였지만, 이세벨을 피해 도망쳤습니다. 모세는 온유한 자들 중에서도 가장 온유한 자였지만, 이스라엘 백성에게 혈기를 부리며 말을 했습니다. 욥은 사람들 중에서 가장 인내심이 강한 자였지만, "내가 내 입을 금하지 아니하고 내 영혼의 아픔 때문에 말하며 내 마음의 괴로움 때문에 불평하리이다"(7:11)라고 부르짖습니다. "내가 바다니이까 바다 괴물이니이까 주께서 어찌하여 나를 지키시나이까"라는 반문은 그의 처절한 하소연 중의 일부입니다.

　　그는 끊임없이 감시를 당하고 채찍질당하는 것처럼 보였습니다. 그는 하나님께서 자기를 괴롭히시는 일에 온 힘을 집중하시는 것처럼 보였습니다. 그는 인정사정없이 매질을 당해서 온 몸이 시퍼렇게 멍들었습니다. 일반적으로 범죄자들은 40에서 한 대 감한 매를 맞았는데, 오직 그만이 단 한 대가 감하지 않은 50대를 맞았습니다. 그에게는 극심한 고난이 인정사정없이 퍼부어졌습니다. 그래서 마침내 그는 이렇게 비명을 지릅니다: "나는 마치 내가 언제나 제어할 필요가 있는 큰 바다, 또는 언제나 그 아구에 바늘을 꿰어 다스릴 필요가 있는 바다 괴물인 것처럼 감시와 매질을 당하고 있습니다. 하나님이여, 왜 주께서는 나를 이토록 괴롭히시고 못살게 하시는 것입니까? 나는 너무나 보잘것없고 가련한 자인데, 주께서 이런 연약하기 짝이 없는 자를 그토록 가혹하게 다루시는 것은 평소의 하나님답지 않은 것처럼 보입니다. 광분하는 큰 바다나 괴력을 지닌 바다 괴물은 그렇게 감시와 매질을 당할 필요가 있겠지만, 나 같은 연약한 자에게 하나님께서 그렇게 하시는 이유는 도대체 무엇입니까? '내가 바다니이까 바다 괴물이니이까 주께서 어찌하여 나를 지키시나이까.'"

　　오늘 나는 욥이 이런 말을 한 의도에 얽매이지 않고, 나의 돛을 펼쳐서 저 먼 바다로 나가고자 합니다. 이런 식의 설교는 오늘날의 설교자들에 의해서 많이 사용되고 있을 뿐만 아니라, 나보다 앞선 설교자들에 의해서도 사용되어 왔습니다.

　　그러면, 나는 내가 이 설교 속에서 어떤 항로를 따라 항해해 나갈지를 말씀드리고자 합니다. 내가 가장 먼저 살펴볼 것은, 어떤 사람들은 하나님에 의해서 밀착감시를 당하고 있는 것처럼 보인다는 것입니다. 그들은 하나님이 큰 바다나 거대한 바다 괴물을 감시하는 그런 눈초리로 그들을 감시하고 계신다고 생각합니다. 다음으로 우리가 두 번째로 살펴볼 것은, 그들은 이렇게 감시당하는 것을 좋아하지 않는다는 것입니다. 그들은 자신의 그런 처지를 하소연하고 불평하며, 거기에서 어떻게든 빠져나갈 수 있기를 바랍니다. 그래서 그들은 이 문제를 놓고 하나님과 언쟁을 벌이고 하나님께 항변합니다. 우리의 세 번째 대지는, 그들의 항변은 악하다는 것입니다. 그들은 자기가 너무나 가혹하게 대우받고 있다고 생각하지만, 사실은 그들이 불평하는 그 모든 일들은 사랑 가운데서 이루어지고 있는 것입니다. 나의 식솔들이여, 내가 어떤 길을 정해서 거기로 항해해 나아가고자 하면, 하늘의 바람이 불어와서 나의 항로를 바꾸어 버리는 것을 보십시오. 내가 나의 항로를 벗어나서 지그재그로 간다고 하여도 놀라지 마십시오. 내가 결국 어떤 항로를 통해서 천국으로 가게 될지는 아무도 알지 못합니다.

1. 첫째로, 어떤 사람들은 하나님에 의해서 철저히 추적당하고 감시받는 것처럼 보입니다.

우리는 사람들이 경찰로부터 "미행을 당하고" 있다고 말하는 것을 듣습니다. 어떤 사람들은 마치 자기가 하나님에 의해서 미행당하고 있는 것처럼 느낍니다. 그들은 은밀하게 성령의 추적을 당하고 있고, 그런 사실을 알고 느낍니다. 그들이 어디를 가든, 성령의 감시의 눈초리는 늘 그들을 따라다니고, 그들은 그 눈을 피해 숨을 수 없습니다. 그들은 추격당하는 범죄자들 같습니다. 그들은 법의 감시망을 결코 벗어날 수 없습니다. 그들은 무슨 짓을 해도, 하나님에게서 도망칠 수 없습니다. 여러 해 동안 이런 상태에 있어 온 사람들이 있고, 그들은 내가 무슨 말을 하고 있는지를 압니다.

모든 사람들은 실제로 하나님에 의해 포위되어 있습니다. 하나님은 우리 중 그 누구로부터도 멀리 계시지 않습니다. "우리가 그를 힘입어 살며 기동하며 존재하느니라"(행 17:28). "내가 … 주의 앞에서 어디로 피하리이까"(시 139:7). 저 높은 하늘 위로 피할 수 있겠습니까, 아니면 저 깊은 바다 밑으로 피할 수 있겠습니까? 얼어붙은 저 북극해나 남극해로 피할 수 있겠습니까, 아니면 뜨거운 태양이 작열하는 큰 바다로 피할 수 있겠습니까? 우리가 하나님을 피하기 위하여 위로 높이 솟아 보거나, 아래로 깊이 꺼져 보아도, 다 헛일입니다. "하나님, 주께서는 나를 보십니다"라는 말은 이글이글 타오르는 한낮에도 진실이고, 깊은 밤에도 진실입니다. 하나님은 우리와 함께 하시고, 우리는 언제나 그의 눈 아래 있습니다. 그렇지만 어떤 사람들에게는 다른 사람들보다도 더 생생하게 하나님의 눈이 그들을 지켜보고 계시다는 것이 느껴집니다.

그들은 하나님의 임재를 특히 생생하게 느낍니다. 우리 중에는 하나님이 자신과 함께 하고 계신다는 것을 느끼지 못한 적이 단 한 번도 없는 사람들이 있습니다. 우리는 하나님의 자녀로서, "하늘에 계신 우리 아버지"라고 부르며 기도한 후가 아니면 잠자리에 들 수 없었습니다. 우리는 하나님의 자녀로서, 하나님의 거룩한 이름을 모독하는 말을 들을 때에 두려워 떨었습니다. 인생의 온갖 우여곡절을 겪어온 사람들로서, 우리는 내내 하나님의 선하심을 보아 왔습니다. 우리는 모든 활짝 핀 꽃들 속에서 하나님을 뵈옵고, 모든 불어오는 바람들 속에서 하나님의 음성을 듣는 것을 기뻐합니다. 우리는 하나님이 만드신 만물 속에서 하나님을 뵈옵고 행복해했습니다. "어리석은 자는 그의 마음에 이르기를 하나님이 없다 하는도다"(시 14:1). 그러나 그러한 어리석음은 우리와는 아무 상관이 없었습니다. 우리는 우리가 하나님을 화나시게 했을 때조차도, 하나님께서는 우리에게 선하셨다는 것을 압니다. 하나님은 어릴 적부터 우리를 가르쳐 오셨고, 자기 자신을 우리에게 나타내 오셨습니다. 다음과 같이 속삭이는 음성이 우리 귀에 들려오곤 하였습니다: "하나님께서 네 옆에 계신다. 하나님이 너와 함께 하신다. 하나님께는 너의 말을 들어줄 귀가 있으시고, 너를 사랑해 줄 마음이 있으시며, 너를 도와줄 손이 있으시다." 나는 자기가 양심을 거슬러서 범죄하였을 때조차도 하나님이 가까이 계신다는 인식을 결코 완전히 상실해 본 적이 없는 사람들을 알고 있습니다. 물론, 그들은 자신이 범죄하였을 때에는, 그 임재하심이 그들에게 두려움과 괴로움이라는 열매로 나타나는 것을 느끼기는 하지만 말입니다.

어떤 사람들은 하나님에 의한 감시를 다른 식으로 느낍니다. 그들은 자신의 양심이 그들 자신을 책망하는 것을 결코 그치지 않기 때문에, 자기가 하나님에 의해서 감시당하고 있다고 느낍니다. 양심의 소리는 모든 사람에게 동일한 음조로 들려오지도 않고, 모든 사람에게 동일하게 큰 소리로 들려오는 것도 아닙니다. 양심은 재갈이 물려진 개처럼 될 수 있고, 그런 때에는 죄라는 도둑을 보고도 짖을 수가 없습니다. 또한, 양심은 감기에 걸려서 목소리를 제대로 낼 수 없는 사람과 같게 될 수도 있습니다. 그러나 오랜 세월 죄를 지으며 살아 왔다고 할지라도, 모든 사람의 양심이 다 그렇게 되는 것은 아닙니다. 어떤 사람들은 선천적으로 예민한 양심을 지니고 있어서, 죄 가운데서 살아가면서도, 결코 마음이 편하지 못합니다. 그런 사람들은 "근심과 걱정을 다 날려 버리는 데에는 웃고 사는 것이 가장 지혜로운 방법이라고 여겨서" 온 종일 즐겁게 웃고 얘기합니다. 그러나 밤이 되면, 그 근심과 걱정들은 마치 병아리들처럼 잠자리에 들기 위해서 제집을 찾아옵니다. 선원들은 함께 모여서 얘기하고 웃을 때에는 즐겁지만, 밤중에 고요한 별 아래에서 홀로 불침번을 서게 되면, 그들의 심장은 뛰기 시작하고, 그들의 양심은 그들에게 오늘 하루 동안 그들이 행하였던 어리석은 일들을 해명할 것을 요구하기 시작합니다. 잠자리에 들면, 그들은 자기가 전에 지었던 죄악들과 장차 다가올 심판에 대한 꿈을 꿉니다. 왜냐하면, 그들의 다른 기관들은 다 잠이 들었을 때조차도, 양심이 깨어 있기 때문입니다. "너는 잘못했어"라고 양심이 말하는데, 그 목소리는 아주 준엄합니다.

　어떤 사람들은 아무리 큰 죄를 지었다고 할지라도, 그들의 양심은 그들에게 그 사실을 정직하고 분명하게 말해 줍니다. 그들의 내면에 있는 감시자는 "너는 잘못했고, 그 잘못으로 인해서 고통을 받게 될 거야"라고 반복해서 말해 줍니다. 성경은 "다윗의 마음이 찔려"(삼상 24:5, KJV에는 "다윗의 마음이 그를 쳤다")라고 말합니다. 우리의 마음이 우리를 두들겨 팹니다. 우리 안에서 우리가 두들겨 맞는다고 느낄 때, 그것은 양심이 우리에게 말하고 있는 것입니다. 사람들로 하여금 함부로 죄를 짓지 못하게 만드는 그 무엇이 사람들 속에 있는데, 나는 바로 그 무엇을 기뻐하지는 않는다고 하여도, 적어도 그것이 있다는 것을 알고 있는 사람들을 향해서 이 말을 하고 있는 것입니다. 하나님께서는 사람들의 혀에 재갈을 물리시고, 그들의 입에 굴레를 씌워 두시고서는, 필요하실 때마다 그 재갈과 굴레를 잡아당기십니다. 그래서 사람들은 죄 가운데 있을 때에 편안할 수 없습니다. 그들은 아직 악의 큰 바다에서 휘청거림 없이 편안하게 지낼 수 있는 상태가 되지는 못한 것입니다. 그들은 덜덜 떨면서 마귀의 노래들을 부르는데, 이것은 그 노래가 그들에게 맞지 않는다는 것을 보여주는 것입니다. 이런 식으로 하나님께서는 그들에게 감시자를 붙여 놓으셨습니다. 그들은 자신의 품 속에 정탐을 데리고 살아갑니다.

　어떤 사람들에게는 훨씬 더 강도 높은 감시가 행해집니다. 왜냐하면, 그들은 죄에 대한 엄중한 자각 아래 있기 때문입니다. 그들은 죄와 의와 장차 다가올 심판을 자각합니다. 하나님의 세관원이 그들의 짐을 뒤져서, 그들이 금지된 물품들을 밀수한 것이 발각된 것입니다. 나는 내가 그런 상태에 있던 때를 기억합니다. 그때에 나는 범죄자가 되어서, 감히 나의 죄를 부인하지 못했고, 그저 내게 내려질 심판만을 두려워하였습니다. 나는 수억 겁이 지난다고 해도 다시는 그런 상태로 되돌아가고 싶지 않습니다. 그때에 내게는 그 어떤 안식도 없었습니다. 그때에 나는 어린 나이였는데도, 노는 것이 전혀 재미가 없었습니다. 왜냐하면, 나는 내가 죄인이라는 것과 하나님이 내 죄를 벌하실 것임에 틀림없다는 것을 알고 있었기 때문입니다. 내가 여러 날 동안 아침에 일어나서 맨먼저 했던 일은 성경의 한 장을 읽거나 경건 서적을 읽어서, 내 양심이 계속해서 깨어 있게 하는 것이었습니다. 성령께서는 나를 옴짝달싹도 할 수 없게 하였고, 나는 밤낮으로 그런 상태로 있어야 했습니다. 나의 침상은 때때로 내게 너무나 피곤하고 힘든 장소였습니다. 왜냐하면, 하나님께서 분노에 찬 눈으로 나를 밤낮 없이 감시하고 있는 것처럼 느껴졌기 때문입니다. 나는 내가 하나님을 노엽게 해드렸다는 것을 알고 있었지만, 예수 그리스도의 피로 말미암은 화목의 길은 아직 발견하지 못한 상태였습니다.

이 자리에는 '우리가 주일에 교회의 종소리가 들리지 않는 곳으로 가버리면, 두려움도 없어지고, 우리 마음대로 죄를 지을 수 있을 것이다'라고 생각해서, 땅 끝까지 갔다 오신 분들이 있을 것입니다. 그래서 그들은 돛을 올리고 먼 곳으로 항해를 떠났고, 항구에 도착해서는, 아무도 그들을 알아보는 사람이 없는 곳에서 마음껏 죄의 향락을 누릴 곳으로 재빨리 달려갔습니다. 그러나 두려움이라는 개는 여전히 그들의 뒤에서 짖어댔고, 죄악된 곳에서 와자지껄하게 즐거워하는 것들은 그들을 조롱하는 소리들로 들렸습니다. 고적한 큰 바다 위에서 별들은 자신들의 빛줄기로 그들의 심장을 찔러댔습니다. 마침내 사람들은 그들의 그런 모습을 눈치 채고서, 그들은 "고지식한 사람들"이라고 부릅니다. "잭, 자네는 뭐가 그렇게 고민인가?"가 사람들이 그들에게 흔히 던지는 질문이었고, 사람들이 그렇게 묻는 것은 당연한 일이었습니다. 왜냐하면, 잭은 마음이 몹시 무거웠고, 산산이 부서진 마음을 가지고서 사람들과 함께 어울려서 즐거워하는 것은 힘든 일이었기 때문입니다. 그럴 때에 사람들은 하나님께서 자기에게 감시자를 붙이셨다고 느끼고, 자기가 결코 쉬지 못하는 "바다"나 크고 황량한 바다를 정처 없이 헤매고 다니는 "바다 괴물" 같이 되었다고 느낍니다. 하나님께서는 그들을 감시하고 계십니다. 그들은 감시망을 벗어났다고 기뻐하는 순간, 얼마 안 가서 자기가 감시망을 벗어나 혼자 있는 것이 아니라는 것을 알게 됩니다.

어떤 사람들은 양심에 의해서 괴롭힘을 당하고 두려움에 의해서 끈질기게 추격을 당할 뿐만 아니라, 하나님의 모든 섭리가 그들을 대적하는 것처럼 보입니다. 그들은 한번 마음먹고 술을 마셔 보기로 작정하면, 갑자기 열병에 걸려서 병원 신세를 지게 됩니다. 춤추러 가려고 하면, 갑자기 발병이 나서, 제대로 서 있을 수조차 없게 되고, 춤을 추러 무도장에 가기는커녕 그런 것과는 완전히 거리가 먼 침상에 누워서 이리 뒤척이고 저리 뒤척이며 시간을 보내야 합니다. 황열병에 걸려서, 그들은 꼼짝없이 여러 날을 침상에서 보낼 수밖에 없게 되었습니다.

하나님께서 그들을 감시하고 계시다가, 그들이 멍에를 벗어던지고 내달리고자 하는 바로 그 순간, 그들로 하여금 미끄러져서 자기 마음대로 내달릴 수 없게 하신 것입니다. 그렇게 해서, 시간이 지나 회복되면, 그들은 속으로 '이제는 내 마음대로 해도 되겠지'라고 생각합니다. 그러나 그들은 침상에서는 벗어났지만, 몇 달 동안 빈둥거리다가 빈털터리가 되고 맙니다. 그들은 "나 참, 내 뜻대로 되는 것이 하나도 없는 것을 보니, 나는 하나님의 표적이 되었구나"라고 말합니다. 그리고 그것은 사실입니다. 그가 순풍을 타고 잘 나가고 있다고 생각할 때, 폭풍이 몰려와서 그를 다른 길로 몰아가고, 갑자기 그의 눈 앞에는 암초들이 나타납니다. 얼마 후에 그는 '자, 나는 이제 괜찮고, 좋은 시절이 왔으니, 잭, 다시 한 번 힘을 내자'라고 속으로 다짐합니다. 폭풍이 지나가고 난 후에, 그의 배는 침몰해서, 그는 자신의 몸에 걸친 옷 빼고는 모든 것을 잃습니다. 그는 고향으로부터 아주 먼 곳으로 와서 자신의 배를 폭풍으로 잃고서 참으로 참담한 곤경에 처해 있습니다. 하나님께서는 마치 요나를 추격하셨듯이 그를 추격하고 계시는 것처럼 보입니다. 자기 때문에 다른 사람들까지 피해를 봅니다. 따라서 그가 "내가 바다니이까 바다 괴물이니이까 주께서 어찌하여 나를 지키시나이까"라고 부르짖는 것은 어쩌면 당연한 일입니다. 아무것도 되는 일이 없습니다. 그의 배의 밧줄들은 다 느슨히 풀어져 있고, 그는 돛대를 제대로 견고하게 올릴 수 없습니다. 그의 배는 구멍이 나서 물이 새고, 그의 돛들은 찢어져 있으며, 그의 활대는 끊어졌습니다. 이런 상황을 그는 이해할 수 없습니다. 다른 사람들은 자기보다 더 못한데도, 그럭저럭 잘해 나가는 것으로 보입니다. 그에게도 운이 따르던 시절이 있었습니다. 그러나 지금 그는 성공과는 거리가 한참이나 멀고, 되는 일이 하나도 없어서, 늘 고민과 괴로움에 빠져 있습니다. 그는 역풍을 맞고 이리저리 표류합니다. 그는 앞으로 나아가지를 못합니다. 그는 비참한 사람이고, 모든 것이 빨리 바닥을 치기만을 바라고 있습니다. 그가 두려워하는 것은 자기가 끝 모를 심연으로 빠져들어서, 거기에서 결코 벗어날 수 없게 될지도 모른다는 불안감입니다. 하나님의 섭리는 늘 그를 자신이 원하는 것과는 반대로 몰아가기 때문에, 그는 자기가 감시를 당하고 있다고 느낍니다.

또한, 하나님께서는 경고라는 방식으로 많은 사람들을 감시하십니다. 그들이 가는 곳마다, 거룩한 경고들이 그들을 뒤따릅니다. 어디를 가든, 그들은 자신의 영혼을 보살피고자 하는 사람들을 피할 수 없습니다. 그들은 자기가 기도와 설교와 거룩한 대화의 원으로 둘러싸여 있는 것처럼 느낍니다. 어떤 소년이 이렇게 생각했습니다: "내가 어머니에게서 벗어날 수 있다면, 나는 마음껏 자유를 누릴 수 있게 될 거야. 나는 너무나 오랫동안 어머니의 치마폭에서 벗어나지를 못했어. 이제 나는 충분히 내가 하고 싶은 대로 할 수 있는 그런 나이가 되었어. 내가 아버지의 훈계와 기도로부터 벗어날 수 있다면, 나는 자유로운 시간을 만끽할 수 있게 될 거야." 그래서 그 소년은 집을 나와 바다로 가서 배를 탔는데, 거기에서 믿음 좋은 나이 드신 선원 한 분이 그에게 다가와서 그의 영혼에 대하여 말을 걸어 왔고, 그런 후에는 또 다른 사람이 그에게 와서 신앙을 권했습니다. 그 소년은 속으로 이렇게 말했습니다: "이런, 내가 후라이팬을 벗어나려다가 불 속으로 뛰어들었구나. 내가 신앙의 굴레를 벗어나기 위해서 이곳에 왔는데, 여기에 와서도 여전히 그 굴레에서 벗어날 수가 없구나." 내가 아는 한 선원은 자기가 어떤 항구에 도착해도, 거기에는 자기를 그리스도께로 인도하기 위하여 기다리고 있는 신앙인들이 꼭 있다고 말합니다. 나는 그런 일들이 더 많이 있기를 바랍니다. 모든 도망자들이 "나는 어디를 가나 감시당하고 있구나"라고 말할 때까지, 벧엘의 깃발이 모든 항구마다 펄럭이게 되기를 바랍니다.

나는 우리의 사랑하는 친구들인 풀러턴과 스미스가 증기선에서 했던 것처럼 모든 사람들이 다 그렇게 하기를 바랍니다. 풀러턴은 한 우락부락한 선원에게 다가가서, 구원을 받았느냐고 물었답니다. 그러자 그 사람은 화를 내면서, 배의 다른 쪽으로 갔습니다. 거기에서 그 사람은 스미스에게 "저기 있는 저 사람이 나에게 구원을 받았느냐고 묻는데, 그 사람은 미련한 자임에 틀림없어요"라고 불평했고, 스미스는 이렇게 말했습니다: "아마도 그럴 것입니다. 그러나 당신이 보았다시피, 그는 그리스도를 위하여 미련한 자가 된 자가 된 것입니다. 내 생각에는, 마귀를 위하여 지혜로운 자가 되기보다는 예수를 위하여 미련한 자가 되는 쪽이 더 나을 것 같습니다." 스미스는 계속해서 그 선원을 설득하기 시작했고, 결국 그 선원은 "어디를 가나 온통 예수를 믿으라고 하는 사람들뿐이고, 그들은 마치 갱단과 같아서, 내가 어디를 가든 나를 압박해 오니, 내가 도망칠 곳이 없구나"라고 소리쳤다고 합니다. 예수를 믿으라고 전도하는 사람들을 "갱단"이라고 한 이 말은 세계의 많은 항구들에 선교사들을 파송한 영국 외항선원 협회에 의해서 널리 화제가 되었습니다. 그들은 무리를 지어 움직이는 갱단과 같아서, 여러분은 어디를 가든지, 여러분을 홀로 놓아두고자 하지 않는 열심 있는 그리스도인을 만나게 되어 있습니다. 내가 이 자리에 계신 그리스도인들을 떨쳐 일어나게 할 수 있다면, 나는 그들을 세계의 도처로 보내어서, 그들로 하여금 죄 인들에게 손을 뻗쳐서 멸망 길로 달려가는 것을 막게 함으로써, 죄인들이 어디를 가든 그러한 손길과 맞닥뜨려서, 죄인으로 살아가는 것이 힘들도록 만들고 싶습니다. 우리가 죄인들 한 사람 한 사람에게 눈물로 호소해서, 불바다로부터 그들을 건져내어, 구원의 반석 위에 견고히 세울 수 있다면, 얼마나 좋겠습니까! 지금 여기에 계신 분들 중에도 복음의 화살들을 피하기 위해서 온갖 방법을 동원해서 도망쳤던 분들이 있습니다. 하나님의 긍휼하심은 그들을 끝까지 추적하였고, 하나님의 은혜의 쾌속정들은 그들의 뒤를 재빨리 추격했습니다. 그들은 그물에 걸린 물고기와 같이 사방으로 포위되어서, 그물망 사이로 도망치거나 그물을 뚫고 도망칠 수도 없었고, 거기에서 뛰어올라 도망칠 수도 없었습니다. 그리스도의 사랑의 그물이 여러분 모두를 그런 식으로 옭아매어서, 여러분이 영원토록 그의 소유가 되게 하시기를 빕니다. 이상으로 우리는 첫 번째 대지를 마쳤는데, 그 요지는 하나님에 의해서 특별히 감시를 당하는 것처럼 느끼는 사람들이 있다는 것입니다.

2. 둘째로, 일반적으로 그들은 이렇게 감시당하는 것을 싫어합니다.

욥은 하나님이 자기를 감시하시는 것을 기뻐하지 않았기 때문에, "내가 바다니이까 바다 괴물이니이까 주께서 어찌하여 나를 지키시나이까"라고 반문합니다. 하나님께서 이렇게 지대한 관심을 쏟고 계시는 이 사람들은 너무나 어리석어서, 하나님이 그들을 옴짝달싹하지 못하게 옥죄고 계시고 늘 감시의 눈초리로 그들을 지켜보고 계신다고 불평하며 화를 냅니다.

여러분은 그들이 무엇을 원하는 것인지를 아십니까? 그들은 죄 지을 자유를 원합니다. 그들은 하나님이 그들을 자유롭게 놓아 주어서, 자신의 생각대로, 그리고 자기 멋대로 하고 싶은 것입니다. 그들은 온갖 구속을 다 벗어 버리고, 세상 사람들이 "쾌락"이라고 부르는 것들을 마음껏 누리고 싶은 것입니다. 그들은 이런저런 죄들을 하나하나 다 해보고 싶은 것입니다. 그들은 마귀의 찬장에 있는 모든 잔들을 다 마시고 싶고, 세상의 흉악한 자들처럼 그런 잔들을 마시며 자유롭고 편안하게 즐기고 싶은 것입니다. 이것이, 그들이 자신의 양심을 잠들게 만들고, 그들 속에 일어나는 두려움들을 익사시키며, 그들을 징책하고 경고하는 하나님의 섭리들을 피해 달아나는 이유입니다. 그들은 그리스도인들이 저 지겨운 권면으로 그들을 다시는 괴롭히지 않는 곳에서 살고 싶은 것입니다. 그들은 자유를 요구합니다. 하지만 그 자유는 그들의 손을 불 속에 넣을 자유이고, 그들 자신을 파멸시킬 자유이며, 때가 되기도 전에 지옥으로 뛰어들 자유입니다. 자유라는 이름으로 사람들의 영혼을 파멸시키는 일들이 무수히 자행되어 왔습니다. 자유로운 사고! 자유로운 삶! 자유로운 사랑! 이런 말들은 "자유"라는 말을 오용하고 악용하는 것들입니다. 죄의 노예가 되는 것을 가리켜서 "자유"라고 하는 것은 "자유"라는 말에 대한 심각한 모독입니다. 그런데도 사람들은 이렇게 말합니다: "내가 원하는 것은 바로 그것입니다. 나는 내가 내멋대로 하는 것을 가로막는 이 모든 방해물들이 내게서 다 제거되었으면 좋겠습니다." 이것은 자신의 영혼을 스스로 죽이고자 하는 사람들이 하는 말입니다.

또한, 그들은 다른 많은 사람들처럼 자신도 딱딱하게 굳은 마음을 갖고 싶어 합니다. 술을 아무리 많이 마셔도, 아무렇지도 않은 사람들이 있습니다. 많은 젊은 선원들은 옛적의 술고래들처럼 독한 술을 단숨에 들이킬 수 있었으면 좋겠다고 생각합니다. 그들은 스스로는 한두 번 더러운 말을 하고 나면 마음이 비참해지는 그런 사람들이었지만, 입만 벙긋 했다고 하면 욕설밖에 나오지 않는 사람들을 접하면서, 자기도 옛적의 잭(Jack)처럼 입심 좋고 거침없이 말할 수 있는 사람이 되었으면 좋겠다고 생각하기 시작합니다. 그들은 어리석게도 마음이 굳고 방탕한 사람들을 부러워하고, 그런 사람들을 "용기" 있는 사람이라고 생각합니다. 그러나 사람들의 영혼을 파멸시키는 것이 참된 용기입니까? 악한 것이 남자다운 것입니까? "화인을 맞은"(딤전 4:2) 양심을 갖고 있는 것이 대단한 것입니까? 맹인은 자기 앞에 있는 위험을 볼 수 없고, 귀 먹은 사람은 경고음을 들을 수 없기 때문에, 우리는 맹인이나 귀 먹은 사람을 부러워하지 않습니다. 그런데 영적으로 눈 멀고 귀 먹은 저 완악한 늙은 죄인을 왜 부러워하는 것입니까? "괴물"은 바다에만 있는 것이 아니라 땅에도 있어서, 그들은 자신의 숨으로 전염병을 퍼뜨리고, 자신의 말로 한 도시를 악에 물들게 만들어 버립니다. 그런데도 어떤 젊은 이들은 자기가 속박받고 있다고 화를 내고 있습니다. 사실은 하나님께서 그들이 그런 썩어빠진 사람으로 타락하지 않도록 막아 주시는 것인데도 말입니다. 부드럽고 예민한 양심은 큰 자산이지만, 이 어리석은 사람들은 그 가치를 알지 못합니다. 그들은 맷돌의 아래짝 같이 딱딱한 마음을 가지게 되기를 원합니다. 가련한 영혼들이여! 여러분은 자기가 도대체 무엇을 원하고 있는지도 알지 못합니다. 왜냐하면, 여러분은 굳어진 양심을 지닌다는 것이 얼마나 지독한 저주인지를 알지 못하기 때문입니다. 하나님께서 애굽 왕 바로의 마음을 완악하게 하셨을 때, 그것은 그의 교만함과 잔인함에 대한 혹독한 벌이었습니다. 하나님께서 어떤 사람으로 하여금 자기 마음대로 하게 놓아 두시는 것은 지옥에 가는 것과 거의 다름없는 엄청난 심판입니다. 하나님께서는 "그가 우상들과 짝하였으니, 내버려 두라"고 말씀하십니다. 하나님께서 그렇게 말씀하셨다면, 그 말씀보다 더 두렵고 무시무시한 말씀은 오직 한 가지만 남아 있을 뿐인데, 그것은 "저주를 받은 자들아 나를 떠나 마귀와 그 사자들을 위하여 예비된 영원한 불에 들어가라"(마 25:41)는 최종적인 선고의 말씀입니다. 이제 막 악한 길에 발을 디뎌 놓아서, 아직까지는 양심이 아파서 울부짖는 소리를 들을 수 있는 사람들에게 내가 간곡히 부탁드리는 것은 여러분이 그 길로 계속해서 가는 것은 자기 자신을 파멸로 이끄는 어리석은 짓임을 깨닫고서, 더 이상 자신의 양심의 울부짖음을 짓밟지 마시라는 것입니다.

사람들은 이렇게 하나님에 의해서 포위되는 것, 즉 하나님에 의해서 그들에게 재갈이 물려지고 굴레가 씌워지는 것을 좋아하지 않는데, 그 이유는 그들이 하나님을 자신의 생각에서 떨쳐내고 싶어 하기 때문입니다. 만일 내일 우리가 천국에서 온 전보를 통해서 하나님이 돌아가셨다는 소식을 접할 수 있다면, 신문을 사기 위해 몰려드는 사람들은 무수히 많을 것입니다. 만일 하나님이 계시지 않는다는 것을 확신할 수 있다면, 그것은 이 세상의 수많은 불경건한 자들의 마음을 그 무엇보다도 가장 편안하게 해줄 것입니다. 하지만 우리 중 어떤 사람들에게는 그 소식은 사망선고나 다름이 없을 것입니다. 왜냐하면, 우리는 우리의 아버지, 우리의 위로자, 우리의 구주, 우리의 모든 것을 잃게 된 것이기 때문입니다. 안타깝게도, 너무나 많은 사람들이 하나님이 존재하지 않기를 바랍니다. 그들은 하나님이 없다는 것이 믿어지지 않는 경우에는(선원들은 특히 하나님의 존재를 부인하기가 매우 어렵습니다), 하나님을 일부러 잊어버리려고 애씁니다. 하나님이 그들의 마음에 없게 되면, 이 몰지각한 죄인에게 그것은 세상에 하나님이 없는 것과 같습니다. 하나님께서 내적인 두려움으로 오셔서 그들의 양심을 깨우고, 섭리들을 통해서 그들이 하고자 하는 일들을 가로막으심으로써, 그들이 누군가에 의해서 덜미가 잡혀 끌려가고 있는 것을 느끼고서 잠시 멈춰서 어떻게 된 영문인지를 살필 때, 그들은 자신은 어쩔 수 없이 죄로 이끌려가는데, 자기가 그렇게 죄를 범하지 않도록 역사하는 어떤 능력을 감지하고, 신이라는 존재가 있다는 것을 알게 됩니다. 그들은 이 비밀한 힘으로부터 벗어나고자 애쓰지만, 그 힘은 그를 사방으로 포위합니다. 그들은 성경을 읽지 않는데도, 그들의 뇌리 속에서는 성경 구절들이 떠오릅니다. 그들은 무릎 꿇고 기도한지가 오래되었습니다. 그들은 어머니께서 돌아가시면서 그들에게 당부하셨던 말씀을 거의 잊고 살아 왔었지만, 여전히 신이라는 존재가 있다는 것을 느끼고, 심판의 나팔 소리는 그들의 심령 전체에 울려 퍼져서, 그들을 심판대로 호출합니다. 심판대 앞으로 나오시오! 심판대 앞으로 나오시오! 심판대 앞으로 나오시오. 이 소리는 그들의 귓전에 쟁쟁해서, 그들은 이 무시무시한 소리로부터 도망칠 수가 없습니다. 그럴 때, 그들은 이렇게 부르짖습니다: "내가 왜 이래야 하는 것이나이까? '내가 바다니이까 바다 괴물이니이까 주께서 어찌하여 나를 지키시나이까.'"

또한, 자신의 뜻을 남들에게도 관철시키고자 하기 때문에, 하나님에 의해서 이런 식으로 미행을 당하는 것을 싫어하는 사람들이 있습니다. 내가 두 날 가진 칼처럼 날카롭고 예리한 말을 해도 되겠습니까? 자기 혼자 파멸당하는 것으로는 만족하지 못해서, 다른 사람까지 파멸로 끌어들이려 혈안이 되어 있는 사람들이 있고, 그런 사람들 가운데는 선원들도 있습니다. 그들은 귀한 영혼들을 파멸시키기 위해서 덫을 놓고 기다리다가, 자신의 먹잇감들이 그 덫을 피해 가면, 불 같이 화를 냅니다. 그들은 일부 어리석은 여자들이 그들의 수중에 완전히 걸려들지 않는다고 화를 냅니다. 여자들을 잘못된 길로 이끄는 남자들에게 화가 있으라. 나는 배가 항구에 정박할 때마다 다른 선원들을 파멸시키기 위해 애쓰는 선원들이 있다는 말을 들었습니다. 나는 그런 선원들에게 당신들은 심판의 날에 당신들이 파멸시킨 영혼들을 대면하게 될 것임을 기억하라고 똑똑히 말해두고자 합니다. 여러분은 잘못된 곳을 향하여 항해하였고, 여러분이 파멸시킨 그들은 여러분이 어디로 가는지를 몰랐지만, 하나님께서는 아셨습니다. 여러분이 지옥에 누워 있을 때, 어떤 눈이 여러분을 찾아내서, 큰 소리로 이렇게 외치게 될 것입니다: "나를 지옥으로 이끈 자가 여기에 있었구나? 네가 바로 그 놈이지." 여러분은 여러분이 지옥으로 끌어들인 사람들과 영원히 함께 지내게 될 것입니다. 그리고 그들은 영원히 여러분의 면전에서 여러분을 욕하고 저주할 것입니다. 내가 말하고자 하는 것은 그 누구에게도 속박받지 않고 완전히 제멋대로 살고자 하는 사람들이 있고, 그들은 자기가 죄의 향연을 베풀고자 하는데, 자신의 그런 계획이 방해를 받는 것에 대하여 화를 낸다는 것입니다. 하나님께서 여러분으로 하여금 그 모든 일들을 다 완전히 중단하게 하시고, 다른 사람들을 타락시키고자 하지 않고, 도리어 구원하고자 하는 소원을 품게 해주시기를 빕니다. 하나님께서 여러분이 악을 저지를 수 있는 통로를 다 막아 주시고, 여러분을 회개와 믿음의 바다로 이끌어가 주시기를 빕니다.

이러한 것들이 어떤 사람들이 하나님에게 화를 내며 발길질을 하는 이유입니다. 여러분은 내가 너무나 단도직입적이고 노골적으로 얘기한다고 해서, 내게 격분할지도 모르지만, 여러분이 화를 낸다고 해서, 내가 겁을 집어먹을 것이라고 생각하지는 마십시오. 사람들이 내가 전하는 말씀을 듣고 화를 내면, 나는 오히려 기쁩니다. 나는 속으로 '저 물고기들이 낚싯바늘에 걸려서, 거기에서 빠져나가려고 발버둥을 치는구나'라고 말합니다. 물론, 물고기들은 자기들을 낚아서 꼼짝 못하게 만드는 낚싯바늘을 좋아하지 않습니다. 그러나 이렇게 화를 내는 사람들은 또다시 여기에 올 것입니다. 내가 전하는 말씀을 한 귀로 듣고 한 귀로 흘려 버리는 사람들은 아무런 유익도 얻지 못합니다. 그러나 말씀을 듣고서 분노해서, 불 같이 화를 내며, "네가 뭔데 나한테 그런 식으로 말하는 거야?"라고 말하는 사람들은 반드시 또다시 와서 말씀을 듣고자 할 것이고, 그러면 하나님께서 그들에게 복 주실 가능성은 아주 높아집니다. 그러나 내가 전하는 말씀이 여러분을 화나게 하든, 아니면 기쁘게 하든, 나는 여러분에게 내가 하고자 하는 경고를 다시 한 번 반복합니다. 여러분에게 간곡히 부탁하건대, 여러분이 가고 있는 지옥으로 다른 사람들까지 끌고 가지 마십시오. 여러분이 거기로 꼭 가고자 한다면, 여러분만 가시고, 주변 사람들을 멸망으로 끌어들이지는 마십시오. 나이 어린 사람들에게 술을 마시고 욕하는 것을 가르치지 마십시오. 허술한 여자들을 유혹해서 여러분과 더러운 짓을 범하게 하지 마십시오. 하나님께서 여러분을 도우셔서, 모든 악을 떨쳐 버릴 수 있게 해주시기를 빕니다. 왜냐하면, 나는 사람들은 흔히 자신의 악한 습성들로 인해서 하나님의 사랑의 손길에 의한 속박을 걷어찬다는 것을 알기 때문입니다.

3. 셋째로, 하나님의 이러한 조치에 대하여 불만을 품고 항의하는 것은 아주 악한 짓입니다.

이것은 우리가 살펴보게 될 세 번째 대지로서, 오늘의 본문의 핵심입니다. 욥은 "내가 바다니이까 바다 괴물이니이까 주께서 어찌하여 나를 지키시나이까" 라고 말합니다. 잘 들으십시오! 우리가 보잘것없는 존재라는 사실을 토대로 항변하는 것은 별로 좋지 않은 호소입니다. 왜냐하면, 보잘것없는 존재들이야말로 하나님께 서 가장 신경 쓰셔서 지켜보셔야 할 존재들이기 때문입니다. 만일 여러분이 "바 다"이거나 "바다 괴물"이었다면, 하나님께서는 여러분을 홀로 놓아두셨을지도 모르겠지만, 여러분은 연약하고 죄악된 존재로서 "바다"나 "바다 괴물"보다 더 다치기 쉬운 존재이기 때문에, 여러분에게는 하나님이 끊임없이 지켜보시는 것 이 절실히 필요합니다. 사람들은 삶 속에서 아주 작은 일들 때문에 넘어집니다. 우리는 우리의 개를 유심히 지켜볼 필요는 없지만, 기생파리나 모기는 조심해서 지켜보아야 합니다. 왜냐하면, 여러분은 조금이라도 방심하고 있다가는 그것들 에 물리거나 쏘이게 될 것이기 때문입니다. 이렇게 작고 보잘것없는 것들일수 록, 정말 주의해서 잘 지켜볼 필요가 있습니다. 그러므로 하나님께서 마치 우리 가 "바다"이거나 "바다 괴물"인 것처럼 우리를 지켜보시고 감시하신다고 우리가 불평한다면, 그것은 초라한 논리입니다.

또한, 감시자를 세워서 잘 지켜보아야 한다는 점에서는, 여기에 있는 사람들 중에서 "바다"나 "바다 괴물"을 닮지 않은 사람은 단 한 명도 없습니다. 사람의 마음은 바다처럼 수시로 변하고 기만적입니다. 여러분의 마음이 오늘은 바람 한 점도 없는 가운데 물결이 전혀 일지 않고 유리 바다처럼 잔잔하다고 합시다. 그럴 지라도 여러분의 마음을 믿지 마십시오. 왜냐하면, 내일의 해가 떠오르기도 전에, 여러분의 본성은 거센 풍랑이 일어서, 엄청나게 격렬한 파도들이 거기에서 출렁 거릴 수 있기 때문입니다. 바다를 믿어서는 안 됩니다. 그러나 바다는 여러분의 마음보다는 더 믿을 만합니다. 오늘 밤 이 자리에 앉아서 하나님의 말씀을 경청 하고 자리에서 일어나 찬송을 부르는 여러분의 모습은 아주 선하게 보입니다. 만일 여러분이 세상의 많은 사람들처럼 여러분의 조물주를 모독한다면, 나는 여 러분의 말을 듣고 싶지 않을 것입니다. 하지만 여러분은 상갑판(上甲板)의 선실 에서 적지 않은 사람들과 함께 무릎을 꿇고 기도하고 있고, 그런 자신의 모습이 아주 선하게 느껴집니다. 하지만 여러분이 독한 술들이 많이 있는 육지에 머물 러 있을 때의 모습을 내게 보여 주십시오. 바람이 불지 않을 때, 바다는 잔잔합니 다. 그러나 강풍이 불면, 바다의 모습은 완전히 달라집니다. 마찬가지로, 우리에게 시험이 없을 때, 우리는 아주 좋아 보입니다. 그러나 마귀의 종들이 우리 주변을 돌아다닐 때, 우리의 모습은 어떻습니까? 그럴 때, 우리의 선한 결심들은 다음과 같다는 것이 밝혀지는 경우가 비일비재합니다:

> "부드럽고 기만적인 바다 같이 거짓되고,
>   휙 하며 부는 바람처럼 덧없었다네."

　지금 내가 전하는 말씀을 듣고 계시는 분들 중에는 자신의 모습이 끔찍할 정도로 변해 버린 것을 경험한 분들도 있을지 모릅니다. 여러분은 전에는 남들을 의의 길로 인도하였지만, 지금은 그들을 악으로 이끌고 있습니다. 여러분은 전에는 벧엘의 깃발 아래에서 항해하였지만, 지금은 지옥의 바다를 장악한 저 오래된 해적이 여러분의 대장입니다. 여러분은 자신의 예전의 삶의 방식으로 되돌아갔고, 또다시 세상과 육신과 마귀의 노예가 되었습니다. 여러분의 신앙 고백은 아무런 토대도 없었습니다. 그렇다면, 여러분은 "내가 바다니이까 바다 괴물이니이까"라고 말할 필요가 없습니다. 왜냐하면, "바다"나 "바다 괴물"이 여러분보다 더 믿을 만하기 때문입니다. 바다는 측량할 수 없을 정도로 광대하고, 여러분의 죄악됨은 헤아릴 수 없을 정도로 깊습니다. 죄를 짓고자 하는 여러분의 욕망도 거의 무한대여서, 아무 멀리까지 뻗쳐서 모든 것에 닿아 있습니다. 사람의 마음은 온 땅의 하나님을 대적하여 일어나 반역해서, 바다의 노한 파도처럼 천국의 빛들을 꺼버리려고 합니다. 이러한 반역 상태에 있는 사람은 거센 파도 같이 광분하는 생각들을 가지고서, 천국을 쓸어 버리고, 지옥의 강철 같은 바위들을 때리고자 합니다. 사람이라는 존재는 홀로 내버려 두어졌을 때에, 그 죄악의 깊이가 끝이 없는 수수께끼 같은 존재입니다. 여러분은 사람의 교만함의 끝이 어디인지를 헤아릴 수 없고, 사람의 무모함이 어디까지인지도 측량할 수 없습니다. 사람의 마음 깊은 곳에서 기어다니는 크고 작은 짐승들은 그 수를 다 헤아릴 수 없습니다. 왜냐하면, 온갖 악과 죄는 사람의 마음속에서 바다의 물고기와 같이 무한히 증식되기 때문입니다. "내가 바다니이까 바다 괴물이니이까 주께서 어찌하여 나를 지키시나이까"라고 항변하지 마십시오. 왜냐하면, 하나님께서는 "악에 대한 너의 수용력은 바다보다 크고, 너의 사나움은 바다 괴물보다 더하니, 그런 말 하지 말아라"고 얼마든지 대답하실 수 있으시기 때문입니다.

　　나는 이제 한 걸음 더 나아가서, 우리의 악한 본성으로 말미암아 우리가 바다 같이 되었다는 것을 보여드리고자 합니다. 이것은 몇 가지 점에서 사실입니다. 첫째, 바다는 늘 요동하는데, 우리의 본성도 마찬가지입니다. "악인은 평온함을 얻지 못하고 그 물이 진흙과 더러운 것을 늘 솟구쳐 내는 요동하는 바다와 같으니라"(사 57:20). 여러분은 사람들의 마음이 늘 불안하고 초조해서 안식을 찾지만 결코 찾지 못한다는 것을 알기 위해서, 굳이 멀리까지 갈 필요가 없습니다. 사람들의 마음은 그리스도를 알지 못하고, 그리스도를 알게 될 때까지는 안식할 수 없습니다. 그것들은 늘 무엇인가를 찾고 있지만, 자기가 무엇을 찾고 있는 것인지를 알지 못합니다. 그것들은 이 방향으로 달려가 보고 저 방향으로 달려가 보지만, 결코 올바른 방향으로 달려가지는 못합니다. 그것들에게 생각이 많을지라도, 그 생각들에서 선한 것은 결코 나올 수 없습니다. 거기에서 솟구쳐 나오는 것은 무엇이겠습니까? 진주나 산호 같은 것들일까요? 아닙니다. 거기에서 솟구쳐 나오는 것은 "진흙과 더러운 것"뿐입니다. 이 두 단어가 무엇을 의미하는지는 굳이 설명할 필요가 없을 것입니다. 여러분이 이러한 늘 요동하고 쉬지 못하는 사람들과 함께 있다 보면, 그들의 입이 얼마나 더러울 수 있는지도 알게 됩니다. 그들을 휘저어 놓으면, 그들은 "진흙과 더러운 것"보다 더 악한 것들을 솟구쳐 냅니다. 그러니, "내가 바다니이까 바다 괴물이니이까?"라고 항변하지 마십시오. 여러분 자신을 작살에 맞은 바다 괴물 같이 어쩔 줄 모르고 몸부림치는 존재, 폭풍이 일어서 그 가장 깊은 곳까지도 휘저어진 바다 같이 요동하고 소용돌이치는 존재라고 생각하십시오.

　　둘째, 바다는 광분하면 더욱더 무시무시하게 되는데, 불경건한 자들도 마찬가지입니다. 사람은 분노로 인해 광분하면, 아주 사나운 짐승이 될 수 있습니다. 육지 사람들은 가장 정숙한 모습을 보이고 있을 때의 바다를 보면서, 이렇게 말합니다: "나는 한 번 항해를 해보는 것도 좋을 것 같아. 증기선을 타고서, 저 광활한 바다 위를 달리는 것은 정말 멋질 거야. 나는 멋진 선원이 될 수 있을 것 같아." 그들로 하여금 바로 그 바다가 시시각각 변해 가는 모습을 보게 해보십시오. 유리 같이 잔잔하던 바다는 지금 어디로 가 버린 것입니까? 모래를 너무 아프게 건드리면 안 된다는 듯이 아주 조심스럽게 해안으로 다가왔던 잔잔한 파도들은 지금 어디로 가 버린 것입니까? 바다는 거센 파도를 일렁이며 포효하고 모든 것을 금세 삼켜 버릴 듯한 기세로 몰려옵니다. 폭풍이 이는 대서양은 무시무시하긴 하지만, 여러분은 한 사람의 본성 속에서 폭풍이 이는 것을 본 적이 있습니까? 그것은 끔찍한 모습이어서, 은혜 가운데 살아가는 사람들은 그 모습을 볼 때에 눈물을 흘리지 않을 수 없게 됩니다. 술을 마신 사람의 모습은 얼마나 끔찍합니까! 그 사람은 아까까지만 해도 마음 놓고 대화할 수 있었던 반듯한 사람이었지만, 일단 술이 그 사람을 지배해서, 마귀가 그 배에 승선하자, 상황은 완전히 돌변했습니다. 그럴 때에 여러분은 그 사람을 넓은 침상으로 데려다 주는 것이 상책입니다. 혈기에 대해서도 마찬가지입니다. 여러분이 화난 사람들을 상대할 때, 내가 여러분에게 해줄 조언은 "폭풍우가 이는 바다에 나가지 말고, 화난 사람과 논쟁하지 말라"는 것입니다. 여러분은 그 사람이 무슨 짓을 할지를 알지 못하고, 그 사람 스스로도 자기가 무슨 짓을 할지를 알지 못합니다. 그런 사람은 제 정신일 때에는 그저 우울한 모습으로 있는 것으로 끝나겠지만, 일단 폭풍이 일면, 그의 눈에는 아무것도 보이지 않게 됩니다. 그의 눈에서는 살기가 번득이고, 그의 얼굴은 폭풍처럼 검으며, 그의 입에서는 거품이 나오고, 그의 입에서는 입에 담지 못할 말들이 나오게 됩니다. 그는 광분해서 길길이 날뛰며 고래고래 소리를 지릅니다. 그의 모습은 "바다와 거기 충만한 것"(시 98:7)이 포효하는 것 같습니다. 여러분이 하나님의 속박을 느낀다고 하여도, "내가 바다니이까 바다 괴물이니이까"라고 물을 필요가 없습니다. 왜냐하면, 여러분 자신의 마음이 "너는 바다보다 더 사나운 사람이야"라고 대답해 줄 수 있을 것이기 때문입니다.

또한, 바다는 만족할 줄을 모릅니다. 바다는 수많은 땅덩어리들과 엄청난 양의 암석들을 끌어당겨서 삼켜 버리지만, 결코 채워지는 법이 없습니다. "모든 강물은 다 바다로 흐르되 바다를 채우지 못하며"(전 1:7). 스페인의 거대한 상선들이 거기에 실린 금과 은 덩어리들과 함께 바다 밑바닥으로 가라앉았지만, 그런 것들로 인해서 바다가 더 부요해지는 법은 결코 없었습니다. 어느 무시무시한 밤에 우리의 해안들에는 난파된 배들의 파편들이 널려 있고, 많은 사람들이 바다 속에 수장되었는데도, 모든 것을 삼켜 버리는 저 깊은 바다는 조금도 더 배불러 하지 않습니다. 바다는 함대를 삼켜 버리고도 더 달라고 입을 벌리는 굶주린 괴물입니다. 하지만 많은 사람들이 그런 바다와 같은 탐욕을 갖고 있지 않습니까? 그들은 세상의 절반을 얻었다고 할지라도, 나머지 절반도 달라고 아우성을 칠 사람들입니다. 그렇게 해서 온 세상을 얻었다면, 별들을 달라고 눈물을 흘릴 사람들입니다. 사람의 마음은 하나님께서 만족시켜 주시기 전에는 결코 만족할 수도 없고 안식할 수도 없습니다. 영원히 굶주리고 목마른 채로 그 허기와 갈증을 채우기 위하여 이리저리 헤매고 돌아다니는 것, 또는 바다 같이 자기가 무엇을 구하는지도 모르는 채로 입에 거품을 물고 자꾸만 달라고 하는 것이 바로 참된 신앙이 없을 때의 사람의 운명입니다.

　　해악을 끼치는 것과 관련해서도 인간의 본성은 **바다**를 닮았습니다. 바다는 이루 말할 수 없을 정도로 파괴적이면서도, 아주 냉혹하고 무자비합니다. 바다는 수 많은 과부와 고아들을 양산해 놓고서도, 마치 아무 일도 없었다는 듯이 미소를 짓습니다. 바다는 한 번 그 힘을 발휘했다고 하면 엄청나고 끔찍한 재앙을 가져 다 줍니다. 하지만 무모한 죄인들의 삶이 지닌 파괴성에 비하면, 바다의 파괴성 은 아무것도 아닙니다. 죄악 가운데서 살아가는 여러분이 얼마나 많은 사람들을 난파당하게 만들었는지를 여러분은 아십니까? 부푼 꿈을 안고서 인생의 항해를 시작하였던 얼마나 많은 사람들이 여러분으로 말미암아 암초에 걸려 좌초되었 는지를 여러분은 아십니까? 여러분의 더러운 말과 음탕한 노래, 추악한 행동과 교묘한 술수로 인해서 많은 사람들이 난파를 당했습니다. 여러분에게 양심이 있 다면, 자세한 얘기는 여러분의 양심으로부터 들으십시오. 그러므로 여러분은 "내가 바다니이까 바다 괴물이니이까"라고 하나님께 항변할 수 없습니다. 여러 분이 그런 식으로 항변한다면, 하나님께서는 "그 어떤 상어도 술에 빠져 살아가 는 술주정뱅이나 오만방자하게 온갖 욕을 해대는 욕쟁이나 정욕을 불사르는 음 탕한 자만큼 많은 사람들을 집어삼키지는 않았노라"고 말씀하실 것입니다. 하나 님께로 돌이키지 않은 여러분이 다른 사람들에게 얼마나 많은 해악을 끼치고 살 아가는지를 생각하면, 나는 눈물을 흘리지 않을 수 없습니다. 하나님께서 여러 분을 버림받은 상태에서 건져 주셔서, 다른 사람들을 난파시키는 일을 더 이상 하지 않게 해주시기를 바랍니다.

　　우리는 우리 자신이 바다보다 더 하나님께 불순종하며 살아간다는 사실을 잊어서 는 안 됩니다. 하나님께서 모래 띠를 해두시면, 바다는 그 이상으로 뭍으로 침범 해 들어오지 않고, 폭풍우로 격렬하게 포효하다가도, 때가 되면 물러가서, 모래 를 아이들이 놀 수 있는 장소로 내어줍니다. 바다는 하나님이 정해 주신 경계를 알고 지킵니다. 밀물 때가 되면, 거기에 순종해서 바다 물결은 끊임없이 해변으 로 몰려와서 작은 만의 구석구석을 채웁니다. 시간이 되면, 바다 물결은 머뭇거 림 없이 자기가 있어야 할 곳으로 와서, 그곳을 가득 채우고 안식합니다. 그리고 썰물 때가 되면, 아무리 사납게 넘실대던 파도도, 하나님의 명령에 따라 물러갑니다. 그러니 큰 바다는 하나님의 명령에 따라 질서 있게 움직이는 존재가 아니고 무엇이겠습니까? 하나님께서 우리로 하여금 이 점에서 바다와 같게 해주셨으면 좋겠습니다. 이 거대한 피조물은 얼마나 기꺼이 하나님께 순종합니까! 작은 바람이 불어도, 바다 물결은 즉시 그 천국의 숨결에 반응합니다. 태양이 적도 근방을 지나가면, 태풍은 자신의 때가 된 것을 알고 활동을 시작하고, 해류들은 늘 하나님이 정하신 길을 따라 흐르는 것을 그치지 않습니다. 바다는 하나님께 순종적인 것과 마찬가지로, 오늘의 본문에 나오는 저 큰 물고기, 즉 "바다 괴물"도 마찬가지입니다: "여호와께서 그 물고기에게 말씀하시매 요나를 육지에 토하니라"(욘 2:10). 하지만 우리는 어떻습니까? 우리는 하나님께 순종하기를 거부합니다. 하나님께서 우리를 우리의 뜻대로 하게 내버려 두시면, 그 어떤 법이 우리를 제어할 수 있겠습니까? 교만한 죄인이 감히 시도하고자 하지 않을 일이 천지 간에 무엇이 있습니까? 하나님께서는 울타리와 도랑과 쇠사슬로 지옥으로 통하는 길을 봉쇄하시지만, 우리는 그 모든 것들을 깨뜨리고 무너뜨려 버립니다. 하나님께서는 우리가 가는 길에 참호를 파두시지만, 우리는 그것을 뛰어넘어 버립니다. 하나님께서는 우리가 가는 길에 높은 산들을 첩첩이 쌓아 두시지만, 우리는 마치 사슴의 발을 가진 양 그 높은 곳들을 가뿐하게 넘어 버립니다. 사람들은 자기가 멸망으로 향하는 길을 가기로 작정했을 때에는 바다의 풍랑도 뚫고 갑니다. 바다는 인간의 악하고 패역한 마음에 비하면 어린아이일 뿐입니다. 그러므로 오늘의 본문처럼 항변하는 것은 타당하지도 않고 오직 악하기만 한 항변일 뿐입니다. 우리는 철저히 지켜볼 필요가 있는 존재입니다. 우리는 감시를 받을 필요가 있습니다. 우리는 "바다"나 "바다 괴물"보다도 훨씬 더 감시할 필요가 있는 존재입니다. 우리에게는 우리가 치명적인 죄를 범하지 못하도록 우리를 억제하고 속박하는 하나님의 섭리와 은혜가 필요합니다.

4. 넷째로, 그들이 불평하는 모든 일들은 하나님이 그들을 사랑하셔서 하신 일입니다.

그들은 "내가 바다니이까 바다 괴물이니이까 주께서 어찌하여 나를 지키시나이까"라고 항변하였지만, 만일 이 일의 진상을 알았더라면, 하나님이 그들을 주목하여 지켜 보시는 것에 대하여 온 마음으로 하나님께 감사하고 찬송했을 것입니다.

　첫째, 하나님께서 우리를 제약하시고 억제하셨기 때문에, 우리는 자멸하지 않을 수 있었습니다. 만일 하나님께 우리를 억제하지 않으셨다면, 우리는 지금 감옥에 있을 수도 있고, 무덤에 있을 수도 있으며, 지옥에 있을 수도 있습니다. 우리가 어떻게 되었을지를 누가 알겠습니까? 한 나이 든 스코틀랜드 사람이 로울랜드 힐(Rowland Hill) 목사님께 한 말은 내게도 그대로 해당되는 말입니다. 그 사람이 목사님의 얼굴을 여러 번 힐끗거리며 쳐다보았고, 마침내 목사님은 그 사람에게 "왜 내 얼굴을 그렇게 쳐다보십니까?"라고 물었습니다. 그러자 그 사람은 "나는 만일 당신이 하나님의 은혜로 회심하지 않았더라면, 끔찍한 죄인으로 살았을 것이라는 생각을 하고 있었습니다"라고 말했습니다. 이 말은 나를 두고 한 말임이 분명합니다. 나는 어중간하게 죄를 짓는 것으로 만족하지 못해서, 아마도 나의 힘의 한계인 곳까지 죄를 지으며 살았을 것입니다. 이것은 여러분에게도 해당되는 말이 아닙니까? 하나님께서 우리로 하여금 치명적인 발걸음을 내딛지 못하게 막으시기 위하여 자신의 손으로 우리를 억제하신 적이 얼마나 많았습니까! 하나님께서 우리가 어릴 때에 우리 마음대로 하도록 내버려 두지 않으시고 우리를 억제하셔서 예수께로 인도해 주셨다면, 그것은 전적으로 하나님의 은혜로 말미암은 일이었습니다. 하나님께서 우리가 성인이 되어서 죄악된 삶을 살아가는 것을 막으시고, 마침내 하나님의 뜻 앞에 무릎을 꿇게 해주셨다면, 그것도 하나님의 큰 은혜입니다. 하나님이 우리를 내버려 두셨다면, 우리는 우리 자신이 멸망하는 길을 선택했을 것입니다. 하나님께서 여러분에게 부드러운 양심을 주셔서, 여러분의 마음을 찢어 놓으시고, 여러분에게 누차 경고하신 것이 여러분에 대한 크신 사랑을 증명해 주는 것이라고 여러분은 생각하지 않으십니까? 누군가가 여러분을 위해 기도해 왔음이 분명합니다.

　오늘 밤 이 자리에는 한 어머니가 와 계십니다. 나는 지난 목요일에 내가 예배실에 앉아 있을 때, 그녀가 한 일을 여러분에게 말하는 것을 허락해 주시기를 부탁드립니다. 그녀는 내게 50파운드가 들어 있는 작은 갈색 봉투를 가져와서, 영국 외항선원 선교회를 위해 써달라고 했습니다. 그녀는 자기에게는 아들 하나가 있는데, 그 아들에 대한 소식을 몇 년째 듣지 못하고 있다고 말했습니다. 그 아들은 바다로 나갔고, 그녀는 그 아들을 찾을 수도 없었고, 아니 그가 어디에 있는지 소식조차 듣지 못했습니다. 그러나 그녀는 이 선교회에 속한 선교사께서 어느 낯선 장소에서 그 아들을 만나게 되면, 그 아들을 반드시 구주께로 인도해 주기를 소망하고 있습니다. 그녀는 꼭 그렇게 되기를 기도하는 가운데, 이 선교회에 도움이 되고, 그녀의 아들에게 복이 되기를 바라서, 그녀에게는 큰 돈인 50파운드를 헌금한 것입니다. 하나님께서는 다른 선원들에 대해서도 그들의 어머니의 간절한 기도를 통해서 그들을 끝까지 지켜보시고 감시하심으로써, 그들에 대한 자신의 사랑을 나타내고 계십니다. 여러분의 다리가 부러진 것도 하나님께서 여러분이 죄 속으로 너무 멀리 들어가지 못하게 하시기 위한 것입니다. 하나님께서는 여러분의 죄를 향한 열병을 식히시기 위하여 황열병을 보내시기도 하시고, 여러분으로 하여금 배를 잃게 하셔서, 여러분의 영혼이 난파되어 사망에 이르는 것을 막아 주시기도 합니다. 이러한 재난들은 모두 하나님이 여러분을 사랑하고 계시다는 것을 보여주는 증표들입니다. 하나님께서는 여러분이 멸망하도록 내버려 두고자 하지 않으십니다. 하나님께서는 여러분을 구원하기로 작정하셨습니다. 여러분은 그의 택하신 자들입니다. 그리스도께서는 여러분을 자기 피로 사셨고, 여러분을 자신의 백성이 되게 하고자 하십니다. 여러분이 산들바람을 타고서 그에게로 나아오고자 하지 않는다면, 그는 폭풍을 일으키셔서, 여러분을 자기에게로 나아오게 하실 것입니다. 그리스도의 사랑의 압력에 굴복하십시오. 여러분이 "무지한 말이나 노새 같이" 행하고자 한다면, 그는 여러분에게 "재갈과 굴레로 단속해서" 자기에게로 나아오게 하실 것입니다(시 32:9). 하지만 여러분이 그의 사랑에 감동되어 그에게로 나아오는 것이 훨씬 더 좋을 것입니다.

나는 여러분이 싫다고 발길질하는 바로 그 일들 속에서 여러분을 선택하신 하나님의 사랑의 증거들을 봅니다. 그것들은 하나님께서 여러분을 자기에게로 나아오게 하시기 위하여 역사하고 계시기 때문에 일어난 일들입니다. 그러므로 여러분은 하나님께로 나아오셔야 합니다. 탕자는 자신의 형편이 나빠지자 집으로 돌아올 수밖에 없었습니다. 만일 아버지가 탕자에게 돌아오라고 아무리 애걸하였다고 하여도, 그는 자신의 형편이 나빠지지 않았다면 결코 돌아오지 않았을 것입니다. 그는 너무나 배가 고파서 돼지나 먹는 쥐엄나무 열매로 허기를 채울 수밖에 없게 되었기 때문에, 집으로 돌아왔던 것입니다. 자기가 가서 머물러 살던 저 먼 나라의 사람들의 냉대를 겪은 것도 그가 아버지의 집으로 돌아오는 것을 재촉하는 데에 도움이 되었습니다. 힘든 일들, 궁핍함, 고통스러움은 여러분을 돌아오게 하기 위한 것입니다. 하나님께서는 바로 그런 목적으로 그것들을 사용해 오셨습니다. 그리고 여러분이 이렇게 말할 날이 반드시 올 것입니다: "하나님께서 거친 파도를 사용하셔서 나를 뭍으로 나오게 하신 것을 감사하고 찬송합니다. 하나님께서 폭풍우 같은 섭리를 통해서 내가 편하기 위해서 붙잡고 있던 것들을 다 삼켜 버리게 하시고 오직 내 영혼을 구원하신 것을 감사하고 찬송합니다."

　이제 한 가지만 말씀드리고, 말씀을 맺겠습니다. 하나님께서는 여러분을 언제까지나 거칠게 대하지는 않으시리라는 것입니다. 하나님께서 여러분에게 호된 말씀을 하시는 것이 아마도 오늘 밤이 마지막이 될 수도 있습니다. 여러분은 하나님께서 이렇게 부드러운 말씀으로 권면하실 때에 순복하지 않으시겠습니까? 사람들은 거센 물결에 기름을 부으면 온순해진다고 말합니다. 마찬가지로, 하나님의 성령께서는 격랑이 일어 괴롭고 힘든 여러분의 심령을 일생 동안 잔잔하게 하실 수 있으십니다. 갈릴리 바다의 풍랑도 즉시 잔잔해졌습니다. 어떻게 그렇게 되었습니까? 예수께서 물 위를 걸으실 때, 거세게 부는 바람에게 "고요하라"(막 4:39)고 말씀하시자, 조금 전까지만 해도 사자처럼 포효하던 풍랑은 한 대 맞은 개처럼 예수의 발 앞에서 꼬리를 내리고 엎드렸습니다. 예수께서는 바람에게 "잠잠하라"고 하시자, 풍랑은 갓난아기의 입술처럼 조용히 숨을 쉬었습니다. 예수께서는 지금 이 시간에도 이 자리에 계십니다. 골고다 언덕 위에서 돌아가신 예수는 우리를 내려다보고 계십니다. 그를 믿으십시오! 그가 자신의 못박힌 손들을 드시고, "나를 보고 구원을 받으라"고 외치십니다. 여러분은 그를 바라보지 않으시겠습니까? 그의 은혜가 여러분에게 지금 즉시 임하여서, "예수가 나의 전부입니다"라고 고백하게 되시기를 빕니다. 여기에 여러분의 영혼을 구원할 말씀이 있습니다: "하나님이 세상을 이처럼 사랑하사 독생자를 주셨으니 이는 그를 믿는 자마다 멸망하지 않고 영생을 얻게 하려 하심이라"(요 3:16). 구주를 영접하십시오. 여러분이 "바다"나 "바다 괴물" 같다고 할지라도, 여러분은 더 이상 하나님이 여러분을 감시하시는 것에 대하여 불평하는 것이 아니라, 온전한 자유함 가운데서 기뻐하고 즐거워하게 될 것입니다. 자신의 하나님을 섬기는 것을 좋아하는 사람들은 자유합니다. 그들은 하나님이 자기를 지켜보고 계시고, 감시하고 계신다는 것을 기쁨으로 여깁니다. 하나님께서 선원들에게 복 주시기를 빕니다. 우리 모두가 천국의 미항에서 만날 수 있게 되기를 빕니다. 하나님께서 이 선교회에 속한 선교사들에게 복 주셔서, 이 선교회의 깃발이 모든 바다에 복이 되기를 빕니다. 나는 이 선교회가 지극히 형통하기를 바랍니다. 나는 이 선교회가 모든 그리스도인들로부터 아낌없는 지원을 받을 만한 가치가 있다고 판단합니다. 모든 점에서 이 선교회는 내 마음과 똑같습니다. 하나님께서 이 선교회를 형통하게 하시기를 빕니다. 아멘.

제
7
장
—

왕골이 들려주는 설교

—

"왕골이 진펄 아닌 데서 크게 자라겠으며 갈대가 물 없는 데
서 크게 자라겠느냐 이런 것은 새 순이 돋아 아직 뜯을 때가
되기 전에 다른 풀보다 일찍이 마르느니라 하나님을 잊어버
리는 자의 길은 다 이와 같고 저속한 자의 희망은 무너지리
니" — 욥 8:11-13

이삭은 저녁나절에 묵상하기 위해서 들녘을 걸었습니다. 나는 이삭이 한 일
을 칭찬합니다. 묵상은 우리의 심령에 아주 유익합니다. 우리가 말하는 것과 읽
는 것을 줄이고, 묵상을 더 많이 한다면, 틀림없이 더 지혜로운 사람이 될 것입니
다. 나는 묵상을 하기 위해서 이삭이 선택한 시간, 즉 그가 분주했던 하루가 지나
간 후에 전체적으로 평온하고 고요해서 그의 영혼이 잠잠히 묵상하기에 적합한
저녁나절을 선택한 것을 칭찬합니다. 또한, 나는 이삭이 선택한 장소, 즉 드넓은
자연이 그대로 펼쳐져 있는 들녘을 선택한 것에 대해서도 칭찬하고 싶습니다.
실제로 지혜로운 사람들은 사방이 확 트인 곳에서 묵상할 만한 수많은 주제들을
발견할 수 있습니다. 사각형으로 만들어진 우리의 방은 묵상하기에는 그리 좋은
곳이 아닙니다. 그러나 우리가 들녘으로 나가서, 하나님을 마음에 품고서 걷고
있노라면, 우리의 전 존재는 하늘의 것들로 향하게 되어서, 만물이 그의 이 기쁜
일을 돕습니다. 우리가 고개를 들어 위로 해와 달과 별들을 바라보면, 그것들은
우리에게 하나님의 위대하심을 일깨워 주고, 우리로 하여금 속으로 '사람이 무

엇이기에 주께서 그를 생각하시며 인자가 무엇이기에 주께서 그를 돌보시나이까'(시 8:4)라고 스스로에게 묻게 만듭니다. 아래를 보면, 푸른 초장이나 황금빛으로 익은 알곡들로 물든 들판이 있어서, 그것들은 모두 하나님의 보호하심과 그 풍성하심을 선포합니다. 공중에서 지저귀는 새 한 마리, 풀밭에서 우는 여치하나에도, 우리는 저절로 지존자의 이름을 찬양하고 높이지 않을 수 없게 됩니다. 보는 눈이 있는 사람들에게는, 담벼락에 붙어 자라는 우슬초로부터 레바논에서 우아하고 장엄한 자태를 뽐내는 백향목에 이르기까지 모든 식물들은 만물을 창조하신 위대하신 조물주의 지혜를 밝히 보여줍니다. 듣는 귀가 있는 사람들은 졸졸 흐르는 시냇물 속에서 구름 위 보좌에서 그 물줄기를 공급해 주시는 분에 대하여 재잘거리며 얘기하는 거룩한 속삭임들을 들을 수 있습니다. 그리고 나무들 사이를 헤치며 살랑거리며 들려오는 바람 소리는 늘 눈에 보이지 않게 역사하시는 살아 계신 하나님의 성령에 대한 얘기를 신비한 어조로 우리에게 들려줍니다.

자연이라는 책은 경외하는 손길로 그 책장을 넘기며 유념해서 살피는 눈으로 읽기만 한다면, 계시의 책인 성경 다음으로 위대한 책이라는 것을 우리는 알게 됩니다. 우리로 하여금 하나님이 지으신 아름다운 피조 세계를 보고 배우는 것을 잊게 만드는 사람들은 어리석은 자들입니다. 그들은 동일한 위대한 저자께서 자신이 쓴 계시의 책을 더 잘 깨닫도록 하시기 위하여 쓴 또 한 권의 책인 자연이라는 책을 우리로 하여금 소홀히 하고 무시해 버리라고 하는 자들입니다. 하나님의 감동으로 된 책은 하나님이 지으신 들녘보다 훨씬 더 분명하게 하나님을 계시해 주는 것은 사실이지만, 일단 하나님의 빛, 즉 성령이 우리에게 임한 후에는, 우리는 우리의 최고의 기도를 위해 성별된 자연의 세계로 들어갈 수 있게 되고, "그의 성전에서 그의 모든 것들이 말하기를 영광이라 하도다"(시 29:9)라는 말씀이 사실이라는 것을 확인할 수 있게 됩니다.

바로의 공주처럼 강독을 따라 걸어 보십시오. 그 공주가 모세를 발견하고서, "내가 그를 물에서 건져내었다"고 말한 것처럼(출 2:10), 여러분도 강독에서 자라는 왕골을 보고 묵상의 주제를 발견하고서, 그렇게 말할 수 있게 될 것입니다. 저 "진펄" 속에서 일렁이는 "갈대"는 우리에게 들려줄 경고의 말씀을 지니고 있고, 들을 귀가 있는 자들은 그 말씀을 들을 수 있습니다.

이 설교자의 설교는 여러분이 그렇게 자주 들을 수 없기 때문에, 나는 이 설교자가 해주는 말에 여러분이 귀를 기울여 들으시기를 부탁드립니다. 어떤 사람이 여러분에게 "네가 무엇을 보려고 밖에 나간 것이냐?"고 묻는다면, 이제 여러분은 "바람에 흔들리는 갈대"(마 11:7)라고 얼굴을 붉히며 대답할 필요가 없습니다. 이 아침에 하나님의 은혜로 말미암아 "왕골"이 여러분에게 자기 자신을 살펴볼 수 있는 교훈을 가르쳐 줄 것입니다. 오늘의 본문에서 수아 사람 빌닷은 우리에게 위선자의 모습이 어떠한 것인지를 보여주기 위해서 "왕골"을 등장시킵니다. 따라서 이 아침에 우리는 위선자의 신앙이라는 주제를 세 가지 측면에서 살펴보게 될 것입니다. 첫 번째는 위선적인 신앙은 어떤 모습인가 하는 것이고, 두 번째는 위선적인 신앙은 무엇을 먹고 살아가는가 하는 것이며, 세 번째는 위선적인 신앙은 결국 어떻게 되는가 하는 것입니다.

1. 첫째로, 위선적인 신앙은 어떤 모습일까요?

위선적인 신앙은 여기에서 "진펄"에서 자라는 "왕골"과 "물"에서 잘 자라는 "갈대"에 비유되고 있습니다. 우리는 이 비유 속에서 몇 가지를 살펴볼 수 있습니다.

(1) 먼저, 위선적인 신앙은 아주 빨리 잘 자란다는 점에서 "왕골"에 비유될 수 있습니다. 참된 회심은 흔히 아주 갑작스럽게 이루어집니다. 사울이 다메섹으로 가는 길에서 회심하게 된 것이나, 빌립보 감옥의 간수가 깜짝 놀라서 잠에서 깨어나 갑작스럽게 "내가 어떻게 하여야 구원을 받으리이까"(행 16:30)라고 소리치며 회심하게 된 것이 그 예입니다. 그러나 회심하고 난 후에 그리스도인들의 성장은 그렇게 빠르지도 않고 중단됨이 없이 지속적이지도 않습니다. 깊이 눌리고 괴로워하는 시간들이 종종 찾아와서 그들의 기쁨을 냉각시키기도 하고, 격렬한 시험의 시간들이 그들의 평온함을 산산조각 내고 무참히 짓밟아 버리기도 합니다. 그들이 늘 기뻐하고 즐거워할 수 있는 것이 아닙니다. 그들의 삶은 굴곡진 삶입니다. 그들은 이 그릇에서 저 그릇으로 옮겨지고, 슬픔과 괴로움에 익숙합니다. 참된 그리스도인들은 다 자라는 데 몇 년이 걸리는 상수리나무와 같습니다. 그들이 뿌리를 잘 내리기 위해서는, 이른 봄의 찬 바람을 여러 번 맞아야 합니다. 폭풍과 홍수와 가뭄과 태풍의 엄청나고 거대한 힘에도 종종 노출됩니다. 하지만 위선적인 신앙은 그렇지 않습니다. 그들이 한 번 회심하고 신앙을 고백한 후에는, 그들에게는 모든 일들이 아주 순조롭습니다. "그들은 변하지 아니하며 하나

님을 경외하지 아니함이니이다"(시 55:19). 그들은 자신들의 타고난 부패함에 대해서 애통해할 줄 모르는 사람들입니다. 믿는 자들이 자신들의 내면 속에서의 싸움에 대하여 얘기할 때, 그들은 영문을 몰라서 깜짝 놀랍니다. 우리가 "오호라 나는 곤고한 사람이로다 이 사망의 몸에서 누가 나를 건져내랴"(롬 7:25)고 신음하며 탄식하면, 이 점잖은 신사 분들은 속으로 이렇게 생각합니다: '이 그리스도인들은 그런 식으로 말하는 것을 보니 정말 악한 사람들임에 틀림없어! 그들은 정말 검은 마음을 가지고 있는 것임에 틀림없어! 그리고도 자신들이 하나님의 자녀라고 말하다니, 정말 뻔뻔스럽기 짝이 없는 자들이군!' 위선적인 신앙을 지닌 자들은 언제나 기도도 잘하고 찬송도 잘합니다. 그는 거리낌 없고 거침없이 은혜의 자리로 나아가고, 자신의 찬송에 탄식이나 신음 소리를 섞지 않습니다. 살아 있는 사람들의 등은 거기에 메어진 짐 때문에 아파하지만, 살아 있는 감각을 가지고 있지 않은 증기기관은 고통을 알지 못합니다. 살아 있는 말은 지쳐서 쓰러질 수 있지만, 증기기관차는 결코 쓰러지는 법이 없습니다. 마찬가지로, 기계적으로 신앙을 고백한 사람들은 어떤 일이 있더라도 아무렇지도 않게 계속해서 앞으로 전진합니다. 살아 있는 영혼들은 그러한 완벽한 평정심과 침착함을 지닐 수 없습니다. 입으로만 신앙을 고백한 사람들은 아주 강력한 시험 앞에서도 전혀 괴로워하거나 힘들어하지 않습니다. 마귀도 그런 자들을 괴롭히고자 하지 않습니다. 마귀는 그들이 자신의 사람들이라는 것을 알고 있기 때문에, 그들을 무슨 짓을 하든 그대로 내버려 둡니다. 바리새인의 집은 모래 위에 지어져 있었기는 하지만, 홍수가 날 때까지는 아주 견고히 서 있었고, 결코 흔들리거나 요동하지 않았습니다. 모든 사람이 보기에, 그 집은 마치 만세반석 위에 지어진 것처럼 견고해 보였습니다. 시험의 때가 왔을 때, "그 무너짐이 심하여," 그 집은 완전히 파괴되어서, 흔적도 없이 사라져 버렸습니다(마 7:27). 그 집은 그 주인이 터를 파는 수고도 하지 않고, 그 기둥들도 별 수고 없이 대충 세워서 지은 집이었습니다. 사랑하는 친구들이여, 여러분이 속임을 당하지 않기 위해서 자신의 마음을 아주 깊이 꼼꼼하게 살펴본 적이 한 번도 없다면, 그것은 불길한 징조입니다. 여러분이 그런 경우라면, 여러분은 자신이 결코 요동하지 않는 강력한 믿음을 갖고 있는 것처럼 생각할지라도, 사실은 자기 자신을 단 한 번도 깊이 살펴본 적이 없을 정도로 강력한 뻔뻔스러움으로 충만해 있는 것일 가능성이 높습니다. 여러분은 이렇게 말합니다: "흥! 나는 뭐든지 다 할 수 있어요. 나는 아무리 달려도 지치지 않고, 아무리 걸어도 힘이 남아 돌아갑니다. 나는 믿음이 적은 자들이 신음 소리를 내며 죽는 소리를 하거나, 엄살부리고 절뚝거리며 걷는 것을 이해할 수 없어요. 그 사람들이 자신들의 내면에서 왜 그렇게 갈등하고 야단법석을 떠는 것인지를 나는 이해할 수 없습니다. 나는 언제나 평안하고, 내 마음은 고요하거든요." 그래요, 아마도 그럴 것입니다. 하지만 안타깝게도, 많은 사람들이 "평안이 없는 곳에서 평안하다 평안하다"고 말하는 소리를 들어 왔습니다. 이렇게 모든 사람들이 보기에, 위선적인 신앙을 지닌 자들은 강가의 "왕골"처럼 하나님의 일들에서 갑자기 엄청나게 성장해 나가는 것 같고, 그들 자신도 하나님의 길들에서 늘 푸르고 형통하는 것을 쉬운 일로 생각합니다.

　(2) "왕골"은 모든 식물들 중에서 가장 속이 텅 비어 있고 차 있지 않은 것들 중의 하나입니다. 왕골은 겉보기에는 지팡이로 써도 될 만큼 아주 튼튼해 보이지만, 왕골을 의지해서 걷고자 하는 사람들은 십중팔구 왕골 지팡이가 부러져서 넘어지게 됩니다. 왕골은 물을 좋아하는 식물이고, 자신의 생존의 터전인 물의 본성을 지니고 있어서, 물처럼 불안정하기 때문에, 결코 믿고 의지할 만하지 않습니다. 왕골은 보기에는 튼튼해 보이지만, 믿고 의지하고자 할 때에는 아무 소용이 없습니다. 위선적인 신앙을 지닌 자들도 마찬가지입니다. 그들은 겉보기에는 아주 괜찮아 보이지만, 그들에게는 그리스도 예수를 믿는 견고한 믿음이나 죄에 대한 참된 회개나 그리스도 예수와의 생명의 연합 같은 것은 전혀 없습니다. 그들은 기도를 하지만 은밀하게 골방에 들어가서 기도하지는 않고, 기도가 무엇인지를 결코 알지 못합니다. 그들은 천사와 씨름해 본 적도 없고, 탄식하며 하나님께 부르짖은 적도 없으며, "그의 경외함으로 말미암아 들으심을 얻은"(cf. 히 5:7) 적도 없습니다. 그들에게는 확신이 있는 것처럼 보이지만, 그 확신은 예수 그리스도께서 이루신 일에 토대를 두거나 근거를 둔 것이 결코 아닙니다. 그들은 자기 자신을 결코 비운 적이 없고, 자기가 행하고 생각하는 모든 일은 헛된 것이고 자기에게는 아무런 능력도 없다는 것을 느껴본 적도 없습니다. 만일 그들에게 깊은 회개와 참된 확신과 예수의 참된 생명이 있었다면, 그들은 지금처럼 위선적인 신앙을 지닌 자들이 되지 않았을 것입니다. 사랑하는 친구들이여, 내가 이런 얘기를 하는 동안에, 내 영혼 위에는 깊은 시름이 드리워집니다. 하나님께서 세상을 심판하러 오셨을 때, 우리 중에서 강가의 "왕골"처럼 속이 텅 비어 있는 신앙생활을 해온 사람들이 있다는 것이 밝혀지면 어쩌죠? 여러분이 죽

음의 순간에 여러분을 떠받쳐줄 소망이 절실히 필요할 때, 여러분이 그동안 기대해 왔던 그 소망이 속이 텅 빈 것이어서 갑자기 여러분 밑에서 뚝 하고 부러져 버리면 어쩌죠? 신앙이 독실하다고 자부해 오신 여러분, 교회에 속하여 오랜 세월 동안 신앙생활을 해왔고 교회에서 존경 받으며 중직들을 맡아 오셨던 여러분, 지금까지 하나님의 말씀을 기가 막히게 잘 전해 오신 여러분, 여러분의 모든 신앙이 사실은 아무런 실체도 없는 신기루임이 밝혀져서 한순간에 다 사라져 버린다면 어쩌죠? 여러분은 주의 잔에서 마셔 왔고, 주의 성찬대 앞에서의 향연에 참여해 왔으며, 자신의 수많은 놀라운 경험들에 대하여 말해 왔고, 하나님의 성령이 여러분에게 주셨다고 생각했던 하나님의 은혜들을 자랑해 왔습니다. 그런데 그 모든 것이 다 망상이었다는 것이 밝혀진다면, 여러분은 어떠하시겠습니까? 여러분의 심령이 스스로 속아서 망상에 빠져 있었기 때문에, 지금 여러분이 빛의 길로 행하고 있다고 생각했는데, 사실은 어둠의 길로 걸어가고 있는 것이 밝혀진다면, 여러분의 심정은 어떠하시겠습니까? 하나님께서 우리의 마음을 감찰하셔서, 그리스도에 대한 참되고 견고하며 실체가 있고 강력한 믿음을 주심으로써, 우리로 하여금 그 어떤 시험도 다 통과할 수 있게 해주시기를 빕니다.

"갈대"는 속이 비어 있어서 마음이라는 것이 없는데, 위선적인 신앙을 지닌 사람들도 마찬가지로 마음이 없습니다. 그리고 마음이 없다는 것은 치명적입니다. 로마의 주술사들은 희생제물을 죽여서 내장의 모습을 보고서 길흉을 판단할 때면 언제나, 심장이 아예 없거나 쭈그러들어 있을 때를 가장 불길한 징조로 여겼습니다. 호세아 선지자는 "그들이 두 마음을 품었으니 이제 벌을 받을 것이라"(호 10:2)고 말하였습니다. 하나님께서는 심장이 없는 제물을 혐오하십니다. 여러분이 하나님께 자신의 마음을 드릴 수 없다면, 마음에도 없는 말들을 거룩한 목소리로 기도함으로써 하나님을 희롱하는 일을 하지 마십시오. 여러분이 진정으로 경건하고자 하지 않는다면, 자신이 경건한 척 말하거나 행하지 마십시오. 다른 무엇보다도, 단지 입으로만 신앙을 고백하는 것을 혐오하십시오. 조나단 에드워즈(Jonathan Edwards)는 미국의 대각성 운동에서 창녀를 비롯해서 온갖 부류의 사람들이 다 회심하였지만, 입으로만 신앙을 고백한 불경건한 자들은 단 한 사람도 회심하지 않았다고 말합니다. 오직 그런 사람들에게만 하나님의 성령이 임하지 않았던 것으로 보입니다. 그러므로 "왕골"처럼 겉으로만 신앙을 갖고 있는 것처럼 보이고 속은 텅 비어 있어서 거기에 마음은 없는 신앙인이 되지 않도록 조심하십시오. 왜냐하면, 만약 여러분이 그런 신앙인이라면, 여러분은 절망적이기 때문입니다.

(3) 이 비유에서 우리가 세 번째로 알 수 있는 것은 누구나 저절로 알 수 있는 것으로서, 위선적인 신앙을 지닌 사람들은 잘 구부러지는 속성을 지니고 있다는 점에서 "왕골"과 흡사하다는 것입니다. 거센 바람이 진펄 위로 불어오면, "왕골"은 어떻게든 자신의 자리를 지키겠다고 결심을 합니다. 그래서 왕골은 바람이 북쪽에서 불어오면, 남쪽으로 몸을 구부려서, 바람이 자기 위를 훑고 지나가게 합니다. 바람이 남쪽에서 불어오면, 왕골은 북쪽으로 몸을 구부려서, 강풍도 별 영향을 미치지 못합니다. 왕골은 자신의 자리를 지키는 것, 이 한 가지만 할 수 있다면, 그 어떤 것 앞에서도 자기 자신을 기꺼이 허리를 구부리고 무릎을 꿇을 수 있습니다. 위선적인 신앙을 지닌 자들도 믿음이 좋은 사람들과 어울리는 경우에는 기꺼이 선한 일들에 동조하여, 이렇게 말합니다. "그래요, 여러분이 하고 싶으신 대로 찬송하고 기도하십시오." 그리고 악한 자들과 어울리게 되면, 그들은 마찬가지로 기꺼이 악한 일들에 동조하며, 이렇게 말합니다: "그래요, 노래 부르고 마음대로 말하며 흥겹게 노십시오. 극장에도 가시고, 도박장에도 가서 즐기십시오. 여러분이 원하시는 대로 하십시오. '로마에 가면 로마법을 따르라'고 했습니다. 나는 여러분과 어울리고 있으니, 여러분이 하자는 대로 할 것입니다." 누구를 만나든 그 사람을 기쁘게 해줄 일을 하자는 것이 그들의 모토입니다. 그들은 닥치는 대로 먹는 잡식성이기 때문에, 돼지처럼 몸에 좋은 채소도 먹을 수 있고, 죄악된 고기도 먹을 수 있습니다. 한 설교자가 그들에게 어떤 가르침을 베풀었을 때, 그들은 단 한순간도 그들의 가르침에 이의를 제기하기를 원하지 않습니다. 그런 후에, 어떤 설교자가 앞서 그들이 가르침 받았던 것과 반대되는 것을 그들에게 가르치면(실제로 이런 일들이 많이 있습니다), 그들은 양쪽이 다 맞다고 양다리를 걸칩니다. 그들은 날씨가 더울 때에는 더위도 좋다고 하고, 추운 날씨에는 추위도 좋다고 합니다. 그들은 자기가 고체나 액체 중에서 어느 것이 되어야 자기에게 가장 유리할지를 판단해서, 얼음처럼 얼어 있다가도 금방 녹아서 펄펄 끓을 수 있습니다. 어떤 것을 검다고 하는 것이 자기에게 가장 유리한 경우에는, 그들은 서슴없이 그것을 검다고 말합니다. 어떤 것을 희다고 해야 자기에게 유리할 것 같으면, 그들은 아무리 검은 것도, 그때그때 사정을 보아서 그리 검지 않다고 하거나, 다소 희다고 하거나, 완전히 새하얗다고 말하기도 합

니다. 이 말을 하고 있자니, 문득 우리 속담에 나오는 브레이의 교구신부(Vicar of Bray)에 관한 이야기가 떠오릅니다. 그는 헨리 8세 때에는 가톨릭교도였고, 개신교가 득세하던 시대에는 개신교도로 변신하였으며, 그후에 메리 여왕 시대에는 다시 가톨릭교도가 되었다가, 엘리자베스 여왕 시대에는 또다시 개신교도가 되었습니다. 그는 자기는 늘 자신의 원칙에 충실해 왔다고 큰소리를 쳤습니다. 왜냐하면, 그의 원칙은 브레이의 교구신부직을 계속해 나가는 것이었기 때문입니다. 진실이냐 거짓이냐는 따지지 말고, 어떤 일에서나 자기가 편안하고, 자기에게 가급적 많은 이득이 돌아오는 쪽을 선택한다는 원칙에 늘 충실한 사람들이 있습니다. 여러분은 그런 사람들을 알고 있지 않습니까? 그들에게는 순교자들에게서 볼 수 있는 강직함 같은 것은 눈을 씻고 찾아 보아도 없습니다. 그들은 오늘날 사람들이 섬기는 "사랑"(Charity)이라는 여신을 좋아합니다. 달의 신인 "디아나"(Diana)는 지고, "사랑" 신이 떴습니다. 이 "사랑" 신은 예전의 "디아나" 만큼이나 가증스러운 여신입니다. 그것이 원칙에 관한 문제가 아니기만 하다면, 영혼들을 얻기 위해서 모든 사람들에게 어떤 모양이라도 되고자 하는 그런 사람을 내게 주십시오. 옳고 그름의 문제가 달려 있을 때, 자신의 신앙을 부인하느니 차라리 죽음을 택하고자 하고, 영혼들을 얻고자 하는 열심으로 불타올라서 단 한순간도 그 열심을 숨길 수 없고, 좀 더 편리한 때가 올 때까지 그 열심을 한쪽으로 제껴둘 수 없는 그런 사람을 내게 주십시오. 영혼들을 구원하고자 하는 것과 같은 참된 경건은 한번 짖어보는 것이 되어서는 안 되고, 한 사람의 마음을 가득 채우고 있는 수액이 되어 있어야 하고, 핵심이 되어 있어야 합니다. 그 경건이 그의 혈관을 끊임없이 돌아야 하고, 그래서 그 경건이 없이는 그가 살 수 없어야 합니다. 여러분이 날마다 지니고 다니지도 않고, 여러분의 삶에서 가장 소중한 것이 되어 있지도 않은 그런 신앙이라면, 거름더미에 내던져 버리십시오. 사랑하는 자들이여, 우리는 그리스도를 위하여 기꺼이 죽을 각오가 되어 있어야 합니다. 그런 각오가 되어 있지 않다면, 우리는 그리스도께서 우리를 위해 죽으셨다는 사실 속에서 그 어떤 기쁨도 누리지 못할 것입니다.

(4) 또한, 성경에서 "왕골"은 머리를 숙이는 습성으로 인해서 위선자를 묘사할 때에 비유적인 말로 사용되어 왔습니다. 이사야 선지자는 위선적인 금식을 행하는 자들을 향하여, 그들이 "머리를 갈대 같이 숙이고"(사 58:5) 있는 이유가 무엇이냐고 반문합니다. 그리스도인인 체하는 사람들은 머리를 숙이는 것을 깊은 경

건을 보여주는 증표라고 생각하는 것 같습니다. 그들은 경건하게 불쌍한 모습을 보이고, 다 죽어가는 목소리로 말하며, 시대가 악하다고 끊임없이 탄식하고, 영적으로 거둘 것이 없고 우리의 법이 악하다고 늘 한탄하며, 오직 사악하고 속이며 가증스러운 것들만을 보는 것이 마치 최고의 경건을 보여주는 증표인 것처럼 생각합니다. 늘 슬픈 표정을 짓는 것은 위선자의 증표입니다. 욥은 위선자에 대하여, "그가 어찌 전능자를 기뻐하겠느냐"(욥 27:10)라고 반문합니다. 물론, 이 질문에 대하여 그가 우리에게 기대하는 대답은 "아닙니다, 그것은 절대로 불가능합니다"라는 대답일 것입니다. 위선자들은 자신의 신앙 속에서 그 어떤 만족도 발견하지 못합니다. 그들은 자기가 그렇게 해야 한다고 생각하기 때문에 그렇게 하는 것일 뿐입니다. 그들은 굳은 표정으로 성경책을 옆에 끼고서 예배 처소로 가고, 마치 단두대로 올라가는 계단을 오르듯이 강단으로 올라갑니다. 그들은 강단에서 모든 것을 법도에 맞게 행하는 가운데 예배를 인도합니다. 그들은 모든 것을 지극히 합당하게 행하지만, 그들에게는 전혀 기쁨이 없습니다. 그들은 주일에 웃는 것만이 아니라 어느 때라도 환한 표정으로 기뻐한다는 것은 생각할 수도 없고 있을 수도 없는 일이라고 여깁니다. 여러분은 그들이 왜 그러는지를 이제 다 알게 되었습니다. 어떤 것들은 부서지기 쉽기 때문에, 여러분이 아주 부드럽게 다루어야 합니다. 가짜 모직 옷은 잘 찢어지기 때문에, 그런 옷을 입은 사람들은 그 가짜 옷이 찢어지지 않도록 하기 위해서 아주 조심스럽게 걷습니다. 그러나 진짜 모직 옷은 잘 찢어지지 않기 때문에, 그런 옷을 입은 사람들은 부자연스러울 정도까지 조심스럽게 걸을 필요가 없습니다. 겉만 요란하게 꾸민 종교인들은 자신이 슬픈 듯한 표정을 짓고 있는 모습만을 보이고자 하지만, 참된 신자들은 자기가 마음껏 기뻐하고 즐거워하는 모습도 사람들에게 아무런 거리낌 없이 그대로 보여줍니다. 갈색 종이로 만든 신발을 산 사람들은 아주 얌전하게 사뿐사뿐 걸어야 합니다. 그러나 쇠와 놋쇠로 된 신발을 신은 사람들은 당당하게 성큼성큼 앞으로 나아가고, 기뻐서 펄쩍펄쩍 뛴다고 하여도, 자신의 신발이 망가지면 어쩌나 하고 걱정할 필요가 없습니다. 나는 그리스도인들이 자신의 행동을 대충 하는 것이 아니라 정확하게 하는 것을 좋아하지만, 위선적으로 점잔을 빼거나 품위를 갖추고자 하는 것과 형식적으로 예배 의식을 정확하게 지키고자 하는 것을 혐오합니다. 나는 거룩하게 기뻐하고 즐거워하는 것을 옹호합니다. 자신의 모습을 있는 그대로 다 보여주는 것이 그리스도인의 자유이고,

슬퍼해야 할 때에 슬퍼하고 기뻐해야 할 때에 기뻐하는 것이 그리스도인의 자유
입니다. 어떤 사람들은 기독교 신앙은 모든 것을 억제하고 꾹 참으며 엄숙하고
엄격하게 행하는 것이라고 생각하지만, 그런 신앙은 위선자들과 바리새인들이
보여주는 "왕골" 같은 신앙일 뿐이기 때문에, 빨리 던져 버릴수록 좋습니다. 하
나님 앞에서 바른 마음을 가진 사람들은 "이렇게 행하면, 사람들은 나를 어떻게
볼까?"라고 말하지 않습니다. 그들이 하나님의 말씀을 읽고 있으면, 그들의 마음
이 그들에게 이 길이 옳은 길이라고 말해 주고, 그들은 성령의 인도하심 아래에
서 그 길로 갑니다. 그들에게는 바른 길로 행하는 것 자체가 기쁨이고 즐거움입
니다. 그들은 하나님께서 그들이 즐거움과 기쁨을 누리는 것을 막으시기 위해서
가 아니라, 마치 자애로우신 부모님이 자신의 자녀가 독을 먹지 못하게 하기 위
한 것과 같은 그런 의도에서, 그들에게 악을 행하지 말라고 하신 것임을 압니다.
우리의 삶은 자유의 삶이고, 우리는 참된 신앙의 "길은 즐거운 길이요 그의 지름
길은 다 평강이니라"(잠 3:17)는 것을 압니다.

(5) "왕골"은 아무런 열매도 맺지 못한다는 점에서도 위선적인 신앙을 지닌 자
들의 표상으로 사용되기에 아주 적합합니다. 왕골에게서 무화과 열매를 기대하
거나, "갈대"에게서 에스골의 탐스러운 포도를 기대할 사람은 아무도 없을 것입
니다. 위선자들의 경우에도 마찬가지입니다. 그들은 아무런 열매도 맺을 수 없
습니다. 위선자들은 기껏해야 다음과 같은 말만을 할 수 있을 뿐입니다: "나는
술을 마시지 않습니다. 나는 욕하지 않습니다. 나는 사람들을 상대로 사기를 치
지 않습니다. 나는 거짓말을 하지 않습니다. 나는 안식일을 범하지 않습니다."
그들의 신앙은 모두 어떠어떠한 것들을 하지 않는다는 식의 소극적인 것입니다.
어떤 적극적인 것들을 행하고 있느냐고 그들에게 물어보면, 그들은 아무 말도
할 수가 없습니다. 여러분은 그리스도를 위해서 무엇인가를 해보신 적이 있습니
까? 위선자들의 삶 전체를 유심히 살펴 보십시오. 여러분은 그 삶 속에서 아무런
열매도 찾을 수 없을 것입니다. 아마도 그들은 한두 푼을 구제헌금으로 내놓았
을 수도 있습니다. 그러나 그들은 그 적은 돈이라도 하나님께 드린 것입니까? 그
들은 가난한 사람들을 돌보아 주었을 수도 있습니다. 그러나 그들은 가난한 사
람들을 하나님의 가난한 자들로 여기고, 하나님이 그들을 보살피신다는 것을 생
각해서, 그들을 돌보아 준 것입니까? 그들이 그 일을 하나님을 위하여 했을까요?
위선적인 신앙을 지닌 자들의 일생 동안의 삶 속에는 그들이 진정으로 하나님을

섬기기 위하여 한 일은 아무것도 없습니다. 무엇이라고요? 그들이 매번 길게 기도한 것은 하나님을 진정으로 섬기기 위하여 한 일이 아니겠냐고요? 그들은 자신의 양심을 만족시키기 위해서, 또는 그 기도를 듣는 사람들을 기쁘게 하여 그들로부터 호감을 얻기 위하여, 그렇게 길게 기도한 것일 뿐입니다. 그들이 진정으로 하나님께 기도하였고, 하나님의 영광을 위하여 기도하였으며, 하나님과 교제하기 위하여 기도하였을까요? 만일 정말 그들이 그렇게 한 것이라면, 그들은 위선적인 신앙을 가진 사람들이 아닙니다. 하지만 진짜 위선자들은 다른 많은 잘못된 것들로부터는 떠나 있을지라도, 회개에 합당한 열매를 맺는 데까지는 결코 나아갈 수 없습니다. 그들은 거룩함의 길로 달려갈 수도 없고, 그리스도의 형상을 추구하지도 않으며, 그리스도와의 교제를 즐거워하지도 않습니다. 그들에게는 믿음도 없고, 기쁨도 없으며, 소망도 없고, 주의 성령을 따라 행하는 것도 없습니다. 그들에게는 열매가 없기 때문에, 그들은 여호와께서 오른손으로 심으신 나무가 아니라 "왕골"일 뿐입니다.

　나는 오늘의 본문에 나오는 이 비유를 설명하는 것은 이 정도로 마치고자 합니다. 내가 지금까지 전한 말씀들을 듣고서, 여러분의 마음에 찔리는 것이 있었다면, 여러분은 다시 한 번 자기 자신을 그 말씀에 비추어서 살펴보시기 바랍니다. 내가 전한 말씀들 중에서 나의 경우에 해당되는 어떤 내용이 있었다면, 나는 그 말씀이 능력으로 내게 다가오게 되기를 바랍니다. 내가 우려하는 가장 큰 부작용은 여러분 중에서 지극히 진실한 사람들이 이 말씀들에 자기 자신을 비춰 보고서 괴로워하는 것입니다. 나는 여러분이 그렇게 하지 마시기를 부탁드립니다. 자기는 절대로 위선적인 신앙을 가졌을 리가 없다고 강하게 부정하는 바로 그런 사람들이 사실은 위선자들입니다. 우리 교회의 젊은 친구들이 종종 그런 문제로 괴로워하며 내게 와서, "목사님, 나는 내가 위선자가 아닌가 하고 염려가 됩니다"라고 말하곤 하는데, 그럴 때마다 나는 속으로 이렇게 생각합니다: '나는 자네가 위선자가 아니라고 믿네. 만일 자네가 위선자라면, 그런 염려를 하지도 않을 테니까 말일세.' 그러나 그런 염려를 조금도 하지 않는 사람들, 자기는 아무 문제 없이 신앙생활을 아주 잘 하고 있다고 철석같이 믿고 있는 사람들은 "이방인들이 그의 힘을 삼켰으나 알지 못하고 백발이 무성할지라도 알지 못하는도다"(호 7:9)라는 선지자 호세아의 말을 귀담아들어야 합니다. 과일의 겉모습이 아무리 탐스러워 보일지라도, 벌레가 그 과일의 속을 이미 파먹고 있을지도 모르는 일입니다. 하나님께서 우리를 위선으로부터 구해 주시고, 우리에게 은혜를 주셔서, 우리 자신을 참된 빛 가운데서 제대로 올바르게 볼 수 있게 해주시기를 빕니다.

2. 둘째로, 위선적인 신앙은 무엇을 먹고 살아가는 것입니까?

"왕골이 진펄 아닌 데서 크게 자라겠으며 갈대가 물 없는 데서 크게 자라겠느냐." 왕골이 크게 자라는 것은 전적으로 진펄에 있는 풍부한 수분 때문입니다. 가뭄이 와서, 진펄에 물이 마르게 되면, 왕골은 다른 그 어떤 식물보다도 더 빨리 죽습니다. "이런 것은 새 순이 돋아 아직 뜯을 때가 되기 전에 다른 풀보다 일찍이 마르느니라"(8:12). 히브리어로 "왕골"은 늘 물을 마시고 있는 식물이라는 뜻입니다. 따라서 왕골이 계속해서 살아 있으려면, 늘 수분을 흡수하고 물을 마셔야 합니다. 위선자들도 마찬가지입니다. 그들은 자신의 "경건의 모양"을 늘 유지시켜 줄 수 있는 어떤 것들이 없이는 살아갈 수 없습니다. 이제 나는 위선자들에게 생명을 공급해 주는 "진펄"과 물들 중의 일부를 여러분에게 보여 드리고자 합니다.

어떤 사람들의 신앙은 흥분 없이는 유지될 수 없습니다. 부흥회와 열렬한 설교자들과 뜨거운 기도회들이 있어야, 그들의 신앙은 푸르름을 유지할 수 있습니다. 그러나 그 열렬한 목회자가 죽거나 다른 교회로 가 버려서, 교회가 이전만큼 그렇게 뜨겁지 않다면, 어떻게 될까요? 그들은 어디로 사라져 버린 것일까요? 뜨거운 온실에서만 자라는 식물들이 너무나 많습니다. 그들은 일정 정도의 온도가 유지되는 곳에서만 잘 자라고 꽃을 피웁니다. 물론, 열매를 맺지는 못하지만 말입니다. 그들을 야외에 갖다 놓아 보십시오. 그들을 하루나 이틀쯤 박해의 서리를 맞게 해보십시오. 그들은 온데간데없이 어디론가 사라졌을 것입니다. 사랑하는 여러분, 흥분을 먹어야만 살아갈 수 있는 그런 신앙을 갖지 않도록 조심하십시오. 나는 신앙적인 흥분을 반대하는 것이 아닙니다. 사람들은 정치나 학문, 사업에 대해 얘기할 때에도 흥분하는데, 그런 것들보다 훨씬 더 중요한 신앙이라는 문제에 있어서 흥분이 없어야 할 이유가 어디 있겠습니까? 그러나 여러분이 때때로 신앙적으로 흥분하는 일이 있다고 할지라도, 여러분의 모습이 늘 그래서는 안 됩니다. 나는 많은 교회들이 잔뜩 바람이 든 큰 비눗방울이 될 때까지 계속해서 신자들에게 부흥의 바람을 집어넣다가 결국 터져 버려서, 지금처럼 거의 쭈그러들게 된 것은 아닌가 하고 생각하게 됩니다. 사람이 주는 은혜는 사람에 의해 제거될 수 있습니다. 여러분의 신앙이 버섯처럼 부풀어 올랐다면, 그 신앙은 머지않아 꺼져 버리게 될 것입니다. 부흥회를 통해서 회심하여 신앙생활을 잘해 나가는 사람들이 많다는 것은 의심의 여지가 없습니다. 그리고 그런 사람들의 회심은 하나님의 성령의 역사입니다. 그러나 또 다른 부류의 사람들도 많이 생겨납니다. 즉, 많은 사람들이 흥분의 도가니 속에서 환각 상태에 빠져서, 자기가 회개하였고 믿음을 갖게 되었으며 하나님의 자녀가 되었다고 착각하게 된다는 것입니다. 그들의 그러한 망상 상태는 여러 해 동안 계속될 수 있습니다. 조심하고, 조심하십시오! 어떤 위선자들은 "왕골"이 물 없이는 살 수 없듯이, 흥분 없이는 살아갈 수 없습니다. 사랑하는 여러분, 나는 여러분이 종려나무처럼 되기를 기도합니다. 종려나무는 광야에서도 계속해서 푸르게 잘 자라고, 가뭄 때에도 열매를 맺습니다.

　　단지 입으로만 신앙을 고백한 많은 사람들은 격려를 먹고 살아갑니다. 여러분은 경건한 부모의 자녀들입니다. 부모님들이 하나님의 은혜의 첫 번째 증표인 여러분을 보면 너무나 기뻐서, 여러분에게 있는 모든 좋은 점들을 격려하고 용기를 북돋워 주고자 하는데, 이것은 자연스러우면서도 당연한 일입니다. 또는, 여러분은 이 자리에 모인 사람들 중에서 가장 복된 부류인 사랑이 많고 자상한 영혼들에 의해서 보살핌을 받고 있어서, 어려움이 있을 때마다, 이 자애로운 조력자들에게로 달려갈 수 있는 그런 사람일 수도 있습니다. 어떤 새로운 시험이 올 때마다, 여러분은 그들의 경고의 말씀과 권면 속에서 힘을 발견합니다. 이것은 아주 큰 특권입니다. 나는 모든 교회에서 우리가 격려를 통해서 "그를 담대하게"(신 3:28) 하라는 말씀을 더욱더 실천에 옮기게 되기를 바랍니다. 우리는 연약한 심령을 위로하고 붙들어 주어야 합니다. 그러나 사랑하는 친구들이여, 격려에 의존해서 유지되는 신앙을 갖지 않도록 조심하십시오. 여러분은 여러분을 못마땅하게 여기거나 눈살을 찌푸리는 험악한 곳으로 가야 할지도 모르고, 여러분을 격려하는 기도를 해주기는커녕 여러분에게 기도할 장소나 시간조차 주지 않는 그런 곳에 가야 할지도 모릅니다. 여러분은 그리스도인이라는 이유로 험한 말을 들으며, 잔인한 비웃음과 조롱을 당할 수도 있습니다. 그러한 불 같은 시험 속에서도 견고히 설 수 있는 은혜를 받으십시오. 하나님께서 여러분에게 인간 조력자들과는 상관없이 오직 하나님으로부터 오는 그러한 은혜를 주시기를 빕니다.

어떤 사람들의 신앙은 모범이 있어야 유지됩니다. 여러분이 속해 있는 집단에서는 예배당에 다니는 것이 관습일 수 있습니다. 아니, 교회에 나가서 신앙 고백을 하는 것이 하나의 생활방식으로 굳어져 있을 수 있습니다. 뭐, 모범이라는 것은 좋은 것입니다. 내가 얼마 전에 헐(Hull)에서 뉴 홀랜드(New Holland)로 가려고 험버 나루(the Humber)를 건너려고 배를 기다리고 있는데, 증기선이 갑판에 양들을 싣고 들어 왔고, 양들을 배에서 선창으로 옮기는 일이 꽤 어려워 보였습니다. 도살업자가 먼저 한 마리 양을 배에서 선창으로 이어진 다리를 따라 끌고가자, 다른 양들은 아주 쉽게 그 뒤를 따라 왔습니다. 모범은 좋은 것이어서, 그리스도께 속한 한 마리의 참된 양은 다른 나머지 양들을 진리와 순종의 길로 이끌 수 있습니다. 그러나 다른 사람들에게 전적으로 의존하는 신앙은 악한 모범의 유혹에 넘어갔을 때에는 철저히 파멸될 수밖에 없습니다. 여러분이 단지 다른 사람들이 그렇게 하기 때문에 덩달아 교회에 다니거나, 여러분이 사는 지역에서는 대다수의 사람들이 이러저러한 신앙을 갖고 있다는 이유로 그 신앙을 받아들인다면, 여러분의 신앙은 그 지역에 의존하는 신앙이 됩니다. 그래서 여러분이 다른 곳으로 이사를 갔을 때에는, 여러분의 신앙도 이사를 가게 되거나, 여러분이 그 신앙으로부터 떠나게 될 것입니다. 젊은이들이여, 이런 허약한 종류의 신앙을 피하십시오. 독자적으로 행동하는 것이 옳은 것일 때에는 독자적으로 행동할 수 있는 사람이 되십시오. 온 세상이 넓은 길을 따라 내리막길로 달려서 내려오더라도, 여러분은 시류를 거슬러 많은 무리들을 헤치고 오르막길로 올라가십시오. 죽은 물고기는 강물을 타고 떠내려 가지만, 살아 있는 물고기는 강물을 거슬러 올라갑니다. 거룩하지 않은 모범을 피함으로써 여러분이 살아 있다는 것을 보이십시오.

또한, 위선적인 신앙은 흔히 자기가 얻는 이득이 있어야 제대로 유지됩니다. "목적지향" 씨(Mr. By-Ends)는 신앙을 가져야 좋은 아내를 얻을 수 있을 것 같아서 교회에 다녔습니다. 또한, 가게를 하고 있던 그는 교회 사람들이 물건을 사려고 할 때에, 자기가 교인이 되면, 자기 가게로 와서 물건을 사줄 것이기 때문에, 신앙을 갖는 것이 장사에도 도움이 된다고 생각해서 교회에 나가기 시작하였습니다. 그는 자기가 교회에 다니면 세 가지 좋은 점이 있다고 생각했습니다: 신앙을 갖게 되는 것, 좋은 아내를 얻게 되는 것, 장사가 잘되는 것. "목적지향" 씨여,

만약 당신이 교회에 다녔는데, 좋은 신붓감을 얻지도 못했고, 좋은 단골들을 잃어서 장사도 잘 안 된다면, 그때에는 어떻게 하시겠습니까? 그는 "그렇게 되었을 때에는, 매우 유감스러운 일이기는 하지만, 신앙에 깊이 빠져들지 않는 채로 나의 주된 일에 신경을 써야 하겠죠"라고 말합니다. 이것이 "목적지향" 씨의 판단 방식입니다. 그는 하나님의 일을 자신의 주된 일이라고 여기지 않습니다. 하나님의 일은 자신의 주된 목적을 이루기 위한 수단일 뿐입니다. 이것이 전부입니다. 나는 이런 사람들이 도처에 널려 있는 것은 아닌가 하고 우려합니다. 여러분은 자기가 "이득"에 의해서 얼마나 많이 좌우되는지를 아주 잘 아실 것입니다. 물론, 나는 여러분 중에는 장사에 도움이 되게 하기 위하여 이곳에 오는 분은 거의 없을 것이라고 확신합니다. 왜냐하면, 런던 같은 이런 도시에서는 그런 것이 잘 통하지 않기 때문입니다. 그러나 시골의 읍 같은 곳에서는 이런 요인이 아주 크게 작용합니다. 여러분이 국교회에 나가면 성당을 상대로 장사를 할 수 있고, 개신교에 나가면 교회를 상대로 장사할 수 있습니다. 금송아지를 섬기는 자들이여, 장차 그리스도께서 오셔서, 여러분이 자신의 성전에 있는 것을 보시면, 여러분에게 어떻게 행하실지를 여러분은 아십니까? 그리스도께서는 여러분이 벌여 놓은 좌판과 그 위에 있는 비둘기와 환전용 동전들을 보시고, 노끈으로 된 채찍으로 여러분의 등을 치시면서, 이렇게 말씀하실 것입니다: "이것들을 이곳에서 치우라. '내 집은 기도하는 집이 되리라 하였거늘 너희는 강도의 소굴을 만들었도다' (눅 19:46)." "왕골"은 "진펄"이 많은 곳, 즉 신앙으로 인해 얻을 이득이 많은 곳에서 잘 자랍니다. 그러나 "이득"을 얻을 수 없게 해 버리고, 그래도 그들의 신앙이 여전히 그대로 있는지를 살펴보십시오. 여러분이 단지 이득을 얻기 위해서 신앙이 있는 체하는 이 역겹고 구역질나는 죄악을 짓지 않게 해 달라고 온 힘을 다해 기도하십시오. 그럼에도 불구하고, 틀림없이 여전히 그런 짓을 하는 사람들이 많을 것입니다.

　어떤 사람들의 신앙은 **형통함**에 의해서 거의 좌지우지됩니다. "욥이 어찌 까닭 없이 하나님을 경외하리이까"(1:9)는 사탄이 저 정직한 사람을 의심하며 하나님께 던진 악한 반문이었습니다. 사실 사탄의 이 말은 많은 사람들의 경우에는 사실일 것입니다. 왜냐하면, 그들은 어떤 의미에서는 하나님이 그들을 형통하게 해주시는 까닭에 하나님을 사랑하는 것이기 때문입니다. 그런 사람들은 자신이 하는 일들이 잘 안 풀리게 되면, 하나님에 대한 신앙을 모두 버리게 될 것입니다.

나는 이 교회에 나오는 두 사람을 기억하고 있는데, 그 사람들을 생각할 때마다 마음이 아픕니다. 나는 그들에게서 좋은 것들을 거의 기대하지 않지만, 최악의 상황이 벌어질까봐 자주 걱정합니다. 그들은 자신들의 일이 아주 잘 되고 있을 때에 이 교회에 등록해서 나오기 시작하였습니다. 그러나 바로 그 시점부터 그들의 사업은 계속해서 손해를 보았고, 그들은 그 이유가 자신들이 교회에 다니기 시작했기 때문이라고 생각해서, 신앙인으로서의 외적인 의무들을 포기해 버렸습니다. 그들이 자신의 마음을 정직하게 살펴서 자기에게는 참된 신앙이 없다고 판단해서 그렇게 한 것인지, 아니면 하나님의 손으로부터 좋은 것들만을 받고 싶고, 좋지 않은 것들은 받을 수 없다고 생각해서 그렇게 한 것인지는 나로서는 알 수가 없습니다. 나는 그들이 교회에 나오지 않게 된 이유가 후자가 아닌가 하고 우려합니다. 지존자와 다투고 싸우는 사람들이 있습니다. 만약 그들이 소위 회심한 이래로, 세상에서 그들이 하는 일들이 다 잘 풀리고 형통한다면, 그들은 저 형편없는 육신적인 방식으로 하나님을 사랑하게 될 것입니다. 그러나 교회에 다니고부터 되는 일이 없었다면, 그들은 깜짝 놀라서, 하나님이 그들에게 인자하지 않으시다고 생각할 것입니다. 옛 언약은 형통(prosperity)을 약속했지만, 새 언약은 곤경(adversity)을 약속하고 있다는 것을 여러분은 아십니까? 다음과 같은 성경 본문을 경청해 보십시오: "무릇 내게 붙어 있어 열매를 맺지 아니하는 가지는 아버지께서 그것을 제거해 버리시고 무릇 열매를 맺는 가지는" 어떻게 하신다고요? "더 열매를 맺게 하려 하여 그것을 깨끗하게 하시느니라"(요 15:2). 여러분이 열매를 맺고 있다면, 여러분은 환난을 견디고 감당해야 할 것입니다. "그것은 정말 끔찍한 약속이네요"라고 말할 사람이 있을 것입니다. 그러나 사랑하는 자들이여, 이러한 환난은 그리스도인들로 하여금 환난 가운데서 기뻐하는 법을 배우게 하기 위한 것이고, 실제로 그런 좋은 열매를 낳게 됩니다. 왜냐하면, 환난이 극심한 곳에, 그리스도 예수로 말미암은 위로도 넘치게 되기 때문입니다. 여러분이 경건한 사람이라면, 걱정하지 마십시오. 여러분은 매를 맞게 될 것입니다. 시련들이 찾아올 것입니다. 나는 여러분에게 환난이 오지 않게 해 달라고 기도하라고 하지 않습니다. 그것은 잘못된 것입니다. 나는 어떤 사람이 그런 식으로 기도했다는 말을 들었습니다. 그 사람은 단 한 번 그렇게 기도했다고 합니다. 하지만 결국 그는 많은 시련과 환난을 겪으며 점점 더 지혜로워졌습니다. 진정으로 거듭난 자녀들은 매를 어떻게 감당해야 하는지를 압니다. 그리고 그들은 매를 맞지 않게 해 달라고 구하지 않습니다. 만일 그들이 그렇게 기도 한다면, 그들은 정말 어리석은 사람들일 것입니다. 왜냐하면, 매를 맞지 않는다 면, 그들에게 아무런 유익도 없게 될 것이기 때문입니다. 여러분은 언젠가는 매를 맞게 될 것입니다. 여러분에게 별 일 없이 여러 달들과 해들이 아주 조용히 지나갈 수도 있겠지만, 반드시 어둠의 날들이 올 것입니다. 그럴 때, 여러분은 그런 날들이 온 것을 기뻐해야 합니다. 왜냐하면, 그 어둠의 날들을 지내면서, 여러분은 이 땅으로부터 젖을 떼고, 천국에 들어갈 준비가 될 것이기 때문입니다. 여러분은 현재의 것들에 대한 집착으로부터 건짐을 받고, 눈에 보이지 않지만 영원한 것들, 머지않아 여러분에게 나타날 것들을 사모하고 갈망하면서 탄식하게 될 것입니다.

이 대지와 관련해서, 한 가지만 더 말씀을 드리고 마치겠습니다. 위선자들은 자기가 받아들이고자 하는 신앙에 대한 **사람들의 평판**을 아주 중시합니다. 존 번연(John Bunyan)은 이것을 "많은 사람들은 신앙이 은으로 된 신발을 신고 있을 때에 신앙과 동행한다"고 아주 명쾌하게 표현하고 있습니다. 그러나 신앙이 맨발로 걸어가면, 그들은 신앙을 버립니다. 내가 여러분에게 한 가지 질문을 해도 되겠습니까? 만일 그리스도를 믿는 것이 이 땅의 법에 의해 형벌을 받게 되어 있는 것이라면, 여러분은 어떻게 하시겠습니까? 여러분이 늘 잡혀 죽을 위험을 무릅쓰고서 성경책을 읽어야 하고, 예전에 하나님의 성도들이 그랬듯이, 성경책을 벽 속이나 마루 아래에 몰래 감춰 두어야 하고, 지하실이나 다락방에서 성경책을 잠깐씩 읽어야 한다면, 여러분은 어떻게 하시겠습니까? 플리니우스(Pliny, 주후 23-79년) 시대의 신자들이 그랬던 것처럼, 여러분도 박해의 때에 앞으로 나아가서, "나는 그리스도인입니다"라고 말할 수 있겠습니까? 보너(Bonner)가 예수 그리스도를 믿지 않으면 어떻게 되는지를 보여주기 위해서 톰킨스(Tomkins)의 손가락을 촛불 위에 갖다놓았을 때, 저 가련한 톰킨스(Tomkins)가 그랬듯이, 여러분도 자기가 변절하지 않는다면 불태우라고 말할 수 있겠습니까? 여러분은 몇몇 순교자들이 화형주에서 했던 것처럼 견딜 수 있습니까? 그들은 관중들에게, 그들이 최후의 순간에 손뼉을 치지 않는다면 그들의 신앙이 진실이 아님을 알게 될 것이라고 말할 때, 그들의 저 가엾은 손가락들에 온통 불이 붙었는데도, 자신의 두 손을 들어 흔들며, "오직 그리스도밖에 없노라! 오직 그리스도밖에 없노라!"고 소리쳤던 것처럼, 여러분도 그렇게 할 수 있겠습니까? 여러분은 자신이 그리스도 예수를 위하여 고난을 받는 은혜를 입게 될 것이라고 생각하십니까? 여러분은 "내가 그런 은혜를 받지 못할까봐 걱정입니다"라고 말할 수 있습니다. 나의 사랑하는 친구들이여, 그런 염려는 아주 자연스러운 것입니다. 그러나 여러분이 하루하루의 통상적인 시련들, 세상의 끊임없는 환난들을 감당하고, 하나님 앞에서 그러한 시련과 환난들을 짊어지면서, 그리스도인으로서의 인내를 보일 수 있다면, 여러분은 그리스도를 믿는 신자로서 더 혹독한 시련과 환난을 겪는 더 큰 은혜를 받게 될 것이라는 소망을 가져도 좋습니다. 그리고 여러분은 옛적의 성도들처럼 그런 시련과 환난들을 통과할 수 있게 될 것입니다. 하지만 매일매일의 시련이나 환난이 여러분에게 너무 버거워서, 여러분이 그 시련이나 환난 가운데서 그리스도인으로서의 인내를 보일 수 없다면, 나는 여러분에게 예레미야의 언어를 빌려서, "만일 네가 보행자와 함께 달려도 피곤하면 어찌 능히 말과 경주하겠느냐 네가 평안한 땅에서는 무사하려니와 요단 강 물이 넘칠 때에는 어찌하겠느냐"(렘 12:5)라고 묻지 않을 수 없습니다. 이상으로 내가 말한 것들은 우리가 우리 자신을 살피고 시험하는 데 도움이 될 것입니다.

3. 셋째로, 위선적인 신앙의 결말은 무엇이겠습니까?

이것이 우리가 마지막으로 다루게 될 내용입니다. "이런 것은 새 순이 돋아 아직 뜯을 때가 되기 전에 다른 풀보다 일찍이 마르느니라 하나님을 잊어버리는 자의 길은 다 이와 같고 저속한 자의 희망은 무너지리니"(8:12-13, KJV에는 "저속한 자"가 "위선자"로 번역되어 있음 — 역주). 하나님께서 오셔서 위선자들을 다 베어 버리시기 훨씬 전에, 그들은 자기가 뿌리내리고 살고 있는 진펄이 메마르게 되어서 말라 죽는 일이 자주 일어납니다. 흥분이나 격려, 모범이나 이득, 사람들로부터 존중받는 것, 형통이 그들에게서 사라질 때, 그들은 무너지게 됩니다. 모든 기독교회에서 이런 일이 일어나는 것은 얼마나 비참하고 서글픈 모습이겠습니까! 우리는 우리가 사역을 해오는 동안에는, 사람들이 신앙을 배신하는 것을 보면서 애통해할 일이 거의 없었지만, 너무나 서글픈 일들이 없지 않았고, 그런 일들이 앞으로 더 많이 일어나게 되리라는 것을 나는 의심하지 않습니다. 신앙을 고백한 그리스도인들이 "주여 나는 아니지요"(마 26:22)라며 웅성거리게 될지도 모릅니다. 나는 이 아침에 이 자리에 계신 분들 중에서도 그들을 피로 사신 주님을 부인하고, 하나님의 아들을 또다시 못 박으며, 공개적으로 욕보이는 사람들이 나올까 두렵습니다. 어떤 사람들은 "나는 절대로 그럴 리가 없습니다"라고 말할지 모릅니다. 하지만 친구들이여, 자기 자신을 과신하지 마시고, 장담하지 마십시오. 내가 예언의 영으로 장차 그렇게 할 사람들 앞으로 가서, 그들의 얼굴을 똑바로 쳐다보며, 그들이 장차 어떤 짓을 하게 될지를 말해 준다면, 그들은 정색을 하며, 하사엘처럼 "당신의 개 같은 종이 무엇이기에 이런 큰일을 행하오리이까"(왕하 8:13)라고 말할 것입니다. 그러면, 나는 창피를 당하더라도, 단호한 표정을 짓고서, 그들을 다시 한 번 쳐다보며, 이렇게 말할 것입니다: "당신은 개가 아니지만, 개 같이 행하여, 토했던 것으로 다시 돌아가서, 이전의 당신의 모습이 될 것입니다. 그리고 당신은 빛을 거스르고, 참된 지식을 거스르고, 거룩한 감화들을 거스르고, 하나님의 사랑을 누린 것들을 거슬러 범죄한 것이 될 것이기 때문에, 그 죄는 참으로 막중할 것입니다." 여러분은 여러분의 집을 깨끗이 쓸고 닦아서 청소하고 윤을 냈기 때문에, 악한 영이 떠나갔습니다. 그러나 성령께서 악한 영이 돌아오지 못하도록 여러분을 지켜 주시지 않고, 하나님이 자신의 능력의 역사로 악한 영이 돌아올 엄두를 내지 못하게 하지 않으신다면, 악한 영은 다시 돌아오는 것은 물론이고, 이번에는 자기보다 더 악한 다른 일곱 영을 데리고 들어와서, 여러분 안에 거할 것이고, 여러분의 나중은 처음보다 더 악화될 것입니다. 의의 길을 알고 나서 다시 이전의 악한 길로 되돌아가는 것보다는 차라리 처음부터 의의 길을 알지 못했더라면, 그 쪽이 더 나았을 것입니다. 최악의 형편에 놓이게 될 자들은 진리의 군대를 떠나서 적군 편에 붙는 배신자들입니다. 나는 하나님의 참된 자녀는 하나님께서 끝까지 붙들어 주셔서 결국 구원을 받게 하신다는 궁극적 견인(the final perseverance)의 교리를 믿습니다. 그러나 우리의 모든 기독교회 속에는 한동안 반짝 신앙에 대하여 열심을 내다가 어둠 속으로 나가버리는 가짜 신앙인들이 있습니다. 그들은 "영원히 예비된 캄캄한 흑암으로 돌아갈 유리하는 별들"(유 1:13)입니다. 하나님의 은혜로 말미암아 여러분이 끝까지 믿음을 굳게 붙잡게 되지 않을 것이라면, 아예 처음부터 그리스도께로 나아와서 거듭난 체하지 않는 편이 훨씬 더 좋습니다. 지옥으로 들어가는 뒷문이 있다는 것을 기억하십시오. 공개적인 죄인들은 큰 문으로 들어가지만, 신앙인인 체하였지만, 사실은 신앙이 없는 가짜 신자들을 위한 뒷문이 마련되어 있습니다. 오랜 세월 동안 겉으로 보기에는 참된 신앙을 지닌 것처럼 살아 왔지만, 사실은 하나님 앞에서 거짓말쟁이로 살아 왔던 백발이 성성한 가짜 신앙인들을 위한 뒷문이 있습니다. 자신있게 큰 소리로 하나님의 말씀을 전하지만, 사실 그들의 마음속에서는 자기가 전하는 하나님의 진리를 알지 못하는 설교자들을 위한 뒷문이 있습니다. 많은 점들에서 사랑스럽고 뛰어나지만, 주 예수 그리스도를 진정으로 바라보지도 않았고, 그 안에서 참된 구원을 발견하지도 않은 교인들을 지옥으로 인도하는 뒷문이 있습니다. 하나님께서, 내가 전한 이 말씀을 듣지 않았다면 영원한 멸망의 잠을 계속해서 잘 사람들을 이 말씀을 통해서 깨어나게 하시기를 빕니다.

또한, "왕골"은 진펄과 물이 풍부해서 계속해서 잘 자란다고 할지라도, 오래지 않아 낫에 의해서 베임을 당하곤 합니다. 여러분이 일생 동안 참된 신앙 고백을 유지한다면, 여러분에게 그런 일이 닥치는 일은 없을 것입니다. 그러나 여러분이 "왕골"처럼 진심이 없고, 스펀지같이 이랬다 저랬다 하며, 잘 구부러져서, 열매를 맺지 못한다면, 여러분은 언젠가는 베어지고 불에 던져져서 태워지게 될 비참하고 서글픈 날을 맞이하게 될 것입니다. 마침내 베어지게 될 것이라는 말입니다. 사랑하는 자들이여, 나는 여러분 중 많은 사람들에게 죽음이 여러분이 가장 기뻐할 날이 되기를 소망합니다. 여러분은 지친 발걸음을 이끌고 비스가 산꼭대기에 오르겠지만, 일단 그 정상에 서면, 거기에서 보게 될 광경은 여러분의 지금까지의 모든 수고를 충분히 보상해 줄 것입니다. 왜냐하면, 거기에서 여러분은 젖과 꿀이 흐르는 시내들과 작은 산들과 골짜기들을 보게 될 것이기 때문입니다. 그리고 거기에서 여러분의 분깃, 여러분의 영원한 기업을 바라보는 여러분의 눈에는 기쁨이 가득할 것입니다. 그러나 우리가 그렇게 되는 것이 아니라, 결국에 부족함이 보여서, "데겔"이라는 글귀가 우리 위에 쓰어진다면, 우리의 운명은 완전히 달라지게 될 것입니다. "오, 나의 하나님! 나의 하나님! 주께서는 나를 버리신 것입니까? 내가 결국 착각한 것입니까? 내가 지금까지는 위선자의 가면을 쓰고 있었고, 이제 그 가면을 벗지 않을 수 없는 때가 된 것입니까? 내가 암을 앓고 있었는데도, 드러나지 않았다는 것입니까? 내가 나병에 걸린 나의 이마에 황금 옷을 걸치고 있었는데, 이제 그 옷이 찢겨지고, 적나라한 나의 모습이 드러나게 되는 것입니까? 나는 이제 마귀들의 조롱거리가 되고, 온 세상의 비웃음거리가 되어야 하는 것입니까? 도대체 이것이 어떻게 된 것입니까? 주의 잔으로부터 마셔 왔고, 길거리에서 주와 함께 먹어 왔던 내가 어째서 주께서 '행악하는 모든 자들아 나를 떠나 가라' (눅 13:27)고 말씀하시는 것을 들어야 합니

까? 어떻게 이럴 수가 있습니까?' 내가 견고하게 세워 놓았다고 생각했던 나의
집의 기둥들이 허망하게 무너져 내리면서, 나의 온 집이 완전히 다 내려앉는 소
리가 내 귀에 들릴 때, 그리고 내가 위로로 삼고 있던 것들이 단 한 방울도 남지
않고 다 말라 버려서, 지금 이 세상에서조차도 나의 목마른 영혼이 목을 축이고
힘을 낼 만한 것을 단 한 방울도 찾을 수 없을 때, 내가 누워 있는 침상은 얼마나
딱딱하게 느껴지겠으며, 내가 베는 베개는 가시가 돋아 있는 것 같지 않겠으며,
나의 뭉개져 버린 가슴은 얼마나 괴롭고 쓰라리겠습니까!

   사랑하는 여러분, 영원하신 하나님을 의지하여, 내가 여러분에게 간곡히 부
탁합니다. 참된 신앙을 구하고 찾으십시오. 자기 자신을 살피는 것을 미루지 마
십시오. 나는 나를 위하여 내 자신을 살피는 것을 미루지 않습니다. 마찬가지로,
여러분도 여러분 자신을 위하여 스스로를 살피는 것을 미루지 마시기를 빕니다.
이 아침에 내가 여러분에게 위로가 되고 기쁨을 줄 말을 하지 않았다면, 내가 단
한 가지, 즉 여러분이 정말 믿음 가운데 있는지를 스스로 부지런히 시험하는 일
을 지금이라도 시작하는 것이야말로 결국 여러분에게 가장 큰 위로와 힘이 될
것임을 전하고자 하는 이 한 가지에 몰두하느라고 섬김이 부족했던 것이니, 부
디 나를 용서해 주시기 바랍니다. 이 일과 관련해서 여러분을 도와 주시라고 하
나님께 부르짖으십시오. 여러분은 이 일을 스스로는 잘해 낼 수 없습니다. 왜냐
하면, 성경은 "만물보다 거짓되고 심히 부패한 것은 마음이라 누가 능히 이를 알
리요마는"(렘 17:9)이라고 말씀하고 있기 때문입니다. "하나님이여 나를 살피사
내 마음을 아시며 나를 시험하사 내 뜻을 아옵소서"(시 139:23)라고 하나님께 부
르짖으십시오. 시간은 날아갑니다. 그러므로 시간이 다 가기 전에, 이 일을 시작
하십시오. 죽음이 다가오고 있습니다. 흑암이 깊게 드리우기 전에 자기 자신을
살피십시오. 최후의 심판의 날이 머지않아 도래할 것이고, 만왕의 왕께서 백보
좌 위에 앉으실 것입니다. 여러분이 심판받지 않으려면, 그가 여러분을 심판하
시기 전에, 여러분이 스스로를 심판하십시오. 염소와 양을 분리하는 작업이 머
지않아 시작될 것입니다. 여러분이 영원히 그리스도의 임재로부터 추방당하지
않으시려면, 지금 하늘에 계신 목자장이신 그리스도 밑으로 피하십시오. 내가
더 이상 무슨 말을 할 수 있겠습니까? 지금 위험에 처해 있는 것은 여러분의 육
신도 아니고, 여러분의 재산도 아닙니다. 영원히 죽지 않을 여러분의 영혼이 천
국의 영광을 누리게 될 것인지, 아니면 지옥으로 가서 영원히 끔찍한 형벌을 받

게 될 것인지의 기로에 서 있는 것입니다. 여러분이 자기 자신을 스스로 살피시고, 전능하신 하나님께서도 여러분을 살피시기를 빕니다.

여러분 중에는 자기 자신을 살필 필요조차 없는 사람들이 있습니다. 여러분에게 그 어떤 시련이나 환난도 없다면, 여러분은 틀림없이 잘못된 길에 들어 서 있는 것이기 때문에, 굳이 여러분 자신을 살펴볼 필요가 없습니다. 여러분 중에는 자기 자신을 살펴보고서는, 자기가 잘못된 것은 아닌가 하고 걱정할 사람들이 있습니다. 그런 분들은 우리가 과거에 어떤 모습이었고, 지금은 어떤 모습일지라도, 예수께서는 길 잃은 자들을 찾아서 구원하시기 위하여 세상에 오셨다는 사실을 기억하십시오. "미쁘다 모든 사람이 받을 만한 이 말이여 그리스도 예수께서 죄인을 구원하시려고 세상에 임하셨다 하였도다 죄인 중에 내가 괴수니라"(딤전 1;15). 가시면류관을 쓰신 저 머리, 십자가에 못 박히신 저 사랑스러운 손과 발, 로마 군인의 창에 찔린 저 복된 심장을 바라볼 때, 그리고 오직 거기를 바라보고 바로 지금 바라볼 때에만, 우리는 구원을 발견할 수 있습니다. 믿는 자들이여, 여러분은 이미 거기를 바라본 사람들입니다. 그러나 여러분이 과연 진정으로 거기를 바라보았는지가 의심스러우시다면, 지금 바라보십시오. "땅의 모든 끝이여 내게로 돌이켜 구원을 받으라 나는 하나님이라 다른 이가 없느니라"(사 45:22). 여러분에게 힘과 위로를 주었던 바로 그 바라봄을 반복하십시오. 저 십자가에 못 박히신 분을 바라보는 것 속에 생명이 있습니다. 바로 지금 당장 여러분에게 주어질 생명이 거기에 있습니다.

예수여! 주의 백성들이 다시 한 번 주를 바라봅니다. 우리의 영혼이 사랑하는 이여! 우리를 받으소서. 지금까지 한 번도 그를 바라본 적이 없는 분들이여, 그는 영광 중에 다스리고 계시는 분이시고, 구원에 능하신 분이십니다. 그는 우리로 하여금 회개하게 하시고, 우리에게 죄 사함을 주시는 분이십니다. 오직 여러분의 마음을 드려서 그를 믿고 의지하십시오. 여러분의 모든 일과 의지와 기도와 눈물을 비롯해서, 확신의 근거가 될 모든 것을 다 하는 가운데, 죄인들을 위하여 죽으신 그를 믿고 의지하십시오. 여러분은 "영원히 멸망하지 아니할 것이요" 여러분을 그의 "손에서 빼앗을 자가 없게"(요 10:28) 될 것입니다. 하나님께서 예수님을 인하여 우리가 하나님 앞에서 정직한 자로 발견될 수 있게 해주시기를 빕니다. 아멘.

제
8
장
—

자기의에 대한 일격

—

**"가령 내가 의로울지라도 내 입이 나를 정죄하리니
가령 내가 온전할지라도 나를 정죄하시리라." — 욥 9:20**

사람은 죄인이 된 이래로, 자기를 의롭다고 하며 살아 왔습니다. 사람이 처음에 의를 지니고 있었을 때에는 결코 그 의를 자랑하지 않았지만, 그 의를 잃어버린 후로는, 여전히 그 의를 지니고 있는 것처럼 행동해 왔습니다. 우리의 조상 아담이 자기를 만드신 조물주에 대하여 반역죄를 저지른 것을 은폐하고자 했을 때, 그 책임을 하와에게 돌리면서, 실제로는 자기에게 여자를 주신 하나님께 책임을 돌리는 저 교만한 말을 한 것은 사실상 자기가 무죄하다는 주장이었습니다. 그는 자신의 벌거벗은 몸을 기껏해야 무화과 나뭇잎으로 감추고자 했으면서도, 무화과 나뭇잎 같은 자신의 변명을 생각해 낸 것을 아주 자랑스럽게 여겼고, 그 변명을 아주 끈질기게 붙들었습니다. 우리의 첫 조상들이 그랬듯이, 우리도 마찬가지입니다. 자기 자신을 의롭게 여기는 자기의(自己義)는 태어날 때부터 우리에게 있고, 자기의(self-righteousness)라는 죄만큼 그 속에 치명적인 독을 품고 있는 죄는 아마도 없을 것입니다. 정욕이나 분노, 사나운 혈기 같은 것들은 우리의 마음속에서 일어나는 교만한 자기 자랑, 즉 하나님께서는 우리가 헐벗고 가난하고 비참하다는 것을 알고 계시는데도, 우리로 하여금 우리 자신이 아주 선하다고 생각하도록 유혹하는 자기의보다는 극복하기가 더 쉽습니다. 우리는 자기의를 치는 설교를 지금까지 무수히 해왔지만, 오늘도 여전히 자기의의 견고한 성벽을 향하여 율법의 기관총을 사정없이 발사하지 않으면 안 됩니다. 마르틴 루터(Martin Luther)는 자기가 사람의 자기의를 치는 내용을 담지 않은 설교를 거의 해본 적이 없다고 하면서, 이런 말을 덧붙였습니다: "그런데도 나는 여전히 설교를 통해서 사람들의 자기의를 무너뜨릴 수 없다는 것을 발견합니다. 여전히 사람들은 자기가 할 수 있는 일들이 있다고 자랑하고자 하고, 천국으로 가는 길을 자신의 공로를 통해서 닦은 길을 통해 가고자 하며, 예수 그리스도의 속죄 피가 뿌려진 길로 천국에 가고자 하지 않습니다."

사랑하는 여러분, 나는 여러분 자신이 뭔가 할 수 있는 것이 있다고 믿는 저 큰 망상으로부터 여러분이 모두 건짐을 받았다고 말함으로써 여러분을 기분좋게 해드릴 수 없습니다. 경건한 자들, 즉 그리스도를 믿는 믿음으로 말미암아 의롭다 하심을 얻은 사람들은 이러한 연약함이 여전히 그들에게 붙어 있다는 사실을 애통해하는 것이 마땅합니다. 반면에, 회심하지 않은 자들은 자기의라는 죄에 사로잡혀서, 자신들의 죄책을 부인하고, 자기들은 남들만큼 선하다고 항변하며, 자신들은 자신의 행위들과 고난들과 눈물을 흘리는 것을 통해서 천국에 들어갈 수 있게 될 것이라는 헛되고 어리석은 망상에 빠져 있습니다. 나는 한 시골 사람에 관한 얘기를 들었는데, 그 사람이 한 말은 대담한 자기의가 무엇인지를 아주 분명하게 보여줍니다. 그곳의 목사님이 그 사람에게 구원의 길을 설명해 주려고 계속해서 애를 썼지만, 그의 머리가 워낙 우둔했기 때문인지, 아니면 그의 영혼이 진리에 대하여 너무나 적대적이었기 때문인지, 그는 도무지 받아들이려고 하지 않았습니다. 그는 자기가 들은 말을 거의 이해할 수 없었습니다. 그래서 목사님이 설명을 다한 후에, "당신이 하나님 앞에서 구원을 얻을 수 있는 길이 무엇이라고 생각하십니까?"라고 묻자, 이 단순무식한 사람은 자기가 고난을 당하면 천국에 가는 데 어느 정도는 도움이 될 것이라고 생각하고서는, "목사님, 만일 내가 산사나무 숲에서 춥고 서리 내리는 하룻밤을 지샌다면, 구원에 한층 더 가까이 가게 될 것이라고 생각하지 않으세요?"라고 말했습니다. 여러분 같으면 그런 식으로 아주 노골적으로 자신의 의견을 말하지는 않았을 것입니다. 여러분은 자신의 견해를 포장하고 도금해서 세련되게 제시하겠지만, 결국에는 여러분도 그 시골 사람과 다를 바가 하나도 없을 것입니다. 여러분은 아마도 여전히 고난을 당하거나 회개하거나 믿는 여러분의 행위가 여러분의 구원에 어떤 역할을 할 것이라고 믿고 있을 것입니다. 로마 교회는 사람들의 그러한 행위들로 인한 공로가 구원에 큰 영향을 미친다고 아주 대놓고 분명하게 말하기 때문에, 우리는 그들의 그런 말을 신성모독이라고 생각하지 않을 수 없습니다. 나는 코크(Cork)에 있는 한 성당에 다음과 같은 글귀가 씌어진 기념비가 세워져 있다는 말을 들었습니다: "인도주의의 친구이자 가난한 자들의 아버지로서 후히 베푸는 삶을 산 에드워드 몰로이를 기념하여 이 비를 세웁니다. 그는 이 세상의 부를 오직 내세의 부를 얻기 위해서만 사용하여서, 그의 죄를 상쇄시킬 공로가 생명책에 기록되었고, 하늘을 그에게 은혜를 베풀 의무가 있는 채무자로 만들었습니다. 그는 1818년 10월 17일에 90세의 나이로 죽었습니다." 나는 여러분 중에는 자신의 묘비에 그런 묘비명을 기록하거나, 자신의 죄들을 차변에 두고 자기의를 대변에 두었을 때에 자신의 죄들을 충분히 상쇄하고도 남음이 있을 것이라고 여기고서, 하나님께 결산하자고 말할 생각을 갖고 있는 사람은 단 한 사람도 없을 것이라고 믿습니다. 하지만 여러분이 자신의 마음을 아주 정직하게 표현하지 않고, 어느 정도는 감추고 어느 정도는 세련되게 표현해서, 마치 복음을 따라 말하고 있는 것처럼 꾸미고 있어서 그렇지, 결국에는 앞에서 내가 말한 묘비명과 똑같은 생각이 여러분 모두에게 내재되어 있고, 오직 하나님의 은혜만이 그러한 생각을 우리에게서 완전히 몰아낼 수 있습니다.

이 아침의 설교는 우리의 자기의에 다시 한 번 일격을 가하기 위한 것입니다. 우리의 자기의가 죽지 않는다면, 우리는 적어도 그 자기의를 치기 위한 화살들을 결코 아끼지 않아야 하고, 활시위를 당겨서 화살이 자기의의 심장을 관통하게 할 수는 없다고 할지라도, 적어도 그 몸통에 깊이 박혀서 상당한 정도의 중상을 입게 하여야 합니다.

1. 첫째로, 스스로를 의롭다고 항변하는 것은 그 자체가 모순입니다.

나는 오늘의 본문을 충실하게 따라가며 살펴보고자 하는데, 이것은 그 첫 번째 대지입니다. "내가 내 자신이 의롭다고 한다면, 내 자신의 입이 나를 정죄할 것이요"(KJV, 한글개역개정에는 "가령 내가 의로울지라도 내 입이 나를 정죄하리니").

여러분이 자신의 행위들로 말미암아 자기 자신을 의롭다고 여긴다면, 나는 여러분이 하는 말을 한 번 들어보고 싶습니다. 여러분은 이렇게 말합니다: "나는 다른 사람의 피와 의를 통해서 구원을 얻고자 할 필요가 전혀 없다고 말씀드립니다. 왜냐하면, 나는 어릴 때부터 하나님의 계명들을 다 지켜 왔다고 믿고, 하나님이 보시기에 내가 죄를 지었다고 생각하지 않기 때문입니다. 나는 내 자신의 권리에 의거해서, 낙원에 나의 자리를 마련해 주셔야 한다고 하나님께 당당히 요구할 수 있을 것이라고 생각합니다." 하지만 여러분이 이런 식으로 자기의를 주장하며 자신의 권리를 요구한다는 것 자체가 여러분을 스스로 정죄하고 있는 것입니다. 왜냐하면, 표면상의 것만을 살펴보아도, 여러분이 자기에게는 죄가 없다고 주장하는 것은 아주 교만하고 오만방자하며 주제넘는 것인 까닭에 이미 죄를 범하고 있는 것이기 때문입니다. 하나님께서는 자기가 유대인들과 이방인들의 입을 막으셔서, 온 세상이 하나님 앞에서 죄 있는 자들로 서게 하셨다고 말씀하셨습니다. 하나님의 감동으로 된 것이라는 권위를 지니고 있는 성경은 이렇게 말합니다: "의인은 없나니 하나도 없으며"(롬 3:10), "하나님 한 분 외에는 선한 이가 없느니라"(막 10:18). 우리는 하나님께서 보내신 한 선지자의 입을 통해서, "우리는 다 양 같아서 그릇 행하여 각기 제 길로 갔거늘"(사 53:6)이라는 말씀을 듣습니다. 그러니까 여러분은 여러분 자신이 의롭다고 말함으로써, 하나님을 거짓말쟁이라고 부르는 죄를 범한 것입니다. 여러분은 감히 하나님의 참되심을 부정하고, 하나님이 불의하시다고 비난한 것입니다. 여러분의 이러한 자랑은 그 자체가 너무나 크고 극악무도한 죄이기 때문에, 하나님이 오직 이 한 가지 죄에 대한 책임만을 여러분에게 물으신다고 하여도, 여러분은 지옥 중에서도 가장 깊은 지옥으로 떨어져야 마땅합니다. 이러한 자랑은 그 자체가 죄라고 나는 말하고 있습니다. 어떤 사람이 "내게는 죄가 없습니다"라고 말하는 순간, 그는 그렇게 말함으로써, 자신의 조물주가 하신 말씀이 틀렸다고 반박함과 아울러, 하나님을 자신의 피조물들을 거짓 고소하는 자로 모는 죄를 범한 것입니다.

　게다가, 이 헛되고 어리석은 자들이여, 여러분은 자신이 그러한 표현을 사용했다는 것 자체가 교만의 죄를 범한 것임을 알지 못하는 것입니까? 교만한 자가 아니라면, 자리에서 벌떡 일어나서 자화자찬을 할 사람이 누가 있겠습니까? 루시퍼처럼 교만한 자가 아니라면, 누가 하나님이 하신 말씀을 정면으로 반박하면서, 자기 자신을 의롭고 거룩하다고 선언하겠습니까? 사람들 중에서 아무리 선하고 훌륭한 사람이라고 할지라도, 어떻게 그런 식으로 말할 수 있겠습니까? 그런 사람들은 모두 다 자신들이 죄악된 자들이라고 고백하지 않았습니까? 하나님은 욥이 "온전하고 정직하다"(1:8)고 말씀하셨지만, 욥이 자기가 "온전하다"고 주장하였습니까? 도리어, 그는 "내가 내 자신이 의롭다고 한다면, 내 자신의 입

이 나를 정죄할 것이요"라고 말하지 않았습니까? 이 교만하고 뻔뻔스러운 사람
들이여, 여러분이 얼마나 간이 부어 있는지를 알고나 있습니까! 여러분이 사탄
에게 얼마나 홀려 있는지 아십니까! 사탄이 여러분으로 하여금 여러분의 뿔을
높이 세우고 뻣뻣한 목으로 말하게 하고 있는지를 알고 있습니까! 조심하십시
오. 왜냐하면, 여러분이 전에 결코 죄 지은 적이 없다고 말한다면, 그것은 여호와
하나님께서 여러분의 그러한 교만을 보시고서, 지금 당장 여러분을 벼락으로 치
셔서 영원한 멸망에 처하게 하시기에 충분한 죄이기 때문입니다.

　　또한, 자기의를 주장하는 것은 상대적인 의를 주장한다는 점에서 또 다른 근
거 위에서도 자기모순을 안고 있습니다. 그들은 이렇게 말합니다: "나는 나의 이
웃들보다 더 악하지 않고, 도리어 훨씬 선합니다. 나는 술을 마시지도 않고, 욕을
하지도 않습니다. 나는 음행이나 간음을 저지르지 않습니다. 나는 주일을 지키
지 않은 적이 없고, 도둑질한 적도 없습니다. 우리나라의 법은 나를 단죄하지 않
는 것은 물론이고, 고소조차 하지 않습니다. 나는 대다수의 사람들보다 더 선합
니다. 만일 그런 내가 구원 받지 못한다면, 나보다 못한 사람들은 어떻게 합니까!
내가 천국에 들어갈 수 없다면, 도대체 누가 천국에 들어갈 수 있겠습니까?" 여
러분이 한 말에도 일리가 있기는 하지만, 여러분이 주장하는 것은 여러분이 다
른 사람들에 비해서 의롭다는 것이 전부입니다. 여러분이 한 말은 자기가 완전
히 의롭지는 않고, 여러분에게 어느 정도 죄가 있다는 것을 사실상 인정하면서,
자신은 다른 사람들만큼 그렇게 악하지는 않다고 주장하는 것이기 때문에, 그것
은 너무나 치명적인 결함을 지닌 헛된 주장이라는 것을 여러분은 알지 못하십니
까? 즉, 여러분은 자기가 병들어 있다는 것을 인정하기는 하지만, 그 병으로 인
한 증상이 다른 사람들보다는 그리 심하지 않다고 말하고 있는 것입니다. 여러
분은 자기가 하나님의 것들을 훔쳐 왔고, 그의 법들을 어겨 왔다는 것을 인정하
지만, 단지 다른 사람처럼 그렇게 아주 필사적으로, 또는 아주 심하게 한 것은
아니었다고 말하고 있는 것입니다. 여러분은 위장해서 표현하고 있기는 하지만,
이것은 사실상 여러분 자신이 죄를 지었다고 고백하는 것입니다. 여러분은 자기
가 죄를 지어 왔다는 것을 인정하고 있고, 그런 여러분에 대해서는 다음과 같은
선고가 기다리고 있습니다: "범죄하는 그 영혼은 죽을지라"(겔 18:20). 여러분은
여러분이 하고 있는 저 교묘한 거짓말을 피난처로 삼아서 거기로 피해 있겠다고
생각하지 않도록 조심하십시오. 왜냐하면, 하나님께서 장차 이 세상을 의로 심

판하시고, 사람들을 공평으로 심판하시기 위하여 오실 때, 그런 거짓말은 전혀 통하지 않을 것이기 때문입니다.

숲의 짐승들에게 양이 되어야 한다는 명령이 하달되었다고 한 번 생각해 보십시오. 그럴 때, 곰이 앞으로 나와서, 자기는 뱀만큼 그렇게 독이 많고 해로운 존재는 아니라고 변명해 보아야, 그런 변명은 전혀 통하지 않을 것입니다. 마찬가지로, 늑대가 자기는 음흉하고 교활하며 음산하고 섬뜩한 존재이기는 하지만, 곰처럼 그렇게 불평이 많거나 추한 존재는 아니라고 변명한다고 해도, 그런 변명은 통하지 않을 것입니다. 사자는 자기는 적어도 여우 같이 교활하지는 않다고 항변하며, "내가 내 입을 피로 물들이는 것은 사실이지만, 내게는 칭찬을 들을 만한 미덕들이 있고, 나는 그 미덕들로 인해서 짐승들의 왕이 될 수 있었다"고 말할지 모릅니다. 하지만 그런 항변이 무슨 소용이 있겠습니까? 이 짐승들에 대한 고소는 그들이 양이 아니라는 것인데, 이러한 고소에 대한 그들의 항변은 자기는 다른 짐승들보다는 양을 더 많이 닮았다거나 더 점잖고 온순하다는 것입니다. 그런 변명은 결코 통하지 않을 것입니다. 한 가지 예를 더 들어보겠습니다. 법정에 불려나온 한 도둑이 다음과 같이 항변했다고 합시다: "나는 다른 도둑들에 비하면 좀도둑에 불과합니다. 화이트채플이나 성 자일스 지역에는 나보다 더 오랫동안 도둑질을 해온 사람들이 살고 있고, 나는 그저 몇 번 도둑질한 것에 불과한 반면에, 그들은 수없이 도둑질을 해온 사람들입니다." 그런 항변을 듣고서 그 도둑을 무죄방면해 줄 판사는 아무도 없을 것입니다. 그 도둑의 항변은 자기가 그렇게 큰 죄를 지은 것은 아니라고 변명하고자 한 것이지만, 사실상 자기가 어느 정도 죄를 지었다는 것을 인정한 것이나 마찬가지입니다. 죄인들이여, 여러분의 경우도 마찬가지입니다. 여러분은 죄를 지어 왔습니다. 다른 사람들이 여러분보다 더 많이 죄를 지어 왔다고 해서, 여러분이 죄를 지은 것이 용서 받을 수 있는 것은 결코 아닙니다. 여러분은 여러분 자신의 죄에 대하여 스스로 책임을 져야 합니다. 최후의 심판의 날에 여러분은 직접 심판대 앞에 출두해야 할 것이고, 다른 사람들이 했던 일들이 아니라 여러분 자신이 직접 지은 죄에 의거해서 정죄를 받거나 무죄방면될 것입니다. 죄인들이여, 조심하고 조심하십시오. 왜냐하면, 다른 사람들이 여러분보다 더 심한 죄들을 지었다는 것이 여러분에게 아무런 도움이 되지 못할 것이기 때문입니다. 여러분에게 단 하나의 오점이 있다고 하더라도, 여러분은 멸망에 처해지게 될 것입니다. 여러분에게 예수의 피로 씻음 받지 못한 단 하나의 죄라도 있다면, 여러분은 지옥으로 가서 영원토록 고통을 당해야 합니다. 거룩하신 하나님은 단 한 점의 죄악도 간과하실 수 없으시기 때문입니다.

또한, 자기의를 주장하는 사람들은 자기가 최선을 다하였고, 자기는 어쨌든 **부분적으로는 의롭다**고 주장합니다. 여러분이 그들의 아픈 곳을 건드리면, 그들은 자신의 소년기와 청년기가 죄로 물들어 있었다는 것을 인정합니다. 그들은 자기가 젊을 때에 "노는 아이"였고, 지금 생각하면 후회되는 일들을 많이 저질렀다고 여러분에게 말합니다. 그런 후에, 그들은 이런 말을 덧붙입니다: "하지만 그때 내가 저질렀던 일들은 단지 태양의 흑점들 같은 것이고, 드넓은 옥토 가운데 드문드문 있는 약간의 버려진 땅 같은 것일 뿐입니다. 나는 여전히 선하고 여전히 의롭습니다. 왜냐하면, 내가 지닌 미덕들은 나의 악덕들보다 훨씬 더 많고, 내가 한 선행들은 내가 저지른 모든 잘못들을 다 덮고도 남으니까요." 그러니까, 여러분은 자기가 단지 부분적으로 의롭다고 주장하고 있는 것이고, 그렇기 때문에 사실상 여러분이 온전하지는 않았다고 인정한 것임을 알고 있습니까? 이제 내가 전할 내용에 대해서 나는 책임이 없고, 그 내용이 가혹하다고 해서 내가 책망 받을 이유도 없습니다. 왜냐하면, 나는 하나님의 진리에 무엇을 더하지도 않고 빼지도 않은 채로 있는 그대로 전할 것이기 때문입니다. 여러분이 남들처럼 수많은 죄들을 저지르지 않았다고 해서, 여러분에게 구원의 은혜가 주어지는 것이 아닙니다. 왜냐하면, 여러분이 단 한 가지 죄를 범했다고 할지라도, 여러분은 이미 멸망 받게 되어 있는 영혼이기 때문입니다. 사람은 율법 전체를 온전히 지켜야 하고, 율법에 비추어서 여러분의 행위에 단 한 점의 흠이나 틈새나 금간 곳이 있다면, 아무 소용이 없게 됩니다. 여러분이 장차 심판대 앞에 설 때에 입고 있어야 하는 의의 옷은 흠이나 점이 하나도 없어야 합니다. 거기에 아주 조그만 얼룩이 묻어 있기만 해도, 천국의 문은 결코 여러분에게 열릴 수 없습니다. 여러분은 온전한 의를 가지고 있어야 합니다. 그렇지 않으면, 여러분은 결코 마지막 날의 혼인잔치에 들어갈 수 없습니다. 여러분은 "나는 이 계명을 지켜 왔고, 단 한 번도 어긴 적이 없었습니다"라고 말할지라도, 다른 계명을 어겼다면, 율법 전체를 어긴 죄를 범한 것입니다. 왜냐하면, 율법 전체는 하나의 비싸고 화려한 꽃병과 같아서, 많은 계명들이 서로 연결되어 하나의 전체를 이루고 있기 때문입니다. 그러므로 여러분이 그 꽃병의 밑바닥을 깨뜨리지 않았고, 가장자리를 더럽히지 않았다고 할지라도, 어느 한 군데에 조그만 홈집이라도 냈다면, 여러분은 그 꽃병을 훼손시킨 것이 됩니다. 마찬가지로, 여러분이 어느 땐가 어느 계명을 조금이라도 어겨서 범죄하였다면, 여러분은 율법 전체를 범한 것이기 때문에, 하나님 앞에서 죄인으로 설 수밖에 없게 됩니다. 또한, 여러분이 그 어떤 것을 한다고 할지라도, 율법의 행위나 교회로 말미암아 구원 받을 수 없습니다.

"그것은 너무나 어려운 주문입니다. 그래 가지고는, 누가 율법을 감당할 수 있겠습니까?" 이렇게 말하는 사람이 분명히 있을 것입니다. 맞습니다. 누가 율법을 감당할 수 있겠으며, 누가 시내 산 자락에 서서 율법에서 울려나오는 우렛소리를 듣는 것을 감당할 수 있겠습니까? 성경이 "짐승이라도 그 산에 들어가면 돌로 침을 당하리라"(히 12:20)고 말씀하고 있는데, 번개들이 번쩍거리는 가운데 하나님께서 바란 산에 강림하시고, 산들이 그의 발 아래에서 밀랍처럼 녹을 때, 누가 그것을 감당할 수 있겠습니까? "율법의 행위로 그의 앞에 의롭다 하심을 얻을 육체가 없나니"(롬 3:20). "누구든지 율법 책에 기록된 대로 모든 일을 항상 행하지 아니하는 자는 저주 아래에 있는 자라"(갈 3:10). 단 한 번이라도 범죄한 사람은 "저주 아래에 있는 자"이고, 율법에 관한 한 절망적으로 저주를 받은 사람입니다. 죄인들이여, 나는 단 한순간이라도 쉬지 않고 여러분에게 말해드리고 싶은 것이 있는데, 그것은 구원의 길이 있고, 그 길을 통해서 율법의 요구를 온전히 충족시킬 수 있다는 것입니다. 그리스도께서 모든 믿는 자들이 받아야 할 모든 벌을 이미 다 담당하셨기 때문에, 하나님께서는 우리의 죄를 벌하실 수 없으십니다. 그리스도께서는 믿는 자들을 위하여 하나님의 율법을 다 지키셨고, 회개하는 죄인이라면 누구에게나 자신이 얻어내신 온전한 의의 옷을 기꺼이 입혀주고자 하십니다. 그러나 여러분이 스스로의 힘으로 율법을 지킬 수는 없습니다. 여러분이 자기의를 내세운다면, 율법은 여러분과 여러분의 자기의를 둘 다 단죄할 것입니다. 여러분은 율법에 속한 모든 것들을 다 행한 것도 아니고, 율법 전체를 다 지킨 것도 아니기 때문에, 여러분 자신의 입이 여러분을 정죄합니다. 여러분이 천국으로 가는 길에는 거대한 바위와 넘을 수 없는 산, 건널 수 없는 깊은 구덩이가 놓여 있어서, 그 길로는 아무도 영생으로 들어가지 못합니다.

그러므로 자기의를 주장하는 것 자체가 이미 자기모순적이기 때문에, 정직한 사람들은 자기의라는 바가지에는 단 한순간도 물을 담을 수 없다는 것을 인정하지 않을 수 없게 됩니다. 너무나 자명한 거짓말을 놓고서 그것이 틀렸다는 것을 증명하기 위하여 장황하고 힘들게 이런저런 근거들을 대며 설명할 필요가 있겠습니까? 이렇게까지 설명했는데도, 우리는 더 기다려야 하는 것입니까? 결국 자기 자신에 대한 정죄로 돌아오고, 자기 자신을 치는 증언이 될 그런 주장을 계속해서 붙잡고 있다면, 그 사람은 정말 어리석은 사람이 아니겠습니까?

2. 둘째로, 자기의를 주장하는 사람은 자신의 말을 스스로 단죄하는 것입니다.

자기의를 내세워서 항변하는 사람은 자기 자신을 단죄하는 것일 뿐만 아니라, 자기가 악하고 거짓되며 헛된 핑계를 대고 있다는 것을 스스로 압니다. 이것은 양심의 문제이기 때문에, 나는 여러분에게 솔직하게 말씀드리지 않을 수 없습니다. 만일 내가 말하는 것이 여러분이 느껴 온 것과 틀리다면, 여러분은 내가 잘못 알고 있다고 생각하셔도 좋습니다. 하지만 내가 여러분이 옳다고 인정할 수밖에 없는 것을 말씀드린다면, 여러분은 내가 하는 말을 하나님의 음성으로 받아들이십시오. 사람들은 자기가 죄를 지으며 살아가고 있다는 것을 압니다. 아무리 교만한 사람이라도 자신의 양심을 따라 솔직하게 말하게 되면, 그는 자기가 하나님의 진노를 받아 마땅한 사람이라는 것을 인정할 수밖에 없습니다. 그는 사람들 앞에서는 허풍을 떨며 잘난 체를 할 것입니다. 그러나 바로 그렇게 요란하게 허풍을 떨며 잘난 체를 한다는 것 자체가 그의 양심이 불편하기 때문에 양심의 목소리를 잠재우기 위해서 굉음을 내는 것입니다. 나는 불신자들이 그리스도에 대하여 험한 말들을 하는 것을 들을 때마다, 몰록을 섬기는 자들이 자신의 자녀들의 비명소리를 듣지 않기 위해서 요란하게 북을 두드리는 모습이 떠오릅니다. 불신자들이 큰 소리로 하나님을 욕하고, 허풍을 떨며 자신들을 과시하는 것은 단지 시끄럽게 소리를 질러서 양심의 비명소리를 잠재우기 위한 것일 뿐입니다. 그 사람들이 정직할 것이라고 생각하지 마십시오. 나는 그런 사람들과 논쟁하는 것은 모두 시간낭비라고 생각합니다. 나는 정직한 삶이라는 주제를 가지고 도둑들과 논쟁할 생각이 없고, 정절이라는 주제를 가지고서 간음한 자들과 논쟁을 벌일 생각이 없습니다. 마귀들을 상대할 때에는 이치를 따져 말로 해서는 안 되고, 쫓아내야 합니다. 지옥과 협상하는 것은 오직 마귀들에게 자신의 뜻을 이룰 기회를 주는 것일 뿐이고, 아무런 유익도 없는 일입니다. 바울이 "마술사 엘루마"와 논쟁하였으며, 베드로가 마술사 "시몬"과 논쟁하였습니까? 나는 칼을 빼들고서, 하나님이 없다고 말하는 사람과 겨루고 싶지 않습니다. 그는 하나님이 계신다는 것을 이미 알고 있습니다. 어떤 사람이 성경을 비웃는다면, 여러분은 그 사람과 논쟁할 필요가 없습니다. 그는 바보이거나 악당일 것이고, 둘 다일 수도 있습니다. 그가 아무리 극악무도한 말을 한다고 할지라도, 그의 양심에는 얼마간의 빛이 있어서, 자기가 말하고 있는 것이 사실이 아니라는 것을 압니다. 나는 사람들이 하나님의 존재를 부정하는 말을 하면서, 자기가 참된 말을 하고 있다고 믿을 정도까지, 그들의 양심이 죽어 있다고 믿지 않고, 허풍쟁이들이 자기는 영생을 얻을 자격이 있다거나, 자기에게는 회개할 죄가 없다거나, 자신의 죄는 자기가 뉘우치기만 하면 그리스도의 피 없이도 씻음 받을 수 있다고 말하면서도, 그들의 양심에 전혀 거리낌이 없을 것이라고는 더더욱 믿지 않습니다. 그들은 자기가 거짓을 말하고 있다는 것을 속으로는 압니다. 웹스터(Webster) 교수가 살인죄로 감옥에 갇혀 있을 때, 그는 동료 죄수들에 의해서 모욕을 당했다고 교도소 당국에 항의하면서, 자신의 옆방 죄수들이 늘 자신의 감방을 향해서 "너는 살인자야! 너는 살인자야!"라고 소리지르는 것이 감방 벽을 통해서 들려왔다고 말했습니다. 아무리 죄수라고 하더라도 다른 죄수를 모욕했을 때에는, 그 행위는 법에 저촉되는 것이었기 때문에, 엄밀한 조사가 이루어졌고, 그 결과 그런 말을 한 사람은 아무도 없었고, 설령 그들이 그렇게 소리쳤다고 할지라도, 옆방에서는 그 소리를 들을 수 없다는 것이 밝혀졌습니다. 그러니까 그렇게 소리친 것은 웹스터 교수 자신의 양심이었던 것입니다. 감방 벽을 통해서 들려온 것은 아무것도 없었고, 오직 그의 양심이 "너는 살인자야! 너는 살인자야!"라고 소리쳤을 때, 그 소리가 그의 악한 심령의 벽에 울려 퍼져서, 그가 그 소리를 듣게 되었던 것입니다. 여러분 모두의 심령 속에는 여러분이 한 일에 대하여 끊임없이 증언하는 증인이 존재하고, 그 증인은 계속해서 "너는 죄인이야! 너는 죄인이야!"라고 소리칩니다. 여러분은 그 소리를 듣지 않을 수 없고, 머지않아 여러분 자신의 선행으로 말미암아 구원 받을 수 있는 척했던 모든 위장막들은 산산조각이 나서 무너져 내리는 것을 발견하게 됩니다. 바로 지금 이 시간에 그 소리를 귀담아들으십시오. 나는 나의 양심이 "너는 죄인이야! 너는 죄인이야!"라고 말하고 있다고 확신합니다. 여러분이 하나님에게서 버림받아 죄 가운데서 여러분의 양심이 화인 맞아 죽어 버린 것이 아니라면, 나는 여러분도 나와 똑같은 소리를 들을 수밖에 없다고 생각합니다.

　　사람들은 혼자 있을 때, 그 고적함 속에서 죽음에 대한 생각이 여러분에게 엄습해 오면, 더 이상 자기가 선하다고 자랑할 수 없습니다. 사람들은 침상에 누워 있을 때에 종종 죽음의 맨얼굴을 가까이에서 보게 됩니다. 그들은 해골 위에 숨이 붙어 있는 자신의 모습을 바라보면서, 죽음의 철문을 통과할 날도 얼마 남지 않았음을 느끼게 됩니다. 그럴 때에 사람들이 자기의를 주장하기는 쉽지 않습니다. 음산한 죽음의 사자가 자신의 뼈만 앙상한 손가락들로 마치 단도처럼 그들의 교만한 육신을 깊이 푹 찌르면서, 육신의 귀로는 들을 수 없지만 심령에는 들리는 목소리로, "너의 모든 영광이 지금 어디에 있느냐?"고 묻습니다. 그 죽음의 사자가 그들을 쳐다보면, 그들의 머리에 씌워져 있던 월계관은 그 즉시 마치 시든 꽃처럼 시들어서 땅에 떨어지고 맙니다. 그가 그들의 가슴을 만지면, 그가 지니고 있던 영광의 별은 녹아져서 어둠 속으로 사라지고 맙니다. 그가 다시 한 번 그들을 쳐다보면, 그들의 가슴 위에서 마치 황금 사슬 갑옷처럼 빛나고 있던 자기의라는 저 흉패는 겉보기는 아름답지만 손에 닿기만 하면 연기를 내고 타서 재가 되어 버리는 저 소돔의 사과(the apples of Sodom)처럼 순식간에 재가 되어 버리고 맙니다. 그들은 자기가 가장 부요해야 할 그때에, 자기가 가장 행복하고 복되어야 할 그때에, 완전히 헐벗고 가난하고 비참하게 된 자신의 모습을 보면서 기절초풍을 하게 됩니다. 죄인들이여, 여러분은 지금 이 말씀을 듣고 있는 동안에도, 속으로 이 말씀을 반박하면서, "아무리 그렇게 말해도, 나는 내가 적어도 다른 사람들 못지 않게 선하기 때문에, 내게는 거듭남이라거나 전가된 의라거나 피로 씻음을 받아야 한다는 등 온갖 야단법석을 떨 필요가 없다고 믿어"라고 말하고 있을 수 있습니다. 그러나 여러분이 조용한 방에 혼자 있을 때, 특히 죽음에 대한 음산한 공포가 여러분에게 엄습해 올 때, 내가 이런 말을 여러분에게 해줄 필요가 없을 정도로, 여러분은 두려움에 사로잡힌 자신의 눈으로, 지금 내가 하고 있는 말이 사실이라는 것을 아주 똑똑히 보게 되고, 여러분이 그리스도의 의를 멸시하였기 때문에, 영원히 죽을 수밖에 없다는 것을 절망과 낙심 가운데서 마음으로 느끼게 됩니다.

　　하지만 최후의 심판의 날에는 여러분이 이것을 더욱더 아주 생생하게 느끼게 될 것입니다. 내게는 저 불의 날, 진노의 날이 보입니다. 여러분은 영원하신 하나님의 보좌 앞에 큰 무리와 함께 서게 될 것입니다. 성도들의 의인 그리스도의 세마포를 입은 사람들은 오른편에 세워지고, 이제 나팔소리가 울려 퍼집니다. 하나님의 율법을 하나도 어김없이 다 지켜 전혀 범죄하지 않아서 한 점의 흠도 없는 사람이 있다면, 앞으로 나와서, 하나님께서 그런 자들에게 약속하신 상을 달라고 말하라는 영이 내려지고, 일생 동안 그렇게 살지 않은 죄인들은 모두다 지옥의 구덩이에 의해서 삼켜질 것이고, 회개하지 않은 범죄자들에게는 불과 벼락이 떨어지게 될 것이라는 말이 덧붙여집니다. 저기에 계시는 선생님, 일어서서서, 자기가 죄가 없다는 것을 한 번 증명해 보십시오. 거기에 있는 나의 친구여, 앞으로 나와서, 당신이 교회에 낸 헌금과 당신이 일생 동안 세운 여러 빈민구호소들을 얘기하며, 하나님께 상을 달라고 해보십시오. 여러분은 왜 그렇게 못하시는 것입니까? 왜 여러분의 혀가 입 속에 달라붙은 채로 꿀 먹은 벙어리가 된 것입니까? 나는 법을 어긴 적이 없는 선한 시민이었고 주린 자들을 먹였으며 헐 벗은 자들을 입히는 섬김의 삶을 살아온 사람이라고 말하며, 자신 있게 상을 달라고 요구할 사람들은 어서 앞으로 나오십시오. 왜 여러분의 얼굴이 그렇게 창백해져 있습니까? 왜 여러분의 뺨에 홍조가 사라지고 잿빛이 되어 있는 것입니까? 그리스도를 배척하고 그의 피를 멸시한 여러분, 앞으로 나오십시오. 지금 나와서, "이것은 내가 어려서부터 다 지키었나이다"(눅 18:21)라고 말하십시오. 왜 여러분은 두려움에 사로잡혀 있는 것입니까? 심판의 빛이 여러분의 자기의라는 어둠을 쫓아 버린 것입니까? 여러분이 지금은 자랑하고 있지 않다는 것이 내 눈에 보입니다. 여러분 중에서 평소에 자기는 지극히 선하다고 생각했던 사람들조차도 지금은 속으로 이렇게 소리치고 있습니다: '너희 바위들아 나를 숨겨다오! 너희 산들아 너희의 배를 열어서, 나로 하여금 보좌에 앉아 계신 분의 얼굴을 피하여 거기로 숨게 해다오!' 왜 갑자기 그렇게 겁쟁이가 되었습니까? 여러분을 지으신 조물주 앞에 여러분의 얼굴을 내보이십시오. 불신자들이여, 어서 모습을 나타내고 앞으로 나와서, 하나님의 면전에서 하나님은 없다고 말해 보십시오. 여러분, 지금 전능자 앞으로 나와서, 지옥이 여러분의 코에서 활활 타오르고 있는데도, 그것을 부정하고, 지옥은 없다고 말하고, 여러분이 지옥 불에 대한 설교를 견딜 수 없었다고 말해 보십시오. 지금 나와서, 목회자들이 잔인한 설교를 한다고 고소하시고, 목회자들이 어떻게 이런 끔찍한 주제들에 대해 말하는 것을 좋아할 수 있는 것이냐고 하나님께 고소하십시오. 나는 여러분의 끔찍한 모습을 조롱하는 것이 결코 아닙니다. 단지 나는 여러분이 장차 마귀들에 의해서 얼마나 조롱당하게 될 것인지를 알려드리고 있는 것일 뿐입니다. 장차 마귀들은 여러분에게 손가락질하며 이렇게 말할 것입니다: "어라! 너의 담대함은 지금 어디가고 없는 거지? 그리고 너의 강철 같았던 갈비뼈들과 놋쇠 같았던 뼈들은 또 어디로 간 거야? 너는 전능자에게 대들고, 전능자의 방패를 지닌 용사들에게 대들며, 전능자의 빛나는 창을 향해 돌진하던 자가 아니었던가?' 이렇게 전능자에게 대들던 자들이 어떻게 되었는지를 보십시오. 그들이 딛고 있던 땅이 꺼지고, 끝없는 구덩이가 그들을 삼켰으며, 그들은 끝없이 추락하고 있습니다. 땅은 다시 닫혔고, 그들은 온데간데없이 사라졌습니다. 땅 위에는 오직 무거운 침묵만이 흐릅니다. 그러나 여러분이 그들과 함께 땅 밑으로 내려갈 수 있다면, 한 번 내려가서 거기에서 무슨 일이 벌어지고 있는지를 보십시오. 그들이 슬피 울며 신음하는 소리가 들립니다. 그들은 이제 전능하신 하나님이 옳고 의로우셨으며 지혜로우시고 자애로우셨다는 사실을 알게 되었기 때문에, 통한의 눈물을 흘리며 부르짖습니다. 하나님께서 그들에게 자기의를 버리고 그리스도께로 피하여 그를 붙들라고 명하시면서, 오직 그만이 자기로 말미암아 하나님께로 온 자들을 끝까지 구원하실 수 있다고 하신 말씀이 옳았다는 것을 이제야 그들은 깨닫습니다.

3. 셋째로, 자기가 의롭다는 항변 자체가 그의 불의함을 보여주는 증거가 됩니다.

이 자리에는 "우리도 맹인인가"(요 9:40)라고 말하는 중생하지 않은 사람들이 있다면, 나는 예수께서 하신 말씀으로 거기에 이렇게 대답하고자 합니다: "너희가 맹인이 되었더라면 죄가 없으려니와 본다고 하니 너희 죄가 그대로 있느니라"(요 9:41). 여러분은 자신의 항변을 통해서 무엇보다도 먼저 자기가 결코 성령의 빛을 받지 못했고 여전히 무지한 상태에 있다는 것을 증명했습니다. 귀 먹은 사람들은 이 세상에는 음악 같은 것은 존재하지 않는다고 자신 있게 말할 수 있습니다. 별을 한 번도 본 적이 없는 사람들은 이 세상에는 별이라는 것은 없다고 말할 것입니다. 그러나 그들이 한 말은 도대체 무엇을 증명해 주는 말입니까? 그들은 이 세상에 별은 없다는 것을 증명하고 있는 것입니까? 그들은 단지 자기가 어리석고 우매하다는 것, 그리고 자기가 무지하다는 것만을 증명하고 있을 뿐입니다. 자기가 의롭다는 말을 조금만 내비치기만 해도, 그런 사람은 하나님의 성령의 빛을 받은 적이 없는 사람입니다. 왜냐하면, 새로워진 심령의 첫 번째 징표들 중의 하나는 티끌과 재를 뒤집어 쓴 채로 자기 자신을 혐오하는 것이기 때문입니다. 여러분이 오늘 여러분 자신이 죄악된 자이고, 길을 잃고 멸망으로 치닫는 자라는 것을 느낀다면, 복음 안에는 여러분을 위한 지극히 풍성한 소망이 있습니다. 그러나 여러분이 "나는 선하고, 내게는 공로가 있어"라고 말한다면, 율법이 여러분을 단죄할 것이고, 복음은 여러분에게 아무런 힘과 위로가 될 수 없습니다. 여러분은 "악독이 가득하며 불의에 매인 바 된" 자들이고(행 8:23), 여러분이 그런 식으로 말하고 있는 동안에는 하나님의 진노가 늘 여러분 위에 머물러 있다는 것을 알지 못하는 자들입니다. 어떤 사람이 참된 그리스도인인 데도 죄에 빠질 수는 있지만, 자기의를 자랑하는 사람은 참된 그리스도인이 될 수 없습니다. 자신의 연약함으로 인해서 많은 흙탕물을 묻히는 사람은 구원 받을 수 있지만, 자기가 더럽다는 것을 알지 못해서, 자기가 하나님 앞에 죄인이라는 것을 기꺼이 고백하고자 하지 않는 사람은 구원 받을 수 없습니다. 어떤 의미에서 우리의 구원에는 그 어떤 조건도 없다고 할 수 있습니다. 왜냐하면, 우리의 상태가 어떠하든지, 구원은 하나님이 주시는 것이기 때문입니다. 그러나 내가 아는 것은 은혜 가운데 있는데도 자기가 철저히 타락하여 정죄 받고 장차 멸망 받게 될 상태에 있다는 것을 스스로 알지 못하는 그런 사람은 결코 없었다는 것입니다. 여러분이 이런 사실을 알지 못한 채로, 자기가 의롭다고 항변한다면, 그것은 여러분이 무지하다는 것을 스스로 고백하고 단죄하는 것입니다.

또한, 여러분이 자기에게는 죄가 없다고 말한다면, 그것은 여러분이 회개하고 있지 않다는 것을 증명해 줍니다. 그리고 회개하지 않는 사람들은 하나님이 계시는 곳에 결코 올 수 없습니다. "만일 우리가 우리 죄를 자백하면 그는 미쁘시고 의로우사 우리 죄를 사하시며 우리를 모든 불의에서 깨끗하게 하실 것이요"(요일 1:9). 그러나 "만일 우리가 범죄하지 아니하였다 하면 하나님을 거짓말하는 이로 만드는 것이니 또한 그의 말씀이 우리 속에 있지 아니하니라"(요일 1:10). 하나님께서는 자신의 죄악을 고백하는 모든 사람들을 용서하시고 그 모든 죄악을 사하십니다. 우리가 울며 애통해하는 가운데, 하나님의 말씀을 받아들여서, "우리가 큰 죄를 범해 왔사오나, 예수 그리스도로 말미암아 우리를 사해 주시고, 우리가 크게 잘못했사오나, 우리에게 긍휼을 베풀어 주소서"라고 고백한다면, 하나님께서는 그 고백을 결코 거부하지 않으실 것입니다. 그러나 우리가 우리의 회개하지 않는 완악한 마음으로, 어디 한 번 하나님의 공의를 따라 우리를 판단해 보시라고 말한다면, 하나님께서는 긍휼이 아니라 공의를 따라 여러분을 판단하실 것입니다. 그리고 우리가 그 공의를 따라 판단을 받게 되었을 때에는, 하나님의 진노가 그대로 다 하나도 남김 없이 우리에게 쏟아 부어지게 될 것이고, 그 분노가 영원토록 우리에게 부어지게 될 것입니다. 자기 자신을 의롭다고 하는 사람들은 회개하지 않은 자들이기 때문에, 당연히 구원 받지 않은 것이고, 구원 받을 수도 없습니다.

게다가, 자기 자신을 의롭다고 하는 사람들은 자기가 하나님으로부터 칭찬 받을 만한 어떤 일을 했다고 말하는 순간, 자신이 믿는 자가 아니라는 것을 증명하는 것입니다. 구원은 믿는 자들을 위한 것이고, 오직 믿는 자들만을 위한 것입니다. "믿고 세례를 받는 사람은 구원을 얻을 것이요 믿지 않는 사람은 정죄를 받으리라"(막 16:16). 여러분은 여러분이 주장한 자기의로 말미암아 저주를 받게 될 것이고, 여러분의 자기의는 여러분에게 그리스 신화에 나오는 데이아네이라의 외투가 될 것입니다. 그리스 신화에는 헤라클레스가 자신의 아내인 데이아네이라가 준 외투를 입는 순간, 그 외투가 불 옷이 되었다는 이야기가 나옵니다. 헤라클레스는 그 불 옷을 벗어 버리고자 했지만, 그럴 때마다 그의 살점들이 떨어져 나갔고, 결국에는 비참하게 죽고 말았다고 합니다. 여러분의 자기의도 여러분에게 그 외투 같을 것입니다. 여러분이 자기의의 잔을 마시는 동안에는 거기에 취해서 잠시 즐겁겠지만, 그 잔은 독사의 독이나 고모라의 포도주만큼 치명적이고 끔찍한 결과를 여러분에게 가져다줄 것입니다. 영혼들이여, 나는 여러분에게 다른 그 어떤 것보다도 자기의로부터 멀리 도망치라고 권하고 싶습니다. 왜냐하면, 스스로를 의롭다고 하는 사람들은 그리스도를 의지하지 않고, 의지할 수도 없는 까닭에, 하나님의 얼굴을 뵈올 수 없기 때문입니다. 오직 벌거벗은 사람들만이 자신의 벗은 몸에 입을 옷을 구하기 위하여 그리스도께 나아갈 수 있습니다. 오직 주린 사람들만이 그리스도를 자신의 양식으로 삼을 수 있습니다. 오직 목마른 심령들만이 마실 물을 구하기 위하여 이 베들레헴의 샘으로 나아갈 수 있습니다. 목마른 자들은 환영을 받을 것이지만, 자기는 괜찮다고 생각하는 자들은 시내 산에서도 골고다에서도 환영 받지 못합니다. 그런 사람들에게는 천국의 소망도 없고, 이 세상에서의 평안도 없으며, 내세에서도 평안이 없을 것입니다.

가련한 심령들이여, 나는 여러분이 어떤 사람인지를 알지 못합니다. 그러나 여러분이 자기에게 약간의 의라도 있다고 생각한다면, 여러분은 은혜 가운데 있지 않은 자들입니다. 여러분이 자신의 전 재산을 가난한 자들에게 주었고, 수많은 교회를 건축해 봉헌해 드렸으며, 자기 자신을 부인한 가운데 빈민가에서 고생하며 살아가는 청소년들을 돌보며 살아 왔고, 늘 일주일에 세 번을 금식하는 삶을 살았으며, 오랜 시간 부르짖어서 기도하느라고 목이 쉬는 날이 비일비재하였고, 늘 눈물을 너무 많이 흘려서 눈이 통통 부은 채로 살아가며, 날이면 날마다 등잔불을 밝히고 밤늦도록 성경을 읽느라고 기름이 많이 소모되고, 가난한 자들과 병든 자들과 궁핍한 자들을 보면 가슴이 너무나 아파서 기꺼이 그들의 고통을 함께 나누며 그들의 역겨운 병들을 마다하지 않고 병수발을 들고, 이 모든 것 위에 여러분의 몸을 불사르게 내어준다고 해도, 여러분이 이러한 일들 중 어느한 가지에서라도 자기의를 주장한다면, 여러분이 저주를 받아 지옥에 떨어지게 되리라는 것은 여러분이 강도나 술주정뱅이가 아닌 것과 마찬가지로 확실한 사실이 될 것입니다. 내가 무엇을 말하려고 하는 것인지를 깨달으십시오. 여러분은 내가 되는 대로 아무렇게나 말하고 있는 것이라고 생각하지 않으시기를 바랍니다. 그리스도께서는 옛적의 바리새인들에 대하여 바로 지금 내가 여러분에 대하여 말했던 것처럼 말씀하셨습니다. 바리새인들은 그들의 방식을 따라서는 훌륭하고 뛰어난 사람들이었지만, 그리스도께서는 세리들과 창기들이 그들보다 먼저 하나님 나라에 들어가게 될 것이라고 말씀하셨습니다. 왜냐하면, 바리새인들은 잘못된 길을 가고 있는 것인 반면에, 가련한 세리들과 창기들은 그리스도의 말씀을 받아들여서 인도하심을 받아 올바른 길로 가게 되었기 때문입니다. 바리새인들은 스스로를 의롭다고 여겼기 때문에, 그리스도의 의에 복종하지 않았지만, 세리들과 창기들은 자신들에게 자랑할 것이 아무것도 없다는 것을 알고 있었던 까닭에, 그리스도께로 나아와서, 그가 말씀하신 대로 그를 구주로 받아들여서, 그들의 영혼을 그에게 맡기고, 그의 은혜로 말미암아 구원을 받았습니다. 우리도 세리들과 창기들처럼 한다면, 얼마나 좋겠습니까! 왜냐하면, 우리가 자기의에서 벗어날 때까지는, 우리는 정죄 가운데 죽어가는 상태에 있을 수밖에 없기 때문입니다. 그리고 이러한 선고는 우리에게 영원토록 집행될 것입니다.

4. 넷째로, 자신을 의롭다고 항변하는 자는
그 항변으로 인해서 영원한 멸망에 처해지게 됩니다.

이제 나는 마지막 대지를 말씀드리고 말씀을 마치고자 합니다. 우리가 살펴볼 네 번째 대지는 우리가 그러한 항변을 중단하지 않으면, 그 항변은 우리를 고소하는 데서 그치는 것이 아니라, 영원한 멸망으로 이끌게 되리라는 것입니다.

　나는 여러분에게 두 종류의 자살을 보여드리고자 합니다. 어떤 사람이 단도를 날카롭게 간 후에, 기회를 보아서, 그 단도로 자신의 심장을 찌른 후에, 그 자리에 쓰러집니다. 자기가 스스로 죽음을 선택한 것인데, 누가 그 사람에게 뭐라고 하겠습니까? 그는 자살하였기 때문에, 그의 피는 그의 머리로 돌아갑니다.

　여기 또 한 사람이 있는데, 그는 아주 심하게 병들어 있고, 상태가 무척 안 좋습니다. 그 사람은 기어다니기조차 힘들 정도입니다. 의사가 그에게 이렇게 말합니다: "당신의 병은 치명적이어서, 이대로 두면 죽을 수밖에 없습니다. 그러나 나는 그 병을 온전히 치료할 수 있는 치료약을 알고 있는데, 이것이 바로 그 약입니다. 내가 당신에게 이 약을 거저 드리겠습니다. 내가 당신에게 부탁하는 것은 이 약을 거저 받아서 먹으라는 것뿐입니다." 그 사람은 이렇게 말합니다: "의사 선생님, 당신이 그렇게 말씀하시는 것은 나에 대한 모욕입니다. 나는 이제까지 건강하게 살아 왔고, 지금도 아주 건강합니다. 나는 병들어 있지 않습니다." 의사는 "그러나 내가 당신의 안색을 보건대, 거기에는 당신이 치명적인 질병에 걸려 있다는 징후들이 있어서, 이렇게 당신에게 경고하는 것입니다"라고 말합니다. 그 사람은 자기가 치명적인 질병에 걸려 있다는 것을 보여주는 몇몇 징후들이 있다는 의사의 말을 잠시 생각해 봅니다. 그 사람 내면에 있는 감시자는 의사의 말이 옳다고 그에게 말해 줍니다. 그는 다시 한 번 의사에게 "당신의 약이 필요하다는 생각이 들면, 내가 사람을 보내서 합당한 대가를 치르고 그 약을 사겠습니다"라고 단호하게 말합니다. 이렇게 말하면서도, 그는 자기 호주머니 속에는 돈 한 푼 없고, 자기가 어디 가서 돈을 빌릴 수도 없다는 것을 알고 있습니다. 의사가 큰 비용을 들여서 얻어 온 생명의 잔이 지금 그 사람 앞에 있고, 의사는 그에게 그 잔을 거저 마시라고 권하고 있습니다. 그런데도 그 사람은 이렇게 말합니다: "나는 그 잔을 마시지 않을 것입니다. 나는 어느 정도 병들어 있을 수는 있겠지만, 내 이웃들보다 더 악하거나 나쁘지는 않으니, 그 잔을 마시지 않을 것입니다." 어느 날 여러분이 그 사람의 침상으로 가보니, 그 사람은 거기에서 마지막 잠을 자고 있고, 돌처럼 굳어진 채로 죽어 있습니다. 누가 이 사람을 죽였습니까? 누가 그를 죽였습니까? 그의 피는 그의 머리로 돌아갑니다. 그는 내가 앞에서 말한 첫 번째 사람과 똑같이 자살한 사람입니다.

이제 나는 여러분에게 두 가지 종류의 자살을 더 보여드리겠습니다. 여기에 이렇게 말하는 사람이 있습니다: "내세에서 무슨 일이 일어나게 되어 있든지, 나는 그런 것에는 관심이 없고, 이 세상에서 내가 하고 싶은 것들을 다 하며 살고자 합니다. 내세의 즐거움들이 있다면, 지금 나로 하여금 그 즐거움들을 누리게 해 주세요. 그렇지 않다면, 하나님의 것들은 옛적의 어리석은 자들에게나 갖다 주십시오. 나는 현세의 것들, 이 땅에서의 기쁨과 즐거움들을 누릴 것입니다." 그는 그렇게 말하고는, 사람을 취하게 만드는 잔을 벌컥벌컥 들이키고, 어리석은 짓들을 부지런히 골라서 하며, 어디에 흥미진진한 악한 일이 있다는 말을 들으면, 쏜살같이 거기로 달려갑니다. 그는 바이런(Byron) 같이 큰 원수의 손에서 발사된 번개 그 자체입니다. 그는 죄의 궁창 전체를 번개처럼 쏘다니며, 자기 자신을 불태워서, 결국 그의 몸과 영혼이 다 소진되어 죽었습니다. 그의 죽음은 자살입니다! 그는 하나님의 말씀을 무시하고 하나님께 도전하였습니다. 그는 자연의 법칙과 은혜의 법칙을 둘 다 거슬러 행하였고, 경고의 말씀들을 멸시하였으며, 자기는 저주 받아도 좋다고 선언하였기 때문에, 결국 자신에게 너무나 합당한 결과를 거두게 된 것입니다.

여기에 또 한 사람이 있습니다. 그는 이렇게 말합니다: "나는 이러한 악들을 멸시합니다. 나는 사람들 중에서 가장 정직하고 올바르며 칭찬 받을 만한 사람입니다. 나는 내게는 구원 같은 것은 필요 없다고 느낍니다. 설령 내게도 구원이 필요하다면, 나는 스스로 구원을 얻을 수 있습니다. 나는 당신이 내게 하라고 하는 것들을 어떤 것이든 다 할 수 있습니다. 내게는 스스로 구원을 이루기에 충분할 정도의 정신력과 고결한 존엄성이 있다고 느낍니다. 당신이 내게 그리스도를 믿으라고 말한다면, 그것은 나를 모욕하는 것임을 내가 당신에게 분명히 말해 둡니다. 나는 인간에게는 누구에게나 존엄성이 있다고 생각하지만, 내게는 더욱 더 큰 미덕이 있기 때문에, 나의 마음을 새롭게 할 필요도 없고, 내가 내 심령을 그리스도의 복음에 복종시켜서 거저 주어지는 은혜를 받을 필요도 없습니다." 아, 그렇군요. 하지만 여러분은 죽어서 다시 눈을 뜨게 될 때, 지독하게 방탕하고 속된 자들과 마찬가지로 틀림없이 지옥에 있게 될 것이고, 여러분의 피는 여러분 자신의 머리로 돌아가게 될 것입니다. 그리고 여러분은 악하고 고집스럽게 하나님의 법과 인간의 법을 거슬러 돌진함으로써, 자신의 죄악과 범죄로 인하여 천수를 다하지 못하고 도중에 요절한 것이기 때문에, 여러분의 죽음은 틀림없이 자살이 될 것입니다.

    "이것은 자기의를 주장하는 사람들에게나 해당되는 설교이고, 나는 그런 사람이 아니기 때문에, 내게는 해당되지 않습니다"라고 말할 사람들이 분명히 있습니다. 그렇다면, 여러분은 어떤 사람입니까? 여러분은 그리스도를 믿는 사람입니까? "내가 그리스도를 믿는 사람이라고 할 수는 없습니다." 왜 여러분은 그리스도를 믿는 사람이 되어 있지 않은 것입니까? "나는 그리스도를 믿으려고는 하지만, 그렇게 되지 않을까 걱정입니다." 그렇게 말하고 있는 여러분은 스스로를 의롭다고 생각하는 사람입니다. 하나님께서는 여러분에게 그리스도를 믿으라고 명하고 계시는데도, 여러분은 자기는 그리스도를 믿을 필요가 없다고 말하고 있습니다. 이것은 여러분이 그리스도 없이도 스스로 의로워질 수 있다고 생각하는 것이고, 결국 자기의를 주장하는 것이 아니고 무엇이겠습니까? 여러분은 너무나 교만해서, 그리스도께 갖다 바칠 선한 무엇인가가 자기에게 있다고 생각해서, 그리스도를 영접하지 않는 것입니다. 이것이 진실입니다. 어떤 통회하는 심령을 지닌 가련한 사람들은 이렇게 말합니다: "아, 아닙니다. 나는 그런 말이 내게는 해당되지 않는다고 생각합니다. 왜냐하면, 나는 내가 구원을 받고자 한다면, 무엇인가를 드려야 하고, 또한 드릴 수 있다고 생각하지 않기 때문입니다. 도리어, 나는 쓰레기 같은 인간이기 때문에, 감히 그리스도를 믿을 수 없는 것입니다." 그것도 결국에는 자기의입니다. 하나님께서는 여러분에게 그리스도를 믿으라고 명하시는데, 여러분은 "나는 이러저러한 사람이어서 자격이 없기 때문에, 그리스도를 믿을 수 없습니다"고 말합니다. 그러니까 여러분은 스스로의 힘으로 어느 정도 괜찮은 사람이 될 것이니, 그런 후에 예수 그리스도께서 나머지 일을 해주시라고 말하고 있는 것입니다. 이것은 자기의가 단지 옷을 바꿔 입은 것일 뿐입니다. 어떤 사람들은 "내게 그리스도가 필요하다는 것을 내가 절실히 느끼게 된다면, 그때에는 내가 그리스도를 믿게 될 것이라고 생각합니다"라고 말합니다. 이것도 자기의입니다! 왜냐하면, 여러분은 자기가 구원 받을 필요성을 느끼고 있지 않다고 말하고 있는 것이기 때문입니다. 어떤 사람들은 "나는 그리스도를 믿고 싶지만 믿어지지가 않습니다"라고 말하는데, 이것도 자기의입니다. 이제 나는 여러분이 시간을 두고서 곱씹어볼 수 있는 엄숙한 말씀을 드리고자 하는데, 그것은 여러분이 여러분의 믿음을 의지하거나 회개를 의지한다면, 여러분은 자신의 선행이나 죄를 의지하는 것과 마찬가지로 멸망에 처해지게 되리라는 것입니다. 여러분의 구원의 근거는 믿음이 아니라 그리스도이고, 회개가 아니라 그리스도입니다. 내가 그리스도를 믿는 나의 믿음을 구원의 근거로 삼고자 한다면, 나는 멸망하게 됩니다. 내가 할 일은 그리스도를 믿는 것, 그를 의지하고 의뢰하는 것이고, 성령께서 내 안에서 행하신 일이 아니라 그리스도께서 십자가에 달리셔서 나를 위하여 행하신 일을 믿고 의지하고 의뢰하는 것입니다. 여러분이 알아야 할 것은 그리스도께서 죽으셨을 때, 그는 자신의 모든 백성의 죄들을 친히 다 담당하셨기 때문에, 그때에 거기에서 그들의 모든 죄들이 다 지워졌다는 것입니다. 그리스도께서 죽는 바로 그 순간에 그의 속량함을 받은 모든 사람들의 죄가 다 지워졌습니다. 그는 그들이 자신의 죄로 인하여 마땅히 받아야 할 모든 벌을 다 친히 받으셨습니다. 그는 그들의 모든 채무들을 다 갚으셨습니다. 그리고 그 날에 그들의 죄는 그들의 어깨에서 그의 어깨로 옮겨졌습니다. 왜냐하면, "여호와께서는 우리 모두의 죄악을 그에게 담당시키셨기"(사 53:6) 때문입니다. 그러므로 여러분이 예수를 믿게 되면, 여러분에게 남아 있는 죄는 전혀 없게 됩니다. 왜냐하면, 그리스도께서 여러분의 죄를 이미 담당하셨기 때문입니다. 그리스도께서는 여러분이 실제로 죄를 짓기도 전에, 여러분의 죄를 위하여 이미 벌을 받으셨습니다. 그래서 켄트(Kent)는 이렇게 말합니다:

> "여기 과거에 지은 죄들에 대한 죄 사함이 있고,
> 그 죄들이 얼마나 검은지는 문제가 되지 않는다네.
> 앞으로 지을 죄들에 대해서까지도
> 이미 죄 사함이 있는 것을 보고서,
> 내 영혼은 놀라움을 금치 못한다네."

이것은 신자들의 복된 특권입니다. 그러나 여러분이 불신자로 살다가 죽는다면, 이것을 아십시오. 여러분의 모든 죄는 여러분 자신의 어깨로 짊어져야 한다는 사실을! 그리스도께서는 믿지 않는 여러분을 위해서는 그 어떤 속죄도 하지 않으셨고, 믿지 않는 여러분을 자신의 피로 사지도 않으셨기 때문에, 여러분은 그리스도의 희생제사와는 아무런 상관이 없습니다. 믿지 않는 여러분은 혼자 힘으로 살다가 죽어서 영원한 멸망에 처해지게 됩니다. 믿지 않는 여러분에게는 철저한 멸망만이 기다리고 있습니다. 그러나 여러분이 믿는 순간, 여러분은 자기가 창세 전부터 하나님이 택하신 자였다는 것을 알게 됩니다. 여러분이 믿는 순간, 여러분은 그리스도의 의가 모두 여러분의 것이라는 것을 알게 되고, 그가 행하신 모든 일들이 여러분을 위해 하신 것임을 알게 되며, 그가 온갖 고초를 당하신 것이 모두 다 여러분을 위해 당하신 것임을 알게 됩니다. 여러분이 믿는 그 순간, 여러분은 그리스도께서 서셨던 바로 그곳, 즉 하나님께서 기뻐하시는 아들로 서게 됩니다. 그리스도께서는 마치 죄인이신 것처럼 여러분이 죄인으로 서 있는 바로 그곳에 서셔서, 여러분 대신에 마치 죄인처럼 죽으셨습니다.

하나님의 성령이여, 이 아침에 믿음을 주옵소서! 성령께서 우리를 자기의로부터 건져 주시고 그리스도께로 인도하심으로써, 그의 거저 주시는 은혜로 말미암아 바로 이 시간에 구원 받게 하시고, 영원토록 구원을 누리게 해주옵소서. 아멘.

제
9
장
—

내가 씻어도 더 더럽게
하시는 하나님

—

**"내가 눈 녹은 물로 몸을 씻고 잿물로 손을 깨끗하게 할지라
도 주께서 나를 개천에 빠지게 하시리니 내 옷이라도 나를
싫어하리이다." — 욥 9:30-31**

나는 이번에는 특별한 심부름을 하고 있다는 것을 분명하게 느낍니다. 어떤 영혼이 자신의 끔찍한 모습을 보고서 급속히 절망에 빠져 들어가는 모습이 나의 마음눈에 보입니다. 그는 끔찍한 생각에 절망적이 되었기 때문에, 남의 조언도 거부하고, 지시도 듣지 않으려 합니다. 나는 그렇게 많이 눌려 있고 지쳐 있는 영혼에게 해줄 말이 있습니다. 여러분에게는 그 사람이 보입니까? 그는 어두운 시험에 맞서서 오랫동안 싸워 왔지만, 마침내 지고 말았습니다. 그는 자기가 더 이상 버틸 수 없다고 느낍니다. 이번에는 어떤 시험이 찾아올지를 생각하면, 가슴이 답답해서 거의 숨조차 제대로 쉴 수 없고, 뜨거운 공기가 그를 질식시킬 것 같습니다. 나는 복도와 통로까지 꽉 들어찬 사람들을 보는 것이 이제 익숙해졌지만, 이렇게 많은 사람들을 보고 있노라면, 이상한 호기심이 생겨납니다. 왜냐하면, 나는 이 모든 사람들 중에는 내가 개인적으로 메시지를 전해 주어야 할 사람이 있다는 것을 알기 때문입니다. 나는 만왕의 왕께서, 극심한 환난 중에 있어서 버림 받고 멸시 받는 여자처럼 된 사람에게 전하는 속달 우편물을 갖고 있습

니다. 나의 주님이자 주인이신 그리스도께서는 자기가 하는 일을 건강한 양 99
마리를 남겨두고 한 마리 길 잃은 양을 찾는 목자라는 비유를 빌려 설명하셨습
니다. 나도 지금 그리스도를 따라 해야 하겠습니다. 여러분은 내가 그렇게 한다
고 해서 내게 불평하지 않을 것이라고 나는 확신합니다. 나는 길을 잃고 헤매는
양 한 마리를 찾아서, 안전하게 양 우리로 데려오기 위해서, 많은 양들을 잠시 떠
나고자 합니다.

　　오늘의 본문을 보았을 때, 나는 비명소리를 듣고 놀라거나 신음소리를 듣고
마음이 아파 온 사람처럼, 욥의 이 처절한 말을 듣고, 처음에는 깜짝 놀랐고, 다
음으로는 불쌍히 여기는 마음이 생겨났습니다. "내가 눈 녹은 물로 몸을 씻고 잿
물로 손을 깨끗하게 할지라도 주께서 나를 개천에 빠지게 하시리니 내 옷이라도
나를 싫어하리이다"라는 말을 들었을 때, 형제로서의 연민의 감정 때문에 우리
의 마음은 이루 말할 수 없이 괴로울 수밖에 없습니다. 이 구절 속에 담겨 있는
욥의 처절한 심경은 우리가 무엇이라고 표현하기 힘들 정도입니다. 그렇지만 이
것은 단지 너무나 끔찍한 것들을 하나하나 새롭게 드러내 주는 일련의 구절들
중 하나에 불과합니다. 깊은 슬픔에 대한 비유들이 이 일련의 구절들 속 차곡차
곡 쌓여 있어서, 옛적의 한 저자는 이 구절들을 가리켜서 "비탄의 수사"(rhetoric
of sorrow)라고 말하기도 했습니다. 육신의 고난들은 욥의 마음을 짓눌렀고, 그
는 자신의 괴로움을 표현함으로써 그 고통을 줄여 보고자 했습니다. 그는 오래
된 성채의 음산한 독방에 갇혀 있는 죄수처럼, 자신을 밤낮으로 짓누르고 있는
극도의 절망감을 형상화하여 감방 벽에 새기고 있습니다. 그의 고통은 그 고통
을 덜어 보고자 하는 그의 헛된 노력들로 인해서 더욱 가중됩니다. 그는 자신의
참담한 심경을 망치와 못으로 감방 벽에 새기다가 손에 상처를 입습니다. 우리
중에는 그러한 고통과 괴로움들을 맛본 사람들이 많이 있습니다.

　　나는 직접 영혼의 질병에 걸린 병자가 되었던 내 자신의 경험과, 목회자가
되어서 잠에서 깨어난 죄인들이 겪은 재난들에 대하여 끊임없이 들어온 것들을
통해서, 이 구절들 속에 나타난 욥의 심정을 어느 정도 이해할 수 있게 되었습니
다. 고난을 당하는 사람은 이중고에 시달립니다. 즉, 사탄이 그를 까부르는 동안
에, 그의 친구들은 그에게 화살들을 퍼붓고, 전능자께서도 그를 괴롭히십니다.
이렇게 고난을 당하는 사람을 돕기 위해서는, 그가 고난을 당하는 이유들과 그
가 겪는 환난 자체, 그리고 그가 그것들을 피하기 위하여 행한 지혜롭지 못한 시

도들로 인하여 겪는 추가적인 고난들을 세심하게 구별하여야 합니다.

그러므로 나는 이러한 사고의 흐름을 따라서 오늘의 설교를 진행해 나가기 위해서, 대지를 넷으로 나눌 것입니다. 세 개의 대지는 본문에 나오는 것들이고, 네 번째 대지는 거기에서 도출된 중요한 결론이 될 것입니다. 첫째로, 우리는 깨어난 영혼은 자신의 죄를 깨닫게 된다는 것을 살펴볼 것입니다. 둘째로, 깨어난 영혼은 죄악의 얼룩을 스스로 제거해 보고자 하는 아무런 효과도 없는 시도들을 하게 된다는 것입니다. 셋째로, 하나님께서는 자기 백성이 자기의에 빠져 있지 않게 하시기 위하여, 자기 자신을 깨끗하게 하고자 하는 자들을 진창 속으로 더 깊이 밀어넣으신다는 것입니다. 네 번째 대지는 오직 혹독한 훈련을 통해서만 사람들은 자신의 구원을 위해서 오직 하나님만 바라보게 된다는 것입니다. 우리가 이렇게 되기 위해서는, 전능자께서 우리에게 구원은 오직 하나님께만 속해 있다는 것을 가르쳐 주셔야만 합니다.

1. 첫째로, 깨어난 영혼들은 자신의 죄를 깨닫게 됩니다.

가장 먼저 우리가 살펴볼 것은 바로 이것입니다. 깨어난 영혼들은 죄를 보게 되고, 알게 되며, 느끼게 되기 때문에, 자기가 거기에 대하여 변명할 말이 없다는 것을 알고서는 부끄러워하게 됩니다. 모든 사람은 죄인입니다. 하지만 대부분의 사람들은 죄라는 것은 시대시대마다 달라지는 것이고, 인간에게는 본성상 어쩔 수 없는 것이며, 젊었을 적에 한 번 저지르게 되는 어리석은 짓이고, 한 시대의 약점일 뿐이기 때문에, 약간의 사과로 다 해결될 수 있는 문제라고 생각합니다. 여러분은 자기가 죄인이라는 것을 인정하고자 하지 않는 영국인을 거의 만날 수 없을 것입니다. 기도서에 보면, 우리의 죄를 고백하는 기도가 정형화되어 나와 있지 않습니까? 그러나 여러분 자신을 죄인이라고 부르는 것과 그것을 실제로 느끼는 것은 전혀 다른 문제입니다. 어떤 숙녀 분이 자기 교회 목사님께 자기는 큰 죄인이라고 고백하자, 목사님이 그녀에게 인자한 목소리로 십계명 중에서 어느 계명을 범하였느냐고 물었답니다. 목사님이 첫 번째 계명을 들려주고서는 "당신은 이 계명을 어긴 적이 있습니까?"라고 물었더니, 그 숙녀 분은 그 질문에 대하여 "아닙니다"라고 화난 목소리로 대답했습니다. 목사님은 계속해서 두 번째부터 열 번째 계명까지 그런 식으로 질문하였고, 그녀는 자기가 각각의 계명을 어떤 식으로 지켜 왔는지를 세세하게 설명하더랍니다. 그러면서도, 그녀는 자기가 그 모든 계명들을 어겼다는 것을 인정하는 것처럼 고백했던 것입니다. 많은 사람들이 이런 애매한 언사로 그들 자신을 속입니다. 불행히도, 많은 설교자들은 마치 자신의 회중이 모두 선한 사람들이고, 지극히 작은 자부터 지극히 큰 자에 이르기까지 그들 모두가 다 하나님을 아는 자들인 것처럼 습관적으로 말하는데, 이런 말들은 육신을 기쁘게 하고, 교만을 부추기기 때문에, 대단히 해로운 말들입니다. 결정적인 차이가 존재하는 지점에서 이런 식으로 마치 아무런 차이도 없는 것처럼 속고 있는 사람들이 얼마나 많은지 모릅니다!

　　사람들은 하나님의 은혜로 말미암아 깨어나기 전에는, 자기가 죄인이라는 것을 진정으로 알 수가 없습니다. 왜 그럴까요? 어떤 질병들은 아무런 증상도 없이 너무나 감쪽같이 진행되기 때문에, 그런 질병을 앓고 있는 사람들은 자신이 급속히 무덤을 향하여 치닫고 있는데도, 자기는 아주 건강하다고 생각하게 됩니다. 마찬가지로, 죄도 그런 식으로 사람들을 속입니다. 사람들은 여전히 거듭나지 못했고 새로워지지 못했는데도, 자기가 구원 받았다고 생각합니다. 나는 어떤 소녀의 얼굴이 창백하고 눈이 퀭하니 들어가 있고 손들은 뼈만 앙상하고 발걸음에는 힘이 없는 것을 여러 번 보고서는, 그 소녀가 죽음의 문턱에 있다는 것을 알았지만, 정작 그 소녀는 자신이 앓고 있는 폐결핵으로 인한 홍조를 자기가 건강함을 보여주는 증표라고 착각하고 있었습니다. 그 소녀는 서서히 죽어가고 있었지만, 죽기 하루 전까지만 해도 미래의 청사진을 계획하고 있었습니다. 이것은 그 소녀가 자신이 앞으로도 오래도록 살게 될 것이라고 생각했었다는 것을 보여줍니다. 물론, 폐결핵은 죄만큼 그렇게 완벽하게 은폐되지는 않습니다. 죄가 어떤 영혼을 완벽하게 장악하고 있을 때조차도, 그 영혼은 그 사실을 알지 못합니다: "만물보다 거짓되고 심히 부패한 것은 마음이라 누가 능히 이를 알리요마는"(렘 17:9). 만일 죄가 그토록 속이기를 잘하지 못한다면, 그 파괴력은 지금의 절반으로 줄어들 것입니다.

　　여러분은 어째서 그러하냐고 또다시 물으실 것인가요? 일부러 시간을 내어서 이 문제를 생각해 보려는 사람은 거의 없습니다. 우리 시대는 사람들의 생각이 정치와 무역, 실용과학과 돈벌이가 되는 발명들, 재정 계획과 지방 자치 등등과 같은 문제들에 온통 쏠려 있는 시대이기 때문에, 신앙의 건전한 가르침과 참된 경건 같은 문제들은 인기가 없습니다. 자신의 영혼이 영원히 잘되는 문제를 놓고서 깊이 생각하는 사람은 거의 없습니다. 사람들은 옛날과 동일한 비율로 죽어가고, 사망률은 백분율로 표시되지만, 내세와 관련해서는 그런 것이 완전히 무시됩니다. 친구들이여, 여러분은 단 10분이라도 시간을 내서, 자신의 영원한 운명에 대해서 생각해 본 적이 있습니까? 며칠에 걸쳐서 결산장부들을 들여다보고, 몇 시간 동안 유흥을 즐기며, 여러 해에 걸쳐서 장사에 몰두하는 여러분이 죽음 후에 자신의 영혼이 어떻게 될지를 생각하는 일에 잠시의 시간도 낼 수 없다면, 그것은 정말 지혜롭지 못한 일이 아니겠습니까? 여러분은 덧없이 사라져 가고 있는 세상 것들을 이 땅에 축적해 놓고서 거기에 대해서 이미 유언장까지 작성해 놓았으면서도, 내세에는 아무런 보화도 쌓아 놓지 않은 것입니까? 이것이 평소에 그토록 현명하고 지혜로웠던 여러분의 모습과 부합하는 것이라고 생각하십니까? 여러분이 단 한 시간이라도 혼자 앉아서, 오직 여러분 자신의 영혼과 하나님과 최후의 심판에 대해서 생각하는 시간을 갖는다면, 나는 여러분에게 소망을 가질 수 있습니다. 말이 전쟁터로 달려가듯이, 사람들이 시간의 열띤 전쟁터로 쇄도하는 모습을 보는 것은 너무나 서글프고 안타까운 일입니다. 그들은 이런 말을 들을 생각을 하지 않습니다. 가련한 인생들이여! 그들은 자기들에게 아무런 유익도 가져다주지 못할 것들에만 관심을 쏟고, 그들이 영원히 잘되는 데에 꼭 필요한 것들은 고집스럽게 무시해 버립니다.

우리는 다시 한 번 어떻게 그럴 수가 있는 것이냐고 묻습니다. 우리는 사람들이 자신의 죄악된 모습에 대하여 무관심한 것은 많은 부분 본성적인 무지 탓으로 돌릴 수 있습니다. 그들은 밤이 드리워진 시대에서 살아가고 있습니다. 여러분이 이 19세기가 계몽시대라고 자랑해 보아야 아무 소용이 없습니다. 인간 본성의 타락과 관련해서는, 지금의 19세기는 1세기보다 더 계몽된 것이 티끌만큼도 없습니다. 사람들이 자신의 심령의 역병에 대해서 무지한 것은 바울 시대나 지금이나 매한가지입니다. 나는 여러분이 만나는 거의 모든 사람들이 자기가 신학에 대해서 박사라도 된 것 같이 말한다는 것을 압니다. 그러나 그것은 무지의 소치가 아니겠습니까? "허망한 사람은 지각이 없나니 그의 출생함이 들나귀 새끼 같으니라"(욥 11:12)는 말씀이 있습니다. 성령 하나님께서 어떤 사람에게 임하실 때까지는, 그 어떤 신령한 빛도 그 사람의 영혼 속으로 들어가지 않습니다. 설교, 즉 말씀을 전하는 것은 사람들을 교훈하고, 양심을 깨어나게 하며, 사람들의 마음을 감화시키는 데 효과적인 수단입니다. 그리고 신실한 설교자들이 이 나라를 오르내리며, 여러분의 집에서 닿을 만한 곳에서 말씀을 전하고 있습니다. 그런데도 왜 사람들은 인간의 죄악됨이나 전적 타락에 관한 가르침을 그 토록 깨닫지 못하고, 부인할 수 없는 사실로 받아들이고 있지 않은 것일까요? 우 리가 이 세상에서 아무리 선한 사람이라고 할지라도, 그리스도 예수 안에서 새 피조물이 되지 않는 한, 그 사람에게는 하나님을 기쁘시게 해드릴 수 있는 그 어 떤 미덕이나 은혜가 있을 수 없다는 것을 분명하게 전하면, 많은 사람들은 깜짝 놀라서, 우리를 무엇인가를 오해해서 잘못 말하고 있는 것이라고 생각하고 싶어 합니다. 나는 여러분의 영혼에 대해서 설명하기 위해서 여러분의 몸에 대해서 얘기함으로써, 하나님의 진리를 여러분 앞에 할 수 있는 한 분명하게 제시하겠 습니다. 여러분은 아마도 자신의 신체가 건강하고 아무런 문제가 없다고 생각할 것입니다. 내가 여러분이 자신의 몸과 관련해서 주장하는 모든 것들을 다 받아 들인다고 하여도, 여러분은 우리 인류의 나머지 사람들과 마찬가지로 "혈과 육" 일 뿐입니다. 그러므로 여러분이 인류를 공격해 왔던 모든 질병들에 그대로 노 출되어 있다는 것은 당연한 일이고, 아울러 속이는 일에 능한 여러분의 마음은 세상에서 가장 흉악한 죄인들이 늘 범해 왔던 그런 극악무도한 범죄들을 저지를 수 있습니다. 악한 성향은 여러분의 내면 속에 이미 잠복해 있기 때문에, 사회와 접촉하거나 사탄의 시험을 만나기만 하면, 그 즉시 표출되어 나옵니다. 이 말이 여러분에게 충격입니까? 당연히 그래야 합니다.

    우리의 심령은 위로부터 가르침을 받아서 우리 본성이 부패하고 타락해 있 음을 알게 되고 경악하게 되지만, 세상적으로 지혜로운 자들의 둔한 지각에는 그 진리의 빛이 거의 감지되지 않습니다. 하나님께서 구원하기로 작정하신 사람 들에게는 다양한 경로를 통해서 이 진리가 전해집니다. 때로는 하나님의 보내심 을 받은 설교자를 통해서 그 두려운 빛이 전해집니다. 많은 사람들은 거짓 선지 자 알무칸나(Al-Muqanna, "베일에 가려진 자"라는 뜻으로서 주후 8세기에 페르시아에서 조로아스터교와 이슬람교를 혼합한 종교를 창시함) 같이 자신의 흉측한 모습을 숨깁니 다. 여러분도 이 거짓 선지자에 대한 이야기를 알 것입니다. 알무칸나는 얼굴에 은으로 된 베일을 하고 다니면서, 만일 자기가 그 베일을 제거한다면, 세상 사람 들이 자신의 얼굴에서 나오는 광채를 보고 눈이 멀고 기절하게 될 것이라고 말 하였습니다. 하지만 사실 그는 자신의 이마에 추한 질병이 있어서, 그 흉한 모습 을 가리려고 베일을 하고 다녔던 것이었습니다. 하나님의 신실한 종들은 사람들 이 쓰고 있는 이 베일들을 찢어 버리고, 그들의 모습을 있는 그대로 드러내기 위하여 보내심을 받은 자들입니다. 이 일을 하기 위해서는 담대함이 있어야 합니다. 사람들은 자신의 음흉하고 악독한 모습을 그럴 듯하게 치장하여 베일로 가리고 살아갑니다. 그들은 이세벨처럼 스스로 자기 자신이 아름답다고 생각이 들 때까지 자신의 눈썹을 예쁘게 그려 넣고 머리를 아름답게 장식합니다. 그런 사람들에게 예후처럼 "그를 내려던지라"(왕하 9:33)고 외치는 것이 우리가 할 일입니다. 죄의 종인 사람들이 평화나 평안과 무슨 상관이 있겠습니까? 자신의 심령이 하나님 앞에서 바르지 않은 사람들이 마치 자기가 아름다운 것처럼 위장한다면, 그것이 말이 되는 것이겠습니까?

그러므로 이 땅에서 최고의 성도들조차도 자기가 죄인 중의 괴수라고 고백하지 않을 수 없는 일이 일어나는 것이 아니겠습니까? 그들의 진실성은 의심할 여지가 없습니다. 그들이 이렇게 고백할 수 있는 것은 성령으로 말미암은 것입니다. 사람들에게 죄를 깨닫게 하는 것은 성령입니다. 성령께서 사람들의 심령에 신비하지만 지극히 복된 역사를 행하실 때, 하나님이 택하신 자들 속에서 자기가 철저히 멸망 받을 자라는 깨달음이 생겨나고, 이러한 깨달음은 그들로 하여금 구속주의 희생제사로 말미암은 온전한 속량하심을 받아들일 수 있게 해줍니다. 우리는 성령의 역사가 지닌 신비를 여러분에게 설명할 수 없습니다. "바람이 임의로 불매 네가 그 소리는 들어도 어디서 와서 어디로 가는지 알지 못하나니 성령으로 난 사람도 다 그러하니라"(요 3:8). 그러나 이 한 가지는 우리가 압니다. 즉, 성령은 온갖 인간적인 소망과 의를 시들게 하여서, 우리 주 예수께서 하신 일을 믿고 의지할 여지를 만든다는 것입니다. 본성적으로 사람에게는 맹목적인 교만이 있고 교만한 맹목성이 있습니다. 하나님의 성령께서 어떤 사람에게 임하는 순간, 그 사람의 눈에서는 비늘들이 벗겨져 떨어져서, 그는 자기 자신을 완전히 다른 시각에서 보게 됩니다. 각각의 구원 받은 영혼에게 그것은 기이한 이적으로 보입니다. 나는 단순한 사람들이 이런 이야기를 자세하게 하는 것을 많이 들어 왔습니다. 새 자아가 너무나 경이로워 넋이 나가서 옛 자아에 대하여 말합니다. 어제 그 친구는 자기 자신을 모범적인 시민이자 정직한 사업가, 그리고 건전한 교인 등과 같이 자신의 이웃들이 원하는 모든 도덕적 가치를 충족시키는 사람으로 보았습니다. 그랬던 그가 오늘 자신의 모습을 보니 악하기가 이루 말할 수 없습니다. 그의 손은 온통 더럽혀져 있고, 그의 마음은 추악하며, 그의 생각들은 역겹습니다. 그는 자기가 헛된 망상 속에서 살아 왔다는 것을 깨달고서, 그런 이름을 자기에게 붙이는 것은 더할 나위 없이 창피하고 부끄러운 일이지만, 자기 자신이 위선자였다는 것을 인정합니다.

　내 친구여, 당신은 내가 찾던 바로 그 사람입니다. 나는 잡다한 군중 가운데서, 하나님의 은혜를 구하는 영혼을 찾고 있습니다. 내가 전한 말씀이 바로 당신을 두고 한 말씀이지 않던가요?

　아마도 이 순간에도 도무지 그 이유를 알 수 없는 수수께끼 같은 슬픔과 괴로움에 사로잡혀 있는 사람이 내가 전하는 말씀을 듣고 있을 것입니다. 나는 바로 그 사람을 찾았다는 것이 정말 행복합니다. 왜냐하면, 나는 하나님의 진리의 군대에 들어온 신참병을 만났다고 믿기 때문입니다. 여러분은 왜 내가 이런 말을 하는 것이냐고 물을 것입니다. 거기에 대해서는 내가 잠시 후에 여러분에게 대답해 드릴 것입니다. 영혼의 고통과 건전한 가르침 간에는 아주 긴밀한 연관관계가 존재합니다. 깊이 괴로워하고 신음해 온 사람들은 하나님의 주권적인 은혜가 얼마나 소중한지를 압니다. 왜냐하면, 그들은 자기가 얼마나 절망적인 죄인인지를 알기 때문입니다. 여러분이 자주 부르는 찬송들을 지은 조셉 하트(Joseph Hart)와 존 뉴턴(John Newton), 또는 여러분 중에서 다수가 그 전기를 읽은 바 있는 데이비드 브레이너드(David Brainerd)와 조나단 에드워즈(Jonathan Edwards)가 그 예입니다. 여러분은 오늘날 하나님의 영원하신 언약에 대해서 거의 들을 수 없습니다. 왜냐하면, 직접 성령의 가르침을 통해서 자신의 죄를 깨닫고서 그 영원하신 언약을 알게 되는 사람은 극소수이기 때문입니다. 구속의 경륜 속에서, 사람들의 마음을 조명해서 그들 자신의 죄악됨을 깨닫게 하시는 성령의 유효적 역사는 아버지 하나님이 자신의 택하신 백성을 인격적으로 사랑하신다는 것과 하나님의 아들이 그들의 죄악들을 특별히 대속하셨다는 것에 대한 확실한 증거입니다.

　　　"하나님께서 우리의 하잘 것 없는 이름들을
　　　　위에 있는 생명책에 기록해 놓지 않으셨다면,
　　　　우리는 죄책감을 느끼지도 못했을 것이고,
　　　　우리의 죄를 사하시는 하나님의 저 달콤한 사랑도
　　　　느끼지 못했을 것이라네."

여러분이 어두운 지하실을 걸을 때에는, 거기에 어떤 역겨운 것들이 숨겨져 있는지를 여러분의 눈으로 식별해 낼 수 없습니다. 지하실 문이 활짝 열리고, 낮의 햇빛이 지하실 속으로 순식간에 쏟아져 들어옵니다. 그 즉시 여러분은 차갑고 습한 바닥 위에 있는 개구리들, 긴 꽃줄 장식이 되어 있는 벽들에 걸려 있는 더러운 거미줄들, 도처에서 기어다니고 있는 더러운 벌레들을 볼 수 있습니다. 그랬을 때, 여러분은 너무나 혼비백산해서 놀라고 두렵고 공포에 사로잡혀서, 그런 것들이 없는 깨끗한 곳으로 빨리 도망치고 싶지 않겠습니까? 그러나 성령이 비추는 저 신령한 빛을 햇빛에 비유하는 것은 사실 너무 약합니다. 사람이 자신을 은폐하기 위하여 온갖 망상 속에서 두텁게 겹겹이 쌓아놓은 차폐물이 아무리 두터울지라도, 성령의 저 신령한 빛은 그것들을 다 꿰뚫고서, 사람의 심령의 가장 깊은 곳에 자리 잡고 있는 "속임"을 그대로 드러냅니다. 그때에 영혼은 너무나 괴로워서, "오호라 나는 곤고한 사람이로다 이 사망의 몸에서 누가 나를 건져내랴"(롬 7:24)고 울부짖게 됩니다. 이러한 상황에 처해졌을 때, 우리는 우리 자신에 대하여 절망하게 되고, 영원한 멸망이 바로 우리 눈 앞에 와 있다고 생각하게 됩니다. 그러나 사실은 그렇지 않습니다. 왜냐하면, 바로 그때가 소망의 길이 열리는 때이기 때문입니다. 모든 구원 받은 영혼은 사망을 통과해서 생명으로 나아와야 합니다. 우리에게 그때의 느낌을 묘사하지 말라고 요구하지도 마시고, 우리가 너무나 분명하고 생생한 그러한 경험을 아주 담담하게 설명하고 있다고 우리를 책망하지도 마십시오. 자신의 죄를 깨닫고서 살을 에는 듯한 고통을 느끼는 것, 기진맥진해 버린 심령, 소망을 붙잡으려고 안간힘을 쓰는 것, 끊임없이 엄습해 오는 두려움과 공포 — 이것은 너무나 기이한 감정들을 동반한 무시무시한 싸움입니다. 이것은 죽음에서 생명으로 건너갈 때에 우리가 겪게 되는 처절한 싸움입니다. 이 싸움이 좀 더 온건한 형태로 진행되는 경우에는, 참된 심령으로 거듭날 때에 한 가지 결정적인 큰 고통이 수반됩니다. 모든 순례자가 가는 길 앞에는 "낙심의 수렁"(Slough of Despond)이 놓여 있습니다. 그 수렁을 통과하는 데 몇 년이 걸릴지, 아니면 몇 시간이면 될지는 아무도 알지 못합니다. 갑작스러운 죽음이 종종 일어나긴 하지만, 대체로 성도들은 평화롭게 천국으로 들어갑니다. 마찬가지로, 이 땅의 교회에서도 갑작스러운 회심이 일어나기는 하지만, 통상적으로는 사람들은 점차적으로 하나님의 나라로 들어갑니다. 육신적인 나라와 신령한 나라 사이에는 커다란 깊은 구덩이가 놓여 있고, 사람들은 거기를 건너야 합니다. 여러분이 그곳을 건널 때에 만나게 되는 바람이나 기후 같은 것은 내가 말할 수 있는 것이 아니고, 그곳을 건너는 데 얼마나 걸릴지에 대한 것도 내가 말할 수 있는 것이 아닙니다. 그러나 어떤 식으로든 여러분은 그 깊고 큰 구덩이를 건너야만 합니다. 죄를 깨닫는 것이 가장 중요합니다. 이 과정은 결코 생략될 수 없습니다.

여러분은 "왜죠?"라고 물을 것입니다. 우리는 많은 이유들을 제시할 수 있을 것입니다. 우리가 그 이유들을 하나하나 제시해 갈수록, 여러분은 하나님의 은혜와 긍휼이 우리에게 얼마나 소중한 것인지를 더욱더 깨닫게 되고, 마치 불에 댄 아이가 불을 무서워하듯이, 죄가 얼마나 무서운 것인지를 더욱더 깨닫게 될 것입니다. 또한, 그 이유들은 여러분에게 인내해야 한다는 것을 가르쳐 줄 것입니다. 왜냐하면, 장래에 있을 그 어떤 시련도 죄로 인한 시련만큼 혹독한 것은 없다는 것을 여러분이 알게 될 것이기 때문입니다. 그러나 그 이유들이 무엇이든 간에, 여러분이 확실히 알 수 있는 것은 그 어떤 영혼도 자신의 죄악됨을 깨닫지 않고서는 결코 구원 받을 수 없다는 것입니다.

2. 둘째로, 깨어난 영혼들은 깨끗함을 얻기 위하여 효과도 없는 수많은 수단들을 사용합니다.

욥은 자기가 "눈 녹은 물로" 자신의 "몸을 씻고," 자신의 "손을" 더할 나위 없이 깨끗하게 씻었다고 말합니다. 욥의 말을 듣고 있노라면, 내가 전에 행하였던 헛된 노력들이 생각납니다. 그때에 나는 내 영혼을 깨끗하게 하기 위해서 무수히 많은 실험들을 시도했었습니다! 그러나 나의 모든 시도들은 다른 모든 사람들의 경우와 마찬가지로 다 실패했습니다. 쳇바퀴 위에 있는 다람쥐를 보십시오. 이 불쌍한 녀석은 쳇바퀴 위에서 매번 위로 올라가려고 무진 애를 쓰지만, 단 1센티도 위로 올라갈 수 없습니다. 자신의 선한 행위나 그 밖의 다른 수단을 통해서 스스로 구원을 얻고자 하는 죄인들도 마찬가지입니다. 그들이 아무리 땀 흘리고 애를 써도, 다 헛수고가 됩니다. 아무 짝에도 소용없는 이 허드렛일을 하느라고 사람들이 얼마나 애쓰는지를 보면, 그저 놀라울 따름입니다. 사람들은 새벽에 드리는 "미사"에 참석하기 위해서 동이 트기도 전에 일어납니다. 사람들은 근엄하고 진지하게 금식을 합니다. 사람들은 시간을 아끼지 않고 기도를 하고, 자신의 죄를 씻기 위해 온 힘을 다해 보속을 행합니다. 우리는 그런 그들의 진정성에 대해서 의문을 제기할 수밖에 없는 것이 유감입니다. 성공회에 속한 많은 사람들이 그들 자신의 의를 세우기 위하여 너무나 모범적인 열심으로 이 모든 일들을 행하는 것을 보고 있노라면, 그저 놀라울 따름입니다. 그들은 자신들을 보편교회(catholic)라고 자처하면서, 보편교회라면 결코 허락하지 않을 예식들을 행합니다. 그들은 보수를 받지도 않고 이런저런 부서에서 지치지도 않고 부지런히 일하면서, 그 일들이 하나님이 결코 명령하신 적이 없는 일들이라는 것도 모른 채로, 상을 받을 것이라는 소망을 품습니다. 그들은 자기가 한 어떤 일이 성경에서 옳다고 말하고 있다는 증거가 없는데도, 모든 일에서 자기는 의롭다고 너무나 확신에 차서 기뻐합니다. 어리석은 자들이 하나님의 율법이나 거룩한 복음에 의해서 전혀 인정받지도 않은 그들 자신의 의를 만들어 내기 위하여 얼마나 애를 쓰고 심혈을 기울이는지는 우리가 거의 믿을 수 없을 정도입니다. 그들은 은혜로 구원 받는다는 가르침을 받아들이기보다는 차라리 자신의 몸이 산 채로 매장되거나, 자신의 전 재산을 가난한 자들에게 나누어 줌으로써 구원 받고자 하는 쪽을 택합니다.

사람들은 자신의 죄를 사함 받고, 그들 자신의 의를 굳건히 세워서, 마음의 평안을 얻기 위해서, 온갖 독창적이고 기발한 방법들을 생각해 냅니다. 욥은 자기 몸을 "눈 녹은 물"로 씻었다고 말합니다. 이 말 속에 어떤 뜻이 담겨 있다는 것은 의심의 여지가 없습니다. 왜 욥은 하필이면 "눈 녹은 물"이라는 표현을 사용한 것일까요? 아마도 그 첫 번째 이유는 눈 녹은 물은 구하기 어려웠기 때문일 것입니다. 일반적으로 말해서, 눈 녹은 물보다는 흐르는 시내에서 물을 떠오는 것이 훨씬 쉬운 일입니다. 사람들은 아주 힘들게 얻거나 이룬 일에 높은 가치를 부여합니다. 이른바 기독교 세계에 속한 대다수의 사람들이 거창하고 장엄한 예식들이 수반된 예배를 선호하는 이유는 무엇이겠습니까? 그들은 세상에서 보기 드물게 장엄한 예식에 참여하면서, 자기가 대단한 예식에 참여하고 있다는 만족감을 얻게 되기 때문이 아니겠습니까? 교황이 미사를 집전하는 성당에 들어가서, 거기에서 행해지는 예식들을 한번 이해하고자 해보십시오. 많은 사람들이 붉고 흰 옷을 입거나 좀 더 어두운 색의 옷을 입고서, 도대체 무엇을 하고 있습니까? 많은 사람들이 여러 가지 기구들을 다루고, 한쪽 무릎을 꿇고, 부복하고, 향로를 흔들고, "천군천사들"이 높은 곳에서 노래하는 광경을 한번 보십시오. 이러한 일련의 상징들은 오랜 세월에 걸쳐서 결합되어 굳어진 것들입니다. 도대체 이러한 것들은 많은 돈이 들어갔다는 것과 복잡하고 현란하다는 것 외에 그 어떤 가치를 지니고 있는 것입니까? 우리의 개신교 친구들은 가톨릭보다는 좀 더 온건한 편이어서, 파이프 오르간과 오케스트라를 "눈 녹은 물"로 사용합니다. 나는 예배 음악에 대해서는 조심스럽게 말할 수밖에 없습니다. 왜냐하면, 나도 여러분 모두가 알고 있는 시편들과 신령한 노래들을 너무나 좋아하고, 그런 음악들에 대해서는 뜨거운 열심이 있습니다. 우리가 그런 찬송들을 부르거나 들을 때, 내 영혼은 그 가사와 운율을 날개 삼아서 천국의 입구 바로 앞까지 날아갑니다. 그러나 여러분에게 그런 음악들이 여러분의 진실한 기도와 찬송이 될 수만 있다면, 나는 그 음악들을 어떤 악기로 연주하는가 하는 것은 아무런 상관이 없다고 생각합니다. 하지만 나는 복음의 내적인 진실성을 담아낼 수 있으려면, 우리 눈에 보이는 그릇은 소박하고 단순할 수밖에 없다고 믿습니다. 음악이 어렵다고 해서, 더 나은 찬송이 되는 것은 아닙니다. 아니, 도리어 음악이 단순하고 누구나 따라 부를 수 있는 것일수록, 훨씬 더 나은 찬송이 됩니다. 욥의 시대에 "눈 녹은 물"이 왕들이 목욕할 때에 사용하는 물로 생각되었듯이, 값비싸고 호화로우며 복잡한 예배 형태는 많은 사람들의 이목을 끌 수 있습니다. 그러나 그런 예배는 결국 사람들을 오도할 가능성이 높은 무가치한 것입니다.

또한, "눈 녹은 물"은 깨끗하기로 정평이 나 있었습니다. 여러분이 자연스럽게 걸러진 물을 얻고 싶으시다면, 방금 떨어진 눈을 모아서 녹여 보십시오. 따라서 "눈 녹은 물"이라는 비유는 지극히 엄격한 종교성, 즉 가장 순수하고 거룩한 것을 추구하는 종교성을 나타냅니다. 사람들에게 결코 가능할 수 없는 그런 종류의 경건, 죽을 수밖에 없는 존재인 인간의 한계를 뛰어넘는 경건, 그런데도 하나님의 은혜로 이루어진 것이 아닌 경건을 추구하는 것은 헛된 쇼일 뿐입니다. 우리가 가장 순수한 예식들을 사용하고, 최고의 선행들과 가장 값비싼 예물들을 하나님께 바친다고 하여도, 우리는 우리 자신을 하나님 앞에서 깨끗하게 할 수 없습니다. 여러분이 흠과 점이 하나도 남아 있지 않게 되었다고 생각될 때까지 여러분 자신을 씻을지라도, 여러분은 깨끗해질 수 없고 더러울 수밖에 없습니다. 여러분은 엄격한 규칙들을 정해 놓고, 그것들을 지킴으로써 많은 만족을 얻을 수 있을 것입니다. 그렇지만 여러분의 본성이 지닌 더러움은 여전히 여러분에게 남아 있을 수밖에 없습니다. 여러분이 주 예수를 믿기를 거부하고서, 자신의 모든 지혜를 다 동원해서 인간적인 방법을 고안해 내서 완벽하게 실천했다고 할지라도, 여러분은 하나님이 정해 놓으신 방법대로 행한 것이 아니기 때문에, 여러분이 행한 것들은 다 소용이 없게 될 것입니다.

또한, 사람들이 이렇게 "눈 녹은 물"을 높이 평가한 이유는 그 물이 땅의 흙덩어리들로부터 솟아나온 것이 아니라, 하늘의 구름에서 내려온 것이기 때문일 것입니다. 초자연적인 것의 외관을 띠는 종교성은 많은 사람들을 사로잡습니다. 어떤 사람들은 "사도적 계승"이라는 말을 좋아합니다. 왜냐하면, "사도적 계승"이라는 말은 하늘로부터 온 것이라고 주장하는 말이기 때문입니다. 하지만 그 말이 꿈나라에서 유래했다는 것은 의심의 여지가 없습니다! 또 어떤 사람들은 교황에게 홀려 있습니다. 그들은 교황 성하(His holiness the Pope)는 하나님의 은혜가 가득 담겨져 있는 큰 저수지이고, 그 은혜들은 추기경들이라 불리는 큰 도관들과 주교들이라 불리는 좀 더 작은 도관들, 그리고 마지막으로는 사제들이라는 더 작은 도관들을 통해서 신자들에게 차고 넘치게 부어지는 것이라고 여깁니다. 이러한 논리는 너무나 허무맹랑한 것인데도 불구하고, 많은 사람들이 그 논리에 속습니다. 거기에는 지각 있는 사람들을 위한 평안이 없습니다. 당신들이 준비한 "눈 녹은 물"은 지각 있는 사람들에게 위로가 될 수 없습니다. 왜냐하면, 그들은 외적인 행위들이 사람의 마음을 성결하게 할 수 없다는 것을 알기 때문입니다.

> "이 땅에서 행해지는 온갖 외적인 형태들이나,
> 하나님이 주신 온갖 예식들이나,
> 사람의 뜻이나 혈통이나 신분이나,
> 그런 것들은 한 영혼을 천국으로 들어올릴 수 없다네."

"내가 내 손을 아무리 깨끗하게 씻는다고 할지라도"라는 어구는 히브리어 원문을 보면 특히 생생한 표현입니다. 히브리어 본문에서 이 어구는 "손을 잿물에 씻어 깨끗하게 한다"는 뉘앙스를 지니고 있습니다(한글개역개정에서는 이러한 뉘앙스를 살려서 번역하고 있다 — "잿물로 손을 깨끗하게 할지라도"). 동방 사람들은 자신의 손에 숯검댕이가 묻어서 잘 지지 않을 때에는 잿물로 손을 씻어서 깨끗하게 하는 것이 보통이었습니다. 전해지는 얘기에 의하면, 살해된 사람의 피의 흔적은 마룻바닥에 들러붙어 있다고 합니다. 즉, 사람을 죽였을 때에 마룻바닥에 떨어진 피는 결코 지워지지 않는다는 것입니다. 죄로 물든 심령도 마찬가지입니다. "네 옷단에는 죄 없는 가난한 자를 죽인 피가 묻었나니"(렘 2:34)라는 예레미야의 말은 정말 끔찍한 말입니다. 여러분이 세례를 받을 때에 여러분의 죄가 깨끗해지기 시작해서, 견진성사를 받게 되면 더 깨끗해지고, 그 밖의 다른 "성사들"을 통해서 온전히 깨끗함을 받을 수 있다고 생각한다면 여러분은 자신의 어리석음으로 인해서 거짓말들에 계속해서 속아넘어가고 있는 것입니다. "내가 눈 녹은 물로 몸을 씻고 잿물로 손을 깨끗하게 할지라도 주께서 나를 개천에 빠지게 하시리니 내 옷이라도 나를 싫어하리이다." 이것은 한 사람의 증언이지만, 참된 증언입니다. 전능자께서 그 참됨을 인정하시고, 모든 사람들의 경험이 그 참됨을 확증해 줍니다. 여러분이 "피흘림이 없은즉 사함이 없느니라"(히 9:22)고 말씀하고, "그 아들 예수의 피가 우리를 모든 죄에서 깨끗하게 하실 것이요"(요일 1:7)라고 말씀하고 있는 복음의 위대한 진리를 무시하지 않는다면, 여러분은 스스로 자기 자신을 깨끗하게 하고자 하는 이러한 쓸데없는 실험들을 끝내야 합니다. 오직 하나님만이 죄를 제거하실 수 있으신데, 하나님은 예수의 피를 통해서 그렇게 하십니다.

3. 셋째로, 하나님은 잘못된 방식으로 자신을 깨끗하게 하고자 하는 영혼들을 더러운 구덩이 속으로 더 깊이 밀어넣으십니다.

이것은 끔찍한 곤경입니다. 나는 이 구절을 좀 더 면밀하게 살펴보고서, "나를 개천에 빠지게 하시리니"라는 구절이 "하나님이 나를 내 머리가 다 잠길 때까지 시궁창에 처박으신다"는 뉘앙스를 지니고 있다는 것을 발견했습니다. 즉, 하나님께서 어떤 사람을 "개천에 빠지게" 하셨을 때, 그 사람은 단지 더러운 개천에 빠져서 온 몸에 더러운 물이 튀는 정도로 끝나는 것이 아니라, 그 사람의 전 존재가 깊은 낙심의 수렁에 푹 빠져서, 그의 눈과 귀와 입에 온통 오물을 뒤집어쓰게 되고, 그의 옷에서는 악취가 진동해서, 그가 자기 자신을 철저히 혐오할 정도가 된다는 것입니다. 아주 훌륭한 욥기 주석서를 펴냈던 청교도 주석가 조셉 카릴(Joseph Caryl)은 "내 옷이라도 나를 싫어하리이다"라는 구절의 원문이 지닌 뉘앙스는 영어로 표현하자면, "우리는 그런 사람을 집게를 사용해서 만지는 것조차 질색이다"라는 말이 될 수 있을 것이라고 하였습니다.

자기 자신의 선한 행위들을 통해서 더 나아져 보고자 하는 사람들에게서 흔히 이런 일이 일어납니다. 왜냐하면, 그들이 그런 시도를 하면 할수록, 그들의 양심은 깨어나기 때문에, 그들은 이전보다 점점 더 분명하게 자신의 죄를 깨닫게 되기 때문입니다. 어떤 택함 받은 사람이 자신의 의를 통해서 자신의 죄로부터 자기 자신을 건져 내고자 애쓸 때, 하나님께서는 그 사람으로 하여금 자신의 마음이 어떠한지를 볼 수 있게 해주셔서, 모든 자랑을 그치게 만드십니다. 여기에서 "개천"으로 번역된 단어는 어떤 역본들에서는 "썩어짐"으로 번역합니다. 이 단어는 시편 16편 10절에도 나옵니다: "주께서 주의 거룩한 자로 썩어짐을 보지 않게 하실 것임이니이다"(KJV, 한글개역개정에는 "주의 거룩한 자를 멸망시키지 않으실 것임이니이다"로 되어 있음). 스스로 깨끗해지고자 하는 자들이 얼마나 비참해지고 창피를 당하며 불명예를 안게 될 것인지를 이 구절보다 더 강력하게 표현하는 것은 불가능할 것입니다. "주께서 나를 구덩이에(또는, 썩어짐에) 내던지시리니"(KJV, 한글개역개정에는 "주께서 나를 개천에 빠지게 하시리니"). 이 구절을 읽으면, 우리는 마치 하나님께서 자기 백성으로 하여금 그들이 스스로의 힘으로 그들 자신의 죄를 씻으려고 함으로써 하나님 앞에서 더욱더 악한 자가 되고 있다는 것을 알게 하시는 일을 친히 하고 계신다는 인상을 받게 되지 않습니까? 우리는 예레미야 2장에서 하나님께서 유다 백성에게 따끔하게 충고하시는 말씀을 읽습니다: "주 여호와의 말씀이니라 네가 잿물로 스스로 씻으며 네가 많은 비누를 쓸지라도 네 죄악이 내 앞에 그대로 있으리니"(2:22).

우리는 비록 고난을 통과할 때에 우리가 그렇게 하고 있다는 것을 알지도 못하는 존재들이지만, 그 고난을 하늘에 계신 우리 아버지의 사랑의 징계로 여길 수 없겠습니까? 우리는 요한계시록에서 주께서 라오디게아 교회에 보내신 편지 속에서 이것보다 더 혹독하면서도 자애로운 훈계가 있을까 하는 생각이 들 정도로 혹독함과 자애로움이 동시에 깃들어 있는 훈계를 봅니다: "네가 말하기를 나는 부자라 부요하여 부족한 것이 없다 하나 네 곤고한 것과 가련한 것과 가난한 것과 눈 먼 것과 벌거벗은 것을 알지 못하는도다 내가 너를 권하노니 내게서 불로 연단한 금을 사서 부요하게 하고 흰 옷을 사서 입어 벌거벗은 수치를 보이지 않게 하고 안약을 사서 눈에 발라 보게 하라"(계 3:17-18). 하나님께서 "차지도 아니하고 뜨겁지도 아니한"(계 3:15) 자신의 백성을 역겨워 하셔야 마땅한데도, 도리어 "내가 너를 권하노니"라고 온유하게 말씀하시는 것을 보십시오. 그런 후에, 하나님께서는 마치 앞서 혹독하고 심하게 질책하신 것에 대해 미안하시다는 듯이, 지극히 따뜻하고 황홀한 격려의 말씀을 이어가십니다: "무릇 내가 사랑하는 자를 책망하여 징계하노니 그러므로 네가 열심을 내라 회개하라"(계 3:19). 이렇게 하나님께서는 그들의 처참하게 죄악된 상태를 드러내신 후에, 그들을 사랑하셔서 그렇게 하시는 것이라고 설명하시고, "볼지어다 내가 문 밖에 서서 두드리노니"(계 3:20)라고 말씀하심으로써 자기가 그들에게 곧 은혜를 베푸실 것을 보여주시는 것으로 권면을 끝마치십니다. 어쨌든 하나님께서는 그들이 차지도 않고 뜨겁지도 않은 어중간한 태도를 취하는 원인이 되고 있는 그들의 헛된 자부심을 부수시고자 하십니다. 하나님은 자기가 택하신 자들이 자기의에 빠져서 교만한 채로 있는 모습을 너무나 싫어하시기 때문에 그런 그들을 그대로 내버려 두실 수 없으십니다.

나의 친구들이여, 내가 지금 설명하고자 하는 경험은 하나님의 말씀을 들을 때에 여러분에게 일어날 것입니다. 이 설교는 여러분을 낙심하게 하고 혼란스럽게 할 수 있습니다. 여러분의 소망은 큰 나무처럼 무성하게 자라오고 있었는데, 이 설교는 그 나무의 모든 잎사귀들을 시들게 합니다. 하지만 여러분의 자기의(自己義)라는 가지는 또다시 물의 기운을 받아서 자라나겠지만, 여러분이 다음번에 듣는 설교는 여러분의 자신감이라는 줄기를 시들게 할 수 있습니다. 또 다른 설교가 곧이어서 그 나무의 뿌리 자체를 베어 버린다면, 그 사역은 여러분에게 유익이 될 것입니다. 왜냐하면, 교만의 뿌리는 베어져야 하기 때문입니다. 이것은 하나님께서 아직 온건한 방법으로 여러분을 대하시는 것이라는 내 말을 믿으십시오. 나는 하나님께서 여러분에게 더 혹독한 방법들을 사용하지 않아도 되실 것이라고 믿습니다.

우리의 크신 하나님께서는 제멋대로 행하고자 하는 어떤 가련한 영혼들이 자기 뜻대로 행하여 그 열매를 먹도록 내버려 두시는 일이 흔한데, 이것은 하나님이 자기 백성을 구덩이에 내던지는 여러 가지 방법들 중에서 가장 혹독한 방법입니다. 그들은 잘못된 방법으로 더 열심히 의를 추구해 나갈수록, 자기가 짓지 않고자 하는 바로 그 죄 속으로 빠져듭니다. 내가 아는 한 청년은 하나님의 도우심으로 말미암아, 자기가 오늘부터는 어제까지의 자기와는 완전히 다른 사람이 되겠다고 결심했습니다. 그는 이렇게 단단히 결심하고서, 새벽에 기도를 드리는 것으로 하루의 삶을 시작하였습니다. 그는 자기가 선하고 편안한 사람이 되었다고 느꼈고, 점점 더 선해지고 있다고 온전히 확신하였습니다.

그는 평소처럼 가게로 갔지만, 그의 생각은 더 이상 땅에 속한 것들에 머물러 있지 않았습니다. 그는 자기가 하늘의 땅을 밟고 서 있다고 느꼈습니다. 그는 "눈 녹인 물"을 가져와서 자신의 손을 씻었기 때문에, 자기가 놀라울 정도로 깨끗해졌다고 생각하기 시작하였습니다. 저녁 무렵이 되자, 갑자기 한 가지 시험이 그의 길을 가로막아 섰습니다. 그는 처음에는 저항해 보았지만, 그 시험을 이기기에는 역부족이라는 것이 드러났습니다. 또 한 청년은 자기가 하나님의 뜻을 따라 살겠다고 결심을 하였지만, 자신의 양심과 한 약속을 깨뜨리고 어그러진 길로 가서, 하나님의 얼굴빛이 비치지 않는 유흥의 장소에 갔습니다. 그가 아침에 일어나서 자신의 모습을 보았을 때에 얼마나 비참했을지는 우리가 어떻게 말로 표현할 수가 없습니다. 그는 자신의 발이 수렁에 깊이 빠졌고, 그의 옷이 온통 더럽혀졌다고 느꼈습니다. 만약 그러한 위태로운 추락이 없었다면, 그의 타락한 본성의 은밀한 곳에 숨어 있던 그의 헛된 자부심이 밖으로 드러나지 않았을 것입니다.

아마도 저쪽에 영적인 곤경들에 대하여 잘 아는 한 신앙 좋은 자매가 앉아 있을 것입니다. 당신은 저 유명한 칼빈주의 설교자였던 윌리엄 헌팅턴(William Huntington, S. S.)의 부인 메리 헌팅턴(Mary Huntington)에 대해서 들어본 적이 있으십니까? 자신의 부인을 위해 많은 사랑을 가지고 기도했던 그는 하나님 앞에서 이렇게 기도했습니다: "하나님, 그녀를 위한 나의 기도를 제발 들어주십시오. 그녀가 모세에게 늘 큰 애착을 가지고서, 주께서 무한하신 지혜와 은혜 가운데서 우리로 하여금 알게 하는 것이 합당하지 않다고 생각하셨던 모세의 무덤이 어디 있는지를 찾아내기 위하여 얼마나 열심히 그 쓸데없는 헛수고를 해 왔는지를 주는 아십니다." 여러분은 한 세기가 지나서 공개된 이 기도를 기억해 둘 필요가 있습니다. 왜냐하면, 이 기도는 "메리" 사모도 당시에 신앙 좋은 많은 부인들과 마찬가지로 "자아"의 누더기와 유물들을 수집하는 것을 좋아했었다는 것을 보여주기 때문입니다. 가능하기만 했다면, 그녀는 적어도 자기의로 범벅이 되어 있는 앞치마를 두르고자 했을 것입니다. 하나님께서 자신의 여종들이 그런 식으로 살아가기를 원하지 않으십니다. 그들은 "자아"를 완전히 버려야 합니다.

우리의 삶 속에서 우리는 사소한 일들로 화를 내고 짜증을 내게 됩니다. 우리를 짜증나게 만드는 사소한 일들이 우리의 평안을 무너뜨립니다. 사랑하는 자매들이여, 여러분 중에는 좁은 테두리 내에서만 시간을 보내고 생각을 하며 살아가는 분들이 꽤 있습니다. 나는 여러분이 그런 식으로 살아가는 것에 대하여 정말 애석하게 여기는 마음을 금할 수가 없습니다. 여러분에게는 자신의 지경을 넓혀서 더 큰 물에서 활동할 생각은 하지 않고, 그 좁은 테두리 내에서 편안하게 지내기만을 바라는 마음이 아주 강합니다. 여러분이 해야 할 일들을 능력이 닿는 한 최대한으로 하고자 하는 것이 여러분의 목표가 되어야 합니다. 그럴 때에만 여러분은 존귀하게 대접 받을 자격이 있게 됩니다. 여러분 중에는 많은 시간을 혼자 보내야 하는 분들이 많기 때문에, 여러분에게 오는 시험들은 특별합니다. 여러분은 어떤 특별한 염려들에 의해서 정신이 산만하게 되는 일이 없이, 조용히 묵상하는 가운데 가사 일들을 하며 많은 조용한 시간들을 보내며 살아갑니다. 그럴 때에 여러분은 여러분 자신과 화목하게 잘 지내는 것이 보통입니다. 그리고 얼마 후에 저녁 어스름이 드리워지기 시작합니다. 이 저녁 시간에 대하여 쿠퍼(Cowper)는 이렇게 감미롭게 노래합니다:

> "저녁이여, 평화의 때여, 또다시 오라,
> 감미로운 저녁이여, 어서 돌아와서 오랫동안 내 곁에 머물러다오."

여러분은 밖에 나갔다가 일을 끝마치고 저녁 식사를 하고 편히 쉬기 위하여 집으로 돌아오는 남편을 맞을 준비를 다 마쳤습니다. 나의 자매들이여, 아마도 이 때가 바로 여러분이 시험을 받게 되는 때일 것입니다. 여러분은 남편과 마음을 나누며 이 평화를 유지하기를 바라서 고대하며 기다렸지만, 여러분에게 오는 것은 남편의 거친 말투와 쓸데없는 불평과 무미건조한 시선뿐입니다. 이때에 여러분에게는 억울하다는 생각이 올라와서, 갑자기 화가 납니다. 이런 반응은 아주 자연스러운 것일 수 있지만, 여러분이 낮 동안에 자기가 굉장히 선하다고 느꼈던 것을 다 무너뜨려 놓습니다. 여러분은 속으로 화를 내면서, 자기가 고상하다고 느꼈던 낮시간의 달콤한 꿈이 다 무너지는 것을 보고서, 배신감을 느낍니다. 여러분은 갑자기 감정이 격해져서, 남편에게 분노가 담긴 말들을 해댑니다. 여러분은 자기가 한 그런 말들을 기억하고 싶지 않을 것이지만, 그 말들은 다 여러분의 심령 속에 기록됩니다. 그래서 여러분은 낙심의 구덩이 속으로 떨어집니다. 그후로 여러 날 동안 여러분은 자기 자신을 용서할 수 없다고 느낍니다. 여러분은 이렇게 구덩이로 굴러떨어진 후에, 자기의라는 여러분의 두터운 껍데기가 너무나 초라해 보여서, 스스로 자조하며 자기 자신을 용서할 수가 없는 것입니다.

이런 식으로 우리는 다른 모든 일들 속에서도 자기가 고상해 보였다가 너무나 초라해 보였다가 하는 것을 반복합니다. 어떤 사람들은 자기부인이나 놀라운 믿음이라는 대단한 것들을 해냄으로써 자신의 죄를 깨끗이 씻어내고자 합니다. 사람들은 예수의 피 없이 자기가 깨끗해졌다고 생각하고 심지어 자랑하기까지 하지만, 그들의 죄는 여전히 있습니다. 우리는 우리 자신의 분별력과 판단력의 눈을 흐리게 하고 속여서, 우리가 깨끗해졌다고 생각합니다. 그러나 그 눈에 덮혀 있던 비늘이 점점 얇아지거나, 빛이 더 강해지면, 우리의 양심은 그런 생각이 착각이라는 것을 알게 되고, 인간의 노력으로는 저 저주받은 죄의 얼룩을 씻어낼 수 없다는 교훈을 배우게 됩니다. 우리는 우리 자신을 죄에서 깨끗하게 하는 것을 가지고 장난쳐서는 안 되고, 하나님을 만족시킬 수 없는 것들로 우리의 양심을 만족시킬 수 있을 것이라는 헛된 소망을 품어서도 안 됩니다.

감상적인 성향을 지니고 있고 혼자서 생각하는 것을 좋아하는 사람들은 내면의 느낌에서 의를 찾으려고 하는 경향이 있습니다. 나는 여러분에게 이러한 부류의 신앙인들에 대해 설명을 드리고자 합니다. 이런 사람들은 잘못이나 흠을 찾고자 하는 것을 거부하는 의를 추구하기 때문에, 순간순간 어떤 것들이 그들에게 기쁨의 느낌이나 근심의 느낌을 주는지를 관찰해서, 그들의 본성에 사랑스러운 것들을 받아들이고 계발해 나갑니다. 그렇지만 그들의 본성에 사랑스러운 것들은 그들이 아주 예민한 고민 속에서 그들 자신의 병든 심령을 달래 주는 것들만을 선별해 낸 것들입니다. 그런데 어떻게 그런 것들이 깨끗할 수 있겠습니까! 그들은 자신의 마음의 느낌과 틀(feelings and frames of mind)에 의거해서 살아가고자 애씁니다. 하지만 그러한 느낌들은 더할 나위 없이 기만적이고 속이는 것들이 아닙니까? 여러분의 마음의 틀과 느낌은 바다가 맑은 날들에는 아주 미끄러지듯이 순탄하게 항해할 수 있지만, 그렇지 않은 때에는 냉혹하게 여러분의 배를 난파시키는 것처럼 그렇게 기만적이기 때문에, 결코 믿고 의지할 만한 것이 될 수 없습니다. 여러분은 어느 날에는 신앙의 열심이 활활 타올라서 얼굴이 붉게 흥분되어 있다가도, 다음날에는 여러분의 입술이 얼어붙어서 기도조차 나오지 않고, 여러분의 신앙은 냉랭하고 완전히 죽은 것 같이 느껴집니다. 여러분에게 느껴지는 증거들은 암울한 것들뿐이어서, 여러분은 자기에게는 신앙이

하나도 없다고 생각하게 되고, 낙심에 사로잡혀서, "내게는 아무런 소망도 없구
나"라고 탄식합니다. 자기 자신 속에서 죄가 만들어 내는 징후들을 보면서 죄에
눌린 영혼은 궁지에 몰려서, 이런저런 묘약들을 처방해서 기도해 보지만, 어떤
때는 조금 나아진 것처럼 느끼다가도 이내 전보다 훨씬 더 악화된 것처럼 느낍
니다. 그러므로 나는 여러분이 느낌을 의지하는 것에서 벗어나서 믿음으로 나아
가고, 내면의 느낌을 바라보는 것에서 벗어나서 주 예수께서 단번에 이루신 일
을 바라보는 것으로 나아갈 수 있게 되기를 바랍니다.

　　가엾은 욥은 발바닥부터 정수리까지 온통 아주 심한 종기가 났습니다. 욥기
에는 그가 사람을 보내 의사를 불렀다는 말이 나와 있는 것은 아니지만, 그는 틀
림없이 그렇게 했을 것이고, 의사는 그에게 "눈 녹은 물"로 몸을 씻으면 고통이
완화될 것이라고 처방해 주었을 것입니다. 그가 그 처방대로 했을 때, 그의 손은
아주 깨끗하게 된 것으로 보입니다. 어쨌든 의사의 처방과 "내가 눈 녹은 물로
몸을 씻고 잿물로 손을 깨끗하게 할지라도"라는 구절은 어느 정도 상관관계가
있을 것입니다. 하지만 어느 한 부분이 깨끗해졌다고 해서, 전체가 다 깨끗해진
것은 아닙니다. 욥의 몸의 나머지 부분에 여전히 종기들이 남아 있다면, 손이 깨
끗하게 된 것은 그리 중요한 것이 아닙니다. 바로 이것이 사람들이 스스로의 힘
으로 자신의 죄로부터 깨끗해지기 위하여 행하는 여러 불완전한 방법들에 대하
여 내가 여러분에게 지적하고자 하는 또 다른 측면입니다. 여러분은 예수를 믿
는 믿음으로 행할 때까지는 잘못된 치료를 하고 있는 것입니다. 하나님의 은혜
외의 모든 치료법은 단지 흉내만 내는 것들이기 때문에 결코 여러분의 질병을
고칠 수 없습니다. 유다 왕 아사는 발에 병이 났습니다. 그는 그 병을 하나님께
가지고 나아가지 않고, 의사들에게 보였습니다. 그래서 그는 결코 회복될 수 없
었지만, 욥은 하나님이 고쳐 주셔서 완벽하게 건강을 회복하였습니다. 그가 병
에 걸려 있었을 때, 친구들이 와서 거저 이런저런 조언들을 해주었지만, 그것은
감사할 만한 일이 아니었습니다. 욥은 자신의 세 친구들에 대해서, "너희는 …
다 쓸모 없는 의원이니라"(13:4)고 말하였습니다. 내가 지금까지 자주 반복해서
말해 왔던 비유가 떠오릅니다: "주께서 나를 개천에 빠지게 하시리니 내 옷이라
도 나를 싫어하리이다." 세상에서 가장 지혜로운 자들이 온갖 말을 해주고 온갖
것을 행하였는데도, 이 가엾은 죄인의 형편은 처음보다 더 악화되어 있습니다.
하나님께서 개입하실 때까지는, 모든 것이 헛될 뿐입니다.

우리는 자신의 형편을 이렇게 묘사한 사람이 하나님께서 "그와 같이 온전하고 정직하여 하나님을 경외하며 악에서 떠난 자는 세상에 없느니라"(1:8)고 칭찬하셨던 바로 그 사람이라는 사실을 잊지 않아야 합니다. 이것은 성령의 조명을 받지 않은 사람들에게는 수수께끼 같은 일입니다. 욥은 자기 세대에서 의로운 자로 이름난 인물이었지만, 하나님의 얼굴빛은 욥의 심령의 흉한 모습을 그대로 드러내었습니다. 이것은 욥이 위선자였다는 것을 증명해 주는 것입니까? 결코 그렇지 않습니다. 욥의 친구들은 그렇게 의심할 만한 하등의 근거가 없는데도, 욥을 위선자로 규정하였습니다. 그들은 이 어려운 문제를 제대로 풀 수가 없었던 것입니다. 만일 욥의 신앙과 인격이 지극히 견고한 것이 아니었거나, 그의 고상함이 아주 대단한 것이 아니었거나, 하나님을 향한 그의 신앙과 경건이 사람들에 대한 그의 태도를 통해서 확고하게 입증된 것이 아니었거나, 한 마디로 말해서, 그의 신앙 인품이 지극히 완전한 것이 아니었다면, 그의 고난과 거기에서 그가 건짐을 받은 일은 그후의 모든 세대에 큰 영향을 준 놀라운 교훈이 될 수 없었을 것입니다. 그는 처음에 아주 건강하고 형통하며 의롭기로 소문난 매력 있는 인물로 우리 앞에 등장합니다. 그러나 인간의 무상함이여! 하나님께서 그 손가락으로 한 번 만지시자, 욥의 육신은 온통 종기로 곪아 터진 상태로 변하고, 하나님께서 그 눈으로 한 번 그를 꿰뚫어 보시자, 인간 본성의 총체적인 타락상이 뚜렷이 드러나서, 욥은 "티끌과 재 가운데서" 자기 자신을 혐오합니다. 그렇다면, 그 다음 수순은 무엇일까? 철저한 파멸? 아닙니다. 친구들이여, 그 다음은 온전한 구속입니다.

**4. 넷째로, 깨어난 영혼은 이러한 혹독한 훈련을 통해서
자신의 구원을 위해 오직 하나님만 바라보게 됩니다.**

이것이 내가 전하고자 하는 마지막 대지이지만, 이것을 자세하게 설명할 시간은 내게 주어져 있지 않습니다. 내가 원하는 것은 하나님의 진리의 빛이 여러분의 마음에 한순간에 번개처럼 비칠 수 있다는 것입니다. 저기에 절망 속에서 어떻게 할 줄 몰라 하는 분이 앉아 계십니다. 왜냐하면, 그는 자신의 이상한 체험들로 인해서 당혹스럽고 혼란스러워서 거기에서 빠져나오려고 무진 애를 쓰지만, 그렇게 할수록 그의 형편은 더욱 악화되어 갈 뿐이기 때문입니다. 만일 내가 위로하려고 하여, 아무리 친절하고 부드러운 말로 위로한다고 할지라도, 그는

무조건 다 거부할 것입니다. 왜 그럴까요? 그는 자기를 정죄하시는 분이 하나님 이시라는 것을 알기 때문입니다. 영국의 법정에서는 재판관이 죄수를 단죄할 때, 죄수는 자기를 감싸주는 변호인의 달콤한 말로부터 얼마간의 위로를 얻을 수 있습니다. 그러나 잘 들어 보십시오! 하나님께서는 "그들을 의롭다 하십니다" (cf. 롬 8:30). 하나님께서는 누구를 의롭다고 하시는 것입니까? 바로 불경건한 자들입니다! 하나님은 먼저 그들 자신의 양심 속에서 그들을 정죄하신 후에, 그의 은혜를 따라 그들을 의롭다고 하십니다. 내가 내 자신 속에서 사망 선고를 받고 있다면, 그것은 내 구주 안에서 내가 구원 받게 될 전조입니다. 나의 형제들이 여, 하나님의 빛이 여러분의 영혼에 비쳤습니까? 그렇다면, 나는 그것이 내가 여러분을 잃었다가 다시 찾은 것이 되고, 하나님께서 그의 구원의 능력으로 여러분을 찾아오신 것이 되기를 소망합니다.

　나는 여러분이 내게는 너무나 분명한 것인데도 여러분에게는 보이지 않았던 아주 단순한 사실을 볼 수 있게 되기를 바랍니다. 전능자께서는 욥을 의롭다고 하셨을 때, 그를 칭찬하셨고, 그의 행실에 대하여 찬사를 보내셨습니다. 욥이 자기 자신이나 주위 사람들에게 어떤 잘못들을 했을지라도, 똑똑히 들려오는 종소리처럼 한 가지는 분명했습니다. "이는 너희가 나를 가리켜 말한 것이 내 종 욥의 말 같이 옳지 못함이니라"(42:7). 엘리바스와 그의 친구들은 이 점에서 잘못을 범하였습니다. 의를 추구하는 여러분, 자기 자신 속에서 의를 구하는 여러분, 내 말을 잘 들으십시오. 여러분은 지금 잘못된 길로 가고 있습니다. 여러분은 이 아래에서 스스로의 힘으로 사람의 모든 도리를 행함으로써, 위로 올라가려고 하고 있지만, 그것은 반드시 실패할 것입니다. 여러분은 위로부터, 즉 하나님의 의로 시작해야만, 이 아래의 일상생활 속에서 의를 행할 수 있게 됩니다. 하나님께서 그리스도를 인하여 여러분에게 은혜로 말미암은 구원을 알게 하심으로써, 하나님의 이름에 영광이 되게 하심과 동시에 여러분을 거룩하게 하시기를 빕니다. 아멘.

제
10
장
—

위대한 중재 사건

—

"우리 사이에 손을 얹을 판결자도 없구나." ― 욥 9:33

족장 욥은 자기가 겪고 있는 큰 환난과 관련해서 하나님과 변론하려고 해도, "하나님은 나처럼 사람이 아니신즉 내가 그에게 대답할 수 없으며 함께 들어가 재판을 할 수도 없고"(9:32)라고 말하면서, 자기가 불리한 위치에 있다고 느끼고, 변론하는 것 자체를 거절하였습니다. 하지만 자기 친구들이 자신의 처지를 잔인하게 곡해하여 말하는 것을 들으면서, 욥은 여전히 자신의 사정을 하나님 앞에 내어놓고 싶어 하지만, 이 사건을 제대로 판결해 줄 중재자가 없으니, 그런 중재자가 있었으면 좋겠다고 말합니다. 그는 자신의 처절한 곤경 속에서 하나님의 입장도 정당하게 고려함과 동시에 혈과 육을 지닌 이 가련한 자의 입장도 잘 헤아려서 판결해 줄 중재자가 없다고 탄식합니다. 사랑하는 친구들이여, 하나님께서는 욥이 그토록 원했던 것을 우리에게 주셨는데, 그 중재자는 바로 하나님의 독생자 예수 그리스도이십니다. 욥과는 달리, 우리는 하나님과 우리를 동시에 잘 헤아려줄 수 있는 중재자가 없다고 말할 수 없습니다. 왜냐하면, 지금은 "하나님과 사람 사이에 중보자도 한 분이시니 곧 사람이신 그리스도 예수"(딤전 2:5)가 우리에게 계시기 때문입니다. 우리가 진정으로 그리스도 예수께 속해 있다면, 우리는 그를 기뻐하는 것이 마땅합니다. 만약 우리가 아직 그를 영접하지 않았다면, 전능자께서 우리에게 은혜를 주셔서, 그리스도를 우리의 변호인이자 친구로 받아들이게 해주시기를 빕니다.

거룩하신 삼위일체 하나님과 그의 죄악된 신민들이자 아담의 자손들 간에는 해묵은 다툼이 존재합니다. 사람은 범죄하였습니다. 사람은 하나님의 법을 짓밟고서, 자신의 조물주이자 왕이신 하나님과의 모든 관계를 제멋대로 단절해 버렸습니다. 시내 산에서 인간에 대한 고소가 정식으로 제기되었고, 장차 인간은 왕이신 하나님의 심판대에 서서 산 자와 죽은 자의 재판장이신 분 앞에서 자신을 변호해야 합니다. 그때에 하나님이 원고가 되시고, 그의 죄악된 피조물들은 피고가 될 것입니다. 그때 가서, 이 고소가 정식으로 하나님의 법정에서 다루어지게 되면, 죄인들은 살아남게 될 길이 없습니다. 그 무시무시한 기한이 찰 때까지 하나님에 대한 그들의 채무와 의무들을 해결하지 않는다면, 그들이 저 최후의 끔찍한 날에 심판대에서 무사할 수 있으리라는 소망은 전혀 없습니다. 죄인들이여, 여러분은 "너를 고발하는 자와 함께 길에 있을 때에 급히 사화하라"(마 5:25)는 말씀대로 하는 편이 좋을 것입니다. 왜냐하면, 일단 여러분이 온 땅의 크신 재판장에게 넘겨지게 되면, 여러분에게 영원한 멸망을 선고하는 판결 이외의 다른 판결을 기대할 수 있을 가능성은 전혀 없기 때문입니다. 여러분에 대한 고소가 절대 공의이신 살아계신 하나님의 불의 보좌 앞에서 다루어지면, "울며 이를 가는"(마 13:42) 것이 여러분이 처해지게 될 영원한 운명이 될 것입니다.

그러나 측량할 수 없을 정도로 은혜로우신 하나님께서는 중재안을 제시하십니다. 물론, 나는 이 자리에 계신 분들 중에는 자신에 대한 고소가 하나님의 법정에 제기될 것이라는 걱정을 하지 않아도 되는 분들이 많을 것이라고 믿습니다만, 어쨌든 하나님께서는 하나님과 그들 사이에 중보자를 세워서, 그로 하여금 양측의 사정을 잘 헤아려서 서로 화해하게 하는 것이 어떻겠느냐고 제안하십니다. 파산한 죄인인 여러분에게는 아직 하나님과 화해하고 화목하게 될 수 있는 소망이 존재합니다. 여러분이 자신의 채무를 다 갚을 수 있는 길이 열려 있습니다. 그 길은 예수 그리스도를 중재자로 세워서 하나님과 화해하는 복된 중재의 길입니다.

나는 중재자 또는 중보자를 세우는 데 필요한 기본요건들을 설명하는 것으로 시작하고자 합니다. 그런 후에, 나는 여러분을 중재자의 방으로 데려가서, 중재자가 어떤 방식으로 중재를 진행해 나가는지를 보여드릴 것입니다. 끝으로, 시간이 허락한다면, 우리는 우리의 크신 중보자가 이루신 저 복된 일을 살펴보겠습니다.

1. 첫째로, 중재자 또는 중보자를 세우는 데 필요한 기본적인 요건들입니다.

첫 번째 요건은 양측이 중재자의 결정을 받아들이기로 동의해야 한다는 것입니다. 하나님께서는 죄인인 여러분을 고발하는 고소를 제기하셨고, 나는 여러분을 찾아가서, 이 사실을 여러분에게 알립니다. 하나님께서는 그리스도 예수를 이 고소 사건의 중재로 세우는 데 이미 동의하셨습니다. 하나님은 창세 전에 이미 그리스도 예수를 택하셔서 중보자의 직임을 맡기셨습니다. 그리스도는 지존자와 동등하신 하나님의 동류이시고, 아버지 하나님이 진심으로 사랑하시는 분이시기 때문에, 아무런 두려움 없이 영원하신 아버지를 대면하실 수 있으십니다. 그는 "만물 위에 계셔서 세세에 찬양을 받으실 하나님"(롬 9:5)이시기 때문에, 그 어떤 점에서도 아버지 하나님에 비해 열등하시지 않습니다. 하지만 죄인들이여, 그는 여러분과 마찬가지로 사람이기도 하십니다. 그는 이 땅에 오셔서 고난을 겪으셨고, 주리시고 목마르셨으며, 가난함과 고통이 어떤 것인지를 아셨습니다. 아니, 거기에서 더 나아가, 그는 여러분과 마찬가지로 시험을 당하셨을 뿐만 아니라, 죽을 인생들인 여러분이 언젠가는 겪게 될 죽음의 고통을 친히 당하셨습니다. 자, 여러분의 생각은 어떻습니까? 하나님께서는 그리스도를 중재자로 받아들이셨습니다. 여러분은 이 점에서 하나님과 마찬가지로, 그리스도를 여러분의 중재자로 받아들일 수 있습니까? 여러분은 어리석은 적대감에 사로잡혀 있겠습니까, 아니면 은혜가 여러분을 지배해서, 여러분으로 하여금 임마누엘("하나님이 우리와 함께 하신다")을 이 큰 고소 사건의 중재자로 받아들이도록 이끌게 하시겠습니까? 나는 여러분이 그리스도 예수만큼 여러분을 사랑하시고 여러분의 사정을 잘 알며 여러분을 불쌍히 여기는 마음으로 대해 주실 중재자를 그 어디에서도 결코 찾지 못할 것임을 여러분에게 자신있게 말씀드릴 수 있습니다. 그리스도 예수께서 이 땅에 살아 계실 때에는 그의 눈에서, 그리고 죽으실 때에는 그의 상처들에서 강물 같은 사랑이 쏟아져 나왔습니다. 그는 여호와 하나님의 "본체의 형상"(히 1:3)이신데, 여호와의 이름이 "사랑"이시라는 것을 여러분은 압니다. "하나님은 사랑이시고"(요일 4:16), 그리스도도 사랑이십니다. 죄인들이여, 여러분은 하나님의 은혜로 말미암아 제정신으로 돌아오셨습니까? 그래서 여러분은 그리스도를 받아들이려 하십니까? 여러분은 그리스도께서 이 사건을 맡으셔서, 여러분과 하나님 사이를 중재해 주시기를 바라십니까? 하나님과 여러분이 그리스도를 받아들이게 되었다면, 그리스도는 중재자가 될 첫 번째 자격요건들 중 하나를 충족시킨 것이 됩니다.

다음으로는, 양측이 이 사건에 대한 결정을 중재자의 손에 온전히 맡기는 데 동의하여야 합니다. 만약 중재자가 이 사건에 대한 최종적인 결정을 할 권한을 갖지 않는다면, 양측이 중재자 앞에서 변론하는 것은 서로 말다툼하는 장이 마련되는 것일 뿐이고, 이 사건을 원만하게 해결할 가능성은 사라집니다. 하나님께서는 이미 자기 아들의 손에 "전권"을 위임하셨습니다. 예수 그리스도는 하나님의 대사이시고, 대사로서의 온전한 권한을 수여받으셨습니다. 그는 아버지 하나님으로부터 전권을 위임 받으시고 오셨기 때문에, 자기가 죄인들에게 행하는 모든 것이 아버지 하나님의 뜻대로 행하는 것이라고 말씀하실 수 있으십니다. 그가 이 사건을 어떤 식으로 결정하시든, 아버지 하나님은 거기에 동의하십니다. 죄인들이여, 은혜가 여러분의 마음을 감동시켜서, 여러분으로 하여금 이 조건을 받아들이게 하고 있습니까? 여러분은 하나님의 아들이시자 사람의 아들("인자")이신 예수 그리스도의 손에 여러분에 대한 고소 사건을 맡기는 데 동의하십니까? 여러분은 그의 결정에 따르시겠습니까? 여러분은 그의 결정에 따라 이 사건을 해결하고, 그가 내리신 평결을 여러분에게 절대적으로 구속력 있는 것으로 받아들이시겠습니까? 그렇다면, 그리스도께서는 중재자로서의 또 하나의 필수 요건을 갖추게 되신 것입니다. 그러나 여러분이 이것을 받아들이지 않는다면, 그리스도께서는 다른 사람들을 위해서는 화목을 중재하실 수 있으시지만, 여러분을 위해서는 결코 화목을 중재하실 수 없으십니다. 여러분은 하나님의 은혜로 말미암아 여러분이 기꺼이 이 사건을 예수의 손에 맡기게 될 때까지는, 여러분에게 화목은 있을 수 없고, 하나님의 사랑하는 아들을 받아들이기를 거부함으로써 의도적으로 하나님의 원수로 남는 쪽을 선택한 것이 된다는 것을 알아야 합니다.

또한, 좋은 중재자가 되기 위해서는, 중재하는 일에 적합한 인물이 나서는 것이 필수적입니다. 예를 들면, 왕과 거지 간의 소송에서 또 다른 왕이나 거지가 중재자가 된다면, 그것은 별로 적절하지 않을 것입니다. 그러나 왕이기도 하고 거지이기도 해서 양측의 입장을 둘 다 잘 이해할 수 있는 사람이 있다면, 그런 사람이야말로 양측이 그 소송을 중재하는 데 적합한 인물로 선택할 수 있을 것입니다. 우리 주 예수 그리스도께서는 정확히 이러한 조건을 충족시키는 분이십니다. 우리가 지금 논의하고 있는 소송에서 원고와 피고 간의 격차는 이루 말할 수

없이 큽니다. 왜냐하면, 영원하신 하나님과 타락한 가련한 인간 사이에 존재하
는 간격의 크기는 말로 다 표현할 수 없기 때문입니다. 도대체 어떻게 해야 이 간
격이 메워질 수 있을까요? 이 간격을 메울 수 있는 유일한 분은 하나님이심과 동
시에 사람이 될 수 있는 분 외에는 없습니다. 그리고 바로 그분은 예수 그리스도
이십니다. 그는 한편으로는 사람이 되셨기 때문에 몸을 굽혀서 여러분의 온갖
연약함과 괴로움들을 다 헤아리고 살피실 수 있으시며, 다른 한편으로는 영원하
신 하나님과 동등하신 분이시기 때문에 지극히 존귀하신 하나님의 마음을 다 헤
아리고 살피실 수 있으십니다. 이런데도 여러분은 그리스도가 중재자로 얼마나
적합한 분이신지를 알지 못하시겠습니까? 죄인들이여, 이 고소 사건에서 그리스
도를 중재자로 즉시 받아들이시는 것이 여러분이 지혜롭게 행하는 것이 될 것임
은 너무나 분명합니다. 그리스도께서 이 사건을 얼마나 잘 이해하고 계시는지를
보십시오. 나는 법적인 소송 사건들에 있어서 중재자가 되려고 해도 될 수가 없
습니다. 왜냐하면, 나는 법에 대해서는 아무것도 모르는 까닭에, 제대로 결정을
내릴 수 없기 때문입니다. 그러나 그리스도께서는 여러분에 대한 고소 사건 및
그 사건과 관련된 법을 둘 다 잘 아십니다. 왜냐하면, 그는 사람들 가운데서 사셨
고, 친히 공의의 형벌을 겪으셨기 때문입니다. 그러므로 우리의 찬송 받으실 구
속주보다 더 능숙하고 지혜로운 중보자가 될 자는 있을 수 없다는 것은 분명합
니다.

중재자가 되기 위한 필수요건이 또 하나 있는데, 그것은 이 사건을 아주 복된
결말로 이끌고자 하는 마음을 지니고 있어야 한다는 것입니다. 만약 여러분이 다투
기를 좋아하는 사람을 중재자로 세운다면, 그는 "양측이 서로 물어 뜯게" 만들어
서, 그 모습을 보며 즐길 것입니다. 그러나 양측이 다 잘되기를 바라고, 두 사람
이 친구가 되기를 바라는 마음을 지닌 사람은 천 명 중에 한 명이나 있을까 말까
하기 때문에, 그런 사람을 발견하는 것은 너무나 어려운 일이기는 하지만, 여러
분이 그런 사람을 중재자로 세운다면, 그는 최고의 중재자가 되어 줄 것입니다.
그런 사람에 의해서 모든 소송들이 해결된다면 얼마나 좋겠습니까! 하나님과 죄
인들 간의 이 큰 송사에서 주 예수 그리스도께서는 아버지 하나님이 영광을 받
으심과 동시에, 죄인들이 잘되게 하시고, 서로 다투는 두 당사자 간의 화해가 이
루어질 수 있도록 하시기 위하여, 혼신의 힘을 다하십니다. 화평하게 하는 것, 화
목하게 하는 것이 바로 예수 그리스도의 삶이자 목적입니다. 그는 죄인들이 죽

는 것을 기뻐하지 않으시고, 그에게는 탕자들을 자신의 품으로 돌아오게 하시고, 길 잃은 양들을 다시 양 우리로 데려오시는 것보다 더 큰 기쁨은 없습니다. 화평하게 하는 자로서 큰 이름을 얻고자 하시는 강렬한 소원으로 구주의 마음이 얼마나 크게 부풀어 계시는지를 여러분은 아마 모르실 것입니다. 전사들이 싸워서 승리하고자 하는 야심을 품는 것은 당연한 일이지만, 그리스도만큼 피 흘리는 일이 없이 평화롭게 이겨서 전쟁을 끝내고자 하는 소원을 가진 전사는 지금까지 아무도 없었습니다. 그는 저 높은 천국에서 마치 어린 노루처럼 뛰어서 이 땅의 평지로 오셨다가, 그렇게 또다시 뛰어서 이 땅에서 저 깊은 무덤 속으로 들어가셨습니다. 그런 후에, 다시 한 번 땅 위로 뛰어오르셨다가 하늘로 가셨습니다. 그리고 지금도 여전히 쉬지 않으시고, 죄인들을 모아 하나님과 화해시키시는 자신의 능하신 일을 계속해 나가고 계십니다. 그는 전에 그들의 죄를 위하여 이미 단번에 자기 자신을 화목제물로 드리신 분입니다.

　　그러므로 죄인들이여, 여러분은 이제 여러분에 대한 송사가 어떻게 되어 가고 있는지를 알게 되었습니다. 하나님께서는 가장 적합한 중재자를 택하셨음이 분명합니다. 그 중재자는 기꺼이 이 송사를 맡고자 하시고, 여러분은 그 중재자를 전폭적으로 신뢰해도 좋습니다. 그러나 여러분이 그를 여러분의 중재자로 받아들임이 없이 살다가 죽는다면, 여러분에 대한 소송은 본격적으로 진행될 것이고, 그때에 여러분을 도와줄 자는 아무도 없기 때문에, 여러분이 스스로 모든 것을 책임져야 할 것입니다. 장차 여러분의 몸과 영혼에 대한 영원한 사망이 선고될 때, 여러분은 스스로를 멸망에 빠뜨린 여러분 자신의 어리석음만을 탓해야 할 것입니다. 내가 여러분에게 솔직하게 말해 줄 것을 부탁해도 되겠습니까? 성령께서 여러분의 의지의 본성적인 성향과 흐름을 다른 방향으로 트셨을 때, 여러분은 그리스도께서 먼저 여러분을 택하신 것을 알고서, 여러분 자신도 그리스도를 택하셨습니까? 여러분은 이 시간에도 그리스도께서 하나님 앞에 서서 여러분을 위하여 변호하고 계신다는 것을 느끼십니까? 그리스도는 하나님의 기름 부음을 받으신 분인데, 여러분이 택한 분이기도 하신 것입니까? 하나님은 그리스도를 선택하셨는데, 여러분도 똑같이 그를 선택하셨습니까? 그리스도를 선택하고자 하는 의지가 없는 곳에서는, 그가 구원의 능력을 행하시지 않으신다는 것을 기억하십시오. 그리스도께서는 자기를 영접하고자 하지 않은 채로 살다가 죽은 죄인들을 구원하지 않으십니다. 그는 죄인들에게 위로의 말씀을 주시기 전에, 먼저 그들로 하여금 그를 받아들이게 만드십니다. 우리가 하나님의 권능의 날에 그를 받아들이고자 하는 마음이 생기게 된 것은 우리가 하나님의 백성으로 선택되었음을 보여주는 증표입니다. 하나님께서 여러분을 도우실 자로 선택하신 분, 곧 구원하시는 일에 능하신 그리스도께 여러분의 소망을 두십시오. 하나님과 여러분이 모두 동의하는 사람만이 중재자가 될 수 있습니다. 이제 여러분은 "좋습니다, 내가 온 마음을 다해 그를 중재자로 선택하겠습니다"라고 말할 수 있습니까? 그렇다면, 이제 우리는 다음 단계로 넘어갈 수 있을 것입니다.

2. 둘째로, 이 중재자의 중재 과정을 보십시오.

이제 나는 여러분의 동의를 받아서, 여러분을 이 송사가 진행되고 있는 법정으로 데려가서, 그리스도라는 중재자가 어떠한 법적 절차를 걸쳐서 이 송사를 해결해 나가는지를 보여 드리고자 합니다. "만물 위에 계셔서 세세에 찬양을 받으실 하나님"이시자 "사람이신 그리스도 예수"께서는 자신의 법정을 개정하시기에 앞서, 자기가 어떤 원칙들 위에서 이 송사에 대하여 판결하고자 하는지를 설명해 주시기 때문에, 지금부터 나는 이 원칙들을 설명하고자 합니다. 이 원칙들은 두 가지인데, 첫 번째는 엄격한 공의라는 원칙이고, 두 번째는 열렬한 사랑이라는 원칙입니다.

중재자는 이 사건을 철저하게 공의에 비추어서 판결하는 것이 피고에게 유리할 것인가 불리할 것인가 하는 것과는 상관없이 가장 공의롭게 판결하기로 결정했습니다. 그는 율법을 일점일획도 가감함이 없이 있는 그대로 철저하게 율법을 따라 이 사건을 판결하고자 합니다. 그는 어느 쪽에 편파적인 판결을 하는 잘못을 범하지 않고자 합니다. 율법이 죄인은 사형에 처하여야 한다고 정하고 있다면, 중재자는 자기가 죄인을 사형에 처하라는 판결을 내릴 것이라고 분명하게 밝힙니다. 반대로, 피고에게 죄가 없다는 것이 밝혀진다면, 그는 무죄한 자에게 내리는 상, 즉 영원한 생명을 그에게 수여하고자 합니다. 죄인이 자기가 그런 상을 받을 자격이 있다는 것을 증명할 수 있다면, 그는 당연히 그 상을 받게 될 것입니다. 판결이 원고에게 유리하든, 아니면 피고에게 유리하든, 엄격한 공의에 따른 판결이 내려질 것입니다.

그러나 중재자는 다른 한편으로 열렬한 사랑이라는 두 번째 원칙을 따라 판결을 내릴 것이라고 말합니다. 그는 아버지 하나님을 사랑하기 때문에, 하나님의 존귀하심을 더럽히거나 하나님의 면류관을 욕되게 할 판결을 결코 내리려고 하지 않습니다. 그는 영원하신 하나님을 사랑하기 때문에, 천지가 없어지기 전에는 지존자의 성품에 한 점의 흠이 가는 일도 하지 않고자 합니다. 반면에, 그는 가련한 피고인 인간을 사랑하기 때문에, 공의가 절대적으로 요구하는 경우에만 인간에게 형벌을 내리고자 합니다. 그는 인간을 너무나 큰 사랑으로 사랑하기 때문에, 인간에게 유리한 판결을 내릴 수 있다면, 그것은 그에게 더할 나위 없는 기쁨이 될 것입니다. 또한, 그가 원고와 피고를 화해하게 하고 화목하게 할 수 있는 다리 역할을 할 수만 있다면, 그것도 그에게 더할 나위 없는 기쁨이 될 것입니다. 이러한 원칙들이 어떻게 충족될 수 있는지는 차츰 드러나게 되겠지만, 현재에 그는 이 원칙들을 아주 단호하게 천명합니다. 사람들을 다스리는 자는 의로워야 합니다. 중재자이신 그는 의로우신 이임에 틀림없습니다. 만일 그렇지 않다면, 그는 그 어떤 송사를 판결하기에도 적합하지 않을 것입니다. 아울러, 이 중재자는 사랑이 많은 것임에 틀림없습니다. 왜냐하면, 그는 바로 사랑의 하나님이시기 때문입니다. 그리고 사람으로서의 그의 본성도 온유함과 긍휼하심입니다. 양측은 이 두 가지 원칙에 분명하게 동의하여야 합니다. 누가 이 원칙들에 동의하지 않을 수 있겠습니까? 이 원칙들은 여러분 모두에게도 수긍이 가지 않습니까? 가능하기만 하다면, 공의와 사랑은 결합되어야 하니까요.

　이 중재자는 이렇게 자신의 판결의 토대가 될 원칙들을 천명한 후에, 다음으로 원고에게 고소할 내용을 진술하도록 요청합니다. 우리는 크신 창조주께서 무엇이라고 말씀하시는지를 경청하여야 합니다. 나는 하나님이 고소하시는 사람들에 속한 한 가련한 죄인이지만, 감히 우리 모두를 하나님께서 어떻게 고소하고 계시는지를 그의 이름으로 대독하고자 합니다: "하늘이여 들으라 땅이여 귀를 기울이라 여호와께서 말씀하시기를 내가 자식을 양육하였거늘 그들이 나를 거역하였도다 소는 그 임자를 알고 나귀는 그 주인의 구유를 알건마는 이스라엘은 알지 못하고 나의 백성은 깨닫지 못하는도다 하셨도다 슬프다 범죄한 나라요 허물 진 백성이요 행악의 종자요 행위가 부패한 자식이로다 그들이 여호와를 버리며 이스라엘의 거룩하신 이를 만홀히 여겨 멀리하고 물러갔도다"(사 1:2-4). 영원하신 하나님께서는 우리가 그의 모든 계명들을 다 범하였다고 고소하십니다. 나는 하나님의 그러한 고소가 지극히 옳고 참되다고 즉시 인정하지 않을 수 없습니다. 우리는 하나님의 어떤 계명들을 행위나 말을 통해서 범해 왔고, 마음과 생각과 망상 속에서는 그 모든 계명들을 다 범해 왔습니다. 하나님께서는 우리가 참된 빛과 지식을 거슬러서, 악을 선택하고 선을 버려 왔다고 말씀하십니다. 하나님은 우리가 우리 자신이 무슨 짓을 하고 있는지를 뻔히 알면서도, 그의 의로운 율법을 버리고, 우리 자신의 마음으로 상상하고 궁리해 낸 것들을 따라서 길 잃은 양들처럼 잘못된 길로 갔다고 고소하십니다. 원고이신 하나님께서는 우리는 그의 피조물들이기 때문에, 그에게 순종해야 했다고 말씀하십니다. 하나님이 우리를 매일매일 돌보아 주시는 덕에 우리가 살아갈 수 있는 것이기 때문에, 우리가 그에게 불순종하는 것이 아니라 도리어 그를 섬기고, 반역자들이 되어 그의 보좌에 등을 돌리는 것이 아니라 도리어 그의 충성된 신민들이 되어 살아가는 것이 마땅했었다고 말씀하십니다. 하나님께서는 율법서에 기록된 대로 우리의 이 모든 죄목들을 중재자 앞에서 침착하고 냉정하게 고소하시고, 우리의 그 어떤 죄도 과장해서 고소하지 않으십니다. 그리고 하나님께서는 우리의 "온 머리는 병들었고 온 마음은 피곤하였다"(사 1:5)고 말씀하시고, "다 치우쳐 함께 무익하게 되고 선을 행하는 자는 없나니 하나도 없도다"(롬 3:12)고 선언하십니다. 이것이 하나님의 고소 내용입니다. 하나님께서는 이렇게 말씀하십니다: "내가 이 사람을 지었다. 흥미롭게도 나는 땅에서 가장 비천한 것들로 그를 지었지만, 그의 존재 전체에는 나의 손길의 흔적들이 담겨져 있다. 나는 내 영광을 위하여 그를 지었지만, 그는 내게 영광을 돌리지 않았다. 나는 나를 섬기라고 그를 지었지만, 그는 나를 섬기지 않았다. 나는 20년, 30년, 40년, 50년 동안 그의 코에 숨을 두고 지켜보았다. 그가 그 세월 동안 먹은 양식은 내가 매일매일 공급해 준 것이었고, 그가 입은 옷들은 내가 입혀준 것이었다. 그런데도 그는 자기를 창조하고 지켜준 나를 전혀 생각하지 않았고, 나를 섬겨서 한 일이 아무것도 없었다. 그는 자기 가족과 부인과 자녀들을 섬겼지만, 그를 지은 나는 멸시하였다. 그는 자신의 조국과 이웃들과 자기가 거하는 지역을 섬겼지만, 그를 지은 나를 위해 한 것은 아무것도 없었다. 그는 내게 참으로 무익한 종이었다." 나는 원고이신 하나님의 고소 내용을 여러분에게 충분히 설명 드렸다고 생각합니다. 여러분 중에서 자기가 키우는 말이 자기의 말을 듣지 않는데, 그 말을 먹여 주고 재워 주고 키울 사람이 과연 있겠습니까? 그 말이 나를 태우고 다니는 것은 거부하면서도 다른 사람은 기꺼이 태우고 다닌다면, 내가 그 말을 어떻게 할 것 같습니까? 아닙니다, 우리가 우리를 지으시고 먹이시며 입히시는 하나님께 하고 있는 짓은 그런 말보다 더합니다. 왜냐하면, 사람은 하나님을 위해 아무것도 하지 않는 데서 그치는 것이 아니라, 도리어 하나님께 해를 끼치는 일들을 하고 다니기 때문입니다. 여러분이 어떤 개를 키우는데, 그 개가 여러분을 보면 꼬리를 치며 반기는 것이 아니라, 도리어 으르렁거리며 사납게 짖고, 여러분에게 덤벼들어 물어뜯고자 한다면, 여러분 중에서 그 개를 계속해서 키우고자 할 사람이 누가 있겠습니까? 그런데 우리 중에는 하나님께 그런 식으로 해온 사람들이 있습니다. 우리 중에는 아마도 하나님의 면전에서 대놓고 욕을 한 사람들도 있을 것입니다. 우리는 하나님의 안식일들을 범해 왔고, 하나님의 복음을 비웃었으며, 하나님의 성도들을 박해했습니다. 여러분은 앞에서 말한 그런 개에게 이렇게 말했을 것입니다: "이런 개는 죽는 게 마땅해! 나를 이런 식으로 대하는 개를 내 집에 두고 키울 이유가 어디에 있겠는가!" 하지만 "하늘이여 들으라 땅이여 귀를 기울이라"(사 1:2). 하나님께서는 벼락을 내리시려다가, 여러분의 악한 행실을 참으시고, 그 벼락을 다시 자신의 무시무시한 무기고에 넣으시고는, 여전히 "내가 너희를 긍휼히 여기노니 돌아오라"고 외치십니다. 내 입술은 단지 흙일 뿐이지만, 나는 하나님의 고소 내용을 제대로 제시할 수 있기를 원합니다. 그리고 내가 전하는 하나님의 고소장이 죄인들의 영혼에 불이 되었으면 좋겠습니다. 나는 이 주제를 홀로 묵상했을 때, 자기가 우리에 의해서 너무나 박대를 당하고 학대를 당하셨다는 하나님의 하소연이 절절이 다가오는 것을 느꼈습니다. 어떤 사람들은 우리가 지은 죄에 대한 벌로 하나님이 우리를 지옥 불에 던지시는 것은 너무 지나친 벌이라고 말하지만, 나는 하나님이 우리를 벌써 오래 전에 지옥 불에 던져 넣지 않으신 것이 오히려 너무나 이상한 일이라고 느껴집니다.

    원고이신 하나님께서 고소 내용을 진술하시고 나자, 중재자는 피고에게 변론하라고 말합니다. 나는 피고가 변론하는 것을 듣습니다. 피고인 죄인은 두려워 떨면서, 무엇보다도 먼저 이렇게 항변합니다: "나는 하나님의 고소 내용을 인정하지만, 어쩔 수 없었다고 말씀드립니다. 내가 범죄하였다는 것은 사실이지만, 내 본성이 그런 것이기 때문에, 나는 달리 행할 수 없었습니다. 내가 그렇게 범죄한 것은 모두 다 내 마음 탓입니다. 내 마음이 나를 철저히 속였고, 내 본성은 악했습니다." 중재자는 즉시 피고의 그런 말은 정당한 변명이 될 수 없고, 도리어 피고의 죄를 더 가중시키는 요인이 된다고 판단합니다. 왜냐하면, 사람의 마음 자체가 하나님에 대하여 적대감을 지니고 있다는 것이 사실이라면, 그것은 피고가 한층 더 큰 악의를 지니고, 한

충 더 흉악한 반역을 행하였다는 것을 인정한 것이 되기 때문이라는 것입니다. 피고가 단지 외적으로만 하나님에 대하여 범죄하였다고 할지라도, 그것만으로도 이미 범죄한 것이 되는데, 그는 자기가 내면에서도 하나님께 범죄하였다는 것을 인정하고, 자신의 마음 자체가 하나님께 반역하여, 자신의 전 존재가 만왕의 왕을 해치고 욕되게 하고자 하는 데 동원되었다고 고백하고 있기 때문입니다. 따라서 중재자는 피고의 항변을 기각하고, 원고이신 하나님의 고소 내용을 그대로 다 인정하는 판결을 내립니다. 물건을 훔친 죄로 재판장 앞에 끌려온 도둑이 자기 마음이 도둑질하고자 하는 속성을 지니고 있어서, 자기는 다른 사람의 물건을 훔치고자 하는 욕구를 늘 느끼기 때문에, 기회만 있으면 어떤 물건이라도 훔칠 수밖에 없었다고 항변한다면, 재판장은 다음과 같이 판결하는 것이 합당할 것입니다: "나는 일시적인 충동에 의해서 물건을 훔친 도둑이 받을 형벌보다 두 배의 형벌을 당신에게 내립니다. 왜냐하면, 당신이 스스로 고백한 내용에 의하면, 당신은 전 존재가 도둑이라는 것이 드러났고, 당신이 그런 식으로 말한 것은 당신의 죄를 경감시켜 줄 이유가 되지 않고 도리어 가중시키는 이유가 되기 때문입니다."

다음으로, 피고는 하나님이 그를 고소하신 사실들을 자기가 다 인정하긴 하지만, 자기는 다른 범죄자들보다 특별히 더 악하지 않으며, 이 세상에는 자기보다 더 극악무도한 죄를 지은 사람들이 무수히 많다고 항변합니다. 그는 자기가 시기하였고 분노하였으며 세상적으로 살았고 탐욕을 부렸으며 하나님을 잊고 살아 왔지만, 간음하거나 도둑질하거나 술 취하거나 신성모독을 범하지 않았기 때문에, 자신의 소소한 범죄들은 얼마든지 눈 감아 줄 수 있는 것이 아니냐고 항변합니다. 그러나 중재자는 즉시 율법 책을 들어올리면서, 거기에는 "누구든지 율법 책에 기록된 대로 모든 일을 항상 행하지 아니하는 자는 저주 아래에 있는 자라"(갈 3:10)고 기록되어 있고, 자기는 율법에 따라 판결을 해야 하기 때문에, 그런 항변은 받아들여질 수 없다고 말합니다. 다른 사람들도 피고와 똑같은 죄를 범했다고 해서, 피고의 죄가 용서 받을 수 있는 것은 아닙니다. 그래서 중재자는 자기가 지금 다루고 있는 사건은 다른 사건들과 분리해서 심리하는 것이 마땅하고, 이 사건의 피고가 자신이 율법을 범했다고 자백하였기 때문에, 모든 사건들을 판결할 때의 기준이 되는 율법 책의 규정에 의거해서 피고에 대해 판결하는 것이 옳은데, 율법은 "범죄하는 그 영혼은 죽을지라"(겔 18:20)고 정해 놓고 있는 까닭에, 피고가 합당한 항변을 제기하지 못하면, 피고에게 사형을 선고할 수밖에 없다고 선언합니다.

    피고는 자기가 범죄하였고, 아주 크고 중대한 범죄를 지은 것은 사실이지만, 자기는 선행도 아주 많이 했다고 항변합니다. 그가 하나님을 사랑하지 않은 것은 사실이지만, 예배당에는 늘 갔습니다. 그가 기도하지 않은 것은 사실이지만, 성가대에는 속해 있었습니다. 그가 이웃을 자기 자신인 양 사랑하지 않은 것은 맞지만, 늘 가난한 자들을 구제하는 것을 좋아했습니다. 그러나 중재자는 피고를 똑바로 쳐다보면서, 그가 다른 선행들을 했다고 해서, 그의 반역죄가 상쇄되는 것이 아니기 때문에, 그러한 항변도 받아들일 수 없다고 말합니다. 중재자는 "당신이 그러한 일들을 한 것은 당연한 일이고, 한 걸음 더 나아가서 다른 범죄들을 하지 않았어야 했다"고 말합니다. 중재자는 그 죄인에게 지극히 인자하고 온유하게 이렇게 말해 줍니다. 하루살이를 걸러냈다고 해서, 낙타를 통째로 삼켜 버린 죄가 용서받을 수 있는 것이 아니고, "박하와 회향과 근채의 십일조"(마 23:23)를 드렸다고 해서, 과부의 가산을 삼켜 버린 죄가 정당화될 수 있는 것은 아니라고 말입니다. 하나님을 잊고 산 것 자체가 엄청나게 큰 죄입니다. 하나님을 섬김이 없이 산 죄는 너무나 중대한 의무를 행하지 않은 범죄이기 때문에, 그 죄인이 다른 그 어떤 선행들을 아무리 많이 한다고 할지라도, 그런 선행들은 그가 마땅히 했어야 하는 일들을 한 것뿐이기 때문에, 그 죄는 결코 상쇄될 수 없습니다. 여러분은 중재자의 이러한 판결이 지극히 옳다는 것을 금방 알 수 있을 것입니다. 여러분이 거래하는 식료품점이나 양복점에서 청구서를 보내 왔을 때, 여러분이 "내가 저번 청구서대로 지불했기 때문에 이번 청구서에 대해서는 지불하지 않겠다"고 말하거나, "내가 저번에 맞춘 양복 값을 다 냈으니, 이번에 맞춘 양복 값은 내지 않겠다"고 말한다면, 그들은 "당신이 지불한 것은 저번 것에 대한 것이니, 이번 것에 대해서는 지불해 주시는 것이 마땅합니다"라고 말할 것이라고 나는 생각합니다. 마찬가지로, 여러분이 선행이라는 것을 할 수 있다는 것이 지극히 의심스러운 일이기는 하지만, 어쨌든 그런 선행들을 했다고 하더라도, 여러분은 자신이 마땅히 갚아야 할 채무들을 갚은 것일 뿐이고, 여러분에게는 아직 갚지 못한 거액의 채무가 여전히 남아 있는 것입니다.

    죄인은 할 말이 많은 법이기 때문에, 피고의 항변은 끝이 없습니다. 그렇게 항변을 끝도 없이 늘어놓다가 그 어떤 항변도 통하지 않는 것을 알았을 때, 피고는 자기가 지금부터는 잘 하겠다고 말하면서, 원고의 동정심에 호소하기 시작합니다. 그는 자기가 채무를 지고 있는 것은 사실이지만, 더 이상은 그 가게에서 외상으로 무엇을 사지 않겠다고 말합니다. 그는 자기가 범죄한 것은 사실이지만, 다시는 범죄하지 않겠다고 맹세합니다. 그는 이후로는 천사들과 마찬가지로 자기가 결단코 죄를 짓지 않겠다고 굳게 약속합니다. 그는 지금 자신의 마음이 악하다고 인정하고 있기는 하지만, 속으로는 자신의 마음이 그렇게까지 악하지는 않다고 생각합니다. 그렇기 때문에, 그는 자기가 앞으로는 마음만 먹으면 얼마든지 죄를 짓지 않고 살아갈 수 있다고 자신만만해하는 것입니다. 우리는 그의 이러한 태도를 보면서, 그가 앞서 자기가 어쩔 수 없이 범죄하였다고 항변한 것들이 다 거짓으로 지어낸 항변이라는 것을 알게 됩니다. 그는 이렇게 말합니다: "내가 이후로는 술을 입에 대지조차 않는다면, 분명히 지금까지 술에 취해 살아온 나의 삶이 다 용서받을 수 있을 것이 아니겠습니까! 이제부터 내가 늘 정직하고 성실하며 나쁜 말은 단 한 마디도 입에 담지 않는다면, 지금까지 내가 저지른 모든 잘못들과 하나님을 욕해 온 것들이 다 용서 받을 수 있지 않겠습니까?" 그러나 중재자는 이번에도 온유하고 인자한 태도로, 율법 책에는 그런 취지의 규정이 없고, "형벌 받을 자는 결단코 사하지 아니하시고"(민 14:18)라는 규정과 "누구든지 율법 책에 기록된 대로 모든 일을 항상 행하지 아니하는 자는 저주 아래에 있는 자라"(갈 3:10)는 규정만이 있기 때문에, 장래에 아무리 큰 미덕을 행한다고 할지라도, 과거에 지은 죄가 상쇄될 수 있는 것은 아니라고 판결합니다.

여러분은 이쯤 되면 피고가 하나님의 고소를 순순히 받아들일 것이라고 생각하겠지만, 그는 그렇게 하지 않고, 자기가 길을 건너가서 자신의 친구 한 명을 데려오는 것을 허락해 달라고 요청합니다. 그는 중재자의 허락을 받아서 아주 기이한 옷차림을 한 신사를 데리고 돌아옵니다. 여러분이 퓨지주의자들(Puseyite:예식을 중시하는 성공회 퓨지 교수의 추종자들)의 교회에서 그런 옷을 입은 사람들을 종종 보아 오지 않았다면, 아마도 여러분은 그 신사가 어린이들을 위한 쇼에서 아이들을 즐겁게 해주기 위하여 그런 식의 의상을 차려입은 사람이라고 생각했을 것입니다. 피고는 흰 셔츠와 리본을 한 그 신사가 이 사건을 맡는다면, 아주 쉽게 해결할 것이라고 생각하는 것처럼 보입니다. 그 신사는 돌 같은 마음을 살 같이 부드러운 마음으로 바꾸어 놓을 수 있는 물이 든 작은 물병을 지니고 있습니다. 그 물은 진노의 자식들까지도 "그리스도의 지체들, 하나님의 자녀들, 천국의 상속자들"로 바꾸어 놓을 수 있다고 하는 물입니다. 그 신사에게는 신비한 떡과 마법의 포도주가 있어서, 사람들이 그 떡과 포도주를 받아먹으면, 그것들은 하나님의 뜻을 따라 살과 피로 변하는 이적이 일어난다고 합니다. 사실, 이 신사는 마법을 행해서 먹고 사는 사람입니다. 이 신사의 손가락들에서는 마법의 힘이 흘러나온다고 하는데, 원래 이 마법의 힘은 주교좌에 앉아 있는 어떤 신사로부터 받은 것입니다. 그런데도 이 신사는 자기에게는 기이한 과정을 거쳐서 사도들로부터 전해 받은 능력이 있는 체합니다. 나는 이것이 사실이라면, 그 능력은 유다로부터 온 능력일 것이고, 그가 "기이한 과정"이라고 말한 것은 기가 막히게 사람들을 속이는 마술사의 빠른 손놀림일 것이라고 생각합니다. 그러나 중재자는 눈살을 찌푸리면서, 이 뻔뻔스러운 사기꾼을 향해 호통을 치고는, 그를 끌어내고, 다시는 그 사기꾼이 여러 가지 술수들을 사용해서 가련한 죄인들을 속이지 못하게 하라고 명합니다. 중재자는 피고에게, 그 사제라는 자는 자기가 "사도들의 계승자"라고 큰소리치지만, 사실은 사도들의 가르침에 대해서 아무것도 알지 못하고, 자신이 스스로 고안해 낸 죄악되고 어리석은 것들로 사람들의 영혼과 하나님을 갈라놓는 허무맹랑한 악당이니, 다시는 그런 자를 데려오지 말라고 경고합니다. 중재자는 피고에게, 마술사나 바알의 제사장 같은 복장을 하고서 로마 교황청에서 만들어 낸 미신적인 신앙을 선전하고 다니는 사람이 아니라, 올바른 마음과 정직한 행실의 옷을 입고서 복음을 전하고 다니는 사람에게 조언을 구하라고 충고합니다.

여러분은 이제 저 가련한 피고가 어떻게 할 것이라고 생각하십니까? 이제는 피고가 할 말이 없어진 모양입니다. 그는 땅바닥에 엎드려서 무릎을 꿇고, 눈물을 펑펑 쏟으며, 울며 불며 애원하면서 이렇게 소리칩니다: "하나님이 나를 고소하신 것이 다 맞다는 것을 내가 인정합니다. 내게는 더 이상 항변할 말이 없고, 단지 원고이신 하나님께서 내게 긍휼을 베풀어 주시기만을 호소합니다. 나는 내가 하나님의 계명들을 어기며 살아 왔다는 것을 고백합니다. 나는 내가 하나님의 진노를 받아 마땅한 자라는 것을 인정합니다. 그러나 나는 하나님은 긍휼이 많으신 분이라고 들어 왔기 때문에, 나의 모든 죄를 거저 사해 주시기를 간청합니다."

이제 또 다른 광경이 펼쳐집니다. 원고는, 무릎을 꿇고서 눈물을 펑펑 쏟으며 애걸하는 죄인을 보면서, 이렇게 대답합니다: "나는 늘 나의 모든 피조물들을 인자함과 인애함을 따라서 대하고자 하고 있다. 그러나 내가 나의 온전한 참됨과 거룩함을 조금이라도 훼손하는 것을 중재자가 가만히 두고 보겠으며, 내가 전에 한 말들을 지키지 않는 것을 두고 보겠느냐? 또한, 내가 나의 보좌를 위태롭게 하는 것을 두고 보겠느냐? 이 피조물이 내게 범죄해 놓고서 이제 와서 긍휼을 베풀어 달라고 애원한다고 해서, 내가 나의 절대적인 공의를 해치거나, 나의 흠 없는 영광을 훼손하는 것을 중재자가 허락하겠느냐? 나는 죄인들을 눈감아 줄 수 없고, 그렇게 하고 싶지도 않다. 범죄한 자는 죽어 마땅하다! 나는 악인들이 죽는 것을 기뻐하지 않기 때문에, 그들이 자신의 악에서 돌이켜 생명을 얻기를 바란다. 하지만 그것은 나의 '바람' 일 뿐이고, 내가 억지로 그렇게 할 수는 없다. 나는 자비로워서 죄인들을 살리고 싶지만, 나는 의롭기 때문에 나의 말들을 무효로 만들어서도 안 된다. 나는 맹세로써 '범죄하는 자는 죽을 것' 이라고 선언하였고, '누구든지 율법 책에 기록된 대로 모든 일을 항상 행하지 아니하는 자는 저주 아래에 있는 자라' 는 것을 견고한 법으로 정해 놓았다. 죄인은 저주를 받아 죽는 것이 의롭고 마땅하다. 하지만 나는 죄인조차도 사랑한다. 내가 어떻게 에브라임을 버릴 수 있겠느냐? 내가 어떻게 에브라임을 아드마 같이 되게 할 수 있겠으며, 스보임 같이 되게 할 수 있겠느냐? 그럴지라도, 내가 어떻게 너희를 나의 자녀로 삼을 수 있겠느냐? 땅이 그 거민들을 잃는 것보다 내가 불의하게 되는 것이 더 큰 재앙이 되지 않겠느냐? 만유가 자신의 의지처이자 방패인 하나님의 공의를 잃는 것보다는 모든 사람들이 죽는 편이 더 낫지 않겠느냐?' 중재자는 그 말씀에 경의를 표하고서, "맞습니다, 공의는 범죄자를 반드시 죽일 것을 요구하고 있고, 나는 하나님이 불의하게 되시는 것을 원하지 않습니다"라고 말합니다.

이제 중재자에게는 그 어떤 더 할 말이 남아 있을까요? 그는 가만히 앉아 있고, 이 사건에 대한 심리는 잠시 보류됩니다. 의로우시고 거룩하신 하나님께서는 거기에 서서, 변개될 수 없는 공의의 원칙들이 훼손되지만 않는다면, 피고의 죄를 기꺼이 사해 주고자 하십니다. 중재자는 거기에 앉아서, 사랑이 가득한 눈으로 저 두려워 떨며 울고 있는 가련한 죄인을 바라보며, 어떻게든 그를 구원할 수 있는 묘안을 생각해 내려고 고심 중에 있습니다. 물론, 그는 그를 구원하고자 하는 계획이 하나님의 공의를 훼손해서는 안 된다는 것을 알고 있습니다. 왜냐하면, 인류 전체가 멸망하는 것보다도 하나님의 온전하심이 훼손되는 것이 더 끔찍한 재앙이 된다는 것을 그가 알고 있기 때문입니다. 그래서 중재자는 한참을 생각한 후에, 이렇게 말합니다: "나는 이 두 가지가 다 충족되기를 간절히 바

라고 있습니다. 왜냐하면, 나는 한편으로는 내 아버지의 존귀하심과 영광이 훼
손되는 것을 두고 볼 수 없고, 다른 한편으로는 이 죄인이 영원히 지옥에 떨어지
는 것도 견딜 수가 없기 때문입니다. 이 사건에 대한 나의 판결은 내 아버지의 공
의가 요구하는 모든 것을 내가 다 지불하겠다는 것입니다. 나는 때가 차면, 저 두
려워 떨며 우는 죄인이 받아야 모든 벌을 내가 친히 담당할 것이라고 엄숙히 서약합니
다. 내 아버지여, 주께서는 이 판결을 받아들이시겠습니까?' 영원하신 하나님께
서는 그 끔찍한 희생제사를 받으십니다. 죄인들이여, 여러분은 무엇이라고 말하
겠습니까? 나는 여러분이 두 가지 견해를 가질 수 없을 것이라고 생각합니다. 여
러분이 제정신이라면(나는 하나님께서 여러분이 제정신이 들게 해주시기를 빕
니다), 여러분은 너무나 놀라서 기절할 것입니다. 그리고 이렇게 말할 것입니다:
"나는 그런 것은 생각할 수도 없었습니다. 나는 그런 것을 기대하고서 중재자를
요청한 것이 결코 아니었습니다. 내가 범죄했는데, 중재자는 자기가 그 벌을 받
겠다고 선언하다니요! 내가 죄인인데, 그는 자기가 내 대신에 벌을 받겠다고 말
하다니요!'

　중재자는 단지 말만 한 것이 아니라, 실제로 그렇게 하였습니다. 여러분이
그 이야기를 알고 있듯이, 때가 되자, 공의의 관원들이 영장을 가지고 이 중재자
를 체포하였고, 중재자는 겟세마네 동산에서 무릎을 꿇고 기도하고 난 직후에
법정으로 끌려갔습니다. 거기에서 그는 재판을 받고 단죄되었습니다. 여러분이
아시다시피, 그는 자신의 등이 온통 홍건하게 피범벅이 된 가운데 흰 뼈들이 마
치 상아로 된 섬들처럼 드러날 정도로 채찍질을 당했습니다. 여러분이 아시다시
피, 그의 머리에는 가시 면류관이 씌워졌고, 로마 군인들은 그의 뺨을 때렸습니
다. 그가 예루살렘의 거리를 따라 끌려 다니며, 잔인한 군인들에 의해 침 뱉음을
당하고도 씻어낼 수 없었고, 그의 상처들에서 피가 흐르는데도 지혈조차 할 수
없었던 모습이 여러분에게는 보이십니까? 군인들이 그에게 욕설을 퍼부으며 저
저주받은 나무에 단단히 묶는 모습이 여러분에게는 보이십니까? 그런 후에, 그
들이 십자가를 들어올려서, 미리 파놓은 구덩이에 똑바로 세울 때, 그의 모든 뼈
가 뒤틀려서 부러지고, 그의 모든 신경과 힘줄이 찢어지면서, 그의 영혼은 죄로
가득한 이 땅이나 물들로 가득한 저 깊은 바다처럼 고통과 괴로움으로 가득 차
는 모습이 여러분에게는 보이십니까? 하지만 여러분은 그가 내면에서 어떤 고통
을 겪었는지를 알지 못합니다. 지옥은 그의 심령 속에서 축제를 벌였습니다. 지

옥의 모든 화살이 그를 향해 발사되었고, 천국조차도 그를 버렸습니다. 인간의 죄를 벌하는 벼락들이 그에게 떨어졌고, 그의 아버지 하나님께서는 그에게서 얼굴을 가리셨기 때문에, 그는 큰 고통 가운데서 "나의 하나님, 나의 하나님, 어찌하여 나를 버리셨나이까"(마 27:46)라고 소리를 질렀습니다. 그는 계속해서 고통을 받은 후에, "다 이루었다"(요 19:30)고 말하였고, 그것으로 모든 것이 끝났습니다.

그러므로 중재안은 그리스도께서 친히 고난을 당하시는 것이었습니다. 이제 나는 "여러분은 그리스도를 영접하셨습니까?"라고 묻지 않을 수 없습니다. 사랑하는 친구들이여, 여러분이 그리스도를 영접하셨다면, 나는 성령께서 역사하셔서 여러분으로 하여금 그리스도를 영접하게 하셨다는 것을 압니다. 그러나 여러분이 그리스도를 영접하지 않았다면, 내가 여러분에게 무엇이라고 해야 합니까? 나는 여러분을 책망하지 않을 것이지만, 내 마음은 여러분을 생각하고 눈물을 흘립니다. 도대체 여러분은 얼마나 제정신이 아니기에, 그토록 복된 중재안이자 너무나 거룩하고 신령한 중재안을 받아들일 생각을 하지 않을 수 있단 말입니까? 여러분, 지금 속히 중재자의 발에 입 맞추십시오. 여러분의 온 생명을 다해서 그를 사랑하십시오. 왜냐하면, 그는 이 사건을 너무나 복된 방식으로 해결하셨기 때문입니다.

3. 셋째로, 중재자의 중재안이 얼마나 성공적이었는지를 보십시오.

그리스도께서는 그를 영접한 모든 영혼을 온전히 속량할 수 있는 온전한 속죄제사를 하나님께 드리셨고, 아버지 하나님께서는 그 제사를 받으셨습니다. 우리가 이 일에서 그의 성공을 기뻐해야 하는 것은 무엇보다도 먼저 이 송사가 최종적으로 해결되었기 때문입니다. 중재에 붙여진 사건들 가운데도 양 당사자가 합의를 하지 못하고 계속해서 다투고 싸우는 일이 비일비재합니다. 그런 사람들은 중재자가 공평하게 판결하지 못했다고 주장하기 때문에, 사건은 조금도 해결되지 못한 채로 또다시 원점으로 되돌아오게 됩니다. 그러나 사랑하는 자들이여, 구원 받은 영혼과 하나님 간의 송사는 단번에 그리고 영원히 해결되었습니다. 믿는 자들에게는 양심이 죄책감을 느끼는 것이 마땅한 그런 것이 전혀 남아 있지 않습니다. 모든 것이 기록되어 있는 하나님의 책에는 그리스도를 영접한 사람의 죄가 전혀 기록되어 있지 않습니다. 아르미니우스파에 속한 형제들 중 일부는 이 문제가 최종적으로 해결된 것이 아니라고 생각하거나, 이 문제는 일시적으로만 해결된 것이기 때문에, 언젠가는 또다시 거론될 것이라고 생각한다는 것을 나는 압니다. 사랑하는 자들이여, 나는 그들의 생각이 잘못된 것이라는 사실에 대해서 하나님께 감사합니다. 그리스도께서는 자기 백성의 죄들을 얕은 물속에 내던지신 것이 아니기 때문에, 나중에 그 죄들이 다시 수면 위로 떠오를 수밖에 없게 되어 있는 것도 결코 아닙니다. 그는 그 죄들을 깊은 바다 속으로 던져 버리셨기 때문에, 다시는 영원히 수면 위로 떠오를 수 없습니다. 우리의 "도피염소"이신 그리스도께서는 우리의 죄들을 짊어지시고, 가까운 근방에 버리신 것이 아닙니다. 만일 그렇게 하셨다면, 그 죄들은 또다시 발견될 수도 있을 것입니다. 그는 우리의 죄들을 저 먼 광야에 갖다 버리셨기 때문에, 아무리 찾으려고 해도, 다시는 찾아질 수 없습니다. 이 사건은 완벽하게 해결되었기 때문에, 우리는 영광스럽고 완벽하게 해결된 사건의 한 예로서만 들을 수 있고, 나쁜 의미로 이 사건에 대해 얘기하는 것은 앞으로 영원히 들을 수 없습니다.

또한, 우리는 이 사건은 양측이 판결에 대하여 불만을 갖지 않고 다툴 수 없다는 점에서 최고의 원칙들을 토대로 해결되었다고 말할 수 있습니다. 이 판결은 죄인들에게는 전적으로 긍휼과 은혜에 의거해서 내려진 판결이기 때문에, 그들은 이 판결에 대하여 불만을 가질 수도 없고 다툴 수도 없습니다. 또한, 영원한 공의이신 하나님께서도 자신의 공의를 온전히 충족시키는 이 판결에 대해서 다툴 실 이유가 없습니다. 만일 우리가 지은 죄들에 대한 벌이 미진했다면, 우리는 이 사건이 또다시 문제가 되지는 않을까 하고 염려할 수도 있을 것입니다. 그러나 우리의 죄들에 대한 형벌은 남김없이 다 치러졌기 때문에, 우리는 그런 염려를 하지 않아도 됩니다. 나의 채권자가 파산법원의 판결에 따라서 내가 진 빚에서 절반을 탕감해 주고 1파운드 당 10실링을 받아갔다면, 나는 그가 나를 또다시 괴롭히지 않을 것임을 압니다. 그러나 내가 지금 그 빚을 다 갚을 수 없어서, 임의적으로 1파운드 당 10실링만을 변제하였다면, 나는 편안할 수 없습니다(1파운드는 20실링 — 역주). 왜냐하면, 내가 갚을 수 있는 능력이 되었을 때에는, 언제라도 나머지 채무를 채권자에게 갚아야 하기 때문입니다. 그러나 여러분도 아시다시피, 그리스도께서는 1파운드 당 10실링씩만을 지불하신 것이 아니라, 한 푼도 남김 없이 모든 채무를 다 변제하셨습니다:

　　　"주께서 그 엄청난 채무를 다 갚아 주셨으니,
　　　　이제 공의가 내게 요구할 것은 더 이상 없다네."

　그리스도께서 자기 백성의 모든 죄를 온전히 다 대속하셨고, 그런데도 만일 하나님의 공의가 우리에게 우리의 죄에 대한 형벌을 또다시 요구한다면, 그것은 이미 하나님의 공의일 수 없을 것입니다. 그리스도께서는 율법의 지극히 혹독한 형벌을 단 한 점의 감함도 없이 온전히 다 받으심으로써, 영원히 변할 수 없는 공의의 원칙들에 의거해서 우리의 죄 문제를 최종적으로 해결하셨기 때문에, 이 사건에 대하여 또다시 영장이 발부되거나 다른 법정으로 이송되어서 또다시 재판을 받게 되면 어쩌나 하고 걱정할 필요가 전혀 없습니다.

　또한, 이 사건은 양측이 모두 충분히 만족하는 방식으로 해결되었습니다. 여러분은 구원 받은 영혼이 주 예수의 대속에 대해서 불평하는 말을 결코 들어 본 적이 없을 것입니다. 내가 장차 주 예수의 얼굴을 뵙게 된다면, 나는 그 앞에 엎드려서, 그의 발 밑의 먼지에 입을 맞출 것입니다. 내가 이렇게 나를 멸망에서 건지신 구주를 뵙는다면, 내게 있는 면류관을 내가 쓰는 것이 아니라, 그의 발 앞에 던질 것입니다. 왜냐하면, 그 면류관은 그의 것이 되어야 하기 때문입니다. 나는 그리스도께서 그녀를 구원해 주신다면, 앞으로도 그 이야기를 끊임없이 듣게 되실 것이라고 말했던 저 선한 여인과 똑같은 심정입니다. 나는 그리스도께서는 그가 나를 구원하셨다는 이야기를 계속해서 전해 듣게 되실 것이라고 확신합니다. 왜냐하면, 나는 내 목숨이 붙어 있는 한, 그가 내게 행하신 일을 인하여 그를 찬송할 것이기 때문입니다. 나는 모든 구원 받은 죄인들이 나와 똑같은 심정일 것이라고 확신합니다. 마찬가지로, 여호와께서도 온전히 만족하십니다. 그는 자신의 사랑하는 아들에게 만족하셔서, "잘 했다!"라고 말씀하십니다. 하나님께서는 그리스도께서 이루신 저 큰 구원 사역에 온전히 만족하시기 때문에, 그로 하여금 자기 오른편에서 영광의 보좌에 앉아 있게 하셨습니다.

　그러나 한층 더 놀라운 사실은 이 송사에서 양측이 다 이익을 얻었다는 것입니다. 여러분은 이전에 이런 송사에 대해서 들어 본 적이 있습니까? 아마도 없을 것입니다. 인간의 법정에서는 그런 일이 결코 있을 수 없습니다. 세상 법정에서는 원고와 피고가 다투면, 반드시 어느 한 쪽이 이익을 얻고 다른 쪽은 불이익을 당하게 되어 있습니다. 그러나 이 사건은 그렇지 않아서, 원고와 피고도 둘 다 중재에 의해서 이익을 얻었습니다. 하나님은 무엇을 얻으셨습니까? 하나님께서는 모든 피조세계가 그에게 줄 수 없을 그러한 영광, 공의에 따라서 죄인들이 몽땅 다 멸망한다고 해도 그가 받을 수 없었을 그런 영광을 받으셨습니다. 어떻게 된 영문인지를 한번 들어 보십시오:

> "주권자의 은혜를 칭송하는 함성이
> 천국의 영원한 문들을 뒤흔들고 있다네."

    속량함을 받은 사람들만이 아니라 천사들까지도 좀 더 고상한 곡조를 타기 위해서 새롭게 조율된 수금을 타면서, "영원하신 하나님 어린 양은 찬송을 받으시기에 합당하도다"(cf. 계 5:12)라고 노래합니다. 그렇다면, 가련한 피고들인 우리가 얻은 것은 과연 없었을까요? 우리는 전에 그저 인간일 뿐이었습니다. 그러나 지금 우리는 아담 이상의 존재가 되었습니다. 우리는 전에 "천사보다 조금 못한"(시 8:5 KJV) 존재였지만, 지금은 "모든 정사와 권세 훨씬 위로 들리워진" 존재입니다. 우리는 전에 하나님의 신민들이었지만, 이제는 이 중재로 인해서 하나님의 자녀들이 되었습니다. 우리는 전에 기껏해야 이 땅에서 낙원을 소유한 자들이었지만, 이제는 하늘 위의 낙원을 그리스도와 더불어 상속 받게 될 자들이 되었습니다. 이렇게 이 중재로 인해서 양측은 다 이익을 얻었기 때문에, 그들의 영광스러운 중재자에 대하여 온전히 만족할 수밖에 없습니다.

    마지막으로, 이 중재자로 인해서 양측은 가장 강력하고 밀접하며 친밀하고 사랑하는 연합 가운데서 하나가 되었습니다. 이 송사는 원고와 피고가 평생토록 친구가 되는 방식으로, 아니 이 세상에서만이 아니라 죽음을 통과할 때에도, 그리고 영원토록 친구가 되는 방식으로 마무리되었습니다. 하나님께서 죄 사함 받은 죄인들에게 얼마나 가까우신 분인지를 보십시오:

> "하나님은 우리에게 너무나 가까우셔서,
> 더 이상 가까울 수 없을 만큼 가까우시다네.
> 그의 아들이 하나님과 가까우시듯이,
> 우리는 그의 아들만큼 그에게 가깝기 때문이라네."

하나님과 죄인들 간의 이러한 연합은 너무나 놀랍고 기이한 일입니다! 우리는 모두 최근에 미국과 영국을 잇는 대서양 케이블(Atlantic Cable)에 대하여 많이 생각해 왔습니다. 이 두 세계를 연결하고자 하는 것은 매우 흥미로운 시도입니다. 여러분이 아시다시피, 두 세계를 이어줄 것이라고 기대를 모았던 이 케이블이 깊은 바다 속으로 잠겨 버렸고, 우리는 또다시 실망하게 되었습니다. 그러나 그것보다 무한히 더 경이로운 일이 완성되었습니다! 그리스도 예수께서 인간의 죄악이라는 대서양으로 인해서 두 세계가 나뉘어 있는 것을 보시고서는, 그에게 엄습해 온 하나님의 온갖 거센 물결을 헤치고, 인간의 죄악의 바다 깊이 들어가서, 하나님과 타락한 인류, 지극히 거룩하신 이와 형편없이 망가진 죄인들이 소통할 수 있도록 서로를 이어주는 전신망을 개설하신 것입니다. 죄인들이여, 내가 여러분에게 말하고자 하는 것은 그리스도께서 저 복된 케이블을 까시는 일에서 결코 실패는 없었다는 것입니다. 그 케이블은 아주 깊은 곳에 깔렸습니다. 우리의 죄와 수치와 재난의 깊은 바다 속에 그 케이블이 안전하게 깔렸습니다. 그리고 그 케이블은 영원한 보좌로 연결되었고, 하나님의 보좌에 단단히 매어져 있습니다. 오늘도 여러분은 이 전신망을 이용할 수 있고, 이 전신망을 이용하는 방법도 아주 쉽습니다. 여러분이 탄식을 하거나 눈물을 흘리면, 그것이 그대로 이 전신망을 타고 하나님의 보좌로 상달됩니다. "하나님이여 불쌍히 여기소서 나는 죄인이로소이다"(눅 18:13)라고 말하십시오. 여러분의 그 메시지는 이 전신망을 통해서 순식간에 하나님 앞에 도달하게 될 것입니다. 천국으로 가는 전보는 이 땅에서의 전보와는 비교할 수 없을 정도로 빠릅니다. 여러분이 상상했던 것보다 훨씬 빨리 답신이 여러분에게 도착할 것입니다. 하나님은 "그들이 부르기 전에 내가 응답하겠고 그들이 말을 마치기 전에 내가 들을 것이며"(사 65:24)라고 약속하셨습니다. 여러분은 사람과 사람 사이에 이런 전신망이 있다는 것을 들어 보셨습니까? 그러나 이런 전신망이 죄인들과 하나님 사이에는 존재합니다. 왜냐하면, 그리스도께서 우리의 죄라는 깊은 바다로부터 저 높은 곳에 있는 하나님의 영광에 이르는 길을 열어 놓으셨기 때문입니다.

이것은 하나님으로부터 멀리 떨어져 있는 여러분을 위한 것입니다. 그러나 그리스도께서는 구원 받은 우리를 위해서는 그 이상의 것을 해놓으셨습니다. 즉, 그는 우리를 데리시고 우리의 죄라는 대서양을 건너셔서, 다른 쪽 해안에 우리를 내려 놓으셨습니다. 그는 우리의 죄악된 상태에서 우리를 건지셔서, 아버지 하나님의 품 속에 놓으셨습니다. 우리는 하나님의 품 속에서 그의 사랑하는 자녀들로 영원토록 거하게 될 것입니다.

   나는 하나님께서 지금 이 시간에 몇몇 사람들을 이끄셔서 구주를 보게 하시고, 눈물을 흘리고 울며 구주께로 나아가서, 이렇게 고백하게 해주시기를 빕니다:

> "내 영혼이 사랑하는 예수여,
> 나로 당신의 품 속으로 날아들게 하소서.
> 나에 대한 송사를 맡으셔서, 나를 위해 중재해 주소서.
> 내가 당신의 속죄를 받아들이나이다.
> 내가 당신의 보혈을 의지하나이다.
> 오직 나를 받으셔서, 나로 하여금 영광에 충만하여
> 영원토록 이루 말할 수 없는 기쁨으로 당신을 기뻐하게 하소서."

하나님께서 여러분을 영원토록 복 주시기를 빕니다. 아멘.

제
11
장
—

역경의 유익한 용도들

—

**"무슨 까닭으로 나와 더불어 변론하시는지
내게 알게 하옵소서."** — 욥 10:2

하나님께서 사람과 변론하신다는 것이 무슨 말입니까? 하나님께서 사람에게 진노하셨다면, 얼마든지 사람의 코에 붙어 있는 숨을 거두어 가시거나, 사람을 땅의 티끌 속에 엎드러지게 하실 수 있지 않습니까? 전능자의 마음이 격노하셨다면, 얼마든지 사람에게 분노를 퍼부으셔서, 사람의 영혼을 가장 깊은 지옥에 던져 버리실 수 있지 않습니까? 그런데 하나님께서 자신의 피조물과 변론하시며 다투시다니요? 사람이라는 피조물은 어떤 존재입니까? 오늘 여기 있다가 내일은 사라져 버리는 존재, 존재한다고 말할 수조차 없을 정도로 덧없이 스러져 가는 존재가 아니던가요? 그런데 전능자께서 이렇게 아무것도 아닌 사람이라는 존재와 다투시며 변론하신다는 것이 말이나 되는 일입니까? 영원하신 하나님께서 병기를 손에 드시고서, 하루살이 같은 존재인 사람을 상대로 싸우러 나오시다니요? 우리는 하나님을 향하여 "내 주 왕께서 누구를 따라 나왔으며 누구의 뒤를 쫓나이까 죽은 개나 벼룩을 쫓음이니이다"(cf. 삼상 24:14)라고 소리치는 것이 마땅하지 않겠습니까? 하나님께서 산에 있는 메추라기 같은 존재를 사냥하기 위하여 군대를 이끌고 나오시고, 하루살이 같은 존재와 싸우시려고 창과 방패를 가지고 나오신다는 것이 말이 되는 얘기입니까? 기진하지도 않으시고 지치시지도 않으시며 그 책망하시는 말씀 한 마디에 무수한 별들로 이루어진 천국의 지붕을 떠받치고 있는 기둥들이 깜짝 놀라 두려워 떠는 그런 분이신 영원하신 하나님께서 일개 피조물에 불과한 사람과 싸우시다니요? 그렇지만 오늘의 본문은 분명히 그렇게 말씀하고 있습니다. 하나님께서 사람과 다투신다고 말이죠. 물론, 이것은 사람을 사랑하셔서 다투시는 그런 다툼입니다. 하나님께서 사람과 다투시고 변론하시는 것이 우리를 불쌍히 여기셔서 그렇게 하시는 것임을 우리가 아는 데에는 그리 오랜 시간이 걸리지 않을 것이라고 나는 생각합니다. 하나님이 이렇게 다투시는 동기가 사랑이라는 것은 의심의 여지가 없습니다. 만일 하나님께서 진노하신 것이라면, 이렇게 자신을 낮추셔서 자신의 피조물과 다투시고 변론하고자 하지 않으실 것이고, 하물며 사람이라는 이런 하찮은 피조물과 싸우시고 다투시기 위하여 칼과 방패로 무장하시고 나서는 일은 더욱 하지 않으실 것입니다. 그러므로 여러분은 겉보기에는 하나님이 화나셔서 하시는 말씀 같아 보이지만, 그 속에는 깊은 사랑이 깃들어 있음에 틀림없다는 것을 금방 알게 됩니다. 결국, 하나님의 이러한 다툼과 변론은 사람을 귀하게 보시기 때문이고, 이러한 싸움은 하나님이 사람을 긍휼히 여기고 계신다는 증거이자 사랑의 하나님께서 사람을 껴안으시는 또 다른 모습임에 틀림없습니다. 내가 여러분에게 말씀을 전하는 동안에, 여러분은 여러분에게 위로가 되고 힘이 되는 이러한 전제를 염두에 두고서, 말씀을 들으셔야 합니다. 오늘 여러분 중에 "무슨 까닭으로 나와 더불어 변론하시는지 내게 알게 하옵소서"라고 말하는 사람이 있다면, 하나님께서 여러분을 죽이지 않으시고 다투시며 변론하고 계신다는 바로 그 사실, 하나님께서 여러분을 치셔서 가장 낮은 지옥에 던져 버리지 않으셨다는 바로 그 사실 자체가 여러분에게 위로와 소망이 될 수 있다는 것을 명심하십시오.

이제 나는 이 질문을 던지고 있는 두 부류의 사람들을 향해서 말씀을 전하고자 합니다. 첫째로, 나는 연단 받고 있는 성도들을 향하여 말할 것입니다. 그런 후에는, 그리스도로 말미암는 평안과 용서를 구해 왔지만, 아직 얻지는 못하였고, 도리어 율법에 의해서 두들겨 맞으며 은혜의 자리에서 멀리 떨어져 절망 가운데서 구하고 찾는 죄인들을 향하여 말할 것입니다.

1. 첫째로, 하나님의 자녀가 겪는 역경이 있습니다.

이 많은 회중 속에는 욥과 똑같은 처지에 있는 분들이 계십니다. 그들은 이렇게 말합니다: "내 영혼이 나의 삶에 넌더리를 냅니다. 나는 내 자신에 대해서 정말 더 이상 불평하는 말을 하지 않았으면 좋겠습니다. 내 영혼의 큰 고통 중에서 나는 하나님께 '나를 정죄하지 마시옵고 무슨 까닭으로 나와 변론하시는지 내게 알게 하옵소서'라고 청합니다." 또한, 그들은 종종 하나님이 악하신 것이 아닌가 하고 의심하기도 합니다. 하지만 벧세메스 사람들이 감히 법궤의 뚜껑을 열고서 그 거룩한 신비들을 들여다보다가 죽임을 당한 것과 마찬가지로, 흔히 하나님을 의심하는 것은 우리의 믿음을 죽이는 일이 됩니다. 하나님의 크고 비밀한 계획들이 기록되어 있는 책을 훔쳐보고서 하나님의 수수께끼 같은 섭리들의 비밀을 알아내고 싶어 하는 무모한 호기심 때문에 혹독한 재앙들을 겪는 일도 우리에게 종종 일어납니다. 그러나 우리가 물을 수 있는 질문도 있다고 나는 생각합니다. 여기에서 욥이 제기한 질문은 단지 호기심에서 나온 것이 아닙니다. 그 질문은 실제적인 문제를 다루고 있고 실제적인 효과가 뒤따르는 질문입니다. 연단 받고 있는 성도들이여, 내가 이 신비를 들여다보며 여러분의 질문에 대답해 드리고자 할 것이니, 여러분은 나를 따라오시면서, 내가 제시하는 여러 대답들 중에서 성령의 조명을 힘입어서 여러분에게 해당되는 것이라고 생각되는 것을 선택하시기를 바랍니다. 여러분은 계속해서 연이은 환난들을 겪으며 연단 받아 왔습니다. 여러분의 사업은 잘되는 적이 없고, 질병은 여러분의 집에서 떠나지 않으며, 여러분의 심령은 늘 괴롭고 눌려 있습니다. 그것은 마치 하나님께서 여러분과 다투고 계시는 것처럼 보입니다. 그래서 여러분은 "이 모든 일들이 도대체 왜 그러는 것인지, 하나님께서 무슨 까닭으로 나와 더불어 변론하시는지 내게 알게 하옵소서"라고 묻습니다.

(1) 나의 형제들이여, 하나님 편에 서서 내가 여러분에게 드리는 첫 번째 대답은 하나님께서는 여러분을 붙들어 주시는 자신의 능력을 보여주시기 위하여 여러분과 다투고 계시는 것일 수 있다는 것입니다. 하나님은 자신의 성도들을 기뻐하십니다. 어떤 사람이 자신의 자녀가 놀라운 지능을 가지고 있는 것을 기뻐할 때, 그에게 아주 어려운 문제들을 내주어서, 그가 자신의 뛰어난 지능을 발휘해서 그 문제들을 잘 풀어내는 것을 보고 싶어 합니다. 왜냐하면, 그는 자신의 자녀가 그 어려운 문제들을 잘 풀어 낼 줄을 이미 알고 있기 때문입니다. 마찬가지로, 하나님께서도 자기 자녀들을 자랑스러워하시기 때문에, 온 세상으로 하여금 지면에 하나님의 자녀들 같이 그렇게 탁월한 사람들은 아무도 없다는 것을 알게 하시고, 사탄조차도 자신의 무궁무진한 거짓말들을 쌓아 놓은 창고에서 어떤 거짓

말들을 들고 나와서 하나님의 자녀들을 어떤 식으로든 고소하려고 들기 전에 먼저 그들의 탁월함을 인정할 수밖에 없게 하시기 위하여, 자기 자녀들에게 어려운 문제들을 주어 풀게 하시는 것입니다. 그래서 종종 하나님께서는 의도적으로 자신의 자녀들을 이 세상의 시련들 속으로 밀어넣으시고, 그들은 사방으로 환난들에 의해서 둘러싸인 가운데, 안팎으로 치열한 싸움을 해야 하는 처지에 놓입니다. 하나님의 자녀들은 곤혹스러워하며 부르짖는 가운데서도 승리를 확신하며 침착하고 평안하게 그 환난들을 헤쳐나가고, 그럴 때에 하나님께서는 기쁘신 얼굴로 자신의 성도들을 손으로 가리키시며, 이렇게 말씀하십니다: "사탄아, 보아라, 그들은 네가 넘어뜨릴 수 있는 상대가 아니라는 것을 알겠느냐! 그들은 비록 약하지만, 내 능력을 힘입어서 모든 일을 할 수 있느니라." 그리고 하나님께서는 종종 사탄으로 하여금 직접 자신의 자녀들을 공격할 수 있도록 허락하시고, 용의 날개를 단 이 지옥의 음흉한 원수는 "낮아짐의 골짜기"(the Valley of Humiliation)에서 수없이 넘어지고 쓰러지며 기진맥진해 있는 가엾은 그리스도인들을 공격합니다. 이 싸움은 벌레가 용과 싸우는 것이기 때문에, 길고도 끔찍한 싸움이지만, 그 벌레가 무엇을 할 수 있는지를 보십시오. 벌레는 용의 발에 짓밟히지만, 자기를 짓밟는 용의 발꿈치를 물어뜯습니다. 그리스도인들은 쓰러지면서, "나의 대적이여 나로 말미암아 기뻐하지 말지어다 나는 엎드러질지라도 일어날 것이요"(미 7:8)라고 부르짖습니다. 그리고 하나님께서는 자기 자녀들을 가리키시며 이렇게 말씀하십니다: "이 상황에서 내가 무엇을 할 수 있는지를 보라. 나는 혈과 육을 지닌 자들을 지극히 교활한 영보다 더 능력 있게 만들 수 있다. 나는 저 연약하고 어리석으며 가련한 자들을 사탄의 온갖 술수와 힘을 넉넉히 이겨낼 수 있는 자들로 만들 수 있다." 하지만 하나님께서는 여기에서 그치시는 것이 아니고, 종종 친히 자신의 자녀들과 싸우시는데, 여러분은 이것에 대해서 어떻게 생각하십니까? 여러분은 하나님이 자신의 자녀들과 싸우신다고 말하는 것이 이상하게 들리지 않습니까? 하지만 실제로 하나님께서는 자기 자녀들의 믿음이 어느 정도인지를 시험하시기 위하여, 직접 그들의 믿음에 대하여 싸움을 거십니다. 여러분은 이것을 상상의 산물이라고 생각해서는 안 됩니다. 이것은 엄연한 사실입니다. 여러분은 얍복 강 나루터에서 천사로 변장하신 하나님께서 야곱과 싸우시고 야곱으로 하여금 이기게 하신 이야기를 들어 보셨을 줄로 압니다. 이 이야기는 도대체 무엇을 말해 주는 것일까요? 하나님이 그렇게 하신 의도는 이런 것이었습니다: "내가 야곱이라는 피조물에게 그를 창조한 나를 이길 수 있을 정도의 힘을 주고 강하게 해주리라." 하나님께서 한 손으로는 자기 자녀들을 내동댕이치시면서, 다른 손으로는 그들을 견고하게 붙잡아 주신다는 것, 전능자께서 한편으로는 자기 자녀들을 부수어 버리실 듯이 공격하시면서, 다른 한편으로는 엄청난 무게 아래에서 짓이겨지고 있는 그들을 붙들어 주신다는 것 — 이것은 너무나 기가 막힌 일이 아닙니까! 이것은 하나님께서 세상을 향하여 "믿음이 무엇을 할 수 있는지를 보라"고 외치고 계시는 것입니다. 하트(Hart)는 믿음에 대하여 다음과 같이 잘 노래하고 있습니다:

"믿음은 세상과 지옥을 밟고 서 있다네.
믿음은 사망과 절망을 격파한다네.
그러나 진정 놀라운 것은
믿음은 기도를 통해 천국까지 이길 수 있다는 것이라네."

하나님께서 여러분과 다투시는 이유는, 자기가 가련하고 보잘것없는 존재인 사람에게 능력을 부어 주시면, 사람은 자신의 조물주와도 다투어서, 이스라엘처럼 하나님을 이길 수 있는 왕 같은 존재가 될 수 있다는 것을 천사들과 사람들과 악한 영들에게 보여주심으로써, 자기 자신을 영화롭게 하시기 위한 것입니다. 이것이 첫 번째 이유입니다.

(2) 이제 나는 두 번째 대답을 여러분에게 들려드리고자 합니다. 연단 받고 있는 심령들이여, 하나님께서는 여러분에게 더 큰 은혜를 주시기 위하여 여러분과 다투고 계시는 것일 수 있습니다. 만일 여러분에게 시련이나 환난이 없다면, 여러분은 결코 더 큰 은혜 속으로 들어가지 못할 것입니다. 여러분에게 늘 여름 날씨만 있고 겨울이 없다면, 여러분의 믿음이 얼마나 크고 굉장한 것인지를 모르지 않겠습니까? 하나님의 사랑은 보통 때에는 반딧불 같이 별로 빛나 보이지 않았지만, 사방이 캄캄하고 절망적이었을 때에 비로소 그 사랑이 얼마나 대단한 것인지를 알게 되었다는 말을 여러분은 자주 들어오지 않았습니까? 여러분이 늘 형통의 햇살이 비치는 가운데 살아가고, 역경의 밤에 있어 보지 않는다면, 소망이라는 것이 별과 같은 것임을 여러분이 어떻게 알 수 있겠습니까? 환난들이라는 것은 하나님께서 자기 자녀들에게 주시는 보석 같은 은혜들이 얼마나 찬란하

게 빛나는 것들인지를 알게 하기 위하여 그 보석들을 싼 검은 포장지라는 것을 여러분은 알고 계십니까? 여러분은 얼마 전에 무릎을 꿇고서, "주여, 내게는 믿음이 전혀 없는 것 같사오니, 나로 내게 믿음이 있다는 것을 알게 해주십시오"라고 기도하였습니다. 여러분은 그것이 여러분에게 환난을 주시라고 기도한 것임을 알지 못하십니까? 여러분은 자신의 믿음을 발휘해야 할 상황이 오기 전까지는 자신에게 믿음이 있다는 것을 알 수 없습니다. 말하자면, 우리에게 닥쳐오는 환난들은 숲속의 침입자들과 같습니다. 조용한 숲속에 침입자가 아무도 없을 때에는 산토끼와 메추라기는 조용히 있습니다. 아무도 보는 사람이 없는 곳에서 그것들은 휴식을 취하고 있습니다. 그러나 숲속에 들어온 사람의 발자국 소리가 들리면, 여러분은 그것들이 푸른 숲길을 재빨리 달려 도망치는 모습을 보고, 꿩이 푸드득 하며 날아서 도망치는 소리를 들을 수 있습니다. 마찬가지로, 우리에게 닥쳐오는 환난들은 조용히 쉬고 있는 우리 심령에 침입해 들어온 침입자들입니다. 환난이라는 침입자가 우리의 심령에 들어오면, 우리 속에 있던 은혜들이 깜짝 놀라서 움직이기 시작하고, 우리는 그 은혜들의 존재를 알게 됩니다. 이 환난이라는 침입자가 그 은혜들을 깨우지 않았더라면, 그 은혜들은 계속해서 자신의 은신처나 둥지 속에서 잠자고 있거나 쉬고 있을 것입니다.

지금 돌아가신 한 목사님께서 사용하시던 농촌 생활을 배경으로 한 간단한 비유가 생각납니다. 그 목사님은 여름에는 새들의 둥지를 찾기가 아주 힘들었지만, 겨울이 되면 그 둥지들을 아주 쉽게 찾을 수 있었다는 말을 했습니다. 흔히 어떤 사람에게 아주 적은 은혜만이 있는 경우에는, 여러분은 그 사람이 형통하여 잎이 무성할 때에는 거기에서 은혜를 찾아보기는 무척 힘듭니다. 그러나 겨울의 혹독한 삭풍이 불어와서, 그동안 무성했던 그의 잎사귀들이 다 떨어지고 나면, 여러분은 그 사람에게 있는 은혜들을 잘 볼 수 있습니다. 하나님께서는 흔히 우리 속에 있던 은혜들이 드러나게 하셔서, 우리로 하여금 그 은혜들의 존재를 알게 하시기 위하여, 우리에게 환난들을 보내신다는 것을 믿으시기 바랍니다. 게다가, 이러한 환난들을 통해서 우리 속에 있던 은혜들이 드러날 뿐만 아니라, 그 은혜들은 성장해 갑니다.

우람한 상수리나무의 그늘 아래에서 자라는 꽃은 성장에 방해를 받아서 잘 크지를 못합니다. 이 작은 꽃은 자기를 보호해 주는 그 그늘을 소중히 여기고, 이 고상한 친구가 자기에게 제공해 주는 평안과 안식을 무척 고마워합니다. 그러나

230 스 펼 전 설 교 전 집

하나님께서 이 작은 꽃에게 복을 주시기로 하셨습니다. 그러자 어느 날 한 나무꾼이 와서, 자신의 날카로운 도끼로 찍어서, 그 크고 우람한 상수리나무를 베어 버립니다. 그러자 작은 꽃은 울며 소리칩니다: "나의 피난처가 사라졌으니, 이제 나는 온갖 거친 바람을 다 맞게 될 것이고, 나를 뿌리째 뽑아 버리고자 하는 온갖 폭풍우에도 그대로 다 노출되겠구나. 하지만 그 꽃을 지켜주는 천사는 이렇게 말합니다: "그게 아니다. 이제 너는 햇빛을 제대로 받게 되고, 비도 이전보다 더 풍부하게 네 위에 내리게 되어서, 지금 왜소한 너의 모습은 아주 늘씬하고 예쁘고 사랑스러운 모습이 되고, 만발할 수 없었던 너의 꽃은 이제 햇살 아래에서 만발하여 활짝 웃게 될 것야. 그러면 사람들이 와서 너를 보고, 이렇게 말하게 될 거야. '이 꽃이 정말 많이 자랐구나! 이 꽃이 상수리나무의 그늘을 기뻐하더니만, 그 나무가 제거되고 나니, 제대로 성장해서 눈부신 아름다움을 뽐내고 있구나.'"

이제 여러분은 하나님께서 여러분을 더 아름다운 그리스도인으로 만드시기 위하여, 여러분에게 있던 위로들과 특권들을 거두어 가신 것임을 아시겠습니까? 하나님께서 자신의 군사들을 훈련시키실 때에는, 그들로 하여금 편안한 침상에 누워 있게 하지 않으시고, 밖으로 나가게 하셔서 억지로 행군을 하게 하시고 힘든 일들을 시키십니다. 하나님은 그들로 하여금 그들의 등에 슬픔과 괴로움의 무거운 배낭을 메고서 하천들을 통과하게 하시고, 강들을 헤엄쳐 건너가게 하시며, 높은 산들을 오르게 하시고, 아주 먼 길을 행군하게 하십니다. 이것이 하나님께서 우리를 자신의 군사들로 만드시는 방식입니다. 하나님은 우리에게 멋있는 제복을 입히셔서 막사 문 앞에 두시고서, 막사를 구경하기 위해 온 사람들로부터 멋진 신사들이라는 찬사를 듣게 하시는 것이 아닙니다. 하나님께서는 용사들은 오직 전투를 통해서만 만들어질 수 있다는 것을 아십니다. 군사들이 편안하게 쉬고 있다면 용사로 성장할 수 없습니다. 우리는 평시에 용사들이 되는 데 필요한 것들을 준비해 둘 수는 있지만, 진정한 용사는 평화롭고 편안한 곳이 아니라, 화약 냄새가 진동하고, 총알이 쌩쌩 날아다니며, 대포들의 굉음이 들리는 곳에서만 탄생됩니다. 그리스도인들이여, 이제 여러분이 겪고 있는 환난들이 이해가 가십니까? 하나님께서 여러분 속에 있는 은혜들을 드러내시고, 그 은혜들로 성장하게 하고자 하시는 것임을 여러분은 아시겠습니까? 이것이 하나님께서 여러분과 다투시는 또 한 가지 이유입니다.

(3) 하나님께서 여러분과 다투시는 또 다른 이유는 여러분에게 심각한 손상을 끼치고 있는 은밀한 죄가 있기 때문일 수도 있습니다. 여러분은 모세에 관한 이야기를 기억하고 계십니까? 이 세상에서 모세만큼 하나님 여호와의 사랑을 받은 사람은 없었습니다. 왜냐하면, 그는 하나님의 온 집에서 충성을 다한 종이었기 때문입니다. 그러나 여러분은 하나님께서 애굽으로 가고 있던 모세를 길에서 만나서 어떻게 그와 다투셨는지를 기억하고 계십니까? 그 이유가 무엇이었습니까? 모세에게 할례 받지 않은 자녀가 있었기 때문이었습니다. 그 아이는 자신의 몸에 하나님의 인치심을 지니고 있지 않았기 때문에, 모세에게 있어서 하나의 죄가 되었습니다. 그래서 하나님께서는 그 일이 해결될 때까지 모세와 다투신 것이었습니다. 마찬가지로, 우리는 자신의 집에 할례 받지 않은 어떤 것을 두고 있는 경우가 많습니다. 우리는 어떤 악한 것이나 죄악된 것을 즐기기도 하고, 하나님의 뜻에 합당하지 않은 어떤 일을 추구하기도 합니다. 그럴 때에 하나님께서는 모세에게 그러셨듯이 흔히 우리에게도 그렇게 하십니다: "모세가 길을 가다가 숙소에 있을 때에 여호와께서 그를 만나사 그를 죽이려 하신지라"(출 4:24). 여러분 자신을 샅샅이 살펴보십시오. 왜냐하면, 하나님의 위로하심이 여러분에게 별로 없다면, 여러분의 내면에 어떤 은밀한 죄가 있는 것이기 때문입니다. 하나님께서 여러분을 더욱더 심하게 치시고, 그의 맹렬한 진노로 여러분을 괴롭히시기 전에, 그 죄를 제거하십시오. 흔히 환난을 통해서 죄가 드러납니다. 그래서 만일 환난이 없었더라면, 우리는 그런 죄들을 결코 발견하지 못했을 경우가 많습니다. 우리는 러시아인들이 사는 집들에 쥐가 득실거린다는 것을 압니다. 손님들은 그러한 사실을 거의 눈치 채지 못하지만, 그들의 집에 불이 나면, 쥐들이 무더기로 쏟아져 나오기 때문에, 그것이 사실이라는 것이 드러납니다. 마찬가지로, 하나님께서도 종종 우리의 숨겨진 죄들이 드러나도록 하시기 위해서, 우리의 위로들을 태워 버리십니다. 하나님은 그런 식으로 우리의 숨은 죄들이 분명하게 드러나게 하셔서, 우리로 하여금 그 죄들을 제거할 수 있게 해주십니다. 이렇게 여러분 속에 있는 해묵은 죄를 끝장내시기 위한 것이 하나님께서 여러분에게 환난을 주시는 이유일 수 있습니다. 또한, 하나님께서는 여러분이 장차 짓게 될 죄를 미리 막으시기 위해서도 그런 식으로 행하십니다. 즉, 하나님이 자신의 섭리를 통해서 여러분을 괴롭히시지 않는 경우에는, 여러분이 자신의 눈에는 숨겨져 있는 어떤 죄에 머지않아 빠져들 위험이 있을 때, 하나님께서는 그것을 막

으시기 위하여 여러분에게 환난을 주실 수 있으시다는 것입니다.

바다를 다스리시는 위대한 선주에게 속한 한 멋진 배가 있었고, 그 배는 곧 은혜의 항구를 출발해서 영광의 항구로 항해하기로 되어 있었습니다. 그 배가 출항하기 전에, 그 선주는 이렇게 말했습니다: "선원들이여, 용감하게 행하고, 선장이여, 담대하라! 여러분은 머리카락 한 톨도 다치지 않을 것이다. 내가 너희를 너희가 바라던 항구로 안전하게 데려다 주겠다. 내가 바람의 천사들에게 너희가 가는 길을 보살펴 주도록 이미 당부해 두었다." 마치 증기선들이 바다 위를 날아가듯이, 그 배는 많은 날 동안 순풍을 타고서 아주 빠르고 순탄하게 물살을 가르며 항해해 나갔습니다. 그러나 한 번은 태풍이 불어와서, 그 배는 항로를 이탈하였고, 거센 바람에 돛이 끊어질 듯 팽팽하게 당겨져서, 배는 두동강이 날 것 같을 정도로 휘어졌습니다. 돛은 찢어져서 너덜너덜해졌습니다. 선원들은 잔뜩 겁을 집어먹었고, 선장도 두려워 떨었습니다. 그들은 항로를 잃고 표류하였습니다. 그들은 "배가 항로를 벗어났다"고 말하고서는, 아주 큰 근심에 싸여 통곡하였습니다. 날이 밝고, 물결이 잔잔해지자, 바람의 천사가 나타났습니다. 그들이 천사에게 "천사여, 당신은 우리의 여행길에서 우리를 보살피고 지켜 주라는 명령을 받지 않았습니까?"라고 말했습니다. 천사는 이렇게 대답했습니다: "나는 그런 명령을 받았고, 그 명령을 그대로 행하였습니다. 여러분은 아주 자신만만하게 항해하고 있었지만, 사실은 여러분의 배는 조금만 더 그대로 갔더라면, 그 앞에는 암초가 있어서 그대로 좌초되어 바다 속으로 빨려들어가고 말았을 것입니다. 나는 여러분의 배가 그 유사(流砂)를 피할 다른 방법이 없다는 것을 알았기 때문에, 항로를 이탈하도록 만든 것입니다. 내가 명령 받은 대로 행하였다는 것을 이제 아시겠습니까? 계속해서 평안히 길을 가십시오."

이것은 우리 주님이 우리에게 어떻게 행하시는지를 보여주는 하나의 비유입니다. 주님은 흔히 천국으로 가는 올바른 항로라고 생각되는 순탄한 길에서 우리로 하여금 벗어나게 만드십니다. 하지만 주님이 그렇게 하시는 데에는 은밀한 이유가 있는데, 그것은 해도상에는 표시되어 있지 않은 암초가 여러분의 배가 가는 길 바로 앞에 있기 때문입니다. 우리는 그런 사실을 까마득히 모른 채 항해해갑니다. 그러나 하나님께서는 그 사실을 아시기 때문에, 자기가 지켜 주시기로 하신 여러분의 멋진 배가 암초에 걸려 좌초되는 것을 그대로 놓아두지 않으시는 것입니다. 하나님께서는 여러분의 배를 여러분이 원하던 항구로 반드시 안전하게 데려다 주실 것입니다.

(4) 나는 이제 또 한 가지 이유를 말씀드리려고 하지만, 여러분 중에서는 어떻게 이것이 그 이유가 되는 것인지를 이해할 수 있는 분들도 있을 것이고, 이해할 수 없는 분들도 있을 것입니다. 사랑하는 자들이여, 성경은 우리가 "하늘에 속한 이의 형상"(고전 15:49), 곧 그리스도의 형상을 입어야 한다고 말씀하고 있다는 것을 여러분은 기억하실 것입니다. 그리스도께서 이 세상에서 행하신 대로, 우리도 그렇게 행하여야 합니다. 우리가 그리스도와 함께 죽으려면, 그리스도께서 겪으신 고난에도 함께 하지 않으면 안 됩니다. "질고"를 겪지 않는 자는 누구든지 "질고를 아는 자"(사 53:3) 같이 될 수 없다는 것을 여러분은 생각해 보신 적이 있습니까? 여러분의 입에서 종종 "내 마음이 심히 고민하여 죽게 되었으니"(막 14:34)라는 말이 나오지 않는다면, 어떻게 여러분이 땀방울이 핏방울이 될 정도로 고뇌하셨던 분 같이 될 수 있겠습니까? 사랑하는 자들이여, 여러분이 가시에 찔리는 것이 무엇인지를 느껴보지도 않았는데, 가시면류관을 쓰신 우리의 머리 되시는 분과 같이 될 수 있다고 생각하지 마십시오. 여러분이 십자가에 못 박히지도 않았는데, 어떻게 십자가에서 못 박혀 돌아가신 주님 같이 될 수 있겠습니까? 여러분의 손과 발에 못자국이 없는데, 어떻게 여러분이 손과 발에 못자국이 있으신 주님 같이 될 수 있겠습니까? 여러분의 입에서 "나의 하나님, 나의 하나님, 어찌하여 나를 버리셨나이까"(마 27:46)라는 탄식이 저절로 나오지도 않는데, 어떻게 여러분이 주님과 같이 될 수 있겠습니까? 여러분은 거친 바윗덩어리에 불과하기 때문에, 하나님께서는 여러분을 끌로 쪼개고 다듬어서 그리스도의 형상으로 만들어가고 계십니다. 하나님의 손에 쥐어진 그 끌과 정이 여러분이 주님 같이 되는 것을 방해하는 많은 것들을 제거해 주고 있습니다. 우리의 머리 되시는 주님께서 너무나 슬프고 괴로우셔서 흘리시는 눈물 때문에 앞이 가려서 잘 보이시지도 않는데, 우리가 늘 기뻐하고 즐거워하며 노래하는 것이 마땅하겠습니까? 절대로 그럴 수 없습니다.

> "내가 주의 말씀으로부터 알고 있는 것은
> 구원의 상속자들은 많은 환난 가운데서
> 주를 따라가야 한다는 것이라네."

환난은 우리로 하여금 그리스도의 고난에 동참하여 그와 함께 하게 해주기 때문에 참으로 좋은 것입니다. 우리의 심령의 밭을 깊게 파서 이랑을 만들어 주는 쟁기는 좋은 것입니다. 그 이랑들이 주님의 이랑들과 같을수록, 그렇게 깊은 이랑을 만들어 주는 쟁기는 복된 것입니다. 주님께서 사람들로부터 침 뱉음을 당하셨던 이유와 똑같은 이유로, 사람들이 우리의 얼굴에 침을 뱉는다면, 그 침 뱉는 입은 우리에게 복된 것입니다. 우리를 찌르는 못들과 가시들과 신 포도주와 창이 우리를 조금이라도 주님과 같이 되게 해주기만 한다면, 그것들은 우리에게 복된 것들입니다. 우리가 그런 식으로 주님의 고난에 참여할 때, 우리는 장차 우리 주님을 대면하여 뵙게 될 때에 그의 영광에도 참여하게 될 것입니다. 이것은 모든 사람이 다 이해할 수 있는 것은 아닙니다. 왜냐하면, 이것은 거룩하지 않은 발로는 결코 걸어갈 수 없고, 별 생각 없이 살아가는 사람들의 눈에는 보이지 않는 길이기 때문입니다. 그러나 그리스도의 고난에 참여하는 것은 그리스도와 함께 교제하는 것인 까닭에, 참된 신자는 이 길을 기뻐하고 즐거워할 수 있습니다.

(5) 나는 하나님의 자녀에게 한 가지 이유를 더 말씀드리려고 합니다. 나의 형제들이여, 하나님께서는 여러분을 낮추시기 위하여 여러분과 다투시는 경우도 있습니다. 우리는 모두 너무나 교만합니다. 우리 중에서 가장 겸손한 사람도 참된 겸손의 문 앞에 조금 가까이 간 정도에 불과하니까요. 교만이 우리의 혈관 속을 흐르고 있고, 마치 우리의 뼈들에서 골수를 다 빼낼 수 없듯이, 우리의 혈관 속에서 교만을 다 제거할 수도 없기 때문에, 우리는 너무나 교만합니다. 우리가 어느 정도 낮아지려면, 많이 맞아야 합니다. 하나님께서 우리를 계속해서 끊임없이 내리누르시는 이유는 우리가 자꾸 일어서려고 하기 때문입니다. 여러분이 과거에 겪었던 환난들을 되돌아보면, 여러분이 환난 가운데 있었을 때에 여러분의 상태가 가장 좋았다는 것을 느끼지 않습니까? 내가 확실하게 말할 수 있는 것은 기쁨 속에는 애곡함이 있고, 슬픔 속에는 달콤한 기쁨이 있다는 것입니다. 나는 어떻게 그렇게 되는 것인지를 알지는 못하지만, 여러분이 쓰디쓴 슬픔의 포도주를 마시면, 그 포도주는 레바논의 최고급 포도주와는 비교할 수 없을 정도로 여러분의 속사람을 따뜻하게 해줍니다. 고난의 포도주는 우리 몸 속에 들어간 실제의 포도주가 우리 몸에 미치는 영향과 비슷한 효과가 있어서, 우리의 속사람의 모든 혈관들을 깨어나게 해서, 그 속에서 피들로 약동하게 만듭니다. 그

효과는 우리가 생각하는 것과 다릅니다. 나는 의사가 아니지만, 달콤한 잔을 마시면 나의 입천장에 쓴 맛이 남고, 쓴 잔을 마시면 내 입에 달콤한 향기가 남는다는 것을 압니다. 슬픔 속에 달콤한 기쁨이 있는 이유를 나는 알지 못합니다. 이 수금 속에는 그 현들이 모두 없거나 끊어져 있어도 음악이 있습니다. 이 퉁소의 우울한 선율 속에는 내가 큰 소리 나는 나팔에서는 들을 수 없는 어떤 감미로움이 있습니다. 우리가 퉁소의 슬프고 애절한 선율로부터 얻게 되는 부드럽게 감싸안는 듯한 감미로운 느낌은 기쁨의 노래로부터는 결코 얻을 수 없는 것입니다. 우리가 슬픔과 괴로움 가운데 있을 때에 하나님께 더 가까이 나아가게 된다는 사실로부터 이러한 현상이 설명될 수 있지 않을까요? 우리의 기쁨은 해변으로 몰려오는 밀물과 같아서, 우리를 해변의 뭍에 내동댕이치지만, 우리의 슬픔은 썰물과 같아서, 우리를 하나님의 품이라는 저 깊은 바다 속으로 빨아들입니다. 만일 썰물이 없었다면, 우리는 해변으로 밀려나서 늘 메마르게 있어야 했을 것입니다. 마찬가지로, 우리의 인생에서 형통함이 물러가는 때인 썰물은 우리를 다시 우리 아버지 하나님의 품으로 돌아가게 해줍니다. 그러니 환난은 얼마나 복된 것입니까! 환난은 우리를 은혜의 자리로 나아가게 해주고, 거기에서 뜨겁게 기도할 수 있게 해주며, 그리스도에 대한 믿음과 사랑이 불 붙게 해주어서, 우리로 하여금 기꺼이 그리스도와 함께 풀무불에 들어갔다가 나와서, 이전보다 더 기쁜 마음으로 그리스도와 더불어 살 수 있게 해줍니다.

    내가 이 질문에 대하여 지금까지 설명한 것보다 더 잘 대답할 수 없다는 것은 확실합니다. 나의 사랑하는 자들이여, 내가 올바른 이유를 설명하지 못했다고 할지라도, 여러분이 스스로 살펴서 찾으시기를 바랍니다. 왜냐하면, 여러분이 찾는 이유, 즉 하나님께서 여러분과 다투시는 이유는 여러분에게서 그리 멀리 떨어져 있지 않을 것이기 때문입니다.

2. 둘째로, 구하고 찾는 죄인들이 겪는 역경이 있습니다.

    앞에서 나는 성도들이 겪는 역경에 대해서 살펴보았고, 이제는 왜 자기에게는 평안도 없고 위로도 없는가 하고 그 이유를 알 수 없어 하는 구하고 찾는 죄인들이 겪는 역경에 대해서 살펴보고자 합니다. 이것은 주제에서 조금 벗어난 여담입니다만, 내가 얼마 전에 한 형제로부터 들은 경험담에 의하면, 그 형제는 자기가 회심하기 전에는 한 번도 아프지도 않았고 어려움도 전혀 겪지 않았는데,

회심한 바로 그 순간부터 환난과 괴로움들이 쉴 새 없이 몰려왔다고 말했습니다. 나는 그때 이후로 그 형제가 한 이야기를 계속해서 생각하였고, 지금은 내가 그 이유를 발견해 냈다고 생각합니다. 우리가 회심한 때는 새들이 노래하는 때입니다. 그러나 새들이 노래하는 때는 포도나무를 가지치기 해주는 때이기도 합니다. 따라서 새들이 노래하는 때가 오면, 포도나무를 가지치기 해주어야 하는 때도 아울러 온 것입니다. 하나님께서는 우리의 영혼으로 하여금 노래하게 하시기 시작하시자마자, 그 즉시 우리를 연단하시는 일도 시작하십니다. 이것은 오늘의 주제로부터 멀리 벗어난 것이 아닙니다. 나는 처음에는 이것이 오늘의 주제와는 상관없는 것이라고 생각했지만, 나중에는 구하고 찾는 죄인들과 관련된 것임을 깨닫고서 이렇게 말씀드리게 된 것입니다. 거기에 해당되는 분들은 오늘 아침에 속으로 목사님을 만나면 이렇게 말하여야 하겠다고 생각하시고 이곳에 오셨을 것입니다: "목사님, 나는 내가 멸망 받아 마땅한 상태에 있다는 것을 최근에야 깨닫게 되었습니다. 그 사실을 깨닫고서, 나는 집으로 가서, 하나님께 긍휼을 베풀어 주시라고 기도하였습니다. 그 날 이래로 나는 기도하기를 쉰 적이 한 번도 없습니다. 그런데 이상하게도 내게는 평안이 전혀 없습니다. 나의 상태는 이전보다 더 나빠졌습니다. 그러니까, 내가 더 우울해지고 더 낙심하게 되었다는 말입니다. 내가 회심하기 전에 목사님께서 내게 천국 가는 길이 쉽다고 생각하느냐고 물으셨다면, 나는 틀림없이 '그렇습니다'라고 대답했을 것입니다. 그러나 지금은 천국 가는 길에는 암초들이 수없이 도사리고 있다는 생각이 듭니다. 내가 이렇게 생각하면 안 되는 것은 알지만, 천국 가는 길의 끝에 있는 문이 굳게 닫혀져 있다는 느낌을 떨쳐 버릴 수가 없습니다. 왜냐하면, 내가 아무리 두들겨도, 그 문은 지금까지 열리지 않았으니까요. 나는 구했지만, 받지 못했습니다. 나는 찾았지만, 발견하지 못했습니다. 사실, 나는 평안을 얻기는커녕 도리어 두려움만 커져갑니다. 하나님이 나와 다투고 계시는 것 같습니다. 목사님, 이것이 도대체 어떻게 된 일인지를 내게 말씀해 주실 수 없으십니까?" 이제 나는 하나님의 도우심을 힘입어서 그 질문에 대답하려고 합니다.

(1) 나의 첫 번째 대답은 이것입니다. 사랑하는 형제들이여, 하나님께서 여러분과 한동안 다투시는 이유는 아마도 여러분이 아직 온전히 깨어나지 않았기 때문일 수 있습니다. 그리스도께서는 여러분의 병을 속속들이 다 파헤치셔서 온전히 여러분을 고치시고자 하신다는 것을 기억하십시오. 그리스도께서는 여러분

이 지닌 병을 고치시기 위하여 수술을 시작하시고서는, 여러분의 병을 일으키는 가장 깊은 근원인 교만한 육신을 그대로 두신 채로 수술을 끝내시는 돌팔이 의사 또는 어리석은 의사가 아니십니다. 그는 메스를 드시고서 여러 곳을 가르셔서, 여러분의 병을 일으키는 근원이 되는 것을 드러내시고, 바로 그것을 잘라내신 후에야만 수술을 마치실 수 있으십니다. 아마도 여러분은 아직 여러분 자신이 악하다는 것과 여러분이 멸망 받을 상태에 있다는 것을 알지 못하고 있을 것입니다. 그렇기 때문에, 그리스도께서는 여러분을 부요하게 만드시기 전에, 먼저 여러분으로 하여금 자신의 궁핍함을 알게 하고자 하십니다. 하나님의 성령께서는 여러분에게 죄와 의와 장차 임할 심판에 대하여 깨우쳐 주실 것입니다. 성령은 여러분을 벌거벗기셔서, 여러분 자신의 의를 벗겨 내실 것입니다. 그것이 여러분의 껍질을 벗겨내는 것 같고 살점이 떨어지는 것 같이 고통스러운 일일지라도, 성령께서는 반드시 그 일을 하실 것입니다. 왜냐하면, 여러분 자신의 자만(self-sufficiency)의 온갖 누더기 조각들이 다 벗겨나가기 전에는, 성령께서는 여러분에게 그리스도의 의의 옷을 입혀 주실 수 없기 때문입니다. 이것이 하나님께서 여러분과 다투시는 이유입니다. 여러분은 계속 무릎을 꿇고 기도해 왔습니다. 더 낮아지고, 더 낮아지십시오! 여러분의 얼굴을 땅에 대고 완전히 엎드러지십시오! 여러분은 "주여, 나는 아무것도 아닙니다"라고 고백해 왔습니다. 더 낮아져서, "나는 아무것도 아닌 자보다 더 못한 자이고, 죄인 중에 괴수입니다"라고 고백하십시오. 여러분은 자신의 죄를 어느 정도 느꼈습니다. 여러분이 더 많이 느낄 수 있게 해주시라고 기도하십시오. 여러분의 죄를 더 온전히 깨닫고, 더 철저하게 미워하십시오. 라헬이 라마에서 자신의 자녀들을 위하여 애곡하면서, 그들이 없으므로 위로 받기를 거절하고 애곡하기를 그치지 않았던 것처럼, 멸망 받게 될 처지에 있는 자신의 모습에 대하여 하염없이 애곡하고 통곡하십시오. 여러분이 지금 어떤 상태에 있는지를 그 밑바닥을 보게 해주시고 철저히 알게 해 주시라고 구하십시오. 여러분의 양심에 비추어서 여러분의 죄들을 정면으로 직시하시고, 지옥 불도 느껴 보십시오. 여러분은 영원히 멸망 받아 마땅한 자라는 사실을 생생히 깨달으십시오. 자주 조용히 앉아서, 여러분이 그토록 근심하게 해드렸던 여러분의 하나님과 얘기를 나누어 보십시오. 하나님께서 여러분에게 베풀어 주셨던 특별한 은혜들, 그리고 그럼에도 불구하고 여러분이 그 은혜들을 얼마나 멸시하였는지를 생각해 보십시오. 여러분이 하나님의 초대하시는 음성을 듣고도, 얼마나 자주 그 초대를 거절해 왔는지를 떠올려 보십시오. 여러분이 자신의 죄에 대하여 제대로 깨닫게 되었다면, 하나님께서는 여러분과 다투시는 것을 그치실 것입니다. 왜냐하면, 하나님께서 여러분을 상대로 이 고통스럽고 기나긴 다툼을 계속해 오신 목적이 모두 달성되었기 때문입니다.

(2) 하나님께서 여러분과 다투시는 또 한 가지 이유로 내가 여러분에게 제시하고자 하는 것은 여러분의 진정성과 간절함을 시험하시기 위함이라는 것입니다. 사람들 중에는 천국으로 향한 길을 잠시 걷다가 늪지대를 만나면, 자기 집으로 통하는 지름길로 엉금엉금 기어서 돌아와 버리는 "유약함" 씨(Mr. Pliable)가 많습니다. 그런데 하나님께서는 천국으로 향한 길을 걸어가고 있는 모든 순례자들과 만나서 그들과 더불어 다투십니다. 그럴 때에 여러분이 자신의 믿음을 굳게 붙잡고서, "하나님이 나를 죽이실지라도 내가 하나님을 의지하리라"고 말할 수 있다면, 즉 여러분이 하나님을 붙잡고서 끈질기게 구하면서, "하나님이 내 기도를 들어주시지 않으신다면, 나는 죽을 때까지 기도할 것이고, 기도하다가 죽을 것입니다"라고 말할 수 있다면, 여러분은 하나님을 이긴 것이기 때문에, 넉넉히 천국에 이르게 될 것입니다. 하나님의 성령께서는 여러분에게 기도를 통해서 어떻게 싸우며 고군분투해야 하는지를 가르쳐 주고 계십니다. 나는 어떤 사람이 자신의 영혼에 대하여 심각성을 느끼게 되었을 때, 하나님으로부터 복을 얻지 않고서는 결코 포기하지 않을 것이라고 말하고서는, 두 개의 은혜의 문을 자신의 손으로 잡고서 좌우로 흔들며, 하나님이 응답해 주지 않으시면 이 문들과 함께 무너져 죽을 것이라고, 마치 삼손이 된 것처럼 결사적으로 기도하는 것을 보았습니다. 하나님께서는 그리스도를 만나는 복을 허락해 주시지 않으시면 차라리 그렇게 찾고 구하다가 죽겠다는 결심으로 하나님께 간절하게 열렬히 기도하는 사람을 사랑하십니다. 간절하게 진심으로 구하십시오! 큰 소리로 부르짖으십시오! 목숨을 아끼지 마시고 죽을 각오로 구하십시오! 밤중에 일어나서, 하나님 앞에 여러분의 마음을 물처럼 쏟아 놓으십시오. 하나님께서는 여러분의 부르짖는 기도를 들으시면 반드시 여러분에게 응답해 주실 것입니다. 하나님은 여러분의 간구에 귀 기울이시고, 여러분의 마음이 원하는 것을 들어주실 것입니다.

(3) 또 한 가지 이유가 있습니다. 사랑하는 여러분, 하나님께서 여러분과 다투시고 여러분에게 평안을 주시지 않으시는 이유가 여러분이 어떤 죄를 품고 있기 때문일 수 있지 않겠습니까? 나는 그것이 무엇인지를 말하지 않을 것입니다.

내가 아는 어떤 사람은 자신의 죄의 심각성을 깨닫고 있었지만, 자기가 이전에 어울리던 사람들과 변함없이 어울렸기 때문에, 그 무리들과의 교제를 완전히 단절할 때까지는 평안을 얻는 것이 불가능하였습니다. 나는 여러분을 끈질기게 괴롭히는 죄가 구체적으로 무엇인지를 알지 못합니다. 그것은 천박한 것들을 좋아하는 것일 수도 있고, 여러분을 즐겁게 해주는 사람들과 어울리고 싶은 것일 수도 있으며, 그런 것들보다 더 악한 그 무엇일 수도 있습니다. 그러나 여러분과 여러분의 죄가 둘이 될 때까지는, 그리스도와 여러분의 영혼은 결코 하나가 되지 못할 것임을 기억하십시오. 여러분의 소원과 갈망 속에서 마귀와 그의 졸개들이 끼어들 여지가 남김없이 다 제거되어야 합니다. 그렇지 않으면, 그리스도께서 여러분에게 오셔서 여러분과 함께 거하시지 않으실 것입니다. 어떤 사람들은 "그렇기는 하지만, 나는 온전할 수 없습니다"라고 말합니다. 물론, 여러분은 온전할 수 없지만, 여러분이 온전하기를 원할 때까지는, 평안을 발견할 수 없습니다. 여러분이 어느 지점에서 죄를 품고 있든지, 바로 그 지점에서 여러분은 불행을 품고 있는 것입니다. 하나의 죄를 의도적으로 붙잡고서, 참된 회개를 통해서 버리지 않는다면, 그 죄는 여러분의 영혼을 멸망시킬 것입니다. 죄들을 버린다는 것은 폭풍의 날에 선원들이 짐들을 바다에 내던지는 것과 같습니다. 그렇게 짐들을 버려야, 배가 가벼워져서 빠르게 갈 수가 있습니다. 마찬가지로, 여러분도 자신의 모든 죄들을 버리지 않으면, 결코 천국을 향한 항해를 할 수 없습니다. 여러분이 진심으로 다음과 같이 고백할 수 있을 때까지는, 여러분에게는 소망이라는 것이 있을 수 없습니다:

> "주를 사랑하는 데 방해가 되는 것이라면,
> 그 무엇이든지 나로 하여금 포기하게 하소서.
> 내가 가장 좋아해 온 우상이 무엇일지라도,
> 나로 그 우상을 내 심령의 보좌에서 내치게 하시고,
> 오직 주만을 섬기게 하소서."

　(4) 이제 말씀을 맺을 때가 다 되었지만, 여러분이 아직 평안을 발견하지 못한 이유를 내가 한 가지 더 설명할 때, 여러분이 정말 진지하게 들어주시기를 부탁드립니다. 사랑하는 여러분, 그 이유는 여러분이 구원의 계획을 제대로 철저

하게 이해하지 못하고 있기 때문일 수 있습니다. 나는 다른 모든 목회자들과 마찬가지로 내 자신이 그 누구만큼이나 큰 죄인이라는 것을 느끼기 때문에, 다른 사람들을 훈계하는 동안에도 내 자신을 정죄합니다. 우리 모두는 그리스도의 십자가에 나타난 하나님의 은혜의 광채를 가리는 데 이런저런 방식으로 기여할 수밖에 없습니다. 또한, 나는 내가 갈보리(Calvary)보다 칼빈주의(Calvinism)를 더 좋아하고 우선하는 것은 아닌가 하고 염려할 때도 있고, 내가 십자가 주위에 산울타리를 쳐 놓아서, 죄인들이 자신의 비참함을 깨닫고서 피 흘리시는 하나님의 어린 양께로 나아오고자 하는데도, 그들이 원하는 만큼 가까이 나아오는 것을 가로막고 있는 것은 아닌가 하고 염려할 때도 있습니다. 사랑하는 여러분, 여러분이 구원 받고자 한다면, 그 구원은 전적으로 그리고 온전히 이 땅에 오셔서 죽으신 하나님의 아들이신 예수 그리스도로부터 온다는 것을 기억하십시오. 죄인들이여, 저기 겟세마네 동산에서 땀 흘리시며 기도하시는 그를 보십시오. 그의 얼굴에서 땀방울이 핏방울이 되어 떨어지는 것을 보십시오. 죄인들이여, 빌라도의 법정에 서 계시는 그를 보십시오. 저 찢긴 어깨에서 솟아나오는 핏덩이들을 보십시오. 죄인들이여, 십자가에 달리신 그를 보십시오. 가시면류관이 그의 관자노리를 찔러서 생긴 상처가 아직도 선명한 그의 머리를 보십시오. 그의 초췌하고 수척해진 얼굴을 보십시오. 잔인한 자들이 그를 조롱하며 그 얼굴에 뱉은 침들이 아직도 거기에 있는 것을 보십시오. 자기에게 침 뱉고 채찍질한 사람들을 불쌍히 여기시는 눈물이 맺혀 있는 그의 눈을 보십시오. 피가 샘처럼 솟아나는 그의 손에 난 상처들을 보십시오. 가만히 서서, 그가 "엘리 엘리 라마 사박다니"(막 15:34)라고 외치시는 소리를 들어 보십시오. 죄인들이여, 여러분이 찾아야 할 생명은 바로 그렇게 죽으신 그리스도 예수 안에 있습니다. 여러분을 치유할 수 있는 약은 그의 상처들 안에 있습니다. 여러분의 구원(salvation)은 그의 멸망(destruction) 안에 있습니다. 어떤 사람은 "하지만 나는 믿을 수 없습니다"라고 말합니다. 아, 형제여, 그것은 전에 내가 처절하게 소리쳤던 것입니다. 그러나 나는 믿게 되었습니다. 지금 그 얘기를 여러분에게 잠깐 하겠습니다. 오래 전에 나는 스스로의 힘으로 믿고자 애를 썼습니다. 그러자 "얘야, 헛수고하지 말고, 네가 믿고자 하거든 와서 보라!"는 속삭임이 내게 들려왔습니다. 그 후에 성령께서 내 손을 잡고서 한적한 곳으로 나를 이끄셨습니다. 거기에 내가 서 있는데, 갑자기 십자가에 달리셨던 바로 그 분이 내 앞에 나타나셨습니다. 나는 쳐다보았습니다. 그때에 내게는 믿음이 없었습니다. 나는 눈물 젖은 그의 눈과 여전히 흐르고 있는 피를 보았습니다. 나는 그의 주변에 있던 원수들이 그를 사냥하기 위해서 그의 무덤까지 쫓아가는 것을 보았습니다. 나는 그의 이루 말할 수 없이 비참한 모습을 보았습니다. 나는 말로 표현할 수 없는 신음소리가 그의 입에서 흘러나오는 것을 들었습니다. 내가 그를 처다보자, 그는 눈을 뜨고서, "인자가 온 것은 잃어버린 자를 찾아 구원하려 함이니라"(눅 19:10)고 말씀하셨습니다. 나는 손뼉을 치고서, 이렇게 말했습니다: "예수여, 내가 믿습니다! 당신이 말씀하신 것을 나는 믿을 수밖에 없습니다. 전에는 내가 믿을 수 없었지만, 당신을 보니, 내 심령에 믿음이 숨쉬기 시작했습니다. 나는 감히 의심하지 않습니다. 만일 내가 의심한다면, 그것은 반역일 것입니다. 나를 구원하실 수 있는 능력이 당신에게 있다는 것을 내가 의심한다면, 그것은 대역죄가 될 것입니다." 나는 그의 고뇌하는 모습을 보고서 마음이 녹아져서 땅에 엎드려져서 그의 발을 감싸 안았고, 그 순간 나의 죄들도 다 떨어져 나갔습니다. 그리고 나는 내 죄를 지워 주시고 나를 죽음에서 구원하신 하나님의 사랑을 기뻐하였습니다. 나의 친구들이여, 여러분은 스스로 믿음을 갖고자 해서는 결코 믿음을 가질 수 없습니다. 믿음은 그리스도의 선물입니다. 그리스도 앞으로 나아가서서, 그의 혈관 속에서 믿음을 발견하십시오. 믿음이 들어 있는 비밀한 것이 있는데, 그 곳은 그리스도의 심장입니다. 죄인들이여, 그리스도 앞으로 나아가서, 그의 심장으로부터 흘러나오는 믿음을 붙잡으십시오. 여러분의 방으로 가서서 무릎을 꿇고 앉아서 거룩한 묵상 속에서 그리스도를 그려 보십시오. 십자가에 죽으신 그가 여러분의 눈에 보이게 되면, 여러분의 마음은 녹아질 것이고, 여러분의 심령은 믿음을 갖게 될 것이며, 여러분은 꿇어 앉았던 무릎을 일으켜 세우고서는, "내가 믿는 자를 내가 알고 또한 내가 의탁한 것을 그 날까지 그가 능히 지키실 줄을 확신함이라"(딤후 1:12)고 외치게 될 것입니다.

그리스도 예수의 사랑과 아버지 하나님의 은혜와 성령의 교통하심이 영원토록 여러분에게 있기를 빕니다. 아멘, 아멘!

제
12
장
—

어디에나 보이는데도
우리가 잊고 사는 것

—

"이것들 중에 어느 것이 여호와의 손이 이를 행하신 줄을 알
지 못하랴 모든 생물의 생명과 모든 사람의 육신의 목숨이
다 그의 손에 있느니라." — 욥 12:9-10

오늘의 본문은 나아마 사람 소발에 대한 욥의 대답 속에 나오는 구절들입니
다. 욥에게도 잘못된 점들이 있기는 하였지만, 이 대화 속에서 분명히 욥은 그의
잘못을 책망하고 깨우쳐 주고자 한 세 친구보다는 더 바른 말을 하고 있는 것으
로 보입니다. 나아마 사람 소발은 자신의 지혜에 대한 대단한 자부심을 지니고
있었기 때문에, 마치 욥이 자기보다 못한 자인 것처럼 욥을 책망하며 말하였습
니다. 그래서 그가 11장 전체에 걸쳐서 행한 말들은 지극히 아름다운 표현들을
사용한 것이기는 하였지만, 욥과 같은 큰 고난을 당하고 있는 사람들의 귀에는
몹시 거슬렸을 것임에 틀림없습니다. 왜냐하면, 그의 말들은 화려한 수사들과
시적인 언어들과 고상한 심상들로 가득한 강론이기는 하였지만, 고난당하는 사
람의 마음을 헤아려서 진심으로 함께 아파하는 마음을 거의 담고 있지 않은 강
론이었기 때문입니다. 소발이 한 말의 내용과 표현방식에 대하여 잔뜩 화가 난
욥은 그 즉시 날을 세우고서 소발의 세련된 언어를 갈기갈기 찢어놓기 시작합니
다. 거름더미에 앉아 있던 욥은 소발이 한 말을 비꼬면서 이렇게 소리칩니다:

" '너희만 참으로 백성이로구나 너희가 죽으면 지혜도 죽겠구나 나도 너희 같이 생각이 있어 너희만 못하지 아니하니 그같은 일을 누가 알지 못하겠느냐'(3절). 너희는 평범한 사람이라도 누구나 알 수 있는 것들을 아주 요란스럽게 얘기하고 있구나. 너희는 땅 위를 기어다니는 벌레들도 알고 있고 바다의 물고기들도 외칠 수 있는 그런 진리를 증명하기 위해서 저 위의 하늘과 저 아래의 깊은 바다를 들먹이며 말하고 있는 것이다. 너희들이 방금 말한 것들을 아느냐고 땅의 짐승들에게 물어보고, 공중의 새들에게 물어보라. 그러면 짐승들과 새들이 너희에게 그 모든 것들을 말해 줄 것이다. 아니면, 땅에게 물어보라. 땅도 너희가 말한 것들을 다 알고 있고, 바다의 물고기들도 다 알고 있을 것이다. '이것들 중에 어느 것이 여호와의 손이 이를 행하신 줄을 알지 못하랴.' "

욥의 이러한 대답 속에는 분노도 많이 들어 있기는 하지만, 상식적으로 지극히 옳은 내용도 아주 많이 들어 있습니다. 나는 이 시대에도 욥 같은 인물이 등장해서, 오늘날의 신학자들이 사용하는 거창한 말들을 나무라고 책망해 주었으면 좋겠습니다. 그들은 이단적인 교리를 가르치는 것은 아니지만, 외계인 같은 말들을 늘어놓는 자들입니다. 그들은 옛 설교자들이 "주목하십시오!"라고 말하는데 주목할 내용이 없고, "잘 들으십시오!"라고 말하는데 잘 들어야 할 내용이 없는 사람들이라고 말했던 그런 자들입니다. 우리는 인류 공통의 언어를 사용하지 않고, 토머스 칼라일(Thomas Carlyle, 주후 1785-1881년, 스코틀랜드 출신의 평론가이자 사상가) 같이 인류의 언어를 자기 마음대로 뒤죽박죽으로 헝클어 놓아서 우리가 도저히 알아들을 수 없는 외계어를 사용하는 목회자들을 알고 있습니다. 이 사람들은 영어를 독일어의 노예로 만들고, 색슨족의 영광스럽고 위대한 언어를 외계어로 변형시켜서, 자신들의 이단사설을 표현함으로써, 자신들의 터무니 없는 거짓말들을 은폐하고 있습니다. 나는 조만간에 어떤 사람들이 등장해서 아무런 실속도 없이 잔뜩 부풀어 올라 있기만 한 공기주머니 같은 그들의 언어들을 갈기갈기 찢고 터뜨려서, 그들의 정체를 적나라하게 드러내 줄 때가 오기를 하나님께 기도합니다. 선생들이 우리에게 말하고자 하는 것이 있고 가르칠 것이 있다면, 우리 모두가 이해할 수 있는 언어를 사용해서 그 내용을 전달하는 것이 마땅할 것입니다. 만약 그들이 우리가 이해할 수 있는 언어를 사용할 수 없다면, 그들은 그런 언어를 잘 사용할 수 있게 될 때까지 학교에 가서 배워야 합니다. 오늘날의 신학교에서 가르치는 것들은 사람들을 끄는 매력이 있지만, 아주 얄팍한 것들이어서, 나는 여러분에게 그런 가르침들을 조심하라고 끊임없이 경고하지 않으면 안 된다는 것을 느낍니다. 그들의 가르침들은 자신들의 무지를 드러내는 터무니없고 말도 되지 않는 것들을 마치 심오하고 신비로운 것들인 양 화려하고 요란하게 포장하고 있습니다. 그들의 가르침들 속에는 신학이라는 것이 존재하지 않습니다. 그것들은 그들 속에 신학적 지식이 결여되어 있다는 사실을 은폐하기 위하여, 속에는 아무 내용도 없으면서 겉만 화려하고 요란하게 만들어 낸 포장일 뿐입니다. 자신들이 꼭 잘 알아야 하는 참된 신학 지식만을 제외하고는 모든 학문 분야에서 탁월한 교육을 받은 사람들이 모든 것을 바울의 발 아래에서 배운 그리스도인들 앞에 서서, "당신들이 배운 것은 다 잘못되었고, 새로운 신학이 발견되어서, 당신들이 지금까지 사용해 왔던 신학 지식들과 옛 신조들은 이제 유효하지 않다"고 가르치고 있습니다. 우리는 이 현자들을 어떻게 대해야 할까요? 그들을 섬겨야 할까요? 아닙니다. 여러분이 그들이나 그들의 제자들을 만날 때마다, 여러분은 욥이 소발에게 했듯이, 그들을 비웃으며, 그들이 한 말들을 갈기갈기 찢어놓고, 그들이 우리에게 한 말들은 "바다의 고기"나 "공중의 새"도 이미 알고 있는 것들이고, 그들이 굉장한 발견을 하였다는 듯이 제시한 것들은 삼척동자도 이미 알고 있는 것들이며, 모든 사람들의 조롱거리가 되어야 마땅한 이단사설들이라는 것을 그들에게 일깨워 주어야 합니다.

욥이 말한 하나님의 진리는 이것이었습니다. 즉, 만물이 하나님의 존재를 증언하고 있다는 사실은 너무나 분명한 것이기 때문에, 사람들은 그 사실을 알기 위해서 독수리의 날개를 타고 하늘에 올라가 볼 필요도 없고, 리워야단을 병거로 삼아서 깊은 바다 속에 들어가 볼 필요도 없다는 것입니다. 욥은 "하나님이 계신다는 사실은 짐승들이라도 우리에게 아주 분명하게 얘기해 줄 수 있다"고 말한 것입니다. 하늘을 나는 새들은 영원하신 하나님이 계셔서 끊임없이 일하고 계신다는 사실을 노래하고 있고, 말 못하는 바다의 물고기들도 즐겁게 물 위로 뛰어오르며, "바다도 그의 것이라 그가 만드셨고"(시 95:5)라고 노래한다는 것입니다. 이 아침에 나는 이 가르침을 여러분에게 전하고자 합니다. 내가 첫 번째로 전하고자 하는 것은 만유 속에는 그 어디에나 하나님의 손이 존재한다는 것이고, 두 번째는 우리는 철저히 하나님의 손에 의지해서 살아간다는 것입니다. 그리고 마지막으로는, 하나님의 섭리라는 주제로부터 우리가 배울 수 있는 몇 가지 유익한 교훈들을 살펴보도록 하겠습니다.

1. 첫째로, 하나님의 손은 어디에나 미치고 있습니다.

(1) 하나님이 여기에도 계시고 저기에도 계시며 어디에나 계신다는 것은 여러분도 굳게 믿고 있기 때문에, 하나님이 계신다는 사실은 내가 굳이 증명할 필요는 없을 것입니다. 하지만 안타깝게도 하나님의 이 진리를 믿는 것과 이 진리를 지속적으로 굳게 붙잡고 있는 것은 전혀 다른 문제입니다. 이 진리를 우리의 신조로 삼아서 종이에 써서 벽에 붙여 놓는 것은 그것을 우리의 마음판에 새겨 놓는 것보다 훨씬 더 쉬운 일입니다. 그리고 실제로 이 진리는 모든 사람들이 늘 잊고 살아가는 그런 가르침들 중의 하나입니다. 의인들조차도 타락해서 어리석은 자들처럼 자신의 마음속에서 "여기에는 하나님이 계시지 않는다"고 말하기 시작할 수 있기 때문에, 자주 자기 자신을 점검해야 합니다. 맹인들조차도 볼 수 있을 정도로, 하나님의 이름이 어디에나 아주 분명하게 써져 있는데도, 사람들의 눈이 너무나 어두워져 있어서, 하나님이 너무나 분명하게 보이는 곳에서조차도 하나님을 보지 못하는 것은 정말 이상한 일입니다. 나의 형제들이여, 이렇게 하나님을 잊고 살아가는 것이 이 악한 세대에서는 더욱 심해지고 있다고 나는 생각합니다. 예전의 청교도 시대에는 은혜의 단비가 늘 하늘로부터 내려오는 것을 볼 수 있는 때가 있었습니다. 그때에 사람들은 한 줄기 햇살에도 하나님께 감사하였고, 추수기에 열매들을 거둘 수 있도록 청명한 날씨를 주신 것에 대해서도 하나님께 감사했습니다. 그때에는 사람들이 모든 일에서 하나님을 인정하고 고백하였습니다. 그러나 지금 우리 시대에는 하나님이 어디에 계십니까? 우리는 모든 일에서 하나님을 말하는 것이 아니라, 자연법칙을 얘기합니다. 사람들의 마음속에는 영원하신 이의 이름은 지워지고, 별 의미도 없는 법칙들이 자리를 잡고 있습니다! 이제 사람들은 마치 모든 일이 기계적인 법칙에 의해서 일어나고, 세상이 미리 태엽이 감겨 있는 거대한 시계와 같이 하나님 없이 계속해서 돌아가고 있다는 듯이, 현상들에 대하여 얘기합니다. 우리의 철학자들만이 아니라 시인들조차도 위대한 자연의 작용들을 큰 소리로 노래합니다. 그러나 그들이 신봉하는 자연이라는 여신은 도대체 어떤 존재입니까? 그 여신은 이교의 신입니까, 아니면 무엇입니까? 우리는 마치 우리 하나님을 부끄러워하거나, 하나님의 이름을 부르는 것은 이미 진부한 일이 되었다는 듯이 행동하고 있지는 않습니까? 어디를 가든, 여러분은 하늘과 땅과 바다를 지으신 하나님에 대한 얘기는 거의 들을 수 없고, 사람들은 온통 "자연"과 "운동의 법칙들"과 "물질"에 대한 얘기

뿐입니다. 그리고 그리스도인들은 자신들이 옛 여신인 "행운"을 믿는다거나, 거짓 신인 "운"에 의지한다거나, "불운"이라는 마귀 앞에서 두려워 떤다는 인상을 줄 수 있는 그런 말들을 자주 사용하지 않습니다. 나는 오직 하나님만이 분명하게 보이고, 다른 모든 것들은 거의 보이지 않는 그런 날이 왔으면 좋겠습니다. 사랑하는 여러분, 하나님께서 저 철학적인 발견들에 묻혀서 보이지 않게 되는 것보다는 차라리 그런 철학적인 발견들이 이루어지지 않는 편이 더 나을 것입니다. 우리의 시인들이 영원하신 창조주의 얼굴을 가리는 구름 역할을 하는 것보다는 차라리 그들이 절필하고 시를 쓰지 않거나, 그들의 불꽃 같은 언어들이 재 속에 묻히는 편이 더 나을 것입니다. 우리는 우리의 하나님을 늘 기억했던 시절로 다시 돌아가야 합니다. 특히 참된 신자들은 세상 사람들로 하여금 그리스도인들에게는 하나님이 함께 하시고, 그들의 주변과 그들 속에는 하나님이 계신다는 것, 즉 하나님이 그들과 늘 동행하시는 반려자이자 친구시라는 것을 느끼게 해주어야 합니다. 나의 형제들이여, 여러분은 사람들로부터, "저 사람에게는 하나님이 계시기 때문에, 그는 자신의 가정에서 일어나는 모든 일들 속에서 하나님을 보고, 자녀들이 병에 걸리거나 자신의 사업에서 손해를 보았을 때에 그 모든 일들을 하나님의 손이 하신 일이라고 합니다"라는 말을 들을 수 있도록 행하십시오. 나의 형제들이여, 하나님께서 우리 모두 가운데서 어디에서나 일하고 계신다는 이 위대한 가르침보다 더 잊기 쉬운 가르침은 없다는 것은 참으로 슬픈 진실입니다.

(2) 또한, 나는 이 진리는 우리가 너무나 자주 잊고 사는 진리이기는 하지만, 모든 것에 영향을 미치는 진리라는 사실을 말씀드리고 싶습니다. 하나님께서는 늘 일하시고 어디에서나 일하십니다. 하나님이 계시지 않는 곳은 없습니다. 여러분은 양쪽이 다 깎아지른 듯한 절벽이어서, 그 사이로 푸른 하늘이 조금 보이는 조용한 협곡을 걸어가고 있다고 합시다. 새들은 여러분의 발자국 소리에 깜짝 놀라서 날아오르며, 이끼들은 처음 밟혀 보는 사람 발자국 아래에서 두려워 떠는 가운데, 여러분은 혼자서 그 협곡을 통과하고 있다고 합시다. 그러나 하나님은 옛적부터 거기에 계셔서, 저 깎아지른 듯한 절벽의 바위들을 붙들어 주고 계셨고, 거기에 피어 있는 꽃들에 향기들을 충만히 부어 주셨으며, 거기에 있는 고독한 소나무들에 자신의 숨을 불어넣어 주셔서 생기를 얻게 해 오셨습니다. 또한, 여러분이 할 수만 있다면, 가장 깊은 바다 속으로 내려가 보십시오. 거기에는 물

들이 미동도 하지 않고 잠들어 있고, 모래들도 영원한 침묵 속에서 아무런 움직임도 없이 자리를 지키고 있지만, 하나님의 발자국은 거기에도 있습니다. 하나님께서는 바다 속 저 깊은 곳의 침묵의 궁정도 다스리고 계시기 때문입니다. 여러분이 하나님을 피하여, 새벽 날개를 빌려 타고서 바다 끝까지 날아가 보십시오. 그러나 거기에도 하나님은 계십니다. 가장 높은 하늘로 날아오르거나, 가장 깊은 지옥으로 내려가 보십시오. 하나님은 거기에도 계셔서, 거기에 있는 자들은 영원한 노래로 하나님을 찬송하거나, 영원한 고통 가운데서 괴로워 소리지르고 있을 것입니다. 이렇게 하나님은 모든 곳에서 어디에나 계셔서 일하고 계십니다.

　또한, 나의 친구들이여, 하나님은 어디에나 계실 뿐만 아니라, 언제나 늘 계십니다. 한 해가 시작되는 때로부터 한 해가 끝나는 때까지 하나님은 계십니다. 그의 눈은 결코 잠자지 않으시고, 그의 손은 결코 쉬지 않으십니다. 성의 주민들이 모두 다 잠들어 있는 고요한 한밤중에도 하나님은 파수꾼으로 깨어 계시고, 해가 잠에서 깨어 밤의 장막을 걷을 때에도, 하나님께서는 바다에나 눈 덮인 높은 산들의 봉우리에나 그 어디에나 이미 계십니다. 그리고 낮이 되어, 온 세상이 하나님을 잊은 채로 땀 흘려 일할 때에도, 하나님은 많은 사람들의 무리 속에도 계시고 황량한 사막에도 계십니다. 하나님의 발자국이 없는 곳이 없고, 하나님이 계시지 않는 때도 없습니다. 하나님이여, 영원부터 영원까지 단 한순간도 하나님의 임재를 느낄 수 없는 때는 없습니다. 시간의 망망대해가 출렁이며 흘러가게 하시는 분은 하나님이십니다. 하나님께서 우리를 혼자 있게 두시고 가 버리시는 때는 단 한순간도 없습니다.

　모든 곳과 모든 시간에 하나님이 계시는 것과 마찬가지로, 모든 일에도 하나님이 계십니다. 지진으로 인해서 땅이 흔들립니까? 산들을 앞뒤로 요동하게 하시는 것은 하나님이십니다. 골짜기들이 햇살 아래에서 웃고 있고, 농부들이 콧노래를 부르며 수확한 곡식들을 가지고 집으로 가고 있습니까? 그것은 하나님께서 바로 거기에 계셔서 그의 손으로, 골짜기들에 햇살을 부어 주셔서 웃게 하시고, 농부들에게 풍성한 수확을 안겨 주어 기쁘게 해주시는 것입니다. 정치적으로 엄청난 재난들은 하나님에 의해서 미리 예정된 것들이고, 하나님이 주관하시고 행하시는 것들입니다. 훈족의 왕 아틸라(Attila)가 땅을 온통 피로 물들였을 때나, 자신의 영원한 사자를 보내서 복음의 나팔을 불어 희년을 선포하게 하실 때나, 그들의 발걸음을 정하시고 인도하시는 분은 하나님이십니다. 지독하게 극악무도한 사건들이나, 지극히 선하고 훌륭한 사건들이나, 그 어떤 사건들도 모두 다 저 두려우신 지존자의 주관하심 가운데 있습니다. 하나님의 다스리심과 주관하심에는 끝이 없습니다. 아무리 깊고 어두운 악의 심연도 하나님의 지혜의 테두리를 벗어나 있을 수 없습니다. 여러분이 하나님의 선하심과 그 은혜가 모두 다 사라지고 없는 곳이라고 생각되는 곳으로 가 보십시오. 거기 그 두터운 어둠 속에도 하나님이 계십니다. 하나님께서는 구름을 자신의 병거로 삼으시고, 회오리바람을 자신의 수레에 묶으셔서 끌게 하시는 분입니다. 사랑하는 자들이여, 여러분은 모든 사건 속에서 여러분의 하나님을 뵈올 수 있으니 담대하십시오. 적들이 침공하여 이 아름다운 강산을 짓밟게 되거나, 폭군들이 여러분의 자유를 발로 짓밟거나, 거리들에 피가 강이 되어 흐른다고 할지라도, 지존자이신 하나님께서는 거기에 계시기 때문에, 그의 백성들은 여전히 안전합니다. 나는 하나님께서는 모든 사건 속에 계실 뿐만 아니라, 아무런 사건이 없는 곳에도 계신다는 사실을 여러분에게 상기시켜 드리고자 합니다. 모든 것이 잔잔하고 고요한 강물 같고, 정치적으로도 평온하여 아무 일이 없으며, 좀 더 작은 세계인 여러분의 가정과 여러분의 심령 속에도 폭풍 전야처럼 아주 고요한 정적이 흐를 때에도, 거기에 하나님이 계십니다. 크신 하나님이여, 주께서는 벌이 날아다니는 소리조차 없이 무시무시하고 엄숙한 정적 가운데 있는 침묵의 사막 가운데도 계시고, 피조물이 살 수 없는 암벽 틈새 아주 깊은 곳에도 계십니다. 아니, 아주 견고하고 단단한 바위 속에도 하나님의 궁전이 있고, 늘 출렁이는 바다 아래에도 하나님의 장막이 있으며, 인적이 닿지 않은 깊은 산의 협곡들에도 여호와 하나님의 거처가 있습니다. 하나님께서는 저 바위들이 흔들거리다가 땅에 떨어지는 일이 없게 하시고, 저 강들에 많은 물을 부어 주셔서 도도히 흘러가게 하십니다. 하나님께서 자신의 손을 치우시면, 그 순간 땅의 기둥들이 흔들거리다 무너지고, 피조 세계가 종이처럼 말리며, 만유가 흔적 없이 사라져 버리고 맙니다. 하나님께서 붙들어 주시지 않으면, 강철의 단단함도 사라지고, 온 피조 세계도 사라집니다. 더 나아가, 여러분에게 볼 눈만 있다면, 즉 여러분의 눈에 하늘의 안약이 발라져서, 여러분의 아버지이시자 왕이신 하나님을 볼 수 있는 눈이 열려 있기만 한다면, 하나님이 일하실 때뿐만이 아니라 쉬실 때에도, 그리고 하나님이 행하실 때뿐만이 아니라 가만히 서 계실 때에도, 여러분에게는 하나님이 아주 분명하게 보이실 것임을 명심하십시오. 이것이 우리가 거의 잊고 살아가고 있지만, 모든 것에 영향을 미치고 있는 하나님의 진리라고 나는 분명히 말할 수 있습니다.

(3) 나는 한 걸음 더 나아가서, 이것은 여러분이 영원토록 기억해 두어야 할 하나님의 진리라는 것을 상기시켜 드리고자 합니다. 이 진리를 하나의 단순한 사변이라고 생각하지 마십시오. 어디에나 모든 것 속에 늘 계시는 하나님이라는 가르침이 여러분과는 아무 상관이 없는 사실이라고 생각하지 마시기를 부탁드립니다. 우리에게 계시된 진리들 중에서 모든 것 속에 하나님이 계신다는 이 진리보다 하나님의 백성에게 더 큰 교훈과 유익과 위로가 되는 진리는 거의 없을 것입니다. 이제 나는 이 진리가 여러분이 꼭 기억해 둘 가치가 있는 그런 진리라는 것을 보여드리겠습니다. 여러분에게는 많은 것들이 거저 주어져 있습니다. 여러분의 하나님은 그 모든 것들 속에 계십니다. 이러한 생각을 하면, 여러분이 먹는 떡이 더 맛있고, 여러분이 마시는 물이 더 달콤하지 않습니까? 여러분이 숨 쉬는 공기, 여러분이 몸에 걸친 옷들 속에도 하나님이 계십니다. 여러분에게 가장 큰 기쁨을 주는 곳인 여러분의 가정으로 가서서, 여러분이 편히 쉴 수 있는 집과 거기에 갖춰진 많은 것들을 보십시오. 여러분의 입에서는 "나의 은혜로우신 하나님께서 여기에도 계시는구나"라는 말이 저절로 나올 것입니다. 아장아장 기어와서 여러분의 무릎에 앉아서 옹알거리는 여러분의 아기들을 보십시오. 그리고 그 아기들이 하나님께서 주신 여러분의 기업이라는 것을 기억하십시오. 여러분의 품에 있는 여러분의 반려자를 보십시오. 그리고 그렇게 좋은 선물을 여러분에게 주신 하나님의 사랑과 인자하심을 생각하십시오. 여러분이 하는 일이 늘 형통하고 있는 것을 보시고, 여러분의 소유인 저 푸른 논과 밭, 그리고 거기에서 잘 자라고 있는 작물들을 보십시오. 그리고 여러분에게 주어진 온갖 것들 속에 하나님이 계신다는 것을 기억하십시오. 나는 세상 사람들이 지닌 그런 부를 갖고 싶은 것이 아닙니다. 왜냐하면, 그것은 하나님으로부터 온 부가 아니기 때문입니다. 적어도 그 부는 아버지 하나님께서 자신의 자녀에게 주신 것이 아닙니다. 내가 진정으로 갖고 싶은 것은 천국에서 온 것들이어서 천국의 향기를 그대로 풍기고 있는 온갖 것들입니다. 여러분에게 있는 금이나 은, 아니 동전 한 닢을 보십시오. 거기에 가이사의 초상보다 더 분명하게 여러분의 하나님의 이름이 새겨져 있는 것이 여러분의 눈에 보이십니까! 여러분이 식탁에 앉아서 먹고 마실 때, 여

러분은 자신이 하는 모든 식사가 성례전들이라는 것을 느끼십니까! 또한, 여러분이 입고 있는 모든 옷은 천국에서 보내온 의상들입니다. 이 모든 것들 속에는 언약을 지키시는 하나님의 손이 있습니다. 어찌 그 손이 여러분으로 하여금 고귀한 삶을 살게 해주지 못하겠습니까! 옛적의 이교도들은 "당신은 언젠가는 신들의 식탁에서 먹게 될 것입니다"라는 말을 자신들이 다른 사람에게 해줄 수 있는 최고의 찬사라고 생각했습니다. 나의 형제들이여, 우리는 매일 그 식탁에서 먹고 있습니다. 나는 내 하나님의 식탁에서 진수성찬을 먹으며, 내 하나님의 잔에서 마십니다. 내게 있는 것 중에서 내 하나님으로부터 받지 않은 것은 하나도 없습니다. 내게 있는 모든 것은 하나님께서 내게 주신 것들입니다.

우리에게 거저 주어진 것들 속에서 하나님의 손을 보는 것이 지극히 달콤하다면, 우리가 겪는 온갖 환난들 속에서 하나님의 손을 보는 것은 우리에게 큰 위로가 됩니다. 우리가 환난을 겪는 때를 "악한 때"라고 말하지 마십시오. 거기에 하나님께서 계시기만 하신다면, 그 때는 결코 "악한 때"가 아닙니다. 왜냐하면, 하나님의 임재는 모든 악한 것과 나쁜 것들을 다 흩어 버리고 쫓아 버리기 때문입니다. 여러분이 악한 곳에 거하고 있다고 말하지 마십시오. 거기에 하나님께서 계시기만 하신다면, 그 곳은 결코 악한 곳이 아닙니다. 여러분이 악한 환경에 처하게 되었다고 생각하지 마십시오. 여러분이 처해 있는 환경이 악으로 가득한 것처럼 보일지라도, 그 악의 구름들은 산산이 부서져서 여러분의 머리 위에 복들이 되어 내리게 될 것입니다. 여러분이 자신이 겪고 있는 환난이 하나님으로부터 왔다는 것을 볼 수만 있다면, 여러분을 독침으로 쏘려고 달려드는 무시무시한 말벌 같았던 환난은 여러분에게 꿀을 모아다 주는 꿀벌로 변하게 될 것입니다. 이제는 여러분의 가족이 병들면, "하나님께서 내 아내와 자녀들에게 손을 대셨구나"라고 말하십시오. 여러분의 금고가 바닥이 나 버렸다면, "하나님께서 내 금고에 손을 대서서 다 비우셨구나"라고 말하십시오. 여러분의 배가 난파당했다면, "하나님께서 내 배로 하여금 암초에 걸리게 하셨구나"라고 말하십시오. 여러분이 심었던 농작물을 다 자연재해로 망쳐 버려서 추수할 것이 없게 되었다면, "하나님께서 하늘에서 비를 내리셔서 나의 농작물들을 다 거두어 가셨구나"라고 말하십시오. 오늘의 본문의 주인공인 욥처럼, "주신 이도 여호와시요 거두신 이도 여호와시오니 여호와의 이름이 찬송을 받으실지니이다"(1:21)라고 외치십시오. 이차적인 원인자는 무시하시고, 일차적인 원인자이신 하나님을 주목하십시오. 여러분에게 환난을 주고 있는 것 같이 보이는 피조물들은 무시하시고, 그 피조물들을 사용하고 계시는 창조주를 주목하십시오.

나는 앞에서 우리가 겪는 환난들 속에서 하나님의 손을 보는 것은 즐겁고 기쁜 일이라고 말했는데, 여기에서는 우리가 처한 위험들 속에서 하나님을 기억하는 것은 대단히 시의적절한 일이라는 말을 덧붙이고자 합니다. 폭풍우가 이는 바다에서 여러분이 탄 배의 돛들이 다 찢어지고 돛대가 부서질 때, 여러분이 "이 거센 물결들도 하나님의 손바닥 안에 있다"고 느끼거나, 무시무시한 위험이 닥친 곳에 서 있을 때, 여러분이 "내 머리 위에는 내 아버지 하나님의 방패가 있다"고 말할 수 있거나, 말라리아 같은 무서운 전염병이 돌고 있는 곳을 통과하거나 안개가 자욱히 낀 골짜기를 통과할 때, 여러분이 하나님께서 여러분의 숨을 주장하고 계시고, 사망이 자신의 화살통 속에 있는 모든 화살을 다 쏜다고 하여도, 여호와께서 허락하시지 않는 한, 어느 하나도 여러분의 심장을 맞출 수 없다고 느낀다면, 그러한 위험들은 여러분에게 감미롭고 즐거운 것들이 됩니다. 그렇게 느끼는 사람들은 위험에 처해 있는 것이 결코 아닙니다. 사망이나 지옥이 장악하고 있는 영지일지라도, 하나님의 명령으로 그 곳을 가는 사람들은 "두려워하지 말라 내가 너와 함께 함이라 놀라지 말라 나는 네 하나님이 됨이라"(사 41:10)고 하시는 음성을 의지하고서 안전하게 갈 수 있습니다.

어느 때나 어느 곳에나 계시는 하나님! 나의 사랑하는 자들이여, 나는 위험과 환난의 때에 여러분에게 이 말보다 더 큰 담대함을 줄 수 있는 말을 해줄 수 없습니다. 나는 지금까지 이 주제에 대하여 충분히 설명을 해왔기 때문에, 한 가지만 더 말씀드리고자 하는데, 그것은 여러분이 사소한 일들 속에서 하나님을 발견할 수 있다면, 여러분은 이 말이 여러분에게 엄청난 도움과 위로가 된다는 것을 발견하게 되리라는 것입니다. 우리의 인생은 사소한 일들로 이루어져 있기 때문에, 우리가 오직 큰 일들 속에서만 하나님을 발견한다면, 우리는 수많은 작은 일들 속에서는 비참한 삶을 살게 될 것입니다. 우리가 성전에서만 하나님을 보고, 야곱의 장막들에서는 하나님을 보지 못한다면, 우리는 도대체 어디에서 살아갈 수 있겠습니까? 그러나 하늘에 계신 우리 아버지께서는 천사에게 날개를 주어 날게 하실 뿐만 아니라 참새를 지도하시는 분이시고, 세상을 굴러가게 하실 뿐만 아니라 별들을 하나하나 만드셔서 그 궤도를 정해 주시는 분이시라는 점에서, 우리의 찬송을 받으시기에 합당하신 분이십니다. 이 엄청나게 큰 행성의 운행 속에만 하나님의 손이 있는 것이 아니라, 여름의 뜨거운 바람에 휘날리는 먼지 한 톨의 움직임 속에도 하나님의 손이 있습니다. 혜성이 불꽃 같이 타오르는 것 속에만이 아니라, 반딧불이 희미한 불빛을 반짝이는 것 속에도 하나님이 계십니다. 여러분의 집으로 돌아가실 때, 하나님이 거기에 계신다는 생각도 가지고 가시기 바랍니다. 여러분의 식탁, 여러분의 침실, 여러분의 작업실, 여러분의 계산대에도 하나님이 계십니다. 모든 소소한 일에서도 하나님이 계신다는 것과 역사하신다는 것을 인정하십시오. 잠시만 생각해도, 여러분은 성경에는 사소한 일들 속에서 여러분에게 지극히 감미로운 위로를 주는 약속들이 많이 있다는 것을 발견하게 될 것입니다. "그가 너를 위하여 그의 천사들을 명령하사 네 모든 길에서 너를 지키게 하심이라 그들이 그들의 손으로 너를 붙들어 발이 돌에 부딪히지 아니하게 하리로다"(시 91:11-12). 하나님께서 왜 그렇게 하시는 것입니까? 여러분이 절벽에서 떨어지지 않게 하시기 위해서요? 아니면, 여러분이 절벽 꼭대기에서 몸을 날리지 않게 하시기 위해서요? 아닙니다. 여러분의 "발이 돌에 부딪히지 아니하게" 하시기 위해서입니다. 여러분을 작은 위험에서 건지시고 보호해 주시기 위하여, 하나님의 큰 섭리가 동원되고 있는 것입니다. 성경이 또 무엇이라고 말씀하고 있습니까? "네 삶의 날수가 계수되어 있다"고 말씀하고 있지 않습니까? "네 머리의 머리카락이 모두 계수되어 있다"는 말은 사실이기는 하지만, 성경은 그렇게 말씀하고 있지 않습니다. 성경은 또 무엇이라고 말씀하고 있습니까? 성경이 "하나님께서는 독수리들을 아시고, 너희 아버지께서 허락하지 아니하시면 그 하나도 땅에 떨어지지 아니하리라"고 말씀하고 있습니까? 아닙니다. 성경은 "참새 두 마리가 한 앗사리온에 팔리지 않느냐 그러나 너희 아버지께서 허락하지 아니하시면 그 하나도 땅에 떨어지지 아니하리라"(마 10:29)고 말씀하고 있습니다. 아주 작은 일들도 모두 다 크신 하나님께서 주관하신다는 사실을 여러분이 기억한다면, 여러분은 세상에 대하여 화내지 않게 될 것입니다. 왜냐하면, 세상이 우리에게 잘못한다고 생각해서, 우리는 화를 내는 것이기 때문입니다. 흔히 우리는 큰 환난에 대해서는 화를 내지 않지만, 사소한 일에 대해서는 화를 냅니다. 즉, 우리는 뜨거운 물에 데거나, 우리의 옷에서 단추 하나가 떨어졌을 때에는 화를 내지만, 아주 큰 재난이 닥쳐 왔을 때에는 도리어 별로 화를 내지 않습니다. 여러분이 웃으시는 것을 보니, 이 말이 여러분에게 사실인 것이 맞는 것 같습니다. 마찬가지로, "주신 이도 여호와시요 거두신 이도 여호와시오니"(1:21)라고 말했던 욥도 "질그릇 조각"으로 자신의 몸을 긁다가 그 날카로운 조각에 찔렸다면 아마도 화를 냈을 것입니다. 여러분의 마음이 늘 평안하고 침착하며, 사소한 일 때문에 하나님의 성도로서의 합당한 행실을 저버릴 정도로 어리석은 자가 되지 않기 위해서는, 여러분은 작은 일들 속에서 하나님을 볼 수 있어야 합니다.

2. 둘째로, 바로 이 순간에도 우리는 어디에나 계시는 하나님을 절대적으로 의존하는 삶을 살아가고 있습니다.

나의 사랑하는 친구들이여, 앞에서 우리는 하나님이 어디에나 계신다는 가르침을 살펴보았기 때문에, 이제 여기에서는 우리의 모든 삶이 하나님의 임재에 절대적으로 의존되어 있다는 사실을 살펴보겠습니다. 우리의 삶, 우리의 위로들, 우리로 하여금 위로들을 누리게 해주는 수단들, 그리고 특히 모든 영적인 복들은 하나님의 기뻐하시는 뜻에 절대적으로 의존되어 있습니다.

먼저, 우리의 목숨은 하나님께 전적으로 의존되어 있습니다. 우리는 여행을 하게 되면 낯선 광경들, 우리의 기억에서 결코 지워지지 않을 광경들을 보게 됩니다. 며칠 전에 나는 아주 거대한 바위 바로 밑에 돌들이 부서지고 흙이 무너져서 아주 큰 돌 무더기와 흙무더기가 쌓여 있고 먼지가 어지럽게 날리고 있는 광경을 보았습니다. 나의 마부는 내게 "이것이 한 마을의 무덤입니다"라고 말해 주었습니다. 몇 년 전까지만 해도 그 곳에는 한 무리의 사람들이 즐겁고 행복하게 살고 있었습니다. 그들은 여느 사람들처럼 매일 일을 나갔고, 먹고 마셨습니다. 그러던 어느 날 그들은 자신들의 마을 위에 있는 산에서 갈라진 큰 틈새를 보았습니다. 그들은 굉음을 들었지만, 전에도 그런 굉음들을 들은 적이 있었고, 마을의 노인들은 "무슨 일이 일어나고 있는 걸 거야"라고 말했지만, 그 일이 무슨 일일지는 알지 못했습니다. 그런데 더 이상의 어떤 신호도 없이 갑자기 그 산이 무너져 내렸고, 마을 사람들이 집에서 나와 대피하기도 전에, 그 마을은 산에서 떨어진 바위들 아래에 묻혀 버리고 말았습니다. 그리고 바로 내가 서 있는 곳이 바로 그 곳이었던 것입니다. 산이 무너져 내려서 한 마을을 삼켜 버린 자리에서는 사람의 뼈나 주거지가 단 하나도 발견되지 않았습니다. 모든 것이 너무나 철저하게 부서지고 파묻혀 버려서, 아무리 열심히 수색하고 찾아보았어도 아무것도 찾을 수가 없었습니다. 오늘날 그 마을과 비슷한 처지에 있는 마을들이 많습니다. 나는 또 다른 곳을 지나갔는데, 그 곳은 전에 산사태가 나서, 산꼭대기에서 쏟아져 내린 흙들이 골짜기를 메워서 아주 완만한 경사를 이루고 있는 곳이었습니다. 그 산자락에도 전에는 마을과 호수가 있었는데, 산꼭대기에서 쏟아져 내린 엄청 난 흙더미에 완전히 묻혀 버리고 말았다고 합니다. 그런데 그 완만한 경사지에 새 집들이 들어서 있었습니다. 후손들이 자신의 조상들의 무덤 위에 새 집들을 짓고 살고 있는 것이었습니다. 우리는 "그 사람들은 매일 아침에 일어나서 산을 바라보면서, '하나님, 이 마을을 지켜 주소서'라고 기도하지 않을 수 없겠구나" 라고 생각할 것입니다. 그들은 자신들이 한순간에 흔적도 없이 사라져 버릴 수 있는 곳, 땅이 내부에서 조금만 진동하여도 산이 무너져내려서 자신들을 삼켜 버릴 수 있는 곳에 살고 있기 때문에, 늘 자신의 마음을 그들을 지키시는 분을 향 하여 들어올려서, "'이스라엘을 지키시는 이'(시 121:4)여, 우리를 밤낮으로 지 켜 주소서"라고 기도하지 않을 수 없을 것입니다. 하지만 나의 친구들이여, 여러 분과 나도 똑같은 처지에 있습니다. 우리의 집들 위에 거대한 바위가 드리워져 있지도 않고, 우리의 도시를 금방이라도 삼켜 버릴 수 있는 산이 우리 옆에 있지 도 않지만, 그런 것들 말고도 죽음으로 통하는 문들은 아주 많기 때문에, 우리 같 은 연약한 존재들을 신속하게 무덤으로 데려다 줄 수 있는 것들은 수없이 많습 니다. 오늘 이 자리에 앉아 계시는 여러분은 거대한 바위들 밑에 살고 있었던 마 을 사람들과 마찬가지로 죽음의 문턱에서 살아가고 있는 것입니다. 여러분이 그 사실을 알게 되시기를 바랍니다! 몇 분만 숨을 못 쉬게 되면, 여러분은 그 자리에 서 죽습니다. 아마도 여러분은 지금까지 살아오시면서 죽을 뻔한 순간들을 무수 히 지나오셨을 것입니다. 심장에서 피가 들어왔다가 나갈 때마다, 폐에서 숨을 쉴 때마다, 여러분의 목숨은 늘 위태롭고, 하나님께서 허락하시기만 한다면, 여 러분은 지금 그 자리에서 죽어서 창백한 시신이 되어 나가게 됩니다. 알프스 산 의 고개들에 나 있는 산길 중에는 여행자에게 아주 위험한 곳들이 꽤 있어서, 여 러분이 겨울에 그 산길을 통과할 때에는, 마부들은 자신이 모는 노새들에게서 딸랑거리는 종소리가 나지 않도록 종들을 다 제거합니다. 왜냐하면, 아주 작은 소리에도 눈사태가 일어나서, 여러분은 거대한 눈덩이에 휩쓸려서 단 한 순간에 까마득한 절벽 아래로 떨어지게 될 수도 있기 때문입니다. 그런 상황에 처하게 되면, 여행자들은 자기가 하나님의 수중에 있다는 것을 느끼지 않을 수 없을 것 이라고 여러분은 생각할 것입니다. 그렇습니다. 하지만 여러분도 지금 바로 그

러한 상황에 처해 있습니다. 비록 여러분이 그런 사실을 알지 못한다고 할지라
도 말입니다. 단지 여러분의 영의 눈이 떠지기만 한다면, 여러분은 지금 이 시간
에도 거대한 눈덩이가 여러분의 머리 위에 걸려 있고, 거대한 바위가 여러분의
머리 위에서 조금씩 흔들리고 있는 것을 볼 수 있게 됩니다. 오직 여러분의 심령
이 하나님께서 자신의 장중에 숨겨 놓으신 저 벼락을 볼 수만 있다면, 그 즉시 여
러분은 하나님께서 여러분의 목숨을 지금이나 그가 원하시는 때에 거두어 가시
는 것이 여러분이 자신의 손가락으로 하루살이를 죽이는 것보다 더 쉽다는 사실
을 알게 됩니다.

     나의 형제들이여, 우리의 목숨만이 그런 것이 아니라, 우리의 삶 속에서 우리
에게 위로가 되는 것들도 마찬가지입니다. 만일 그런 위로들이 우리에게서 사라진
다면, 우리의 삶은 대체 어떻게 될까요? 더 나아가, 우리에게 꼭 필요한 것들이
사라진다면, 우리의 삶은 어떻게 될까요? 하지만 우리의 삶의 버팀목인 양식만
생각해도, 우리는 하나님께 절대적으로 의존되어 있지 않습니까! 나는 사람의
삶이 하나님께 절대적으로 의존되어 있다는 사실을 지난 주 금요일보다 더 절실
하게 느낀 적이 없었습니다. 내가 알프스 산 밑에서 그 위로 나 있는 슈플루겐
(Splugen) 고개의 산길을 멀리서 보았더니, 그 산길은 마치 검은 흙더미를 깔아
놓은 듯이 온통 검게 보였습니다. 우리가 가까이 가서 보니, 그것은 엄청난 수의
메뚜기들이 그 길을 가득 덮은 채로 몰려가고 있는 것임을 알았습니다. 우리가
더 가까이 다가가자, 그 메뚜기들은 마치 하나의 군대인 양 질서정연하게 행렬
을 양쪽으로 벌여서, 우리가 지나갈 수 있는 공간을 마련해 주었습니다. 메뚜기
들은 그렇게 공간을 내주었다가, 우리가 그 공간을 지나오면, 순식간에 다시 그
공간을 뒤덮어서, 행진을 계속하였습니다. 우리는 수 마일을 가는 동안, 마치 수
복하게 쌓인 검은 눈처럼 그 산길을 온통 뒤덮고서 걸어가는 메뚜기 떼 외에는
아무것도 볼 수 없었습니다. 그때에 나는 "그들 앞의 땅은 에덴 동산 같았으나
그들 뒤의 땅은 황폐한 들 같으니"(욜 2:3 KJV)라고 말한 요엘 선지자의 말을 깨
닫게 되었습니다. 메뚜기 떼는 모든 푸른 풀을 다 먹어 치워 버렸습니다. 그래서
거기에 있던 옥수수에는 앙상한 줄기만 남아 있었습니다. 메뚜기 떼가 전진해
가는 앞쪽에는 포도가 익어가고 있었고, 밭에서는 곡식들이 여물어 가고 있었으
며, 그 밭 옆에는 허름한 초가집이 보였고, 그 앞에 농부가 서 있었습니다. 그 농
부는 자기가 심은 곡식과 자기가 키운 포도나무들을 메뚜기 떼가 하나도 남김없

이 다 갉아 먹어 치우는 것을 보게 될 것임에 틀림없었습니다. 그 초장들은 말 그 대로 이 사나운 메뚜기 떼로 가득하였습니다. 메뚜기 떼가 처음 그 초장으로 들 어갔을 때에는, 저 가난한 농부들의 소들이 먹을 푸른 초장이 있었지만, 한 시간 이 지나자, 모든 것이 사라지고 한 줌의 먼지만 남았습니다. 내 가이드가 이렇게 말했습니다: "이 가난한 사람들에게 이것은 정말 슬픈 일입니다. 메뚜기들은 한 달 사이에 내 손가락만큼 크게 자라서 나무들을 다 먹어 치워 버립니다. 저 뽕나 무들이 있어야, 이 가난한 사람들이 누에를 키워서 얼마간이라도 살림에 보탤 수 있는데, 메뚜기들은 푸른 것들이라면 무엇이든지 다 갉아 먹어 버려서, 앙상 한 가지만 남게 되니 말입니다." 나는 속으로 이렇게 생각했습니다. 메뚜기 같이 작은 곤충들을 통해서 이 골짜기를 이런 식으로 황폐하게 만드실 수 있으신 하 나님께서 이 땅의 모든 사람들에게도 그런 식으로 하셔서 이 땅에 오직 기근과 절망과 죽음만 남게 하실 수 있으신 데도 그렇게 하지 않으시는 것은 얼마나 큰 자비와 은혜인지 모르겠다고 말입니다. 아마도 여러분은 내게 "하지만 여기에서 는 메뚜기 떼를 걱정하지 않아도 되니, 우리는 즐겁게 추수할 수 있지 않습니 까?"라고 말할 것입니다. 그런 식으로 너무 쉽게 말씀하지 마십시오. 하나님께서 는 지난 두 달 동안 우리에게 우리의 삶이 하나님께 절대적이고 온전히 의존되 어 있다는 사실을 가르쳐 주고 계십니다. 이 비가 조금 더 지속되어서, 우리가 추 수할 때까지도 계속해서 온다면, 우리는 어떻게 되겠습니까? 런던 시민들인 여 러분은 가게를 가지고 장사를 하고 있어서, 시골에서 농사가 잘 되지 않아 흉작 인 것이 여러분에게 별 영향을 미치지 않을 것이라고 생각할 수 있습니다. 그러 나 하나님께서 구름들을 물러가게 하시고, 해로 하여금 우리를 비치도록 명하지 않으신다면, 여러분은 기근에 직면하게 될 것입니다. 왜냐하면, 우리의 선조들 로부터 들었던 나날들, 즉 홍수가 나서 논과 밭이 물에 잠겨 곡식들이 다 썩어 들 어가거나 물에 둥둥 떠내려가서, 당장 굶주려서 죽을 것 같은 사람들 외에는 그 곡식들을 그저 바라만 볼 뿐 먹을 수는 없어서 굶주림에 허덕일 수밖에 없던 나 날들이 오게 될 것이기 때문입니다. 하나님께서 저 구름들을 물러가게 하지 않 으시면, 우리에게 그런 일이 일어날 수밖에 없습니다. 비가 지금보다 더 오래 지 속된다면, 수확할 곡식은 거의 없게 될 것이고, 사람들이 먹을 것은 아무것도 없 게 될 것입니다. 나의 사랑하는 친구들이여, 우리는 우리가 하나님을 얼마나 절 대적으로 의존하여 살아가고 있는지를 해마다 알 수 있습니다. 우리가 먹는 밀은 땅에서 나는 것이 아닙니까? 왕으로부터 소작농에 이르기까지 모든 사람이 밀로 만든 빵을 먹고 살아가는 것이 아닙니까? 그런데 어느 해에 흉작이 되어서, 그 곡식이 수확되지 않았다면, 모든 사람들이 창백한 얼굴과 앙상한 뼈로 비틀거리다가 땅에 쓰러질 것이 뻔하지 않습니까? 지하감옥에 있는 죄수들이 자신의 일용할 양식과 물을 전적으로 간수에게 의존하는 것과 마찬가지로, 여러분은 여러분이 먹고 마시는 것과 여러분이 갖고 있는 모든 것을 절대적으로 하나님께 의존하고 있습니다. 할 수만 있다면, 나는 여러분으로 하여금 이러한 사실을 느낄 수 있게 해드리고 싶고, 이것이 얼마나 엄청난 사실인지도 깨닫게 해드리고 싶습니다.

또한, 앞에서 나는 우리가 우리에게 위로가 되는 것들, 즉 우리의 삶을 안락하게 해주는 모든 것들을 전적으로 하나님께 의존하고 있을 뿐만 아니라, 그것들을 누릴 수 있는 힘도 하나님께 의존하고 있다고 말씀드렸습니다. 어떤 사람이 큰 부자여서 물질적으로는 아주 풍족한데, 그 물질을 사용하고 누릴 수 있는 힘이 없는 것은 우리가 해 아래에서 보아 온 재앙입니다. 어떤 사람이 굶주려서 먹고자 하는 욕망은 가득한데, 먹을 빵이 없다면, 그것은 안타깝고 서글픈 일입니다. 그러나 그것보다 더 안타깝고 서글픈 광경은 어떤 사람 앞에 산해진미가 차려져 있는데도, 입맛이 전혀 없고, 어떤 것을 먹어도 써서 도저히 음식을 입에 댈 수조차 없는 것입니다. 하나님께서 우리를 심판하고자 하실 때에는 단지 우리로 하여금 조바심을 내게 만드시기만 하면 됩니다. 사람들이 강할 때에는 조바심이 무슨 대수로운 일이냐고 비웃겠지만, 일단 심약한 자들이 되어 조바심을 내게 되면, 어떤 일 앞에서도 눈앞이 캄캄해져서 두려워 떨게 됩니다. 하나님께서 여러분의 몸의 일부만을 치셔도, 여러분은 대낮인데도 빛을 볼 수 없게 되고, 여러분 앞에 펼쳐져 있는 저 푸른 들판이 잿빛으로 변하게 되며, 가장 행복했던 일이 단지 여러분의 슬픔과 비참함을 더욱 강화시키는 일이 될 수 있습니다. 그렇게 되었을 때, 여러분은 검은 안경을 쓰고서 모든 것을 보게 되는 꼴이 되어서, 오직 어둠과 절망 외에는 아무것도 볼 수 없게 됩니다. 하나님께서 여러분을 질병으로 치시기만 하셔도, 여러분이 몸을 움직이는 것 자체가 여러분에게 고통이 될 수 있고, 심지어 침상에 누워 있는 때조차도 극심한 고통이 반복되어 이리저리 몸을 뒤척거릴 수밖에 없는 처지가 될 수 있습니다. 이런 경우들보다 더욱더 좋지 않은 경우는 하나님께서 여러분의 두뇌를 치셔서, 여러분이 미치광이가 되거나, 콧물을 줄줄 흘리며 헛소리를 하고 돌아다니는 백치로 만드시는 것입니다. 후자가 되면, 여러분은 사람들로부터 한층 더 멸시를 받기는 하겠지만, 여러분의 마음은 전자의 경우보다 더 편할 것입니다. 그러므로 하나님께서 여러분이 가지고 있는 모든 것을 빼앗아가시거나, 여러분이 기뻐하는 것들로 이루어진 저 강력한 성채를 무너뜨리시거나, 여러분의 소망의 창문들을 어둡게 하시는 것은 너무나 쉬운 일입니다. 또한, 녹로 위의 진흙이 토기장이의 수중에 있는 것과 마찬가지로, 여러분의 목숨과 여러분에게 필요한 모든 것들은 절대적으로 하나님의 수중에 있습니다. 여러분은 반역할 수 있지만, 여러분의 반역은 단지 벌레가 꿈틀거리는 것일 뿐입니다. 여러분은 불평할 수 있지만, 여러분의 불평은 하나님께 영향을 미칠 수 없습니다. 여러분은 여러분의 동료들에게 함께 힘을 합쳐서 전능하신 하나님을 대적하자고 요청할 수 있지만, 하나님의 뜻은 흔들림 없이 견고히 설 것이고, 여러분은 굴복할 수밖에 없습니다. 여러분은 운명의 쇠사슬에 묶여서, 하나님이 여러분에게 명하신 길로 갈 수밖에 없고, 하나님의 손짓과 뜻에 따라 울고 웃고 할 수밖에 없습니다. 인생들이여, 하나님 앞에서 두려워 떠십시오. 왜냐하면, 피조물이 피조물의 손 안에 있었던 적은 단 한 번도 없었고, 모든 피조물은 늘 창조주의 손 안에 있기 때문입니다.

나는 이것이 일시적인 것들에 대해서 참이라면, 신령한 일들에 대해서는 갑절로 참이라는 것을 간단하게 말씀드리고자 합니다. 그리스도인들이 받은 모든 은혜 속에는 스스로 존재하는 속성이 내재되어 있습니다. 믿음과 사랑과 담대함은 모두 향기로운 꽃들이지만, 그것들의 뿌리는 하나님 안에 있습니다. 여러분의 마음속에 감사의 강물이 있다면, 그 근원지는 하나님 안에 있습니다. 여러분의 심령이 헌신되고 성별되어 있다고 하더라도, 영원하신 하나님께서 여러분의 심령을 지켜 주시지 않는다면, 그 즉시 여러분의 헌신의 머리채는 삼손처럼 깎이게 될 것입니다. 여러분과 내가 끝까지 참고 견디며, 사망의 골짜기(the Valley of Death)를 침착하고 평안하게 통과하여서, 하나님의 보좌 앞에 담대한 마음으로 서게 되고, 기쁨으로 지극한 복으로 들어가게 된다면, 그 모든 것들은 하나님에게서 와야 합니다. 하나님께서 그의 은혜의 곳간 문을 잠가 버리시거나, 그의 사랑의 수로를 말려 버리신다면, 이 세상에서 가장 고귀한 그리스도인이라고 할지라도 가장 흉악무도한 악인으로 변하게 될 것이고, 이 세상에서 하나님을 가장 잘 섬겨 왔던 그리스도인이라고 할지라도 지옥의 가장 비열한 앞잡이로 변하게 될 것입니다. 여러분이 하나님께 절대적으로 의존되어 있다는 사실을 아시기 바랍니다. 하나님께서 여러분을 떠나시면, 여러분은 이미 살아 있는 것이 아닙니다. 하나님께서 여러분을 도우시면, 여러분은 안전히 서 있을 수 있습니다.

　　죄인들의 경우도 마찬가지입니다. 죄인들도 하나님의 수중에 있어서, 하나님께서는 죄인들을 구원하시거나 멸하시거나 하십니다. 하나님은 애굽 왕 바로의 경우처럼 죄인들의 마음을 완악하게 하실 수도 있으시고, 그들의 마음을 녹이시고 그들의 완고한 뜻을 꺾으실 수도 있으십니다. 하나님은 죄인들의 목에 메어져 있는 고삐를 풀어 주시며, "에브라임이 우상과 연합하였으니 버려 두라"(호 4:17)고 말씀하실 수도 있으시고, 자신의 권능의 날에 죄인들로 하여금 자원하게 하셔서, 그들 속에 새 마음과 정직한 영을 창조하시고, 그들을 다가올 진노에서 구원하실 수도 있으십니다. 하나님께서는 모든 것 위에 계심과 동시에, 모든 것이시나이다! 사람은 하나님 앞에서 아무것도 아닙니다. 오직 하나님의 뜻만이 이루어집니다. 하나님께서는 하늘의 천사들 가운데서나 이 아랫세상의 거민들 가운데서나 자신의 뜻대로 행하십니다. "나라와 권세와 영광이 아버지께 영원히 있사옵나이다 아멘"(마 6:13).

3. 셋째로, 하나님이 어디에나 계신다는 진리로부터 우리가 배울 수 있는 교훈들이 있습니다.

　　이것이 우리가 세 번째로 다루게 될 대지인데, 우리는 이 진리가 성도들에게 주는 몇 가지 교훈들을 먼저 살펴보고 난 후에, 다음으로 죄인들에게 주는 몇 가지 교훈들을 살펴보겠습니다.

　　먼저, 이 진리가 성도들에게 주는 교훈들입니다. 하나님의 자녀들이여, 여러분이 지금 어디에 있는지를 보십시오. 여러분은 철저하게 여러분의 하나님의 수중에 있습니다. 여러분의 삶, 여러분의 죽음, 이 세상에서의 여러분의 형통, 여러분이 은혜 안에서 성장하는 것, 여러분의 평안 — 이 모든 것이 하나님의 주권적인 뜻에 달려 있습니다. 하나님께서 명하시지 않으신다면, 그 어떤 것도 여러분에게 해를 끼칠 수 없습니다. 하나님께서 명하시지 않으신다면, 그 어떤 것도 여러분을 기쁘게 해줄 수 없습니다. 여러분은 여러분 자신의 수중에 있는 것이 아닙니다. 여러분의 고집이 아주 세거나, 여러분의 마음이 아주 완고하다면, 기쁜 마음으로 순순히 자신의 고집을 꺾고 순복하십시오. 그렇지 않으면, 여러분은 자신의 고집을 어쩔 수 없이 꺾지 않으면 안 되게 될 것입니다. 여러분은 모든 점에서 여러분의 하나님이신 분의 뜻과 처분에 절대적이고 전적으로 의존되어 있는 존재입니다. 하나님의 자녀들이여, 내가 여러분에게 이 한 가지 질문을 하겠습니다. 이러한 말씀을 들으니, 여러분은 근심이 되고 괴롭습니까? 하나님께서 여러분에 대해서 자신의 홀을 치우셔서, 여러분이 자기 마음대로 했으면 좋겠습니까? 여러분은 여러분의 삶을 하나님의 뜻과 처분에 맡기기보다는 여러분의 뜻대로 지금까지 살아 오셨습니까? 여러분은 하나님께서 모든 일 가운데 계셔서 그의 뜻을 이루시기보다는, 모든 일을 여러분의 뜻대로 하게 그냥 맡겨 두셨으면 좋겠습니까? 하나님의 군대들인 여러분, 나는 여러분이 즉시 하나님 앞에서 무릎을 꿇고서, "주여, 우리는 하나님께서 모든 일을 우리에게 맡겨 두지 않으시고, 친히 모든 일을 주관하시는 것을 감사하고 찬송하나이다"라고 기도하는 모습을 봅니다. 하나님께서 모든 일을 주관하신다는 것은 우리가 근심하고 못마땅해 할 일이 아니라, 진심으로 크게 기뻐해야 할 일입니다. 우리는 "주께서 다스리신다"는 진리의 말씀이 적힌 깃발을 들고, "하나님이 여기에 계신다"는 진리의 말씀 속에서 늘 힘을 얻으며, 우리의 순례길을 계속해 나갑니다. 우리는 이 진리를 우리의 방패로 삼아서 그 방패를 손에 들고, 우리에게 닥쳐오는 온갖 환난과 맞섭니다. 우리는 이 진리를 우리의 검으로 삼아서 이 검을 들고, 죄와의 치열한 전투 속으로 돌진해 들어갑니다. "여호와 하나님께서 다스리시나니 땅은 즐거워하며 허다한 섬은 기뻐할지어다"(시 97:1). 크신 하나님, 만일 하나님께서 정하신 일들을 내가 다르게 바꿀 수 있다고 할지라도, 나는 그렇게 하지 않을 것입니다. 만일 내가 하나님이 정하신 일을 뒤집을 수 있고, 내게 정하신 일련의 시련들을 지워 버리고, 그 대신에 반짝반짝 빛나는 일련의 기쁜 일들을 거기에 써넣을 수 있다고 할지라도, 나는 그렇게 하지 않을 것입니다. 만일 오늘 하나님께서 내 운명의 책을 내 마음대로 고칠 수 있는 권한을 내게 주신다고 할지라도, 나는 거기에 적혀 있는 한 단어도 지우지 않고, 거기에 한 글자도 더 써넣지 않은 채로, 하나님께서 정하신 대로 하시라고 그 책을 그대로 돌려드리겠습니다. "내 원대로 마시옵고 아버지의 원대로 되기를 원하나이다"(눅 22:42). 이렇게 말하는 것은 쉽지만, 실제로 그렇게 되어서 우리에게 환난이 닥쳐 왔을 때, 그것을 감당하는 것은 결코 쉬운 일이 아닙니다. 흑암이 온 하늘을 덮고, 정적이 흐르는 방에 관이 놓여 있는 가운데, 소중한 사람이 죽음의 팔에서 잠자고 있을 때, 바다에 해일이 일어서 우리가 가진 모든 것을 휩쓸어 가 버렸거나, 우리가 극심한 빈곤 속에 처해 있거나, 사람들이 우리의 등 뒤에서 우리를 비방할 때, 그때에도 우리가 "여호와여, 주께서 정하신 태풍이 내가 원했을 햇빛보다 더 낫고, 주께서 일으키신 폭풍우의 날들이 내가 원했을 아주 밝고 청명한 날들보다 더 낫습니다"라고 고백할 수 있게 해주시라고 우리는 하나님께 기도하여야 합니다. 하나님의 자녀들이여, 여러분은 무슨 일이 있어도 이 진리를 굳게 붙잡아야 합니다. 여러분의 그러한 확신은 장차 큰 상을 받게 될 것입니다.

　　그러나 천국을 상속 받을 자들이여, 여러분이 명심해야 할 것이 한 가지 더 있는데, 그것은 여러분의 행실이 이 가르침과 부합해야 한다는 것입니다. 사람들이 하라고 하는 것들이 아니라 하나님께서 원하시는 것들에 비추어서, 여러분이 무엇을 할 것인지와 어떤 일들이 일어나게 될 것인지를 말하십시오. 여러분의 원수가 여러분을 해치기 위해서 어떤 일을 반드시 하겠다고 맹세했다는 말을 여러분이 전해 들었다면, 웃으십시오. 왜냐하면, 여러분의 원수는 하나님이 아니기 때문입니다. 여러분이 여러분의 마음에 들고 여러분에게 좋게 보이는 어떤 일을 하기로 생각하였고, 그 일에 대하여 아주 자신만만해하고 있다면, 여러분의 어리석음을 깨닫고 우십시오. 왜냐하면, 여러분은 하나님이 아니기 때문입니다. 오직 하나님 외에는 그 누구도 지각 있는 마음을 기쁘게 해줄 약속을 할 수 없고, 오직 하나님 외에는 그 누구도 그리스도인의 마음을 두렵게 할 경고를 할 수 없습니다. 하나님의 경고와 약속은 참되지만, 사람의 경고나 약속은 헛될 뿐입니다. 나의 사랑하는 그리스도인 형제들이여, 여러분이 여러 가지로 아주 힘든 일들 속에서 연단을 받고 있다면, 하나님의 이 진리의 말씀이 여러분의 심령 속에서 불이 될 수 있기를 바랍니다. 그러나 그것은 성령 하나님께서 역사하실 때에만 가능합니다. 나는 여러분이 모든 일 속에 하나님이 계신다는 이 진리 위에 굳게 서시기를 기도합니다. 그렇게만 한다면, 여러분은 더욱 끈질기고 간절한 기도를 드릴 수 있게 될 것임을 나는 확신합니다. 왜냐하면, 하나님께서 모든 일 속에 계신다면, 여러분이 모든 일을 하나님께 가져가는 것은 너무나 당연한 일이기 때문입니다. 하나님께서 여러분에게 좋지 않은 일이 일어나게 하셨다면, 그 좋지 않은 일을 하나님께 가져가십시오. 하나님께서는 그 일을 바로잡아 주실 것입니다. 한 해 중에서 지금 우리가 보내고 있는 때는 우리가 기도해야 할 때입니다. 기도는 바람의 방향을 바꾸어 놓을 수 있고, 구름들을 그대로 머물러 있게 할 수 있으며, 그렇게 함으로써, 믿지 않는 세상 사람들에게 모든 일 속에 하나님이 계신다는 것을 보게 해줄 수 있습니다.

저 유명한 스코틀랜드 목회자이신 로버트 블레어(Robert Blair) 목사님이 목회하시던 시절에 엄청난 비가 오랫동안 내려서, 추수기가 되었을 때에는 들의 곡식들이 다 익고 나서 1인치(2.54cm)나 더 웃자라 있었습니다. 사람들은 함께 모여서 기도하였고, 그날에 비는 이전보다 더 억수같이 퍼부었습니다. 하지만 그들은 하나님께서 자신들의 기도를 들으셨다는 굳은 믿음 가운데서 헤어졌습니다. 블레어 목사님은 회중에게 자기는 하나님이 마치 그들을 조롱하시는 것처럼 보여도, 하나님은 여전히 기도를 들으시고 응답하시는 하나님이시라는 것을 확신한다고 말하였습니다. 그날 밤에 구름들이 흩어지고, 비가 그쳐서, 다음 날 사람들은 추수를 할 수 있었습니다. 곡식 중의 일부는 비바람 때문에 못쓰게 되었지만, 대부분의 곡식은 안전하게 수확할 수 있었습니다. 그러므로 여러분의 하나님을 신뢰하십시오! 불평함으로써 하나님을 시험하지 마십시오. 여러분은 이스라엘 자손들처럼 하나님을 불신하고 불평하는 것으로 하나님을 시험하지 마시고, 말라기 선지자가 권면한 대로 하나님의 명령들을 지킬 때, 하나님이 복들을 비처럼 쏟아 부어 주셔서, 온 땅으로 그 풍성한 수확을 기뻐하게 하시는지 아니하시는지를 시험하십시오. 어쨌든 재난의 날에 두려워 떠는 자들이 되지는 마십시오. 하나님의 자녀들이여, 요동하지 않고 서 있으십시오. 여러분은 인간이 만든 그 어떤 병기도 뚫을 수 없는 "전신갑주"(엡 6:11)를 입고 있습니다. 여러분은 난공불락의 보루들로 둘러쳐진 성 안에 거하고 있습니다. 그 어떤 두려움도 갖지 마십시오. 강하고 담대하십시오. 여러분의 하나님이 여러분과 함께 하십니다. 하나님은 여러분의 모든 두려움들보다도 더 크신 분이십니다. 아니, 하나님은 여러분이 바라는 모든 것들보다 훨씬 더 그 이상으로 이루어 주실 것입니다. 군기를 세우고, 큰 소리로 외쳐, 하나님을 기뻐하십시오. 하나님께서 여러분과 함께 하시고, 주 여호와께서 다스리십니다.

마지막으로, 죄인들을 향하여 한 말씀 드리겠습니다. 아직 회심하지 않아서 하나님의 현재적 구원에 분깃을 갖고 있지 않은 여러분에게 내가 드릴 말씀은 여러분도 하나님의 수중에 있다는 것입니다. 여러분이 오늘 살아서 여러분의 가정으로 돌아갈 수 있느냐 없느냐는 절대적으로 하나님의 뜻에 달려 있습니다. 여러분이 아무리 부자라도, 하나님의 말씀 한 마디면, 여러분이 소유한 부는 저절로 날개가 생겨나서 날아가 버립니다. 하나님께서는 여러분의 육신을 끔찍할 정도로 고통스럽게 하셔서, 여러분으로 하여금 그 고통을 피하기 위해서 죽기를 간절히 바라게 하실 수 있으십니다. 하나님께서는 여러분이 잠잘 때나 깨어 있을 때나 환상들이 여러분의 눈 앞에 계속해서 아른거리게 하셔서, 여러분으로 하여금 그 환상들이 너무나 두려워서 혼자 있기보다는 악한 영들과라도 함께 있기를 바라게 만드실 수 있으십니다. 하나님께서는 여러분의 눈에 여러분이 지옥 그 자체처럼 느껴지게 하셔서, 여러분으로 하여금 그 느낌과 생각으로부터 벗어나기 위하여 칼이나 독약을 찾게 하실 수 있으십니다. 하나님께서 이렇게 하시면, 여러분은 피할 수 없습니다. 여러분이 날개가 달렸다고 해도, 하나님의 눈을 피해 달아날 수 있는 곳은 없습니다. 그 어떤 깊은 바다도 하나님의 눈에서 여러분을 숨겨줄 수 없습니다! 그렇다면, 무엇이 지혜로운 길이겠습니까? 여러분의 목숨을 자신의 수중에 쥐고 계시는 하나님을 욕하고 저주하는 것이 지혜로운 일이겠습니까? 현세는 물론이고 영원에 이르기까지 여러분의 운명을 쥐고 계시는 하나님에 대하여 여러분이 무관심으로 일관하는 것이 지혜로운 일이겠습니까? 여러분이 어떻게 해야 여러분 자신에게 이익이 될 것인지는 이미 답이 나와 있고, 바로 그 길이 지혜로운 길입니다! 하나님의 방패의 돌출부분을 향하여 돌진해서 거기에 여러분의 머리를 들이박지 마십시오. 하나님의 번쩍거리는 창을 향하여 돌진하는 어리석은 짓은 하지 마십시오. 여러분이 귀를 기울이시기만 한다면, 지혜가 무엇이라고 말하는지를 여러분은 들을 수 있을 것입니다. 지혜는 "하나님과 화목하라"고 외칩니다. 여러분은 하나님께 저항해 보아야 아무 소용이 없습니다. 그러니 얼른 여러분의 무기를 버리고 투항하십시오. 성경이 여러분에게 무엇이라고 말씀합니까? 성경은 "오늘 너희가 그의 음성을 듣거든 … 너희 마음을 완고하게 하지 말라"(히 3:7-8)고 말씀하십니다. 그리스도께서는 여러분에게 무엇이라고 말씀하십니까? "나 곧 나는 나를 위하여 네 허물을 도말하는 자니 네 죄를 기억하지 아니하리라"(사 43:25). "땅의 모든 끝이여 내게로 돌이켜 구원을 받으라"(사 45:22). "그의 아들에게 입맞추라 그렇지 아니하면 진노하심으로 너희가 길에서 망하리니 그의 진노가 급하심이라"(시 2:12). 하나님의 성령이여, 저 정신 나간 자들에게 말씀하셔서 그들로 제정신으로 돌아오게 해주십시오. 하나님을 대적하여 싸우는 자들에게 말씀하시고, 그들에게 하나님 앞에서 두려워 떨며 항복하여 하나님의 은총을 구하라고 명하십시오. 죄인들이여, 하나님께서

"자주 책망을 받으면서도 목이 곧은 사람은 갑자기 패망을 당하고 피하지 못하리라"(잠 29:1)고 말씀하셨다는 것을 기억하십시오. 끝으로, 하나님께서 하신 저 감미로운 말씀을 들어 보십시오: "성령과 신부가 말씀하시기를 오라 하시는도다 듣는 자도 오라 할 것이요 목마른 자도 올 것이요 또 원하는 자는 값없이 생명수를 받으라 하시더라"(계 22:17).

제
13
장
—

믿음의 궁극지점

—

"그가 나를 죽이실지라도 나는 그를 신뢰하리라."
— 욥 13:15(KJV)

이것은 성경에서 최고의 말씀들 중의 하나입니다. 성경에 나오는 다른 모든 말씀들이 평범한 산들이라고 한다면, 이 말씀은 아주 높이 솟아오른 고산의 산봉우리여서, 구름들을 뚫고 나와서, 하나님의 빛을 받아 빛나고 있습니다. 만일 누가 내게 사람의 심령에서 나온 가장 고상한 발언들을 몇 개 제시해 줄 것을 요청한다면, 나는 "그가 나를 죽이실지라도 나는 그를 신뢰하리라"는 말씀을 그런 발언들 중 하나로 가장 먼저 꼽을 것입니다. 시몬 베드로가 우리 주님을 지극히 높으신 이의 아들이라고 고백했을 때, 우리 주님께서 하셨던 말씀, 즉 "이를 네게 알게 한 이는 혈육이 아니요"(마 16:17)라는 말씀이 여기에서 "그가 나를 죽이실지라도 나는 그를 신뢰하리라"고 고백했던 사람에게도 그대로 적용될 수 있을 것이라고 나는 생각합니다. 하나님을 이렇게 견고하게 붙잡는 믿음, 하나님을 이렇게 한 치의 요동도 없이 신뢰하는 것, 이렇게 조금도 흔들림 없이 하나님을 의지하는 것은 우리 인간의 본성의 산물이 아니라, 하나님의 풍성한 은혜로 말미암아 피어난 진귀한 꽃입니다. 오늘의 본문은 최고의 강론이라는 정금 가운데 아름답게 박힌 은혜라는 보석과 같습니다. 전투의 날에 이 보석을 자신의 팔에 기장으로 달고 있는 사람은 행복한 사람입니다.

우리가 주목해야 할 것은 이 말씀은 욥이 사탄의 고소와 자신의 친구들의 비난에 대한 대답이었다는 사실입니다. 마귀가 하나님 앞에서 "욥이 어찌 까닭 없이 하나님을 경외하리이까 주께서 그와 그의 집과 그의 모든 소유물을 울타리로 두르심 때문이 아니니이까 주께서 그의 손으로 하는 바를 복되게 하사 그의 소유물이 땅에 넘치게 하셨음이니이다"(1:9-10)라고 참소했다는 것을 욥이 알고 있었는지 모르고 있었는지에 대해서는 내가 알 수 없지만, 욥은 사탄의 그 비열한 참소에 대하여 최고의 대답을 내놓았습니다. 왜냐하면, 사실상 그는 "하나님 께서 나를 위해 쳐놓으신 울타리를 다 거두셔서, 나를 황무지처럼 벌거벗겨 놓으신다고 해도, 나는 조금도 흔들림 없이 견고한 믿음으로 하나님 곁에 꼭 붙어 있을 것입니다"라고 말하고 있는 것이기 때문입니다. 또한, 욥이 첫 번째 환난들 아래에서 잘 견뎌내자, 큰 원수 마귀는 그 환난들이 욥에게 충분히 직접적인 것이 아니었기 때문에, 그가 견뎌낼 수 있었던 것이라고 주장하고서, 하나님께 또다시 이렇게 제안하였습니다: "가죽으로 가죽을 바꾸오니 사람이 그의 모든 소유물로 자기의 생명을 바꾸올지라 이제 주의 손을 펴서 그의 뼈와 살을 치소서 그리하시면 틀림없이 주를 향하여 욕하지 않겠나이까"(2:4-5). 욥은 오늘의 본문에 나오는 담대한 고백을 통해서 사실상 "나의 자녀들이 죽는 환난이 아니라 내 자신이 죽임을 당하는 환난이 닥쳐온다고 할지라도, 나는 하나님을 의지할 것입니다"라고 말함으로써, 그를 비방하고 참소한 사탄을 아주 효과적으로 침묵시킵니다. 이렇게 이 한 문장으로 욥은 두 번에 걸친 사탄의 비방과 참소에 대답하는데, 이것은 진리가 자신의 일편단심의 진실한 마음으로 자신의 원수들의 은밀한 거짓된 악의를 무너뜨리고 있는 것입니다. 욥의 친구들도 욥을 위선자로 취급하였습니다. 그들은 욥에게 "생각하여 보라 죄 없이 망한 자가 누구인가 정직한 자의 끊어짐이 어디 있는가"(4:7)라고 심문하였습니다. 그들은 욥이 사기꾼이 아니었다면 이렇게 지독한 벌을 받을 리가 없다고 믿었기 때문에, 욥은 사기꾼이었음에 틀림없다는 자신들의 결론이 잘못되었을 가능성은 전혀 없다고 생각했습니다. 이러한 고소에 대하여, 하나님에 대한 자신의 믿음은 전혀 흔들림이 없다는 욥의 비장한 선언은 최고의 답변이었습니다. 왜냐하면, 진실한 심령 외에는 그 누구도 이런 식으로 말할 수는 없을 것이었기 때문입니다. 하나님께서 자기를 죽이시는데도 여전히 하나님을 믿고 신뢰할 위선자가 어디 있겠으며, 하나님께서 자기를 치시는데도 여전히 하나님을 꼭 붙잡는 사기꾼이 어디 있겠습니까? 그런 위선자나 사기꾼이 없을 것임은 너무나 분명하고, 세 명의 형편없는 위로

자들이 그래도 어느 정도 지각이 있는 사람들이었다면 분명히 그렇게 대답했을 것입니다.

　오늘의 본문은 혹독한 압력 아래 있는 하나님의 한 자녀를 보여주고, 그가 세상에 속한 사람들과 어떻게 다른지도 보여줍니다. 세상에 속한 사람들이 욥과 같은 처지에 놓여 있었다면, 그들은 절망과 자포자기에 빠져서, 될 대로 되라는 식으로 분노하며 하나님께 대들고 안하무인으로 반역하였을 것입니다. 하지만 여러분은 여기에서 하나님의 자녀가 절망하거나 자포자기하는 것이 아니라, 그런 것 대신에 무엇을 하고 있는지를 볼 수 있습니다. 다른 사람들이 절망할 때, 그는 하나님을 신뢰합니다. 그는 자기가 바라볼 다른 곳이 없을 때, 하늘에 계신 자신의 아버지 하나님을 바라봅니다. 그는 한참이나 하나님을 바라보았는데도 위로를 받을 수 없는 때에는, 소망을 가지고 조용히 하나님의 도우심을 바라고 인내하며, 그 도우심이 자기에게 오지 않는다고 하여도, 자신의 온 힘과 목숨을 다하여 하나님께 꼭 붙어 있고자 합니다. 불경건한 자들은 자신의 온 힘을 완강하게 자신의 운명을 거부하며 하나님께 반역하는 데 쏟아붓는 반면에, 하나님의 자녀는 담대하게 하나님을 신뢰하는 데 자신의 온 힘을 쏟아붓습니다. 그는 하나님을 어떤 식으로 신뢰해야 하는지를 알기 때문에 담대할 수 있습니다. 그의 마음은 이렇게 말합니다: "나의 하나님, 지금 나의 형편은 나쁘고, 점점 더 악화되어 가고 있으며, 최악으로 치닫게 될지도 모릅니다. 그럴지라도, 나는 하나님을 꼭 붙들고서 결코 놓지 않을 것입니다." 믿는 자들이 자신의 주이신 하나님에 대한 자신의 충성된 마음을 이것보다 더 잘 나타내 보일 수 있는 방법이 있을까요? 그들은 맑은 날들만이 아니라 가장 흐리고 험한 날들에도 변함없이 자신의 주를 따릅니다. 그들은 자신의 주께서 그들에게 미소를 지어 보이실 때만이 아니라 그들을 향하여 찌푸리실 때에도 변함없이 자신의 주를 사랑합니다. 그들은 하나님이 그의 황금 손으로 많은 것들을 그들에게 후하게 주셔서 하나님을 사랑하는 것이 아니기 때문에, 하나님께서 그 손에 매를 드시고서 심하게 때리실지라도, 하나님에 대한 그들의 사랑은 결코 변하지 않습니다. 내 주께서 지극히 준엄한 얼굴로 나를 보시고, 아주 험한 표정으로 나의 마음을 찢는 말씀을 하시며, 무시무시한 말씀을 하시는 것에서 더 나아가셔서 내 영혼의 목숨까지도 앗아가실 것처럼 잔인하게 나를 치시고, 나를 칼로 내리쳐서 나를 처형하고자 하실지라도, 내 마음은 하나님께서는 무한히 선하시고 의로우시다는 것을 변함없이 일편단심으로 증언합니다! 내게는 하나님을 거역하는 말 한 마디가 있을 수 없고, 하나님을 거스르는 생각 하나가 있을 수도 없습니다. 하물며, 내가 하나님을 떠난다는 것은 있을 수 없습니다! 하나님께서 나를 죽이실지라도, 나는 하나님을 신뢰할 것입니다.

신약성경에서 바울은 "누가 우리를 그리스도의 사랑에서 끊으리요 환난이나 곤고나 박해나 기근이나 적신이나 위험이나 칼이랴 … 그러나 이 모든 일에 우리를 사랑하시는 이로 말미암아 우리가 넉넉히 이기느니라 내가 확신하노니 사망이나 생명이나 천사들이나 권세자들이나 현재 일이나 장래 일이나 능력이나 높음이나 깊음이나 다른 어떤 피조물이라도 우리를 우리 주 그리스도 예수 안에 있는 하나님의 사랑에서 끊을 수 없으리라"(롬 8:35, 37-39)고 반문하고 있는데, 오늘의 본문은 구약성경에서 욥이 바울의 그러한 반문을 미리 보여주고 있는 것이 아니고 무엇이겠습니까? 욥과 바울에게 있었던 영은 동일한 성령이 아니고 무엇이겠습니까? 그리고 바로 그 성령은 우리에게도 동일하게 있지 않습니까? 그렇다면, 우리가 사람이라는 것은 사실이지만, 우리가 하는 말에도 욥이나 바울이 한 말과 마찬가지로 그러한 능력이 있다는 것은 결코 헛된 자랑도 아니고 어리석은 허세도 아닐 것입니다. 물론, 은혜 안에 있지도 않은 심령들이 그런 말을 한다면, 그 말은 우스꽝스러운 말이 되겠지만 말입니다. 오늘의 본문은 하나님 외에는 모든 것을 버리고 오직 하나님께만 순복하는 믿음을 지닌 영혼의 승리의 외침입니다. 나는 이 아침에 우리 모두가 오늘의 본문에 깃든 영을 지녀서, 욥과 같은 환난 가운데 있든지 없든지, 욥처럼 지존자이신 하나님을 신뢰하여 굳게 붙잡고 놓지 않게 되기를 바랍니다.

본문에는 세 가지가 나오는데, 첫 번째는 "그가 나를 죽이실지라도"라는 무시무시한 전제이고, 두 번째는 "나는 그를 신뢰하리라"는 고귀한 결단이며, 세 번째는 이 두 가지는 서로 조화를 이룬다는 것입니다. 이 마지막 대지에 대해서는 우리가 조금 더 깊이 들여다볼 필요가 있기는 하지만, 나는 하나님께서 우리를 죽이시는 것과 우리가 하나님을 신뢰하는 것은 서로 조화를 이룬다는 사실을 분명하게 드러내기를 원합니다. 이 두 가지는 얼핏 보면 서로 상반되는 것처럼 보일 수 있지만, 사실은 서로 잘 조화를 이룹니다.

1. 첫째로, 본문에는 무시무시한 전제가 나옵니다.

그 전제는 "그가 나를 죽이실지라도"라는 것입니다. 여기서 하나님은 그를 신뢰하는 종을 죽이는 자로 표현되는데, 이것은 생각만 해도 너무나 끔찍하고 무시무시합니다. "그가 나를 죽이실지라도"는 어떤 의미에서는 한순간도 결코 인정하고 싶지 않은 전제입니다. 하나님의 사랑하는 자녀인 내가 여기에 있습니다. 나는 하나님이 창세 전부터 사랑해 오셨던 자이고, 하나님께서 십자가 위에서 자신의 목숨을 버리신 것도 나를 위한 것이었으며, 하나님이 "내가 너를 내 손바닥에 새겼고"(사 49:16)라고 말씀하신 바로 그 대상 중 한 사람입니다. 그런데 하나님께서 그런 나를 어떻게 죽이실 수 있습니까? 내 존재 중에서 지극히 선하고 참된 생명은 하나님께서 주신 것이자 지키시는 것이기 때문에 안전할 수밖에 없습니다. 따라서 하나님께서 정말 나를 죽이신다면, 그것은 그런 것과는 다른 의미일 수밖에 없습니다. 어머니가 자신의 젖먹이 자녀를 어떻게 잊을 수 있으며, 자신의 태중의 자녀를 어떻게 불쌍히 여기지 않을 수 있겠습니까? 어머니가 자신의 자녀를 살아 있게 할 능력이 있는데도 그 자녀를 죽이는 일이 어떻게 일어날 수 있겠습니까? 어머니가 자신의 사랑하는 자녀에게 폭력을 행사해서 죽이려고 하겠습니까? 그런 일은 있을 수 없습니다. 마찬가지로, 하나님께서 자신의 사랑하는 자녀를 죽이거나, 죽게 내버려 두는 일도 있을 수 없습니다. 예수께서는 "내가 그들에게 영생을 주노니 영원히 멸망하지 아니할 것이요 또 그들을 내 손에서 빼앗을 자가 없느니라"(요 10:28)고 말씀하셨습니다. 땅에 속한 자녀들은 아무리 아름답고 강건하다고 할지라도 죽게 되어 있습니다. 왜냐하면, "육으로 난 것은 육이요"(요 3:6), 모든 육체는 풀과 같아서 말라서 죽게 되기 때문입니다. 그러나 하나님의 자녀들은 아무리 연약한 자녀라고 할지라도 영원히 살게 될 것입니다. 왜냐하면, 그 속에 하나님의 생명이 조금이라도 있는 사람은 영원히 죽지 않기 때문입니다. 시간이 가면 해도 소멸될 것이고, 장래의 세대에는 달빛도 점차 희미해질 것이지만, 시간이나 세대도 하늘로부터 난 은혜와 빛은 끌 수 없습니다. 믿음이 단지 겨자씨 한 알만큼만 있어도, 그 믿음은 본질적으로 살아 있는 것이기 때문에, 하나님께서 자신의 생명을 주어 살리신 자를 다시 죽이시리라는 것은 상상할 수 없는 일입니다. 때로는 믿음이 있는 자조차도 자기에게 믿음이 있다는 사실을 깨닫지 못하고, 자신에게 믿음이 있느냐 없느냐를 놓고 수많은 고통스러운 질문들이 제기되기도 하지만, 어떤 사람의 심령 속에 믿음이 있기만 하다면, 하나님은 그 믿음을 끝까지 지켜 주실 것입니다. 하나님의 자녀들이여, 여러분은 행여라도 하나님께서 여러분을 영원히 죽이실 가능성이 있다고 생각해서는 안 됩니다. 여러분은 여러분의 하나님을 욕되게 할 그런 생각을 허용해서는 안 됩니다. 여러분이 무해한 것들에 대해서는 여러분의 취향을 따라 생각하고 전제해도 되지만, 하나님의 사랑을 모독하거나, 자신이 약속하신 것들을 하나도 빠짐없이 다 이루시는 하나님의 신실하심을 의심하고 중상모략하는 그런 생각을 해서는 안 됩니다. 하나님께서는 여러분을 잠시 내버려 두실 수는 있지만, 영원히 내치셔서 버리실 수는 없습니다. 하나님은 여러분에게 좋은 것들을 거두어 가실 수는 있지만, 여러분에게 가장 좋은 것을 거두어 가실 수는 없습니다. 하나님은 잠시 여러분의 명성에 구름이 드리우게 하시고, 여러분의 재능을 쓸모없게 하시며, 폭풍을 보내 여러분의 행복을 휩쓸어 가게 하실 수 있지만, 하나님의 은혜가 여러분에게서 영원히 떠나가는 일은 결코 없습니다. 하나님께서는 진노 중에서도 자신의 마음을 여러분에게서 거두시지 않았습니다. 하나님은 여러분을 호되게 징계하시지만, 여러분을 죽음에 넘겨 주시지는 않았습니다. 따라서 여러분은 오늘의 본문에 나오는 전제가 마치 "그가 나를 버려 죽게 하시거나 나를 지옥에 던져 버리실지라도"라는 의미를 지니는 것처럼 해석해서는 안 됩니다. 왜냐하면, 그런 일은 결코 있을 수 없기 때문입니다. 그러나 내가 담대하게 말할 수 있는 것은 마귀가 여러분의 귀에 대고, 하나님이 결국 여러분을 멸하실 것이라고 속삭일 때조차도, 여러분이 담대하게 "그가 그리하실지라도, 나는 여전히 그를 신뢰할 것이다"라고 대답할 수 있다면, 그것은 정말 멋진 일이 되리라는 것입니다. 예전에 한 나이 든 성도가 사실 말도 되지 않는 매우 당돌한 말을 한 적이 있는데, 그는 이렇게 말했습니다: "하나님의 황홀한 사랑이 나를 지옥으로 던져 버린다면, 나는 하나님을 단단히 붙잡아서, 하나님께서도 나와 함께 지옥에 가시지 않을 수 없게 할 것입니다. 나는 하나님을 절대로 그냥 보내드리지 않고, 나와 함께 지옥에 가게 하심으로써, 하나님이 지옥에 계셔서, 지옥이 더 이상 지옥이 되지 않게 할 것입니다." 사랑하는 자들이여, 마음속으로 이렇게 말하십시오. "하나님께서 나를 정죄하신다고 할지라도, 나는 거기에 반발하지 않고, 도리어 하나님이 옳으시다고 고백할 것입니다. 하나님께서 내 기도를 들어주시기를 거절하신다고 할지라도, 하나님은 무한히 선하시고 찬송 받으실 하나님이시기 때문에, 나는 여전히 그런 하나님을 찬송할 것입니다."

그러나 사랑하는 자들이여, 하나님이 믿는 자를 죽이거나 정죄하시는 일은 결코 있을 수 없기 때문에, 여러분은 그러한 생각을 할 필요가 없습니다. 내가 하나님의 이름을 찬송하는 것은 하나님께서는 자기가 미리 아신 자들을 버린 적이 없으시다는 것입니다! 하나님을 믿고 신뢰한 영혼들 중에서 버림을 받은 영혼은 단 한 명도 없었습니다.

오늘의 본문에 나오는 "그가 나를 죽이실지라도"라는 이 무시무시한 전제는 모든 가능한 해악들을 포괄합니다. 온갖 형태의 해악, 심지어 죽음이 그에게 닥친다고 할지라도, 그는 하나님을 의지하고 신뢰하겠다는 것입니다. 욥의 경우에, 그것은 소들과 나귀들이 다 없어지고, 양들이 다 없어지고, 낙타들이 다 없어지고, 모든 종들이 다 없어질지라도, 자기는 하나님을 신뢰하겠다는 것입니다. 이 같은 재난들이 닥칠 때마다 매번 "또 한 사람이 와서" "나만 홀로 피하였으므로 주인께 아뢰러 왔나이다"(1:15-19)라고 전하였고, 결국 마지막으로는 욥의 모든 자녀들이 다 한꺼번에 죽임을 당하였다는 최악의 소식이 전해졌을 때, 욥은 모든 것을 잃었습니다. 왜냐하면, 욥의 아내조차도 원수 편으로 넘어가서, 욥에게 "하나님을 욕하고 죽으라"(2:9)고 말했던 까닭에, 욥은 자신의 아내조차 잃은 것이었기 때문입니다. 따라서 오늘의 본문에서 욥은 이렇게 말하는 것과 같습니다: "내게 환난들이 닥쳐서 내게서 목숨 외에는 모든 것을 다 앗아가 버렸고, 내게는 이 거름더미와 나의 온 몸에 난 종기들을 긁는 데 사용할 이 질그릇 조각 외에는 남아 있는 것이 없을지라도, 나는 하나님을 믿고 신뢰할 것입니다." 이것은 정말 담대한 고백입니다.

우리가 앞에서 보았듯이, 본문의 고백 속에는 욥이 자신의 전 재산을 다 잃은 것만이 아니라, 자신의 혈육들을 다 잃은 것도 포함되어 있습니다. 나는 그리스도인인 여러분이 이 사실을 정면으로 직시하셨으면 합니다. 여러분의 마음으로 가장 아끼고 사랑하는 사람이 남편이든 아내든, 하나님께서 갑자기 그 사람을 데려가 버리셨다고 할지라도, 여러분은 하나님을 신뢰할 수 있습니까? 여러분이 거의 우상시하는 자녀들을 하나님께서 하나하나 다 데려가셔서, 여러분의 마음속에 서글픈 텅빈 구멍만이 남겨졌다고 합시다. 아내들이여, 여러분이 지극히 사랑하는 사람이 한창때에 세상을 떠나고, 형제들은 푸른 풀처럼 베어지고, 자매들은 꽃처럼 시들었다고 합시다. 지금은 여러분이 많은 혈육들에 의해서 둘러싸여 있지만, 부모와 자녀들과 형제들이 다 떠나고, 결국 여러분만 홀로 고독한 나무처럼 남게 되었다고 합시다. 여러분은 마지막으로 홀로 남은 장미 같아서, 꽃을 제대로 피우지도 못하고, 진한 슬픔의 연못에 여러분의 머리를 처박고 있어서, 여러분의 심령이 익사할 정도라고 합시다. 믿는 자들이여, 여러분이 그런 기가 막힌 처지에 있다고 할지라도, 여러분은 여전히 "하나님께서 그런 것들보다 훨씬 더한 일들을 내게 행하시고, 온갖 상처들로 갈기갈기 찢긴 나의 심장을 자신의 다음 화살로 꿰뚫으셔서, 나로 하여금 피 흘리며 죽게 하실지라도, 나는 하나님의 손에 입맞출 것입니다"라고 말할 수 있습니까?

욥은 오늘의 본문의 전제 속에 온갖 종류의 고통을 다 포함시켜 말하고 있습니다. 우리는 욥이 자신의 발끝부터 정수리에 이르기까지 온통 종기로 뒤덮임으로써 겪게 된 육신적인 고통이 얼마나 극심했을지를 거의 상상할 수 없습니다. 욥의 질병은 너무나 더럽고 구역질이 나서, 아무도 욥에게 가까이 다가가거나 욥을 만질 수 없었습니다. 따라서 욥은 이렇게 말한 것입니다: "나의 온 몸에 종기가 뒤덮여서 고통스럽고, 이 병이 더욱더 악화되어서, 내가 도저히 그 고통을 참을 수 없을 지경이 되며, 심지어 죽음의 고통까지 감내하여야 한다고 할지라도, 나는 여전히 내 하나님을 신뢰할 것입니다. 가난이든 고독이든 극심한 고통이든, 그 어떤 것도 나로 하여금 하나님을 버리게 만들 수 없고, 그 모든 것들이 한꺼번에 힘을 합쳐 나를 압박한다고 하여도, 나로 하여금 하나님을 의심하게 만들 수 없을 것입니다." 이것은 믿음의 승리입니다!

그때에 욥은 사람들로부터 모욕을 당하는 고통도 겪고 있었습니다. 왜냐하면, 전에는 그를 존경하며 우러러 보았던 사람들이 지금은 마음속으로 그를 멸시하였기 때문입니다. 욥은 "이제는 나보다 젊은 자들이 나를 비웃는구나 그들의 아비들은 내가 보기에 내 양 떼를 지키는 개 중에도 둘 만하지 못한 자들이니라"(30:1)고 말합니다. 그는 전에는 자기가 거리에 서 있으면, 고관대작들이 그의 지혜를 듣기 위하여 조용히 귀를 기울였지만, 지금은 가장 비천한 자들이 그를 "노래로 조롱하며" "그들의 놀림거리"(30:9)가 되었다고 말합니다. 그리고 욥은 자기를 오해한 친구들에 대해서는 넌더리를 내며, "너희가 참으로 잠잠하면 그것이 너희의 지혜일 것이니라"(13:5)고 말합니다. 가련한 욥은 사람들이 그를 불쌍히 여기는 마음과 예우로 대하여야 마땅한 때에 도리어 조롱과 멸시를 그에게 퍼붓는 것을 보고서 몹시 고통스러웠지만, 그의 믿음은 "내가 사람들로부터 이보다 더한 멸시를 받고 사람들의 마음에서 이미 죽은 사람으로 여겨져 잊혀진다고 할지라도, 나는 내 하나님을 신뢰할 것입니다"라고 외칩니다.

환난 중에 있던 이 족장은 이 모든 일과 관련해서 자신의 심령이 많이 눌리는 것을 느꼈을 것임에 틀림없습니다. 그는 "하나님이 나의 마음을 약하게 하시며 전능자가 나를 두렵게 하셨나니"(23:16) "오늘도 내게 반항하는 마음과 근심이 있나니 내가 받는 재앙이 탄식보다 무거움이라"(23:2)고 말하지 않았습니까? 우리 중에서 심령이 눌려 있는 분들은 욥기에서 자신의 심정을 표현해 놓은 말들을 많이 발견하게 됩니다. 그의 곡조는 우리 자신의 곡조와 잘 부합합니다. 그는 종종 얼마나 비통하게 울며 애곡합니까! 그는 슬픔의 신비에 대하여 얼마나 놀라운 통찰을 보여줍니까! 사람들은 욥의 괴로움을 철저하게 맛보지 못하였고, 그가 겪은 재난들을 다 겪어 보지도 않았지만, 슬픈 일을 겪고 애곡하는 수많은 사람들이 그의 고통과 재난들에 공감해 왔습니다. 욥이 한 말들은 그런 사람들에게 아주 큰 위로가 되어 왔습니다. 욥은 자신의 심령이 눌려서 의기소침한 것을 "그가 나를 죽이실지라도"라는 전제 속에 포함시키고 있는 것입니다. 아니, 그것은 그러한 전제의 주된 부분을 차지하고 있다고 말할 수 있습니다. 왜냐하면, 심령이 눌려서 의기소침하게 되는 것은 특별한 의미에서 사람이 죽어가는 것이기 때문입니다. 따라서 욥이 "그가 나를 죽이실지라도"라고 말했을 때, 그것은 자신의 마음이 심한 고뇌로 인해 상하고 의기소침함으로 날카로운 것에 찔린 듯이 아플지라도, 자기는 하나님을 신뢰할 것이라고 말한 것입니다. 나는 오늘의 본문의 전제를 무시무시한 전제라고 부르는 것으로 시작하였는데, 지금까지 그 전제가 온갖 종류의 해악을 다 겪는 것을 포함하고 있음을 보여줌으로써, 그 전제를 그렇게 부르는 것이 합당하다는 것을 증명하였습니다.

하지만 다시 한 번 잘 들어 주십시오. 이 전제는 가능한 일을 넘어서서 그 이상으로 확대되지는 않는다고 할지라도, 적어도 가능한 일의 극한까지는 다 포함하고 있다고 할 수 있습니다. 왜냐하면, 실제로 하나님께서 자신의 종을 죽이신 경우는 찾아보기 어렵기 때문입니다. 순교자들은 하나님을 위하여 죽임을 당한 것이지, 하나님에 의해서 죽임을 당한 것은 아닙니다. 하나님께서는 단 한 분 예수 그리스도만을 제외하고는, 아브라함에게 칼을 빼들어 그 아들 이삭을 죽이라고 명령하신 것과 같은 그런 명령을 자신의 자녀들에게 내리신 적이 없습니다. 만일 하나님께서 그런 명령을 내리셨다면, 우리는 도살자 앞의 어린 양 같이 되어서 진작 죽임을 당하였을 것입니다. 스데반을 죽인 돌들과 야고보를 죽인 칼은 잔인한 자들의 손에 있었고, 하나님의 손에 있지 않았습니다. 그러나 여기에서는 하나님께서 친히 우리를 죽이시는 경우가 상정되고 있습니다. 그러니까 하나님께서는 실제로 우리를 죽이시지 않으시지만, 우리는 만일 하나님이 자신의 손으로 우리의 목숨과 우리가 가진 모든 것을 다 거두어 가신다고 할지라도, 우리가 하나님께 순종할 수 있겠느냐고 물을 수 있습니다. 하나님께서 우리를 제단에 누워 있게 하실 때, 우리는 몸부림치지 않을 수 있습니까? 우리는 하나님을 사랑하기 때문에 우리 자신의 목숨까지도 미워할 수 있습니까? 우리는 하나님에 대한 우리의 사랑이 우리의 죽음보다 더 강하다고 말할 수 있습니까? 하나님께서 우리로 하여금 그렇게 발견될 수 있게 해주시기를 빕니다.

그러나 오늘의 본문에 나오는 전제는 통상적인 경우 그 이상으로까지 나아가고 있습니다. 그렇다면, 욥은 왜 그러한 경우를 상정하고 있는 것일까요? 나의 대답은 오직 그러한 전제를 통해서만 그는 자신의 믿음을 온전히 표현할 수 있기 때문이었습니다. 시편 46편은 이렇게 말합니다: "그러므로 땅이 변하든지 산이 흔들려 바다 가운데에 빠지든지 … 우리는 두려워하지 아니하리로다"(2-3절). 우리는 "땅이 변한다"거나 "산이 흔들려 바다 가운데에 빠진다"든가 하는 일이 일어날 것이라고 생각할 수 없지만, 우리는 우리의 확신이 얼마나 견고한지를 표현하기 위해서, 만일 그러한 격변이 일어난다고 할지라도, 우리의 믿음의 토대는 전혀 흔들림이 없을 것이라고 선언하는 것입니다. 하나님께서도 자기 백성에게 동일한 방식으로 말씀하십니다: "산들이 떠나며 언덕들은 옮겨질지라도 나의 자비는 네게서 떠나지 아니하며 나의 화평의 언약은 흔들리지 아니하리라"(사 54:10). 하나님의 자녀들이여, 여러분은 결코 일어나지 않을 일을 상정해서, 바로 그러한 전제를 통해서, 여러분의 심령을 실제로는 결코 생겨나지 않을 극심한 고통과 슬픔 속으로 밀어넣고서, 하나님의 은혜로 말미암아 "설령 그런 일이 내게 닥친다고 하여도, 나는 여전히 그를 신뢰하리라"고 결심할 수 있습니다.

오늘의 본문은 실제로 일어나지 않을 일을 전제하고 있기는 하지만, 우리가 실제로 일어난다고 인식하는 일들만큼이나 자주 일어나는 일에 대한 합당한 서술입니다. 여러분은 하나님에 의해서 죽임을 당한다는 것이 무엇인지를 아십니까? 나의 심령은 그것을 자주 경험해 왔습니다. 해가 뜨면, 새벽에 온 땅을 희게 뒤덮고 있던 서리가 다 녹아내리듯이, 여러분의 신앙 전부가 녹아내리는 것처럼 느낄 때, 그것은 죽음과 같습니다. 여러분이 기뻐하던 모든 즐거움들이 사람의 손뼉소리에

놀란 새들처럼 날아가 버렸을 때, 그것은 죽음과 같습니다. 여러분은 초보적인 회개와 어린아이 같은 믿음을 비롯해서 모든 것을 다시 시작해야 했고, 그 일조차도 결코 쉬운 일이 아니라는 것을 발견한 적이 있습니까? 여러분은 자신의 잔이 거룩한 기쁨과 달콤한 경험으로 가득 채워져 있다고 생각했는데, 하나님께서 그 잔을 뒤덮으시자, 여러분의 잔의 내용물은 자만심과 감상주의의 혼합이었고, 그 밑바닥에는 교만과 거짓이 두텁게 찌꺼기가 되어 쌓여 있는 것을 보신 적이 있습니까? 여러분은 다윗처럼 "내가 보니 모든 완전한 것이 다 끝이 있다"(시 119:96)고 말할 수 있습니까? 여러분은 자기가 부요하다고 생각했었는데, 정직하게 보았더니, 실제로는 극히 빈곤한 자로 추락한 경험이 있습니까? 여러분은 자기가 놀랍도록 거룩하게 되어서, 완전한 거룩함과 백짓장 한 장 차이밖에 나지 않는다고 생각했는데, 갑자기 하나님께서 여러분을 벌거벗기셔서, 여러분의 타고난 부패함을 보게 하셨을 때, 자신의 모습을 보고 역겨워한 적이 있습니까? 여러분은 거품으로 가득 채워진 잔과 같았는데, 하나님께서는 그 거품들을 불어서 없애 버리시고, 여러분으로 하여금 여러분 속에 있는 죄악의 검고 두터운 찌꺼기들을 보게 하셨습니다. 하나님께서는 자기 자녀들 속에 있는 죽어야 할 모든 것들을 죽이시는 방법들이 많이 있습니다. 이렇게 하나님은 우리 모두에게서 너무나 흔하게 발견되는 영적인 위선을 죽이십니다. 우리의 삶은 말불버섯들과 균들이 잔뜩 번식하여 겉만 번지르르한 경우가 많습니다. 우리는 우리 자신이 아무것도 아닌데도 대단한 사람이라도 된 것처럼 생각합니다. 그때에 하나님께서는 우리를 가지치기 하셔서, 우리의 진짜 모습으로 되돌아가게 하십니다. 여러분은 하나님에 의해서 이런 식으로 죽임을 당하는 것이 무엇인지를 아십니까? 나의 형제들이여, 흔히 우리의 삶은 죽음의 권세를 경험하는 긴 여정입니다. 여러분은 다음과 같이 말하는 것이 무엇인지를 아십니까? "내가 기도할 때, 내 생각은 혼란스럽고 산만하며 방황하는데, 이것이 기도입니까? 아주 중요한 일들에 있어서조차 내 심령은 확신을 가지고 말하지 못하는데, 이것이 믿음입니까? 내가 그리스도를 사랑할 때조차도, 그 사랑이 내가 뜨겁지도 않고 차지도 않으며 자기를 부인하는 열심이 결여되어 있다고 나를 고소하는데, 이것이 사랑입니까? 나는 나의 삶이 부끄러워 얼굴을 붉히고 애곡하며, 영적인 지각을 거의 느끼지도 못하고, 가끔 느끼다가도 이내 다시 무감각해지는데, 이것이 신령한 삶일 수 있습니까?" 사랑하는 형제들이여, 내가 나의 경험을 토대로 말하건대, 이 모든 것은 하나님께서 사람들에게서 교만을 제거하시고, 헛된 자만의 덫에 빠지지 않게 하시려고, 그들을 죽이시는 것입니다. 하나님께서 "나는 죽이기도 하며 살리기도 하며 상하게도 하며 낫게도 하나니"(신 32:39)라고 말씀하지 않으셨습니까? 이렇게 하나님께서 자신의 자녀들을 상하게 하시고 죽이시는 일은 비일비재하게 일어나는데, 그럴 때마다 우리가 할 수 있는 유일한 것은 여전히 하나님을 신뢰하는 것입니다: "그가 나를 죽이실지라도 나는 그를 신뢰하리라." 하나님께서 여러분의 소망들 중에서 십분의 구를 거두어 가시고, 여러분의 모든 경험들을 다 태워 버리시며, 여러분의 증거들을 가루로 만드시며, 여러분이 이룬 거룩한 것들을 다 무너뜨리시고, 여러분의 안식들과 피난처들을 다 휩쓸어 가 버리신다고 할지라도, 여전히 하나님을 신뢰하십시오. 사실은 그때가 여러분의 믿음이 참되다는 것을 보여줄 최고의 기회입니다.

또한, 오늘의 본문의 이 무자비한 전제는 모든 그리스도인들에게서 어느 정도 실현되었지만, 우리 주 예수에 의해서 철저하게 실현되었습니다. 우리의 큰 언약의 머리 되시는 그리스도께서는 그의 지체들이 어떤 고통을 겪는지를 속속들이 다 알고 계십니다. 하나님께서는 그리스도를 죽이셨지만, 그리스도께서는 죽임을 당하고 있는 동안에도 하나님을 신뢰하셨습니다. "여호와께서 그에게 상함을 받게 하시기를 원하사 질고를 당하게 하셨은즉"(사 53:10). 그런데도 우리는 우리의 사랑하는 주님의 입술에서 불신앙의 표현을 단 하나도 들을 수 없습니다. 시편 22편을 보십시오. 거기에서 그리스도께서는 "우리 조상들이 주께 의뢰하고 의뢰하였으므로 그들을 건지셨나이다 … 나는 벌레요 사람이 아니라"(4, 6절). 그리스도께서 하나님께 어떻게 호소하시는지, 특히 그가 죽으시면서 무슨 말씀을 하셨는지를 귀 기울여 들어 보십시오. 그는 "나의 하나님, 나의 하나님, 어찌하여 나를 버리셨나이까"(마 27:46)라고 소리치시지만, 얼마 후에 "내 영혼을 아버지 손에 부탁하나이다"(눅 23:46)라고 말씀하십니다. 이것이 도대체 어떻게 된 일입니까? 자기를 버리시고 치신 하나님의 손에 자신의 영혼을 맡기다니요? 그리스도께서 자신의 영혼을 바로 그 하나님의 손에 맡기신 것이 틀림없습니까? 그렇습니다, 바로 그 손에 맡기셨습니다. 이 점에서 우리는 그의 발자취를 따라가야 합니다. 하나님께서 우리를 베시고 찍으시고 찢으시며 가루로 만드신다고 할지라도, 우리는 눈물과 피로 범벅이 된 채로 재로 변해 가는 와중에서도 하나님을 바라보며, "나는 여전히 하나님을 신뢰합니다"라고 고백하여야 합니다. 성도들의 인내가 여기에 있습니다. 믿음의 영광이 여기에 있습니다. 이렇게 넉넉히 이기는 자가 되는 사람은 복이 있습니다. 나는, 욥과 같은 고난을 겪지 않아서 자신을 죽이시는 하나님을 꼭 붙잡아 본 적이 없는 저 스랍 천사들 중 하나가 되기보다는 욥처럼 그렇게 고난 중에서 하나님을 꼭 붙잡는 자가 되고 싶습니다. 나는 창조주의 사랑을 흔들림 없이 믿는 가운데, 창조주의 손에 자기 자신을 온전히 맡겨 드리는 것이야말로 피조물이 할 수 있는 최고로 영광스러운 일이라고 여깁니다. "그가 나를 죽이실지라도 나는 그를 신뢰하리라"는 고백은 정말 최고의 영혼에게서 나올 수 있는 최고의 말입니다.

2. 둘째로, 본문에는 고귀한 결단이 나옵니다.

그 결단은 "나는 그를 신뢰하리라"는 것입니다. 이것은 하나님께서 의로우시다는 것을 욥이 확신하였다는 것을 의미합니다. 그는 자기가 겪고 있는 환난이 자신의 죄 때문이라고 느끼지는 않았지만, 자기에게 그런 환난을 주신 하나님께서 여전히 의로우시다는 것에 대해서는 한 점의 의심도 없었습니다. 그의 친구들은 이렇게 말했습니다: "이보게, 욥! 자네는 다른 누구보다도 더 큰 환난을 당하고 있고, 하나님께서는 죄 없는 사람에게 환난을 주시는 불의하신 분이 아니시지 않은가. 그러니 자네는 겉과 속이 달랐던 위선자였음에 틀림없어." 친구들의 이러한 단죄에 대하여 욥은 이렇게 대답했습니다: "나는 지금까지 하나님 앞에서 바르게 살아 왔지만, 그렇다고 해서 내게 이런 환난을 주시는 하나님을 불의하시다고 고소하는 것이 아니라네. 도리어, 나는 하나님께서는 늘 옳은 일들만을 행하신다는 것을 확신하고, 이전처럼 지금도 여전히 하나님을 신뢰하고 있다네." 욥이 아주 굳건하게 흔들림 없이 주장한 것은 두 가지였습니다. "그가 나를 죽이실지라도 나는 그를 신뢰하리라 그러나 그의 앞에서 내 행위를 아뢰리라"(13:15). 즉, 하나는 자기는 하나님께 진심으로 순종해 왔기 때문에, 자기가 위선적인 삶을 살아 왔다는 것을 인정하지 못하겠다는 것이고, 다른 하나는 그렇다고 해서 자기에게 환난을 보내신 하나님이 불의하시다고 생각하는 것은 결코 아니라는 것입니다. 욥은 하나님께서 자기에게 환난을 당하게 하시는 이유를 알지는 못하였지만, 하나님의 선하심에 대해서는 계속해서 신뢰하였습니다. 그는 하나님이 하시는 일들에 그 어떤 제한도 두지 않았고, 모든 것을 하나님의 뜻에 맡겨 드리는 가운데, 하나님이 무엇을 하시든 그 일은 모두 다 옳을 수밖에 없다는 것을 확신하였습니다. 죽음의 세력은 그가 겪은 모든 일들이 그에게 온통 손실이자 재앙으로 보이게 하였지만, 그의 믿음은 죽음을 뛰어넘어서, 그 너머에서 모든 것을 결국에는 올바르게 하시는 하나님의 공의와 긍휼을 보았습니다. 그가 죽음의 한복판에서 하나님의 전적인 선하심을 믿고 고백한 것은 참으로 대단한 일이었습니다.

사랑하는 형제들이여, 여러분과 내가 하나님을 신뢰한다면, 우리는 이렇게 고백할 수 있습니다: "어떤 일이 일어났을 때, 내가 욥처럼 내게 행하시는 하나님의 섭리를 이해할 수 없다고 할지라도, 나는 하나님께서 나의 환난 중에서 나를 도우실 것임을 확신하기 때문에, '내가 사는 날을 따라서 능력이 있게' (신 33:25) 하실 것을 믿고서, 내 자신을 하나님께 맡길 것입니다. 혹시 하나님께서 나의 환난 날에 나의 도우심이 되어 주지 않으신다고 하여도, 나는 하나님이 나를 환난에서 건져 주실 것을 믿기 때문에, 하나님이 잠시 나를 버리신 것처럼 보일지라도, '갓은 군대의 추격을 받으나 도리어 그 뒤를 추격하리로다' (창 49:19)라고 하신 말씀이 내게도 그대로 이루어질 줄을 믿습니다."

내가 현재적인 도우심이나 즉각적인 건지심을 받지 못한다고 할지라도, 나는 하나님께서 나의 긴 환난이 내게 유익이 되게 하시고, 내가 처한 최악의 상황을 통해서 내게 영원히 유익이 될 것과 하나님 자신의 영광을 만들어 내실 것임을 확신합니다. 그러므로 나는 하나님의 뜻에 순복할 것이고, 결국에는 하나님의 인애하심을 확인하게 될 것을 기대합니다. 그렇습니다. 내가 현재적인 도우심이나 즉각적인 건지심을 받지 못하고, 나의 환난을 통해서 즉각적인 유익을 얻지 못한다고 할지라도, 나는 내 자신을 하나님께 맡길 것입니다. 왜냐하면, 하나님은 결코 잘못하시는 것이 없으신 까닭에, 나는 하나님의 섭리가 옳고 선하였다는 사실을 이런저런 신비한 방식으로 알게 될 것이기 때문입니다. 하나님이 하시는 일들은 지혜로우시고, 그 일들 속에는 하나님의 인자하심이 없을 수가 없습니다. 하나님이 하시는 일들은 자애로울 수밖에 없습니다. 죽음의 날카로운 칼날이 나를 공격해 온다고 할지라도, 나는 하나님께서는 모든 일을 의롭게 행하신다는 이 믿음을 굳게 붙잡을 것입니다. 나의 발걸음이 스올을 향하여 내려가야 하고, 나의 순례길이 저 음산한 골짜기의 아주 깜깜한 그늘을 통과하여야 한다고 할지라도, 나는 해를 두려워하지 않을 것입니다. 왜냐하면, 주의 막대기와 지팡이가 나의 의지가 될 것이기 때문입니다. 내게 죽으라고 명하시는 하나님이 내게 다시 살아나라고 명하셔서, 내 몸이 스올로부터 일어나서 나의 육체 가운데서 하나님을 뵈옵게 될 줄을 나는 확신합니다. 내 영혼은 비록 죽음의 그늘을 통과한다고 해도, 더 밝은 빛 가운데로 나아가게 될 것이고, 영원한 영광 중에 현재의 슬프고 괴로운 일들에 대한 차고 넘치는 보상을 받게 될 것입니다. 이 것이 우리가 늘 붙잡고 있어야 할 믿음입니다. "그가 나를 죽이실지라도 나는 그를 신뢰하리라."

여러분은 욥이 왜 자기가 신뢰하는 하나님에 대하여 이토록 긍정적으로 말할 수 있었다고 생각하십니까? 그것은 그가 하나님을 알았기 때문이 아니겠습니까? "주의 이름을 아는 자는 주를 의지하오리니"(시 9:10). 여러분이 하나님을 믿고자 한다면, 하나님을 알아야 합니다. 하나님을 모르는 사람이 어떻게 하나님을 믿고 신뢰할 수 있겠습니까? 사랑하는 자들이여, 오직 하나님이 어떤 분이신지를 생각하십시오. 나는 종종 하나님의 존재와 성품을 묵상하고 있노라면, 너무나 기뻐서 펄쩍펄쩍 뛰고 싶은 생각이 들곤 합니다. 나는 강단에서 이 주제에 대하여 전할 때에는, 인간의 언어 중에서 가장 웅장하고 감미로우며 풍부한 단어들을 사용해서, 나의 찬송 받으실 하나님이 어떤 분이신지를 얘기하며, 그 하나님을 찬송하는 말을 끝도 없이 계속하고 싶어집니다. 하나님께서 우리 중 어느 한 사람에게라도 잘못하고 계십니까? 절대로 그럴 수 없습니다! 하나님께서 우리에게 인자하지 않으실 수 있을까요? 그런 생각은 단 한순간도 용납될 수 없습니다. 우리가 일단 하나님을 알게 되고 나면, 우리는 아버지들과 어머니들, 형제들과 자녀들, 남편들과 아내들의 선함과 인자함을 다 합친다고 하여도, 그것은 하나님의 무한하신 사랑 속에서 발견될 수 있는 꿀로 가득한 저 큰 바다에 비할 때에 단 한 방울의 꿀 같은 것일 뿐이라고 느끼게 됩니다. 또한, 우리는 하나님의 성품들을 신뢰할 뿐만 아니라, 하나님이 과거에 우리에게 행하신 일들로 인하여 하나님을 신뢰합니다. 나의 하나님께서는 나의 모든 죄를 사해 주시지 않으셨습니까? 그리고 그런 후에 하나님께서 내게 인자하지 않으신 적이 있습니까? 내가 어떻게 나를 위해서 저 저주받은 나무 위에서 자신의 목숨을 내어놓으신 그런 하나님이 나를 버리실 것이라고 생각할 수 있겠습니까? 나를 위해 죽으신 구주의 상처들을 들여다본 내가 하나님이 내게 많은 고통과 고난과 손실과 십자가를 주신다고 해서 어떻게 불평할 수 있겠습니까? 절대로 그럴 수 없습니다. 하나님의 사랑은 우리에게서 모든 두려움을 쫓아냅니다. 여러분은 신랑 되시는 구주의 팔에 안겨 보신 적이 있습니까? 여러분은 아가서의 신부처럼 "그가 왼팔로 내 머리를 고이고 오른팔로 나를 안는구나"(아 2:6)라고 노래해 본 적이 있습니까? 하나님께서 여러분에게 기쁨을 주시기 위하여 아픔을 주신 적이 있으십니까? 그런데도 여러분은 하나님을 가혹하신 분이라고 생각할 수 있겠습니까? 절대로 그럴 수 없습니다. 날이 밝아서 그림자들이 물러갈 때까지, 우리는 우리를 그토록 인자하게 대해 주신 하나님을 가혹하다고 생각해서는 안 됩니다. 하나님의 길들은 옳을 수밖에 없습니다. 하나님께서 우리를 사랑하셔서 행하신 저 놀랍고 경이로운 일들은 하나님은 본질상 사랑이시기 때문에 우리에게 해악을 행하실 수 없으시다는 것을 한 치의 의심도 없이 증명해 왔습니다.

　이것 외에도, 우리는 하나님이 우리와 어떤 관계에 있으신지를 압니다. 사람들은 원수를 믿을 수 없다고 말하고, 의심은 오래도록 지속되는 법이기 때문에, 비록 원수와 화해했다고 할지라도, 그 원수를 믿을 수는 없는 것이라고 말합니다. 또한, 우리 하나님은 우리의 원수였다가 우리와 화해하신 것이라고 종종 묘사됩니다. 그러나 그것은 사실이 아닙니다. 하나님께서는 영원하신 사랑으로 우리를 사랑해 오셨습니다. 우리에 대한 하나님의 사랑은 어제부터 시작되었거나 한두 달 전부터 시작된 것이 결코 아닙니다. 산들이 자신의 머리를 들기 오래 전부터 이미 하나님께서는 우리를 사랑하셨습니다. 하나님은 우리의 아버지이시기 때문에, 우리는 안심하고 우리 자신을 하나님의 손에 의탁할 수 있습니다.

　이 아침에 우리 중에 큰 환난 중에 있는 분이 계십니까? 그렇다면, 하나님을 신뢰하고 의지하십시오. 우리가 달리 무엇을 할 수 있겠습니까? 우리가 하나님을 신뢰하는 것을 포기한다고 해봅시다. 그런 후에 우리는 누구에게로, 또는 어디로 가겠습니까? 우리가 이 닻을 포기한다면, 어떤 다른 것을 붙들고 의지할 수 있겠습니까? 우리는 계속해서 우리 하나님을 신뢰하여야 합니다. 왜냐하면, 하나님은 우리의 그런 신뢰를 받을 만하신 분이시기 때문입니다. 하나님께서 우리가 그를 의심할 만한 일을 하신 적이 전혀 없으십니다. 하나님께서 우리에게 거짓을 행하신 적이 있습니까? 유다여, 당신은 자신의 주를 팔았지만, 당신의 주께서는 결코 당신을 팔지 않으셨습니다. 믿지 않는 심령들이여, 여러분은 예수로부터 떠나갔지만, 예수께서는 여러분을 떠나신 적이 없습니다. 여러분이 하나님을 의심할 이유가 있을 때까지는 의심하지 않겠다고 결심한다면, 여러분의 의심은 머지않아 사라지게 될 것입니다. 우리는 우리 하나님을 신뢰하여야 합니다.

왜냐하면, 그것은 사람이 누릴 수 있는 가장 감미로운 위로이기 때문입니다. 천국의 이 편에서 환난 가운데 있는 사람이 가장 큰 힘을 얻을 수 있는 때는 하나님의 강력한 사랑을 신뢰하는 가운데, 하나님의 지혜가 모든 일을 다 주관하고 계신다고 믿을 때입니다. 하나님을 믿고 신뢰할 때, 우리의 환난들이 성별되고, 거기에서 선한 결과들이 나오게 됩니다. 그럴 때, 우리는 삼손처럼 사자에게서 꿀을 발견하게 됩니다. 나는 너무나 많은 이유들을 들어서, 여러분에게 이렇게 권합니다: "늘 하나님을 신뢰하십시오. 여러분의 마음을 하나님 앞에 쏟아 놓으십시오. 하나님은 우리의 피난처이십니다." "그가 나를 죽이실지라도 나는 그를 신뢰하리라"는 욥의 고백은 여러분 한 사람 한 사람의 고백이 되어야 합니다.

3. 셋째로, 하나님이 우리를 죽이시는 것과 우리가 그를 신뢰하는 것은 절묘하게 조화됩니다.

우리 하나님께서 우리를 죽이시는 것 속에는 우리로 하여금 하나님을 신뢰하도록 돕는 그 무엇이 존재합니다. 나는 하나님께서 나를 내 죄 가운데 홀로 그냥 두시는 것보다 환난들과 시련들로 나를 죽이시기를 원합니다. 성경은 무엇이라고 말씀하고 있습니까? "어찌 아버지가 징계하지 않는 아들이 있으리요 징계는 다 받는 것이거늘 너희에게 없으면 사생자요 친아들이 아니니라"(히 12:7-8). 나는 십자가를 지고 가는 하나님의 자녀들이 걱정인 것이 아니라, 다른 사람들처럼 괴로움이나 환난을 겪지 않고 병에 걸리지도 않는 세상적인 사람들이 걱정입니다. 환난 중에 있는 사람들이 "하나님께서 나를 치시는 것을 보니, 나는 하나님의 자녀가 아니야"라고 말하는 것은 너무나 어리석은 짓일 것입니다. 도리어, 환난을 당하지 않는 죄인들이 "이 세상에 나의 분깃이 있는 것을 보니, 나는 하나님의 자녀가 아니구나"라고 말하는 것이 옳습니다. 환난을 당하고 있는 여러분에게는 하나님께서 사랑하시는 그 무엇인가가 있는 것이 분명합니다. 그렇지 않다면, 구태여 하나님께서 여러분에게 있는 자신이 미워하시는 것들을 죽이시려고 하지 않으실 것입니다. 하나님께서 여러분에게 있는 죄를 미워하신다면, 그것은 좋은 징조입니다. 왜냐하면, 우리가 가장 사랑하는 자들 속에 죄가 있을 때, 우리는 그 죄를 가장 미워하기 때문입니다. 여러분이 낯선 자에게서 어떤 잘못을 보았다면, 여러분은 그 잘못을 모른 체하고 별 말을 하지 않을 것입니다. 그러나 여러분이 여러분의 사랑하는 자녀에게서 잘못을 보았다면, 얼마나 가슴 아파하겠습니까! 참된 사랑이 있는 곳에는 일정 정도의 질투가 있고, 사랑이 더 불타오를 수록, 그 질투는 더욱 거세집니다. 우리에 대한 예수 그리스도의 심정은 특히 더욱 그러합니다. 하나님께서 자신에게 너무나 소중한 사람들 속에서 죄를 보셨을 때, 하나님의 진노는 그들이 아니라 그들의 죄를 향해 타오르게 되고, 하나님은 그 죄를 죽이실 때까지는 그 진노를 멈추지 않으실 것입니다. 하나님의 책망하심이 혹독한 것은 우리에 대한 사랑이 부족해서가 아니라, 우리를 너무나 사랑하시기 때문입니다. 몇 년 전에 내가 어려움 가운데 있을 때, 어느 믿지 않는 분이 나를 찾아와서, "하나님께서 자기가 사랑하시는 자를 징계하시는 것을 내가 알겠습니다"라고 비아냥거려서, 나는 "예, 그것이 하나님이 늘 행하시는 방식이지요"라고 말했습니다. 그러자 그는 "나는 하나님의 사랑을 받고 있지 않아서, 이렇게 하나님의 징계 없이 살아갈 수 있는 것이 얼마나 다행인지 모르겠습니다"라고 말했습니다. 그 말을 듣는 순간, 내 뺨은 붉어졌고, 내 눈에서는 눈물이 흘러내렸고, 나는 이렇게 말했습니다: "세상이 10,000번을 바뀐다고 해도, 나는 절대로 나의 자리를 당신의 자리와 바꾸고 싶지 않습니다. 나는 하나님의 사랑 없이 단 한순간이라도 사는 것보다는 차라리 내 하나님이 나의 머리부터 발끝까지 내게 환난을 주신다고 하여도, 나는 그 환난을 택하여 기쁨으로 감내할 것입니다." 하나님께서 우리를 회초리로 징계하실 때, 우리는 하나님을 사랑하고, 마귀가 땅의 모든 나라들과 그 영광을 주겠다고 우리를 꼬드길지라도, 결코 하나님을 떠나지 않고자 할 것입니다. 우리 아버지께서는 종종 우리를 깜깜한 구멍 속에 집어넣으시고, 우리는 거기에서 하나님의 진노하심을 느끼고서 슬피 부르짖지만, 하나님의 은혜로 말미암아 여전히 하나님을 사랑합니다. 그래서 누군가가 하나님에 대하여 험담을 하고자 하면, 우리는 그 즉시 나서서, "하나님은 좋으신 하나님이시고, 그의 이름은 찬송 받아 마땅한 이름입니다"라고 말하게 됩니다.

또한, 하나님께서 우리를 죽이시는 때가 믿음이 생겨나기가 너무나 좋은 때이고, 믿음이 자신의 힘을 발휘하기에 아주 좋은 때입니다. 우리는 죽음에서 생명으로 옮겨감으로써 구원을 받습니다. 노아가 방주에 갇혀서 죽은 자와 방불하였다가, 그렇게 방주에 매장된 과정을 거쳐서 새 세상으로 옮겨갔고, 우리가 세례를 통해서 그리스도와 함께 매장되었다가 그리스도와 함께 다시 살아나는 것과 마찬가지로, 하나님께서 우리를 죽이신 후에 우리 속에 새 생명을 불어넣으실 때, 우리에게서 믿음이 탄생하게 됩니다. 하나님께서 우리 속에 있는 죽을 수밖에 없는 모든 것들을 다 죽이실 때, 영원히 죽지 않을 새로운 생명만이 우리 속에 남아 있게 됩니다. 믿음은 마치 자신의 생일이 또다시 왔고, 자기에게 맞는 공기를 숨쉬게 된 것처럼 느끼게 됩니다.

또한, 하나님이 우리를 죽이시는 때는 우리의 믿음이 참된 것인지 아닌지를 시험하시는 때이기도 합니다. 늘 순풍만 분다면, 여러분은 여러분의 배가 폭풍우를 견딜 수 있는지의 여부를 어떻게 알 수 있겠으며, 우리가 어느 정도의 믿음을 가지고 있는지를 어떻게 알 수 있겠습니까? 여러분은 자기가 일곱 귀신쯤은 한 손으로도 물리칠 수 있을 것 같은 느낌을 가져본 적이 있습니까? 마귀가 공격을 해오지 않을 때에는, 여러분은 그 정도로 자신만만하였는데, 막상 아주 작은 적이 다가왔을 때에는, 여러분의 그런 자신감은 완전히 사라지고 없어져 버리는 경험을 한 적이 있으실 것입니다. 우리는 내가 전에 알고 있던 한 노인과 같습니다. 그 노인은 내게 이렇게 말하였습니다: "지금 내가 80살인데, 겨울 동안에는 내내 빨리 추수할 때가 와서 낫을 잡고 일했으면 하는 마음이 간절합니다. 그때에는 내가 뭐든지 다 할 수 있을 것 같거든요. 그런데 막상 추수할 때가 와서, 나의 오래된 낫을 잡고서 조금만 일을 해보면, 내가 나이가 많이 먹긴 먹었다는 것을 느끼고, 낫을 놓고 쉬는 편이 더 낫겠다는 생각이 들지요." 하나님께서 우리를 죽이시면, 우리는 우리에게 있던 힘이 진짜 힘이었는지, 우리가 자신만만했던 것이 진짜 자신감이었는지의 여부를 알게 됩니다. 이렇게 진실을 아는 것은 아주 좋은 일입니다. 왜냐하면, 우리가 헛된 믿음과 허구적인 은혜와 겉만 그럴 듯한 거룩함을 무더기로 쌓아가는 것은 정말 불쌍한 일이 될 것이기 때문입니다. 나의 몇몇 친구들은 마치 자기가 열 명쯤은 문제 없이 상대할 만한 담력을 지니고 있는 것처럼 말하지만, 나는 그들이 실제로 상대해 보면, 한 사람을 상대할 만한 힘도 그들에게 없다는 것을 알게 될 것이라고 생각합니다. 환난이 우리에게 주는 유익은 무엇이 진짜 금이고 가짜 금인지, 무엇이 진실이고 무엇이 허구인지를 알게 해준다는 것입니다. 안타깝게도 이 시대에는 얼마나 많은 가짜 신앙이 판치고 있는지 모릅니다!

또한, 하나님께서 우리를 죽이시는 때가 우리가 하나님을 신뢰하기에 가장 좋은 때라는 것을 명심하십시오. 나는 내 자신에게 하나의 작은 수수께끼를 내곤 하는데, 그것은 이런 것입니다. 우리에게 아무것도 없을 때와 우리가 모든 것을 가지고 있을 때 중에서 어느 때가 우리가 하나님을 신뢰하기가 더 쉬울까? "그가 나를 죽이실지라도 나는 그를 신뢰하리라"고 말하는 것이 더 쉬울까, 아니면 "그가 나를 살게 하신다면 나는 그를 신뢰하리라"고 말하는 것이 더 쉬울까? 여러분은 어떻게 생각하십니까? 내가 여러분의 대답에 도움이 되는 얘기를 조금 더 해드릴까요? 여기에 돈 한 푼 없는 사람이 있습니다. 그의 찬장은 비어 있고, 그의 들판에는 가축 떼가 없으며, 그의 외양간에는 소가 없습니다. 이 사람이 하나님을 신뢰하기가 어려울까요? 여러분이 그렇다고 말한다면, 나는 여러분을 반박하지 않을 것입니다. 그러나 여기에 황금으로 가득한 은행을 가지고 있는 사람이 있습니다. 그의 목장은 가축 떼로 덮여 있고, 그의 곳간은 곡식으로 가득 차서 터질 지경이며, 그의 사업은 아주 번창합니다. 그렇다면, 이 사람이 하나님을 신뢰하는 것이 쉽겠습니까? 여러분은 "그렇습니다"라고 말씀하시겠습니까? 나는 "아니요"라고 대답할 것입니다. 나는 그 사람이 믿음으로 살기가 너무나 어려운 처지에 있다고 말할 것입니다. 그가 "나는 하나님을 의지하고 신뢰합니다"라고 말한다고 할지라도, 사실은 자신의 곳간이나 은행을 의지하고 신뢰하는 것일 가능성이 높습니다. 모든 것을 고려했을 때, 나는 형통할 때보다도 역경 속에 있을 때에 하나님을 믿고 신뢰하기가 더 쉽다고 생각합니다. 왜냐하면, 역경 속에서 하나님을 신뢰함이 있다면, 그것은 진짜 신뢰일 것이기 때문입니다. 그러나 우리가 형통할 때에 우리에게 있는 믿음의 상당 부분은 우리가 가지고 있는 것들을 믿고 의지하는 것입니다. 우리가 하나님을 진정으로 믿고 신뢰하느냐 하는 것은 아주 중요한 문제입니다. 여러분에게 필요한 모든 것이 이미 여러분에게 있는데, 여러분이 굳이 하나님을 믿고 의지할 여지가 있겠습니까? 여러분의 곳간이 가득 차 있어서, 쥐도 들어갈 공간이 없는데, 믿음이 어떻게 거기에 들어갈 수 있겠습니까? 그러나 텅빈 곳간에는 믿음이 들어갈 여지가 아주 넉넉합니다. "그릿 시냇가"가 말랐고, 사르밧의 가난한 과부에게는 "가루 한 움큼과 기름 조금"밖에 남아 있지 않았을 때, 엘리야 선지자가 믿음을 발휘할 여지가 있었습니다(왕상 17장). 형제들이여, 싸우러 나가기 위해서는 갑판을 깨끗이 정리해야 합니다. 그럴 때, 여러분은 강력한 믿음으로 장전된 기관총을 가지고서 하나님의 이름으로 나아가서, 세상과 육신과 마귀로 하여금, 믿음이 무엇인지를 알게 해줄 수 있습니다. 여러분의 갑판에 여러분에게 위로가 되는 것들과 눈에 보이는 자원들이 가득 널려 있다면, 믿음은 손가락 하나 움직일 수 없고, 총을 쏠 수도 없게 됩니다. "그가 나를 죽이실지라도"는 모든 것이 사라지고서, 오직 내가 생존하는 데 필요한 숨만 붙어 있는 상태를 의미합니다. 그럴 때, 나는 이렇게 말할 수 있습니다: "내 하나님, 당신은 내게 모든 것입니다. 천국에서 당신 외에 내게 누가 있겠습니까? 이 땅에서도 내가 원하는 것은 오직 당신뿐입니다."

또한, 하나님께서 우리를 죽이시는 때는 하나님의 자녀들이 자기가 어떤 이득을 바라보고서 그리스도를 믿는다고 고백한 것이 아니라는 것을 보여줄 수 있는 절호의 기회입니다. 만일 하나님께서 우리로 하여금 늘 형통하게 하신다면, 세상 사람들은 "마치 거리를 떠도는 개들이 자기에게 뼈다귀를 주는 사람을 따라가듯이, 이 그리스도인들은 자신들의 이득을 얻기 위하여 그들의 하나님을 따라가는 것이고, 그들 속에 하나님에 대한 참된 사랑은 없다"고 말할 것입니다. 하지만 하나님께서 우리를 회초리로 혹독하게 때리시는데도, 우리가 더욱더 하나님을 사랑한다면, 그때에는 세상들이 우리에게 참된 믿음이 있다는 것을 인정할 수밖에 없게 될 것입니다. 또한, 그들은 하나님의 은혜가 우리의 심령 속에서 역사하는 것을 부정할 수 없게 될 것입니다. 여러분이 이득이 되고 좋을 때에만 그리스도인이고자 하고, 여러분이 행복하다고 느낄 때에만 그리스도에 대한 사랑을 고백한다면, 여러분은 참으로 멸시 받아 마땅한 존재입니다! 우리 하나님께서는 그런 비열한 제자들이 아니라, 다음과 같이 말할 수 있는 제자들을 원하십니다: "나의 구주여, 내가 모든 것을 잃는다고 하여도, 나는 여전히 주를 사랑합니다. 당신의 감미로운 사랑이 내게 너무나 소중하기 때문에, 죽음이 나를 위협한다고 하여도, 나는 여전히 주님이 나의 모든 것이라고 고백할 것입니다." 참된 사랑은 자기가 사심 없는 사랑임을 증명할 기회를 원하는데, 오늘의 본문이 바로 그런 기회를 보여줍니다.

이 아침에도 이 자리에는 구하고 찾는 심령들이 있을 것이고, 아마도 그분들은 "스펄전 목사님은 너무나 큰 믿음을 설교하셔서, 우리는 그런 믿음에는 결코 도달할 수 없어"라고 속으로 말하였을 것입니다. 사랑하는 심령들이여, 나는 어떤 부류의 사람이 가장 어린아이 같은 사람일지를 생각해 왔습니다. 그것은 나이가 아주 많은 사람이 아닐까요? 그렇다면, 갓 태어난 믿음은 어떤 종류의 믿음일까요? 그것은 가장 성숙하고 성장한 믿음이 아니겠습니까! "그가 나를 죽이실지라도 나는 그를 신뢰하리라"는 오늘의 본문은 오랜 신앙의 연륜에서 나온 믿음을 보여줍니다. 그러나 내가 처음으로 그리스도를 믿었을 때에 갖게 되었던 믿음이 바로 그런 믿음이었다는 것을 나는 지금도 똑똑히 기억하고 있습니다. 나는 하나님이 나를 죽이실 것이라고 생각했습니다. 하나님은 의로우신 하나님 이시기 때문에, 내가 하나님의 손에서 살아날 수 있는 길은 없을 것으로 보였습 니다. 나는 내가 하나님께로 가면 하나님이 틀림없이 나를 죽이실 것이라고 생 각했습니다. 내게 하나님은 칼을 빼어 드시고서 그 칼을 손에 쥐시고 서 계시는 것 같았습니다. 그러나 나는 "좋아, 하나님이 나를 죽이실지라도, 내가 하나님의 원수로 살아가는 것보다는 차라리 하나님 앞에 나아가서 하나님의 손에 죽는 것 이 낫다"고 느꼈습니다. 그리고 나는 하나님 앞에 나아갔습니다. 나는 집에서 잘 못을 저질러서 아버지한테 회초리를 맞을까봐 집에서 도망쳐서 돌아가지 못하 는 소년과 같았습니다. 그 소년은 밤새도록 밖에서 추위에 떨었고, 서리를 맞아 몸은 젖었으며, 하루 종일 아무것도 먹지 못했습니다. 다음날 저녁이 되자, 그 소 년은 또 한 밤을 혼자 밖에서 지새워야 한다는 것이 너무나 두려워서, "내가 밖 에서 이렇게 고생하느니 차라리 집에 돌아가서 아버지의 회초리를 맞자"고 속으 로 말하였습니다. 그래서 그 소년은 아버지한테 맞을 각오를 하고 집으로 돌아 왔지만, 아버지는 그 아들을 따뜻하게 맞아 주었습니다. 나의 경우도 마찬가지 였습니다. 나는 내가 하나님께로 가면, 내 죄 때문에 틀림없이 맞아 죽게 될 것이 라고 생각했지만, 지금 이대로 살아가느니 차라리 하나님의 손에 맞아 죽는 편 이 더 낫겠다고 결론을 내렸습니다. 그래서 나는 하나님 앞에 나아갔고, 무사했 습니다. 가련한 영혼들이여, 내가 했던 것처럼 예수 그리스도 앞으로 나아오십 시오. 이렇게 말하십시오:

> "내가 하나님 앞에 나아간다면 죽을 수밖에 없지만,
> 그래도 나아가기로 결심합니다.
> 내가 이대로 하나님을 떠나 살면,
> 영원히 죽게 될 것이 뻔하기 때문입니다.
>
> 그러나 내가 죽더라도, 나를 심문하시는 왕 앞에서
> 긍휼하심을 구하고 죽으면,
> 이대로 죄인으로 살다가 죽는 것보다
> 더 기쁜 마음으로 죽을 수 있을 것입니다."

이렇게 말하십시오. "내가 지옥에 간다고 할지라도, 나는 그리스도를 신뢰할 것입니다. 내가 영원히 버려진다고 할지라도, 나는 그리스도를 신뢰할 것입니다." 그러나 그런 일은 결코 일어날 수 없습니다. 왜냐하면, 성경은 "그를 믿는 자는 심판을 받지 아니하는 것이요"(요 3:18)라고 말씀하고 있기 때문입니다. 하나님께서 예수님을 인하여 여러분에게 참된 믿음을 주시기를 빕니다. 아멘.

제
14
장
—

하나님과 대화하는 법

—

**"그리하시고 주는 나를 부르소서 내가 대답하리이다 혹 내
가 말씀하게 하옵시고 주는 내게 대답하옵소서."**
— 욥 13:22

욥은 자신의 끔찍한 위로자들로 인해서 길길이 날뛰며 화를 낼 만도 하였습니다. 그런데도 그가 자신의 분노를 억누르고서 이 정도로 표현한 데서 그친 것은 놀라운 일입니다. 사탄은 욥의 가축 떼와 종들을 습격한 "스바 사람들"이나 욥의 자녀들의 목숨을 한꺼번에 앗아간 무자비한 "큰 바람"보다 이 인정사정없는 세 친구를 자신의 일에 더 적합한 도구들로 생각하였을 것이 분명합니다. 세 친구는 욥을 가차 없이 공격해댔고, 부싯돌보다 더 냉혹하다고 할 정도로 욥을 불쌍히 여기는 마음이 전혀 없는 듯이 보였습니다. 그러므로 욥이 자기가 전에는 생각하지도 못했던 말들을 많이 쏟아냈고, 그런 말들 중에서 더러는 그가 나중에 후회하게 된 것은 결코 이상한 일이 아니었습니다. 오늘의 본문에 나오는 말씀은 아마도 욥이 이렇게 격앙된 가운데 쏟아낸 말들 중의 하나일 것입니다. 너무나 큰 고통 중에 있던 이 족장은 최고의 고결함을 갖춘 사람이 아니고는 아무도 할 수 없을 그런 일을 아주 강력하게 요구합니다. 즉, 그는 사람들의 거짓된 판단을 거부하고, 하나님의 법정에 상소해서, 즉시 그를 만유의 심판자의 법정 앞에 즉시 소환해 주실 것을 강력히 촉구합니다. 왜냐하면, 그는 하나님께서 그를 의롭다고 하실 것임을 확신하고 있었기 때문입니다. "그가 나를 죽이실지라

도 나는 그를 신뢰하리라 그러나 그의 앞에서 내 행위를 아뢰리라 경건하지 않은 자는 그 앞에 이르지 못하나니 이것이 나의 구원이 되리라"(13:15-16). 욥은 하나님의 심판대 앞에 출두해서, 자신의 진실함과 올바름에 대해서 심문을 받을 준비가 되어 있었습니다. 그는 "오직 내게 이 두 가지 일을 행하지 마옵소서 그리하시면 내가 주의 얼굴을 피하여 숨지 아니하오리니 곧 주의 손을 내게 대지 마시오며 주의 위엄으로 나를 두렵게 하지 마실 것이니이다"(13:20-21). 오늘의 본문의 말씀을 통해서, 욥은 자기가 의로우신 재판장 앞에 출두할 것이니, 다음의 둘 중에서 하나님이 정하신 방법을 따라 재판을 진행해 주실 것을 요청합니다. 즉, 그가 피고가 되고 하나님이 원고가 되는 소송으로 갈 것인지("주는 나를 부르소서 내가 대답하리이다"), 아니면 그가 원고가 되어, 하나님이 그를 이렇게 다루신 이유를 분명히 보이시거나 그의 탄원들이 잘못되었음을 입증하시는 소송으로 갈 것인지("내가 말씀하게 하옵시고 주는 내게 대답하옵소서")를 하나님이 정하시면, 그는 거기에 따르리라는 것입니다. 욥은 자기는 위선적으로 살아오지 않았다는 확신이 아주 확고하였기 때문에, 그 법정에서 결과를 두려워하지 않고, 모든 것을 보시고 아시는 분에게 대답할 수 있다고 생각합니다.

    형제들이여, 우리는 욥의 이러한 말을 단죄해서는 안 되지만, 그렇다고 해서 그것을 따라서도 안 됩니다. 욥이 처한 상황을 고려하고, 그에게 가해진 소름 끼칠 정도의 중상모략을 고려하며, 이때에 이렇게 무자비한 비난을 당했을 때에 그가 받았을 상처를 고려하면, 그가 이런 식으로 말한 것은 결코 이상한 일이 아닙니다. 그렇지만 이것은 그가 자신의 입으로 경솔하게 말한 것일 수 있기 때문에, 우리가 그의 그러한 말들을 사용해서, 하나님 앞에서 어떤 식으로든 우리 자신을 정당화하고 의롭다고 해서는 안 됩니다. 반대로, 우리는 "주의 종에게 심판을 행하지 마소서 주의 눈 앞에는 의로운 인생이 하나도 없나이다"(시 143:2)라고 기도하는 것이 마땅합니다. 사람이 어떻게 하나님 앞에서 의로울 수 있겠습니까? 하나님 앞에서는 하늘도 깨끗하다고 할 수 없고, 천사들도 어리석다고 꾸중을 듣는데, 어떻게 우리가 하나님의 판단에 도전할 수 있겠습니까? 우리는 단지 복음을 따라 그리스도의 의를 덧입어서, "누가 능히 하나님께서 택하신 자들을 고발하리요 의롭다 하신 이는 하나님이시니 누가 정죄하리요 죽으실 뿐 아니라 다시 살아나신 이는 그리스도 예수시니 그는 하나님 우편에 계신 자요 우리를 위하여 간구하시는 자시니라"(롬 8:33-34)고 믿음으로 담대하게 말할 수 있을 뿐입니다.

나는 욥의 말을 당시에 그가 사용했을 때의 의미와는 다른 의미로 사용해서, 우리가 우리 아버지 하나님과 갖는 감미로운 교제에 적용하고자 합니다. 욥의 말은 우리가 하나님의 심판대 앞에 나아가서 심문을 받는 것과 관련해서 사용하기에는 부적절하지만, 우리가 하나님의 시온좌, 즉 은혜의 자리에 가까이 나아가서, 하나님과의 거룩한 교제를 통해서 부요해지고 거룩해지는 저 복된 일과 관련해서 사용하는 데에는 지극히 적절합니다. "주는 나를 부르소서 내가 대답하리이다 혹 내가 말씀하게 하옵시고 주는 내게 대답하옵소서"라는 오늘의 본문은 내가 여러분에게 전하고자 하는 것을 잘 드러내 줍니다. 성령께서 우리의 묵상에 복 주시기를 빕니다.

이 아침에 우리는 세 가지를 살펴보게 될 것입니다. 첫 번째는 은밀한 대화의 두 가지 방식입니다: "주는 나를 부르소서 내가 대답하리이다 혹 내가 말씀하게 하옵시고 주는 내게 대답하옵소서." 두 번째는 이 두 가지 방식을 결합하는 방법입니다. 여기에서 우리는 하나님과 우리의 교제 속에서 대화의 이 두 가지 방식을 어떻게 하나로 묶을 수 있는지를 살펴보고자 합니다. 세 번째는 교제의 이 두 가지 방식이 우리 주 예수 그리스도 안에서 어떻게 온전히 실현되었는지를 살펴보겠습니다. 왜냐하면, 예수 그리스도는 하나님에 대한 우리의 대답이시자 우리에 대한 하나님의 대답이시기 때문입니다.

1. 첫째로, 하나님과 우리의 영혼 간의 거룩한 대화에는 두 가지 방식이 있습니다.

때로는 하나님께서 우리를 부르실 때에 거기에 우리가 대답하고, 때로는 우리가 하나님께 말씀을 드릴 때에 거기에 하나님께서 황송하게도 우리에게 대답해 주십니다. 몇 년 전에 남아프리카에서 돌아오신 한 선교사님이 복음 전도를 통하여 거기에서 이루어진 일에 대하여 얘기해 준 적이 있는데, 무엇보다도 그가 직접 목격한 한 작은 사건에 대한 얘기가 인상적이었습니다. 그는 어느 날 아침에 자기가 회심한 아프리카 부족의 한 추장이 종려나무 아래에 앉아서 성경을 펴놓고 읽는 것을 보았다고 말하였습니다. 그 추장은 성경을 보고 한 구절을 읽은 후에, 잠시 눈을 들어 위를 올려다 보곤 하였는데, 그럴 때마다 그의 입술이 움직이는 것이 보였다고 합니다. 이런 식으로 그 추장은 눈을 아래로 향하여 성경을 보았다가 다시 눈을 들어 하늘을 바라보는 행동을 계속해서 반복하였습니다. 이 선교사님은 그 추장이 방해를 받지 않도록 하기 위하여 조용히 그 옆을 지나갔지만, 조금 후에 다시 돌아와서는 그 추장에게 무엇을 보았으며, 왜 성경 한 구절을 읽고 나서는 하늘을 올려다 보는 행동을 반복하였는지를 물었습니다. 그 추장은 이렇게 대답했습니다: "내가 눈을 아래로 향하여 성경을 읽으면, 하나님이 내게 말씀하십니다. 그런 후에 내가 눈을 들어 기도하며 하나님께 말씀을 드립니다. 이런 식으로 우리는 서로 거룩한 대화를 계속해 가는 것이지요." 나는 이런 모습이 하늘과 교통하는 방법이라고 말씀드리고자 합니다. 즉, 우리가 하나님과 교통하려면, 우리는 우리의 마음을 기울여 하나님의 음성을 듣고, 그런 후에 기도와 찬양으로 하나님께 대답하는 방법을 사용하여야 한다는 것입니다.

이제 하나님과 교제하는 첫 번째 방법부터 살펴보도록 하겠습니다. 우리가 하나님과 대화할 때에는 종종 하늘에 계신 우리 아버지께서 말씀하실 때까지 기다리는 것이 좋을 때가 있습니다: "주는 나를 부르소서 내가 대답하리이다." 하나님께서는 자신의 종 아브라함과 이런 식으로 교제하셨습니다. 여러분이 하나님께서 이 족장과 나누신 저 거룩한 대화에 대한 기록을 찾아보면, 그 기록은 "여호와께서 아브라함에게 말씀하여 이르시되"로 시작된다는 것을 발견하게 됩니다. 그런 후에 한두 단락이 지나면, 여러분은 아브라함이 하나님께 말씀을 드리고, 그런 후에는 또다시 하나님의 대답이 나오고, 그후에는 또다시 아브라함이 하나님께 드리는 말씀이 나오는 것을 보게 됩니다. 그러나 그 대화는 일반적으로 하나님으로부터 시작됩니다. 모세의 경우도 마찬가지였습니다. 모세는 광야에서 자신의 장인의 양 떼를 치고 있을 때에 떨기나무에 불이 붙었으나 타지 않는 광경을 보았습니다(출 3장). 그리고 그가 가던 길을 돌이켜서 그 광경을 보기 위하여 그 곳으로 갔을 때, 하나님께서 "떨기나무 가운데서" 그를 부르셨습니다. 하나님께서 먼저 부르셨고, 모세가 거기에 대답했던 것입니다. 이것은 특히 거룩한 아이였던 사무엘의 경우에도 마찬가지였습니다. 그가 잠들어 누워 있을 때, 하나님께서 "사무엘아 사무엘아"라고 부르셨고, 그는 "내가 여기 있나이다"라고 대답했습니다. 그리고 두 번째와 세 번째에도, 하나님의 음성으로 하나님과 사무엘 간의 거룩한 교제가 시작되었습니다. 물론, 하나님께서는 이 아이가 다른 때에 드린 기도를 들으신 것이기는 하겠지만, 어쨌든 이 경우들을 보면, 하나님께서 먼저 사무엘을 부르셨고, 사무엘은 "말씀하옵소서 주의 종이 듣겠나이다"라고 대답하였음이 분명합니다(삼상 3장). 또한, 엘리야의 경우도 마찬가지였습니다. "세미한 소리"가 있었고, 하나님께서 이 선지자에게 "엘리야야 네가 어찌하여 여기 있느냐"고 말씀하셨고, 그런 후에 엘리야가 "내가 만군의 하나님 여호와께 열심이 유별하오니 이는 이스라엘 자손이 주의 언약을 버리고 주의 제단을 헐며 칼로 주의 선지자들을 죽였음이오며"라고 대답하였으며, 그러한 하소연에 대하여 그의 크신 주께서는 그에게 위로가 되는 대답을 해주셨습니다(왕상 19장). 옛적의 이 성도들의 경우가 그러하였듯이, 우리의 경우도 마찬가지였습니다. 우리 하나님 여호와께서 그의 성령을 통해서 우리에게 말씀하셨고, 우리는 우리의 영적인 귀로 그의 말씀을 들음으로써, 하나님과 우리의 교제가 시작되었습니다. 하나님께서 자신의 종들과 거룩한 대화를 갖기 위하여 먼저 말씀하고자 하실 때에는, 절대로 우리가 먼저 말을 꺼내서는 안 됩니다. 여호와께서 말씀하시는데, 도대체 누가 조용히 그 말씀을 듣고자 하지 않는다는 말입니까?

그렇다면, 하나님께서는 어떻게 우리에게 말씀하시고, 거기에 우리가 어떻게 대답하기를 기대하시는 것입니까?

하나님은 기록된 말씀을 통해서 우리에게 말씀하십니다. "우리에게는 더 확실한 예언이 있어 어두운 데를 비추는 등불과 같으니 날이 새어 샛별이 너희 마음에 떠오르기까지 너희가 이것을 주의하는 것이 옳으니라"(벧후 1:19). 또한, 하나님은 자신의 말씀을 전하는 사역을 통해서도 우리에게 말씀하십니다. 하나님이 택하신 종들은 성령을 힘입어서 성경에 있는 새 것과 옛 것을 가져다가, 우리의 심령에 능력 있게 전합니다.

하나님의 자녀들 중에는 듣는 것이 둔해 보이는 자들도 있기는 하지만, 어쨌든 하나님은 자신의 권속 가운데서 결코 침묵하고 계시지 않습니다. 우리는 죽을 수밖에 없는 존재인 사람들의 흉패 속에 있는 "우림과 둠밈"을 더 이상 볼 수 없지만(레 8:8; 출 28:30), 하나님은 침묵하지 않으십니다. 우리가 늘 사랑으로 충만하신 하나님의 음성을 들을 준비가 되어 있다면, 얼마나 좋겠습니까!

하나님께서는 아주 다양한 어조로 말씀하시지만, 그 모든 음성들은 다 똑같이 하나님의 음성입니다. 때로 하나님께서는 우리를 깨어나게 하시는 음성을 사용하시는데, 그때에는 우리가 정신을 바짝 차리고서 그 음성을 들어야 합니다. 우리가 죽어 있기 때문에, 하나님께서는 우리를 깨어나게 하시는 것입니다. 우리는 무기력하고 나태해서 깨어날 필요가 있기 때문에, 하나님께서는 우리에게

"잠자는 자여, 깨어나라"고 큰 소리로 외치십니다. 우리가 하나님께 가까이 나아가는 것을 주저하기 때문에, 하나님께서는 사랑이 담긴 음성으로 "내 얼굴을 구하라"고 말씀하십니다. 그럴 때에 우리가 즉시 "주여, 내가 주의 얼굴을 구하겠나이다"라고 대답한다면, 그것은 얼마나 큰 은혜이겠습니까! 하나님께서 우리를 깨우셔서, 우리가 해야 할 일들을 하게 하고자 하실 때, 우리가 그 즉시 "내가 여기 있사오니 나를 보내소서"라고 대답한다면, 그것은 우리의 심령 속에 참된 교제가 있는 것입니다. 우리의 심령이 그 가장 깊은 곳에서 하나님의 부르심에 대답하는 것은 사람의 음성에 반응하여 들려오는 메아리 같아야 합니다. 하지만 나는 종종 우리의 대답이 메아리와는 거리가 멀고, 도리어 우리를 사랑하시는 하나님의 인내심을 시험하는 것이 아닌가 하고 우려합니다. 하나님께서는 "볼지어다 내가 문 밖에 서서 두드리노니"(계 3:20)라고 말씀하신다는 것을 기억하십시오. 하나님께서 이렇게 두드리시는 이유는 우리의 마음이 원래 활짝 열려 있어야 하는데도 도리어 굳게 닫혀 있는 것을 보셨기 때문입니다. 그런데 안타깝게도, 하나님께서 이렇게 우리의 마음 문을 두드리셔도, 우리는 우리의 마음 문을 열 생각을 하지 않고, 도리어 안락한 침상에 대자로 누워서, 우리가 침상에 머물러야 하는 헛된 변명들만 늘어놓습니다: "내가 이미 옷을 다 벗고 쉬고 있는데, 어떻게 다시 옷을 입을 수 있겠습니까? 내가 이미 발을 다 씻었는데, 어떻게 다시 내 발을 더럽힐 수 있겠습니까?" 하나님께서 우리의 그런 모습에 화가 나셔서 우리를 떠나가시지 않도록 하기 위해서는, 우리는 더 이상 하나님을 그런 식으로 냉정하게 대해서는 안 됩니다. 왜냐하면, 하나님께서 우리를 떠나 멀리 가버리시면, 우리가 하나님을 찾아도 만날 수 없게 될 것이고, 우리가 하나님을 불러도, 하나님께서는 우리에게 대답하지 않으실 것이기 때문입니다. 우리가 하나님의 부르심에 응답하여 일어나고자 하지 않는다면, 하나님께서는 우리를 게으른 자들처럼 계속해서 잠을 자게 내버려 두실 것이고, 그러면 우리의 "빈궁이 강도 같이 오며" 우리의 "곤핍이 군사 같이 이르게"(잠 6:11) 될 것입니다. 우리의 사랑하는 자가 "나의 사랑, 내 어여쁜 자야 일어나서 함께 가자"(아 2:10)고 말씀하실 때, 우리는 단 한순간도 지체해서는 안 됩니다. 그가 "시온이여 깰지어다 깰지어다 네 힘을 낼지어다"(사 52:1)라고 말씀하실 때, 우리는 그 부르심의 능력을 의지해서 티끌로부터 일어나야 합니다. 우리는 새벽에 천국으로부터 나팔 소리가 들려오기 시작하자마자, 육신적인 안일함의 침상에서 일어나서, 우리의 주이자 왕이신 분을 맞으러 나아가야 합니다. 하나님께서 우리를 이끄시고, 우리가 그를 좇아 달려가는 것, 하나님께서 우리를 깨우시고, 우리가 깨어나서 그를 섬기는 것, 하나님께서 우리의 영혼을 회복시키시고, 우리의 회복된 심령이 그를 찬송하는 것 — 바로 이것이 하나님과 우리 사이에 이루어지는 교제입니다.

우리에게 교훈하시기 위한 하나님의 음성도 자주 들려옵니다. 모든 성경이 기록된 목적도 이것이기 때문에, 우리가 해야 할 일은 우리의 귀를 열고 자원하는 마음으로 그 가르침들을 경청하는 것입니다. "내가 하나님 여호와께서 하실 말씀을 들으리니 무릇 그의 백성, 그의 성도들에게 화평을 말씀하실 것이라"(시 85:8)는 시편 기자의 말은 우리가 어떻게 해야 하는지를 잘 말해 줍니다. 하나님께서 자신의 긍휼하심으로 인하여 우리에게 명령하신 말씀은 이것입니다: "너희는 귀를 기울이고 내게로 나아와 들으라 그리하면 너희의 영혼이 살리라"(사 55:3). 이것은 하나님께서 친히 아직 구원 받지 못한 자들에게 전하시는 복음의 말씀이지만, 이미 하나님의 은혜로 말미암아 믿게 된 자들에게도 마찬가지로 중요한 메시지입니다. 왜냐하면, 그들도 하나님의 말씀을 받을 필요가 있기 때문입니다. "사람이 떡으로만 살 것이 아니요 하나님의 입으로부터 나오는 모든 말씀으로 살 것이라"(마 4:4). 그래서 옛적의 한 성도는 "내가 주의 말씀을 얻어 먹었사오니"(렘 15:16)라고 소리쳤고, 또 다른 성도는 "주의 말씀의 맛이 내게 어찌 그리 단지요 내 입에 꿀보다 더 다니이다"(시 119:103)라고 말하였습니다. 하나님의 말씀은 영혼의 "만나"이고 영혼의 "생명수"입니다. 우리는 하나님의 가르침 속에 나오는 한 말씀 한 말씀을 지극히 소중히 여기는 것이 마땅합니다. 그러나 사랑하는 형제들이여, 하나님의 교훈하시는 음성을 너무나 소홀히 하는 사람들이 많다고 여러분은 생각하지 않습니까? 성경 속에는 귀한 가르침들, 귀한 약속들, 귀한 교훈들이 있고, 무엇보다도 특히 귀하신 그리스도가 계십니다. 진정으로 어떤 사람이 이렇게 귀한 것들을 먹고 살아가고자 한다면, 그 사람은 영광으로 충만한 이루 말할 수 없는 기쁨을 가지고 살아가게 될 것입니다. 그러나 우리는 성경을 한쪽 구석에 처박아둔 채로 거들떠보지도 않는 경우가 얼마나 많습니까? 그래서 우리는 하나님의 음성을 듣지 못합니다. 하나님께서 우리를 부르셔도, 우리는 거기에 귀를 기울이지 않습니다. 하나님의 말씀을 전할 때, 거기에 성령께서 역사하시면, 그 말씀은 "구원을 주시는 하나님의 능력"(롬 1:16)이 됩니다. 하나님께서는 "전도의 미련한 것으로 믿는 자들을 구원하시기를 기뻐하십니다"

(고전 1:21). 그러나 모든 믿는 자들이 하나님의 사역자들을 통해서 하나님의 음성을 들어야 하는 것이 마땅한데도, 실제로는 그렇게 하지 않습니다. 설교를 트집잡고, 냉랭한 마음으로 들으며, 사람을 자랑하고, 가르침을 받고자 하는 마음이 결여되어 있는 경우가 너무나 많습니다. 이런 것들로 인해서, 하나님의 말씀이 우리의 심령에 들어오는 것이 차단되고 맙니다. 하나님께서는 자신의 종들을 통해서 우리를 가르치시고자 하지만, 우리의 귀는 듣기 둔합니다. 하나님의 말씀을 들을 수 없다고 늘 불평만 하는 신앙인들이 기도할 수 없는 것은 당연한 일이 아니겠습니까? 우리가 하나님의 음성에 대하여 귀를 막아 버리면, 하나님께서는 우리가 하는 말에 귀를 막아 버리십니다. 우리가 가르침을 받고자 하지 않으면, 우리는 들을 수 없습니다. 우리는 뱀을 부리는 자의 음성을 듣지 못하는 귀머거리 독사처럼 되어서는 안 됩니다. 우리는 자원해서 하나님의 가르침을 배우는 일에 열심을 내야 합니다. 우리 주 예수께서도 "나의 멍에를 메고 내게 배우라"고 말씀하셨고, 우리가 그렇게 하기만 하면, "너희 마음이 쉼을 얻는" 상을 얻게 될 것이라고 복된 약속을 하지 않으셨습니까(마 11:29)? 여러분이 하나님의 말씀을 단 하나라도 소홀히 한 것이 없도록 하기 위해서, 성경을 철저히 살피십시오. 하나님의 말씀을 집중해서 들으시고, 여러분의 마음속에서 계속해서 곱씹어 보십시오. "내가 알지 못하는 것을 내게 가르치소서"라고 매일 기도하십시오. "내 눈을 열어서 주의 율법에서 놀라운 것을 보게 하소서"(시 119:18)라고 매일 기도하십시오. 우리는 편견이나 선입견을 갖지 않기 위하여 애써야 하고, 우리가 아주 지혜롭기 때문에 더 이상 배울 필요가 없다고 착각해서도 결코 안 됩니다. 예수 그리스도께서는 우리가 어린아이처럼 고분고분하게 가르침을 잘 받고, 우리 "영혼을 능히 구원할 바 마음에 심어진 말씀을 온유함으로 받을"(약 1:21) 수 있는 자들이 되기를 원하십니다. 여러분이 주님의 발 앞에 앉아서 그의 말씀을 받고자 하면, 여러분은 주님과 복된 교제를 갖게 될 것입니다. 그의 능력 있는 가르침을 내게 베풀어 주소서! 하나님이여, 나를 부르소서. 내가 대답하겠나이다.

또한, 하나님께서는 **명령하시는** 음성으로 자신의 종들에게 말씀하십니다. 그리스도를 믿고 신뢰하는 자들이 그에게 순종하는 것은 당연한 일입니다. 우리가 하나님의 자녀가 되었을 때, 우리는 순종의 의무 아래 놓이게 됩니다. 하나님께서는 친히 "내가 아버지일진대 나를 공경함이 어디 있느냐"(말 1:6)고 말씀하지 않으셨습니까? 사랑하는 친구들이여, 우리는 하나님의 교훈을 잘 듣지 못하는 둔한 귀를 가지고 있어서는 결코 안 됩니다. 기드온의 양털 뭉치가 이슬을 흡수하듯이, 하나님의 약속의 말씀들은 잘 흡수하면서도, 하나님의 명령들에 대해서는 마치 끔찍한 것을 보기라도 한 것처럼 얼른 피해 버리는 그런 사람들이 있다는 것을 나는 압니다. 그러나 하나님의 자녀들은 "내가 주의 법을 어찌 그리 사랑하는지요 내가 그것을 종일 작은 소리로 읊조리나이다"(시 119:97)라고 말하고, "내가 사랑하는 주의 계명들을 스스로 즐거워하며"(시 119:47)라고 말합니다. 하나님의 뜻은 그의 자녀들에게 너무나 달콤합니다. 그들은 그들 자신의 뜻을 하나님의 뜻에 온전히 합치시키기를 간절히 원합니다. 참된 그리스도인들은 하나님의 말씀들을 선별해서 받아들이지 않습니다. 그들에게는 그들이 예수 그리스도의 대속의 희생제사 덕분에 구원을 받게 된 것을 말해 주는 대목이나, 그들이 하나님의 성령의 능력으로 어떻게 살아야 마땅한지를 말해 주는 대목이나 똑같이 달콤합니다. 사랑하는 형제들이여, 우리가 예수께서 우리에게 무엇을 말씀하시는지에 대하여 우리의 귀를 닫아 버린다면, 우리는 결코 기도의 능력을 얻게 되지 못할 것이고, 우리의 "사랑하는 자"와의 친밀한 교제도 누리지 못하게 될 것입니다. 주님은 "내가 아버지의 계명을 지켜 그의 사랑 안에 거하는 것 같이 너희도 내 계명을 지키면 내 사랑 안에 거하리라"(요 15:10)고 말씀하십니다. 여러분이 하나님의 말씀을 듣지 않는다면, 여러분은 하나님께서 여러분의 기도를 들으실 것이라고 기대할 수 없습니다. 여러분이 하나님께서 여러분에게 명하시는 것을 행하지 않는다면, 여러분은 하나님께서 여러분이 구하는 것을 주실 것을 기대할 수 없습니다. 하나님과 우리의 영혼 사이에서 행복한 대화가 이루어지려면, 순종하는 마음이 필수적입니다.

또한, 하나님께서는 종종 **책망하시는 음성**으로 자신의 종들에게 말씀하시는데, 그럴 때에 우리는 그렇게 책망하시는 하나님에 대하여 자신의 목을 굳게 하는 자들이 되어서는 결코 안 됩니다. 우리의 잘못들에 대해서 듣는 것은 즐거운 일은 아니지만, 아주 유익한 일입니다. 형제들이여, 여러분이 하나님과 사이가 좋을 때에 잘못을 저질렀다면, 하나님께서는 여러분을 온유하게 나무라실 것입니다. 여러분은 자신의 양심 속에서 다음과 같이 말씀하시는 하나님의 음성을 듣게 될 것입니다: "얘야, 그것이 옳은 일이었느냐? 얘야, 그것이 네게 마땅한 일이었느냐? 그것이 보혈로 속량함을 받은 자에게 합당한 일이었더냐?" 그때에 여러분이 성경을 펼치면, 거기에 있는 많은 말씀들이 마치 거울처럼 여러분 자신의 모습과 여러분의 얼굴에 묻어 있는 얼룩들을 여러분에게 보여줄 것입니다. 그리고 여러분의 양심이 여러분을 쳐다보면서, "그것은 주께서 원하시는 것이 아니니, 그렇게 하지 말아라"고 말해 줄 것이고, "그대가 하나님께 아뢰기를 내가 죄를 지었사오니 다시는 범죄하지 아니하겠나이다 내가 깨닫지 못하는 것을 내게 가르치소서 내가 악을 행하였으나 다시는 아니하겠나이다 하였는가"(욥 34:31-32)라고 말해 줄 것입니다. 우리가 하나님의 말씀 속에서 하나님의 책망하시는 음성을 듣고자 하지 않는다면, 하나님께서는 어떤 섭리를 통해서 우리에게 좀 더 엄하신 어조로 말씀하실 것입니다. 아마도 하나님께서는 자신의 얼굴빛을 우리에게서 숨기시고, 우리에게서 성령의 위로하심을 거두어 가실 것입니다. 그렇게 되기 전에, 우리의 마음을 하나님께로 돌이키는 것이 지혜로운 일일 것입니다. 만약 이미 그런 일이 우리에게 닥쳐왔다면, 우리는 "나의 아버지여, 주께서 왜 나와 다투시는지를 내게 보여주시고, 나로 내 잘못들을 알게 해주시며, 내가 그 잘못들에서 벗어나 깨끗함을 입을 수 있도록 도와 주소서"라고 기도해야 합니다. 형제들이여, 여러분은 말이나 노새처럼 되지 마시고, 하나님께서 여러분의 마음을 부드럽게 해주시기를 빕니다. 여러분은 이렇게 기도하십시오:

> "하나님이여, 내 양심을 눈동자처럼 민첩하게 만들어 주소서.
> 내 영혼을 깨어나게 하시고, 죄가 가까이 있을 때에도
> 계속해서 깨어 있게 하소서.
>
> 내 영혼이 주의 가르침을 잘 받아서
> 나의 본분을 조금이라도 소홀히 하면 아파하게 하시고,
> 상처 난 자들을 온전하게 해주시는
> 저 보혈로 또다시 달려가게 하소서."

우리는 나단 선지자가 우리에게 약속의 말씀을 전해 줄 때나 책망의 말씀을 전해 줄 때에나 똑같이 기꺼이 들으려고 하여야 합니다. 왜냐하면, 어떤 말씀을 전하든지, 선지자는 하나님의 확실한 말씀을 전하는 것이기 때문입니다. 우리는 하나님께서 우리를 책망하시고, 그의 진노를 불러일으키는 우리 속의 우상들을

부수시는 데 열심을 내시는 것을 감사해야 합니다. 그렇게 하시는 것이 하나님께 합당하고, 우리 자신을 위해서도 가장 지혜로운 길입니다.

그러나 하나님께서 우리를 늘 책망하시는 것도 아니고, 하나님의 진노가 영원토록 지속되는 것도 아닌 것을 감사하십시오. 하나님께서 우리에게 위로하시는 음성으로 말씀하시는 경우가 훨씬 더 많습니다. 성경은 위로의 말씀들로 가득합니다! 하나님께서 선지자에게 어떤 말씀을 전하라고 하셨는지를 들어 보십시오: "너희의 하나님이 이르시되 너희는 위로하라 내 백성을 위로하라"(사 40:1). 사실, 하나님께서는 자신의 사랑하는 자들을 위로하기 위하여, 지금 성경에 나와 있는 것보다 더 많은 위로의 말씀을 하실 수 없으실 정도로 그렇게 많이 위로의 말씀을 우리에게 주셨습니다. 하나님께서는 어떻게든 여러분을 기쁘게 해주시려고 하시는데도, 여러분이 하나님의 말씀을 듣기를 주저하는 일이 있어서는 안 됩니다. 그런데 안타깝게도 우리는 환난 가운데 있을 때에는 종종 여호와의 지극히 감미로운 사랑의 속삭임조차에도 귀를 닫아 버립니다. 우리는 모든 일이 합력하여 선을 이룰 것이라는 생각을 할 수 없게 되고, 이렇게 혹독해 보이는 섭리가 실제로는 화를 위장한 복이라는 것을 믿을 수 없게 됩니다. 맹목적인 불신앙은 그런 것들이 사실이 아니라고 확신하고서, 특히 하나님의 저 영원한 인애하심을 담은 달콤한 음성을 듣고, 우리의 마음이 뛸 듯이 기뻐해도 모자랄 판에, 그런 음성조차에도 귀를 틀어막아 버립니다. 사랑하는 자들이여, 하나님의 위로하시는 말씀에 귀를 닫지 마시고, 하나님께서 부르시면, 기꺼이 대답하여, 이렇게 말하십시오: "주여, 내가 주를 믿고, 주의 말씀을 기뻐하나이다. 그러므로 내 영혼이 애곡함을 그치고 기쁨의 띠를 두르나이다." 하나님과의 교제를 유지하는 방법은 그의 위로하시는 말씀들을 받아들이고 감사하는 것입니다.

마지막으로, 하나님께서는 종종 자신과의 아주 내밀한 교제로 초청하는 음성으로 자기 백성에게 말씀하십니다. 나는 어떤 것들이 그러한 음성들인지를 말로 표현할 수 없습니다. 여러분의 귀가 그러한 음성들을 듣고서 알고 있을 것임에 틀림없습니다. 이렇게 하나님께서는 종종 자신의 사랑하는 자들을 아마나 산 정상으로 오라고 부르시고, 세상과 그 모든 근심을 다 잊어버리고 변화산으로 올라오라고 하십니다. 하나님은 "거기에서 내가 나의 사랑을 네게 보이리라"고 말씀하십니다. 거기에서 하나님은 자신의 마음을 자기 자녀들에게 다 내어 보이시고, 자신의 사랑이 헤아릴 수 없이 깊고 높다는 것을 그들에게 보여주십니다. 거기에서 하나님은 그들이 그리스도와 영원히 연합되어 있다는 것과 그러한 까닭에 그들이 안전하리라는 것을 그들에게 깨닫게 해주십니다. 거기에서 하나님은 언약의 신비와 거기에 담겨 있는 온갖 보화들을 열어 보여주십니다. "여호와의 친밀하심이 그를 경외하는 자들에게 있음이여 그의 언약을 그들에게 보이시리로다"(시 25:14). 하나님께서 아무나 들어갈 수 있는 것이 아니라 오직 그가 많이 사랑하는 자들만이 들어갈 수 있는 자신의 은밀한 방으로 우리를 부르시는데도, 우리가 거기에 들어갈 준비가 되어 있지 않다면, 그것은 정말 애석한 일입니다. 하나님과 마음을 터놓고 내밀하게 교제하는 것은 부정한 자들에게는 허락되지 않습니다. 하나님께서는 심지어 모세에게조차 "네가 선 곳은 거룩한 땅이니 네 발에서 신을 벗으라"(출 3:5)고 말씀하셨습니다. "놋대야"에서 손과 발을 씻어 깨끗함을 입지 않은 자들은 하나님께서 종종 자신이 지극히 사랑하는 자들을 부르셔서 지극히 내밀한 교제를 가지시는 이 특별한 은혜를 누릴 수 없습니다. "마음이 청결한 자는 복이 있나니 그들이 하나님을 볼 것임이요"(마 5:8). 오직 그 손이 깨끗하고 마음이 청결한 자들만이 높은 곳에 거하게 될 것입니다. 왜냐하면, 하나님께서는 겉과 속이 다른 위선적인 신앙인들과 죄와 어울려 잘 지내는 자들을 가까이 하지 않으시기 때문입니다. "여호와의 기구를 메는 자들이여 스스로 정결하게 할지어다"(사 52:11). 특히, 하나님의 성소에 모셔 서서 하나님의 얼굴을 뵙기를 소망하는 자들은 자기 자신을 정결하게 하여야 합니다. 왜냐하면, 하나님의 얼굴은 오직 의인들만이 뵈올 수 있기 때문입니다.

형제들이여, 하나님께서 우리에게 그 어떤 음성과 어조로 말씀하신다고 할지라도, 하나님의 자녀들인 우리가 해야 할 일은 그가 우리에게 말씀하실 때에 즉시 대답하는 것임은 너무나 분명합니다. 이상이 하나님과 우리 영혼 사이의 거룩한 교제의 한 형태입니다.

그러한 교제의 두 번째 형태는 우리가 하나님께 말씀드리고 거기에 하나님이 은혜로 대답해 주시는 것입니다.

그렇다면, 우리는 지존자에게 어떤 식으로 말씀을 드려야 하는 것입니까? 첫째로, 우리는 경배를 드리는 것으로 하나님께 끊임없이 말씀을 드려야 합니다. 우리는 지금 마땅히 하나님께 드려야 할 경배와 공경을 백분의 일도 드리지 못하고 있는 것은 아닐까요? 자신이 해야 할 일들을 행하는 데에 꼭 필요한 생각을 하고 나서는, 즉시 하나님의 보좌 앞에 모셔 서서, 꼭 말로가 아니라 마음으로라도 하나님을 송축하는 것이 그리스도인들에게는 습관화되어 있어야 합니다. 어느 날 내가 백합화들을 바라보고 있었는데, 백합화들은 높은 줄기에 아름다운 꽃들이 만발한 채로 서 있었습니다. 백합화들은 노래할 수는 없지만, 자신의 존재 자체로 하나님께 끊임없는 찬송을 올려드리고 있는 것처럼, 내게는 보였습니다. 백합화들은 자기가 할 수 있는 한 하늘 가까이에 가려고 자신을 높이 들어올렸는데, 이것은 아마도 자신의 본성이 허락하는 한 땅에서 가장 높이 자신을 일으켜 세운 후가 아니면, 꽃을 피우는 일을 시작하지 않으려 하였을 것입니다. 그리고 그렇게 높이 솟아오른 후에야 비로소 꽃을 아름답게 활짝 피우고서, 하나님이 하신 일을 사방에 전하고, 자신의 향기를 사방으로 퍼뜨려서, 자신의 모범을 통해서 말없이 "모든 피조물들아, 우리가 우리의 향기로운 영혼을 다 쏟아 하나님을 찬송하는 것처럼, 너희도 그렇게 하나님을 송축하라"고 외치고 있었습니다. 마찬가지로, 여러분도 하나님의 말씀을 전할 수는 없을지라도, 얼마든지 늘 하나님을 찬송하는 것이 가능합니다. 특히, 여러분이 함께 하는 무리들 가운데서 말이죠. 여러분의 삶과 마음을 포함한 여러분의 전 존재는 하나님의 사랑을 전하는 하나의 끊임없는 강론이 되어야 하고, 하나님께서 침묵하실 때에도, 여러분은 그의 찬송 받으실 이름을 찬송함으로써 하나님과의 교제를 계속해 나가야 합니다.

하나님께서는 우리의 경배하는 음성을 들으셔야 할 뿐만 아니라, 우리의 감사하는 음성도 늘 들으셔야 합니다. 지난 월요일 밤에 우리의 한 형제가 기도를 통해서 하나님과의 그런 식의 교제를 시작하였습니다. 그는 이렇게 기도했습니다: "하나님이여, 주께서는 우리에게 끊임없이 복을 주어 오셨기 때문에, 우리는 이제 주를 찬송하는 일을 시작해서, 다시는 그 찬송이 끊어지는 일이 없게 해야 한다고 느끼게 되었습니다. 주께서는 늘 너무나 즉각적으로, 그리고 너무나 차고 넘치게 우리에게 주셨기 때문에, 우리는 이제 더 이상 무엇을 구하는 것이 조금은 부끄러워지기 시작하였습니다." 우리는 이러한 마음으로 살아가야 합니다. 우리는 하나님께 감사하고 그의 이름을 송축하여야 하며, 감사함으로 하나님의 임재 앞으로 나아가야 합니다. 그리스도인의 삶 전체는 그 내용이 "내 영혼아 여호와를 송축하라 내 속에 있는 것들아 다 그의 거룩한 이름을 송축하라"(시 103:1)는 말씀으로 요약될 수 있는 하나의 시편이 되는 것이 마땅합니다. 우리가 예수 그리스도를 의지해서 진실한 마음으로 하나님께 경배와 감사를 드린다면,

그것은 하나님께 열납될 것이고, 우리는 하나님으로부터 평안의 응답을 듣게 되어서, 오늘의 본문의 하반절인 "내가 말씀하게 하옵시고 주는 내게 대답하옵소서"라는 말씀이 응한 것을 깨닫게 될 것입니다. 그러나 나의 형제들이여, 우리는 우리 자신이 어떤 존재인지를 기억한다면, 단지 경배함으로 하나님 앞에 나아가는 것으로는 충분하지 않습니다. 하나님은 크셔서 경배 받으셔야 마땅하지만, 우리는 죄악되기 때문에, 하나님 앞에 나아갈 때에는, 늘 우리 죄에 대한 고백이 우리 입술에 있어야 합니다. 나는 천국에 이를 때까지는, 내가 하나님 앞에 설 때마다, 그리고 매일매일 우리의 죄를 고백하는 것을 그칠 수 있을 것이라고 기대하지 않습니다. 나는 하나님을 떠나 있을 때에는, 내가 좀 거룩한 것 같은 생각을 가지기도 하지만, 하나님께 가까이 나아갔을 때에는 늘, "내가 주께 대하여 귀로 듣기만 하였사오나 이제는 눈으로 주를 뵈옵나이다 그러므로 내가 … 티끌과 재 가운데에서 회개하나이다"(42:5-6)라고 고백하였던 욥과 같은 심정이 됩니다. 하나님으로 하여금 여러분이 말씀드리는 것을 들으시게 하고자 한다면, 반드시 여러분은 자신을 낮추고 하나님께 말씀드려야 합니다. 여러분은 하나님을 거슬러 반역해 온 자들입니다. 여러분은 본성적으로 죄인이기 때문에, 비록 하나님께 죄 사함을 받고 받아들여져서 저 무시무시한 진노로부터 자유함을 얻었다고 할지라도, 여러분이 반역자였다는 사실을 결코 잊어서는 안 됩니다. 주권적인 은혜가 없었더라면, 여러분은 아직도 여전히 반역자로 살고 있을 것입니다. 그러므로 여러분이 응답을 받고자 한다면, 하나님 앞에서 스스로를 낮추고 겸손하게 말씀드리십시오.

　사랑하는 친구들이여, 우리는 또한 간구하는 음성으로 하나님께 말씀드려야 하고, 그렇게 하기를 결코 그쳐서는 안 됩니다. 왜냐하면, 우리에게는 모든 것들이 늘 필요하기 때문입니다. "오늘 우리에게 일용할 양식을 주시옵고"(마 6:11)라는 간구는 우리가 이 땅에 사는 동안 우리에게 매일 필요한 것들이 있어서 반드시 매일 공급 받아야 하는 처지에 있는 한 중단되어서는 안 되는 기도입니다. 우리는 우리 자신과 다른 사람들을 위하여 이 세상을 살아가는 데 필요한 것들과 신령한 것들을 둘 다 공급해 주시라고 하나님께 늘 간구하는 삶을 살아야 합니다. 중보기도의 사역도 우리에게서 결코 중단되어서는 안 됩니다. 여러분의 기도를 들으시는 하나님께 말씀드리십시오. 하나님의 종이자 대사로서 사람들에게 하나님의 말씀을 전하는 우리를 위하여 말씀드려 주시고, 교회를 위해서도 말씀드려 주십시오. 반역하고 있는 죄인들을 위해 간구하시고, 위로부터 한량없는 복들을 내려 주시라고 구하십시오.

또한, 우리는 결단의 언어로 하나님께 말씀드려야 할 때도 있습니다. 가련한 탕자가 "내가 일어나 아버지께 가서"(눅 15:18)라고 말한 것이 옳았듯이, 그리스도인들도 "내가 살아 있는 동안에 하나님의 이름을 부르리라"고 말하거나, "내가 살아 있는 동안에 하나님을 송축하리라"고 말하는 것이 옳습니다. 여러분이 반드시 해야 할 일을 한동안 잊고 살았는데, 하나님께서 어느 날 그 일을 우리에게 아주 분명하게 상기시켜 주실 때가 있는데, 그때에 우리가 "주여, 주의 종이 이 일을 기쁜 마음으로 하겠사오니, 다만 나를 도와 주소서"라고 말한다면, 그것은 참으로 향기로운 일일 것입니다. 하나님 앞에서 은밀하게 서원하시고, 성심으로 그 서원을 행하십시오.

또한, 우리는 친밀한 교제의 언어를 자주 사용하여야 합니다. "그것이 어떤 언어입니까?"라고 물으셔도, 나는 또다시 "어떻게 말로 표현할 수 없습니다"라고 말할 수밖에 없습니다. 할례 받지 못한 귀에 들어가게 해서는 안 되는 사랑의 언어로 우리가 우리 영혼의 신랑에게 말하는 때들이 있습니다. 그러한 언어가 아가서를 통해서 세상 앞에 조금 베일을 벗은 것뿐인데도, 수많은 사람들이 그러한 언어를 트집잡아 왔습니다. 왜냐하면, 육신적인 마음으로는 그러한 신령한 비밀들을 도무지 깨달을 수 없기 때문입니다. 아가서에서 교회가 자신의 신랑 되시는 주님에 대하여 어떻게 큰 소리로 외치고 있는지를 여러분은 압니다: "내게 입맞추기를 원하니 네 사랑이 포도주보다 나음이로구나"(아 1:2). 거룩함을 입은 영혼들과 그들이 사랑하는 주님 사이에 오고가는 많은 사랑의 언어들이 있지만, 그러한 언어들은 신자들과 불신자들이 섞여 있는 모임에서는 말하기가 부적절한 것들입니다. 그런 모임에서 그러한 언어들을 얘기하는 것은 돼지 앞에 진주를 던지거나, 많은 사람들이 지나다니는 길거리에서 연애편지를 큰 소리로 읽는 것과 같을 것입니다. 하나님의 택하신 자들이여, 여러분의 주님께 말씀드리십시오. 주님 앞에 모든 것을 내어놓고, 아무것도 숨기지 마십시오. 주님께서는 "그렇지 않으면 너희에게 일렀으리라"(요 14:2)고 말씀하셨습니다. 주님은 자기가 아버지 하나님에게서 보아 온 모든 것을 여러분에게 말씀해 주셨습니다. 여러분의 마음속에 있는 모든 것을 그에게 말씀드리시고, 여러분이 말씀드릴 때에는 어린아이 같은 거룩한 확신을 가지고 그에게 모든 것을 말씀드리십시오.

그럴 때, 여러분은 그가 친밀한 사랑으로 여러분에게 대답하시는 것을 보게 될 것이고, 그렇게 해서 여러분과 주님 사이에는 달콤한 교제가 이루어지게 될 것입니다. 이상으로 나는 여러분에게 신자들이 하나님과 교제하는 두 가지 형태가 있다는 것을 보여 드렸습니다.

2. 둘째로, 이 두 가지를 결합하는 방법에 대해서 살펴보겠습니다.

　이 주제와 관련해서 나는 하나님과 교제하는 두 가지 형태는 반드시 결합되어야 한다는 것을 말씀드리고자 합니다. 형제들이여, 우리는 평소에 하나님께서 우리에게 무엇이라고 말씀하시는지를 듣지는 않으면서, 단지 기도하러 가서, 하나님이 우리의 기도를 들어주시기만을 바라는 경우가 많은데, 이것은 잘못된 것입니다. 어떤 사람이 하나님의 말씀을 듣는 것은 소홀히 하면서, 기도하는 것은 아주 좋아한다고 합시다. 그의 기도는 머지않아 밋밋하고 시들해지며 무미건조해지고 무익하게 되어 버릴 것이라고 나는 확신합니다. 왜냐하면, 완전히 일방통행식으로 말할 때, 활발한 대화는 불가능할 수밖에 없기 때문입니다. 여러분이 기도하는 시간을 정해 두고서 열심히 기도하기는 하지만, 성경을 주기적으로 읽거나 듣지 않는다면, 여러분의 심령은 받아들이는 것은 없이 밖으로 내보내기만 하는 것이기 때문에, 머지않아 말라 버리기 쉽습니다. 단지 생각이나 소원들만이 시들해지는 것이 아니라, 표현들까지도 단조로워질 것입니다. 여러분이 자신의 기도가 활기나 신선함이 없고 갈수록 시들해지고 무기력해진다고 느낀다면, 십중팔구 그 이유는 여러분이 하나님과 일방통행식의 교제를 유지해 나가고자 하고 있기 때문일 것입니다. 일방적으로 진행되는 대화가 시들해지는 것은 당연한 일이 아니겠습니까? 오늘 밤 내가 한 친구를 내 집에 초대해서 함께 교제하고자 한다면, 내가 일방적으로 얘기해서는 안 되고, 두 사람이 서로 말을 주고받고, 서로가 새로운 대화 주제들을 제안하기도 해야 할 것입니다. 그리고 그 친구가 나보다 더 지혜롭다면, 나는 더욱더 그 대화에서 부차적인 역할을 하고, 그 친구로 하여금 대화를 거의 이끌어 나가도록 하는 것이 좋을 것입니다.

　하나님께서는 스스로 자신을 낮추시고 우리의 눈높이에 맞춰서 우리와 대화하시는 것이기 때문에, 우리는 하나님이 무엇을 말씀하시는지를 열심히 듣고자 하고 귀 담아 듣는 것이 마땅합니다. 우리는 하나님으로 하여금 하나님이 말씀하실 때에 우리의 귀를 닫아 버린다고 탄식하시게 해서는 안 됩니다. 아울러,

우리는 침묵해서는 안 됩니다. 왜냐하면, 성경을 읽고 설교를 들으면서 기도는 하지 않는다면, 하나님과의 교제가 제대로 이루어지지 않을 것이기 때문입니다. 그것도 절름발이 대화가 될 것입니다. 아브라함은 자기가 티끌과 재 같은 존재라고 느꼈지만, 하나님과의 대화 속에서 서로 말을 주거니 받거니 하였다는 사실을 기억하십시오. 모세도 얼마나 많이 하나님께 하소연하며 탄원하셨습니까? 다윗이 하나님 앞에 앉아서 하나님과 말을 주고 받은 것도 여러분은 기억하고 있겠지요? 무엇보다도, 예수께서 하늘로부터 들려오는 음성을 들으실 뿐만 아니라 아버지 하나님께 얼마나 자주 말씀드리셨는지를 기억하십시오. 하나님과의 대화의 두 가지 형태는 서로 결합되어야만, 제대로 된 대화가 이루어지게 됩니다.

또한, 우리는 종종 이 순서를 바꾸는 것이 좋을 때가 있습니다. 필러 목사님은 하나님을 가까이 하며 사셨던 분이고, 그가 한 말들은 한 마디 한 마디가 다 진주와 같았는데, 어느 날 이 목사님이 이렇게 말했습니다: "내가 골방에 가서 기도하기 위하여 무릎을 꿇을 때, 나는 기도하기를 원하는데, 기도가 되지는 않는 때가 종종 있습니다. 그럴 때에 나는 어떻게 할까요? 그럴 때에는 내가 하나님께 말씀드릴 수 없기 때문에, 나는 하나님께 내게 말씀해 주시라고 청하고서, 성경을 펴서 읽습니다. 그러면, 나는 하나님께서 내게 기도제목을 주시는 것을 발견하게 됩니다." 이것은 아주 중요한 말이고, 여러분의 영적인 분별력에 도움이 되는 말이 아니겠습니까? 여러분은 친구가 여러분을 만나자고 해서 마주 앉긴 했는데, 여러분이 유익한 대화를 이끌기에 적합한 상태에 있지 않다고 느꼈지만, 그때에 여러분의 친구가 대화를 이끌어 나가서, 어느샌가 여러분의 마음도 별 어려움 없이 그 대화 속으로 이끌려 들어갔고, 서로 유익한 대화를 나누게 된 적이 있지 않습니까? 마찬가지로, 그럴 때에는 여러분이 하나님께 이 거룩한 대화를 이끌어 주시도록 청하거나, 그가 그렇게 하실 때까지 기다리는 것이 좋을 때가 많습니다. 하나님의 보좌로부터 사랑의 언어가 나오기를 기대하면서, 하나님의 전 문 앞에서 기다리는 것은 복된 일입니다. 하나님과 교제할 때에는 일반적으로 그의 음성을 듣는 것으로 시작하는 것이 가장 좋습니다. 왜냐하면, 하나님의 거룩하신 위엄을 생각할 때, 하나님이 우리에게 말씀하시고자 하시는 것을 우리가 먼저 듣는 것이 합당하기 때문입니다. 특히, 하나님과 우리 사이의 교제가 제대로 이루어지고 있지 않다고 우리가 느끼는 경우에는, 그렇게 하는 것이 최선입니다. 육신의 연약함으로 인해서 우리의 영혼이 방해를 받을 때, 우리가 기도하기 전에 성경을 읽으면, 우리의 영혼은 깨어나게 됩니다. 물론, 하늘에 계신 우리 아버지께 곧바로 말씀을 드리는 것이 더 좋을 때도 있습니다. 예컨대, 어떤 아이가 잘못을 했다면, 아버지가 그의 잘못을 지적하시며 말씀하시기 전에, 아버지에게로 곧장 달려가서, "아버지 내가 죄를 지었사오니"(눅 15:18)라고 말씀드리는 것이 가장 지혜로운 행동일 것입니다. 탕자가 아버지 앞에 나아가 단도직입적으로 자기가 죄를 지었다고 말씀드린 것처럼, 우리도 우리의 잘못을 회개할 때에는 신속하게 하나님 앞에 나아가서 우리의 회개하는 마음을 물처럼 쏟아 놓아야 합니다. 또한, 우리의 마음이 하나님께 감사하는 마음으로 충만할 때에도, 즉시 하나님 앞으로 달려가서 찬송을 쏟아 놓아야 합니다. 우리가 하나님으로부터 큰 은혜를 입었을 때에는, 그 은혜를 주신 분이 우리에게 그 사실을 말씀하실 때까지 기다려서는 안 되고, 그 즉시 하나님을 뵈옵고서, 우리의 감사하는 마음을 고하여야 합니다. 우리의 마음이 기도하고자 하는 마음이나 찬송하고자 하는 마음으로 충만할 때, 성령의 역사로 말미암아 예수의 임재가 느껴질 때는, 우리는 전심으로 하나님께 우리의 마음을 쏟아놓기 시작합니다. 하나님께서 말씀하셨기 때문에, 우리는 즉시 대답합니다.

반면에, 여러 가지 지혜로우신 이유로 우리 하나님께서 우리에게 침묵하실 때에는, 우리가 하나님의 말씀을 가지고 하나님께 나아가는 것이 좋습니다. 여러분이 성경을 읽는데도 성령의 역사를 느끼지 못했거나, 설교를 듣는데도 하나님으로부터 오는 이슬을 발견하지 못했다면, 즉시 기도하십시오. 여러분의 상태를 하나님께 말씀드리고, 하나님께서 자신을 여러분에게 나타내 주시기를 간구하십시오. 먼저 기도하시고, 그런 후에 성경을 읽으십시오. 그러면, 여러분은 여러분이 하나님께 말씀드린 것을 하나님이 들으시고서 여러분에게 대답해 오시는 것을 발견하게 될 것입니다. 하나님과 대화하는 두 가지 형태가 서로 결합되게 하십시오. 상식과 여러분의 경험을 따라, 어떤 때는 하나님께서 먼저 말씀하게 하시고, 어떤 때는 여러분이 먼저 하나님께 말씀드리십시오.

그러나 이 두 가지 모두에는 진정성이 있어야 합니다. 이 일에 있어서 하나님을 우롱하는 것은 죽을 죄에 해당합니다. 하나님의 말씀을 여러분 앞에 마치 인쇄물 뭉치처럼 수북하게 쌓아만 두지 마시고, 성경이 여러분의 영혼에 말씀하게 하십시오. 어떤 사람들은 정해진 시간에 성경을 황급하게 읽어 치워 버리는데,

그렇게 하는 것은 성경을 아예 읽지 않는 것과 같습니다. 어떤 사람이 기차를 타고서 차창으로 쏜살같이 지나가는 어느 지방의 풍경을 보았다고 해서, 그 지방을 제대로 보아서 알았다고 말할 수 있겠습니까? 그 지방이 어떤 지방이고, 거기에 사는 사람들은 어떤 사람들인지를 알고자 한다면, 기차에서 내려서 그 지방을 천천히 걸어다니면서, 그 지역의 특색들과 그 지방 사람들을 하나하나 유심히 살펴보아야 할 것입니다. 성경은 흔히 우렛소리를 내는 것이 아니라 들릴 듯 말 듯 속삭이기 때문에, 그 속삭임을 들을 수 있도록 훈련되지 않은 귀는 그 음성을 제대로 들을 수 없습니다. 따라서 우리는 "주 하나님께서 무엇이라고 말씀하시는지를 내가 들으리라"고 단단히 결심해야 합니다. 성경 속에서 하나님으로 하여금 여러분에게 말씀하시도록 하십시오. 하나님께서 그렇게 하시도록 하기 위해서는, 여러분은 성령의 역사로 말미암아 성경의 구절구절들의 의미를 깨닫게 될 때까지는 잠시 멈춰 서서 묵상하고 앞으로 나아가지 말아야 합니다. 여러분이 어떤 구절들을 깨닫지 못하였다면, 읽고 또 읽으십시오. 아버지가 하는 말을 제대로 깨달을 때까지 아이가 아버지의 음성을 듣는 것이 좋은 것과 마찬가지로, 여러분이 깨닫지 못하는 성경 구절들이라고 할지라도 반복해서 읽는 것이 좋다는 것을 기억하십시오. 비록 하나님께서 무엇이라고 말씀하시는지를 깨닫지 못하겠다고 하더라도, 하나님이 하신 말씀들은 결코 헛된 것이 없다는 믿음을 가지고서 읽고 또 읽으십시오. 또한, 하나님의 말씀을 깨닫게 될 때까지 말씀을 들으십시오. 여러분이 말씀에 귀를 기울이고 있는 동안에, 그 말씀의 의미가 점차 여러분의 심령 속으로 파고들어올 것입니다. 그러나 여러분이 열린 귀와 자원하는 마음으로 경청하는 것이 중요합니다. 여러분은 하나님께 말씀드릴 때에 마음에도 없는 말들을 해서는 안 됩니다. 그것은 지존자를 모욕하는 것이 됩니다. 마음에도 없는 기도를 하는 것은 아예 기도하지 않는 것만큼이나 악합니다. 어떤 사람이 지존자 앞에 나아가서, 마음에도 없는 말들을 늘어놓으며 간구하는 체한다면, 그것은 하나님에 대한 최악의 모욕이 될 것입니다. 그런 식으로 천국의 지존자를 모욕하지 않도록 조심하십시오.

3. 셋째로, 하나님과의 교제의 이 두 가지 형태는 그리스도 안에서 온전히 실현되었습니다.

나는 이 마지막 대지에 대해서는 여러분에게 아주 간략하게 설명드릴 것이기 때문에, 여러분이 시간이 있을 때에 천천히 묵상해 보시기를 바랍니다. "주는 나를 부르소서 내가 대답하리이다." 무한한 위엄을 지니신 하나님이여, 나를 부르시고, 주께서 요구하실 수 있으신 모든 것을 내게 요구하십시오. 내가 주께 대답할 수 있다는 사실만으로도, 나는 주를 송축합니다. 주의 보잘것없는 종에게 주께서 요구하실 수 있는 모든 것을 요구하십시오. 이 보잘것없는 종이 기쁜 마음으로 대답하겠습니다. 형제들이여, 아마도 여러분은 깜짝 놀라서, "어떻게 우리가 하나님께 대답할 수 있습니까?"라고 물을 것입니다. 이 물음에 대한 대답은 아주 분명합니다. 즉, 우리는 "예수를 기억함으로써" 하나님께 대답할 수 있습니다. 왜냐하면, 우리 주 예수 그리스도는 하나님에 대한 인간의 완벽한 대답이기 때문입니다. 하나님의 공의는 죄에 대한 형벌로서 죽음을 요구합니다. 보십시오, 하나님의 아들이 십자가에서 죽으셨고, 거기에서 내려지셔서, 수의가 입혀지고, 요셉의 무덤에 안치되셨습니다! 하나님의 공의는 고난을 요구하고, 죄인이 하나님으로부터 버림 받아야 한다고 요구합니다. 저기 십자가를 보시고, 예수께서 "나의 하나님, 나의 하나님, 어찌하여 나를 버리셨나이까"(마 27:46)라고 부르짖으시는 음성을 들어 보십시오. 크신 하나님이여, 주께서는 주의 공의가 요구할 수 있는 모든 고난, 그리고 심지어 죽음까지도 우리가 아니라 예수에게서 찾으셨습니다. 하나님의 거룩하심이 순종의 삶을 요구하는 것은 당연한 일이기 때문에, 사람은 율법을 온전히 순종하지 못한다면 하나님 앞에서 의로울 수 없습니다. 우리의 대답을 보십시오. 우리는 구주의 온전하신 순종을 가져다가, 여호와의 발 앞에 내려놓습니다. 하나님께서 우리에게 더 요구하실 수 있는 것이 있겠습니까? 하나님은 온전한 마음과 흠 없는 인격을 요구하시고, 조금이라도 온전하지 않은 것을 받으실 수는 없습니다. 우리는 하나님의 독생자이시자 인자이시자 우리의 형제이신 예수 그리스도를 아버지 하나님 앞에 모셔갑니다. 온전한 사람, 온 인류의 타락하지 않으신 머리가 우리에게 있다는 것 — 바로 이것이 우리의 대답입니다. 절대로 이것 외의 다른 대답을 하나님께 가져가려고 하지 마십시오. 하나님께서 여러분에게 무엇을 요구하시든지, 여러분의 구주를 하나님 앞에 내놓으십시오. 그러면, 하나님께서는 우리에게 더 이상 아무것도 요구하실 수 없습니다. 왜냐하면, 여러분이 하나님 앞에 내놓은 분은 하나님이 온전히 기뻐하시는 분이기 때문입니다. 하나님께서는 친히 "이는 내 사랑하는 아들이요 내 기뻐하는 자라"(마 3:17)고 말씀하지 않으셨습니까? 그러므로 하나님의 공의에 대한 여러분의 대답이 그리스도가 되게 하십시오.

그러나 앞에서 나는 그리스도께서 또 다른 목적도 이루셨다고 말씀드렸습니다. 즉, 그리스도는 우리에 대한 하나님의 대답이기도 하신다는 것입니다. 이 아침에 여러분은 하나님께 무엇을 구하고 계십니까? 여러분이 하나님으로부터 아주 멀리 떨어져 있어서, "내가 어떻게 하면 구원 받을 수 있습니까?"라고 묻고 계십니까? 여러분의 그러한 물음에 대하여 영광의 하나님이 주실 수 있으신 유일한 대답은 십자가에 달리신 그리스도이십니다. 그리스도가 바로 하나님의 대답입니다. 하나님은 우리에게 그리스도를 믿으면 살리라고 대답하십니다. 예수의 몸에 나 있는 저 상처들, 핏방울이 되어 떨어졌던 그의 땀방울들, 그의 대속의 죽음을 의지해서 여러분은 구원을 받아야 합니다. 여러분은 하나님 앞에서 "내가 그리스도를 믿어 오긴 했지만, 나의 구원은 확실할까요?"라고 묻고 있습니까? 하나님의 유일한 대답은 죽은 자들로부터 다시 살아나신 그리스도는 또다시 죽지 않는다는 것입니다. 죽음은 더 이상 그리스도를 주관할 수 없기 때문에, 그리스도께서는 "내가 살아 있기 때문에, 너희도 살아 있게 되리라"(cf. 요 14:19)고 말씀하셨습니다. 부활하신 그리스도는 우리가 영원히 안전하리라는 것에 대한 하나님의 보증입니다.

여러분은 하나님께 "주께서는 나를 얼마나 사랑하시는지요?"라고 묻고 있습니까? 여러분은 거대한 질문을 하셨고, 거기에 대하여 거대한 대답이 준비되어 있습니다. 하나님께서는 자기 아들을 주심으로써, 자신의 사랑이 어떠한 사랑인지를 증거하십니다. 여러분은 "하나님이여, 주께서는 내게 무엇을 주시고자 하십니까?"라고 묻고 있습니까? 그 질문에 대한 하나님의 대답도 자기 아들이십니다. "자기 아들을 아끼지 아니하시고 우리 모든 사람을 위하여 내주신 이가 어찌 그 아들과 함께 모든 것을 우리에게 주시지 아니하겠느냐"(롬 8:32)라는 말씀 속에서 여러분은 자기 아들을 죽이시면서까지 여러분을 사랑하시는 하나님을 볼 수 있습니까? 하나님의 사랑을 증명하기 위해서 여러분에게 더 이상 무엇이 필요하겠습니까? 여러분은 "하나님께서는 이 모든 일들이 사실임을 보여주시기 위하여 어떤 증거를 제시하실 것입니까?"라고 묻고 있습니까? 하나님은 여러분에게 하늘에 계시는 그리스도를 주십니다. 여러분이 "하나님이여, 주께서 내게 은혜의 역사를 다 마치신 후에는, 나는 어떻게 되는 것입니까?"라고 묻는다면, 하나님은 여러분에게 영광 중에 계신 예수를 보여주실 것입니다. 왜냐하면, 여러분도 그와 같이 될 것이기 때문입니다. 여러분이 장래에 자신의 운명이 어떻게 될 것인지를 묻는다면, 하나님은 여러분의 구원을 위하여 속죄 제사를 드리기 위하여 첫 번째로 오셨던 그리스도께서 이번에는 여러분의 구원을 온전하게 하기 위하여 두 번째로 오실 것임을 여러분에게 보여주실 것입니다.

　사랑하는 친구들이여, 여러분이 하나님께 그 어떤 것을 묻거나 구하더라도, 하나님은 여러분에게 즉시 그 대답으로 예수를 내놓으실 것입니다. 그리스도인들의 심령이 예수를 말하고, 그리스도인들의 하나님이 예수를 말씀하시는 대화는 너무나 복된 대화입니다! 우리가 예수께로 가서 그 안에서 안식하고, 하나님께서 예수 안에 계셔서 영원한 쉼을 얻으실 때, 그것은 얼마나 멋지고 아름다운 모습입니까! 이렇게 믿는 자들과 그들의 하나님은 저 동일한 "사랑하는 자" 안에서 함께 안식합니다. 하나님께서 예수님을 인하여 우리의 묵상에 복을 더하셔서, 그런 복된 교제가 우리 가운데서 이루어지게 해주시기를 빕니다. 아멘.

제
15
장
—

우리의 삶, 우리의 일, 우리의 변화

—

**"나는 나의 모든 고난의 날 동안을 참으면서 풀려나기를
기다리겠나이다." — 욥 14:14**

욥은 자신의 육신의 무시무시한 고통과 괴로움, 그로 하여금 극도로 분노하게 만들었던 친구들의 말들, 그의 마음을 후벼 팠던 아내의 신랄한 독설 때문에 거의 자포자기 상태에 빠질 뻔하였습니다. 그가 거의 참을 수 없을 정도가 된 것은 결코 이상한 일이 아닙니다. 욥이 "주는 나를 스올에 감추시며"(13절)라고 불만을 터뜨리며 부르짖은 것은 욥의 처참한 처지를 고려해 보면 충분히 이해할 수 있는 일입니다. 왜냐하면, 욥은 자신의 삶을 견딜 만하게 해줄 수 있는 모든 것을 빼앗겼고, 그가 죽음을 바랄 수밖에 없도록 만든 모든 해악이 그에게 임하였기 때문입니다. 그렇지만 욥은 막상 그러한 불만을 터뜨리며 소리를 지른 후에는, 자신의 연약함에 대하여 부끄러움을 느끼고서, 다시 정신을 가다듬고 좀 더 냉정하고 차분하게 자신의 심정을 조리 있게 얘기해 나간 것으로 보입니다. 욥은 자신의 삶을 정면으로 바라보고서, 자신의 싸움이 혹독하기는 하지만, 이 싸움은 단지 한 번뿐이고, 이 싸움에서 이기면, 그 이후에는 더 이상 싸움이 없을 것임을 기억합니다. 그래서 그는 자신의 현재의 슬프고 괴로운 일들과 장래의 해악들까지도, 그것들이 무엇이 되었든지 다 참고 견뎌 보자고 스스로를 격려하면서, 오늘의 본문과 같이 비장한 결심을 하는데, 이렇게 자기 자신을 극복하고서 하나님의 뜻을 인내로써 받아들이고자 하는 결심은 세계를 정복하고자 한 알

렉산더 대왕의 결심보다 훨씬 더 영광스러운 것입니다. 욥은 하나님께서 정하신 기한이 다 되어서 변화가 찾아올 때까지 자기는 하나님의 작정하심을 꾹 참고 견뎌내겠다는 각오를 자신의 마음속에 단단히 새겼습니다. 우리 중에서 이 족장이 탄식하고 불평한다고 해서 그에게 돌을 던질 수 있는 사람은 아무도 없습니다. 왜냐하면, 우리가 욥과 같은 처지에 놓이게 된다면, 우리는 욥의 인내의 절반만큼도 인내하지 못할 것이기 때문입니다.

　　우리는 요나와 같이 행할 때가 너무나 많아서, 우리에게 주어진 일이 힘들고 고달플 것 같거나, 우리에게 아무런 영광도 돌아올 것 같지 않으면, 갑자기 겁쟁이가 되어서 그 일로부터 멀리 도망쳐 버리고자 합니다. 우리는 다시스로 가는 배를 찾아다니고, 그러다가 그런 배편을 구하지 못하면, 스랍 천사가 우리를 천국으로 데려다 준다면 얼마나 좋을까 하고 탄식합니다. 이 거대한 니느웨는 우리 중 대부분으로 하여금 겁을 집어먹고 의기소침하게 만듭니다. 에브라임의 자손들은 병기들로 무장하고 활을 지니고 있었는데도 전쟁의 날이 되자 도망쳐 버렸는데, 나는 우리도 그들과 비슷하지 않나 하는 생각을 자주 합니다. 우리는 한 쪽 다리를 저는 야곱 같은 것은 물론이고, 거기에서 더 나아가 두 다리를 다 저는 경우도 종종 있습니다. 우리는 자주 전쟁을 하지 않고 편안하게 쉬고 싶어서, "이 날이 언제나 지나가서, 우리가 두 다리 쭉 뻗고 쉬어 보나?"라고 소리칩니다. 우리는 바로 그러한 마음을 거슬러 싸워야 합니다. 그리고 나는 오늘의 본문을 살펴보면, 우리가 그 싸움을 하는 데 도움을 얻을 수 있을 것이라고 생각합니다. 이제 그러한 목적으로 우리가 본문을 살펴볼 때, 하나님께서 우리에게 복 주셔서, 우리가 "견실하며 흔들리지 말고 항상 주의 일에 더욱 힘쓰는 자들이 되게"(고전 15:58) 해주시기를 빕니다. "나는 나의 모든 고난의 날 동안을 참으면서 풀려나기를 기다리겠나이다"(KJV에는 "내게 변화가 찾아올 때까지 나는 내게 정해진 때의 모든 날들 동안 기다리겠나이다").

　　이 아침에 우리가 살펴보게 될 것은 첫 번째는 욥은 우리의 인생을 무엇이라고 보느냐 하는 것이고, 두 번째는 욥은 이 땅에서 우리의 일이 무엇이라고 보는가 하는 것이며, 세 번째는 욥은 장래에 대해서는 어떻게 보고 있느냐 하는 것입니다.

1. 첫째로, 욥은 이 죽을 인생을 어떤 측면에서 바라보았습니까?

그는 사람의 인생을 "모든 고난의 날," 또는 히브리어 원문으로는 "전쟁"이라

부릅니다.

욥이 우리의 인생을 "때" 또는 "날"이라고 표현한 것을 주목하십시오. 우리는 현세에서의 우리의 삶이 영원하지 않다는 것에 대해서 하나님께 감사합니다. 우리의 삶 속에서 환난들이 오래 지속되는 것처럼 보일지라도, 그 환난들은 언젠가는 끝이 나게 되어 있다는 것입니다. 우리에게 주어진 이 세상에서의 삶은 유한해서, 그 어떤 환난이나 근심도 다 끝이 있습니다. 밤이 아무리 길어 보일지라도, 때가 되면, 새벽빛에게 자신의 자리를 내어주어야 합니다. 추운 겨울이 길게 이어져서 힘들다고 할지라도, 겨울의 바로 뒤에서는 봄이 바짝 쫓아오고 있습니다. 조류도 썰물이 되어 물러가면, 그 자리에 오직 진흙 펄만이 남습니다. 우리는 밝고 푸른 물결이 다 사라져 버렸다고 한탄하지만, 사실은 그렇지 않습니다. 밀물 때가 되면, 바닷물은 또다시 해변으로 밀려들어옵니다. 왜냐하면, 하나님께서 그렇게 정하셨기 때문입니다. 사실, 우리의 인생은 짧습니다. 우리의 인생은 영원에 비하면 한 뼘밖에 되지 않습니다. 영원의 높은 봉우리에서 바라보면, 이 덧없는 인생은 눈 깜짝할 사이에 지나가 버리는 것으로 보이지 않겠습니까! 장차 우리가 결코 끝나지 않을 차고 넘치는 기쁨으로 들어갔을 때에는, 이 죽을 인생 속에서 우리가 겪은 고통들은 바늘에 한 번 따끔하게 우리의 손을 찔린 것 같이 느껴지게 될 것입니다. 장차 우리가 영원한 안식에 들어갔을 때에는, 우리가 이 세상에서 한 수고들은 어린아이의 장난처럼 느껴지게 될 것입니다. 그러므로 나의 형제들이여, 우리는 영원이라는 관점에서 판단하여야 합니다. 우리는 이 보잘것없는 유한한 인생이 마치 전부인 것처럼 간주하는 그러한 엉터리 저울이 아니라, 영원이라는 저울로 우리의 환난들을 달아 보아야 합니다. 우리는 영원을 살기 위하여 태어난 자들입니다. 우리가 이 인생이라는 짧은 시간을 통과하기 위하여 고군분투해야 하는 것은 사실이지만, 장차 영광 중에 우리 하나님과 함께 하는 시간은 그 모든 수고와 눈물을 다 보상해 주고도 남을 것입니다. 하늘의 셈법의 대가였고, 셈을 단 한 번도 틀리게 한 적이 없었던 사도 바울은 "생각하건대 현재의 고난은 장차 우리에게 나타날 영광과 비교할 수 없도다" (롬 8:18)라고 말하였습니다. 혹독한 환난과 괴로움이 아주 길게 이어지는 삶도 결국 한 "때"일 뿐입니다. 하나님의 이 단순한 진리를 고난 중에서 괴로워하는 모든 신자들의 귀에 속삭여 주십시오. 환난 가운데 있는 가난하고 멸시 받는 사람들에게 이 기쁜 진리를 말해 주십시오. 슬퍼하는 모든 자들에게, 인생은 영원하지 않고 한 "때"일 뿐이라고 말해 주십시오. 환난 중에 있는 성도들이여, 여러분의 현재의 슬픔과 괴로움을 영원한 멸망에 처해지게 될 자들의 고통과 비교해 보십시오. 영원히 버림 받은 자들에게는 그 고통이 결코 한 "때"가 아니기 때문에, 그들의 고통과 괴로움이 끝나게 될 때를 기대할 수 없습니다. 비참한 고통 중에서 울고 있는 그들의 눈 앞에는 "영원히! 영원히!"라고 불로 씌어진 글귀만이 보일 뿐입니다.

또한, 욥은 우리의 인생을 "정해진" 때라고 부릅니다. 여러분은 누가 여러분의 날들을 정하셨는지를 압니다. 그 날들은 여러분이 스스로 정한 것이 아니기 때문에, 그렇게 정해진 것에 대하여 여러분이 아무리 못마땅해해도 아무 소용이 없습니다. 그리고 그 날들은 사탄이 정한 것도 아닙니다. 사탄은 음부와 사망의 열쇠들을 자신의 허리에 차고 있지 않습니다.

> "한 천사가 나를 스올에 던져 넣을 수 없고,
> 수많은 천사들이라도 나를 거기에 가두어 둘 수 없다네."

죽음을 명할 수 있는 권한은 오직 전능하신 하나님께만 있습니다. 우리에게 영혼을 주신 하나님만이 그 영혼에게 다시 돌아오라고 명령하실 수 있으시고, 아무도 그 명령을 바꿀 수 없습니다. 오직 하나님만이 이 죽을 인생을 끝낼 화살을 날리실 수 있으십니다. 하나님이 활에 자신의 손을 대실 때까지는, 이 땅과 음부에 있는 모든 궁사들이 활을 쏘아댄다고 하여도, 아무도 죽일 수 없습니다. 우리의 순례길은 시작할 때와 끝날 때가 정해져 있습니다. 여러분의 살아갈 날들을 나타내는 저 모래시계에서 위쪽에 있는 모래들은 하나님이 자신의 손으로 측량해서 넣어 두신 것이고, 그 모래들이 조금씩 아래쪽으로 떨어져서, 결국에는 여러분의 인생의 날이 다하는 때가 찾아오게 되는 것입니다. 그 모래들은 너무 적지도 않고 너무 많지도 않습니다. 여러분은 하나님께서 자신의 기가 막힌 지혜와 깊고 깊은 지식과 나무랄 데 없는 사랑으로써 여러분의 인생의 모든 날들과 여러분이 해야 할 일들을 정해 놓으셨다는 것을 결국에는 알게 될 것입니다. 여러분은 여러분에게 할당된 날들을 살아가게 되어 있고, 그 날들 이상으로 살아갈 수 없다는 것을 기억하십시오. 여러분은 하나님이 정하신 날들의 마지막 일 분까지 살아가게 될 것이고, 역병이나 질병이나 홍수의 위험이나 들의 위험이나 전쟁의 위험 같은 것들은 하나님이 여러분에게 정하신 날들 중에서 마지막일 초도 여러분에게서 빼앗을 수 없습니다. 여러분이 아무리 주치의를 두고서더 오래 살려고 온갖 노력을 다해도, 여러분은 하나님이 정하신 기한을 넘어서서 살아갈 수 없고, 여러분에게 정해진 기한보다 단 일 초도 더 살 수 없습니다. 냉혹한 죽음의 사자는 주인이 자기를 보내시면 지체 없이 자기에게 하달된 명령을 즉각적으로 시행합니다.

> "그때에는 네가 티끌로 돌아가야 하고,
>   거기에는 지체함이 있을 수 없도다."

우리 인생의 기한이 우리를 사랑하시는 아버지 하나님의 지혜에 의해서 정해졌고, 우리가 이 땅에 살아갈 날들과 기한이 우연의 바람이나 불확실함의 물결에 맡겨진 것이 아니라, 그 모든 것이 하늘에 계신 우리 아버지에 의해서 결코변개될 수 없게 정해져 있다는 사실은 우리를 기쁘게 하지 않습니까? 우리의 인생 이야기는 구주의 언약 사항들이 기록되어 있는 바로 그 책에 기록됩니다.

또한, 사랑하는 친구들이여, 욥이 아주 지혜롭게도 우리에게 정해진 때의 "날들"에 대하여 말하고 있다는 것을 주목하십시오. 인생이라는 짐 전체를 짊어지고자 할 때, 하나님의 섭리에 의해서 각각의 "날들"에 할당되어 있는 짐만을지는 법을 배우는 것은 슬기로운 일입니다. 즉, 우리는 하나님이 정해 주신 삶 전체에서 하루에 할당해 두신 삶을 살아가면 됩니다. 하나님께서는 우리에게 한꺼번에 한 달 분량의 삶의 짐을 지워 주지 않으십니다. 우리는 한 번에 일초씩 가는시계를 따라 살아갑니다. 우리가 한 달이나 일 년 단위로 살아감으로써 우리의머리를 복잡하게 하는 것보다는 하루 단위로 살아가는 쪽이 지혜로운 방법이 아니겠습니까? 은혜의 말씀은 이렇게 되어 있습니다: "네가 사는 날을 따라서 능력이 있으리로다"(신 33:25). 하나님께서는 여러분에게 한 해 동안 먹을 양식을 구하라고 명하지 않으셨고, "오늘 우리에게 일용할 양식을 주시옵고"(마 6:11)라고기도하라고 명하셨습니다.

어떤 신앙 좋은 분이 지난 15년 내지 20년 동안 이런저런 수많은 환난과 어려움들을 겪어 왔으면서도, 내가 알기에는 그런 환난과 어려움들에 굴하지 않고씩씩하고 담대하게 이겨내 왔기 때문에, 나는 그분에게 어떻게 그 모든 환난을 인내하며 이겨낼 수 있었느냐고 물었더니, 그분은 이렇게 대답했습니다: "어느 날 내 아내가 지하실에 있는 석탄을 어떻게 거실로 옮겨올지를 고민하고 있어서, 내가 내 아내에게 이렇게 말해 주었습니다. '이 석탄을 자루에 담아서 거실로 옮기려고 하면, 장정 몇 사람이 필요할 것이지만, 우리의 가정부 소녀인 메리가 지금까지 지하실에서 거실로 옮겨 온 석탄의 양을 따지자면 엄청난 양이 될 것이요. 그런데 그녀는 한 번에 작은 통에 가득 석탄을 담아서 옮기는 것을 반복해서, 아마도 몇 수레나 되는 석탄을 지금까지 옮겼을 거요. 한 번에 조금씩 옮기다 보니, 어느 샌가 많은 양의 석탄을 쉽게 옮기게 된 것이지.'"

　　이것은 우리의 인생의 환난들을 어떻게 감당하여야 하는지를 잘 보여줍니다. 그 비결은 한 번에 하루 분량의 환난만을 감당하는 것입니다. 환난들은 우리에게 파도처럼 연속적으로 밀려옵니다. 그러나 우리는 그 파도들을 하나하나씩 상대하고자 해야 하고, 큰 바다의 모든 파도들을 한꺼번에 다 상대하고자 해서는 안 됩니다. 옛적에 용맹스러운 스파르타 군대가 페르시아 대군을 테르모필레(Thermopylae)라는 좁은 길로 끌어들여서 한 사람 한 사람씩 상대하였던 것처럼, 우리도 그렇게 싸워야 합니다. 즉, 우리는 우리에게 닥쳐오는 환난들을 좁은 길로 유인해서, 그 환난들을 하나씩 격파하여야 한다는 말입니다. 반대로, 우리는 페르시아 대군이 무수하게 집결해 있는 평지로 무모하게 진격해서는 안 됩니다. 그렇게 했다가는, 우리는 이내 삼켜져 버리게 될 것이고, 우리의 믿음과 인내는 무너지게 될 것입니다. 나는 나의 모든 날들이 끝날 때까지, 기꺼이 그 날의 삶을 살고, 그 날의 일을 하며, 그 날의 고난을 감당하고자 합니다. 그리고 나는 날들이 사라진 저곳에서 "옛적부터 계신 이"를 뵈옵고, 내 영혼은 영원한 기쁨의 바다에서 노닙니다.

　　나는 여러분에게 오늘의 본문에 대한 히브리어 원문에 대해서 말씀드리지 않을 수 없습니다: "나는 나의 **전쟁**의 모든 날들 동안 기다리겠나이다." 사실, 인생은 "전쟁"입니다. 우리나라에서 남자는 일정 기간 군대에서 복무를 하고 난 후에 자유롭게 살 수 있는 것과 마찬가지로, 모든 신자들은 복무기간이 끝나서 죽음의 잠을 잘 때까지 이 세상에서 사는 날 동안에 하나님을 섬기도록 징집됩니다. 죽음이 찾아와서 이 복무기간이 끝날 때에야, 우리는 우리에게 주어진 싸움에서 벗어나게 되고, 우리의 군장을 벗을 수 있게 됩니다. 형제들이여, 여러분이 예수를 믿게 되면, 여러분은 군사로 징집됩니다. 나는 여러분에게 여러분이 군사라는 사실을 일깨워 드리고자 합니다. 여러분은 언제나 전쟁 중에 있게 되고, 여러분에게는 휴가도 없고, 적과 평화협정을 맺는 것도 금지됩니다. 옛적의 기사들이 잠을 잘 때에도 군장을 하고 있었듯이, 여러분은 쉬고 있을 때에도 공격을 받게 됩니다. 천국에 이르기 전에는 적으로부터 안전할 때는 없고, 달콤한 안식을 취하는 주일을 포함해서 그 어떤 때라도 적의 공격을 알리는 나팔이 울리지 않는 때는 없습니다. 그러므로 여러분은 늘 전투 준비를 하고 있어야 합니다. 인생을 끊임없는 전투로 여기고, 늘 "하나님의 전신갑주"(엡 6:11)를 입고 있으십시오. 여러분이 싸우지 않아도 되는 때가 있다면, 그것을 오히려 이상하게 여기십시오. 세상이 여러분을 향하여 평온하다면, 그것을 오히려 수상하게 여기십시오. 여러분의 이전의 부패함들이 일어나서 여러분을 공격하지 않는다면, 뭔가가 이상하다고 생각하십시오. 여러분에게 칼집은 전혀 필요없을 것이기 때문에, 늘 칼을 빼들고서 길을 가시고, 칼집은 던져 버리십시오. 여러분은 늘 싸워야 하는 군사이고, 전쟁이라는 빛 아래에서 여러분의 삶 전체를 살펴보아야 합니다.

죽을 인생을 보았던 욥의 이러한 관점을 종합해 보면, 무엇이 됩니까? 사랑하는 자들이여, 그것은 우리가 이미 앞에서 말했듯이, 인생은 단 한 번뿐이라는 것입니다. 우리가 이 땅에서 우리 하나님을 섬기며 하나님의 영광을 위하여 애쓸 수 있는 기회는 단 한 번뿐입니다. 우리는 우리를 군사로 부르신 이께서 우리에게 맡기신 일들을 충성되게 수행해 나가야 합니다. 일정 기간 동안 지존자를 섬기는 일을 하게 된 사람들은, 그들이 훌륭한 사람들이라면, 복무하는 기간 동안 자신에게 맡겨진 일들을 제대로 해 나가겠다고 결심할 것입니다. 우리도 마찬가지입니다. 우리는 다른 전쟁에 참여하는 것이 아니라, 현재 우리에게 주어진 전쟁을 영광스럽게 수행해 나가야 합니다. 우리는 우리의 손에 칼을 쥐고서, 일생에 걸친 이 한 번의 전투에서 그 칼을 사용한 후에, 영원히 벽에 걸어두게 될 것입니다. 우리는 우리의 병기를 잘 사용해야 하고, 그 칼을 방치하여 녹슬게 하여서, 우리의 부끄러운 삶의 기념비가 되게 해서는 안 됩니다. 이 싸움은 한 번뿐이기 때문에, 우리는 기쁜 마음으로 이 싸움을 싸우러 나아가야 합니다. 다윗의 용사들이 죽음을 두려워하지 않고, 모든 대적들과 맞서 죽을 각오로 싸워서 모든 싸움을 승리로 이끌었듯이, 우리도 그 용사들처럼 용맹한 군사들이 되어야 합니다. 사랑하는 자들이여, 우리에게는 정해진 기한이 있고, 그 기한이 점점 다가오고 있습니다. 우리는 그 기한이 다가오는 것을 기뻐하여야 합니다. 우리의 대장이신 그리스도께서 그 기한을 정하셨고, 우리에게 보초를 서거나, 적진을 향하여 돌진하라고 명하셨습니다. 그 기한은 우리가 사랑하는 왕께서 정하신 것이기 때문에, 우리는 그 기한을 정하신 이를 욕되게 해서는 안 됩니다. 우리는 우리에게 이 땅에 살면서 적과 싸우라고 명하신 이의 이름으로 선한 싸움을 싸우고, 우리에게 주어진 온 힘을 다하여 적과 싸우는 삶을 살아가야 합니다. 사랑하는 친구들이여, 우리는 우리의 구원의 대장이신 주님의 깃발 아래에 징집되어서 주님의 전쟁에 참여하여 싸우고 있는 것이기 때문에, 주님께서는 이 전쟁을 반드시 승리로 이끄실 것입니다. 우리는 낙심하거나 실망해서는 안 됩니다. 우리는 대장부답게 담대하고 강하여야 합니다. 왜냐하면, 주 우리 하나님께서 우리와 함께 하시고, 이스라엘의 전능자께서 우리의 대장이시기 때문입니다. 우리는 이 땅에서 우리에게 기회가 주어져 있는 동안에 열심으로 하나님의 은혜를 영화롭게 하여야 합니다. 우리가 싸워야 할 적이 있는 동안에, 우리는 우리의 적과 맞서 싸워야 합니다. 우리는 승리를 쟁취해 낼 수 있는 전투가 벌어지고 있는 동안에 기어코 승리를 쟁취해 내야 합니다. 천국에서는 우리가 싸워야 할 전투도 없고, 우리가 쟁취해 낼 수 있는 승리도 없습니다. 바로 이 현세의 삶 속에서 우리는 성령 하나님의 이름과 능력을 힘입어서, 우리에게 주어진 온 힘을 다해, 우리에게 이 전쟁을 하도록 정하신 하나님께 영광을 돌리겠다고 단단히 결심하여야 합니다. 이제 우리는 첫 번째 대지를 마치고 두 번째 대지로 넘어가고자 합니다. 성령 하나님께서 계속해서 우리에게 복을 내려 주시기를 빕니다.

2. 둘째로, 욥은 이 땅에서 우리가 해야 할 일은 기다리는 것이라고 봅니다.

"나는 내게 정해진 때의 모든 날들 동안 기다리겠나이다." "기다린다"는 표현은 매우 의미심장합니다. 우리가 그 표현을 온갖 다양한 의미로 이해하기만 한다면, 사실 그 표현은 그리스도인의 삶의 전부를 담고 있다고 할 수 있습니다. 우리는 그 중에서 몇 가지만을 간략하게 살펴보겠습니다.

먼저, 그리스도인의 삶은 땅에 속한 모든 것들을 내려놓는 "기다리는" 삶이 되어야 합니다. 이 아침에 우리 중에는 많은 여행자들이 있습니다. 그들은 이 지역 저 지역을 돌면서 많은 곳들을 둘러보고 있습니다. 그리고 그들은 단지 여행자들일 뿐이어서, 곧 자신의 본향으로 돌아가게 되어 있기 때문에, 롬바드 가(Lombard Street)나 칩사이드(Cheapside) 가에서 행해지는 여러 가지 사업들에 별 신경을 쓰지 않습니다. 그들은 부동산을 사고팔 생각을 하지도 않고, 사업을 해서 큰돈을 손에 넣으려고 하지도 않습니다. 그들은 자신들이 단지 낯선 이방인들이라는 것을 알기 때문에, 이방인답게 행동합니다. 그들은 자신들이 머무는 지역의 일들에 대하여 그 지역의 시민이 아닌 자들에게 합당한 정도의 관심만을 갖습니다. 그들은 자신들이 머무는 곳의 사람들이 잘되기를 바라기는 하지만, 그것이 전부입니다. 왜냐하면, 그들은 결국 본향으로 돌아갈 것이기 때문입니다. 그러므로 그들은 자신들이 머무는 지역에서 떠나가는 것을 어렵게 하고 그들의 발목을 잡는 일들에는 얽히지 않고자 합니다. 그들은 어디를 가든 자신들은 곧 떠나야 할 자들임을 알기 때문에, 낯선 이방인들이자 나그네들답게 처신합니다. 그리스도인들은 사막을 건너가는 베두인(Bedouin) 족 사람들과 같고, 철새들과 같으며, 최종 종착지인 항구를 향해 항해하는 여행자들과 같습니다. 이곳은 타락한 곳이어서 우리가 쉴 곳이 아닙니다:

"서글픈 것은 이곳이 우리의 본향이 아니라는 것이라네."

자기 자신을 가능한 한 현세의 일들에 얽매이지 않게 하는 것이야말로 그리스도인들의 지혜입니다. 그들은 자기가 머물도록 부르심 받은 지역의 주민들에게 인자하게 행하고자 하고, 그들이 잘 되기를 바랍니다. 하지만 그들은 자기가 그 주민들과 같지 않다는 것을 늘 기억하며 살아갑니다. 그들은 그 주민들 중에 거하는 외인들입니다. 그들은 이 세상에서 사기도 하고 팔기도 해야 할 것이지만, 그것은 단지 잠시 편의상 그렇게 하는 것일 뿐입니다. 그들은 이 세상에서 영원히 살 것처럼 사거나 팔거나 하지 않습니다. 왜냐하면, 그들은 "진리를 샀고," "그 진리를 팔지 않을" 것이기 때문입니다. 그들은 자신의 마음과 보화를 이미 하늘에 쌓아 두었습니다. 그들의 모든 기쁨과 보화들은 강 저편에 있습니다. 강 이편에 있는 땅에 속한 기쁨들은 그가 일시적으로 빌려 쓰고 있는 것들에 불과합니다. 자녀들이 죽는다고 하여도, 그들은 놀라지 않습니다. 사람은 누구나 다 죽게 되어 있다는 것을 그들은 알기 때문입니다. 친구들이 세상을 떠나도, 그들은 놀라지 않습니다. 여자에게서 난 자들은 누구나 죽게 되어 있다는 것을 그들은 알기 때문입니다. 자신이 가지고 있던 부에 날개가 생겨 날아가 버린다고 할지라도, 그들은 그것을 이상하게 여기지 않습니다. 재물은 철새와 같아서 제비처럼 다른 곳으로 날아가 버리는 법이라는 것을 그들은 알고 있기 때문입니다. 그들은 세상이 큰 물 위에 세워져 있다는 것을 이미 오래 전부터 알고 있기 때문에, 자신의 발밑의 땅이 요동한다고 해도, 그것이 정상적인 현상임을 알고서 놀라지 않으며, 도리어 세상의 터가 그렇게 불안정한데도, 세상이 온통 엉망진창이 되지 않는 것을 이상하게 여깁니다. 삼손이 블레셋 사람들의 신전을 흔들었을 때처럼, 최후의 심판의 날에 하나님의 말씀이 울려퍼질 때에 모든 피조세계는 한꺼번에 무너져내리게 될 것입니다. 세상의 모든 것들이 무너지기만을 기다리고 있는데, 사람이 자신의 소유를 자랑하는 것은 헛된 일입니다. 형제들이여, 여러분도 자신의 소유를 자랑하고 있습니까? 신앙인들 중에도 마치 이 세상이 자신의 안식처인 양 살아가는 사람들이 있습니다. 여러분이 그런 사람들이라면, 여러분은 본향으로 가고 싶지 않은 것입니까? 여러분이 이 땅에 자신의 아주 편안한 보금자리를 마련해 놓았습니다. 여러분은 그 보금자리를 따뜻한 깃털들로 만들어 놓았고, 거기에는 여러분의 마음이 원하는 모든 것이 있습니다. 여러분은 여기에서 천년만년 오래도록 편안히 살고자 하고 있습니다. 나는 여러분이 그러한 세상적인 마음을 여러분 속에서 몰아내고, 향수병에 걸리게 되시기를 바랍니다. 모든 진정한 애국자에게는 저 달콤한 향수병, 곧 자신의 사랑하는 조국이 그리워서 거기에 갈 날을 늘 애타게 손꼽아 기다리는 향수병이 있을 수밖에 없습니다. 프랑스 군대에 있던 스위스 군인들이 자신들의 고향 산천과 농가들과 농부들과 목동의 노래를 생각나게 하는 음악을 들었을 때에 향수병에 걸려 병들어 누웠다는 일화를 여러분은 들은 적이 있습니까? 그들의 마음이 스위스의 험한 산골짜기에 가 있었기 때문에, 프랑스의 기후가 좋았는데도, 그들은 그 따사로운 햇빛 아래에서 안식할 수 없었던 것입니다. 여러분은 시온의 감미로운 노래들을 듣고도, 우리의 최고의 친구들과 혈육들이 살고 있고, 우리의 구주 하나님께서 다스리고 계시는 저 복된 땅이 생각나지 않으십니까? 우리가 새 예루살렘의 참된 시민들이라면, 우리는 하나님의 택하신 자들의 본향인 저 아름다운 곳을 사모할 수밖에 없습니다.

> "아, 내가 사랑하는 땅,
> 성도들의 찬란한 기업,
> 저 위에 있는 예루살렘이 그리워서,

내 영혼이 못 살 지경이라네."

그리스도인들이여, 땅에 속한 것들을 다 내려놓고서, 욥처럼 "내게 변화가 찾아올 때까지" 그저 기다리는 자로서 "나는 내게 정해진 때의 모든 날들 동안 기다리겠나이다"라고 말하는 것이 여러분의 본분이자 특권입니다.

오늘의 본문의 두 번째 의미는 우리가 우리 주님의 부르심을 받을 때를 날마다 매 시간마다 고대하며 기다려야 한다는 것입니다. 그리스도인으로서의 합당하고 건강한 태도는 떠날 시간이 아주 가까이 온 것처럼 고대하면서 살아가는 것입니다. 지금까지 나는 많은 신자들이 죽어가면서 이 세상을 기꺼이 떠나고자 하는 모습을 보아 왔지만, 살아 있는 신자들도 그런 태도를 가지고 살아가야 합니다. 여러분 중에서도 제임스 스미스(James Smith) 목사님이 파크 스트리트(Park Street) 교회에서, 그리고 나중에는 첼튼엄(Cheltenham) 교회에서 말씀을 전하시는 모습을 기억하고 계시는 분들이 있겠지만, 우리의 사랑하는 친구인 그 목사님이 세상을 떠나기 조금 전에, 내가 그를 만나 뵈었을 때, 그는 자기 자신에 대해서 이렇게 말했습니다: "자네는 한 여행자가 기차 정거장으로 가서, 차표를 끊고, 자신의 모든 짐을 다 싸서 끈으로 묶어 놓은 후에, 기차가 들어올 때까지 손에 차표를 들고 의자에 앉아 있는 모습을 보고 있는 것이네. 그것이 정확히 내 모습이지. 나의 천부께서 내게 오라고 하시니, 나는 기쁜 마음으로 내 아버지께 달려갈 준비가 되어 있다네." 이것은 우리가 늘 어떤 마음으로 살아가야 하는지를 보여주는 것이 아니겠습니까? 즉, 우리는 늘 주님이 나타나시기만을 고대하며 살아가야 한다는 것입니다. 모든 것을 질서정연하게 한 치의 오차도 없이 행하시기로 유명한 휫필드(Whitefield) 목사님은 "나의 한 짝의 장갑까지 제자리에 놓여 있어서, 내가 오늘 밤 죽는다고 하여도 괜찮다는 것을 확인하고서야, 나는 안심하고 잠자리에 듭니다"라고 말하곤 하였습니다. 그리스도인들은 자신의 유언을 미리 작성해 놓고, 자신의 재산을 다 정리해 놓아서, 자기가 갑자기 죽는다고 하여도, 별 문제가 생기지 않도록 그렇게 살아가야 합니다. 이것은 자신의 신변을 정리하는 데 소홀히 해온 사람들이 꼭 귀담아 들어야 할 말입니다. 그 어떤 그리스도인도 자기가 내일도 살 것이라고 예상하고 살아서는 안 됩니다. 여러분은 한 치 앞도 내다볼 수 없습니다. 그러므로 여러분은 늘 삶이나 죽음에 둘 다 준비가 다 되어 있는 삶을 살아 왔기 때문에, 오늘 이 성전을 나가다가 쓰러져서 죽는다고 하여도, 여러분과 관련된 모든 것들이 다 제대로 정리되어 있어서, 마음 편히 떠날 수 있어야 합니다. 우리의 사랑하는 한 자매가 이번 주간에 파터노스터 로우(Paternoster Row) 거리를 걷다가 이 세상을 떠났습니다. 그녀의 죽음을 슬퍼하는 친구들이 이 자리에 앉아 있지만, 그렇게 슬퍼할 이유는 없습니다. 그녀는 갑자기 정신이 아득해졌고, 사람들은 그녀를 한 상점 안으로 데려가서 물 한 잔을 마시게 하려 했지만, 그녀는 물을 삼킬 수 없었습니다. 그녀는 이미 하나님과 어린 양의 보좌로부터 흘러나오는 생명수를 마시고 있었던 것입니다. 한순간에 그녀는 이 땅의 괴로움과 슬픔들에 대하여 눈을 감았고, 다시 눈을 뜨는 순간 그녀의 눈에는 천국의 기쁨들이 열려 있었습니다. 우리는 그리스도 안에서 죽은 사람들의 무덤을 찾을 때에 그들을 위해 울어서는 안 됩니다. 우리가 굳이 운다면, 그것은 우리가 그들과 같이 동일한 상을 받으러 아직 가지 못한 것에 대한 안타까움에서 우는 것이어야 합니다. "매일 죽는" 것은 그리스도인들의 일입니다. 우리의 마지막 시간들에 대하여 많이 얘기하고, 우리 자신으로 하여금 죽음을 친숙하게 느끼게 해주는 것이 아주 지혜로운 일입니다. 우리의 훌륭한 조상들은 죽음을 늘 생각하기 위하여, 화장하거나 옷을 입을 때에 사용하는 보조 탁자 위에 해골을 놓아두는 이상한 습관이 있었습니다. 보조 탁자 위에 놓인 실제의 해골이나 모조 해골은 그들에게 그들의 끝을 상기시켜 주었습니다. 그렇게 해서 그들은 죽음과 친숙해졌기 때문에, 나는 그들이 행복한 사람들이었다고 생각합니다. 진정한 청교도 중에서는 아마도 자기가 흙으로 된 옷을 벗어버리고 영원한 안식으로 들어갈 때를 생각함이 없이 하루를 살아간 사람은 아무도 없었을 것입니다. 그들은 가장 행복하고 거룩한 사람들이었습니다. 반면에, 생각 없이 살아가는 이 세대는 자신들의 머릿속에서 자기가 죽을 것이라는 생각은 다 지워 버리고, 온갖 허망한 환락들에 대한 생각으로만 가득 채워서 비참하고 한심한 삶을 살아가고 있습니다. 형제들이여, 내가 여러분에게 권하노니, "기다리는" 삶을 살아가십시오. 늘 저 나팔 소리를 기다리며 살아가십시오. 주께서 어서 오셔서 여러분을 이 죽은 삶에서 건져 주셔서, 여러분이 천사들의 호위를 받으며 내세의 땅에 있는 저 복된 성으로 들어가기만을 기다리며 살아가십시오.

이것이 전부가 아닙니다. 기다린다는 것은 인내로써 참고 견딘다는 것을 의미합니다. 우리는 일정하게 정해진 고난의 기간 동안 이 세상에 두어져 있기 때문에, 풀무불의 저 뜨거운 열기를 거룩한 인내로써 꿋꿋이 견뎌내야 합니다. 많은 그리스도인들의 삶은 기나긴 순교의 여정인 까닭에, 그 여정을 인내로써 잘 감당하여야 합니다. "성도들의 인내가 여기 있나니"(계 14:12). 많은 신자들은 끊임없이 이런저런 병에 걸리고 이런저런 손실을 당하며 살아갑니다. 그러나 그럴 때에 그들이 하나님의 차고 넘치는 은혜로 말미암아 그러한 재난들을 아무런 불평 없이 감내하고, 푸념하거나 안달함이 없이 그들에게 정해진 때를 기다리며 살아간다면, 그들은 하나님이 그들의 삶에 두신 목적을 이루어 가고 있는 것입니다.

또한, 섬기는 것도 기다림의 또다른 종류입니다. 주 예수께서는 우리에게 누가복음 17장에 나오는 비유를 통해서 "섬김"이라는 것이 무엇인지를 분명하게 보여주십니다: "너희 중 누구에게 밭을 갈거나 양을 치거나 하는 종이 있어 밭에서 돌아오면 그더러 곧 와 앉아서 먹으라 말할 자가 있느냐 도리어 그더러 내 먹을 것을 준비하고 띠를 띠고 내가 먹고 마시는 동안에 수종들고 너는 그 후에 먹고 마시라 하지 않겠느냐"(7-8절). 이 세상에서 우리는 주 예수를 섬기는 가운데, 그가 시키시는 심부름들을 행하고, 그의 자녀들을 돌보며, 그의 어린 양들을 먹이고, 그의 대적들과 싸우며, 그의 포도원의 울타리를 고치는 등 그가 기뻐하시는 모든 일들을 행하여야 합니다. 그런데 그런 일들을 행하려면, 여러분에게는 인내가 요구됩니다. 왜냐하면, 욥은 "나는 내게 정해진 때의 모든 날들 동안 기다리겠나이다"라고 말하고 있기 때문입니다. 여기서 그는 가끔씩만 종 노릇을 하고, 다른 때에는 마치 섬김의 기간이 끝났다는 듯이 집으로 슬그머니 들어가서 빈둥거리며 편안히 있겠다고 말하고 있는 것이 아닙니다. 모든 성도는 이렇게 고백하여야 합니다: "나의 하나님이여, 내가 살아 있는 동안 주를 기다리겠나이다. 내가 숨 쉬는 동안, 나의 모든 호흡은 주를 위해 사용될 것입니다. 내가 이 아랫세상에서 사용할 수 있는 삶이 있는 한, 그 삶은 주를 섬기는 데에 사용될 것입니다." 북미 인디언들에게 잡혀 죽게 된 하나님의 한 거룩한 사람이 죽는 그 순간까지 한 인디언 꼬마아이에게 글자들을 읽는 법을 가르쳤던 것처럼, 잠잠히 기다리는 것 — 이것이 그리스도인들이 자신의 모든 날 동안에, 그리고 자신의 마지막 날까지 가져야 할 마음입니다. 그 거룩한 사람은 이렇게 말했다고 합니다: "내가 지금 설교하는 것에서 물러나서, 이 꼬마아이에게 글자 읽는 법을 가르칠 수 있게 된 것은 얼마나 큰 은혜인가! 하나님께서는 내게 지금도 여전히 뭔가 할 일을 주고 계시니 말일세. 나의 기도는 내가 이 땅에 사는 동안에 그리스도를 위하여 아무 일도 하지 않은 채로 단 한 시간도 살아 있게 하지 말아 주시라는 것이네." 우리가 다 이 거룩한 사람과 같은 그러한 심령의 상태로 살아가기를 빕니다.

　또한, 그리스도인의 삶이 지닌 이러한 측면에 대한 얘기를 끝마치기 전에, 내가 한 가지 더 말씀드리고 싶은 것은 우리는 본향으로 부르심을 받기를 고대하여야 한다는 것입니다. 그리스도인들은 승리를 얻을 때까지는 이 전쟁터를 벗어나고자 해서도 안 되고, 자신에게 맡겨진 밭을 다 갈기 전에는 자신의 손에서 쟁기를 놓아서도 안 됩니다. 하지만 그런 가운데서도 그들은 자신의 주님에 대한 사랑으로 인해서 빨리 본향으로 가게 되기를 간절히 바라고 고대하여야 합니다. 여러분이 종종 다음과 같은 찬송을 부르지 않는다면, 나는 여러분을 이해하지 못해서 이상하다고 생각할 것입니다:

> "내 마음은 온통 하늘 보좌에 앉아 계신 이에게 가 있고,
> 　거기에 가는 것이 지체되는 것을 거의 참을 수 없어서,
> 　매 순간마다 고대한다네,
> 　'일어나서 빨리 오라'는 음성을."

　아내들이여, 여러분이 자신의 남편을 진정으로 사랑한다면, 남편이 직장에서 빨리 돌아와서 볼 수 있게 되기를 바라지 않겠습니까? 자녀들이여, 여러분이 자신의 가정을 사랑한다면, 학교가 빨리 끝나서 집으로 돌아가고 싶지 않겠습니까? 우리의 주님께서 격자창 사이로 자신의 모습을 보이셔서 여러분으로 하여금 믿음의 망원경으로 얼핏얼핏 보면서 기뻐하게 하심으로서 이 세상을 인내로써 살아갈 수 있게 하실지라도, 이 세상은 힘들고 고달플 수밖에 없습니다. 하지만 우리가 그렇게 잠깐잠깐씩 맛보는 저 달콤한 기쁨들은 우리로 하여금 더욱더 우리의 본향을 사모하게 만듭니다. 여러분은 이 땅에서 하늘의 양식을 맛볼수록, 여러분의 굶주림은 더욱더 심해지게 된다고 나는 여러분에게 말할 수 있습니다. 여러분은 그 하늘의 양식을 또다시 맛보게 되기를 바라게 됩니다. 여러분이 이 땅에서 하나님의 은혜의 샘에서 흘러나오는 물을 조금씩 마시게 되면, 직접 그 샘에 가서 엎드려 영광으로 충만한 그 물을 배불리 마시게 되기를 갈망하지 않을 수 없게 됩니다. 여러분은 천국에 빨리 가고 싶어서 상사병에 걸린 적이 있습

니까? 여러분은 여러분의 마음과 그리스도를 묶은 줄에 이끌려서 자기가 점점 더 그리스도께로 가고 있다고 느낀 적이 있습니까? 여러분은 그렇게 느끼며 살아가야 합니다. 여러분에게 한편으로는 이 땅을 떠나서 그리스도와 함께 있고 싶어 하는 간절한 마음이 있고, 다른 한편으로는 이 땅에서 하나님의 뜻을 따라 해야 할 일들을 인내로써 감당하는 모습이 공존해 있다면, 여러분은 오늘의 본문에서 우리의 인생에 대하여 욥이 말한 이상적인 모습을 살고 있는 것입니다. 나는 여러분이 욥이 말한 바로 그 이상적인 삶을 실제로 살게 되시기를 빌고, 모든 신자들이 그런 삶을 살게 됨으로써 하나님의 은혜에 찬송과 영광을 돌릴 수 있게 되기를 빕니다.

3. 셋째로, 욥은 장래를 어떻게 바라보았습니까?

이것은 "내게 변화가 찾아올 때까지"라는 말로 표현되어 있습니다. 욥은 자신에게 찾아올 두 가지 변화를 한꺼번에 바라보고 있는데, 그것은 그를 "이 고해에서 벗어나게 해줄" 죽음이라는 변화와 그로 하여금 썩지 않을 옷을 입게 해주고 영원한 기쁨으로 띠를 띠게 해줄 부활이라는 변화입니다.

사랑하는 자들이여, 우리가 주목하여야 할 것은 어떤 의미에서 죽음과 부활은 그리스도인들에게는 "변화"가 아니라는 것입니다. 그것들은 그리스도인들의 정체성에 그 어떤 변화도 가져오지 않습니다. 그리스도인들은 이 땅에서도 살아 있는 것이고, 또한 그런 정체성을 가지고서 영원히 살아가게 될 것입니다. 이 땅에서 하나님을 섬기며 산 신자들은 죽음의 잠에서 깨어났을 때에 그리스도의 형상으로 변화되어 그의 성전에서 밤낮으로 그를 섬기게 될 것입니다. 따라서 그리스도인들에게 있어서 정체성의 변화는 영혼이 아니라 단지 육신과 관련되어 있을 뿐입니다: "내가 그를 보리니 내 눈으로 그를 보기를 낯선 사람처럼 하지 않을 것이라"(욥 19:27). 자신의 죄를 위하여 울며 살아 왔던 바로 그들의 눈이 만왕의 왕의 아름다우심을 보게 될 것입니다. 이 땅에서 주를 섬기며 살아 왔던 바로 그들의 손이 영광 중에 계신 그를 껴안게 될 것입니다. 죽음이 부활의 몸의 정체성을 파괴할 것이라고 생각하지 마십시오. 그것은 마치 만발한 꽃과 그 꽃을 처음부터 잉태하고 있던 씨앗이 동일한 것과 같은 이치입니다. 씨앗은 다 성장하여 만발한 꽃이 되지만, 이 둘은 여전히 동일합니다. 육신의 몸이라는 씨앗이 뿌려져서, 신령한 몸이라는 만발한 꽃으로 나타납니다. 또한, 중생한 사람들의 생명과 관련해서도 변화는 없을 것입니다. 우리는 지금 그리스도의 생명으로 말미암아 살리심을 받아서 살고 있고, 천국에서 가서도 바로 그 동일한 생명, "살아 있고 항상 있는" "썩지 아니할 씨"(벧전 1:23)로 살아가게 될 것입니다. "아들을 믿는 자에게는 영생이 있고"(요 3:36). 욥에게는 지금 그 영원한 생명이 있고, 천국에서도 그 동일한 생명으로 살게 될 것이며, 거기에서 그 생명은 더욱더 발전하고 더 영광스럽게 될 것이지만, 그럼에도 불구하고 본질은 여전히 동일할 것입니다.

그리스도인들이 천국에 갔을 때에 거기에서 그들의 삶의 목적에 있어서도 변화는 없을 것입니다. 그들은 거기에서도 여전히 하나님을 섬기는 삶을 살게 됩니다. 그들은 거기에서도 여기에서와 동일한 목적을 위해서 살아가게 될 것입니다. 여기에서 거룩함이 그들의 기쁨이었던 것처럼, 거기에서도 거룩함이 그들의 기쁨이 될 것입니다. 또한, 거기에서 그들이 하는 일도 변함이 없을 것입니다. 그들은 이 땅에 사는 날들 동안에는 주님이 오시기를 기다리며 주님을 섬기는 삶을 살았다면, 거기에서는 그의 성전에서 밤낮으로 그를 섬기게 될 것입니다.

또한, 천국에서 그리스도인들은 자신의 곁에 있는 동료들과 관련해서도 그리 큰 변화를 겪지 않을 것입니다. 여기 이 땅에서도 세상에서 가장 고결하신 이가 그들의 모든 기쁨입니다. 그들의 맏형이신 그리스도 예수께서 그들과 함께 거하시고, 보혜사 성령께서 그들과 함께 거하십니다. 그들은 성부 하나님 및 성자 예수 그리스도와 교제합니다. 사실, 그리스도인들에게는 하늘과 땅은 동일한 집입니다. 단지 땅은 1층이고, 하늘은 2층일 뿐인 것이죠. 땅은 층이 낮고 지표면에 붙어 있어서, 종종 환난의 물결이 그 속으로 밀려들어 옵니다. 1층에 있는 방들은 아주 어둡기는 하지만, 거기에 있는 창문들로 천국의 빛이 조금 들어오고, 시야는 좁아져 있습니다. 그러나 2층의 방들은 전망이 좋고, 창문들을 통해서 늘 햇빛이 들며, 대단히 아름답게 장식되어 있습니다. 그럼에도 불구하고, 하늘과 땅은 동일한 집입니다. 그런 의미에서 우리가 천국에 가면, 몇 가지 점에서 약간의 변화를 느끼게 되기는 하겠지만, 충분히 익숙할 것입니다.

그리스도인들에게 찾아올 변화 중의 하나는 장소의 변화일 것입니다. 그들은 죄에 절어 있는 이 더러운 땅, 가시나무들과 엉겅퀴들이 무성하게 자라나 있는 이 땅, 추악하고 역겨운 물질 숭배가 만연되어 있는 이 땅을 멀리하고, 그 주민들의 입에서 "지겹다"는 소리가 결코 나오지 않고 꽃들도 시들지 않는 곳인 하나님의 낙원에 다다르게 될 것입니다. 그들의 이웃도 바뀌어 있을 것입니다. 이 땅에서 그들은 이웃에 사는 악인들의 불경건한 말들로 인해서 속이 많이 상했고, 자신의 이웃들이 너무나 사악해서 소돔 사람들처럼 느껴질 때가 한두 번이 아니었습니다. 그러나 그 곳에서는 천사들이 그들의 이웃이 될 것이고, 그들은 온전하게 된 의인들의 영과 교제하게 될 것입니다. 허탄한 말들을 듣느라고 그들의 귀가 고생하거나, 자신의 눈 앞에서 벌어지는 죄악들로 인해서 그들의 마음이 역겨움을 느끼는 일도 없을 것입니다. 그들은 더 이상 낯선 땅에서 이방인으로 살아가지 않아도 되고, 자신의 본향에서 자녀들로 살아가게 될 것입니다. 또한, 그들의 외적인 환경도 큰 변화가 있을 것입니다. 그들의 이마에서 땀이 흘러내리는 일도 없을 것이고, 그들의 눈에서 눈물을 흘리는 일도 없을 것입니다. 천국에서는 조종이 울리는 것을 들을 일도 없게 될 것이고, 죽는 자들이 없을 것이기 때문에 무덤을 만들 필요도 없을 것입니다. 천국에는 가난도 없을 것이고, 교만한 자의 조소도 없을 것이며, 압제자의 군화발도 없을 것이고, 박해자의 불 붙은 인두도 없을 것입니다. "거기서는 악한 자가 소요를 그치며 거기서는 피곤한 자가 쉼을 얻을"(욥 3:17) 것입니다.

특히, 그리스도인들 자신에게 변화가 있게 될 것입니다. 이제는 그들을 방해할 이 죽을 육신이 그들에게 없을 것입니다. 그들을 속박하고 구속하였던 저 연약함들이 그들에게서 사라질 것입니다. 그들의 기도를 방해했던 저 잡념들도 없어질 것입니다. 희생제물 위에 내려앉곤 하였던 새들도 없을 것이기 때문에, 새들을 쫓는 일을 할 필요도 없게 될 것입니다. 그들의 몸이 죽음을 낳는 썩어짐에서 벗어나 자유롭게 될 것인 것처럼, 그들의 영혼도 썩어짐에서 벗어나 자유롭게 되어서, 신자의 지체들 속에서 일어났던 새 율법을 거스르는 싸움도 사라지게 될 것입니다. 그들은 죄로부터 온전히 자유롭게 될 것입니다. 또 한 가지 변화는 세상이 그들에게서 아주 멀어졌기 때문에 그들을 시험하지 못할 것이고, 사탄이 그들로부터 아주 멀리 떨어져 있기 때문에 그들을 더 이상 괴롭히지 못할 것입니다. 그래서 이 세상에서 늘 그들을 향해서 짖어댔던 저 지옥의 개를 그들은 더 이상 보거나 듣지 않아도 될 것입니다. 어떤 사람들은 좀 더 특별한 방식의 변화를 경험하게 될 것입니다. 여러분은 병원을 방문해서, 소리도 잘 들리지도 않고, 시력도 희미해져서 잘 볼 수도 없으며, 심장의 박동도 약해서 거의 숨도 잘 쉴 수 없는 상태로 여러 달 동안 침상에 누워 있어서, 산다는 것 자체가 고통인 그리스도인 자매 옆에 앉아 본 적이 있습니까? 그 자매는 고통스러웠던 침상에서 하나님의 보좌 앞으로 한순간에 옮겨지는 놀라운 변화를 경험하게 될 것입니다. 승리를 기뻐하며 외치는 소리와 잔치를 열어 노래하는 소리가 울려 퍼지는 저 새 예루살렘은 괴로워하는 신음소리들로 차 있던 저 병원과는 완전히 딴판일 것입니다. 시름시름 죽어가던 침상 위에서 건짐을 받아서 생생한 영광으로 옮겨지고, 충혈된 눈과 점점 말라가는 몸과 죽음의 식은땀이 있던 곳에서 벗어나서 찬란한 영광과 천사들이 타는 수금 소리와 영화롭게 된 자들의 찬송이 있는 곳으로 옮겨지는 것은 얼마나 놀라운 변화를 경험하는 것이겠습니까!

이 아침에 이 자리에 앉아 있는 지독하게 가난한 분들에게도 놀라운 변화가 일어날 것입니다. 여러분은 거의 쉴 새 없이 고된 일을 해야 했고, 손에 군은 살이 배기도록 삽질을 하고 바느질을 했으며, 새벽부터 밤 늦게까지 일하느라 잠을 잘 수 있는 시간조차 없었고, 몸을 누이고 눈을 붙여도 충분히 자지도 못하고 일어나야 했습니다. 여러분의 방에는 살림살이라고 할 수 있는 것들이 거의 없었고, 식탁에 차려 놓을 반찬도 거의 없었으며, 여러분의 잔은 차고 넘치기는커녕 제대로 채우기조차 어려웠습니다. 이렇게 극심한 가난으로 인해서 겪었던 온갖 비참하고 고통스러웠던 삶을 살아야 했던 여러분이 지극히 풍요롭고 행복한 낙원의 삶으로 한순간에 옮겨진다면, 그것은 얼마나 놀라운 변화이겠습니까! 그렇게 살아 왔던 여러분이 복 받은 자들이 거하는 저택에 가서 살게 되고, 영원히 썩지 않을 면류관을 쓰고서, 왕의 피를 받은 왕족들과 어울려 영원히 살게 되었다면, 그것은 얼마나 놀라운 변화이겠습니까!

또한, 이 땅에서 박해 받는 사람들에게도 놀라운 변화가 일어날 것입니다. 아버지가 화를 내며 야단치실 때에 여러분의 마음이 얼마나 무너졌으며, 남편의 잔인한 말들로 인해 여러분이 얼마나 상심하였는지를 나는 잘 압니다. 그러나 여러분은 그 모든 일로부터 머지않아 벗어나게 될 것입니다. 여러분은 자신의 일터에서 동료로부터 종종 비웃음을 당하면서, 여러분이 성경에서 읽곤 하였던 저 잔인한 조롱을 떠올립니다. 그랬던 여러분이 여러분을 웃게 해주고 기쁘게 해줄 친구들과 늘 함께 어울리게 된다면, 그것은 여러분에게 정말 놀라운 변화가 아니고 무엇이겠습니까! 나의 형제들이여, 순교자들은 화형대의 말뚝에서 곧장 하늘에 있는 자신의 보좌로 순식간에 옮겨지는 것을 경험했을 것임에 틀림없습니다. 지하감옥에서 자신의 눈꺼풀에 이끼가 낄 때까지 온 몸이 썩어 들어가던 사람들이 영원한 아름다움을 덧입고서 갑절로 빛나는 자들 가운데서 가장 아름다운 자들로 서게 되었을 때, 그 놀라운 변화를 경험한 사람들의 심정이 어떠하였을지는 우리가 상상하기 어렵습니다.

선한 족장이여, 당신이 "변화"라는 단어를 선택한 것은 너무나 지당한 것이었습니다. 왜냐하면, 당신이 말한 변화는 모든 변화들 중에서 가장 엄청난 변화이기 때문입니다. 여러분이 "변화"라는 이 단어에 대한 주석을 원한다면, 고린도전서 15장을 펴서 정독해 보십시오. 여러분이 다 들을 수 있도록, 우리가 지금 그 장을 펴서 읽어 보겠습니다. 여러분은 거기에서 여러분에게서 변화될 필요가 있는 것들은 모두 다 변화될 것이라고 말씀하고 있는 것을 봅니다. 신자들을 온전히 복된 자들로 만들기 위하여 변화시켜야 할 모든 것들은 주님께서 남김없이 다 변화시키시고 변모시키실 것입니다. 여러분이 천국에서의 우리의 모습이 어떤 것일지를 한 번 얼핏이라도 보고 싶다면, 모세의 얼굴을 생각해 보십시오. 모세가 하나님을 만나 뵈었을 때, 그는 자신의 얼굴에서 나는 광채로 인해서 수건으로 그 얼굴을 가려야 했습니다. 돌에 맞아 죽어갈 때의 스데반의 얼굴을 생각해 보십시오. 그를 돌로 치던 사람들이 그의 얼굴을 보았을 때, 그 얼굴은 마치 천사의 얼굴 같이 보였습니다! 변화산 위에서 변화되신 우리 주님을 생각해 보십시오. 우리 주님은 이 세상에서 가장 희게 할 수 있는 것보다 더 희게 변화되셔서, 거기에서 광채가 뿜어져 나왔습니다. 이러한 광채들은 머지않아 모든 복된 자들을 감싸게 될 저 천상의 지극한 영광의 편린들이었을 뿐입니다.

나의 형제들이여, 여러분에게는 아마도 이러한 변화가 갑작스럽게 찾아올 것입니다. 지난 주일에 우리의 한 자매가 저 자리에 앉아 있었지만, 이번 주일에는 천국에 앉아 있습니다. 그녀 외에도 이번 주간에 자신의 본향으로 가신 분들이 계십니다. 내가 이 강단에 선 이래로, 매 주마다 이 회중 가운데서 두 분 정도가 자신의 본향으로 가시는 것 같습니다. 그렇게 여러분은 모두 한 사람씩 녹아져서 이 땅에서 사라집니다. 그러나 여러분은 영원히 사라지는 것이 아니라, 단지 이 땅에서 사라질 뿐이고, 천국에서 영원히 빛을 발하게 될 것이기 때문에, 그것은 복된 일입니다. 이 변화가 여러분에게 갑자기 오게 되기를 바라십시오. 갑작스러운 죽음은 우리가 부러워해야 할 일입니다. 성공회의 기도문 중에 "선하신 주여, 우리를 갑작스러운 죽음에서 건져 주소서"라는 기도가 왜 들어가 있는지, 나는 도무지 이해할 수가 없습니다. 형제들이여, 우리가 본향에 갈 준비가 다 되어 있을 때에만, 하나님께서 우리에게 갑작스러운 죽음을 보내십니다. 왜냐하면, 그럴 때에만 우리는 병에 걸려서 우리의 체질이 서서히 무너지는 고통에서 건짐을 받게 되기 때문입니다. 갑작스러운 죽음은 하나님께서 특별히 사랑하시는 자들 중에서 일부에게만 주시는 특별한 은혜이기 때문에, 우리는 갑작스러운 죽음이 우리에게 임하지 않게 해 달라고 기도하는 것이 아니라, 정반대로 그런 죽음을 맞게 해 달라고 기도해야 합니다. 하지만 우리에게 갑작스러운 죽음이 임했을 때, 우리가 그리스도 안에 있다면, 우리는 우리의 본향에 갈 모든 준비가 다 되어 있는 것입니다. "너희도 그 안에서 충만하여졌으니 그는 모든 통치자와 권세의 머리시라"(골 2:10). "아들을 믿는 자에게는 영생이 있고"(요 3:36). "무릇 살아서 나를 믿는 자는 영원히 죽지 아니하리니"(요 11:26). 그리스도 안에 있는 여러분에게는 죽음은 전혀 공포의 대상이 될 수 없습니다. 이 변화와 관련해서 내게 너무나 감미로운 생각이 떠올랐는데, 그것은 이 변화는 최종적인 변화라는 것입니다. 우리가 일단 그리스도의 형상으로 변화된 후에는 더 이상의 변화가 없게 하신 하나님께 영광을 돌려드립니다! 우리가 썩지 않는 존재로 변화된 후에는 더 이상의 변화는 없을 것입니다.

"우리는 영원히 주와 함께 거하게 될 것입니다."

우리가 거기에 더할 말은 이것입니다: "아멘, 그렇게 되어지이다!"

여러분이 예수께 소망을 두고 있지 않다면, 죽음은 여러분에게 정말 무시무시한 일이 될 것임에 틀림없습니다. 죽음은 여러분의 등불을 꺼 버리고, 여러분을 캄캄한 곳에 영원토록 둘 것입니다. 그러나 여러분이 하나님의 은혜로 말미암아 선한 소망을 지니고 있고, 반석 위에 여러분의 집을 지어 왔다면, 여러분은 여러분에게 정해진 때가 끝나는 날을 기쁜 마음으로 기다려도 좋습니다. 여러분에게 변화가 찾아올 때까지, 여러분은 기쁜 마음으로 기다릴 수 있습니다. 그 변화는 하나님이 정하신 때에 올 것이고, 여러분에게 모든 점에서 더 나은 것으로의 변화가 될 것이며, 여러분의 주님의 형상으로 변화된 후에 더 이상 그 어떤 변화도 겪지 않고 그 모습으로 영원히 살게 될 그런 변화가 될 것이라는 사실에 대하여, 여러분은 하나님을 송축하며 그 변화를 기쁘게 기다릴 수 있습니다.

하나님께서 이런 복을 우리 모두에게 주시기를 빕니다. 아멘.

제
16
장
—

우리의 마지막 여정

—

"수년이 지나면 나는 돌아오지 못할 길로 갈 것임이니라."
— 욥 16:22

한 해의 지금 계절은 우리에게 우리의 인생에도 끝이 있을 것임을 상기시켜 줍니다. 몇 주 전만 해도 들에서 푸르고 싱싱하게 자라고 있던 곡식들이 지금은 거의 대부분 낫에 베어졌습니다. 우리의 정원들을 아름답게 장식해 주던 많은 꽃들도 지금은 다 지고 씨앗으로 변해 있습니다. 올 한 해도 죽음을 시작하였습니다. 올해의 전성기와 영광은 지금은 다 사라지고 없습니다. 저녁에는 이슬들이 짙게 끼고, 새벽에는 안개들이 자욱합니다. 왜냐하면, 여름의 열기가 쇠퇴해 가고 있기 때문입니다. 나뭇잎들은 이제 변색되고 있고, 올해의 가을도 아주 가까이 와 있습니다. 이러한 것들은 하나님께서 우리 인간을 추수할 날도 정해 두셨고, 우리는 모두 나뭇잎처럼 시들어 가고 있다는 것을 우리에게 일깨워 주는 피조 세계의 경고들입니다. 자연 속에서 선지자들이 있고 계시가 있는데, 헐벗은 옷을 입고 있는 가을도 그 선지자들 중 하나입니다. 가을은 이제 다음과 같은 엄숙한 메시지를 가지고 우리 곁에 와 있습니다: "추수기도 지나갔고, 여름도 끝났으니, 너희의 하나님을 맞을 준비를 하여라."

자연의 경고들과 아울러서, 우리는 최근에 하나님의 섭리가 들려주는 음성들을 접해 왔습니다. 최근에 우리는 우리 교회 사역의 거의 모든 부분으로부터 큰 음성들을 들어 왔습니다. 죽음이 우리 교회의 창문들을 넘어서 경내로 들어 왔습니다. 우리 교회가 운영하는 고아원에 거의 들어온 적이 없던 죽음이 최근에 어린 아이들이 있는 보금자리로 자신의 잔인한 손을 들이밀고서, 거기로부터 과부의 자녀를 낚아채 갔습니다. 장례 행렬이 우리 교회의 문을 떠났고, 작은 소년들은 그들 자신과 같은 한 소년이 침묵의 땅에 누워 있는 모습을 지켜보기 위해서 무덤으로 모였습니다. 또한, 죽음은 우리 교회가 운영하는 대학도 자신의 도끼로 쳐서, 장래에 많은 열매를 맺게 될 우리의 자라나는 나무들 중 하나를 찍어 쓰러뜨렸습니다. 우리의 윈터(Winter) 형제는 장래의 싸움을 위해서 지금까지 칼을 갈아오다가, 얼마 안 있으면 우리를 떠나서 전쟁터로 나가 실제로 전투를 할 예정이었는데, 며칠 전에 그에게서 힘이 떠났고, 이제 우리 곁에 없습니다. 또한, 죽음은 한때 우리 대학의 학생들이었고, 주를 위해 수고하는 일꾼들로서 우리의 기쁨의 면류관이었던 사역자들에게도 찾아 왔습니다. 최고의 사역자들 중 한 명이 한 지역 전체를 슬픔 속에 빠뜨렸습니다. 왜냐하면, 하나님께서 이미 목회 사역에서 두각을 나타내고 있던 그를 이른 나이에 본향으로 데려가셨기 때문입니다. 미들즈버러(Middlesborough) 지역은 우리의 프라이터(Priter) 형제를 잃고서 깊은 슬픔에 빠져 있습니다. 이분들 외에도 우리는 거의 매일 같이 우리 교인과 회중에서 이런저런 분들이 본향으로 가셨다는 소식을 듣습니다. 이렇게 죽어서 본향으로 가신 분들은 우리에게 말씀하시는 하나님의 음성들입니다. 만일 내가 먼저 나의 고요한 영혼 속에서 그 음성들을 듣고서, 여러분에게 그 음성들을 해석해 주고자 하는 것이 아니라면, 나는 여러분에게 그런 음성들에 대해서 얘기할 자격이 없을 것입니다. 이 모든 것들은 내 마음에 오늘의 본문에 나오는 "수년이 지나면 나는 돌아오지 못할 길로 갈 것임이니라"는 말씀을 상기시켜 줍니다. 여러분도 나와 동일한 생각을 하게 되지 않습니까? 들을 귀가 있는 이는 들으시기 바랍니다!

내가 오늘 다루고자 하는 주제는 새로운 내용을 말하는 것 자체가 거의 불가능한 그런 주제입니다. 왜냐하면, 죽음이라는 것은 새로운 일도 아니고 드문 일도 아니기 때문입니다. 아벨의 때로부터 지금에 이르기까지 죽음은 이 땅을 벌집처럼 무덤들로 뒤덮어 왔습니다. 또한, 나는 우아하게 표현하고자 애쓸 필요도 없습니다. 죽음이라는 주제에는 우아한 표현은 어울리지 않기 때문입니다. 우리가 영원한 것들에 대하여 말할 때에는 유창한 언변으로 말하고자 시도하지 않을수록 더 좋은 법입니다. 그러한 엄숙한 주제들은 그 주제들이 자신의 음성으로 자연스럽게 스스로 말하게 할 때에 가장 강력한 힘을 발휘합니다. 우리의 마음은 온갖 잡다한 생각들은 다 집어치우고, 모든 유쾌한 의상들을 다 벗어 버리고서, 잠시 수의를 입는 것이 좋습니다. 우리는 즐거운 상상력의 나래를 펴고 날아오르는 대신에, 우리의 상상력으로 하여금 엄숙하게 고개 숙이고 있게 하는 것이 좋습니다. 왜냐하면, 지금 우리는 죽음의 방과 무덤과 심판의 보좌를 대면하여야 하기 때문입니다. 천사장의 나팔소리가 우리 귀에 울려 퍼지고 있고, 우리는 온 땅의 심판자로부터의 최종적인 판결을 받게 될 그 날에 대한 예행연습을 하고 있습니다. 그러므로 엄숙함과 숙연함이 우리의 마음을 지배하는 것이 마땅합니다. 우리는 우리의 마음을 현세에 대해서는 차단시키고, 내세에 집중하여야 합니다. 내가 여러분 앞에 제시할 것들은 매우 단순하고 자명한 것들일 것입니다. 그러나 여러분이 이미 엄숙하고 숙연한 마음이 되어 있다면, 여러분은 그것들로부터 유익을 얻게 될 것입니다. 성령 하나님께서 내가 전하는 말씀을 복되게 하셔서, 우리로 하여금 오늘의 본문이 너무나 분명하게 말하고 있는 우리의 마지막 날을 제대로 잘 준비할 수 있게 해주시기를 빕니다.

첫째로, 우리는 이 여정의 불가피성을 깨달아야 합니다: "나는 돌아오지 못할 길로 갈 것임이니라." 둘째로, 우리는 이 여정이 머지않아 시작되리라는 것을 명심하여야 합니다: "수년이 지나면." 셋째로, 우리는 이 여정은 돌아올 수 없는 길이라는 것을 숙고하여야 합니다: "돌아오지 못할 길로." 그리고 마지막으로, 우리는 우리가 어디로 가고 있는지를 살펴보는 것으로 말씀을 끝맺게 될 것입니다. 우리가 "돌아오지 못할 길로" 가고 있다는 것은 틀림없습니다. 그렇다면, 우리가 가고 있는 곳은 끝없이 지극한 복이 펼쳐져 있는 곳입니까, 아니면 끝없이 화와 재앙이 펼쳐져 있는 곳입니까?

1. 첫째로, 우리는 이 여정을 피할 수 없다는 것을 깨달아야 합니다.

나는 우리 한 사람 한 사람이 이 말씀을 진지하게 받아들였으면 합니다. 본문의 말씀은 단수로 되어 있습니다: "나는 돌아오지 못할 길로 갈 것임이니라." 따라서 우리는 이 말씀을 자기 자신에게 적용하여야 합니다. 모든 사람은 다 죽게 되어 있다고 말하는 것은 우리 마음에 별다른 힘을 발휘하지 못합니다. 왜냐하면, 우리는 늘 은연중에 우리 자신은 예외라고 생각해서, 자기 자신에게는 그런 나쁜 날이 오지 않을 것이라고 생각하기 때문입니다. 우리는 우리 자신이 언

젠가는 죽게 되리라는 것을 인정하기는 하지만, 지금 당장 죽을 것이라고 생각
하지는 않습니다. 심지어 나이 드신 분들도 자신의 삶이 계속될 것이라고 생각
하고, 자신의 힘이 회복될 수 있을 것이라는 어처구니 없는 생각을 지니고 있습
니다. 그래서 나는 여러분에게 모든 사람은 다 죽게 되어 있다는 일반적인 진리
를 상기시켜 드리고자 하는 것이 아니라, 오늘의 본문에서 말하고 있는 것처럼,
바로 "나," 즉 여러분 한 사람 한 사람이 머지않아 죽게 될 것이라는 사실을 여러
분 앞에 선포하고자 합니다. "나는," 즉 여러분 한 사람 한 사람은 "돌아오지 못할
길로 갈 것임이니라." 여러분이 지금 살아 있는 것이 확실한 것만큼이나, 여러분
이 머지않아 죽게 된다는 것도 확실합니다. 내가 여러분에게 무엇보다도 나를
따라서 죽기 직전의 사람이 있는 방으로 가자고 요청한다면, 그것은 여러분이 이
사실을 깨닫는 데 도움이 될 것입니다. 나는 여러분이 죽기 직전의 그 사람을 보
면서, 여러분 자신도 머지않아 그 사람과 똑같은 처지가 되어서 그 자리에 누워
있게 될 것임을 기억하라고 부탁드리고 싶습니다. 나는 종종 병들어 죽어가는
사람들에게 그들이 회복될 가능성이 없다는 사실을 얘기해 주어야 할 때가 있는
데, 그것은 정말 힘들고 고통스러운 일입니다. 여러분이 잠시 이런저런 얘기를
하다가, 결국 본론으로 들어가서, 이렇게 말해 보십시오: "친구여, 당신이 다시
회복될 가망성은 거의 없다는 것을 알고 있습니까? 사실, 당신이 죽으리라는 것
은 거의 확실합니다. 당신을 치료했던 의사들도 당신의 임종이 가까웠다고 말하
지 않을 수 없게 되었다네요." 여러분이 이렇게 말하면, 죽기 직전의 사람들은
이 말에 대하여 서로 다른 반응을 보입니다. 어떤 사람들은 아예 그 말을 믿지 않
고, 또 어떤 사람들은 몹시 고통스러워해서, 그 말을 한 여러분의 마음을 아프게
하고 괴롭게 합니다. 많은 경우에 사람들은 차분하게 체념하는 심정으로 이 말
을 받아들입니다. 그러나 나는 이 말을 기쁨으로 받아들이는 사람들도 자주 봅
니다. 하나님의 사람들은 이렇게 말합니다: "그것은 내가 바라던 말입니다! 이제
나는 이 힘들고 고통스러운 삶에서 벗어나, 내 영혼이 사랑하는 주님의 얼굴을
뵈올 수 있게 되겠군요." 하지만 죽음이라는 것은 엄숙한 일입니다. 여러분이 죽
음을 어떤 식으로 받아들이든지, 죽음은 그 말을 전하는 사람들에게도 엄숙한
일이고, 그 말을 듣는 사람들에게는 더더욱 엄숙한 일입니다. 그러므로 여러분
의 눈 앞에서 힘이 다 소진되어 죽어가는 저 가련한 사람을 보십시오. 그는 이제
그가 그토록 바라던 본향으로 가야 합니다. 그는 반드시 가야 합니다. 아무도 그

가 이 여정을 떠나는 것을 지체시킬 수 없습니다. 병거가 문앞에 와 있습니다. 그에게 인도의 모든 황금이 다 있다고 해도, 냉혹한 죽음은 그 황금으로 매수할 수 없습니다. 그가 보물을 주조하는 곳의 주인이라고 할지라도, 그에게 모든 보물로 단 한 시간의 삶도 살 수 없습니다. 그에게 정해진 때가 왔고, 그는 반드시 가야 합니다. 그의 사랑하는 아내가 그를 더 붙잡아 두고자 꼭 껴안는다고 할지라도, 죽음은 인정사정 봐주지 않고 그를 그녀에게서 떼어내어 데리고 가 버립니다. 그의 자녀들이 펑펑 울지라도, 그는 그들의 눈물이 다 마를 때까지 지체할 수도 없습니다. 어떤 친구가 그 대신에 자기가 죽겠다고 나설지라도, 죽음에는 대리라는 것이 있을 수 없습니다. 죽음이라는 전쟁에서 면제 받을 수 있는 사람은 아무도 없습니다. "한번 죽는 것은 사람에게 정해진 것이기에"(히 9:27), 그는 죽지 않을 수 없습니다. 시간이 다 되어서, 그의 맥박은 느려지고, 그의 눈은 침침해집니다. 그를 보십시오! 여러분은 그런 엄중한 상황에 있는 사람을 보았을 때에 무엇을 느낍니까? 여러분도 그렇게 될 수밖에 없고, 그런 식으로 떠나가야 합니다. 나는 여러분에게 죽음을 앞둔 바로 그 사람의 입장이 되어서, 이 아침에 그 사람이 어떤 느낌일지를 한번 느껴 보시기를 부탁드립니다. 여러분도 그러한 처지가 될 수밖에 없다는 것은 절대적으로 확실하다는 것을 명심하고서, 그렇게 해보시기를 바랍니다. 여러분이 살아 있는 동안에, 주님께서 하늘로부터 큰 소리와 함께 다시 오신다면, 오직 그때에는 여러분은 그러한 처지에 처하게 되지 않을 것이지만, 그때가 언제일지는 아무도 모릅니다.

죽음을 앞둔 때에 한 사람 자체의 중요성이 아주 분명하게 드러납니다. 그때에 그는 지극히 중요한 존재가 됩니다. 여러분에게는 거리에 넘쳐나는 수많은 살아 있는 사람들 전부보다도 여러분의 눈 앞에서 죽어가는 바로 그 한 사람이 더 중요하게 생각됩니다. 지금 죽음을 앞둔 사람이 누구이든지 간에, 우리는 그 사람 앞에서 발소리도 죽입니다. 그 사람은 지금 죽어야 하고, 홀로 죽어야 합니다. 지금 이 순간 그 사람 자체가 어떠하였느냐가 이루 말할 수 없이 중요해집니다. 그의 삶, 바로 그 사람의 삶이 지금 저울에 달아지고 있고, 그는 자신의 삶을 되돌아보고 있습니다. 그 순간에는 그 자신의 삶은 만유 속에서 그에게 가장 중요한 것입니다. 그 순간에는 그를 둘러싸고 있는 외적인 환경은 작은 일이고, 그의 삶이 지극히 크고 중요한 일입니다. 그가 의로웠는지 악했는지, 그리고 그가 하나님을 경외하였는지 멸시하였는지가 중요한 일이고, 그가 부자였는지 가난한 자였는지, 그리고 그의 사회적인 신분이 어떠하였는지는 전혀 중요한 일이 아니게 됩니다. 얼마나 좋은 침상에 누워 있느냐는 전혀 중요하지 않고, 거기에 누워 있는 그 사람 자체만이 중요합니다. 그 사람이 지금 최고의 비용을 들여서 최고의 의사에 의해서 치료를 받고 있든, 아니면 자선병원에서 제공해 주는 침상에 누워 있든, 지금은 그 사람 자체, 그 사람의 영혼, 그 사람의 인격이 가장 큰 무게를 지니고, 오직 그것만이 전부가 됩니다. 그가 귀족이든 농부든, 아니면 그가 왕이든 농노이든, 죽음을 맞고 있는 사람에게는 그런 것은 전혀 중요하지 않습니다. 임종의 침상에서의 차이들은 그 사람의 신분이 아니라 바로 그 사람 자체에서 생겨납니다. 이제 그는 영원에 속한 큰 일들을 홀로 직면하여야 하고, 그 일들을 남에게 맡길 수 없습니다. 그는 수많은 무리들 중의 한 사람으로서 영원에 관하여 듣곤 하였지만, 이제 홀로 그 영원과 대면하여야 합니다. 그의 발이 차가운 강물 속으로 내디뎌지고, 차가운 물결이 그의 피를 식게 만들며, 죽음이 그의 눈을 감기는 가운데, 그는 저 미지의 세계로 뛰어들어야 합니다. 그가 자신의 육신을 떠날 때, 그 누구도 그의 손을 잡아줄 수 없습니다. 그 누구도 저 미지의 길을 그의 옆에서 함께 가줄 수 없습니다. 이때에 그 사람 자체와 그 사람이 저 큰 구원에 참여하였는지의 여부가 너무나 중요하다는 것이 아주 생생하게 드러납니다. 이때에 사람들은 자신의 모습이 좀 더 바람직한 모습으로 드러나게 되기를 간절히 바랄 것입니다. 그리고 이때에 우리 각 사람이 단독자로서 구주를 믿어야 한다는 사실이 아주 분명해지게 됩니다. 우리는 각각 단독자로 서서 하나님을 섬겨야 하고, 자신의 영혼 속에서 역사하신 하나님의 은혜로 말미암아 선한 소망을 가지고 있어야 합니다. 사람들은 죽음을 앞둔 시점이 되기 전까지는 결코 이런 생각을 하지 못할 것입니다.

　　또한, 병든 사람의 방에서 타고 있는 저 등불은 그의 과거의 삶에 기이한 빛을 비쳐 줍니다. 사람들은 그가 행운아여서 큰 돈을 모았다고 말하지만, 그가 죄악된 삶을 살았다면, 이 순간에 그가 모은 큰 돈은 도대체 무슨 소용이 있겠습니까? 사람들은 그가 하는 일마다 제대로 되지 않아서 불운하고 가난한 삶을 살았다고 말합니다. 그러나 적어도 이 순간만큼은 그는 이 세상에서 가장 지혜롭게 살았고 크게 형통한 삶을 살았던 사람과 아무런 차이가 없습니다. 왜냐하면, 죽음 앞에서는 모든 사람이 똑같기 때문입니다: "내가 모태에서 알몸으로 나왔사온즉 또한 알몸이 그리로 돌아가올지라"(욥 1:21). 그렇습니다. 죽음 앞에서는 금

전적인 요소는 하찮은 것이 되고, 도덕적이고 영적인 요소가 가장 중요해집니다. 그 사람이 어떻게 살았습니까? 그 사람의 생각들이 어떠하였습니까? 하나님에 대한 그 사람의 마음이 어떠하였습니까? 그 사람이 자신의 죄에 대하여 회개하였습니까? 그 사람이 여전히 회개하고 있습니까? 그 사람이 예수를 믿고 있습니까? 그 사람이 그리스도께서 이루신 일을 의지하고 있습니까? 그 사람은 아마도 얼마 전까지만 해도 그런 질문들을 스스로에게 하지 않았을 것이지만, 지금 죽음을 앞두고 그의 정신이 온전하다면, 자신의 마음을 향해서 그런 질문들을 하나씩 하나씩 해나가지 않을 수 없게 됩니다. 그런 질문들에 대하여 그의 마음은 어떻게 대답하고 있습니까? 이제 그는 자신의 삶이 기록된 장부를 들춰보며 결산을 해볼 수밖에 없게 됩니다. 그는 자기가 어떻게 행하였는지, 자기는 어떤 사람이었는지, 그리고 지금은 어떤 사람이 되어 있는지를 점검해 볼 수밖에 없습니다. 이 결산은 어떤 결과로 끝나게 될까요? 최종적인 결과가 무엇일까요? 그 사람이 사람들 앞에서 어떤 존재였는지, 사람들이 그를 어떻게 생각하는지는 중요하지 않습니다. 오직 모든 것을 정확하게 살피시고 아시는 지극히 높으신 하나님 앞에서 그가 어떤 존재였느냐 하는 것만이 중요합니다. 장차 여러분은 반드시 이러한 결산을 하게 될 것입니다.

죽음을 앞두고서 그 사람 자체가 얼마나 중요한지가 분명해지고, 하나님 앞에서 그 사람이 어떤 존재였는지가 중요하다는 것이 아주 분명해집니다. 아울러 또 한 가지 분명해지는 것은 **죽음은 모든 것을 시험한다**는 것입니다. 여러분이 죽음을 앞둔 이 가련한 사람을 바라보면, 그가 위장된 가짜의 삶을 살았던 시간은 이제 지나갔다는 것을 알게 됩니다. 여러분이 그 사람에 대해서 전에는 거의 아는 것이 없었다고 할지라도, 그 사람이 고백한 신앙이 진짜였는지 아니면 가짜였는지, 그리고 그 사람이 진짜 거듭난 것인지 아니면 단지 자기가 거듭났다는 망상 속에서 살아 왔던 것인지를 아는 것이 아주 중요하다고 느끼게 됩니다. 제3자인 여러분이 그러한 질문에 대한 답을 아는 것이 중요하다고 느낀다면, 죽음을 앞둔 본인은 그 답을 얼마나 간절하게 알고 싶겠습니까! 여기에서 내가 여러분에게 말씀드리고 싶은 것은 우리가 건강할 때에 우리에게 힘이 되고 위로가 되었던 수많은 것들은 죽음을 앞둔 우리에게는 별 소용이 없다는 것이 드러나게 되리라는 것입니다. 여러분이 건강하고 힘이 있었을 때에 여러분에게 상당한 정도로 마음의 평안을 주었던 것들은 임종 때에 다가오는 영원 세계의 불 같은 시험을 통과하지 못하고 다 타버릴 것입니다. 이 땅에 살았던 몇몇 최고의 신앙인들이 이것이 사실이라는 것을 발견해 왔습니다. 여러분도 아마 더럼(Durham) 목사님의 이름을 알고 계실 것입니다. 그분은 스코틀랜드의 옛 설교자들 가운데서 가장 진지한 분들 중 한 분이셨고, 아가서에 대한 유명한 주석을 쓰신 분이기도 합니다. 그분이 죽기 며칠 전에 자기가 장차 구원 받아 천국에 가게 될 것인지에 대하여 조금 걱정이 되셨던지, 자신의 친구인 카즈테어스(Carstairs) 목사님께 이렇게 말했답니다: "사랑하는 형제여, 내가 많은 글을 쓰고 설교도 많이 했지만, 무덤으로 신속히 가고 있는 지금에 있어서 내가 기억하거나 감히 붙잡을 수 있는 성경 말씀은 딱 하나인데, 그것은 '내게 오는 자는 내가 결코 내쫓지 아니하리라' (요 6:37)는 말씀이라네. 내가 그 말씀을 의지해서 나의 구원을 확신해도 좋은 것인지를 내게 말해 주기를 부탁하네." 그러자 카즈테어스 목사님은 "형제여, 자네는 자네의 구원이 아무리 위태로워 보일지라도 그 말씀을 의지해서 자네의 구원을 확신해도 좋을 것이네"라고 바르게 대답해 주었습니다. 여러분도 보시다시피, 그가 의지했던 것은 죄인의 구원에 관한 아주 단순한 본문이었습니다.

　거스리(Guthrie) 박사님도 임종할 때에 사람들이 그에게 어린이 찬송을 불러 주기를 원했습니다. 이렇게 죽음을 앞둔 성도들은 복음의 가장 기본적인 가르침들을 붙잡고 의지할 필요가 있습니다. 우리가 온전함에 가까워지고 완전히 거룩해지는 데 필요한 진수성찬 같은 세세한 가르침들은 죽음을 앞두고 영원 세계와 대면했을 때에는 아침 햇살 앞에서의 흰 서리처럼 온데간데없이 사라져 버리고 맙니다. 우리 자신이 하나님의 교회에서 중요한 인물이라도 된 것처럼 생각하게 만드는 저 심오하고 굉장한 가르침들과 경험들은 죽는 순간에는 별 힘이 되지 못합니다. 사람은 죽는 순간에는 허세를 부릴 수 없습니다. 죽음은 우리의 참된 영적 상태를 보여주는 알맹이만을 정확히 찾아내서 취하고, 우리가 지금까지 튼실한 알곡이라고 생각하였지만 사실은 겨 무더기에 불과했던 것들을 자신의 차가운 숨으로 불어서 날려 버립니다. 그때에 우리는 하나님의 긍휼하심, 언약의 피, 복음의 약속들을 바라보아야 합니다. 그때에 우리는 가련하고 궁핍하며 죄악된 죄인으로서 주권자의 거저 주시는 풍성한 은혜에 매달려야 합니다. 그렇지 않으면, 우리의 영혼은 완전히 멸망하게 됩니다. 목숨이 우리에게서 썰물처럼 빠져나가고 있을 때에는, "그리스도 예수께서 죄인을 구원하시려고 세상에 임하셨다"(딤전 1:15)는 미쁘신 말씀 외에는 우리의 영혼을 멸망에서 건져 줄수 있는 것은 아무것도 없습니다. 나는 하나님의 자녀들이 처음에 그들이 하나님을 찾았을 때에 했던 것과 똑같은 고백을 마지막 순간에도 하는 것을 많이 들어 왔습니다. 그들은 처음에 하나님 앞에 나아갔던 것처럼 똑같이 그렇게 하나님 앞으로 나아가서, 예수 안에서 그들의 모든 소망을 발견합니다! 죽음을 앞둔사람들에게는 실제적으로 효력이 있는 것들이 필요합니다. 그들에게는 죄인의구주가 필요합니다. 그들에게 필요한 것은 그들의 죄를 속해 주신 대속의 제사입니다. 왜냐하면, 오직 그러한 것들을 붙들어야만, 그들은 소망을 가지고서 세상을 떠날 수 있기 때문입니다. 형제들이여, 실체가 있고 확실한 것을 따라가십시오. 그렇지 않은 것들은 여러분이 죽음을 앞두었을 때에 아무런 도움도 되지않을 것이기 때문입니다.

내가 지금까지 묘사해 왔던 저 죽음을 앞둔 사람을 계속해서 주목하십시오. 그 사람의 모습이 지금 내 눈 앞에 생생합니다. 그는 가야 합니다. 다른 대안이없습니다. 그는 지금 그에게 떠나라고 호출하시는 그 권세를 거부할 수 없습니다. 그가 가고 싶든 가고 싶지 않든, 그런 것은 중요하지 않습니다. 그는 가야 합니다. 죽음의 사자가 그를 붙잡고 있기 때문에, 그는 무조건 가야 합니다. 그는 갈준비가 되어 있습니까? 나는 그가 갈 준비가 되어 있기를 바랍니다. 그러나 그가준비가 되어 있든 없든, 그런 것은 상관이 없습니다. 그는 모든 것을 놓아둔 채로이 여정을 시작하여야 합니다. 그에게 부양하고 돌보아야 할 아내와 자녀들이있습니까? 그들에게 그가 아무리 절실히 필요하다고 해도, 그는 가야 합니다. 그가 모든 것을 정리하고 유언장도 써두었든지, 아니면 자신이 진행하던 모든 일이 정리되지 않은 채로 계류되어 있든지, 그는 가야 합니다. 전에 수많은 배들이떠내려갔던 바로 그 물살을 타고, 이제 그의 배도 떠내려갈 수밖에 없습니다.

이렇게 반드시 가야 하는 그 사람은 바로 여러분 자신입니다. 우리는 여러분의 모습을 잠시 시간을 조금 앞당겨서 묘사했을 뿐입니다. 여러분은 장차 여러분에게반드시 닥치게 될 일이 무엇일지를 아시겠습니까? 여러분은 지난 밤의 고요함속에서 시계가 똑딱거리는 가운데 시간이 끊임없이 흘러가는 소리를 여러분의침상에서 듣지 않았습니까? 여러분은 의사들이 여러분의 친구들에게 자기에게는 여러분을 치료할 힘이 없다고 말했을 때에 이 일을 예감할 수 있지 않았습니까? 시간이 다 되었음이 분명합니다. 여러분은 가야 합니다. 이 일은 이 아침에 이 전에 앉아 계시거나 서 계시는 죽을 수밖에 없는 존재인 여러분 모두에게 필연적으로 일어날 수밖에 없습니다. 그런데도 여러분은 이 일을 마음에 새겨 두지 않으시렵니까?

여러분이 이 여정을 떠날 수밖에 없다는 것을 실감하도록 하기 위하여, 내가 한 가지 더 예화를 들겠습니다. 앞에서는 죽음을 앞둔 사람을 바라보았다면, 이제는 이미 죽은 사람을 굽어 보십시오. 그 사람에게는 지금 모든 것이 끝나 있습니다. 그는 자신의 마지막 숨을 쉬었고, 지금은 2층 어두운 방에 누워 있습니다. 그를 사랑했던 사람이 그 방에 몰래 들어와서, 떨리는 손으로 관 뚜껑을 열고, 자신이 사랑했던 사람의 얼굴을 다시 한 번 응시하면서 또다시 작별인사를 고합니다. 그러나 그가 할 수 있는 것은 그것뿐입니다. 친구들이 모여들었고, 유족들과 친구들은 그의 관을 거리를 지나 무덤으로 옮겨갑니다. 이 장례식은 바로 여러분의 장례식입니다!

그의 시신은 거리를 지나면서 모든 행인들에게 무언의 메시지를 전하고 나서 무덤에 안치됩니다. 어느 날 아침에 레이튼(Leighton) 대주교는 한 친구로부터 "자네는 설교를 들었는가?"라는 질문을 받고, 이렇게 대답했습니다: "아닐세, 나는 설교를 만났다네. 왜냐하면, 나는 무덤으로 가고 있는 한 죽은 사람을 만났거든." 모든 장례식이 여러분에게 설교가 되어야 합니다. 우리 모두는 얼마 있지 않아서 비좁은 관 속에 누워 있게 될 것입니다. 그때가 되면, 우리를 위해서 무덤이 마련될 것이고, 무덤 주위에 유족들과 조문객들이 둘러서 있는 가운데, 우리의 시신이 거기로 내려지고, "흙은 흙으로, 티끌은 티끌로, 재는 재로 돌아갈지니라"는 소리와 함께 여러분과 나의 관 위로 흙덩이들이 떨어지게 될 것입니다. 봉분에는 푸른 잔디가 입혀지고, 여러분과 나의 무덤 앞에는 국화 한두 송이가 놓이고, 한 친구가 우리의 무덤 위에 흩어진 시든 꽃들을 치울 것입니다. 우리의 무덤에는 묘비가 세워질 수도 있고 세워지지 않을 수도 있을 것이지만, 묘비가 세워진다면, 대체로 그 묘비명은 "아무개가 여기에 누워 있다"가 될 것입니다. 여러분은 흙의 무릎을 베고 누워 있게 될 것이고, 거기에 나도 누워 있게 될 것입니다. 그렇게 될 것은 너무나 확실하고, 그 날이 아주 가깝다는 것을 깨달으십시오. "수년이 지나면," 우리는 지난 세월에 거기로 간 수많은 사람들 속에 있게 될 것입니다.

이제 우리는 거기에서 한 걸음 더 나아가서 이 여정을 살펴보겠습니다. 여러분은 육신을 떠난 어떤 사람의 영혼의 모습을 그려볼 수 있습니까? 나는 나의 상상력만으로는 그 모습을 묘사할 수 없고, 나의 언변으로는 내 마음속에서 내가 깨달은 것들을 제대로 전달할 수 없을 것임을 고백합니다. 어쨌든 육신을 떠난 영혼은 자기가 물질세계로부터 벗어나 있는 것을 발견하게 됩니다. 우리의 영혼이 흙으로 지어진 자신의 껍데기를 벗어났을 때, 그 느낌이 어떤 것일까요? 나는 그것을 알 수 없습니다. 우리는 모두 우리의 흙집, 곧 흙으로 지어진 우리의 장막을 사랑하기 때문에, 이 장막에서 떠나기를 주저합니다.

> "미운 정 고운 정 다 든 이 장막,
> 즐거운 나날들에 대한 따뜻한 추억이 깃든 이 경내를
> 깨끗이 잊어버린 채로, 머뭇거리지도 않고,
> 아쉬워서 뒤돌아보지도 않고,
> 주저없이 떠날 자가 누가 있으랴?"

그러나 우리가 떠나기 아쉬워서 뒤돌아보는 것은 중요하지 않습니다. 우리의 영혼은 현재의 모습으로 육신과 작별하고, 모든 물질세계로부터 잠시 떠나가야 하고, 그런 후에 즉시 하나님 앞에 가 있게 될 것입니다. 우리의 영혼은 죽자마자 즉시 자신의 상태가 어떠한지를 의문의 여지 없이 분명하게 알게 될 것입니다. 우리의 영혼은 한순간에 자기가 하나님 앞에 받아들여지고 있는지, 그렇지 않은지를 똑똑히 알게 될 것입니다. 우리의 영혼은 자기가 하나님께 버림 받아 정죄되고 있는지의 여부도 너무나 분명하게 알게 될 것입니다. 그것을 알게 될 때, 우리 영혼의 행복이 즉시 시작되어서, 날이 갈수록 더욱 깊어지거나, 우리 영혼이 그 즉시 소망이 전혀 없는 절망 속에 떨어지게 될 것이고, 불행도 그 즉시 시작되어서, 날이 갈수록 더욱 깊어지게 될 것입니다. 우리의 영혼은 잠시만 몸이 없는 상태로 있게 됩니다. 그런 후에 부활의 나팔 소리가 울려 퍼지고, 우리의 몸이 다시 부활하여 우리의 영혼과 재결합하게 될 것입니다. 그러한 재결합은 무엇과 같을까요? 심령과 물질, 영혼과 몸이 재결합할 때의 느낌은 어떤 것일까요? 우리는 알지 못합니다. 부활은 그리스도인들의 복된 소망이지만, 불경건한 자들에게는 무시무시하고 끔찍한 일입니다. 우리의 영혼은 다시는 세상 염려들로 되돌아가지 않을 것이고, 지금과 같은 이런 세상으로 돌아가지도 않을 것이

지만, 다시 몸을 입고서, 그리스도의 심판대 앞에 서서, 온 인류의 재판장으로 임명되신 분의 입술에서 나오는 판결을 받게 될 것입니다.

하나님의 판결이 내려지고, 우리의 영혼은 이 여정을 계속해 나가야 합니다. 우리의 영혼은 하나님에 의해서 받아들여졌든지 정죄되었든지 계속해서 앞으로 나아가야 합니다. 그리스도께서 복되다고 선언하신 영혼은 지극한 복을 받아 이루 말할 수 없이 기뻐하며 앞으로 나아가고, 그리스도께서 "저주받은 자"라고 선언하신 영혼은 이루 말할 수 없이 비참한 심정으로 앞으로 나아가야 합니다. 나는 여러분이 상상 속에서 여러분 자신을 그러한 상태 속에 두실 수 있는지를 잘 모르겠지만, 어쨌든 여러분은 머지않아 반드시 그러한 상태에 처하게 될 것입니다. 여러분은 이 흙집을 벗고 죽게 될 것이지만, 또다시 살아나서 영원히 살게 될 것입니다! 그렇게 살아나서, 여러분은 심판을 받고, 의롭다 하심을 얻게 되거나 정죄될 것입니다. 그런 후에, 여러분은 영원한 행복 또는 고통 속에서 살게 될 것입니다. 그리고 이 모든 것을 여러분은 가까운 장래에 알게 될 것입니다.

이상으로 나는 비록 보잘것없는 도움일지라도 나의 최선을 다해서, 여러분으로 하여금 누구에게나 찾아올 이 여정을 실감할 수 있도록 도움을 드리고자 했습니다.

2. 둘째로, 이 여정의 의미를 묵상해 보겠습니다.

우리가 이 엄숙하고 신비한 순례길을 떠나야 할 날은 아주 신속하게 우리에게 찾아올 것입니다. 우리가 우리에게 정해진 연수를 다 채운다고 해도, 그렇게 할당된 기간은 아주 짧습니다. 히브리어 본문은 이 기간을 "수년"이라고 표현합니다. "수년"은 너무나 적은 연수여서, 어린아이도 다 셀 수 있습니다. 삶이 시작될 때는 우리 앞에 놓여져 있는 것은 끝없이 이어진 길처럼 보이지만, 그 길을 따라 앞으로 가다 보면, 그 끝이 너무나 가까워서, 우리는 우리에게 주어진 삶이 정말 너무나 짧다는 것을 실감하게 됩니다. 삶의 중간 지점에 서면, 앞을 보나 뒤를 보나, 그 길은 짧습니다. 여러분 중에서 이제 인생의 내리막길을 걷고 있는 분들은 여러분이 이 땅에 머무는 기간이 정말 짧다는 것을 실감합니다. 여러분이 이 땅에 머물 기간은 거의 끝나가고 있습니다. 여러분은 아직도 이 사실이 잘 수긍이 되지 않습니까? 우리가 70세나 80세까지 산다면, 우리는 아주 오래 산 것이 아닙니까? 그러나 우리에게 정해진 그 짧은 기간조차도 제대로 다 살 수 없는 경우가 있다는 것이 우리를 한층 더 불안하게 만듭니다. 왜냐하면, 어린아이일 때에 죽는 경우도 있고, 젊은 나이에 요절하는 경우도 있기 때문입니다. 우리는 처녀가 꽃을 다 피워 보기도 전에, 그녀의 남편인 죽음이 그녀를 낚아채 가 버리는 것을 자주 보아 왔습니다. 오늘의 본문은 "수년"이라고 말하고 있지 않습니까? "수년"이라는 말 대신에, 거기에 "여러 달" 또는 "여러 날" 또는 "여러 시간" 또는 "몇 분"이라는 단어를 대신 넣어서 읽어 보십시오. 왜냐하면, 우리는 우리가 저 먼 땅에 얼마나 빨리 도착할지를 알지 못하기 때문입니다. 우리는 짧은 시간 안에 대상의 무리에 합류해서 사막을 건너, 다시는 "돌아오지 못할" 땅으로 가야 합니다. 우리의 삶은 너무나 짧아서, 우리는 삶을 제대로 시작하기도 전에, 죽음으로 부름을 받습니다.

그러므로 사랑하는 형제들이여, 우리가 짊어져야 할 힘들고 괴로운 짐이 있다면, 우리는 그 짐을 기쁜 마음으로 져야 합니다. 왜냐하면, 우리는 그 짐을 영원히 지고 가야 하는 것이 아니기 때문입니다. "수년이 지나면," 우리는 지금 우리를 찌르고 할퀴는 가시나무와 엉겅퀴로부터 떠나게 될 것입니다. 따라서 우리에게 예수를 위해 해야 할 일이 있다면, 우리는 지금 즉시 그 일을 하여야 합니다. 그렇지 않으면, 우리는 그 일을 영원히 하지 못하게 될 것입니다. 왜냐하면, "수년이 지나면" 우리는 다시는 "돌아오지 못할" 곳으로 가 버리고 없을 것이기 때문입니다. 그러므로 우리가 구원을 찾고 있다면, 우리는 부지런히 구원을 찾아야 합니다. 머지않아 우리는 더 이상 구원이 선포되지 않는 곳에 가 있게 될 것이기 때문입니다. 우리가 세상에 속한 것들을 소유하고 있다면, 그것들을 꽉 쥐고 있지 말고, 언제라도 놓을 수 있도록 느슨하게 쥐고 있어야 합니다. 얼마 안 있어서 그것들을 놓아야 할 것이니까요! 우리는 그것들을 하나님의 영광을 위하여 부지런히 사용하여야 합니다. 우리가 이 땅에서 청지기로 살 날이 오래 지속되지 않을 것이고, 우리는 머지않아 하나님 앞에서 결산을 해야 할 것이니까요! 그러므로 우리가 다른 무엇보다도 깨달아야 할 것은 죽음을 늘 준비하고 있어야 한다는 것입니다. 형제들이여, 다음으로 죽게 될 사람은 준비를 해 두어야 한다는 것은 당연합니다. 그러나 그 사람이 누구일까요? 집집마다 돌아다니면서 물건을 파는 한 노인이 있었는데, 그는 어느 집 문 앞에서 물건을 팔 때마다 특유의 괴상한 소리를 지르곤 하였답니다. 그가 큰 소리로 외친 말은 "누가 다음 차례일까? 누가 다음 차례일까?"라는 말이었습니다. 어느 날 그가 늘 외치던 말로 소리를 질렀을 때, 마침 장례 행렬이 지나가고 있었기 때문에, 그 말은 묘한 여운을 남겼습니다. 나는 묘지의 문이 열리고 장례 행렬이 지나갈 때마다 엄숙하게 "누가 다음 차례일까? 누가 다음 차례일까?"라고 묻습니다. 우리가 부르는 찬송가에는 "누가 다음 차례로 예수를 따르겠는가?"라는 구절이 나옵니다만, 이 아침에 나는 "우리 중에서 다음 차례로 저 고요한 무덤으로 옮겨질 사람은 누구일까?"라고 묻지 않을 수 없습니다. 세상을 떠날 준비를 해 두는 것은 지혜로운 일입니다. 짐승들의 특징은 땅에서 나는 한 웅큼의 풀만을 찾고, 도살장이나 도살자의 칼 같은 것은 전혀 생각하지 않는다는 것입니다. 잠시 살아 있다가 영원히 사라져 버리는 짐승들 같이 행하지 말고, 생각하는 은사를 받은 존재답게 여러분의 장래에 어떤 일이 벌어질지를 생각해 보십시오. 미련한 자들의 특징은 자기가 가진 것을 다 탕진해 버리더라도 지금 좋으면 그만이고, 장래를 생각하지 않는다는 것입니다. 어리석은 자들처럼 행하지 말고, 지혜롭게 행하여서, 여러분의 장래를 내다보고, 여러분의 결국이 어떻게 될 것인지를 깊이 생각하십시오. 세상적인 사람들의 특징은 자신의 생각을 시간이라는 좁은 범위 내로 한정시킨다는 것입니다. 그리스도인들은 영원히 죽지 않을 존재답게 영원한 장래를 들여다봅니다. 세상적인 사람들처럼 행하여서, 그들과 함께 멸망당하는 일이 없게 하십시오.

하나님께서 여러분을 구원의 일에 대하여 지혜롭게 해주시기를 빕니다. 죽음을 준비하는 것은 지금 즉시 해야 할 일입니다. 그런데도 여러분은 그 일을 소홀히 하실 것입니까? 어떤 사람들은 죽음을 준비하는 삶을 살게 되면, 늘 우울하게 살아가는 삶이 될 것이라고 생각합니다. 설령 그것이 사실이라고 하더라도, 우리는 그 사실을 직면하는 것이 좋을 것입니다. 어떤 사람이 죽음을 앞두고서 자신이 준비가 다 되어 있는 것을 발견했다면, 비록 그가 자신이 살아온 50년의 세월 동안 끊임없이 괴로워하고, 세상의 온갖 위로를 거부하며 살아야 했다고 할지라도, 그에게는 이제 복된 장래가 예비되어 있기 때문에, 그것만으로도 이미 충분한 보상을 받은 것이라고 그는 생각하게 될 것입니다. 우리는 어떤 대가를 치르더라도 천국을 확실하게 확보해 두어야 합니다. 하나님의 은혜를 받아 우리가 선한 소망을 얻게 되었다면, 그 소망은 지금의 세상을 천 개를 준다고 해도 결코 바꾸지 않을 만큼 귀하고 소중한 것입니다. 그러나 죽음을 준비하는 삶은 우울한 삶이 될 것이라고 생각하는 것은 잘못된 것입니다. 죽음을 준비하는 삶이 우울한 삶이 될 이유가 어디에 있겠습니까? 도리어 죽음이 언제라도 자기에게 닥칠 것임을 알면서도 죽음을 준비하지 않는 삶이야말로 늘 우울하고 불안한 삶이 되지 않겠습니까? 반대로, 죽음이라는 저 큰 문제를 이미 잘 해결해 놓은 상태에서 살아가는 삶은 기쁨의 원천이 될 것임이 분명합니다. 죽음을 준비하는 것은 사실 삶을 준비하는 것입니다! 영원을 준비하는 것은 시간 속에서 최고의 삶을 살아갈 준비를 하는 것입니다. 천국에서 살아갈 준비가 되어 있는 사람보다 더 이 땅에서 살아갈 준비가 되어 있는 사람이 누가 있겠습니까? 누구의 눈이 가장 밝게 빛나겠습니까? 천국의 진주 문 안을 들여다보았고, 복된 자들의 저택들 가운데 자신의 처소가 마련되어 있는 것을 확인한 바로 그 사람이 아니겠습니까? 누구의 마음이 가장 가볍겠습니까? 그리스도의 보혈로 말미암아 자신의 죄 짐을 벗어 버리고서 하나님의 은혜를 발견한 바로 그 사람이 아니겠습니까? 누가 자신의 침상에 가서 평안하게 잠자고 기쁜 마음으로 깨어날 수 있겠습니까? 하나님의 아들의 죽으심으로 말미암아 하나님과 화목하게 된 바로 그 사람이 아니겠습니까? 누가 내세는 물론이고 현세에서 가장 좋은 것들을 가지겠습니까? 죽음이 자신의 독을 잃어서 더 이상 멸망이 아니라, 더 높고 고귀한 삶으로 들어가는 입구가 된 바로 그런 사람이 아니겠습니까? 죽음을 준비하는 것은 우리에게 평안과 행복을 가져다주고, 무엇보다도 영원의 세계를 생각할 때에 꼭 필요한 일이기 때문에, 우리는 즉시 이 일을 시작하여야 합니다. 우리는 곧 이 땅을 떠나야 할 것이기 때문에, 이 엄숙한 여정을 위하여 우리의 허리를 동여야 합니다. 남아 있는 시간이 별로 없습니다. 끝이 가까워지고 있습니다. 매 순간이 우리의 마지막 시간을 향하여 신속하게 날아가고 있습니다. 지금은 우리가 잠에서 깨어나서, 이미 우리에게 오고 계시는 우리의 신랑을 맞을 준비를 부지런히 하여야 할 때입니다.

3. 셋째로, 우리는 이 여정이 "돌아오지 못할 길"이라는 것을 명심하여야 합니다.

"수년이 지나면 나는 돌아오지 못할 길로 갈 것임이니라." 씨 뿌리고 수확하고 풀 베는 것과 같이 우리가 살면서 하던 일들, 가게와 시골집 같은 우리의 삶의 처소들, 축제와 가족 같이 우리 삶의 기쁨이었던 것들로 우리는 돌아오지 못할 것입니다. 오순도순 사랑을 나누던 방, 애정이 깃든 화로, 함께 손잡고 걷던 저 길로 우리는 돌아오지 못할 것입니다. 우리가 느꼈던 소망들, 두려움들, 기쁨들, 고통들로도 우리는 돌아오지 못할 것입니다. 여름에 만발하던 꽃들과 겨울의 눈으로도 우리는 돌아오지 못할 것입니다. 우리의 형제들과 자녀들, 남편이나 아내에게로도 우리는 돌아오지 못할 것입니다. 해 아래에서 하던 그 어떤 것으로도 우리는 돌아오지 못할 것입니다. 구원 받지 못한 영혼들이여, 여러분은 복음과 은혜의 자리가 있던 땅으로 다시는 돌아오지 못할 것입니다. 여러분이 구원받지 못하고 죽는다면, 여러분은 화목의 말씀을 듣기 위하여 하나님의 전으로 돌아올 수 없게 될 것입니다. 여러분은 초청의 말씀과 훈계들을 더 이상 듣지 못하게 될 것이고, 여러분 앞에 예수가 여러분의 소망으로 제시되는 일도 더 이상 여러분에게는 없게 될 것입니다. 기도회, 경건한 어머니의 간절한 간구, 여러 사랑하는 친구들에게도 여러분은 돌아올 수 없습니다. 성경을 읽고서 거기에서 영생을 발견할 수 있는 기회도 여러분에게 다시 주어지지 않을 것입니다. 회개할 수 있는 기회, 기도할 수 있는 기회, 예수를 믿을 수 있는 또 다른 기회로 여러분은 돌아오지 못할 것입니다. 여러분은 오직 "더러운 자는 그대로 더럽게"(계 22:11) 하라는 말씀만을 듣게 될 것입니다. 나무가 베어지면, 그 나무는 거기에 누워 있을 수밖에 없습니다. 일단 여러분이 구원 받지 못한 채로 삶의 경계를 넘어섰다면, 여러분은 도제 수업을 다시 받기 위해서 이 땅으로 돌아올 수 없습니다. 주사위(die)는 던져졌습니다.

　사랑하는 그리스도인 친구들이여, 우리는 이 땅에 다시 돌아오고 싶어 할 필요가 없습니다. 우리가 이 땅으로 다시 돌아올 수 있다고 할지라도, 이 땅에는 우리로 하여금 머물고 싶어 하게 하는 것이 아무것도 없기 때문입니다. 물론, 우리가 천국에 가게 되면, 이 땅으로 돌아오고 싶게 하는 몇 가지 이유들이 있긴 있을 것입니다. 예컨대, 우리는 우리가 이 땅에 살면서 행하였던 잘못들을 지우고 싶어서 다시 이곳으로 돌아오고 싶어 할 수 있습니다. 죽음을 앞둔 사람이 그의 마지막 순간에 다시 이 땅으로 돌아올 수 있는 은혜를 입을 수 있다면, 그는 자신의 가족과 친구들에게 복음을 전해서 그들로 하여금 구원을 받게 하고 싶은 마음에서 이곳으로 다시 돌아오고 싶어할 수도 있습니다. 죽음을 앞두고서, 자신의 자녀들에게 자신의 본분을 소홀히 했다고 느낀 사람이라면, 한 번쯤은 다시 이 땅으로 돌아와서 그 자녀들에게 자신의 본분을 다하고 싶어 하지 않는 사람이 누가 있겠습니까? 또한, 영원토록 꺼지지 않는 불길 속에 있는 사람들조차도,

성경의 비유에 나오는 부자처럼 자신의 형제들과 자매들이 그 고통스러운 곳으로 오지 않도록 하기 위하여 이 땅에 다시 돌아오거나 사자를 보내고 싶어 할 수 있습니다. 이기적인 사람들이라고 할지라도, 자기로 인해서 멸망당한 자들의 질책을 피하고 싶어 하는 법이니까요. 그러나 여러분은 이 땅에 살면서 자신이 행하였던 잘못들을 지우거나 보상하기 위하여 다시 돌아올 수 없습니다. 그러므로 바로 지금 잘못을 하지 않도록 애쓰십시오. 악을 행하는 것을 피하고, 이미 악을 행하였다면, 그 악을 하나님 앞에서 고백하고, 정직하고 경건한 삶을 통해서 해독하고자 애쓰십시오.

여러분은 설익은 열매 같은 자신의 선한 결심들을 실천하기 위해서 이 땅에 다시 돌아올 수 없습니다. 젊은이들이여, 여러분은 언젠가는 선한 일들을 하겠다고 생각하고 있습니다. 그렇지 않습니까? 여러분은 고귀한 삶을 영위해 나갈 생각도 지니고 있습니다. 그렇다면, 지금 당장 그렇게 하십시오. 왜냐하면, 죽은 후에는 여러분은 다시 돌아와서 여러분이 기존에 행했던 것들을 고칠 수 없기 때문입니다. 여러분이 죽는 순간, 여러분이 행한 모든 일들은 그대로 화석화되기 때문에, 그 일들을 고치거나 수정하는 것은 불가능하게 됩니다. 죽은 후에는 여러분은 다시 돌아와서 여러분이 전에 했다가 지키지 않았던 약속들을 다시 이행할 수도 없습니다. 그러므로 여러분이 약속했던 일들을 지금 행하여야 하겠다고 결심하십시오. 우리는 우리가 시작했던 일들을 끝내기 위해서 다시 돌아올 수도 없습니다. 우리가 집을 반쯤 짓다가 죽었다면, 그 집을 완성하기 위해서 돌아오는 것은 불가능합니다. 우리가 절반쯤 진행시킨 계획들이 많이 있다면, 그 계획들을 지금 다 이루십시오. 그렇게 하지 않는다면, 여러분은 그 계획들을 완수하지 못하게 될 것입니다. 우리가 우리의 선박을 건조하다가 죽었다면, 우리는 그 배를 다 건조해서 진수시키려고 다시 돌아올 수 없습니다. 이 아랫세상에서의 우리의 삶이 끝났을 때, 우리는 이 땅에서 우리가 달려갈 길의 종착지에 도달한 것입니다.

우리는 우리가 이 세상에 살면서 잘못했던 일들을 바로잡기 위해서나, 우리의 일생에서 잘했던 일들을 잘 보존하기 위해서나, 이곳으로 다시 돌아올 수 없습니다. 종종 나는 내가 천국에 간다면, 한 번쯤은 다시 우리 교회로 돌아와서, 내가 가고 나서도, 나의 사역들이 시간의 시험을 통과하여 잘 이어져 나가고 있는지를 살펴보고 싶다는 생각을 합니다. 그때쯤 여러분은 하나님의 진리를 지켜

나가고 있을까요? 그때에도 여러분은 복음의 위대한 가르침들을 꼭 붙잡고 있게 될까요? 아니면, 이 교회도 다른 수많은 교회들처럼 순전한 믿음을 떠나 잘못된 길로 가서, 예배 의식들을 화려하게 행하고 거짓된 가르침을 베풀고 있게 될까요? 만일 그런 일이 일어난다면, 나는 내 무덤 속에서 속이 상해서 편히 잠을 잘 수 없게 될 것이라고 생각합니다. 그런 일이 절대로 없기를 바랍니다! 그러나 내가 다시 이곳으로 돌아오는 일은 없을 것입니다. 그러므로 우리는 나무나 건초나 관목 같은 것들은 다 버리고, 오직 금과 은과 보석들만을 사용해서 집을 잘 지어야 합니다. 우리는 집 짓는 일을 신속하게 하여야 하지만, 아무리 빨리 짓기 위해 애쓴다고 할지라도, 그 집을 튼튼하고 철저하며 정직하게 지어야 합니다. 왜냐하면, 우리가 가고 나면, 불이 그 집을 시험할 것이기 때문입니다. 우리 자신은 구원을 받는다고 할지라도, 우리가 지어 놓은 집이 다 타 버린다면, 그것은 애석하고 안타까운 일이 될 것입니다. 우리는 불타고 있는 집을 구하기 위해서나, 그 폐허 위에 집을 다시 짓기 위해서 이곳에 다시 돌아올 수는 없지만, 우리가 지은 집이 나중에 어떻게 되었는지에 대해서는 분명히 알게 될 것입니다. "우리의 손이 행한 일을 우리에게 견고하게 하소서 우리의 손이 행한 일을 견고하게 하소서"(시 90:17).

그러므로 사랑하는 형제들이여, 여러분의 손이 해야 할 일이 있다면, 그 일을 즉시 여러분의 온 힘을 다하여 행하십시오. 여러분의 마음에 여러분이 어떤 일을 해야 한다는 생각이 든다면, 그 일을 즉시 행하십시오. 여러분의 자녀들을 제대로 양육하고, 여러분의 이웃들을 회심시키며, 여러분이 지닌 달란트들을 그리스도를 위하여 사용하고, 여러분에게 주어진 물질을 거룩하게 봉헌해 드리며, 여러분에게 계시된 저 귀한 하나님의 진리들을 널리 전파하는 일에 힘쓰십시오. 여러분이 해야 할 어떤 선한 일이 있다면, 그 일을 즉시 행하십시오. 그 일을 행하되, 즉시 행하십시오. 통행금지를 알리는 종소리가 울려 퍼지고 있습니다. 여러분이 떠날 시간을 알리는 종소리도 울려 퍼지고 있습니다. 내가 여기에 곡조를 붙여서 부르고 싶은 그런 가사는 이런 것입니다: "네가 하는 일들을 신속하게 행하여라. '수년이 지나면' 너는 돌아오지 못할 곳으로 갈 것임이니라." 그리고 나는 거기에 이런 말을 덧붙이고자 합니다: "들을 귀 있는 자는 들으라."

4. 넷째로, 우리가 어디로 가게 될 것인지를 살펴보겠습니다.

모든 사람이 긴 여정을 떠나야 한다는 점에서는, 죽음은 모든 사람들에게 똑같습니다. 사람들이 죽으면, 누구나 산 자들이라면 언젠가는 가게 되어 있는 곳인 무덤으로 가게 됩니다. 우리의 무덤이 바람 소리에 우는 버드나무 밑에 있게 되든, 아니면 저 깊은 바다 속에 있게 되든, 우리의 무덤이 어디에 있게 될 것인지는 별로 중요하지 않습니다. 우리가 죽고 나서 우리에게 가장 좋은 것은 우리가 빨리 분해되어 흙으로 돌아가서, 아무도 우리의 뼈를 욕되게 할 수 없게 되는 것이라고 나는 생각합니다. 하지만 누군가가 우리의 뼈를 욕되게 한다고 해도, 그것이 무엇이 그리 중요하겠습니까? 우리의 뼈가 사람들의 발 아래에 짓밟히든, 바람에 실려 날아가 버리든, 우리는 그런 사실을 전혀 알지 못할 것입니다. 단지 우리가 아는 것은 티끌로 돌아간 우리의 몸을 하나님은 귀하게 보시리라는 것입니다. 그렇다면, 우리의 죽음은 어떤 성격의 것이 될 것이며, 우리는 어디에서 기다림의 시간을 보내게 될까요? 내가 여러분에게 스스로 한 번 이 질문을 자문해 보시라고 부탁해도 되겠습니까? 내가 여러분에게 이 질문을 생각해 보시라고 강권해도 되겠습니까? 바로 이 순간에 여러분이 자신의 몸을 떠나게 된다면, 여러분의 영혼은 어디에 있게 될 것 같습니까? 여러분이 자신의 영혼이 지금 어디에 있는 것을 기뻐하는지를 살펴보면, 그 대답을 아주 쉽게 얻을 수 있습니다. 한번은 내가 임종을 앞둔 어느 나이 드신 여자 성도분을 심방한 적이 있었는데, 그분이 내게 이렇게 말했습니다: "목사님, 나는 하나님께서 나의 분깃을 불경건한 자들 속에 두실 것이라고 생각하지 않습니다. 왜냐하면, 나는 그들과 어울리는 것을 결코 견딜 수 없었으니까요. 나는 비록 지극히 보잘것없는 자이긴 하지만, 내가 하나님의 백성 중에 있게 되기를 소망합니다. 왜냐하면, 나는 그들과 함께 있었을 때가 늘 가장 행복했기 때문입니다." 그렇다면, 당신은 바로 그 무리들과 영원히 함께 지내게 될 것입니다. 양은 양들과 함께 있게 될 것이고, 염소는 염소들과 함께 있게 될 것입니다. 여러분이 어떤 무리와 어울리기를 기뻐하는지가 여러분이 장차 어떤 무리와 함께 있게 될지를 보여줍니다. 여러분이 여기에서 선택한 것이 장래에 여러분의 분깃이 될 것입니다. 여러분이 여기에서 조소하는 자들, 술 취한 자들, 거짓말하는 자들, 부정한 자들 중의 한 사람이라면, 그들이 장차 지옥에서 여러분의 동료들이 되어 줄 것입니다. 여러분이 죄를 사랑한다면, 여러분은 장차 죄의 늪이 여러분의 목구멍까지 차오르는 곳에서 살게 될 것이고, 거기에서는 온갖 죄들이 불의 바다를 이루어 여러분을 둘러싸고 사방에서 불타오르게 될 것입니다. 여러분이 불의의 삯을 사랑하며 살아 왔다면, 여러분은 불의의 삯을 차고 넘치게 받게 될 것입니다. 왜냐하면, "죄의 삯은 사망"(롬 6:23)이기 때문입니다. "사망"은 영원히 죽지 않는 벌레가 되어, 여러분에게 사납게 달라붙어서 여러분을 갉아먹을 것입니다. 그러나 여러분이 여러분의 하나님과 함께 있는 것을 기뻐하며 살아왔다면, 여러분은 하나님과 함께 거하게 될 것입니다. 여러분이 그리스도 예수를 기뻐하며 살아왔다면, 여러분은 그와 함께 다스리게 될 것입니다. 여러분이 하나님의 백성을 사랑해 왔다면, 여러분은 그들과 영원토록 함께 지내게 될 것입니다. 육신을 떠난 여러분의 영혼은 그리스도 및 그의 백성과 함께 지내게 되든지, 아니면 죄 및 죄인들과 함께 지내게 될 것입니다. 여러분이 예수와 함께 낙원에 있지 않다면, 여러분은 자기가 어디에 있게 될지를 압니다. 우리 주님께서 친히 우리에게 지옥과 천국 사이에는 건널 수 없는 깊은 구덩이가 가로놓여 있고, 지옥에 있는 자들은 끊임없이 큰 고통을 당하고 있다는 사실을 말씀해 주지 않으셨습니까? 여러분은 그곳의 시계가 똑딱거리며 가는 소리를 듣기 전에 이 모든 것을 알수 있습니다. 이것을 생각하시고 두려워 떠십시오.

     내가 이미 앞에서 언급하였듯이, 우리 모두는 죽고 난 후에 부활을 향한 여정을 계속해 나가게 될 것입니다. 우리는 한 사람도 빠짐없이 말일에 이 땅에 서게 될 것입니다. 의인들에게 그것은 지극히 큰 기쁨이 됩니다. "내 가죽이 벗김을 당한 뒤에도 내가 육체 밖에서 하나님을 보리라"(욥 19:26). 이것은 정말 복된 소망입니다! 이러한 소망을 품고 있는 사람은 죽음을 두려워하지 않고 기꺼이 죽고자 할 것입니다. 얼마 전에 죽은 한 하나님의 자녀는 임종 때에 자신의 곁에 서 있던 형제에게 이렇게 말했습니다: "나는 내가 죽어 가고 있는 이 두 시간 동안에 지금까지 살아왔던 50년 동안에 누렸던 것보다 더 많은 것을 누리고 있습니다. 죽는다는 것은 너무나 복된 일입니다. 왜냐하면, 나는 지금 부활을 아주 똑똑히 바라보고 있기 때문입니다." 그러나 죽음을 앞둔 여러분 앞에 저 복된 부활이 전혀 보이지 않고, 도리어 여러분이 영원히 부끄러움과 멸시를 당하게 되리라는 것이 확실하게 느껴진다고 생각해 보십시오. 여러분이 장차 부활할 때에, 여러분의 몸과 영혼이 지옥에 던져져서, 지금 하나님을 욕하던 여러분의 혀가 불길 속에서 뜨거워서 그 열기를 식히기 위하여 물 한 방울을 간절하게 원해도 얻을 수 없게 될 것임을 생각해 보십시오. 지금 여러분이 자신의 몸의 모든 지체들을 불의의 도구로 내어 주었고, 하나님을 거슬러 반역하는 데에 사용하였기 때문에, 그 지체들이 이루 말할 수 없는 고통을 당하게 될 것임을 여러분이 알게 되었다고 생각해 보십시오. 여러분의 부활이 여러분에게 복이 되겠습니까, 아니면 공포가 되겠습니까? 하나님께서 여러분이 결단하도록 도우시기를 빕니다. 성령께서 여러분의 마음에 역사하셔서, 여러분으로 하여금 지금 즉시 예수를 붙들게 하시고, 예수 안에서 영원한 생명을 발견하게 해주시기를 빕니다.

이 땅과 바다 속에 있는 모든 자들이 백보좌 앞에 서게 될 저 무시무시한 심판의 때가 신속하게 올 것입니다. 그때에 우리는 어마어마하게 많은 무리를 보게 될 것입니다. 우리 교회에 모인 이 많은 사람들과 절기의 때에 모여드는 수많은 인파들은 마지막 나팔 소리가 울려퍼질 때에 무덤에서 일어나게 될 저 무수한 무리들에 비하면 단지 양동이 속의 물 한 방울과 같을 뿐입니다. 여러분이 온 인류의 심판자에게서 눈을 돌려 사방을 둘러보면, 여러분의 눈에는 이 땅의 모든 산과 골짜기를 메우고 있는 무수한 무리들만이 보일 것입니다. 그 무리는 너무나 많아서, 땅의 모든 곳을 다 채우고도 모자라서, 바다 위에도 빼곡히 들어차 있을 것입니다. 그 모습은 마치 벌들이 벌집 주변에 빼곡히 모여 있는 것 같을 것입니다. 사람들이 빽빽이 차 있어서, 온 세상이 검게 보일 것입니다. 온 땅의 심판주께서 자신의 보좌에 앉아서, 그 많은 무리들을 마치 목자가 양과 염소를 가르듯이 나누기 시작하는 광경은 정말 장관일 것입니다. "오른쪽으로! 왼쪽으로! 복 받은 자여! 저주 받은 자여! 오라! 떠나가라!" 심판주께서 땅의 모든 거민들을 두 부류로 나누시기 위해 각 사람에게 판결을 내리시는 저 음성이 모든 사람들에게 공포를 불러일으키게 될 것입니다. 장차 장면이 바뀌어서, 지금 여러분에게 간곡히 호소하시는 음성으로 말씀하시던 그리스도께서 보좌에 앉으셔서, 여러분과 나를 심판하실 때, 여러분은 양의 무리와 염소의 무리 중에서 어느 편에 속하게 될까요?

심판이 다 끝난 후에는, 무슨 일이 있게 될까요? 불경건한 자들이여, 심판이 끝나고 나면, 여러분은 흔적도 없이 사라지게 될 것이라고 생각함으로써 여러분의 마음을 편하게 하려고 하지 마십시오. 여러분은 죄를 선택해서 살아왔습니다. 여러분은 의도적으로 그리스도를 배척하며 살아왔습니다. 여러분이 계속해서 그런 식으로 살아간다면, 여러분은 여러분 자신의 영원한 운명을 자기 손으로 정해 버리는 것이 됩니다. 여러분이 처한 위험을 정직하게 정면으로 직시하십시오. 여러분이 계속해서 그런 식으로 살아간다면, 장차 다가올 진노를 피할 수 없다는 사실을 직시하십시오.

   그러나 여러분이 지금 예수를 믿고 있다면, 여러분의 장래를 정면으로 직시하고서 기뻐하십시오. 왜냐하면, 여러분의 구속이 가까웠기 때문입니다. 여러분의 몸과 영혼이 둘 다 온전하게 되어서, 심판주이신 그리스도께서 여러분에게 무죄를 판결하시며, "내 아버지께 복 받을 자들이여 나아와 창세로부터 너희를 위하여 예비된 나라를 상속받으라"(마 25:34)고 말씀하시는 모습을 보십시오. 여러분이 너무나 가슴이 벅차서 황홀한 기쁨을 맛보게 될 것임을 아시겠습니까? 천사들이 둘러싸고 있고, 온전하게 된 성도들이 지켜보는 가운데, 여러분은 여러분의 구주를 뵈옵게 될 것이고, 여러분의 하나님과 교제하게 될 것입니다. 영원무궁토록 말입니다! 이제 여러분은 오늘의 본문이 슬픈 애가가 아니라 아름다운 시구로 보여서, 기쁜 마음으로 이렇게 읊조릴 수 있게 되었을 것이라고 나는 생각합니다: "수년이 지나면 나는 돌아오지 못할 길로 갈 것임이니라." 아멘, 그렇게 되기를 원하나이다.

제
17
장
—

성도의 견인

—

"그러므로 의인은 그 길을 꾸준히 가고" — 욥 17:9

하나님 앞에서 의로운 사람들에게는 자신의 길이 있습니다. 그 길은 육신의 길도 아니고, 세상의 길도 아닙니다. 그 길은 하나님께서 그들에게 정해 주신 길이고, 그들은 그 길을 믿음으로 걸어갑니다. 그 길은 왕의 거룩한 대로이기 때문에, 부정한 자들은 그 길로 지나갈 수 없고, 오직 주의 속량함을 받은 자들만이 그 길로 갈 수 있습니다. 그들은 그 길이 세상으로부터 구별된 길이라는 것을 발견하게 될 것입니다. 순례자가 일단 생명의 길에 들어선 후에는 인내로써 그 길을 꾸준히 걸어야 하고, 그렇지 않으면 멸망하게 됩니다. 왜냐하면, 하나님께서는 "뒤로 물러가면 내 마음이 그를 기뻐하지 아니하리라"(히 10:38)고 말씀하셨기 때문입니다. 믿음의 길을 끝까지 가는 것과 거룩함은 그리스도인들에게 필수적인데, 그 이유는 주님께서 "끝까지 견디는 자는 구원을 얻으리라"(마 24:13)고 말씀하셨기 때문입니다. "씨"가 "얕은 돌밭"에 떨어져서 "곧 싹이 나오기는" 했지만, "해가 돋은 후에" 서서히 말라 버린다면(막 4:5-6), 그것은 헛일이 되고 맙니다. 그 나무가 그런 식으로 말라 버렸다는 것은 처음부터 "뿌리가 없었다"는 것을 증명해 줄 뿐입니다. 그러나 "여호와의 나무에는 물이 흡족하고"(시 104:16) 수액이 풍부해서, 오랜 세월이 흘러도 계속해서 열매를 맺음으로써, 여호와의 정직하심을 증거합니다. 명목상의 기독교와 진정한 기독교는 큰 차이가 있어서, 전자는 결국 소멸하고, 후자는 계속해서 이어져 나갑니다. 오늘의 본문이 선언하고 있는 것은 진정으로 의로운 사람들은 "그의 길을 꾸준히 갈" 것이라는 것입니다. 그들은 뒤로 돌아서서 되돌아가 버리지도 않을 것이고, 자신의 길을 두고서 울타리들을 넘어가지도 않을 것이며, 오른편이나 왼편에 나 있는 샛길로 새지도 않을 것입니다. 그들은 게으름을 피우며 누워서 빈둥거리지도 않을 것이고, 기진맥진해서 자신의 여정을 그만두지도 않을 것입니다. 그들은 "그의 길을 꾸준히 갈" 것입니다. 그들이 그렇게 하는 것이 종종 너무나 힘들고 어려울 것이지만, 그들은 그들에게 주어진 은혜를 힘입어서 결코 그 일을 포기하지 않겠다는 결연한 의지로 "그의 길을 꾸준히 갈" 것입니다. 그들은 아마도 늘 동일한 속도로 걸어가지는 못할 것입니다. 왜냐하면, 오늘의 본문은 그들이 자신의 보조를 끝까지 유지할 것이라고 말씀하고 있는 것이 아니라, "그의 길을 꾸준히 갈" 것이라고 말하고 있기 때문입니다. 우리에게는 달려도 피곤하지 않은 때가 있는가 하면, 천천히 걸어가는데도 쓰러질 것처럼 힘든 때도 있습니다. 그렇습니다. 우리에게는 마치 날개를 단 듯이 펄펄 날아서 가는 때가 있는가 하면, 고통스럽게 기어서 올라가야 할 때도 있습니다. 그러나 여전히 의인들은 "그의 길을 꾸준히 가는" 모습을 보여줄 것입니다. 하나님으로부터 의롭다 하심을 받은 사람들은 어떤 어려움 속에서도 그 얼굴이 굳건하게 예루살렘을 향해 있습니다. 그들은 자신의 눈으로 만왕의 왕의 아름다우심을 볼 때까지는 결코 뒤돌아서지 않습니다.

　　이것은 정말 놀랍고 경이로운 일입니다. 어떤 사람이 그리스도인이라는 사실이 놀라운 일이고, 그가 계속해서 그리스도인으로 살아간다는 것은 더 놀라운 일입니다. 육신의 연약함, 내면의 지독한 부패함, 사탄의 불 같은 시험들, 세상 재물과 "이생의 자랑"(요일 2:16)의 유혹, 세상과 세상의 풍속의 유혹을 생각해 보십시오. 이 모든 것들이 우리를 대적합니다. 하지만 "우리를 위하시는 이는 우리를 거스르고 대적하는 이 모든 것들보다 더 크십니다." 의인들은 죄와 사탄과 사망과 지옥을 무시하고서, 자신의 길을 계속해서 갑니다.

　　나는 오늘의 본문이 성도의 견인에 관한 교리, 즉 하나님께서 성도들로 하여금 끝까지 인내하여 믿음을 지키게 해주신다는 가르침을 제시하고 있는 바로 그런 본문이라고 봅니다: "의인은 그 길을 꾸준히 가고." 몇 년 전에 칼빈주의자들과 아르미니우스주의자들 간에 열띠다 못해 험악하기까지 했던 논쟁이 있었을 때, 서로가 서로를 희화화하고 풍자하는 말들이 오고 가곤 하였습니다. 양쪽

진영의 주장들의 대부분은 상대 진영의 실제 모습을 겨냥한 것이 아니라, 상대 진영이 이럴 것이라고 상정해 놓고서는 그것들을 공격하는 것이었습니다. 그들은 서로가 밀짚으로 상대편이라고 생각되는 허수아비를 만들어 놓고서는, 그 허수아비를 공격하여 불태웠습니다. 그렇게 하는 것은 비교적 쉬운 일입니다! 그러나 나는 우리 칼빈주의자들이 아르미니우스주의자들을 상대로 한 치열한 논쟁 가운데서도 몇 가지 아주 중요한 문제들을 보존할 수 있었다고 믿는데, 그 중의 하나가 바로 성도의 견인이라는 영광스러운 진리입니다. 이 진리는 이런저런 형태로 하나님의 자녀들의 소중한 믿음이 되어 있습니다. 하지만 우리는 이 진리의 구체적인 내용이 정확히 무엇인지를 알아야 합니다. 성경은 한 사람이 이 여정을 따라 그 길을 계속해서 걸어가지 않아도 종착지에 도달하게 될 것이라고 가르치지 않습니다. 한 번 믿은 것으로 모든 것이 해결되었기 때문에, 날마다 믿음을 유지하고 기도하며 깨어 있어야 할 필요가 없다는 말은 사실이 아닙니다. 성경의 가르침은 정반대입니다. 즉, 의인들은 그 길을 계속해서 꾸준히 간다는 것입니다. 달리 말하면, 의인들은 하나님의 은혜를 힘입어서 믿음과 회개와 기도를 계속해 간다는 것입니다. 우리는 사람들을 죽은 개처럼 취급하여, 그들이 원하든지 원하지 않든지, 물리적인 힘을 사용해서 그들을 천국으로 끌고 가는 그런 식의 구원을 믿지 않습니다. 반대로, 의인들은 구원의 길을 고수하여 계속해서 걸어갑니다. 그들은 이 여정에 대하여 적극적인 의지를 지니고서, 이 여정의 끝에 도달할 때까지 힘써서 산을 오르거나 골짜기로 내려가는 등 "꾸준히" 걸어갑니다. 어떤 사람이 단지 자기가 구원의 길로 들어섰다고 생각하기 때문에, 그가 즉시 그 길에서 벗어난다고 하여도, 그의 구원은 확실할 수밖에 없다고 결론을 내릴 수 있다는 것은 우리로서는 꿈에서도 생각할 수 없는 일입니다. 반대로, 우리는 진정으로 성령을 받아서 주 예수 그리스도를 믿게 된 사람은 뒤돌아가지 않을 것이고, 믿음의 길로 끝까지 걸어가게 될 것이라고 말합니다. 왜냐하면 성경은 "믿고 세례를 받는 사람은 구원을 얻을 것이요"(막 16:16)라고 말씀하고 있는데, 만일 그 사람이 뒤돌아가서 이전처럼 죄를 기뻐하는 삶을 사는 것이 가능하다면, 그 말씀은 참될 수 없기 때문입니다. 그러므로 그 사람은 하나님의 능력에 의해서 보호하심을 받아, 처음 가졌던 믿음으로 말미암아 구원을 얻게 될 것입니다. 신자는 안타깝게도 많은 죄를 범하며 살아간다고 할지라도, 그의 삶의 기조는 여전히 하나님 앞에서 거룩한 삶이 될 것이고, 그는 순종의 길을 계속해서 가게 될 것입니다. 우리는 한 번 예수를 믿은 사람은 순종의 길을 완전히 버린다고 할지라도 구원을 받게 될 것이라는 가르침을 혐오합니다. 우리는 참된 신자가 그런 식으로 이전의 죄악된 삶으로 돌아간다는 것 자체가 가능할 수 있다는 것을 거부합니다. 그러므로 우리가 그렇게 가르치고 있다고 주장하는 것은 우리의 대적들이 꾸며낸 것임이 분명합니다. 사랑하는 자들이여, 어떤 사람이 진정으로 그리스도를 믿는 사람이라면, 그는 육신의 뜻을 따라 살아가지 않을 것입니다. 그가 죄악에 빠진 경우에는, 그는 근심하고 괴로워할 것이고, 그 죄책에서 깨끗하게 될 때까지는 결코 안식하지 못할 것입니다. 내가 신자에 대하여 말할 수 있는 것은 그는 자기가 살고 싶은 대로 살 수 있다면, 그는 온전한 삶을 살게 되리라는 것입니다. 여러분이 신자에게 믿음을 가진 후에 자기가 원하는 대로 살 수 있게 되기를 바라느냐고 한 번 물어 보십시오. 그는 이렇게 대답할 것입니다: "하나님께서 나로 하여금 내가 원하는 대로 살 수 있게 해주시기를 나는 바랍니다. 왜냐하면, 나는 죄를 하나도 짓지 않고 살아가기를 원하고, 하늘에 계신 내 아버지가 온전하시듯이, 나도 온전하기를 원하기 때문입니다." 신자는 죄 가운데서 살 수 있지만, 그렇게 살 수 없고, 그렇게 살고자 하지도 않는다는 가르침은 결코 우리가 제멋대로 고안해 낸 교설이 아니라, 성경의 교리이자 가르침입니다. 첫 번째로, 우리는 이것이 성경의 교리라는 것을 증명할(prove) 것입니다. 두 번째로, 우리는 이 교리에 대한 청교도적인 관점으로부터 두 가지 영적인 교훈을 이끌어 냄으로써 이 교리를 선용해(improve) 볼 것입니다.

1. 첫째로, 이것은 성경의 교리입니다.

여러분은 성경을 펴신 채로 나를 따라오시기 바랍니다. 사랑하는 친구들이여, 여러분 중에서 대부분은 은혜의 교리들을 당연히 믿어야 할 것들로 받아들였고, 성도의 견인이라는 교리는 바로 그러한 교리들로부터 자연스럽게 도출되는 것이기 때문에, 굳이 그 어떤 증명도 필요하지 않습니다. 우리는 하나님께서 어떤 사람들을 자기 백성으로 택하셔서 영생을 얻게 하셨다는 것을 믿고, 그러한 하나님의 진리는 필연적으로 은혜 안에서의 견인을 내포하고 있습니다. 우리는 특정한 사람들이 구속함을 받았다고 믿는데, 그런 사람들의 구원은 확실하고, 거기로부터 구속 받은 자들의 견인이라는 교리가 도출됩니다. 우리는 유효한 부르심을 믿는데, 이 부르심은 하나님께서 어떤 사람들을 부르셔서 의롭다고 하시고, 의롭다고 하신 자들을 반드시 영화롭게 하시는 그런 부르심입니다. 은혜의 교리들은 쇠사슬과 같아서 서로 연결되어 있습니다. 여러분이 그 교리들 중 하나를 믿는다면, 다음 교리를 믿지 않을 수 없습니다. 왜냐하면, 각각의 교리는 나머지 교리를 내포하고 있기 때문입니다. 그러므로 여러분이 은혜의 교리들 중 어느 하나라도 받아들였다면, 그 교리들 속에 포함되어 있는 성도의 견인에 관한 교리도 받아들이지 않을 수 없다는 것을 나는 말하고자 합니다. 그러나 지금부터 하고자 하는 것은 은혜의 교리들을 믿지 않은 사람들에게 성도의 견인에 관한 교리가 옳다는 것을 증명하는 것입니다. 나는 순환논법을 사용해서, 여러분이 의심하는 하나의 교리를 가지고서 여러분이 의심하는 또 다른 교리를 증명하고자 하는 것이 아니라, "율법과 증거의 말씀"(사 8:20)을 따라서, 즉 성경에 실제로 나오는 말씀들을 토대로 해서 성도의 견인에 관한 교리를 증명하고자 합니다.

우리가 본론으로 들어가기 전에, 이 교리를 배척하는 사람들은 흔히 하나님의 말씀 속에는 배교를 경고하는 수많은 경고의 말씀들이 있고, 만약 의인들이 그의 길을 끝까지 가게 된다는 것이 사실이라면, 그러한 경고의 말씀들이 성경에 있을 필요가 없지 않느냐고 우리에게 반문한다는 사실을 먼저 지적해 두는 것이 좋을 듯합니다. 그러나 그러한 경고의 말씀들은 하나님께서 자기 백성을 그의 길을 벗어나서 어그러진 길로 가는 것을 막으시기 위한 하나의 수단이었다고 우리가 말한다면, 어떻습니까? 하나님께서는 그런 말씀들을 통해서 자신의 자녀들의 마음에 거룩한 두려움을 불러일으키셔서, 거기에서 경고하는 악들을 피하게 하시는 수단으로 그 말씀들을 사용하신 것이라고 우리가 말한다면, 어떻습니까? 또한, 나는 여러분에게 배교를 경고하는 대단히 엄중한 말씀들을 포함하고 있는 히브리서를 보면, 사도는 자신의 경고를 받고 있는 사람들이 실제로 배교하는 일이 일어나리라는 것을 자기가 믿지 않는다는 것을 보여주는 말씀들을 늘 덧붙이고 있다는 사실을 상기시켜 드리고자 합니다. 히브리서 6:9을 펴보십시오. 거기에서 사도는 한 번 빛을 받은 자들이 타락한 경우에는 다시 새롭게 하여 회개하게 할 수 없다고 말한 후에, "사랑하는 자들아 우리가 이같이 말하나 너희에게는 이보다 더 좋은 것 곧 구원에 속한 것이 있음을 확신하노라"(6:9)는 말을 덧붙입니다. 히브리서 10장에서도 사도는 모세의 율법을 멸시한 사람들도 불쌍히 여김을 받지 못하고 죽었거든 하물며 은혜의 성령을 욕되게 하는 자가 받을 형벌은 얼마나 더 무겁겠느냐고 아주 강력하게 경고한 후에, 그 장을 다음과 같은 말씀으로 끝냅니다: "나의 의인은 믿음으로 말미암아 살리라 또한 뒤로 물러가면 내 마음이 그를 기뻐하지 아니하리라 하셨느니라 우리는 뒤로 물러가 멸망할 자가 아니요 오직 영혼을 구원함에 이르는 믿음을 가진 자니라"(10:38-39). 이렇게 사도는 배교의 결과가 무엇일지를 보여주기는 하지만, 히브리서를 받아 읽는 신자들이 그러한 무시무시한 일을 당하게 될 선택을 하지 않을 것임을 확신하고 있습니다.

또한, 반대자들은 종종 하나님의 말씀 속에 언급되고 있는 배교의 사례들을 거론합니다. 그러나 그 사례들을 잘 들여다보면, 우리는 그런 식으로 배교한 자들은 그리스도를 안다고 고백하기는 하였지만, 실제로는 하나님의 생명을 소유하고 있지 않은 자들이었음을 알게 됩니다. 요한은 자신의 첫 번째 서신에서 그러한 배교자들에 대하여 상세하게 설명해 줍니다: "그들이 우리에게서 나갔으나 우리에게 속하지 아니하였나니 만일 우리에게 속하였더라면 우리와 함께 거하였으려니와 그들이 나간 것은 다 우리에게 속하지 아니함을 나타내려 함이니라"(요일 2:19). 이것은 우리 구주께서 가지들이 포도나무에서 잘려져서 불에 던져지게 될 것이라고 말씀하신 요한복음의 저 유명한 구절에도 그대로 해당됩니다. 왜냐하면, 그 가지들은 그리스도 안에 있으면서 아무런 열매도 맺지 못하는 가지들로 묘사되고 있기 때문입니다. 그런 사람들이 진정한 그리스도인들입니까? 아무런 열매도 맺지 못하는 그들이 어떻게 진정한 그리스도인들일 수 있겠습니까? 주님께서는 "그 열매로 그 나무를 아느니라"(마 12:33)고 말씀하셨습니다. 하나님께서는 열매를 맺는 가지들은 가지치기를 해주실 뿐이고, 결코 잘라 버리지 않으십니다. 열매를 맺지 못하는 자들은 참된 그리스도인들을 가리키는 것이 아니라, 그리스도인이라는 이름만을 지닌 자들을 나타낸다고 보는 것이 적절합니다. 우리 주님께서는 마태복음 7:22에서 우리에게 그 날에 "주여 주여" 하는 많은 사람들에 대하여 말씀하시면서, 자기가 "내가 너희를 도무지 알지 못하니"라고 대답하실 것이라고 말씀하십니다. 주님은 "내가 너희를 잊어버렸노니"라고 대답하시는 것이 아니라, "내가 너희를 도무지 알지 못하니"라고 말씀하시리라는 것입니다. 이것은 그 사람들은 진정으로 그리스도의 제자였던 적이 없었던 사람들이라는 의미입니다.

이제 나는 본론으로 들어가서, 본격적인 논증을 하고자 합니다. 우리의 첫 번째 논거는 중생할 때에 하나님이 나눠 주신 생명의 본질 자체가 성도의 견인에 관한 교리를 아주 분명하게 증명해 준다는 것입니다. 베드로는 이 생명에 대하여 무엇이라고 말하고 있습니까? 그는 베드로전서 1:23에서 하나님의 백성에 대하여 "너희가 거듭난 것은 썩어질 씨로 된 것이 아니요 썩지 아니할 씨로 된 것이니 살아 있고 항상 있는 하나님의 말씀으로 되었느니라"고 말합니다. 우리가 거듭날 때에 우리 속에 심겨진 새 생명은 우리의 첫 번째 출생에서 받은 "썩어질 씨"와 달리 영원히 "썩지 아니할 씨"로 된 것입니다. 하나님의 생명은 결코 죽거나 썩을 수 없기 때문에, 그 생명을 소유한 자들도 영원히 살 수밖에 없습니다. 그들은 하나님의 성령과 영원토록 함께 있을 수밖에 없습니다. 중생이 그들을 그렇게 만들었습니다! 요한일서 3:9에도 그러한 사상이 다른 형태로 등장합니다: "하나님께로부터 난 자마다 죄를 짓지 아니하나니 이는 하나님의 씨가 그의 속에 거함이요 그도 범죄하지 못하는 것은 하나님께로부터 났음이라." 즉, 그리스도인들의 삶은 죄를 향하여 기울어져 있지 않다는 것입니다. 그들이 죄 가운데 살아간다는 것은 그리스도인의 삶에 대한 합당한 묘사일 수 없습니다. 정반대로, 그들 속에 그들로 하여금 "범죄할 수 없게" 만드는 하나님의 생명이 있기 때문에, 그들은 죄를 거슬러 싸우는 삶을 살게 됩니다. 새 생명은 범죄하지 않습니다. 그 생명은 하나님으로부터 난 것이기 때문에 범죄할 수 없습니다. 옛 본성이 새 생명을 거슬러 싸우지만, 새 생명이 그리스도인들을 지배하기 때문에, 그들은 죄 가운데서 살아가지 않게 됩니다. 우리 구주께서는 사마리아 여인에게 단순하게 복음을 가르치시면서, 그녀에게 이렇게 말씀하셨습니다: "이 물을 마시는 자마다 다시 목마르려니와 내가 주는 물을 마시는 자는 영원히 목마르지 아니하리니 내가 주는 물은 그 속에서 영생하도록 솟아나는 샘물이 되리라"(요 4:13-14). 우리 구주께서 죄악되고 무지한 한 여인과의 첫 번째 대면에서 이러한 가르침을 주셨기 때문에, 나는 이 가르침을 온전히 성장한 성도들에게만 해당되는 것이 아니라, 모든 성도들에게 선포되어야 할 지극히 복된 가르침으로 보는 것이 합당하다고 생각합니다. 여러분이 예수께서 여러분의 심령에 나누어 주시는 은혜를 받는다면, 그것은 마리아가 택하였던 "이 좋은 편"과 같이 결코 "빼앗기지 아니할" 것입니다(눅 10:42). 그것은 저수지에 있는 물이 아니라, "영생하도록 솟아나는 샘물"(요 4:14)로서 여러분 속에 있게 될 것입니다.

우리 모두는 우리가 거듭날 때에 주어진 생명은 믿음과 밀접하게 연결되어 있다는 것을 압니다. 그런데 믿음은 그 자체가 죄악을 이기는 근원적인 힘입니다. 우리의 논증의 보고인 요한일서는 "무릇 하나님께로부터 난 자마다 세상을 이기느니라 세상을 이기는 승리는 이것이니 우리의 믿음이니라 예수께서 하나님의 아들이심을 믿는 자가 아니면 세상을 이기는 자가 누구냐"(5:4-5)라고 말씀합니다. 그러므로 "하나님으로부터 난 자"인 우리 속에 있는 새 생명은 죄악을 이기는 힘이고, 이것은 아무도 결코 부정할 수 없는 사실입니다. 또한, 새 생명의 외적인 증표인 믿음은 그 자체로 영원히 승리합니다. 그러므로 하나님께서 우리를 어둠에서 건져 내서서 그의 기이한 빛으로 옮기실 때에 우리 속에 그러한 놀라운 생명을 심어 놓으셨고, 예수 그리스도를 죽은 자 가운데서 다시 살리심으로써 부활에 대한 생생한 소망을 우리에게 심어 주셨으며, 영원히 찬송 받으시기에 합당하신 성령을 우리에게 보내서서 우리 안에 거하게 하셨기 때문에, 우리는 우리 안에 있는 하나님의 생명은 절대로 죽지 않을 것이라는 결론을 내리게 됩니다. "의인은 그 길을 꾸준히 가고."

내가 여러분에게 제시할 두 번째 논거는 우리 주님이 친히 분명하게 선언하신 말씀들입니다. 여기서 우리는 다시 한 번 요한복음을 보겠습니다. 저 복된 요한복음 3장에는 우리 주님께서 니고데모에게 복음을 아주 간단하고 쉽게 설명하시는 내용이 나오는데, 거기에서 우리는 주님이 그를 믿는 믿음으로 말미암아 받게 되는 생명은 영원하다는 사실을 대단히 강조하시는 것을 보게 됩니다. 저 보배 같은 말씀을 담고 있는 14-15절을 보십시오: "모세가 광야에서 뱀을 든 것 같이 인자도 들려야 하리니 이는 그를 믿는 자마다 영생을 얻게 하려 하심이니라." 주께서 친히 이렇게 말씀하셨는데, 그를 믿는 사람들이 멸망을 받겠습니까? 사람들이 그를 믿을 때에 일정한 기한이 지나면 끝이 나는 그런 영원하지 않은 생명을 받겠습니까? 절대로 그럴 수 없습니다. 왜냐하면, "하나님이 세상을 이처럼 사랑하사 독생자를 주셨으니 이는 그를 믿는 자마다 멸망하지 않고 영생을 얻게 하려"(16절) 하셨기 때문입니다. 그러나 그를 믿는 자들이 자신의 믿음을 끝까지 지킬 수 없다면, 그들은 멸망할 수밖에 없습니다. 그러므로 여기에서 하나님께서는 그들로 하여금 끝까지 믿음을 지키도록 해주실 것이라는 결론이 나옵니다. 신자들에게는 영생이 있습니다. 그런데 어떻게 그들이 중간에 신자이기를 그만두고 영적인 죽음을 죽을 수 있겠습니까? 그들이 그리스도 안에 거하지 않는다면, 그들은 분명히 영생을 갖고 있는 것이 아닙니다. 그러므로 그들은 끝까지 그리스도 안에 거하게 될 것입니다. "하나님이 세상을 이처럼 사랑하사 독생자를 주셨으니 이는 그를 믿는 자마다 멸망하지 않고 영생을 얻게 하려 하심이라." 주님께서 이렇게 말씀하시는데도, 어떤 사람들은 사람이 영생을 얻었다가 다시 잃을 수 있다고 말합니다. 그런 주장에 대해서 우리의 대답은 이 말씀은 그런 의미일 수 없다는 것입니다. 그들의 주장은 그 자체가 명백한 모순입니다. 생명이 상실된다면, 그 사람은 죽습니다. 만일 예수 그리스도를 믿는 사람들에게 그런 생명이 주어지는 것이라면, 어떻게 그들이 영생을 얻었다고 말할 수 있겠습니까? 도리어, 그들은 단지 한동안만 지속되는 그런 생명을 얻었다고 말하는 것이 옳습니다. 그런 경우에 그들은 영생을 얻지 않았음이 분명합니다. 왜냐하면, 그들이 영생을 얻었다면, 당연히 영원히 살아야 하기 때문입니다. "아들을 믿는 자에게는 영생이 있고"(요 3:36). 천국에 있는 성도들은 영생을 지니고 있고, 아무도 그들이 멸망하게 될 것이라고 생각하지 않습니다. 그들에게 있는 생명은 영원합니다. 영생을 소유하고 있는 사람은 이 땅에 거하든 천국에 거하든 영원히 살게 됩니다. 바로 그것이 영생입니다.

우리는 그런 동일한 하나님의 진리를 담고 있는 모든 구절들을 읽을 필요는 없지만, 조금만 더 살펴보겠습니다. 요한복음 6:47에서 우리 주님은 유대인들에게 "진실로 진실로 너희에게 이르노니 믿는 자는 영생을 가졌나니"라고 말씀하셨습니다. 믿는 자들은 일시적인 생명이 아니라 "영원한 생명"을 가지고 있다는 것입니다. 그리고 51절에서는 "나는 하늘에서 내려온 살아 있는 떡이니 이 떡을 먹으면 영생하리라"고 말씀하셨습니다. 그런 후에, 주 예수 그리스도의 저 유명한 선언이 나오는데, 만일 다른 증거들이 없다고 할지라도, 이 선언만으로도 성도의 견인에 관한 교리가 옳다는 것은 충분히 증명된다고 할 수 있습니다: "내가 그들에게 영생을 주노니 영원히 멸망하지 아니할 것이요 또 그들을 내 손에서 빼앗을 자가 없느니라 그들을 주신 내 아버지는 만물보다 크시매 아무도 아버지 손에서 빼앗을 수 없느니라"(10:28-29). 이 말씀은 주님이 자기 백성을 자신의 강한 손으로 꽉 붙잡고 있고, 앞으로도 계속해서 꽉 붙잡고 있어서, 그들이 어느 경우에도 안전할 것이라는 의미가 아니면 무엇이겠습니까?

> "그 어떤 것도 우리를 거기에 다다르게 해줄 수도 없고,
> 우리를 거기에서 빼낼 수 없다네."

못 자국 난 예수의 손이 믿는 자들을 붙들고 계시고, 전능하신 아버지 하나님의 손도 두 번째 보호막으로서 믿는 자들을 붙들고 계십니다. "그들을 주신 내 아버지는 만물보다 크시매 아무도 아버지 손에서 **빼앗을** 수 없느니라." 이것은 성도들이 그들을 멸망시키고자 하는 그 어떤 것으로부터도 안전하다는 것, 따라서 완전히 배교하여 떨어져 나가는 것으로부터도 안전하다는 것을 보여주고 있음에 틀림없습니다.

우리는 동일한 취지의 말씀을 마태복음 24:24에서 찾아볼 수 있습니다. 거기에서 주 예수께서는 많은 사람들을 속일 거짓 선지자들에 대하여 말씀하십니다: "거짓 그리스도들과 거짓 선지자들이 일어나 큰 표적과 기사를 보여 할 수만 있다면 택하신 자들도 미혹하리라." 여기서 "할 수만 있다면"은 현재 사실과 반대되는 내용을 가정한 표현이기 때문에, 이 말씀은 그 거짓 선지자들이 "택하신 자들을 미혹하는" 것이 불가능하다는 것을 보여줍니다. 예수 그리스도께서는 자신의 양에 대하여 이렇게 말씀하셨습니다: "타인의 음성은 알지 못하는 고로 타인을 따르지 아니하고 도리어 도망하느니라"(요 10:5). 그리스도의 양들은 신령한 본능을 따라 선한 목자의 음성을 알고 오직 그만을 따릅니다.

이렇게 우리 구주께서는 말씀으로 표현할 수 있는 한에서 가장 분명하게 자기 백성은 그들 자신 속에 영생을 소유하고 있기 때문에, 멸망하지 않고 영원한 행복 속으로 들어가게 될 것이라고 선언하셨습니다. "의인은 그 길을 꾸준히 가고."

또한, 신자들의 견인에 관한 지극히 복된 논거는 우리 주님의 중보기도 속에서 발견됩니다. 여러분은 그 중보기도를 잘 알고 있기 때문에, 굳이 성경을 펼쳐 그 구절을 찾아볼 필요조차 없습니다. 그 구절은 그리스도의 살아 있는 중보기도와 자기 백성의 견인 간의 연결관계를 보여줍니다: "그러므로 자기를 힘입어 하나님께 나아가는 자들을 온전히 구원하실 수 있으니 이는 그가 항상 살아 계셔서 그들을 위하여 간구하심이라"(히 7:25). 우리 주 예수께서는 죽으신 것이 아니라 부활하셨습니다! 그는 하늘에 오르셔서 영광을 입으신 후에, 지금 영원하신 보좌 앞에서 자신의 온전한 대속 사역을 근거로 하나님께 자기 백성을 위하여 간구하고 계십니다. 이스라엘 각 지파의 이름들이 보석으로 된 대제사장의 흉패에 기록되어 있었던 것처럼, 주 예수의 가슴에는 자기 백성들의 이름이 다 기록되어 있는데, 그가 그들을 위하여 하나님께 간구할 때, 그의 그러한 중보기도를 힘입어서 그의 백성은 끝까지 구원을 얻게 됩니다. 여러분이 그 예를 보고 싶으시다면, 누가복음 22:31-32에 기록된 베드로의 예를 한 번 보시기 바랍니다. 거기에서 우리 주님은 "시몬아, 시몬아, 보라 사탄이 너희를 밀 까부르듯 하려고 요구하였으나 그러나 내가 너를 위하여 네 믿음이 떨어지지 않기를 기도하였노니 너는 돌이킨 후에 네 형제를 굳게 하라"고 말씀하셨습니다. 그리스도의 중보기도가 있다고 해서, 사탄이 하나님의 백성을 시험하고 흔들어 보고 밀 까부르듯 하지 못하는 것은 아닙니다. 그들은 그런 시험들을 받을 뿐만 아니라, 어느 정도 죄에 빠지기도 하고, 환난을 당하기도 합니다. 그러나 그리스도의 중보기도가 있는 한, 그들이 완전히 배교하는 일은 있을 수 없습니다. 주께서는 베드로를 지켜 주셨습니다. 그가 비록 주님을 부인하기는 했지만, 그것은 전체적으로 주를 따르는 그의 삶에서 하나의 예외에 불과한 것이었고, 일시적인 것이었기 때문에, 결코 총체적인 배교가 아니었습니다. 그는 은혜를 힘입어서 그의 길을 꾸준히 걸어갔습니다. 왜냐하면, 그때뿐만이 아니라, 그는 여러 번 범죄하였지만, 그에게는 아버지 하나님 앞에서 그를 변호해 주시는 분, 곧 "의로우신 예수 그리스도"(요일 2:1)가 계셨기 때문입니다.

여러분이 예수께서 어떤 식으로 우리를 위하여 간구하시는지를 알고자 한다면, 집에서 시간이 있을 때에 요한복음 17장에 나오는 저 경이로운 주님의 기도를 읽어 보십시오. 그 기도는 정말 놀라운 기도입니다! "내가 그들과 함께 있을 때에 내게 주신 아버지의 이름으로 그들을 보전하고 지키었나이다 그 중의 하나도 멸망하지 않고 다만 멸망의 자식뿐이오니 이는 성경을 응하게 함이니이다"(12절). 유다는 멸망하였습니다. 그러나 유다는 사도였지만, 하나님께서 그리스도께 주신 "양"은 아니었습니다. 그는 일시적인 믿음을 지니고 있었고, 일시적으로만 신앙 고백을 유지하였습니다. 그에게는 영생이 없었습니다. 만일 그에게 영생이 있었다면, 그는 멸망하지 않고 계속해서 살았을 것입니다. 구주께서 겟세마네 동산에서 신음하고 부르짖으시며 탄원하셨던 것들은 하늘에서 응답되었습니다: "거룩하신 아버지여 내게 주신 아버지의 이름으로 그들을 보전하사"(11절). 하나님께서는 그들을 자신의 말씀과 성령을 통해서 지키고 계시고, 앞으로도 지키실 것입니다. 그리스도께서 겟세마네에서 드리신 기도가 열납되었다면, 이제 영원하신 보좌에서 올려 드리는 기도들이 하나님께 열납되리라는 것은 두말할 필요도 없는 것이 아니겠습니까!

"주님은 아랫세상에서는 통곡과 눈물로
겸손히 엎드리시어 간구를 올려드리셨지만,
영광의 보좌에 좌정해 계신 지금은
권세를 가지고 하나님께 간구하신다네.

주님은 자기를 의지하여 하나님께 나아오는 모든 자들에게
구원을 허락하시라고 하나님께 요구하시며,
자신의 흉패에 기록된 그들의 이름을 내보이시며,
못 자국 난 자신의 손을 펼쳐 보이신다네."

내 주 예수께서 나를 위해 간구하신다면, 나는 세상이나 지옥을 두려워할 필요가 없습니다. 그리스도께서 살아 계셔서 드리시는 저 중보기도의 음성은 성도들을 지켜줄 힘이 있고, 살아 계신 주님에게도 그런 힘이 있으십니다. 왜냐하면, 주님께서는 "내가 살아 있기 때문에 너희도 살아 있게" 될 것이라고 말씀하셨기 때문입니다(cf. 요 14:19).

다음으로는 네 번째 논거입니다. 우리는 그리스도의 **성품**과 **사역**을 근거로 성도의 견인을 확신할 수 있습니다. 나는 여러분이 우리 주님을 아주 잘 알고 있어서, 내 입으로 굳이 주님이 어떤 분이신지를 말할 필요가 없을 것이기 때문에, 이 논거에 대해서는 길게 얘기하지 않으려 합니다. 여러분이 우리의 주님을 안다면, 여러분은 사도가 디모데후서 1:12에서 말하고 있는 것을 그대로 말하고자 할 것입니다: "내가 믿는 자를 내가 알고 또한 내가 의탁한 것을 그 날까지 그가 능히 지키실 줄을 확신함이라." 대다수의 사람들은 마치 사도가 "내가 믿는 자 안에서 내가 알고"라고 말한 것처럼 이 구절을 인용하지만, 사도는 그렇게 말한 것이 아니라, "내가 믿는 자를 내가 알고"라고 말했습니다. 즉, 그는 자기가 예수를 안다고 말한 것입니다! 그는 예수의 마음과 예수의 신실하심을 알았습니다. 그는 예수의 속죄 사역과 그 권능을 알았습니다. 그는 예수의 중보기도와 그 능력을 알았습니다. 그래서 그는 믿음으로 자신의 영혼을 예수께 의탁하였고, 안심하였습니다. 나의 주님은 모든 일에서 너무나 탁월하신 분이기 때문에, 내가 여러분에게 그의 성품 중 하나를 잠깐 보여 드리기만 해도, 여러분은 그가 사람들 가운데 계셨을 때에 어떤 분이셨는지를 금방 알게 될 것입니다. 요한복음 13장

의 처음 부분에는 "세상에 있는 자기 사람들을 사랑하시되 끝까지 사랑하시니라"(1절)는 말씀이 나옵니다. 만일 그가 이 세상에 계실 때에 자기 제자들을 끝까지 사랑하지 않으셨다면, 우리는 그때의 그와 지금의 그가 다를 수 있을 것이라고 결론을 내릴 수도 있을 것입니다. 그러나 그가 낮아지신 상태로 이 아랫세상에 계실 때조차도 자기가 택하신 자들을 끝까지 사랑하셨다는 사실은 우리로 하여금 지금 하늘에 계신 그가 그를 의지하는 모든 자들을 끝까지 사랑하실 것이라는 저 감미롭고 복된 확신을 갖게 해줍니다.

다섯째로, 우리는 은혜 언약의 본질 그 자체를 근거로 성도의 견인을 확신할 수 있습니다. 여러분이 은혜 언약의 본질이 무엇인지를 직접 확인해 보고 싶으십니까? 그렇다면, 구약성경에 나오는 예레미야 32장을 펴보십시오. 여러분은 거기에 은혜 언약에 관한 내용이 꽤 길게 설명되고 있는 것을 발견하게 될 것입니다. 우리는 40절만 한 번 읽어 보겠습니다: "내가 그들에게 복을 주기 위하여 그들을 떠나지 아니하리라 하는 영원한 언약을 그들에게 세우고 나를 경외함을 그들의 마음에 두어 나를 떠나지 않게 하고." 하나님께서 그들을 떠나지 아니할 것이기 때문에, 그들이 그를 떠나지 않게 되리라는 것입니다. 이 말씀보다 더 성도의 견인의 확실함을 말해 주는 것이 어디에 있겠습니까? 이것이 은혜 언약이고, 우리가 그 언약 아래에서 살고 있다는 사실은 히브리서를 보면 분명해집니다. 왜냐하면, 사도는 히브리서 8장에서 바로 그러한 취지로 예레미야서에 나오는 이 구절을 인용하고 있기 때문입니다: "주께서 이르시되 볼지어다 날이 이르리니 내가 이스라엘 집과 유다 집과 더불어 새 언약을 맺으리라 또 주께서 이르시기를 이 언약은 내가 그들의 열조의 손을 잡고 애굽 땅에서 인도하여 내던 날에 그들과 맺은 언약과 같지 아니하도다 그들은 내 언약 안에 머물러 있지 아니하므로 내가 그들을 돌보지 아니하였노라 또 주께서 이르시되 그 날 후에 내가 이스라엘 집과 맺을 언약은 이것이니 내 법을 그들의 생각에 두고 그들의 마음에 이것을 기록하리라 나는 그들에게 하나님이 되고 그들은 내게 백성이 되리라"(8-10절). 옛 언약에는 "조건"이 달려 있었고, 결국에는 좌초되고 말았습니다. 즉, 옛 언약은 "너희가 순종하면 복을 받으리라"는 식으로 규정되어 있었기 때문에, 이스라엘 백성들의 불순종으로 인해서 그 언약 전체가 무너지는 재난으로 끝날 수밖에 없었다는 것입니다. 옛 언약은 행위 언약이었습니다. 따라서 "조건"은 없고 무조건적인 약속만 있는 은혜 언약이 우리에게 주어지기 전에는, 우리는 옛 언약 아래에서 종 노릇 할 수밖에 없었습니다. 하지만 은혜 언약이 주어졌을 때, 우리는 옛 언약으로부터 건짐을 받았습니다. 은혜 언약은 온통 "내가 … 하겠고"와 "너희는 … 되리라"는 내용들로만 이루어져 있습니다: "나는 그들에게 하나님이 되고 그들은 내게 백성이 되리라." 이렇게 영원히 무너지지 않을 언약을 우리에게 주신 하나님께 영광을 돌립니다. 하나님께서는 이 언약이 영원할 것임을 이사야서에서 아주 분명하게 선언하십니다: "산들이 떠나며 언덕들은 옮겨질지라도 나의 자비는 네게서 떠나지 아니하며 나의 화평의 언약은 흔들리지 아니하리라 너를 긍휼히 여기시는 여호와께서 말씀하셨느니라"(54:10). "내가 너희를 위하여 영원한 언약을 맺으리니 곧 다윗에게 허락한 확실한 은혜이니라"(55:3). 은혜로부터 완전히 떨어져 나갈 수 있다는 생각은 율법에 묶여 있던 저 옛 심령의 잔재입니다. 그것은 은혜에서 벗어나서 다시 율법 아래로 들어가는 것입니다. 나는 여러분에게 여러분은 종 노릇 하는 것에서 해방되었고, 여러분의 손과 발이 율법의 족쇄에서 풀려난 사람들이기 때문에, 다시는 그러한 속박으로 되돌아가지 마시기를 간곡히 부탁드립니다. 여러분이 진정으로 그리스도를 믿는 자들이 되었다면, 그리스도께서는 여러분을 구원하신 것입니다. 그는 여러분을 한 주간이나 한 달이나 반 년이나 일 년이나 20년 동안만 구원하신 것이 아니라, 여러분에게 영생을 주셔서 여러분을 영원히 구원하신 것이기 때문에, 여러분은 결코 멸망하지 않을 것이고, 그 누구도 여러분을 그의 손에서 빼앗아갈 수 없습니다. 이 복된 은혜 언약을 기뻐하고 즐거워하십시오.

아주 강력한 여섯 번째 논거는 하나님의 신실하심입니다. 로마서 11:29을 보십시오. 사도는 성령을 힘입어서 거기에서 무엇이라고 말하고 있습니까? "하나님의 은사와 부르심에는 후회하심이 없느니라." 이것은 하나님께서 어떤 사람을 은혜로 부르셔서 그 사람에게 죄 사함과 영생을 주시고 난 후에, 자신이 행한 일을 후회하시고서는, 이미 주신 좋은 것들을 다시 가져가시는 그런 일은 결코 없을 것이라는 의미입니다. "하나님은 사람이 아니시니 거짓말을 하지 않으시고 인생이 아니시니 후회가 없으시도다"(민 23:19). 하나님께서는 어떤 사람을 구원하시기 위하여 자신의 손을 뻗으셨다면, 그 일이 완성될 때까지는 그 손을 거두어들이지 않으십니다. 하나님은 이렇게 말씀하십니다: "나 여호와는 변하지 아니하나니 그러므로 야곱의 자손들아 너희가 소멸되지 아니하느니라"(말 3:6). "이스라엘의 지존자는 거짓이나 변개함이 없으시니 그는 사람이 아니시므로 결코 변개하지 않으심이니이다"(삼상 15:29). 사도는 하나님은 신실하셔서 한 번 시작하신 일을 끝까지 이루실 것이라는 근거 위에서, 우리에게서 시작하신 구원도 끝까지 이루실 것을 확신해도 좋다고 말합니다. 사도는 고린도전서 1:8-9에서 "주께서 너희를 우리 주 예수 그리스도의 날에 책망할 것이 없는 자로 끝까지 견고하게 하시리라 너희를 불러 그의 아들 예수 그리스도 우리 주와 더불어 교제하게 하시는 하나님은 미쁘시도다"라고 말하고, 데살로니가전서 5:24에서도 동일한 취지로 말합니다: "너희를 부르시는 이는 미쁘시니 그가 또한 이루시리라." 하나님께서 예수께 주신 사람들을 구원하시는 것이 하나님의 뜻이고, 그 뜻에는 변함이 있을 수 없습니다. 왜냐하면, 우리 주님께서는 "나를 보내신 이의 뜻은 내게 주신 자 중에 내가 하나도 잃어버리지 아니하고 마지막 날에 다시 살리는 이것이니라"(요 6:39)고 말씀하셨기 때문입니다. 내가 위에서 인용한 구절들과 그 밖의 다른 구절을 통해서, 우리는 하나님의 신실하심이 하나님의 백성들의 견인을 보장해 준다는 사실을 알 수 있습니다. "의인은 그 길을 꾸준히 가고."

마지막으로, 일곱 번째 논거는 하나님께서 이미 우리 가운데서 행하신 일들입니다. 여기서 나는 별다른 설명 없이 몇몇 성경 구절들을 제시하기만 하고, 그 구절들을 묵상하는 일은 여러분에게 맡겨 두고자 합니다. 이 논거에 속하는 복된 구절은 예레미야 31:3에 나옵니다: "옛적에 여호와께서 나에게 나타나사 내가 영원한 사랑으로 너를 사랑하기에 인자함으로 너를 이끌었다 하였노라." 만일 하나님께서 우리에게 영원한 사랑을 주시고자 하신 것이 아니었다면, 처음부터 아예 우리를 이끌지 않으셨을 것입니다. 하지만 하나님의 사랑은 영원한 것이었기 때문에, 하나님께서는 "인자함으로" 우리를 "이끄셨던" 것입니다. 사도는 로마서 5:9-10에서 이것을 아주 정교하게 논증해 나갑니다: "그러면 이제 우리가 그의 피로 말미암아 의롭다 하심을 받았으니 더욱 그로 말미암아 진노하심에서 구원을 받을 것이니 곧 우리가 원수 되었을 때에 그의 아들의 죽으심으로 말미암아 하나님과 화목하게 되었은즉 화목하게 된 자로서는 더욱 그의 살아나심으로 말미암아 구원을 받을 것이니라." 나는 계속해서 이 구절에 나오는 단어 하나하나가 얼마나 중요한지를 여러분에게 보여 드리고 싶지만, 그 중에서도 가장 중요한 것은 우리가 하나님의 원수였을 때에 하나님께서 먼저 나서셔서 우리와 화목하게 되신 것이기 때문에, 우리가 하나님의 친구가 된 지금에 있어서, 하나님이 우리를 늘 구원하시리라는 것은 너무나 분명하다는 것입니다. 자신의 죽으심으로 말미암아 우리와 화목을 이루신 우리 주 예수께서 자신의 살아나심으로 말미암아 우리를 늘 구원하시리라는 것은 너무나 확실하기 때문에, 그가 자신이 부르신 자들을 떠나거나 버리지 않으실 것임을 우리는 확신할 수 있습니다. 여러분은 내가 인간의 펜으로 지금까지 씌어진 모든 글들 중에서 가장 고상한 저 황금의 장, 곧 로마서 8장을 여러분에게 상기시켜 드리기를 원하십니까? "하나님이 미리 아신 자들을 또한 그 아들의 형상을 본받게 하기 위하여 미리 정하셨으니 … 또 미리 정하신 그들을 또한 부르시고 부르신 그들을 또한 의롭다 하시고 의롭다 하신 그들을 또한 영화롭게 하셨느니라"(29-30절). 이 일련의 연쇄 속에서 의롭다고 하시는 것과 영화롭게 하시는 것 사이에는 그 어떤 단절도 존재하지 않고, 그 어떤 단절도 생각할 수 없습니다. 왜냐하면, 사도는 "누가 능히 하나님께서 택하신 자들을 고발하리요 의롭다 하신 이는 하나님이시니 누가 정죄하리요 죽으실 뿐 아니라 다시 살아나신 이는 그리스도 예수시니 그는 하나님 우편에 계신 자요 우리를 위하여 간구하시는 자시니라 누가 우리를 그리스도의 사랑에서 끊으리요"(33-35절)라고 말하고 나서, 이 둘을 단절시킬 가능성이 있는 모든 것들을 다음과 같이 나열하는 가운데, 이 둘의 단절의 가능성을 아예 차단하고 있기 때문입니다: "내가 확신하노니 사망이나 생명이나 천사들이나 권세자들이나 현재 일이나 장래 일이나 능력이나 높음이나 깊음이나 다른 어떤 피조물이라도 우리를 우리 주 그리스도 예수 안에 있는 하나님의 사랑에서 끊을 수 없으리라"(38-39절). 마찬가지로, 사도는 빌립보서 1:6에서 이렇게 말합니다: "너희 안에서 착한 일을 시작하신 이가 그리스도 예수의 날까지 이루실 줄을 우리는 확신하노라." 그 밖에도 성경에는 하나님께서 시작하신 일을 반드시 완수하신다는 것을 보여주는 수많은 사례들이 있지만, 그것들을 다 언급할 시간이 내게는 없기 때문에, 내가 하고자 하는 말은 한 번 시작하신 일을 반드시 끝내시는 것이 하나님께서 일하시는 방식이라는 것입니다. 따라서 하나님께서는 우리에게 은혜와 영광을 주셔서, 우리에게서 시작하신 일을 반드시 이루실 것입니다.

　우리에게 수여된 한 가지 놀랍고 기이한 특권은 특히 중요한데, 그것은 우리가 그리스도와의 긴밀한 생명의 연합을 통해서 그리스도와 하나가 되어 있다는 것입니다. 성령께서는 우리에게 우리가 우리 주 예수 그리스도와 혼인에 의해서 연합되어 있다고 가르칩니다. 그런데 그러한 하나됨이 해소되는 일이 벌어질 수 있을까요? 우리는 그리스도와 혼인한 자들입니다. 그런데 그가 우리에게

단 한 번이라도 이혼장을 주시고 갈라서신 적이 있었습니까? 하늘의 신랑께서
은혜 언약 가운데서 하나된 자신의 택하신 영혼과 진심으로 갈라서신 경우는 한
번도 없었습니다. 호세아 2:19-20의 예언의 말씀을 들어 보십시오: "내가 네게 장
가 들어 영원히 살되 공의와 정의와 은총과 긍휼히 여김으로 네게 장가 들며 진
실함으로 네게 장가 들리니 네가 여호와를 알리라."

이 기이한 연합은 머리와 몸이라는 비유로 표현됩니다. 우리는 그리스도의
몸의 지체들입니다. 그리스도의 몸의 지체들이 썩어서 잘라져 나가는 일이 생기
겠습니까? 그리스도께서 자신의 사지를 절단하시고 불구가 되시겠습니까? 그리
스도께서 이전의 지체들을 버리시고 새로운 지체들을 자신의 몸에 붙이시겠습
니까? 그렇지 않습니다. 그리스도의 몸의 지체들이 된 우리가 그리스도에게서
분리되는 일은 결코 없을 것입니다. 사도는 "주와 합하는 자는 한 영이니라"(고
전 6:17)고 말합니다. 우리가 그리스도와 더불어 한 영을 이루게 되었을 때, 이
신비의 연합에서 우리가 분리된다는 것은 상상할 수조차 없는 일입니다.

성도의 견인과 관련해서 하나님께서는 우리에게 또 한 가지 큰 일을 행하셨
는데, 그것은 성령으로 우리를 인치신 것입니다. 하나님께서는 자신의 모든 택
하신 자들에게 성령을 주시는데, 이것이 하나님이 우리를 인치시는 방법입니다.
성경에는 이러한 인치심에 대하여 말하고 있는 구절들이 많고, 그 구절들은 성
령의 인치심을 장차 하늘에서 성도들에게 주어질 기업에 대한 보증금이라고 설
명합니다. 그런데 우리가 성령이라는 보증금을 받은 후에, 원래 우리에게 주어
지기로 되어 있던 것을 얻지 못한다면, 어떻게 성령이 하나님이 우리에게 주신
보증금이라고 말할 수 있겠습니까? 고린도후서 1:21-22에 나오는 사도의 말을
잘 생각해 보십시오: "우리를 너희와 함께 그리스도 안에서 굳건하게 하시고 우
리에게 기름을 부으신 이는 하나님이시니 그가 또한 우리에게 인치시고 보증으
로 우리 마음에 성령을 주셨느니라." 성령에 대한 동일한 취지의 말씀이 에베소
서 1:13-14에도 나옵니다: "그 안에서 너희도 진리의 말씀 곧 너희의 구원의 복음
을 듣고 그 안에서 또한 믿어 약속의 성령으로 인치심을 받았으니 이는 우리 기
업의 보증이 되사 그 얻으신 것을 속량하시고 그의 영광을 찬송하게 하려 하심
이라." 사랑하는 자들이여, 우리는 하나님의 성령이 우리 안에 거하시면, 예수
그리스도를 죽은 자 가운데서 일으키셨던 하나님께서 우리의 영혼을 지키심과
아울러, 우리의 죽을 몸도 다시 살리셔서, 우리로 하여금 마지막 날에 하나님의

영광의 얼굴 앞에 온전한 모습으로 설 수 있게 해주실 것임을 확신합니다.

그러므로 우리는 이 모든 논증을 사도의 다음과 같은 확신에 찬 말씀으로 요약합니다: "주께서 나를 모든 악한 일에서 건져 내시고 또 그의 천국에 들어가 도록 구원하시리니 그에게 영광이 세세무궁토록 있을지어다 아멘."

2. 둘째로, 우리는 성도의 견인에 관한 교리를 실제적으로 어떻게 선용할 수 있을까요?

첫 번째의 용도는 이 교리는 천국을 향하여 가고 있는 사람들에게 큰 힘이 된다 는 것입니다. "의인은 꾸준히 그 길을 가고." 내가 이 후들거리는 두 다리로 이 육 중한 몸을 끌고서, 아주 먼 길, 예컨대 런던에서 출발해서 존 오 그로츠(John o' Groats, 스코틀랜드의 최북단에 있는 섬)까지 가는 머나먼 여정을 떠나야 한다면, 나 는 시작하기도 전에 절망하게 될 것이고, 하루 동안 걷고 나서는 나가떨어져 버 리고 말 것입니다. 그러나 "너는 그 길을 끝까지 가서 종착지에 반드시 도달하게 될 것"이라는 거룩한 확신이 내게 있다면, 나는 남다른 각오로 내 자신을 추슬러 서 어떻게든 이 일을 이루어 내겠다고 생각할 것입니다. 결국 목적지에 도달하 게 될 것이라는 믿음이 없다면, 험난한 여정을 시작하기가 어렵습니다. 그러나 우리가 반드시 우리의 본향에 다다르게 될 것이라는 달콤한 확신이 있을 때에 는, 우리는 젖 먹던 힘까지 다 내서 담대하게 그 험난한 여정을 끝까지 완수하고 자 하게 될 것입니다. 날씨가 무덥고 비가 억수같이 내리며 천둥과 번개가 요란 하게 친다고 할지라도, 우리는 계속해서 앞으로 나아가게 될 것입니다. 왜냐하 면, 우리가 목적지에 도달할 것이 확실하다는 확신이 있기 때문입니다. 아주 험 한 길이고, 산을 넘고 물을 건너 끝없이 가야 하는 길이어서, 숨이 차고 다리가 아프다고 할지라도, 우리는 목적지에 도달할 것이 확실하다는 것을 알기 때문 에, 계속해서 앞으로 전진하게 될 것입니다. 우리는 기진맥진해서 엉금엉금 기 어가 어떤 오두막으로 들어가서 그대로 쭉 뻗어 버리고는, "나는 결코 목적지에 도달할 수 없을 거야"라고 탄식할지도 모릅니다. 그러나 우리가 받은 확신 때문 에, 우리는 다시 우리의 발을 일으켜 세워서 오두막을 나와서 또다시 앞으로 걸 어가게 됩니다. 올바른 마음을 지닌 사람들에게는 성공할 것이라는 확신은 온 힘을 다해 수고하고자 하는 최고의 자극제이자 동력이 됩니다. 내가 세상을 반 드시 이기게 될 것이고, 반드시 죄를 이기게 될 것이며, 결코 배교자가 되지 않을 것이고, 절대로 믿음을 버리는 일이 일어나지 않을 것이며, 결코 나의 방패를 내팽개치지 않을 것이고, 반드시 승리자로서 본향에 들어가게 될 것이라는 확신이 있다면, 나는 용사처럼 용맹하고 담대하게 싸우고자 할 것입니다. 영국 군대에서 북 치는 소년들은 후퇴를 알리는 북소리를 치는 법을 알지 못하였고, 장교들이나 병사들이나 자신들이 패배할 가능성이 있다는 것을 믿지 않은 것 — 이것이 영국 군대가 지금까지 싸움에서 잘 패하지 않았던 이유들 중의 하나입니다. 하지만 그런 영국군도 프랑스군에게는 자주 패하였습니다. 그래서 프랑스 군대는 우리에게 자신들도 영국군에 패할 수 있다고 말하기는 했지만, 실제로는 그렇게 될 것이라고 믿지 않았기 때문에, 싸움에 임했을 때에는 도망을 치려고 하지 않았습니다. 그들은 자신들이 이길 것이라고 느꼈기 때문에, 적군의 화살이 비 오듯 쏟아져도, 결국 그들이 승리한 것이 확인될 때까지 마치 견고한 바위들처럼 꼼짝하지도 않고 버티고, 도망하지 않았습니다. 형제들이여, 우리가 그리스도 예수 안에서 보호하심을 받아서, 하나님의 능력을 힘입어 믿음으로 말미암아 결국 구원에 이르게 될 것이라는 것을 진정으로 깨닫는다면, 우리도 그렇게 행하게 될 것입니다. 모든 참된 신자는 반드시 승리자가 될 것이고, 이것은 그들이 선한 싸움을 담대하게 싸워 나갈 수 있는 이유가 됩니다. 천국에는 우리가 쓰게 될 영원히 시들지 않을 생명이 준비되어 있습니다. 그 면류관은 구원 받기로 작정된 우리를 위해 준비된 것이지, 어쩌다가 천국에 오게 된 자들을 위해 있는 것이 아닙니다. 그 면류관은 바로 나를 위해서 준비된 것이기 때문에, 다른 그 누구도 그 면류관을 쓸 수 없습니다. 그렇기 때문에, 나는 최후의 원수를 이기고 사망 자체를 이기게 될 때까지 끝까지 고군분투하며 싸울 수 있습니다.

성도의 견인에 관한 교리가 주는 유익은 구원을 바라는 죄인들에게 큰 힘이 된다는 것입니다. 그들은 이 가르침을 의지해서 하나님 앞으로 나아와서, 하나님께서 그들을 위해 예비해 두신 구원을 감사함과 기쁨으로 받아들일 수 있게 됩니다. 이 교리를 부정하는 자들은 가지고 있어도 별 도움이 되지 않는 서 푼짜리 구원을 죄인들에게 수여하기 때문에, 그들이 그렇게 값싼 구원을 버리고 가 버리는 것은 이상한 일이 아닙니다. 교황이 스페인 왕에게 영국을 주었던 것처럼, 어떤 사람이 성실해서 구원 받기에 합당하다고 생각되면, 그들은 그 사람에게 그리스도의 구원을 수여합니다. 사람이 여러분에게 영생을 주었다면, 그것은 영원한 것이 아니기 때문에, 여러분은 거기에서 떨어져 나갈 수 있습니다. 그런 영생은 단지 잠시만 지속될 수 있을 뿐입니다. 내가 어린아이였을 때, 나는 나보다 조금 더 나이가 많은 아이들 중 몇몇이 도제가 되어 런던에 와서는 악하게 변해 가는 것을 보고서 괴로워하곤 하였습니다. 나는 그 아이들의 어머니의 탄식을 들었고 눈물을 보았습니다. 나는 그 아이들의 아버지가 너무나 괴로운 심정을 토로하는 말들을 들었습니다. 그 아이들은 우리 반에서 내가 그때까지 알고 있던 아이들 중에서 정말 선량하고 온순했던 아이들이었습니다. 그래서 나는 나도 그 아이들처럼 죄에 빠지게 될까봐 공포에 사로잡히곤 하였습니다. 그 아이들은 안식일을 범하는 자들이 되었습니다. 한 아이는 주일에 놀러가기 위해서 자신이 다니던 공장에서 현금을 훔치는 일까지 저지르기도 하였습니다. 나는 내가 때 묻지 않은 성품을 유지하기를 바랐습니다. 그리고 내가 내 마음을 그리스도께 드리면, 그가 나를 지켜 주실 것이라는 말씀을 들었을 때, 그것이 바로 내가 찾던 것이라고 나는 생각했습니다. 내가 그리스도를 진정으로 믿으면, 그가 나를 어릴 적의 잘못들로부터 구하시고, 어른이 되었을 때에 닥쳐올 시험들 가운데서도 나를 지켜 주시며, 끝까지 나를 지키실 것이라는 말씀은 때 묻지 않은 성품을 그대로 간직하고 싶었던 내게 너무나 달콤한 말씀으로 들렸습니다. 내가 그리스도 예수를 믿음으로 의롭게 된다면, 성령의 능력을 힘입어서, 내가 원하는 올바른 길로 계속해서 갈 수 있게 된다는 말씀은 내게는 너무나 매력적인 것이었습니다. 어린 시절에 나를 매료시켰던 바로 그 말씀은 중년이 된 지금의 내게는 한층 더 매력적인 말씀입니다. 나는 여러분에게 확실하고 영원한 구원을 전하게 되어서 행복합니다. 이 아침에 나는 모든 죄인이 너나 할 것 없이 앞다투어 받고자 할 만한 가치가 있는 것을 여러분 앞에 전하고 있다고 느낍니다. 나는 내가 전하는 순수한 복음의 메시지를 "만약"이나 "그러나" 같은 표현들로 희석시키고 싶지 않습니다. 내가 전하고자 하는 것은 아주 단순합니다: "믿고 세례를 받는 사람은 구원을 얻을 것이요"(막 16:16). 내가 어제 얼음 조각 하나를 바닥에 떨어뜨려 놓고서, 방에 있던 사람에게, "저것이 다이아몬드가 아닐까요?"라고 말했더니, 그 사람은 "내가 장담하건대, 만일 저것이 저 정도 크기의 다이아몬드라면, 목사님은 그것을 결코 바닥에 내버려 두지 않으실 것입니다"라고 말했습니다. 지금 여기에 영생이라는 다이아몬드가 있습니다. 나는 여러분이 즉시 신속하게 그 다이아몬드를 집어 드셔서, 지금 구원을 받으시고, 이 땅에서 사실 때에나 임종 때나 부활의 때에나 영원무궁토록 하나님의 영원하신 능력과 무한하신 사랑으로 말미

얻어 구원의 삶을 살게 되시기를 기도드립니다. 이 다이아몬드는 가질 만한 가치가 있지 않습니까? 가련한 영혼들이여, 그것을 붙잡으십시오. 여러분이 단지 예수 그리스도를 믿기만 한다면, 달리 말해서, 여러분의 영혼을 예수 그리스도께 맡기기만 한다면, 여러분은 그 다이아몬드를 소유할 수 있습니다. 여러분의 영원한 운명을 하나님의 금고에 맡기십시오. 그렇게만 한다면, 여러분은 "내가 믿는 자를 내가 알고 또한 내가 의탁한 것을 그 날까지 그가 능히 지키실 줄을 확신함이라"고 말할 수 있게 될 것입니다. 하나님께서 그리스도를 인하여 여러분에게 복 주시기를 빕니다. 아멘.

제
18
장
—

내가 알기에는
나의 대속자가 살아 계시니

—

"내가 알기에는 나의 대속자가 살아 계시니 마침내 그가 땅
위에 서실 것이라 내 가죽이 벗김을 당한 뒤에도 내가 육체
밖에서 하나님을 보리라 내가 그를 보리니 내 눈으로 그를
보기를 낯선 사람처럼 하지 않을 것이라 내 마음이 초조하
구나." — 욥 19:25-27

이번 주간에 하나님의 손이 우리를 무겁게 누르셨습니다. 50년 넘게 이 교
회를 섬겨 오셨던 나이 드신 집사님이 우리 곁을 떠나갔고, 우리 교회의 한 직분
자의 사랑하는 아내이자 거의 동일한 기간 동안 이 교회의 지체였던 한 자매도
잠이 들었습니다. 이렇게 우리 교회가 우리의 존경을 받아 왔던 두 분의 소천을
동시에 애도하게 된 것은 흔한 일이 아니기 때문에, 우리는 우리 하나님을 만날
준비를 하라는 이 갑절의 경고에 우리의 귀를 막아서는 안 됩니다. 하나님께서
이 두 분을 이렇게 오랫동안 보호해 주시고, 그토록 오랜 세월 동안 은혜로 지켜
주신 것은 두 분 자신만이 아니라 우리 모두에게도 감사한 일이었습니다. 하지
만 나는 소위 고인을 높이는 식의 장례식 설교를 하는 것에 대해서는 반대하기
때문에, 내가 피조물을 높이는 것처럼 보이지 않도록 하기 위해서, 나의 장례식
설교는 철저하게 하나님의 은혜를 높이는 데 중점을 둡니다.

오늘의 본문은 우리가 깊이 묵상할 가치가 있는 본문입니다. 이 본문을 쓴 족장 욥이 보기에, 이 일이 아주 중요한 것이 아니었다면, 그는 이 본문 앞에 다음과 같은 서문을 덧붙이지 않았을 것입니다. 욥의 소원을 그대로 보여주는 주목할 만한 서문에 귀 기울여 보십시오: "나의 말이 곧 기록되었으면, 책에 씌어졌으면, 철필과 납으로 영원히 돌에 새겨졌으면 좋겠노라"(23-24절). 아마도 그는 자기가 하고 있는 말의 온전한 의미를 거의 알고 있지 않았을 것이지만, 그의 거룩한 심령은 자기가 하고 있는 말 속에 어떤 무게 있는 계시가 숨겨져 있다는 느낌을 받았을 것이 틀림없습니다. 그래서 그는 자기가 하고 있는 말들이 책으로 기록되었으면 좋겠다고 생각했고, 하나님의 은혜로 말미암아 그의 그러한 소원은 응답되었습니다. 욥이 한 말들은 방부처리 되어서 욥기로 전해지고 있습니다. 그는 자기가 한 말들이 철필로 바위에 깊게 새겨진 후에 그 위에 납이 부어져서 영원히 보존되기를 바랐거나, 옛 사람들의 관습대로 금속판에 새겨져서 세월이 가도 부식되지 않게 되기를 바랐습니다. "내가 알기에는 나의 대속자가 살아 계시니"라는 욥의 이 말은 수많은 무덤들의 묘비명에 기록되어 왔다는 점에서, 그의 소원은 이루어졌다고 할 수 있습니다. 어떤 주석자들은 욥이 여기에서 바위("돌")를 언급한 것은 바위를 깎아 만들게 될 자신의 무덤을 염두에 두었던 것이고, 그는 자기가 한 말이 자신의 묘비명이 되기를 바란 것이라고 생각합니다. 만일 욥이 바랐던 대로, 자기가 한 말을 바위에 깊이 새긴 자신의 묘비명이 만들어져서 후대에까지 전해졌다면, 나중에 욥이 어디에 잠들어 있는지를 궁금해하는 사람들이 우스 땅의 족장의 무덤을 보자마자, 그들은 욥이 부활의 소망을 지닌 채로 살아 계신 "대속자"를 의뢰하는 가운데 죽었다는 것을 금방 알게 될 것이었습니다. 욥이 한 말이 그가 잠든 곳의 입구를 장식했었을지의 여부를 우리는 알지 못하지만, 그곳의 묘비명으로 이 말보다 더 적절한 말은 없었을 것임은 확실합니다. 모든 것을 하나님께 맡기고 의지하는 가운데 끝까지 인내하며 모든 고난을 감당하였던 욥을 기념하는 글귀로서, 소망 가운데서 인내하며 인내 가운데서 소망하는 모습으로 가득 차 있는 이 황금의 글귀만큼 인간의 언어 중에서 더 적절한 글귀가 어디 있겠습니까? 우리 중에서 누가 그의 묘비명을 위해 이 글귀보다 더 영광스러운 글귀를 고를 수 있겠습니까? 이 구절에 대하여 글을 써온 사람들 중 적지 않은 사람들이 이 구절 속에서 그리스도나 부활을 볼 수 없었다는 것은 정말 유감스러운 일입니다. 특히, 앨버트 반스(Albert Barnes, 1798-1870

년, 미국 주석가)는 이 구절이 부활에 대하여 말하고 있다는 증거를 자기가 찾을 수 없어서 매우 유감이라고 말했지만, 나는 그런 그가 불쌍합니다. 욥이 그리스도의 강림과 자신의 확실한 부활을 미리 말하고자 했다면, 그는 오늘의 본문에 나오는 말보다 더 좋은 말을 결코 사용할 수 없었을 것이라고 나는 생각합니다. 이 본문이 우리에게 그러한 진리들을 가르치는 것이 아니라면, 우리는 여기에서 사용된 인간의 언어는 진리를 설명하고 드러내고자 하는 원래의 목적을 벗어나 도리어 진리를 은폐하기 위해 사용된 것임에 틀림없다는 결론을 내리지 않을 수 없을 것입니다. 욥이 만일 자기가 부활하게 될 것이라고 생각하지 않았다면, 대속자가 땅 위에 서실 것이라고 말한 그의 의도가 도대체 무엇이냐고 나는 묻고 싶습니다. 형제들이여, 머리를 써서 복잡하게 생각하는 사람들은 여기에서 모든 신자들이 다 발견해 온 것을 발견할 수 없습니다. 나는 옛 해석을 고수하는 것이 안전하다고 생각하기 때문에, 이 아침에 새로운 해석을 시도하지 않을 것입니다. 우리는 우리의 비평가들이 동의하든 동의하지 않든, 통상적인 견해를 따를 것입니다.

　오늘의 본문에 대해서 강론해 나갈 때, 나는 세 가지를 여러분에게 말씀드리고자 합니다. 첫째로, 우리는 족장 욥을 따라서 무덤으로 내려가서, 사망의 약탈 행위들을 살펴볼 것입니다. 그런 후에, 우리는 욥과 함께 하늘을 우러러보며, 거기에서 우리에게 위로가 될 만한 것들을 찾아볼 것입니다. 셋째로, 우리는 여전히 욥과의 멋진 동행 속에서 장래에 우리에게 예비된 기쁨들을 미리 맛볼 것입니다.

1. 첫째로, 우스의 족장과 함께 무덤으로 내려가 봅시다.

　그의 육신은 영혼과 방금 분리되었습니다. 그를 지극히 사랑하였던 친구들은 "내가 나의 죽은 자를 내 앞에서 내어다가 장사하게 하시오"(창 23:4)라고 말했고, 그의 육신은 관에 넣어져서 침묵의 땅에 맡겨졌습니다. 이제 땅 속에서는 그의 육신을 놓고 사망이 역사하기 시작합니다. 사망은 한 무리의 군대를 보유하고 있습니다. 메뚜기들과 메추라기들이 하나님의 군대라면, 벌레들은 사망의 군대입니다. 이 굶주린 전사들은 욥의 육신이라는 성을 공격하기 시작합니다. 벌레들은 먼저 그 성의 외부를 공격해서, 방어 진지들을 기습하고, 성벽들을 무너뜨립니다. 육신의 성벽인 "가죽"은 철저히 파괴되고, 그 영광의 망루들은 혼돈으로 뒤덮입니다. 이 잔인한 침략자들은 그 육신의 모든 아름다움을 순식간에 흉물로 바꾸어 놓습니다. 얼굴은 검어지고, 안색은 부패해서 흉해집니다. 살아서는 젊음의 생기와 건강함으로 아름다웠던 뺨은 흔들거리는 울타리와 기운 담처럼 움푹 패어갑니다. 마음의 창이 되어서 기쁨과 슬픔을 나타내곤 하였던 눈들은 지금 사망의 티끌로 온통 뒤덮여 있습니다. 영혼의 문인 입술은 그 빗장이 부서지고 떨어져 나갔습니다. 구슬들의 창문이었던 흑갈색의 문들이여, 너희는 지금 어디로 가고 없느냐? 사로잡힌 성이여, 강한 자들이 너를 완전히 약탈하고 파괴하였으니, 어찌 내가 너를 위하여 애곡하지 않으랴? 한때는 "상아 망대" 같던 너의 목은 무너진 기둥처럼 되었고, 얼마 전까지만 해도, "다메섹을 향한 레바논 망대" 같던 너의 코는 폐허가 된 헛간 같이 되었구나(아 7:4). 갈멜 산처럼 높이 솟아 있던 너의 머리는 골짜기의 흙덩이들처럼 티끌 속에 낮게 누워 있구나. 너의 아름다움은 지금 어디로 가고 없는 것이냐? 너무나 흉측한 현재의 너의 모습 속에서는 지극히 사랑스러웠던 이전의 너의 모습을 찾아볼 수가 없구나. 토기장이의 녹로 위에서 그토록 빛이 났던 그릇이 지금은 쓰레기 같은 질그릇 조각들과 섞인 채로 거름더미에 버려져 있구나. 사망의 전사들이여, 너희에게는 도끼도 없고 망치도 없는데, 하나님이 아름답게 조각하신 저 작품을 이렇게 무참히 무너뜨려 놓은 것을 보니, 너희는 참으로 잔인한 자들이로다. 너희는 혀로는 말하지 못하지만, 마음속으로는 이렇게 말하는구나: "우리가 너를 삼켰도다. 우리가 이 날을 얼마나 기다렸는지 모른다. 마침내 너는 우리의 밥이 되어서 우리 앞에 있구나." 살가죽은 무너졌습니다. 그 군대는 "인간 영혼의 성읍"(the town of Mansoul)으로 입성해서, 지금 초토화시키는 작업을 진행하고 있습니다. 이 무자비한 약탈자들은 그 시신 위로 쇄도합니다. 저 고귀한 수로들, 곧 생명의 물줄기들이 흐르곤 하였던 혈관들이 있었습니다. 전에 생명의 강이었던 그 혈관들은 흙과 죽음의 쓰레기들로 막혀 있는 채로 갈기갈기 찢겨 나가고 있습니다. 이 군대 앞에서 그것들은 단 한 조각도 남아 나지 않게 될 것입니다. 대도시를 관통하여 힘과 부를 실어 나르던 대로들 같았던 근육들과 힘줄들을 보십시오. 이 굉장한 도로망들이 제거되고, 그 대로들을 오갔던 것들은 다 사라집니다. 그 대로들을 관통하였던 뼈들과 그 뼈들을 연결해 주던 관절들은 모두 뽑히고 부서집니다. 섬세한 섬유질들, 부요했던 창고들, 값비싼 엔진들, 기이한 기계들 ─ 이 모든 것들이 돌 위에 돌 하나가 남지 않을 정도로 철저히 무너지고 부서집니다. 전선들처럼 이 성읍의 모든 지역들을 한데 연결해서 생각과 느낌과 정보를 전달해 주던 저 신경망들은 다 잘려 나갑니다. "인간 영혼의 성읍"은 두려울 정도로 경이롭게 지어지고 구성되어 있기 때문에, 해부하는 사람은 영원하신 하나님께서 인간의 육신을 조성하실 때에 보여주신 저 놀라운 솜씨를 보고서 너무나 경이로워서 할 말을 잃고 가만히 바라보게 됩니다. 그러나 이 무자비하고 잔인한 벌레들은 마치 한 성읍이 함락되어서 며칠 동안 방화와 약탈이 자행된 후에 모든 것이 잿더미로 변해 버린 것 같이 그 육신의 모든 것을 철저히 파괴하고 갈기갈기 찢어 놓습니다. 그러나 이 약탈자들은 거기에서 멈추지 않습니다. 욥은 그 벌레들이 다음으로 자신의 "콩팥들"을 갉아먹어 버린다고 말합니다(16:13). 우리는 심장을 생명의 보루라고 말하곤 합니다. 우리의 몸을 지키는 수비대장이 심장이라는 보루에서 최후까지 우리의 생명을 지켜낸다는 것입니다. 하지만 히브리인들은 심장이 아니라 그 아래쪽에 있는 내장기관인 "콩팥" 또는 신장이 우리의 정신력과 감정을 주관하는 곳이라고 생각하였습니다. 벌레들은 그곳도 가만히 두지 않습니다. 벌레들은 생명의 장막의 저 은밀한 곳들로 들어가서, 그 보루에 꽂혀 있는 깃발을 뽑아 버립니다. 죽어 버린 심장은 자기 자신을 보호할 수 없기 때문에, 다른 내장기관들처럼 무너져서, 벌레들의 먹잇감이 되고 맙니다. 심장은 흔적도 없이 사라집니다. 살가죽, 육신, 내장기관들 — 이 모든 것들이 사라집니다. 남아 있는 것은 아무것도 없습니다. 몇 년 후에 여러분이 시신을 매장하였던 그 무덤을 팠을 때, "이곳에 아무개가 잠자고 있었는데, 그는 지금 어디로 가고 없는 것인가?"라고 중얼거리게 됩니다. 여러분이 여기저기를 파보고 아무리 살펴보아도, 시신의 흔적을 발견하지 못합니다. "어머니 흙"(Mother Earth)이 자기가 낳았던 그 육신을 다 삼켜 버린 것입니다.

    사랑하는 친구들이여, 바로 그런 육신을 왜 우리는 영혼이 떠난 후에도 어떻게든 보존하려고 애쓰는 것입니까? 사람들은 시신을 보존하기 위해서, 납으로 관을 만들기도 하고, 유향과 몰약으로 시신의 부패를 막아 보려고 하기도 하는 등 온갖 헛된 시도들을 해 왔습니다. 애굽 사람들이 시신을 방부처리해서 미라로 만들어, 벌레들이 삼켜 버리지 못하게 하였을 때, 결국 그 시신은 어떻게 되었습니까? 그 시신은 사람들에 의해서 파헤쳐져서, 바싹 말라서 주름이 자글자글한 채로 땅 위로 모습을 드러내어서는, 사람들의 호기심을 채워 주기 위하여 먼 이국 땅으로 팔려 나가서, 생각 없는 자들의 구경거리가 되는 신세로 전락하지 않았습니까? 흙은 흙으로 돌아가는 것이 마땅하기 때문에, 사람들의 시신은 더 신속하게 분해되어 흙으로 돌아갈수록 더 좋은 것입니다. 사람들의 육신이 어떤 방법으로 흙으로 돌아가는지는 전혀 중요하지 않습니다. 그 육신이 짐승들의 밥이 되든지, 바다에 삼켜져서 물고기들의 밥이 되든지, 그런 것은 중요하지 않습니다. 결국에는 식물들이 자신의 뿌리로 그 시신의 조각들을 흡수하는 것이 아닙니까? 그 시신의 섬유질들은 동물에게로 옮겨가고, 동물에서 땅으로, 땅에서 식물로, 식물에서 다시 동물에게로 옮겨가는 것이 아닙니까? 그 시신의 조각들은 바람에 의해서 대로를 따라 옮겨지는 것이 아닙니까? 그 시신의 분자들은 강물들에 실려서 큰 바다의 파도 속으로 삼켜지는 것이 아닙니까? 사람들의 육신은 이런저런 방식으로 결국에는 모두 분해되어 흙으로 돌아가게 되어 있습니다. 사람들의 육신이 모두 멸망하여 원래의 흙으로 돌아가게 되어 있는 것은 하나님이 정하신 것입니다. 이 육신은 벌레나 어떤 것들에 의해서 멸망하여 사라지게 되어 있습니다. 하나님께서 정하신 것을 피해 나가려고 애쓰지 마십시오. 사람들의 육신이 멸망하여 사라지는 것을 슬프고 애석한 일로 생각하지 마십시오. 그것을 당연한 일로 여기시고, 장차 일어날 이적의 준비작업이라고 생각하십시오. 그것을 부활의 전 단계로 보십시오. 왜냐하면, 예수께서는 우리의 육신이 어떤 식으로 분해되고 멸망하였든지 간에, 반드시 장차 그 모든 분자들을 다시 모으셔서 우리의 몸을 부활시키실 것이기 때문입니다. 이 부활의 이적에 비하면, 성경에 나오는 모든 이적들, 심지어 그리스도께서 행하신 이적들조차도 작은 일들에 불과할 뿐입니다. 철학자들은 "하나님이 장차 인간의 육신을 구성하였던 모든 조각들을 다 찾아내시는 것이 어떻게 가능할 수 있느냐?"고 반문하지만, 하나님께서는 말씀 한 마디로 그 일을 하실 수 있으십니다. 한 사람의 시신에 속한 원자들이 각기 따로따로 수만 마일을 여행한다고 할지라도, 즉 그 원자들이 바람에 실려서 사막을 건너 바다에 떨어진 후에, 깊은 바다 속으로 내려갔다가 나중에 인적 없는 해변으로 밀려 나왔고, 식물들에 의해 흡수되고, 또다시 짐승들에게 먹혀서, 또 다른 사람의 몸 속으로 들어갔다고 할지라도, 나는 각각의 원자들이 자기 옆에 있던 원자를 찾아내서, 천사장의 나팔소리가 울려 퍼질 때, 한 사람의 육신에 속하였던 모든 원자들이 각자 먼 길을 여행해서 정해진 장소에 모이고, 하나님께서는 그렇게 모인 그 사람의 몸을 다시 살리실 것이라고 말할 수 있습니다.

내가 욥이 한 말을 아주 장황하게 설명해서, 여러분이 지루해하실지도 모르겠지만, 나는 욥의 믿음의 핵심은 벌레들이 자신의 살가죽을 다 갉아먹고 자신의 육신을 모두 다 멸한다고 할지라도, 결국에는 자기가 자신의 육체를 입은 상태에서 하나님을 뵙게 되리라는 것을 분명하게 보았다는 데 있다고 생각합니다. 만일 우리가 향품이나 고무 등으로 어떤 과정을 거쳐서 죽은 자들의 시신을 보존할 수 있다면, 우리는 죽은 후에도 육체를 입은 상태에서 하나님을 뵈옵는 것이 별로 큰 이적은 아니라고 생각할지도 모릅니다. 왜냐하면, 우리는 성경에서 하나님께서 마른 뼈들에 피부와 살이 생겨나서 다시 살아나게 하신 이적을 보았지만, 그러한 이적은 벌레들이 죽은 사람의 육신을 다 갉아먹고 분해해서 멸해 버린 후에 그 육신을 다시 살리시는 이적에 비하면 분명히 별로 큰 이적이 아니라는 것은 분명하기 때문입니다. 육신의 뼈대들이 완전히 다 무너지고, 모든 부분들이 다 갈기갈기 찢겨서 분해되어 한 줌의 가루로 변한 후에 바람에 날려가서, 육신이 남긴 흔적을 전혀 찾아볼 수 없게 된 상황에서, 장차 그리스도께서 마지막 날에 땅 위에 서실 때, 그 육신에 속한 모든 뼈들과 조각들이 다 모이고 결합되어 다시 살아나게 된다면, 모든 만물이 전능자의 능력을 똑똑히 보게 될 것이 분명합니다. 이것이 부활에 관한 가르침입니다. 이러한 부활을 믿는 데 난색을 표하지 않는 사람들, 이런 일이 사람에게는 불가능하지만 하나님께는 가능하다고 믿는 사람들, 지존자의 전능하신 능력을 꼭 붙잡고서, "주께서 그렇게 말씀하시니 그대로 이루어지리이다"라고 고백하는 사람들은 복 있는 사람들입니다. 크신 하나님이여, 나는 하나님을 다 이해할 수는 없습니다. 나의 뼈들이 다 썩고 나서 그 썩은 뼈들을 다시 살리시고자 하시는 하나님의 의도가 내게는 너무나 기이할 뿐입니다. 그러나 나는 하나님께서는 경이로운 크신 일들을 행하신다는 것을 알기 때문에, 하나님께서 당신의 아들 예수 그리스도의 몸을 죽은 자 가운데서 다시 살리신 바로 그 권능, 그리고 사람들의 영혼을 당신의 형상으로 거듭나게 하신 바로 그 능력으로 다 썩어 버린 인간의 몸을 재창조하심으로써, 이 땅에서의 당신의 창조 사역이라는 거대한 드라마를 완성하시리라는 것을 의심치 않고 믿습니다.

2. 둘째로, 이제 우리는 욥과 함께 햇빛처럼 빛나는 현재적인 위로를 얻기 위하여 위를 바라볼 차례입니다.

앞에서 우리는 족장 욥과 함께 무덤으로 내려가서, 역겨운 것들만을 보았기 때문에, 이제는 위를 올려다볼 차례입니다. 욥은 "내가 알기에는 나의 대속자가 살아 계시니"라고 말합니다. 여기에서 "대속자"로 번역된 단어는 히브리어 본문에서는 자신의 친척들 중에서 자신의 기업을 대신 물려줄 가장 가까운 친척을 뜻하는 '고엘' 입니다. 나오미와 룻 같이 한 이스라엘 사람이 대대로 물려받았던 자신의 기업을 잃었을 때, 즉 한 가족의 소유였던 세습된 땅이 가난으로 인해서 다른 사람에게 넘어갔을 때, 그 사람의 가장 가까운 친척이 그 땅을 사서 그 사람에게 기업을 되찾아주는 것이 '고엘,' 즉 기업 무를 자의 의무였습니다. 예컨대, 룻의 경우에는 보아스가 '고엘' 이었습니다. 사람의 육신은 영혼의 기업이라고 할 수 있습니다. 사람이 자신의 정원을 걷거나 자신의 집에 거하는 것처럼, 영혼은 육신이라는 작은 땅덩어리에 거하며 거기에서 거닐곤 합니다. 그런데 죽음으로 인해서 영혼은 자신의 기업을 잃게 됩니다. 비유하자면, 죽음은 아합이고, 우리의 영혼은 나봇이며, 우리의 육신은 나봇의 포도원입니다. 아합이 나봇에게서 포도원을 빼앗아 가 버렸듯이, 죽음은 우리의 영혼에게서 자신의 기업인 육신을 빼앗아 가 버립니다. 죽음은 자신의 군대를 보내어서 우리의 포도원을 빼앗아서 거기에 심겨져 있던 포도나무들을 뽑아 버리거나 파괴해 버립니다. 그러면, 우리는 죽음을 향해서 이렇게 말합니다: "나의 '고엘' 이 살아 계시는 것을 내가 알기에, 그가 나의 기업을 되찾아 주실 것이다. 나는 내 기업을 잃었다. 내 죄로 인해서 내가 나의 기업에 대한 권리를 상실한 것이기 때문에, 죽음이여, 네가 나의 기업을 빼앗아 간 것은 정당한 일이다. 나는 내 죄로 말미암아, 그리고 나의 첫 조상 아담의 죄로 인하여 내 기업을 잃었다. 그러나 나의 기업을 되찾아 주실 이가 살아 계신다." 형제들이여, 욥은 그리스도께서 이 땅에 오시기 오래 전에 이렇게 그리스도에 대하여 말할 수 있었습니다: "나는 그가 살아 계신다는 것을 안다." 지금은 그리스도께서 사로잡힌 자들을 사로잡으셔서 높은 곳으로 오르셨기 때문에, 우리는 갑절의 확신을 가지고서, "나는 나의 '고엘,' 나의 기업 무를 자가 살아 계신다는 것을 알고, 그가 내 기업에 대하여 값을 다 지불하셨기 때문에, 내가 장차 내 기업을 되찾아 와서, 육체 가운데서 하나님을 뵈옵게 되리라는 것을 압니다"라고 분명하게 말할 수 있습니다. 나의 손들은 피로 속량함을 입었습니다. 나의 기업 무르실 자이신 그리스도께서는 금이나 은 같은 썩어질 것들이 아니라 자신의 보배로운 피로 나의 손들을 다시 사서 속량하셨습니다. 그리스도께서는 부풀어 올랐다가 꺼지기를 반복하는 나의 폐와 박동하는 나의 심장을 속량하셨습니다. 우리의 영혼을 속량하셔서 자신의 제단이 되게 하신 그리스도께서는 우리의 육신도 속량하셔서 성령의 전이 되게 하셨습니다. 요셉의 뼈들은 단 하나도 종 노릇 하던 집에 남아 있어서는 안 되었습니다. 저 맹렬히 타는 풀무 불 속에서 죽음의 불은 하나님의 자녀들이 입고 있던 옷자락조차 그을릴 수 없었습니다.

또한, 히브리인들은 정당한 가격을 내고 기업을 물러줄 수 없는 경우에는, 힘을 사용해서 기업을 물러주는 것이 '고엘'의 의무라고 늘 생각했다는 것을 기억하십시오. 그래서 롯이 네 왕에 의해서 사로잡혀 갔을 때, 아브라함은 자신이 고용한 종들과 자신의 모든 친구들에게 있던 종들을 다 동원해서, 동방의 왕들을 추격하여 싸워서 이긴 후에, 그들에게 포로로 끌려가던 롯과 소돔 사람들을 구출해서 돌아왔습니다. 우리 주 예수 그리스도께서는 전에는 우리의 기업을 무르시기 위하여 대가를 지불하심으로써 '고엘'로서의 의무를 다하셨다면, 이제는 자신의 능력으로써 우리를 구속하실 것입니다. 사망은 그리스도의 이름 앞에서 두려워 떠는 자입니다. 사망은 우리의 '고엘'의 능력이 어떠한지를 알고 있습니다. 사망은 그의 능력 앞에서 설 수 없습니다. 사망은 전에 최대의 결전에서 그리스도와 정면으로 맞붙어 싸워서, 그의 발꿈치를 상하게 하였습니다. 하지만 그것은 그리스도께서 자원해서 당하신 상처였습니다. 사망에게는 그리스도를 대적할 만한 힘이 없었습니다. 그리스도께서는 사망을 죽이고서, 그에게서 그의 성채의 견고한 성문을 벌집으로 만들고, 그에게서 열쇠를 빼앗으셔서, 그 성채 안에 있던 지하 감옥의 모든 감방 문들을 활짝 열어젖히셨습니다. 이제 사망은 나의 몸을 차지할 힘이 자기에게 없다는 것을 압니다. 사망은 자신의 졸개들을 시켜서 나의 몸을 다 갉아먹게 할 수 있지만, 결국에는 나의 몸을 다 토해내고 고스란히 내놓아야 합니다. 늘 배고픈 사망은 게걸스럽게 나의 몸을 먹었지만, 결국에는 자신이 삼켰던 나의 몸에 속한 모든 조각들을 다 자신의 입에서 토해내야 합니다. 구주께서는 장차 사망에게 그가 사로잡아 삼켰던 모든 자들을 다 토해내라고 명령하실 것이고, 사망은 꼼짝없이 그렇게 하지 않으면 안 될 것입니다. 내 눈에는 예수께서 아버지 하나님의 종들과 함께 오시는 모습이 보입니다. 수많은 천사들이 하나님의 병거 역할을 하고 있습니다. 나팔소리가 울리고, 임마누엘이신 그리스도께서 구름을 타고 싸우러 나타나십니다. 권능자께서 위엄을 갖추시고서 칼을 허리에 차고 계십니다. 주께서 오십니다! 주께서 자기 백성의 땅들을 다 집어삼킨 자들로부터 자신의 능력으로 그 땅들을 되찾으시기 위하여 오십니다. 그 승리는 너무나 영광스러운 승리입니다. 싸움이라는 것 자체가 성립될 수 없습니다. 그가 오시고, 보시고, 승리하십니다. 나팔소리만으로 충분할 것입니다. 사망은 두려움에 사로잡혀서 줄행랑을 치고 말 것입니다. 그리고 그 즉시 의인들이 적막했던 티끌과 흙으로 된 침상들로부터 다시 살아나서 영원한 낮 가운데 서게 될 것입니다.

여기에서 잠깐 우리가 한 가지만 더 살펴볼 것이 있습니다. 구약에는 '고엘'의 세 번째 의무가 아주 분명하게 언급되고 있는데, 그것은 자신의 친구의 죽음에 대하여 복수하는 것이었습니다. 어떤 사람이 살해된 경우에, '고엘'은 피의 복수자가 됩니다. '고엘'은 즉시 칼을 빼들고서, 자기와 가장 가까운 사람을 죽인 자를 추격합니다. 우리는 사망에 의해서 살해당한 자라고 할 수 있습니다. 사망이 쏜 화살이 우리의 심장을 관통하였지만, 우리는 죽는 순간에 우리의 '고엘'이 우리를 대신하여 복수해 줄 것이라고 자랑스럽게 말할 수 있습니다. 사망이라는 괴물의 면전에서 우리는 이렇게 외칩니다: "나는 나의 '고엘'이 살아 계신다는 것을 안다. 사망아, 네가 도피성으로 피하기 위하여, 제아무리 빠르고 신속하게 도망쳐도 아무 소용이 없다. 나의 '고엘'이 반드시 너를 따라잡을 것이기 때문이다. 해골의 군주여, 그가 너를 붙잡아서 나의 피에 대한 복수를 해주실 것이다." 이 장엄한 광경을 제대로 묘사할 수 있는 언변이 내게 없는 것이 안타깝습니다. 크리소스토무스(Chrysostom)나 크리스머스 에반스(Christmas Evans)였다면, 공포의 왕이 도망치는 장면, "대속자"가 추격해서 그 왕을 붙잡는 장면, 멸망시키는 자이신 그리스도께서 그 왕을 칼로 베시는 장면을 아주 생생하게 묘사할 수 있었을 것입니다. 그리스도께서는 자기와 가장 가까운 혈육들에게 사망이 가한 온갖 상해에 대하여 반드시 복수해 주실 것입니다. 그러므로 그리스도인들이여, 이것을 위로로 삼아 마음을 편히 가지십시오. 여러분이 죽는다고 하여도, 여러분에게는 영원히 살아 계셔서 여러분을 위해 복수를 해주실 이가 계십니다. 전에 여러분을 대속하시기 위하여 모든 대가를 다 지불하신 이의 팔이 장차 여러분의 육신도 대속하셔서, 여러분으로 하여금 온전한 자유를 누리게 해주실 것입니다.

오늘의 본문에서 그 다음에 나오는 단어로 넘어가 보면, 욥은 자기에게 "대속자," 곧 '고엘'이 있다는 사실만이 아니라, 이 대속자가 "살아 계신다"는 사실

속에서도 위로를 받았던 것으로 보입니다. 욥은 "나는 나의 '고엘'이 장차 살게 될 것임을 안다"고 말하는 것이 아니라, "나는 나의 '고엘'이 지금 살아 계신다" 고 말합니다. 이것은 주 예수 그리스도가 스스로 존재하는 분이어서 어제나 오늘이나 영원토록 동일하신 분이라는 것을 욥이 분명히 알고 있었음을 보여줍니다. 마찬가지로, 여러분과 나도 역사를 회고하면서, "우리는 그가 살아 계셨었다는 것을 압니다"라고 말하는 것이 아니라, "우리는 그가 오늘 살아 계신다는 것을 압니다"라고 말합니다. 바로 오늘 말입니다. 여러분이 지난 세월에 여러분의 기둥이요 의지처였던 사랑하는 친구들이 세상을 떠난 것에 대하여 애통해하고 슬퍼하고 계신다면, 그리스도 앞으로 나아가서 위로를 얻으실 수 있습니다. 왜냐하면, 그리스도는 살아 계실 뿐만 아니라, 생명의 근원이시기 때문입니다. 그러므로 여러분은 여러분이 무덤에 묻은 사람들에게 그리스도께서 자신의 생명을 주실 것임을 믿을 수 있습니다. 그리스도는 원래 생명의 주이시자 생명을 주시는 분이십니다. 특히, 그는 자신의 속량 받은 자들의 무리가 자기에 의해서 영화롭게 될 때, 그가 부활이시라는 것이 분명하게 드러날 것입니다. 만일 내가 죽은 자들에게로 흘러들어갈 수 있는 생명의 근원을 보지 못하였다면, 나는 죽은 자들이 다시 살리라고 하신 하나님의 약속을 믿기 어려웠을 것입니다. 그러나 하나님께서 생명의 근원이신 예수 그리스도를 우리에게 주셔서, 우리로 하여금 생명이 차고 넘치게 흐르는 것을 보게 하셨기 때문에, 나는 두려움 없이 그 약속을 믿고 기뻐할 수 있습니다. "나는 부활이요 생명이니"(요 11:25)라고 말씀하실 수 있는 분이 계셔서, 우리가 우리에게 주어질 생명의 통로를 우리 주 예수 그리스도 안에서 볼 수 있게 된 것은 참으로 복된 일입니다. 그러므로 우리의 눈을 들어서, 지금 바로 이 시간에도 살아 계시는 우리의 '고엘'을 바라봅시다.

또한, 나는 그러한 사실이 욥에게 큰 위로가 된 주된 원인이 "나의"라는 이 작은 단어 속에 있었다고 봅니다: "내가 알기에는 나의 대속자가 살아 계시니." 이것은 욥이 그리스도를 단순한 대속자로 인식하고 있었던 것이 아니라, 장차 나를 대속하실 분으로 꼭 붙잡고 있었음을 보여줍니다. 나는 "대속자"로서의 그리스도의 직임은 너무나 귀하다는 것을 압니다. 그러나 사랑하는 친구들이여, 우리가 대속자로서의 그리스도를 진정으로 향유할 수 있기 위해서는, 먼저 우리 자신이 그리스도의 대속에 참여하지 않으면 안 됩니다. 내가 기진맥진하여 쓰러질 것 같았던 이스라엘 백성과 같은 처지에 있을 때, 꿀이 내 앞에 있지 않고 숲

속에 있어서 먹을 수 없다면, 그 꿀이 내게 무슨 소용이 있겠습니까? 요나단의 사람들의 경우처럼 내 눈을 밝게 해줄 수 있는 것은 내 손 안에 있는 꿀, 내 입술 위에 있는 꿀입니다. 금광에 금이 많다고 해서, 그 금이 내게 무슨 소용이 있겠습니까? 금광이 많은 페루에도 거지들이 있고, 금광이 있는 캘리포니아에도 사람들은 빵을 구걸합니다. 내 지갑 속에 있는 금만이 내게 필요한 것들을 줄 수 있고, 그 금으로 내가 먹을 빵을 살 수 있습니다. 마찬가지로, 어떤 사람이 기업 무를 자, 곧 '고엘'이라고 할지라도, 그가 나의 '고엘'이 아니라면, 내게는 무익할 뿐입니다. 나의 기업을 되찾아 줄 수 없는 대속자나 나를 죽인 자에게 복수해 줄 수 없는 복수자는 내게는 무용지물일 뿐입니다. 그러나 욥에게는 이 "대속자"가 "나의 대속자"라는 아주 강력하고 견고한 확신이 있었습니다. 사랑하는 친구들이여, 여러분은 모두 "내가 알기에는 나의 대속자가 살아 계시니"라고 말할 수 있습니까? "그가 나의 대속자인가?"라는 질문은 아주 단순하지만, 지극히 중요하고 엄중한 것이 그 질문에 대한 여러분의 대답에 달려 있습니다. "그렇습니다. 나는 내 자신을 그에게 맡겼습니다. 나는 그의 것이기 때문에, 그는 나의 것입니다." 여러분이 믿음으로 이렇게 대답할 수 있을 때까지는, 쉬지도 마시고 만족하지도 마십시오. 여러분 중에는 지금 여러분에게 있는 다른 모든 것들을 여러분 자신의 것이라고 여기지 않지만, 오직 여러분의 대속자이신 예수 그리스도만은 여러분 자신의 것이라고 말할 수 있는 분들이 많을 것임을 나는 압니다. 이 대속자는 진정으로 우리의 것이고 우리의 유일한 재산입니다. 그밖의 다른 모든 것들은 우리가 빌려서 사용하는 것들입니다. 우리는 우리의 육신조차도 언젠가는 크신 하나님께 돌려드려야 합니다. 그러나 예수께서는 우리를 결코 떠나지 않으십니다. 왜냐하면, 우리에게 육신이 없을 때조차도, 우리는 주님과 함께 하기 때문입니다. 그리고 나는 죽음조차도 우리를 그에게서 갈라놓을 수 없다는 것을 압니다. 죽음의 어두운 시간들, 무덤의 기나긴 밤, 영혼이 육신과 분리되어 존재하는 기간 동안에도, 우리의 육신과 영혼은 진정으로 예수와 함께 있습니다. 사랑하는 자들이여, 여러분에게 그리스도께서 계십니까? 여러분은 자신의 연약한 손으로 그리스도를 붙잡고 있기 때문에, "그가 나의 대속자이십니다"라고 말하기가 주제넘은 짓 같다고 생각할 수도 있습니다. 하지만 여러분에게 겨자씨 한 알만한 믿음이 있기만 하다면, 그 아주 작은 믿음에 의지해서, 여러분은 "내가 알기에는 나의 대속자가 살아 계시니"라고 말할 수 있습니다.

이 위로가 되는 말씀 속에는 욥에게 큰 위로를 주는 데 도움이 된 또 하나의 단어가 있는데, 그것은 "내가 안다"는 단어입니다. 욥이 "내가 안다"고 말할 수 있었던 것은 그에게 큰 위로가 되었습니다: "내가 알기에는 나의 대속자가 살아 계시니." 물론, "나는 소망한다"라거나 "나는 믿는다"라고 말한다고 할지라도, 그 것은 욥에게 위로가 될 수 있었을 것입니다. 예수께 속한 무리들 속에는 그렇게 말하는 것에서 그 이상으로 더 나아가지 못하는 사람들이 많습니다. 그러나 "나의 대속자가 살아 계신다"는 사실이 진정한 위로가 되기 위해서는, 여러분은 "나는 안다"라고 말할 수 있어야 합니다. "만일," "그러나," "아마도" 같은 말들은 평안과 위로를 확실하게 없애 버리는 살인자들입니다. 괴롭고 슬플 때에 의심은 독이 됩니다. 의심에는 독침이 있어서 말벌처럼 영혼을 쏩니다. 그리스도가 나의 것이라는 사실에 대하여 내게 일말의 의구심이라도 있다면, 그것은 죽음의 쓸개에 식초를 치는 것입니다. 그러나 예수가 나의 것이라는 것을 내가 안다면, 어둠은 더 이상 어둠이 아닙니다. 심지어 밤조차도 내게는 낮이 됩니다. 그것은 사자에게서 꿀이 나오고, "먹는 자"에게서 "단 것"이 나옵니다(삿 14:14). "내가 알기에는 나의 대속자가 살아 계시니." 이 말씀은 축축한 무덤 공간을 유쾌하고 환하게 밝히고 있는 밝은 등불 같은 말씀이지만, 의구심이 섞인 희미한 소망만을 갖는 것은 연기를 내며 꺼져가는 심지 같아서, 어둠을 볼 수 있게만 해주고, 그 이상은 해줄 수 없습니다. 나는 의구심이 섞인 희미한 소망을 지닌 채로 죽고 싶지 않습니다. 물론, 그러한 소망만을 지녀도, 나는 안전할 수 있겠지만, 행복하기는 힘들 것입니다. 나는 예수께서 내가 그에게 맡긴 것을 끝까지 지켜 주실 수 있으시다는 것을 믿고서, 아무런 힘도 없고 연약하기 짝이 없으며 죄악된 내 자신을 예수의 팔에 맡기기만 한다면, 모든 것이 잘될 것임을 분명히 아는 가운데 죽음의 깊은 강 속으로 뛰어들었으면 좋겠습니다.

사랑하는 그리스도인 친구들이여, 나는 믿음의 온전한 확신이 여러분에게 불가능한 일이라고 여러분이 생각하는 일이 없었으면 좋겠습니다. "그런 확신은 너무나 높아서, 내가 다다를 수 없다"고 말하지 마십시오. 나는 하나님의 성도들 중에서 그런 확신을 갖지 못하는 사람들을 가끔씩 보아 왔고, 우리 중에는 온전한 확신 속에서 황홀한 기쁨을 자주 맛보지 못하는 사람들이 많기는 하지만, 우리는 대체로 그리스도를 의지하는 가운데, 그의 약속이 참되고, 그의 공로는 충분하기 때문에, 우리는 안전하다고 느끼면서, 믿음의 길을 걸어갑니다. 믿음의 확신은 귀중한 보석이지만, 희귀한 보석은 아닙니다. 성도들이 거기에 도달하는 것을 가능하게 해주는 하나님의 은혜를 받기만 한다면, 그것은 모든 성도들에게 주어지는 특권입니다. 그리고 이 은혜는 성령께서 거저 주십니다. 오직 새벽 별만이 있고 해는 아직 떠오르지 않아서, 영원한 생명이 명백하게 드러나지 않고 단지 희미하게만 보여졌던 어둡고 안개 낀 시대에 동방에 살았던 욥이 그리스도께서 오시기도 전인 그런 때에 "나는 안다"고 말할 수 있었다면, 이미 그리스도께서 오셔서 해가 떠오른 시대에 살아가는 여러분과 내가 "나는 안다"고 담대하게 말할 수 있을 것임은 너무나 분명합니다. 물론, 우리의 담대함이 주제넘는 것이 되어서는 안 된다는 것은 두말할 필요도 없습니다. 우리가 근거 없는 소망을 품지 않도록 하기 위해서는, 우리 자신을 시험하고, 우리에게 있는 증표들과 증거들이 옳은 것인지를 확인하여야 합니다. 왜냐하면, "평강이 없는" 곳에서 "평강하다 평강하다"고 말하는 것보다 더 파멸을 자초하는 것은 없기 때문입니다. 그러나 우리는 영원을 대비하여 탄탄하고 견고하게 집을 지어야 합니다. 더 윗층에 있는 방들로 올라갈수록 더 넓은 시야를 확보할 수 있기 때문에, 우리는 단지 토대가 마련된 것으로 만족해서는 안 됩니다. 우리는 하나님께서 우리를 도우셔서, 우리로 하여금 돌 위에 돌을 차근차근 쌓아 나가서, "나의 대속자가 살아 계신다는 것을 이제 내가 알겠습니다"라고 말할 수 있게 해주시라고 기도하여야 합니다. 그랬을 때, 그러한 확신은 장차 이 땅을 떠나야 할 우리에게 현재적인 힘과 위로가 되어줄 것입니다.

3. 셋째로, 욥은 장차 자기가 누리게 될 즐거움을 내다봅니다.

앞에서 우리는 25절의 상반절을 살펴보았지만, 이제 나는 여러분에게 25절의 하반절을 상기시켜 드리고자 합니다. 욥은 대속자가 살아 계신다는 것을 알았을 뿐만 아니라, 그 대속자가 후일에 땅 위에 서게 될 때도 내다보았습니다. 욥이 여기에서 우리 구주의 초림, 즉 우리의 '고엘' 이신 예수 그리스도께서 창세 전에 하나님이 약속하신 것을 이루시기 위하여 자신의 피로 속전을 치르려고 이 땅 위에 서실 때를 언급하고 있다는 것은 의심의 여지가 없습니다. 그러나 나는 욥이 단지 거기까지만 내다보았다고 생각할 수 없습니다. 욥은 부활의 때인 그리스도의 재림을 내다보고 있었습니다. 한때 일부 유대교 신자들은 우리 주님이 죽으셨을 때에 욥이 죽은 자 가운데서 다시 살아났다고 아주 강력하게 주장하였지만, 우리는 그런 주장을 받아들일 수 없습니다. 우리는 "후일에"(한글개역 개정에서는 "마침내"로 번역됨)가 그리스도께서 능욕을 당하기 위하여 오신 초림의 때가 아니라 영광 중에 오실 재림의 때를 가리키는 것이라고 믿습니다. 우리의 소망은 주께서 전에 고뇌 속에서 죽으셨던 곳에서 영광 중에 다스리시기 위하여 오시리라는 것입니다. 그리스도의 재림에 관한 이러한 밝고 거룩한 가르침은 최근에 우리의 교회들에서 크게 부흥되었고, 나는 그러한 부흥으로 인한 최고의 결과들을 기대하고 있습니다. 재림에 관한 가르침은 광신적인 사람들이나 재림 예언에 빠진 사람들에 의해서 왜곡되고 악용될 위험이 상존합니다. 그러나 이 가르침 자체는 그리스도인들에게 지극히 큰 위로를 주는 가르침임과 동시에 그들로 하여금 늘 깨어 있게 만드는 지극히 실제적인 가르침입니다. 왜냐하면, 우리의 신랑은 우리가 생각하지도 않은 때에 오실 것이기 때문입니다. 사랑하는 자들이여, 우리는 감람원에서 승천하신 바로 그 예수께서 승천하셨을 때와 똑같은 방식으로 다시 오실 것임을 믿습니다. 우리는 그가 친히 오셔서 다스리실 것임을 믿습니다. 지혜로운 처녀들과 어리석은 처녀들이 졸고 있을 때, 성도들이 깊이 잠들어 있는 한밤중에, 사람들이 노아의 때처럼 먹고 마시고 있을 때, 바로 그때에 번갯불이 하늘에서 동에서 서까지 번쩍이듯이, 그리스도께서 큰 소리와 함께 강림하실 것이고, 그리스도 안에서 죽은 자들이 살아나서 그와 함께 다스리게 될 것임을 우리는 믿고 대망합니다. 우리는 그 날에 그리스도께서 문자 그대로 땅 위에 서실 것이고, 피조물들의 신음소리가 영원히 그칠 것이며, 피조물들이 간절히 고대하던 것이 이루어질 것이라고 믿습니다.

욥이 그리스도께서 "서실" 것이라고 묘사하고 있는 것을 주목하십시오. 일부 해석자들은 이 구절을 "후일에 그가 땅을 거슬러 서실 것이라"고 번역합니다. 즉, 이 땅이 살해당한 자들로 뒤덮여서, 마치 죽은 자들의 시신 안치소 같이 되었을 때, 예수께서 싸우러 일어나서서, 이렇게 말씀하시리라는 것입니다: "땅이여, 내가 너를 거슬러 섰으니, 죽은 자들을 내어놓아라. 너희 골짜기의 흙덩어리들아, 너희가 보관하고 있던 내 백성의 육신들을 이제는 내어놓아라. 너희 고요한 깊은 바다와 땅의 동굴들이여, 너희가 그동안 가두어 두었던 자들을 이제는 내게 넘겨라." 막벨라 동굴은 자신이 보관해 두었던 육신들을 내어놓게 될 것이고, 묘지들은 자신이 사로잡고 있던 육신들을 풀어줄 것이며, 땅의 모든 깊은 곳들이 믿는 자들의 육신을 토해낼 것입니다. 어쨌든 욥이 묘사한 그리스도의 자세,

즉 그가 땅 위에 서실 것이라고 한 것은 중요한 의미가 있습니다. 그것은 그리스
도의 승리를 보여줍니다. 그는 전에 똬리를 튼 뱀처럼 이 땅을 칭칭 감고 있던 죄
를 무찌르시고 승리하셨습니다. 사탄이 자신의 권세를 얻었던 바로 이 땅에서,
그리스도께서는 사탄을 패배시키시고 승리를 얻으셨습니다. 악이 이기고 선이
패배하던 곳, 긍휼이 모두 추방되었던 곳, 미덕들이 다 죽었던 곳, 하늘에 속한
순전한 모든 것들이 해로운 삭풍에 시들어 죽은 꽃들처럼 고개를 떨구고 결국
말라 죽어 버렸던 곳 — 바로 이 땅 위에서 온갖 영광스러운 것들이 온전히 자라
고 꽃피게 될 것입니다. 모든 사람들 가운데서 가장 아름다우셨지만 전에 사람
들로부터 멸시 받고 배척 당하셨던 그리스도께서 친히 자신을 따르는 수많은 무
리들 가운데 서실 것이고, 세상의 군왕들이 그에게 충성을 맹세하며, 모든 나라
들이 그를 찬송 받으시기에 합당하신 분이라고 부르게 될 것입니다. "마침내 그
가 땅 위에 서실 것이라."

　바로 그 상서로운 날에 "내가 육체를 입고서 하나님을 보리라"(이것은 KJV와
불가타의 번역이고, 한글개역개정에는 "육체 밖에서"로 되어 있지만, 히브리어 본문에 대한 해
석은 이 두 가지 번역이 다 가능한데, 칼빈은 전자의 번역을 따르고 있다 — 역주)고 욥은 말
합니다. "내가 하나님을 보리라"는 것은 얼마나 복된 대망입니까! 욥은 "내가 성
도들을 보리라"고 말하는 것이 아니라(물론, 우리는 하늘에서 모든 성도들을 보
게 될 것입니다), "내가 하나님을 보리라"고 말합니다. 욥이 "내가 진주 문들을
보고, 벽옥으로 지어진 성곽을 보며, 금 면류관을 보고, 멋진 수금들을 보리라"
고 말하지 않고, "내가 하나님을 보리라"고 말하고 있다는 것을 주목하십시오.
마치 그것이 천국의 총체이고 핵심인 것처럼 말입니다. "내가 나의 육체 가운데
서 하나님을 보리라." "마음이 청결한 자"는 "하나님을 보게" 될 것입니다(마
5:8). 성례전들 속에서 믿음으로 하나님을 보는 것은 그들의 기쁨이었습니다. 그
들은 기도를 통해 하나님과 교제하면서 하나님을 보는 것을 기뻐하였습니다. 하
지만 천국에서 그들이 하나님을 보는 것은 또 다른 경험일 것입니다. 우리는 천
국에서 하나님을 보게 될 것이고, 온전히 하나님과 같은 모습으로 변하게 될 것
입니다. 우리는 하나님의 성품을 덧입게 될 것입니다. 우리는 하나님처럼 되어
서 온전히 만족하게 될 것입니다. 우리가 하나님처럼 된다는데, 그것 이상으로
더 바랄 것이 무엇이 있겠습니까? 우리가 하나님을 보게 된다는데, 그것 이상으
로 무엇을 더 바라겠습니까? 우리는 하나님을 볼 것이고, 우리의 영혼과 우리에

게 속한 모든 기관들은 온전히 만족하게 될 것입니다. 어떤 이들은 이 구절을 "내가 내 육체를 입으신 하나님을 보리라"로 번역하기도 합니다. 즉, 이 구절 속에는 육신이 되신 말씀, 곧 우리 주 예수 그리스도에 대한 암시가 존재한다는 것입니다. 그런 해석이 가능하든 가능하지 않든, 확실한 것은 우리가 그리스도를 볼 것이고, "대속자"이신 그리스도가 영원히 우리 눈 앞에 계시리라는 것입니다. 또한, 우리는 그를 보는 기쁨 외에 다른 기쁨을 원하지 않게 될 것입니다. 사랑하는 친구들이여, 여러분은 여러분이 오직 하나님을 보는 것으로 만족한다면, 그것은 여러분의 마음이 너무 협소한 영역에 갇히는 것은 아닌가라고 생각하지 마십시오. "내가 하나님을 보리라"는 것은 단지 우리의 기쁨의 하나의 근원일 뿐이지만, 그 근원은 무한합니다. 하나님의 지혜, 하나님의 사랑, 하나님의 능력, 하나님의 모든 속성들이 여러분이 영원히 보게 될 것들입니다. 하나님의 그러한 모든 속성들은 하나하나가 다 무한하기 때문에, 그 어떤 것도 고갈되거나 소진될 염려가 없습니다. 하나님의 역사들, 하나님의 목적들, 하나님의 은사들, 여러분을 향하신 하나님의 사랑, 모든 계획들과 사랑의 행위들 속에서의 하나님의 영광 — 이러한 것들은 영원히 고갈되거나 소진되지 않을 것이고, 여러분은 그것들을 영원토록 보게 될 것입니다. 여러분은 신령한 기쁨 가운데서 여러분이 다시 육체를 입고서 하나님을 보게 될 때를 고대할 수 있습니다.

　　그러나 우리는 욥이 우리가 다시 입게 될 그 육체가 지금 입고 있는 육체와 동일하다는 것을 우리에게 분명하게 보여주고자 하였다는 것을 주목하여야 합니다. "내가 내 육체 가운데서 하나님을 보리라." 그런 후에, 그는 "내가 그를 보리니 내 눈으로 그를 보기를 낯선 사람처럼 하지 않을 것이라"고 다시 한 번 말합니다. 그렇습니다. 나는 죽어서 무덤으로 내려가야 하지만, 지금 이렇게 서 있는 바로 이 모습 그대로 다시 육체로 살아나서 나의 하나님을 보게 될 것입니다. 지금의 내 자신의 일부분 또는 내 영혼만이 하나님을 보게 되는 것이 아니라, 내 자신의 전체, 즉 나의 육체, 나의 혼, 나의 몸, 나의 영이 모두 다 하나님을 똑똑히 보게 되리라는 것입니다. 사랑하는 친구들이여, 우리는 마치 돛대가 부러진 배가 항구로 견인되어 가듯이 그런 식으로 천국에 들어가게 되는 것이 아닙니다. 우리는 난파된 배의 조각들과 널판지들을 붙잡고서 영광의 나라에 다다르게 되는 것이 아니라, 배 전체가 온전한 모습으로 무사히 천국의 항구에 안착하게 될 것입니다. 즉, 우리의 육신과 영혼이 다 온전한 모습으로 천국에 이르게 될 것입니다. 그래서 그리스도께서는 "아버지께서 내게 주신 자 중에서 하나도 잃지 아니하였사옵나이다"(요 18:9)라고 당당히 말씀하실 수 있게 될 것입니다. 그리스도께 속한 모든 사람들이 한 사람도 빠짐없이 그에게로 오게 될 뿐만 아니라, 한 사람에 속한 모든 것들이 하나도 빠짐없이 온전히 그에게로 오게 될 것입니다. 천국에서는 어떤 부분이 빠져서 불완전하게 된 성도가 한 사람도 발견되지 않을 것입니다. 거기에는 육신 전체가 없는 성도는 말할 것도 없고, 눈 하나가 없는 성도도 찾아볼 수 없을 것입니다. 성도들의 육신 중에서 그 어떤 부분도 멸망당하지 않을 것이고, 그 육신은 원래의 아름다움을 조금도 잃지 않을 것입니다. 모든 성도들이 다 온전한 모습으로 거기에 있게 될 것입니다. 이 땅에서 은혜 가운데서 살았던 바로 그 동일한 성도들이 성숙한 모습이 되어 영광의 상태로 다시 살아날 것입니다. 그들은 더 이상 푸른 싹들이 아니라, 다 익은 알곡이 되어 있을 것입니다. 그들은 더 이상 꽃봉오리들이 아니라 꽃들이 되어 있을 것이고, 어린 아이가 아니라 다 자란 어른이 되어 있을 것입니다.

이제 나는 한 가지만 더 말씀드리고 이 설교를 끝맺고자 하는데, 그것은 우리가 족장 욥이 그렇게 하나님을 뵈옵는 것을 우리 개개인이 아주 실제적이고 인격적으로 경험하게 될 일로 말하고 있다는 것을 주목하여야 한다는 것입니다: "내 눈으로 그를 보기를 낯선 사람처럼 하지 않을 것이라." 내 눈이 나의 대속자를 보았을 때에 마치 스바의 여왕을 본 것 같이 말하는 것이 아니라, 솔로몬 왕을 직접 보았다고 말하게 되리라는 것입니다. 그때에 나는 마치 사마리아 여인의 말을 듣고서 직접 그리스도를 만나 본 사람들이 말했던 것처럼, "이제 내가 믿는 것은 네 말로 인함이 아니니 이는 내가 친히 그를 보았기 때문이니라"고 말할 수 있게 될 것입니다(cf. 요 4:42). 우리는 직접 하나님을 대면하고 대화를 하게 될 것입니다. 우리는 성경책이나 성례전과 같은 거울을 통해서 하나님을 희미하게 보는 것이 아니라, 마치 친구와 얘기하듯이, 우리 주 예수 그리스도 안에서 직접 하나님과 대화를 할 수 있게 될 것입니다: "내 눈으로 그를 보기를 낯선 사람처럼 하지 않을 것이라." 그때에 내가 지금과 다른 사람이 되어 버린다면, 내 마음은 편할 수 없을 것입니다. 또는, 나와는 다른 어떤 존재가 나를 위해 준비된 천국과 그 지극한 복들을 누리게 되는 것이라면, 나는 허탈해질 것입니다. 그러나 결코 그렇게 되는 일은 없을 것입니다. 다른 사람이 아니라 바로 내가 직접 하나님을 보게 될 것이니까요! 나는 여러분에게 하나님과의 일대일의 신앙 외에는 그 어떤 것도 유효하지 않을 것이라고 늘 말해 오지 않았습니까? 부활과 영광도 각 개인에게 인격적으로 주어지는 것이라는 얘기도 바로 그것을 증명해 주는 또 하나의 증거가 아니겠습니까? 다른 사람이 아니라 바로 내가 부활과 영광을 직접 누리게 될 것입니다. 여러분이 다른 사람을 내세워서 여러분을 대신해서 회개하게 한다면, 여러분이 영광을 받는 것이 아니라, 바로 그 다른 사람이 여러분 대신에 영광도 받게 될 것입니다. 마찬가지로, 여러분을 대신해서 다른 사람이 하나님을 보게 된다면, 그것은 여러분이 하나님을 보는 것이 아닙니다. 여러분이 하나님을 보려면, 여러분이 직접 주 예수 그리스도 안에서 하나님을 보아야 합니다.

　마지막으로, 나는 여러분과 내가 부들부들 떨고 의심하며 역겨워하는 태도로 죽음을 바라보아 왔다면, 그것은 정말 어리석은 일이었다는 것을 지적하고자 합니다. 결국, 죽음은 무엇입니까? 죽음은 벌레들일 뿐입니다! 그런데 여러분은 땅을 기어다니는 그런 하찮은 것들 앞에서 두려워 떨고 있는 것입니까? 죽음은 우리의 육신이 분해되어 조각나는 것입니다. 우리가 그것을 두려워합니까? 죽음에게 벌레들이 있다면, 우리에게는 천사들이 있습니다. 죽음이 우리의 육신을 분해해 버린다고 해도, 우리에게는 그 분해된 조각들을 모으실 하나님의 음성이 있습니다. 나는 이제 죽음의 암울함은 다 사라지고, 부활의 등불이 타오르고 있다고 확신합니다. 이제 옷을 벗는 것은 우리에게 아무것도 아닙니다. 우리는 더 좋은 옷을 입게 될 것이니까요. 우리는 옷을 벗어 버리게 될 저녁 때를 기다립니다. 그래야만 우리는 이 썩어질 옷을 벗어 버린 후에, 하나님이 입혀 주시는 더 좋은 옷을 곧 입게 될 것이니까요. 나는 이 자리에 계신 나이 드신 성도들이 이제 머지않아 이 땅을 떠나서 요단 강 너머에서 영광을 보게 될 것임을 확신합니다. 나의 사랑하는 형제들이여, 존 번연은 순례 길의 마지막에 "쁄라"(사 62:4, "결혼하였다"를 의미하는 단어 — 역주)의 땅이 있다고 했는데, 그 말은 틀리지 않았습니다. 여러분은 오늘의 본문을 망원경으로 활용해서, 요단 강 너머의 풍경을 볼 수 있지 않습니까? 오늘의 본문은 여러분에게 유향과 몰약 더미를 가져다주는 천사들의 손 같지 않습니까? 여러분은 "내가 알기에는 나의 대속자가 살아 계시니"라고 말할 수 있습니다. 여러분은 더 이상 원하는 것이 없습니다. 여러분은 젊은 시절에도 그 이하로는 만족할 수 없었고, 지금도 그 이하로는 만족할 수 없습니다. 우리 중에서 나이가 젊은 사람들에게는 우리가 머지않아 이 땅을 떠나게 되어 있다는 생각이 위로가 됩니다. 나는 이 땅을 떠난다는 것이 두려운 일이 아니라 위로가 되는 일이라고 말하고 있습니다. 우리는 이 땅에서의 경주를 거의 다 마친 사람들이 부럽습니다. 왜냐하면, 물론, 길게 사느냐 짧게 사느냐는 하나님의 뜻인 까닭에, 우리가 이런 말을 하는 것은 합당하지 않겠지만, 우리는 이 땅에서 우리의 싸움이 길어져서, 행여나 우리가 실족하게 되지는 않을까 하고 염려하기 때문입니다. 하지만 이스라엘을 지키시는 이는 졸지도 아니하시고 주무시지도 아니하십니다. 우리는 우리의 대속자가 살아 계시는 것을 알기 때문에, 우리가 넘어질지라도 완전히 엎드러지지는 않으리라는 것이 이 땅에서 살아가는 우리에게 위로가 되고 힘이 됩니다. 우리의 대속자가 살아 계시기 때문에, 우리가 죽어서 벌레들이 우리의 육신을 멸한다고 할지라도, 우리가 우리의 육체 가운데서 하나님을 보게 되리라는 것이 죽음을 앞둔 우리에게 위로가 되고 힘이 됩니다.

이 아침에 내가 전한 연약한 말씀에 하나님께서 복을 더하시고, 하나님께 영광이 영원하시기를 빕니다. 아멘.

　　　"무덤아, 너는 우리 육신의 티끌을 지키는 자로다.
　　　무덤아, 너는 하늘들의 곳간이로다.
　　　네게 맡겨진 모든 티끌들은
　　　다시 살아나게 될 것을 소망하며 안식하고 있나니,
　　　심판의 나팔소리가 울려 퍼지는지 귀 기울이라.
　　　영혼이여, 너의 흙집을 다시 지으라.
　　　불멸이 너의 성벽이 되고,
　　　영원이 너의 날이 되리라."

제
19
장
—

악인들의 옛적 길

—

"네가 악인이 밟던 옛적 길을 지키려느냐 그들은 때가 이르
기 전에 끊겨 버렸고 그들의 터는 강물로 말미암아 함몰되
었느니라 그들이 하나님께 말하기를 우리를 떠나소서 하며
또 말하기를 전능자가 우리를 위하여 무엇을 하실 수 있으
랴 하였으나" — 욥 22:15-17

"네가 악인이 밟던 옛적 길을 지키려느냐." 오래되었다고 해서 꼭 참된 것은
아닙니다. 본문에 나오는 "옛적 길"은 오래된 길이었지만, 잘못된 길이었습니다.
우리의 신앙을 오래된 것을 기준으로 해서 판단한다면, 우리는 즉시 최악의 우
상 숭배로 돌아가게 될 것입니다. 왜냐하면, 우리는 아주 오래된 드루이드교도
들(Druids)이 되어야 할 것이기 때문입니다. "옛 것이 더 좋다"는 말이 언제나 옳
은 것은 아닙니다. 인간의 본성이 부패되어 있기 때문에, 종종 옛 것이 더 부패하
고 타락한 경우가 있습니다. 설령 가장 오래된 것이 가장 좋은 것이라고 할지라
도, 어떻게 우리가 거기로 되돌아갈 수 있겠습니까? 아담은 한때 온전한 사람이
었습니다. 그러나 우리가 어떻게 그 상태로 다시 돌아갈 수 있겠습니까? 죄의 길
과 오류의 길은 아주 오래되고 지극히 오래된 길입니다. 왜냐하면, 죄는 "거짓의
아비"(요 8:44)만큼이나 오래되었기 때문입니다. 또한, 오래되었다는 것이 죄에
대한 변명이 될 수도 없습니다. 사람들이 범죄한 지는 아주 오래되었지만, 반역
한 지가 오래되었다는 것이 영원하신 보좌 앞에서 반역죄를 가볍게 해주지는 못

합니다. 이전 시대에 하나님이 다른 사람들의 무지를 눈감아 주셨다고 해도, 여러분이 무지하지 않았다면, 죄를 알면서도 범한 여러분까지 하나님이 눈감아 주시지는 않을 것입니다. 여러분이 다른 사람들보다 더 많은 빛을 받았다면, 여러분은 그들보다 더 가혹한 벌을 받게 될 것입니다. 그러므로 자기가 행한 악한 일이 오래되었다는 것을 여러분의 죄에 대한 변명으로 사용하지 마십시오. 어떤 길이 "옛적 길"이든, 아니면 아주 최근에 전적으로 스스로 고안해 낸 새로운 길이든, 그 길이 죄의 길이라면, 그 길로 달려간 자들은 반드시 멸망할 수밖에 없습니다. 악한 선례들을 따르다가 멸망당하는 자들에게 오래되었다는 사실은 전혀 위로도 되지 못하고 힘도 되지 못합니다. 범죄한 영혼들이 그들보다 앞서 무수한 사람들이 그들과 똑같은 죄를 범하였다고 변명해 보아야, 그런 변명은 아무 소용이 없습니다. 장차 그들이 멸망의 길로 내려가다가 자신들과 똑같은 길로 간 수많은 세대의 선조들을 만난다고 할지라도, 그들은 그런 불쾌하고 기분 나쁜 만남과 동행을 통해서 결코 위로 받을 수는 없을 것입니다. 그러므로 우리 모두는 많은 사람들이 오랫동안 여러 세대에 걸쳐서 믿어 왔다는 이유로 어떤 신앙적인 가르침들을 무조건 받아들여서는 안 되고, 그 가르침들이 과연 하나님의 진리인지를 잘 살피는 것이 마땅합니다. 우리는 조상들로부터 대대로 내려오는 전통이냐 아니냐의 여부가 하나님의 진리임을 확인하는 궁극적인 시금석이라고 믿는 그런 사람들이 아닙니다. 우리는 성경에서 다음과 같이 말씀하시는 하나님의 음성을 들어 왔습니다: "마땅히 율법과 증거의 말씀을 따를지니 그들이 말하는 바가 이 말씀에 맞지 아니하면 그것은 그들 속에 빛이 없음이니라"(cf. 사 8:20). 우리는 어떤 가르침이 새로운 것이라고 해서 따르지도 않을 것이고, 오래되었다는 사실을 숭상하지도 않을 것입니다. 왜냐하면, 단순히 새로운 것이냐 오래된 것이냐를 기준으로 우리가 어떤 가르침을 따른다면, 우리는 우상 숭배와 미신에 빠지고 말 것이기 때문입니다. 어떤 것이 옳습니까? 그렇다면, 그것이 단지 하루밖에 안 된 것이라고 할지라도, 그것을 따르십시오. 어떤 것이 잘못된 것입니까? 그렇다면, 인류의 첫 세대에 속한 죄인들이 다 그 길로 갔다고 할지라도, 여러분이 결국 그 길에서 그들과 만나고 싶지 않다면, 그 길로 가지 마십시오. 여러분이 받아들인 신조들, 여러분이 드리고 있는 예배들, 여러분의 관습들을 다 철저히 살펴보십시오. 왜냐하면, 이 세상은 너무나 오랫동안 세대를 거듭해서 전해 온 미신들에 의해서 미혹되어 왔기 때문입니다. 이 말씀을 듣고 계시는 여러분, 여러분의 마음속을 철저하고 주의 깊게 살피고 또 살피십시오. 여러분은 미혹되어 속고 있을 수 있으니까요. 여러분의 잘못들을 발견해서 바로잡을 기회가 여러분에게 주어졌는데도, 여러분이 여전히 미혹되어 속고 계신다면, 그것은 정말 안타깝고 비참한 일이 될 것입니다.

이 아침에 우리는 본문의 말씀 속에서 악인들의 옛적 길을 자세히 주의 깊게 살펴보고자 합니다. 우리가 살펴볼 것은 세 가지인데, 그것은 길과 끝과 경고입니다.

1. 첫째로, 악인들이 밟아 온 옛적 길에 대해서 살펴보겠습니다.

우리가 가장 먼저 살펴볼 것은 "악인이 밟던 옛적 길"은 어떤 길이었는가 하는 것입니다. 엘리바스가 여기에서 대홍수 이전에 범죄하였던 자들을 염두에 두고서 이 말을 하고 있다는 것은 의심의 여지가 없습니다. 그는 자기가 살던 시대에서 아주 오래된 저 옛적의 나날들을 생각하고 있습니다. 엘리바스가 살았던 시대도 우리에게는 아주 오래된 옛적이지만, 그가 옛적이라고 말한 날들은 대홍수 이전의 날들이었습니다. 따라서 그가 말한 "옛적 길"은 세상이 물에 의해서 멸망당하기 이전에 죄인들이 걷던 길입니다.

먼저, 그 길은 하나님을 대적하는 반역의 길이었습니다. 우리의 첫 조상인 아담은 하나님의 뜻을 알고 있었고, 그 뜻을 행하는 것은 그에게 괴롭고 귀찮은 일이 아니었을 것이 분명합니다. 하나님의 명령은 아주 쉬운 것이었습니다. 하나님께서 아담에게 선악을 알게 하는 나무의 열매를 먹지 말라고 하신 것은 그에게 결코 대단한 손실이 아니었을 것입니다. 아담은 하나님이 그 나무의 열매를 제외하고는 동산의 모든 나무의 열매를 그에게 주시고, 오직 그 나무만은 하나님만이 상관하실 수 있게 하신 것에 대하여 만족하여야 했습니다. 그러나 아담은 지존자의 뜻을 정면으로 거스르고 자신의 뜻을 관철시켰습니다. 그 죄 자체는 작아 보였습니다. 하나님이 금지하신 열매를 따먹는 행위는 사소한 죄처럼 보였지만, 그 작아 보이는 죄 속에는 하나님의 뜻에 대한 음험한 적대감, 하나님의 명령을 정면으로 어기도록 이끈 적대감이 잠복되어 있었습니다. 이것이 모든 범죄자의 길입니다. 왜냐하면, 모든 죄인은 하나님을 대적하는 반역자이기 때문입니다. 아담이 죄를 범할 때에 하나님을 일부러 대적하고자 한 것이 아니고 그냥 죄를 저지른 것일 뿐이라고 변명한다고 할지라도, 그가 늘 경외함으로 항시 염두에 두고 있어야 마땅한 하나님을 생각하지도 않고 행하였다는 것 자체가 죄였습니다. 죄는 하나님의 권위에 대한 도전입니다. 죄는 사람이 만왕의 왕 앞에서 자신의 긴 장갑을 땅에 내동댕이치면서, 그 왕의 권세에 도전하는 것입니다. 이 아침 이 자리에 악한 자들이 밟았던 저 "옛적 길"을 추구하고 있는 분이 계십니까? 여러분은 하나님의 뜻이 무엇일지를 생각하는 것을 소홀히 하는 것이 몸에 배어 있지는 않습니까? 여러분은 마치 하나님이 계시지 않는다는 듯이 제멋대로 행하고 있지는 않습니까? 여러분은 늘 하나님이 싫어하시는 일들을 따르고 있지는 않습니까? 나는 여러분 중에 지금도 반역의 길을 걸으면서 날마다 크신 재판장의 화를 돋우고 있는 사람들이 많지 않나 우려합니다. 그런 사람들은 조심하시기 바랍니다. 왜냐하면, 그것은 악인들이 걸었던 "옛적 길"이고, 하나님께서 그들의 반역을 순식간에 무시무시한 멸망으로 끝내 버리셨듯이, 여러분에게도 그렇게 하실 것이 분명하기 때문입니다. 하나님이 행하시는 길들은 옛적이나 지금이나 동일하신 까닭에, 하나님은 옛적에 그러셨던 것처럼 지금도 공의를 따라 죄인들을 다루실 것입니다.

다음으로 이 "옛적 길"은 이기적인 길이었습니다. 하와가 왜 그 열매를 따 먹었습니까? 그것은 그녀가 그 열매를 따 먹으면 맛있을 것이고 자기가 지혜로워질 것이라고 믿었기 때문이었습니다. 그녀가 그런 악을 저지른 동기는 자기 자신을 위하여 무엇인가를 얻기 위한 것이었고, 나중에 그녀의 자손들도 동일한 동기에서 죄를 범하였습니다. 니므롯을 세상의 잔인한 폭군으로 만든 것도 바로 그러한 동기였습니다. 대홍수 이전에 하나님의 아들들이 사람의 딸들을 취하게 만든 것도 그러한 동기였습니다. 사람의 딸들이 아름다운 것을 보고서, 하나님의 아들들이 그 딸들을 취한 것은 하나님을 섬기고자 한 것이 아니라, 자신의 쾌락을 추구한 것이었습니다. 그것은 "자아"(self)의 지배였습니다. 사람들은 자신의 본성의 성향에 굴복하였고, 제멋대로 하는 데 몰두하였으며, 하나님을 기뻐하는 것은 그들 속에 없었습니다. 이것이 악인들이 밟았던 "옛적 길"입니다. 오늘날에도 그 길은 많은 사람들이 다녀서 아주 잘 닦여져 있습니다. 수많은 사람들이 무엇이라고 부르짖고 있습니까? "우리에게 좋은 것을 달라! 우리에게 쾌락과 즐거움을 주고 우리를 흥겹게 해줄 그런 것들을 달라. 그렇게만 해준다면, 우리는 그것이 무엇인지에 대해서는 신경 쓰지 않겠다. 그것들이 고귀하고 품위 있는 것이든, 그렇지 않은 것이든 상관없다. 그것들이 어떤 것이든, 반드시 우리를 재미있게 해주고, 우리에게 즐거움이나 이득이나 명예를 안겨 주는 것이어야한다." 사람들은 여전히 자기 자신을 추구하고, 이것이 인간의 죄의 뿌리입니다. 사람들은 자기 자신을 찾고자 한다면 자기 자신을 추구해서는 안 된다는 사실을 믿지 못합니다. 사람들은 자신의 목숨을 구하고자 하는 자는 잃을 것이고, 자기 자신을 부인하고 하나님을 추구하는 것이야말로 우리 자신의 행복을 극대화시키는 가장 고귀하고 확실한 길이라고 말씀하시는 구주의 증언을 믿지 못합니다. 죄인들은 무엇보다도 먼저 자기 자신을 섬기기로 작정하고 난 후에야, 구원을받기 위한 목적으로, 자기 자신을 사랑하는 것을 조금 양보해서 하나님을 따르기로 하고, 자기 식으로 신앙을 갖고 독실하게 하나님을 예배함으로써, 하나님의 보좌 앞에서조차도 자기 자신을 추구합니다. 사랑하는 친구들이여, 이 아침에 여러분이 자기 자신이 아니라 하나님을 위하여 살아가야 한다는 가르침을 받아들이지 않고, 여전히 여러분 자신의 목적을 이루기 위하여 살아가고, 여러분의 삶의 주된 목적이 부자가 되거나 출세하거나 편안하게 살거나 자기가 하고싶은 것들을 마음대로 하며 사는 것이라면, 여러분은 악인들이 밟았던 "옛적 길"을 밟고 있는 것이기 때문에, 악인들이 결국 망하는 것으로 끝난 것과 마찬가지로, 여러분의 삶도 그렇게 끝나게 될 것입니다. 하나님의 동산에서 훔친 "열매"는 사람의 손에서 재로 변하고 말았고, "자아"라는 아비멜렉은 폭군이 되었습니다. 사람들이 왕으로 삼았던 "가시나무"에서 불이 나와서, 그들의 백향목들을 다태워 버렸습니다(삿 9:15). 여러분은 제발 지혜롭게 행하여서, 처절한 파멸로 끝나 버릴 그 길을 버리십시오.

세 번째로, 이 "옛적 길"은 교만의 길이었습니다. 우리의 어머니 하와는 하나님보다 더 지혜로워지기 위해서 하나님을 대적하여 반역하였습니다. 그녀는 하나님처럼 되고자 하였습니다. 이것이 그녀의 야심이었고, 그러한 야심은 그녀의남편의 마음속에도 들어갔습니다. 아담은 조물주께서 만드신 그런 자신의 모습에 만족하지 않았습니다. 할 수만 있다면, 그는 하나님의 보좌를 찬탈해서 하나님의 면류관을 빼앗아 자신의 머리에 쓰고서, 만유를 다스리고 싶었습니다. 그러한 야심과 교만이 아담과 하와 두 사람을 어그러진 길로 이끌었습니다. 오늘날에도 많은 사람들이 끊임없이 그 길로 가고 있습니다. 사람들은 하나님 앞에서 아무것도 아닌 자로 살아가는 데 만족하기를 거부합니다. 사람들은 자기가대단한 인물이라도 된다는 듯이 자랑하고, 머리를 꼿꼿이 세우고 위엄을 과시하며, 다른 사람들에게 자기를 공경할 것을 요구합니다. 예수 그리스도의 발 앞에 엎드려서, 아무런 대가도 없이 거저 주어지는 선물로서 구원을 받으라고 하면, 그들은 거저 받는다는 것이 기분이 나빠서 거절합니다. 그들은 자신의 공로와 기도와 눈물에 대하여 말합니다. 그들은 하나님이 자신들의 그런 것들을 인정해 주어야 한다고 생각합니다. 그들은 자신들의 너덜너덜한 넝마 같은 옷을 그런 것들로 감싼 후에, 자신들이 좋은 옷을 입고 있다고 주장합니다. 그리고 거기에 스스로 속아 망상에 빠져서, 그들은 실제로는 헐벗고 가난하고 비참한데도, 자신들은 부요하고 많은 것들을 가지고 있다고 착각합니다. 악인들이 밟아 온 이 "옛적 길"은 지금도 여전히 수많은 사람들이 가고 있는 길이기 때문에, 그들을 복음을 듣고 나서는, 헷갈려하고 당혹해서 복음을 거부합니다. "옛적 길"로 가고 있는 자들이여, 애굽 왕 바로를 기억하시고, 하나님께서 저 교만한 군주의 교만을 어떻게 꺾어 놓으셨는지도 기억하십시오. 하나님께서는 언제나 스스로 높아진 나무들을 잘라 버리셨고, 높이 솟은 산들을 평탄하게 하셨다는 것을 기억하십시오. 하나님께서는 교만한 자들의 모든 영광을 더럽히시고, 땅에서 높아진 모든 것들을 멸시 받게 하시겠다고 맹세하셨다는 것을 기억하십시오. 교만의 길을 가는 자들이여, 잠시 멈춰 서서, 티끌과 재 가운데서 여러분 자신을 낮추시고, 하나님께서 그의 손으로 여러분을 높여 주시기를 바라십시오.

나는 내가 말씀을 전하는 동안에 내 앞에 계시는 한 분 한 분이 자기 자신을 살펴보시기를 부탁드리면서, 악인들이 걸어간 "옛적 길"은 자기의의 길이기도 하다는 것을 말씀드리고자 합니다. 특히, 가인(Cain)이 그 길로 갔습니다. 그는 외적으로는 불경건한 사람이 아니었고, 도리어 정반대로 아주 경건해 보이는 사람이었습니다. 아벨과 마찬가지로, 가인도 제사를 드렸습니다. 아벨이 제단 앞에서 무릎을 꿇었을 때, 가인도 그렇게 했습니다. 당시에 눈에 보이지도 않는 하나님께 경배를 드린다는 것은 정말 대단히 칭찬 들을 만한 일이었는데, 가인이 그런 사람이었습니다. 그러나 그의 신앙에서 어디에 결함이 있었는지를 주목해 보십시오. 아벨은 어린 양을 잡아서 하나님께 피의 제사를 드렸습니다. 이것은 아벨이 세상의 종말에 하나님의 어린 양 예수 그리스도를 통해서 드려지게 되어 있던 저 속죄의 큰 제사를 믿었음을 보여주는 것이었습니다. 그러나 가인은 자기가 흘린 땀의 소산인 땅의 열매들을 제물로 가져와서 피 없는 제사를 하나님께 드렸습니다. 그리고 그는 자신의 제사가 아벨의 제사보다 더 나으면 나았지 결코 못하지 않다고 생각하였습니다. 그런데 하나님께서 그의 제사를 받지 않으시자, 자기의로 가득했던 가인은 시기하는 마음으로 인해서 분노가 들끓어 올랐고, 동생을 박해하다가 결국 살인자가 되었습니다. 자기의로 가득한 사람만큼 지독한 사람은 없습니다. 실제로는 전혀 의롭지 않는데도 스스로 자기 자신을 의롭다고 생각하는 사람들만큼 의인들을 잔인하게 박해하는 사람은 없습니다. 다소의 사울이 그리스도 안에서 자신의 의를 발견한 사람들을 위협하고 붙잡아 죽이려고 했던 것은 자기 자신이 의롭다는 망상에 빠져서 그의 자부심이 대단하였기 때문이었습니다. 이렇게 자기의의 "옛적 길"은 최초의 살인자가 밟은 길이었고, 그후로 수많은 사람들이 여전히 그 길로 가고 있습니다. 교회에 출석하고 예배에 참석하며, 성례전에 참여하고, 세례와 견신례를 받으며, 온갖 종류의 예식들을 행하고, 가난한 자들에게 베풀며, 자선단체들에 기부하고, 사랑스럽게 말하며, 예배의식들을 무수히 반복하고, 시도 때도 없이 기도를 많이 하는 것 ─ 여러분은 여러분이 행하는 이런 것들을 여러분의 구원의 반석이라고 여기고 의지합니다. 제발 조심하십시오. 왜냐하면, 그런 것들을 의지하는 길은 자신들이 다른 사람들과 같지 않은 것에 대하여 하나님께 감사했던 바리새인들이 밟았던 "옛적 길"이기 때문입니다. 그 길은 무슨 일이 있어도 자기 자신의 의를 확고하게 세우고자 하고, 그리스도의 의에 복종하고자 하지 않는 인간의 보편적인 본성이 걸어 왔던 "옛적 길"입니다. 바리새인들이 독사의 자식들로 단죄받고 지옥에 떨어지는 벌을 피할 수 없었던 것과 마찬가지로, 우리가 그리스도의 의 대신에 우리 자신의 의를 세운다면, 우리도 단죄를 받아 하나님의 갑작스러운 진노하심에 의해서 멸망당하고 말 것이 분명합니다. 형제들이여, 내가 여러분에게 간곡히 권하노니, 저 "옛적 길"을 잘 살펴서, 그 길로부터 도망치십시오. 하나님의 은혜로 말미암아 지금 당장 그 길로부터 도망치시기를 바랍니다.

　　다음으로, 악인들이 밟던 "옛적 길"은 불신앙의 길이었습니다. 노아는 하나님의 보내심을 받아서, 저 옛적의 죄인들에게 세상이 대홍수로 말미암아 멸망당하게 될 것이라고 전하였습니다. 그들은 노아가 노망이 들었다고 생각해서, 그를 조롱하고 비웃었습니다. "의를 전파하는"(벧후 2:5) 자였던 노아는 120년 동안이나 계속해서 자신의 목소리를 높여 당시 사람들에게 경고하였습니다. 그는 대홍수가 나서 세상이 분명히 큰 물에 잠기게 될 것이고, 불경건한 자손들은 반드시 그 물에 휩쓸려 죽게 될 것이라고 경고하였습니다. 그는 사람들에게 자기가 짓고 있던 방주를 증거로 보여주면서, 그들이 스스로 낮아져서 죄를 끊고 의를 따르라고 간곡하게 권하였습니다. 노아는 의를 전파하였지만, 사람들은 이 선지자를 믿지 않았고, 그의 간절한 권면을 조롱거리로 삼았으며, 그의 자애로운 초대를 비웃으며 코웃음쳤습니다. 이것이 악인들이 밟던 "옛적 길"이었고, 여전히 수많은 사람들이 그 길을 밟고 다닙니다. 그리스도인 회중들 속에서도 인간의 마음속에 있는 무신론이 각양각색의 방식으로 계속해서 자신의 존재를 드러내고 있습니다. 여러분 중에서 회심하지 않은 사람들은 자기가 하나님의 의로우신 심판에 의해서 단죄 받게 될 것이라고 믿지 않고 있음이 분명합니다. 만일 그것을 믿는다면, 여러분은 이렇게 마음 편히 앉아 있을 수 없을 것입니다. 여러분이 하나님의 공의를 진정으로 믿는다면, 여러분은 장차 그 공의의 심판이 여러분의 머리에 떨어질 것을 알면서 이렇게 태연하게 보고만 있지는 않을 것입니다. 여러분이 장차 만유의 심판주께서 법정을 열어 모든 사람을 심판하실 것임을 진정으로 믿는다면, 여러분은 이렇게 하나님의 율법을 아무렇지도 않게 범하는 삶을 살아서 무시무시한 형벌을 자초하는 일을 하지는 않을 것입니다. 여러분이 그리스도를 믿지 않고 죽은 사람들을 위한 지옥이 존재한다는 것을 믿는다면, 여러분은 단 하루 동안이라도 그리스도를 떠나서 사는 것을 두려워하게 될 것입니다. 여러분은 골방에 들어가서 무릎을 꿇고서, 하나님이 여러분을 불쌍히 여기시고 받아주셔서, 그리스도의 피로 말미암아 여러분이 하나님과 화목하게 될 수 있게 해주시라고 부르짖어 기도하게 될 것입니다. 안타깝게도, 여러분은 하나님의 진노하심에 대해서 듣고는, 자기가 그것을 믿는다고 말로는 고백하지만, 실제로 행동하는 것을 보면 불신자와 똑같습니다. 여러분의 말이 아니라 여러분의 행동이 바로 여러분의 진정한 모습입니다. 이 불신앙의 "옛적 길"은 언제나 어찌할 줄을 몰라서 갈팡질팡하는 혼란으로 끝났습니다. 왜냐하면, 대홍수는 마침내 찾아왔고, 그들의 불신앙은 물이 차오르는 것을 어찌할 수 없었기 때문입니다. 성난 물들은 사람을 잡아먹으려고 혈안이 된 사나운 짐승들처럼 그들이 사는 집으로 봇물 터지듯 밀려왔고, 반역하는 삶을 살았던 인류는 철저히 멸망하였습니다. 우리가 이 사실을 믿든지 안 믿든지, 우리가 우리의 방주이신 그리스도께로 피하여, 그 안에서 다가올 폭풍을 피하지 않는다면, 하나님의 원수 갚으심이 우리를 덮칠 것은 너무나 분명한 사실입니다.

나는 이 끔찍한 이야기를 더 이상 길게 하지 않겠지만, 악인들이 밟던 "옛적 길"은 세상적이고 부주의하며 주저하는 사람들의 길입니다. 대홍수 이전의 사람들은 무엇을 했습니까? 그들은 대홍수가 올 때까지 시집 가고 장가 가고 하다가, 대홍수가 그들을 모조리 휩쓸어 가 버렸습니다. 그들 중에 노아의 말을 믿은 사람들이 있었다면, 그들은 "우리는 좀 더 기다려 보다가, 비가 계속해서 내리고, 물들이 불어나는 것을 보면, 그것이 당신이 경고한 대홍수인 줄을 알고서, 그때 가서 피하겠습니다"라고 말할 수도 있었을 것입니다. 하지만 은혜의 날들을 닫아 버린 저 검은 날에 세상 사람들은 모두 잔치를 벌이고 있었던 것으로 보입니다. 그날에 울렸던 기쁨의 종소리는 그 어느 때보다도 사람들에게 달콤하게 들렸을 것이고, 그 날에 치른 혼인잔치는 그 어느 때보다도 즐거웠을 것입니다. 저 무시무시한 전쟁의 신호탄이 저 멀리에서 들려오고, 여호와께서 전사의 옷을 입으시고서, 대적들을 쓸어 버리고 자신의 마음을 편안하게 하시기 위하여, 원수 갚으시러 오셨을 때, 사람들은 그 어느 때보다도 더 다정하게 서로를 바라보며 서로에게 말하고 있었을 것입니다.

사랑하는 여러분, 여러분 중에는 세상적인 사람들이 걷는 이 "옛적 길"을 바로 이 아침에도 걷고 계시는 분들이 있지 않습니까? 아마도 여러분은 신앙을 고백한 사람들이면서도, 그 길을 걷고 있는 분들일 것입니다. 나는 앞에서 모세의 글에서 하나님의 아들들이 사람들의 딸이 아름다운 것을 보고서 그들을 취하여 아내로 삼았다는 내용을 언급한 바 있습니다. 여러분이 지금 그들과 똑같은 행동을 하고 있다면, 대홍수가 몰려 왔을 때, 여러분의 신앙 고백은 여러분에게 결코 피난처가 되어 주지 못할 것이고, 여러분은 다른 불신자들과 함께 떠내려가게 될 것입니다. 세상의 제일 큰 화두는 "무엇을 먹을까 무엇을 마실까 무엇을 입을까"(마 6:31)이고, 세상이 추구하는 3종 세트는 "육신의 정욕과 안목의 정욕과 이생의 자랑"(요일 2:16)이며, 세상이 달려가는 길은 자신의 이득과 쾌락을 좇는 것이고, 그 이상의 진지하고 엄숙한 일들에 대해서는 "내가 틈이 있으면 너를 부르리라"(행 24:25)고 말합니다. 천국의 왕께서는 잔치를 베푸셨지만, 사람들은 거기에 관심이 없습니다. 하나님께서는 황소와 기름진 것들을 잡고 사람들을 초대하셨지만, 사람들은 자기 볼 일을 보러, 농장에도 가고, 물건을 사러 상점에도 갑니다. 사람들은 하나님께서 다음과 같이 하실 때까지 계속해서 그렇게 살아갈 것입니다:

"하나님께서 싸우러 나가시기 위하여 오른팔을 걷어 부치시고,
      자신의 구름 병거에 우레를 장착하시는도다."

저 무시무시한 날에 불경건한 자들이 어디로 피할 수 있겠습니까? 그들은
이 "옛적 길"을 선택하였고 거기로 행하였습니다. 그러나 하나님께서 보내신 대
홍수가 그들을 휩쓸어 버리게 될 때, 그들이 어떻게 하나님을 피할 수 있겠습니
까?

엘리바스는 "네가 그 길을 주목하여 보았느냐"고 말합니다. 나는 여러분이
잠시 멈춰 서서 다시 그 길을 주목해서 보았으면 좋겠습니다. 내가 그 길을 주목
하여 보았을 때에 가장 먼저 눈에 띄는 것은 그 길은 아주 넓은 길이라는 것입니
다. "멸망으로 인도하는 문은 크고 그 길이 넓어 그리로 들어가는 자가 많고"(마
7:13)라고 하신 우리 구주의 말씀은 지극히 참됩니다. 죄의 길은 그 많은 반역자
들이 다 걸을 수 있을 정도로 아주 넓기 때문에, 이기적인 죄인들, 교만한 죄인
들, 입으로만 신앙을 고백한 자들, 불신자들, 세상적인 자들, 위선자들이 모두
다 그 길에 있습니다. 좁은 길을 걷는 사람들은 모두 한 문으로 들어가야 합니다.
그들은 모두 하나같이 구주의 피로 씻음을 받은 자들입니다. 그들은 모두 한 성
령으로 새롭게 된 자들입니다. 그들은 한 분 하나님의 명령을 따라 행하는 자들
입니다. 그러나 불경건한 자들은 그렇지 않습니다:

"그들이 가는 길은 모두 내리막길이기는 하지만,
      그들은 각자 서로 다른 길을 간다네."

그 길은 아주 넓어서, 그 길 안에 수많은 샛길들이 있고, 술주정뱅이들은 위
선자들의 자기도취를 깨뜨리는 일이 없이 자신들만의 샛길을 걸어갈 수 있습니
다. 도덕주의자들은 내내 깨끗한 샛길을 선택해서 갈 수 있고, 부도덕한 철면피
들은 내내 진창길을 무릎으로 엉금엉금 기어갈 수 있습니다. 죄인들이 가는 길
이 서로 얼마나 다름과 동시에 얼마나 똑같은지를 보십시오. 사두개인들과 바리
새인들은 대부분의 점에서는 서로 반대지만, 하나님을 대적한다는 점에서는 일
치합니다. 그 길은 넓은 길입니다.

또한, 그 길은 아주 인기 있는 길이라는 것을 주목하십시오. 멸망으로 내려가

는 길은 아주 인기가 많은 길인데, 이 점은 앞으로도 변함이 없을 것입니다. 하나님을 따라 올바르게 사는 것은 언제나 소수만이 걸어온 길이었습니다. 거룩한 리처드 백스터(Richard Baxter)는 자기가 어린 아이였을 때에 다른 사람들보다 훨씬 더 거룩하다고 하는 사람, 곧 그리스도에 대하여 더 많이 얘기하고 기도도 더 많이 하며 일을 더 꼼꼼하게 잘하는 사람을 만나 보면, 그 사람은 언제나 이웃들로부터 최악의 욕을 먹는 사람이라는 것이 이상하였다고 말합니다. 그리고 그는 역사를 읽으면서, 하나님의 자녀들이 언제나 사람들로부터 유별난 사람들로 불리웠고, 박해 받는 사람들이었으며, 멸시 받는 사람들이었다는 것이 한층 더 이상했다고 말합니다. 그러다가 그는 성경에서 "내가 너로 여자와 원수가 되게 하고 네 후손도 여자의 후손과 원수가 되게 하리니"(창 3:15)라는 말씀을 읽고 나서, 그러한 일들을 이해할 수 있게 되었다고 말합니다. 하나님의 사람들은 그렇게 살아갈 수밖에 없습니다! 살아 있는 물고기가 늘 그러하듯이, 하나님의 사람들은 물줄기의 흐름을 거슬러 갈 수밖에 없습니다. 그들은 세상의 관습과 풍속의 흐름을 막아서야 합니다. 그러나 여러분이 악인들이 밟던 "옛적 길"을 따라가고자 한다면, 여러분은 수많은 길동무들을 만나게 될 것이고, 그들은 모두 여러분을 반기며 환대해 줄 것입니다.

또한, 그 길은 아주 쉬운 길입니다. 그래서 여러분은 그 길로 통하는 입구를 찾기 위해서 애쓸 필요가 없습니다. 왜냐하면, 그 입구는 눈 감고도 찾을 수 있기 때문입니다. 그리고 그 길은 아주 편하게 갈 수 있기 때문에, 별 힘을 쓰지 않아도 빠르고 멀리 갈 수 있습니다. 여러분이 천국에 가기를 원해서, 어떻게 해야 하는지를 내게 묻는다면, 나는 여러분에게 올바른 대답을 해 드리기 위해서는 정말 애를 써야 합니다. 그러나 여러분이 내게 어떻게 해야 저주를 받아 지옥에 갈 수 있는지를 묻는다면, 나는 여러분에게 해 드릴 말이 전혀 없습니다. 왜냐하면, 여러분이 조금만 "등한히" 하면 되기 때문입니다. 사도는 "우리가 이같이 큰 구원을 등한히 여기면 어찌 그 보응을 피하리요"(히 2:3)라고 말합니다. 노를 젓지 말고, 여러분의 배를 그냥 내버려 둔 채로, 팔짱을 끼고서 가만히 앉아 있으십시오. 여러분의 배는 아주 빠른 속도로 쏜살같이 아래로 내려갈 것입니다. 철저한 멸망으로 가는 길은 아주 쉽습니다. 그러나 여러분이 멸망을 피하고자 한다면, 하나님의 은혜를 힘입어서 여러분 자신의 구원을 이루어 내야 합니다. 여러분은 예수를 믿고서, 그의 은혜로 말미암아 힘차게 노를 저어야 합니다. 의인들이 겨우 구원을 얻는다면, 불경건한 자들과 악인들은 어떻게 되겠습니까?

여러분이 잘 살펴보시면, 이 "옛적 길"은 모든 사람들이 본성적으로 달려가는 길"입니다. 나는 그 길을 인기 있는 길이자 사람들이 붐비는 길이라고 불렀지만, 사실 그 길은 모든 인간의 본성에 따른 길입니다. 자신의 발로 걸을 수 있는 어린 아이를 혼자 내버려 두어 보십시오. 그러면, 그의 첫 번째 발걸음은 이 넓은 길을 향하게 될 것입니다. 그에게 그 길로 가라고 가르칠 필요도 없고, 힘들어서 그를 훈련시키지 않아도 됩니다. 그는 저절로 악한 길을 찾아내서 그 길로 달려가며, 기뻐할 것입니다. 하나님의 은혜가 그의 발걸음을 돌려놓지 않는다면, 그는 지팡이를 짚고 걸어야 하는 때가 와도 계속해서 그 길로 갈 것입니다. 그의 머리가 백발이 되었을 때에도, 그는 여전히 악인들이 밟던 "옛적 길"로 가고 있을 것입니다.

이 모든 것들에도 불구하고, 그 길은 지극히 불만족스러운 길입니다. 아주 조금만 생각해 보아도, 그 길이 위험한 길이라는 것은 누구나 분명하게 알 수 있습니다. 나의 형제들이여, 여러분이 그 길로 행한 이래로, 얼마나 많은 사람들이 그 길에서 멸망하여 사라졌습니까? 여러분의 길동무들을 한 번 뒤돌아보십시오. 그들이 지금은 어디에 있습니까? 그들은 모든 산 자들에게 정해진 곳으로 한 사람씩 가고 없습니다. 이제 나는 여러분에게 그들이 그 길에 대해서 무슨 말을 남겼느냐고 묻고 싶습니다. 나는 천국으로 가는 길에 대해서 말할 때, 수많은 그리스도인들이 죽음을 앞두고서 자신이 걸어 온 하나님의 길들에 대하여 너무나 감사하고 고마워하는 많은 증언들을 여러분에게 들려 드릴 수 있습니다. 그들의 증언은 위선이 불가능한 또 다른 세계의 빛 가운데서 증언한 것이기 때문에 신뢰할 수 있는데, 그들의 한결같은 증언은 "그 길은 즐거운 길이요 그의 지름길은 다 평강이니라"(잠 3:17)는 것이었습니다. 그러나 달콤한 죄악을 누리고 거룩하지 못한 추악한 삶을 살다가 죽음을 앞둔 불경건한 자의 증언을 지금까지 누가 들어본 적이 있습니까? 나는 대단히 천재적인 인물로서 아주 폭넓은 것들을 경험하였고 최고의 쾌락과 명성을 누린 바이런(Byron) 같은 사람의 증언이 불경건한 자들의 증언을 대변해 줄 수 있을 것이라고 생각합니다. 그의 증언은 비록 사용한 단어들과 표현은 달랐지만 정확히 솔로몬의 증언과 똑같았습니다: "헛되고 헛되니 모든 것이 헛되도다"(전 1:2). 바이런은 결국 삶에 대하여 넌더리를 내는 불행한 사람이 되었고, 자기가 보아 온 모든 것들을 역겨워하며 죽음을 맞이하였습니다. 만일 그가 그리스도 안에서 이름도 없이 살았다면, 그는 죽으면서 "나는 선한 싸움을 싸우고 나의 달려갈 길을 마치고 믿음을 지켰으니 이제 후로는 나를 위하여 의의 면류관이 예비되었으므로"(딤후 4:7-8)라고 고백할 수 있었을 것이고, 이것이 그에게는 훨씬 더 나은 삶이 되었을 것입니다. 그러므로 이 길을 걸었다가 결국 너무나 초라하고 형편없는 길이라는 것을 알게 된 자들의 여러 증언들을 통해서, 여러분은 그 길을 걸으면서 만나는 것은 온통 실망스러운 것들뿐인 까닭에, 그 길은 여러분이 걷기에 위험하다는 것을 확신하여야 합니다. 여러분이 양식이 될 만한 것에 돈을 지불하고, 진정으로 유익이 되는 것에 수고하고자 한다면, 여러분은 매혹적으로 보이지만 속이는 이 길을 떠나서, 현재적인 위로와 영원한 복을 여러분에게 가져다줄 다른 길로 가야 할 것입니다.

내가 악인들이 밟던 이 "옛적 길"로부터 여러분을 모시고 떠나기 전에, 한 가지만 더 말씀드리고 싶은 것이 있는데, 그것은 그 길을 가로질러서 여기저기에 하나님의 긍휼하심이 장애물들을 설치해 놓으셨다는 것입니다. 사람들은 해마다 죄의 길을 따라서 점점 더 놀라운 속도로 쇄도합니다. 악이 다른 사람들에 대한 존중과 상식이라는 온갖 제동장치를 일단 뛰어넘게 되었을 때, 악이 쇄도하는 속도는 놀라울 정도입니다. 죄가 달려가는 길은 내리막길이어서, 사람들이 범죄하는 비율은 날마다 기하급수적으로 증가합니다. 불경건한 자가 달려가는 길의 첫 부분을 가로질러서, 하나님께서는 많은 쇠사슬들과 장애물들과 바리케이드들을 설치해 놓으십니다. 사랑하는 여러분, 그러한 것들 중의 하나가 이 아침에 우리가 얘기하고자 하는 주제입니다 ― 비록 그것이 여러분에게 있어서 쉽게 부서지는 것일 수도 있겠지만. 여러분이 이 자리에 오셨으니, 나는 할 수 있는 한 단호하게 여러분에게 말씀드리고자 합니다. 여러분이 이기적이거나, 교만하거나, 자기의에 가득 차 있거나, 육신의 정욕에 빠져 있다면, 여러분은 악인들이 밟던 "옛적 길"을 걷고 있는 중이기 때문에, 여러분 자신을 위하여 당장 중단하십시오. 은혜의 사자이신 그리스도께서 지금 여러분 앞에 서서, 여러분에게 그 길을 멈추라고 명하십니다. 여러분은 왜 죽고자 하는 것입니까? 여러분은 왜 여러분에게 전혀 안식을 주지 않는 길을 택하여 걷고 있는 것입니까? 여러분은 왜 내세에서 여러분에게 영원한 불행과 비참을 가득 안겨 줄 그런 길로 가고 있는 것입니까? 잠시 멈춰 서서, 여러분의 영원한 소망을 내팽개쳐 버리고, 지금 제멋대로 행함으로써 여러분 자신을 파멸로 이끌고 있는 것이 과연 합당한 일인지를 스스로에게 물어 보십시오. 잠시 멈추십시오! 아마사라는 청년이 죽어서 길 가운데 피 속에 놓여 있었을 때, 그 앞에서 군대가 멈춰 섰듯이, 여러분의 집에 죽어 누워 있는 아이가 여러분이 가는 길을 막아서고 있습니다. 여러분이 방금 병에서 회복한 것, 여러분이 상당한 재산의 손실을 보고서 아주 근심하고 괴로워한 것, 사랑하는 아내가 큰 환난을 겪은 것 — 이 모든 것들은 하나님이 여러분을 위해서 설치해 놓으신 장애물이고 사슬들입니다. 여러분은 그런 것들을 뛰어넘어서, 어떻게 해서든지 지옥으로 가고자 하는 것입니까? 만일 그렇게 하고 있다면, 여러분은 자신의 너무나 비참한 종말을 위해서 그토록 애쓰며 힘쓰고 있는 것입니다. 그렇게 하지 마시고, 하나님의 은혜를 붙잡으십시오. 하나님의 손이 지금 여러분이 타고 있는 말의 고삐를 세게 뒤로 잡아당기셔서 그 말을 멈추게 하고자 하십니다. 여러분은 여러분을 지으신 조물주의 음성에 귀를 기울일 의향이 없으십니까? 여러분의 양심으로 하여금 하나님의 음성에 귀를 기울이도록 허용하지 않으시겠습니까? 은혜의 벌판에 멈춰 서십시오. 여러분이 이 경고를 무시하고서 멈추지 않고 달린다면, 여러분은 계속해서 하나님이 놓으신 장애물들을 만나게 될 것입니다. 그러나 여러분이 그 길을 더 멀리 가면 갈수록, 하나님의 설치해 놓으신 바리케이드와 장애물들은 점점 줄어들게 될 것입니다. 그리고 사망으로 이어지는 저 끔찍한 길의 마지막 부분은 유리처럼 매끄러워서, 여러분의 영혼은 무시무시한 속도로 미끄러지듯이 가게 됩니다. 따라서 마지막이 가까워지면, 여러분의 영혼은 아무런 방해도 받지 않는 가운데, 알프스 산의 가파른 경사를 따라 미끄러지듯이 그렇게 미끄러져서 지옥 속으로 빠져들 것입니다. 그때가 되면, 하나님께서 여러분을 포기하실 것이고, 일전에 우리가 신문에서 읽은 기사에 나왔듯이, 열차가 너무 많은 짐을 싣고서 오르막길을 달리다가 엔진에 과부하가 걸려서 브레이크가 파열되어, 열차와 거기에 있는 모든 것들이 산 아래로 쏜살같이 내리달아 박살이 나 버린 것처럼, 여러분은 그렇게 아래로 추락하여 멸망을 당하게 될 것입니다. 하나님께서 여러분을 붙잡고 있던 손을 놓으시면, 여러분은 한없이 추락하여 그런 끔찍한 최후를 맞게 됩니다. 이 아침에 하나님의 은혜로 말미암아 여러분이 가고 있는 길에 제동을 걸으시고, 그리스도를 의지해서 여러분 속에서 점점 강해지는 육신의 정욕과 악을 향하여 점점 더 힘 있게 달려가는 성향을 제어하십시오. 그래서 성령께서 오늘의 본문의 말씀을 사용하셔서, 여러분이 가는 길을 정지시키시고, 여러분으로 하여금 예수를 믿는 믿음으로 말미암아 구원을 받게 해주시기를 빕니다.

2. 둘째로, 그들의 끝이 무엇이었는지를 살펴보겠습니다.

　"그들은 때가 이르기 전에 끊겨 버렸고 그들의 터는 강물로 말미암아 함몰되었느니라." 옛적에 그 길을 갔던 사람들의 끝은 대홍수가 나서 그들을 모두 휩쓸어 가 버린 것이었습니다. 이것은 모든 불경건한 사람들의 끝이 무엇일지를 잘 보여줍니다. 하지만 나는 이 끔찍한 주제를 여러분에게 길게 설명하고자 하지 않고, 단지 몇 마디만 하고 넘어가고자 합니다. 옛적에 그 길을 갔던 사람들의 끝은 그들이 생각했던 대로 된 것이 아니라, 그들이 멸시하였던 하나님의 진리대로 되었습니다. 그들은 노아의 말을 믿으려 하지 않았지만, 노아가 전한 말대로 대홍수가 닥쳤습니다. 여러분은 하나님의 성경의 증언을 배척할 수 있고, 하나님의 사역자들이 매일 전하는 경고의 말씀들을 멸시할 수 있습니다. 그러나 그 결과는 우리가 말한 대로 될 것입니다. 하나님께서는 자신이 한 약속들만이 아니라 경고들도 반드시 이루십니다. 하나님의 백성들은 하나님이 자신의 은혜의 말씀들 중 단 하나에서도 그들에게 거짓말을 하신 적이 없으시다고 증언합니다. 여러분이 계속해서 죄의 길로 달려간다면, 여러분은 하나님께서 하신 경고의 말씀들이 여러분에게 그대로 다 이루어지리라는 것을 확신할 수 있습니다. 하나님께서는 여러분을 벌하기를 무척 싫어하시지만, 그래도 반드시 그렇게 하실 것입니다. 하나님은 자신의 육중한 칼을 뽑아 드셔서 치실 것이고, 그 누구도 하나님이 휘두르시는 칼 앞에서 저항하지 못할 것입니다. 하나님께서는 노아를 통해 경고하시고 나서, 120년이 지난 후에 자신이 경고하신 그대로 죄악된 세상을 벌하셨듯이, 여러분의 죄악이 다 찼을 때에도 자신의 말씀과 사역자들을 통해 경고하신 그대로 반드시 여러분을 벌하실 것입니다. 여러분이 하나님의 은혜의 말씀을 듣고도 거절한다면, 여러분이 하나님의 복수하시는 권능을 직접 몸으로 느끼게 되리라는 것은 하늘에 하나님이 계신다는 사실만큼이나 확실한 일입니다. 암탉이 병아리들을 자신의 날개 아래 품듯이 그렇게 우리를 품으시는 저 은혜의 날개 아래로 들어가지 않은 자들은 독수리의 날개를 타고 그들에게로 날아오는 저 공의의 화살을 보게 될 것입니다. 세상을 창조하실 때에는 권능이 지배하였고, 세상을 보존하시는 데에는 섭리가 지배하였으며, 세상을 구속하실 때에는 은혜가 지배하였지만, 세상을 정죄하실 때에는 공의가 지배하게 될 것입니다. 그러므로 지금은 여러분이 하나님의 경고의 말씀들을 비웃을지라도, 여러분의 불신앙에 대하여 하나님이 경고하신 모든 벌들은 일점일획도 틀림없이 그대로 여러분에게 임하게 되리라는 것을 기억하십시오.

노아 때의 대홍수는 장차 불경건한 자들에게 임하여 멸망시킬 저 불과 마찬가지로 모든 것을 철저히 파괴하고 멸망시켰습니다. 대홍수는 그 세대의 일부만을 휩쓸어 간 것이 아니었습니다. 하나님이 내리시는 벌들은 반역자들 중 몇몇만을 멸하는 것이 아니라, 그들 모두를 멸하게 될 것입니다. 초가집에 사는 가난한 자들도 멸망하게 될 것이고, 궁궐이나 저택에 사는 부자들도 멸망하게 될 것입니다. 하나님의 복수의 칼은 뇌물이 통하지 않고, 기도하거나 애원한다고 해서 멈출 수 있는 것이 아닙니다. 하나님께서 일단 은혜의 칼집을 버리고 거기에서 칼을 빼어 드신 후에는, 죄인들이 하나님의 교회를 도피성으로 삼아서 제단의 뿔을 붙잡고 있다고 할지라도, 반드시 그들을 처단하실 것입니다. 예수의 피로 씻음을 받고서 예수의 피를 덧입은 자들 외에는 하나님의 복수의 칼을 결코 피하지 못할 것입니다. 하나님께서 복수의 칼을 빼 드시고 멸절하실 때, 그것은 너무나 무시무시하고 끔찍한 일이 될 것입니다. 천사들은 저 옛 세상의 사람들이 밀려오는 큰물을 피하기 위해서 언덕과 산과 높이 솟아오른 바위 꼭대기로 필사적으로 도망치는 모습을 보았을 때, 장차 말일에 있게 될 일을 어느 정도는 미리 보았을 것임에 틀림없습니다. 나는 여러분의 귀로 그들이 비명을 지르며 애원하는 소리를 경청하게 만들고자 애쓰지 않을 것이지만, 단 한 가지만 묻고자 합니다: 여러분은 하나님의 복수의 큰물과 불 같이 타오르는 하나님의 진노가 여러분을 비롯한 죄인들에게 쏟아져서 저 옛 세상의 사람들처럼 여지없이 다 멸망하게 되는 것이 여러분의 운명이 되게 하고자 하는 것입니까?

또한, 그 길은 결국에는 다 무너질 길이었습니다. 방주 바깥에 있던 사람들 중에서 대홍수에서 살아 남은 사람은 아무도 없었습니다. 그들은 한 사람도 남김없이 다 멸망하였습니다. 장차 하나님의 진노가 임할 때에도 그렇게 될 것입니다. 하나님의 영광과 그 권능으로부터 영원한 멸망이 임할 것입니다. 하나님께서 공의를 따라 대하시는 사람들에게는 그 어떤 소망도 있을 수 없습니다. 그들의 절망의 암울한 방에는 그 어떤 일말의 기대의 빛줄기도 결코 들어오지 못할 것입니다. 그들에게 조종이 울리고, 그들을 가둔 감옥의 문이 잠기면, 그들은 그곳에서 영원히 갇혀 있게 될 것입니다. 하나님께서는 열쇠로 그 감옥의 자물쇠를 잠그신 후에, 그 열쇠를 무저갱 속으로 던져 버리셔서, 하나님 자신조차도 그 감옥을 여실 수 없게 될 것입니다. 저주 받은 자들은 영원히 쇠사슬에 묶여 지내게 될 것입니다. 그들의 주위에서 타는 불들은 결코 꺼지지 않을 것이고, 그들을 물어뜯는 벌레들은 영원히 죽지 않을 것입니다. 그러므로 사람들은 이것을 명심하고서, 제멋대로 방종하게 행하여, 성경이 그리 자주는 아니더라도 지극히 준엄하게 말씀하고 있는 저 무시무시한 진노를 자초하지 않도록 조심하는 것이 마땅합니다. 나는 이런 주제를 다루는 것을 기뻐하는 그런 부류의 사람이 아닙니다. 나는 내가 율법의 무시무시함에 대해서 별로 얘기하지 않고, 다가올 진노와 악인들을 기다리고 있는 심판에 대해서 자세하게 얘기하지 않는 것 때문에 종종 내 자신을 자책하곤 합니다. 여러분이 내가 이 아침에 전한 말씀이나, 앞으로 마음만 먹는다면 제대로 전하게 될 그런 말씀보다도 훨씬 더 쓰고 두려운 것들을 직접 몸으로 겪어서 알게 되고 싶지 않거든, 제발 하나님이 여러분을 오래 참으시고 긍휼히 여기시는 것을 시험하지 마시고, 하나님의 진노를 북돋우지 마시기를 바랍니다. 악인들이 "옛적 길"을 걸어가다가, 대홍수에 의해서 흔적도 없이 삼켜져 버린 일을 깊이 생각하십시오.

오늘의 본문은 우리에게 두 가지 묘사를 제시하고, 이 두 가지 묘사는 엘리바스가 말하고자 한 것이 무엇이었는지를 충분히 드러내 줍니다. 먼저, 그는 그들이 "때가 이르기 전에 끊겨 버렸다"고 말합니다. 이 묘사가 의미하는 것은 이런 것입니다. 잎사귀가 무성하고 가지들이 멀리까지 뻗어 있는 큰 나무에 벌목꾼이 다가옵니다. 그의 손에는 시퍼렇게 날선 도끼가 들려 있습니다. 그는 그 도끼로 나무를 계속해서 내려치고, 나무는 크게 요동하기 시작합니다. 마침내 그 큰 나무는 요란한 소리를 내며 옆으로 기울어 땅바닥에 그대로 쓰러집니다. 이것이 형통하게 살아가던 죄인의 최후의 모습입니다. 그는 사방으로 가지들을 뻗고 푸른 잎사귀들이 빽빽하게 들어 차 있는 큰 나무와 같습니다. 그 가지들에는 새들이 깃들어 노래하고, 탐스러운 열매들도 맺혔습니다. 그러나 사망의 도끼가 다가오면, 그 나무는 바닥에 쓰러져서 영원히 거기에 누워 있어야만 합니다. 그 나무의 운명은 영원히 고정됩니다. 이 세상에서 죄인이 죽을 때, 우리는 그가 큰 소리를 내고 와르르 무너지는 소리를 들을 수 있고, 그 와해되는 소리는 그의 영원한 운명이 어떤 것일지를 우리에게 미리 말해 줍니다.

오늘의 본문에 나오는 또 하나의 묘사는 완전히 흔적도 없이 휩쓸려 가 버린 집에 관한 묘사입니다. 여러분이 여기에서 주목해야 할 것은 엘리바스는 대홍수가 와서 악인들의 집만이 아니라 그 집들의 "터"까지도 다 휩쓸어 가 버렸다고 말하고 있다는 것입니다. 내세에서 죄인들이 단지 자신의 재물이나 건강이나 현세에서 외적으로 그들에게 위로와 낙이 되었던 것들을 잃어버린다고 해도, 그것은 그들이 진지하게 다시 한 번 고민해 보아야 할 일이 될 것입니다. 그러나 그들이 자신의 영혼, 즉 자기 자신까지 다 잃어버리게 되는 것이라면, 즉 현세에서의 낙들만이 아니라 생명 자체까지도 잃게 되고, 마음의 위로들만이 아니라 마음 자체까지도 잃어버리게 되는 것이라면, 그것은 우리의 모든 이성을 다해서만이 아니라, 하나님의 성령이 우리의 이성에 더해 주실 수 있는 빛까지 동원해서 깊이 생각해 보아야 할 일입니다. 우리가 지금보다 좀 더 지혜로워져서, 이 일을 제대로 생각할 수 있게 된다면, 얼마나 좋겠습니까! 나는 하나님께서 우리가 하나님의 경고를 받아들여서 반석 위에 집을 지어야 하는데도 불구하고, 그렇게 할 생각을 하지 않고, 도리어 두 주먹을 꼭 쥐고서 고집을 부리며, 저 어리석은 자들처럼 모래 위에 집을 짓는 일을 계속해서, 결국에는 우리의 소망과 위로와 기쁨의 모든 "터"가 하나님이 보내신 큰물에 돌 위에 돌 하나 남김없이 다 휩쓸려가게 되는 일이 우리에게 일어나지 않게 해주시기를 빕니다.

3. 셋째로, 본문이 우리에게 주는 경고입니다.

우리가 이제 마지막으로 살펴볼 것은 본문이 주는 경고인데, 나는 오늘의 본문이 우리에게 주는 경고는 우리 각자에게 "나는 저 넓은 길로 가고 있는 것이냐 아니냐"를 스스로 자문해 보라는 말로 요약할 수 있다고 봅니다. 이 아침에 나는 내가 전한 말씀을 들은 모든 분들을 한 사람씩 붙잡고서 "지금 당신은 악인들이 밟던 '옛적 길'로 걸어가고 계십니까?"라고 물어보지 않고서는, 단 한 분도 이 곳에서 내보내고 싶지 않은 그런 심정입니다. "나는 잘 모르겠습니다"라고 말씀하는 분들이 있을 것입니다. 여러분은 자신이 그 길을 걷고 있는지 그렇지 않은지를 알고 싶으십니까? 여러분이 그것을 알 수 있도록 내가 도와 드리겠습니다. 여러분은 그리스도를 믿는 사람들이 걸어가고 있는 좁은 길로 걸어가고 있습니까? 이 질문에 대해서 여러분이 "나는 그렇다고 말할 수 없습니다"라고 대답한다면, 나는 주저 없이 여러분은 넓은 길로 걸어가고 계시는 것이라고 여러분에게 말해줄 수 있습니다. 왜냐하면, 위에 있는 평안의 방으로 인도하는 은혜의

길과 지옥의 문으로 내려가는 죄의 길, 우리 앞에는 오직 이렇게 두 가지 길밖에
는 없기 때문입니다. 이 두 길 외에 다른 길은 없으니, 속지 마십시오. 그리스도
께서는 "나와 함께 아니하는 자는 나를 반대하는 자요 나와 함께 모으지 아니하
는 자는 헤치는 자니라"(마 12:30)고 말씀하셨습니다. "나는 이 싸움에 끼어들고
싶지 않습니다. 나는 하나님 편도 아니고, 하나님을 반대하는 자도 아닙니다."
이렇게 말하는 사람이 있습니까? 그것은 여러분 자신의 입으로 여러분 자신을
정죄하고 있는 것입니다. 여러분은 자기가 하나님 편이 아니라고 말하였습니까?
여러분을 지으신 분이 누구입니까? 그런데 여러분은 여러분을 지으신 하나님이
여러분을 소유하실 권리가 있다는 사실을 부정하고, 하나님과의 유대를 끊어 버
리고 살아가고 있는 것이기 때문에, 넓은 길로 가고 있는 것입니다. 하나님께서
여러분을 도우시기를 빕니다. 그러나 여러분이 이 질문에 대답할 수 없다면, 나
는 또 다른 식으로 여러분을 돕고자 합니다. 친구여, 당신은 큰 변화를 경험한 적
이 있습니까? 당신은 새 사람이 되어 있습니까? 그렇지 않다면, 당신은 "옛적 길"
에 있는 것입니다. 왜냐하면, 우리 모든 사람이 본성적으로 가게 되어 있는 길은
저 "옛적 길"이고, 성령의 개입으로 새롭게 된 자들 외에는 그 누구도 의의 길로
달려갈 수 없기 때문입니다. "내가 네게 거듭나야 하겠다 하는 말을 놀랍게 여기
지 말라"(요 3:7). "사람이 거듭나지 아니하면 하나님의 나라를 볼 수 없느니라"
(요 3:3). "육으로 난 것은 육이요 영으로 난 것은 영이니"(요 3:6). 어떤 사람은
"나는 내가 변화되었다고 믿고, 내가 좁은 길로 들어갔다고 믿습니다"라고 말합
니다. 형제여, 당신에게 그런 은혜를 주신 하나님께 이 아침에 감사하고 찬송하
십시오. 여러분이 넓은 길로 행하였던 지난날을 생각하고서 머리를 숙이고 부끄
러워하는 한편, 그런 삶으로부터 당신을 건져 주신 하나님의 은혜를 송축하십시
오. 그리고 다른 사람들을 건져 내려고 애씀으로써, 여러분이 하나님께 감사하
고 있다는 사실을 증명하십시오. 여러분에게 주어져 있는 바로 이 날에 여러분
을 구원한 복음을 남들에게도 전하여서, 그들의 구원의 복음도 되게 하십시오.
남들은 굶고 있는데, 여러분에게는 먹을 양식이 있습니까? 여러분 혼자 그 양식
을 먹지 마십시오. 남들은 어둠 속에 있는데, 여러분에게는 빛이 있습니까? 여러
분의 등불을 그들에게도 빌려 주십시오. 그러면 여러분은 한층 더 잘 보게 될 것
입니다. 사랑하는 형제들이여, 여러분의 삶이 형제들을 사랑하는 삶이 되게 하
심으로써, 여러분이 하나님을 사랑한다는 사실을 증명해 보이십시오.

여러분 중에서 "옛적 길"에 있다는 것을 인정하신 분들은 거기에서 돌이키시고, 그 길을 떠나고자 하십니까? 그렇다면, 여러분이 돌이켜서 바라보아야 할 것은 예수께서 온 인류를 위한 희생제물이 되셔서 피 흘리신 저 십자가입니다. 거기에 멈춰 서시고, 거기에 머무르십시오! 예수의 손과 발과 옆구리에서 흘러 나오는 붉은 피를 주목하여 보십시오. 성령께서 도우셔서, 여러분이 "예수여, 나를 받으셔서, 내 죄를 씻어 주시고, 당신의 종으로 삼으셔서 바른 길, 곧 영원한 길로 나를 이끄소서"라고 기도할 수 있게 된다면, 모든 것이 해결된 것입니다. 바로 오늘 여러분은 기뻐하고 즐거워하며 여러분의 길을 갈 수 있습니다. 여러분이 돌아서는 데에는 몇 달이나 몇 주간이나 몇 년이 걸리는 것이 아니라, 하나님의 은혜가 여러분에게 임할 때에 여러분은 순식간에 변화되는 것입니다. 내가 기도하는 것은 하나님께서 오늘 이 곳에 사탄의 종이 된 상태에서 오신 분들 중에서 몇 분이라도 하나님의 자유인이 되어서 이 곳을 나가게 되고, 멸망 길로 걷던 분들이 천국으로 가는 길에 발을 디디게 해주셔서, 하나님이 영광을 받으시게 되는 것입니다. 아멘.

제
20
장
—

간절하게 찾는 자

—

"내가 어찌하면 하나님을 발견하고" — 욥 23:3

이번에는 우리가 욥에 대해서는 아무것도 말하지 않을 것입니다. 우리는 족장 욥과는 상관없이, 오늘의 본문을 한 죄인이 자신의 죄로 인하여 멸망에 처하게 된 것을 알고서 가슴이 찢어지도록 아파하는데, 오직 그리스도 외에는 자기를 구원할 자가 없다는 것을 알았을 때, 그 죄인의 아픈 가슴으로부터 터져 나올 수밖에 없는 부르짖음으로 보고자 합니다. 그런 죄인은 "내가 어찌하면 내 구주가 어디에 계신지를 알아내서 그의 사랑과 피로 구원을 받을까!"라고 부르짖을 수밖에 없습니다. 어떤 사람들은 사람이 마음만 먹는다면 한순간에 하나님과 화목될 수 있고 성령 안에서 기쁨을 누릴 수 있게 된다고 말합니다. 그런 사람들은 그들 나름대로 자신의 마음속에서 신앙에 대해 어느 정도 알고 있을 수는 있지만, 다른 사람들의 신앙에 대해서 판단하고 가르치는 데에는 적합하지 않은 사람들입니다. 하나님께서는 그들에게 믿음을 주시고 아울러 어느 정도의 평안도 주셔서, 그들을 그 즉시 기쁨의 상태로 인도하셨을 수도 있습니다. 즉, 하나님께서는 그들로 하여금 일정 정도 죄에 대하여 회개하게 하신 후에, 그 즉시 예수를 기뻐하게 만드셨을 수도 있습니다. 그러나 나는 훨씬 더 많은 경우에는 하나님께서 돌 같은 마음을 산산조각을 내시는 것으로 시작하시기 때문에, 하나님에 의해 상처난 심령을 치유하시고, 하나님에 의해 죽임을 당한 영혼을 다시 살리시는 데에는 여러 날이나 여러 주간, 또는 여러 달이 걸린다고 믿습니다. 심지어 하나님의 백성들 중에는 여러 해 동안 평안을 구하였어도 얻지 못하고, 단지 자신의 죄와 죄책만을 아는 가운데 고통스러워하며 눈물로 하나님께 간절하게 구할 뿐, 그리스도를 믿는 믿음으로 말미암아 자신이 의롭다 하심을 얻었다는 지식에 도달하지 못했던 사람들도 많습니다. 존 번연(John Bunyan)도 그런 부류의 사람이었습니다. 그는 그리스도가 없는 자기 자신이 멸망당할 자라는 것을 알았지만, 여러 달에 걸친 수많은 황량한 날들 속에서 그저 절망 가운데 행하였다고 말합니다. 그는 무릎을 꿇고 눈물을 펑펑 쏟으며 은혜를 구하였지만, 발견할 수 없었다고 합니다. 그는 무시무시한 말씀들에 의해서 늘 쫓겨다녔습니다. 성경에 나오는 무시무시한 구절들이 그의 귀에서 늘 쟁쟁거렸고, 그는 그 어디에서도 위로를 발견할 수 없었습니다. 그러다가 마침내 하나님께서 차고 넘치는 풍성한 은혜 가운데서 그에게 나타나셨고, 그는 구주 앞에 자신을 맡겨드릴 수 있게 되었습니다.

나는 이 자리에도 오랜 시간 동안 하나님의 손 아래에 있다가, 그리스도가 자기를 구원해 주지 않으신다면, 자기는 영원히 멸망할 수밖에 없다는 것을 알게 될 정도로 천국에 아주 가까이 가 있게 된 사람들이 있을 것이라고 생각합니다. 또한, 이 말씀을 듣는 사람들 중에는 오랜 시간 동안 골방에서 무릎을 꿇고 기도해 왔지만 응답을 받지 못한 사람들도 있을 것입니다. 그들은 한두 번도 아니고 50번도 아니고 무수히 무릎을 꿇고 괴로워하며 기도하였지만, 지금 이 시간까지도 적어도 그들이 느끼기에는 기도 응답을 받지 못하였습니다. 그리스도께서는 그들을 향하여 미소를 지어 보이지 않으셨습니다. 그들은 그리스도의 보혈과는 상관이 없는 자들처럼 보였습니다. 아마도 그들은 지금 이 시간에도 "예수께서 자기에게 오는 자들은 누구다 영접하시겠다고 분명히 말씀하셨는데도, 나만은 지금까지도 배척만 하시니, 나는 절망으로 거의 자포자기할 지경입니다" 라고 말하고 싶은 심정일 것입니다. 애통해하는 자들이여, 용기를 가지십시오. 내게는 여러분에게 들려드릴 감미로운 메시지가 있고, 나는 여러분이 지금 서 있거나 앉아 있는 바로 그 자리에서 그리스도를 만나게 되어서, 그의 피로 사신 저 죄 사함을 기뻐하고 즐거워할 수 있게 해주시라고 하나님께 기도하고 있습니다.

이제부터 우리는 그 심령이 깨어나서 그리스도를 찾고 있지만, 현재까지 스스로 생각하기에는 그리스도를 만나지 못했다고 생각하는 사람들의 경우를 살

퍼보게 될 것입니다. 첫 번째로, 나는 그런 사람들에게서 찾아볼 수 있는 몇 가지 소망스러운 징표들을 말씀드릴 것입니다. 두 번째로, 나는 은혜가 풍성하신 하나님께서 회개한 죄인들에게 즉시 응답을 주지 않으시는 몇 가지 이유를 살펴볼 것입니다. 그리고 세 번째로, 오랫동안 그리스도를 찾아왔지만, 지금 이 시간까지도 괜한 헛수고를 하고 있는 것처럼 느끼고 있는 사람들에게 적절한 권면을 짤막하게 드리고 말씀을 맺을 것입니다.

1. 첫째로, 그리스도를 찾아 온 사람들에게는 비록 그리스도를 만나지는 못했을지라도 몇몇 매우 소망스러운 징표들이 있습니다.

오늘의 본문을 이 문제를 고찰하기 위한 토대로 사용했을 때, 나는 이 사람이 오직 한 가지만을 목적으로 하고 있다는 것, 즉 그에게는 오직 그리스도를 만나고자 하는 일념만이 있다는 것이 소망스러운 징표들 중의 하나라고 봅니다. "내가 어찌하면 하나님을 발견하고." 세상적인 사람들은 이렇게 부르짖습니다: "누가 내게 이런저런 좋은 것들, 수많은 좋은 것들을 안 주나? 아니, 그 중의 한 가지라도 내게 줄 사람이 어디 없나?" 그러나 깨어난 죄인들은 이 세상에서 좋은 것은 단 하나뿐이라는 것을 알기 때문에, "내가 어찌하면 하나님을 발견하나"라고 부르짖습니다. 죄인들이 진정으로 깨어나서 자신의 죄책을 느끼게 되었을 때, 여러분이 그들의 발 앞에 인도의 황금을 부어 놓는다면, 그들은 이렇게 말할 것입니다: "그 황금을 가져가시오. 나는 오직 하나님을 발견하는 것만이 필요하고, 다른 것들은 필요없으니까요." 여러분이 그들에게 육신의 모든 기쁨들과 쾌락들을 다 주겠다고 해 보십시오. 그들은 자기가 그 모든 것들을 다 시험해 보았지만, 그것들은 그들의 입맛만 버려 놓았을 뿐이라고 여러분에게 말할 것입니다. 그들의 입에서 나오는 유일한 부르짖음은 "내가 어찌하면 하나님을 발견하나"입니다.

> "다른 모든 것들은 결코 내 영혼의 갈증을 풀어 주지 못하오니,
> 내게 그리스도를 주시지 않으시면, 내 영혼이 죽겠나이다."

어떤 사람이 자신의 소원들을 하나로 모았다면, 그것은 그에게 복된 일입니다. 어떤 사람의 마음속에 50가지의 서로 다른 소원들이 있다면, 그 사람의 마음은 늪 지대에 널리 퍼져서 악취와 전염병을 증식시키고 있는 고인 물과 같습니

다. 그러나 그의 모든 소원들이 모여서 하나의 물줄기를 형성하고 있다면, 그의 마음은 앞으로 내달려서 넓은 들판을 비옥하게 만드는 깨끗한 물로 가득한 강과 같습니다. 오직 한 가지 소원만을 가지고 있는 사람, 즉 아직 그 소원이 이루어지지 않았다고 할지라도, 그리스도를 만나고자 하는 오직 한 가지 소원만을 품고 있는 사람은 행복한 사람입니다. 이것이 그의 유일한 소원이라면, 그것은 하나님께서 그 사람 안에서 역사하고 계심을 보여주는 복된 증표입니다. 그러한 사람은 결코 단순히 외적인 규례들을 지키는 것으로 만족하지 못합니다. 다른 사람들 같으면 하나님의 전에 올라가서 설교를 들었다면, 그것으로 만족할 것입니다. 그러나 이 사람은 그렇지 않습니다. 그는 "내가 어찌하면 하나님을 발견하나"라고 말할 것입니다. 설교를 듣는 그의 이웃들은 만족할지라도, 그는 이렇게 말할 것입니다: "내게는 그 이상이 필요해. 나는 설교를 통해서 그리스도를 발견하기를 원해." 다른 사람들은 성찬의 식탁으로 가서 떡을 먹고 포도주를 마실 것이고, 그들에게는 그것으로 충분할 것입니다. 그러나 깨어난 죄인은 이렇게 말할 것입니다: "떡이나 포도주는 나를 만족시킬 수 없어. 내게는 그리스도가 필요해. 내게는 그리스도가 계셔야 해. 단순한 규례들은 내게 아무 소용이 없어. 나는 구주의 옷들이 아니라 구주 자신을 원해. 내게 그런 것들을 가져다주지 마라. 너희가 그렇게 하는 것은 내가 목말라 죽겠는데, 내게 빈 물 항아리만 가져다주는 꼴이다. 내게 물을 다오. 내게 생명수를 다오. 그렇지 않으면, 내가 죽게 생겼다. 내가 원하는 것은 그리스도 자신이다." 이 사람의 부르짖음은, 오늘의 본문에 나와 있는 대로, "내가 어찌하면 하나님을 발견하나"입니다.

나의 친구들이여, 지금 이 순간에 여러분은 그런 상태에 있습니까? 여러분에게는 단 한 가지 소원이 있고, 그 소원은 그리스도를 만나는 것입니까? 그렇다면, 여러분은 천국에서 멀리 있지 않습니다. 여러분의 마음속에는 단 한 가지 바람이 있고, 그 바람은 여러분의 모든 죄를 예수의 피로 씻음을 받는 것입니까? 여러분은 진심으로 이렇게 말할 수 있습니까? "내가 그리스도인이 될 수만 있다면, 내가 가진 모든 것을 버릴 수 있습니다. 내가 그리스도와 그의 죽음에 참여하고 있다고 느낄 수만 있다면, 나는 지금 내가 가진 모든 것과 앞으로 소망하는 모든 것을 버릴 수 있습니다." 그렇다면, 가련한 심령들이여, 여러분이 지니고 있는 온갖 두려움에도 불구하고, 용기를 내시고 담대하십시오. 하나님께서 여러분을 사랑하고 계시니, 여러분은 머지않아 빛 가운데로 나와서, 그리스도께서 주시는 자유를 누리며 기뻐하고 즐거워하게 될 것입니다.

   본문에 나오는 이 간절하게 구하는 자에게는 또 하나의 소망스러운 징표가 있습니다. 그것은 그 사람이 단 한 가지의 소원만을 지니고 있을 뿐만 아니라, 그 소원이 강렬한 소원이라는 것입니다. 오늘의 본문을 다시 한 번 들어 보십시오: "내가 어찌하면 하나님을 발견하고." 본문에는 "어찌하면"이라는 단어가 나오는데, 이것은 소원의 강렬함을 증명해 줍니다. 겉으로는 신앙이 매우 깊은 듯이 보이지만, 실제로는 그 신앙이 살가죽에 머물러 있어서 가슴속까지 들어가 있지 않은 사람들이 있습니다. 그들은 신앙에 대해서 멋지게 얘기할 수는 있지만, 결코 느낄 수는 없습니다. 그들의 신앙은 가슴에서 솟아나오지 않고, 단지 입술에서 나오는 형편없는 샘물입니다. 그러나 내가 지금 말하고 있는 이 사람, 즉 본문에 나오는 사람은 겉과 속이 다른 위선자가 아니기 때문에, 그가 말하는 것들은 그의 가슴에서 나오는 것들입니다. 다른 사람들은 "그래요, 우리는 그리스도인이 되고자 하고, 죄 사함을 받고자 합니다"라고 말합니다. 그들에게 그렇게 하고자 하는 마음이 있는 것은 사실이지만, 아울러 그들은 죄 가운데서 계속해서 살아가고 싶어 합니다. 그들에게는 한편으로는 구원 받고자 하는 마음도 있고, 다른 한편으로는 죄 가운데서 살아가고자 하는 마음도 있습니다. 그들은 두 마리 토끼를 동시에 잡고자 합니다. 그들에게는 자신의 죄를 버릴 마음이 없습니다. 그들은 자기가 이전에 저지른 모든 죄악들을 사함 받고 싶어 하지만, 아울러 이전과 똑같은 삶을 계속해서 살아가고 싶어 합니다. 그들이 지닌 그러한 소원은 너무나 피상적인 것이기 때문에 아무 소용이 없습니다. 그러나 죄인이 진정으로 깨어나게 되면, 그의 소원 속에는 피상적인 것이 전혀 없게 되기 때문에, "내가 어찌하면 하나님을 발견하나"라고 부르짖게 되고, 그 부르짖음은 그의 가슴속으로부터 나오는 것입니다.

   나의 친구들이여, 여러분은 그러한 상태에 있습니까? 여러분의 탄식은 진정한 탄식입니까? 여러분의 신음소리는 단지 망상에서 나오는 것이 아니라, 여러분의 가슴속에서 나오는 진정한 신음소리입니까? 여러분의 뺨을 타고 자기도 모르게 흘러내리는 저 눈물은 참된 회개의 눈물이자 여러분의 영혼의 비통함을 보여주는 증거입니까? 내게는 여러분이 이렇게 말하는 것이 들립니다: "목사님, 당신이 나를 안다면, 내게 그런 질문을 하지 않을 것입니다. 내 친구들은 내가 매일매일 비참하게 살아간다고 말하고, 나는 정말 그렇게 살아가고 있습니다. 내가 우리 집 꼭대기에 있는 골방으로 가서, 하나님께 부르짖는 일이 비일비재합니다. 목사님, 내가 부르짖는 소리를 들으면, 아무도 다시는 그 소리를 듣고 싶어하지 않을 것입니다. 나는 하나님께 더 가까이 가기 위해서, 눈물을 흘리고 탄식하며 부르짖습니다. 그것은 가식이 아니라 나의 본 마음입니다." 사랑하는 자들이여, 여러분이 그렇게 하고 있다면, 여러분은 반드시 구원을 받게 될 것입니다. 그렇게 부르짖는 것이 여러분의 진심이라면, 하나님께서는 절대로 여러분이 멸망하도록 내버려 두지 않으실 것입니다. 자신의 영혼 깊은 곳에서 하나님께 구원해 주시라고 그런 식으로 부르짖은 죄인들 중에서 하나님의 사랑을 받지 않은 사람은 단 한 사람도 없었습니다. 자신의 온 힘을 다해서 구원 받기를 원하여 그 영혼이 탄식하고 신음하며 진실한 기도로 그런 소원을 아뢴 사람들 중에서 하나님으로부터 내침을 당한 사람은 단 한 사람도 없었습니다. 그런 사람들에게 하나님의 은혜는 더디 올 수는 있지만, 반드시 오게 되어 있습니다. 계속해서 기도하십시오. 하나님께서는 마침내 여러분의 기도를 들으실 것이고, 여러분은 "하나님의 영광을 바라고 즐거워하게"(롬 5:2) 될 것입니다.

또한, 우리가 본문 속에서 알 수 있는 것은 이 사람은 자신의 무지를 인정하고 있다는 것이고, 이것은 또 하나의 아주 소망스러운 징표입니다: "내가 어찌하면 어디에 하나님이 계시는지를 알까." 많은 사람들은 자기가 모든 것을 안다고 생각하기 때문에, 사실은 그들은 아무것도 모르는 것입니다. 나는 세네카(Seneca)가 이런 말을 한 것으로 알고 있습니다: "많은 사람들이 만일 자기가 지혜롭다고 생각하지 않았다면, 훨씬 더 지혜롭게 행하였을 것이다. 그들이 자기가 미련한 자라는 것만 알고 있었더라도, 그들은 훨씬 더 지혜로운 자들이 되었을 것이다." 우리 자신의 무지를 아는 것이야말로 지혜의 전당으로 들어가는 통로입니다. 자기가 아무것도 모른다는 것을 먼저 배우지 않고서는, 그 어떤 것도 제대로 배울 수 없습니다. 자기가 무지하다는 것을 아는 것은 하나님의 은혜가 역사하고 있음을 보여주는 아주 분명한 징표입니다. 모든 사람이 자기가 신학박사인 것처럼 생각하고 행동하는 것은 정말 기가 막힌 일입니다. 다른 학문에 대해서는 아무것도 모르는 사람들이 모든 학문 중에서 최고의 학문인 신앙에 대해서는 자기가 완벽하게 알고 있다고 착각합니다. 하나님으로부터 배운 것이 아무것도 없는 사람들이 하나님께 속한 일들에 대하여 아주 많이 알고 있다고 생각하는 것은 끔찍한 일입니다. 인간의 학교는 결코 하나님의 학교가 아닙니다. 어떤 사람이 사람들이 세운 모든 대학에 가서 모든 것을 다 섭렵하고 나왔다고 할지라도, 거기에 들어갔던 때와 똑같이 신학에 대해서는 거의 아무것도 알 수 없습니다. 자기는 신앙에 대해서 이제 막 배우기 시작하였기 때문에, 하나님의 성령의 가르침에 대하여 자신의 마음을 기꺼이 열고서, 모든 것 속에서 성령의 인도하심을 받겠다고 하는 자세를 갖는 것이 좋습니다. 자기가 모든 것을 안다고 착각할 정도로 너무나 어리석은 사람들은 그들 자신을 그리스도인이라고 생각해서는 안 됩니다. 하늘에 속한 모든 신비들을 다 알고 있다고 자랑하는 사람들은 자신의 실제 상태가 얼마나 끔찍한 것일지에 대하여 두려워하여야 합니다. 그러나 깨어난 영혼들은 하나님께 "나를 가르치소서"라고 기도합니다. 하나님께서 우리를 가르치기 시작하시면, 우리는 어린아이가 됩니다. 그 전에는 우리는 크고 아주 지혜로운 사람들이었습니다. 그러나 하나님께서 우리를 손보기 시작하시면, 우리를 깎아내셔서 어린아이의 모습으로 만드셔서, 겸손하게 지혜의 참된 교훈들을 배울 수 있게 하십니다. 그때에야 우리는 하나님의 나라의 신비들에 대하여 가르침을 받게 됩니다. 여러분이 자기가 아무것도 모른다는 것을 알고 있다면, 여러분은 행복한 사람들입니다. 하나님께서는 여러분에게서 육신적인 지혜를 비우시고 나면, 이제 하늘에 속한 지혜를 여러분에게 채우실 것입니다. 하나님께서는 여러분에게 여러분의 무지함을 가르치셨다면, 이제는 여러분을 그에게로 이끄셔서 그의 지혜를 가르치실 것입니다. 여러분이 자신이 안다고 하는 모든 것을 배척하는 법을 배우고, 자신의 무지를 철저히 깨닫게 된다면, 하나님께서는 반드시 자신을 여러분에게 나타내실 것입니다.

　　오늘의 본문 속에는 내가 언급하지 않을 수 없는 또 하나의 소망스러운 징표가 나오는데, 그것은 본문이 말하고 있는 그 사람은 그리스도께서 어디에 계시느냐 하는 것은 아랑곳하지 않고, 어디에 계시든지 찾아가 만나겠다고 말하고 있다는 것입니다. 사랑하는 자들이여, 자신의 죄의 무게와 죄책을 진정으로 느끼는 사람들은 이 세상에서 명칭이나 호칭 따위에 전혀 구애받지 않게 된다는 것을 여러분은 아십니까? 다른 사람들은 여러 가지 사소한 문제들을 놓고 서로 다투고 싸우지만, 깨어난 죄인들은 "주여, 어디에서든 주님만 만날 수 있다면, 나는 기쁠 것입니다"라고 말합니다. 우리가 우리 자신이 죄인이라는 것을 전혀 보지 못했을 때에는, 우리는 세상에서 가장 존경 받을 만한 종교인이 됩니다. 우리는 교회의 문에 박혀 있는 못 하나도 공경하는 마음으로 소중히 여기고, 가르침이나 실천에 있어서 어느 누가 우리와 다른 것을 용납하지 않으려 합니다. 그러나 우리가 우리의 죄악들을 느꼈을 때, 우리는 이렇게 말하게 됩니다: "주여, 내가 어디에서든지 주를 만날 수만 있다면, 나는 행복할 것입니다. 내가 침례교회에서 주를 만날 수 있다면, 나는 기쁜 마음으로 거기에 갈 것이고, 독립교회에서 주를 만날 수 있다면, 기꺼이 거기로 갈 것입니다. 내가 전에는 늘 크고 아름다운 교회를 찾아다녔지만, 지금은 주를 만날 수만 있다면 저 작고 초라한 교회라도 기꺼이 갈 것입니다. 그런 교회에 가는 것이 나의 사회적인 신분을 깎아내리는 일이 된다고 할지라도, 나는 내 구주를 만나기 위해 기꺼이 거기에 갈 것입니다." 어떤 사람들은 그들 자신의 교단만을 고수하고서 그 선을 결코 넘어갈 수 없다고 생각하고, 그리스도께서 그들 자신의 교단 외에 다른 곳으로 가신다면, 그들은 그 선을 넘으니, 차라리 그리스도를 따라가지 않을 것이라고 생각할 정도로 어리석습니다.

여러분 중에서 늘 다니곤 하던 교회에서 주님을 알게 된 분들은 극소수일 것이라고 내가 말한다면, 그것은 아주 이상한 말처럼 들릴 수 있지만, 사실 지금 이 자리에 계시는 분들 중에는 실제로 그런 경험을 한 사람들이 많을 것이라고 나는 믿습니다. 여러분은 아마도 어떤 교회에서 회심한 이후에 그 교회를 쭉 다녔지만, 사실 그 교회는 여러분의 부모님이 다니시던 교회도 아니고, 여러분이 태어나서 자란 곳도 아니고, 여러분이 잠시 방황하던 때에 우연히 갔던 어느 교회일 것입니다. 바로 그 교회에서 만왕의 왕이 쏘신 화살이 여러분의 심장에 그대로 박히고 말았던 것입니다. 나의 경우도 그랬습니다. 나는 내가 가리라고는 상상도 하지 못했던 교회에서 처음으로 주님을 알게 되었습니다. 그 날은 눈이 아주 많이 와서, 나는 내가 늘 다니던 교회를 갈 수 없었기 때문에, 근처에 있는 한 작은 감리교회에 가게 되었습니다. 내가 교회로 들어갔을 때, 설교자는 "땅의 모든 끝이여 내게로 돌이켜 구원을 받으라"(사 45:22)는 본문을 읽었습니다. 그것은 정말 놀라운 본문이었고, 그 본문은 내 영혼에 그대로 꽂혔습니다. 만일 그 날 눈이 많이 오지만 않았다면, 나는 내가 늘 다니던 교회에 갔을 것이고, 그 작은 교회에 가지는 않았을 것입니다. 그래서 깨어난 죄인은 이렇게 말합니다: "내가 어찌하면 하나님을 발견할 수 있는지를 알게 해주십시오. 어디를 가야 그리스도를 만날 수 있는지를 내게 알게 해주십시오. 그 교회의 목회자가 세상에서 가장 멸시 받는 사람이라고 할지라도, 나는 기꺼이 거기로 가서, 그 목회자로부터 말씀을 들을 것입니다. 그 목회자가 속한 교단이 몹시 비방을 받고 욕을 먹는 곳이라고 할지라도, 나는 거기로 가서, 하나님을 찾을 것입니다. 내가 그리스도를 만날 수만 있다면, 나는 어느 곳이든 그리스도를 만나는 것으로 만족할 것입니다." 잠수부들이 진주를 얻기 위해서 물 속 깊은 곳으로 뛰어드는 것을 마다하지 않듯이, 우리는 하나님의 은혜라는 진주를 얻기 위해서 종종 깊은 물로 뛰어드는 것을 부끄러워해서는 안 됩니다. 사람들은 황금을 얻기 위해서라면 무슨 짓이든 합니다. 그들은 사금을 얻기 위해서 뜨거운 햇빛이 내리쬐는 가운데서도 흙탕물로 뛰어들어 일합니다. 마찬가지로, 우리도 금이나 은보다 더 귀한 것, 곧 "십자가에 못 박히신 예수 그리스도"를 만날 수만 있다면, 우리가 어떤 굴욕을 당하든지, 그런 것에는 신경 쓰지 않아야 합니다. 여러분의 심정도 그렇습니까? 사랑하는 자들이여, 여러분이 그렇다면, 나는 여러분에게 소망을 가질 뿐만 아니라, 여러분이 반드시 그리스도를 만나게 될 것이라고 확신합니다. 내가 앞에서 말한 그러한 의미로 "내가 어찌하면 하나님을 발견하나"라고 부르짖게 되었다면, 하나님께서는 여러분 안에서 선한 일을 시작하신 것이기 때문에, 그 일을 반드시 끝까지 이루실 것입니다.

2. 둘째로, 은혜에 풍성하신 하나님이 회개하는 죄인들의 기도에 더디 응답하시는 몇 가지 이유가 있습니다.

"하나님께서 회개하는 사람에게 그 즉시 위로를 주시지 않는 이유는 무엇입니까? 종종 하나님께서 자유를 갈망하는 자기 백성들을 종살이에서 즉시 건져 주시지 않고 한동안 그대로 두고 지켜 보시는 이유는 무엇입니까?"

첫 번째 이유는 하나님의 절대주권을 보여 주시기 위한 것입니다. 절대주권이라는 단어는 강단에서 자주 언급되는 단어는 아닙니다. 하나님의 절대주권은 아주 인기가 없는 가르침입니다. 자기가 기뻐하시는 대로 행하시는 하나님, 인간에 대하여 절대적인 권세를 지닌 군주이신 하나님, 자신의 뜻이 곧 법인 하나님(언제나 옳은 것을 행하고자 하시고, 자기가 영생을 주시기로 정하신 자들에게 선을 베푸시는 것이 하나님의 뜻이긴 하지만), 자신의 모든 피조물들에게 후하게 은혜를 흩어 나누어 주시는 하나님 — 이런 하나님에 대하여 듣고 싶어 하는 사람은 별로 없습니다. 그러나 우리는 하나님의 절대주권이라는 것이 존재하고, 구원 역사에 있어서는 더욱더 그러하다는 것을 단언합니다. 하나님께서는 내게 이렇게 변론하시는 것처럼 보입니다: "만일 내가 평안을 구하는 모든 사람들에게 즉시 평안의 응답을 준다면, 그들은 자기들이 평안을 누리는 것을 당연한 권리인 것처럼 생각하기 시작할 것이다. 그래서 나는 어떤 사람들에게는 평안의 응답을 더디 주어서, 그들로 하여금 은혜를 베푸는 것이 전적으로 나의 소관이라는 것을 알게 하고, 내가 그들에게 은혜를 전혀 주지 않는다고 할지라도, 나는 지극히 의롭고 합당하게 행하는 것임을 알게 하고자 한다. 이렇게 해서, 나는 그들로 하여금 그들에게 주어지는 은혜가 내가 거저 주는 선물이고, 그들이 자신의 공로로 인하여 얻게 된 것이 아님을 알게 하고자 한다." 우리가 살고 있는 지역에 나 있는 어떤 길들은 개인의 사유지여서, 주인들은 그 길의 소유권을 지키기 위하여, 때때로 그 길들의 입구를 막아 놓는 경우가 있습니다. 이것은 그들이 우리를 불편하게 하고자 하는 것이 아니라, 사람들이 지금 그 길들로 통행하고 있기는 하지만, 그 길들에 대한 소유권은 어디까지나 그들에게 있어서, 그들이 원한다면 언제라도 사람들의 통행을 막을 수 있다는 것을 보여주기 위한 것입니다. 하나님의 경우도 마찬가지입니다. 하나님께서는 이렇게 말씀하시는 것입니다: "인생들아, 내가 너희를 구원한다고 할지라도, 그것은 전적으로 내 자신의 뜻에 의한 것이다. 내가 너희에게 나의 은혜를 주는 것은 그 은혜를 받을 만한 자격이 너희에게 있기 때문이 결코 아니다. 만일 그런 것이라면, 그것은 은혜가 아니게 될 것이다. 너희는 그 은혜를 받을 자격이 전혀 없는 자들이고, 나는 그런 너희에게 내가 기뻐하는 바를 따라 은혜를 나누어 주는 것일 뿐이다." 나는 하나님께서 회개와 믿음 사이에 간격을 두시는 것, 또는 사람이 회개한 시점과 하나님이 그 사람에게 믿음을 주셔서 자기와 화목하게 하시고 성령 안에서 기뻐하게 하시는 시점 사이에 간격을 두시는 것이야말로, 하나님의 절대주권을 사람들에게 분명하게 보여주시는 최선의 방법이라고 봅니다. 나는 이것이 하나님께서 응답을 더디하시는 아주 중요한 하나의 이유라고 생각합니다.

그러나 또 다른 이유도 있습니다. 하나님께서 종종 사람들에게 죄 사하시는 은혜를 더디 나타내시는 또 하나의 이유는 그들로 하여금 자신의 은밀한 죄를 찾아내도록 하시기 위한 것입니다. 회개하는 사람들의 마음속에는 그들이 알지 못하는 숨겨진 죄가 있습니다. 그들은 하나님 앞에 나아와서 자신의 죄를 고백하고 나서, 자신의 모든 범죄들을 다 털어 놓았다고 생각합니다. 하나님께서는 이렇게 말씀하십니다: "나는 아직 네게 죄 사함을 베풀지 않을 것이고, 네 양심에 네가 죄 사함을 받았다는 확신을 주지 않을 것이다. 네게는 네가 아직 발견하지 못한 은밀한 죄가 있기 때문이다." 그리고 하나님께서는 마치 등불들을 들고서 예루살렘을 샅샅이 수색하듯이, 그들로 하여금 자신의 마음을 다시 한 번 세심하게 살펴서, 저 구석에 숨어 있는 죄를 끄집어내게 만드십니다. 이때에 양심은 이렇게 말합니다: "나는 이 죄를 결코 알지 못하였습니다. 나는 그것이 죄라는 것도 느끼지 못하였습니다. 주여, 내가 이 죄에 대하여 회개하오니, 주께서 나를 사해 주지 않으시겠습니까?" 권능의 조물주께서는 "이제 내가 너를 시험하여, 이 마지막 찌꺼기 죄를 쫓아내었으니, 네게 위로와 평안을 전하노라"고 말씀하십니다. 그러므로 여러분이 안식을 구하며 애통해하는데도 아직 그 안식을 찾지 못하고 있다면, 나는 여러분에게 자신의 마음을 다시 한 번 살펴보시기를 부탁드립니다. 아마도 거기에는 어떤 숨겨진 욕심이 있고, 어떤 은밀한 죄가 있을 것입니다. 그 은밀한 죄를 발견하였다면, 그 반역자를 쫓아내십시오. 그러면 성령께서 오셔서 여러분의 심령에 거하시고, "모든 지각에 뛰어난 하나님의 평강"(빌 4:7)을 여러분에게 주실 것입니다.

　하나님께서 은혜를 더디 주시는 또 하나의 이유는 이후의 삶에서 우리가 더 유익한 자가 되게 하시기 위한 것입니다. 사람은 고난을 통과함이 없이는 결코 온전히 유익한 사람이 될 수 없습니다. 나는 고난을 한 번도 겪은 적이 없는 사람이 많은 선을 행할 수 있다고 생각하지 않습니다. 우리는 먼저 우리 자신을 철저히 연단시켜서, 우리가 나중에 전하게 될 하나님의 진리들을 따라 살아가야 합니다. 그렇게 하지 않으면, 우리는 그 진리들을 능력 있게 전할 수 없습니다. 우리가 평신도라고 할지라도, 우리의 이웃들이 겪어 온 것들과 비슷한 환난들을 통과하지 않았다면, 그들에게 그렇게 유익한 사람이 될 수 없습니다. 그래서 하나님께서는 자기 백성 중에서 일부 사람들이 나중에 다른 사람들을 위로할 수 있도록 하시기 위하여, 그들에게 죄 사함을 주시기 전에 오랜 시간을 기다리게 하십니다. 하나님은 환난 가운데 있는 많은 심령들에게 이렇게 말씀하십니다: "나는 네가 다른 사람들에게 위로가 되기를 바라기 때문에, 너로 하여금 괴로움과 슬픔을 많이 겪게 하여서, 나중에 너와 같이 애통해하는 자들을 만나면, 그들에게 '나도 당신이 겪고 있는 것과 동일한 환난을 겪어 왔다'고 말할 수 있게 하고자 한다." 어떤 환난 가운데 있는 사람들을 가장 잘 위로할 수 있는 사람은 동일한 환난을 겪어 본 사람입니다. 그러므로 환난 가운데 있는 가련한 자들이여, 힘

을 내십시오. 왜냐하면, 하나님께서는 여러분을 큰 일에 쓰시기 위하여 그런 환
난을 겪게 하시는 것이기 때문입니다. 하나님께서 여러분을 오랫동안 종살이와
의심과 두려움 가운데 두셔서 낮추시는 것은 장차 여러분에게 큰 구원을 나타내
셔서, 여러분의 빛을 "일곱 날의 빛"(사 30:26) 같게 하시고, 여러분의 의가 "아침
빛 같이 뚜렷하고 달 같이 아름답고 해 같이 맑고 깃발을 세운 군대 같이 당당하
게"(아 6:10) 하시기 위한 것입니다. 그러므로 하나님께서는 여러분과 앞으로 여
러분이 만날 많은 사람들에게 유익을 주시기 위하여 은혜를 더디 주시는 것이
니, 인내하며 기다리십시오.

   그러나 하나님께서 은혜를 더디 주시는 이유가 하나님께 있는 것이 아니라
우리 자신에게 있는 경우도 종종 있습니다. 즉, 구원의 길에 대한 우리의 무지로 인
해서 은혜가 더디 주어질 수 있다는 것입니다. 구원의 길에 대해서 좀 더 잘 알았
더라면, 그렇게 오랫 동안 의심 가운데 있지 않았어도 되었을 텐데, 무지 때문에
그 기간이 길어지는 사람들이 많습니다. 죄인들이 깨닫기 가장 어려운 것들 중
의 하나가 바로 구원의 길이라고 나는 주저없이 단언할 수 있습니다. 구원을 받
는 방법은 "주 예수 그리스도를 믿으라 그리하면 네가 구원을 얻으리라"는 말씀
속에 있고, 이 말씀은 세상에서 가장 쉽고 단순한 말처럼 보입니다. 그러나 우리
는 자기가 죄인이라는 것을 깨닫고 있는 사람들로 하여금 이 말씀을 받아들이게
하는 것이 생각처럼 그렇게 쉽지 않다는 것을 발견하게 됩니다. 우리가 어떤 사
람에게 죄인들이 아무리 큰 죄인이라고 할지라도 그리스도로 말미암아 거저 죄
사함을 받을 수 있다고 말하면, 자기가 큰 죄인이라고 느끼고 있는 그 사람은 이
렇게 말합니다: "당신은 내가 눈보다 더 희게 될 수 있다고 말씀하시는 것인가
요? 정말 당신은 지옥에 떨어져야 마땅한 내가 아무것도 하지 않아도, 순전히 다
른 사람(Another)이 행한 일로 말미암아 구원 받을 수 있다고 말씀하시는 것입
니까?' 그 사람은 그 말을 거의 믿지 못합니다. 그는 자기가 무엇인가를 해야 한
다고 생각합니다. 자기가 이런저런 일을 해서 그리스도를 도와야 구원을 받을
수 있게 될 것이 아니냐고 반문합니다. 이 세상에서 가장 어려운 일은 어떤 사람
으로 하여금 그의 구원이 그 사람 자신과는 아무 상관이 없고 오직 하나님으로
부터 온다는 사실을 깨닫게 하는 것입니다. 구원은 하나님이 전적으로 거저 주
시는 선물이기 때문에, 우리가 구원과 관련해서 거기에 더할 일은 아무것도 없
습니다. 하나님께서 우리에게 속한 그 어떤 것과도 상관없이 거저 구원을 베푸

서서, 우리의 죄를 온전히 사하셔서, 우리를 머리끝부터 발끝까지 온전히 깨끗하게 해주십니다. 사람들은 하나님이 그들에게 생각하지 말라고 하시는 것들을 생각하고자 하고, 하나님이 그들에게 받아들이지 말라고 하시는 것들을 받아들이고자 합니다. 자기와 아무 상관이 없는 어떤 치료약에 대하여 말하는 것은 아주 쉬운 일입니다. 우리는 "이 약이 매우 효과가 있어서 이러저러한 병을 치료해 줄 것입니다"라고 말할 수 있습니다. 그러나 우리 자신이 병이 들었을 때에는, 우리는 흔히 그 약을 몹시 의심합니다. 그리고 그 약을 여러 차례 복용해도 효과가 나타나지 않으면, 우리는 그 약이 다른 사람들의 병에는 잘 듣지만, 우리의 병에는 듣지 않는 것이라고 생각하게 됩니다. 사실은 효과가 나타나는 데에 시간이 걸리는 것뿐인 데도 말입니다. 마찬가지로, 가련한 영혼들은 복음에 대해서도, "내 병은 분명히 복음으로도 치료가 될 수 없을 거야"라고 생각하고서는, 이 신성한 약의 본질을 완전히 오해해서, 복음 대신에 율법으로 자신의 병을 치료하려고 합니다. 하지만 율법은 지금까지 단 한 사람도 구원한 적이 없고, 복음이 오기 전에 수많은 사람들을 정죄해 왔을 뿐입니다. 우리도 복음을 받아들이지 않는다면, 율법에 의해서 정죄될 것입니다.

이 자리에 계신 분들 중에서 무지로 말미암아 복음을 의심하는 분이 있다면, 나는 최선을 다해서 복음을 쉽게 설명드리겠습니다. 나는 복음은 대속(Substitution)이라는 한 단어 속에 감싸여 있다고 믿습니다. 나는 루터나 칼빈과 마찬가지로 복음의 핵심은 대속이라는 단어, 즉 그리스도께서 인간이 서야 할 자리에 대신 서셨다는 것에 있다고 생각해 왔습니다. 내가 깨달은 복음은 이런 것입니다: 나는 저주를 받아 멸망에 처해져야 마땅한 자인데, 내가 저주 받지 않는 유일한 이유는 그리스도께서 내 대신에 벌을 받으셨고, 동일한 죄에 대하여 두 번 처벌할 필요가 없기 때문이라는 것입니다. 한편, 내가 온전한 의를 지니고 있지 않다면, 천국에 들어갈 수 없다는 것을 나는 압니다. 그런데 나는 매일 죄를 범하며 살아가고 있기 때문에, 내게는 아무런 의가 없다는 것은 절대적으로 확실합니다. 하지만 그리스도께서는 온전한 의가 있으시고, 그는 이렇게 말씀하셨습니다: "나는 이미 마치 내가 너인 것처럼 하나님 앞에 섰으니, 이제 너는 여기 있는 내 옷을 입고서, 마치 네가 나인 것처럼 하나님 앞에 서라. 내가 이미 네 대신에 고난을 당하였으니, 하나님께서는 네가 한 일이 아니라 내가 너를 위하여 한 일을 따라 너를 대하실 것이다." 나는 구원의 핵심은 그리스도께서 인간이 서야 할 자리에 대신 서셨다는 데 있다고 생각합니다. 죄인이 법정 앞에 서 있고, 그는 곧 끌려 나가 죽임을 당하게 될 것입니다. 그 죄인은 큰 죄를 지은 자이기 때문에 죽어 마땅한 자입니다. 그러나 재판장은 그 죄인을 죽이기 전에, 그의 목숨을 살릴 수 있는 방법이 없느냐고 묻습니다. 이때에 순전하시고 온전하시며 죄를 알지도 못하신 분이 일어나셔서, 재판장의 허락을 받아 법정 앞으로 나아와 이렇게 말씀하십니다: "나를 저 죄인이라고 여기셔서, 내게 사형 판결을 내리시고 나를 죽여 주십시오. 그리고 저 죄인을 나라고 여겨 주십시오. 나는 내 나라를 위해 지금까지 싸워 왔고, 거기에 대해 상을 받을 만하다고 생각합니다. 이제 내가 받아야 할 상을 저 죄인에게 주시고, 저 죄인이 받을 벌을 나로 하여금 받게 해주십시오." 여러분은 "그런 일은 세상의 법정에서는 있을 수 없는 일입니다"라고 말할 것입니다. 물론 그렇습니다. 그러나 그런 일이 만유의 재판장이신 하나님이 주재하시는 법정, 하나님의 율법의 법정, 저 크신 만왕의 왕의 법정에서 일어나고 있습니다. 구주께서는 이렇게 말씀하십니다: "저 죄인은 죽어 마땅하지만, 저 죄인 대신에 나를 죽여 주시고, 저 죄인에게는 내 의를 입혀 주십시오."

여러분의 이해를 돕기 위해서, 나는 두 가지 예화를 들고자 합니다. 첫 번째 예화는 옛날에 한 왕이 어떤 범죄를 금지하는 법을 공포하고서, 그 죄를 범한 자는 누구든지 두 눈을 뽑아 버리는 벌을 받게 될 것이라는 영을 내렸는데, 그 죄를 범한 자가 바로 왕의 아들이었다는 것입니다. 엄격한 재판장이었던 왕은 이렇게 말했습니다: "내가 이미 이 죄를 범한 자에게는 두 눈을 뽑는 벌을 내리겠다는 법을 공포하였으니, 그 법을 어길 수는 없다. 그러니 내 눈을 하나 뽑고, 내 아들의 눈을 하나 뽑아라." 여러분이 알 수 있듯이, 그 왕은 이렇게 함으로써, 한편으로는 자신이 정한 법을 엄격하게 집행함과 동시에, 다른 한편으로는 자신의 아들에게 은혜를 베풀 수 있었습니다. 그러나 그리스도의 경우는 이 예화보다 한 걸음 더 나아간 것이었습니다. 그리스도께서는 "그 형벌의 절반은 내게 집행하고, 절반은 죄인에게 집행하십시오"라고 하신 것이 아니라, "나의 두 눈을 다 뽑고, 나를 십자가에 못 박으며, 나를 죽여서, 그 죄인의 모든 죄를 내게 돌리시고, 그 죄인은 풀어 주십시오"라고 하셨습니다. 또 하나의 예화는 여러분도 전에 들어 보신 예화입니다. 두 형제가 있었는데, 그 중 한 형제가 중범죄를 저질러서 죽음을 앞두고 있었습니다. 그러자 다른 형제가 나라로부터 받은 훈장들을 자신의 몸에 걸치고서 법정에 서서, 자기를 보아서 그 범죄자에게 자비를 베풀어 달라고 재판장에게 호소하면서, 옷을 벗고 자신의 몸에 나 있는 상처들을 보여 주기 시작하였는데, 그의 몸에는 조국을 지키다가 입은 큰 칼자국들이 여기저기에 나 있었습니다. 전쟁에서 한 팔을 잃은 그는 나머지 한 팔을 들어올리면서, "재판장님, 나의 조국을 지키다가 입은 이 상처들을 보아서라도, 제발 나의 형제에게 자비를 베풀어 주십시오"라고 호소하였습니다. 죄를 범하고서 사형을 당할 뻔하였던 그 사람은 자신의 형제 덕분에 교수형에 처해지는 벌은 면할 수 있었습니다. 그리스도의 경우는 거기에서 훨씬 더 나아간 것이어서, 그는 이렇게 말씀하십니다: "저 죄인은 죽어 마땅한 자이니, 내가 저 죄인 대신에 죽겠습니다. 저 죄인은 하나님의 법을 지키지 않았기 때문에, 천국에 들어갈 자격이 없지만, 내가 저 죄인을 대신해서 하나님의 법을 지켰으니, 그의 죄는 내가 대신 짊어지게 하시고, 그에게는 나의 의를 입혀 주십시오." 이렇게 불의한 자들을 하나님께로 이끄시기 위해서, 의인이신 그리스도께서 불의한 자들을 대신하여 죽으신 것입니다.

3. 셋째로, 지금까지 그리스도를 찾아 왔지만 아직 만나지 못한 자들은 어떻게 하면 그를 만날 수 있을까요?

앞에서 나는 구원의 길에 대하여 무지한 사람에게 복음의 핵심을 설명해 드리기 위하여 잠시 주제에서 벗어났는데, 이제 끝으로 그리스도를 찾았지만 아직까지 만나지 못한 사람들에게 어떻게 하면 그리스도를 만날 수 있는지에 대하여 조언을 해 드리는 것으로 말씀을 끝맺고자 합니다.

먼저 내가 말씀드리고자 하는 것은 그리스도께서 어디로 가시든지 거기로 가시라는 것입니다. 만일 그리스도께서 전에 그러셨던 것처럼 또다시 이 땅에 오셔서 두루 다니시며 병자들을 고치신다면, 많은 병든 사람들은 "내일은 어디에 가야 그리스도를 만날 수 있을까?"라고 물을 것입니다. 그리고 그리스도께서 어디로 지나가신다는 사실을 알아내었다면, 그 즉시 거기로 달려가서, 그가 지나가시다가 고쳐 주실지도 모른다는 소망을 품고, 길거리에 자리를 잡고 앉아 있을 것입니다. 그러므로 병든 영혼들이여, 그리스도의 전으로 올라가십시오. 그 곳은 그가 자기 백성을 만나시는 곳입니다. 그리스도의 말씀을 읽으십시오. 말씀 속에서 그리스도께서는 그들에게 복 주셔서 감미로운 약속들을 듣게 하실 것입니다. 그리스도께서 제정하신 성례전들에 참석하시고 소홀히 하지 마십시오. 그리스도께서는 베데스다 연못으로 오실 것이기 때문에, 연못 가에 누워서, 그가 오시기를 기다리십시오. 여러분이 발로 뛰어다닐 수 없다면, 그리스도께서 오시는 곳에 계십시오. 주님이 제자들에게 오셨을 때에 도마가 그들과 함께 있지 않았기 때문에, 도마는 복을 얻지 못했습니다. 그리스도를 찾고 있는 가련한 심령들이여, 하나님의 전을 떠나지 마십시오. 그 문이 열려 있을 때마다 거기에 있으십시오. 그래야만 예수께서 지나가시다가 여러분을 보시고서는, "너의 죄가 사함을 받았느니라"고 말씀하실 수 있으십니다.

여러분이 무엇을 하고 있을지라도, 그리스도께서 지나가시면, 온 힘을 다해서 그리스께 부르짖으십시오. 그리고 그가 멈춰 서실 때까지는 그 부르짖음을 그치지 마십시오. 그가 잠시 여러분에게 눈살을 찌푸리시는 것처럼 보일지라도, 침묵하거나 가만히 있지 마십시오. 여러분에게 설교 속에서 감동된 부분이 있다면, 그것을 놓고 기도하십시오. 그 상서로운 순간을 놓치지 마십시오. 성경을 읽다가 여러분에게 소망을 불러일으키는 구절을 만나면, 그 즉시 여러분의 마음을 들어올려 기도하십시오. 바람이 불 때에 돛을 올리십시오. 그러면 하나님께서 여러분에게 은혜를 주셔서 항구에 이르게 하실 것이고, 여러분은 영원한 안식의 항구를 발견하게 될 것입니다. 태어날 때부터 맹인이어서 자신의 눈이 떠져서 보게 되기를 간절히 갈망한 사람이 있었습니다. 어느 날 그는 여느 때처럼 길가에 앉아 있다가, 예수께서 지나가신다는 말을 듣게 되었습니다. 그 말을 듣고서, 그는 "다윗의 자손 예수여 나를 불쌍히 여기소서"라고 소리쳤습니다. 사람들은 그리스도께서 하시는 말씀을 듣기 원하였기 때문에, 그 가련한 자에게 조용히 하라고 꾸짖었지만, 그 맹인은 더욱 크게 "다윗의 자손이여 나를 불쌍히 여기소서"라고 소리질렀습니다. 다윗의 자손은 그 맹인을 향하여 고개를 돌리거나 쳐다보지도 않으시고, 계속하여 무리들을 향하여 말씀하셨습니다. 그러나 그 맹인은 계속해서 "다윗의 자손 예수여 나를 불쌍히 여기소서"라고 부르짖었고, 예수께서는 발걸음을 멈추셨습니다. 제자들은 그 가련한 자에게 달려가서, "잠잠히 하고 선생님을 괴롭게 하지 말라"고 말하였습니다. 그러나 그 맹인은 더 큰 소리로 "다윗의 자손 예수여 나를 불쌍히 여기소서"라고 소리쳤습니다. 마침내 예수께서는 "네게 무엇을 하여 주기를 원하느냐"고 물으셨고, 그 맹인은 "선생님이여 보기를 원하나이다"라고 대답하였습니다. 그 맹인은 "곧 보게 되어 예수를 길에서 따르게" 되었습니다(막 10장). 이런 경우에 여러분의 마음속에 있는 의심은 여러분에게 "더 이상 기도하지 말고 입 다물어!"라고 말할 것이고, 사탄은 "그리스도에게 더 이상 부르짖지 말고 조용히 해!'라고 말할 것입니다. 여러분 속에 있는 의심과 두려움, 그리고 마귀에게 이렇게 말하십시오. 그리스도께서 사랑의 눈빛으로 여러분을 쳐다보시고서 여러분의 병을 고쳐 주실 때까지는, 여러분이 그리스도를 그냥 놓아두지 않을 것이라고 말입니다. 깨어난 죄인들이여, 그리스도께서 지나가실 때, 큰 소리로 그를 부르십시오.

　내가 여러분에게 드리는 두 번째 조언은 그리스도를 아주 많이 생각하라는 것입니다. 내가 알고 있는 방법 중에서 여러분에게 그리스도를 믿는 믿음을 가져다줄 수 있는 최고의 방법은 그리스도를 많이 생각하는 것입니다. 양심이 괴로워 견딜 수 없는 죄인들이여, 나는 여러분에게 그리스도를 묵상하는 데 한 시간을 할애할 것을 조언합니다. 여러분은 여러분 자신에 대하여 깊이 생각하는 데 한 시간을 할애할 필요가 없습니다. 여러분이 그렇게 해서 얻을 것은 거의 없습니다. 여러분은 오직 여러분 자신에게는 아무런 소망이 없다는 것만을 알게 될 뿐입니다. 그러니 그리스도를 묵상하는 데 한 시간을 쓰십시오. 사랑하는 자들이여, 지극히 은밀한 골방으로 가서서 자리에 앉아, 겟세마네 동산에 계시는 그리스도를 마음속에 그려보시고, 그 동산에서 땅바닥에 무릎을 꿇으신 채로 땀방울이 핏방울이 되도록 기도하시는 모습을 묵상하십시오. 그런 후에, 빌라도의 법정에 서 계시는 모습을 묵상하십시오. 포승에 묶이신 그의 두 손과, 채찍에 맞아 피가 흐르는 그의 등을 보십시오. 그런 후에, 골고다라 불리는 언덕으로 가시는 그를 따라 가십시오. 사람들이 욕하고 침 뱉는 가운데, 그가 십자가에 못 박히시는 모습을 그려 보십시오. 그런 후에, 그가 못 박히신 십자가가 들려져 세워지고, 그리스도의 모든 뼈마디가 다 으스러지는 모습을 보십시오. 그의 머리에 씌워진 가시 면류관을 보시고, 그의 뺨에서 방울방울 떨어지는 핏방울을 보십시오.

　"그의 머리와 손과 발을 보라.
　슬픔과 사랑이 뒤섞여 흐르네!
　언제 사랑과 슬픔이 그렇게 만난 적이 있었으며,
　언제 가시나무들이 엮여져 그렇게 고귀한 면류관이 된 적이 있었던가!

　그에게서 흐르는 피가 한 폭의 비단처럼

나무 위에 매달린 그의 몸 위에 펼쳐져 있네.
이때에 내가 온 세상에 대하여 죽었고,
온 세상은 내게 죽었다네."

내가 아는 한, 우리에게서 믿음을 생겨나게 하는 데 가장 유익한 방법은 그리스도를 생각하는 것입니다. 왜냐하면, 여러분은 그리스도를 바라보고 있는 동안 이렇게 말하게 될 것이기 때문입니다: "찬송 받으실 예수여, 당신이 죄인들을 위하여 죽으셨습니까? 그렇다면, 내 영혼아, 그의 죽음이 네게는 충분한 것이 아니냐!" 그리스도는 그를 믿는 모든 사람들을 끝까지 구원하실 수 있으신 분입니다. 여러분이 이미 구원을 받은 것이 아니라면, 여러분은 성경의 어느 한 가르침을 영원히 묵상해도, 거기에서 아무런 유익을 얻지 못할 수도 있습니다. 그러나 여러분이 그리스도, 특히 그의 죽음을 묵상한다면, 그 묵상은 여러분에게 믿음을 가져다줄 것입니다. 여러분이 어디를 가든, 거기에서 그리스도를 생각하십시오. 여러분에게 시간이 있을 때마다 그를 묵상하십시오. 그러면 그가 여러분에게 자신을 나타내시고 평안을 주실 것입니다.

우리 중 그 누구도, 심지어 최고의 그리스도인들조차도, 그리스도에 대하여 아무리 많이 생각하고 말한다고 해도, 결코 지나칠 수 없습니다. 어느 날 나는 한 친구의 집에 갔는데, 그 친구가 내게 은근히 나를 빗대서 이렇게 말했습니다: "내가 어떤 사람을 30년 동안 만나왔는데, 우리가 만날 때마다, 그 사람은 내게 자신의 신앙에 대해서 말하지 않은 적이 없었지." 나는 "내가 내 자신에 대해서 얘기한다면, 우리의 우정은 30분도 지속되지 못했을 걸세"라고 대답했습니다. 많은 그리스도인들이 다른 주제들에 대해서는 많이 얘기하면서 예수 그리스도에 대해서는 거의 얘기하지 않은 채 주일 오후 시간을 보내는 것이 사실입니다. 물론, 저 가련한 불경건한 세상 사람들은 그리스도에 대해서 단 한 마디도 말하지 않고 단 일 분도 생각하지 않습니다. 그러나 자기 자신이 죄인임을 아는 여러분은 "질고를 아는 자"(사 53:3)이신 그리스도를 멸시하지 마십시오. 피 흘리는 그의 손과 창에 찔린 그의 옆구리를 보십시오. 그렇게 보았을 때, 여러분은 살게 될 것입니다. 우리는 우리 자신이 어떤 일을 함으로써가 아니라, 단지 그리스도를 바라봄으로써 구원을 얻게 된다는 것을 기억하십시오.

모든 깨어난 죄인에게 내가 마지막으로 드리고 싶은 조언은 여러분이 지금 즉시 하나님과 화목하기를 원한다면, 여러분 자신을 그리스도께 내맡기는 모험을 하시라는 것입니다. 우리는 우리 자신을 전적으로 그리스도께 내맡기는 모험을 하여야(venture) 합니다. 그렇게 하지 않는다면, 우리는 결코 구원 받을 수 없습니다. 하지만 이것을 "모험"이라고 표현하는 것은 별로 적절하지 않습니다. 왜냐하면, 여러분이 자기 자신을 그리스도께 내맡기는 것은 그 결과를 운에 맡기는 모험이 아니고, 거기에는 운이나 우연이라는 것이 끼어들 여지가 없기 때문입니다. 그리스도께 자기 자신을 내맡기는 사람은 거절당하면 어쩌나 하는 염려를 할 필요가 전혀 없습니다. "내가 그리스도를 의지하려면 어떻게 해야 하나요? 그리스도께 내 자신을 내맡긴다는 것이 무슨 뜻인가요?" 여러분 중에는 이렇게 묻는 분들이 계실 것입니다. 그리스도께 여러분 자신을 내맡기고 의지하라는 것은 그리스도께서 죄인들의 구원을 위하여 행하신 일들을 전적으로 믿고 신뢰하라는 것입니다. 주인이 한 흑인 노예에게 그가 어떤 식으로 믿느냐고 물었을 때, 그는 "주인님, 내가 믿는 방식은 하나님의 약속의 말씀 앞에서 내가 완전히 납작 엎드리는 것입니다"라고 대답했습니다. 그 흑인 노예는 예수를 어떻게 믿어야 하는지를 아주 제대로 알고 있었던 것입니다. 믿는다는 것은 그리스도 앞에서 납작 엎드려져서, 그가 일으켜 주시기를 바라서 오직 그만 바라보는 것입니다. 나는 내가 종종 얘기해 왔던 일화를 통해서 이것을 예시해 보겠습니다. 바닷가에 한 소년이 살고 있었는데, 그는 돛대에 올라가는 것을 너무나 좋아했습니다. 하루는 그가 돛대 꼭대기에 올라갔지만, 내려올 수가 없었습니다. 바다에는 거센 파도가 쳤고, 그 소년은 얼마 못 가서 갑판으로 떨어져 산산조각이 날 지경이었습니다. 그 소년의 아버지는 아들의 목숨을 구할 수 있는 방법이 단 하나밖에 없다고 생각했습니다. 아버지는 확성기를 통해서, "얘야, 다음 번에 배가 한쪽으로 기울면, 즉시 바다 속으로 뛰어들어라"고 소리쳤습니다. 그런 후에 배가 한쪽으로 기울자, 그 소년은 아래를 내려다보았지만, 바다 속으로 뛰어들 엄두가 나지 않아서, 계속해서 돛대를 꼭 부여잡고 뛰어내리지를 못했습니다. 아들에게 돛대를 붙들고 있을 힘이 거의 다 없어진 것을 안 아버지는 아들을 향해 총을 겨눈 채로, "얘야, 네가 다음 번에도 배가 한쪽으로 기울 때에 바다 속으로 뛰어들지 않으면, 내가 너를 총으로 쏘겠다"고 소리쳤습니다. 그 소년은 아버지가 무슨 말씀을 하는 것인지를 알아차리고서는, 다음 번에 배가 한쪽으로 기울었을 때, 바다 속으로 뛰어내렸습니다. 바다 속으로 뛰어내리면 죽을 것 같았지만, 실제로는 바다의 많은 억센 팔들이 그 소년을 떠받쳐 주어서, 그 소년은 목숨을 건질 수 있었습니다. 마찬가지로, 죄인들은 폭풍이 거세게 몰아치면 더욱더 자신의 선한 행위라는 돛대를 꼭 붙잡고 매달려야 자기가 살 수 있다고 생각합니다. 그러나 복음은 "네 자신의 행위를 버리고, 하나님의 은혜의 바다 속으로 뛰어들어라"고 말합니다. 죄인들은 이렇게 말합니다: "나와 하나님의 은혜는 거리가 멉니다. 내가 그 은혜를 의지했다가는 죽고 말 것입니다. 나는 뭔가 다른 것을 의지하지 않으면 안 됩니다." 하지만 하나님의 은혜 외에 다른 것을 의지했다가는, 여러분은 죽을 수밖에 없습니다. 하나님의 율법이 우렛소리를 내며 죄인들에게 다가와서, 그들이 의지하는 모든 것들을 버리지 않는다면, 그들은 죽게 되고 멸망하게 될 것이라고 선언합니다. 그때에 죄인들은 이렇게 말해야 합니다: "사랑하는 주님이여, 내가 의지하던 모든 것들을 이제 버리고, 내 자신을 주께 맡깁니다. 이제부터 나는 예수만을 나의 인생의 유일한 목적으로 삼고, 내가 유일하게 의지하는 분으로 삼으며, 내 영혼의 유일한 피난처로 삼겠습니다." 여러분은 진심으로 그렇게 말할 수 있습니까? 나는 여러분 중에는 그렇게 말할 수 있는 분들이 있다는 것을 압니다. 그러나 이 자리에 오기 전까지는 그렇게 말할 수 없었지만, 지금은 그렇게 말할 수 있는 분들이 있다면, 나는 그분들이 이 자리에서 하나님께로 나아오게 된 것을 기뻐할 것입니다. 나는 내가 원하는 정도만큼 만족스럽게 여러분에게 말씀을 전하지 못했다고 생각하지만, 내가 전한 말씀을 듣고서, 한 분이라도 구주를 믿고 의지하게 되었다면, 그 일을 통해서 하나님께서 영광을 받게 되실 것을 생각하고, 기뻐하고 즐거워할 수 있습니다.

그러나 여러분이 "저 사람이 구원에 대해서 말했지만, 그것이 나와 무슨 상관이 있단 말인가"라고 말하며 이 자리를 떠난다면, 그것은 정말 애석하고 안타까운 일이 될 것입니다. 여러분은 자신이 오늘 이 자리에서 하나님과 그의 복음을 웃어넘길 수 있다고 생각하겠지만, 사람들이 육지에 있을 때에는 그렇게 할 수 있을지 몰라도, 그들이 바다에 있어서, 자신이 탄 배가 폭풍우 속에서 가라앉고 있을 때에는, 구명선을 결코 멸시할 수 없게 될 것입니다. 죽음이 여러분의 뒤를 쫓아와서 머지않아 여러분의 목덜미를 붙잡을 것이고, 여러분의 맥박은 머지않아 뛰기를 멈출 수밖에 없습니다. 지금 여러분은 자신이 튼튼하다고 생각하겠지만, 여러분의 뼈는 놋으로 만들어지지 않았고, 여러분의 갈비뼈는 쇠로 만들어진 것이 아닙니다. 조만간 여러분은 침상에 누워 마지막 숨을 쉬게 되어 있습니다. 여러분이 아무리 큰 부자였다고 할지라도, 여러분은 화려하게 장식된 침상에 누워서 숨을 거두고, 여러분이 즐기던 모든 것들로부터 떠나 영원한 형벌을 받으러 가야 합니다. 그때에 여러분이 그리스도를 비웃는 것은 어려운 일이라는 것을 알게 될 것입니다. 죽음이 여러분 곁에 가까이 와서 여러분에게 "신앙을 비웃던 자여, 지금도 신앙을 비웃고자 하느냐"고 물을 그 날에는, 여러분이 신앙을 조소하는 것이 끔찍한 일이라는 것을 알게 될 것입니다. 그 날에 여러분은 "죽음이 가까운 지금에 있어서는, 내가 지금까지 생각해 왔던 것과는 상황이 달라서, 나는 신앙을 비웃을 수 없습니다"라고 말하게 될 것입니다. 그러므로 죽음이 찾아오기 전에 경고를 받아들이십시오. 경고를 무시하지 마시고 받아들이십시오. 화재가 나서 집이 다 타 버리기 전에 보험을 들어놓지 않은 사람이 무지하고 가련한 사람인 것과 마찬가지로, 자신의 영혼이 멸망당하게 될 마지막 순간이 오기 전에 구원의 길로 나아와야 하는데도, 그렇게 할 필요가 없다고 생각하는 사람은 세상에서 가장 어리석은 자일 것임에 틀림없습니다.

　하나님께서 여러분에게 사려 깊은 분별력을 주셔서, 여러분이 죄로부터 도망쳐서 예수께로 피하게 되시기를 빕니다. 영원하신 아버지 하나님께서 내가 여러분에게 드릴 수 없는 것, 곧 그의 은혜를 주셔서, 여러분의 영혼을 구원하시고, 죄인들을 성도들로 변화시키신 후에, 천국에 안전하게 안착할 수 있게 해주시기를 빕니다. 이제 내가 말씀을 끝맺으면서 할 수 있는 것은 복음의 말씀을 다시 한 번 반복하는 것뿐입니다: "믿고 세례를 받는 사람은 구원을 얻을 것이요 믿지 않는 사람은 정죄를 받으리라"(막 16:16). 내가 더 이상 말씀드리지 않아도, 이것으로 나는 여러분에게 그리스도의 복음을 충분히 전한 셈입니다. 하나님께서 예수 그리스도를 인하여 여러분에게 모든 일에서 지각을 주시고 여러분을 도우셔서 예수 그리스도를 믿게 해주시기를 빕니다. 아멘.

제
21
장

—

경건의 진실성을
알아보는 시금석

—

"그가 어찌 … 항상 하나님께 부르짖겠느냐." — 욥 27:10

이 장에서 욥은 자신의 말을 다시 재개하면서, 지극히 엄중한 문제와 관련해서 자기가 말한 모든 것이 한 치의 거짓도 없이 다 참되다고 하나님께 호소합니다. 또한, 그는 자기가 이렇게 혹독한 벌을 받을 정도로 중대한 죄를 범하지도 않았고 은밀한 속임수를 쓰지도 않았다고 단언하며, 자신의 무죄를 강하게 호소합니다. 나는 이렇게 하나님께 호소하는 그의 말을 우리가 자기의(自己義)라고 몰아세우며 책망할 수 있는 것인지 잘 모르겠습니다. 도리어, 내게는 자신의 비정한 친구들이 그를 은근히 지독한 비난과 단죄를 하고 있는 것에 대하여 그가 자기 자신을 변호한 것은 당연한 일로 여겨집니다. 그의 표현은 당돌하게 들릴 수도 있었겠지만, 그가 말하고자 한 것은 옳은 것이었습니다. 그가 사람들 앞에서 자기 자신을 무죄하다고 항변하는 것이 정당하다고 느낀 것은 합당한 것이었습니다. 그러나 그가 그렇게 함으로써, 하나님 앞에서 자신의 완전한 순결함을 주장한 것이라면, 그것은 유감스러운 일입니다. 여러분은 정확히 동일한 상황은 아니라고 할지라도 비슷한 상황에서, 사도 바울이 그의 의도를 잘못 해석하지 않도록 하기 위하여, 부드럽고 온유한 말을 사용해서 고린도 교인들에게 이렇게 썼다는 것을 기억하실 것입니다: "너희에게나 다른 사람에게나 판단 받는 것이 내게는 매우 작은 일이라 나도 나를 판단하지 아니하노니 내가 자책할 아무 것도 깨닫지 못하나 이로 말미암아 의롭다 함을 얻지 못하노라"(고전 4:3-4). 그러나 이 거룩한 사람들은 한 가지 점에서는 매우 흡사한데, 그것은 바울이 육신을 대적하여 영의 싸움을 해나갈 때에, "내가 남에게 전파한 후에 자신이 도리어 버림을 당할까 두려워서"(고전 9:27) 그러한 위험을 철저히 경계하였던 것과 마찬가지로, 욥도 위선자의 특징들을 자기 자신과 자신의 친구들 앞에 제시할 때에, 자기가 그렇게 말하고 난 후에 스스로 위선자가 되지 않기 위해서 경계하였다는 것입니다. 욥은 위선자의 소망이 헛되다는 것과 위선자는 점점 시들어 결국 파멸하게 될 것임을 무시무시한 언어로 묘사하는 가운데, 위선자를 비난합니다. 욥이 자신의 가슴속에 헛된 소망을 품고 있다거나, 자기 자신의 상태에 대하여 거짓된 망상을 지니고 있다는 의심을 친구들로부터 받는 것은 욥의 정직한 마음에는 몸서리쳐질 정도로 끔찍이 싫은 것이었습니다. 그래서 그는 자기 자신을 법정에 세우고, 자기 자신에게 율법을 엄격하게 적용해서, 자신의 상태를 정확히 달아본 후에, 자기에게는 정죄 받을 일이 없다고 먼저 스스로 판결을 내림으로써, 자신의 대적들인 친구들의 판결을 가로막아 버립니다.

그렇다면, 우리 앞에 이렇게 묘사된 이 "악인"은 누구이고, 그가 타락하고 부패했음을 보여주는 첫 번째 징후들은 무엇입니까? 우리는 쓸데없이 이런 질문을 던지는 것이 아니라, 우리 자신 속에서 그러한 악이 생겨나지 않도록 조심하기 위하여 이런 질문을 던지는 것입니다.

> "죄를 신봉하는 자는 거룩한 자 아래에서
> 눈에 보이지 않게 몸을 숨기고 매복해 있을 수 있지만,
> 오직 사람의 마음을 감찰하시는 이의 눈 앞에서만
> 벌거벗은 듯이 드러난다네."

위선자들이 참된 그리스도인을 쏙 빼닮은 경우가 너무나 많습니다. 그들은 진짜를 쏙 빼닮은 가짜이기 때문에, 평범한 사람들은 그들이 가짜라는 것을 알 수 없기 때문에 그들을 전혀 의심하지 않습니다. 정교하게 만들어진 위조 동전의 경우와 마찬가지로, 여러분은 겉모습을 보아서는 그들이 가짜라는 것을 거의 알아차릴 수 없습니다. 좀 더 세심하게 살피고 시험해 볼 때에만, 여러분은 그들

이 정금이 아니라, 세상에서 흔히 볼 수 있는 천한 쇠붙이일 뿐임을 발견할 수 있습니다. 사람들의 마음을 감찰하시는 하나님 앞에서가 아니라면, 어떤 사람이 참된 그리스도인을 너무나 많이 닮았지만, 그래도 그는 "그리스도 안에서 새로운 피조물"(고후 5:17)은 아니라고 말하거나, 어떤 사람이 참된 그리스도의 온갖 미덕들을 다 갖추고 있는 것 같지만, 그에게는 성령의 열매는 하나도 없다고 말하는 것은 결코 쉬운 일이 아닙니다. 하지만 거의 모든 속임수와 사기에는 그 어딘가에 약점이 있습니다. 여러분이 충분히 예리하기만 하다면, 여러분은 거짓말로 꾸며낸 이야기를 들었을 때, 그 이야기 속에서 드러난 내적인 증거를 통해 어딘가에서 결함을 찾아낼 수 있습니다. 사탄은 수천 년 동안 거짓을 꾸며내는 일에 참여해 왔지만, 그의 솜씨가 부족해서든지, 아니면 그의 졸개들이 어리석어서든지, 반드시 약점을 남겨 왔습니다. 그의 소란스러운 말들에서는 거짓말의 냄새가 상당히 강하게 배어 나옵니다. 그의 휘하에 있는 가짜 그리스도인들은 한 곳에서는 지나치게 단정하게 행하고 다른 곳에서는 아주 지저분하게 행함으로써 표리부동함을 드러내기 때문에, 그들의 거짓됨이 저절로 밝혀집니다. 참된 성도와 위선자를 가려내는 한 가지 좋은 시금석은 기도입니다. 아나니아는 사울이 회심하였다는 것을 환상 가운데서 하나님으로부터 듣고서도 미심쩍어 했지만, 그가 기도하는 모습을 보고서, 그의 회심이 진짜라는 것을 확신할 수 있었습니다. 왜냐하면, 사울이 기도하고 있다면, 그가 믿음의 생명을 받아서 그 생명으로부터 기도의 호흡을 하고 있다는 것이 확실하고, 영적으로 깨어나는 과정이 적어도 시작된 것이 확실하기 때문입니다. 그래서 위선자들은 기도라는 이 아주 중요한 행위를 소유하고 싶어 합니다. 참된 그리스도인들이 기도하면, 위선자들도 기도하려고 애를 씁니다. 그리스도인들이 하나님의 이름을 부르면, 속이는 자들도 하나님의 이름을 부르려고 애를 씁니다. 그렇지만 진정으로 회심한 사람들의 기도와 위선자들의 기도는 생명과 죽음만큼이나 근본적으로 다릅니다. 물론, 이것은 모든 사람이 분명히 알 수 있는 것은 아닙니다. 처음에는 오직 본인 외에는 그 사실을 아무도 알 수 없고, 심지어는 본인조차도 그 사실을 알지 못하는 경우도 있습니다. 위선자들이 기가 막힌 표현들을 사용해서 기도를 잘 하는 모습, 뜨거워 보이는 그들의 마음, 천성적으로 탁월한 그들의 성품에 많은 사람들이 속아 넘어갑니다. 그래서 사람들은 그들이 하나님의 이름을 부르며 기도하는 모습을 볼 때, 그들의 기도는 그들이 죽음의 잠에서 깨어난 하나님의 자녀들임을 보여주는 분명하고도 충분한 증거라고 생각하게 됩니다. 기도는 언제나 어떤 사람의 영적인 상태를 그대로 드러내 줍니다. 기도가 올바르지 않다면, 그 사람 속에는 은혜가 없는 것입니다. 냉랭한 기도는 하나님의 은혜가 그 사람 속에 별로 없다는 것을 보여줍니다. 기도가 강력하다면, 여러분은 그 사람 속에서 은혜가 강력하게 역사하고 있음을 알 수 있습니다. 맥박이 인간의 육신의 건강 상태를 보여주는 좋은 시금석이듯이, 기도는 영적인 건강 상태를 보여주는 좋은 시금석입니다. 하지만 위선자들은 기도하는 행위를 잘 모방하지만, 기도의 영을 소유하고 있지는 못합니다.

　　오늘의 본문은 표면적인 것보다 더 깊이 들어가서, 핵심적인 것들을 탐구해 들어갑니다. 기도는 시금석이지만, 오늘의 본문에는 시금석을 시험하는 시금석이 제시됩니다. 즉, 기도 자체가 진짜인지 가짜인지를 시험합니다. "그가 어찌 항상 하나님께 부르짖겠느냐." 이것이 핵심입니다. 어떤 사람이 지금 하나님의 이름을 부르고 있고, 그는 아주 간절하고 절실해 보입니다. 그는 자기가 최근에 부흥회에 갔다가 회심하였다고 말합니다. 지금 그는 아주 뜨겁게 기도하고 아주 적극적으로 기도합니다. 그러나 그것이 계속될 수 있을까요? 그것이 지속될까요? 그의 기도는 하룻밤 사이에 자라났다가 시들어 버린 요나의 박 넝쿨 같은 것은 아닙니까? 그의 기도는 마치 아침이 동방의 진주들을 땅에 뿌려 놓은 것처럼 아침 햇살에 빛나는 새벽 이슬 같이 아름다워 보입니다. 그러나 그의 기도는 새벽이슬처럼 이내 사라져 버릴까요, 아니면 언제까지나 지속될까요? "그가 어찌 항상 하나님께 부르짖겠느냐." 이것이 핵심입니다. 지금 우리는 각자 우리 자신을 살펴서, 기도와 관련해서 위선자들이 보이는 특성이 우리에게도 있지는 않은지를 점검해야 합니다. 우리가 우리 자신을 살펴보았을 때, 우리의 기도가 거짓된 위선임을 보여주는 저 서글픈 징후들이 우리에게 있다면, 우리는 머지않아 사탄의 하수인이자 하나님을 속인 자로 드러나게 될 것이기 때문에, 나는 그런 결과가 우리에게 나오지 않기를 바랍니다.

　　"그가 어찌 항상 하나님께 부르짖겠느냐." 이 질문은 간단하기는 하지만, 몇 가지 근본적인 질문들을 내포하고 있다고 나는 생각합니다. 그 중 첫 번째는 일관성에 관한 질문입니다. 이것은 기도를 가끔씩 하고 있느냐, 아니면 늘 하고 있느냐 하는 질문입니다. 여러분은 지속적이고 주기적으로 기도하고 있습니까, 아니면 기분 내키는 대로 가끔씩 불규칙적으로 기도하고 있습니까? 욥은 본문에 나오는 위선자는 기도해야 할 때에는 어김없이 하나님의 이름을 부르며 기도하고 있느냐고 반문합니다. 기도를 해야 할 때들이 있고, 그럴 때마다 참된 그리스도인들은 반드시 기도를 합니다. 하지만 이 위선자는 그럴 때마다 기도하는 것이 아니라, 자신이 기도할 때를 선택해서 기도합니다. 위선자들은 특정한 때에 특정한 장소에서만 기도하는 모습을 보입니다. 그들은 기도해야 할 때에는 어김없이 항상 하나님 앞으로 나아가는 그런 자들이 아닙니다. 예컨대, 그들은 많은 사람들이 보는 길거리의 모퉁이에 서서 기도하고, 모든 사람들이 자신의 뜨겁고 청산유수 같은 기도를 들을 수 있는 회당에서는 기도하지만, 집에서는 기도하지 않습니다. 그들이 골방에 들어가서 문을 걸어잠그고 기도합니까? 그들이 거기에서 은밀히 들으시는 아버지 하나님 앞에 기도를 드립니까? 그들이 거기에서 자신의 영혼에서 자연스럽게 흘러나오는 간구들을 쏟아놓습니까? 그들이 이삭처럼 저녁나절에 홀로 들판을 거닐며 묵상하며 기도합니까? 그들이 베드로처럼 옥상에 올라가서 거기에서 기도합니까? 그들이 기도하기 위해서 다니엘처럼 자신의 방에서 무릎을 꿇거나, 우리 주님처럼 동산의 한적한 곳을 찾아갑니까? 그들은 오직 사람들이 보는 앞에서만 기도하는 자들이고, 기도의 영은 없고 기도의 재능만이 있는 자들이며, 영혼이 뜨거운 것이 아니라 말만 유창한 자들이 아닙니까? 이러한 질문들은 우리가 알곡과 가라지를 분별할 때에 사용할 수 있는 가장 확실한 시금석들 중 하나입니다. 사람들이 보는 앞에서 하는 기도는 경건의 증거가 되지 못합니다. 수많은 위선자들이 그런 기도를 합니다. 그러나 개인 기도는 위선자들이 전혀 관심 없어 하는 것입니다. 그들은 조금만 홀로 개인 기도를 해보면, 그런 기도는 진정성이 없는 자신의 영혼이 도저히 감당할 수 없는 너무나 힘겹고 무거운 짐이어서, 그들이 결코 지속할 수 없다는 것을 금방 알아차리고는, 곧 그만두게 됩니다. 그들은 개인 기도를 계속하느니 차라리 죽는 것이 낫겠다고 느낍니다. 우리는 이런 것들과 관련해서 우리의 마음을 살펴보아야 합니다. 나는 홀로 골방에 들어가서 하나님께 가까이 나아가고 있는가? 아무도 보지 않고 아무도 듣지 않는데도, 나는 기도를 하는가? 나는 틈만 나면 개인 기도를 하는가? 기도하는 것이 즐거운가? 만일 내가 개인 기도를 즐거워하지 않는다면, 나는 내가 하나님의 이름을 항상 부르지는 않는 저 위선자들 중의 한 사람이라고 결론내릴 수 있습니다.

참된 그리스도인들은 사업을 하면서도 기도하고, 노동하면서도 기도하며,

일상적인 일들을 하면서도 기도합니다. 밥을 지을 때에 굴뚝에서 불꽃들이 계속해서 올라오듯이, 진정으로 경건한 영혼들로부터는 짤막한 기도들이 하루 종일 이어집니다. 하지만 그리스도인인 체하는 위선자들은 그렇지 않습니다. 위선자들은 기도회에서 기도하고, 회중 앞에서 기도합니다. 그럴 때에 그들은 종종 지루할 정도로 길게 기도합니다. 그러나 그들이 부르짖으며 기도합니까? 그들이 자신의 일터에서 하나님과 대화합니까? 그들이 들에서 하나님 앞으로 가까이 나아갑니까? 그들이 사람들이 붐비는 길거리에서 소리 없이 조용히 하나님께 간구합니까? 자신의 일상의 삶 속에서 어려운 일이 생겼을 때, 그들은 말 한 마디 없이 하나님의 귀에 자신의 심정을 쏟아놓습니까? 그들은 그렇게 하지 않습니다. 위선자들은 항상 기도한다는 것, 즉 늘 기도의 영 가운데 살아간다는 것이 무엇인지를 전혀 알지 못합니다. 그것은 참된 그리스도인들만이 누릴 수 있고 경험할 수 있는 최고의 것이기 때문에, 위선자들은 거기에 끼어들 수 없습니다. 어떤 사람의 심령 속에 참된 신앙이 있다면, 그 사람의 영혼에는 기도가 몸에 배어 있을 수밖에 없습니다. 무언의 짤막한 기도를 통해서 하나님께 복을 구하는 기도가 그들에게는 먹고 마시고 숨 쉬는 것만큼이나 자연스러운 일입니다. 우리는 하나님의 은혜와 지혜를 힘입지 않고서는 그 어떤 어려움도 결코 이겨낼 수 없고, 하나님의 권능을 의지함이 없이는 그 어떤 반대도 이겨낼 수 없습니다. 그러므로 하나님을 기다리고 하나님께 기도하는 것이 우리 몸에 배어 있어야 합니다. 이것은 그렇게 하는 것이 우리의 의무이기 때문이 아니라, 율법의 속박을 벗어던진 우리 영혼이 살기 위해서는 그렇게 할 수밖에 없기 때문입니다. 우리 속에 있는 거듭난 본성은 마치 어린아이가 어머니를 찾아 울듯이 그렇게 자연스럽게 하나님께 부르짖게 됩니다. 위선자들은 기도하는 것이 자신에게 할당된 일이기 때문에 기도하고, 그리스도인들은 기도하는 것이 자신의 생명의 일부이기 때문에 기도합니다. 이것은 자기가 위선자인지 참된 그리스도인인지를 분별할 수 있게 해주는 영속적인 증표입니다. 여러분의 기도가 단지 특정한 시간들과 특정한 장소들과 특정한 때들에만 이루어진다면, 그런 기도는 하나님 앞에서 가증스러운 것일 가능성이 높기 때문에 스스로 살펴서 조심하십시오. 인위적인 열기로 억지로 만들어 낸 열매는 건강한 나무에서 자연스럽게 맺힌 붉은 빛의 열매와는 판이하게 다르듯이, 성령의 감동이 없는 자들이 입으로만 하는 기도는 새롭게 된 심령의 내면 깊은 곳에서 우러나오는 탄식과는 판이하게 다릅니다. 여러분의 기도가 특정한 날들에 정해진 의무를 따라 하는 기도라면, 여러분의 신앙은 회전하는 그림자도 없으신 빛들의 아버지로부터 나온 것이 결코 아닐 가능성이 높습니다. 여러분의 기도가 정해진 일정을 따라 기계적으로 이루어지는 기도라면, 여러분의 신앙은 살아 있는 것이 아니라 죽은 것일 가능성이 높습니다. 참된 그리스도인들은 사순절이라고 해서 금식하지 않습니다. 주님께서 자신의 얼굴빛을 그들에게 비추고 계신다면, 교회가 그들에게 명령한다고 해도, 그들은 금식할 수 없습니다. 마찬가지로, 주님께서 자신의 얼굴빛을 그들에게서 감추고 계시는데도, 교회력 상에서 기뻐하고 즐거워해야 할 절기라고 해서, 그들은 잔치를 열어 기뻐하고 즐거워하는 일도 있을 수 없습니다. 하나님의 성령께서는 그들의 영혼으로 하여금 사순절의 첫 날에 잔치를 열어 기뻐하고 즐거워하게 하실 수도 있고, 부활절 날에 그들의 영혼을 낮추시고 슬퍼하게 하실 수도 있습니다. 그들은 "안식일과 초하루와 절기" 같은 것들에 의해서 구애받지 않습니다. 그들은 성령을 따라 행하는 자들이기 때문에, 영적인 생명도 없는 가운데 오직 교회력에 따라 움직이는 자들을 멀리합니다. 그들의 거듭난 본성은 그러한 유치한 속박들을 거부합니다. 살아 있는 심령들은 "말할 수 없는 탄식으로"(롬 8:26) 항상 기도하고, 믿음 가운데서 말할 수 없는 기쁨과 영광으로 충만하여 항상 기뻐하고 즐거워합니다.

　두 번째는 지속성에 관한 질문입니다. "그가 어찌 항상 하나님께 부르짖겠느냐." 시험과 연단의 때들이 있습니다. 그러한 때들에도 계속해서 기도하는 사람들이 참된 그리스도인들입니다. 그러한 시험의 때에 기도를 그치는 사람들의 신앙은 가짜입니다. 기쁠 때와 슬플 때는 둘 다 똑같이 위기의 때입니다. 이 두 가지 때를 차례로 살펴보겠습니다. 위선자들은 기쁠 때에 하나님의 이름을 부릅니까? 그렇지 않습니다. 그들은 자신들이 기쁘고 즐거운 때라고 부르는 날에는 밤에 집으로 돌아와서 기도하지 않습니다. 도리어, 그들은 거기에서 기도를 생각하는 것 자체가 기도에 대한 모독이라고 생각되는 그런 장소들로 갑니다. 참된 그리스도인들은 항상 기도합니다. 왜냐하면, 그들은 기도할 엄두를 낼 수 없는 그런 장소에는 가지 않기 때문입니다. 또한, 그들은 하나님께 기도할 수 없는 그런 일들에는 아예 발을 들여놓지 않습니다. 전에 어떤 사람이 교회에 다니는 처녀가 극장에 갔을 때에 사용할 수 있는 짤막한 기도문과 카드 놀이를 할 때에 그리스도인 신사들이 반복해서 드릴 수 있는 기도문을 써줄 수 없느냐고 제안하였습니다. 그런 기도문이 있을 수 있다면, 강도가 남의 집을 침입했을 때에 사용할 수 있는 기도문이나, 암살자가 어떤 사람을 죽일 때에 사용하는 기도문도 있어야 할 것입니다. 여러분이 기도해서는 안 되는 어떤 일들이 있고, 그런 일들은 기도와는 아무 상관이 없습니다. 인간 세상에 용인되어 있는 수많은 유흥들은 이 땅의 도덕을 유린하고 천국의 거룩함을 모독하는 것들입니다. 그런데 그런 것들을 하면서 기도하겠다고 생각하는 발상은 도대체 누구로부터 나온 것입니까? 이 점에서도 위선자들은 참된 그리스도인들과 구별됩니다. 그들은 우리가 잘되게 해주시라고 기도해서는 안 되는 그런 일들을 아무렇지도 않게 행합니다. 그들은 비록 형편없는 양심을 소유하고 있는 자들이지만, 적어도 어떤 일들에 대해서 기도하는 것은 정말 우스꽝스러운 일이고 말이 되지 않는 일이라는 것을 알면서도, 너무나 뻔뻔스럽기 때문에, 그런 일들을 하면서 잘되게 해 달라고 기도하는 것입니다. 그리스도인들은 하나님께 잘되게 해주시라고 기도할 수 없는 그런 일들을 행하지 않습니다. 그래서 그들에게는 항상 기도하는 것이 즐거운 일이 됩니다.

마음이 눌리고 슬픈 때도 마찬가지로 경건의 시금석이 됩니다. 그런 때에 우리는 "그가 어찌 항상 하나님께 부르짖겠느냐"라고 질문합니다. 위선자들은 낙심될 때에 기도하려고 하지 않습니다. 그들은 무리들이 열광하는 분위기에 휩쓸려서 한동안 열심을 내었습니다. 그들은 설교에 감동을 받아서 잠시 뜨거워졌고, 회중들의 열심에 전염되어 마음이 흥분되었습니다. 그러나 이제 서늘하고 음습한 안개가 그들의 마음을 덮으면, 그들의 시야는 어두워지고, 그들의 열심은 식어 버립니다. 다른 사람들의 열심도 서서히 식어가지만, 그들의 열심은 가장 먼저 식어 버립니다. 그들은 낙심합니다. 그들은 사울 왕처럼 한동안 악령에 굴복합니다. 만일 그들이 진정으로 그리스도인이라면, 그들은 다윗의 전철을 밟아 이렇게 말할 것입니다: "내 영혼아 네가 어찌하여 낙심하며 어찌하여 내 속에서 불안해하는가 너는 하나님께 소망을 두라 그가 나타나 도우심으로 말미암아 내가 여전히 찬송하리로다"(시 42:5). 그러나 그들에게는 자신의 형편이 나쁠 때에 하나님께 소망을 두고자 하는 마음이 없습니다. 그들은 자신의 소망들을 그들의 구미에 맞게 쌓아 올렸고, 자신이 직접 쌓은 그 건물을 좋아하고 기뻐하였습니다. 그러나 거센 비바람이 불고, 큰물이 밀어닥치자, 그들이 그동안 쌓았던 모든 소망이 다 무너져 내렸습니다. 그러자 그들은 위선자들이었기 때문에, 속으로 이렇게 말합니다: "이제 내게 신앙은 새롭지도 않고 흥미롭지도 않아서, 전혀 즐겁지가 않아. 신앙으로부터는 아무런 낙도 얻을 수 없으니, 이제는 신앙을 버려야겠어." 이렇게 환난의 때에 속이는 자들은 그 정체가 백일하에 드러나게 됩니다. 참된 그리스도인들을 보십시오. 거센 폭풍우가 몰려와서 그들의 확신을 흔들어 놓고, 그들이 누리던 기쁨들을 빼앗아갈 때, 그들이 어떻게 하는지를 보십시오. 그들은 이전보다 더 간절하게 기도합니다. 그들은 자신이 산처럼 견고하다고 느껴서, "나는 결코 요동하지 않을 것"이라고 자신했을 때에는, 기도를 조금 소홀히 하였을 것입니다. 그러나 하나님께서 보내신 거센 파도와 물결들이 그들을 덮치고, 그들은 자기가 하나님의 자녀인지 아닌지도 모르겠고, 하나님의 나라에 자신의 분깃이 있는지 없는지에 대해서도 의문을 제기하면서도, "하나님이여, 나를 불쌍히 여기심으로 나를 이 환난에서 건지셔서 스올로 내려가지 않게 하소서"라고 고통 중에서 하나님께 부르짖음으로써, 자기가 하나님의 자녀라는 것을 증명합니다. 참된 그리스도인들의 절망은 하나님의 은혜로 말미암아 기도로 이어집니다. 왜냐하면, 그 절망은 자기 자신에 대한 절망이기 때문입니다. 세상적인 사람들은 절망에 빠졌을 때에 기도를 내팽개치고서 하나님에 대하여 분노합니다. 그러므로 기쁠 때와 슬플 때는 둘 다 그 사람의 믿음을 시험하는 때가 된다는 것을 명심하십시오. 우리가 기뻐하는 모든 때들은 기도하는 때가 되는 것이 마땅합니다. 욥은 자신의 가족이 모여 잔치하는 때를 자기 자녀들을 한데 모아서 함께 기도하는 기회로 여겼습니다. 마찬가지로, 우리가 낙심하는 때들도 기도하는 때가 되어야 합니다. 조종이 울릴 때마다, 우리는 무릎을 꿇고 기도하여야 합니다. 위선자들은 규례들을 지킬 수 없지만, 참된 그리스도인들은 규례들을 따릅니다. 그리스도인들은 어떤 일이 닥치든, 그리고 어떤 상황에 처하든, 하나님을 찾고, 그의 이름을 부르며, 은혜의 자리로 나아가 하나님의 뜻과 인도하심을 구하는 것이 몸에 배어 있습니다.

"그가 어찌 항상 하나님께 부르짖겠느냐." 이것은 일관성에 관한 질문입니다. 위선자들이 늘 변함없이 기도하겠느냐는 것입니다. 대부분의 사람들에게 항상 기도하는 것, 계속해서 기도하는 것, 쉬지 않고 기도하는 것은 매우 어려운 일로 보일 것입니다. 그 점에서도 살아 계신 하나님의 자녀들과 단지 그리스도인 행세만을 하는 위선자들 간에는 큰 차이가 있습니다. 살아 계신 하나님의 자녀들은 이내 기도하는 것이 자신의 의무라기보다는 특권이자 기쁨이라는 것을 발견하게 됩니다. 그리스도인들은 기도 없이는 단 한순간도 안전할 수 없습니다. 그리스도인들은 기도 없이는 그 어느 곳에서도 안전할 수 없습니다. 우리가 한 번 숨 쉬는 것과 순간순간 살아 있는 것이 전적으로 하나님의 뜻에 의해서 결정된다는 사실만을 생각해도, 우리는 그 사실을 잘 알 수 있습니다. 우리가 죽고 사는 것은 전적으로 하나님의 뜻에 달려 있기 때문에, 우리는 언제라도 죽을 수 있습니다. 지금 이 순간에 하나님께서 나를 데려가시고자 하신다면, 천사의 팔도 나를 무덤에서 구할 수 없습니다. 그리스도인들은 항상 자신의 무덤을 열어 놓고서 그 옆에서 살아가는 것입니다. 죽어가는 사람들이 어떻게 기도하지 않을 수 있겠습니까? 그런데 우리는 항상 죽어가는 자들입니다. 산다는 것은 오랜 기간에 걸쳐 죽어가는 것이기 때문에, 우리가 오랜 기간에 걸쳐 기도하는 것이 마땅하지 않겠습니까? 우리는 하나님의 은혜로 말미암아 삶을 이어가고 있는 것이기 때문에, 우리가 쉬지 말고 하나님께 기도하며 찬송하는 것이 마땅하지 않겠습니까? 형제들이여, 우리는 살아가는 순간순간마다 하나님으로부터 은총들과 은택들을 입고 살아갑니다. 우리가 하나님의 은총과 은택을 받지 않는 때는 단 한순간도 없습니다. 우리는 우리에게 항상 주어지고 있는 하나님의 은혜들에 대하여 감사해야 합니다. 사실이 그렇습니다. 하나님의 은혜들은 아침마다 새롭고, 하나님의 성실하심은 크십니다. 하나님께서는 우리를 불쌍히 여기시고서 밤마다 우리를 어루만져 주시며 위로해 주십니다. 하나님의 은혜들은 끊임없이 흐르는 물줄기처럼 우리에게 흘러들어 옵니다. 우리가 필요로 하는 것들은 끊임이 없기 때문에, 하나님께서 우리에게 공급해 주시는 것도 끊임이 없습니다. 우리는 끊임없는 보호하심을 필요로 하고, 이스라엘을 지키시는 하나님은 졸지도 않으시고 주무시지도 않으십니다. 아무도 우리에게 해를 입히지 못하게 하시려고, 하나님께서는 밤낮으로 우리를 지키십니다. 하나님의 은혜의 강물은 그 수량이 결코 줄어들지 않는 가운데 그 어떤 방해도 받지 않고 거침없이 동일한 속도로 우리에게 흘러들어 옵니다. 하나님께서는 우리를 얼마나 부요하게 하시는지 모릅니다! 그런데도 우리가 하나님의 선물들을 받고, 그가 공급하시는 것들을 수확하며, 그의 백성으로서 그의 은혜로우신 손으로부터 좋은 것들을 취하는 일을 소홀히 해서야 되겠습니까? 우리가 어떤 것에 대해서 복을 구하지 않아서 그것에 하나님의 저주가 임하는 일이 일어나지 않도록 하기 위하여, 우리는 모든 감사함으로 기도하는 일에 힘써야 합니다. 우리가 하나님께 첫 열매를 드리지 않아서, 하나님께서 그 곡식들을 말라 죽게 하시거나, 음식이 아직 우리 입에 있는 동안에 하나님의 진노의 회초리가 우리를 치시지 않도록 하기 위하여, 우리는 기도에 힘써야 합니다. 우리에게 필요한 것들도 끝이 없고, 우리가 하나님께 의존되어 있는 것도 끝이 없기 때문에, 우리의 기도도 끝을 몰라야 합니다. 거지가 된 것처럼 기도하십시오. 실제로 우리는 항상 구걸해야 살아갈 수 있는 거지들입니다. 그러므로 우리는 일용 노동자가 되는 것보다는 달달이 일정한 월급을 받는 일꾼이 되는 것이 더 낫지 않겠습니까? 왜냐하면, 하나님께서 우리에게 주시는 것들은 우리가 계속해서 늘 필요로 하는 것들이기 때문입니다. 하나님을 떠나면, 우리는 늘 헐벗고 배고프며 가난하게 비참한 삶을 살아갈 수밖에 없습니다. 우리가 하나님을 전적으로 의지할 때에만, 우리의 육신만이 아니라 우리의 영혼도 잘됩니다. 선한 생각들, 영적인 열망들, 거룩한 은혜들만이 아니라, 우리의 코의 호흡과 우리의 입의 양식도 전적으로 하나님께로부터 옵니다. 우리는 그런 것들을 늘 필요로 하기 때문에, 늘 간구하지 않으면 안 됩니다. 사랑하는 친구들이여, 게다가 우리는 늘 위험에 처해 있습니다. 우리는 원수의 나라에서 살아가고 있습니다. 모든 수풀 뒤에는 적이 매복해 있습니다. 이 땅의 그 어느 곳도 우리에게 안전하지 않습니다. 세상과 육신과 마귀는 끊임없이 우리를 공격해 옵니다. 적의 화살들이 우리가 서 있는 자리 바로 아래에서도 날아오고, 우리 주위의 모든 곳으로부터 날아오는 한편, 우리 속에서는 우리 자신의 부패함으로 인한 독이 꿈틀거리며 발작을 일으킵니다. 언제든지 시험이 우리를 삼켜 버릴 수도 있고, 우리가 우리 자신에게 미혹하는 자가 되어 제발로 어그러진 길로 갈 수도 있습니다. 폭풍이 휘몰아쳐서 우리를 휩쓸어 가 버릴 수도 있고, 회오리바람이 우리를 낚아채 가 버릴 수도 있으며, 유사(quicksands)가 우리를 삼켜 버릴 수도 있습니다. 이런 것들이 우리를 완전히 난파시키지 않는다고 하여도, 우리는 스스로 허우적대다가 무너져 내리거나, 영적인 마름병에 걸려서 멸망할 수도 있습니다. 그러므로 우리는 늘 깨어서 매순간 "주여, 나를 붙들어 주소서 그리하여야 내가 안전하겠나이다"라고 기도하여야 합니다. 여러분이 부자입니까? 여러분에게 있는 금과 은이 여러분에게 영적인 재앙을 가져다주지 않게 해주시라고 하나님께 기도하십시오. 여러분이 가진 돈이 여러분의 손이나 마음에 꼭 들러붙어 있지 않게 하십시오. 돈은 여러분에게 들러붙어 있을수록 더 독이 되기 때문입니다. 여러분의 풍족함을 거룩하게 해 주셔서, 어떻게 해야 풍족함 가운데서 믿음을 지켜나갈 수 있는지를 알게 해주시라고 하나님께 기도하십시오. 그 길을 아는 것은 쉽지 않은 일입니다. 여러분이 가난하십니까? 그렇다면, 시기와 불만을 비롯해서 빈곤의 좁은 골목길에 출몰하는 온갖 악들로부터 여러분을 지켜 주시라고 하나님께 기도하십시오. 여러분 각자는 이런저런 위험에 처해 있기 때문에, 하나님께서 시간시간마다 끊임없이 공급해 주시는 은혜로 여러분이 그 위험 속에서 믿음을 지키고 살아갈 수 있게 해주시라고 기도하십시오. 우리가 얼마나 가난하고 연약하며 아무 힘도 없는 피조물인지를 알았다면, 여러분은 늘 기도하는 것이 우리에게 얼마나 절실한 것인지에 대해서 더 이상 들을 필요가 없을 것입니다. 우리는 기도 없이 살아가는 사람들을 보면 어떻게 기도 없이 살아갈 수 있는지 의아해해야 할 정도가 되어야 합니다. 너무나 힘 없고 연약한 두 다리를 지닌 우리가 어떻게 우리 아버지의 손을 잡지도 않은 채로 걸을 수 있겠습니까? 중병에 걸려서 시름시름 앓고 있는 우리가 어떻게 선한 의사인 하나님의 돌보심 없이 어떻게 단 하루라도 살아갈 수 있을 것이라고 생각할 수 있겠습니까? 위선자들은 이러한 사실을 알지 못합니다. 그들은 자신들에게 이러한 영속적인 결핍들이 있고, 하나님으로부터 끊임없이 은혜를 공급받음이 없이는 그 결핍들을 채울 수 없다는 것을 알지 못하고, 자신들이 늘 위험에 처해 있고, 하나님이 끊임없이 그들을 보호해 주고 계신다는 것을 알지 못합니다. 그들은 아침과 저녁으로 몇 분 기도한 것으로, 자기가 충분히 기도했다고 생각합니다. 그들은 아침에 일어나 세수하듯이 얼른 기도하고서는, 그 날을 살아가기 위한 준비를 다했다고 여깁니다. 그리고 저녁에 집에 돌아와서는, 마치 슬리퍼를 신듯이 잠깐 의례적으로 기도하고 나서는, 자신의 하루를 마무리하기 위해 자기가 해야 할 일을 다했다고 생각합니다. 그들은 자신의 그러한 기도 행태를 조금이라도 바꾸는 것을 피곤한 일이라고 생각합니다. 그들은 자신의 마음을 하나님께 올려 드리는 그런 기도를 이해하지 못합니다. 여러분이 그들에게 그런 기도에 대해 얘기하면, 여러분의 말은 그들에게 잠꼬대나 자장가로 들립니다.

사랑하는 형제들이여, 우리는 늘 범죄하며 살아가고 있기 때문에, "항상 기도하고 낙심하지 말아"(눅 18:1) 합니다. 만일 내가 늘 범죄하는 것이 아니고, 순전하고 거룩하고 이기적이지 않은 마음으로부터 늘 벗어나 있는 것이 아니라면, 나는 죄를 고백하고 죄 사함을 간구하는 기도를 잠시 멈출 수 있을지도 모릅니다. 그러나 나의 거룩한 행위들 속에조차 거룩하지 못한 것이 묻어 있고, 내가 아무리 노력하고 애써도 내가 하는 일들에는 어느 정도의 오류와 죄악이 포함되어 있을 수밖에 없다면, 나는 하나님께 내 죄를 사해 주시고 내게 은혜를 베풀어 주시라고 늘 끊임없이 부르짖으며 기도해야 하는 것이 마땅하지 않겠습니까? 그리고 우리는 새로운 시험들에 빠질 소지가 늘 상존하고 있지 않습니까? 우리가 우리 자신의 능력을 넘어서는 능력에 의해서 보호를 받지 않는다면, 우리는 지금까지 우리가 범해 왔던 것보다 더 큰 죄악들에 빠지는 것은 당연한 일이 아니겠습니까? 어떤 시험들이 여러분을 공격해 올지 모르는 일이기 때문에, 여러분은 늘 쉬지 않고 기도하여야 합니다. 여러분이 시험에 들지 않게 해주시라고 기도하십시오. 모든 것이 순탄할 때, 우리는 우리에게 필요한 모든 것이 충족되어서 더 이상 필요한 것이 없다고 생각해서 기도하지 않아도 되겠다고 생각할 수 있습니다. 하지만 우리가 온전한 죄 사함과 확신 가운데 산봉우리에 서서 우리의 온 몸으로 하나님의 은총의 햇살을 충만히 받고 있다고 느끼고, 우리에게 그 어떤 두려움이나 염려나 괴로움도 없고, 우리의 심령을 괴롭게 하는 것이 아무것도 없다고 할지라도, 그때에도 우리는 기도하기를 쉬지 않아야 합니다. 그때에 우리는 우리의 혈육들이나 이웃들, 그리고 다른 사람들의 영혼을 생각하고, 그들을 우리의 가슴에 품고서 하나님께 기도하며 부르짖는 것이 마땅합니다. 범죄 가운데서 완악해진 우리 주변의 죄인들을 생각해야 합니다. 죄책감으로 인해서 말라 죽어가고 있거나 절망 속에서 몸부림치는 그들을 생각해야 합니다. 형제들이여, 여러분이 여러분 자신을 위해서 더 이상 간구하고 기도할 것이 없다고 해서, 다른 사람들을 위해서 중보기도하는 것을 어떻게 그칠 수 있겠습니까? 절대로 그럴 수 없습니다. 우리가 받아들인 저 복음과 아무런 자격도 없는 우리를 받아주신 그리스도를 생각할 때, 우리는 다른 사람들을 위하여 기도하지 않을 수 없습니다. 우리 위에서 펄럭이고 있는 하나님의 진리의 깃발, 우리를 고귀한 존재로 만들어 주신 만왕의 왕의 사랑, 그분으로 말미암아 이 날까지 그의 십자가와 복음을 향하여 품게 되었던 우리의 열심과 뜨거움으로 인해서, 우리는 흔들림 없이 쉬지 않고 기도하지 않을 수 없게 됩니다. 옛적의 복음도 그렇게 말씀하였고, 하나님의 성령께서도 우리로 하여금 지금 그렇게 하라고 하십니다. "사람들이 그를 위하여 항상 기도하고 종일 찬송하리로다"(시 72:15). 이 예언의 말씀이 참되다는 것이 우리에게서 입증되고, 이 약속의 말씀이 우리에게서 이루어진다면 얼마나 좋겠습니까! 위선자들은 절대로 그런 식으로 하지 않습니다.

그들에게는 주일에 기도하고, 가정예배에서 기도하는 것만으로 충분합니다. 물론, 그 정도의 기도로는 왠지 불안하게 느껴진다면, 그들은 침상에서 저녁과 아침으로 잠자리에 들 때와 잠자리에서 일어날 때에 기계적으로 기도를 드릴 것입니다. 그들에게는 그것으로 충분합니다. 그들에게는 "항상 기도한다"는 것은 천국에 가서 "종일 찬송하게" 되는 것만큼이나 끔찍한 일입니다. 그래서 그들에게 종일 기도하라고 하면, 그들은 기도로부터 발길을 돌려서 아예 기도하는 것을 끊어 버리고서 전혀 기도하지 않게 될 것입니다. 왜냐하면, 그들은 하나님이 계시는 곳에는 가고자 하지 않을 것이기 때문입니다. 하나님께서도 그들에게 "내가 너희를 도무지 알지 못하니 불법을 행하는 자들아 내게서 떠나가라"(마 7:23)고 말씀하실 것입니다.

"그가 어찌 항상 하나님께 부르짖겠느냐." 이것은 끈질김에 관한 질문입니다. 위선자들이 끈질기게 기도하고자 할까요? 그들은 절대로 그렇게 하고자 하지 않을 것입니다. 나는 농장을 하는 사람들로부터 좋은 말(馬)을 어떻게 알아볼 수 있는지 그 방법에 대해서 들은 적이 있습니다. 그 방법을 알면, 선한 그리스도인을 알아보는 데에도 큰 도움이 됩니다. 어떤 말들은 수레에 매고자 하면 말을 듣지 않고 버티며 반항한다고 합니다. 그렇게 해서 말을 수레에 매고 나면, 그런 말들은 자기가 힘을 써서 수레가 잘 움직이는 것을 확인한 경우에는 온 힘을 다해서 수레를 끌지만, 힘껏 잡아당겼는데도 수레가 움직이지 않는 경우에는 더 이상 수레를 끌려고 하지 않는다는 것입니다. 그런데 서퍽(Suffolk)에서 나는 정말 좋은 혈통의 말들은 사력을 다해서 수레를 끌고, 수레를 아주 단단한 기둥에 묶어 놓은 채로 끌게 하면, 그 수레가 꿈쩍도 하지 않아도, 그 기둥 자체가 부러질 정도까지 끌어당긴다고 합니다. 참된 그리스도인들도 마찬가지입니다. 그들은 하나님께 큰 은혜를 주시라고 기도할 때에는 응답을 받든지 못 받든지 계속해서 끈질기게 기도를 해 나가고, 결코 기도하기를 포기하지 않습니다. 그들은 자신의 간구가 하나님의 뜻과 약속을 따른 것임을 알고 있을 때에는, 하나님 앞에 예수의 피를 내밀며 간절히 호소합니다. 그들은 즉시 응답을 얻지 못한다고 할지라도, "나의 영혼아 잠잠히 하나님만 바라라 무릇 나의 소망이 그로부터 나오는도다"(시 62:5)고 말합니다. 그들이 자신의 영혼에게 "잠잠히 하나님만 바라라"고 명하는 것은 자신이 바라는 것이 하나님으로부터 오기 때문입니다. 위선자들은 교회에 가서 기도회에 참석하면, 자신의 마음이 뜨거워지고 흥분이 되는 것을 느끼기 때문에, 덩달아서 뜨겁게 기도합니다. 즉, 자기 뒤에 있는 수레가 움직이면, 그들은 아주 기꺼이 수레를 끌고자 합니다. 그러나 참된 신자들은 이렇게 말합니다: "나는 아직 그 어떤 부흥의 기미도 느끼지 못합니다. 나는 많은 사람들이 회심했다는 말도 듣지 못했습니다. 하지만 상관없습니다. 우리는 하나님께서 자신의 사랑하시는 아들을 영화롭게 해주시라고 기도해 왔으니, 계속해서 그렇게 기도할 것입니다. 우리가 한 주간 동안 기도했는데도 응답이 오지 않는다면, 우리는 세 주간을 기도할 것입니다. 우리가 세 주간 동안 기도했는데도 응답되지 않는다면, 우리는 세 달을 기도할 것입니다. 세 달을 기도해도 응답이 없다면, 우리는 삼 년을 계속해서 기도할 것입니다. 삼 년을 기도해도 응답을 받지 못한다면, 우리는 삼십 년을 기도할 것입니다. 그런데도 응답이 오지 않는다면, 우리는 '주의 일을 주의 종들에게 나타내시고, 주의 영광을 주의 종들의 자녀들에게 나타내소서' 라고 기도할 것입니다. 우리는 죽을 때까지 기도하다가, 다음 세대에게 그 기도를 물려주어서, 그들로 하여금 하나님의 응답을 확신하고서 대를 이어 기도하게 할 것입니다."

그러한 기도는 절대로 헛되이 땅에 떨어지는 기도가 아닙니다. 그 기도들은 모두 차곡차곡 천국에 쌓이고, 그렇게 뿌려진 씨앗들은 때가 되면 반드시 열매를 거두게 될 것입니다. 그런 기도는 하나님의 감동을 따라 생겨난 성도들의 열망입니다. 따라서 참된 신자들은 끝까지 사력을 다해서 수레를 끄는 법을 압니다. 야곱은 얍복 나루에 이르렀을 때에, 거기에 나타난 천사를 이기기가 쉽지 않다는 것을 알았습니다. 그는 천사를 꼭 붙잡았지만, 천사로부터 축복을 얻어낼 수 없었습니다. 그는 꼭 붙잡는 것 이상의 그 무엇을 해야 했습니다. 만일 야곱이 위선적인 신앙을 지닌 위선자였다면, 자기가 천사를 꼭 붙잡아도 별 소용이 없다는 것을 알고서는, 그는 천사를 그냥 놓아 주었을 것입니다. 그러나 그는 하나님의 참된 자녀였기 때문에, "당신이 내게 축복하지 아니하면 가게 하지 아니하겠나이다"(창 32:26)라고 말하였습니다. 천사가 그의 허벅지 관절에 있는 둔부의 힘줄을 쳐서 그를 절뚝거리게 만들었을 때, 만일 그가 위선자였다면, 그는 이렇게 생각했을 것입니다: "나는 이미 할 만큼 했어. 계속해서 축복을 요구했다가는, 천사가 내 다리를 분질러 놓아서, 내가 불구가 될지도 몰라. 그러니 이 밤중에 정체도 모르는 자와의 대결은 이 정도로 해두고, 빨리 내 장막으로 돌아가는 게 좋겠어." 그러나 야곱은 그렇게 하지 않았습니다. 그는 반드시 이겨야 한다고

생각했기 때문에, 천사가 친 허벅다리 쪽에서 큰 고통을 느끼면서도, 이렇게 말했습니다:

> "동이 틀 때까지 당신을 붙들어 놓고,
> 온 밤을 새워 당신과 씨름할 각오가 내게는 되어 있나이다."

야곱은 정말 그렇게 했고, 그 밤에 왕으로 등극하였습니다. 여러분은 하나님께서 "안 돼"라고 하신다고 해서, 그것을 그냥 그대로 받아들이고자 하시는 것입니까? 여러분이 그렇게 하고자 한다면, 여러분은 결코 하나님으로부터 축복을 받지 못하게 될 것입니다. 하나님께서는 끈질기게 기도하는 자들을 사랑하십니다. 길거리에서 장난삼아서 어느 집의 초인종을 누르고 난 다음에 급히 도망치는 소년들처럼, 천국의 초인종을 장난삼아 한두 번 눌러보는 식으로 기도하는 사람들은 결단코 하나님의 축복을 받지 못하게 될 것입니다. 기도하는 것을 그치지 마십시오. 그것은 진정성이 있음을 보여주는 시금석입니다. 이것이 욥이 위선자들에 대하여 말할 때에, "그가 어찌 항상 하나님께 부르짖겠느냐"고 말한 이유입니다. 위선자들은 우리가 위에서 본 것처럼, 자기가 구한 것을 얻지 못한 경우에도 기도를 그만두고, 자기가 구한 것을 얻은 경우에도 기도를 그만둡니다. 그들이 병이 들어서 고쳐 달라고 하나님께 기도했다가 정말 병이 나았다면, 또다시 기도할 이유가 어디 있겠습니까? 그들은 병들었을 때에는 죽지 않게 해 달라고 하나님께 기도하면서, 슬픈 표정을 짓고 우는 소리를 내며, 회개한답시고 자신의 죄들을 주저리주저리 늘어놓았습니다. 그러나 그들의 건강이 회복되고, 걱정거리가 사라져서, 기분이 유쾌해졌고, 활기를 거의 다 되찾았는데, 그들이 또다시 기도할 이유가 어디 있겠습니까? 그들이 병들어서 괴로웠을 때에 서원한 것들이 그들의 안중에 있겠습니까? 그들은 자기가 무슨 서원을 했는지 까맣게 벌써 다 잊어버렸습니다. 그들이 위선자라는 것은 너무나 분명합니다. 왜냐하면, 그들은 자신의 기도대로 이루어졌든 안 이루어졌든 기도를 그만둘 것이기 때문입니다. 그들에게는 하나님의 명령을 지킬 마음도 없고, 자신들이 한 약속을 지킬 마음도 없습니다. 그들에게는 참된 기도를 드리고자 하는 마음이 처음부터 없기 때문에, 그런 기도를 드리고자 하여도 드릴 수가 없습니다.

"그가 어찌 항상 하나님께 부르짖겠느냐." 이것은 끝까지 믿음으로 기도해 나

갈 수 있느냐에 관한 질문입니다. 위선자가 장래에도 계속해서 늘 기도하고자 하겠느냐는 것입니다. 그가 지금은 장래에도 계속해서 늘 기도하겠다고 말은 하지만, 앞으로 몇 년 후에도 과연 그가 계속해서 기도하고 있겠느냐는 것입니다. 그가 병이 깊을 때, 나는 그를 심방하러 갑니다. 의사 선생님은 그가 회복될 가망은 희박하다고 말합니다. 그의 아내는 울고 있습니다. 온 집안이 걱정에 휩싸여 있습니다. 나는 그의 침상 곁에 앉아서 그에게 말하면, 그는 "예, 그렇습니다"를 연발합니다. 그는 내가 말하는 모든 것에 동의하고, 자기가 예수를 믿는다고 말합니다. 그리고 일어나서 침상에 앉아, "하나님이여, 나를 불쌍히 여기소서"라고 부르짖습니다. 그의 친구들은 경건한 사람들이어서, 그의 그런 모습을 보며 무척 기뻐합니다. 그들은 그가 병에서 회복되기를 바라고, 새로운 피조물이 되어 그리스도의 참된 제자로 살아가게 되기를 간절히 바라고 있습니다. 그 자신도 자신의 친구들에게 자기가 병이 낫기만 한다면, 온 힘을 다해서 진실하게 믿음 생활을 하고 하나님께 순종하는 삶을 살겠다고 말합니다. 이후로는 명목상으로만 믿는 것이 아니라, 자신의 목숨을 바쳐서 주님을 섬기겠다고 말합니다. 이제 그를 보십시오. 그는 병에서 회복되었습니다. 그가 병상을 박차고 나와서, 지금까지 그를 위하여 기도하며 힘든 일들을 참아가며 그를 간호해 왔던 자신의 아내의 수발을 더 이상 받지 않아도 되었을 때, 이 위선자가 어떻게 하는지를 잘 보십시오. 그는 자기가 병들었을 때에 생각하고 말한 것이 다 바보 같았다고 말합니다. 그러면서 자신이 아팠을 때에 한 경건한 말들과 약속들은 자기가 제정신으로 한 것들이 아니라, 너무나 놀라고 혼비백산해서 머리가 어떻게 되는 바람에 제정신이 아닌 상태에서 나온 헛소리들로 치부하고서, 애디슨(Addison)이 발행한 「더 스펙테이터」(The Spectator)라는 일간지에 나오는 무신론자처럼 자신의 모든 신앙 고백들을 철회합니다. 애디슨은 이런 얘기를 우리에게 들려 줍니다: 어떤 배의 선원들이 자신들의 배에 한 무신론자가 탔다는 말을 들었습니다. 그들은 무신론자가 무엇인지를 알지 못했기 때문에, 뭔가 이상한 물고기 같은 것이 틀림없을 것이라고 생각했습니다. 하지만 하나님을 믿지 않는 사람을 무신론자라고 한다는 말을 들은 그들은 "선장님, 그 자를 물속으로 던져 버리는 것이 상책일 것 같습니다"라고 말하였습니다. 곧 폭풍우가 몰려왔고, 무신론자는 몹시 두려워하고 상심하였습니다. 그는 갑판 위에서 하나님께 살려 달라고 부르짖으며, 자기가 멸망을 당하여 지옥에 떨어질까 봐 염려하며 어린아이처럼 우는

소리를 내며 기도하였습니다. 이것이 무신론자들의 통상적인 모습입니다. 그러
나 그 겁쟁이는 육지에 내리자, 자기가 기도하는 소리를 들었던 신사들에게 배
위에서 일어났던 일은 못 본 체해 달라고 사정하였습니다. 실제로 그는 자기가
무슨 기도를 했는지도 다 잊어버리고 있었습니다. 폭풍우가 몰려와서 다급해지
자, 그는 천하의 겁쟁이처럼 말도 안 되는 내용들을 입 밖으로 내어 기도했었습
니다. 위선자들은 위험에 처했을 때에는 그런 식으로 말도 안 되는 것들을 다 끌
어와서 기도하지만, 폭풍우가 지나가고 나면, 언제 그런 기도를 했었느냐는 듯
이 허세를 부립니다. 거기에서 그들이 위선자라는 것이 드러납니다. 그들에게서
그들이 두려워하고 괴로워하는 것이 사라지면, 그들은 자기가 신앙의 외투를 입
고 있을 이유를 찾지 못하기 때문에 그 외투를 벗어 던져 버립니다. 그들은 아이
들이 가지고 노는 팽이와 같아서 채찍으로 칠 때에만 돌아갑니다. 그들은 괴로
울 때에만 기도하고, 괴로움이 지나가면, 단 한순간도 더 기도하려고 하지 않습
니다. 위선자들은 오늘 기도하는 사람을 훌륭하게 보는 무리들 속에 있을 때에
는 기도하지만, 내일 사업상 기도를 비웃는 무리들과 어울릴 때에는 기도를 내
팽개칩니다. 회심한 옛 친구가 찾아오면, 그들은 그 친구를 조롱하고 비웃기 시
작합니다. 그들은 그 친구에게 정말 감리교도가 된 것이냐고 묻습니다. 그리고
그들은 자신의 친구에게 거칠고 상스러운 말들을 퍼부어서, 이제 막 천국으로
향하는 길을 걸으며 담대하게 기도하기 시작한 친구가 회의론자 앞에서 스스로
왜소해지는 것을 느끼게 만듭니다. 만일 그들의 마음이 올바르게 되어 있다면,
그들은 자기를 조롱하는 자들에게 해줄 합당한 대답을 지니고 있을 뿐만 아니
라, 원수의 땅에서 전쟁을 벌여서, 자신의 적들로 하여금 하나님과 구주 없이 살
아가는 삶은 미친 짓이며 그들의 죄악된 행위들은 어리석고 우매한 짓들일 뿐임
을 느끼게 해주고자 할 것입니다. 진정으로 조롱과 경멸의 대상이 되어야 할 자
들은 하나님이 없이 살아가는 자들, 그리스도 없이 살아가는 자들입니다. 그리
스도인들은 결코 부끄러워할 이유도 없고 저자세로 나갈 이유도 없습니다. 도리
어 위선자들이 부끄러워서 얼굴을 가리는 것이 마땅합니다. 왜냐하면, 이 세상
에서 경멸 받아야 할 사람이 있다면, 그것은 입으로는 신앙을 고백하지만 마음
에는 전혀 신앙이 없는 그런 사람이기 때문입니다.

　또한, 어떤 사람이 자기가 듣기 좋아하는 말들만을 해주는 그런 무리들과
어울린다면, 그런 사람은 항상 하나님의 이름을 부를 수 없을 것입니다. 왜냐하

면, 그런 사람들은 하나님의 교회를 이루고 있는 저 비천한 사람들과 어울리면, 자신의 위신이 깎인다고 느낄 것이기 때문입니다. 그들은 자신의 사업이 잘되어 번창하면, 전에 하나님을 예배할 때에 함께 했던 사람들이 자기보다 못해 보이고 열등해 보이기 때문에, 세상적인 교회를 찾게 될 수밖에 없습니다. 그래서 그들은 가난하고 궁핍한 자들이 아니라, 상류층의 특별히 선택된 사람들을 위한 복음이 선포되는 교회를 찾아갑니다. 그들은 자기가 비국교도가 된 것이 잘못이었다고 생각할 것이고, 어차피 비국교회에서 들었던 신앙 원리들을 그들이 그렇게 신봉한 것도 아니었기 때문에 그런 것들은 헌신짝처럼 내버릴 수 있습니다. 그들의 아버지들이 그 참된 신앙 원리들을 지키기 위하여 순교를 당하였고, 전 재산을 빼앗겼으며, 조국으로부터 추방을 당하거나 감옥에 간힌 것인데도, 그들은 바로 그러한 신앙 원리들을 마치 아무런 가치도 없는 것인 양 내팽개쳐 버립니다. 박해를 받고 곤경 속에 있었을 때에는 우리 가운데 있으면서 자신의 신앙을 건고히 지켜 나가다가, 사업이 잘되어 부자가 되자 그 시험을 이기지 못하고 우리에게서 떨어져나간 사람들이 많습니다. 이것이 "그가 어찌 항상 하나님께 부르짖겠느냐"라는 시금석의 또 하나의 모습입니다.

또한, 이런 일들 중에서 그 어떤 것도 일어나지 않는다고 하여도, 진정으로 회심하여 참된 그리스도인이 된 것이 아닌 경우에는, 처음에는 뭔가 새로운 것이 있는 것 같아서 기독교 신앙을 받아들였다가, 어느 정도 시간이 지나면 식상해져서 신앙을 버리는 것이 보통입니다. 그런 사람들은 "흙이 얕은 돌밭"과 같아서, "흙이 깊지 아니하므로 곧 싹이 나오나 해가 돋은 후에 타서 뿌리가 없으므로 말라 버립니다"(마 13:5). 그들은 고도로 감성적인 성격의 감화력에 의해서 쉽게 감화되고 빨리 느끼며 즉시 반응하기 때문에, 어떤 설교자의 설교를 듣고서 마음이 금방 뜨거워져서, "예, 나는 천국에 가고자 합니다"라고 고백합니다. 그들은 자기가 회심하였다고 생각하지만, 우리는 자기가 회심하였다는 그들의 말을 곧이곧대로 믿지 않는 편이 좋습니다. 그들은 빨리 뜨거워지고 빨리 식습니다. 그들의 경건은 가마솥 아래의 가시나무들처럼 요란한 소리를 내며 활활 타오르다가 금방 다 타 버려서 한 줌의 재만을 남겨 놓습니다. 그들이 신앙에 대하여 싫증을 느끼는 데에는 그리 오랜 시간이 걸리지 않습니다. 그들은 신앙이라는 것이 너무나 지겹게 느껴져서 도저히 더 이상 신앙생활을 지속할 수 없게 됩니다. 그들이 한동안 신앙생활을 지속한다고 해도, 신앙이라는 것은 그들에게 노새가 날라야 하는 무거운 짐과 같습니다. 사실, 그들은 그 신앙이라는 짐을 벗어 버리고자 하지만, 한 번 발을 들여놓았기 때문에, 다시 나오기가 계면쩍어서, 형식적인 신앙생활을 지속해 나가는 것일 뿐이고, 올빼미가 낮을 좋아하지 않는 것만큼이나 그들은 신앙이라는 것을 싫어합니다. 그들은 기도할 마음이 전혀 없으면서도 형식적으로 기도하는 모양만 냅니다. 이것이 얼마나 비참한 일입니까! 나는 수입이 거의 없거나 전무한데도 계속해서 자신의 품위를 지켜 나가야 한다는 강박관념에 사로잡혀 살아 온 사람들을 알고 있습니다. 그들의 빚은 점점 더 늘어났고, 그들의 품위는 늘 위태로웠습니다. 품위를 지켜 나가야 한다는 강박관념으로 인해서 그들은 자신이 갖고 있던 것들을 다 털리고 있었습니다. 나는 그런 사람들을 가난한 자들 중에서 가장 가난한 자들이라고 생각해 왔습니다. 그들은 불행한 삶을 영위하고 있고, 마음의 평안을 결코 느끼지 못합니다. 그러나 그런 사람들보다도 더 끔찍한 사람들이 있는데, 영적인 수입이 전무한 데도 영적인 품위를 계속해서 지켜 나가고자 하고, 그들의 영혼 속에 생명수가 솟아나는 샘이 없는데도 그 입에서 은혜로운 말들을 끊임없이 쏟아내며, 그들의 마음은 딴 데 가 있는데 성소에서 온갖 예를 다 차리지 않으면 안 된다는 생각에 사로잡혀 있는 사람들이 바로 그런 사람들입니다. 그들에게는 은혜로운 생각들이 전혀 없는데도, 그들은 자신의 입으로 은혜로운 말들을 쏟아내야 한다고 생각합니다. 여러분이 그런 사람들이라면, 여러분은 마귀를 위해서 두 번 순교를 하는 자들입니다. 왜냐하면, 여러분은 현세에서는 마귀 편에 서서 자신의 위선적인 신앙 고백을 지속해 나감으로써 거기에서 오는 혐오감과 염증으로 인하여 죽지 못해 사는 인생을 살아야 하고, 내세에서는 예수 그리스도에 대한 자신의 거짓되고 위선적인 신앙 고백을 통해서 하나님을 모독하고 자신의 영혼을 파멸시킨 죄로 인하여 영원한 고통을 당하게 될 것이기 때문입니다.

이런 말씀을 전함으로써, 나는 내 앞에 계시는 여러분들을 압박하고 있는 것으로 보이겠지만, 사실 내 자신의 양심을 아주 혹독하게 압박하고 있는 것입니다. 우리 중에는 이런 말씀을 듣고서, 이것이 정말 엄중한 문제라고 느끼지 않는 사람은 단 한 사람도 없을 것이라고 나는 생각합니다. 사랑하는 친구들이여, 우리의 마음이 우리를 정죄하지 않아야만, 우리는 하나님과 화목한 관계 속에 있는 것입니다. 그러나 우리의 마음이 우리를 정죄한다면, 하나님께서는 우리의 마음보다 더 크시기 때문에 그 모든 것들을 다 아십니다. 우리는 하나님 앞에 나아가서 우리의 지난 잘못들을 남김없이 다 고백하여야 합니다. 우리가 우리 자신의 위선을 느끼지 못한다고 할지라도(나는 우리가 우리 자신의 위선을 알 수 없다고 믿습니다), 우리는 "하나님이여 나를 살피사 내 마음을 아시며 나를 시험하사 내 뜻을 아옵소서 내게 무슨 악한 행위가 있나 보시고 나를 영원한 길로 인도하소서"(시 139:23-24)라고 기도하여야 합니다. 지난 밤에 나는 어떤 신사 분과 얘기하면서, "당신은 생명보험 회사의 지점장이시죠?"라고 말했더니, 그가 "예"라고 대답했습니다. 나는 계속해서 "당신의 회사는 형편없는 회사죠?"라고 말했더니, 그는 "우리 회사는 아주 좋은 회사입니다, 정말입니다"라고 대답했습니다. "하지만 당신의 회사는 명단에서 아주 아래쪽에 있습니다." "어떤 명단을 말씀하시는 것입니까?" "각각의 생명보험 회사들의 상태가 어떠한지를 많은 사람들에게 알리기 위해서 어떤 사람들이 작성한 명단입니다." "어디에서 그 명단을 볼 수 있습니까?" "그 명단이 어디에 있는지는 신경 쓰지 마시고, 그 명단에서처럼 당신의 회사가 형편없다는 것이 사실인지만을 확인해 주십시오." "그것은 사실이 아닙니다. 우리 회사는 아주 건전하고 탄탄한 회사입니다." "어째서죠?" "아무개 씨가 아주 뛰어난 회계사이고 존경 받는 사람이라는 것을 목사님도 아실 것입니다." "예, 압니다." "우리 회사가 그에게 우리 회사에 대한 회계감사를 맡길 때, 우리는 그에게 이 말만 했습니다. '오직 수치만을 철저히 감사해 보시고, 그 수치가 우리 회사의 상태가 어떠하다고 말해 주는지만을 우리에게 말해 주십시오. 다른 것들은 일체 고려하지 마시고, 오직 회계상으로 우리 회사가 어떠한지를 말해 주세요. 진실을 한 치도 숨기려 하지 마십시오. 우리가 파산하기 직전 상태에 있다면, 우리에게 그대로 얘기해 주세요. 우리가 잘해 나가고 있는 것이라면, 그것도 그대로 말해 주세요.'" 그 신사 분은 자기 회사가 내가 우려하고 있는 그런 상태에 있지 않다는 것을 내게 확신시키고자 했습니다. 어떤 사람이 자기 회사의 상태를 있는 그대로 알고자 하고 공표하고자 할 때, 나는 그런 사람의 회사를 신뢰합니다. 그리스도인들 중에서 내가 그들의 진실성을 신뢰하는 사람들은 이렇게 늘 진실하게 기도하는 사람들입니다: "하나님이여, 내가 아무리 최악의 상태에 있다고 할지라도, 나로 하여금 나의 모습을 있는 그대로 알게 해주십시오. 내가 지니고 있는 모든 좋은 계획들과 밝은 전망들이 단지 꿈에 불과하고 망상일 뿐이거나, 내 앞에 펼쳐져 있는 저 푸른 초장들과 윤기 흐르는 언덕들이 단지 신기루일 뿐이어서, 끔찍하게도 내일이면 타는 듯한 사막으로 변해 버릴 것이 사실이라면, 나로 하여금 있는 그대로 진실을 알게 해주십시오. 사람의 마음을 감찰하시고, 심장과 폐부를 시험하시는 하나님, 나를 정직한 길로 이끄시고, 나로 하여금 당신 앞에서 진실하게 해주십시오." 우리는 그렇게 솔직하고 정직하게, 그리고 천진난만하고 순수한 마음을 가지고서 하나님 앞에 나아가야 합니다. 우리는 하나님을 경외하고 우리 자신을 믿지 않는 것이 마땅하기 때문에, 우리의 마음을 괴롭히는 시기들과 의심들을 버리고, 전지전능하신 하나님께로 피하여야 합니다. 그리고 우리는 거기에서 한 걸음 더 나아가서, 늘 예수의 십자가 앞으로 새롭게 속히 나아가서, 죄인들의 구주를 새롭게 받아들임으로써, 우리에게 닥친 난관들을 극복해 나가야 합니다. 내가 하나님의 자녀라는 증거와 관련해서 풀리지 않는 매듭이 있어서, 내가 그 매듭을 풀 수 없을 때에는, 나는 대체로 알렉산더 대왕이 고르디우스의 매듭을 해결했던 방식을 따라서, 그 매듭을 단칼에 잘라내 버립니다. 내가 어떤 식으로 매듭을 잘라내냐고요? 이렇게 합니다. "양심이여, 너는 이것이 잘못되었고 저것이 잘못되었다고 말한다. 사탄이여, 너는 내 믿음이 환상이고, 내 경험이 허구이며, 내 신앙 고백이 거짓이라고 말한다. 좋다, 그렇다고 치자. 나는 그것을 반박하려고 하지 않고, 단칼에 그 문제를 끝낼 것이다. 내가 성도가 아니라면, 나는 죄인이다. 이 사실에는 그 어떤 의심도 있을 수 없다. 마귀도 이 사실에는 그 어떤 의문도 제기할 수 없다. 성경에도 '예수 그리스도께서 죄인을 구원하시려고 세상에 임하셨다' (딤전 1:15)고 기록되어 있다. 그리고 복음은 죄인들에게 '그리스도를 믿는 자는 정죄를 당하지 않으리라' 고 선포하고 있다. 그러므로 나는 하나님의 은혜를 힘입어서 그리스도를 믿을 것이다. 내가 전에 믿은 적이 없었다고 할지라도, 지금 하나님의 은혜로 이렇게 믿었으니, 내가 지은 모든 죄들은 다 도말된 것이다. 하나님이여, 지금 내게 은혜를 주셔서, 나로 하여금 다시 시작하게 하시고, 지금 이 시간부터 믿음의 삶과 기도의 삶을 살게 해주십시오. 나를 항상 기도하는 사람들 중의 하나가 되게 해주십시오. 나를 일생 동안 기도해 오다가 죽을 때에도 기도하는 사람들 중의 하나가 되게 해주십시오."

　기도는 우리의 생명 그 자체이기 때문에, 기도를 그치면, 우리는 살기를 그치는 것입니다. 우리는 우리의 영적인 생명이 이 땅에서 유지되는 동안에는 기도하여야 합니다. 하나님이여, 예수의 피 공로와 성령의 권능을 통해서 이 자리에 계신 모든 분들에게 그러한 은혜를 허락하여 주소서. 아멘, 아멘.

제
22
장
—

욥의 회한과 우리의 회한

—

"나는 지난 세월과 하나님이 나를 보호하시던 때가 다시 오
기를 원하노라 그 때에는 그의 등불이 내 머리에 비치었고
내가 그의 빛을 힘입어 암흑에서도 걸어다녔느니라 내가 원
기 왕성하던 날과 같이 지내기를 원하노라 그 때에는 하나
님이 내 장막에 기름을 발라 주셨도다." — 욥 29:2-4

욥이 여기에서 자기가 누리던 세상적인 형통함을 잃어버렸다고 탄식하는
것이라면, 우리는 그의 그러한 회한을 단죄할 수도 없고 칭찬할 수도 없을 것입
니다. 왜냐하면, 그것은 너무나 충격적인 반전을 경험한 사람에게서 나올 수 있
는 자연스러운 회한의 표현일 것이기 때문입니다. 그러나 이 본문 속에는, 욥이
자신의 물질적인 형편이 아니라 자신의 심령이 느끼는 영적인 압박감을 표현한
것으로 믿어지는 표현들이 도처에 나옵니다. 그의 심령은 눌려 있었습니다. 욥
은 하나님의 얼굴빛을 잃어버려서, 그가 내면에서 느끼던 위로들과 하나님을 즐
거워하며 기뻐하던 것은 거의 사라지고 없었는데, 다른 어떤 것들보다도 바로
그런 것들이 그를 회한으로 몰고 간 것이었습니다. 그가 "내 뿌리는 물로 뻗어나
가고 이슬이 내 가지에서 밤을 지내고 갔다"(19절)고 말했을 때, 그것은 자신이
형통하던 날들이 그에게서 다 떠나가 버린 것에 대한 회한을 표현한 것이 틀림
없습니다. 그러나 그를 가장 큰 회한으로 몰고 간 것은 하나님의 등불이 더 이상
그의 머리에 비치지 않게 되고, 하나님의 비밀이 그의 장막에 더 이상 있지 않게

된 것이었습니다. 그의 영적인 회한들은 그의 본성적인 회한들보다 우리에게 훨씬 더 많은 것들을 가르쳐 주기 때문에, 우리는 그의 영적인 회한들만을 집중적으로 살펴보고자 합니다. 우리가 오늘의 본문에 나오는 욥의 말들을 그대로 우리 자신의 것으로 삼아도, 아무런 문제가 없습니다. 나는 우리 중에는 우리가 하나님을 처음으로 사랑했던 저 신혼의 행복한 날들이 다시 왔으면 좋겠다고 탄식하며 이 회한의 말들을 쏟아낼 수 있는 사람들이 많을 것이라고 생각합니다. 이 아침에 나는 오늘의 본문을 많은 대지들로 나누어 전함으로써 여러분을 조금 괴롭혀 드릴 것이지만, 각각의 대지에 대해서는 짤막하게 전할 것입니다. 하나님의 성령이 역사하셔서, 오늘 선포되는 말씀들이 우리의 생각을 진일보시키고, 우리에게 실제적인 유익을 가져다줄 수 있게 되기를 소망합니다.

1. 첫째로, 본문에 표현된 회한들은 쓰디쓴 것들입니다.

우리는 이 회한들이 정말 쓰디쓴 것들일 수밖에 없다는 말을 가장 먼저 해야 합니다. 우리가 영적인 것들을 잃어버린 것으로 인해서 회한에 빠진다면, 우리는 우리의 심령 깊은 곳에서부터, "나는 지난 세월이 다시 오기를 원하노라"고 말하게 될 것입니다.

사람이 하나님을 가까이 하며 살아가는 것은 크고 중요한 일입니다. 하나님의 친밀한 벗이 되어 하나님과 내밀한 교제를 하며 살아가는 것은 최고의 특권입니다. 그 특권이 크고 중요한 일이기 때문에, 그 특권을 잃어버렸을 때의 상실감도 지극히 클 수밖에 없습니다. 늘 빛 가운데서 보았던 눈에 갑자기 캄캄한 흑암이 덮친다면, 그 어둠은 지극히 큰 어둠일 수밖에 없습니다. 늘 가난하게 살아온 사람에게는 가난이 극심하게 느껴지지 않지만, 아주 큰 부자로 살다가 지독한 가난의 나락으로 떨어진 사람은 그 가난이 견디기 힘든 가난이 됩니다. 하나님과의 교제를 누려 보지 않은 사람은 그 교제를 잃는다는 것이 어떤 것일지를 전혀 알 수 없습니다. 그러나 구주의 품에 안겨 본 적이 있는 사람이 그러한 거룩한 교제를 빼앗긴다면, 그는 평생을 애통함 속에서 지내게 될 것입니다. 오늘의 본문에서 욥이 자기가 잃어버렸다고 한탄하는 그 은혜들은 결코 작은 것들이 아닙니다. 먼저, 그는 자기가 하나님의 보호하심을 잃어버렸다고 탄식하면서, "나는 지난 세월과 하나님이 나를 보호하시던 때가 다시 오기를 원하노라"고 말합니다. 그리스도인들에게는 사방에 온통 하나님의 손이 있어서, 그들의 모든 길들에 울타리를 치셔서, 아예 처음부터 죄를 짓지 못하게 막으시는 그런 날들이 있습니다. 그들의 양심은 예민하고, 그들은 하나님의 성령에 순종합니다. 그러므로 그들이 행하는 모든 길들은 하나님의 보호하심 아래에 있게 됩니다. 그들의 발이 돌에 걸려 넘어지지 않도록, 하나님의 천사들이 그들을 지켜 줍니다. 그러나 그들이 영적인 나태함에 빠져서, 하나님과 거리를 두고서 행하게 되면, 그들은 그런 식의 보호하심을 받지 못하게 됩니다. 물론, 하나님께서는 그들이 완전히 배교하도록 내버려 두지는 않으시지만, 그들은 매우 중대한 범죄를 저지르게도 됩니다. 주님을 멀찌감치서 따랐던 베드로처럼, 그들은 맹세와 저주까지 해 가면서, 자신의 주님을 부인할 수도 있게 됩니다. 우리가 사방에서 날아오는 모든 불화살로부터 우리를 지켜 주셨던 하나님의 보호하심을 잃게 되어서, 전능자의 그늘 아래 더 이상 거하지 않게 되고, 하나님의 진실하심이 우리의 큰 방패와 손 방패가 되고 있다는 것을 더 이상 느낄 수 없게 되면, 여러 세상들을 준다고 해도 바꾸지 않을 만큼 소중한 기쁨을 잃게 되기 때문에, 고통스러운 마음으로 자신의 그러한 상태를 한탄하게 되는 것은 당연한 일입니다.

또한, 욥은 하나님의 위로하심을 잃어버렸습니다. 왜냐하면, 그는 하나님의 등불이 자신의 머리에 비치고, 하나님의 사랑이라는 해가 정점에 있어서 그에게 한 점의 그늘도 없었던 때, 그가 자신의 구원의 하나님을 새벽부터 저녁까지 끊임없이 기뻐하며 승리하는 삶을 살았던 때를 회한에 빠져서 뒤돌아보고 있기 때문입니다. 하나님을 기뻐하는 것은 우리의 힘이고, 하나님을 기뻐하는 것은 이스라엘의 놀라운 특권입니다. 그것은 천국 중의 천국이고, 이 땅에서 천국을 누리는 것입니다. 따라서 그것을 잃어버리는 것은 정말 재앙일 수밖에 없습니다. 하나님의 은총을 입어서 하나님으로부터 오는 복들을 충만히 받아 만족하며 살아 왔던 사람이 어떻게 하나님을 멀리 떠나 메마르고 건조한 땅으로 가서 살아가는 것에 만족할 수 있겠습니까? 그가 다윗처럼 "내 영혼이 하나님 곧 살아 계시는 하나님을 갈망하나니 내가 어느 때에 나아가서 하나님의 얼굴을 뵈올까"(시 42:2)라고 부르짖게 될 것은 당연한 일이 아니겠습니까? 그가 큰 고통 중에서 "주의 구원의 즐거움을 내게 회복시켜 주시고 자원하는 심령을 주사 나를 붙드소서"(시 51:12)라고 기도하게 될 것은 당연한 일이 아니겠습니까? 하나님을 향한 사랑은 하나님이 자신의 얼굴을 감추시는 동안에는 절대로 만족할 수 없습니다. 커튼이 한쪽으로 걷히고, 왕의 얼굴이 격자창들을 통해 보여질 때까지, 신부는 자신의 짝을 잃은 비둘기처럼 애처롭게 울며 탄식과 한숨으로 세월을 보낼 수밖에 없게 됩니다.

또한, 욥은 하나님이 비쳐 주시는 빛을 잃어버리게 된 것을 탄식하였습니다. 그는 "그 때에는 … 내가 그의 빛을 힘입어 암흑에서도 걸어다녔느니라"고 말합니다. 즉, 그 때에는 길을 잃고 당황하는 일이 없었다는 것입니다. 하나님께서 섭리의 신비들에게 빛을 비쳐 주셨기 때문에, 다른 사람들은 길을 잃어버렸을지라도, 욥은 하늘의 지혜를 힘입어서 그 길을 찾을 수 있었습니다. 우리의 믿음의 눈에 모든 것이 아주 선명하게 보이던 때들이 있었습니다. "사람이 하나님의 뜻을 행하려 하면 이 교훈이 하나님께로부터 왔는지 내가 스스로 말함인지 알리라"(요 7:17). 그러나 우리가 하나님으로부터 멀리 떨어져서 행하는 순간, 하나님의 보배로운 진리가 우리에게 더 이상 선명하지 않고, 하나님께서 섭리 가운데서 우리에게 행하시는 것들이 마치 미로처럼 보이게 됩니다. 하나님과 더불어 행하는 사람은 솔로몬처럼 지혜롭지만, 자신의 명철을 의지하여 행하는 사람은 지극히 우매한 자입니다. 우리가 하나님을 떠나서 관찰과 경험을 통해서 모은 모든 지식은 우리에게 충분한 지혜를 공급해 주지 못합니다. 이스라엘은 하나님께 물어보지도 않고 자신의 원수들과 조약을 맺었습니다. 즉, 그들은 그 일이 너무나 명백하다고 생각했기 때문에, 기브온 족속과 서둘러 평화 조약을 맺었던 것입니다. 하지만 그것은 교활한 기브온 족속의 술책에 속아 넘어간 것이었고, 그들이 그렇게 속아 넘어가게 된 것은 하나님께 묻지 않았기 때문이었습니다. 우리가 하나님의 지시하심을 구하지 않으면, 아주 간단하고 단순한 일에서도 잘못 행하게 됩니다. 반면에, 우리가 하나님의 음성을 기다리고, 선한 목자의 인도하심을 구하면, 아무리 복잡한 일들에서도 지혜롭게 행할 수 있게 됩니다. 그러므로 우리가 성령의 빛을 잃어버렸다면, 우리는 비통해하며 탄식하는 것이 마땅합니다. 하나님께서 지금 그의 말씀으로나 그의 섭리를 통해서 우리에게 응답하지 않으셔서, 우리가 홀로 방황하고 헤매며, "내가 어찌하면 하나님을 발견하고 그의 처소에 나아가랴"(23:3)고 부르짖고 있다면, 우리는 좋지 않은 형편에 있는 것이기 때문에, 우리가 하나님의 "빛을 힘입어 암흑에서도 걸어 다녔던" 날들을 그리워하며 탄식하는 것이 마땅합니다.

또한, 욥은 하나님과의 교제를 잃어버렸습니다. 왜냐하면, 그는 자기가 "원기 왕성하던 날," 하나님의 비밀이 자신의 장막 위에 있던 날들을 그리워하며 탄식하고 있기 때문입니다. 하나님의 비밀이 무엇인지를 누가 다른 사람에게 말해 줄 수 있겠습니까? 믿는 심령들은 그 비밀을 알지만, 그것을 말로 제대로 표현할 수 없고, 그 비밀이 무엇인지를 사람의 언어로 전달할 수 없습니다. 하나님께서는 자기 자신을 자기 백성에게는 나타내시지만, 세상에게는 나타내지 않으십니다. 우리는 믿는 자들과 그들의 하나님 사이에 오고 간 사랑의 언어를 믿지 않는 자들이 알아들을 수 있도록 말해 줄 수 없습니다. 믿는 자들이 솔로몬의 아가서 같은 달콤한 노래를 부르고 있을 때에도, 육신적인 심령들은 그들의 기쁨을 알 길이 없습니다. 믿지 않는 자들은 우리의 암소로 밭을 갈 수 없고, 우리의 수수께끼를 해독하지 못합니다. 바울이 삼층천에 올라가서 사람이 발설해서는 안 되는 일들을 보았던 것과 마찬가지로, 믿는 자들은 그리스도와의 교제 가운데서 육신적인 사람들에게 말하는 것이 금지되어 있을 뿐만 아니라 말을 해도 그들이 알아들을 수 없는 것들을 보고 향유합니다. 그런 진주들은 돼지를 위해 있는 것이 아닙니다. 신령한 자들은 모든 것을 분별하지만, 신령한 자들을 분별할 수 있는 자는 아무도 없습니다. 이렇게 지존자와의 친밀한 교제 속으로 들어가는 것은 모든 특권들을 뛰어넘는 최고의 특권입니다. 그러한 특권을 소유하였다가 잃어버린 사람은 한때 부자였다가 자신의 전 재산을 잃어버린 사람이나 한때 명성이 자자했다가 그 명성을 잃어버린 사람, 또는 아주 건강했다가 갑자기 중병에 걸려서 병상에서 시름시름 앓고 있는 사람보다 더 쓰라린 회한을 맛보게 됩니다. 주 나의 하나님을 잃는 것보다 더 큰 손실은 없습니다. 하나님께서 자신의 얼굴을 감추실 때보다 더 큰 어둠은 없습니다. 하나님께서 진노를 발하시는 것보다 더 거센 폭풍은 없습니다. 하나님께서 전에 나와 함께 하셨다가 이제는 함께 하지 않으신다는 것을 알게 되는 것은 괴로움 중의 괴로움입니다. 그러므로 사람들의 마음이 제대로 되어 있다면, 그러한 회한들이 있는 곳마다, 그 회한들은 단순히 가식적이거나 피상적인 것들이 아니라, 우리 인간이 살면서 경험할 수 있는 것들 중에서 가장 쓰라리고 쓰디쓴 경험을 표현하고 있는 것들입니다. "나는 지난 세월이 다시 오기를 원하노라"는 말은 단지 감상적인 탄식인 것이 아니라, 자신의 장자를 잃은 사람처럼 영혼 깊은 곳에서 끓어오르는 고뇌어린 탄식인 것입니다.

2. 둘째로, 이러한 회한들은 불가피한 것은 아닙니다.

다시 말하자면, 그러한 회한들은 그리스도인이라면 누구나 반드시 느끼거나 표현하여야 하는 것이 아니라는 말입니다. 모든 그리스도인은 일정 정도 다시 죄에 빠질 수밖에 없고, 은혜 안에서 아무런 단절 없이 꾸준히 성장해 나갈 수는 없다는 말이 우리 그리스도인들 사이에는 마치 정설처럼 굳어져 왔습니다. 많은 사람들이 하나님에 대한 우리의 첫 사랑은 식을 수밖에 없고, 우리의 처음의 열심도 시들해질 수밖에 없다는 것을 마치 자연 법칙처럼 여깁니다. 나는 단 한순간도 그렇게 믿은 적이 없습니다. "의인의 길은 돋는 햇살 같아서 크게 빛나 한낮의 광명에 이르거니와"(잠 4:18). 만일 우리가 하나님을 가까이 하며 살아가기 위하여 아주 세심하게 조심하고 주의한다면, 우리의 영적인 삶이 힘 있고 아름답게 계속해서 꾸준히 성장해 나가지 못할 이유가 없습니다. 우리 속에 있는 하나님의 생명이 시들해질 수밖에 없는 내재적인 필연성이라는 것은 존재하지 않습니다. 왜냐하면, 성경은 "내가 주는 물은 그 속에서 영생하도록 솟아나는 샘물이 되리라"(요 4:14)고 말씀하고 있고, "그 배에서 생수의 강이 흘러나오리라"(요 7:38)고 말씀하고 있기 때문입니다. 또한, 은혜는 "살아 있고 항상 있는 썩지 아니할 씨"(벧전 1:23)입니다. 따라서 우리 속에 있는 하나님의 생명이 시들 수밖에 없다는 말은 그 어디에서도 근거를 찾을 수 없는 말입니다. 우리가 앞으로 나아가는 길에서 비틀거리고 기진맥진한다면, 그것은 전적으로 우리의 죄로 인한 것인데도, 다른 변명들을 꾸며 내는 것은 갑절로 죄를 짓는 것입니다. 따라서 우리는 그것을 우리에게 주어진 새로운 본성 속에 필연적으로 내포되어 있는 어떤 신비한 속성으로 돌려서는 안 되고, 우리 자신의 잘못으로 돌리는 것이 마땅합니다. 또한, 우리 안에서 은혜가 떨어진다면, 우리는 그것을 외적인 환경이나 상황 탓으로 돌리고, 마치 우리 자신의 탓이 아닌 것처럼 생각해서는 안 됩니다. 왜냐하면, 지금까지 최악의 상황이나 환경 가운데서도 믿는 자들은 은혜 안에서 성장해 왔기 때문입니다. 믿는 자들은 신자들 간의 교제로 인한 기쁨이나 은혜의 방편들이 주는 위로들을 박탈당한 경우에도 얼마든지 그리스도 예수를 더욱더 닮아갈 수 있었습니다. 악한 무리들 가운데 던져져서, 의로운 롯과 같이 불경건한 자들의 추악한 대화를 들을 수밖에 없는 환경 속에서도, 그리스도인들은 악하고 패역한 세대에 물들지 않고, 도리어 주변이 어두웠기 때문에 한층 더 밝게 빛을 발하며 살 수 있었습니다. 찢어지게 가난하게 살면서도 탁월한 그리스도인이 될 수 있다는 것은 분명합니다. 그러므로 우리가 가난 때문에 하나님을 떠날 수밖에 없었다고 말하는 것은 변명에 불과할 뿐입니다. 마찬가지로, 부자라고 해서, 반드시 큰 은혜를 입고 하나님과 동행하는 삶을 살 수 없는 것이 아니라는 것도 분명합니다. 우리가 어떤 처지나 형편에 있다고 해도, "그래서 나는 은혜가 떨어질 수밖에 없었다"고 말하는 것은 잘못된 것입니다.

형제들이여, 우리의 인생의 그 어느 시기에서도, 우리에게서 은혜가 떨어질 수밖에 없는 그런 시기는 없습니다. 그리스도인 청년들이 아무리 혈기가 강하여도, 얼마든지 하나님의 은혜를 힘입어서 "악한 자를 이길" 수 있습니다(요일 2:13). 세상 염려들에 둘러싸인 중년의 그리스도인들도 "세상을 이기는 승리는 이것이니 우리의 믿음이니라"(요일 5:4)는 말씀이 참되다는 것을 얼마든지 증명할 수 있습니다. 일에 파묻혀 살아갈 수밖에 없는 사람도 성령의 세례를 받을 수 있습니다. 나이가 들었다는 사실도 은혜가 떨어진 것에 대한 변명이 될 수 없다는 것은 분명합니다: "그는 늙어도 여전히 결실하며 진액이 풍족하고 빛이 청청하니"(시 92:14). 형제들이여, 제자들이 무리들을 보내어 각자 먹을 것을 사 먹게하는 것이 좋겠다고 했을 때, 그리스도께서는 "갈 것 없다"(마 14:16)고 말씀하시며 무리들을 흩어 보내지 않으셨던 것처럼, 자기 백성의 온 무리에 대해서도 "갈 것 없다"고 말씀하실 것이 분명합니다. 우리에게 은혜가 떨어지는 때가 있을 수밖에 없다는 것은 사실이 아닙니다. 여러분의 해가 반드시 멈춰 서야 하는 것도 아니고, 여러분의 달이 반드시 기울어야 하는 것도 아닙니다. 여러분의 영적인 키가 조금 자라지 않는다고 해도, 어쨌든 그 키가 반드시 줄어들어야 하는 것은 아닙니다. 여러분의 영적인 본성이라는 책 속에는 믿는 자인 여러분이 하나님과의 교제를 잃게 될 수밖에 없는 이유들이 아예 처음부터 기록되어 있는 것이 아닙니다. 여러분이 하나님과의 교제를 잃어버렸다면, 그 책임을 전적으로 여러분 자신에게 돌리고서 부끄러워해야 하고, 마치 그것이 그리스도인이라면 누구나 필연적으로 겪어야 하는 일처럼 책임을 전가하지 마십시오. 여러분의 부패함들이 종종 올라와서 여러분을 지배하는 것은 필연적인 일이라 어쩔 수 없다는 듯이 말함으로써 여러분의 부패함들을 합리화하지 마시고, 여러분에게 주어진 하나님의 은혜들은 어느 때에는 필연적으로 여러분의 부패함들에 의해 패배할 수밖에 없다는 듯이 말함으로써 하나님의 은혜를 욕되게 하지 마십시오. 우리 속에 있는 영은 악을 행하고자 하는 욕심을 지니고 있지만, 우리가 우리 자신을 쳐서 성령께 굴복시키면, 성령께서는 그런 욕심을 제압하실 것입니다.

3. 셋째로, 이러한 회한들은 지극히 일반화되어 있습니다.

나는 오늘의 본문에 표현되어 있는 회한들은 너무나 흔히 볼 수 있어서, 우리가 그런 식의 회한들을 쏟아놓을 이유를 갖고 있지 않은 신자를 만나기는 무척 어려운 일이라고 말하지 않을 수 없습니다. 믿는 자들은 그래서는 안 되지만, 현실적으로는 그렇다는 말입니다. 목회자들은 양들이 아주 구슬프게 울면서, "나는 지난 세월과 하나님이 나를 보호하시던 때가 다시 오기를 원하노라"고 탄식하는 소리를 자주 듣습니다.

> "그때에 나는 얼마나 평화로운 시간들을 보냈던가.
> 그때를 생각만 해도, 내 마음은 포근함을 느낀다네.
> 그러나 그 시간들은 내게 아픈 공허감만 남기고 떠나 버렸고,
> 나의 이 공허감은 세상이 결코 채워줄 수 없다네."

이러한 탄식과 회한이 일반화되어 있는 이유는 현재가 지닌 가치를 과소평가하고 과거를 지나치게 높이 평가하는 일반적인 경향과 어느 정도 밀접한 관계가 있는 것으로 여겨집니다. 여러분도 세상일들과 관련해서 사람들이 그러한 경향을 보이는 것을 보아 오지 않았습니까? 우리는 "옛날이 좋았다"는 막연한 환상을 지니고 있습니다. 지난 세월은 이미 지나갔기 때문에, 좋아 보입니다. 현재는 오늘 우리가 당면해 있기 때문에, 힘든 시간으로 느껴집니다. 우리가 한여름에 펄펄 끓는 열기 때문에 힘들면, 지난 겨울이 우리에게 너무나 좋았던 시절이었던 것처럼 느껴집니다. 우리는 우리의 몸을 얼어붙게 하였던 겨울에 불던 저 차디찬 바람이 그립다고 말하며, 그 찬 바람이 우리에게 훨씬 더 좋은 것이라고 확신합니다. 그러나 겨울이 와서 매서운 추위 속에서 떨다 보면, 우리에게서는 어느새 봄이 오기를 몹시 바라는 마음이 생겨나고, 우리는 찬 얼음보다는 뜨거운 열기가 우리에게 더 나은 것처럼 느끼게 됩니다. 일전에 나는 사람들의 그러한 경향을 보여주는 한 사례를 개인적으로 경험했습니다. 그 날은 내가 해변가로 가기 위해서 가파른 절벽 아래로 내려가야 했는데, 그렇게 절벽을 내려갈 때에 나는 한 걸음을 뗄 때마다 부들거리며 조심스럽게 내려가면서 내 무릎이 약하다

는 것을 절실히 실감해야 했습니다. 그러면서 나는 가파른 길을 내려가는 것이 야말로 세상에서 가장 어려운 길이라고 느꼈습니다. 조금 지나서, 나는 해변을 떠나서, 이번에는 그 가파른 길을 올라가야 했습니다. 그리고 가쁜 숨을 몰아쉬며 그 가파른 길을 어렵게 올라가면서, 나의 생각은 백팔십도로 바뀌어서, 나는 이런 가파른 길을 올라가는 것보다는 차라리 내려가는 것이 훨씬 더 낫겠다고 생각했습니다. 나의 이러한 경험은 우리 앞에 당면한 일은 우리에게 힘들고 좋지 않게 느껴지는 반면에, 이미 지나간 일은 우리에게 별로 어렵지 않고 더 좋은 것으로 느껴진다는 것을 보여줍니다. 그러므로 우리는 우리의 회한들을 그대로 사실로 받아들이는 것이 아니라 일정 정도 에누리를 해야 합니다. 그런 식으로 우리가 현재의 우리의 처지가 지닌 유익들을 좀 더 부각시키고, 현재 우리가 처해 있는 형편이 지닌 어려움들을 과장하지 않는다면, 우리는 "지난 세월이 다시 오기"를 바라며 한숨 쉬는 일은 없게 될 것입니다.

또한, 어떤 경우에는 회한들이 거룩한 질투로부터 생겨날 수 있습니다. 그리스도인들은 자신이 어떤 상태에 있든지와는 상관없이, 자신의 불완전함을 많이 느끼고, 자기가 느끼는 자신의 단점들에 대해서 탄식합니다. 자신의 삶을 뒤돌아볼 때, 자신의 영혼 속에서 하나님이 은혜로 역사하신 것들을 기쁨으로 바라보는 것은 쉽지만, 그때에 자신의 본성 속에 있던 결핍들을 기억하는 것은 그렇게 쉽지 않습니다. 그러므로 그들은 지난날이 지금보다 더 좋았다고 생각하게 됩니다. 그들에게는 다시 죄를 짓게 되면 어쩌나 하는 두려움이 있어서, 그들은 현재 자신들이 도달한 것에 만족하지 못하고, 더욱더 하나님께 가까이 나아가는 삶을 살고자 애를 씁니다. 그렇기 때문에, 그들은 자기가 성장하고 있다는 것을 믿지 않고, 단지 자기에게 부족한 것들을 보면서 염려하고 걱정합니다. 나는 나의 경험을 통해서 이것을 압니다. 나는 병들어서 누워 있을 때, 병으로 인한 고통에 내 마음을 뺏겨, 내가 하나님의 말씀을 소홀히 하고 있는 것에 대하여 자주 탄식하면서, 내가 건강해서 마음껏 기쁨으로 하나님의 말씀을 읽고 묵상하고 연구했던 때를 그리워하였습니다. 그러나 내가 병상에서 일어나서 다시 힘을 차리게 되자, 병상에서 보냈던 오랜 밤들과 고요한 날들을 종종 되돌아보면서, 지금은 많은 일을 하느라고 하나님과 교제하는 것이 방해를 받는 때가 많지만, 그때에는 전적으로 하나님과 교제할 수 있었다는 생각이 들어서, 지금보다 그때가 내게 더 좋았다고 생각하곤 합니다. 많은 사람들이 그리스도 안에서 실제로 힘이 있고 강하지만, 젊은 날의 저 활기참과 생동감을 느끼지 못한다는 이유로, 자기의 신앙이 쇠퇴기에 있는 것은 아닌지 걱정을 합니다. 실제로, 그들은 재빠르지만 충동적이었던 젊은 시절보다 지금은 훨씬 더 견고하고 단단한 신앙생활을 하고 있는 것인데도 말입니다. 그러나 신앙인들은 대체로 거룩한 질투로 인해서 자기가 젊은 날에 지녔던 신앙의 장점들만을 기억하고, 그 신앙 속에 중대한 결점들이 있었다는 사실은 잊어버린 채, 자신의 현재의 신앙 속에서의 결점들을 바라보고서는, 자신의 젊은 날의 좋았던 신앙을 그리워하며 그 시절로 다시 돌아갔으면 좋겠다고 생각하게 됩니다. 이렇게 우리는 우리 자신의 상태를 제대로 판단하지 못하고, 대체로 이런저런 면에서 잘못 판단합니다. 사실은, 우리의 지난 세월의 신앙이 온통 은혜로 풍성하였던 것이 아니라, 신앙적인 결점들이 아주 많아서, 다른 쪽에서의 신앙적인 장점들에 의해서조차 상쇄될 수 없었던 것일 수 있습니다. 그때에 우리는 깊은 고난들을 겪었고, 그래서 우리에게 기쁜 나날들이 그다지 많지 않았을 수 있습니다. 그때에 우리는 그렇게 빛을 발하지 못하였고, 그래서 우리가 내면적으로 상당한 연단을 받았을 수 있습니다. 그때에 우리의 잎사귀들이 그다지 푸르거나 무성하지 않았고, 그래서 우리에게 더 잘 익은 열매가 맺어졌을 수 있습니다. 그때에 우리가 가는 길이 더 거칠었고, 그래서 천국에 더 가까이 가게 되었을 수 있습니다. 이렇게 경건한 염려가 지금 우리에게 실제의 사실과 다른 많은 회한들을 불러일으키는 원인일 수 있습니다.

또한, 내가 말씀드리고자 하는 것은 지난 세월에 대한 우리의 이러한 회한들은 지혜롭지 않은 것일 경우가 아주 많다는 것입니다. 왜냐하면, 그리스도인이 신앙생활을 해가면서 경험하게 되는 여러 단계들을 공평하게 비교해서, 한 단계가 다른 단계보다 더 좋았다고 말하는 것은 불가능하기 때문입니다. 한 가지 비유를 들자면, 한 해의 여러 계절들을 생각해 보십시오. 아름다운 봄이 한창일 때, 많은 사람들은 이렇게 말합니다: "날씨가 왜 이렇게 변덕스러운 거야! 3월의 바람들과 4월의 소나기들은 이렇게 시도 때도 없이 제멋대로 왔다 갔다 하니 도무지 종잡을 수가 없어. 차라리 조금 덥기는 하지만, 그래도 여름의 뜨거운 태양이 더 낫겠어." 하지만 정작 여름이 와서, 여름의 뜨거운 열기로 인해서 자신의 이마에서 끊임없이 흘러내리는 땀을 닦아내릴 때에는, 그들은 이렇게 말합니다: "만물이 깨어나서 새로운 생명으로 약동하며, 우리 주위에 꽃들이 만발해 있는 봄이 역시 좋아. 그 중에서도 봄의 전령사로서 다른 모든 꽃들보다 먼저 피어

나는 영란수선화와 크로커스가 최고지." 따라서 봄과 여름을 서로 비교하는 것은 쓸데없는 일입니다. 봄과 여름은 서로 다르고, 각자의 아름다움을 지니고 있기 때문입니다. 지금 우리는 가을의 한복판에 있지만, 어떤 이들은 가을의 소중한 보화들을 상찬하기보다는, 한 해의 이 평화로운 날들을 하찮게 여기고, 저 떨어지는 낙엽들을 슬픔으로 가득한 장례식 설교들로 여겨서 슬퍼하기도 하고, 어떤 이들은 여름과 가을을 서로 비교하면서, 가을보다 지난 여름이 좋았다고 말하기도 할 것입니다. 하지만 누구든 한 해의 어느 특정한 계절이 좋다고 말한다면, 나는 거기에 반대할 것입니다. 어느 계절이든 다 아름답고, 각각의 계절마다 나름대로 좋은 점들을 지니고 있기 때문입니다. 마찬가지로, 젊은 그리스도인들의 초기의 열심을 나이 든 신자들의 성숙하게 무르익은 신앙과 비교해서, 어느 쪽이 좋다고 얘기하는 것도 잘못된 일입니다. 초기의 풋풋한 신앙도 나름대로 아름답고, 후기의 성숙한 신앙도 나름대로 아름답습니다. 사랑하는 젊은 친구들이여, 여러분의 뜨거운 열심은 칭찬 받을 만하고 본 받을 만합니다. 그러나 여러분의 그러한 열심의 많은 부분은 여러분이 신앙에 처음 입문해서 새롭기 때문에 생긴 것일 수 있고, 그렇기 때문에 여러분의 신앙은 그 열심만큼 견고하지 않을 수 있습니다. 새로 생긴 강의 물살은 거세고 빠르지만, 깊거나 넓지는 않은 것처럼, 여러분도 그럴 수 있습니다. 신앙생활을 어느 정도 해와서 많은 연단과 고통 중에 있는 친구들이여, 여러분에게는 내적인 큰 갈등들을 겪으며 마음이 많이 눌리는 가운데 여러분의 신앙을 꿋꿋이 유지해 가는 일이 그리 쉬운 일이 아닙니다. 그러나 여러분이 자신의 연약함을 더 깊이 깨닫고 있는 것, 진리를 더 굳게 붙잡게 된 것, 고난 속에서 주 예수와 더 친밀한 교제를 나누게 된 것, 여러분의 인내와 변함없는 신앙 — 이 모든 것들은 하나님의 눈에 아름다운 것들입니다. 여러분이 지금 가지고 있는 것들에 대해서 하나님께 감사하십시오. 여러분이 지금과 같은 모습으로 있을 수 있는 것은 하나님의 은혜로 인한 것이기 때문입니다. 이렇게 우리가 본문에 나온 회한들에서 모든 거품들을 다 제거하고 나면, 우리는 그러한 회한들이 그리스도인들 사이에서 그렇게 보편적이고 일반적일 이유가 없다는 것을 알게 됩니다. 따라서 우리는 그러한 회한들이 나오는 이유는 우리 중 많은 사람들에게서 실제로 은혜가 점점 떨어지고 영혼이 힘을 잃어 가며 마음이 타락해 왔기 때문이라는 서글픈 진실을 인정해야 할 것 같습니다. 많은 경우에, 우리의 옛 타락한 성품들이 필사적으로 저항해서 우리를 일시적으로 지배했기 때문에, 우리가 부분적으로 다시 죄악 속으로 빠져들게 된 것입니다. 은혜가 약화되었기 때문에, 죄가 반격할 기회를 얻었고, 전세는 역전되고, 이스라엘의 군기는 시궁창에 처박히게 된 것입니다. 많은 신앙인들의 경우에, 그들이 기도를 소홀히 하게 되면, 세상적인 성품이 우세해져서, 죄가 전면에 등장하고, 은혜와 거룩함은 뒷전으로 밀려나서, 타락한 본성이 그들의 삶을 이끌게 됩니다.

4. 넷째로, 어떤 경우들에는 이러한 회한들이 그리스도인들에게 필요합니다.

오늘의 본문에 나오는 회한들은 극히 일반적이기 때문에, 너무나 슬픈 일이기는 하지만, 어떤 경우들에는 이 회한들이 필요할 때가 있는 것 같습니다. 나는 이 네 번째 대지에서 이 문제에 대해 좀 더 자세하게 살펴보겠습니다. 하나님께서는 친히 자신의 회중 가운데서 키질을 하셔서, 회중들로 하여금 그 바람을 느끼게 하십니다. 우리 중에는 전에는 겸손히 하나님을 가까이 하며 하나님과 동행하며 살았지만 지금은 육신적인 안일함에 빠져 살고 있는 사람들이 많지 않습니까? 우리는 우리의 모든 일이 잘되는 것을 당연히 여기고서, 옛적의 모압처럼 우리의 찌꺼기를 가라앉힌 채로 있는 것은 아닙니까? 오늘날 우리는 우리 자신의 마음을 살피고 우리 자신을 살피는 일을 얼마나 게을리하고 있습니까! 어떤 일이 생겼을 때에 그 근원이 실제로는 우리 안에 있는 것은 아닌지를 살피는 일을 우리가 얼마나 소홀히 하고 있습니까! 자신이 평안한 것을 당연한 것으로 여기고서, 하나님의 전에 앉아서, "우리가 여호와의 성전이라, 여호와의 성전이라"고 말하는 자들에게 화가 있을 것입니다(렘 7:4). 시온에서 안일하게 살아가는 자들에게 화가 있을 것입니다. 모든 원수들 중에서 우리가 가장 경계하고 두려워해야 할 원수는 자만(presumption)입니다. 그리스도 안에서 평안한 것은 복이지만, 우리 자신 안에서 평안한 것은 저주입니다. 육신적인 안일함이나 평안함이 지배하는 곳에서는, 하나님의 성령께서 물러가 버리십니다. 성령께서는 겸손하고 통회하는 자들과는 함께 하시지만, 교만하여 자기 자신에게 만족하는 자들과는 함께 하지 않으십니다. 나의 형제들이여, 이 점에서 우리는 깨끗합니까? 또한, 하나님의 백성 중에는 자신이 세상적으로 살아가는 것에 대해서 슬퍼하고 애통해할 필요가 있는 사람들이 많지 않습니까? 형제들이여, 전에는 그리스도께서 여러분과 함께 하셨지만, 지금도 그렇습니까? 전에는 여러분이 세상을 멸시하여서, 세상이 좋아하는 것들이든 싫어하는 것이든 세상에 속한 모든 것들을 멸시하였습니다. 그러나 나의 형제들이여, 지금은 여러분이 세상 풍속의 쇠사슬에 묶여 있지는 않습니까? 여러분 중에서 많은 사람들이 세상의 유행의 노예가 되어 무익한 것들에 사로잡혀 있지는 않습니까? 여러분 중에는 세상 사람들과 마찬가지로 저 허망한 현세의 즐거움들을 열심으로 쫓아다니는 사람들이 있지 않습니까? 여러분이 그렇게 하고 있는 것이 마땅한 일일까요? 여러분이 그렇게 행하면서도, 여러분의 영혼이 하나님의 미소를 누릴 수 있을까요? "너희가 하나님과 재물을 겸하여 섬기지 못하느니라"(마 6:24). "누구든지 세상을 사랑하면 아버지의 사랑이 그 안에 있지 아니하니"(요일 2:15). 여러분이 불경건한 자들과 어울려 사귄다면, 그리스도의 제자가 될 수 없습니다. 그런 자들에게서 나와 따로 있으십시오. 부정한 것들은 만지지 마십시오. 그럴 때에야, 여러분은 하나님이 여러분의 아버지가 되시고, 여러분이 하나님의 자녀라는 사실을 제대로 알고 기뻐하게 될 것입니다. 형제들이여, 여러분이 "영문 밖으로" 예수께 나아갔다면(히 13:13), 지금 그와 함께 하고 계십니까? 여러분과 세상을 구별해 놓은 선이 눈에 보입니까, 여러분에게 그런 선이 있는 것입니까? 여러분은 정말 세상과 구별되어 있습니까? 신앙을 고백한 하나님의 백성들이 사람들의 아들과 뒤섞여서, 누가 누군지 분간할 수 없는 경우가 많은 것은 아닙니까? 우리 중에 그런 사람이 있다면, 그 사람은 스스로 낮아져서, "나는 지난 세월이 다시 오기를 원하노라"고 비통한 심정으로 부르짖어야 합니다.

형제들이여, 여러분의 귀에 또다시 하나님이 키질하시는 소리가 들립니까? 여러분은 개인 기도를 잘하고 계십니까? 기도를 소홀히 하는 신자들이 있습니까? 아침 기도는 짧고 냉랭하며, 저녁 기도는 졸면서 하기 일쑤입니다. 하나님께 부르짖어 기도하는 것은 거의 없고, 천국은 너무 멀리 느껴져서 소통이 되지 않으며, 많은 경우에 그런 소통은 거의 끊어져 있습니다. 나의 형제들이여, 잠잠히 각자 자신의 마음과 소통하는 데 집중하십시오. 지금은 다른 사람들에 대해서는 생각하지 마시고, 각자가 오직 자신에 대해서 묵상하십시오. 여러분은 죄인들의 영혼을 사랑하고 있습니까? 한 사람을 그리스도께로 인도하기 위해서는 무슨 일이라도 하고자 했던 때가 여러분에게 있었습니다. 그때에는 누가 끊임없이 권면하지 않아도, 여러분이 스스로 자원해서 거기에 온 힘을 쏟을 수 있었습니다. 여러분에게는 그때와 마찬가지로 지금도 기꺼이 예수를 전하고자 하는 마음이 있습니까? 여러분은 영혼들을 그리스도께로 인도하기 위하여 깨어 있습니까? 여러분이 그때에 그리스도 없이 멸망해 가는 영혼들을 보면서 울었듯이, 지금도 그런 영혼들을 볼 때에 여러분의 눈에 눈물이 글썽거립니까? 안타깝게도, 너무나 많은 사람들의 심령이 지금은 완악해져 있습니다. 이것은 우리 목회자들도 마찬가지입니다. 지금 우리는 직업적인 종교인들이 되어서, 태엽을 감아 놓으면 자동으로 움직이다가 멈추는 인형처럼 그렇게 기계적으로 설교합니다. 사람들의 영혼은 너무나 더러워져 있는데도, 우리는 별 신경을 쓰지 않습니다. 너무나 많은 설교자들이 사람들의 환심을 사기 위해서, 비평학의 쓸모없는 결론들, 사변에 의한 망상들, 멋드러진 웅변술을 동원하는 데 혈안이 되어 있습니다. 하나님, 우리가 이렇게 통탄스러운 상태에 빠져 있게 된 것을 용서해 주십시오.

또한, 하나님의 백성들 중에서 자신의 양심이 예전처럼 그렇게 예민하지 못하고 무뎌져 있다는 것을 고백해야 할 사람들이 얼마나 많은지 모릅니다. 말 한 마디만 잘못 해도, 골방에 들어가서 울며 기도했던 때가 여러분에게 있었습니다. 어떤 일에서 신앙적으로 잘못되었다는 말을 들을 수 있는 그런 작은 잘못을 했을 때, 자기가 그렇게 행하였다는 것을 한 주간 내내 부끄러워하며 지냈던 때가 여러분에게 있었습니다. 그러나 지금은 어떻습니까? 신앙을 고백한 여러분 중에는 정직하지 못한 일을 행하고, 세상 사람들과 똑같이 음탕하다고 할 수 있는 그런 말들을 하면서도, 마음에 찔림이 없고, 성찬의 식탁에 나아가서는, 자기는 거기에 있을 자격이 있다고 생각하는 사람들이 있습니다. 그런 사람들이 하나님의 말씀을 듣고서 부끄러워하며 어쩔 줄 몰라 하는 것이 마땅한데도, 도리어 하나님의 말씀으로부터 위로를 받고자 하고, 실제로 위로를 받습니다.

나는 우리 중에는 하나님에 대한 열심이 거의 다 사라진 사람들이 많지는 않은지 묻지 않을 수 없습니다. 전에는 우리가 구주를 뜨겁게 사랑하였고, 열심을 다해 구주와 복음을 섬기고자 하였습니다. 그러나 지금 우리는 멸망당할 영혼들을 보면서도 아무렇지도 않고, 그들로 하여금 거듭나게 하기 위하여 수고할 생각도 하지 않습니다. 그때에는 부자들이 하나님의 일을 위한 것이라면 기꺼이 자신의 많은 재산을 내놓았지만, 지금은 탐욕에 눈이 어두워 손이 마비되어서, 하나님께 후히 드리고 사람들에게 후히 베풀지 않습니다. 가난한 그리스도인들도 전에는 자신의 전 재산인 두 렙돈을 기꺼이 내놓아서 하나님을 섬기고자 하였지만, 지금은 그렇게 하는 사람들이 드뭅니다. 전에는 많은 사람들이 하나님의 일을 위해서 수고하고자 하였지만, 지금은 주일학교에서 일할 사람들조차 부족하고, 길거리에서 전도하며 전도지를 나눠 주는 사람들을 찾아보기 힘듭니다. 그리스도를 섬기기 위한 모든 일들에서 손을 떼었으면서도, 여러분은 자기가 충분히 섬기고 있다고 착각합니다. 주를 섬기는 데에 게으른 가련한 자들이여, 여러분이 충분한 햇살을 받고 있고, 하나님께서 여러분에게 일용할 양식을 충분히 주셨습니까? 형제들이여, 하나님께서 여러분에게 은혜 베푸시는 일을 중지하시기 전에, 하나님의 일에 열심을 내십시오. 그리스도인의 삶의 모토는 "계속해서 앞으로 앞으로 나아가라"는 것입니다. 우리는 아직 푯대에 도달한 것이 아니기 때문에, 우리 중 그 누구도 자기가 할 일을 다 했다고 말해서는 안 됩니다. 우리의 삶이 다하는 그 날까지, 우리의 열심은 계속해서 자라가야 하고, 그리스도를 위한 우리의 수고는 점점 더 늘어가야 합니다.

우리 자신을 조금만 살펴보아도, 우리의 열심과 수고가 식어가고 있음을 보여주는 징후들이 보이지 않습니까? 많은 그리스도 속에 형제 사랑이 있는지가 지극히 의심스럽지 않습니까? 그들은 모든 그리스도인들을 하나로 묶고 있는 하나님의 권속으로서의 유대감을 까맣게 잊고 있는 것은 아닙니까? 그들에게서는 형제 사랑과 복음에 대한 사랑도 사라져서, 많은 그리스도인들이 어떤 가르침이 참된 가르침인지에 대해서 거의 신경 쓰지 않고 있는 것은 아닙니까? 오늘날에는 어떤 설교자가 말을 잘하기만 한다면, 그가 전하는 것이 진리인지 아닌지를 따지지 않고, 사람들은 그 설교자의 설교를 좋아합니다. 이전에 사람들은 비록 투박할지라도 기독교 신앙을 충실하게 전하기만 한다면 작은 교회에도 기꺼이 갔습니다. 그러나 오늘날에는 사람들은 오르간의 도움이 없으면 하나님을 찬송할 수 없고, 모자를 쓰고 한 쪽 무릎을 꿇지 않으면 기도할 수 없으며, 멋진 수사와 웅변이 있는 설교를 하지 않으면 하나님의 말씀을 받아들이고자 하지 않습니다. 여러 가지 향료를 사용해서 맛있게 차려 놓지 않으면 식사를 할 수 없는 사람은 병든 사람이지만, 투박하게 차려진 것일지라도 천국의 양식을 맛있게 먹는 사람은 건강한 하나님의 사람입니다. 우리는 대부분 우리에게 은혜가 별로 없고, 우리의 믿음이 약하며, 우리가 선행과 은혜로운 말을 통해 그리스도의 이름을 증거하는 것이 거의 없다고 할지라도 부끄러워하지 않습니다. 따라서 그리스도인들 중에는 잠시 멈춰 서서, "내가 원기 왕성하던 날과 같이 지내기를 원하노라 그 때에는 하나님이 내 장막에 기름을 발라 주셨도다"라고 애통해하며 부르짖는 것을 시작해야 할 사람들이 많습니다.

5. 다섯째로, 그러한 회한들은 그 자체로는 무익합니다.

우리가 오늘의 본문에 나오는 욥의 회한들을 읽고서, "내 심정과 어쩌면 이렇게 똑같지"라고 말하고서는, 계속해서 해오던 대로 행한다면, 우리가 얻을 수 있는 유익은 아무것도 없습니다. 어떤 사람이 자신의 일을 소홀히 해서 직업을 잃고 나서, "내가 더 성실했어야 하는데"라고 후회하고는, 자신의 태도를 바꾼다면, 그는 자신의 실패의 경험을 통해서 유익을 얻은 것입니다. 그러나 그 사람이 이전과 마찬가지로 계속해서 게으르고 나태하게 살아간다면, 그의 그러한 회한이 무슨 소용이 있겠습니까? 그가 "내가 곡괭이를 들고서 저 땅을 열심히 개간해서 그 밭에 씨를 뿌렸어야 했는데"라고 회한의 말을 했다고 해도, 여전히 팔짱을 끼고 아무런 변화도 보여주지 않는다면, 그의 회한이 그에게 수확을 가져다주지는 않을 것입니다. 그가 일어나 움직여서 수고하지 않는다면, 그는 게으른 자가 받는 상을 받아서, 누더기 옷과 가난이 그의 몫이 될 것입니다. 어떤 사람이 술에 빠져서 방탕하게 살아서 건강을 다 망쳤다고 해도, 자기가 지난날에 어리석게 행하였다는 것을 인정한다면, 그의 삶에는 획기적인 변화가 일어날 수 있습니다. 그러나 그의 회한이 단지 말로만 그친다면, 그 회한이 그를 치료해 줄 수 있겠습니까? 결코 그럴 수 없을 것입니다. 마찬가지로, 영적으로 퇴보하여 은혜가 떨어진 사람도 자기가 그렇다는 사실을 단지 인정하는 것만으로는 회복될 수 없습니다. 그는 자신의 영혼을 고쳐 주실 의사이신 그리스도께 가서, 또다시 생명수를 마시고, "만국을 치료하기 위하여" 있는 "생명나무 잎사귀들"을 받아야 합니다(계 22:2). 실천하지 않는 회한은 가짜입니다. 어떤 사람이 자기가 하나님과의 교제를 잃어버렸다는 것을 진정으로 한탄한다면, 그는 그 교제를 회복하기 위해서 최선을 다할 것입니다. 그가 교제를 회복하기 위하여 애쓰지 않는다면, 그는 자신의 마음 중심에서는 후회하지도 않으면서 말로는 후회한다고 하나님 앞에서 거짓말하는 죄를 자신의 이전의 모든 죄들에 더하고 있는 것입니다.

내가 아는 어떤 사람들은 자기가 회한의 말들을 했다는 사실만으로 만족합니다. 그들은 말합니다. "나는 신앙을 깊이 경험한 사람이어서, 욥이 간 만큼 나도 갈 수 있고, 욥이 한 만큼 나도 애통해할 수 있습니다." 많은 사람들이 욥과 같이 거름더미에 앉아 있었지만 욥의 하나님을 전혀 알지 못하였고, 많은 사람들이 다윗과 같은 죄를 짓기는 했지만, 다윗과 같이 회개하지는 못하였다는 사실을 기억하십시오. 그런 사람들은 뻔뻔스러움과 자만심으로 인해서 죄를 짓고서 곧장 지옥으로 가버린 반면에, 다윗은 죄를 지은 후에, 회개와 죄 사함을 통해서 천국으로 갈 수 있었습니다. 우리는 단지 마음속에서 불편함을 느끼는 것만으로 충분하다고 생각해서는 안 됩니다. 여러분이 한밤중에 도둑이 여러분의 집에 침입한 소리를 들었다면, 여러분 중에서 그 소리를 들었다는 사실만으로 만족할 사람은 아무도 없을 것입니다. 분명히 여러분은 어떻게 하면 그 도둑을 몰아내고 여러분의 재산을 안전하게 지켜낼 수 있는 온갖 수단과 방법을 강구해서, 실제로 그렇게 실행할 것입니다. 또한, 여러분이 행한 어떤 일이 잘못되었다는 것을 알았을 때에도, 여러분은 "내가 그 사실을 알았으니, 이제 됐다"고 말하지 않을 것입니다. 하나님의 성령께서 여러분에게 주신 모든 힘을 동원해서, 여러분의 마음속에서 그 반역자들을 몰아내고자 애쓰십시오. 왜냐하면, 그 자들은 여러분의 심령에서 가장 좋은 보화들을 도둑질하고 있기 때문입니다.

6. 여섯째로, 이러한 회한들을 할 수밖에 없다는 것은 지극히 비천한 처지에 놓여 있다는 것을 보여주는 것입니다.

사랑하는 자들이여, 여러분이 가장 행복했던 때는 이미 지나가 버렸지만, 그때에 여러분의 처지는 어떠하였기에, 여러분은 그 때가 다시 오기를 바라는 것입니까? 여러분에게는 열심이 있었습니다. 하지만 그때에 여러분의 열심에는 아무런 부족함도 없었습니까? 여러분에게는 은혜가 있었습니다. 하지만 그때에 여러분이 받은 은혜에는 아무런 부족함도 없었습니까? 결코 그렇지 않았습니다. 우리가 가장 좋은 상태에 있었을 때에도, 우리는 우리의 합당한 모습에 훨씬 미치지 못하였습니다. 그런데도 우리는 그런 상태를 지키지 못하고 도리어 퇴보하였습니다. 그것은 우리가 최선을 다해서 도달한 지점이었지만, 사실 그렇게 좋은 상태에 도달한 것도 아니었는데, 우리는 거기서조차도 떨어져 버린 것입니다. 우리는 거기에서 뒷걸음질쳐서 퇴보하는 것이 아니라, 그 시간 동안에 앞으로 전진했어야 합니다. 그러므로 우리는 퇴보함으로써, 우리가 마땅히 누려야 할 것들을 잃어버렸고, 우리가 마땅히 이루어냈어야 할 성장을 놓쳐 버린 것입니다. 존 번연(John Bunyan)은 이것에 대하여 이런 얘기를 우리에게 들려줍니다: "크리스챤"은 잠을 자다가 두루마리를 그냥 둔 채로 길을 떠나와서, 그 두루

마리를 찾기 위해 왔던 길을 다시 되돌아가야 했습니다. 그는 되돌아가는 것이 얼마나 어려운 일인지를 알았습니다. 게다가, 그는 한 번만 걸어 왔으면 될 길을 세 번이나 걸어야 했습니다. 그래서 그가 "아름다운" 성의 성문에 도착했을 때에는 이미 밤이 되어 있었기 때문에, 그는 사자들이 나타나면 어쩌나 하는 두려움을 가져야 했습니다. 만일 그가 그 길을 되돌아가지 않고 한 번에 통과하였더라면, 그는 이 성에 밤중에 도착하지 않았을 것이고, 따라서 사자들이 출현할 것을 염려하지 않아도 되었을 것입니다. 우리가 은혜 안에서 성장하는 것을 놓쳐 버릴 때, 우리는 우리가 무엇을 잃어버린 것인지를 알지 못합니다.

또한, 우리의 퇴보로 말미암아 교회가 얼마나 많은 것을 잃어버렸는지도 생각해 보십시오. 왜냐하면, 한 그리스도인에게서 은혜가 떨어지면, 교회 안에 있는 은혜도 그만큼 줄어들게 되기 때문입니다. 우리의 은혜는 교회라는 공동의 곳간에 두어지는데, 각 사람이 그 곳간에서 자신의 은혜를 가져다가 잃어버리면, 교회의 곳간은 텅 비게 되어 버립니다. 사랑하는 형제들이여, 이 세상에서 신앙의 힘이 약해지는 데에는, 우리 믿는 자들, 그 중에서도 특히 교회 안에서 직분을 지닌 자들의 책임이 아주 큽니다. 교회 안에서 은혜가 떨어지면, 세상 사람들은 이렇게 말합니다: "저 교회에 다니는 아무개 좀 봐라. 나도 그 사람만큼은 선하다." 교회 안에서 우리는 서로에게 많은 영향을 미치기 때문에, 교회 전체에서 은혜가 떨어진 것에 대해서는 우리 각자가 다 책임이 있습니다. 우리는 다른 사람들의 결점을 보는 데 아주 빠르지만, 그러한 결점들은 우리 자신이 초래한 것이 아니겠습니까? 일반적으로 다른 사람들을 별로 사랑하지 않는 사람들이 교회에 사랑이 없다고 말합니다. 나는 통상적으로 다른 사람들의 언행이 불일치하다고 불평하는 바로 그 사람들이 사실은 가장 언행이 불일치하는 사람들인 것을 봅니다. 내가 나의 형제 그리스도인들을 해치는 강도가 되어서야 되겠습니까? 내가 그리스도의 복음에 해를 끼쳐서야 되겠습니까? 내가 세상 사람들보다 못한 자가 되어서 부끄러움 없이 죄를 저지르는 죄인들의 위로가 되어서야 되겠습니까? 내가 그리스도에게서 그의 영광을 도둑질해서야 되겠습니까? 주홍 같이 붉은 죄에서 구원을 받은 나, 하나님의 임재 가운데서 수많은 은총을 받아 온 나, 다볼 산 꼭대기에서 주님과 함께 있으면서 주님이 변모되시는 모습을 보았던 나, 잔치가 베풀어진 주님의 집에 앉아 그의 풍성한 사랑의 잔을 마셔 왔던 나 ― 그런 내가 은혜가 떨어져서, 하나님의 자녀들에게 해를 끼치고, 원수들에게 하나님을 모독할 빌미를 주어서야 되겠습니까? 내가 그런 짓을 한다면, 나는 얼마나 비참한 사람이겠습니까! 나의 형제들이여, 여러분이 그런 죄를 범해 왔다면, 여러분의 가슴을 치고 애통해하십시오. 집에 돌아가서, 다시 여러분의 가슴을 치며, 여러분이 통회하는 마음으로 회개하며, 다시 은혜를 회복시켜 주시라고 부르짖으며 기도하게 될 때까지, 여러분을 쳐 주시라고 하나님께 간구하십시오. 그런 후에, 활활 타오르는 밝은 빛의 자녀로서의 모습을 회복해서, 이전보다 더 잘 여러분의 주님을 섬기십시오.

7. 일곱째로, 이 회한들은 매우 유익합니다.

본문에 나오는 회한들은 앞에서 말한 것처럼 우리의 상태가 비천하다는 것을 보여줌과 아울러서, 많은 점에서 우리에게 큰 유익을 줄 수 있습니다. 먼저, 이 회한들은 인간의 본성이 무엇인지를 우리에게 보여줍니다. 우리는 어느 정도까지 멀리 뒤로 퇴보하였습니까? 형제들이여, 우리는 지옥까지라도 퇴보할 수 있습니다. 만일 우리에게 하나님의 은혜가 없었더라면, 우리는 분명히 그렇게 되었을 것입니다. 하나님께서 우리의 목을 가죽 끈으로 묶어서 고삐를 잡아당기셔서, 우리가 그토록 좋아하고 연연해하는 길로 계속해서 쇄도하게 하셔서, 우리로 하여금 멸망으로 치닫게 하시는 것이 마땅한데도, 우리의 온갖 악행을 참아 주시는 것은 얼마나 놀랍고 기이한 일인지 모릅니다. 사랑하는 형제들이여, 우리가 어떠한 사망의 몸을 지니고 살아가고 있고, 그것이 얼마나 무시무시한 힘을 지니고 있는지를 여러분은 아십니까? 여러분은 여러분 속에 있는 그 부패함이 지금까지 여러분에게 어떠한 재난들을 가져다주었는지를 이미 보셨을 것이기 때문에, 절대로 여러분 자신을 믿거나 의지하지 마시고, 날마다 새로운 은혜를 구하십시오.

또한, 여러분은 아직 여러분에게 남아 있는 영적인 복들을 소중히 여기는 법을 배워야 합니다. 여러분이 이미 잃어버린 것들에 대하여 쓰디쓴 회한을 가지고 있다면, 여러분에게 아직 남아 있는 것들을 굳게 붙잡으십시오. 여러분이 지금까지 다시 죄악에 빠져서 너무나 많은 대가를 치렀다는 것을 아셨다면, 계속해서 죄악을 더하여 멸망하지 않도록, 더 이상 죄악 가운데로 더 깊이 떨어지지 마십시오. 여러분이 계속해서 자만에 빠져 주제넘고 뻔뻔스럽게 행한다면, 그것은 여러분의 신앙 고백이 철저히 썩었음을 보여주는 증거가 될 수 있습니다. 오직 거룩한 질투심을 지니고서, 여러분의 신앙이 진짜라는 것을 보임으로써, 여러분의 신앙에 대한 의구심을 없애기 위하여 애쓰십시오. 여러분이 지금까지 잘못한 것들을 교훈으로 삼아서, 이후로는 조심스럽게 행하십시오. 여러분은 질투하시는 하나님을 섬기는 자들이기 때문에, 거기에 걸맞게 거룩한 질투심을 가지십시오. 여러분이 모르는 사이에 흰 머리가 여기저기 나고 있다는 것을 생각해서, 죄악에 더 깊이 빠지지 않기 위하여, 날마다 깨어서 여러분 자신을 살피고 시험하십시오.

이러한 회한들은 우리가 아무리 대단한 신앙의 진보를 이루었다고 해도, 얼마든지 우리는 다시 죄악에 빠질 수 있는 존재라는 것을 깨닫게 해줌으로써, 우리에게 믿음으로 살아야 한다는 것을 가르쳐 줍니다. 우리는 오늘은 기뻐하고 즐거워하다가도, 내일이 되면 울며 애곡하게 될 수 있습니다. 우리의 구원이 우리의 모습이나 우리의 느낌에 의해 좌지우지되지 않는다는 것은 얼마나 큰 은혜인지 모릅니다. 그리스도께서 우리의 구원을 이루셨고, 아무도 그가 이루신 것을 무효로 만들 수 없습니다. 우리의 생명은 그리스도와 함께 하나님 안에 감춰져 있고, 거기는 안전합니다. 우리를 여호와의 손에서 빼앗을 자는 아무도 없습니다. 우리는 스스로 행하다가 좌초당하고 난파된 경우가 부지기수이기 때문에, 우리가 "자아"를 선장으로 임명해서 율법의 배를 타고 바다로 나간다면, 그 배가 난파당하게 될 것은 너무나 분명합니다. 우리는 변함없이 신실하신 하나님께서 조종하시는 "값없는 은혜"라는 훌륭한 배에서 내려서는 안 됩니다. 왜냐하면, 오직 그 배 외에는 그 어떤 것도 우리를 우리가 바라던 항구로 데려다 줄 수 없기 때문입니다. 하나님이 값없이 주시는 은혜가 우리를 뜨거운 감사함으로 충만하게 하십시오. 우리는 우리 자신을 지킬 수 없지만, 그리스도께서는 우리를 지켜 오셨기 때문에, 그의 이름을 송축하시고, 너무나 감사한 마음에 이전보다 더욱 온 마음을 다해 그를 섬기겠다고 단단히 결심하십시오. 찬송 받으실 성령께서 우리를 도우셔서 그러한 결단을 할 수 있게 해주시기를 빕니다.

8. 여덟째로, 이러한 회한들이 지속되어서는 안 됩니다.

우리는 하나님이 주신 힘을 의지해서 더욱 애쓰고 힘써서 그러한 회한들을 단호히 제거하고, 이전에 좋았던 우리의 모습, 아니 그것보다 한층 더 나은 모습으로 돌아가야 합니다.

사랑하는 형제들이여, 여러분이 지금 더 깊은 신앙으로 나아가기를 원하고, 여러분의 첫 사랑을 다시 느끼기를 원한다면, 내가 여러분에게 해드릴 말씀은 어떤 것이라고 생각하십니까? 여러분이 시작했던 바로 그 지점으로 다시 돌아가십시오. 여러분이 그리스도인인지 아닌지에 대해서 고민하느라 더 이상 시간을 허비하지 마십시오. 죄악 되고 가련한 죄인으로서 그리스도께 나아가십시오. 성도로서의 내게 천국의 문이 닫혀 있는 것처럼 보인다면, 나는 죄인으로서 예수의 보혈을 의지해서 그 문을 돌파할 것입니다. 마치 여러분의 모든 죄가 여전히 여러분에게 있다는 듯이, 다시 한 번 무한히 보배로운 속죄의 피가 여전히 뚝뚝 떨어지는 저 십자가 앞으로 나아가 서십시오. 구주여, 내가 주를 또다시 의지합니다. 이전보다 더욱 죄악된 자인 내가 하나님의 죄악된 자녀로서 주를 의지하오니, "나의 죄악을 말갛게 씻으시며 나의 죄를 깨끗이 제하소서"(시 51:2). 여러분이 십자가 앞으로 나아가지 않는다면, 여러분에게 은혜는 결코 회복되지 않을 것입니다. 다시 영원한 생명을 시작하십시오. 사람이 병들었을 때에 숨 쉬기 가장 좋은 공기는 자기가 태어난 곳의 공기라고 합니다. 우리가 태어난 곳은 골고다입니다. 그러므로 우리가 병들고 힘이 없을 때에 다시 건강해지고 힘을 얻을 수 있는 곳은 골고다뿐입니다. 우리가 처음에 했던 일들을 하십시오. 다시 죄인의 모습으로 구주께로 나아가서, 고쳐 주시기를 구하십시오. 다음으로, 건강해지기 위한 또 하나의 방법은 여러분이 병들고 힘이 없어지게 된 원인을 잘 살피는 것입니다. 아마도 그 원인이 개인 기도를 소홀히 하였기 때문일 가능성이 매우 높습니다. 병이 시작된 바로 그 지점에서 치료도 시작되어야 합니다. 더 간절하게 더 자주, 그리고 더 끈질기게 기도하십시오. 또는, 그 원인이 말씀을 듣는 것을 소홀히 하였기 때문일 수도 있습니다. 여러분은 호기심이나 뭔가를 알고 싶어 하는 욕구에 이끌려서, 진정으로 자기 자신을 살피고 가르침을 받는 일을 소홀히 해 왔습니까? 다시 하나님의 말씀으로 돌아가서, 건강한 양식을 먹으십시오. 아마도 그 양식이 여러분의 병을 고쳐 줄 것입니다. 또는, 여러분이 세상을 너무 쫓아간 것이 원인일 수도 있습니다. 형제들이여, 여러분이 상점을 하나만 가지고 있었을 때에는 하나님을 사랑했습니다. 그러나 여러분에게 상점이 하나 더 생기자, 여러분은 자신의 모든 시간과 생각을 장사하는 일에만 다 쏟느라고, 여러분의 영혼은 삐쩍 말라갔습니다. 여러분의 영혼이 살아나게 하고자 한다면, 여러분이 지금 하고 있는 일을 줄이십시오. 여러분의 영혼을 말라가게 하는 것은 나쁜 일입니다. 나는 단 한순간도 여러분의 사업이나 장사를 방해하고 싶은 마음이 없습니다. 최선을 다해서 사업도 하시고 장사도 하십시오. 그러나 여러분의 영혼을 희생시키지는 마십시오. 있는 힘을 다해서 일을 해나가십시오. 그러나 여러분의 영혼을 밀쳐내지는 마십시오. 만일 그렇게 한다면, 여러분은 이 세상에서 황금을 얻을 수도 있고 높은 지위에 오를 수도 있겠지만, 나중에 여러분이 지내온 평생을 후회하게 될 수도 있습니다. 재난이 시작된 바로 그 지점에서 치료를 시작하십시오. 나는 여러분에게, 그리고 내 자신에게도 여러 가지 변명을 대며 자기 자신을 합리화시키지 말 것을 강력히 권고합니다. 여러분이 한 잘못들을 괜찮다고 쓰다듬어 주지 마십시오. 그럴 수밖에 없었다거나 어쩔 수 없었다는 식으로 말하지 마십시오. 여러분 자신의 형편과 처지를 고려해서 여러분 자신을 평가하지 마십시오. 여러분이 그렇게 한다면, 그것은 지혜롭지 못한 일이 될 것입니다. 여러분의 마음은 그리스도의 온전하신 모습을 닮기를 열망하여야 합니다. 자기 자신이 아니라 여러분을 사랑하신 여러분의 구주의 뜨거우신 마음을 닮기를 열망하십시오. 주님을 사랑하여 하나님의 제단 위에 자기 자신을 바쳤던 사도들의 열렬한 마음을 닮기를 열망하십시오. 그리스도를 위하여, 그리고 여러분 자신을 위하여, 그런 열망을 가지시고, 우리 모두가 한 교회로서 하나님을 가까이 하며 살아가고, 은혜 안에서 자라가게 되기를 빕니다. 그럴 때에 하나님께서 우리에게 날마다 구원 받을 자들을 더하실 것입니다.

　　이 자리에 계신 분들 중에는 이렇게 말씀하실 분들이 분명히 있을 것입니다: "내게는 이 설교가 이해가 되지 않습니다. 나는 지난날을 되돌아보며 회한을 가질 일이 없습니다. 나는 늘 지금과 같은 모습으로 살아 왔습니다. 나는 신앙에 대해서 전혀 알지 못합니다." 여러분이 아주 작은 믿음을 가지고 있으면서도 지극히 두려워 떠는 신자를 부러워하게 될 날이 올 것입니다. 그리스도 없이, 그리고 아무 염려도 없이 살아가는 죄인들인 여러분이 바위들에게 자기를 불쌍히 여겨서, 지금까지 자기가 멸시해 왔던 분의 눈에 띄지 않게 자기를 제발 숨겨 달라고 울며불며 사정하게 될 날이 올 것입니다. 나는 그런 여러분에게 높아진 마음을 갖지 마시고, 여러분의 뿔을 높이 들지 마시며, 지나치게 교만하게 말하지 마시고, 하나님의 그리스도 앞에 나아가 무릎을 꿇고서, 여러분에게 새 생명을 주시라고 구하시기를 부탁드립니다. 왜냐하면, 그 새 생명이 시들고 병드는 한이 있더라도, 여러분이 지금 그 상태로 사망 가운데 거하며 살아가는 것보다 더 낫기 때문입니다. 오직 그리스도만이 여러분에게 새 생명을 주실 수 있기 때문에, 그에게 나아가서 그의 은혜를 구하십시오. 그러면 그리스도께서는 그 무한하신 긍휼하심으로 인하여 이 날에 여러분에게 새 생명을 허락하실 것입니다. 아멘.

제
23
장
—

죽음에 대하여

—

**"내가 아나이다 주께서 나를 죽게 하사 모든 생물을 위하여
정한 집으로 돌려보내시리이다." — 욥 30:23**

    욥은 지독한 병에 걸려서 밤낮으로 극심한 고통을 겪고 있었습니다. 그의 몸은 온통 심한 종기들로 덮여 있었을 뿐만 아니라, 숨 쉬기조차 힘들었던 것으로 보입니다. 그는 18절에서 "그가 큰 능력으로 나의 옷을 떨쳐 버리시며 나의 옷깃처럼 나를 휘어잡으시는구나"라고 말합니다. 종기에서 나온 고름이 그의 옷을 적셔서, 그의 몸에 옷이 들러붙어 떨어지지 않았습니다. 그의 피부는 검은색으로 변하였고, 딱딱해졌던 것으로 보입니다. 그의 옷이 그의 몸에 착 들러붙어서 그를 옥죄고 있었고, 옷깃은 그의 목을 조르고 있었습니다. 이러한 병에 걸려 본 사람들, 특히 욥과 같이 "밤이 되면 내 뼈가 쑤시니 나의 아픔이 쉬지 아니하는구나"(30:17)라고 부르짖어 보았던 사람들은 욥의 이러한 탄식을 통해서, 그의 고통이 어떤 것이었는지를 알 수 있습니다. 이러한 극심한 고통 속에서 욥은 죽음을 생각하였습니다. 우리가 우리 인생의 끝을 생각하게 되는 때가 있다면, 그것은 우리의 육신의 연약한 장막이 그것을 지탱해 주던 끈들이 느슨해지고 휘장이 찢어져서 흔들거리기 시작할 때입니다. 병든 사람들은 "자기가 낫게 될 것"이라고 말하고, 그들을 문병 온 사람들은 신앙인일지라도 그들 위에 죽음의 그림자가 드리워져 있는 것을 뻔히 보면서도, 마치 그들이 회복될 가능성이 있는 것처럼 말하는 것이 일반적입니다. 전에 내가 폐결핵을 앓고 죽어가는 소녀를 위

해 기도하고자 했을 때, 그 아버지가 내게 죽음에 대해서는 언급하지 말아 달라고 신신당부를 했습니다. 하지만 그런 경우에는 병자로 하여금 영원한 세계를 생각하게 만들고 그 큰 변화를 미리 준비할 수 있도록 해주는 것이 훨씬 더 현명한 일입니다. 하나님께서 우리에게 환난을 보내서서, 우리로 하여금 우리의 날 수를 헤아리라고 하실 때, 우리는 하나님의 그러한 명령을 거부해서는 안 됩니다. 나는 욥의 지혜로움을 칭찬하고 싶습니다. 그는 죽음이라는 주제를 회피하지 않고, 도리어 죽음을 정면으로 직시하며, "주께서 나를 죽게 하사 모든 산 자를 위하여 정한 집으로 데려가실 것임을 내가 아나이다"라고 말합니다.

하지만 욥은 하나님이 자기에게 지독한 환난을 보내신 사실을 토대로 해서, 자기가 죽게 될 것이 기정사실인 것처럼 성급한 결론을 내리는 잘못을 범하였습니다. 그의 심령은 심하게 눌려 있었기 때문에, 그는 자기가 곧 죽게 될 것이 틀림없다고 확신하였습니다. 그는 혹시라도 하나님께서 자기 몸이 가루가 될 때까지 그 내리누르시는 손을 치우시지 않으심으로써, 자기가 빨리 죽어서 안식을 누리지도 못하게 하시면 어쩌나 하고 걱정하였습니다. 그러나 그는 죽지 않았습니다. 그는 온전히 회복되었고, 하나님께서는 그에게 이전보다 갑절의 복을 주셨습니다. 이 세상에서 참으로 유익하고 행복하며 존귀하게 사는 삶이 자기 앞에 놓여 있었는데도, 욥은 스스로 자신의 비석을 세웠고, 자기를 이미 죽은 사람이나 다름없는 것으로 취급하였던 것입니다. 우리가 마치 앞날을 예측할 수 있는 것처럼 행세하는 것은 어리석은 일입니다. 왜냐하면, 우리는 한 치 앞도 내다볼 수 없는 존재이기 때문입니다. 망상 속에서 근거 없는 기대감으로 마음이 들떠 있는 것이 한심한 일인 것과 마찬가지로, 내일에 대한 근거 없는 예측으로 오늘의 악을 더하는 것도 어리석은 일입니다. 앞으로 어떻게 될 것인지는 아무도 모릅니다. 그러므로 우리가 휘장의 한쪽 구석을 들어올려서, 하나님이 우리에게 숨기신 것들을 훔쳐보고자 해서야 되겠습니까? 자기가 곧 죽게 될 것이라고 확신했지만, 도리어 다른 사람들보다 더 오래 산 사람들도 꽤 있습니다. 어떤 선지자는 죽게 해 달라고 기도하였지만, 그의 평생에 죽음을 보지 못하였습니다. 회오리바람에 실려서 천국으로 들어간 엘리야의 입에서 "지금 내 생명을 거두시옵소서 나는 내 조상들보다 낫지 못하니이다"(왕상 19:4)라는 기도가 나왔다고 하면, 누가 믿겠습니까? 하지만 그는 그런 이상한 기도를 했습니다.

죽음을 두려워하거나 죽음 앞에서 탄식하지 않고, 죽지 않기 위해서 생명을 구걸하지 않는 것은 용맹스러운 사람들, 특히 믿음이 있는 사람들의 특징입니다. 그들은 묵묵히 인내하는 가운데, 죽음의 압박을 받을 때에 절망하지 않고, 천수를 다하는 것이 아니라 자신의 달려갈 길을 잘 달려가는 것에 언제나 더 큰 열심을 냅니다. 자신의 죽음을 미리 예측하는 것은 믿음의 사람들이 할 일이 아닙니다. 각 사람이 언제 죽을 것인지를 정하시는 분은 하나님이십니다. 우리는 이 땅에서 얼마나 오래 살게 될지를 알지 못하고, 알려고 할 필요도 없습니다. 얼마나 살게 될 것인지는 우리가 선택할 수 있는 것이 아닙니다. 설령 우리에게 그런 선택권이 주어진다고 해도, 그러한 권한을 하나님께 다시 돌려드리는 것이 지혜로운 일입니다. "아버지 내 영혼을 아버지 손에 부탁하나이다"(눅 23:46)라는 기도는 죽음을 앞둔 성도들에게만이 아니라 살아 있는 성도들에게도 아주 칭찬할 만한 기도입니다. 우리가 하나님께서 우리의 생사를 정해 놓으신 운명의 책의 책장들을 몰래 훔쳐본다고 해도, 그것은 결코 우리에게 좋은 일이 아닙니다. 왜냐하면, 우리의 인생이 끝나는 때를 알 수 없을 때, 우리가 우리의 인생을 더 잘 살 수 있다는 것은 틀림없는 사실이기 때문입니다.

    욥은 자기가 언제 죽게 될지에 대해서는 잘못 판단하였지만, 죽음에 대해서 그가 말한 것에는 틀린 것이 없습니다. 그가 "주께서 나를 죽게 하실 것을 내가 아나이다"라고 말한 것은 백번 지당한 말입니다. 왜냐하면, 언젠가는 하나님께서는 이 땅에 있는 우리의 거처로부터 우리를 부르셔서 "산 자들을 위하여 정해 놓으신 집으로" 데려가실 것이기 때문입니다. 이 아침에 나는 여러분을 초대해서, 이 의심할 여지 없는 하나님의 진리를 묵상하게 하고자 합니다. 여러분은 이 진리를 별로 묵상하고 싶지 않습니까? 왜 그렇습니까? 우리의 마지막 시간들에 대해서 얘기하는 것은 정말 지혜로운 일이 아닙니까? 여러분은 "좀 더 기쁘고 즐거운 주제"를 원하십니까? 오늘의 주제는 여러분에게 별로 기쁘고 즐거운 주제가 아닙니까? 오늘 우리가 다루게 될 주제는 엄숙한 것이기는 하지만, 여러분이 기쁜 마음으로 환영하여야 할 주제이기도 합니다. 여러분은 죽음을 생각하면 견딜 수 없습니까? 그렇다면, 이 주제에 대하여 얘기하는 것은 여러분에게 더욱더 필요한 일입니다. 왜냐하면, 여러분이 죽음에 대하여 생각하는 것을 꺼리고 피한다는 것은 여러분의 마음 상태가 올바르지 않다는 것을 증명해 주는 것이기 때문입니다. 그렇지 않다면, 여러분은 거리낌이나 주저함 없이 죽음이라는 주제를 제대로 생각하고 묵상하고자 할 것입니다. 가장 중요한 사실들에 대해서는 눈을 감은 채 못 본 체하고, 그런 상태에서 행복해하고 즐거워하는 것은 잘못된 것입니다. 만일 내가 사실들에 대하여 눈을 감았기 때문에 유지될 수 있는 그런 평안을 누리고 있는 것이라면, 나는 그런 상태를 용납할 수도 없고 견딜 수도 없을 것입니다. 여러분이 그리스도인인데도 아직 죽음에 대하여 준비가 되어 있지 않다면, 여러분은 아직도 배워야 할 것이 있는 것입니다. 여러분은 좀 더 깊은 은혜 속으로 들어가서, 더 견고하고 강력한 믿음에 도달할 필요가 있습니다. 이 땅을 떠나서 그리스도와 함께 있는 것이 육신을 입고서 이 땅에 거하는 것보다 더 좋아 보이지 않는다면, 여러분은 아직 은혜에 있어서 어린 아기입니다.

우리가 현세에서 해야 할 일은 내세를 준비하는 것이고, 따라서 죽음을 준비하는 것이 아닙니까? 그리고 우리가 죽음에 대해서 전혀 생각하지 않는다면, 어떻게 죽음을 준비할 수 있겠습니까? 여러분은 죽음에 대해서 아무것도 모른 채로 눈 딱 감고서 죽음 속으로 뛰어내릴 생각인 것입니까? 여러분이 그런 생각을 하고 있는 것이라면, 여러분은 좋지 않은 상태에 있는 것입니다. 그러므로 나는 여러분에게 여러분이 자신의 영혼을 사랑하신다면, 하나님의 성령의 도우심을 힘입어서 그러한 위험천만한 모험을 감행할 생각을 버리시기를 간곡히 부탁드립니다.

어떤 사람들은 "하지만 하나님께서 내게 죽음을 생각하라고 하신다는 생각이 들지 않습니다"라고 말합니다. 한 해의 지금과 같은 계절이 여러분에게 죽음을 생각하라고 부르고 있는 것을 알지 못하시겠습니까? 떨어지는 낙엽 한 잎 한 잎이 여러분에게 죽음을 생각하라고 권면하고 있습니다. 여러분은 반드시 죽게 되어 있는데, 왜 여러분에게 반드시 닥치게 되어 있는 일을 생각하지 않으시려고 하는 것입니까? 타조는 사냥꾼에게 쫓길 때에 자기가 사냥꾼을 더 이상 볼 수 없게 되면, 자기가 안전할 것이라고 생각해서, 자신의 머리를 모래 속에 처박고 있는다고 합니다. 타조가 아무리 새라고 해도 어쩌면 그렇게 어리석을 수 있는지, 나는 잘 상상이 가지 않습니다. 나는 여러분에게 그런 정신 나간 짓을 절대로 하지 마시라고 간곡히 부탁드립니다. 내가 죽음을 생각하지 않는다고 할지라도, 죽음은 나를 생각합니다. 내가 깊이 생각한 후에 죽음으로 나아가지 않는다고 할지라도, 죽음은 내게 성큼성큼 다가올 것입니다. 그러므로 우리가 당당하게 죽음을 맞이하고자 한다면, 우리는 끝까지 죽음을 직시하여야 합니다. 죽음은 우리의 집들로 들어와서, 우리의 사랑하는 자들을 훔쳐가 버립니다. 나는 이 강단에 설 때마다 거의 빠짐없이, 지금까지 내가 늘 보아 왔던 어떤 얼굴을 그가 앉곤 했던 자리에서 볼 수 없습니다. 우리 교회는 우리와 행복한 교제를 나누어 왔던 어떤 사람을 여기에서보다 더 행복한 교제를 나누도록 하기 위하여 떠나보내지 않은 채로 한 주간을 보낸 적이 없습니다. 지난 주간에도 우리 교회의 젊은 지체가 이 땅을 떠나갔고, 그녀가 떠나간 것을 슬퍼하는 부모님이 지금 이 자리에 앉아 계십니다. 우리는 모두 한 회중으로서 끊임없이 우리의 죽음을 생각하도록 부르심 받고 있고, 우리가 듣든지 안 듣든지, 이 전에 우리가 모일 때마다, 죽음은 우리에게 메시지를 전하고 있습니다. 죽음이 이렇게 자주 하나님의 메시지를 가지고 우리를 찾아오는데도, 우리가 계속해서 그 메시지를 듣기를 거부해서야 되겠습니까? 그래서는 안 될 것입니다. 우리는 기꺼이 우리의 귀와 마음을 드려서, 주 하나님께서 지금 이 시간에 우리에게 무엇이라고 말씀하고자 하시는지를 들어야 합니다.

여러분 중에서 한참 젊어서 아주 건강하고 힘이 왕성한 신자들에게도 나는 이 주제가 젊은 여러분에게는 해당되지 않는다고 생각해서 귀를 닫지 마시기를 부탁드립니다. 아무리 나이가 어리거나 젊어도, 하나님께서 언제 그를 데려가실지는 아무도 모르는 일이라는 것을 기억하십시오. 나는 어린 소년들을 윔블던(Wimbledon)의 옛 교회 묘지로 데려가서, 그 묘지에 있는 몇몇 작은 무덤들의 크기가 얼마나 되는지를 한 번 재보라고 합니다. 그러면, 소년들은 자기들보다 더 작은 무덤이 여러 개 있는 것을 발견합니다. 이런 식으로 나는 그 소년들의 어린 마음에 사람의 인생이라는 것이 얼마나 불확실한 것인지를 확실하게 각인시켜 주고자 했습니다. 나는 모든 어린이들이 자신들에게도 언제든지 죽음이 닥칠 수 있다는 것을 명심하게 하고자 했습니다. 아무리 젊고 건강하며 힘이 넘친다고 하여도, 언제든지 죽음을 맞이할 수 있다는 것을 알게 하고자 했습니다. 숲에서 가장 우람한 나무들이 벌목꾼들의 도끼에 가장 먼저 쓰러집니다. 16세기 스위스의 유명한 의사였던 파라켈수스(Paracelsus)는 사람이 꾸준히 복용하기만 하면, 아주 많이 나이가 들어서 죽기 전에는 결코 죽지 않게 해줄 수 있는 그런 약을 만들고자 했습니다. 그렇지만 정작 파라켈수스 자신은 젊은 나이에 죽고 말았습니다. 영원히 죽지 않을 비밀을 발견했다고 생각하는 사람들은 자기가 얼마나 큰 망상 속에 빠져 있는지를 결국 알게 될 것입니다. 최후의 원수인 사망이 쏘는 화살이 닿지 않는 곳은 존재하지 않습니다. 그러므로 죽음을 생각하기를 거부하는 것은 지독하게 어리석은 일입니다. 자만심이 강한 프랑스의 어떤 공작은 자신의 시종들에게 자기 앞에서는 절대로 죽음에 대해서 말하지 말라고 엄명하였고, 자신의 한 시종이 그에게 책을 읽어주면서 "승하하신 스페인의 왕"이라는 말을 하자, 그 시종을 경멸과 분노에 가득 찬 눈으로 노려보며, 그런 말을 한 의도가 무엇이냐고 그 시종에게 물었습니다. 그 시종은 두려워 떨면서 더듬거리며, "그 말은 사람들이 그 왕을 부를 때에 사용하는 호칭입니다"라고 말하였습니다. 정말 그렇습니다. 죽음은 우리 모두가 장차 얻게 될 호칭이고, 우리에게 너무나 잘 어울리는 호칭입니다. 공포의 왕인 죽음은 왕들에게도 찾아와서, 서슴없이 그들의 보잘것없는 육신을 벗겨내어 벌거벗은 모습을 드러냅니다. 이 죽음은 여러분과 나를 비롯해서 모든 사람에게 찾아옵니다. 우리 모두는 우리에게 분명히 찾아올 죽음을 준비하고 있어야 합니다.

1. 첫째로, 욥은 자기가 죽게 될 것에 대하여 직접적이고 개인적인 지식을 갖고 있었습니다.

하나님의 성령의 가르침 아래에서 내가 매우 엄숙하게 여러분에게 말씀드리고자 하는 것은 여러분이 자기가 죽게 되리라는 것을 구체적으로 인식하여야 한다는 것입니다. "내가 아나이다 주께서 나를 죽게 하사 모든 산 자들을 위해 정한 집으로 돌려보내시리이다." 이 본문에서 하나님의 일반적인 진리는 한 개인에게 구체적으로 적용되고 있습니다.

욥은 모든 사람들이 죽는다는 보편적인 사실을 알고 있었기 때문에, 자기도 무덤으로 내려가게 될 것임을 알았습니다. 족장 욥은 사람들이 지금보다 더 오래 살았던 그런 시대의 끝무렵에 살고 있었지만, 일정한 나이가 지나면, 결국에는 한 사람도 빠짐없이 다 이 땅을 떠났다는 사실을 알고 있었습니다. 여러분의 눈을 들어서, 북극에서 시작해서 적도를 거쳐 남극에 이르기까지 모든 땅을 두루 살펴서, "한번 죽는 것은 사람에게 정해진 것이요"(히 9:27)라는 말씀이 보편적인 법칙인지 아닌지를 확인해 보십시오. 오직 두 사람만이 죽음을 보지 않고서 내세로 들어갔지만, 이 두 예외는 도리어 모든 사람이 죽는다는 보편적인 법칙을 증명해 주는 역할을 합니다. 내가 아직 언급하지 않은 또 하나의 큰 예외가 있는데, 나는 그 예외에 대해서도 말씀드리고자 합니다. 아마도 주 예수 그리스도께서는 우리가 죽음을 보기 전에 이 땅에 다시 친히 강림하실 수 있습니다. 그가 오실 때에 우리가 여전히 살아 있다면, 우리는 죽음의 잠을 자지 않게 될 것이고, "우리가 다 잠잘 것이 아니요 마지막 나팔에 순식간에 홀연히 다 변화되리니 나팔 소리가 나매 죽은 자들이 썩지 아니할 것으로 다시 살아나고 우리도 변화될" (고전 15:51-52) 것입니다. 이것은 죽음의 보편적인 법칙에 대한 큰 예외이고, 우리는 기쁜 마음으로 이 예외를 묵상할 수 있습니다. 그러나 주님이 더디 오시면, 우리도 죽음의 보편적인 법칙에서 예외가 되지 않을 것입니다. 우리는 모두 죽어야 합니다. 티끌은 티끌로, 재는 재로 돌아가야 한다는 것은 우리 인생들에 대한 결코 변개될 수 없는 최종적인 선언임에 틀림없습니다. 나는 이 자리에 계신 분들 중에는 자기는 언제까지나 살아 있을 것이기 때문에, 절대로 "모든 산 자들을 위하여 정한 집"으로 가서 큰 무리와 함께 있게 되지 않을 것이라고 생각하는 어리석은 자가 한 분도 없기를 바랍니다. 지난 주에는 자기는 결코 썩음을 보지 않게 될 것이라고 가르쳤던 한 가련한 광신자가 자신의 신봉자들의 곁을 떠나 무덤에 안치되었습니다. 내가 잘 알던 한 목회자는 자기가 이 땅에서 영원히 사는 방법을 발견했다고 큰소리치고 다녔지만, 그도 이 땅을 떠난 수많은 사람들이 있는 곳으로 갔습니다. 우리가 스올을 피할 수 있다는 생각은 일고의 가치도 없는 쓸데없는 몽상입니다. 주께서 다시 오셔서 살아 있는 모든 사람이 순식간에 변화되지 않는다면, 모든 육체는 때가 되면 썩어짐을 보게 될 것입니다. "누가 살아서 죽음을 보지 아니하고 자기의 영혼을 스올의 권세에서 건지리이까" (시 89:48). 과거에 살았던 무수한 사람들이 땅 속으로 내려갔습니다. 사망은 끊임없이 추수를 통해서, 여자에게서 난 모든 사람들을 거두어들여 왔습니다. 욥은 모든 사람에게 죽음이 임하였기 때문에, 자기에게도 죽음이 임하게 될 것임을 알았습니다.

또한, 그는 인류의 기원을 묵상했을 때, 자기가 죽게 될 것을 알았습니다. 오늘의 본문을 히브리어 본문으로 읽으면, 이렇게 읽을 수 있습니다: "주께서 나를 죽음에게로 데려가실 것을 내가 아나이다." 욥은 전에 죽은 적이 없었지만, 언제나 이 표현은 다음과 같은 구절에서 사용된 것과 같은 용법으로 사용됩니다: "주께서 사람을 티끌로 돌아가게 하시고 말씀하시기를 너희 인생들은 돌아가라 하셨사오니"(시 90:3). 우리는 전에 무덤에 있은 적이 없었습니다. 그런데 어떻게 우리가 무덤으로 가는 것이 돌아가는 것이 될 수 있습니까? 하나님께서는 아담에게 "너는 흙이니 흙으로 돌아갈 것이니라"(창 3:19)고 말씀하셨습니다. 하나님께서 흙으로 우리를 만드신 것이 이적이었다면, 흙으로 만들어진 우리가 즉시 흙으로 돌아가지 못하게 막으신 것은 또 하나의 이적입니다. 따라서 흙인 우리가 온 곳인 어머니 흙으로 돌아갈 날은 반드시 오게 되어 있습니다. 만일 우리가 천국으로부터 왔다면, 우리는 죽지 않게 될 것이라고 생각할 수도 있었을 것입니다. 만일 우리가 천사들처럼 하늘에 속한 재료로 지음 받은 것이라면, 우리는 무덤이 우리를 결코 가두어 두지 못할 것이라고 생각할 수도 있었을 것입니다. 그러나 흙으로 지음 받은 우리는 흙으로 돌아가야 합니다. 욥은 "무덤에게 너는 내 아버지라, 구더기에게 너는 내 어머니, 내 자매라 할지라도"(17:14)라고 말합니다. 이렇게 우리는 흙이기 때문에, 하나님께서는 우리를 흙으로 돌아가라고 하시는 것입니다. 욥은 사람이 흙에서 왔다는 것을 알았기 때문에, 자기가 흙으로 돌아가게 될 것을 정확히 추론할 수 있었습니다.

또한, 욥은 인간의 죄를 생각하고서, 모든 사람이 죄로 인하여 정죄 아래 있다는 것을 알았습니다. 그는 무덤을 "모든 산 자들을 위해 정한 집"이라고 말하지 않습니까? 그렇게 된 것은 우리의 첫 조상에 대하여 사형 선고가 내려지고, 그 선고가 이후의 모든 인류에게도 적용된 결과입니다. "너는 흙이니 흙으로 돌아갈 것이니라"(창 3:19)는 하나님의 선고는 우리 조상 아담에게만이 아니라, 그의 허리에서 나오게 될 모든 무수한 자손들에게도 내려진 것이었습니다. "모든 사람이 죄를 지었으므로 사망이 모든 사람에게 이르렀느니라"(롬 5:12). "아담 안에서 모든 사람이 죽은 것 같이"(고전 15:22). 갓 태어난 아기들도 개인적으로는 죄를 짓지 않았지만, 아담의 죄로 인한 마름병에 이미 걸려 있기 때문에, 꽃을 피우기도 전에 시들어 죽습니다. 아직 성인이 되지 않은 꽃다운 아이들도 일찍 쓰러져서 흙으로 돌아갑니다. 한창때인 우리도 살인적인 죽음의 바람 앞에서 머리를 떨구고 맙니다. 나이 들어서 허리가 구부러져 지팡이를 짚고 있는 자세는 우리가 돌아가야 할 무덤을 향해 미리 인사를 하고 있는 모양새입니다. 인간의 보편적인 타락과 죄는 우리에게 보편적인 죽음을 가져다주었습니다. 우리 가운데 널려 있는 공동묘지들을 바라보며, "누가 이 사람들을 죽였는가?"라고 물어보십시오. 거기에 대한 유일한 대답은 "한 사람으로 말미암아 죄가 세상에 들어오고 죄로 말미암아 사망이 들어왔나니 이와 같이 모든 사람이 죄를 지었으므로 사망이 모든 사람에게 이르렀느니라"(롬 5:12)가 될 것입니다.

또한, 욥은 자신의 연약해진 육신을 통해서 자기가 죽을 수밖에 없다는 사실을 개인적으로 알게 되었습니다. 아마도 그는 늘 "주께서 나를 죽게 하실 것을 내가 아니이다"라고 말하지는 않았을 것입니다. 그러나 그가 거름더미에 앉아서, 질 그릇 조각으로 자신의 몸을 긁으며, 괴로워서 몸부림치고, 심령이 몹시 눌려 있을 때, 그는 자신의 죽음을 생생하게 예감합니다. 육신의 장막을 지탱하고 있던 말뚝들이 폭풍우로 인해서 심하게 흔들리고, 장막 자체도 앞뒤로 요동하며, 구조물 전체가 폭풍우 속에서 무너져 내리려 할 때, 그 장막 속에 거해온 사람이 자신의 거처가 곧 무너지게 될 것임을 뼛속까지 생생하게 느끼지 않을 수 없었을 것입니다. 그는 자기가 죽게 될 것이라는 사실을 너무나 잘 알고 있었습니다. 우리는 환난의 매를 여러 차례 맞고 나서야 비로소, 우리가 죽을 수밖에 없는 존재라는 부인할 수 없는 진리를 진정으로 깨닫게 됩니다. 이 자리에 계신 모든 사람들은 남녀노소 할 것 없이 나와 함께 "주께서 나를 죽게 하실 것을 내가 아니이다"라고 말할 수 있어야 합니다. 그렇지만 실제로는 우리 중에서 상당수의 사람들이 이 사실을 진정으로 깨닫고 있지 못합니다. 사람들은 "그것은 우리 모두가 인정하는 너무나 상식적인 사실이 아닌가요"라고 말합니다. 나도 그런 줄을 압니다. 그러나 너무나 상식적이고 뻔한 진리일수록, 사람들은 그 진리가 자기에게도 적용된다는 사실을 간과해 버리기 쉽습니다. 우리는 그 진리를 안다고 생각하지만, 사실은 모르고 있는 것입니다. 그렇기 때문에, 사람들은 자신의 삶 속에서 그 진리를 고려하지도 않고, 자신의 삶의 한 요소로 취급하지도 않습니다. 사람들은 자신이 살아갈 날수를 헤아려서 지혜롭게 행하지 않습니다. 어떤 시인은 "사람들은 자기 자신을 제외한 모든 인간은 죽게 되어 있다고 생각한다"고 말했는데, 그 말은 반쯤은 하나님의 영감을 받은 것입니다. 우리는 그렇게 생각하고 있지 않습니까? 우리는 실제로 죽음을 염두에 두고서 살아가지 않고, 도리어 앞으로도 꽤 오랜 세월을 살아갈 것처럼 생각하고 살아갑니다. 나이가 아주 많이 드신 분들조차도 여전히 극소수이긴 하지만 아주 오래오래 산 사람들이 있기 때문에, 자기도 그렇게 아주 오래 살 수 있다고 생각합니다. 어떤 군인은 이렇게 말했습니다: "나는 나로 하여금 죽음을 두려워하지 않게 해주신 하나님께 감사합니다. 이 30년 동안 나는 단 하루도 아침에 내 침상에서 일어나면서, 과연 내가 저녁 때까지 살아 있을 수 있을까라고 생각하지 않은 적이 없었습니다." 나는 이 군인처럼 말할 수 있는 사람이 우리 중에 거의 없을까봐 걱정입니다.

날마다 죽음을 각오하는 사람들은 죽음을 쉽게 받아들이게 될 것입니다. 무덤이 친숙하게 된 사람들은 무덤이 침상처럼 보이고, 영안실이 소파처럼 보이게 될 것입니다. 은혜의 언약을 기뻐하는 사람들은 죽음조차도 믿는 자가 거쳐 가야 할 일들 중의 하나라는 사실을 기뻐합니다. 나는 하나님께서 우리로 하여금 이 교훈을 배울 수 있게 해주시기를 원합니다. 그러므로 우리는 죽음을 아무짝에도 쓸데없는 잡동사니 물건으로 취급해서 한쪽 구석에 치워 놓거나 선반 위에 올려놓지 않아야 합니다. 우리는 죽어 가고 있는 사람들 가운데서 죽어 가는 사람으로 살아야 합니다. 그럴 때에만, 우리는 제대로 살 수 있게 됩니다. 이렇게 사는 것은 우리를 결코 불행하게 만들지 않습니다. 왜냐하면, 천국의 상속자라면, 자기가 이 땅에서 영원히 살 수 없다는 이유로 놀라거나 슬퍼하지 않을 것이 분명하기 때문입니다. 도리어 하나님께서 우리에게 이 형편없는 세상에서 영원히 살라고 하신다면, 그것이야말로 서글픈 일이 될 것입니다.

십자가를 지고 가시는 예수를 조롱하고 욕한 것에 대한 벌로 이 세상이 끝날 때까지 살아야 하는 벌을 선고받았다고 하는 방랑하는 유대인(Wandering Jew)이나 동방정교회의 지도자로서 이슬람에 대항한 전쟁을 이끌었다고 하는 프레스터 요한(Prester John) 같은 전설에 등장하는 인물들의 삶을 실제로 살고자 하는 사람이 과연 우리 가운데 있겠습니까? 2천 년이라는 오랜 세월 동안을 인간 세상에서 지내고자 할 사람이 누가 있겠습니까? 만일 하나님께서 "이곳에서 영원히 살아라"고 말씀하신다면, 그것은 축복이 아니라 저주가 될 것입니다. 곡식들처럼 때가 되어 다 자라고 무르익으면 곳간에 들어가는 것이 합당하고 아름다운 일이 아니겠습니까? 낮 동안에 열심히 수고하고 나서, 밤이 되어 집에 돌아가 은혜의 삯을 받는 것이 슬프고 우울한 일입니까? 여러분이 그렇게 생각하였다면, 하나님께서 여러분을 용서해 주시기를 빕니다. 여러분이 하나님의 자녀라면, 나는 여러분에게 본향으로 돌아가는 일이 여러분에게 슬프고 두려운 일이 아니라, 소망과 영광으로 충만한 천국으로 들어가는 기쁜 일로 느껴지게 될 때까지, 여러분을 본향으로 돌아가게 해주는 이 죽음을 정면으로 응시하시라고 권해 드리고 싶습니다.

나는 여러분이 "내가 아나이다 주께서 나를 죽게 하사 모든 산 자들을 위하여 정한 집으로 돌려보내시리이다"라고 오늘의 본문을 읽을 때, 이 본문이 여러분에게 애가가 아니라 황금의 시편이 되기를 바랍니다.

2. 둘째로, 본문에는 욥의 거룩한 지성이 빛나고 있습니다.

앞에서 우리는 욥이 자기에게도 죽음이 찾아오리라는 것을 생생하게 깨닫고 있었다는 것에 대하여 살펴보았는데, 이제 나는 여러분에게 오늘의 본문 속에서 빛나고 있는 거룩한 지성을 보시기를 부탁드립니다. 내가 오늘의 본문을 봉독해 드렸을 때, 아마도 여러분은 거기에 담겨 있는 모든 것을 다 알아차리지는 못하셨을 것입니다. 그래서 나는 여러분에게 본문에 숨겨져 있는 몇몇 보석들을 보여 드리고자 합니다. 욥은 극심한 고통 속에서도 단 한순간도 자신의 하나님을 잊지 않습니다. 그는 여기에서 하나님에 대하여 "주께서 나를 죽게 하실 줄을 내가 아나이다"라고 말합니다. 그는 자신의 죽음이 하나님과 상관없는 죽음이 아니라는 것을 인식하고 있습니다. 그는 자기가 심한 종기로 인해서, 또는 질식해서 죽게 될 것이라고 말하는 것이 아니라, "주께서 나를 죽게 하실" 것이라고 말합니다. 그는 자기가 우연이나 운명이나 어떤 부차적인 원인에 의해서 죽게 되는 것이 아니라, 자신의 죽음 배후에서 오직 하나님의 손을 봅니다. 살고 죽는 것은 하나님의 소관입니다. 폐결핵이 여러분의 사랑하는 자녀를 데려간 것이라고 말하지도 마시고, 열병이 여러분의 아버지를 죽게 하였다고 탄식하지도 마시고, 하나님께서 친히 그들을 데려가신 것이라고 말하십시오. "이는 여호와이시니 선하신 대로 하실 것이니라"(삼상 3:18). 여호와께서 친히 자기 자녀를 본향으로 데려가신 것이기 때문에, 사고 탓도 하지 마시고, 질병 탓도 하지 마십시오. 오직 하나님께서 여러분과 나를 데려가시는 것입니다. "주께서 나를 죽음으로 데려가실 줄을 내가 아나이다"라는 말씀은 내 마음에 아주 달콤한 위로가 되는 말씀입니다. 나는 다음과 같은 옛날 풍의 시를 좋아합니다:

"역병들과 죽음들이 내 주위를 날아다니지만,
　주께서 명령하실 때까지는 나는 죽지 않는다네.
　사랑의 하나님께서 허락하실 때까지는
　그 어떤 것도 나를 칠 수 없다네."

말라리아나 전염병이 창궐할 때에도, 하나님께서 나를 죽음으로 데려가고자 하지 않으시면, 우리는 안전합니다. "네가 말하기를 여호와는 나의 피난처시라 하고 지존자를 너의 거처로 삼았으므로 화가 네게 미치지 못하며 재앙이 네 장막에 가까이 오지 못하리니"(시 91:9-10). 우리가 여호와의 날개 아래에 있다면, 우리는 "밤에 찾아오는 공포와 낮에 날아드는 화살과 어두울 때 퍼지는 전염병과 밝을 때 닥쳐오는 재앙"(시 91:5-6)을 두려워할 필요가 없습니다. 하나님께서 우리에게 맡겨 주신 일을 다할 때까지, 우리는 죽지 않습니다. 그러므로 악한 날에 요동하지 말고 잠잠하십시오. 멸망의 날에 평안히 안식하십시오. 하나님께서 자신의 지혜를 따라 모든 일을 제대로 안배하실 것이고, 성도들의 죽음은 하나님이 보시기에 귀한 일입니다. 세상에 있는 그 어떤 권세도 하나님의 주관하심을 벗어나 있지 않습니다. 그 어떤 원수도 하나님의 섭리라는 영지에 침입할 수 없습니다. 모든 일은 하나님에 의해서 정해지고, 특히 우리의 죽음은 우리의 높아지신 주님이시자 구주이신 예수 그리스도의 특별한 주관하심 아래 있습니다. 예수 그리스도는 이 땅에 오셔서 사시다가 죽으셨기 때문에, 자신의 허리띠에 사망의 열쇠들을 차고 계십니다. 그가 친히 우리를 인도하셔서, 쇠로 된 죽음의 문을 통과하게 하실 것입니다. 하나님이 하고자 하시고 친히 행하시는 일은 그의 택함 받은 자들이 기쁨으로 받아들일 수 있는 일일 수밖에 없으리라는 것은 분명합니다. 우리의 살고 죽는 것이 하나님의 손에 달려 있다는 것을 우리는 기뻐하는 것이 마땅합니다.

또한, 오늘의 본문은 우리에게 위로가 되는 또 하나의 감미로운 고백을 담고 있는 것으로 보이는데, 그것은 우리가 죽을 때에 하나님께서 우리와 함께 하실 것이라는 고백입니다. 하나님께서는 우리의 죽음의 여정에 우리와 동행하셔서, 우리를 종착지까지 데려다주실 것입니다. 하나님이 친히 우리의 인도자가 되시고 우리의 호위가 되어 주실 것이라는 말입니다. 우리가 죽는 순간에도, 하나님께서는 우리와 함께 하실 것입니다: "주께서 나를 죽음으로 데려가 주시리라." 하나님은 사람들이 그토록 두려워하는 저 잔잔한 강가로 나를 인도하실 것입니다. "내가 사망의 음침한 골짜기로 다닐지라도 해를 두려워하지 않을 것은 주께서 나와 함께 하심이라 주의 지팡이와 막대기가 나를 안위하시나이다"(시 23:4). 사랑하는 자들이여, 우리는 하나님과 함께 동행하며 살아가고 있습니다, 그렇지 않습니까? 그러니 우리가 죽을 때에도, 하나님께서 우리와 동행하지 않겠습니까? 우리의 삶은 주 예수께서 우리와 늘 함께 하시는 하나의 긴 성일입니다. 그런데 그 성일의 마지막에 예수께서 우리를 떠나시겠습니까? 하나님께서 우리와 함께 동행하시기 때문에, 우리는 평안하게 인도하심을 받으며 기쁘게 살아갑니다. 산들과 언덕들이 우리 앞에서 하나님을 찬양하고, 들의 모든 나무들이 손뼉을 치며 하나님께 환호합니다. 그런데 하물며 우리가 영원한 상급을 받으러 길을 떠날 때에야, 만물이 더욱더 기뻐하고 즐거워하지 않겠습니까? 사는 것이 행복인 것이 아니라, 하나님과 함께 동행하며 살아가는 것이 행복이고, 죽는 것이 비참한 일인 것이 아니라, 하나님 없이 죽는 것이 비참한 일입니다. 어린 자녀가 자러 가야 할 때, 어머니가 함께 가면, 자녀는 울지 않습니다. 자녀가 자신의 방으로 자러 가려고 거실에서 이층으로 올라갈 때, 자녀의 방으로 올라가는 길이 아무리 어두운들 어떻습니까? 어머니의 눈이 그 자녀에게는 환한 등불이 됩니다. 그 올라가는 길이 아무리 고독하고 깊은 정적이 흐른다고 한들 어떻습니까? 그 자녀에게는 어머니의 포근한 팔이 있고, 어머니의 음성은 그 자녀에게 음악이 됩니다. 주님, 내가 자러 가야 할 시간이 되었을 때, 나는 주께서 나를 거기로 데려다 주시며, 내 귀에 사랑을 속삭여 주실 것임을 압니다. 그러므로 나는 두려워하지 않고, 도리어 주님의 사랑이 아주 분명하게 드러나게 될 그 시간을 기다릴 것입니다. 여러분은 그런 생각을 해 보신 적이 없습니까? 여러분은 지금까지 죽음을 두려워해 오셨습니다. 하지만 하나님께서 자신의 사랑의 팔로 여러분을 거기로 데려다 주실 것이기 때문에, 여러분은 더 이상 두려워하지 않으셔도 됩니다. 여러분 주위에 그늘이 두텁게 내려앉아 있다고 할지라도, 모든 두려움을 벗어 던지고서 평안하게 여러분에게 정해 주신 길을 가십시오. 왜냐하면, 하나님은 여러분의 빛이시고 여러분의 구원이시기 때문입니다.

　본문 속에 나와 있는 것은 아닐지라도, 우리가 본문으로부터 자연스럽게 도출해 낼 수 있는 내용이 있는데, 그것은 하나님께서 우리를 죽음으로 데려가신 후에는 다시 우리를 죽음에서 건져 내시리라는 것입니다. 다른 구절에서 욥은 하나님이 그를 신원해 주실 것임을 확신한다고 분명하게 말한 바 있습니다. 즉, 그는 "내가 알기에는 나의 대속자가 살아 계시니 마침내 그가 땅 위에 서실 것이라 내 가죽이 벗김을 당한 뒤에도 내가 육체를 입고서 하나님을 보리라"(욥 19:25-26, 한글개역개정에는 "육체를 입고서"가 "육체 밖에서"로 되어 있는데, 히브리어 본문은 어느 쪽으로도 해석이 가능해서 논란이 있다 — 역주)고 말하였습니다. 어떤 지혜롭다고 하는 사람들은 부활 사상을 구약성경에서 축출(말소)하고자 하여, 욥이 자기가 현세에서 회복되고 신원되는 것을 기대한 것이었음을 입증하고자 애써 왔지만, 분명히 욥은 그런 것을 기대한 것이 전혀 아니었습니다. 왜냐하면, 본문은 욥이 자기가 곧 죽게 될 것이라고 생각하고 있었다는 것을 분명하게 보여주기 때문입니다. 본문에서 욥은 "대속자가 살아 계시고," 장차 그 살아 계신 대속자가 자기를 신원하실 것이라고 고백하고 있기 때문에, 이것으로부터 우리는 욥이 자기가 죽은 후에 내세에서 이루어질 일에 대한 소망을 표현하고 있는 것임을 추론할 수 있습니다. 사랑하는 여러분, 여러분과 나는 우리 하나님께서 자신의 거룩한 책에서 친히 선언하신 수많은 말씀들을 통해서 하나님의 이 진리를 알고 있습니다. 우리는 어떤 의미에서 죽기는 하지만, 또 다른 의미에서는 죽지 않고 살게 될 것입니다. 우리의 육신은 땅 아래의 휴식처에서 잠시 자게 되겠지만, 우리의 영혼은 영원히 하나님과 함께 하게 될 것입니다. 그동안에 우리는 육신을 벗은 영으로서, 우리가 생명의 끈으로 연합된 분과 함께 있다가, 천사장의 나팔소리가 울려 퍼지는 날에 우리의 육신도 잠자던 곳에서 일어나 우리의 영혼과 다시 결합하게 될 것입니다. 우리가 이 땅에서 싸울 때에 우리와 함께 이 육신은 내세에서 우리의 승리에도 함께 하게 될 것입니다. "이 죽을 것이 죽지 아니함을 입으리로다"(고전 15:53). 예수를 다시 일으키신 분이 우리도 다시 일으키실 것입니다. 우리는 충만한 기쁨 가운데서 원수의 땅을 벗어나게 될 것입니다. 그러므로 우리는 오늘의 본문의 말씀으로부터 큰 힘을 얻어서, 죽음에 대하여 담대하여야 합니다. 우리는 죽어야만 이 땅에서의 싸움으로부터 놓여나게 됩니다. 우리는 죽어서 이 싸움에서 벗어나게 될 것이기 때문에, 겁쟁이처럼 주저앉아서 절망을 느끼며 통곡해서는 안 됩니다. 우리는 소망 없는 자들처럼 슬퍼하지 않습니다. 우리는 우리가 이 땅을 떠나는 것을 "내가 아나이다 주께서 나를 죽게 하사 모든 산 자들을 위하여 정한 집으로 돌려보내시리이다"라는 말씀으로부터 비쳐 나오는 부드럽고 달콤한 빛 아래에서 보아야 합니다.

3. 셋째로, 본문 속에서는 욥이 잠잠히 기다리는 모습이 느껴집니다.

우리도 욥과 같이 그러한 평안한 안식을 누릴 수 있게 되는 것이 나의 기도입니다. 나의 사랑하는 형제들이여, 오늘의 본문은 잠잠히 대망하는 분위기로 충만합니다. 욥은 자신의 죽음을 확실한 것으로 얘기하지만, 그의 그런 말 속에는 회한 같은 것은 없습니다. 아니, 여러분이 앞뒤 문맥을 읽어 보시면, 욥은 기대감으로 발그레 달아올라 빨리 그런 날이 왔으면 하는 간절한 마음으로 미소를 지으며, "내가 아나이다 주께서 나를 죽게 하사 모든 산 자들을 위하여 정한 집으로 돌려보내시리이다"라고 말하고 있습니다. 평안한 마음으로 죽음을 바라볼 수 없는 사람들이 많습니다. 그들은 죽음이라는 말만 들어도 깜짝 놀라 두려워하며 어쩔 줄 몰라 합니다. 나는 우리 주 예수의 제자들 중에서 죽음에 대한 두려움으로 인해 종살이 하고 있는 사람들과 한 번 변론을 해보고자 합니다. 사람들이 죽음에 대해서 편안하게, 그리고 한 걸음 더 나아가 즐거운 마음으로 얘기할 수 있는 때는 언제입니까? 사람들은 육신적으로 큰 고통 가운데 있을 때에 종종 죽음에 대해서 아무렇지도 않게 얘기하거나, 어서 죽었으면 좋겠다는 식으로 도리어 죽음을 원하기도 합니다. 나는 내가 힘들고 지쳐 있기만 해도, 내게서 죽음에 대한 두려움이 다 사라지고 마는 것을 여러 번 경험하였습니다. 왜냐하면, 나는 당시에 내가 감당해야 했던 그런 고통 가운데서는 더 이상 살고 싶다는 생각이 들지 않았고, 오직 죽고 싶은 생각뿐이었기 때문입니다. 힘든 투병생활을 한 사람들은 거의 다 그런 경험을 분명히 했을 것입니다. 환난을 통해 연단을 받는 신자들은 자기 뜻대로 하던 습관을 버리고 하나님의 뜻을 기다리는 법을 알게 될 뿐만 아니라, 이 세상에서의 삶에 정이 떨어져서 죽고 싶은 심정이 됩니다. 그들은 그렇게 격렬한 싸움을 계속해 나가느니, 차라리 그 혹독한 싸움을 그만두고 쉬고 싶어 합니다. 환난과 고통으로 인하여, 우리를 이 땅의 해안에 붙들어 매두었던 밧줄이 풀리고, 우리가 돛을 활짝 펴고서 더 나은 땅을 향한 항해를 시작할 수 있게 되는 것은 좋은 일입니다. 오랫동안 병상에서 고통을 겪어서 뼈만 앙상하게 가죽만 남게 된 사람들에게 천국은 얼마나 간절히 사모하는 곳이겠습니까! 노역장 또는 병원 같던 이 땅을 떠나서 새 예루살렘으로 가게 된다면, 그것은 얼마나 복된 변화이겠습니까! 나는 병으로 괴로워하는 성도들의 침상 옆에 서서, 그들의 극심한 고통을 직접 눈으로 지켜보면서 함께 울지 않을 수 없었던 그런 시간들을 많이 가져왔습니다. 그런 극심한 고통을 벗어나서 지극히 큰 기쁨을 맛보게 될 곳으로 가게 된다면, 그것은 얼마나 놀라운 변화이겠습니까! 하나님의 택함 받은 자가 저 힘들고 괴로웠던 침상을 떠나서 면류관과 수금, 종려나무 가지와 지극히 아름다우신 만왕의 왕이 있는 곳으로 빛이 되어 날아가게 된다면, 그 길은 얼마나 영광스러운 길이겠습니까! 육신의 지독한 환난은 신자들로 하여금 바로 그러한 변화를 바라보게 만듭니다.

나이가 들어서 육신이 점점 쇠약해져 가는 것도 신자들에게 동일한 영향을 미칩니다. 나이 든 자매가 마침내 거의 귀가 먹어서, 사람들의 말소리를 거의 듣지 못하게 됩니다. 하나님의 전에 와서 말씀을 듣고 사람들과 교제하는 것이 그녀의 큰 기쁨이었는데, 이제는 성전에 와서 예배를 드려도, 예배는 그녀에게 무언극이 되어 버리고, 전에 그녀의 귀에 그렇게 달콤하게 들렸던 목사님의 음성이 그녀에게 더 이상 들리지 않습니다. 귀가 먹어 말씀을 들을 수 없을 때에 그녀에게 유일한 위로가 되었던 성경도, 이제는 더 도수가 높은 돋보기안경을 끼어도 보이지 않아서, 그녀는 더 이상 읽을 수 없습니다. 그녀는 이제 살아 있기는 하지만 절반은 죽은 것과 다름이 없어서, 멀리 걸을 수도 없고, 방에서 왔다 갔다 하는 데에도, 두 다리가 떨리고 비틀거립니다. 그녀는 이미 절반은 죽은 것입니다. 다 익은 사과가 나무에서 쉽게 떨어지듯이, 그녀는 이제 이 세상을 떠나기를 바랄 것이라고 여러분은 생각하지 않습니까? 어쨌든 그녀에게는 이제 죽음의 손길을 뿌리칠 힘이 거의 남아 있지 않습니다. 그녀의 영혼은 오랜 세월 사용해서 낡아 빠지고 너덜너덜해진 육신이라는 집을 허물고 거기에서 나와서, 하나님이 하늘에서 사람의 손으로 짓지 않은 영원한 집을 덧입고 싶어 할 것이고, 실제로 그렇게 되는 것이 좋은 일일 것입니다. 하나님의 종으로 오랜 세월을 살아오신 분들 중에는 어둠에 대한 두려움이 사라지고 없어서 자신에게서 이 땅의 해가 영원히 지게 될 날을 고대하게 되는 분들이 많습니다. 그들은 무덤에 이미 한 발을 딛고 있는 사람들처럼 보이겠지만, 사실은 한 발을 천국에 딛고 있는 사람들입니다.

사랑하는 여러분, 우리는 심한 병에 걸려서 오랫동안 병상에 누워 괴로움을 겪거나, 나이가 들어 노쇠해지지 않고도, 또 다른 방식으로 그러한 마음 상태에 도달할 수 있는데, 그것은 우리가 하나님의 뜻에 전적으로 순복하는 마음으로 충만할 때입니다. 하나님께서 작정하신 일이라면 무슨 일이든지 우리의 기쁨이 될 때, 우리는 우리가 살든지 죽든지 하나님이 정하신 모든 일들에 대하여 그 어떤 싫은 감정을 느끼지 않게 됩니다. 우리가 그리스도인으로서의 합당한 삶을 살고 있다면, 그것은 우리가 우리 자신의 뜻을 부인하고, 하나님을 모든 일을 결정하시는 분이자 우리를 절대적으로 주관하시는 분으로 받아들이는 삶을 살고 있다는 것을 의미합니다. 여러분의 심령이 진정으로 그리스도와 혼인하였다면, 여러분에게는 신랑의 뜻을 따르는 것이 여러분의 최고의 행복이자 기쁨이 되고 있을 것입니다. 여러분이 입을 떼었다 하면 여러분의 입에서 나오는 말은 "주의 뜻이 이루어지이다"라는 말이 되어 있을 것입니다. 이것이 매일의 삶에서 우리의 평소의 모습이 되어 있어야 하고, 그럴 때에 우리는 죽음을 평안하게 생각할 준비가 완벽하게 되어 있게 됩니다. 내가 살아 있을 때에 하나님께서 나와 함께 하고자 하신다면, 나로 살게 해주십시오. 내가 죽었을 때에 하나님께서 나와 함께 하고자 하신다면, 나로 죽게 해주십시오. 우리가 "하나님과 함께 영원히" 있을 수만 있다면, 우리가 어디에 있는 것이 무엇이 중요하겠습니까? 우리가 어디에 있든 "하나님과 함께" 있고, "영원히" 있을 수만 있다면, 우리가 언제 어디에 있는지는 하나도 중요하지 않습니다. 하나님을 기뻐하는 것은 죽음을 두려워하는 병을 치료해 주는 약입니다.

다음으로, 나는 우리의 거룩함이 깊어질 때, 우리는 이 세상을 사랑하는 마음으로부터 해방되고, 기꺼이 이 세상을 떠날 준비가 갖추어지게 된다고 믿습니다. 거룩함이 깊어진다는 것은 죄를 끔찍하게 혐오하고 온전한 순결함을 몹시 갈망하는 것을 의미합니다. 그런 사람들은 자기 속에서 죄를 느낄 때, 그 죄를 미워하고, 거기로부터 벗어나기를 갈망합니다. 그들은 자기 주위에 있는 죄들에 대해서도 몹시 혐오하기 때문에, "메섹에 머물며 게달의 장막 중에 머무는 것이 내게 화로다"(시 120:5)라고 부르짖습니다. 여러분은 하나님을 욕하는 자들 가운데 던져져 본 적이 있습니까? 그때에 여러분은 분명히 천국에 가기를 소망하며 한숨지었을 것입니다. 여러분이 이 도시에서 사람들이 술에 취하여 비틀거리고 속이고 사기 치는 모습을 보면서 가슴앓이를 해왔다면, 여러분은 "만일 내게 비둘기 같이 날개가 있다면 날아가서 편히 쉬리로다"(시 55:6)라고 부르짖고 있을 것이 분명합니다. 지난 해에 런던의 추악한 욕망의 펄펄 끓는 가마솥의 뚜껑이 열렸을 때, 여러분은 그런 심정이 되지 않았습니까? 나는 분명히 그랬습니다. 나는 그런 추악한 말들이 다시는 내게 들릴 수 없는 광활한 황무지에 가서 혼자 살았으면 좋겠다고 생각하며 한숨을 쉬었습니다. 이 땅에서 추악한 죄악들이 난무할 때, 여러분 속에서는 여러분을 하늘로 부르는 나팔소리를 어서 빨리 듣고서, 죄와 슬픔이 다시는 여러분을 괴롭게 하지 않을 저 아름다운 땅으로 달려갔으면 하는 마음이 간절해집니다.

우리로 하여금 편안한 마음으로 죽음을 바라볼 수 있게 해주는 때는 우리가 그리스도 안에 있고, 그 어떤 것도 우리 주 예수 그리스도 안에 있는 하나님의 사랑에서 우리를 떼어 놓을 수 없다는 온전한 확신이 우리에게 있는 때입니다. 여러분의 구원을 의심해 보십시오. 그러면 여러분은 죽는 것을 두려워할 수밖에 없게 됩니다. 여러분이 여러분의 사랑하는 주님을 볼 때에 사용하는 깨끗한 거울에 의심의 그림자가 드리워지면, 여러분은 불안을 느끼게 됩니다. 여러분이 "내가 믿는 자를 내가 알고 또한 내가 의탁한 것을 그 날까지 그가 능히 지키실 줄을 확신함이라"(딤후 1:12)고 말할 수 있다면, 여러분에게 두려움은 있을 수 없습니다. 그랬을 때, 여러분이 두려워하며 놀랄 이유가 어떻게 있을 수 있겠습니까? 그리스도인들은 밤에 잠자리에 들 때에, 내일 아침에 다시 깨어나 이 세상을 다시 볼 수 있을지를 염려할 이유가 없습니다. 그리스도인들은 자신의 마지막 시간이 언제 찾아온다고 할지라도, 모든 것이 다 정돈되어 있어서, 단 하나도 정리하지 못하고 떠나는 일이 없도록 그렇게 살아야 합니다.

우리는 언제 죽더라도 홀가분한 마음으로 떠날 수 있는 삶을 살았던 웨슬리(Wesley) 목사님을 본받아야 합니다. 한번은 한 숙녀 분이 웨슬리 목사님에게 "목사님이 내일 12시에 죽게 되어 있고, 그것을 미리 알고 계신다면, 남은 시간을 어떻게 보내시겠습니까?"라고 묻자, 목사님은 이렇게 대답하셨답니다: "당연히 지금 내게 정해진 일정을 따라 시간을 써야겠죠. 나는 오늘 저녁에 글로스터(Gloucester)에서 설교할 것이고, 내일 새벽 5시에도 거기에서 설교할 것입니다. 그런 후에, 나는 튜크스베리(Tewkesbury)로 달려가서 오후에 설교하고, 저녁에는 그곳의 교우들을 만날 것입니다. 그리고 다시 마르틴(Martin) 교우의 집으로 돌아와서 함께 식사한 후에, 우리 가족과 함께 식사하고 대화하고 기도하고 나서, 10시에 내 방으로 들어와서, 하늘에 계신 나의 아버지께 나를 의탁하고, 내 침상에 누웠다가, 영광 중에 깨어나게 될 것입니다." 이렇게 여러분은 하루하루를 자신의 인생을 그 날에 끝마칠 것처럼 살아가십시오. 여러분이 그렇게만 살아간다면, 여러분에게 갑자기 이 세상을 떠나라는 호출 명령이 떨어진다고 해도, 여러분은 아무런 변화도 없이 그저 평소에 생활하던 대로 생활할 수 있게 될 것입니다. 그런 삶을 살 때, 여러분은 두려움 없이 죽음을 바라볼 수 있게 될 것입니다. 우리가 두려워할 때에는, 대체로 두려워할 이유가 있기 때문입니다. 따라서 모든 것이 있어야 할 자리에 있을 때, 우리는 두려움에 작별을 고할 수 있게 됩니다.

또한, 내가 말씀드리고자 하는 것은 우리에게는 영원한 지복의 태평양으로부터 큰 물결들이 밀려와서, 우리의 기쁨이 최고조에 달하는 때들이 있다는 것입니다. 그럴 때에 우리는 믿음의 눈으로 비록 희미하게나마 지극히 아름다우신 만왕의 왕을 뵙게 되고, 그 모습에 완전히 매료되어서, 그분에 대한 우리의 사랑이 우리로 하여금 그분을 대면하여 보고 싶어서 견딜 수 없게 만듭니다. 여러분은 이 회중 가운데 앉아서 찬송을 부르다가, 종종 자신이 영원한 지복 가운데 있는 것을 느끼신 적이 있지 않습니까? 이러한 놀랍고 거룩한 날들은 늘 우리에게 있는 것이 아닙니다. 한 주간의 모든 날들이 안식일일 수 없고, 우리가 멈춰 서 있는 모든 곳이 엘림이 될 수는 없습니다. 형제들이여, 우리가 높은 소리 나는 제금을 연주할 때, 우리는 천사들의 합창에 합류하고 있는 것입니다. 우리 안에서 천국을 느끼고, 그룹 천사들이 시은좌 위에서 날개를 펴고 서 있는 것처럼 우리가 그렇게 서 있을 때, 우리는 이 세상을 곧 떠나야 한다는 생각을 해도 두렵지 않게 됩니다. "주여 이제 내가 무엇을 바라리요 나의 소망은 주께 있나이다"(시 39:7). 또한, 우리는 시므온처럼 "주재여 이제는 말씀하신 대로 종을 평안히 놓아 주시는도다"(눅 2:29)라고 말할 수 있게 됩니다. 형제들이여, 우리는 머지않아 이 세상을 떠나게 될 것입니다. 그때에 우리는 날아오르며 찬송할 것입니다. 우리는 저 푸른 하늘로 올라가서, 보석으로 된 성문 안에서 영원히 찬송하며 지내게 될 것입니다.

　나는 이제 여러분이 죽음을 생각하는 것은 좋지 않은 것이라는 고정관념에서 어느 정도 벗어나고 있기를 바랍니다. 또한, 나는 여러분이 소망과 확신 가운데서 죽음을 바라보기 시작하게 될 것이라고 믿습니다.

4. 넷째로, 본문의 주제는 우리에게 거룩한 교훈을 줍니다.

　나는 이제 "내가 아나이다 주께서 나를 죽게 하사 모든 산 자들을 위하여 정한 집으로 돌려보내시리이다"라는 오늘의 본문 속에는 거룩한 교훈이 담겨 있다는 것에 대하여 말씀드린 후에, 말씀을 맺고자 합니다. 형제들이여, 내가 안식일에 이 자리에 와서 여러분과 말씀을 나눌 수 있는 특권은 내게 언제까지나 주어지는 것이 아닙니다. 아마도 머지않아 다른 사람이 이 자리에서 말씀을 전하게 될 것이고, 나는 무덤 속에서 침묵하며 누워 있게 될 것입니다. 또한, 여러분도 이 자리에 이렇게 행복하게 모여 있는 무리들 속에 언제까지나 섞여 있지 못할 것이고, 이 땅에 있는 하나님의 궁정에 드나드는 사람들 가운데 언제까지나 앉아 있지도 못할 것입니다. 그렇다면, 우리는 어떻게 해야 합니까?

　우리는 죽음을 준비하여야 합니다. 우리의 모든 것이 되시는 주 예수를 꼭 붙들어서, 여러분의 부르심과 택하심을 견고히 하십시오. 주 예수 그리스도를 믿으시고, 열렬히 믿으십시오. 죄를 회개하시고, 온 마음을 다하여 일심으로 죄를 멀리하십시오.

우리는 부지런히 살아야 합니다. 여러분이 이 땅에 사는 동안 부지런히 살아가십시오. 여러분이 지난 밤에 자신의 삶을 돌아보았을 때에 이렇게 살아야 하겠다고 생각하셨던 그대로 순간순간을 살아가십시오. 우리는 성령을 힘입어서 그리스도 안에서 하나님에 대하여 살아가야 합니다. 우리에게 주어진 삶은 잠시 잠깐이라는 것을 깨닫게 하셔서, 우리로 하여금 부지런히 행하게 하시기를 빕니다. 날이 짧기 때문에, 빈둥거릴 시간이 없습니다. 우리의 삶 속에서 우리가 마치 장난하듯이 살아가는 시간이 많지는 않습니까? 어떤 설교자가 "내가 앞으로도 20년을 더 말씀을 전해야 할 것이다"라고 생각한다면, 그는 성의 없이 대충 설교를 할 것입니다. 우리는 설교할 때마다 이번이 마지막 설교인 것처럼 그렇게 설교하여야 합니다. 여러분이 지금 소홀히 하더라도 나중에 다시 보완할 수 있기 때문에 어느 정도는 대충 해도 된다고 생각하고 있다면, 이 오후에 여러분은 주일학교에서 자신의 반 학생들을 그리 잘 가르치지 못하게 될 것입니다. 아주 작은 일 하나라도 소홀히 하지 마십시오. 모든 일에 최선을 다하십시오. 그 날에 할 일들은 그 날에 하십시오. 그 날에 할 일을 다음 날로 미루지 마십시오. 머지않아 여러분과 나는 그리스도의 심판대 앞에 서서, 우리가 육신으로 행한 일들에 대하여 결산하여야 합니다. 그러므로 우리는 모든 날들 중의 날인 그 심판의 날에 백보좌를 환히 비출 저 광명한 빛 아래에서 살아가고 있는 것처럼 그렇게 살아가야 합니다.

다음으로, 우리는 "모든 산 자들을 위하여 정한 집"에 있는 저 큰 무리를 생각하고서, 지극히 겸손하게 행하는 법을 배워야 합니다. 인간은 모두 결국에는 무덤 속으로 들어가게 되어 있습니다. 그러므로 거기에서 우리는 신분이나 지위나 부유함으로 인한 온갖 교만을 다 멸시하는 법을 배워야 합니다. 인간이 가장 마지막에 다 만나게 되어 있는 "집"에서는 그 어떤 차별도 없습니다. 부자들과 가난한 자들이 함께 만나고, 노예들은 자신의 주인으로부터 자유롭습니다. 나는 사람들로 하여금 그들 자신이 죽을 수밖에 없는 존재라는 것을 잊어버리고 주제넘게 행하게 만드는 그런 교만을 미워합니다. "내가 말하기를 너희는 신들이며 다 지존자의 아들들이라 하였으나 그러나 너희는 사람처럼 죽으며"(시 82:6-7). 무덤들로부터 들려오는 음성은 사람들은 죽고 나면 누구나 다 똑같다고 준엄한

평등을 선포합니다:

> "고관대작들이여, 이 흙이 여러분의 침상입니다.
>   여러분의 모든 망대들,
>   크고 지혜롭고 존경 받던 머리에도 불구하고,
>   여러분도 우리처럼 이 흙에 누워야 합니다."

그러므로 더 이상 지나치게 교만한 말을 하지 마십시오. 죽음을 앞둔 사람들이 자랑하는 것은 정신 나간 짓입니다. 살라딘(Saladin)은 임종 때에 자신의 부하들에게 자신의 수의를 가져오라고 해서, 자신이 쓰던 창 위에 수의를 입힌 후에 가지고 나가서, "이것이 열국의 정복자였던 막강한 살라딘이 남긴 모든 것이다"라고 선포하며, 진영을 돌게 하였다고 합니다. 훗날 여러분이 묻혀 있는 무덤 옆을 배회하던 사람이 여러분의 해골을 집어 들고서, 여러분이 얼마나 지혜로운 사람이었는지에 대해서는 거의 모른 채, 여러분에 대해서 이러쿵저러쿵 말할 것입니다. 그때에는 아무도 여러분에게 경의를 표하지 않을 것입니다. 그러므로 겸손하십시오.

우리에게 주어진 인생은 짧기 때문에, 여러분은 즉시 행하여야 합니다. 여러분의 자녀들을 하나님을 경외하는 사람들로 키우고자 한다면, 바로 오늘 그 일을 시작하십시오. 여러분이 영혼들을 얻고자 한다면, 거룩한 수고를 중단 없이 해나가십시오. 여러분이 선을 행할 모든 기회를 다 잃게 될 날이 멀지 않았기 때문에, 여러분의 손이 할 일을 발견하는 대로, 온 힘을 다해 그 일을 하십시오. 동방의 황제들이 콘스탄티노플에서 즉위식을 거행할 때, 왕궁에 속한 석공이 황제 앞에 일정한 크기로 잘려진 여러 개의 대리석들을 놓고, 황제로 하여금 자신의 비석으로 사용할 대리석을 하나 고르게 하는 것이 하나의 관습이었다고 합니다. 황제가 대관식 때에 자신의 장례식을 생각하게 한 것은 좋은 관습이었습니다. 이제 나는 여러분 앞에 아무것도 적혀 있지 않은 대리석들을 가져다 놓았습니다. 거룩한 삶과 죄악된 삶, 그리스도를 섬기는 삶과 자기 자신을 섬기는 삶 ─ 이 대리석들 중에서 여러분은 어떤 대리석을 고르시겠습니까? 여러분이 어느 한 대리석을 골랐다면, 여러분은 이제부터 그 대리석 위에 비문을 써 내려가기 시작하게 될 것입니다. 왜냐하면, 여러분이 평생에 한 일들이 여러분의 비문이 될 것이기 때문입니다. 하나님께서 우리를 도우셔서 하나님의 일을 부지런히 행할 수 있게 해주시기를 빕니다. 왜냐하면, 우리가 하나님의 일을 할 수 있는 날도 얼마 남지 않았기 때문입니다.

인생들이여, 여러분 자신을 시간에서 건져 내어 영원한 세계로 뛰어드십시오. 여러분은 머지않아 시간의 세계로부터 쫓겨나게 되어 있습니다. 날개 있는 새들이 부엉이처럼 어떤 가지에 앉아서 밤새도록 눈을 깜빡거리며 있지 못하는 것과 마찬가지로, 여러분도 시간이라는 가지들에 영원히 앉아 있을 수는 없습니다. 스스로 분발해서, 독수리같이 날아오르십시오. 현재라는 시간을 뛰어넘어 높이 솟아오르십시오. 인생이라는 것은 아무리 길어봤자 하루의 짧은 낮 시간일 뿐이기 때문에, 하루의 해가 지고 나면, 여러분은 영원한 세계로 떠나가야 합니다. 거기에서 여러분의 불멸의 영혼은 영원한 저주의 삶과 영원한 기쁨의 삶 중 하나를 살게 될 것입니다. 여러분의 불멸의 자아는 영원히 지극한 복의 바다에서 헤엄치거나, 끝 모를 나락으로 떨어지는 비참한 고통을 겪어야 합니다. 여러분이 멸망의 길을 택하고자 하신다면, 여러분은 그 대가를 계산해 보시고, 여러분이 지금 무슨 짓을 하고 있는 것인지를 똑똑히 알아야 합니다. 여러분이 죄의 길로 행하여 그 결말을 감수하기로 결정하셨다면, 장난삼아 그렇게 결정하지 마시고, 모든 것을 숙고해서 진지하게 결정하여야 합니다. 여러분 중에서 그런 결정을 내리신 분들이 있다면, 그분들은 조만간 어느 날 악몽을 꾸듯 소스라치게 놀라며 잠에서 깨어나게 될지도 모릅니다. 나는 여러분이 장차 여러분을 기다리고 있는 장면을 미리 볼 수 있었으면 좋겠습니다. "그가 음부에서 고통 중에 눈을 들어"(눅 16:23)라는 말씀은 끔찍한 말씀이지만, 예수께서 친히 하신 말씀입니다. 어떤 철학자들은 지옥 따위는 없다는 등 말도 안 되는 소리들을 늘어놓고 있지만, 예수님의 말씀은 그런 소리들이 다 거짓임을 보여줍니다. 게다가, 그러한 철학자들이 여러분을 사랑하는 것보다 더 여러분을 사랑하셨던 예수께서는 "그뿐 아니라 너희와 우리 사이에 큰 구렁텅이가 놓여 있어 여기서 너희에게 건너가고자 하되 갈 수 없고 거기서 우리에게 건너올 수도 없게 하였느니라"(눅 16:25)는 말씀을 덧붙이셨습니다. 우리 주님께서는 이 사실을 대단히 강조하고 계십니다. 여러분이 지옥의 끔찍한 형벌을 기꺼이 받고자 하는 것이라면, 나는 여러분에게 여러분이 지금 무슨 짓을 하고 있는 것이냐고 묻고 싶습니다. 여러분이 죄악된 삶을 선택하였다면, 여러분은 파멸을 선택한 것입니다. 여러분이 선택한 삶을 곰곰이 생각해 보시고, 그런 삶이 과연 여러분이 살 만한 가치가 있는 삶인지를 점검해 보십시오.

그러나 여러분이 그리스도와 은혜의 삶과 영원한 생명을 선택하였고, 믿음으로 말미암아 그러한 삶이 여러분의 것이 되었다면, 이제 그 삶을 누리기 시작하십시오. 천국의 음악을 리허설 해 보십시오. 이 땅에서 하나님과 교제하는 기쁨을 맛보십시오. 여러분이 믿음으로 세상을 이기고 승리하고 있는 것을 기뻐하십시오. 여러분은 머지않아 영광의 땅에 있게 될 것이고, 그 날은 여러분이 생각하는 것보다 훨씬 빨리 올 것입니다. 이제 설교를 끝낼 때가 되었습니다. 나는 내 자신이 얼마나 부서지기 쉬운 존재인지를 잘 알고 있기 때문에, 여러분에게 진지하게 작별인사를 해 두겠습니다. 동이 터서 "그림자가 사라질" 때까지(아 2:17) 잘 지내십시오.

제
24
장
—

은혜의 발자국들

—

> "만일 일천 천사 가운데 하나가 그 사람의 중보자로 함께 있
> 어서 그의 정당함을 보일진대 하나님이 그 사람을 불쌍히
> 여기사 그를 건져서 구덩이에 내려가지 않게 하라 내가 대
> 속물을 얻었다 하시리라." — 욥 33:23-24

하나님께서 어떤 개인에게 은혜를 주시고자 하시는 분명한 뜻을 가지고 계
실 때에는, 흔히 혹독한 훈육으로 시작하셔서, 환난과 괴로움을 통해 그 사람을
낮추십니다. 성실한 농부는 씨를 뿌려서 수확을 거두기 위해서 먼저 나무들을
잘라내고 땅을 개간하는 것과 마찬가지로, 우리 하나님께서도 우리의 마음이 말
씀의 선한 씨를 받아 열매를 맺을 수 있도록 하시기 위하여, 우리 마음속에 있는
큰 백향목들, 우리가 즐기는 쾌락들, 우리의 교만을 모두 잘라내신 후에, 우리의
마음을 쟁기로 갈고 써레질하여 비옥한 고운 흙이 되게 하십니다. 엘리후는 이
렇게 땅을 가는 예비적인 과정이 질병에 의해서 일어난다고 설명합니다. 실제로
질병은 그런 역할을 하는 경우가 많습니다. 나는 병상은 인생들에게 하나님의
말씀을 대변하는 최고의 변사들 중의 하나라는 것을 의심하지 않습니다. 그러나
하나님께서는 결코 어느 특정한 방법에 매여 계시는 분도 아니고, 구속 받은 자
들의 경험이 그 세부적인 내용까지 정확히 똑같은 것도 아닙니다. 물론, 그들의
경험은 아주 다양하게 이루어짐에도 불구하고, 동일한 하나의 결과로 귀결되기
는 하지만 말입니다. 어떤 때에는 바다에서 일어난 거센 폭풍우가 사람들로 하

여금 제정신으로 돌아오게 만들고 그들의 양심을 일깨워서 환난과 고통 중에서 하나님께 부르짖게 하기도 하고, 어떤 때는 사업에서 큰 손실을 입은 데서 온 고통이 사람들로 하여금 금이나 은보다 더 오래가는 부요함, 장사를 해서 얻는 이익이나 은행에 맡겨둔 재산보다 더 의지하고 믿을 만한 보화, 재물보다 더 귀하고 오래가는 위로를 구하게 만들기도 합니다. 이 두 가지 사건 중 어느 한 쪽도 없는 경우에는, 성령께서 사람들에게 자신들의 죄를 깨우쳐 주시고, 그들로 하여금 자기 자신에 대하여 철저히 실망하고 혐오하게 만드시기가 쉽지 않습니다. 하지만 이렇게 자기 자신을 부인하는 일은 질병이나 가난만으로 되는 것이 아니라, 성령께서 역사하셔야만 가능하게 됩니다. 성령께서는 오늘의 본문에 나오는 사람을 지옥의 문턱에 도달할 때까지 철저히 낮추어 놓으셨습니다. 그 사람은 자기가 이미 죽은 목숨이라고 생각하였습니다. 그런데 바로 그때에야 은혜가 자신의 일을 시작하였습니다. 은혜의 복된 역사는 그 사람에게 의의 문을 열어 놓고서, 그 사람의 영혼을 천국으로 이끌어 올리는 것이었습니다.

　이 자리에 계신 분들 중에도 하나님께서 은혜를 주시려고 준비시키고 계시는 분들이 있을 것이라고 나는 믿습니다. 그런 분들에게 이 설교는 좋은 소식이 될 것입니다. 오늘의 본문은 우리가 환영할 만한 사실들을 우리 앞에 차근차근 제시하고 있기 때문에, 나는 우회하는 길을 택하지 않고, 곧장 본문이 우리에게 제시하고 있는 순서를 따라 그 사실들을 하나하나 다루어나가고자 합니다. 본문은 사자 — 메시지 — 불쌍히 여기심 — 큰 구원하심 — 놀라운 대속물을 차례로 말씀하고 있습니다.

1. 첫째로, 하나님께서는 사자를 보내십니다.

　하나님께서는 자신의 섭리를 통해서 어떤 사람의 마음을 일구셔서 자신의 은혜의 역사를 받아들일 수 있도록 준비시키신 후에, 자기가 택하신 그 사람에게 복 주시기 위하여 가장 먼저 하시는 일들 중의 하나가 그 사람에게 사자(본문에서는 "천사")를 보내시는 것입니다.

　나는 우리 앞에 있는 구절은 일차적으로 그리스도인 사역자들을 가리키는 것이라고 생각합니다. 왜냐하면, 그리스도인 사역자들은 성령 하나님을 힘입어서 사람들의 영혼에게 하나님의 뜻을 전하는 "중보자"의 역할을 하기 때문입니다. 본문에서 "일천 천사"라 불리는 이 사역자들은 하나님으로부터 잘 가르침을 받은 사람들이어야 합니다. 그들은 도덕적으로나 영적으로나 높은 수준의 자질을 갖추고 있어야 합니다. 사실, 그들은 인류 중에서 선택되고 정선된 최고의 사람들이어야 합니다. 하나님께서 어떤 사람에게 복음을 충실히 전할 수 있는 사자를 보내신다면, 그것은 그 사람의 영혼에 대한 큰 사랑을 보여주는 증표입니다. 나는 여러분에게 사역자들을 인간적으로 존경하라고 하는 것이 아닙니다. 내가 바라는 것은 사역자들이 여러분에게 예수 그리스도의 복음을 전할 때, 여러분은 그들을 하나님의 사자들로 받아들이고, 적어도 그들이 전하는 메시지에 대하여 하나님의 말씀에 걸맞은 공경을 보이는 것입니다.

그러나 많은 주석자들과 마찬가지로, 나는 본문의 말씀의 온전한 의미는 죽을 수밖에 없는 존재인 사역자들 속에서는 결코 발견될 수 없을 것이라고 믿습니다. 따라서 우리는 이 말씀이 저 크신 언약의 사자, 곧 하나님과 인간을 소통하게 해주시는 저 크신 중보자를 가리키는 것이라고 보아야 합니다. 왜냐하면, 이 중보자의 존재는 죄에 눌려 살아가는 영혼에게 은혜를 주시겠다는 확실한 예언이 되기 때문입니다. 성부 하나님께서 자신의 사랑하는 아들을 어떤 사람에게 보내시는 곳, 즉 그리스도께서 어떤 사람의 양심에 찾아오셔서 그와 말씀하시며, 자신이 구주이심을 나타내셔서, 그 죄인으로 하여금 믿음을 가질 수밖에 없게 만드시는 곳은 하나님께서 그 사람에게서 구원을 이루셔서 그 사람으로 하여금 영생을 얻게 하고자 하시고, 실제로 그 구원을 이루시는 곳입니다. 따라서 나는 본문에서 말하는 은혜의 사자가 우리 주 예수 그리스도를 가리키는 것으로 보고서 말씀을 전해 나갈 것인데, 여러분은 특히 본문에 나오는 "천사"(또는, "사자"), "일천 천사 가운데 하나," "중보자" 등과 같은 호칭들을 주목해 보십시오. 그런 호칭들에 딱 맞는 분이 예수 외에 또 누가 있겠습니까? 우리는 예수를 "사자"로 여겨야 합니다. 그것이 바로 예수 그리스도이십니다. "사자"는 자신의 이름으로 오지 않고, 다른 이의 이름으로 보내심을 받아야 합니다. 예수 그리스도께서 단지 자신의 책임으로 스스로 알아서 사람들을 구원하시기 위하여 이 땅에 오신 것이 아니라, 아버지 하나님의 위임을 받고 오셨다는 사실은 우리에게 큰 위로가 됩니다. 예수 그리스도는 하나님의 보내심을 받으셨습니다. 하나님께서는 그리스도를 구주로 세우셨습니다. 그리스도를 믿고 영접하는 사람들은 하나님께서 친히 세우신 분을 영접하는 것입니다. 그리스도는 아무런 위임도 받지 않고 오신 아마추어 구주가 아닙니다. 그리스도께서는 자신의 손에 하나님의 권위를 나타내는 왕의 인장을 가지고 계십니다. 두려워 떨고 있는 죄인들이여, 하나님께서 신임하신 예수 그리스도를 믿으십시오. 하나님께서 세우신 예수 그리스도를 붙잡으십시오.

예수 그리스도께 붙여진 또 하나의 호칭은 "중보자"입니다. 사실, 그는 복된 중보자이십니다. 중보자는 두 가지 언어를 알고 있어야 합니다. 우리 주 예수께서는 하나님의 언어를 아십니다. 하나님의 지성과 무한한 지혜로부터 나온 큰 진리들이 너무나 높고 신비해서 우리가 도저히 깨달을 수 없다고 할지라도, 그리스도께서는 그 모든 진리들을 온전히 알고 계십니다. 그는 성부 하나님과 동등하시고 영원하신 성자 하나님이시기 때문에, 성부 하나님과 어떻게 대화해야 하는지를 아십니다. 그렇기 때문에, 그는 하나님의 언어로 하나님의 마음에 호소하실 수 있습니다. 그는 가련한 죄인들로부터 나오는 탄식과 부르짖음과 눈물의 의미를 아시기 때문에, 그 죄인들의 모든 심정을 남김없이 그대로 하나님께 해석해 드릴 수 있습니다. 그는 하나님의 언어를 아시기 때문에, 하나님과 소통하실 수 있으십니다. 게다가, 예수께서는 우리 인간의 언어도 아십니다. 왜냐하면, 그는 우리와 같은 사람이 되셔서, 우리의 연약함들을 입으시고, 친히 겪으시며 아파하셨기 때문입니다. 그는 사람의 마음속에 있는 것들을 다 읽으실 수 있습니다. 이렇게 예수 그리스도께서는 사람들의 마음을 읽으셔서 하나님께 말씀 드릴 수 있으시고, 하나님께서 사람들에게 말씀하시고자 하는 것들을 사람의 언어로 사람들에게 말씀하실 수 있으십니다. 하나님과 동등되셔서 하나님을 잘 아실 뿐만 아니라 이 가련하고 미련한 우리와도 형제가 되셔서 우리 인간에 대해서도 잘 아시는 이렇게 복되신 중보자가 우리에게 계시다는 것은 얼마나 행복한 일인지 모릅니다. 게다가, 우리 주님이 단지 우리의 귀만이 아니라 우리의 마음에도 하나님의 언어를 해석해 주실 수 있는 그런 해석자시라는 것 ─ 이것은 대단히 중요합니다 ─ 은 우리에게 더더욱 행복한 일입니다. 사랑하는 여러분, 내가 여러분의 귀에 성경을 해석해 드릴 수 있다고 해도, 여러분이 그 해석을 귀로 들었을 때에는 하늘에 속한 신령한 의미를 놓칠 수도 있습니다. 그러나 우리 주님께서는 하나님의 말씀을 여러분의 심령에 해석해 주실 수 있으십니다. 그는 하나님의 은혜를 여러분에게 말로 해석해 주실 수 있으실 뿐만 아니라, 그 은혜를 여러분의 마음속에서 직접 느끼게 부어 주실 수 있으십니다. 그는 죄인들로 하여금 구원의 길을 알게 하실 수 있으실 뿐만 아니라 느끼게도 하실 수 있으십니다. 그는 죄인들로 하여금 구원의 길을 듣게 하실 수 있으실 뿐만 아니라 기뻐하게 하실 수도 있으십니다. 그는 죄인들로 하여금 구원의 길을 깨닫게 하실 수 있으실 뿐만 아니라 받아들이게도 하실 수 있으십니다. 오, 복되신 해석자여! 당신의 말은 하나님 앞에서 힘이 있기 때문에, 하나님의 마음은 사람들의 비참한 처지에 공감하고 움직일 수밖에 없습니다. 당신의 말은 사람들에게 힘이 있기 때문에, 우리는 끝도 없이 펼쳐진 하나님의 크신 사랑을 깨닫게 됩니다. 중보자이신 주님이 우리의 영혼에 대고 말씀하시면, 돌 같이 굳어진 우리의 형편없는 마음은 부드러워지고, 금강석 같이 단단한 우리의 마음은 밀랍같이 녹아서 흐르게 됩니다.

그러므로 이 "사자"이자 "해석자"이신 예수 그리스도는 "일천 천사 가운데 하나," 즉 필적할 자가 없는 독보적인 존재가 아니겠습니까? 용사들의 아들들 가운데서 누가 당신과 비견될 수 있겠습니까? 엘리후는 "일천"이라는 숫자를 사용하긴 했지만, 헤아릴 수 없이 많다는 것을 나타내기 위하여 "일천"이라고 표현했을 것이 분명합니다. 하늘에서부터 지옥에 이르기까지 그리스도 같으신 이가 결코 있을 수 없다는 것이 확실하다면, "일천 천사 가운데 하나"라고 표현하든, "일만 천사 가운데 하나"라고 표현하든, 그런 것은 별로 중요하지 않을 것입니다. 온 우주를 다 뒤져보아도 그리스도 같으신 구주이자 사자이자 중보자를 찾아볼 수 없습니다. 그를 아는 사람들은 그는 너무나 놀라운 분이어서 우리 인간의 언어로 무엇이라고 표현할 수 없다고 말할 것입니다. 여러분이 예수의 제자가 되어 20년이 넘는 세월 동안 그를 따르며 함께 교제하였던 분들에게 그가 어떤 분이시냐고 물어본다면, 그들은 그분은 알아 가면 알아 갈수록 더욱더 빛나고 보배로우신 분이라고 말할 것입니다. 그들은 처음에도 그를 아름다우신 분이라고 생각하였지만, 20년이 지난 지금에는 무엇이라고 형언할 수 없을 정도로 지극히 사랑스러우시고 아름다우셔서, 만인 중에서 가장 사랑스러운 분이라고 생각합니다. 만일 천 명의 구주가 있다고 할지라도, 내가 오직 그리스도만을 영접할 수 있다면, 나는 그것으로 만족합니다. 이방 신들과 가톨릭의 성인들이 사람들을 도와 줄 수 있고, 현대 가톨릭의 온갖 예식들이 사람들의 영혼을 노예로 삼는 것이 아니라 구원할 수 있다고 할지라도, 나는 그런 구주들을 모두 다 거절할 것입니다. 나는 그리스도 외에 이런저런 구주들과는 상대도 하지 않고, 오직 하나님과 인간 사이의 한 분 중보자이신 분을 굳게 붙잡을 것입니다. 왜냐하면, 그분은 우리의 영혼에 대하여 만인의 구주들 가운데서 독보적이고 유일하신 분이시기 때문입니다. 그는 그런 구주이시기 때문에, 그와 경쟁할 수 있는 다른 구주는 있을 수 없습니다. 인간의 구원을 위해서는 "예수 그리스도"라는 "터" 외에는 "능히 다른 터를 닦아 둘 자가 없기"(고전 3:11) 때문에, 다른 모든 구주들은 실패할 수밖에 없다는 것이 드러나게 됩니다. 오직 예수 그리스도만이 천국의 문이고, 다른 모든 구주들은 단단한 벽입니다. 하나님으로부터 온 빛 앞에서는 다른 모든 빛들이 어둠일 뿐입니다. 우리를 구원하시기 위하여 우리와 같은 육신을 입으시고 우리에게 오신 바로 그 하나님 같으신 이를 우리가 도대체 어디에서 찾아볼 수 있겠습니까? 오, 그룹 천사들과 스랍 천사들이여, 당신들은 하나님의 독생자를 닮은 어떤 구주를 만들어 낼 수 있습니까? 천사들이여, 당신들은 여호와 앞에서 밤낮으로 끊임없이 찬송하는 선한 무리들 가운데서도 가장 아름다운 존재들인데, 그런 당신들이 예수 외에 당신들의 환희에 찬 예배 찬송으로 높이고 찬양하고 싶은 다른 존재가 또 있습니까? 당신들이 저 영광스러운 사도들의 무리와 고귀한 순교자들의 무리와 속량 받은 사람들로 이루어진 교회의 광채 나는 무리를 보았을 때, 예수 이름 외에 그들 중에서 당신들이 찬송하고 싶은 이름이 있습니까? "일천 천사 가운데 하나," 즉 하나님의 사자들 중에서 최고의 사자이신 예수 그리스도가 당신들이 오로지 경외하며 찬송하고자 하는 분이 아닙니까? 죄인들이여, 바로 그를 받아들이십시오. 기쁜 마음으로 그를 여러분의 영혼 속으로 영접하십시오. 왜냐하면, 이 보배로우신 분이시고 하나님의 사자 중에서 최고의 사자이신 예수 그리스도만큼 여러분을 간절히 사모하여 구애하시는 이는 아무도 없기 때문입니다. 그러므로 여러분의 영혼이 예수 외에 다른 누구를 지극히 보배로우시고 아름다우신 분으로 본다는 것이 말이 되겠습니까?

그리스도께서 어떤 한 죄인에게로 오실 때마다, 그것은 하나님의 은혜를 보여주는 놀라운 증표입니다. 그가 어떻게 죄인에게로 오실 수 있느냐고 여러분은 물으실 것입니다. 나의 대답은 그는 지금 여러분 각 사람에게 와 계신다는 것입니다. 여러분에게 복음이 선포될 때, 예수께서는 여러분에게로 오십니다. 복음이 선포될 때마다, 예수께서는 죄인들을 영접하시기 위하여 사랑이 가득 담기신 두 팔을 활짝 벌리시고 그들에게로 오시지 않는 적이 없습니다. 또한, 그는 여러분의 집에 놓여 있는 신구약 성경을 통해서도 여러분에게 오십니다. 여러분이 신구약 성경에 나오는 각각의 책들을 읽을 때마다, 그리스도께서는 자기가 죄인들을 영접하실 준비를 끝내시고 죄인들이 오기만을 기다리고 계신다고 "들을 귀 있는 자들"의 귀에 대고 속삭입니다. 나는 지금도 그리스도께서 여러분에게 오셔서, 여러분의 마음을 성령으로 감동시키셔서, 여러분에게 이렇게 말씀하고 계신다고 믿습니다: "더 이상 나의 말에 귀를 막지 말고 나를 거부하지 말아라. 너의 귀를 쫑긋 세우고서 나의 말을 들으라." 여러분의 눈을 들어서, 우리가 방금 진심으로 다음과 같은 찬송을 드린 그분을 바라보십시오:

> "십자가에 못 박히신 이를 보는 곳에 생명이 있다네.
> 바로 지금 이 순간에 여러분을 위해 준비된 생명이 있다네."

이상이 첫 번째 단계입니다.

2. 둘째로, 이 사자는 하나님이 옳으시다는 것을 나타내 보입니다.

오늘의 본문은 이 사자가 우리에게 오실 때마다, 그는 하나님의 "정당함"을 나타내 보이신다고 말씀합니다. 내가 장담하건대, 이것은 우리에게 이루 말할 수 없이 중요한 교훈입니다. 이 교훈이 등장하는 배경이 특히 흥미롭습니다. 엘리후가 지금, 큰 환난을 겪으며 징계를 받아 극심한 고통 속에서 질병으로 기력이 다 쇠하여 뼈만 남아 거의 다 죽게 된 한 사람을 묘사하고 있다는 것을 여러분도 아실 것입니다. 앞에서 나는 주 예수 그리스도께서 한 영혼에게 은혜를 주시기 위하여 오시기 전에, 하나님께서 그 사람의 심령의 척박한 땅을 갈아엎어서 좋은 땅으로 만드시기 위하여 그러한 환난을 보내신다는 것을 이미 여러분에게 말씀드린 바 있습니다. 그럴 때에 그 환난을 겪는 사람이 하나님의 심판처럼 보이는 징후들을 보면서 크게 놀라 어쩔 줄 몰라 하는 것은 전혀 이상한 일이 아닙니다. 그렇기 때문에, 하나님의 사자가 그 사람에게 와서 전할 수 있는 메시지 중에서, 그 사람에게 환난을 보내신 하나님의 "정당함"을 나타내 보이는 메시지보다 더 적절하고 힘이 되는 메시지가 어디 있겠습니까? 환난을 겪고 있는 당사자인 여러분은 아마도 하나님께서 자기를 아주 가혹하게 대하고 계시다고 생각할 것입니다. 여러분은 거의 정신이 나간 상태에서 이렇게 말할 것입니다: "내가 얼마나 오랫동안 환난을 겪어 왔는가! 내가 얼마나 오랫동안 정상적인 생활을 하지 못했고, 내 아내도 얼마나 오랫동안 고통을 겪어 왔는가! 나의 사랑하는 자녀들이 여러 명이나 죽지 않았던가! 하나님께서 이렇게 끊임없이 나를 치실 수 있단 말인가!' 이제 모든 것이 새롭게 보이기 시작할 것이고, 위로가 되는 생각들이 생겨날 것입니다. 그러나 누가 중간에서 다리를 놓아 줄 것입니까? 그리스도께서 여러분에게 중보자로 오실 때, 그는 여러분에게 아버지 하나님께서 여러분에게 진노하심으로 환난을 보내신 것이 아니라 언약의 사랑 가운데서 여러분에게 은혜를 주시기 위하여 환난을 보내신 것임을 알게 해주심으로써, 여러분으로 하여금 하나님의 지혜와 사랑을 깨닫게 해주시고, 하나님이 여러분을 불쌍히 여기시고 자비를 베풀어 주시는 것을 느끼게 해주실 것입니다. 그러므로 여러분은 하나님이 보내신 "가시채"(행 26:14)를 발로 차 버리려고 하지 말고, 이렇게 말하십시오: "하나님, 내가 멸망하지 않은 것은 다 당신의 은혜 덕분입니다. 나는 이 환난 가운데서 당신의 사랑의 손길을 볼 수 있습니다. 나로 하여금 계속해서 죄 가운데 행하여 방황하다가 끝없는 저주 속으로 빠져들지 않게 하시기 위하여, 하나님께서는 내 길을 막고 계시는 것입니다. 당신은 나를 막으시기 위하여, 내가 가고 있는 이 넓은 길에 수많은 쇠사슬들을 쳐 놓고 계십니다. 당신은 내가 가는 길에 구덩이들을 파놓으셔서, 나로 하여금 멈춰 서서 되돌아가게 하고자 하십니다." 여러분이 끊임없이 죄를 짓고 살아가는데도 행복하다면, 그것보다 더 끔찍하고 두려운 삶은 없다는 것을 믿으십시오! 여러분이 악한 길을 가고 있는데도, 여러분의 마음이 원하는 모든 것이 다 이루어지는 형통하는 삶을 살고 있다면, 두려워 떠십시오. 왜냐하면, 하나님께서 여러분을 버리셔서, 여러분이 천국이 아니라 바로 이 세상에서 여러분의 분깃을 갖게 된 것일 가능성이 높기 때문입니다. 회심하지 않은 자들이여! 여러분 중에서 이 세상에서 살아가는 데 어려움이 많아 괴롭고 평안함이 없으며 화가 나는 분들이 계십니까? 여러분이 많은 괴로움을 겪고 있는 것은 유감스러운 일이기는 하지만, 나는 그것이 하나님께서 여러분을 사랑하셔서 은혜를 주시고자 하시는 계획을 갖고 계시는 것이기를 소망합니다. 여러분이 그리스도를 바라보기만 한다면, 그리스도께서는 하나님이 이 땅에서 여러분에게 시련과 환난을 주시는 이유를 설명해 주실 것이고, 자신의 패역한 자녀를 이렇게 혹독하게 다루시는 하나님의 "정당함"을 여러분에게 보여주실 것입니다.

또한, 그리스도의 복음은 하나님이 회개하지 않는 자들을 지옥에 내려 보내셔서 멸망하게 하신다고 해도, 그렇게 하시는 하나님이 정당하시다는 것을 죄인들에게 설명해 줍니다. 사람들은 회개하지 않은 자들을 지옥에 보내시는 하나님께 시비를 걸며, 이렇게 말할 것입니다: "하나님께서 사람들을 지옥에 보내셔서 불 속에서 고통 받게 하시는 것이 어떻게 정당한 일입니까? 하나님께서 그들의 영 혼을 멸망시키시는 것이 어떻게 정당한 일입니까? 하나님께서 사람들을 그들의 죄악으로 인해서 저주하시는 것이 어떻게 정당한 일입니까?" 그러나 저 크신 중 보자께서 한 번 여러분에게 오시면, 여러분은 하나님께서 사람들을 죄로 인하여 멸하시는 것을 이상하게 여기지 않게 될 뿐만 아니라, 하나님께서 여러분을 이 미 오래 전에 멸하지 않으신 것을 이상하게 여기게 될 것입니다. 만일 죄가 어떤 것을 의미하는지를 알지 못했다면, 나도 하나님께서 죄인들에게 영원한 벌을 내 리시고자 하시는 것에 대하여 누구보다도 앞장서서 격렬히 항의하였을 것입니 다. 그러나 그리스도께서 내게 오셨을 때, 나는 즉시 항복하였습니다. 나는 나의 형제들 중에서 하나님의 진노하심에 대하여 아직도 어느 정도 의구심을 품고 있 는 형제들이 우리 중 몇몇 사람들과 같이 하나님의 의로우신 진노하심이 우리의 영혼에 임하였을 때에 죄가 우리의 영혼에 가져다주는 저 캄캄한 어둠의 공포를 느낄 수 있게 되시기를 바랍니다. 그때에는 여러분의 입에서 그 어떤 트집이나 불평도 나오지 않게 될 것이고, 여러분은 오직 이렇게 부르짖게 될 것입니다: "나의 하나님이여, 나를 건져 주소서. 나는 당신의 모든 진노를 받아 마땅한 자 입니다. 당신이 나를 치셔서 멸하신다고 하여도, 당신은 의로우십니다. 당신의 심판하심과 정죄하심에는 한 치의 불의함도 없기 때문입니다." 그리스도께서 오 셔서 죄인들로 하여금 자신의 죄를 인정하고 자비를 베풀어 주시라고 호소하게 하시는 것은 정말 복된 일입니다. 그럴 때, 죄인들은 자신의 죄를 아주 선선히 인 정하고, 하나님의 심판의 정당성을 문제삼으며 공격하는 대신에, 하나님이 정당 하시고, 만일 하나님이 이렇게 정죄하지 않으신다면, 그것이 도리어 올바르지 않은 일이 될 것이라고 느끼면서 입을 다물게 됩니다. 그럴 때, 죄인들 앞에 소 망, 아니 소망 이상의 것이 놓여 있습니다. 우리는 자신의 현재의 환난 속에서, 또는 현세에서나 내세에서나 하나님이 자기에게 어떻게 하시더라도, 그 모든 일 속에서 하나님의 "정당함"을 인정하는 죄인들에게는 소망이 있다는 것을 확신합 니다. 어떤 사람이 모든 일 속에서 하나님의 "정당함"을 본 후에, 거기에 대비되 는 자신의 무지와 어리석음을 슬퍼하고 운다면, 그러한 앎은 그 사람에게 큰 유 익을 가져다줍니다. 여러분이 하나님을 경외하는 마음으로 그의 거룩하심을 생

각하고, 여러분이 얼마나 거룩하지 못한 존재로 살아 왔었는지를 보며 비통한
마음으로 자기 자신을 책망할 때, 여러분에게는 반드시 은혜가 임하게 될 것입
니다. 나의 형제들이여, 환난의 바람은 북풍처럼 매섭지만, 우리를 건강하게 만
드는 아주 좋은 바람입니다. 그 바람은 우리의 교만(pride)의 열기들을 식혀 주
고, 우리에게서 자기의(self-righteousness)의 안개를 걷어갑니다. 우리가 우리 자
신을 의롭다고 여기다니 말이 되는 것입니까! 비열한 철면피들인 우리, 하나님
과 진리를 거슬러 온갖 죄악을 범해 온 우리, 언제나 악하기만 하고 머리 전체가
병들었으며 온 마음이 혼미한 그런 우리가 마치 우리 속에 어떤 선한 것이나 소
망스러운 것이 있다는 듯이 말하고 자랑하고 있다면, 그것은 정말 정신이 나가
서 미쳐 있는 것이 아니고 무엇이겠습니까! 하지만 저 찬송 받으실 중보자께서
오셔서, 우리의 영혼에 은혜를 주시면, 우리는 하나님이 정당하신 반면에, 우리
자신은 마치 길 잃은 양들처럼 어그러진 길로 행하여 왔다고 고백하게 됩니다.
우리는 해서는 안 되는 그런 일들만을 하며 살아 왔고, 반드시 해야 하는 일들은
하나도 하지 않은 채로 살아 왔기 때문에, 우리 속에는 건강하고 성한 것은 하나
도 없습니다. 하지만 하나님께서 우리에게 오셔서, 우리가 그의 얼굴을 뵈었을
때, 우리는 철저히 낮아지게 됩니다. 욥도 하나님을 뵈온 후에, 그렇게 고백하였
습니다: "내가 주께 대하여 귀로 듣기만 하였사오나 이제는 눈으로 주를 뵈옵나
이다 그러므로 내가 스스로 거두어들이고 티끌과 재 가운데에서 회개하나이다"
(욥 42:5). 이렇게 그리스도께서 오셔서 하나님의 "정당함"을 나타내시고, 우리
가 그 사실을 깨닫게 되는 것 — 이것이 하나님으로부터 오는 은혜를 경험할 때
의 두 번째 단계입니다.

3. 셋째로, 하나님께서는 그 사람을 불쌍히 여기십니다.

이것이 세 번째 단계입니다. 하나님께서는 죄를 깨달은 죄인들을 은혜로 대
하십니다. 본문에 나오는 단어들은 하나하나가 다 무게가 실려 있습니다: "그때
에 그가 그 사람에게 은혜를 베푸셔서"(한글개역개정에는 "하나님이 그 사람을 불쌍히
여기사"). 여기에서 "그때에"로 표현된 시간을 주목하십시오. 그리스도께서 어떤 사람
에게 하나님의 "사자"와 "중보자"로 오셔서, 그 사람을 이끌어서 자기 자신의 죄
와 하나님의 "정당함"을 깨닫게 하셨을 때, "그때에" 하나님께서는 그 사람에게
은혜를 베푸십니다. 그 사람이 낮아졌을 때, "그때에" 하나님께서는 자기가 은혜

로우시다는 것을 나타내십니다. 우리가 우리 자신의 죄악으로 인한 채무들을 인정할 때까지는, 만유를 주관하시는 크신 하나님께서는 우리의 채무가 탕감되었다고 선언하지 않으십니다. 우리가 우리의 힘으로는 그 채무를 갚을 길이 없다는 것을 느낄 때까지는, 하나님께서는 파산의 고통으로부터 우리를 건져주지 않으십니다. 어떤 영혼이 자기에게는 돈이 한 푼도 없어서 자신의 채무를 단 한 푼도 갚을 수 없다는 것을 깨닫고, 자신의 완전한 파산 상태를 인정할 때, "그때에" 하나님께서는 아무런 대가 없이 거저 우리의 모든 채무를 탕감해 주십니다. 하나님께서 우리를 벌하신다고 하여도 하나님은 의로우시다는 것을 우리가 인정할 때, 바로 "그때에" 하나님의 은혜가 우리에게 임하고, 우리가 마땅히 받아야 할 벌은 제거됩니다. 어떤 죄인이 자신의 죄책을 인정하지 않고, 자신의 범죄들을 정당화하려고 온갖 변명들을 늘어놓을 때에, 하나님께서 그 죄인을 사해 주신다면, 그것은 하나님의 거룩하심을 범하는 것이 됩니다. 어떤 죄인이 여전히 자신의 의를 뽐내고 있으면서도, 자기의 죄가 사함 받기를 기대한다면, 그것은 앞뒤가 맞지 않는 행동일 것입니다. 어떤 사람의 마음이 완악한데, 어떻게 심판자의 마음을 움직여서 동정 받기를 기대할 수 있겠습니까? 가련한 영혼들이여, 와서 무릎을 꿇으십시오. 그리고 하나님이 정당하시다고 고백하십시오. 그러면 하나님께서는 여러분에게 은혜를 베푸실 것입니다.

우리는 오늘의 본문 속에서 때와 아울러 방법도 주목할 필요가 있습니다. 본문은 하나님께서 자신의 "사자"를 통해서 은혜를 베푸실 것이라고 말씀합니다. 하나님의 "사자"가 왔을 때, 예수께서 개입하실 때, "그때에" 하나님께서는 은혜를 베푸십니다. 여러분은 오직 그리스도의 대속의 황금 잔을 통해서만 하나님의 은혜를 맛볼 수 있습니다. 하나님께서는 자신의 무한하신 은혜를 바로 그 황금 잔에 이미 부어 놓으셨습니다. 죄인들이여, 여러분은 오직 그리스도를 믿기만 하면, 그 황금 잔에 들어 있는 하나님의 은혜를 마실 수 있습니다. 하나님의 은혜를 마실 수 있는 다른 방법은 없습니다. 본문이 무엇이라고 말씀하고 있는지를 다시 한 번 꼼꼼히 살펴보십시오: "그때에 그가 그 사람에게 은혜를 베푸시리라." 모든 은혜는 은혜를 통해서만 옵니다. "은혜"를 뜻하는 라틴어 단어는 은혜가 어떤 의미인지를 잘 설명해 줍니다. 우리가 라틴어로 '그라티스'(gratis)라고 말할 때, 그것은 의사가 무료로 써주는 처방전이나, 보건소에서 돈을 받지 않고 주는 약 같이 아무런 값도 지불하지 않고 거저 주어지는 것을 의미합니다. 하나

님께서 죄인들에게 베푸시는 모든 은혜는 이렇게 거저 주어집니다. 하나님께서
는 돈을 받고 파시는 일이 없고, 언제나 거저 주십니다. 하나님은 대가를 요구하
지 않으십니다. 하나님께서는 우리에게 있는 어떤 것을 보시고서 우리에게 어떤
일을 행하는 것이 결코 아닙니다. 오직 하나님께서는 자신이 은혜를 베풀고자
하시는 자에게 은혜를 베푸시고, 자기가 불쌍히 여기고자 하시는 자를 불쌍히
여기실 뿐입니다. 사랑하는 여러분, 여러분이 그리스도 외에는 그 어떤 것도 여
러분에게 도움이 될 수 없다는 것을 아는 것은 복된 일입니다. 여러분이 공의에
호소하는 것이 아무런 소용도 없다는 것을 알게 되었을 때, 여러분에게 남아 있
는 것은 오직 은혜의 문을 두드리는 것입니다. 죄인들이여, 여러분을 구원할 수
있는 것은 처음에도 하나님의 은혜이고, 중간에도 하나님의 은혜이며, 마지막에
도 하나님의 은혜입니다. 은혜 외에 그 무엇이 여러분과 나의 죄들을 사해 줄 수
있겠습니까? 은혜 외에 그 무엇이 우리 같은 자들을 받아들여서 하나님의 자녀
가 되게 해줄 수 있겠습니까? 은혜 외에 그 무엇이 우리를 지옥에서 건져내서 천
국으로 들어올려 줄 수 있겠습니까? 어떤 사람이 낮아져서, 그리스도께서 그 사
람에게 나타나셨을 때, 하나님께서는 그 사람에게 은혜를 주시고, 그때에야 그
사람은 자기가 하나님 앞에서 은혜를 입게 되었다는 것을 알게 됩니다. 나는 하
나님께서 그 사람에게 은혜를 베푸시는 것을 결코 그치지 않으신다고 말하는 것
을 좋아합니다. 하나님께서 은혜 베푸시는 일을 중단하신다는 말이 성경의 어디
에 나옵니까? 그러므로 우리는 하나님께서는 한 번 은혜를 베푸신 자에게 끊임
없이 은혜를 베풀어 주실 것이라고 믿을 수 있습니다. 하나님께서 어떤 죄인에
게 한 번만 은혜를 베푸시겠습니까? 하나님은 그 죄인에게 계속해서 은혜를 베
푸실 것이고, 그것은 결코 변하지 않을 것입니다. 그 죄인이 한 번 은혜를 받았다
면, 우리 주 예수 그리스도 안에 있는 주권적이고 차고 넘치는 불변의 은혜가 그
가 살아 있을 때나 죽을 때나 영원한 세계에 들어갔을 때나 변함없이 그에게 주
어질 것입니다.

　　우리는 먼 길을 걸어오면서, 어떤 죄인이 병들어 죽어가는 모습을 보았고,
중보자가 오시는 것을 보았으며, 중보자가 그 죄인에게 하나님의 "정당함"을 보
여주며, 하나님이 은혜를 베푸시고자 하신다는 확신을 그 죄인에게 주시는 것을
보았고, 마침내 그 죄인이 오직 그리스도만이 자기를 구원하실 수 있으시다는
것을 깨닫게 된 것을 보았습니다.

4. 넷째로, 하나님께서는 죄인을 건져내십니다.

하나님은 "그를 건져서 구덩이에 내려가지 않게 하라"고 말씀하시는데, 이 것이 네 번째 단계입니다. 우리는 이 말씀을 어떻게 이해해야 할까요? 여기서 "구덩이"는 땅을 파서 구덩이처럼 만든 "무덤"을 가리키는 것일까요? 여기에서 엘리후가 그 영혼이 무덤으로 가까이 다가가고 있고 그 목숨이 멸망시키는 자에 게로 가까이 다가가고 있는 그런 사람을 묘사하고 있다는 점을 생각하면(33:22), 그러한 해석은 얼마든지 가능합니다. 그러나 엘리후는 그 사람이 구덩이로 내려 가는 것으로부터 건짐을 받게 될 때, "그의 살이 청년보다 부드러워지며 젊음을 회복하리라"(33:25)고 말하고 있기 때문에, 여기서 말하는 "구덩이"는 무덤이 아 닌 다른 것을 가리킬 수도 있습니다. 시편 기자는 하나님의 인자하심을 이렇게 송축합니다: "여호와여 주께서 내 영혼을 스올에서 끌어내어 나를 살리사 무덤 으로 내려가지 아니하게 하셨나이다"(시 30:3). 시편 기자가 이렇게 자신의 영혼 이 구덩이로부터 건짐을 받았다고 했을 때, 우리는 그 말을 어떻게 이해해야 할 까요?"

"구덩이"는 성경에서 흔히 큰 곤경에 대한 상징으로 사용됩니다. 동방에서 포 로들은 자주 구덩이에 밤새도록 갇혀 있었습니다. 그래서 이사야 선지자는 "그 들이 죄수가 깊은 옥에 모임 같이 모이게 되고 옥에 갇혔다가 여러 날 후에 형벌 을 받을 것이라"(사 24:22)라고 말하기도 하고, 또 다른 곳에서는 "결박된 포로가 속히 놓일 것이니 죽지도 아니할 것이요 구덩이로 내려가지도 아니할 것이며 그 의 양식이 부족하지도 아니하리라"(사 51:14)고 말하기도 합니다. 사람들은 자신 의 영혼이 빠져나갈 길이 전혀 없어 보이는 구덩이에 갇힌 것처럼 깊은 고통과 괴로움 속에서 이러지도 저러지도 못한 채로 마음이 깊이 눌리고 낙심한 가운데 옴짝달싹할 수 없이 묶여 있는 것 같이 느끼는 때가 있습니다. 그러나 우리는 여 기에 나오는 "구덩이"를 다른 의미로도 이해할 수 있지 않겠습니까?

사랑하는 친구들이여, 성경에는 종종 앞에서 말한 것보다 더 깊은 의미를 담고 있는 "구덩이," 즉 마귀들과 멸망 받게 될 영혼들로 하여금 영원히 고통 받 게 하기 위하여 준비된 "무저갱"에 관한 이야기가 나옵니다. 우리에게 시간이 있 어서, 이 무저갱을 생생하게 묘사해 본다면, 참 좋을 것입니다! 무저갱이라는 단 어는 장차 도래할 하나님의 진노가 얼마나 무섭고 끔찍할 것인지를 아주 생생하 게 보여줍니다. 믿지 않는 영혼들은 빛 한 줄기 없는 칠흑 같이 어두운 구덩이로 빠져 들어가서 끝도 없이 밑으로 떨어져 내려가게 될 것입니다. 바닥이 없는 구덩이로 내려간다는 말은 얼마나 무시무시한 표현입니까! 광부들이 철광석을 캐기 위해서 땅 밑으로 내려가는 것이 아닙니다. 원수 갚는 일을 담당하신 하나님의 사자이신 그리스도께서 그 강한 손으로 믿지 않는 영혼들을 무저갱 속으로 던져 넣으셔서, 그들은 아래쪽으로 끝없이 내려가게 되는 것입니다. 여러분은 지금 절벽 끝에 서 있고, 그 아래에는 무저갱이 있습니다. 여러분의 발은 아직 무저갱 속으로 떨어진 것은 아니지만, 거의 떨어질 찰나에 있습니다. 여러분은 한 발자국만 더 디디는 순간, 여지없이 미끄러져서 무저갱 속으로 떨어지게 됩니다. 그런 위기의 순간에 하나님의 은혜가 죄인을 도우시러 임하여, 떨리는 목소리로 "그를 건져라"고 소리치십니다. 그것은 단순한 경고의 외침이 아니라, 그 속에 능력이 있는 음성입니다. 그것은 은방울 같이 낭랑한 구원의 음성이고, 그 죄인은 아래로 떨어져서 영원히 다시 올라오지 못하게 될 뻔하였다가 그렇게 되기 직전에 건짐을 받습니다. 왕들과 황제들은 사형 판결을 받은 죄수들에 대하여 그들의 죄를 사하고 풀어주는 사면권을 행사할 수 있습니다. 어떤 죄수에 대하여 "그를 풀어 주라"(본문의 "그를 건져서")는 왕의 사면령이 내려지면, 감옥 문이 열리고, 그 죄수는 풀려나게 됩니다. 왕의 사면권이 행사되었기 때문입니다. 마찬가지로, 정죄를 받은 죄인들이 하나님 앞에서 무릎을 꿇고서, 하나님의 판결이 의로우시다고 시인할 때, 하나님께서는 그 죄인들에게 사면령을 내리십니다. 하나님의 사자이신 예수 그리스도로 말미암아, 하나님께서는 "그를 풀어 주라"고 말씀하십니다. 이것은 합법적인 사면이기 때문에, 감옥의 간수는 그 죄인을 사형집행인의 손에 넘겨 주는 것이 아니라, 도리어 그 죄인을 묶고 있던 족쇄와 쇠사슬을 풀어 주고 감옥에서 내보냅니다. 그러므로 그 죄인은 이제부터는 평안함과 기쁨 가운데서 살아가게 될 것입니다. "그를 풀어주라." 아마도 내가 앞에서 설명한 "구덩이"의 세 가지 의미가 본문의 암울한 묘사 속에 한데 결합되어 어우러져 있을 것입니다. 심한 병을 앓는 죄인은 죽음만이 아니라, 자기가 영원히 고통 받게 될 운명에 처해지리라는 것도 예감하게 됩니다. 왜냐하면, 그의 영혼은 극심한 괴로움과 회한 속에서 장차 영원히 겪게 될 저 끝없는 고통을 미리 맛보게 되기 때문입니다. 그는 머지않아 "사람들이 얘기해 왔던 것보다 훨씬 더 끔찍하고 무시무시한 죽음의 세계"인 지옥이 자신의 발 앞에서 열리게 될 것을 예감합니다.

우리는 이 모든 것이 참되다는 것을 증언해 줄 증인을 얼마든지 많이 부를 수 있습니다. 엘리후도 "실로 하나님이 사람에게 이 모든 일을 재삼 행하심은 그들의 영혼을 구덩이에서 이끌어 생명의 빛을 그들에게 비추려 하심이니라"(33:29)고 말하고 있지 않습니까! 본문에 나오는 사람이 겪는 고통과 괴로움도 현실이고, 거기로부터 건짐을 받아 기뻐하는 것도 현실입니다. 히스기야는 이 두 가지를 다 경험해 보지 않았습니까? 선지자 이사야는 하나님의 말씀의 받아서, 히스기야에게 "여호와의 말씀이 너는 집을 정리하라 네가 죽고 살지 못하리라 하셨나이다"(왕하 20:1)라고 전하였습니다. 그러자 히스기야는 통곡하며 간절히 기도하였습니다. 그후에 하나님께서 그의 눈물을 보았으므로, 그의 기도가 응답되어, 그를 더 살게 하시겠다는 말씀이 그에게 임하였습니다. 이렇게 응답을 받고 난 후에, 히스기야는 이렇게 말하였습니다: "보옵소서 내게 큰 고통을 더하신 것은 내게 평안을 주려 하심이라 주께서 내 영혼을 사랑하사 멸망의 구덩이에서 건지셨고 내 모든 죄를 주의 등 뒤에 던지셨나이다"(사 38:17). 또한, 다윗도 "나를 기가 막힐 웅덩이와 수렁에서 끌어올리시고 내 발을 반석 위에 두사 내 걸음을 견고하게 하셨도다"(시 40:2)라고 말하며, 기뻐 소리쳤습니다. 마찬가지로, 요나도 "나의 하나님 여호와여 주께서 내 생명을 구덩이에서 건지셨나이다"(욘 2:6)라고 말합니다. 하나님께서 선지자 스가랴의 입을 통해서 딸 시온에게 하신 감미로운 약속도 우리가 기억해 두어야 할 말씀입니다: "또 너로 말할진대 네 언약의 피로 말미암아 내가 네 갇힌 자들을 물 없는 구덩이에서 놓았나니"(슥 9:11). 나의 사랑하는 친구들이여, 내 하나님을 찬송하는 다음과 같은 노래는 내 자신이 꼭 불러야 할 그런 찬송입니다:

> "주의 크신 사랑과 값없이 주어진 주의 은혜가
> 나를 구덩이에서 건지셨나이다."

나는 하나님께서 내 영혼에게 "그를 건져라"는 명령을 내리신 때를 지금도 생생하게 기억합니다. 사실, 처음에 나는 그 명령이 너무나 늦게 내려왔다고 생각하였습니다. 나는 여러 해를 지옥의 문턱을 오가며 지냈습니다. 이것은 그 세월이 내 자신에게는 그렇게 느껴졌다는 것입니다. 나는 행복하지 않았고, 의기소침하였으며, 절망 가운데 헤맸습니다. 나는 지옥을 꿈꾸었습니다. 나의 삶은 괴로움과 비참함으로 가득하였고, 나는 내가 멸망에 처해진 것이라고 믿었습니다. 그러나 은혜의 하나님의 저 복된 복음이 마침내 "땅의 모든 끝이여 내게로 돌이켜 구원을 받으라"(사 45:22)는 부드러운 음성과 함께 내게 임하였고, 그때에 "그를 건져라"는 주권자의 명령이 떨어졌습니다. 1분 전까지만 해도 이 세상에서 가장 비참한 자였던 나였는데, 순식간에 나의 마음은 뛰며 춤추고 싶을 정도로 기뻐졌습니다. 내가 자그마한 기도처에서 집으로 돌아오는 길에 눈이 내렸는데, 한 올 한 올 내리는 눈송이마다 내게 말을 걸며, 내가 찾은 죄 사함에 대해 말하는 것 같았습니다. 나는 하나님의 은혜로 말미암아 저 휘몰아치는 눈처럼 희게 되었습니다. "그를 건져라"는 말씀 한 마디가 사탄의 온갖 시험들을 쫓아내고 양심의 가책들을 몰아내어서, 나의 가련한 영혼은 그 즉시 자유를 얻어, 이루 말할 수 없는 기쁨으로 즐거워하며 기뻐하게 된 것입니다. 나의 사랑하는 친구들이여, 여러분이 단지 믿음으로 그리스도를 바라보고, 하나님께서 여러분에게 "그를 건져라"고 말씀하시기만 한다면, "그를 건져라"는 말씀의 효력은 여러분에게 영원히 지속될 것입니다. 하나님께서는 죄인들과 밀고 당기는 놀이를 하시지 않으시기 때문에, 오늘 죄를 사하셨다가, 내일은 다시 정죄하시는 일은 있을 수 없습니다. 하나님께서는 풀어 주셨다가 다시 결박하시는 일도 하지 않으십니다. 하나님이 한 번 여시면, 아무도 닫지 못합니다. 하나님께서 여러분에 대하여 "그를 건져라"고 말씀하셨다면, 여러분이 온 땅을 활보하고 다녀도, 여러분에게 시비를 걸 자는 아무도 없습니다. 하나님께서 "그를 건져라," 즉 "그를 풀어 주어라"고 명하셨는데, 그 명령을 거슬러서 여러분을 붙잡아서 다시 감옥에 던져 넣을 수 있는 자가 어디 있겠습니까? 큰 죄를 범한 사람이 이 곳에 와 계실지도 모릅니다. 내가 여러분 중에서 그런 사람을 알아보는 것은 불가능하지만, 이 곳에 흉악무도한 죄인이 와 있을 수도 있습니다. 하지만 그런 죄인에게도 그리스도의 복음은 다가갔습니다. 나는 당신이 죄인이라는 것을 느껴서 자신의 죄를 고백하고, 자신이 하나님의 은혜와 긍휼로 말미암아서만 구원 받을 수 있다는 것을 인정하게 되기를 소망합니다. 전에 골고다의 십자가 위에서 죽으셨다가 다시 살아나셔서 지금은 영광 중에 하늘 보좌에 앉아 계시는 나의 구주이자 주님이신 예수를 당신이 지금 믿기만 한다면, 하나님께서는 자신의 약속을 따라 "그를 건져서 구덩이에 내려가지 않게 하라"고 명하실 것입니다. 지금까지 이곳에 많은 버림 받은 자들이 왔다가 은혜를 입고서 죄사함을 얻었습니다. 창기도 "그를 건져서 구덩이에 내려가지 않게 하라"는 하나님의 말씀을 들었고, 자신의 심령 속에서 지옥으로 들어가는 벼랑끝에 서 있어서 한 발자국만 더 나아가도 지옥으로 미끄러져 떨어질 그런 상황에 처해 있던 도둑과 술주정뱅이도 "그를 건져서 구덩이에 내려가지 않게 하라"는 말씀을 들었습니다. 그리고 그들은 지금 하나님을 찬송하는 이 복된 예배자들의 무리 가운데 있습니다. 흉악한 죄악 가운데로 떨어지지는 않았지만, 그런 자들과 마찬가지로 마음이 부패하고 타락한 사람들도 저 복된 하나님의 말씀을 들었습니다. 우리는 우리 모두가 잘 알고 있는 우리 영혼의 소원을 나타내기 위하여 이 자리에 있습니다. 여러분 모두가 그리스도를 믿고 의지한다면, 얼마나 좋겠습니까! 여러분 모두가 "그를 건져서 구덩이에 내려가지 않게 하라"는 저 복된 하나님의 명령을 받고 구원을 얻는다면, 얼마나 좋겠습니까!

5. 다섯째로, 하나님께서는 자기가 구원하시는 죄인들에게 그들을 구원하시는 이유를 설명해 주십니다.

오늘의 본문에서 하나님께서는 "그를 건져서 구덩이에 내려가지 않게 하라 내가 대속물을 얻었다"고 말씀하십니다. "대속물," 즉 가리개라는 단어를 주목하십시오. 썩어서 악취를 풍기는 시궁창 같은 여러분의 죄들이 있습니다. 여러분의 죄들은 검습니다. 여러분의 죄들은 피로 가득 찬 거대한 수조처럼 붉습니다. 온갖 썩어 악취 나는 것들이 고여 있는 시궁창 같은 여러분의 마음은 하나님의 순결하신 눈에 혐오스럽기 짝이 없습니다. 하나님께서 그 모습을 정면으로 직시하신다면, 여러분은 살아 남을 수 없습니다. "내가 가리개를 얻었다"는 말씀에 귀를 기울이십시오. 그리스도께서 오셔서 여러분의 모든 죄를 다 덮어 주십니다. "허물의 사함을 받고 자신의 죄가 가려진 자는 복이 있도다"(시 32:1). 은혜의 자리, 곧 시은좌(the Mercy Seat)가 율법을 가려주기 때문에 가리개라고 불렸던 것과 마찬가지로, 그리스도께서 이루신 대속은 하나님의 온전하신 법을 가려 줍니다. 그것은 하나님의 시야를 가려서, 그리스도를 믿는 모든 자들의 모든 죄를 보실 수 없게 합니다.

영역본에서는 이 단어를 "대속물"로 번역하고 있는데, "대속물"은 속전을 의미합니다. 어떤 사람이 채무를 지고서 갚지 않았을 때, 그 사람을 감옥에 가두는 것이 옛 법이었습니다. 그렇다면, 그가 감옥에서 풀려나려면 어떻게 해야 했을까요? 그가 채무를 다 갚는다면, 당연히 그는 그 즉시 풀려나게 됩니다. 따라서 하나님께서는 여기에서 이렇게 말씀하신 것입니다: "그를 풀어 주어라. 내가 속전을 받았고, 그의 채무에 상응하는 대가를 받았다. 나는 그를 대신해서 그의 채무를 갚아줄 대속물을 받았다." 주 예수께서는 우리가 마땅히 받아야 할 하나님의 진노를 우리를 대신해서 받으셨습니다.

> "아버지 하나님의 의로우신 진노하심을
>   우리로 결코 받지 않게 하시기 위하여, 그가 다 받으셨다네."

그리스도께서는 우리를 감옥에서 풀려나게 해주시기 위하여 우리 대신에 감옥으로 들어가셨습니다. 나는 옛적에 일어난 이 놀라운 일에 대한 이야기를 이 전에서 여러분에게 무수히 해왔기 때문에, 이곳으로 오면서 종종 속으로 이런 생각을 하게 됩니다: "사람들의 시들어 버린 관심을 다시 불러일으키기 위해서, 무엇인가 새로운 비유나 새로운 단어들을 사용해서 이 이야기를 생생하게 전해야 하는데, 나는 그런 비유나 단어를 이제는 찾을 수가 없으니, 사람들은 내가 늘 똑같은 곡만 수금으로 연주하고 있다고 말하겠구나." 그렇다고 하더라도, 나는 계속해서 그리스도께서 받으신 이 대속의 고난에 대해서 끊임없이 설명하고 강조할 수밖에 없습니다. 나는 그렇게 하지 않으면 안 됩니다. 나는 한시라도 그 이야기를 뒷전으로 제쳐둘 수 없습니다. 왜냐하면, 그리스도의 대속의 고난이야말로 복음의 핵심 중의 핵심이라고 나는 믿기 때문입니다. 어쨌든 내가 여러분에게 전할 복음은 하나님께서 여러분 대신에 그리스도를 벌하셨기 때문에, 여러분이 그리스도를 믿기만 하면, 여러분의 죄는 다 사함을 받아서, 하나님이 여러분을 벌하실 수 없으시다는 것입니다. 그리스도께서 여러분이 진 모든 빚을 다 갚아 주셨습니다. 여러분이 믿기만 하면, 여러분에게는 그 영수증이 주어지고, 여러분은 자유를 얻게 됩니다. 이제 하나님께서 자신의 공의를 따라 여러분을 벌하실 이유가 다 사라져 버렸습니다. 그리스도께서 여러분이 받아야 할 모든 벌을 다 대신해서 받으셔서, 하나님의 공의가 다 충족되었기 때문입니다. "또 모세의 율법으로 너희가 의롭다 하심을 얻지 못하던 모든 일에도 이 사람을 힘입어 믿는 자마다 의롭다 하심을 얻는 이것이라"(행 13:39).

사랑하는 여러분, "오만한 자들"은 하나님께서 여러분의 모든 죄를 저 크신 구속주에게 다 전가시키셔서 자신의 의를 이루셨다는 것을 여러분으로 하여금 불신하도록 만들기 위하여 온갖 속이는 말들을 늘어놓지만, 나는 여러분이 그런 말들에 결코 귀를 기울이지 마시기를 간곡히 부탁드립니다. 회의론자들이나 합리주의자들이나 소키누스주의자들이나 불신자들에게는 성경에 무수히 나오는 분명한 증언을 반박할 수 있는 단 하나의 논거도 제시할 수 있는 능력이 없다는 것을 나는 압니다. 그러나 그들은 죄 있는 자들을 대신해서 무죄한 자에게 벌을 가하고, 죄 있는 자들에게는 죄 사함만이 아니라 상까지 수여한다는 것은 우리의 정의 관념으로 도저히 받아들일 수 없는 것이 아니냐고 반문합니다. 또한, 그들은 하나님께서 어떤 사람이 죄를 지었는데, 그 사람 대신에 다른 사람에게 벌을 가하셨다면, 그것은 하나님이 불의하신 것이 아니냐고 여러분에게 반문합니다. 그럴 때, 여러분은 그들에게 이렇게 말해 주십시오. 그들이 복음의 가르침을 더 잘 이해하게 된다면, 그 가르침이 사람들의 도덕 관념을 짓밟는 것이 아니라, 도리어 하나님의 의로우심을 분명하게 드러내는 것임을 알게 될 것이라고 말입니다. 우리의 가장 유명한 청교도들 중의 한 사람이 그랬던 것처럼, 구속주와 구속을 받은 자들 사이에는 아주 친밀한 관계가 존재하기 때문에, 한 쪽이 행하거나 겪는 것은 다른 쪽이 행하거나 겪는 것으로 간주될 수 있다고 그들에게 말해 주십시오. 어떤 사람의 손이 죄를 범했는데, 그 사람의 머리를 때렸다고 해서, 그것이 불의한 것은 아닙니다. 그리스도는 우리의 머리이시고, 우리는 그의 지체들입니다. 의인으로서 불의한 자들을 대신하여 죽으신 그분은 자신의 목숨을 내어놓으실 권세도 있으시고 그 목숨을 다시 취할 권세도 있으신 분이라고 그들에게 말해 주십시오. 그러므로 그가 우리를 위하여 목숨을 내어놓으신 것은 자원해서 하신 일이었습니다. 십자가에 달리셔서 우리의 죄를 담당하신 그분은 우리의 죄악을 담당하시기로 동의하셨다는 것을 그들에게 말해 주십시오. 성부 하나님과 성자 하나님 사이에서 맺어진 언약을 통해서 이 모든 문제가 정해졌습니다. 또한, 우리 주 예수 그리스도께서는 자기가 그렇게 하실 때에 치러야 할 대가와 받으실 상급을 다 미리 계산하셔서, 자기 앞에 있는 기쁨을 바라보고서 기꺼이 십자가를 지신 것이라고 그들에게 말해 주십시오. 그는 "자기 영혼의 수고한 것을 보고 만족하게 여길"(사 53:11) 것이었고, 존귀와 영광의 관을 쓰시게 될 것이었습니다. 그가 자기 자신을 지극히 낮추셨기 때문에, 하나님께서는 그를 지극히 높이셨습니다. 그는 스스로 세상의 미물처럼 되셨기 때문에, "모든 이름 위에 뛰어난 이름"(빌 2:9)을 받으셨습니다. 그리스도께서 중보 사역을 통해서 받으신 영광은 상상을 초월하는 것이었다고 그들에게 말해 주십시오. 그들에게 무자비한 아우성을 그치고, 우리가 즐거워하고 기뻐하도록 내버려 두어 달라고 명하십시오. "내가 대속물을 얻었다"는 말씀은 천국에서 들려오는 지극히 감미로운 음악이고, 천국의 음악의 원천입니다. 죄의 노예가 되어 있던 죄인들을 위하여 그리스도께서 "대속물"이 되셨다는 소식은 온 세상에 기쁜 소식입니다. 그러므로 그 소식을 전하시고, 여러분이 그 소식을 들을 때에 여러분의 마음이 즐거워하고 기뻐하게 하십시오.

　여러분은 하나님께서 "내가 대속물을 얻었다"고 말씀하시는 것을 듣습니다. 여러분이 대속물을 자신의 힘으로 스스로 발견해 낸 것이 아닙니다. 여러분은 그런 대속물을 세상에 내놓을 수도 없었고, 찾아낼 수도 없었습니다. 그러나 하나님께서는 대속물을 찾아내셨습니다. 대속을 통한 구원의 길을 찾아내는 데에는 하나님의 무한하신 지혜가 필요하였습니다. "내가 대속물을 얻었다." 이제 하나님께서 대속물을 찾아내셨고, 거기에 만족하고 계시기 때문에, 죄인 중에 괴수인 나도 하나님께서 얻으신 그 대속물에 의지해서 안식할 수 있게 되었습니다. 양심은 내게 "다 좋지만, 네 죄가 어떻게 사함 받을 수 있겠느냐?"고 말합니다. 또한, 양심은 이렇게 큰 소리로 나를 야단칩니다: "네가 이런저런 죄악들을 범한 나날들, 하나님을 모독했던 일들을 생각해 보아라. 너 같은 마귀를 그리스도께서 어떻게 깨끗하게 해주실 수 있겠느냐?" 나는 "하지만 하나님께서 나를 사해 주셨다면, 나는 내 죄가 사함 받은 것이라고 확신합니다"라고 대답합니다. 여러분이 빚을 지고 있는데, 여러분에게 돈을 빌려준 사람이 여러분이 아닌 다른 사람으로부터 돈을 받고서, 여러분이 채무를 다 변제한 것으로 여기겠다고 말해 주는데도, 여러분은 자기가 여전히 빚을 지고 있다고 우기겠습니까! 채권자가 여러분에게 채무를 다 변제받았다고 말한다면, 여러분은 그것을 사실로 받아들일 것입니다. 마찬가지로, 가련한 죄인들이여, 하나님께서 그리스도를 대속물로 받으셨다면, 여러분과 나는 우리의 빚이 다 변제된 것으로 알고서, 이렇게 찬송하는 것이 마땅합니다:

　　"저 피 흘리신 대속물로 인해서
　　　하나님의 진노하심이 다 물러갔고,

내게 평안이 찾아왔으니,
내가 날마다 나의 대속물 되신 주를 찬양하리라.

마침내 예수께서 나의 대속물이 되어 주시고,
나의 구원과 나의 힘이 되어 주셨으니,
내가 살아 있는 동안에 주를 찬송하는 노래가
내가 즐겨 부르는 노래가 되리로다."

여러분을 대신해서 고난을 받고 죽으신 이의 이름을 송축하십시오. 그가 우리를 대신하여 치르신 속전을 감사함으로 받으시고, 우리의 대속물을 바라보십시오. 주께서 우리의 속전이 되시기 위하여 흘리신 저 거룩한 피 한 방울 한 방울을 다 여러분의 뇌리 속에 간직해 두시고, 늘 감사하고 감사하십시오. 구덩이로 내려가는 것에서 건짐을 받은 것에 대하여 뛸 듯이 기뻐하고 즐거워하십시오. 하나님께서는 여러분의 영혼을 건지시기에 지극히 충분한 저 복되신 "대속물"을 얻으셨기 때문에, 여러분은 건짐을 받은 것입니다.

사랑하는 여러분, 내가 더 이상 여러분에게 무슨 말을 할 수 있겠습니까! 지금까지 나는 여러분에게 은혜의 길을 말씀드렸고, 은혜 속에 있는 구원하는 능력을 경험한 사람들 속에서 은혜의 발자국들이 어떤 식으로 진행되어 온 것인지를 여러분에게 설명드렸습니다. 그러나 나는 그리스도를 여러분의 영혼 속으로 모셔갈 수도 없고, 지금 복음이 선포될 때에 그리스도께서 여러분 가까이에 오셨더라도, 여러분으로 하여금 마음 문을 열고서 그를 영접하게 만들 수도 없습니다. 여러분 중에서 아직까지도 그리스도를 믿지 않고 여전히 죄 가운데 있는 분들에게, 내가 이렇게 생명의 길을 여러분의 귀에 대고 큰 소리로 외치고 선포하는 일 외에 여러분을 위해서 더 할 수 있는 일이 무엇이 있겠습니까? 내가 이 자리에 서서, 여러분이 그리스도를 거부하는 것을 보면서, 내가 할 수 있는 것은 내 마음이 찢어지는 것밖에 없습니다. 그러나 나는 여러분을 이대로 보내 드릴 수 없기 때문에, 여러분이 자신의 영혼을 사랑하신다면, 하나님의 사자이시고 죄인들의 친구이신 예수 그리스도로부터 등을 돌리지 말아 주시라고, 여러분에게 다시 한 번 사정하고 애원하지 않을 수 없습니다. 그는 여러분에게 어떤 큰 것을 요구하시는 것이 아닙니다. 그는 여러분에게 몇 날 몇 달이 걸리는 그런 예식들을 치르라고 요구하시는 것이 아닙니다. 그는 단지 지금 여러분이 믿는 마음으로 저 십자가를 한 번 바라보아 주기만을 바라시는 것입니다. 여러분이 죄인들을 위하여 십자가에서 죽으신 그를 한 번 바라보는 것 — 그것이 전부입니다! 그랬을 때, 그리스도는 영광을 받으시고, 하나님은 만족을 얻으시며, 여러분은 구원을 얻습니다. 그런 후에, 이곳을 나가서서, 하나님께서 여러분을 위해 어떤 큰일을 행하셨는지를 여러분의 친구들에게 말하십시오. 하나님께서 여러분에게 복 주시기를 빕니다. 아멘.

제
25
장
—

옛날식의 회심

—

"실로 하나님이 사람에게 이 모든 일을 재삼 행하심은 그들
의 영혼을 구덩이에서 이끌어 생명의 빛을 그들에게 비추려
하심이니라." — 욥 33:29-30

옛 것이라고 하면 무엇이든지 광적으로 좋아하는 사람들이 있습니다. 그런
사람들은 옛날 동전, 옛날 그림, 옛날 책, 심지어 아주 오래된 쓰레기 파편조차도
거의 숭배에 가까울 정도로 소중히 여깁니다. 아주 오래된 녹슨 금속의 울리는
소리는 그들에게 음악이고, "아주 오래 되어서 금이 간 목재 조각품들"은 다이아
몬드만큼이나 귀중합니다. 약간의 벌레 먹은 구멍들이 있는 작은 조각품이 그렇
게 비싼 값으로 매매된다는 사실이 놀랍기만 합니다. 하지만 사람들의 그런 감
정에 그리 공감이 가지 않는다는 것이 나의 솔직한 고백이고, 적어도 나는 골동
품에 열광하는 사람은 아닙니다. 그럼에도 불구하고, 모든 조건이 동일하다면,
오래 된 것이 매력을 지니고 있는 것은 사실입니다. 시간을 거슬러 지나간 먼 옛
날의 오래된 이야기들은 특별한 관심을 불러일으킵니다. 그런 이야기들은 우리
로 하여금 지나가 버린 먼 옛날의 풍경을 희미하게나마 들여다볼 수 있게 해주
는 창문들과 같습니다. 우리는 호기심과 두려움이 섞인 감정으로 그 이야기들을
들여다보게 됩니다. 이 아침에 나는 여러분에게 옛적의 회심에 관하여 말씀드려
볼까 합니다. 우리는 한 영혼이 새롭게 되고 구원 받은 일에 관한 옛날이야기를
재구성해 보게 될 것입니다. 오늘날 우리는 옛날이 좋았다고 말하면서, 현재의

것이라고 하면 무조건 무시하고, 옛날 것이라고 하면 무조건 우러러보는 그런
신앙인들을 만날 수 있습니다. 그런 사람들은 옛날식의 회심에 대하여 많은 얘
기를 하고, 옛적의 신자들의 삶을 찬양하고 동경합니다. 이 아침에 나는 옛날식
의 회심을 여러분에게 소개하고, 수백 년, 아니 수천 년 전에 사람들이 하나님께
나아갔던 방식을 설명하고자 합니다. 나는 엘리후가 여기서 모세 시대, 또는 이
스라엘이 애굽에 있었을 때에 사람들이 행한 회심을 묘사한 것이라고 생각합니
다. 왜냐하면, 욥기가 이 두 시대 어간에 씌어졌다고 보는 것이 통설이기 때문입
니다. 이 아침에 우리는 아주 오래된 때의 이야기를 적은 이 기록을 세심하게 읽
으며 살펴보겠습니다. 또한, 회심이라는 주제는 우리로 하여금 묵상해 보고 싶
어 하도록 또 하나의 동기를 부여해 줄 것입니다. 회심이라는 주제는 그 자체로
큰 가치를 지니고 있기 때문에, 나는 이 주제가 여러분으로부터 큰 주목을 받게
될 것이라고 확신합니다.

성경을 그대로 펴놓으신 채로 말씀을 들어 주십시오. 우리는 이미 이 장을
읽었지만, 내가 말씀을 전할 때에 또다시 이 장의 한 절 한 절을 짚어볼 필요가
있을 것이기 때문입니다.

1. 첫째로, 회심에 대한 생각은 옛적이나 지금이나 똑같았습니다.

우리가 이제부터 하고자 하는 것은 옛날식의 회심과 오늘날의 회심을 비교
해 보는 것입니다. 욥기 33장에 나오는 묘사를 보면서 우리가 가장 먼저 분명하
게 느끼게 되는 것은 회심과 관련해서 아주 먼 옛날에 살았던 사람들의 생각이
나 오늘날에 살아가는 사람들의 생각이 정확히 똑같다는 것입니다. 본문은 우리
에게 사람들의 육신의 상태에 대해서는 전혀 언급하지 않습니다. 본문에 나오는
엘리후의 묘사를 영적으로 해석하면, 그것은 오늘날 예수께로 나오는 많은 사람
들에 관한 묘사와 똑같습니다. 본문을 여러 번 읽어 보면, 우리는 당시 사람들에
게도 회심하는 것이 필요하였다는 것을 발견하게 됩니다. 왜냐하면, 그들도 하
나님의 음성에 귀를 막고 있었기 때문입니다(14절). 그들은 고집스럽게 악한 의
도를 가지고 악한 길로 갔고, 그들의 마음은 교만으로 높아져 있었습니다(17절).
그래서 그들로 하여금 깊이 생각을 해보도록 하기 위해서는 그들을 징계할 필요
가 있었고, 그들로 하여금 긍휼을 베풀어 주시라고 부르짖게 만들기 위해서는
그들에게 혹독한 환난이 필요하였습니다(19-22절). 그들은 "내가 범죄하였나이

다"라고 고백하고자 하지 않았고, 기도하고자 하지 않았습니다. 혹독한 훈육 외에는 그 어떤 것도 그들로 제정신이 들게 할 수 없었고, 제정신으로 돌아왔다고 할지라도, 그들은 다시 거듭나는 것이 필요했습니다. 당시 사람들은 죄 가운데 행하면서도 여전히 교만하였습니다. 죄악을 범하는 자아와 자기 자신을 의롭다고 여기는 자아가 공존해 있었기 때문에, 회심의 절반은 그들로 하여금 죄를 짓고자 하는 마음에서 떠나게 하는 것이었고, 다른 절반은 그들에게서 "교만"(17절)을 제거하는 것이었습니다. 그들은 죄 가운데 행하면서도, 자기가 의로운 줄로 생각하였습니다. 그들은 하나님의 법에 의해서 정죄를 받고 있었는데도, 그들 자신의 공로로 말미암아 지존자의 은총을 얻게 될 것이라는 달콤한 망상을 여전히 품고 있었습니다. 그들은 오늘날의 사람들과 마찬가지로 아무것도 가진 것이 없는 빈곤한 자들이었지만, 자신이 부요하다고 자랑하였습니다. 그들은 죄를 짓는 것은 세리들을 닮았고, 자랑하는 것은 바리새인들을 닮았습니다.

그 시절에 하나님께서는 사람들에게 끊임없이 말씀하셨지만, 그들은 하나님의 말씀을 무시했던 것으로 보입니다. 본문에서는 "하나님은 한 번 말씀하시고 다시 말씀하시되 사람은 관심이 없어서"(14절) 알아듣지 못하였다고 말합니다. 그들의 뻔뻔스러운 잠은 너무나 깊어서, 하나님께서는 깊은 사랑으로 부르셨어도, 그들은 잠에서 깨어나지 않았습니다. 사무엘은 "말씀하옵소서 주의 종이 듣겠나이다"(삼상 3:10)라고 말하였지만, 그들은 하나님이 부르시는 음성을 무시하고 계속해서 잠만 잤습니다. 하나님께서는 지금도 자신의 음성에 대하여 귀를 막은 자들을 얼마나 자주 부르시고 말씀하시는지 모릅니다. 하나님은 부르시고, 사람들은 거부합니다. 하나님은 자신의 손을 뻗치시고, 사람들은 그 손을 모른 체합니다. 그들은 필사적으로 죄악의 길로 내달리고, 육신의 안일함에 푹 빠져 있기 때문에, 하나님께서 아무리 은혜로 그들을 부르셔도, 자신의 영혼을 파멸시키는 길로 치닫습니다.

저 옛적에도 어떤 사람이 회심하기 위해서는, 하나님께서 친히 그 사람을 돌이켜 놓아야 하셨습니다. 사람들에게서 그들의 어리석음을 갈라내기 위해서는 하나님의 전능하신 능력이 필요하였습니다. 하나님께서 그들의 귀에 말씀하셔도, 그런 후에 친히 그 말씀이 그들의 마음속에서 능력으로 역사하게 하시는 후속조치를 취하지 않으시면, 그들은 아무것도 들을 수 없었습니다. 인간의 죄악은 너무나 깊어져서, 하나님이 아니고서는 그 어떤 치료약으로도 고칠 수 없게 되었습니다. 전능자의 사랑이 직접 그들에게 다가와서 고치시지 않으시면, 그들의 죄악을 고칠 수 있는 가망성은 전무하였습니다. 오늘날에도 사정은 마찬가지입니다. 오늘날의 사람들은 옛 사람들을 그대로 따라하고 있습니다. 물고기가 여전히 미끼를 물고, 새들이 여전히 올무 속으로 날아들며, 짐승들이 여전히 구덩이에 빠지듯이, 사람들은 여전히 죄에 속아 넘어가기 때문에, 오직 하나님만이 그들을 구원하실 수 있습니다. 욥의 시대에도 하나님의 성령의 은혜의 역사에 의해서만 구원이 이루어질 수 있었는데, 오늘날에도 구원은 오직 그런 방식으로만 이루어집니다. 당시에도 사람들은 지금과 마찬가지로 길을 잃고 멸망할 처지에 놓여 있었습니다. 당시에도 사람들은 자기가 길을 잃지 않았고 장차 멸망당하지 않을 것이라고 생각했던 것과 마찬가지로, 오늘날에도 사람들은 동일한 망상 속에 빠져 있습니다. 옛적에 하늘로부터 오신 의사에 의해서 받아들여져서 고침을 받았던 사람들과 동일한 부류의 사람들이 오늘날에도 그 의사가 있는 전으로 나아옵니다. 하늘로부터 오신 의사는 옛적과 마찬가지로 오늘날에도 눈먼 자들을 고쳐 보게 하시고 귀가 먹어 듣지 못하는 자들을 고쳐 듣게 하시며, 돌 같이 굳은 마음을 풀어 부드러운 살 같은 마음으로 만드시고, 나병환자들을 만지셔서 온전히 회복되게 해주십니다. 옛 조상들의 시대에 성령이 마른 뼈들로 뒤덮인 골짜기에 사방으로부터 불어왔듯이, 오늘날에도 성령은 죽음이 뒤덮고 있는 곳으로 오셔서 역사하십니다. 인간은 자신의 죄를 벗어나지 못합니다. 처음에도 그랬고, 지금도 그러하며, 육에서 난 것은 육일 뿐이기 때문에, 장래에도 그럴 것입니다. 조상들이 그랬듯이, 그들의 아들들도 그러하고, 그들의 손자들도 그러할 것입니다. 따라서 회심의 과정도 옛적이나 지금이나 동일하고, 장래에도 동일할 것입니다. 즉, 이 모든 일들은 하나님께서 사람에게 종종 행하시는 일들입니다.

2. 둘째로, 회심을 이루어 내는 이도 옛적이나 지금이나 똑같습니다.

회심의 역사를 이루어 내는 분은 옛적이나 지금이나 하나님이십니다: "이 모든 일을 하나님이 행하신다." 엘리후는 이 모든 과정을 하나님께 돌리고 있고, 오늘날에도 모든 그리스도인들은 모든 구원을 이루시는 분은 하나님이시라는 것을 증언할 수 있습니다. 하나님께서 우리를 돌이키시면, 우리는 돌아키게 됩니다. 14절을 보면, 당시에 하나님께서 사람들에게 역사하신 방법은 여러 번 말씀하시면서 그들의 마음으로 하여금 진리를 깨닫게 하심으로써 그들의 뜻을 바꾸어 놓고 그들의 마음을 낮추시는 것이었습니다. 오늘날에도 하나님께서는 동일한 방법으로 역사하십니다. 회심은 지성과 감성과 영혼이 변화되는 것입니다. 그것은 어떤 어리석은 사람들이 생각하는 것처럼 물리적인 조작이 아닙니다. 그런 자들은 하나님께서 마치 돌을 굴리듯이 사람들을 물리적인 힘으로 회심시키시고 바꾸어 놓으시는 것이라고 생각하는 것처럼 보입니다. 하나님께서는 우리를 나무토막이 아니라 사람으로 보시고서 우리에게 역사하십니다. 하나님은 우리를 사람으로 대하시는 가운데 우리에게 말씀하시고, 우리를 교훈하시며, 우리에게 진리를 나타내시고, 우리를 격려하셔서 소망을 품게 하시며, 우리에게 은혜를 주셔서 선한 쪽으로 나아가게 하십니다. 사람들이 자유하게 되는 것은 하나님께서 무수히 말씀하셔도 그들이 깨닫지 못하지만, 하나님께서 자신의 지혜를 따라 기가 막힌 방법으로 그들을 돌이켜 놓으셔서, 그들로 하여금 "내가 범죄하여 옳은 것을 그르쳤으나 내게 무익하였구나"(27절)라고 부르짖게 만드시기 때문입니다.

그러나 오늘날과 마찬가지로 당시에도 하나님께서 그들의 귀에만 말씀하셔서는 안 되었고, 그 이상이 필요하였습니다. 그래서 하나님께서는 한층 더 가까이 그들 곁으로 오셨고, 자신의 성령을 통해서 사람들로 하여금 그가 말씀하시는 것들을 들을 수 있도록 이끄셨습니다. 하나님은 사람들을 그들 자신의 뜻을 따라 살도록 내버려 두지도 않으셨고, 그들의 회심을 말 잘하는 설교자들이나 기가 막힌 논리에 맡겨 두지도 않으셨습니다. 하나님은 친히 그들에게로 오셔서, 그들의 귀를 열어 주시고, 하나님의 진리가 그들의 마음속에 박혀서, 그들의 본성을 철저히 압도하도록 만드셨습니다. 사람들은 너무나 교만하였기 때문에, 하나님 외에는 그들을 낮출 수 있는 이가 아무도 없었습니다. 사람들은 너무나 고집이 세서, 오직 하나님 외에는 그 누구도 그들의 뜻을 꺾을 수 없었습니다. 그래서 하나님께서는 친히 자신을 낮추시고 그 일을 하셔서, 사람들로 하여금 그들 자신을 낮추고 그의 말씀에 순종하게 만드셨습니다. 실제로 욥기 33장은 사람들의 구원과 관련하여 이루어진 모든 일들을 하신 분이 하나님이시라고 말하고 있습니다. 사람들을 건져서 구덩이로 내려가지 않게 하기 위해서는 "대속물"이 필요했지만, 정작 "내가 대속물을 얻었다"고 말씀하신 분은 하나님이셨습니다. 대속물이 준비되었을 때조차도, 사람들은 그 사실을 알지 못하였고 받아들이려고 하지 않았지만, "일천 천사 가운데 하나", 하나님의 모든 사자 중에서 가장 탁월하신 사자를 보내셔서, 사람들에게 자신의 "정당함"을 보이시고, 사람들을 최초의 순전한 상태로 회복시킬 모든 준비가 다 되어 있다고 선포하게 하신 것은 바로 하나님이셨습니다(23절). 사람들의 영혼을 구덩이에서 건져 내셔서, 그들로 하여금 살아서 빛을 볼 수 있게 하신 것도 하나님이셨습니다. 욥기 33장을 보면, 찾아오시고, 말씀하시고, 징계하시고, 교훈하시고, 빛을 비추어 주시고, 위로하시고, 새롭게 하시고, 구원하시는 등 사람들의 구원과 관련된 모든 일을 처음부터 끝까지 다 행하시는 분은 하나님이십니다. 따라서 오늘의 본문은 이 모든 일을 행하시는 분은 하나님이시라고 분명하게 말하고 있습니다. 구원은 하나님께 속한 일입니다. 구원은 인간에게 속한 일도 아니고, 인간에 의해서 이루어질 수 있는 일도 아닙니다. 또한, 구원은 "혈통으로나 육정으로나 사람의 뜻"으로부터 나오는 것이 아니라, "오직 하나님께로부터" 나옵니다(요 1:13). 처음부터 끝까지 하나님의 목적과 하나님의 능력이 구원을 이루어 냅니다. 이것은 우리에게 얼마나 복된 일인지 모릅니다. 왜냐하면, 구원이 우리 자신에게 속한 일이라면, 우리 중에서 구원 받을 사람은 아무도 없을 것이기 때문입니다. 그러나 다행히도 하나님께서는 "능력 있는 자"(cf. 시 89:19)로 하여금 우리를 돕게 하셨습니다. 또한, 하나님은 우리의 힘과 찬송이시기도 합니다. 왜냐하면, 하나님 자신이 우리의 구원이 되셨기 때문입니다. 선한 일을 시작하신 하나님께서는 그 일을 끝까지 마치실 것입니다. 그리스도는 "알파와 오메가요 처음과 마지막이요 시작과 마침"(계 22:13)이십니다. 그리스도는 "믿음의 주요 온전하게 하시는 이"(히 12:2), 즉 우리의 믿음을 시작하신 분이자 완성시키시는 분이십니다. 이상으로 우리는 저 옛적의 회심에서 오늘날의 회심과 동일한 두 가지 것을 확인하였는데, 하나는 하나님께서 구원을 이루시기 위하여 역사하신 대상인 사람들이 오늘날의 사람들과 동일하였다는 것이고, 다른 하나는 은혜의 역사들을 이루신 분이 오늘날과 동일하게 하나님이셨다는 것입니다.

3. 셋째로, 회심을 이루기 위하여 사용된 수단들도 옛적이나 지금이나 동일합니다.

여러분이 가장 흥미를 갖게 될 세 번째는 저 옛적에 회심을 위해 사용된 수단들이 오늘날에 사용되는 수단들과 거의 동일하였다는 것입니다. 수단들의 외적인 모습은 서로 달랐지만, 내적으로 역사하는 방식은 동일하였습니다. 도구들에 있어서는 차이가 있었지만, 역사하는 방식은 동일하였습니다. 욥기 33장 15절을 펴주십시오. 거기에서는 하나님께서는 먼저 사람들에게 말씀하셨지만, 그들이 그의 말씀을 무시하자, 이번에는 "사람이 침상에서 졸며 깊이 잠들 때에나 꿈에나 밤에 환상을 볼 때에" 꿈이라는 수단을 통해서 그들에게 효과적으로 말씀하셨다는 것입니다. 이것은 하나님께서 사람들에게 은혜를 주실 때에 오늘날에는 거의 사용되지 않는 극히 이례적인 수단이었습니다. 이 점에서는 저 옛적은 오늘날과 달랐습니다. 꿈은 그 자체로는 잠의 신기루일 뿐이지만, 하나님께서는 사람들의 마음을 들어올리셔서 영원에 속한 일들을 바라보게 하시기 위하여 꿈을 사용하실 수 있습니다. 장차 다가올 죽음과 심판에 관한 꿈들은 사람들의 양심에 엄청난 경고의 효과를 가져다주는 경우가 많았고, 천상의 영광에 관한 환상들은 사람들의 마음속에 무한한 복락에 대한 갈망을 불러일으켜 왔습니다. 드라이든(Dryden)은 어떤 사람들에 대하여 이렇게 노래합니다:

> "꿈 속에서 그들은 무시무시한 절벽을 밟고 서 있거나,
> 탔던 배가 난파되어 머나먼 해변에 닿기 위해 애를 쓴다네."

마찬가지로, 어떤 사람들은 자신의 꿈속에서 지옥의 문 앞에서 사시나무처럼 떨고 있거나, 사나운 파도 위에서 살아남기 위해 사력을 다해서 헤엄치기도 합니다. 사람들은 그런 꿈들을 꾸고 난 후에, 하나님의 은혜로 말미암아 종종 자신의 삶에 대해 곰곰이 생각하게 되고, 거기에서 영속적인 유익을 얻게 되기도 합니다 — 물론, 늘 그런 것은 아니지만. 하지만 엘리후의 시대에서는 꿈은 훨씬 더 자주 하나님이 사람들에게 말씀하시는 수단이었습니다. 왜냐하면, 하나님의 뜻을 사람들에게 해석해 줄 사자들이 별로 없었고, 사람들이 공개적으로 선포되는 하나님의 말씀과 복음을 듣고 가르침을 받을 수 있는 모임도 별로 없었기 때문입니다. 게다가, 당시에는 기록된 하나님의 말씀도 없었습니다. 저 옛적에는 하나님의 감동을 받아 기록된 책들도 없고 하나님의 종들의 사역도 거의 없었기 때문에, 하나님께서는 밤의 꿈이나 환상들을 통해서 사람들에게 말씀하심으로써 그러한 결핍들을 보완하셨습니다. 다시 한 번 말씀드리지만, 우리는 옛적보다 훨씬 더 효과적인 다른 수단들이 있는 오늘날에 상대적으로 보잘것없는 수단

인 꿈이나 환상을 하나님께서 또다시 전면적으로 사용하시기를 바라지 않아야 합니다. 밤의 꿈이나 환상들을 의지하는 것보다는 여러분이 언제든지 읽을 수 있는 성경과 여러분이 언제든지 들을 수 있는 하나님의 사역자들이 분명하게 선포하는 예수의 복음을 활용하는 것이 여러분에게 훨씬 더 유익입니다.

그러므로 수단들이 외적으로는 변했을지 모르지만, 밤의 꿈이나 환상을 통해서든, 주일의 설교를 통해서든, 우리 속에서 역사하는 것은 동일합니다. 즉, 하나님의 말씀이 우리 속에서 역사하여 구원을 이루어 냅니다. 하나님께서는 꿈을 통해서 사람들에게 말씀하실지라도, 꿈을 통해 말씀하시는 것은 기록된 말씀을 통해 말씀하시는 것과 동일하고 전혀 차이가 없습니다. 어떤 사람이 여러분에게 와서, "내가 이런저런 꿈을 꾸었습니다"고 말하는데, 그 사람이 꿈에서 보거나 들은 내용이 성경에 없다면, 그 사람이 꾼 꿈을 무시하십시오. 여러분이 이미 성경에 계시되어 나와 있지 않은 어떤 것을 환상으로 보았다면, 그 환상은 관심을 둘 필요조차 없는 망상일 뿐이기 때문에, 무시해 버리십시오. 아무런 근거도 없는 꿈들을 토대로 자신의 신앙을 쌓은 사람들에게는 화가 있을 것입니다. 그들은 언젠가는 깨어나서, 그런 망상들로 이루어진 자신의 신앙이 그들 자신을 구원할 수 없다는 것을 알게 될 것입니다. "우리에게는 더 확실한 예언이 있어 어두운 데를 비추는 등불과 같으니 … 너희가 이것을 주의하는 것이 옳으니라"(벧후 1:19). 이렇게 옛적에도 사람들에게서 회심을 이루는 데에는 하나님의 말씀이 사용되었습니다. 하나님의 말씀은 다른 통로를 통해 임했지만, 그것은 동일한 말씀이었고 동일한 진리였습니다. 오늘날에는 "믿음은 들음에서 나며" 들음은 하나님의 말씀으로 말미암습니다(롬 10:17). 저 옛적에 사람들에게 믿음이 온 방식도 근본적으로 정확히 동일하였습니다.

우리는 앞에서 옛적의 사람들이 외적으로 임하는 하나님의 말씀으로 인해서 회심하게 된 경우를 보았지만, 욥기 33장 16절을 보면, 당시 사람들은 하나님께서 그들의 귀를 열어 주심으로써 회심하게 된 경우도 있었던 것으로 보입니다. 애석하게도, 사람들의 귀는 여전히 꽉 닫혀 있습니다. 옛적의 한 청교도는 사람들의 귀를 막아서 하나님의 말씀을 듣지 못하게 만드는 일곱 가지 "귀마개들"(ear stoppers)을 설명하고, 사람들에게서 그러한 것들을 다 빼내야 한다고 말한 적이 있습니다. 사람들의 귀는 "무지"에 의해서 자주 막히게 됩니다. 그들은 하나님의 진리의 중요성과 가치를 알지 못하기 때문에, 하나님의 말씀을 진지하게 들으려 하지 않습니다. 그들은 하나님의 말씀을 일고의 가치도 없는 쓸데없는 이야기로 여기고서는, 농장으로 가거나 장사하러 가 버립니다. 어떤 사람들의 귀는 "불신앙"에 의해서 막힙니다. 그들은 구원의 복음을 듣기는 하지만, 복음을 하늘로부터 온 무오한 계시이자 하나님의 권위에 의해서 지지되는 메시지로 받아들이지 않습니다. "회의주의"와 "철학"도 사람들의 귀를 막아, 임마누엘 군대의 용사들의 공격을 차단하는 바리케이드 역할을 합니다. 그래서 사람들의 마음의 성벽을 허무는 데에 강력한 힘을 발휘하는 복음의 공성퇴조차도 그 바리케이드를 뚫지 못하게 됩니다. "그들이 믿지 않음으로 말미암아 거기서 많은 능력을 행하지 아니하시니라"(마 13:58). 또한, 어떤 사람들의 귀는 "고집"에 의해서 막혀 버립니다. 마음의 완악함은 귀를 먹게 만듭니다. 여러분이 어떤 사람들의 귀에 거대한 율법의 포탄들을 퍼부어도, 그들은 끄떡도 하지 않을 것입니다. 하나님의 우렛소리를 듣고서, 숲의 들짐승들도 깜짝 놀라 도망가지만, 고집센 사람들은 꿈쩍도 하지 않습니다. 그런 귀들은 대리석으로 만들어진 석상과 같아서, 복음 자체가 들리지 않게 됩니다. 골고다에서 주님이 신음하시는 소리는 그들에게 아무것도 들리지 않습니다. 어떤 사람들의 귀를 막는 것은 "편견이나 선입견"입니다. 복음은 어떤 것이어야 한다고 자기 나름대로의 선입견을 지니고 있는 사람들은 복음을 있는 그대로 들으려 하지 않습니다. 왜냐하면, 그들은 하나님의 진리가 되려면 어떠떠하여야 한다는 나름대로의 기준을 스스로 세워 놓았지만, 그 기준 자체가 잘못된 것이어서, 그 기준에 의하면, 단 것이 쓴 것이 되고, 쓴 것이 단 것이 되며, 어둠이 빛이 되고, 빛이 어둠이 되어 버리기 때문입니다. 설교자나 교단에 대한 편견들도 이 동일한 악의 또 다른 형태일 뿐입니다. 그러한 편견들은 자신의 귀를 밀랍으로 봉해 버린 오디세우스 같이 거의 귀머거리나 다름없이 만들어 버립니다. "죄를 사랑하는 마음"도 많은 사람들의 귀에 하나님의 말씀이 들어가지 못하게 효과적으로 막는 장애물이 됩니다. 악을 사랑하는 사람들은 회개하라는 말을 듣고 싶어 하지 않습니다. 쾌락을 사랑하는 사람들은 거룩한 애통함을 싫어합니다. 방탕한 자들은 거룩하게 살라고 하는 것은 그들에게 노예로 살라고 하는 것과 같다고 생각합니다. 죄를 즐거움을 삼는 사람들은 아무리 지혜로운 뱀 부리는 자가 주문을 걸어도 그 주문에 넘어가지 않는 귀머거리 독사들이어서, 그들의 혀 아래에는 독사의 독이 있고, 자신들의 악한 행실을 책망하는 복음에 대한 극도의 증오심을 감추지 못합니다. 시궁창에서 뒹구는 암퇘지는 더러운 것을 사랑해서 더러운 것을 좇아다니기 때문에, 그런 암퇘지에게 깨끗하게 살라고 말해 보아야 아무 소용이 없습니다. 어떤 사람들의 귀는 "교만"에 의해서 막힙니다. 구주의 복음은 죄인들의 구미를 아랑곳하지 않고 아주 분명하게 그들의 모습을 있는 그대로 말해 주고 낮아지게 하고자 하기 때문에 그들의 입맛에 맞지 않습니다. 그들은 멸망에 처해지게 될 죄인들을 위한 복음은 자신들에게는 해당이 되지 않는다고 생각합니다. 왜냐하면, 그들은 자기는 상당히 선하고, 크게 책망 받을 짓을 한 것이 결코 없으며, 장차 큰 벌을 받게 될 위험도 없다고 생각하기 때문입니다. 그들은 말로는 자기가 죄인임을 인정한다고 할지라도, 마음속에서는 그렇게 생각하지 않습니다. 그러므로 그들은 그들을 죄인이라고 말하는 하나님의 진리를 좋아하지도 않고 들으려고 하지도 않습니다. 설교자가 복음이라는 미명 하에 사람들이 듣기 좋아하는 말들을 해주고, 인간의 존엄성을 찬양하는 말들을 해준다면, 그들은 기꺼이 그 음악을 듣고자 할 것입니다. 그러나 복음은 흉악한 죄인들을 위한 것입니다. 그런데 어떻게 그들의 고상한 영혼들이 그런 복음을 견뎌낼 수 있겠습니까? 복음이 그들의 고귀하고 아름다운 깃털들을 엉망으로 헝클어 놓으면, 그들은 격분하여 등을 돌리고 떠나갑니다. 또한, 수많은 사람들의 귀가 "세상을 사랑하는 마음"으로 인해서 막혀 버립니다. 여러분이 마차들과 사람들이 분주히 오가는 거리, 수많은 마차 바퀴들이 굉음을 내며 굴러가며 많은 사람들이 시끌벅적하게 떠드는 그런 거리에서서 복음을 전한다면, 사람들은 여러분이 전하는 복음을 듣기 어려울 것입니다. 왜냐하면, 거리의 시끄러운 소음으로 인해서 여러분이 전하는 복음은 거의 들리지 않게 될 것이기 때문입니다. 대다수의 사람들은 바로 그런 상태에서 복음의 기쁜 소리를 듣고 있습니다. 돈 벌기 위해서 분주하게 오가는 시끄러운 마차 바퀴 소리, 거리에서 물건을 팔려고 상인들이 큰 소리로 외치는 소리, 남들보다 앞서기 위해서 악을 쓰는 소리, 여러 가지 염려들의 회오리바람, 여러분 속에서 온갖 쾌락들을 채워 달라고 아우성치는 소리 ― 하늘에서 들려오는 사랑의 음성이 이 모든 소음들에 묻혀 버리기 때문에, 마치 바다에서 태풍이 불 때에 머리핀이 떨어지는 소리가 들릴 수 없는 것처럼, 우리가 복음을 전할 때, 사람들은 그런 소음들 속에서 복음을 듣기는 들어도, 그들의 귀에 복음이 들릴 수 없게 되는 것입니다. 오직 하나님께서 그들의 귀를 뚫어 주실 때에만, 진리의 세미한 음성이 그들의 마음의 방에 들려지게 됩니다.

생각이 있는 사람이라면 누구나 이 모든 귀마개들이 오늘날과 마찬가지로 옛적에도 존재하였기 때문에, 사람들의 귀를 열어서 말씀이 그들의 마음에 들려지게 하시는 하나님의 역사가 옛적에도 반드시 행해져야 하였다는 것을 분명하게 알 수 있습니다. 족장 욥이 살던 시대에 사람들이 아무리 생생한 꿈을 꾸었다고 할지라도, 그 꿈 자체가 죄인들을 회심시킬 수는 없었습니다. 예언적인 경고들도 그 자체로는 사람들을 회심시킬 수 없었습니다. 사람들의 귀를 지으신 이의 손이 그 귀를 깨끗하게 하고 그 귀에 할례를 행하실 때에만, 하나님의 진리는 그들의 마음속으로 들어갈 수 있었습니다.

다음 문장을 보십시오: 그가 "그 교훈을 인치시니"(한글개역개정에는 "경고로써 두렵게 하시니"). 이것은 옛적에 사람들을 회심시키는 수단이었습니다. 여러분이 밀랍 위에 도장을 찍어서 봉인을 하듯이, 하나님께서는 자신의 진리를 여러분의 영혼 위에 그런 식으로 찍으셔서 봉인을 하셨습니다. 여러분이 밀랍 위에 인을 치면, 그 인이 선명하게 각인이 되는 것과 마찬가지로, 하나님의 능력이 말씀을 여러분의 심령 위에 인치시면, 그 말씀이 선명하게 각인이 됩니다. 성령께서 하나님의 진리를 취하셔서 사람들의 양심과 기억과 그 존재 전체에 인치듯이 각인시키지 않으시면, 사람들은 진리를 들어도 금방 잊어버리고 맙니다. 또한, 여기서 인을 친다는 것은 확증한다는 것을 의미하는 것이기도 합니다. 어떤 것이 틀림없다는 것을 확증하고자 할 때, 사람들은 거기에 인을 칩니다. 마찬가지로, 성령께서도 하나님의 진리를 사람들에게 확증하셔서 확신을 주시는 일을 행합니다. 즉, 성령께서는 사람들의 마음속에 그 진리가 참되다는 것을 증언하심으로써, 그들로 하여금 그 진리를 받아들이지 않을 수 없게 하십니다. 성령께서 자신의 증언을 통해 이렇게 하나님의 진리를 인치시게 되면, 그들은 그 진리를 반박할 수 없어서 온전히 수긍하게 되고, 그들의 양심은 움직일 수 없는 확신을 갖게 됩니다.

사랑하는 친구들이여, 나는 성령 하나님께서 그런 의미에서 우리가 여러분에게 전하는 말씀을 여러분의 심령 속에 인치셔서, 여러분이 듣는 자에서 그치는 것이 아니라 믿는 자로 나아갈 수 있게 되기를 기도합니다. 나는 거룩한 인치심이 일어나지 않는다면, 여러분은 듣는 자로 머물러 있을 수밖에 없을 것임을 알지만, 그러한 인치심이 여러분에게 일어나서, 여러분의 영혼 깊이 복음이 인쳐져서 다시는 지워지지 않게 되기를 바랍니다. 하나님의 성령께서 이렇게 여러분을 인치시면, 여러분은 진정으로 인치심을 받게 될 것입니다.

또한, 인을 친다는 것은 종종 자신의 것으로 따로 분류하는 것을 의미하기도 합니다. 우리는 어떤 서류들이나 큰 가치가 있는 보화들이 나의 것임을 표시하기 위해서, 거기에 인을 칩니다. 이런 의미에서 복음은 우리의 마음속에 인쳐질 필요가 있습니다. 성령 하나님께서 우리가 들은 것들을 우리의 심령 속에 인치셔서 잘 보관해 두지 않으시면, 우리는 비록 들었다고 해도 금방 잊어버리게 됩니다. 그러나 성령께서 그렇게 인쳐 주셨을 때, 그것들은 우리에게 주어진 좋은 진주, 하나님의 비밀, 특별한 유업이 됩니다. 회심에 있어서 이러한 인치심은 아주 중요한 부분입니다. 여러분 중에서 많은 분들이 지금까지 수많은 설교들을 들어 오셨지만, 그 교훈이 여러분의 심령 속에 인쳐진 적이 없었기 때문에, 여러분은 아직도 구원 받지 못한 채로 있는 것입니다. 나는 여러분의 불행한 처지를 생각하면 참을 수가 없습니다. 그래서 나는 하나님을 사랑하는 모든 분들이, 하나님께서 우리가 전하는 말씀들이나 다른 분들의 설교들이나 성경 말씀들을 이 불행한 분들의 심령 속에 인치셔서, 그들이 회심하여 구원 받을 수 있게 해주시라고 기도해 주시기를 간곡히 부탁드립니다. 하나님의 인치시는 손이 사람들의 심령에 닿기를 간절히 바랍니다. 또한, 하나님이여, 주께서 보내실 자들을 주의 종으로 보내셔서 이 인치시는 역사를 이루어 주십시오! 들을 수 있는 귀를 주셔서, 주의 복음을 지각 있는 심령 위에 새겨 주십시오. 우리의 구원의 주 하나님이여, 주께서는 이 일을 하실 수 있사오니, 우리는 믿음으로 이 일을 행하실 주의 손을 바라보나이다. 이렇게 하나님께서는 사람들의 귀를 열어 주시고 그들의 마음에 인쳐 주시는 방법으로 옛적의 사람들을 회심시키셨습니다.

또한, 하나님께서는 옛적에 사람들의 회심을 도우시기 위하여 "섭리"를 사용하셨고, 그 섭리는 흔히 아주 온건한 종류의 것이었던 것으로 보입니다. 왜냐하면, 하나님께서는 섭리를 통해서 사람들을 죽음에서 건지셨기 때문입니다. 18절을 읽겠습니다: "그는 사람의 혼을 구덩이에 빠지지 않게 하시며 그 생명을 칼에 맞아 멸망하지 않게 하시느니라." 수많은 사람들이 절박한 위기를 모면함으로써, 그들의 인생 항로가 완전히 바뀌어 왔습니다. 그때까지 별 생각 없이 살아왔던 사람들이 그러한 섭리를 통해서 정신이 번쩍 들어서 자신의 삶을 진지하게 돌아보고, 속으로 이렇게 말하게 되었습니다: '하나님께서 나를 이 위험에서 건지신 것인가? 그렇다면, 내가 하나님께 감사해야 하지 않나. 하나님께서 나를 이렇게 살리신 데에는 어떤 뜻이 있을 것임에 틀림없어. 나는 그 뜻이 무엇인지를 찾아내서, 감사하는 마음으로 그 뜻에 부응하는 삶을 살려고 하는 것이 마땅해.' 사랑하는 여러분, 여러분 가운데 난파된 배에서 살아 남은 분이 계십니까? 여러분 가운데 철도 사고에서 살아 남은 분이 계십니까? 여러분 가운데 죽을 고비에서 간신히 살아난 분이 계십니까? 여러분 가운데 열병에 걸려 죽을 뻔하다가 살아난 분이 계십니까? 여러분 가운데 자신의 다른 가족들은 폐결핵이나 유전병에 의해서 다 죽고, 오직 자신만이 살아 남아 있는 분이 계십니까? 여러분 가운데 하나님의 은혜로 살아난 예의 기념비가 될 만한 그런 분이 계십니까? 그렇다면, 하나님께서 오래 참으심으로 여러분을 회개로 이끄시고자 하시는 것이니, 나는 여러분에게 회개하시기를 부탁드립니다. 왜냐하면, 그런 일을 겪은 많은 사람들이 여러분보다 앞서 이미 회개하였고, 지금은 여러분이 회개할 차례이기 때문입니다. 하나님께서 여러분을 사랑하셔서 살짝 누르실 때, 그 뜻을 얼른 깨닫고 순복하십시오. 꽃들이 햇살 아래에서 자신의 향기를 잘 발산하고 있다면, 동방의 향초들처럼 굳이 절구에 넣고 찧을 필요는 없을 것입니다. 하나님께서는 부드러운 음성으로 이렇게 말씀하시며, 여러분을 자기에게로 부르고 계십니다: "내가 무덤으로 내려가는 너를 건져 올리고, 죄 지은 네 영혼이 지옥으로 내려가는 것을 막고서, 오늘 복음을 들을 수 있는 이 자리로 너를 불렀다. 지금 내가 나의 종을 통해서 네게 나에게로 돌이켜 살라고 부르고 있다. 그러니 너는 나의 말을 듣지 않겠느냐? 너는 이 모든 것을 생각해서, 내게 나아와 기도하며 은혜를 구하지 않겠느냐?' 이렇게 하나님께서는 지금 사건들과 행위들을 통해서, 말씀들을 사용하실 때보다 더 큰 소리로 말씀하고 계시는데, 옛적에도 동일한 방법으로 사람들에게 말씀하셨던 것으로 보입니다. 따라서 섭리에 의해 조성된 환경들은 흔히 회심의 수단이었습니다.

하지만, 엘리후가 말한 대로, 일반적으로 질병은 한층 더 효과적으로 사람들을 깨어나게 만드는 수단이었던 것으로 보입니다. 19-20절을 보십시오: "혹은 사람이 병상의 고통과 뼈가 늘 쑤심의 징계를 받나니 그의 생명은 음식을 싫어하고 그의 마음은 별미를 싫어하며." 심하게 병을 앓게 되면 입맛이 없어지며, 만사가 귀찮아지고, 사는 것이 재미가 없어집니다. 그러나 이 모든 것들은 생명의 길을 떠나 죄 가운데서 살아가는 자들을 올바른 길로 돌이키기 위하여, 하나님께서 그들에게 은혜를 주시려고 보내신 것들입니다. 사람들은 병실에 홀로 남아서 꼼짝도 할 수 없게 될 때에 자신의 삶을 돌아보며 생각할 수 있는 시간을 갖게 됩니다. 물레방아가 쉴 새 없이 돌아가는 동안에는, 사람들은 하나님의 음성을 들을 수 없지만, 물레방아가 돌아가는 것을 멈추고 사방이 고요해지면, 하나님의 경고의 음성이 그들의 귀에 분명하게 들리게 됩니다. 병든 사람들은 낮에는 두려움에 사로잡혀서, 그리고 밤에는 홀로 깨어서 침묵 가운데 병상에서 몸을 뒤척입니다. 그럴 때에 그들은 자신의 내면 속에서 양심이 내는 소리를 듣게 되고, 하나님의 성령께서는 그 기회를 이용해서, 깨어난 양심에게 죄를 깨닫게 해줍니다. 우리 가운데는 병상의 도움을 받은 사람들이 꽤 많습니다. 나는 이 자리에 계신 아직 회심하지 않은 분들이 병에 걸리게 되는 것을 바라지 않지만, 그렇게 병에 걸렸을 때에 그분들이 자신의 삶을 깊이 생각해 보고 회개하며 믿을 수 있게 될 수만 있다면, 나는 그분들이 병에 걸리게 해주시라고 하나님께 간절히 기도할 것입니다. 하나님께서는 교회에서 자신의 음성을 듣지 못했던 사람들에게 병실에서 말씀하신 경우가 지금까지 적지 않았다고 나는 믿습니다. 목회자들이 전하는 말씀을 듣지 않던 사람들이 열병이나 콜레라가 전하는 메시지를 듣고 회개하는 경우가 종종 있어 왔습니다. 만일 고통과 질병이 세상으로부터 사라지게 된다면, 우리는 하나님의 의를 전하는 두 명의 아주 유능한 복음전도자를 잃게 되는 것입니다. 니느웨 사람들이 요나가 전하는 하나님의 말씀을 듣고 회개하였듯이, 많은 사람들이 질병이 전하는 메시지를 듣고 회개해 왔습니다. 질병은 엘리야처럼 사람들에게 "너희가 섬길 자를 오늘 택하라"(수 24:15)고 외쳐 왔습니다. 질병은 사람들이 저항할 수 없는 웅변으로 하나님의 뜻을 준엄하게 전하는 변사였기 때문에, 사람들의 마음은 그 메시지 앞에서 머리를 조아릴 수밖에 없었습니다. 이 자리에 계신 분들 중에서 최근에 이렇게 심한 병중에 계신 분들이 있다면, 나는 그분들에게 그들이 병상에 누워 있을 때에 하나님께서 그들의 영혼에 주신 복을 받고 계시는지를 묻고 싶습니다. 나는 그들이 병으로 말미암아 완악해지지 않기를 간절히 기도합니다. 왜냐하면, 병들어 누워 있는데도, 그들의 마음이 완악해진다면, 하나님께서는 그들에게 "너희가 어찌하여 매를 더 맞으려고 패역을 거듭하느냐"(사 1:5)고 말씀하시며, 다음과 같은 말씀을 덧붙이실 염려가 있기 때문입니다: "내가 너희를 우상들에게 주어 버리고, 너희를 내버려 두리라. 내가 너희를 쳐서, 너희는 '온 머리는 병들고 온 마음은 피곤하였으며 발바닥에서 머리까지 성한 곳이 없이 상한 것과 터진 것과 새로 맞은 흔적뿐이거늘'(사 1:5-6), 그런데도 너희가 정신을 차리지 못하는도다. 그러므로 나는 너희를 포기하고, 더 이상 은혜로 너희를 대하지 아니하리라." 크신 하나님 께서는 지금도 여전히 그들을 불쌍히 여기시는 마음을 가지고 계셔서, 자신의 징계들이 그들의 영혼에 효력을 발휘하게 하십니다. 물론, 본문은 구원 받은 모든 사람들이 질병으로 인해서 깨어나게 되었다고 말하고 있는 것이 아닙니다. 전혀 그렇지 않습니다. 본문에서 엘리후는 질병으로 인해서 깨어나게 된 사람들이 많고, 지금 욥의 경우가 바로 그런 경우가 되어야 한다고 말하고 있는 것일 뿐입니다.

하나님께서는 질병을 통해서만이 아니라, 죽음에 대한 공포를 통해서도 사람들을 구원으로 이끌어 오셨습니다. "그의 마음은 구덩이에, 그의 생명은 멸하는 자에게 가까워지느니라"(22절, KJV에는 "그의 혼은 스올에 가까워지고 그의 생명은 멸하는 자에게 가까워지느니라"). 어떤 사람이 병상에 누워서 지옥의 문턱까지 가서 또 다른 세계를 들여다보게 될 때, 그것이 그에게 거룩한 축복이 될 수 있습니다. 그렇게 영원한 세계를 들여다보고서, 아무런 소망도 없이 뭔가 알 수 없는 끔찍한 저주들만이 자기를 기다리고 있음을 직감하고 무시무시한 공포에 사로잡히게 되는 것은 엄청난 일입니다. 자신의 뒤에는 잘못 살아온 삶에 대한 기억이 있고, 위로는 진노하시는 하나님이 계시고, 자신 속에는 뼈마디가 쑤시는 육신의 고통과 잘못 살아 왔다는 회한의 고통이 있고, 아래로는 끝이 보이지 않는 불구덩이가 입을 벌리고 있다면, 그 사람에게 이것보다 더 최악인 환경이 있을 수 있겠습니까? 지옥의 이 편에서, 깨어난 양심이 괴로워하고 고통하는 것보다 더 끔찍한 일이 있을 수 있을까요? 그럴 때에 사람들은 종종 잠에서 깨어나서, "내가 어떻게 하여야 구원을 받으리이까"(행 16:30)라고 부르짖지 않을 수 없었습니다. 나는 여기에 계신 분들 중에서 지금까지 하나님이 좀 더 부드러운 수단들을 사용하실 때에 꿈쩍도 안 해 오신 분들이 그러한 경험을 할 수 있게 되시기를 바랍니다. 아예 구원 받지 못하는 것보다는 불 가운데서라도 구원을 받는 것이 여러분에게 좋을 것입니다.

그러나 하나님께서 이 모든 수단들을 사용하셨다고 해도, 그런 것들만으로는 사람들을 구원의 길로 나아가 평안을 얻을 수 있게 해줄 수 있었던 것이 아니었음을 유의하십시오. 사람들이 꿈이나 질병 등등의 수단들에 의해서 깨어났다고 할지라도, 하나님이 보내신 사신의 사역이 거기에 더해질 필요가 있었습니

다. 즉, 본문에서는 "만일 일천 천사 가운데 하나" 같이 하나님의 보내심을 받고
서 영혼들을 다루는 일에 뛰어난 보기 드문 참된 설교자가 "그 사람의 중보자로
함께 있어서" 하나님의 마음을 사람들의 언어로 해석해 주고, 알기 힘든 모호한
것들을 설명해 주어서, 하나님의 "정당함을 보일진대," "하나님이 그 사람을 불
쌍히 여기사" 그에게 은혜를 베풀어 주실 것이라고 말합니다. 하나님께서는 사
역자들 없이도 영혼들을 구원하실 수 있으시지만, 대체로 그렇게 하지 않으십니
다. 하나님은 자기가 보낸 종들의 입술에서 나오는 부르심 없이도 사람들을 예
수께로 인도하실 수 있으셨지만, 일반적으로 옛적에 이루어진 회심에서는 "사
자"와 "중보자"가 필요하였고, 오늘날에도 여전히 필요합니다. "그들이 믿지 아
니하는 이를 어찌 부르리요 듣지도 못한 이를 어찌 믿으리요 전파하는 자가 없
이 어찌 들으리요"(롬 10:14). 사랑하는 형제들이여, 나는 여러분 중에서 주를 아
시는 분들은 다른 사람들에게 "전파하는 자"가 되시기를 기도합니다. 여러분이
가난하고 통회하는 심령들에게 은혜를 잘 전하는 자들이 된다면, 여러분은 "일
천 천사 가운데 하나"처럼 아주 특별한 사람이 될 것입니다. 또한, 나는 여러분
에게 나를 위해서도 기도해 주셔서, 내가 이 복된 일에 더욱더 많이 참여해서, 하
나님께서 나를 통해서 많은 사람들에게 "그를 건져서 구덩이에 내려가지 않게
하라 내가 대속물을 얻었다"고 말씀하실 수 있게 되도록 해주시라고 기도해 주
시기를 부탁드립니다.

4. 넷째로, 회심에서 대상으로 삼는 것들도
옛적이나 지금이나 동일하였습니다.

옛적의 회심에서 목표로 삼았던 대상들도 오늘날의 회심에서 목적으로 삼
고 있는 대상들과 정확히 동일하였다는 것이 네 번째 대지인데, 나는 이것에 대
해서는 아주 짧게 전하고자 합니다. 17절을 보겠습니다. 옛적에 하나님께서 어
떤 사람을 구원하고자 하실 때에 가장 먼저 하신 일은 그 사람으로 하여금 자신
의 뜻을 버리게 만드시는 것이었습니다. 하나님께서는 그 사람이 몰두하고 있는
것들이 모두 다 죄와 반역과 육신적인 쾌락 등과 같이 이기적이고 세상적인 것
들이라는 것을 아십니다. 따라서 회심이 일어나면, 그 사람은 자신의 그러한 악
한 뜻들로부터 등을 돌리게 됩니다. 이것은 옛적에도 그랬고, 지금도 마찬가지
입니다. 하지만 완악한 마음을 이렇게 하나님과 거룩함을 향하도록 돌려놓는 일

은 그리 쉬운 일이 아닙니다. 그것은 자신의 궤도를 따라 끊임없이 운행하는 해를 멈춰 세우거나, 달로 하여금 거꾸로 가게 하는 것만큼이나 어렵습니다.

하나님께서 다음으로 하신 일은 그 사람으로부터 "교만"을 없애는 것이었습니다. 왜냐하면, 사람들은 할 수만 있다면 자기의를 끈질기게 붙들고서 놓으려 하지 않기 때문입니다. 바다의 조개들이 바위에 달라붙어 결코 떨어지려 하지 않는 것과 마찬가지로, 죄인들은 실은 아무런 공로도 지니고 있지 않으면서도, 끝까지 자신의 공로를 붙들고 놓지 않으려 합니다. 옛적의 그리스 신화에 나오는 아주 힘센 영웅인 헤라클레스(Hercules)가 직접 와도, 자존심이라는 돌 위에 앉아 있는 어떤 사람을 그 돌에서 떼어낼 수 없습니다. 그 사람의 외적인 행실이 누가 보아도 사악하다는 것이 분명할지라도, 여전히 그는 자기 안에 뭔가 선한 것이 있다는 망상 가운데서, 그 망상을 끈질기게 붙잡고자 합니다. 그러므로 어떤 사람에게서 그의 타고난 끈질긴 교만을 없애는 일은 하나님의 능력으로 되는 일이고, 하늘의 전능자께서 하시는 일입니다.

사랑하는 자들이여, 회심의 또 하나의 큰 목적은 사람으로 하여금 자신의 죄를 고백하게 이끄는 것입니다. 따라서 우리는 27절에서 이것을 말씀하고 있는 것을 발견합니다: "그가 사람 앞에서 노래하여 이르기를 내가 범죄하여 옳은 것을 그르쳤으나 내게 무익하였구나 하나님이 내 영혼을 건지사 구덩이에 내려가지 않게 하셨으니 내 생명이 빛을 보겠구나 하리라." 사람들은 하나님께 고백하는 것을 싫어합니다. 여기서 고백한다는 것은 겸손히 인격적이고 진심으로 고백하는 것을 의미합니다. 그들은 사제에게 가서, 사제의 온갖 추악한 질문에는 기꺼이 대답하고자 하지만, 하나님께 나아가서 고백하고자 하지는 않습니다. 그들은 "총고해"(general confession)라 불리는 죄의 고백문을 주저리주저리 읊는 것은 잘하지만, 참되고 진실 어린 고백을 하는 것은 꺼립니다. 그들은 할 수만 있다면 세리와 같은 기도를 하려 하지 않습니다. 그들은 진심으로 솔직하게 "내가 범죄하였나이다"라고 말하고자 하지 않고, 자신의 본성이 타락하고 왜곡되었음을 시인하고서, "내가 옳은 것을 왜곡시켜 왔나이다"라고 고백하고자 하지 않습니다. 또한, 여러분은 그들로 하여금 자기가 죄 지은 것이 어리석고 우매한 일이었다는 것을 인정하고서, 그 일이 "내게 무익하였구나"라고 고백하게 할 수 없습니다. 그러나 회심은 그들로 하여금 무릎을 꿇게 만듭니다. 회심은 그들의 영혼의 둑을 무너뜨려서, 그들로 하여금 지존자 앞에 고백들을 쏟아놓게 만듭니다. 이런 일이 일어났다면, 구원이 그들에게 임한 것입니다. 왜냐하면, 하나님께서는 그들에게 "내가 너의 죄를 거저 사하노라"고 말씀하시기 위하여, 그들로 하여금 스스로를 정죄하게 하고자 하시는 것이기 때문입니다. 하나님께서 우리를 절망감과 무력감 속에 가두시는 것은 우리에게 은혜의 하나님으로 오셔서 그의 차고 넘치는 자비하심을 나타내고자 하시기 때문입니다. 우리의 모든 소망은 오직 하나님 안에 있고, 그 밖의 다른 모든 소망은 망상들일 뿐입니다. 회심이 하는 큰 일은 사람들을 더 나은 사람으로 만들어서 더 좋은 발판을 딛고서 하나님께 나아오게 하는 것이 아니라, 그들을 완전히 벌거벗겨서 철저히 낮추어서, 그들이 딛고 설 발판이 거의 또는 모조리 없어져 버려서 티끌을 뒤집어쓰고 하나님의 발 앞에 엎드릴 때, 하나님께서 그들에게 오시게 하는 것입니다. "인자가 온 것은 잃어버린 자를 찾아 구원하려"(눅 19:10) 하는 것이지만, 하나님께서는 사람들에게 그들이 "잃어버린 자들"이라는 것을 깨닫게 해주실 필요가 있습니다. 심령을 낮추시는 성령의 역사 바로 그것입니다. 성령께서는 사람들로 하여금 자기가 얼마나 병들었는지를 느끼게 하셔서 하늘의 의사를 받아들이게 만드시고, 자기가 얼마나 빈궁한지를 느끼게 하셔서 하늘의 구제를 받아들이게 만드십니다. 성령의 역사로 말미암아 자기가 완전히 벌거벗은 자라는 것을 알게 되면, 그들은 자기 자신을 가렸던 무화과 나뭇잎을 자랑하지 못하게 되고, 그리스도께서 준비하신 의의 옷을 기꺼이 입고자 하게 됩니다. 성령께서는 그들로 하여금 자신의 죄와 부패함을 깨닫게 하셔서, 그들을 죽이시고, 산산조각을 내시며, 그들을 매장해 묻어 버리십니다. 이 모든 것은 그들이 새 생명으로 다시 살아나기 위한 예비과정입니다. 우리는 우리 심령의 골짜기에 무수히 뼈들이 죽어 말라 비틀어져 있는 것을 보아야 합니다. 그렇지 않으면, 우리는 "너희 마른 뼈들아 여호와의 말씀을 들을지어다"(겔 37:4)라는 저 지극히 영화로우신 이로부터 나오는 음성을 들을 수 없게 될 것입니다. 하나님께서 그의 자비하심 가운데서 우리에게 이 모든 것이 의미하는 바를 가르치셔서, 우리 모두가 저 옛적의 회심을 경험할 수 있게 해주시기를 빕니다.

5. 다섯째로, 회심 과정에서의 그늘들도 옛적이나 지금이나 동일합니다.
옛적의 회심 과정에서의 그늘진 면은 오늘날과 동일한 암울한 색조를 띠고 있었습니다. 무엇보다도 먼저, 본문에 나오는 사람은 하나님의 말씀을 듣기를 거부하였습니다. 하나님께서는 여러 번 말씀하셨는데도, 그 사람은 그 말씀들을 무시하였습니다. 이것은 고집스러운 반역의 모습이었습니다. 그의 마음은 금강석처럼 단단하였습니다. 이러한 사정은 오늘날에도 어쩌면 그렇게 똑같은지 모릅니다! 이런 이유 때문에, 하나님의 징계가 그 사람에게 임하였고, 그는 뼈가 쑤시는 고통을 비롯해서 온갖 비참하고 참담한 고통들을 당하게 되었습니다. 오늘날에도 이와 동일한 일이 자주 일어납니다. 나 자신도 내 영혼이 너무나 고통스러워서 결국 하나님께 나아가지 않을 수 없게 되었다는 것을 고백합니다. 악천후로 인해서 바다에 비바람이 불고 거센 풍랑이 일기 전에, 자신의 배를 조종하여 평안의 항구로 가는 사람은 아무도 없다는 말을 이 강단에서 종종 해 왔습니다. 우리는 그리스도 없이는 도저히 살아갈 수 없다고 느끼기 전에는 절대로 그리스도께 나아가지 않습니다. 우리는 우리가 가난하고 무력하다는 것을 느껴야만, 그때에야 비로소 그리스도 앞으로 나아가서, 자비를 베풀어 도와 주시라고 애걸하게 됩니다. 그래서 회심 과정에서의 그늘들은 예나 지금이나 동일할 수밖에 없습니다. 왜냐하면, 죄인들은 엘리후가 본문에서 말한 것과 동일한 절박한 위험을 감지할 때에만, 피난처가 되시는 예수께로 피하고자 하기 때문입니다. 옛적에 죄인들에게 찾아왔던 것과 동일한 저 쓰디쓴 죄의식이 오늘날에도 사람들을 찾아오고, 그동안 죄악 가운데서 계속해서 살아온 것이 얼마나 어리석은 짓이었는지를 깨닫고서 경악하는 것도 옛적이나 지금이나 똑같습니다. 옛적과 동일한 어둠이 지금도 죄인들이 가는 길을 덮고 있고, 죄인들이 스스로 빛을 얻을 수 없는 것도 옛적이나 지금이나 똑같습니다. 위로부터 빛이 임하지 않으면 안 된다는 것, 구원에 능하신 이로부터의 도우심이 절실히 필요한 것도 옛적이나 지금이나 동일합니다. 여러분이 아직 빛으로 나아오지 않았기 때문에, 지금 영혼의 캄캄한 어둠을 통과하고 있다면, 하나님께서 여러분으로 하여금 자기 자신이 어떤 존재인지를 똑똑히 보게 하시기 위하여 여러분의 모든 것을 벌거벗기고 계시는 중이니, 안심하십시오. 왜냐하면, 여러분보다 앞서 많은 성도들이 그 동일한 캄캄한 길을 걸어갔고, 실제로 그 길은 예수 그리스도 안에 있는 평안과 위로로 통하는 안전한 길이기 때문입니다.

6. 여섯째로, 회심 과정에서의 빛들도 옛적이나 지금이나 동일합니다.

회심 과정에서 그늘들이 동일하였던 것과 마찬가지로, 빛들도 동일합니다.

여러분은 엘리후의 말 속에서 모든 빛의 원천이 다음과 같은 하나님의 말씀이라는 것을 볼 수 있을 것입니다: "그를 건져서 구덩이에 내려가지 않게 하라 내가 대속물을 얻었다." 여러분에게 이 말씀이 임할 때까지는, 여러분 속에 그 어떤 빛도 없습니다. 여러분은 이미 이것을 경험하지 않았습니까? 여러분은 예수 그리스도 안에서 하나님이 발견하신 "대속물"을 보게 될 때까지, 여러분의 괴로워하고 고통하는 영혼을 위한 위로를 단 한 번이라도 얻은 적이 있었습니까? 하나님께서 여러분에게 "그를 건져서 구덩이에 내려가지 않게 하라 내가 대속물을 얻었다"는 말씀을 깨닫게 해주시기 전에, 여러분이 그 "대속물"이 여러분 자신에게 어떤 가치가 있는지를 알았습니까? 죄인들의 소망의 핵심은 우리의 구주께서 자신의 피로 우리에 대한 속전을 치르셨다는 것, 하나님의 아들이 자신의 죽음을 통해 우리의 속량함을 이루셨다는 것입니다. 어둠 속에 있는 사랑하는 영혼들이여, 여러분이 빛을 원한다면, 십자가 앞으로 나아오십시오. 십자가 앞이 아니면, 그 어디에도 빛은 없습니다. 여러분의 내면 속에서 빛을 찾지 마십시오. 여러분이 자신의 내면을 들여다볼 때에 유일하게 얻을 수 있는 유익은 예수를 떠나서는 모든 것이 한밤중처럼 캄캄하다는 것을 더욱더 확실하게 깨닫게 된다는 것입니다. 여러분이 절망하고 싶으시면, 여러분의 내면을 보십시오. 그러나 여러분이 소망을 원한다면, 하나님의 아들이 죄인들을 살리시기 위하여 자신의 목숨을 내어놓으신 저 골고다 언덕을 보십시오. 하늘로부터 들려오는 "내가 대속물을 얻었다"는 음성을 들으십시오. 하나님께서 여러분을 건지시는 유일한 이유는 여러분 속에서 어떤 선한 것을 보셨기 때문이 아니라, 여러분을 대신한 대속물을 얻으셨기 때문입니다. 하나님이 보시는 바로 그곳을 보십시오. 여러분의 평안이 시작될 것입니다.

　　이 보배로운 복음이 죄인들에게 선포될 때, 그들은 기도 가운데서 복음 속에 있는 평안을 경험하게 됩니다: "그는 하나님께 기도하므로 하나님이 은혜를 베푸사"(26절). 십자가 앞으로 나아가면, 여러분은 기도할 수 있게 됩니다. 우리가 그리스도를 뵈옵기 전에 드리는 기도들은 참으로 형편없는 것들이지만, 우리가 골고다로 가서 거기에서 드려진 최고의 대속물과 온전한 대속의 제사를 보고 나서 드리는 기도는 자녀가 아버지에게 부탁하는 것이 되기 때문에 속히 응답되리라는 것을 확신할 수 있게 됩니다.

　　다음으로, 영혼이 평안을 얻는 이유는 하나님께서 그 영혼에게 자신의 의를 덧입혀 주셨기 때문입니다: "사람에게 그의 공의를 회복시키시느니라." 하나님은 우리에게 기대하셨던 바로 그 의를 우리에게 수여하십니다. 어떤 사람이 마땅히 이루어 드려야 했지만 이루어 드릴 수 없었던 바로 그 의를 그리스도께서 이루셨고, 하나님께서는 모든 믿는 자들에게 그리스도의 의를 덧입혀 주셔서, 마치 그들이 그 의를 이룬 것처럼 여겨 주십니다. 이것이 기쁨의 또 하나의 원천입니다.

그래서 본문에 나오는 사람은 자신의 죄를 온전히 고백하기에 이르게 됩니다. 27절을 보면, 우리는 그의 영혼을 덮고 있던 마지막 구름이 걷히고, 그가 온전한 평안 가운데 있게 된 것을 알 수 있습니다. 엘리후가 본문에서 묘사한 그 사람에게 하나님께서 은혜를 베푸신 것입니다. 하나님께서 친히 그 사람의 빛과 구원이 되어 주셨기 때문에, 그 사람은 온전한 자유함을 얻고 뛸 듯이 기뻐합니다. 방금 회심한 사람의 기쁨보다 더 생기와 놀라움으로 가득한 것은 없습니다. 수많은 사람들이 그것을 느껴 왔지만, 그것을 느끼게 된 사람들마다 스스로 놀랍니다. 하나님께서 내 죄를 사하셨을 때, 나는 정말 내가 지금까지 이 세상에 존재하였던 모든 사람들 중에서 주권자의 사랑을 가장 많이 받은 사람이라고 생각하였고, 온 인류 중에서 가장 큰 죄인인 나의 죄를 사하신 하나님의 무한하신 자비를 온 세상에 전할 뿐만 아니라 천국에 가서도 전해야 하는 것이 아닌가 하고 생각하였습니다. 구원 받은 영혼은 한 사람 한 사람이 다 내가 느꼈던 것과 똑같이 느끼고 뛸 듯이 기뻐하며, 너무나도 놀라운 하나님의 선하심과 인자하심을 찬양하게 됩니다. 욥의 시대에도 그랬고, 지금도 그렇습니다. 옛적의 회심은 오늘날의 회심과 똑같고, 회심 과정에서의 명암도 똑같습니다.

7. 일곱째로, 회심의 결과들도 옛적이나 지금이나 동일합니다

나는 25절에 나와 있는 말씀보다 중생의 결과를 더 잘 묘사할 수는 없을 것이라고 생각합니다: "그런즉 그의 살이 청년보다 부드러워지며 젊음을 회복하리라." 죄로 말미암아 주름살이 가득한 노인이 되었고 괴로움과 슬픔으로 인하여 한참이나 더 늙어 보였던 사람이 이제 거듭났습니다. 그는 자신의 내면에 주어진 새 생명을 가지고 새로운 삶을 살아가기 시작합니다. 그의 영혼에서 진작 떠나갔었던 건강이 다시 돌아왔습니다. 영적인 젊음의 샘물이 그 사람 속에서 솟아납니다. 하나님께서 그를 다시 낳으셔서 새로운 피조물이 되게 하셨기 때문입

니다: "이전 것은 지나갔으니 보라 새 것이 되었도다"(고후 5:17).

이러한 변화와 더불어 기쁨이 돌아옵니다. 26절을 보십시오: "그로 말미암아 기뻐 외치며 하나님의 얼굴을 보게 하시고 사람에게 그의 공의를 회복시키시느니라." 그리고 30절을 보십시오: "그들의 영혼을 구덩이에서 이끌어 생명의 빛을 그들에게 비추려 하심이니라." 이렇게 그 사람의 영혼은 새로운 세계로 들어가서 기뻐 뛰며 평안 가운데 행하게 됩니다. 그 세계에서는 산들과 언덕들이 힘차게 찬송하고, 숲의 모든 나무들은 박수를 치며 환호합니다. 옛적에도 그랬고, 지금도 마찬가지입니다. 이 동일한 복된 일이 이 자리에 계신 많은 분들에게 바로 지금 이 시간에 일어나기를 바랍니다.

나는 여러분으로 하여금 심령이 새롭게 된다는 것이 무엇인지를 알 수 있게 하기 위하여, 지금까지 회심에 대하여 설명해 왔습니다. 하지만 많은 사람들이 하나님 앞에 무릎을 꿇고서, 다음과 같이 기도하지 않는다면, 나의 의도는 실패한 것이 될 것입니다: "하나님의 영이여, 나의 본성을 새롭게 하시고, 내 마음을 바꾸어 놓으소서. 나의 살이 어린아이의 살보다 더 부드러워지게 해주소서. 나를 그리스도 예수 안에서 새로운 피조물로 만들어 주소서." 시간은 지나가고 있습니다. 올 한 해도 벌써 사분의 일이 지나가고 있고, 이 한 해도 쏜살같이 금세 지나갈 것입니다. 나는 아무런 생각 없이 안일하고 태평하게 살아가는 분들에게 다시 한 번 묻고자 합니다: 여러분은 여전히 이러한 일들을 생각하고자 하지 않으실 것입니까? 여러분은 여러분이 어떻게 살아 왔고 앞으로 어떻게 살아가야 할지를 여전히 생각하고자 하지 않으실 것입니까? 여러분에게는 정말 하나님을 찾을 시간이 없는 것입니까? 여러분은 자기가 언제 무덤에 들어가게 될지를 모른 채로 살아가고 있습니다. 하나님께서 여러분에게 은혜를 베푸시기 위하여 기다리고 계신다는 것을 생각하시고 기억하시기를 부탁드립니다. 하나님께서는 은혜 베푸시기를 기뻐하시기 때문에, 여러분이 하나님을 찾기만 한다면, 그 즉시 여러분에게 오실 것이고, 우리가 지금까지 길게 얘기해 왔던 이 놀라운 회심과 중생이 여러분의 것이 될 것입니다. 그리고 여러분은 옛적에 살았던 사람들처럼 기쁨으로 하나님의 얼굴을 뵙게 될 것입니다. 하나님께서 구속주를 인하여 여러분에게 그러한 은혜를 베풀어 주시기를 빕니다. 아멘.

제
26
장
—

병든 자들과 환난 가운데 있는 자들을 위하여

—

"그대가 하나님께 아뢰기를 내가 죄를 지었사오니 다시는 범죄하지 아니하겠나이다 내가 깨닫지 못하는 것을 내게 가르치소서 내가 악을 행하였으나 다시는 아니하겠나이다 하였는가." — 욥 34:31-32

사람들에게 말을 할 때조차도, 우리의 말에는 명료함이 있어야 합니다. 그래서 솔로몬은 "전도자는 힘써 아름다운 말들"(전 12:10), 즉 사람들이 수긍할 수 있는 말들, 또는 경우에 맞는 합당한 말들을 찾았다고 말합니다. 우리가 권세 있는 사람들에게 나아가 말을 할 때에는 그러한 필요성은 더욱 커지기 때문에, 왕의 궁정에서 무슨 말을 하고자 하는 사람들은 자신의 말을 올바르게 하려고 세심한 주의를 기울입니다. 하물며, 우리가 하나님 앞에서 아뢸 때에는, 본문이 보여주듯이, 우리의 말이 합당한 말인지를 깊이 숙고해야 한다는 것은 두말 할 필요도 없습니다. 우리가 하나님 앞에서 결코 해서는 안 되는 그런 말들이 있고, 어떤 말들을 하는 것이 허용되어 있을 때에도 잘 숙고하고 헤아려서 지극히 겸손하게 해야 하는 그런 말들도 있습니다. 그런 까닭에, 엘리후가 본문에서 "하나님께 말씀드리기에 합당한" 말이라고 한 것은 잘한 것입니다. 하나님께서 우리의 입술에 늘 보초를 세워서, 지존자를 욕되게 하는 말이 이 입술을 통해 나오지 않게 해주시기를 빕니다. 우리는 늘 하나님의 임재 가운데 있는데, 하나님 앞에서는 우리의 입에서 나가는 모든 말들을 갑절로 조심하고 주의하는 것이 마땅합니다.

우리가 하는 생각도 하나님 앞에서는 말이 된다는 것을 기억하십시오. 사람들은 다른 사람들이 자신의 생각을 말이나 다른 외적인 표현수단들을 통해서 표출하기 전에는 그 사람의 생각을 읽을 수 없기 때문에, 우리의 생각은 사람들에게는 말이 아닙니다. 그러나 사람들의 마음을 읽으시는 하나님 앞에서는, 우리가 말을 해서 밖으로 표출하지 않고 생각만 가지고 있어도, 그것이 말이 됩니다. 우리가 우리의 심령 속에서 생각하는 많은 것들을 혀를 통해서 말하지 않아도, 하나님은 그 생각들을 다 들으십니다. 사랑하는 자들이여, 우리가 하나님 앞에서 생각해서는 안 되는 그런 생각들이 있습니다. 우리, 특히 우리 중에서 환난 가운데 있는 사람들은 우리가 우리의 마음속에서 생각하는 것들을 하나님이 들으시고 노하시며, 그의 성령이 근심하지 않도록 하기 위해서, 우리가 어떤 생각을 하고 있는지를 세밀하게 살펴서 지극히 조심하는 것이 좋습니다. 하나님의 성도들이여, 여러분은 하늘에 계신 아버지 하나님이 당장 우리 눈 앞에 계시는 것이 아니기 때문에, 여러분의 생각을 순전하게 해서, 여러분의 저 내밀한 심령의 방에서 범죄하거나 어리석게도 하나님을 탓하는 죄를 범하지 않기 위하여 모든 노력을 다 기울여야 한다고 결코 생각하지 않습니다. 엘리후는 우리가 어떻게 생각하고 말하는 것이 합당한지를 우리에게 말해 줍니다. 즉, 그는 우리가 "내가 징계를 받았사오니 다시는 범죄하지 아니하겠나이다 내가 깨닫지 못하는 것을 내게 가르치소서 내가 악을 행하였으나 다시는 아니하겠나이다"라고 "하나님께 아뢰는 것이 합당하다"고 말합니다.

이 시간에 우리는 먼저 지금 징계를 받고 있는 사람들과 관련해서 이 본문을 살펴본 후에, 다음으로 현재로서는 아직 하나님의 회초리를 맞고 있지 않은 사람들을 위한 교훈이 본문에 나와 있는지를 살펴보고자 합니다. 그리고 세 번째로는, 오늘의 본문이 아직 하나님의 자녀가 아니어서 아버지 하나님의 훈육의 회초리에 대해서 전혀 알지 못하는 사람들에게 무슨 말씀을 하는지를 살펴보겠습니다. 아마도 그들에게도 하나님께서는 오늘의 본문을 통해서 말씀하실 것이라고 나는 믿습니다. 하나님의 성령께서 그렇게 해주시기를 빕니다.

1. 첫째로, 본문은 환난 가운데 있는 사람들에게 어떤 말씀을 들려줍니까?

사랑하는 친구들이여, 우리는 먼저 환난 가운데 있는 사람들에게 본문을 어떻게 적용할 수 있는지를 함께 생각해 보고자 하는데, 이것이 오늘의 본문을 가장 자연스럽게 적용하는 것이 될 것입니다. 본문에 나오는 엘리후라는 지혜자의 교훈은 특히 그런 자들을 위한 것입니다. 본문은 환난 가운데 있는 자들에게 세 가지 의무, 아니 그들이 성령의 도우심을 받아 누릴 수 있게 해주시라고 기도해야 할 세 가지 특권을 제시합니다.

첫 번째 교훈은 하나님이 보내신 환난을 그들이 순순히 받아들여서 "내가 징계를 받았나이다"라고 말하는 것이 합당하다는 것입니다. "징계"라는 단어는 실제로 히브리어 본문에 나오지 않지만, 이 단어를 보충하지 않으면, 본문이 제대로 해석될 수 없습니다. 히브리어 본문을 문자 그대로 직역하면, "내가 받았나이다"가 되는데, 이것은 부드러워진 심령이 하나님께 다음과 같이 말하는 것을 나타냅니다: "나는 주께서 내게 감당하라고 하시는 것이 무엇이든지 다 감당하고 있습니다. 주께서 내게 정해 주시는 것들을 나는 그대로 감당해 왔고, 여전히 감당하고 있으며, 앞으로도 감당할 것입니다. 나는 전적으로 주께 순복해서, 주께서 내게 주시는 짐을 순순히 받아들입니다." 사랑하는 친구들이여, 우리는 그렇게 하여야 하고, 우리의 마음이 바르다면, 마땅히 그렇게 할 것입니다. 우리가 겪는 그 어떤 환난도 우리에게 우연히 온 것이 아니기 때문에, 우리는 기꺼이 거기에 순복하여야 합니다. 우리는 모든 일들이 하나님의 주관하심과는 상관없이 저절로 일어난다고 믿는 비참한 처지에 놓여 있는 것이 아닙니다. 우리는 우리의 잔에 쓴 것이 단 한 방울 떨어지는 것조차도 하늘에 계신 우리 아버지의 지혜에 의해서 이루어지는 일이라는 것을 압니다. 우리는 천사들이 지배하는 세상 속에서 살아가고 있는 것이 아닙니다. 우리는 모든 일을 하나님께서 친히 정하시고 주관하시는 세상에서 살아갑니다. 그런데도 우리가 지존자를 거슬러 반기를 든다면, 그것이 말이 되는 일이겠습니까? 하나님께서는 자신이 보시기에 선하신 대로 행하시는데, 우리가 그것을 막아서서야 되겠습니까? 우리는 나쁜 것으로 보이는 일조차도 하나님으로부터 나온다는 사실을 알고 있는데도, 우리의 입을 닫고 침묵하지 않는다면, 그것이 말이 되는 일이겠습니까? "이는 여호와이시니 선하신 대로 하실 것이니라"(삼상 3:18)는 말씀이 하나님의 자녀인 우리 마음의 보편적인 정서가 아니라면, 그것은 우리의 수치입니다. 또한, 우리가 모든 일들을 감내하여야 하는 이유는 단지 하나님께서 그 일들을 정하셨기 때문만이 아니라, 하나님께서 그 일들을 그렇게 정하신 데에는 지혜로우시고 인자하시며 후하게 베푸시고자 하시는 의도가 있기 때문입니다. 하나님은 공연히 사람들에게 환난을 보내서서 괴롭게 하시는 것이 아닙니다. 하나님은 자신의 자녀들이 고통 받는 것을 기뻐하지 않으십니다. 하나님이 사람들에게 환난을 주실 때마다, 거기에는 선하신 뜻이 있습니다. 내가 환난을 감당함으로써 하나님의 선하신 뜻이 이루어질 수 있다면, 내가 그 환난을 피할 이유가 어디 있겠습니까? 내가 환난을 감당함으로써 하나님이 영광을 받으실 수 있으시다면, 비록 내가 수동적으로 고통과 괴로움을 견디는 것일 뿐일지라도, 하나님의 영광을 드러낼 수 있는 그런 기회를 간절히 원하는 것이 마땅하지 않겠습니까? 사랑하는 자들이여, 우리는 하나님께서는 어떤 사랑의 목적을 위해서만 자신의 중생한 자녀들에게 괴로움을 주신다는 것을 알기 때문에, 하나님이 우리에게 주시는 괴로움은 그 어떤 것이라도 기꺼이 받아들여서 감당하는 것이 마땅합니다. 게다가, 우리에게는 모든 일이 합력하여 우리에게 선을 이룬다는 하나님의 확실한 약속이 있습니다(롬 8:28). 하나님께서 우리에게 환난을 보내시는 데에는 전체적으로 선을 이루시기 위한 목적만이 아니라, 우리를 잘되게 하고자 하시는 선한 의도가 있으시다는 것입니다. 그러한 선한 의도는 우리의 천부께서 우리를 치시는 회초리 한 대 한 대를 우리가 잘 감당함으로써 이루어져 갑니다. "아버지께서 주신 잔을 내가 마시지 아니하겠느냐"(요 18:11). 환난의 잔은 우리를 죽이는 독약이 아니라 고치는 치료약이기 때문에, 우리는 아무런 불평 없이 그 잔을 우리의 입술로 가져와서, 찌꺼기까지 단 한 방울도 남기지 말고 다 마시고 난 후에, "나의 원대로 마시옵고 아버지의 원대로 하옵소서"(마 26:39)라고 말하는 것이 마땅합니다.

하나님의 뜻에 늘 순복하는 삶이 그리스도인들의 삶의 기조가 되어야 합니다. 그리스도인들은 "나의 원대로 마옵소서"라고 부르짖음으로써, 자기가 원하는 대로 이루어지지 않기를 진정으로 바라야 합니다. 그런 후에, 그들은 "주의 뜻이 이루어지이다"라고 고백함으로써, 하나님께서 그의 뜻을 이루어 가시도록 진심으로 간절히 바라야 합니다. 그들은 순복하는 마음으로 하나님이 정하신 모든 일들을 묵묵히 따를 뿐만 아니라, 거기에서 더 나아가서, 자신의 모든 힘을 하나님의 뜻을 이루는 데 쏟아야 합니다. 사랑하는 친구들이여, 우리는 하나님이 보내시는 환난들을 감내하면서, "이것은 어쩔 수 없는 일이니, 내가 감내할 수밖에 없다"고 냉랭하게 말하는 것으로 만족해서는 안 됩니다. 그런 식으로 억지로 복종하는 것은 그리스도인들과는 거리가 먼 태도이고, 수많은 이방인들도 그렇게 해왔습니다. 저 멍청한 스토아 철학자들도 자신에게 닥친 일들을 운명으로 여기고 순순히 받아들였고, 이슬람교도들도 마찬가지입니다. 우리는 어쩔 수 없어서 아무런 감정 없이 복종하는 것에서 더 나아가야 합니다. 우리는 환난을 겪는 것에 대하여 반감을 가지고서, 환난에 대하여 우리의 마음을 완악하게 가져서는 안 됩니다. 우리가 징계를 받으면서 우리의 마음이 아프지 않는다면, 하나님께서 우리를 징계하시는 목적은 이루어질 수 없습니다. 솔로몬이 말했듯이, 우리가 상처를 받고 멍이 들고 아파야만, 우리의 심령 상태가 더 나아질 수 있습니다. 우리가 환난에 의해서 멍이 들지 않고 단지 살짝 긁히기만 한다면, 거기로부터는 우리에게 유익한 것이 거의 나올 수 없습니다. 사도는 "너희가 이제 여러 가지 시험으로 말미암아 잠깐 근심하게 되지 않을 수 없으나"(벧전 1:6)라고 말합니다. 환난이나 시련("시험")만이 아니라, 거기로부터 생겨나는 "근심"도 우리에게 꼭 필요합니다. 황소나 나귀는 질긴 가죽이 있어서 가혹하게 때릴 필요가 있는데, 하나님께서는 자기 자녀들이 그런 황소나 나귀처럼 되기를 원하지 않으시고, 우리가 부드럽고 예민한 심령을 갖게 되기를 바라십니다. 우리가 하나님의 징계하심을 멸시하고 무시하는 것은 우리로 하여금 눈물을 흘리고 한숨을 쉬게 할 그런 환난을 보내 주시라고 하나님께 재촉하는 것과 같습니다. 우리는 그렇게 하지 않도록 조심하여야 합니다.

또한, 우리는 하나님이 주신 환난을 받아들이기는 하면서도 반항하는 마음으로 받아들여서도 안 됩니다. 황소를 창으로 찌르면 화가 나서 들이받기 때문에, 창은 이전보다 더 깊이 박히게 됩니다. 마찬가지로, 하나님이 우리를 가시채로 찌르실 때, 우리가 가시채를 발로 차면, 우리는 더 힘들어지게 될 뿐입니다. 하나님께서 우리에게 너무 가혹하시다고 불평하는 것이 바로 우리가 가시채를 발로 차는 것입니다. 그런 마음을 품는 것은 "성난 파도와 맞서 싸우는" 것과 같아서, 우리가 덤벼들수록, 성난 파도는 가라앉는 것이 아니라, 더욱더 거세게 우리에게 밀려옵니다. 우리가 교만한 마음으로 불평하면 할수록, 환난과 시련은 더욱더 꼬리를 물고 우리에게 닥쳐올 뿐입니다. "하나님은 교만한 자를 대적하시기"(벧전 5:5) 때문에, 마음을 높게 갖는 것은 하나님의 진노를 불러일으킵니다.

또한, 사랑하는 친구들이여, 우리는 하나님을 믿는 자들로서 환난을 겪는다
고 해서 절망해서는 안 됩니다. 왜냐하면, 절망하는 것은 십자가를 감당하는 것
이 아니라, 십자가 아래에 드러눕는 것이기 때문입니다. 우리는 하나님이 우리
에게 정해 주신 짐을 짊어지고서 날라야 하고, 악한 마음을 품고서 기분 나빠 하
며 짐을 내팽개치고 주저앉아서, 못 해먹겠다고 불평해서는 안 됩니다. 아주 악
한 심령을 지닌 사람들은 하나님이 자기에게 너무나 무거운 짐을 주시고 자기를
가혹하게 대하셔서 도저히 감당할 수 없다고 불평하면서, 하나님을 향한 모든
마음과 믿음을 다 내팽개치고 우울증에 빠져, 오직 하나님이 자기를 죽여 주시
기만을 바랄 뿐이라고 말합니다. 하나님의 자녀들은 푸념을 늘어놓거나 투덜거
리며 불평해서는 안 됩니다. 그들은 "죄와 싸우되 아직 피흘리기까지는 대항하
지 아니하였고"(히 12:4), 만약 그런 싸움을 하고 있다고 할지라도, "주께서 나를
죽이실지라도 나는 주를 의지하리라"(cf. 욥 13:15)고 말하여야 합니다. "질고를
아는 자"(사 53:3)이셨던 예수께서도 결코 불평하지 않으셨기 때문에, 그를 따르
는 사람들이 그를 본받아 불평하지 않는 것이 마땅합니다. 우리는 "우리의 인내
로 우리 영혼을 얻어야" 합니다(눅 21:19). 아마도 여러분은 내게 말만 하지 말고
어디 한 번 실천해 보아서, 그렇게 하는 것이 얼마나 어려운 일인지를 직접 겪어
보라고 말하고 싶은 심정일 것입니다. 하지만 성도들은 전능자의 은혜로 말미암
아 끝까지 인내할 수 있고, 끝까지 감당해 낼 수 있으며, 기꺼이 모든 손실을 다
감내할 수 있고, 죽음조차도 감당할 수 있으며, 날마다 죽을 수 있습니다. 하지만
그들은 그 마지막에 그들 속에 있는 하나님의 생명으로 인하여 승리합니다. 왜
냐하면, 우리 안에서 역사하시는 하나님은 전능하셔서, 우리가 약할 그때에 우
리를 강하게 하시기 때문입니다.

    그러므로 그리스도인들은 하나님이 지워 주시는 십자가를 앞에서 말한 것
같이 무시하거나 저항하거나 불평하지 말고, **겸손히 받아들이는** 가운데 하나님
을 바라보며, 이렇게 말해야 합니다: "내가 하나님의 자녀일지라도, 이것보다 훨
씬 더한 징계도 받아들이는 것이 마땅하다고 여깁니다. 하나님의 전에서 자녀들
을 훈육할 때에 회초리가 필요한 것은 당연하기 때문에, 나는 매일 아침마다 징
계를 당해야 마땅합니다." 하나님의 자녀들은 하나님께서 신실하기 때문에 그들
에게 환난을 주시는 것이고, 그러한 환난을 통해 그들을 치실 때마다 거기에는
사랑이 깃들어 있다는 것을 알아야 합니다. 지옥의 가장 깊은 심연이 아닌 모든

것은 우리에게 큰 은혜가 되는 일입니다. 우리가 50년 동안을 병으로 앓아누워 있어야 하고, 단 일 분도 고통에서 벗어난 적이 없는 삶을 살았다고 하더라도, 하나님께서 우리의 죄를 사하셨고 그리스도 예수 안에서 우리를 받으셨다면, 우리는 우리의 침상 위에서 우리가 겪는 모든 고통에 대하여 감사하여 계속해서 하나님을 송축하고, 우리에게 닥친 거센 불들 가운데서도 하나님을 소리 높여 찬송하여야 합니다. 우리는 하나님의 진노를 받아 마땅한 죄인들이기 때문에, 하나님이 주시는 징계를 겸손히 받아들여야 합니다.

우리는 순복하는 마음으로 징계를 받아들여서 우리 자신을 하나님께 맡겨 드림으로써, 하나님이 이제까지 우리를 다루어 오셨던 것처럼 계속해서 우리를 다룰 수 있으시게 하여야 합니다. 우리는 마음 내키는 대로 좌로나 우로나 치우쳐 행하려고 하지 말고, 하나님이 어떻게 행하시든지 모든 것을 다 순순히 받아들이겠다는 마음으로 늘 많은 여지를 남겨둔 채로, 만약 하나님의 뜻이시라면, 이 무거운 짐과 고통을 덜어 주시고, 사별함이나 그밖의 어떤 힘든 일들에서 우리를 건져 주시라고 기도하여야 합니다. 금광석은 금장색에게 대들고 저항해서는 안 되고, 금장색의 뜻을 따라 도가니에도 들어가고 불 속에도 들어가야 정금이 되어 나올 수 있습니다. 타작마당에 놓인 곡식은 자기 마음대로 하는 것이 아니라, 도리깨질을 그대로 참아내야만, 알곡과 겨가 분리될 수 있습니다. 마찬가지로, 우리 속에 있는 찌꺼기들과 겨들이 다 빠져나가기 위해서는, 우리는 하나님의 지혜가 우리에게 정하신 과정을 순순히 받아들여서 거기에 온전히 순복하여야 합니다. 자아(self)와 죄(sin)는 서로 결혼했기 때문에 결코 이혼하려고 하지 않습니다. 그리고 우리가 우리의 자아를 중심으로 살아가는 저 이기심(selfhood)이 분쇄될 때까지는, 죄의 씨앗은 여전히 그 속에 풍부한 생명력을 지니고 있을 것입니다. 그러나 "이제는 내가 사는 것이 아니요 오직 내 안에 그리스도께서 사시는 것이라"(갈 2:20)는 말씀이 우리 속에서 이루어질 때, 우리는 하나님이 우리를 부르신 바로 그 푯대, 하나님이 그의 성령을 통해서 우리를 거기로 이끌고 계시는 바로 그 푯대에 가까이 나아가게 된 것입니다.

그러나 우리는 그것보다 더 나아가야 합니다. 즉, 우리는 하나님의 징계를 기꺼이 즐거운 마음으로 받아들여야 한다는 것입니다. 하나님께서 자신의 뜻대로 우리를 이끌어가시는 것을 우리가 기뻐해야 한다는 것은 받아들이기 힘든 교훈이기 때문에, 보혜사 성령께서만이 우리에게 가르쳐 주실 수 있는 교훈입니다.

여러분이 원래는 하기 싫어하는 일들을 어떤 때에는 행하기를 무척 기뻐한다는 것이 무엇인지를 여러분은 아십니까? 내가 묻고자 하는 것은 여러분이 평소에는 어떤 일을 하기를 싫어해 왔지만, 여러분이 그 일을 했을 때에 여러분이 사랑하는 어떤 사람이 기뻐한다는 것을 알게 되자마자, 그 즉시 그 일을 하는 것이 여러분에게 기쁨으로 바뀐 경험을 해 본 적이 있으신가 하는 것입니다. 여러분은 종종 여러분이 너무나 존경하는 어떤 사람이 병들어 누워 있을 때, 그 사람을 잠시나마 고통에서 벗어나 안식을 누릴 수 있게 해 드리기 위하여, 아주 기쁜 마음으로 하루나 이틀 정도 그 고통을 대신 짊어진 적이 있지 않습니까? 여러분의 사랑하는 이가 병들어 고통스러워할 때, 만일 여러분이 그의 고통을 한동안 짊어지면, 그가 잠시나마 건강을 누릴 수 있다고 한다면, 여러분은 기꺼이 그렇게 하고자 하지 않겠습니까? 바로 그 동일한 동기가 좀 더 높은 수준에서 여러분의 심령을 지배하고 있어야 합니다. 여러분은 이런 생각을 지녀야 합니다: "하나님이 기뻐하시는 일을 나도 기뻐합니다. 하나님의 뜻이 곧 나의 뜻입니다. 나를 회초리로 더 많이 때리시는 것이 하나님의 영광을 더하는 것이라면, 꼭 그렇게 하셔서, 나로 하여금 조금이나마 하나님께 영광을 돌릴 수 있게 해주십시오." 성령으로 말미암아 우리가 건강해져서, 우리의 뜻과 하나님의 뜻이 같아질 때, 십자가는 우리에게 달콤해집니다. 우리는 엘리후처럼 "내가 감당하였고, 감당하고 있으며, 그 모든 것을 받아들입니다"라고 말하는 법을 배워야 합니다. 토기장이의 녹로 위에 있는 부드러운 진흙 같이 되고, 조각가의 손에 있는 밀랍 같이 되는 것이 우리의 큰 소원이 되어야 합니다. 이것이 환난 가운데 있는 사람들이 가장 먼저 해야 할 일입니다.

　환난 중에 있는 사람들이 다음으로 해야 할 일은 그들에게 징계를 가져다준 원인이었을 수 있는 죄를 버리는 것입니다. "내가 징계를 받았사오니 이제 더 이상 범죄하지 아니하리이다 하고 하나님께 아뢰는 것이 합당하니라." 모든 경우에 죄와 환난은 서로 연결되어 있습니다. 물론, 우리가 환난을 당하는 사람이 다른 사람들보다 더 많은 죄를 지었다고 생각하는 것은 너무나 잘못된 것입니다. 실제로 이것이 욥의 친구들의 착각이었고, 사람들이 매일같이 범하는 착각입니다. 따라서 우리가 그런 잣대로 환난 중에 있는 사람들을 판단해서는 안 되지만, 환난을 겪는 당사자들은 자기 자신을 그런 잣대로 판단하는 것이 옳습니다. 그들은 "이 징계와 내 안에 거하는 죄 사이에 어떤 연관성이 있지 않을까?"라고 물어야 합니다. 그리고 여기서 그들은 하나님과 자기 자신에 대하여 제대로 판단하지 않아서, 그들 자신을 쓸데없는 괴로움 속으로 몰아넣어서는 안 됩니다. 과거에 지은 죄 때문이 아니라, 장차 죄를 짓는 것을 막으시기 위하여, 하나님께서 주시는 환난도 있고, 우리로 하여금 더 많은 열매를 맺도록 하시기 위하여, 하나님께서 우리를 가지치기 하시려고 보내시는 환난도 있습니다. 그런 경우에 오는 환난은 우리가 열매를 맺지 못하였기 때문이 아니라, 우리가 열매를 맺는 가지여서 가지치기를 해줄 가치가 있기 때문에, 하나님이 우리에게 보내시는 환난입니다. "무릇 열매를 맺는 가지는 더 열매를 맺게 하려 하여 그것을 깨끗하게 하시느니라"(요 15:2). 또한, 진짜인지 가짜인지를 시험하고 검증해 보기 위한 환난들이 있는데, 이것은 하나님께서 자신의 권능을 나타내셔서 영광을 받으심과 아울러, 두려워 떠는 다른 성도들로 하여금 나약하고 연약한 인간이 그리스도를 위하여 지극히 무거운 십자가를 지는 것이 불가능해 보일지라도, 결국에는 하나님이 주시는 힘으로 승리할 수 있다는 것을 보여주시기 위한 것입니다. 우리는 다른 사람들과 관련해서는 모든 환난이 실제로 그들이 죄를 범했기 때문에 온 것이라고 단정해서는 안 되지만, 적어도 우리 자신에게는 더 엄격한 잣대를 들이대어서, 그런 시각에서 우리 자신을 철저하게 다시 살펴보는 것이 최선입니다. 우리는 늘 우리 자신에게 이렇게 물어야 합니다: "내가 이렇게 징계받는 데에는 내게 어떤 이유가 있는 것인가? 하나님께서 나를 징계하실 만한 일을 내가 한 것은 아닌가? 내가 하나님을 어떤 일로 근심하게 해드려서, 하나님께서 이렇게 나를 근심하게 만드시는 것은 아닌가?" 형제들이여, 여러분은 여러분 자신에게 절대로 관대하지 않으시기를 나는 여러분에게 간곡히 부탁드립니다. 우리 중에서 최고로 신앙이 좋은 사람들일지라도, 그들도 인간일 뿐입니다. 우리가 아무리 최고로 신앙의 성장을 이루었다고 할지라도, 우리에게는 지존자 앞에서 우리 자신에 대하여 애통해하고 슬퍼할 것들 투성이입니다. 늘 우리 자신에 대하여 불만을 가지고서, 그리스도의 형상이 우리 속에서 온전히 이루어지게 해주시라고 기도하는 가운데, 앞에 있는 푯대를 향하여 나아가는 것이 좋습니다. 하나님께서는 우리로 하여금 숨겨진 악들을 찾아내도록 하시기 위하여 우리가 있는 둥지 속에 종종 가시들을 놓아 두십니다. 하나님의 위로하심이 여러분에게 적은 것입니까? 여러분에게 어떤 은밀한 것이 있는 것입니까? 아이 성에서 패배한 것과 같은 일이 여러분에게도 일어났습니까? 여러분의 진영에 아간을 숨겨둔 것은 아닙니까? 여러분이 바벨론 사람의 화려한 옷을 입고 금배지를 단 반역자를 어떤 은밀한 곳에 숨겨두고 있는 것은 아닙니까? 여러분이 겪고 있는 환난은 여러분에게 뭔가 잘못한 일이 있을 수 있다는 것을 암시해 주고 있는 것은 아닙니까? 사랑하는 여러분, 나는 나 자신과 여러분에게 외적인 성품만이 아니라, 여러분의 좀 더 사적인 삶을 돌아보고, 여러분이 하나님 앞에서 행하고 있는지, 그리고 거기에 어떤 결함은 없는지를 살펴보시기를 부탁드립니다. 여러분의 가족에 어떤 괴로운 일이 있습니까? 여러분은 자신의 자녀들과 하인들에게 아버지와 주인으로서 합당하게 행해 오셨습니까? 스스로에게 물어보십시오. 여러분의 자녀가 여러분을 근심하게 하고 있습니까? 여러분은 그 아이를 위하여 늘 기도해 오신 좋은 어머니입니까? 여러분은 하늘에 계신 여러분의 아버지를 공경하며 살아감으로써 자녀들에게 본이 되고 있습니까? 내가 이러한 것들을 얘기하는 것은 여러분의 근심과 괴로움을 더하기 위한 것이 아니라, 여러분으로 하여금 주 하나님을 진노하시게 하는 그런 악들을 찾아내서 버리게 하기 위한 것입니다.

여러분이 하는 사업에서 자꾸 손실이 발생하고 있습니까? 형제들이여, 여러분은 자신이 번 돈을 늘 하나님을 위하여 합당하게 사용해 왔다고 확신합니까? 여러분은 선한 청지기였습니까? 여러분은 여러분에게 있는 모든 것의 거룩한 십일조, 즉 하나님께 속한 온전한 분깃을 하나님께 드리셨습니까? 아니면, 여러분은 하나님께 온전한 십일조를 드리지 않고 자기 몫을 과다하게 챙겨 왔고, 그것이 여러분이 부유했다가 점점 가난해지는 이유인 것은 아닙니까? 환난으로 인하여 여러분의 육신이 괴롭습니까? 여러분에게 어떤 잘못된 습관들이 있지는 않습니까? 여러분의 육신이 여러분의 영을 압도하는 삶을 살아오지는 않았습니까? 여러분을 온전히 성별해서 하나님께 드리는 삶을 살아오지 못한 것은 아닙니까? 여러분이 사랑하는 사람이 환난을 겪고 있습니까? 여러분은 자기에게서 그 어떤 잘못도 발견할 수 없을지도 모르지만, 사랑하는 친구들이여, 그럴지라도 살피고 또 살피십시오. 옛적에 가나안을 정탐했던 정탐꾼들처럼 여러분의 행실 전체를 낱낱이 살피십시오. 여러분이 자신의 죄를 분명히 볼 수만 있다면, 하나님께서 굳이 그 죄를 여러분에게 보여주시기 위하여 환난을 보내실 필요가 없을 것입니다. 왜냐하면, 여러분은 그런 환난이 없어도, 자신의 죄를 잘 보고 버리면 되기 때문입니다. 그러나 여러분과 하나님 간에 어떤 은밀한 죄가 있을 수 있고, 그 죄로 인해서 하나님께서 여러분에게 환난을 보내셨을 수 있기 때문에, 여러분은 그 죄를 찾아내서 애통해하며 부르짖어야 합니다. 마치 재판관이 범죄자를 벌하 듯이, 하나님께서 여러분의 죄로 인해서 여러분에게 환난을 보내셔서 징계하시 는 것이라고 내가 말하고 있는 것이 아니라는 것은 여러분이 잘 아실 것입니다. 왜냐하면, 이미 하나님께서는 우리의 모든 죄를 그리스도에게 전가시키셨고, 그 리스도께서는 우리의 모든 죄를 대신 짊어지시고 벌을 받으신 까닭에, 우리를 또다시 벌하시고자 하지 않으시기 때문입니다. 우리의 아버지이신 하나님께서 는 자신의 자녀들을 징계하시지만, 거기에는 반드시 그럴 만한 이유가 있고 까 닭이 있습니다. 여러분이 지금 고통스러운 징계를 받고 계신다면, 나는 여러분 에게 하나님이 여러분을 그렇게 징계하셔서 훈육시킬 어떤 이유가 여러분에 있 는 것은 아닌지 반드시 잘 찾아보시기를 강력히 권합니다. 하나님의 자녀들 속 에 있는 죄는 사소한 것이라고 생각하는 사람들은 잘못 생각하고 있는 것이기 때문에, 여러분은 그런 잘못된 생각에 빠져서는 결코 안 됩니다. 그들의 생각과 는 정반대로, 하나님의 자녀 속에 있는 죄가 가장 끔찍한 죄라는 것을 명심하십 시오! 그래서 본문에 나오는 사람은 "다시는 범죄하지 아니하겠나이다"라고 말 하고 있는 것입니다. 죄는 하나님을 진노하시게 하는 일이고, 하나님은 죄를 참 으실 수 없으십니다. 나는 어떤 사람의 얼굴에 전염병으로 인한 반점이 있는 것 을 본다면 마음이 아플 것입니다. 그러나 내 자녀의 얼굴에서 그런 반점을 보게 된다면, 나는 너무나 놀라고 혼비백산해서 두려워 떨게 될 것입니다. 죄가 세상 사람들 속에 있을 때는 별로 두드러지지 않지만, 신앙이 좋은 사람 안에 있을 때 에는 더욱더 두드러져 보이게 됩니다. 검은 손수건에는 검정 잉크 한 방울을 떨 어뜨려도 티가 나지 않지만, 흰 손수건인 경우에는 그 색이 희기 때문에 즉시 아 주 선명하게 드러납니다.

하나님의 자녀들이여, 여러분에게 죄가 있을 때, 여러분이 거룩해져서 하나 님을 가까이 모시고 살아가는 정도에 비례해서, 지존자의 근심이 더할 것임을 알아야 합니다. 하나님을 가까이 모시고 살아간다는 것은 영광스러운 일임과 동 시에 두렵고 떨리는 일인데, 여러분은 이것이 무엇인지를 이해하고 계시는지 모 르겠습니다. 왕의 총애를 받는 신하는 자신의 언행을 극히 조심해야 하기 때문 에, 한 발자국을 내디딜 때에도 아주 조심스럽게 살피고 내디뎌야 합니다. 왜냐 하면, 그들은 지금은 최측근에서 왕을 모시고 서 있지만, 그 자리에서 언제라도 밀려날 수 있다는 것을 잘 알고 있기 때문입니다. 우리가 섬기는 하나님은 질투하시는 하나님이십니다. "우리 중에 누가 삼키는 불과 함께 거하겠으며 우리 중에 누가 영영히 타는 것과 함께 거하리요"(사 33:14)라는 말씀은 놀랍도록 적절한 말씀입니다. 하나님은 "삼키는 불"이시고, "영영히 타는 것"입니다. 우리 중에서 누가 하나님과 함께 거할 수 있겠습니까? 거기에 대한 대답은 "손이 깨끗하며 마음이 청결한 자 … 그는 높은 곳에 거하리니 견고한 바위가 그의 요새가 되리라"(시 24:4; 사 33:16)는 것입니다. 오직 자기 자신을 철저하게 살펴서 모든 죄악에서 떠난 사람들만이 하나님의 보좌에서 나오는 저 눈부신 빛, 곧 하나님 자신인 저 "삼키는 불"을 감당할 수 있습니다. 사도는 "우리 하나님은 소멸하는 불이심이라"(히 12:29)고 말씀합니다. 가이사의 아내는 잘못이 없어야 할 뿐만 아니라, 모든 의구심에서 벗어나 있어야 하는 것과 마찬가지로, 시내 산 꼭대기에서 지존자와 40일 동안 주야로 함께 교제한 모세처럼 하나님과 지극히 친밀한 관계 속에서 살아가는 하나님의 자녀들의 성품도 마땅히 그래야 합니다.

사랑하는 친구들이여, 나는 여러분에게 여러분 속에 고쳐야 할 죄악이 있는지 않은지를 아주 면밀하게 살피시기를 간곡히 권면합니다. 왜냐하면, 다른 사람들 속에 있을 때에는 거의 죄가 되지 않을 것도 여러분 속에 있으면 죄가 될 수 있기 때문입니다. 다른 사람들이 어떤 죄악에 빠졌을 때, 그것은 무지로 인한 죄가 될 수 있지만, 여러분은 더 많이, 그리고 더 잘 알고 있기 때문에, 여러분이 범한 죄악은 한층 더 가증스러운 죄악이 됩니다. 하나님께서는 자기에게 가까이 다가오는 자들을 성결하게 하시는 반면에, 스스로를 더럽히는 자들에게는 화가 있을 것입니다.

오늘의 본문이 환난 중에 있는 사람들에게 가르쳐 주는 세 번째 교훈은 더 많은 빛을 주시라고 구하는 것은 그들의 의무이자 특권이라는 것입니다. 본문은 "내가 깨닫지 못하는 것을 내게 가르치소서 내가 악을 행하였으나 다시는 아니하겠나이다"라고 말합니다. 여러분은 이것이 무슨 말씀인지를 아시겠습니까? 깨어 있는 하나님의 자녀들은 징계를 받았을 때에 하나님께서 그 징계를 통해서 자신의 어떤 죄를 보여주고자 하시는지를 묻게 됩니다. 그들은 자기 속에 있는 모든 악을 다 볼 수 없기 때문에, 하나님 앞으로 나아가서 "내가 깨닫지 못하는 것을 내게 가르치소서"라고 기도합니다.

사랑하는 친구들이여, 여러분의 숨은 죄가 여러분이 생각지도 못한 곳에 숨어 있어서, 여러분의 지난날의 삶과 여러분의 마음을 샅샅이 살펴보아도, 여러분은 자신의 죄를 찾아내지 못하고 깨닫지 못하는 경우가 있을 수 있습니다. 여러분은 엉뚱한 곳에서 자신의 숨은 죄를 찾아내고자 애써 왔습니다. 자신이 어느 부분에서 연약하지만, 정반대의 부분에서는 훨씬 더 연약하다는 것이 여러분 자신에 대한 여러분의 견해입니다. 사람들이 가장 착각하는 때는 자신의 성품 또는 사람됨에 관하여 판단할 때입니다. 내가 아는 어떤 형제는 내가 보기에 그 어떤 사람보다도 고집이 센 사람이었는데, 스스로는 자기가 주관이 별로 없는 것이 문제라고 말하였습니다. 또 어떤 사람은 자기가 늘 냉정하지 못해서 불만이라고 말했지만, 나는 얼음이 필요한 곳이 있다면, 그 사람을 거기에 두면 안성맞춤이 될 것이라고 생각하였습니다. 이렇게 사람들은 자기 자신에 대해서 잘 알지 못하고 잘못 판단합니다. 냉혹한 사람들은 자기가 너무 정이 많아서 탈이라고 말하고, 이기적인 사람들은 자기가 다른 사람들을 위해서 늘 희생하며 살아간다고 착각합니다. 따라서 여러분이 어떤 방향에서 자신의 숨은 죄를 찾아 왔다면, 여러분의 죄는 실제로는 정반대 방향에 숨어 있을 수 있습니다. 그러므로 "하나님이여 나를 살피고 시험하사, 내가 깨닫지 못하는 것을 내게 가르치소서"라고 기도하십시오.

형제들이여, 우리의 가장 흉악한 죄들이 우리의 가장 거룩한 일들을 가장하고서 숨어 있을 수 있다는 것을 기억하십시오. 가장 흉악한 죄들은 거름더미의 저저분한 것들 아래에 있는 것이 아니라, 동산의 백합화와 장미화 아래에 숨어 있습니다. 그러한 죄악들은 아름다운 꽃들의 봉오리 속에 숨어 있고, 용의 날개를 한 마귀의 모습이 아니라, 찬란한 무지갯빛을 발하는 날개를 한 빛의 천사의 모습으로 우리의 심령 속을 날아다닙니다. 그러한 죄악들은 아주 살진 양의 모습으로 우리의 심령 속을 다니지만, 사실은 양의 탈을 쓴 이리들입니다. 그러므로 여러분이 행하는 거룩한 일들 속에 죄악들이 숨어 있지는 않은지 아주 세심하게 살펴보십시오. 우리의 거룩한 일들 속에서 우리는 그 어느 때보다도 하나님께 더 가까이 나아가기 때문에, 우리가 그 거룩한 일들 아래에서 죄악들을 행하게 되면, 머지않아 하늘에 계신 아버지의 회초리를 맞게 됩니다. 여러분의 죄는 여러분이 아주 좋아하는 것 아래에 숨어 있을 수도 있습니다. 야곱은 라반이 섬기던 드라빔을 열심히 찾았지만, 발견할 수 없었습니다. 그는 사랑하는 아내인 라헬을 귀찮게 하고 싶지 않았고, 라반도 사랑하는 딸을 귀찮게 하고 싶지 않았을 것입니다. 라헬은 계속해서 낙타의 안장에 앉아 있을 것이었기 때문에, 거기에 드라빔을 숨겼습니다. 마찬가지로, 여러분도 자신의 본성 중에서 어떤 부분에 대해서는 샅샅이 살피는 것을 좋아하지 않습니다. 그 부분은 아주 예민한 부분이어서, 다른 사람이 그 부분을 조금만 건드려도, 여러분이 심한 아픔을 느끼는 그런 부분입니다. 여러분의 죄는 바로 그 부분에 숨어 있습니다.

　나의 형제들이여, 하나님 앞에서 정직하십시오. 우리는 우리가 어느 부분에서 잘못되어 있는지를 알고, 그 잘못을 바로잡기를 진심으로 원하여야 합니다. 여러분은 우리 모두가 우리의 잘못들을 정직하게 알기를 원한다고 생각하십니까? 성경 속에는 여러분이 읽고 싶어 하지 않는 그런 장들이 있지 않습니까? 그런 장들이 있고, 그 본문을 읽을 때마다 여러분이 그 본문과 갈등을 일으키고 싸워야 한다면, 여러분은 자기 자신과 싸워서 자신을 굴복시키고, 하나님의 말씀에 온전히 순복하십시오. 여러분은 어떤 가르침을 하나님의 진리라고 생각하는데, 친구들은 그렇게 생각하지 않아서, 여러분이 그 가르침을 받아들인다면, 친구들이 여러분을 이단이라고 생각할 것 같아서, 더 이상 깊이 살피거나 천착해 들어가지 못하고 있지는 않습니까? 사랑하는 친구들이여, 여러분에게서 그런 모든 정직하지 못한 것들을 제거하십시오. 그런 정직하지 못한 것들이 교회 속에 많이 침투해 들어와 있기 때문에, 많은 사람들이 너무나 분명한 것들을 보려고 하지 않습니다. 그들은 하나님의 진리를 있는 그대로 받아들이면 너무나 많은 대가를 치러야 한다고 생각하기 때문에, 너무나 분명한 진리들을 보지 않으려고 합니다. 그들은 교회와의 관계나 자신이 속한 어떤 모임을 고려해서, 성경 중에서 껄끄러울 수 있는 어떤 부분들을 못 본 체하고 덮어 버립니다. 이것은 가증스러운 짓이기 때문에, 하나님께서 그렇게 하는 사람들을 치신다고 하여도, 우리는 그것을 이상히 여길 필요가 없습니다. 형제들이여, 참되십시오. 여러분은 하나님을 속일 수 없습니다. 속일 생각조차 하지 마십시오! 하나님께서 여러분의 마음을 샅샅이 살펴주시라고 기도하십시오. "활활 타는 정련하는 불로 나의 마음을 태워서, 내 속에 있는 거짓이나 거룩하지 못하고 이기적이며 이 땅에 속한 것들을 다 태워 주셔서, 내가 주 나의 하나님께 온전히 성별될 수 있게 해주소서"라는 기도가 여러분의 소원이 되게 하십시오. 우리가 겪는 징계들을 대하는 바른 길은 "내가 죄를 지었사오니 다시는 범죄하지 아니하겠나이다 내가 깨닫지 못하는 것을 내게 가르치소서 내가 악을 행하였으나 다시는 아니하겠나이다"라고 진심으로 고백하는 것입니다.

어떤 사람들은 "하지만 안타깝게도, 우리는 '다시 범죄하지 아니하겠나이 다' 라고 말할 수 없는 존재가 아닙니까?'라고 말합니다. 물론, "다시는 범죄하지 않겠다"고 말하는 것은 아주 쉽지만, 실천하기는 정말 어렵습니다. 그러므로 어떤 사람이 복음에 합당한 마음으로 하나님의 힘을 전적으로 의지하고자 하지도 않으면서 그렇게 말한다면, 그것은 애석한 일입니다. "다시는 범죄하지 아니하겠나이다"라고 말한 사람이 자신의 힘으로 그 말을 실천하려고 한 것이라면, 그는 계속해서 범죄할 수밖에 없습니다. 왜냐하면, 그 사람은 자기 자신을 하나님의 자리에 올려놓고서, 아주 교만한 말을 한 것이기 때문입니다. 하지만 우리는 우리의 마음 중심에서부터 모든 죄악으로부터 떠나고자 하여야 합니다. 하나님께서 우리의 어떤 죄로 인하여 우리에게 환난을 보내시거나, 그의 얼굴빛을 우리에게서 거두어 가셨을 때, 우리는 바울이 뱀을 떨쳐내서 불 속으로 던져 버렸듯이, 그렇게 하나님의 도우심을 힘입어서 우리의 죄를 떨쳐내어야 합니다. 나는 환난 중에 있는 나의 사랑하는 형제들이 환난이 여러분에게 가져다줄 이 놀라운 열매를 구하시기를 정말 간절하게 원합니다. 환난이 닥쳤을 때, 우리 모두가 환난이라는 쓴 나무에만 열리는 이 달콤한 열매를 결코 놓치지 않게 되시기를 바랍니다. 환난 중에 있는 사람들을 하나님께서 복 주시고 붙들어 주셔서, 그들로 하여금 괴로움과 슬픔을 잘 견딜 수 있게 해주시기를 빕니다. 그러나 무엇보다도 하나님께서 환난을 통하여 여러분을 더욱 거룩하게 하시기를 빕니다. 우리가 환난에 대해서 얘기할 때, 이것이 핵심입니다. 여러분이 환난의 불에 의해서 정결하게 되기만 한다면, 그 불길이 아무리 거세다고 할지라도, 그런 것은 별로 중요하지 않습니다.

2. 둘째로, 본문은 우리 중에서 아직 환난을 당하지 않은 사람들에게 무슨 말씀을 들려줍니까?

오늘의 본문은 우리 중에서 환난을 겪고 있지 않은 사람들에게 무엇이라고 말씀하고 있습니까? 본문은 이렇게 말씀하고 있는 것이 아니겠습니까? "환난 중에 있는 사람들이 '내가 감당하겠나이다' 라고 말하면서, 하나님이 주신 멍에를 기쁜 마음으로 짊어져야 한다면, 환난을 겪지 않는 여러분과 나는 그리스도인으로서 우리가 날마다 마땅히 해야 할 수고들이라는 멍에를 기쁜 마음으로 짊어져야 하지 않겠습니까?" 형제들이여, 여러분은 점점 지쳐가고 있지 않습니까? 주일학교가 여러분에게 부담이 되고 있지 않습니까? 성경공부 시간이 여러분에게 상당한 짐이 되고 있지 않습니까? 집집마다 심방하는 것이 여러분에게 고되고 힘든 잡일이 되었습니까? 매일 똑같이 전도지를 나눠 주는 일도 이제는 여러분에게 지루하고 따분한 일이 되어 있지 않습니까? 나의 형제들이여, 여러 달 동안 별 차도도 없이 꼼짝도 못하고 병상에 누워 있는 저 하나님의 사랑하는 성도를 보십시오. 그는 병상에서 이리저리 몸을 뒤척여 보지만, 밤에는 잠을 잘 수 없고 낮에도 쉬지를 못합니다. 여러분은 그 사람과 자리를 바꾸고 싶습니까? 그 사람이 극심한 고통과 연약함과 가난 속에서도 하나님을 찬송하는 소리를 들어 보십시오. 여러분은 자신의 처지가 그 사람보다 더 낫다고 느끼십니까? 그렇다면, 여러분에게 주어진 모든 것이 합력하여 선을 이루리라는 하나님의 약속의 말씀을 믿고서, 여러분에게 주어진 일을 기쁨으로 받아들이고, 하나님을 섬기는 일에 여러분의 온 힘을 쏟으십시오. 여러분이 그렇게 하지 않는다면, 우리의 대장 되시는 그리스도께서 여러분에게 이렇게 말씀하실지도 모릅니다: "뭐라고? 행군하기에 지쳤다고? 그렇다면, 참호 속에 들어가서, 거기에 꼼짝도 하지 않고 누워 있거라. 그러면 너는 그 좁은 공간에서 꼼짝도 못하고 있는 것에 넌더리가 나게 될 것이다. 뭐라고? 싸우는 데에 지쳤다고? 그렇다면, 내가 너의 뼈를 부러뜨릴 것이니, 병원에 들어가 병상에 누워서, 아무것도 못하고 누워 있는 것이 얼마나 힘든 일인지를 한 번 실감해 보아라." 만일 내가 병상에서 꼼짝도 못하고 누워 있을 때에 다른 사람들에게 해주고 싶은 말은 이것일 것입니다: "여러분이 병상에 꼼짝도 못하고 누워 있을 수밖에 없게 될 때에 눈물을 흘리며 후회하고 싶지 않으시다면, 여러분이 일할 수 있을 때에 일하십시오. 여러분이 병상에 눕게 될 때에 편안하게 누워 있게 되기를 바라신다면, 여러분이 건강하고 힘이 있을 때에 시간을 낭비하였다는 후회가 없게 하십시오." 몇 해 전에 사람들은 내게 "이런 식으로 일주일에 10번을 설교하다가는 목사님의 몸이 다 망가지게 될 것입니다"라고 말했습니다. 하지만 나는 지금까지 그렇게 해왔고, 기쁜 마음으로 그렇게 하고 있고, 앞으로도 그렇게 할 것입니다. 나의 몸이 50개라고 한다면, 나는 그 몸들이 다 망가지고 부서질 때까지 기쁜 마음으로 주 예수 그리스도를 섬기고자 합니다. 젊은이들이여, 여러분이 튼튼하고 힘이 있을 때에 하나님을 위해 싸우고 악한 자 마귀를 이기십시오. 여러분이 우리의 찬송 받으실 주님을 위해 여러분에게 주어진 모든 일들을 다 했을 때, 여러분에게는 결코 후회가 없을 것입니다. 여러분이 할 수 있는 한, 하루하루를 꽉 채워서 많은 일을 하시고, 오늘 할 일을 내일로 미루지 마십시오. "네 손이 일을 얻는 대로 힘을 다하여 할지어다"(전 9:10).

우리에게는 튼튼하고 힘 있는 사람들에게 해줄 말이 또 하나 있는데, 그것은 우리가 하나님의 은총을 받고 살아간다면, 우리 속에 죄가 있는지를 샅샅이 살피는 것이 마땅하지 않겠느냐 하는 것입니다. 징계는 우리의 잘못들을 가리키는 검은 손가락 같은 역할을 합니다. 그 검은 손가락은 보석들로 반짝이는 손가락과 마찬가지로 하나님의 사랑의 손가락이 틀림없지 않습니까? 하나님이여, 당신은 내게 건강을 주시고, 내 아내와 자녀들을 지켜 주시며, 충분한 물질을 주고 계시지 않습니까? 그렇다면, 하나님이여, 내게 당신을 근심하게 해드리고 있는 어떤 죄악이 있지는 않습니까? 내가 나의 심령 속에 주의 성령을 근심하게 해드리는 어떤 것을 품고 있지는 않습니까? 하나님이여, 당신의 사랑으로 나를 인도하셔서, 나로 하여금 그러한 악들을 피하게 해주십시오. 여기에 감미로운 본문이 있습니다: "내가 네 갈 길을 가르쳐 보이고 너를 주목하여 훈계하리로다 너희는 무지한 말이나 노새 같이 되지 말지어다 그것들은 재갈과 굴레로 단속하지 아니하면 너희에게 가까이 가지 아니하리로다"(시 32:8-9). 여러분의 자녀들은 여러분이 눈짓만 하여도 여러분에게 달려옵니다. 그러나 여러분의 말이나 노새는 그렇지 않기 때문에, 여러분은 그 짐승들을 "재갈과 굴레"로 다스려야 하고, 그 짐승들로 하여금 여러분에게 가까이 오게 하기 위해서는 고삐를 잡아당겨야만 합니다. 여러분은 사람들이기 때문에, 그런 짐승들처럼 행해서는 안 됩니다. 하지만 하나님의 자녀들 중에는 그런 짐승들 같은 사람들이 있습니다. 그들은 하나님의 말씀에 순종하고자 하지 않기 때문에, 하나님께서는 그들로 하여금 순종하게 하시기 위하여 매를 드실 수밖에 없습니다. 하나님은 그들을 사랑의 끈으로 끌고자 하지만, 그런데도 그들이 순종하고자 하지 않는다면, 매를 드셔서 억지로 순종하게 하실 수밖에 없습니다. 여러분이 자기 자신을 말이나 노새처럼 만든다면, 하나님께서는 여러분을 말이나 노새로 대하실 것입니다. 그러나 여러분이 그렇게 하지도 않는데, 하나님께서 여러분을 말이나 노새로 다루실 이유는 없습니다. 여러분이 완전히 노새같이 되는 것을 막는 가장 좋은 방법은, 여러분 자신을 노새로 여기고서 여러분이 얼마나 어리석게 행하는지 그 결과를 똑똑히 보고서 거기로부터 벗어나는 것입니다. 하나님께서 우리에게 은혜들을 베풀어 주실 때,

우리는 그 은혜들을 달콤한 약으로 여겨서 자신의 잘못된 것들을 고치면, 하나님이 우리에게 쓰디쓴 독약을 쓸 필요가 없게 됩니다.

　우리가 하나님의 은혜를 누리고 있을 때, 하나님의 사랑의 빛이 우리 자신을 샅샅이 비추어서 우리의 숨은 죄들을 드러내시기를 간절히 바라야 한다고 여러분은 생각하지 않습니까? 우리는 하나님의 얼굴빛을 힘입어서 우리의 모든 죄를 발견하고 이기기를 바라야 하지 않겠습니까? 나는 어떤 그리스도인들은 그 지점까지 가지 않으려 한다는 것을 알고 있습니다. 그들은 더러운 성격을 지니고 있어서, "당신도 아시다시피, 이것이 내 천성입니다"라고 말합니다. 그러한 악한 자기합리화는 영원히 갖다 버리십시오. "그것은 내 천성이기 때문에, 나는 그렇게 할 수밖에 없습니다"라고 말하는 것은 정말 한심한 일입니다. 여러분이 하나님의 은혜를 힘입어서 여러분의 천성을 멸하지 않는다면, 여러분의 천성이 여러분을 멸하게 될 것입니다. 그러한 자기합리화가 허용된다면, 아무리 가증스러운 죄악이라고 할지라도, 합리화될 수 없는 죄악은 없을 것입니다. 도둑이나 창기, 술주정뱅이, 살인자들도 자신의 행위를 다 정당화할 수 있습니다. 왜냐하면, 그것이 자신의 악한 천성이라고 말하면 그만일 것이니까요. 어떤 죄가 "천성"에 의한 것일 때에는 사면 받을 수 있다고 율법이 말하고 있습니까? "내 천성이 그래서, 어쩔 수 없이 그런 죄를 범한 것이기 때문에, 나의 죄는 사면 받는 것이 마땅합니다"라고 말하는 것이 옳다는 증거가 그리스도의 모범이나 복음의 가르침들 속에 있습니까? 나의 형제들이여, 여러분은 어처구니없고 어이없는 말을 해서는 안 됩니다. 여러분이 가장 먼저 해야 할 일은 여러분이 가장 좋아하는 죄를 이기는 것입니다. 여러분은 바로 그런 죄를 이기는 일에 여러분에게 주어진 모든 은혜와 힘을 집중하여야 합니다. 여러분은 원수의 요새들 중에서 가장 강력한 요새인 여리고를 먼저 정복하여야 합니다. 그렇게 하기 전에는, 여러분은 아무것도 할 수 없습니다. 일반적으로 회심 과정에서 어떤 사람이 천성적으로 가장 약한 바로 그 부분에서 가장 온전한 변화가 일어나는 것을 나는 보아 왔습니다. 우리가 약한 그 부분에서 하나님의 능력이 온전히 나타납니다. 어떤 사람들은 "나를 끊임없이 괴롭히는 죄가 있는데, 내가 어떻게 해야 합니까?"라고 부르짖습니다. 나의 대답은 오늘 밤 클래펌 커먼(Clapham Common)에서 네 명의 깡패가 나를 괴롭히기 위하여 기다리고 있다는 것을 내가 알았다면, 나는 여러 명의 경찰들을 대동하여 가서 그 깡패들을 붙잡는 것이 당연하다는 것입니다.

어떤 사람이 자기를 상습적으로 괴롭히는 죄가 있다는 것을 알고 있을 때, 그는 "이 죄는 늘 나를 괴롭히는 죄이기 때문에, 나는 이 죄를 지을 수밖에 없어"라고 말해서는 안 됩니다. 도리어, 그는 하늘의 도우심을 구하여, 자기를 늘 괴롭히는 그 죄를 이겨야 합니다. 여러분을 늘 괴롭히는 죄가 있고, 여러분이 그 죄를 알고 있다면, 어린 양의 피를 의지해서 그 죄와 싸워 이기십시오. 여러분은 여러분을 끈질기게 괴롭히는 죄를 예수 그리스도를 믿는 믿음으로 사로잡아 결박할 수 있고, 또한 마땅히 그렇게 하여야 합니다. 왜냐하면, 하나님의 자녀들은 끝까지 죄를 이겨야 하기 때문입니다. 그들은 그들을 사랑하시는 예수 그리스도로 말미암아 넉넉히 이기는 자들이 될 것입니다. 그러므로 하나님의 사랑이 여러분을 샅샅이 살피게 하시고, "내가 깨닫지 못하는 것을 내게 가르치소서 내가 악을 행하였으나 다시는 아니하겠나이다"라고 기도하십시오.

3. 셋째로, 본문은 아직 회심하지 않은 사람들에게 어떤 말씀을 들려주고 있습니까?

아마도 이 자리에는 아직 하나님의 백성이 아닌데도, 아주 행복하고 모든 일이 잘되는 사람들이 있을 것입니다. 그들은 자기가 원하는 것을 다 가지고 있기 때문에, 하나님의 자녀들이 징계를 받는다고 내가 말하는 것을 듣고는, "하나님의 자녀가 되면 징계를 받을 수밖에 없는 것이라면, 나는 하나님의 자녀가 되고 싶지 않습니다"라고 말할 것입니다. 여러분은 지금 이대로가 좋은 것이죠, 그렇지 않습니까? 여러분은 "예"라고 대답할 것입니다. 잘 들어 보십시오! 언젠가는 왕이 될 왕자가 우리 앞에 있다고 합시다. 그는 어떤 잘못을 했고, 부왕은 그를 회초리로 징계하였습니다. 저기에 어린 왕자가 울고 서 있고, 그의 뺨에서는 눈물이 흘러내립니다. 그리고 저쪽에는 자기 아버지가 누구인지도 모르는 부랑아가 있습니다. 그에게는 그가 잘되라고 그를 징계해 줄 사람이 아무도 없습니다. 그는 자기가 하고 싶은 대로 할 수 있습니다. 그는 상스러운 말들을 사용하고, 물건을 도둑질하며, 마음 내키는 대로 욕을 해댑니다 그런데도 아무도 그를 징계하지 않습니다. 그가 길거리에서 물구나무를 서고 공중제비를 돌거나, 시궁창에서 나뒹굴어도, 회초리로 그를 징계해서 다시는 그런 짓을 하지 못하도록 훈육해 줄 아버지가 그에게는 없습니다. 이 부랑아는 울고 서 있는 어린 왕자를 보고는 비웃으며 이렇게 말합니다: "네게는 나와 같은 자유가 없어서 안 됐다.

네 아버지는 네가 나처럼 길거리에서 물구나무를 서는 것도 허락하지 않고, 나처럼 버스 옆에서 승객들에게 동전을 구걸하는 것도 허락하지 않잖아. 너는 나처럼 굴다리 밑에서 밤새 잠을 잘 수도 없지. 나 같으면 너처럼 그렇게 회초리로 맞고 있지는 않을 거야. 곧바로 집을 나와 버리고 말지. 나는 너 같은 왕자가 되느니 차라리 부랑아로 살아갈 거야." 그 말을 들은 어린 왕자는 얼른 눈물을 닦고서, 이렇게 대답합니다: "나는 상관 말고, 네 할 일이나 해. 나는 그런 모든 자유를 누리며 부랑아로 살아가는 것보다 이렇게 매일 징계를 받더라도 나중에 한 나라를 물려받아 왕이 될 왕자로 살아가는 게 좋으니까." 어린 왕자는 회초리를 맞아서 아파하는 가운데서도, 누더기를 입은 부랑아를 너무나 불쌍하다는 듯이 내려다봅니다. 죄인들이여, 이것이 우리가 여러분과 여러분이 하늘의 훈육을 떠나 만끽하고 있는 자유를 바라보는 시각입니다. 여러분이 기쁨에 충만해서 너무나 즐겁고 행복하게 살아간다고 할지라도, 우리는 조금도 여러분 같이 살기를 원하지 않습니다. 여러분이 극장에서 굉장한 공연을 보고 전기에 감전된 것처럼 짜릿한 쾌감을 느끼거나, 외설적인 춤을 추며 쾌락을 만끽한다고 할지라도, 우리는 여러분 같이 살기를 원하지 않습니다. 우리가 중병에 걸려 시름시름 앓거나, 지극히 의기소침하여 비실비실 살아가거나, 하나님 앞에서 우리 자신의 죄를 울며불며 참회하고 가슴을 치는 등 최악의 모습을 하며 살아갈지라도, 우리는 여러분의 최고의 모습과도 결코 자리를 바꾸려고 하지 않을 것입니다. 여러분은 우리가 환희와 희열 가운데서 웃고 떠들며 즐기는 여러분처럼 되고 싶을 것이라고 생각하십니까? 전혀 그렇지 않습니다. 겨울철에 땔감을 쓸 장작이 두 개밖에 없고, 오직 시청에서 빈민에게 주는 것을 가지고 먹고 살아야 하는 그리스도인 할머니에게 자주색 옷과 세마포를 걸치고 화려하게 살아가는 저 부자와 자리를 바꾸겠느냐고 물어보십시오. 그녀의 모습을 보십시오. 그녀의 팔과 다리는 온통 관절염이 걸려 있고, 그녀는 자신의 그러한 팔과 다리를 보호하기 위하여 낡은 붉은 색 외투를 입고 있습니다. 그녀의 찬장은 텅 비어 있고, 그녀의 남편은 교회의 묘지에 누워 있으며, 그녀를 돌보아 줄 자녀도 그녀에게는 없습니다. 아, 그녀가 저기에 있군요. 여러분은 "참 불쌍한 할머니군요"라고 말합니다. 여기에 발목까지 올라오는 부츠를 신고서 사냥터에서 집으로 돌아가는 젊은 대지주가 있습니다. 그가 그녀 앞에 서서, 자신이 소유한 막대한 부와 드넓은 토지를 가리켜 보이며, "할머니, 나와 자리를 바꾸시겠습니까?"라고 말합니다. 그녀는 그가 어떤 사람인지를 알고 있습니다. 그녀는 그가 하나님을 사랑하지 않고 그리스도와 하나가 되지 않은 사람이라는 것을 알고 있기 때문에, 이렇게 대답합니다: "나에게 당신과 자리를 바꾸자고요? 온 천하를 다 준다고 해도, 나는 절대로 그렇게 할 생각이 없습니다."

> "자신의 곳간에 있는 것들을 자랑하고,
> 그것들이 얼마나 밝은 빛을 발하는지를 말하는 자여, 저리 가시오.
> 당신의 곳간에 빛나는 것들은 티끌들일 뿐이지만,
> 내 구주의 모든 것이 나의 것이라오."

하나님을 경외하지 않는 여러분에게 내가 해줄 말이 또 하나 있습니다. 나는 여러분이 머지않은 장래에 어떻게 될 것인지를 잠시나마 생각해 보시기를 권합니다. 하나님께서는 자신의 사랑하는 자녀들을 무척 사랑하셔서, 그들을 구원하시기 위하여 자신의 독생자 예수까지 내어 주셨습니다. 하지만 하나님은 그들이 범죄할 때에 그들을 그냥 두지 않으시고 "사람의 매"(삼하 7:14)로 징계하십니다. 하나님께서 자기 자녀들에게 그렇게 하시는 것이라면, 자신의 원수들인 여러분에게는 어떻게 하시겠습니까? 심판이 하나님의 집에서 시작되고, 하나님의 진노가 아주 약할 때에도 우리에게 너무나 뜨겁게 느껴진다고 한다면, 하나님의 진노가 공의의 바람을 타고 활활 타오를 때에는 그 뜨거움이 어떠하겠습니까? 저 두려운 심판의 날에 하나님께서 불경건한 자들의 죄에 대하여 원수를 갚으실 때에는, 산의 숲들이 불이 붙어서 활활 타오르거나, 드넓은 초원이 불 붙은 한 장의 종이처럼 될 것입니다. 하나님께서는 다른 사람들의 죄에 대해서도 자신의 아들을 아끼지 않으시고, 십자가 위에서 처참한 죽음을 죽게 하셨습니다. 그런 하나님이 자신의 원수들, 즉 그의 은혜를 거부하고 그에게 반기를 든 여러분의 죄들을 벌하실 때에는, 여러분이 어떻게 되겠습니까? "하나님을 잊어버린 너희여 이제 이를 생각하라 그렇지 아니하면 내가 너희를 찢으리니 건질 자 없으리라"(시 50:22).

이제 여러분이 복음의 위로에 관한 말씀은 듣지 못하고 단지 저 무시무시한 경고의 말씀만을 들은 채로 집으로 돌아가시지 않도록 하기 위하여, 나는 여러분에게 한 가지만 더 말씀드리고자 합니다. 하나님의 자녀들로부터 교훈을 배우십시오. 하나님의 자녀들은 징계를 받을 때에 순복하고, 순복하기 때문에 평안을 얻습니다. 죄인들이여, 나는 여러분이 지혜를 배우기를 바랍니다. 여러분이 최근에 환난을 당하였다면, 즉 하나님께서 주시는 시련들이 여러분을 찾아왔다면, 하나님께 항복하십시오. 즉시 두 손 들고 하나님 앞에 나아오십시오. 퀄스 (Quarles, 1592-1644, 영국의 시인)의 작품 중에는 원수를 도리깨로 치고 있는 사람을 그린 별난 그림이 있습니다. 공격을 받은 사람은 얼른 도리깨를 든 사람의 품속으로 뛰어들어서 화를 모면합니다. 퀄스는 그 그림에 "아버지에게서 멀어질수록, 더 심한 가격을 받게 된다"는 말을 덧붙여 놓았습니다. 죄인들이여, 오늘 밤에 하나님의 품속으로 뛰어드십시오. "내가 일어나 아버지께 가리라"(눅 15:18)고 말하십시오. 여러분이 나아온다면, 하나님은 여러분을 치지 않으실 것입니다. 어떻게 하나님이 자기 앞으로 나아온 여러분을 치실 수 있겠습니까? 하나님께서는 "내 힘을 의지하고 나와 화친하며 나와 화친할 것이니라"(사 27:5)고 말씀하십니다. 하나님의 손이 여러분을 치시려고 채찍을 드실 때, 그 손을 붙드십시오. 예수 그리스도 안에서 계시된 그 능력의 손을 굳게 잡으십시오. 왜냐하면, 하나님께서는 자신의 거룩한 손을 예수 그리스도 안에서 모든 사람에게 밝히 보이셨기 때문입니다. 그 손을 굳게 붙잡으십시오. 그렇지 않으면, 그 손은 여러분을 치시게 될 것입니다.

　죄인들이여, 대속의 희생제물이신 예수 그리스도를 의지해서 하나님을 믿으십시오. 그러면 여러분은 하나님과 화목을 이루게 될 것입니다. 여러분 자신을 낮추고 순복하는 마음으로, 여러분에게 환난을 가져다주고 여러분의 영혼을 멸망하기 직전까지 이끌어 갔던 여러분의 죄를 사해 주시라고 하나님께 구하십시오. 하나님께 여러분을 살피셔서 죄를 찾아내 주시라고 기도하십시오. 회개하고, 복음을 믿으십시오. 악을 버리고, 죄의 질병을 고치실 수 있으신 큰 의사이신 구주에게 매달리십시오. 그러면 여러분은 살게 될 것입니다. 지금 여러분의 아버지의 집으로 나아오십시오. 저 누더기 옷들, 굶주린 배, 저 돼지들, 더러운 생각들, 여러분을 돕고자 하지 않는 저 시민들, 모든 시민들 중에서 가장 무정한 사람들 — 이 모든 것들은 여러분을 지금보다 더 낮추어서 여러분의 본향으로 돌아오게 하기 위한 것들입니다. 영혼들이여, 이것이 사실임을 믿고서, "내가 일어나 아버지께 가서 이르기를 아버지 내가 하늘과 아버지께 죄를 지었사오니"(눅 5:18)라고 고백하십시오. 여러분이 그렇게 고백하고 있는 동안에, 아버지 하나님께서는 여러분에게 사랑의 입맞춤을 해 주시고, 사랑으로 껴안아 주시며, 자신의 의의 옷을 입혀 주시고, 여러분의 영혼을 살찌울 송아지를 잡아 여러분 앞에 갖다 놓으실 것입니다. 그리고 이 땅에서도, 천국에서도 여러분이 돌아온 것을 기뻐하고 즐거워할 것입니다. 하나님께서 예수로 인하여 여러분에게 복 주시기를 빕니다. 아멘.

제
27
장
—

자만을 책망함

—

"하나님께서 그대가 거절한다고 하여
그대의 뜻대로 속전을 치르시겠느냐" — 욥 34:33

　　엘리후는 욥이 자신을 너무 대단하게 여겨서 아주 교만하게 말하였다고 생각하였기 때문에, "그것이 네 뜻대로 되어야 하겠느냐"(한글개역개정에는 "그대의 뜻대로 속전을 치르시겠느냐")라고 반문하는 것으로 그를 책망하였습니다. 엘리후의 이러한 반문은 히브리어 본문에는 아주 풍부한 의미를 지닌 의문문이기는 하지만, 욥기의 언어 자체가 아주 오래되고 간결해서, 엘리후가 이 의문문을 통해서 말하고자 하는 것을 온전히 다 파악하기는 쉽지 않습니다. 그러나 흠정역은 전체적으로 엘리후가 이러한 반문을 한 의도를 전달해 줄 뿐만 아니라, 다른 번역어들로는 전달할 수 없는 더 많은 의미까지도 전달해 주고 있다는 것이 사람들의 일반적인 평가이기 때문에, 우리는 흠정역으로 온전히 만족하고서, 성령 하나님께서 우리로 하여금 이 본문을 구체적으로 잘 깨달을 수 있도록 도와 주시기만을 기도하는 것이 좋을 것입니다. 우리가 어느샌가 높아지고 힘이 세져서, 우리를 다루시는 하나님의 방식을 비판하기 시작하고 있다면, 이 반문은 우리에게 아주 날카롭게 다가올 것입니다: "그것이 네 뜻대로 되어야 하겠느냐? 모든 일이 딱 너의 변덕스러운 마음에 들도록 이루어져야 하겠느냐? 세상의 모든 일이 너의 입맛을 따라 이루어져야 하고, 온 세상이 너를 기분좋게 하기 위하여 네 중심으로 돌아가야 하겠느냐? 그것이 네 뜻대로 되어야 하겠느냐?"

오늘의 본문과 관련해서 내가 여러분에게 전할 것은 네 가지입니다. 첫째로, 나는 이 세상에는 실제로 모든 일이 자기 뜻대로 되어야 한다고 생각하는 사람들이 있는 것인지를 물을 것입니다. 둘째로, 나는 무엇이 그들로 하여금 그렇게 생각하도록 만들고 있는지를 물을 것입니다. 셋째로, 나는 모든 일이 그들의 뜻대로 되지 않는 것이 그들에게 큰 은혜라는 것을 여러분에게 보여 드리고자 할 것입니다. 넷째로, 나는 여러분에게 그러한 악한 영이 여러분 속에서 활동하지 못하도록 억제해서, 모든 일이 여러분의 뜻대로 될 것을 바라는 일이 없게 하시기를 강력히 권고할 것입니다.

1. 첫째로, 세상에는 모든 일이 자신의 뜻대로 이루어지기를 바라는 사람들이 실제로 있습니까?

우리의 첫 번째 질문 속에는 일정 정도 경악스러운 내용이 담겨 있습니다. 그런데 실제로 그런 사람들이 있을까요? 예, 그런 사람들이 있습니다. 지금 바로 이 자리에도 그런 사람들이 있다고 할지라도, 나는 별로 놀라지 않을 것입니다. 사실, 나는 우리 모두가 종종 이 추악하고 오만한 영을 아주 깊이 들이마시며 살아온 것은 아닌가 생각합니다. 우리가 그렇게 살아 왔다면, 하루 속히 거기로부터 벗어나는 것이 좋을 것입니다.

첫째로, 하나님을 자신의 뜻에 따라 재단하고자 하는 사람들이 있습니다. 내가 하나님에 대해서 알고 있는 모든 것은 하나님께서 자기 자신을 우리에게 계시하신 것을 우리가 배웠기 때문입니다. 나는 내 자신의 힘으로 하나님을 발견할 수 없고, 하나님께서 자신을 내게 계시하여야 내가 하나님을 알 수 있는데, 하나님은 성경을 통해 자신을 계시하셨습니다. 하나님께서는 우리로 하여금 그에 대하여 알게 하고자 하시는 모든 것을 기록된 말씀(the written Word)과 성육신한 말씀(the Incarnate Word), 곧 그의 영원히 찬송 받으시기에 합당하신 아들을 통해 계시하셨습니다. 그러나 하나님에 대한 관념을 스스로 만들어 내는 사람들이 있습니다. 여러분은 자신의 머리로 낙타에 대한 관념을 만들어 낸 독일 철학자에 대해서 들으셨을 것입니다. 정말 그가 낙타에 대한 관념을 순전히 자신의 머리 속에서 만들어 냈는지는 모르지만, 적어도 그는 그렇게 말했습니다. 나는 그가 머릿속에서 만들어 낸 낙타가 실제의 낙타와 닮았을 것이라고 생각하지 않지만, 자신의 머리로 하나님에 대한 관념을 만들어 내고자 하는 사람들이 많습니다.

그들은 성경에 나오는 진술들은 그들의 머리로 판단할 때에 서로 모순되는 것들이 있기 때문에 참일 수 없다고 말합니다. 그들이 믿는 하나님은 실제의 하나님이 아니라, 하나님은 이래야 한다고 그들이 생각하는 그런 하나님입니다. 오늘날에는 거기에서 더 나아가서, 구약에 나오는 하나님에 관한 가르침들은 자신들의 너무나 놀라운 지성의 인정을 받을 수 없다는 이유로, 구약을 완전히 배척하는 사람들까지 있습니다. 이러한 사람들은 사실상 우상 숭배자들입니다. 왜냐하면, 우상 숭배자란 자기 스스로 어떤 신을 만들어 내는 자이기 때문입니다. 하나님께서 자신의 말씀 속에서 자신을 계시하신 그대로 참된 하나님을 섬기는 자야말로 진정으로 하나님을 섬기는 자입니다. 하지만 자신의 생각 속에서 하나님을 만들어 내는 사람들이 많습니다. 오늘날 신학교에서 가르치는 사람들은 신을 만들어 내는 일종의 공장에서 일하고 있는 사람들입니다. 어떤 이방 나라들에서는 자신들의 신을 흙으로 만들어 내지만, 이 사람들은 자신들의 신을 그들의 생각과 상상력, 그들의 "지성"으로 만들어 냅니다. 그들은 그렇게 신을 만들어 내는 자신의 능력을 "지성"이라고 부르지만, 나는 그런 기능을 하는 것을 "지성"이라고 부르는 것은 잘못된 것이라고 확신합니다. 어떤 사람이 자신의 생각 속에서 신을 만들어 낼 때, 그는 나무나 금으로 신을 만들어 내는 사람과 마찬가지로 우상 숭배자입니다. 참 하나님, 곧 성경의 하나님은 자신의 옛 백성에게 자기 자신을 "나는 너를 애굽 땅, 종 되었던 집에서 인도하여 낸 네 하나님 여호와라"(신 5:6)고 계시하셨습니다. 성경에서 "아브라함의 하나님, 이삭의 하나님, 야곱의 하나님"(출 4:5), "그는 온 땅의 하나님이라 일컬음을 받으실 것이라"(사 54:5)고 말씀한 바로 그 하나님이 우리의 하나님입니다. 많은 사람들이 이 하나님을 자신의 하나님으로 영접하기를 거부하지만, 나는 그들에게 "하나님이 너의 뜻대로 되어야 하겠느냐"고 반문하고 싶습니다. 사람들이 자신의 뜻대로 하나님을 만들어 내면, 그 하나님은 괴상한 신이 될 것임에 틀림없습니다. 그런 하나님은 여러분이 부여하는 속성들만을 지니고 다른 속성들은 지니지 않은 그런 하나님이 될 것이 아니겠습니까? 그런 하나님에게는 여러분을 당혹하게 하고 혼란스럽게 할 그런 것은 아무것도 없게 되지 않겠습니까? 그런 하나님에게는 여러분의 유한한 지성이 결코 닿을 수 없는 깊고 깊은 신령한 것들이 없게 되고, 여러분의 힘으로는 솟아오를 수 없는 그런 높고 높은 것들도 없게 되지 않겠습니까? 여러분이 그런 하나님을 믿고 있다면, 여러분을 조금이라도 당혹스럽고 혼란스럽게 하는 것이 하나님에게서 보일 때에는, 여러분은 "나는 그런 하나님은 믿을 수 없어"라고 말할 수밖에 없습니다. 여러분이 그런 하나님을 만들어 내어서 믿는 것이 가능하다면, 하나님의 속성들 중에서 혹독하거나 무시무시한 것들은 모두 제거해 버리고자 할 것입니다. 실제로, 그러한 속성들은 성경에 계시된 지존자에게 속한 엄연한 속성들인데도 말입니다. 사랑하는 친구들이여, 나는 여러분에게 여러분 자신의 망상의 손가락들로 하나님을 빚어내고자 하지 않기를 부탁드립니다. 여러분이 참 하나님, 곧 성경에 계시된 하나님을 잘 이해할 수 없다고 할지라도, 그 하나님을 섬기십시오. 하나님께서 자기 자신을 계시하신 그대로 믿으시고, 여러분이 계시된 하나님의 어떤 속성을 바꾸어서 더 나은 하나님을 만들어 낼 수 있다는 생각을 절대로 하지 마십시오. 여러분은 하나님의 공의를 조금 약화시키면 하나님의 사랑이 더 크게 부각될 수 있을 것이라고 생각하거나, 하나님의 의로 우신 원수 갚으심을 제거하면 하나님의 선하심이 더욱 부각될 수 있을 것이라고 생각할지 모릅니다. 그러나 여러분을 언짢게 하고 두렵게 하는 그러한 속성들을 제거하게 되면, 하나님의 장엄하심과 큰 권능을 잘라내게 되어서, 여러분의 의도와는 정반대로 하나님의 선하심과 인자하심이 빛을 잃게 됩니다. 하나님께서 "이는 하늘이 땅보다 높음 같이 내 길은 너희의 길보다 높으며 내 생각은 너희의 생각보다 높음이니라"(사 55:9)고 말씀하신 것처럼, 성경에 계시된 하나님을 그대로 놓아두십시오. 무한하신 하나님을 그가 지으신 피조물들이 어떻게 다 알 수 있겠습니까? 내가 하나님을 이해하고자 할 때마다, 내 자신이 완전히 당혹감 속에 빠지는 것을 보는 것은 나의 가장 큰 기쁨들 중의 하나입니다. 나는 그리스도의 신성에 대하여 말씀을 전하고자 했을 때, 종종 그 경이롭고 놀라운 진리의 엄청난 무게 아래에서 비틀거리면서, 우리의 크시고 두려우시지만 사랑이 많으신 주님을 묘사하기에는 우리 인간의 언어가 너무나 빈약하고 초라하다는 것을 느낄 수밖에 없었습니다. 그리고 하나님께서 우리의 지각을 완전히 뛰어넘어 계시고, 우리 중에 그 누구도 하나님의 온전한 모습에 대하여 말할 수 없다는 사실이 내게는 그렇게 기뻤습니다. 그러므로 우리는 어떤 식으로든 하나님의 영광스럽고 온전하신 모습을 축소시키고자 해서는 절대로 안 됩니다.

우리 자신의 뜻을 세워서 하나님을 노여우시게 하는 좀 더 흔한 방법은 하나님께서 섭리를 통해서 우리를 다루실 때에 그 섭리에 시비를 걸고 싸우고자 하는 것입니다. 이 자리에 계신 분들 중에서 그렇게 하고 계시는 분이 계신다면, 나는 그분에게 "모든 일이 그대의 뜻대로 되어야 하겠느냐"고 반문하지 않을 수 없습니다. 여러분은 종종 땅의 열국들과 관련하여 대규모로 진행되는 하나님의 섭리에 의한 역사들을 봅니다. 여러분은 나라들이 서로 전쟁을 하는 것을 보고, 시민적인 자유와 종교의 자유의 진보가 왜 이렇게 더디 이루어지며, 올바른 원칙들을 옹호하고자 하는 나라들이 왜 그렇게 적은지를 의아해합니다. 여러분은 종종 전반적으로 돌아가는 상황이 너무나 답답해서, 여러분이 뛰어들어서 확 뜯어 고칠 수만 있다면 얼마나 좋을까 하고 생각하기도 합니다. 그러나 하나님께서는 자신의 영원하신 보좌에서 내려다보시며, 여러분에게 "그것이 너의 뜻대로 되어야 하겠느냐"고 말씀하시는 듯합니다. 하나님께서는 우리가 태어나기 전에도 이 세상을 지혜롭게 다스려 오셨고, 우리가 죽은 후에도 마찬가지로 잘 다스리실 것입니다. 맹약자(the Covenanter, 스코틀랜드 교회사에서 장로주의에 대한 지지를 서약한 사람들) 중의 한 사람이었던 알렉산더 페든(Alexander Peden, 1626-86)은 자신의 한 형제를 보내서 말씀의 동역자였던 제임스 렌윅(James Renwick)을 부른 후에, 그가 방에 들어오자, 그에게 자기를 등지고 서 있을 것을 부탁하였습니다. 페든은 자기를 등지고 서 있는 그에게 "내가 자네를 보니, 자네는 단지 연약한 어깨와 다리를 지니고 있는 보잘것없는 인간일 뿐임을 알겠네"라고 말하였습니다. 렌윅이 "자네 말이 맞네만, 왜 지금 그런 말을 하는 건가?"라고 묻자, 페든은 "자네도 결국 온 세상을 등에 지고 갈 수 없고, 그런 일을 하도록 지음 받지도 않았음을 내가 알기 때문이지"라고 대답하였습니다. 마찬가지로, 나는 이 자리에 계신 우리 모두에 대하여, 우리는 온 세상을 우리의 등에 짊어지고 가도록 지음 받은 것이 아니라고 말할 수 있습니다. 하지만 우리 중에는 마치 자기가 아틀라스(Atlas, 여러 신들에게 반항한 죄로 평생 하늘을 어깨에 메고 살아가는 벌을 받은 그리스 신화에 나오는 거인)라도 된다는 듯이, 온 세상을 짊어지고자 하는 것은 물론이고, 자신의 힘으로 교회를 바로잡으려고 하는 사람들이 있습니다. 우리는 가련한 벌레 같은 자들이기 때문에, 우리가 그런 일을 할 수 있다고 생각하는 것은 망상일 뿐입니다. 하나님께서는 우리가 그런 종류의 일을 절대로 할 수 없다는 것을 알고 계십니다. 우리는 우리 자신이 진토나 티끌에 지나지 않는다는 것을 대체로 잊고 살아가지만, 하나님께서는 "우리가 단지 먼지뿐임을 기억하고"(시 103:14) 계십니다. 사랑하는 자들이여, 여러분은 모든 일이 "여러분의 뜻대로" 되었으면 좋겠습니까? 그렇게 되지 않는다고, 여러분은 요나처럼 앉아서 불만을 품고서 넋두리를 늘어놓으실 것입니까? 영원하신 주재께서 여러분보다 열국들의 정세와 이 세상을 어떻게 다스려야 하는지를 무한히 더 잘 아시지 않겠습니까? 태양의 말들을 몰려고 하지 마십시오. 여러분의 가냘픈 손들은 그런 엄청난 일을 하기에 적합하지 않습니다. 모든 것을 하나님께 맡기십시오. 하나님께서 만물을 다스리시면, 모든 일이 다 제자리를 찾아 잘 돌아갈 것입니다.

하지만 사실 우리의 심령 상태가 좋지 않을 때, 우리는 하나님의 섭리들 중에서 좀 더 작은 일들에 대하여 주로 시비를 걸게 됩니다. 여러분은 부자이고 싶은데, 실제로는 가난합니다. 그것이 "여러분의 뜻대로 되어야" 하겠습니까? 여러분은 건강하고 튼튼했으면 좋겠는데, 실제로는 약하고 병들어 있습니다. 또는, 여러분의 사지가 온전하지 못한 것이 괴롭습니다. 그럴 때에 여러분 종종 "이것은 내게 너무나 심한 타격이기 때문에, 바뀌었으면 좋겠다"고 생각합니다. 그것이 "여러분의 뜻대로 되어야" 하겠습니까? 여러분은 여러분 자신과 여러분의 환경을 조성하는 것이 여러분에게 맡겨졌으면 좋겠습니까? 여러분은 도대체 무슨 생각을 하고 있는 것입니까? 아마도 여러분은 최근에 사업을 하다가 큰 손실을 입었고, 그 손실을 극복하기 어려울 수 있습니다. 그것이 "여러분의 뜻대로 되어야" 하겠습니까? 여러분을 둘러싼 섭리에 의한 환경이 지금과는 다르게 여러분이 생각하는 대로 되었으면 좋겠습니까? 하나님께서 여러분이 돈 몇 푼 손해 보는 것을 막으시기 위하여, 온 우주를 운행하시는 거대한 기계를 멈춰 세우셔야 하겠습니까? 그것이 "여러분의 뜻대로 되어야" 하겠습니까?

앞에서 말한 것들보다 더 심한 것은 여러분의 사랑하는 자녀가 여러분의 마음속에 아주 깊이 들어와 있을 때에 이 세상을 떠나게 되는 것입니다. 여러분은 그 자녀가 여러분 곁에 계속해서 머물러 주기를 간절히 바랐습니다. 그러나 그가 여러분의 곁을 떠난 것이 좋은 일일까요, 아니면 여러분의 곁에 계속해서 머물러 있는 것이 좋은 일일까요? 이 점에 있어서 여러분과 하나님의 견해가 서로 다릅니다. 하지만 누구의 견해가 옳습니까? 그 일이 하나님의 뜻대로 되어야 합니까, 아니면 여러분의 뜻대로 되어야 합니까? 어떤 사람들은 "우리 집의 대들보인 가장이 우리를 떠나갔습니다"라고 말합니다. 하지만 그런 경우에도 나는 그러한 사별, 또는 여러분에게 닥친 그 어떤 환난에 대해서도, 이렇게 묻고자 합니다: "그것이 그대의 뜻대로 되어야 하겠느냐." 따라서 하나님께서 그 일을 허락하셨거나 직접 행하셨다는 사실을 여러분이 알았다면, 그것으로 된 것입니다.

모든 일이 여러분의 뜻대로 되어야 합니까, 아니면 하나님의 뜻대로 되어야 합니까? 우리에게 일어나는 모든 일에 대하여 아무런 불평 없이 순복하는 것은 쉬운 일이 아니라는 것을 나는 압니다. 여러분 중에서 많은 분들이 다양한 때와 경우에 하나님께서 섭리 가운데서 자신들을 다루실 때에 냉정하고 가혹하게 다루셨다거나, 아주 이상한 방식으로 자신의 인자하심을 나타내셨다고 실제로 느껴 오셨을 것이기 때문에, 나는 그들의 아주 예민하고 아픈 부분을 건드리고 있는 것이 될 것입니다.

어떤 사람들은 그들과 하나님 간의 이러한 견해 차이를 다른 식으로 해석하기도 합니다. 왜냐하면, 그들은 성경이 가르치고 있는 복음을 인정하지 않기 때문입니다. 신약성경에 계시된 복음은 너무나 단순해서, 어린아이도 그 복음을 이해할 수 있다는 것을 여러분도 알고 있습니다. 여러분이 아주 가난한 사람들이나 글씨를 전혀 모르는 사람들에게 가서 복음을 가르쳐도, 그들 중 많은 사람들이 복음을 듣고 그 즉시 이해하고 받아들여서 뛸 듯이 기뻐할 것입니다. 그러나 복음은 사람들이 이해하기가 훨씬 더 어려운 것이고, 보통 사람들보다 더 높은 수준의 지성이 있어야만 이해할 수 있는 것이라고 생각하는 사람들이 있습니다. 여러분은 정말 그렇게 생각하십니까? 그것이 "여러분의 뜻대로 되어야" 하겠습니까? 여러분은 가난한 자들과 궁핍한 자들과 문맹자들이 복음으로 나아가는 것을 가로막고서, 그들을 여러분 자신을 비롯한 높은 수준의 교육을 받은 사람들의 종이 되게 하고자 하는 것입니까? 절대로 그렇게 되어서는 안 됩니다. 형제들이여, 만일 우리가 그런 식으로 복잡하게 만들어 버린 복음, 또는 오직 사회의 엘리트들만이 이해할 수 있는 그런 복음이 진짜 복음이라면, 우리는 지나가는 사람이 바보라고 하여도 한 번 듣고 즉시 올바르게 이해할 수 있을 정도로 단순하고 복되며 명료한 복음을 잃어버린 것에 대해서 하나님 앞에서 울며 통곡해야 할 것입니다.

많은 사람들이 은혜의 가르침들을 폄하하고자 애씁니다. 그들은 할 수만 있다면 하나님의 택정하심에 관한 가르침을 제거하고자 하고, 그리스도께서 이루신 유일하신 대속에 관한 가르침 같은 것도 참을 수 없어 합니다. 그들은 유효적 부르심(Effectual Calling)에 관한 달콤하고 복된 가르침을 혐오하고, 그들 자신이 고안해 낸 복음을 좋아합니다. 그러나 그들이 그렇게 하고자 하는 것이 과연 합당한 일일까요? 형제들이여, 우리가 복음은 이래야 한다고 생각한 그런 복음을 우리 자신이 만들어 내고자 하는 것이 아니라, 성경 속에서 실제로 무엇을 복음이라고 하는지를 알아내고자 하는 것이 여러분과 내가 해야 할 일이 아니겠습니까? 복음이 무엇이냐 하는 것이 "여러분의 뜻대로 되어야" 하겠습니까? 어떤 사람들은 성경의 어떤 본문이 자기가 어릴 때부터 가르침 받아 왔던 것과 맞지 않는다고 해서, 그 본문을 자신들의 신앙 체계에 맞춰 가감해서 받아들이고자 해 왔습니다! 그러나 그런 식으로 성경을 보는 사람들이여, 복음에 대한 그 어떤 사람의 이해보다도 복음이 더 크고 위대하지 않겠습니까? 복음 속에는 인간의 지성이 만들어 낼 수 있는 그 어떤 신학이나 신앙의 체계에 맞춰서 재단해서는 안 되는 하나님의 위대한 진리들이 들어 있지 않겠습니까? 그리고 우리는 바로 그러한 사실을 온전히 기뻐하는 것이 마땅하지 않겠습니까? 왜냐하면, 복음은 토플레디(Toplady, 1740-78, 영국의 목회자이자 찬송가 작시자)나 웨슬리나 칼빈이나 아르미니우스의 뜻대로 되는 것보다 하나님의 뜻대로 되는 것이 더 낫기 때문입니다. 하나님의 지성은 사람들의 모든 지성을 합한 것보다 더 크시기 때문에, 모든 사람들은 복음을 하나님이 우리에게 주신 그대로 놓아두고 건드리지 말아야 합니다.

종종 이러한 차이는 그리스도의 교회와 관련해서 생겨납니다. 어떤 사람들은 교회 구성원의 자격과 교회 정치에 대하여 하나님이 정해 놓으신 것들을 좋아하지 않고, 교회 내에 세상적인 제도를 도입하는 것을 좋아해서, 그렇게 하고자 시도합니다. 그들은 우리 주 예수 그리스도께서 제정하시고 지키셨던 성례전들을 인정하지 않습니다. 신자들이 받는 세례는 그들이 특히 반대하는 것입니다. 종종 그들은 하나님의 사역자들을 인정하지 않습니다. 그들은 가장 유능한 사역자들에 대해서도 시비를 걸고 흠을 잡습니다. 이 사람은 이러저러해야 하고, 저 사람은 지금과는 달리 어때야 한다고 말합니다. 나는 이 모든 문제와 관련해서 그들에게 단지 한 가지만 묻고자 합니다: "그것이 그대의 뜻대로 되어야 하겠느냐." 여러분이 사역자들을 만들어 내서, 그들이 무엇을 가르쳐야 하는지를 그들에게 가르쳐야 하겠습니까? 그들은 여러분의 종들입니까, 아니면 하나님의 종들입니까? 그들은 여러분의 방식대로 메시지를 전해야 하겠습니까, 아니면 하나님의 방식대로 메시지를 전해야 하겠습니까? 이 문제를 진지하고 정직하게 깊이 생각한다면, 아마도 신앙 고백을 한 그리스도인들 가운데서 종종 들리곤 하는 불평하는 말들과 그들 가운데서 흔히 발생하는 불화 중에서 상당 부분이 사라지게 될 것입니다. 왜냐하면, 이러한 일들은 우리의 기뻐하는 뜻대로 되어서는 안 되고, 우리는 하나님께서 자신의 기뻐하시는 뜻을 따라 자신의 종들을 세우시고 준비시키시며 파송하실 수 있도록 해 드려야 하기 때문입니다. 그리스도께서 자 신의 교회에 관한 모든 일을 결정하셔야 합니다. 그리스도께서 아무런 방해도 받지 않는 가운데 자신의 기뻐하시는 뜻을 따라 자신의 교회의 지체들을 선택하 시고 자신의 교회를 만들어 가셔야 합니다.

2. 둘째로, 무엇이 사람들로 하여금 모든 일이
자신의 뜻대로 되어야 한다고 생각하게 만듭니까?

나의 첫 번째 대답은 그러한 생각 속에는 자기 자신을 중시여기는 사고가 아주 크 게 자리 잡고 있다는 것입니다. 자기가 온 우주의 중심이라는 망상에 빠져 있는 사 람들이 있습니다. 그들은 자기가 잘되지 않으면, 시대가 악하다고 생각합니다. 온 세상이 그들의 방앗간으로 곡물을 가져와서 찧어야지, 그렇지 않으면, 그들 은 시대가 잘못되어도 한참 잘못되었다고 여깁니다. 그러나 사랑하는 친구들이 여, 도대체 여러분이 누구이기에, 태양이 여러분을 위해 뜨고 져야 한다고 생각 하는 것입니까? 도대체 여러분이 누구이기에, 계절도 여러분을 위해 바뀌어야 하고, 하나님께서도 다른 사람이 아니라 오직 여러분에게만 눈길을 주어야 합니 까? 도대체 여러분이 누구이기에, 모든 일이 "여러분의 뜻대로" 되어야 하는 것 입니까? 그런 식의 논리라면, 나는 모든 일이 여러분의 뜻이 아니라 나의 뜻대로 되어야 한다고 주장하지 않겠습니까? 그리고 또 다른 어떤 형제가 모든 일이 자 신의 뜻대로 되어야 한다고 말해도, 여러분은 아무 할 말이 없지 않겠습니까? 그 런데도 여러분은 끝까지 자신의 뜻대로 모든 일이 되어야 한다고 고집합니다. 여러분의 그러한 고집은 여러분이 자기 자신을 너무나 지나치게 중시하고 있음 을 보여주는 것이 아니겠습니까? 우리는 단지 만유 속에서 월계수의 마른 잎사 귀 위를 기어다니는 개미들과 같아서, 오늘 있다가 내일이면 없어질 그런 존재 들입니다. 그런데도 우리는 모든 일이 우리에게 이롭게 움직여져야 한다고 생각 하고서는, 조금이라도 불편을 겪게 되면, 즉시 하나님께 시비를 걸고 따지고 듭 니다.

모든 일이 자신의 뜻대로 되어야 한다는 생각은 자만심에서 생겨납니다. 우 리는 자기가 나서면 모든 것을 지금보다 훨씬 더 좋은 쪽으로 바꿀 수 있다는 망상에 실제로 젖어 있는 것으로 보입니다. 우리는 그런 속내를 분명하게 드러내어서 글을 쓰거나 말을 하지는 않더라도, 실제로 그런 전제 하에서 말하고 생각합니다. 만일 우리가 직접 나서서 모든 일들을 처리했더라면, 우리의 현실 속에서 실제로 일어났던 그런 나쁜 일들은 결코 일어나지 않았을 것이라고 우리는 확신합니다. 하지만 만일 우리가 나섰더라면, 그 일들은 훨씬 더 잘못된 방향으로 흘러갔을 것임을 믿으시기 바랍니다. "그것이 그대의 뜻대로 되어야 하겠느냐." 절대로 그렇게 되어서는 안 됩니다. 여러분이 엄청난 자만심에 빠져서, 여러분의 어리석은 생각이 하나님의 지혜보다 훨씬 낫다고 여기지만 않는다면, 여러분은 모든 일이 여러분의 뜻대로 되어서는 안 된다는 것을 알 수밖에 없습니다.

불평의 영은 우리에게 아주 쉽게 찾아옵니다. 우리가 알고 있는 사람들 중에도 실제로 그런 악한 영의 노예가 된 사람들이 있습니다. 그들의 눈에는 이 세상에서 제대로 되고 있는 일이 하나도 없기 때문에, 그들은 모든 것에 대해서 불평합니다. 하나님께서 친히 오셔서 그들을 기쁘게 해주신다고 해도, 그들은 결코 만족하지 않을 것처럼 보입니다. "그것이 그대의 뜻대로 되어야 하겠느냐." 여러분과 같이 그토록 변화무쌍하고 변덕스러우며 망상에 깊이 빠져 있는 사람들을 기쁘게 해주는 일이 과연 가능하겠습니까? 가련한 바보들이여, 분명히 여러분은 그럴 수 있을 것이라고 생각해서는 안 됩니다.

그러나 모든 일이 자신의 뜻대로 되어야 한다고 생각하는 것은 흔히 하나님에 대한 믿음이 부족해서 생겨납니다. 우리가 하나님을 믿기만 한다면, 우리는 모든 일이 제대로 잘 돌아가고 있다는 것을 알게 될 것입니다. 사랑하는 자녀가 자기 아버지를 믿고 의지하듯이, 우리가 그런 식으로 하나님을 믿고 의지하기만 한다면, 우리는 늘 충분히 안전하다고 느끼게 될 것이고, 지금의 질서와는 다른 어떤 것을 원하지 않게 될 것입니다. 여러분은 바다에서 거센 폭풍을 만나서 몹시 놀란 여자에 대한 이야기를 들으신 적이 있습니까? 그녀는 그 거센 물결과 풍랑들에 의해서 배가 곧 부서질 듯이 요동칠 때에도 자기 남편이 전혀 동요함이 없이 온전한 평안 속에서 침착하게 있는 것을 보았고, 남편은 그녀의 두려워하는 마음을 안심시키기 위하여 애를 썼지만 별 소용이 없었습니다. 그러자 남편은 칼을 뽑아들어 그녀의 목에 대고서, "부인, 무섭소?"라고 물었습니다. 그녀는 "나는 조금도 무섭지 않아요"라고 대답했습니다. "칼날이 당신의 목을 벨 수도 있는데 무섭지 않단 말이오?" "그 칼이 내 남편의 손에 있으니, 나는 조금도 무섭지 않아요." 남편은 그녀에게 이렇게 말했습니다: "이 폭풍우도 마찬가지가 아니겠소? 이 폭풍우는 하나님의 손에 있는 것이 아니오? 이 폭풍우가 하나님의 손에 있는데, 우리가 놀라 두려워할 필요가 어디 있겠소?" 마찬가지로, 우리에게 하나님을 믿는 참된 믿음이 있다면, 우리는 하나님이 우리에게 보내시는 모든 것들을 순순히 받아들일 것이고, 모든 일이 우리의 뜻대로 되기를 원하지 않고, 하나님이 자신의 뜻대로 정하신 모든 일들에 전적으로 동의하게 될 것입니다.

여러분이 하나님을 더 많이 사랑한다면, 여러분은 모든 일이 하나님의 뜻대로 되기를 바라게 될 것입니다. 왜냐하면, 사랑이라는 것은 사랑의 대상이 기뻐하는 것들이라면 무엇이든지 언제나 똑같이 기뻐하기 때문입니다. 그러므로 사랑하는 친구들이여, 우리가 하나님을 전심으로 사랑하게 되면, 우리는 하나님께서 자신의 뜻대로 우리에게 행하시는 것을 기뻐하게 됩니다. 하나님께서 우리가 병들어서 아프기를 원하시면, 우리는 그의 뜻을 따라 병들어 아프기를 바라고, 다른 것을 바라지 않을 것입니다. 하나님께서 우리가 가난하기를 원하신다면, 우리는 기꺼이 가난하게 살아가고자 할 것입니다. 하나님께서 우리가 고난의 바다를 통과하기를 바라신다면, 우리는 그의 복되신 뜻이 정하신 고난을 단 한 방울도 감하지 않고 다 받고자 할 것입니다.

3. 셋째로, 모든 일이 우리의 뜻대로 되지 않는 것은 참으로 큰 은혜입니다.

만일 세상에서 일어나는 모든 일이 우리의 뜻대로 되었다면, 우리는 과연 어떤 세상에서 살아가고 있을지를 생각하면, 참으로 끔찍합니다. 만일 모든 일이 우리의 뜻대로 된다면, 하나님의 영광은 가려지게 될 것입니다. 하나님께서는 어떻게 해야 자신이 가장 큰 영광을 받으시게 될 것인지를 아시기 때문에, 자기가 가장 큰 영광을 받게 되는 방향으로 섭리에 의해서 사람들을 다루어 오셨습니다. 그러므로 사랑하는 자들이여, 만일 우리가 어떤 일들을 단 하나라도 바꿀 수 있고, 실제로 우리의 뜻대로 바꾼다면, 하나님이 영광 받으시는 것은 그만큼 줄어들게 될 것이 분명합니다. 따라서 모든 일이 "여러분의 뜻대로" 되어서, 하나님의 이름에 합당한 영광이 그만큼 줄어드는 일이 있어서야 되겠습니까? 절대로 그렇게 되어서는 안 됩니다.

만일 어떤 일이 우리의 뜻대로 된다면, 그 일로 인해서 다른 사람들은 고통을 당할 수밖에 없게 됩니다. 어쨌든 모든 일들이 일부 사람들의 뜻을 따라 이루어진다면, 그들은 가난한 자들을 갈아서 완전히 가루로 만들어 버리게 될 것입니다. 모든 일들이 사람의 뜻을 따라 이루어진다면, 우리는 자주 무시무시한 곤경에 처하게 될 것입니다. 다윗은 하나님께 "여호와께서는 긍휼이 심히 크시니 내가 그의 손에 빠지고 사람의 손에 빠지지 아니하기를 원하나이다"(대상 21:13)라고 말하지 않았습니까? 하나님께서는 자기 백성에 대하여 크게 근심하실 때에도, 불경건한 자들을 다루실 때와는 달리 결코 가혹하게 다루지 않으십니다. 나의 형제들이여, 우리는 하나님께서 모든 일을 사람의 뜻대로 되게 내버려 두지 않으신다는 것을 믿고, 그런 하나님께 감사하여야 합니다. 하나님이 모든 일을 우리의 뜻대로 하게 내버려 두신다면, 그것은 정말 끔찍한 일이 될 것이기 때문입니다.

우리가 생각해야 할 또 한 가지가 있습니다. 만일 모든 일이 우리의 뜻대로 된다면, 어떤 일이 잘못되었을 때, 그 모든 책임은 우리에게 돌아올 것이기 때문에, 우리는 엄청난 책임을 져야 하는 처지에 놓이게 될 것입니다. 만일 우리의 환경과 우리에게 일어날 모든 일들의 세부적인 내용들을 결정하고 선택할 권한이 우리에게 주어져 있다면, 모든 사람들과 우리 자신의 양심은 그 모든 일에 대한 책임을 우리에게 묻게 될 것입니다. 그러나 실제로는 모든 일이 하나님의 뜻대로 되고 있기 때문에, 여러분은 그 일들에 대해서 그 어떤 책임도 없습니다. 모든 일이 하나님의 뜻을 따라 이루어진다면, 그 일들은 지극히 선하고 옳은 일들일 것임에 틀림없습니다. 그러므로 우리는 모든 일들을 자신의 뜻대로 행하시는 하나님의 이름을 송축하는 것이 마땅합니다.

만일 모든 일이 우리의 뜻대로 된다면, 우리에게 시험거리들이 그 즉시 엄청나게 늘어나게 될 것이라고 나는 우려합니다. 왜냐하면, 모든 일이 자신의 뜻대로 되는 경우에는 많은 가난했던 사람들이 갑자기 부자가 될 것이고, 그들은 재물이 자신들에게 어떤 시험거리가 될 것인지도 모르고 있는 까닭에, 그 시험에 맞서기 위해 필요한 하나님의 은혜를 구할 생각도 하지 않을 것이기 때문입니다. 또한, 지금 병들어서 침상에 누워서 하나님을 찬송하던 사람들은 건강하게 될 것이고, 그러면 그들의 영성 중에서 상당 부분이 떨어져 나가서, 지금 그들이 병상에 홀로 누워 있을 때에는 피할 수 있었던 온갖 환난들이 그들에게 엄습해 올 것입니다. 또한, 어떤 사람들은 우리와 같이 공인으로서 많은 고난 속에서 살아가느라고 삶 속에서 별로 위로들을 누리지 못하는 그런 처지 가운데서 살아가다가, 자신의 뜻대로 자신의 삶을 결정할 수 있게 되면, 그런 고난들을 겪지 않는 삶을 택하게 될 것입니다. 여러분을 지금 있는 자리에 두시고서 많은 고난을 받게 하시는 것이 하나님의 뜻인데도 말입니다. "그것이 그대의 뜻대로 되어야 하겠느냐." 만일 그렇게 된다면, 여러분에게는 은혜는 줄어들고 시험거리들은 늘어나게 될 것이고, 여러분은 지금보다도 훨씬 더 많이 하나님을 따르기보다는 세상을 따르게 될 것입니다. 그러므로 모든 일이 여러분의 뜻대로 되도록 내버려 두지 않으시는 하나님께 감사하십시오.

만일 모든 일이 우리의 뜻대로 된다면, 우리는 우리 자신의 뜻을 잘 모르게 될 것입니다. 어떤 사람이 모든 일을 자기가 좋아하는 대로 이루어갈 수 있다고 할지라도, 그는 자기가 한 일들을 마음에 들어 하지 않을 것입니다. 특히, 마음이 새롭게 되지 못한 사람들은 자기가 모든 일들을 주관하고 행하고도 결코 만족하지 않을 것입니다. 어떤 사람이 행복해지는 길은 자신의 뜻을 관철시키는 데 있는 것이 아니라, 자신의 뜻을 버리고 온전히 하나님의 뜻을 따르는 데 있습니다. 솔로몬이 여러 가지 일들을 자신의 뜻대로 행하였을 때, 그가 어떠한 반응을 보였는지를 보십시오. 그는 한때는 크고 웅장한 건축물들을 짓는 데 몰두해서, 자신의 왕궁들과 큰 정원들과 수도 시설과 수원지들을 건축하는 데 온 힘을 쏟았지만, 그것들이 다 완성되었을 때, 그런 것들로부터 큰 만족을 얻기는커녕 싫증을 느낄 수밖에 없었습니다. 그래서 그는 이번에는 악기들과 노래하는 자들을 모아서 웅장한 성가대를 꾸렸지만, 이번에도 곧 싫증을 느끼게 되었습니다. 그러자 그는 이번에는 공부하고 연구하는 일에 몰두하였지만, 결국에는 "많은 책들을 짓는 것은 끝이 없고 많이 공부하는 것은 몸을 피곤하게 하느니라"(전 12:12)고 고백하였습니다. 그는 자기가 갖고 싶은 것들을 다 가졌지만, 그 모든 것들도 그에게는 다 헛되고 헛된 것들이고 그의 심령을 번거롭게 하는 것들일 뿐이었습니다. 그는 자신의 영혼을 만족시켜 주는 그 어떤 것도 발견하지 못하다가, 결국 노년이 되어서, 홀로 하나님 앞에 나아가 조용히 엎드렸을 때에야 비로소 자신의 영혼의 만족을 얻을 수 있었습니다. 하나님께서 어떤 사람에게 "모든 일이 네가 원하는 대로 될 것이니, 너의 뜻대로 하라"고 말씀하셨다면, 그것은 그 사람에게 가장 무시무시하고 끔찍한 말씀입니다. 그 사람은 틀림없이 하늘 아래에서 가장 비참하고 가장 만족하지 못한 사람이 될 것입니다. 그런데도 "그것이 그대의 뜻대로 되어야 하겠느냐." 또한, 모든 것이 여러분의 뜻대로 된다면, 여러분은 하나님으로부터 절대로 회초리를 맞고자 하지 않을 것이기 때문에, 여러분 속에 있는 죄들은 바로잡히지 않게 될 것입니다. 여러분은 결코 자진해서 풀무불에 들어가고자 하지 않을 것이기 때문에, 여러분 속에 있는 찌꺼기들은 고스란히 그대로 남아 있게 될 것입니다. 만일 모든 일이 여러분의 뜻대로 이루어진다면, 여러분은 육신에 의해서 철저히 지배당해서, 육신이 원하는 것들에 빠져서 헤어 나지 못하고, "이 그릇에서 저 그릇으로 옮기지 않음 같아서"(렘 48:11), 여러분 의 죄악들이 비워지지 못하고 고스란히 꽉 차서, 이루 말할 수 없이 무시무시한 화를 여러분 자신에게 자초하게 될 것입니다. 사랑하는 자들이여, 이런 이유 때 문에라도, 하나님께서 천국에서 가장 훌륭한 성도를 뽑아서 그의 뜻대로 모든 일을 행하시는 것이 아니라, 그 성도가 하나님의 뜻에 온전히 순복하는 자라고 할지라도, 전적으로 자신의 뜻을 따라 다스리시는 것은 우리에게 너무나 큰 은 혜입니다.

모든 일이 "여러분의 뜻대로" 된다면, 이 세상은 온통 싸움뿐이게 될 것입니다. 왜냐하면, 내가 이미 앞에서 잠깐 언급하였듯이, 모든 일이 여러분의 뜻대로 된 다면, 각 사람이 자신의 뜻대로 되어야 한다고 주장하게 되어서, 이 세상은 물론 이고 하나님의 교회조차도 난장판이 되고 엉망진창이 되어 버릴 것이기 때문입 니다. 여러분 각자의 생각이 서로 다 다른데, 이렇게 생각이 다른 사람들이 모든 일을 자신의 뜻대로 하고자 한다면, 온 세상이 어떻게 다스려질 수 있겠습니까? 그것은 하늘의 왕께서 자신의 보좌에서 물러나시고, 그 자리를 혼돈이 차지하게 될 것임을 의미합니다! 그리고 그런 질서는 단 한 시간도 지속되지 못할 것입니 다. 그래서 우리는 눈물을 흘리며 하나님 앞에 나아가서 이렇게 부르짖지 않을 수 없게 될 것입니다: "하나님이여, 주 없이는 우리가 단 한 시도 살 수가 없사오 니, 속히 돌아오셔서 우리를 다스려 주소서. 모든 것이 멸망으로 치닫고 있어서, 만유를 다스리실 전능하신 주님의 뜻이 우리에게 절실히 필요하나이다." 그런데 도 모든 일이 여러분 뜻대로 되어야 하겠습니까? 우리는 이렇게 말하여야 합 니다: "아닙니다. 주께서 주의 뜻이 온전히 나의 뜻이 되게 하셔서, 결국 모든 일 이 주의 뜻대로 잘되어가게 되기 전에는 절대로 그렇게 하지 말아 주십시오." 어 떤 신앙인이 "나는 언제나 나의 길을 갑니다"라고 말하자, 그 말을 들은 사람이 "그것이 무슨 뜻입니까?"라고 물었습니다. 그러자 그 신앙인이 "하나님의 길이

나의 길이라는 뜻이지요"라고 대답했습니다. 또 어떤 신앙인은 "나는 언제나 나의 길을 갑니다"라고 말하고서는, 그 말의 의미를 앞에서와 비슷하게 설명하였습니다: "하나님께서 자신의 뜻을 이루시는 것이 바로 나의 뜻이니까요." 하나님의 뜻이 여러분의 뜻이 되었다면, 여러분은 모든 일이 여러분의 뜻대로 되기를 바랄 수 있겠지만, 그렇게 되기 전까지는 하나님께서 모든 일을 자신의 뜻대로 이끌어가시는 것을 감사하여야 합니다.

4. 넷째로, 여러분은 사람들로 하여금 모든 일이 자신의 뜻대로 되어야 한다고 생각하게 만드는 영을 억제하여야 합니다.

사랑하는 친구들이여, 마지막으로 내가 여러분에게 해 드리고자 하는 말씀은 우리는 하나님의 성령의 도우심을 힘입어서 그러한 영을 저지하고 억제하여야 한다는 것입니다.

첫 번째 이유는 모든 일을 여러분의 뜻대로 되게 하는 것은 **불가능하기** 때문입니다. 내가 앞에서 이미 여러분에게 설명하였듯이, 사람들의 마음이 자연적이고 육신적인 상태에 있는 동안에는, 모든 일이 사람들의 뜻대로 되는 것은 불가능합니다.

다음으로는, 모든 일이 여러분의 뜻대로 되는 것은 **불합리**합니다. 질서가 잘 잡혀 있는 어떤 집에서 누구의 뜻이 지배해야 합니까? 가장인 아버지의 뜻대로 되어야 합니까? 물론, 여러분은 자신의 가정의 모든 일이 어린 자녀의 뜻대로 되어야 한다고 생각하지는 않겠지요? 여러분은 자기 가정에 있는 모든 구성원들과 그들의 관심사에 대하여 포괄적인 안목을 지니고 있기 때문에, 여러분이 어린 자녀보다는 가정사를 어떻게 처리해야 옳은 것인지를 더 잘 판단할 수 있다는 것을 압니다. 여러분의 어린 자녀가 "모든 일을 내 뜻대로 해나갈 거야"라고 말한다면, 그것은 불합리하고 어이없는 말이 될 것입니다. 자녀가 그런 식으로 말한다면, 여러분은 그 자녀에게 따끔하게 훈계를 할 것이 틀림없습니다. 마찬가지로, 하나님께서 섭리에 의한 모든 통치를 여러분의 뜻에 맡기신다는 것도 도저히 상상할 수 없는 일입니다. 모든 일이 여러분의 뜻대로 되어야 한다고 생각하는 것은 그 어떤 이치에 맞고 지각 있는 논거로도 정당화할 수 없기 때문에, 여러분은 그렇게 생각하도록 여러분을 부추기는 영을 배척하여야 합니다.

다음으로, 그러한 생각은 그리스도를 본받는 것이 아닙니다. "그것이 그대의 뜻

대로 되어야 하겠느냐." 우리의 찬송을 받으시기에 합당하신 주 예수 그리스도
께서는 크신 하나님 아버지의 아들이셨는데도, 모든 일이 아버지의 뜻대로 되기
를 원하셨습니다. 그는 무엇이라고 말씀하였습니까? "나의 원대로 마시옵고 아
버지의 원대로 하옵소서"(마 26:39). 하나님의 아들이신 예수께서도 "나의 원대
로 마시옵고"라고 말씀하셨는데, 우리 중에서 감히 "내 뜻대로 이루어 주소서"라
고 말할 사람이 누가 있겠습니까? 여러분은 만물을 충만하게 하시는 크신 아버
지 하나님께서 자신의 뜻을 이루시도록 하시기 위하여, 모든 일을 주관하고자
하시는 자신의 욕구를 내려놓으신 여러분의 맏형을 본받지 않으시렵니까? 그런
데도 여러분이 모든 일이 여러분의 뜻대로 되기를 바란다면, 여러분은 그리스도
를 닮은 것이 전혀 아닙니다. 왜냐하면, 그리스도께서는 모든 일에서 하나님 아
버지의 뜻을 행하셨고, 아버지의 뜻을 따라 자기가 고난당하는 것조차 기뻐하셨
기 때문입니다. 그러니 우리도 성령께서 우리를 도우셔서 그리스도께서 행하셨
던 것처럼 행하게 해주시라고 기도해야 합니다.

우리가 모든 일을 우리의 뜻대로 하고자 한다면, 그것은 **무신론적인 태도입**
니다. 왜냐하면, 만물을 자신의 뜻대로 다스리시지 않는 하나님은 참 하나님일
수 없기 때문입니다. 여러분이 모든 일에서 자신의 뜻을 관철하고자 한다면, 여
러분 자신이 하나님의 자리를 차지하고 있는 것입니다. 여러분은 이런 생각만
해도 두렵고 떨리지 않습니까? 여러분에게는 하나님의 보좌가 합당하지 않습니
다.

> "당신은 하나님의 손에서 공의의 저울과 징계의 회초리를 빼앗아서,
>   하나님의 판단들을 다시 판단하여
>   하나님 위에 있는 하나님이 되고자 하는 것인가요?"

여러분이 진정으로 회심하였다면, 그런 것을 생각하거나 말하는 것만으로
도 두려워 떨게 될 것입니다. 하지만 사랑하는 자매여, 당신은 바로 그러한 영을
가지고서 이 전에 오시지 않으셨습니까? 여러분은 "하나님께서 나를 너무나 가
혹하게 대하시기 때문에, 나는 하나님과 화목하게 지내기가 힘들어"라는 생각을
품고서 이 전에 오신 것은 아닙니까? 그렇다면, 그러한 반역의 영을 버리십시오.
여러분은 단지 아무런 힘도 없는 가련한 피조물일 뿐이고, 그분은 만유를 다스

리시는 하나님이십니다. 바로 이 시간에 전능하신 하나님의 뜻이 여러분의 마음을 지배하도록 내어 드리고, 지존자를 반역하여 제멋대로 생각하고 행하고자 하였던 마음을 버리려고 애쓰십시오. 나는 아주 오랜 세월 동안 자기 자녀를 위하여 애통해 온 여자 분을 알고 있습니다. 어느 날 한 퀘이커 교도가 그녀에게 "친구여, 당신은 아직 하나님을 용서하지 않았습니까?"라고 물었습니다. 우리가 이것과 동일한 질문을 던질 수 있는 그런 사람들이 있습니다. 그리스도를 자신의 주로 고백한 신앙인들 중에는 극심한 실패와 좌절을 맛본 후에, 자기는 하나님이 자기에게 그런 시련을 주시는 것을 이해할 수 없다고 말하는 사람들이 있습니다. 즉, 그런 시련을 자기에게 주신 하나님의 뜻을 순순히 받아들일 수 없다는 것입니다. 우리는 그래서는 안 됩니다. 자녀가 자기 아버지와 사이가 나빠졌을 때에는 다시 화해를 하고자 하는 것이 최선입니다. 왜냐하면, 그 아버지가 지혜로운 사람이라면, 자기 아버지가 자기에게 한 일이 마음에 들지 않아서 화를 내고 토라진 자녀는 결국 아버지의 뜻을 받아들여야 할 것이기 때문입니다. 아버지는 자기 자녀에게 이렇게 말할 것입니다: "사랑하는 내 아들아, 우리 사이가 완전히 좋아지려면, 우리 둘 중에서 한 사람이 마음을 고쳐먹어야 한다. 나는 내가 올바르게 행하였다는 것을 알기 때문에, 내 마음을 고쳐먹을 수는 없는 노릇이다. 그러니 네가 네 마음을 고쳐먹어서, 내 뜻을 따라주어야 하지 않겠니?" 마찬가지로, 여러분이 자신의 고집과 완악한 마음으로 인해서 하나님과의 사이가 틀어졌다면, 하나님께서 여러분의 뜻에 맞춰 주실 수는 없기 때문에, 여러분이 하나님의 뜻을 받아들이고 하나님께 돌아가야 합니다. 그러므로 즉시 하나님께 항복하십시오. 여러분을 무한히 사랑하시는 하늘에 계신 여러분의 아버지 앞에 나아가 그 앞에 무릎을 꿇으십시오. 설마 여러분은 하나님과의 싸움을 계속해 나가겠다고 말할 생각인 것은 아니겠지요? 여러분이 하나님께 시비를 걸었지만, 하나님이 옳으시고 여러분이 잘못했다는 것을 여러분은 알고 있습니다. 그러므로 "이는 여호와이시니 선하신 대로 하실 것이니라"(삼상 3:18)고 말하십시오. 또는, 여러분이 그렇게 말할 수 없다면, 아론이 자신의 아들들이 다른 불을 여호와 앞에서 분향하다가 불이 여호와 앞에서 나와 그들을 삼켜서 죽게 되었을 때에 큰 슬픔 중에서도 "잠잠하였고"(레 10:3), 다윗이 "내가 잠잠하고 입을 열지 아니함은 주께서 이를 행하신 까닭이니이다"(시 39:9)라고 말한 것처럼, 적어도 잠잠할 수 있어야 합니다. 여러분이 하나님의 뜻을 받아들인다는 의미로 잠잠할 수 있기를 빕니다.

하지만 나는 여러분에게 거기에서 더 나아가서, 하나님이 여러분에게 주신 가난과 고통과 사별 등등을 인하여 하나님을 찬송하고 송축할 수 있기를 바랍니다. 그랬을 때, 여러분이 이 아랫세상에서 환난 가운데 불렀던 찬송들이 장차 천국에서 여러분이 부를 가장 감미로운 곡조들이 될 것입니다. 시력을 잃은 어떤 사람이 있었는데, 그는 자신의 시력을 앗아가신 하나님을 늘 찬송했습니다. 그가 그렇게 찬송하는 이유를 들어보니, 그것은 자기가 눈이 멀고 나서야 비로소 볼 수 있게 되었다는 것이었습니다. 또한, 한쪽 다리를 잃은 어떤 사람은 자신의 다리가 온전했더라면 자기가 결코 만세반석 위에 서지 못하게 되었을 것이라고 말하였습니다. 그리스도께서는 참 포도나무의 가지들인 우리에 대해서 다른 어떤 것들보다도 더 혹독하게 가지치기를 하실 수밖에 없으시지만, 우리는 바로 그런 이유로 인해서 하나님을 찬송하고 송축하여야 하고, 모든 일이 우리의 뜻대로 되어야 한다는 생각을 성령의 도우심을 따라 우리의 심령으로부터 완전히 몰아내고자 애써야 합니다. 사랑하는 형제들이여, 여러분이 그런 서글픈 심령 상태에 빠져 있다면, 골방으로 들어가서, 여러분 속에 제멋대로 행하고자 하는 마음과 교만한 마음이 있음을 고백하시고, 여러분의 심령을 젖뗀 아이처럼 되게 하여 주시라고 구하십시오.

> "세상에 속한 모든 것들로부터 젖을 떼고서,
> 하나님이 주시는 모든 것을 기뻐하게 하소서."

내가 전하는 말씀을 들으시는 분들 중에는 하나님을 사랑하지 않는 분들도 있다는 것을 나는 압니다. 나는 여러분이 왜 지금까지 그리스도 밖에 그대로 계시는지가 의아합니다. 여러분이 변화받기를 원하신다면, 여러분을 변화시켜 주시라고 하나님께 구하십시오. 여러분이 변화되기 위해서는 그렇게 해야 하기 때문입니다. 구원의 계획이 여러분의 마음에 별로 들지 않는다고 하여도 그렇게 하십시오. 구원의 다른 길은 결코 없기 때문입니다. 예수 그리스도가 여러분의 마음에 들지 않습니까? 하나님께서는 죄인이 자신의 소망을 지을 다른 터를 우리에게 허락하지 않으셨습니다. 그러므로 여러분은 하나님이 자신의 뜻대로 주신 터, 곧 확실한 모퉁잇돌이신 그리스도 예수 위에 자신의 소망을 지으시는 것이 좋습니다. 사람들은 흔히 자기가 알고 지내던 사람들과 사이가 틀어지는 것은 좋지 못하다고 말하지만, 나는 여러분이 자신의 구원의 길과 사이가 틀어지는 것이야말로 정말 좋지 못한 일이라고 말하고 싶습니다. 하나님께서 여러분을 구원하시기 위하여 예비하신 길은 하나님이나 우리가 생각할 수 있는 모든 길 가운데서 가장 좋은 길이고, 유일한 길이기도 합니다. 하나님께서는 주 예수 그리스도를 믿는 자는 누구든지 멸망하지 않고 영생을 얻게 될 것이라고 말씀하십니다. 영원하신 성령께서 여러분을 인도하셔서 지금 이 자리에서 주 예수를 믿게 해주시기를 빕니다. 여러분이 그렇게 하기만 한다면, 여러분은 그 즉시 구원받게 될 것임을 믿으십시오. 그러나 구원의 길을 여러분의 뜻대로 바꿀 수 있을 것이라고 생각하지는 마십시오. 구원은 결코 여러분의 뜻대로 되지 않을 것입니다. 여기에 복음이 있습니다. 여러분은 복음을 받아들일 수도 있고 거부할 수도 있지만, 복음을 여러분의 뜻대로 바꿀 수는 없습니다. 하나님께서 그의 사랑하시는 아들을 인하여 여러분으로 하여금 이 복음을 받아들여서 그 안에서 기뻐하고 즐거워할 수 있게 해주시기를 빕니다. 아멘.

제
28
장

—

마음이 크고 넓으신 하나님

—

**"하나님은 능하시나 아무도 멸시하지 아니하시며
그의 지혜가 무궁하사" — 욥 36:5**

욥이 극도로 괴롭고 비통한 심정에서 결국에는 나중에 후회하게 될 그런 말들을 입 밖으로 내게 된 것을 우리는 이상하게 여겨서는 안 됩니다. 앞에서 욥은 하나님이 자기를 멸시하고 있다고 생각하였고, 자신의 그런 심정을 토로하였습니다. 10:3에서는 그가 이렇게 하나님께 항변하였습니다: "주께서 주의 손으로 지으신 것을 학대하시며 멸시하시고 악인의 꾀에 빛을 비추시기를 선히 여기시나이까." 엘리후는 자기를 "지으신 이"의 의로우심을 변호하고자 하는 열심에서 (3절), 내 생각에는, 욥의 바로 그러한 말을 문제삼아서, 하나님의 권능과 너그러우심에 의거해서 욥의 그 말을 정면으로 반박하고 하나님의 의로우심을 증명합니다. 그는 자신의 주장을 뒷받침해 줄 논거를 사람들이 금방 생각해 낼 수 없는 "먼 데서" 가져오기로 약속하였기 때문에(3절), 누구나 생각할 수 있는 하나님의 긍휼하심이나 선하심을 근거로 해서 하나님이 아무도 멸시하지 않으신다는 것을 논증하지도 않고, 별 생각 없는 사람들조차도 쉽게 이해할 수 있는 상식적인 이유를 들어서 자신의 주장을 증명하지도 않습니다. 대신에, 그는 하나님이 아무도 멸시하지 않으신다는 것, 따라서 하나님이 욥도 멸시하지 않으신다는 것이 참이라는 자신의 주장을 증명해 줄 근거로 하나님이 능력이 있으시다는 사실을 제시합니다: "하나님은 능하시나 아무도 멸시하지 아니하시며 그의 지혜가 무궁하사." 이런 형태의 논증은 여러분이나 내가 자연스럽게 생각해 낼 수 있는 것이 아닐 것입니다. 도리어, 엘리후의 논증과는 정반대로, 하나님의 능력은 무한하시기 때문에, 우리는 하나님께서 그가 지으신 피조물들 같은 연약한 존재들을 고려해 주실 것이라고 기대할 수 없고, 도리어 하나님은 자신의 모든 피조물들을 멸시하실 것이라고 생각할 수밖에 없는 까닭에, 욥을 멸시하시는 것도 전혀 이상한 일이 아니라고 말하는 것이 훨씬 더 자연스러운 논증일 것입니다. 하지만 엘리후는 우리 중 대다수가 소유하고 있는 것보다 훨씬 더 큰 분별력을 가지고서, 그러한 자연스러운 논증과는 정반대의 논증을 펼쳐서, 하나님이 능하시기 때문에 아무도 멸시하지 않으신다고 선언합니다.

     사실들은 설득력 있는 논거들이기 때문에, 여러분이 주의 깊게 관찰해 보면, 대체로 다른 사람들을 멸시하는 자들은 약한 자들이고, 그런 자들은 다른 면들에서도 약하지만 특히 지각에 있어서 약한 자들이라는 것을 알게 될 것입니다. 미천한 자들이 잠시 권력을 얻게 되면, 흔히 그 권력을 이용해서 무자비하게 횡포를 부리지만, 진정으로 큰 자들은 예의바르고 온유하며 생각이 깊습니다. 강한 자들은 남들을 의심하거나 질투할 이유가 없기 때문에, 시기로부터 자유롭습니다. 그들에게는 다른 사람들의 힘에 대한 두려움이 없기 때문에, 그들은 자신의 힘이 자기 주위의 약한 자들에게 압제와 억압이 되지 않게 하려고 신경을 쓰게 됩니다. 또한, 그들은 다른 사람들을 잘 배려해서, 자신의 힘을 써야 할 곳에만 씁니다. 겉으로만 강하고 실제로는 약한 자들이 다른 사람들을 멸시하는 것은 그들을 두려워하기 때문입니다. 그들은 자신들이 멸시 받을 만한 자들이라는 것을 알기 때문에, 역으로 선수를 쳐서 다른 사람들을 멸시합니다. 진짜 유식한 자들이 아니라 유식하게 보이고자 하는 자들이 남들을 비웃고 조소하며, 진짜 고상한 자들이 아니라 고상하게 보이고자 하는 자들이 거드름을 피우며 뽐내고 자랑합니다. 자신의 모습을 가리고 위장해서 진짜 모습을 보이고자 하지 않는 자들은 먼저 선수를 쳐서 자신의 경쟁자들을 조소하고 야유함으로써 남들의 비판으로부터 자기 자신을 보호하고자 합니다. 사람들은 바리새인들이 그들 자신을 믿고 의지하였으며, 자신들을 의롭다고 여겨서 남들을 멸시하였다고 말합니다. 만일 그들이 진정으로 의로웠다면, 다른 사람들을 멸시하지 않았을 것이지만, 자신들이 껍데기뿐인 신앙을 지니고 있었고, 무늬만 의로웠거나 겉에만 도금한 의를 지니고 있어서, 실제로 의는 없고 의의 모양만 있었기 때문에, 그들 자신과 같이 동일한 쇼를 하고 있던 모든 사람들을 극도로 경멸하고 조소하였던 것입니다. 하나님께서는 모든 일에서 지극히 크시기 때문에, 아무도 멸시하지 않으십니다. 하나님과 경쟁할 자는 아무도 없기 때문에, 하나님께서는 다른 이들의 선한 이름을 폄하함으로써 자신의 자리를 유지하실 필요가 없으십니다. 하나님은 절대적인 능력을 지니고 계시고 지극히 참되시기 때문에, 자기 자신을 보호하시기 위하여 다른 이를 멸시하실 이유가 전혀 없으십니다. 하나님께서는 적대적인 세력의 힘을 두려워하실 이유가 없으시기 때문에, 함부로 자신의 능력을 사용하지 않으십니다. 그의 권능은 온유하심과 연결되어 있고, 하나님은 함부로 진노하지 않으십니다. 왜냐하면, 하나님의 능력은 워낙 크서서, 하나님이 한 번 진노하시면, 마치 불길이 그루터기를 태우듯이, 자신의 대적들을 흔적도 없이 삼켜 버리기 때문입니다. 하나님은 너무나 크서서 다른 이를 멸시할 필요가 없으시고, 너무나 능력이 많으서서 오만하실 이유가 없으십니다.

또한, 우리가 주목해야 할 것은 단순히 야만적인 힘은 약한 자들을 멸시하겠지만, 여기에서 말하는 하나님의 능력은 고귀한 힘이기 때문에 약한 자들을 멸시할 수 없다는 것입니다. 하나님의 능력은 지진으로 견고한 땅을 뒤흔들어 놓으시고 폭풍우로 하늘을 뒤집어 놓으시는 것으로만 나타나는 것이 아니라, 지혜나 고귀한 마음이라는 좀 더 고상한 형태로도 나타납니다. 하나님은 그 팔에 무한하신 능력이 있으신 것 같이, 그의 마음도 지극히 크십니다. 하나님의 능력은 그의 마음과 지각과 사랑에 있습니다. 하나님은 신령한 일들과 고귀한 생각과 위대한 동기와 고상한 영과 고귀한 목표에 있어서 능력이 있으십니다. 여러분이 하나님의 마음과 성품이 고귀하다는 것을 알게 될 때, 하나님이 아무도 멸시하지 않으시는 이유도 알게 됩니다. 비록 어설프지만, 내가 말하고자 하는 것을 한 단어로 표현한다면, 하나님은 도량이 넓으서서 아무도 멸시하실 수 없으시다는 것입니다. 태양은 너무나 밝게 빛나기 때문에, 거름더미 위를 비추는 것도 거절하지 않습니다. 비는 너무나 풍성하게 내리기 때문에, 작은 꽃봉오리 속에 떨어지는 것도 마다하지 않습니다. 바다는 너무나 광대하기 때문에, 깃털 하나가 바다 위에서 떠돌게 하는 것도 주저하지 않습니다. 마찬가지로, 하나님께서는 권능이 무한하시기 때문에, 젖먹이들과 어린 아기들의 찬송도 거절하지 않으십니다. 만일 하나님이 작은 분이라면, 작은 자들을 멸시하실 것입니다. 만일 하나님이 약하시다면, 약한 자들을 경멸하실 것입니다. 만일 하나님이 참되지 않으시다면, 자기 주변에 있는 사람들에게 거만하실 것입니다. 그러나 하나님은 전혀 그렇지 않으시고, 영원히 만유 위에 계시는 찬송 받아 마땅한 분이시자 유일하게 지혜로우신 분이시기 때문에, 우리는 하나님이 지극히 높고 크시지만 미천한 자들을 결코 멸시하지 않으시는 분으로 대하는 것이 마땅합니다. 우리의 하나님은 자기 자신을 낮추셔서, 천국에서 일어나는 모든 일들을 살피실 뿐만 아니라, 미천한 자들의 부르짖음을 결코 멸시하지 않으시는 그런 분이십니다. 하나님이 도량이 넓으시다는 것이 그가 아무도 멸시하지 않으시는 이유입니다.

이 아침에 우리는 성령의 도우심을 힘입어서 먼저 이 가르침에 대해서 고찰해 보고, 그런 후에 이 가르침의 실제적인 적용에 대해서 생각해 보겠습니다.

1. 첫째로, 하나님은 능력이 무한하시기 때문에 아무도 멸시하지 않으십니다.

엘리후의 이러한 논증을 한 번 차근차근 살펴보도록 하겠습니다. "하나님이 능하시다"고 그는 말합니다. 즉, 하나님은 지극히 강하시기 때문에, 우리가 상상할 수 없고 측량할 수 없을 정도로 크신 능력이 그에게 있으시다는 것입니다. "하나님이 한두 번 하신 말씀을 내가 들었나니 권능은 하나님께 속하였다 하셨도다"(시 62:11). 하나님께서 이미 행하신 모든 일들은 그의 능력이 어떠한지를 증명해 주기는 하지만, 우리는 그의 지극히 크신 역사들로부터도 도대체 하나님의 능력이 어디까지인지를 가늠조차 할 수 없습니다. "보라 이런 것들은 그의 행사의 단편일 뿐이요 우리가 그에게서도 들은 것도 속삭이는 소리일 뿐이니 그의 큰 능력의 우렛소리를 누가 능히 헤아리랴"(욥 26:14). 하나님의 능력에는 한계가 없고, "이스라엘의 거룩하신 이"를 제한하고자 하는 것은 죄악이기 때문에, 우리는 하나님이 원하시기만 하신다면, 그가 지금까지 해 오신 것보다 훨씬 더 놀라운 일도 얼마든지 하실 수 있으시다는 것을 한 치의 의심도 없이 믿어야 합니다. 여러분이 하나님의 도우심을 힘입어서 하나님이 지금까지 인간에게 베푸신 모든 능력들을 다 샅샅이 조사해서 그 능력이 어떠함을 알아냈다고 하더라도, 하나님은 우리가 알아낼 수 있는 분이 아니시기 때문에, 여러분이 하나님께서 서서 땅을 측량하시고, 열국들을 분할하시며, 영원한 산들을 티끌처럼 흩으시고 무릎을 꿇게 하시는 것을 보았다고 할지라도, 여러분은 여전히 하박국 선지자처럼 "그의 권능이 그 속에 감추어졌도다"(합 3:4)라고 고백하는 것이 마땅합니다.

하나님께는 불가능한 일이란 없습니다. 다음과 같은 사실들로부터 하나님의 권능이 어떠한지를 조금 배워 보십시오. 첫째로, 만유 속에 있는 모든 능력은 처음에 하나님으로부터 왔고, 지금도 여전히 하나님으로부터 오고 있으며, 그가 명하시면 순식간에 사라진다는 것입니다. 생명이 없는 자연계 속에서 어떤 힘이 작용하든, 그것은 모두 하나님이 일하시는 것입니다. 자연의 바퀴를 돌아가게 하시는 이는 하나님이시기 때문에, 그가 명하시면, 그 바퀴는 즉시 돌아가는 것을 멈추게 됩니다. 그룹들이나 스랍들, 천사들이나 사람들 속에 있는 온갖 정신적인 능력들은 하나님의 창조의 능력으로부터 나온 것들이고, 영원하신 태양이신 하나님으로부터 나온 햇살들일 뿐이기 때문에, 하나님이 자신의 능력을 거두시면, 그러한 정신적인 능력들은 사라지고 맙니다. 하나님께서 자신의 능력을 거두시면, 지금 어떤 질서 속에서 잘 돌아가고 있는 저 엄청나게 거대한 별들도 자신의 궤도에서 이탈해서 서로 충돌하여, 온 우주가 파멸을 겪게 됩니다. 지금은 만유인력으로 인해서 만물이 제자리를 지키고 있지만, 하나님께서 만유인력에 관한 법칙을 유지시키시기 위하여 사용하고 계시는 자신의 능력을 거두시는 순간, 만물은 한순간에 무너져 내려서 파멸로 치닫게 될 것입니다. 하나님이 자신의 능력을 거두시면, 원자들 간의 응집력도 사라져서, 원자들 자체도 소멸하게 될 것이고, 우주는 하나의 거대한 허공으로 남게 될 것입니다. 하나님의 능력은 이렇게 크시기 때문에, 우리는 느헤미야처럼 "오직 주는 여호와시라 하늘과 하늘들의 하늘과 일월성신과 땅과 땅 위의 만물과 바다와 그 가운데 모든 것을 지으시고 다 보존하시오니 모든 천군이 주께 경배하나이다"(느 9:6)라고 소리치게 됩니다.

크신 하나님은 그 어떤 도움도 없이 모든 일들을 하실 수 있으십니다. 하나님은 그 어떤 피조물의 도움도 필요로 하지 않으십니다. 모든 다른 존재들이 지닌 모든 능력은 하나님으로부터 나오기 때문에, 그러한 도움이라는 것은 있을 수 없습니다. 피조물들은 하나님의 능력에 기여할 수 있는 것이 없습니다. 모든 피조물들은 단지 원래부터 하나님께로부터 온 능력을 드러냄으로써, 하나님 자신을 드러낼 뿐입니다. 하나님은 자신의 마음으로 뜻하신 것을 이루시기 위하여 그 어떤 피조물에게도 협조를 구하실 필요가 없으십니다. 왜냐하면, 하나님은 자기가 뜻하시는 대로 행하시기 때문입니다. 한 걸음 더 나아가서, 모든 피조된 지성들과 세력들이 하나님을 거스르고 반대한다고 할지라도, 하나님은 자신이 뜻하신 모든 것들을 얼마든지 이루어 내실 수 있으십니다. 하나님이 지으신 모든 엄청난 세력들이 하나님께 반기를 든다고 할지라도, 하나님의 최고의 능력에 그 어떤 영향도 미칠 수 없습니다. "하늘에 계신 이"는 자기에게 대항하는 세력들을 보시고 "비웃으십니다"(시 2:4). 하나님을 거슬러 반기를 드는 세력들조차도 하나님의 주관하심 아래에 있습니다. 그의 원수들은 그의 발등상입니다. 하나님은 그들이 광분하여 격동하는 것을 이용하셔서 화평을 위한 자신의 뜻들을 이루어내십니다. "진실로 사람의 노여움은 주를 찬송하게 될 것이요 그 남은 노여움은 주께서 금하시리이다"(시 76:10). 하나님이 지금까지 자신이 원하시는 모든 일들을 행하셨을 때에 자신의 힘을 낭비하지 않으셨다는 것을 명심하십시오. "너는 알지 못하였느냐 듣지 못하였느냐 영원하신 하나님 여호와, 땅 끝까지 창조하신 이는 피곤하지 않으시며 곤비하지 않으시며 명철이 한이 없으시며"(사 40:28). 하나님은 늘 감찰하시지만, 결코 피곤하지 않으시기 때문에 주무실 필요도 없으십니다. 하나님은 늘 일하시지만, 피곤하거나 곤비함이 없으시기 때문에 쉬실 필요가 없으십니다. 하나님께서 뜻하신 모든 일들을 다하셨을 때에도, 이미 이전처럼 또다시 일하실 준비가 되어 계십니다. 우리 식의 생각을 따라 표현해 본다면, 하나님께서는 자신의 모든 힘을 다 쓰신 후에도, 이미 다시 일을 시작하실 모든 준비가 갖추어져 계십니다. 이러한 것들은 하나님의 옷자락들에 불과하고, 우리는 하나님의 영광을 모두 다 볼 수 없습니다. 나는 내가 별로 알지 못하는 것에 대하여 말하고 있는 것이기 때문에 두렵고 떨리지만, 확실한 것은 하나님의 능력은 지극히 큰 지성이 상상할 수 있는 것보다도 훨씬 더 크시고, 사람의 마음으로 생각할 수 있는 모든 것을 훨씬 뛰어넘는다는 것입니다.

또한, 본문은 "힘과 지혜에 있어서 능하시다"(한글개역개정에는 "그의 지혜가 무궁하사")고 말씀하고 있기 때문에, 우리는 하나님의 마음에 능력이 있으시다는 것을 알아야 합니다. 하나님은 "명철이 한이 없으십니다"(사 40:28). 하나님은 물리적으로 무한한 힘을 소유하고 계셔서, 만물을 창조하시고 보존하시거나 멸하실 뿐만 아니라, 한없는 명철의 능력도 소유하고 계셔서 "그의 경영은 기묘하기" 짝이 없습니다(사 28:29). "우리 주는 위대하시며 능력이 많으시며 그의 지혜가 무궁하시도다"(시 147:5). 나는 내가 말하고자 하는 바를 제대로 표현해 줄 단어들을 찾기가 어렵습니다. 왜냐하면, 하나님은 "영"이시고, 생각과 지성을 지니고 계시다고 할 때, 물리적인 세계에서만이 아니라 영적인 세계에서도 전능하시기 때문입니다. 하나님이 무한한 지성을 지니신 하나님이시기 때문에, 그의 피조물들은 안심할 수 있습니다. 만일 하나님의 손에는 무한하신 능력이 있지만, 하나님의 지성이 무한하지 않으시다면, 피조물들은 하나님을 두려워할 수밖에 없습니다. 한 제국의 통치자가 자신의 영을 다스릴 수 없다면, 그것은 재앙이 됩니다. 온 세상이 네로와 도미티아누스와 칼리굴라 같은 로마의 황제들 앞에서 벌벌 떨었던 것은 그들은 자신들의 성품이 너무나 취약하여서, 도덕과 인간성에 관한 모든 정상적인 법들을 다 짓밟은 자들이었지만, 열국들의 운명을 자신의 손아귀에 틀어쥐고 있었기 때문이었습니다. 이 괴물 같은 자들의 머리가 어떻게 생겨 먹었는지를 한 번 보십시오. 여러분은 그들의 머리가, 상금을 노리고 시합을 하는 권투 선수들과 백치들의 머리를 결합시켜 놓은 것 같다고 생각할 것입니다. 그런 자들이 한때 로마 세계의 지배자들이었다는 것을 생각만 해도, 우리의 피는 얼어붙을 지경입니다. 한 나라의 통치자가 너그럽고 온유한 성정을 지니고 있고 스스로 절제하는 힘이 강하며 더할 나위 없이 덕스러운 성품을 지니고 있다면, 그 나라는 정말 행복한 나라일 것입니다. 그런데 우리를 다스리고 계시는 "복되시고 유일하신 주권자"(딤전 6:15)가 바로 그런 분입니다. 하나님의 생각들과 계획들과 지혜와 선하심은 지극히 크십니다.

하나님은 모든 면에서 능력이 있으시고, 진노를 참으시는 데 특히 능력이 있으십니다. 여러분이 이것을 보고자 한다면, 하나님이 불순종하는 자들에게 보이시는 오래 참으심을 보십시오. 하나님의 인내와 비할 수 있는 것은 아무것도 없습니다. 하나님의 긍휼하심은 끝이 없습니다. 악인들이 그의 진노를 불러일으키면, 하나님께서는 진노하시지만, 그들을 치시지는 않습니다. 한 주 한 주 그들은 하나님을 모독하고, 심지어 하나님의 백성을 박해함으로써 그의 눈동자까지 건드립니다. 그러나 하나님께서는 여전히 우레를 드셨다가 다시 내려놓으시고, 그들에게 회개할 기회를 주어야 하겠다고 생각하셔서, 그들에게 긍휼의 메시지를 보내십니다. 하나님은 그들에게 그들의 끔찍한 길들로부터 돌아오라고 간곡하게 말씀하시지만, 그들은 자신의 마음을 완악하게 하고서, 도리어 하나님을 모독하며, 하나님의 거룩하신 이름을 하찮은 것으로 여기고 무시해 버립니다. 그럴지라도, 하나님은 오랜 세월 동안 그들의 끊임없는 반역과 패륜을 참으시고, 그들의 완악한 마음으로 인해서 근심하시면서도, 자신의 진노를 억누르십니다.

하나님의 이러한 인내는 우리 인류 중에서 이따금씩 몇몇 사람들에게만 보이신 것이 아니라, 무수한 사람들에게 보이셨고, 한 세대만이 아니라 대대로 보이셨습니다. 그런데도 여전히 지금도 하나님은 자기를 반대하고 불순종하는 사람들에게까지도, 그들이 돌아오도록 온종일 자신의 팔을 벌리고 계십니다. 하나님께서는 긍휼을 베푸시는 것을 기뻐하셔서, 아무도 멸망하지 않기를 바라시기 때문에, 오랫동안 인내로써 기다리십니다.

또한, 하나님이 수많은 죄인들의 죄를 완전히 사하시는 역사를 이루어 가시는 것 속에서도 하나님의 기이한 능력은 드러납니다. 하나님께서 한 사람의 죄인의 죄를 사하시는 것도 놀라운 일인데, 하나님이 수많은 사람들의 죄를 사하실 뿐만 아니라 아주 완벽하게 사해 주실 수 있으시다는 것은 정말 놀라운 일입니다. 어떤 사람이 우리에게 잘못해서 우리가 화가 많이 났을 때, 우리는 "내가 당신을 용서해 주기는 하겠지만, 당신이 내게 잘못한 것을 결코 잊지 못하게 될 수도 있습니다"라고 말할 수밖에 없는 경우가 흔히 있습니다. 하지만 하나님은 그런 것과는 거리가 멉니다. 왜냐하면, 하나님은 우리의 모든 죄를 자신의 등 뒤로 던져 버리시고, 우리가 잘못한 것들을 단 하나도 영원히 더 이상 기억하지 않으시겠다고 선언하시기 때문입니다. 하나님은 영원토록 무엇을 기억하지 않으시겠다고 하시는 것입니까? 바로 우리가 지은 저 지독한 죄악들, 저 흉악무도한 범죄들, 하나님을 그토록 진노하시게 만들었던 우리의 죄악들을 더 이상 기억하지 않으시겠다는 것입니다. 그리고 앞으로는 우리의 그런 죄악들 중 단 한 가지도 절대로 기억하지 않으시겠다는 것입니다. 우리가 지은 어떤 죄로 인해서 하나님께서 눈살을 찌푸리신다거나 서운한 감정을 품으신다거나, 그래서 우리를 냉정하게 대하신다거나 하는 그런 일이 결코 없을 것이라는 것입니다. "내가 네 허물을 빽빽한 구름 같이, 네 죄를 안개 같이 없이하였으니"(사 44:22). 하나님께서 그런 식으로 행하실 수 있으시다는 것, 죄인들 중에서 괴수인 자들을 향해서 그런 식으로 행하실 수 있으시다는 것은 하나님이 지극히 크신 마음을 소유하고 계시는 분임을 보여줍니다. "주와 같은 신이 어디 있으리이까 주께서는 죄악과 그 기업에 남은 자의 허물을 사유하시며 인애를 기뻐하시므로 진노를 오래 품지 아니하시나이다"(미 7:18).

또한, 나는 끝까지 회개하지 않아서 결국 죄 사함을 받지 못하고 멸망을 당할 수밖에 없는 악인들을 벌하실 때에도 하나님의 마음이 얼마나 크신지가 잘 드러난다는 말을 덧붙이고자 합니다. 하나님은 죄인들이 죽는 것을 기뻐하시는 분이 아닙니다. 심판은 하나님께 낯선 일입니다. 하나님은 자신의 절대주권을 자의적으로 휘둘러서 악인들을 벌하시는 것이 절대로 아니고, 언제나 공의의 요구에 따라 벌하십니다. 하나님께서는 자신의 공의를 똑바로 세우실 때에 가난하고 미천한 자들만을 공의로 다스리시는 것이 아니라, 자신의 손에 살인의 피를 가득 묻힌 황제들과 왕들을 그들의 높은 자리에서 뽑아내셔서 지옥으로 던져 버리십니다. 하나님을 크게 모독한 자들이라고 해서 특히 가혹하고 심한 벌을 내리시는 것도 아니고, 길거리에서 하나님의 이름을 모독하며 허풍을 떨던 자들이라고 해서 그냥 넘어가시는 것도 아닙니다. 하나님께서는 공정하고 냉정하게 공의를 따라 심판하십니다. "우리의 하나님 여호와께서는 불의함도 없으시고 치우침도 없으시고 뇌물을 받는 일도 없으시니라"(대하 19:7). 하나님의 판결은 지극히 공정하고 의로우셔서, 거기에 이의를 제기할 자는 아무도 없을 것입니다. 하나님이 정죄하거나 벌하실 때에는 거기에 감정이나 조급함이 개입되지 않고, 언제나 증거들을 정확히 헤아리셔서 그렇게 하신다는 사실은 하나님의 마음이 넓고 크다는 것을 증명해 줍니다. "세상을 심판하시는 이가 정의를 행하실 것이 아니니이까"(창 18:25). 그러므로 우리의 하나님은 마음에 있어서 능력이 많으신 분입니다.

이 가르침의 핵심은 하나님은 능력이 무한하시기 때문에 아무도 멸시하지 않으신다는 것입니다. 이것이 참되다는 것을 보여주는 증거는 아주 분명합니다. 하나님은 지극히 크시고 능력이 무한하시기 때문에, 그에게는 모든 것들이 작게 보일 수밖에 없습니다. 무한하신 하나님께는 큰 일이라는 것은 있을 수 없습니다. 인간의 지각으로는 도무지 그 규모를 가늠조차 할 수 없을 정도로 광대한 세상들이 있습니다. 그 세상들은 그 수가 헤아릴 수 없이 많아서, 우리는 그 세상들을 따로따로 분리해서 셀 수도 없고 다 합쳐서 셀 수도 없습니다. 그러나 하나님께는 그 세상들은 양동이 속에 있는 한 방울의 물과 같습니다. 이렇게 모든 것이 하나님께는 작은 일에 불과하기 때문에, 우리가 큰 일이라고 생각하는 모든 일들이 크신 하나님 앞에서는 아주 작은 일에 불과하다는 결론이 나옵니다. 그러므로 만유 가운데서 하나님과 비할 수 있는 것은 아무것도 없기 때문에, 하나님께서 피조물들을 살펴 주신다면, 그것은 아주 하찮고 연약한 것들을 살펴 주고 계시는 것입니다. 여러분이 하나님께서 보잘것없는 것들에게 관심을 쏟으시고 생

각해 주신다는 것을 증명하고자 한다면, 피조 세계를 보십시오. 크시고 능력 있
으신 하나님은 자신이 만드신 광대한 세상들을 통해서만이 아니라 작은 물체들
을 통해서도 자신의 위대하심을 나타내 보여 주어 오셨습니다. 무수한 피조물들
이 한 방울의 고인 물 속에서 뛰놀지만, 그 각각의 피조물을 통해서 하나님의 전
능하심이 드러납니다. 또한, 수많은 아주 작은 피조물도 하나님의 놀라운 계획
과 솜씨를 온 몸으로 드러냅니다. 그것들은 아주 미세해서 우리의 경이감을 더
해 주고, 우리로 하여금 창조주 하나님의 무한하신 능력을 느끼지 않을 수 없게
만듭니다. 왜냐하면, 이러한 미생물들은 강력한 성능의 현미경으로만 볼 수 있
을 정도로 작은데도, 하나님은 그것들에 맞는 양식을 주시고, 그 조직의 각 부분
에 생명력을 수여하셔서, 그것들이 생존하고 자라가며 성장하면서 생명을 누릴
수 있게 하시고 그 생명을 후대에 전할 수 있게 하시기 때문입니다. 하나님은 하
루살이나 파리에 대해서도 모든 것을 아시고, 스랍들과 그룹들을 지키시는 것과
마찬가지로 땅의 벌레들과 시내의 피라미들도 보호하시고 지키십니다. 하나님
께서는 일시적인 변덕이나 실험용으로, 또는 시간이 남아서 유흥삼아서가 아니
라, 아주 진지하게 작은 것들을 창조하신 것이고, 거대한 것들을 지으실 때와 마
찬가지로 아주 작은 것들을 지으실 때에도 똑같이 심혈을 기울여 만드셨습니다.
하나님께서 그렇게 하셨기 때문에, 우리는 그가 사람들 중에서 가난하고 궁핍한
자들을 자상하게 대하시고, 진실한 마음으로 그를 구하는 사람이라면, 그 누구
도 멸시하지 않으시리라는 것을 의심하여서는 안 됩니다. 하루살이와 파리를 돌
보시는 하나님께서 겸손한 마음을 지닌 자들의 기도를 들으시고, 무지한 자들과
미천한 자들을 존중하시리라는 것은 너무나 분명한 일입니다. 하나님의 아들 예수
께서는 "마음이 온유하고 겸손하셔서"(마 11:29), 어린아이들이 자기에게로 오는
것을 금하지 않으신 그런 분이시기 때문에, 사람들 중에서 가장 작은 자들인 우
리를 결코 멸시하지 않으실 것입니다.

　하나님께서 이렇게 작은 것들을 존중해 주시는 것은 섭리 속에서도 그대로
드러납니다. 하나님의 섭리는 강력한 제국들 간의 전쟁이나 각료들 간의 협의나
왕이 주재하는 조회에서의 논의에만 미치는 것이 아니라, 만유 속에서 일어나는
모든 일을 포괄합니다. 목장들에서 무수한 데이지 꽃들이 하나하나 피어나는 것
도 영원하신 뜻에 의해서 이루어지고, 늪지에서 개구리가 울거나 숲속의 상수리
나무에서 낙엽이 떨어지는 것도 영원하신 지혜가 세워 놓으신 계획의 일부입니

다. 철새인 제비가 계절을 따라 이동하는 것도 콜럼버스(Columbus)의 항해와 마찬가지로 하나님의 섭리에 의해서 이루어집니다. 새 한 마리가 새 사냥꾼의 그물을 빠져나가는 일도 한 나라가 해방되는 일과 마찬가지 하나님이 정하시는 일입니다. 하나님은 모든 것 속에 계십니다. 참새 한 마리도 아버지 하나님의 허락 없이는 땅에 떨어지지 않고, 여러분의 머리카락이 몇 개인지도 하나님이 다 아십니다. 하나님의 능력이 이 작은 것들에도 미쳐서, 자신의 영원하신 뜻을 이루는 과정의 한 부분이 되게 하신다는 것은 하나님이 아무도 멸시하실 수 없으시다는 것을 아주 분명하게 증명해 줍니다.

하나님은 도량이 넓고 크셔서 아무도 멸시하지 않으신다는 것을 증명해 주는 또 하나의 설득력 있는 논거는 하나님이 인간을 주의 깊게 보셨다는 사실에서 찾아볼 수 있습니다. 다윗은 "주의 손가락으로 만드신 주의 하늘과 주께서 베풀어 두신 달과 별들"을 찬찬히 살펴보는 가운데, "사람이 무엇이기에 주께서 그를 생각하시며 인자가 무엇이기에 주께서 그를 돌보시나이까"(시 8:3-4)라고 찬탄하지 않을 수 없었습니다. 인간은 생물들 중에서 가장 크지도 않고 힘세지도 않으며 민첩하지도 않습니다. 힘으로는 사자를 따라갈 수 없고, 민첩함으로는 말을 따라갈 수 없으며, 높이 솟아오르는 능력에 있어서는 독수리를 따라갈 수 없고, 물속에서 활동하는 능력으로는 물고기를 따라갈 수 없습니다. 크기로는 리워야단을 따라갈 수 없고, 허리의 힘으로는 베헤못을 따라갈 수 없습니다. 분명히 인간은 연약한 피조물이기 때문에, 짐승들을 잡아먹기는커녕 오히려 잡아먹히기 쉬운 존재입니다. 벌거벗은 인간은 연약하기 짝이 없어서, 도무지 스스로를 보호할 힘조차 없는 피조물로 보입니다. 그런데도 다윗이 "주의 손으로 만드신 것을 다스리게 하시고 만물을 그의 발 아래 두셨으니 곧 모든 소와 양과 들짐승이며 공중의 새와 바다의 물고기와 바닷길에 다니는 것이니이다"(시 8:6-8)라고 말하였듯이, 인간은 만물의 영장입니다. 하나님이 인간을 생각하신다는 사실은 하나님은 마음이 넓으시고 크셔서 어떤 것의 크기와 힘을 보셔서 작고 약한 것들을 멸시하시는 그런 분이 아니라, 자신을 한없이 낮추셔서 아주 작은 미물일지라도 존중하시고 살펴 주시는 분이시라는 것을 보여주는 하나의 예입니다.

또한, 여러분이 하나님께서 지금까지 어떤 부류의 사람들을 누구보다도 돌보셨는지를 생각해 보면, 이 점은 더욱 분명해집니다. 하나님께서는 어떤 사람들을 택하십니까? 이 땅에서 큰 자들에게 하나님의 지극히 친밀하신 사랑이 주어지는 경우는 극히 드물었다는 것을 기억하십시오. "형제들아 너희를 부르심을 보라 육체를 따라 지혜로운 자가 많지 아니하며 능한 자가 많지 아니하며 문벌 좋은 자가 많지 아니하도다"(고전 1:26).

> "영원하신 이가 하늘에서 허리를 굽히셔서
> 이 땅에서 자기가 찾아갈 자들을 고르실 때에
> 오만한 왕들의 높은 궁정을 보시고는
> 비웃으시며 눈을 돌리시도다.
>
> 모든 겸손한 심령을 보셨을 때에는
> 그 눈에 기쁨이 가득하셔서
> 저 높은 하늘에서 그들이 있는 저 후미진 곳으로
> 자신의 장엄한 병거를 몰아서 내려오신다네."

바울은 고린도전서에서 무엇이라고 말하고 있습니까? "하나님께서 세상의 멸시 받는 것들과 없는 것들을 택하사 있는 것들을 폐하려 하시나니"(1:28). 또한, 하나님께서는 자신의 교회의 기둥이 될 열두 사도를 세우실 때에 유명한 철학자들이나 상원의원들이나 왕들이 아니라 미천한 어부들을 선택하신 그런 분이시기 때문에, 우리는 하나님이 아무도 멸시하지 않으신다는 것을 확신할 수 있습니다. 그 날부터 이때까지 인생들 중에서 별로 존경 받지 못하는 사람들을 택하셔서 자기 백성을 위하여 지극히 능력 있으신 역사들을 이루어 나가시는 것이 하나님의 즐거움이었습니다. 왜냐하면, 하나님은 지극히 능력이 크셔서 아무도 멸시하지 않으시기 때문입니다.

형제들이여, 여러분 중에는 하나님께서 아무도 멸시하지 않으신다는 것을 보여주는 또 하나의 감미로운 증거를 알고 계시는 분들이 있습니다. 왜냐하면, 그들은 다윗이 시편 22편에서 말한 것과 같이, "그는 곤고한 자의 곤고를 멸시하거나 싫어하지 아니하시며 그의 얼굴을 그에게서 숨기지 아니하시고 그가 울부짖을 때에 들으셨도다"(24절)라고 말할 수 있는 분들이기 때문입니다. 그들은 육신적인 고통이나 사별이나 가난이나 박해로 말미암아 아주 깊은 물 속에 있었던 분들입니다. 그때에 여러분이 사랑하던 사람들과 친구들이 여러분에게서 즐거움을 얻지 못했기 때문에 여러분을 버리고 떠나갔었습니다. 그러나 하나님은 여러분을 떠나거나 버리지 않으셨습니다. 하나님은 곤경에 처해 있던 여러분에게 아주 가까이 다가오셨고, 그렇게 하심으로써, 자기가 아무도 멸시하지 않으신다는 것을 증명하셨습니다. 하나님께서는 그의 말씀 앞에서 통회하는 마음으로 두려워 떨던 이 가련한 자도 못 본 체하지 않으시고 돌아보셨습니다.

내가 이것을 증명하는 일을 계속해 나갈 필요는 없을 것입니다. 왜냐하면, 하나님께서는 인간의 위대함을 하찮게 여기시고, 인간의 탁월함에 대하여 호감을 갖지도 않으시며, 반대로 크고 푸른 나무들일수록, 그 뿌리에 도끼를 대고 잘라내어 쓰러뜨리신다는 것을 모든 역사가 분명히 보여주고 있기 때문입니다. 그러나 비천하고 멸시 받으며 시들어 보이는 자들에 대해서는, 하나님께서 그들을 불쌍히 여기셔서 복을 주시고, 그렇게 하심으로써 그의 종 에스겔의 예언을 성취하십니다: "들의 모든 나무가 나 여호와는 높은 나무를 낮추고 낮은 나무를 높이며 푸른 나무를 말리고 마른 나무를 무성하게 하는 줄 알리라 나 여호와는 말하고 이루느니라 하라"(겔 17:24).

형제들이여, 하나님이 미천한 것들을 존중하신다는 것을 증명하기 위하여 내가 제시한 증거는 하나님의 마음이 얼마나 크고 넓은지를 잘 보여줍니다. 우리 하나님은 사람들 가운데서 큰 자들과 같지 않습니다. 왕들은 대체로 그들에게나 국가에 가장 큰 공헌을 할 수 있는 사람들을 극진히 대우합니다. 하지만 하나님은 사람들로부터 그런 도움을 받으실 필요가 없으시기 때문에, 큰 자들을 존중하거나 작은 자들을 멸시하지 않으십니다. 하나님은 모든 것 가운데서 모든 것이 되시기 때문에, 이기적인 고려에서 완전히 벗어나 계십니다. 대체로 나라에 아무런 공헌도 할 수 없는 사람들은 통치자들에 의해서 멸시 받고 무시당합니다. 통치자들은 자신의 이해관계를 생각하는 사람들이기 때문에, 나라에 아무런 공헌도 할 수 없는 그런 사람들의 목소리를 들어줄 이유가 없습니다. 그러나 하나님께서는 그 누구로부터도 도움을 받으실 필요가 없으시기 때문에, 그 누구도 멸시하고 경멸하는 눈으로 바라보지 않으십니다. 여러분에게 어떤 사람들을 멸시하는 마음이 든다면, 그것은 여러분이 그 사람들로부터 얻을 것이 없어서 그들을 무시하기 때문인 경우가 대부분입니다. 그러나 하나님은 그 어떤 피조물의 호의를 구하시거나, 그들의 힘이나 지혜를 빌리실 필요가 없으시기 때문에, 큰 자들이라고 해서 존중하여 우대하지도 않으시고, 비천한 자들이라고 해서 멸시하여 박대하지도 않으십니다. 또한, 하나님께서는 자신의 모든 이익을 지키실 수 있는 힘을 가지고 계시는 반면에, 인간 통치자들은 그런 힘을 가질 수 없습니다. 그래서 땅의 큰 자들은 흔히 이런 논리를 폅니다: "많은 사람의 유익을 위하여 소수가 희생할 수밖에 없다. 나라의 큰 일들을 할 때마다 여기저기에서 희생자들이 나타나게 되는 것은 피할 수 없는 일이다. 나라의 법을 시행하자면, 어떤 소수의 사람들은 가혹한 피해를 입게 되겠지만, 어쩔 수 없는 일이다. 그런 일은 어떤 법을 시행하더라도 어느 정도는 나타날 수밖에 없다." 그러나 하나님의 능력은 무한하시기 때문에, 하나님이 어떤 일을 하셔도, 자신의 피조물들 중에서 단 하나도 불의를 당하게 되는 그런 일은 일어날 수 없습니다. 각각의 모든 피조물이 마치 하나님이 지으신 유일한 피조물인 것처럼 철저한 공의로 다루어집니다. 하나님께서는 각각의 모든 사람을 마치 그 사람이 유일한 사람인 것처럼 철저히 세심하게 보살피시는 법을 아십니다. 그의 능력은 지극히 크시고, 그의 생각은 지극히 깊고 지혜로우시기 때문에, 그는 만물이 다 유익을 볼 수 있도록 일하시는 법을 아십니다. "여호와께서는 모든 것을 선대하시며 그 지으신 모든 것에 긍휼을 베푸시는도다"(시 145:9). 하나님의 마음은 능력이 크셔서, 아무도 멸시하지 않으신다는 것이 아주 견고한 토대 위에 서 있는 가르침이라는 사실을 인하여 하나님을 경배하고 송축합시다.

2. 둘째로, 이 가르침을 어떻게 실제적으로 적용할 수 있는지를 살펴보겠습니다.

이 가르침의 첫 번째 용도는 연단 받고 있는 자들에게 큰 힘이 된다는 것입니다. 나의 사랑하는 친구들이여, 여러분은 거름더미에 앉아서 자신의 온 몸에 난 종기를 질그릇 조각으로 긁었던 욥과 같이 그렇게 철저히 비천한 상태가 되어 있지는 않을 것입니다. 그러나 여러분이 그런 비천한 상태가 되었다고 할지라도, 여러분은 자기가 하나님의 멸시를 받고 있다고 결론 내려서는 안 됩니다. 그리스도께서는 자기를 믿는 모든 자들을 위하여 대신 죽으셨는데, 하나님께서 그런 사람들을 단 한 사람이라도 멸시하신다는 것은 있을 수 없는 일입니다. 하나님께서는 여러분을 경멸하셔서 다음과 같이 말씀하신다는 것은 생각할 수 없는 일입니다: "그로 하여금 그냥 고생하게 내버려 두라. 그는 사람 같지도 않은 사람이니, 그가 어떻게 되든, 그런 것은 하나도 중요하지 않다." 도리어, 정반대로 오늘 여러분이 겪는 슬픔과 괴로움이 무엇이든지 간에, 그것들은 모두 무한하신 지혜와 지고의 사랑이신 하나님께서 여러분에게 정하신 것입니다. 지금 여러분은 여러분이 있을 수 있는 최고의 상태에 있는 것입니다. 그 상태가 여러분에게는 나쁘게 보일지라도, 하나님께서는 여러분이 자신에게 가장 좋은 상태에 있다는 것을 아십니다. 만일 부유함 속에서 살아가는 것이 여러분에게 좋은 것이었다면, 하나님께서는 여러분이 그렇게 살도록 하셨을 것입니다. 고통이나 괴로움을 모르고 살아가는 것이 여러분에게 좋은 것이었다면, 하나님은 여러분이 그렇게 살도록 정하셨을 것입니다. 그러나 여러분과 하나님의 다른 백성들에 관한 하나님의 전체적인 뜻과 계획 속에서 여러분이 연단을 받는 것이 가장 좋은 일이기 때문에, 여러분은 지금 연단을 받고 있는 것입니다. 만일 하나님께서 여러분과 관련된 모든 사실들과 하나님의 모든 계획을 전부 다 여러분 앞에 펼쳐놓으시고, 여러분이 하나님과 동일한 지각을 지니고 있어서 하나님처럼 모든 것을 알 수 있다면, 여러분은 여러분 자신을 현재 여러분이 있는 그 자리에 두고자 할 것입니다. 왜냐하면, 여러분의 아버지 하나님께서 여러분에게 하시는 일들은 늘 가장 올바르고 선하기 때문입니다. 하나님이 여러분을 풀무불 속에 두시는 것은 여러분을 멸시하기 때문이 아니라, 정반대로 소중히 여기시기 때문입니다. 하나님은 여러분을 예수의 피로 사셨기 때문에, 여러분은 하나님이 여러분을 소중히 여기신다는 것을 확신해도 좋습니다.

또한, 하나님께서는 여러분을 결코 멸시하지 않으시기 때문에, 여러분이 고통 중에 있다는 사실도 잊지 않으십니다. 예수께서는 여러분의 모든 고통과 슬픔을 아시고, 여러분과 함께 하십니다. 한밤중에 여러분이 기진맥진하여 잠을 못 이루는 모습도 주님은 자신의 눈으로 직접 보고 계십니다. 여러분을 간호하던 사람들과 친구들이 너무나 지쳐서 여러분을 떠날 때에도, 주님은 여전히 여러분 곁에 계셔서, 여러분이 병들어 누워 있는 침상을 지키고 계십니다. 여러분은 "하나님은 천국의 영화로우신 일들과 이 세상의 큰 일들을 처리하시느라 너무나 바빠서, 나 같은 것은 잊어버리고 계시는 거야"라고 말해서는 안 됩니다. 절대로 그렇지 않습니다! "아버지가 자식을 긍휼히 여김 같이 여호와께서는 자기를 경외하는 자를 긍휼히 여기시나니"(시 103:13). 크신 하나님은 능력이 무한하셔서 자기 자녀들 중 단 한 사람도 결코 멸시하지 않으신다는 것을 믿으십시오. 하나님은 "이 소녀는 폐결핵으로 죽어가는 여공일 뿐이니, 내가 상관할 바가 아니군"

이라고 말씀하지 않으시고, "이 할머니는 노쇠해서 자연스럽게 병이 들어 고통을 겪고 있는 것이니, 이 할머니가 어떻게 되든, 그런 것은 별로 중요하지 않아"라고 말씀하지 않으십니다. "이 사람은 별로 배우지 못한 무식한 사람이어서 큰일을 할 사람이 못 되니, 내가 돌보아 줄 가치도 없어. 그가 괴로워하다가 죽더라도, 공동묘지에 무덤 하나가 늘어나는 것일 뿐이고, 음식을 먹을 입이 하나 줄어드는 것일 뿐이지. 그게 전부야." 하나님께서 어떤 사람을 경멸하셔서 이런 식으로 말씀하시는 일은 절대로 있을 수 없습니다. 하나님은 "아무도 멸시하지 않으십니다." "그의 경건한 자들의 죽음은 여호와께서 보시기에 귀중한 것이로다"(시 116:15). 하나님은 여러분의 눈물을 보시고 여러분의 신음소리를 들으십니다. 왜냐하면, 하나님은 자기 백성 중에서 지극히 작은 자와도 교제하시는 분이시기 때문입니다. 하나님은 "그들의 모든 환난에 동참하사 자기 앞의 사자로 하여금 그들을 구원하시는"(사 63:9) 분이십니다. 이 아침에 여러분 중에서 아무도 자신이 겪는 환난들을 알아주거나 동정해 주지 않아서 매우 의기소침해서 이 자리에 오신 분들이 계신다면, "하나님은 아무도 멸시하지 아니하신다"는 이 대단한 사실을 믿음으로 받아들이십시오. 그러면 여러분은 큰 기쁨을 얻게 될 것입니다. 하나님이 여러분에게 무관심하시기 때문이 아니라, 정반대로 여러분을 사랑하시기 때문에, 여러분이 환난을 겪는 것입니다. 하나님은 "무릇 내가 사랑하는 자를 책망하여 징계하노니"(계 3:19)라고 말씀하십니다. 이러한 책망과 징계를 하나님의 사랑의 증표들로 여기시고, 여러분이 여느 때보다 더 심하게 매를 맞을 때에는, 그 매를 아버지 하나님의 손에 들린 언약의 회초리로서 오직 하나님이 사랑하시는 자들에게만 주어지는 징계임을 아십시오.

    하나님의 이 위대한 진리, 즉 하나님은 능력이 무한하셔서 아무도 멸시하지 않으신다는 진리의 두 번째 용도는 하나님의 얼굴을 구하고 있는 모든 죄인들에게 큰 힘이 된다는 것입니다. 나는 이것이 그대로 이루어져서 효과를 발휘하게 되기를 하나님께 기도합니다. 사랑하는 친구들이여, 여러분은 지금 마치 하나님이 여러분을 못 본 체하시고 여러분이 고통스럽게 죽어가는 것을 보고만 계시는 것처럼 느낄 것입니다. 여러분은 하나님의 얼굴을 구하기 시작하였지만, 하나님이 마치 그 얼굴을 여러분에게서 숨기시고 여러분을 죽게 내버려 두시는 것처럼 느껴져도, 여러분 자신이 너무나 보잘것없고 무가치한 자임을 뼈저리게 느끼고 있기 때문에, 하나님을 탓할 수도 없었습니다. 그렇다면, 하나님은 지극히 크신 분이

시기 때문에, 여러분에게 은총 주시는 것을 결코 거절하지 않으실 것이라는 이 사실을 힘입어서 위로를 받으시고 힘을 내십시오. 하나님께서 무슨 이득을 보시겠다고 굳이 여러분의 피를 가져가고자 하시겠습니까? 여러분이 살아 있는 채로 스올로 내려가는 것이 하나님께 무슨 이익이 되겠습니까? 하나님의 공의는 그의 아들 예수의 죽음 속에서 충분히 영광을 받으셨기 때문에, 예수를 믿는 자들은 살게 되어 있습니다. 사랑하는 친구들이여, 여러분은 "나는 너무나 무지해서, 주님에 대해서 아는 것이 거의 없습니다"라고 말할지도 모릅니다. 그런 것 때문에, 하나님께서 여러분을 멸시하시겠습니까? 만일 하나님이 그렇게 하신다면, 그것은 우리 모두에게 화가 될 것입니다. 왜냐하면, 우리는 모두 무지한 자들이기 때문입니다. 또한, 그것이 사실이라면, 천사들도 하나님으로부터 어리석은 자들이라고 책망을 받으며 멸시를 당하게 될 것입니다. 모든 것을 아시는 하나님에 비하면, 모든 피조물들은 어리석은 자들일 뿐입니다. 여러분이 잘 알지 못한다면, 하나님께서는 여러분을 가르치시고 교훈하실 것이지만, 결코 멸시하지는 않으실 것입니다. 여러분은 "하나님이 가르치시고 교훈하셔도, 나는 잘 배울 수 있는 능력이 없습니다"라고 말합니다. 여러분의 논리대로라면, 만일 여러분이 하나님께서 지으신 모든 사람들 중에서 최고의 지성을 지녔다고 할지라도, 그 지성은 하나님 앞에서는 보잘것없는 것에 지나지 않기 때문에, 하나님은 자기가 지으신 모든 사람들을 멸시하셔야 하지만, 실제로는 그렇지 않습니다. 하나님께서 여러분에게 자신의 긍휼을 받아들이고 자신의 은혜를 붙잡는 것 외에 어떤 능력을 요구하신 적이 있습니까? 그런데 여러분이 자기 자신을 비우고, 여러분 자신의 결핍감을 실감할 때, 여러분은 하나님이 부어 주시는 은혜를 받아들일 수 있는 상태에 있게 됩니다. 그러므로 여러분의 지능이 아무리 낮아도, 낙심하지 마십시오. 하나님의 마음은 능력이 크셔서, 아무도 멸시하지 않으십니다.

여러분의 마음은 상해 있고 산산조각이 나 있습니다. 성경은 "하나님이여 상하고 통회하는 마음을 주께서 멸시하지 아니하시리이다"(시 51:17)라고 말씀합니다. 여러분이 받은 은혜들은 매우 약합니다. 여러분은 자신 속에 성령이 내주하시는 분명한 증표들을 볼 수 없습니다. 성경은 "작은 일의 날이라고 멸시하는 자가 누구냐"(슥 4:10)고 말씀합니다. 하나님께서는 은혜의 불씨조차도 결코 밟아 끄지 않으십니다. 여러분에게 있는 은혜가 단지 연기를 내며 꺼져가는 심지와 같아서, 하나님으로부터 칭찬을 듣기는커녕 진노를 불러일으킬 것처럼 보여도, 하나님께서는 그것조차도 끄지 않으십니다. 여러분에게 남아 있는 은혜가 상한 갈대처럼 거의 다 못쓰게 되어 버려서, 거기로부터는 그 어떤 유익도 얻을 수 없는 것처럼 보일지라도, 하나님께서는 그것조차도 멸시하시거나 꺾지 않으십니다. 다른 사람들은 여러분을 멸시할지라도, 하늘에 계신 여러분의 아버지께서는 여러분을 멸시하지 않으십니다.

여러분은 이렇게 말할 수도 있을 것입니다: "목사님, 나는 그런 심오한 것들을 깨달을 수 없습니다. 내가 위대한 가르침들을 깨닫고자 하여도, 그것들은 나의 능력을 넘는 것들이어서, 깨달을 수가 없습니다." 하나님께서는 능력이 크시기 때문에, 여러분이 심오한 것들을 깨달을 능력이 없다는 이유로 여러분을 멸시하시는 일은 있을 수 없습니다. 하나님은 여러분에게 심오한 사고를 할 필요가 없는 그런 복음을 주셨습니다. "믿으면 살리라"고 말하는 복음은 사람이 깨닫고자 하고 믿고자 하기만 한다면 누구나 알 수 있습니다. 그리스도 예수께서는 복음을 아주 낮은 조로 누구나 부를 수 있도록 작곡하셨기 때문에, 우리가 아무리 낮고 갈라지는 목소리를 지니고 있다고 해도, 그 곡조를 따라부를 수 있습니다. 그리스도 예수께서는 복음이라는 아름다운 궁정으로 올라가는 계단들을 누구나 아주 쉽게 올라올 수 있도록 지으셨기 때문에, 어린 아이들도 그 계단들을 쉽게 오를 수 있습니다. 나는 "어린 아이들이 내게 오는 것을 용납하고 금하지 말라"(눅 18:16)고 말씀하신 주님을 송축합니다. 왜냐하면, 주님이 그렇게 말씀해 주신 까닭에, 나는 내 자신이 하나님의 나라의 큰 신비들 앞에서 어린 아기가 된 느낌이면서도 하나님께로 나아갈 수 있었고, 하나님은 나를 비롯해서 그 누구도 멸시하지 않으실 것이라고 확신하였기 때문입니다.

여러분은 이렇게 말할 수도 있을 것입니다: "하나님이 나를 구원해 주신다고 하여도, 내가 은혜 안에서 잘 성장하지 못해서, 하나님이 나를 쫓아내실까봐 두렵습니다. 내 믿음은 늘 연약하고, 내 사랑은 늘 냉랭하며, 내 성품은 늘 불완전할 것 같거든요." 사랑하는 친구들이여, 다른 누구보다도 여러분에게는 하나님의 사랑이 더 필요하고, 하나님의 인내하심과 은혜가 더 필요할 것입니다. 그러나 어떤 경우에도 하나님은 여러분을 결코 멸시하지 않으실 것입니다. 여러분은 크신 하나님께서 우리에게서 큰 미덕들을 요구하실 것이라고 생각하십니까? 하나님이 우리의 큰 믿음을 기뻐하신다는 것은 사실이지만, 설령 우리에게 믿음이 전혀 없다고 할지라도, 하나님은 변함없이 크신 하나님으로 계실 것입니다.

하나님이 자기 자녀가 대단한 믿음으로 행하는 것을 보시는 것을 기뻐하신다는 것은 사실이지만, 그것은 하나님이 그런 것을 의지하시거나 필요로 하시기 때문이 결코 아닙니다. 우리가 하나님께 드리거나 더할 수 있는 것은 아무것도 없습니다. 우리의 선함은 하나님 앞에서는 아무것도 아닙니다. 그러므로 하나님은 우리가 하나님께 아무것도 더할 수 없을 정도로 무한히 크시기 때문에, 우리를 멸시하지 않으시는 것입니다. 또 어떤 사람들은 이렇게 말할 것입니다: "나는 하나님이 장차 유명한 목회자나 뛰어난 선교사가 될 사람들을 구원하시는 것은 이해가 됩니다. 그러나 하나님이 나를 구원하신다고 하여도, 나는 하나님께 별 소용이 없을 것입니다. 하나님께서 내게 최고로 은혜를 부어 주신다고 할지라도, 무슨 소용이 있겠습니까? 나는 고작해야 교회의 미천한 지체가 되어서, 하나님의 곳간에서 많은 것들을 받기만 하고, 드리는 것은 거의 없게 될 것입니다." 사랑하는 자들이여, 하나님께서는 능력이 크셔서, 바로 그런 자들을 많이 받아들이고 싶어 하십니다. 하나님께서 그렇게 하지 않으실 이유가 어디 있겠습니까? 하나님이 그들을 받아들이신다고 해도 더 부요해지는 것이 아니기 때문에, 그들을 받아들이지 않으신다고 해도, 손해 나는 것이 전혀 있을 수 없습니다. 또한, 하나님이 그들을 받아들이셔서 그들에게 자신의 것들을 부어 주신다고 해도, 더 가난해지시는 것이 결코 아닙니다. 하나님의 마음이 넓고 크시다는 것을 굳게 믿으십시오. 나는 하나님의 크고 넓으신 마음 아래 피한다는 것이 무엇인지를 알기 때문에, 늘 다음과 같이 부르짖습니다: "하나님께서 나를 사랑이 담기신 눈으로 보아 주시기를 바라나이다. 나는 철저하게 무가치하고 아무짝에도 소용없는 자입니다. 그런데 하나님께서 그런 나를 내쫓아 버리시는 수고를 하신다는 것은 말이 안 되지 않습니까? 나라는 존재는 하나님께서 일부러 시간을 내서 자신의 은혜를 내게 주시기를 거절하실 만한 존재도 되지 못하지 않습니까? 만일 하나님께서 예수 그리스도로 말미암아 하나님을 믿고자 하는 한 사람의 가련하고 궁핍하며 참회하는 영혼을 거절하신다면, 그것은 하나님 자신의 약속을 깨뜨리시는 것이고 하나님의 본성 자체를 거슬러 행하시는 것인데, 분명히 나라는 존재는 하나님께서 자신의 약속을 어기시고 자신의 본성을 거슬러 행하심으로써 나를 거절하시고 내쫓으실 정도의 존재가 되지 못합니다." 낙심한 가운데 있는 가련한 자들이여, 하나님의 마음은 무한히 크고 넓으시다는 것을 믿으십시오. 죄인들이여, 여러분 자신을 십자가 앞에 내던지시고, 하나님께 이렇게 말하

십시오: "내가 주의 지극히 크심을 의지하여 주를 붙들고자 합니다. 내가 하나님의 아들 예수 그리스도의 피와 그 공로를 의지하여 나아가오니, 주께서는 능력이 지극히 크셔서 벌레 같은 나를 짓뭉개시지도 거절하시지도 않으실 것을 믿습니다. 나 같은 자를 구원하심으로써 주의 능력이 크시다는 것을 나타내시기를 간절히 바라나이다." 오늘의 본문의 가르침이 우리에게 얼마나 큰 위로가 되는 말씀인지를 여러분은 아시겠습니까? 성령께서 여러분에게 믿음을 주셔서 이 말씀을 굳게 붙잡을 수 있게 해주시기를 빕니다.

　　마지막으로, 이 가르침은 하나님의 백성에게 모범을 제시해 줍니다. 하늘에 계신 우리 아버지께서는 지극히 능력이 크신데도 아무도 멸시하지 않으신다면, 하나님의 자녀들로서 하나님을 본받는 자들이 되어야 할 우리가 아무도 멸시하지 않아야 하는 것은 두말할 필요가 없습니다. 나는 여러분이 그리스도 안에서 여러분의 형제요 자매인 사람들을 그 누구도 절대로 멸시하지 않으시기를 부탁합니다. 여러분의 형제들이 여러분보다 가난합니까? 그들을 멸시하지 마시고, 도리어 도우십시오. 그들이 너무너무 가난하다면, 그들이 짊어져야 할 괴로움이 어떠할지를 생각해서, 그들의 괴로움에 형제인 여러분에 의해서 멸시받는 괴로움까지 더하지 마십시오. 그들을 따뜻하고 자상하게 대하십시오. 그들은 여러분의 주님의 몸의 지체들이기 때문에, 여러분은 그들을 섬기는 것을 기뻐하는 것이 마땅합니다. 왜냐하면, 여러분이 그들을 섬기는 것은 주님의 발을 씻어 드리는 것과 같기 때문입니다. 여러분은 성도들 중에 여러분이 섬길 수 있는 가난한 성도들이 있어서, 여러분이 그들을 섬김으로써 그리스도를 섬길 수 있게 된 것을 복으로 여겨야 합니다. "가난한 자들은 항상 너희와 함께 있거니와"(요 12:8). 가난한 자들은 여러분 가운데 꼭 있어야 합니다. 만일 그렇지 않다면, 우리는 이렇게 부르짖게 될 것입니다: "주 예수여, 우리가 주를 위해서 무엇을 할 수 있습니까? 우리는 주님을 향한 우리의 사랑을 보여드릴 수 있기를 바라는데, 우리 가운데 가난한 성도들이 없어서, 그들에게 옷을 입혀 주고 병든 그들을 문병함으로써 주님을 섬길 수 있는 복된 기회가 우리에게 없습니다." 여러분 주위에 가난한 성도들이 많다면, 그들을 잘 섬기고 공경하십시오. 왜냐하면, 여러분은 그렇게 함으로써, 주님으로부터 "내가 주릴 때에 너희가 먹을 것을 주었고 목마를 때에 마시게 하였다"(마 25:35)는 칭찬을 받게 될 것이기 때문입니다.

　　아마도 하나님이 보시기에는 가난한 형제들이 여러분보다 더 존귀한 사람들일 수 있습니다. 그들은 여러분보다 더 주님을 사랑하는 사람들일 가능성이 크고, 자신의 삶 속에서 여러분보다 더 큰 경건의 능력을 보여주고 있을 가능성이 크기 때문에, 장차 그리스도께서 영광 중에 다시 오셨을 때, 집과 땅이 있는 사람들이 아니라 그들을 더 높은 자리에 앉히실지도 모릅니다. 형제들이여, 서로를 멸시하지 마십시오. 여러분이 지극히 적은 달란트를 가진 형제가 최선을 다하는 것을 본다면, 결코 그 형제를 비웃지 마십시오. 한 줌의 씨앗을 가진 형제가 한 가마니의 씨앗을 가진 여러분보다 더 큰 믿음으로 그 씨앗을 뿌린다면, 하나님께서는 그 형제에게 여러분보다 더 큰 복을 주실 것입니다. 초신자들을 멸시하지 마십시오. 그들이 여러분만큼 신앙에 대해서 알지 못한다는 것이 뭐 그리 중요합니까? 여러분이 아무리 많이 알고 있는 것 같아도, 사실은 지극히 적게 알고 있는 것이고, 여러분이 하나님의 양 무리에 속한 어린 양들을 긍휼히 여기지 않는다면, 사실은 아무것도 모르고 있는 자일 뿐입니다. 어떤 형제가 하나님의 가르침들을 잘못 알고 있다고 해서, 그 형제를 멸시하지 마십시오. 그 형제에게 올바른 것을 가르쳐 줄 수 있다면, 그렇게 하십시오. 그러나 하나님의 사랑이 그 형제 안에 있다면, 그가 가르침들을 잘못 알고 있다고 해서, 그를 멸시하여 왕따 시키지 마십시오. "나는 그 형제와 절대로 교제하지 않을 것이다"라고 말하지 마십시오. 은혜의 권속 가운데는 이상해 보이는 사람들이 종종 있습니다. 하지만 그 사람들은 하나님의 백성에 속한 사람들이기 때문에, 나는 하나님께서 그들을 주권적으로 택하신 것이 아니었다면, 어떻게 그런 사람들이 택함을 받게 되었는지 정말 모를 일이라고 생각하며 당혹해하였을 것입니다. 그러나 그들이 어떤 사람이든, 하나님께서 그들을 사랑하고 계시는 것이라면, 여러분도 그들을 사랑하려고 애쓰는 것이 마땅합니다. 그리스도께 속한 작은 자들을 단 한 사람이라도 결코 멸시하지 마십시오. 여러분이 그렇게 하지 않는다면, 거기로부터 악이 생겨나고 재앙이 생겨나게 될 것입니다.

다시 한 번 말씀드리건대, 아무도 절대로 멸시하지 마십시오. 일부 사람들이 아주 좋아하는 성경 본문이 있습니다: "왕을 존대하라"(벧전 2:17). 이것은 지당하신 말씀입니다. 나는 우리가 살아가는 나라의 통치자를 늘 공경하고 충성을 다하여야 한다고 믿습니다. 그러나 여러분은 그 본문 바로 앞에 나오는 명령이 무엇인지를 생각해 보신 적이 있습니까? 나는 가난한 자들을 깔보고 비웃는 사람들에게 그 명령을 똑똑히 명심할 것을 권하고 싶은데, 그 명령은 "뭇 사람을 공경하라"(벧전 2:17)는 것입니다. "뭇 사람을 공경하라"는 명령은 "왕을 존대하라"
는 명령과 똑같이 모든 그리스도인들이 마땅히 행해야 할 본분입니다. 무엇이라
고요? 하층민들을 공경하라고요? 그렇습니다, 선생님, "뭇 사람"을 공경하십시
오. 농사일 하는 하인들을 공경하라고요? 그렇습니다, "뭇 사람"을 공경해야 하
니까요. 빈민들과 길거리 청소부들을 공경하라고요? 그렇습니다, 하나님이 우리
에게 "뭇 사람을 공경하라"고 하셨으니까요. 일꾼들과 병자들을 공경하라고요?
짐꾼들을 공경하라고요? 사람의 모양을 하고 있는 존재들은 누구나 공경 받아야
마땅합니다. 왜냐하면, 사람은 하나님의 형상을 따라 지음 받은 존재이기 때문
입니다. 여러분은 매춘부에 대해서, "그런 여자와는 말을 안 섞을수록 좋으니,
그런 여자를 멀리하라"고 말하지 말아야 합니다. 자매들이여, 여러분은 지금까
지 그렇게 말해 왔을지 모르지만, 사실은 그런 여자에게 더 많이 말을 걸었더라
면 더 좋았을 것입니다. 또한, 여러분은 어떤 사람에 대해서, "그 사람은 구제불
능이기 때문에, 그 사람을 위해서 우리가 할 수 있는 것은 아무것도 없어"라고
말하지 말아야 합니다. 그것은 예수께서 사람들을 대하시는 방식이 아닙니다.
그는 아무도 멸시하지 않으시니까요. 아무리 최악의 성품을 지닌 자들일지라도,
우리는 그렇게 깊이 타락한 자들을 저 깊은 죄에서 건져낼 수 있을 것이라는 소
망을 품고서, 일곱 배의 사랑과 인내로 그들을 대하는 것이 마땅합니다.

　　사람들을 멸시하는 문제와 관련해서, 여러분과 내가 우리와 동류들인 사람
들을 멸시하기 시작한다면, 하나님께서는 우리를 멸시하셔서 우리를 빨리 데려
가실지도 모릅니다. 또한, 하나님께서는 우리에게 열어 두셨던 은혜의 문을 닫
으시고서, 이렇게 말씀하실지도 모릅니다: "너희에게는 남들을 생각해 주거나
배려하는 것이 거의 없도다. 너희 중에서 가난한 자들은 부자들을 비난하며 공
격하고 있고, 부자들은 가난한 자들을 비웃으며 멸시하고 있으니, 장차 너희는
너희 자신의 판단들을 따라 판단을 받게 될 것이다." 하나님께서는 자신이 한 여
자가 다른 여자들에 의해서 판단 받도록 내버려 두시거나, 한 남자가 다른 남자
들에 의해서 판단 받도록 내버려 두신다면, 우리 모두가 다 멸망 받게 될 것임을
아시기 때문에, 그렇게 하지 않으시고, 은혜의 문을 활짝 열어 두시고서, 멸시 받
는 자들에게 오라고 명하셔서, 자기에게 나아오는 자들을 영접해 주십니다. 하
나님은 예수를 인하여 사람들을 불쌍히 여기시고, 사람들을 인자하게 대해 주십
니다. 하나님은 우리 앞에 은혜의 문을 열어 두시고서, "내가 너희를 위하여 내

아들을 죽음에 내어 주었으니, 너희 중에서 그를 믿는 자들은 누구든지 내가 너희를 멸시하지 않고, 도리어 너희를 진심으로 영접해서, 이 세상뿐만 아니라 영원토록 너희를 사랑하며, 나의 독생자의 보좌에 영원히 앉게 하리라는 것을 알게 될 것이다"라고 외치십니다. 형제들이여, 여러분의 교만을 떨쳐 버리시고 여러분의 동류인 사람들을 사랑하십시오. 왜냐하면, 여러분이 눈에 보이는 형제들을 사랑하지 않으면서, 눈에 보이지 않는 하나님을 사랑할 수는 없는 노릇이기 때문입니다. 하나님께서 능력이 지극히 크셔서 아무도 멸시하지 않으시는 것이라면, 여러분이 누구를 멸시하고 있다는 것은 여러분의 생각과는 달리 여러분이 지극히 능력이 크신 이의 몸이 아니라는 것을 보여주는 것입니다. 여러분이 남들을 멸시한다면, 그것은 여러분이 마음이 좁은 사람이라는 것, 여러분이 자신의 마음이 취약하고 비참한 자인데도 마치 그렇지 않은 양 방자하게 행하고 있는 자라는 것을 증명해 주는 것입니다. 여러분은 자기가 어떤 사람인지를 바로 그러한 잣대로 알아볼 수 있습니다. 여러분이 남들을 멸시한다면, 여러분은 멸시 받아 마땅한 자입니다! 그러나 반대로 여러분의 자애롭고 불쌍히 여기는 마음이 거지들조차 거름더미에서 일으키고 있다면, 여러분은 마음이 넓고 도량이 크신 하나님을 닮은 자입니다. 성령께서 여러분을 점점 더 그런 사람으로 만들어 가시기를 빕니다. 아멘.

제
29
장
—

사망의 그늘진 문

—

"사망의 그늘진 문을 네가 보았느냐." — 욥 38:17

지난 주일에 우리의 영혼은 앞으로 앞으로 날아가서 저 최후의 심판의 날까지 이르렀습니다. 우리는 경이로움과 경외감 가운데 서서, 백보좌와 이 땅에서 알곡을 거두어들이시는 이의 머리에 씌워진 금 면류관을 응시하며 서 있었습니다. 우리는 또 다른 천사가 날카로운 낫을 들고서 이 세상의 포도들을 수확하여서, 여호와의 진노의 포도주 틀에 던져 넣고 발로 짓이겨서, 사람들의 피가 강물처럼 흘러나오는 것을 보며 두려워 떨었습니다. 이 시간에 우리는 인간의 역사속에서 그렇게 멀리까지 가지는 않을 것이고, 좀 더 가까이에 있는 정류소에서 멈출 것입니다. 우리는 부활의 날까지는 가지 않을 것이고, 단지 "사망의 그늘진문" 앞까지만 가 보도록 하겠습니다.

본문이 우리에게 던지는 질문은 "사망의 그늘진 문을 네가 보았느냐" 하는것입니다. 이 질문 속에는 "아니요"라는 대답이 이미 전제되어 있습니다. 이 장에서 하나님께서는 욥에게 그의 무능력과 무지를 보여 주시기 위하여 질문을 계속하고 계시고, 하나님이 족장 욥에게 하시는 모든 질문에는 이미 "아니요"라는대답이 전제되어 있습니다. "네가 바다의 샘에 들어갔었느냐." "깊은 물 밑으로걸어다녀 보았느냐." "사망의 문이 네게 나타났느냐." "땅의 너비를 네가 측량할수 있느냐." 욥은 이러한 일들 중 그 어느 것도 해본 적이 없었습니다.

그러므로 "사망의 그늘진 문을 네가 보았느냐"는 질문을 받았을 때, 족장 욥이나 우리가 할 수 있는 유일한 대답은 "아니요"입니다. 우리는 사망의 문 앞까지는 가 볼 수 있지만, 그 속을 들여다볼 수는 없습니다. 이 땅에 사는 우리로서는 영원한 암울함에 싸여 있는 저 음산한 땅에 관한 정보를 요한계시록을 통해서가 아니면 얻을 수 없습니다. 우리는 우리가 언제 어떻게 죽게 될지를 알 수 없기 때문에, 저 두려운 신비에 대하여 거의 알지 못합니다. 물샘 곁에서 물 항아리가 깨졌다는 소식이 언젠가는 우리에게 찾아오겠지만, 그 소식이 왔을 때에는, 우리는 이미 이 세상 사람이 아닐 것입니다. 그 날은 우리가 생각했던 것보다 훨씬 더 가까울 수도 있고, 우리가 염려했던 것보다 훨씬 더 멀 수도 있습니다. 이 세상에서 살아가는 우리는 모두 저 무시무시한 프랑스 혁명 기간 동안에 감옥에 갇힌 죄수들과 같습니다. 그 죄수들은 감옥에 갇혀서 옴짝달싹할 수 없었고, 그런 그들 앞에 매일 아침 한 간수가 종이쪽지 하나를 가지고 나타나서는, 그 날 사형이 집행될 사람들의 이름을 읽어내려 갔습니다. 그렇게 호명된 죄수들은 신속하게 밖에서 대기하고 있던 수레에 실려서 사형장으로 끌려갔고, 거기에서 지친 생애를 마감하였습니다. 마찬가지로, 저승사자는 매일 아침 이 세상에 와서, 그 날 그가 데려갈 사람들의 이름을 호명합니다. 우리는 그렇게 호명된 우리의 동료를 다시는 볼 수 없게 되지만, 그런 일에는 아주 익숙해져서, 별다른 일로 생각하지 않습니다. 이렇게 우리 모두는 우리의 이름이 호명될 날을 기다리며 살아가지만, 초장에서 풀을 뜯는 소들이나 양들만큼이나 우리 자신이 언제 그렇게 호명되어 죽게 될지를 알지 못합니다.

또한, 우리는 죽는다는 것이 무엇인지도 알지 못합니다. 물론, 우리는 죽는다는 것이 객관적으로 무엇인지는 알지만, 마치 집이 와르르 무너지듯이, 우리의 육신의 장막이 무너져서, 우리의 영혼이 그 육신을 떠나 아무런 거처 없이 살아가게 될 때의 그 이상한 느낌은 알지 못합니다. 죽지 않을 것을 죽을 수밖에 없는 것에 묶어두고, 영적인 것을 물질적인 것 안에 가두어 두었던 저 사슬이 끊어진다는 것이 무엇일까요? 우리는 그것이 무엇인지를 알지 못하고, 그것에 대해서 우리에게 말해준 사람도 아무도 없었습니다. 우리는 그저 죽어가는 사람들의 침상 옆에 서서, 다른 사람들이 그런 변화를 겪는 과정을 지켜보았고, 그들이 마지막 숨을 몰아쉬는 것을 많이 보아 왔지만, 죽는다는 것이 무엇인지는 여전히 우리에게 비밀로 남아 있습니다. 우리는 "사망의 그늘진 문"이 우리에게 닫혀 있어서, 저 세상과는 그 어떤 대화도 할 수 없다는 것만을 알고, 그리스도 안에 있는 모든 자들 간에는 그리스도 안에서의 영원한 교제가 있다는 것만을 알 뿐입니다.

> "이 땅에 있는 성도들과 모든 죽은 성도들 사이에는
> 서로 교통함이 있다네."

우리는 저 세상으로부터 이렇게 철저히 단절되어 있기 때문에, 하나님이 영들의 처소 주위에 쳐 놓으신 휘장 너머를 엿볼 수조차 없습니다. 이러한 신비의 영역을 들여다보고자 했고 실제로 그 곳을 들여다보는 척하였던 주술사들이 어느 시대에나 있어 왔지만, 그들의 기만적인 술수는 지옥만큼이나 혐오스러운 것입니다. 그런 자들을 가까이 하는 사람에게 화가 있으리로다! 그리스도인들이라면, 그런 자들을 철저히 혐오하는 것이 마땅합니다. 왜냐하면, 하나님께서 인간으로 하여금 보지 못하게 하시려고 휘장을 쳐 놓으시고 문을 닫아 놓으신 곳을 여러분과 내가 들여다보고자 하여, 죽은 자들의 제물을 먹으며 귀신들과 교제하다가는, 우리도 그들처럼 멸망에 처해지게 될 것이기 때문입니다.

"사망의 그늘진 문을 네가 보았느냐." 이 질문에 대하여 욥은 자기는 그 문을 보지 못하였고 보고자 하지도 않는다고 대답했을 것이 분명한데, 우리도 바로 그렇게 대답하는 것으로 만족하여야 합니다. 우리는 쇠빗장으로 채워진 그 문을 들여다보기를 원하지 않습니다. 우리는 하나님의 말씀으로부터만 하나님이 우리에게 계시해 주시는 것들을 배우기를 원하고, 그 이상으로 알기를 원하지 않습니다.

그렇기 때문에, 사랑하는 친구들이여, 우리는 단지 묵상 가운데서만 우리에게 허락된 지점까지 그 사망의 그늘진 문을 향해 내려갈 것이고, 우리의 지식을 뛰어넘는 것들에 대해서 꿈꾸거나 몰두함이 없이, 우리가 실제로 알 수 있는 것들에 대해서만 말할 것입니다. 지옥의 입구라고 믿어진 아베르누스 호(Avernus, 이탈리아에 있는 호수)로 내려가는 길들이나 지옥의 여러 곳들에 대해서 노래한 시인들이 있었습니다. 나는 저 미지의 세계에 대해서 단테(Dante)나 밀턴(Milton)처럼 웅장한 서사시를 읊을 생각이 없습니다. 내가 하고자 하는 것은 그런 것들보다 훨씬 소박합니다. 나는 장엄한 서사시를 만들어 낼 생각이 없고, 단지 몇 가지 단순한 사실들만을 말하고자 합니다.

1. 첫째로, 우리는 묵상 가운데서 죽음이 무엇인지를
전체적으로 바라보겠습니다.

여러분과 내가 묵상 가운데서 "사망의 문"으로 가까이 내려가서 그 앞에 서서 그 무시무시한 문을 바라보았을 때, 여러분은 그 문이 늘 열려 있는 것이 보이지 않습니까? 밤이고 낮이고 그 문은 결코 닫히는 법이 없습니다. 왜냐하면, 밤낮의 구분 없이 사람들이 계속해서 그 문을 통과하기 때문입니다. 애굽 왕 바로의 궁정에서 옛적에 그러하였듯이, 사람들은 밤중에도 죽습니다. "엄마, 엄마!"라고 부르는 아이를 어머니에게 데려다 주었을 때에 그 아이가 어머니의 무릎 위에서 잠이 들었을 때처럼, 사람들은 정오에도 죽습니다. 사람들은 봄날에도 죽어서, 땅으로부터 깨어난 향기로운 꽃들이 그들의 흙무덤을 장식합니다. 사람들은 여름에도 죽어서, 사방에서 흐드러지게 피어 진한 향기를 내뿜는 꽃들을 보지 못할 곳으로 갑니다. 사람들은 가을의 낙엽처럼 떨어지고, 겨울은 구슬픈 조곡을 읊조리는 가운데 많은 사람들을 데려갑니다. 들을 귀가 있는 사람들의 귀에 "사망의 그늘진 문"으로 다가오는 발자국 소리가 들리지 않는 때는 단 한순간도 없을 것입니다. 아벨이 처음으로 그 길을 간 이후로, 죽은 자들이 끊임없이 그의 뒤를 따라갔습니다. 그 행렬은 밤낮으로 결코 끊이지 않고 지속되어 왔습니다.

또한, 우리는 수많은 사람들이 지금도 그 쇠로 된 문을 통과하고 있다는 것을 기억하여야 합니다. 여러분은 그 문으로 들어간 사람들의 수를 셀 수 없습니다. 그 수가 너무나 많아서, 강력한 계산기로도 셀 수 없고, 기억력이 아무리 좋은 사람도 절대로 셀 수 없습니다. 우리는 이 땅에서 살아가고 있는 사람들의 수를 수십억 명이라고 말하며 엄청나게 많다고 말하지만, 지금 살아 있는 자들의 무리는 죽은 자들의 무리에 비하면 소수에 지나지 않습니다. 하나님이 사람을 만드신 그 첫 날부터 지금까지 얼마나 많은 사람들이 사망의 그늘진 문을 지나갔겠습니까! 죽음의 재칼(고대 이집트에서 죽음의 세계를 지배하는 아누비스 신이 재칼 머리에 사람의 모습으로 묘사되었다)들, 즉 세상의 왕들과 군주들이 피비린내 나는 전쟁들을 일으켜서 자신의 대군으로 사람들을 학살하였을 때에는, 수많은 사람들이 그 문으로 몰려들었을 것이고, 전염병이나 기근이 있었을 때에도 많은 사람들이 그 문을 향해 쇄도하였을 것이고, 나이가 들거나 병에 걸려서 죽은 사람들도 늘 끊임없이 그 문 앞에 나타났을 것입니다. 지금도 사망의 문을 통과하는 무리들은 끊임없이 몰려오고 있습니다. 여러분과 내가 그 옆에 앉아서 보고 있노라면, 그들은 두 기둥 사이를 지나가고 있습니다. 아마도 여러분이 사랑하던 사람들도 그 문으로 가까이 오고 있을지도 모릅니다. 분명히 우리 자신도 그 길 위에 있고, 우리와 동류인 사람들은 늘 끊임없이 결코 닫히는 법이 없는 저 무시무시한 벌린 입 속으로 삼켜지고 있습니다.

　그늘 속에 있는 사람들이 누구인지를 알아볼 수 있을 정도로 여러분의 시력이 좋다면, 여러분이 여기서 잠깐 서서 누가 이리로 오고 있는지를 한 번 보십시오. 여러분의 눈에 지팡이에 의지해서 오고 있는 사람이 보입니까? 그런데 그 사람 옆에서 아직 말을 배우지 못한 어린 아이들이 오는 것도 보입니까? 건강하고 튼튼하던 사람이 갑자기 세상을 떠나서 오고 있는 모습도 보입니다. 하나님이 호출하실 날만을 오랫동안 기다려 왔던 병자도 오고 있는데, 그 병자는 피골이 상접한 채로 스올로 들어갑니다. 여러분에게는 저기 저 사람이 보입니까? 그 사람에게는 특이한 점은 없고, 여느 평범한 사람처럼 보입니다. 그 사람은 전에 왕이었고, 지금도 여전히 그에게는 왕의 면모가 조금 남아 있습니다. 저기 또 다른 사람이 보입니까? 그 사람은 전에 거지였지만, 지금은 전혀 그런 모습이 없어서, 전에 왕이었던 사람과 별반 달라 보이지 않습니다. 이 두 사람은 아무것도 가지고 오지 않아서, 그들에게는 돈이 한 푼도 없습니다. 그들은 완전히 빈 손으로, 그리고 무일푼으로 이 문을 통과하고 있습니다. 그들은 칭호들이나 신분, 재산이나 지위, 명성 등을 모두 다 놓고 왔습니다. 사망의 문을 통과하는 무수한 사람들은 자유과 평등을 누리고, 누구나 다 한 형제입니다. 이것은 그들이 살아 있을 때에는 결코 누리지 못했던 것들입니다. 이렇게 모든 사람이 다 같은 모습으로 사망의 문을 통과하는 것을 보았을 때, 여러분은 이 세상에서 사람들 사이에서의 신분과 지위의 높고 낮음이나 빈부의 차이가 아무것도 아니라는 것을 깨닫게 되어서, 그런 것들을 내려놓을 수 있게 됩니다. 여러분과 나는 우리가 무덤에 들어가더라도 가지고 갈 수 있고 남아 있을 수 있는 것들 외에는 추구할 가치가 없다는 것을 분명하게 알게 되었습니다.

　여러분은 오늘 밤에만 수많은 사람들이 그 문을 통과해 가는 것을 보았습니다. 기적적으로 다시 살아난 몇 사람을 제외하고는, 그 길에서 돌아온 사람은 아무도 없다는 것을 여러분은 기억하십니까? 그들은 그 길을 따라 앞으로 갈 수 있을 뿐이고, 뒤로는 갈 수 없습니다. 그 길은 한 번 가면 영원히 돌아올 수 없는 길입니다. 일단 호흡이 사람의 육신을 떠난 후에는, 영혼은 자기가 늘 드나들던 그 처소를 다시는 들어갈 수 없게 되거나, 해 아래에서 자기가 행하였던 모든 일을 다 잊어버리게 될 것이라고 나는 생각합니다. 나의 그러한 생각이 맞든 틀리든, 확실한 것은 사람들이 이전의 친숙했던 모습으로 되돌아오지는 못한다는 것입니다. 그들은 한 번 가면 영원히 돌아올 수 없습니다. 그들이 다시 살아 돌아오기를 울며불며 바란다고 해도, 그것은 소용없는 일입니다. 우리가 흘린 눈물이 강을 이룬다고 하여도, 그들은 다시 살아 돌아올 수 없습니다. 나무들은 베임을 당하였다고 할지라도 물 냄새를 맡으면 다시 싹이 나겠지만, 우리가 죽은 사람들 옆에서 강물처럼 눈물을 흘린다고 해도, 그들은 다시 살아날 수 없습니다.

우리가 이 사망의 문과 관련해서 말할 수 있는 다른 한 가지가 있다면, 그것은 그렇게 많은 사람들이 이 문을 통과하지만, 자원해서 통과하는 사람은 거의 없다는 것입니다. 사람들은 죽기를 무서워합니다. 평생을 죄의 종으로 살아 왔던 사람들이 죽음을 두려워하는 것은 당연합니다. 하나님께서는 우리 속에 올바른 목적을 위해 살아가고자 하는 마음을 심어 두셨기 때문입니다 그래서 사망의 문을 자원해서 주저 없이 통과하는 사람은 별로 없습니다. 자신의 목숨을 스스로 빼앗는 사람들은 정말 끔찍한 죄를 짓는 사람들입니다. 자기를 지으신 조물주를 그런 식으로 모독한 사람들이 죽어서 갈 곳이 어디겠습니까? 여러분에게 호흡을 주신 하나님만이 다시 그 호흡을 거두어 가실 수 있으시기 때문에, 여러분 자신이 스스로 그 호흡을 끊어서는 안 됩니다. 자신의 손으로 자기 목숨을 끊어 죽는 것은 고통에서 벗어나는 길이 아니라, 영원한 고통 속으로 뛰어드는 것입니다. 왜냐하면, 우리는 살인자 속에는 영생이 거하지 않는다는 것을 알기 때문입니다. 그러므로 자살하는 것이 무엇을 의미하는지를 알면서도 그렇게 하는 사람들은 자기 속에 영생이 거하지 않는다는 것을 확실하게 증명하는 것입니다. 우리는 모두 저 사망의 문을 통과해야 하지만, 이 땅에서 우리에게 주어진 시간 동안은 우리를 기다리고 있는 흉용한 바다와 맞서 용감하게 싸우며 살아가야 합니다. 그런 후에, 우리가 그리스도께 속한 자들이라면, 우리의 대장 되시는 그리스도께서 우리에게 오라고 하실 때, 우리는 단 한순간도 두려워하지 않고, 그 쇠로 된 사망의 문을 통과하게 될 것입니다. 우리 주님께서 우리를 영접하러 나와 계실 것이기 때문에, 우리 영혼은 속히 날개를 펴서 두려움 없이 날아서 그 그늘진 문을 통과할 것이고, 그 문을 통과할 때에 그 어떤 두려움도 느끼지 않을 것입니다.

우리가 죽음에 대해서 전체적으로 살펴보는 것은 이 정도로 충분할 것입니다.

2. 둘째로, 우리는 사망의 그늘진 문으로 내려가서, 성도들의 죽음이 무엇인지를 살펴보겠습니다.

나는 이것에 대해서는 간단하게 말씀을 전하고자 합니다. 먼저, 나는 성도들이라고 해서 모두가 다 보기에 좋은 모습으로 죽는 것이 아니라는 것을 말씀드립니다. 살아서 대단했던 사람들 중에는 폭풍우로 목숨을 잃은 사람들도 있고, 마르틴 루터(Martin Luther)의 임종도 그렇게 편안하지는 않았습니다. 살아서 사탄의 지배에 그토록 큰 타격을 입히는 영광스러운 일을 한 사람이 마지막 순간에도 자신의 적과 한 번 더 큰 싸움을 벌인 후에 안식에 들어갈 수 있었다는 것은 그렇게 놀라운 일이 아닙니다. 또한, 존 녹스(John Knox)도 죽을 때에 치열한 싸움을 벌였습니다. 루터가 그랬듯이, 존 녹스도 결국에는 승리하기는 했지만, 사탄과의 싸움이 녹록치 않다는 것을 발견하였습니다. 그리고 살아서 주님을 잘 섬겨 왔던 많은 사람들이 세상을 떠날 때에 기뻐 소리치며 찬송을 부르는 대신에, 자신의 소망을 놓지 않기 위하여 십자가에 못 박히신 구주를 온 힘을 다해 붙들어야 했습니다. "의인이 겨우 구원을 받으면 경건하지 아니한 자와 죄인은 어디에 서리요"(벧전 4:18)라는 말씀은 일리가 있고, 우리 모두에게 교훈이 됩니다. 참된 신자로 알려져 있어서 진정으로 구원을 받은 사람으로 보였던 사람들에게도, 죽는다는 것이 종종 녹록치 않은 일이라면, 하나님을 믿지 않는 자들이 죽을 때에는 어떠하겠습니까?

하지만 사랑하는 자들이여, 오늘 밤 사망의 문 앞에 서서, 내가 말씀드리지 않을 수 없는 것은 내가 지금까지 함께 해 왔던 그리스도를 믿은 사람들의 임종에서 대다수의 성도들은 기쁜 마음으로 그 문을 통과하였다는 것입니다. 그들은 기쁜 마음으로 찬송을 부르거나 할렐루야를 외치며 그 문에 들어섰습니다. 나는 성도들의 임종 때에 내가 주변에 있는 사람들에 대한 연민의 마음으로 인하여 목이 메어서 찬송을 거의 부를 수 없는 상태인데도, 죽음을 앞둔 성도가 나에게 찬송을 불러 달라고 부탁하던 일들을 잊을 수 없습니다. 내가 찬송을 부르기 시작하면, 죽음을 앞둔 성도도 그 찬송을 따라 불렀습니다. 우리는 그 성도가 그렇지 않아도 힘이 없는데 찬송을 따라 부르느라고 너무 기력을 다 소진하는 것이 아닌가 걱정이 되어서 그만 불러야 하겠다고 생각해서 찬송을 그치면, 세상을 떠나기 직전에 있는 그 성도가 도리어 우리에게 또 다른 찬송을 불러 달라고 했습니다. 그들은 자기가 새 예루살렘의 문을 향해 나아가는 동안에, 우리가 그들을 위해 본향의 노래를 불러 주기를 원하였습니다. 내가 이 땅에서 가장 큰 기쁨을 본 곳이 어디인지를 말해야 한다면, 나는 분명히 그 곳이 혼인잔치가 열리던 곳은 아니었다고 말할 것입니다. 왜냐하면, 혼인잔치에 참여한 사람들은 대부분 평소와는 달리 상당히 들떠 있어서, 그들이 느끼는 기쁨은 상당 부분 금방 사라져 버릴 기쁨이기 때문입니다. 그러나 죽음을 앞둔 사람의 기쁨, 이 세상을 떠나가는 성도의 기쁨은 아주 깊고 고귀하면서도 순결한 기쁨이어서, 그것에 비견될 수 있는 기쁨을 다른 곳에서는 찾아볼 수 없습니다. 그런 기쁨은 왕궁에도 없고, 화목한 가정에도 없습니다. 이 땅에서 가장 큰 기쁨은 이 세상을 떠나가는 성도들이 느끼는 기쁨입니다. 그러므로 여러분이 사망의 그늘진 문 앞에 서면, 성도들이 그 문을 통과하면서 찬송을 부르는 소리를 들을 수 있습니다. 그리고 여러분은 그들 중에서 어떤 성도들이 놀라운 말들을 하는 것을 듣기도 합니다. 할리버튼(Haliburton)은 임종 때에 마치 자신의 섬뜩한 적과 싸워 이겼다는 듯이, "사망아, 어서 덤벼라! 사망아, 덤벼봐!"라고 소리를 질렀고, 다른 성도들도 마지막 순간에 "어린 양의 피로 말미암아 승리, 승리, 승리!"라고 외쳤습니다. 임종 때에 괴로움을 겪은 성도들도 있지만, 기쁨으로 그 문을 통과한 성도들이 훨씬 더 많았습니다.

사망의 그늘진 문과 관련해서, 나는 성도들이 그 문에 당도하면, 거기에는 하나님의 은혜가 풍성하게 쌓여 있다고 말하지 않을 수 없습니다. 사랑하는 친구들이여, 여러분은 죽을 때에 맛보게 될 은혜를 살아서 맛보고자 해서는 안 됩니다. 하나님께서 여러분을 앞으로 50년 동안 더 살게 하실지도 모르는데, 그런 여러분이 죽을 때에 맛보게 될 은혜를 지금 이 시간에 기대해서는 안 됩니다. 여러분이 지금 그런 은혜를 받아서 무엇에 쓰려고 하고, 어디에 두고자 하시는 것입니까? 그런 은혜는 여러분이 죽게 될 때에 갖게 될 것입니다. 오늘은 오직 그리스도를 믿고 의지하시고, 그가 명하신 것들을 행하십시오. 그러면 여러분에게 죽을 때가 왔을 때, 죽을 때에 맛보게 될 은혜가 여러분에게 주어지게 될 것입니다.

아울러, 나는 하나님께서 자기 백성에게 은혜 가운데서 죽게 하실 뿐만 아니라, 일부 성도들에게는 그들이 사망의 문으로 들어가기 전인 그들의 마지막 순간에 환상 가운데 내세를 보게 하시기도 한다고 믿습니다. 내가 죽어가는 몇몇 성도들의 얼굴에서 본 광채와 영광은 이 땅에 속한 것이 아니었고, 그들이 잠들 때에 그들의 표정을 환히 밝혀 주었던 저 기이한 빛과 그들의 입가에 띤 이루 말할 수 없는 기쁨에 찬 경이로운 미소는 이 세상에 속한 것이 아니었다고 나는 확신합니다. 그러한 것들은 그들이 죽을 때에 처해 있던 상황에서는 만들어질 수 없었던 것들이었습니다. 왜냐하면, 그들을 둘러싼 상황은 그러한 것들과는 정말 거리가 멀고, 도리어 정반대되는 상황이었기 때문입니다. 위로부터 나와서 세상에 비친 광채가 그들 위에 있었습니다. 또한, 그들은 너무나 기이한 것들을 말하기도 하였습니다. 그 말들 중에서 어떤 것들은 이해하기 힘든 것들이었습니다. 왜냐하면, 죽음을 앞둔 성도들은 자신들이 알게 된 것들을 우리에게 발설하거나 우리로 알게 하는 것이 불법이라도 되는 양, 이 땅이 아닌 하늘에 속한 언어로 말하였기 때문입니다. 그들은 천상에서 간간히 들려오는 스랍 천사들의 수금 곡조를 이 아랫세상에서 따라 부르려다가 실패한 듯 보였습니다. 하지만 우리는 그 성도들이 따라 부른 곡조를 통해서, 하나님께서 몇몇 눈먼 자들을 이끄셔서 창문을 통해서 왕의 아름다우심을 뵈올 수 있게 허락하셨다는 것을 충분히 알 수 있었습니다. 또한, 우리는 천사들이 사망의 문에 와 있다는 것도 의심하지 않습니다. 그들이 거기에 와 있지 않을 이유가 어디 있겠습니까? 그들은 예수께서 겟세마네 동산에서 기도하실 때에 거기에 와 있었습니다. 하나님께서는 천사들에게 자기 백성들을 잘 보살펴서, 그들의 발이 돌에 부딪치지 않게 하라고 명하셨습니다. 성경은 나사로가 죽었을 때에 천사들이 그를 아브라함의 품까지 데려다 주었다고 기록하고 있기 때문에, 나는 그들이 구원의 상속자들을 섬기고 있다는 것을 의심하지 않습니다. 나는 의인들이 마지막 관문을 넘는 것을 돕기 위하여 천사들의 무리가 사망의 문 앞에서 기다리고 있다고 믿습니다.

여러분이 나와 함께 사망의 그늘진 문에 당도했을 때, 무엇보다도 나는 여러분이 그 입구에 핏자국이 있는 것을 꼭 보았으면 합니다. 여러분이 그 입구의 아래쪽을 보면, 거기에는 다른 모든 사람들의 것과 다른 발자국이 있습니다. 왜냐하면, 그것은 전에 창에 찔린 적이 있는 발자국이기 때문입니다. 아, 나는 그 발자국의 주인이 누구인지를 알겠습니다. 내 주님께서 그 길을 지나가신 것입니다. 나는 아직 사망의 그늘진 문을 통과하지 않았지만, 나의 구주께서는 그 문을 이미 통과하셨습니다. 그는 실제로 그 문을 통과하셨지만, 지금 살아 계십니다.

그러므로 신자들의 기쁨은 그들이 사망의 그늘진 문을 통과하더라도, 그리스도께서 지금도 살아 계시기 때문에, 그들도 살아 있게 되리라는 것이고, 그리스도께서 다시 살아나셨기 때문에, 그들도 다시 살아나게 되리라는 것입니다. 만일 그리스도께서 다시 살아나신 것이 확실한 사실이 아니라면, 나는 장차 부활이 있으리라는 것을 믿을 수 없을 것입니다. 그러나 그리스도의 부활은 역사상 의심할 여지 없이 분명한 사실로 잘 입증되어 있기 때문에, 유대인들에 의해서 죽임을 당하시고 봉인된 무덤에 안장되신 그리스도께서 제3일에 죽은 자 가운데서 다시 살아나셨다는 것은 엄연한 사실입니다. 이렇게 그리스도께서 그 길을 먼저 가셨기 때문에, 그의 모든 백성들도 장차 부활하게 될 것입니다. 사망의 그늘진 문이여, 그리스도께서 이미 그 문을 통과하셨기 때문에, 우리는 더 이상 그 문을 두려워하지 않는다!

형제들이여, 사망의 그늘진 문의 사방에 신자들을 위하여 밝은 등불들이 밝혀져 있는 것이 보이지 않습니까? 그것들은 약속의 등불들입니다. "네가 물 가운데로 지날 때에 내가 너와 함께 할 것이라 강을 건널 때에 물이 너를 침몰하지 못할 것이며"(사 43:2). "사망아 네 재앙이 어디 있느냐"(호 13:14). 순례자들의 하나님께서 자기 백성을 떠나거나 버리지 않고, 끝까지 그들을 도울 것이며, 그들이 "사망의 음침한 골짜기"(시 23:4)를 걸을지라도, 자기가 그들과 함께 하여서 그들로 두려워하지 않게 할 것이라고 여러 모양과 방식으로 거듭거듭 확약해 오셨다는 것을 여러분도 압니다.

그러므로 "사망의 그늘진 문"은 신자들에게는 전혀 암울한 곳이 아닙니다. 우리는 자주 거기에 가 보아서, 우리의 마지막 시간들과 친숙해지고, 날마다 죽는 연습을 해 두는 것이 아주 지혜로운 일입니다. 죽음을 친구로 삼으십시오. 여러분은 울기 위해서 무덤에 가는 것이 아니라, 여러분이 장차 거기에 가게 될 때에 울지 않도록 하기 위해서 무덤에 가야 합니다. 자주 모든 것을 다 벗어 버리고 벌거벗은 모습이 되어서, 여러분의 죽음에 대하여 예행연습을 해 두십시오. 여러분이 그런 식으로 수십 년 간을 날마다 죽는 연습을 해 둔다면, 실제로 그 날이 왔을 때, 죽는다는 것이 여러분에게 전혀 낯선 일이 되지 않을 것입니다.

3. 셋째로, 죄인들의 죽음에 대해서 살펴보겠습니다.

우리가 마지막으로 살펴볼 것은 정말 서글픈 광경입니다. 불경건한 자들도 하나님의 백성과 마찬가지로 이 섬뜩한 문으로 내려가야 합니다. 그들의 운명은 이미 정해져 있습니다. 비록 우리의 입에서 서글프고 참담한 말들이 나온다고 할지라도, 우리는 그들을 사랑하는 마음에서 속으로는 눈물을 흘리면서, 그들에 관한 진실을 있는 그대로 엄숙하게 말하지 않으면 안 됩니다.

　불경건한 자들의 죽음이라고 해서 늘 끔찍한 것은 아닙니다. 다윗이 시편에서 "그들은 양 같이 스올에 두기로 작정되었으니"(시 49:14)라고 말한 것처럼, 죽어서 멸망 받게 될 자들이 많이 있습니다. 그들은 하나님의 전이나 안식일에 대하여 전혀 신경 쓰지 않았던 자들입니다. 그들은 기도나 믿음에 대해서는 아무것도 몰랐던 자들입니다. 그들의 양심은 "화인"을 맞았습니다(딤전 4:2). 그들은 하나님을 향하여 허세를 부리며 살아 왔고, 하나님께서는 그들을 버리셨습니다. 그래서 그들은 죽을 때에 자신의 죽음을 선선히 받아들입니다. 그들은 거의 아무런 두려움 없이 "이 속세의 번거로움을 벗어 던지기" 때문에, 주위에서 지켜보던 사람들은 "그분은 아주 편안하고 복되게 돌아가셨어"라고 말합니다. 하지만 절대로 그런 것이 아닙니다! 성도들도 흔히 사투를 벌이다가 힘겹게 죽고, 죄인들도 흔히 두려운 고요함 속에서 죽습니다. 내가 "두려운 고요함"이라고 표현한 것은 폭풍이 몰아치기 전에 공중에는 바람 한 점 없고 나무에서는 잎사귀 하나 움직이지 않는 그런 무시무시한 고요함을 나타내기 위한 것입니다. 이러한 폭풍 전야의 고요함 속에서는 구름들은 하늘과 땅의 중간쯤에 멈춰 선 듯이 걸려 있고, 하늘은 평소 때와는 비교할 수 없을 정도로 고요하며, 그러한 두려운 정적 속에서 우리의 숨은 거의 질식할 것 같은 가운데, 마침내 하늘의 무시무시한 대포들이 우르르 콰콰 요란한 소리를 내며 일제히 발사되면, 온 천지는 진동하기 시작합니다. 많은 불경건한 사람들의 죽음도 그와 같아서, 그들은 폭풍 전야처럼 기만적인 고요함 가운데서 죽습니다. 그렇게 죽은 그들이 잠시 후에 지옥에 깨어나 눈을 떴을 때, 그들의 눈 앞에는 아무런 소망도 없는 상상하기 힘든 무시무시한 광경이 펼쳐집니다. 나는 여러분이 그렇게 죽지 마시기를 하나님께 기도합니다. 나는 정신이 몽롱해진 채로 죽고 싶지 않고, 맑은 정신으로 죽고 싶습니다. 주제넘은 뻔뻔스러움은 영혼을 마비시키는 약입니다. 바로 그 약 기운 때문에, 대단히 많은 사람들이 흔히 아주 편안하게 죽습니다. 하지만 그들은 그 끔찍한 약을 먹지 않았더라면 훨씬 더 좋았을 것입니다. 왜냐하면, 만일 그 약을 먹지 않았다면, 그들은 적어도 삶의 마지막 순간에라도 자신의 장래의 운명을 실제로 볼 수 있게 되어서, 자신의 발이 저 깊은 지옥의 심연으로 미끄러져 가는 동안에, 어떻게든 거기로 빠져들지 않기 위해서, 영원한 생명 되시는 그리스도를 붙잡고서 그 은혜를 힘입어 다시 뒤로 물러날 수도 있었을 것이기 때문입니다. 그러나 많은 사람들은 그 약을 먹고, 그들의 눈이 멀어서, 자신의 장래의 운명을 보지 못하고, 몽롱한 가운데 아주 편안하게 죽어가기 때문에, 결국 영원한 멸망으로 떨어지고 맙니다.

하지만 회개하지 않은 사람들은 평안하지 않은 상태에서 고통스럽게 죽는 것이 보통입니다. 임종 때의 정적 속으로 들어가면, 그들이 살면서 행해 온 온갖 죄악들이 기억나기 시작하기 때문에, 회개하지 않고 죽는 사람들의 대다수는 사망의 문으로 들어가기를 거부하게 됩니다. 그때가 되면, 그들이 행하였던 악행들, 은밀하게 행한 죄악들, 안식일을 소홀히 했던 것, 성경을 읽지 않았던 것, 은혜의 보좌를 버린 것 등등이 그들의 심령에 대고 아우성치기 시작합니다. 벽에 걸려 있는 시계가 재깍재깍 소리를 내며 가고 있는 동안에, 그들의 마음은 어린 시절과 청년기, 성인이 되고 결혼을 해서 살았던 시기를 거슬러 올라가서, 그들이 지은 죄들을 하나하나 기억해 내기 시작합니다. 모든 죄인들은 바보가 아니라면, 죄악으로 점철된 자신의 일생을 돌아보면서, 공포나 회한을 느끼지 않을 수 없게 됩니다. 또한, 죽어가고 있는 사람들에게 "나는 어디로 가고 있는 거지?"라고 묻는 것이 유쾌한 질문이든 아니든, 그들의 심령은 자기 자신에게 그런 질문을 던지기 시작하기 때문에, 두려움은 그들의 전 존재 속으로 엄습해 들어옵니다. 사람 속에는 자기가 동물 이상의 존재라는 것을 믿게 해주는 어떤 것이 존재합니다. 여러분이 모든 살아 있는 사람들은 단지 짐승에 불과하다고 믿는다면, 여러분의 아내를 보십시오. 여러분이 오랜 세월 동안 사랑해 온 여러분의 아내의 저 사랑스러운 육신은 무엇입니까? 그 육신의 주된 성분은 많은 물과 기체일 것입니다. 그 물과 기체가 제거되면, 한 줌의 재만이 남게 되고, 그것이 전부입니다. 많은 물과 기체, 그리고 한 줌의 재가 여러분이 오랜 세월 사랑해 왔던 여러분의 아내입니까? 아닙니다. 여러분은 그런 것을 사랑해 온 것이 아닙니다. 여러분은 한 여자를 사랑해 왔습니다. 여러분은 물과 기체와 흙의 혼합물보다 무한히 더 나은 것을 사랑해 왔습니다. 여러분은 그것을 압니다. 여러분은 자신의 어머니나 자녀나 여러분 자신이 단지 물과 기체와 흙의 혼합물일 뿐이라는 것을 믿지 않습니다. 여러분은 그러한 유물론이 옳다고 확신할 수 없습니다. 이 육신

속에는 물과 기체와 흙보다 더 나은 어떤 것, 그러한 것들이 다 풀어져 없어진다고 해도 여전히 의식을 지니고서 남아 있을 어떤 것이 존재합니다. 우리가 이것을 원하든 원하지 않든, 우리 속에는 우리로 하여금 이것을 믿게 만드는 어떤 것이 존재합니다. 그러므로 사망의 문 앞에 섰을 때, 사람들의 심령은 "내가 어디로 가고 있는 거지?"라는 질문을 할 수밖에 없게 됩니다. 그리고 이 질문에 대하여 그들의 심령이 "나는 예수께서 계신 곳으로 가고 있고, 내가 사는 동안에 믿고 의지해 왔고 나의 모든 죄를 씻어 주신 나의 구주께로 가고 있는 거야"라고 대답할 수 없을 때, 그들에게는 공포가 밀려오고, 그들은 이렇게 말하기 시작합니다: "내가 무엇을 믿고서 앞으로 나아갈 수 있을까? 성경은 내가 심판을 받게 될 것이고, 그 심판을 견딜 수 없을 것이라고 말하지 않았던가. 또한, 내가 장차 부활할 것이라고도 했는데, 나 같은 죄인이 죽은 자 가운데서 부활해서 도대체 어떻게 되는 것일까? 성경은 내가 정죄를 받게 될 것이라고 말하였는데, 내 양심 속에서는 이미 내가 정죄 받고 있지 않은가. 나는 앞으로 갈 수도 없고, 여기서 멈춰 있을 수도 없구나. 땅이여, 내가 당신을 꼭 떠나야 하나요? 하늘이여, 내가 당신에게 들어갈 수는 없는 것인가요? 그렇다면, 나는 어디로 가야 한단 말인가요?" 불경건한 자들 중에서, 이 땅을 떠나야 할 때가 되었을 때, 이러한 생각 속에서 몰려오는 두려움을 떨쳐내 버릴 수 있는 사람은 그리 많지 않습니다.

　　또한, 나는 이 사망의 그늘진 문 근처는 하나님을 찾기가 무척 어려운 곳이라는 것을 말씀드리고자 합니다. 어떤 사람의 심령이 자신의 지난날에 대한 기억과 두려움으로 괴로움을 겪고, 그의 육신이 고통 가운데 있을 때, 그가 예수의 음성에 귀를 기울이는 것은 극히 어렵습니다. 나는 죽어가는 사람들이 단 한순간만이라도 예수를 바라보았으면 좋겠습니다. 그들이 구원을 바라고, 오직 하나님이 보내신 그리스도를 믿기만 한다면, 그들은 그 마지막 순간에 영생을 얻게 될 것입니다. 그러나 내가 지금까지 지켜봐 온 바로는, 죽음을 앞둔 대부분의 사람들은 육신의 고통이 너무 심해서 믿음 같은 것을 생각하는 것이 거의 불가능합니다. 하나님의 은혜가 어디까지 미칠 수 있는지를 아는 사람은 아무도 없지만, 그 은혜가 믿을 때에 주어지는 것이라면, 나는 죽어가는 사람들에게는 그 은혜가 미칠 수 있는 여지가 거의 없다고 생각합니다. 섬망 상태에서 심령이 어지럽고 머리는 깨질 것 같은 상황에서 사람들은 오직 빨리 죽기만을 바랄 뿐, 하나님과의 화목을 구할 여유를 가질 수 없습니다. 그때에는 오직 이제까지 자신의 인생의 동반자였던 아내와 어린 자식들에게 눈물로 작별을 고하고 얼른 죽었으면 하는 마음만 들 뿐입니다. 그때에는 "하나님이여 불쌍히 여기소서 나는 죄인이로소이다"(눅 18:13)라고 부르짖을 여유도 없이, 그저 빨리 죽기를 바라게 될 뿐입니다. 여러분은 "사망의 그늘진 문"을 본 적이 있습니까? 그랬다면, 여러분은 그곳을 여러분이 회개할 곳으로 선택하지 않을 것이고, 대신에 오늘 이 시간을 하나님을 찾을 때로 선택할 것입니다. 지금은 여러분의 심령이 아직 펄펄 살아 있고, 하나님께서 여러분에게 은혜 주시기 위하여 두 팔을 벌리시고 여러분을 기다리고 계시기 때문입니다.

나는 여러분을 일이 분이라도 더 붙잡아 두어서는 안 되지만, 그래도 한 가지 상기시켜 드릴 것이 있는데, 그것은 사망의 그늘진 문은 사람들의 모든 것을 벌거벗겨서 시험하는 곳이라는 것입니다. 그리스도인이라고 고백한 사람들이 거기로 옵니다. 그들의 그러한 신앙 고백이 가짜인 경우에는 그들이 걸치고 온 자기의 라는 누더기 옷은 갈기갈기 찢겨지게 됩니다. 또한, 거기에 와서, "나는 신앙인이 아니었지만, 신앙인보다 더 나은 정직한 사람이었습니다"라고 말하는 사람들도 있습니다. 하지만 그들의 말이 거짓이라는 것이 벌거벗은 듯이 드러나고, 그들이 섬기던 "정직"이라는 신은 가짜였다는 것이 드러나서, 자기가 정직하게 살아왔다는 그들의 망상은 무너져 버리고 맙니다. 여러분이 원하신다면, 공중에 누각을 지으십시오. 그러나 죽음은 여러분의 모든 마술의 실체를 놀라울 정도로 다 드러내 줄 것입니다. 사망의 그늘진 문 앞에서는 여러분에게나 하나님에게나 사실 또는 진실 외에는 아무것도 통하지 않을 것입니다. 여러분이 가지고 있는 신앙과 소망이 자기 자신을 살피는 시험과 여러분의 심령을 밝히 드러내 주는 설교의 시험을 통과하지 못한다면, 분명히 여러분은 죽을 때의 시험도 통과하지 못하게 될 것입니다. 죽음의 때는 우리의 모든 것이 벌거벗겨지는 때가 될 것입니다! 왕들이여, 여러분의 왕관을 보십시오. 여러분은 그 왕관을 다시는 쓸 일이 없게 될 것입니다. 창문을 통해 여러분의 드넓은 영지를 내려다보십시오. 여러분은 이제 그 영지 중에서 단 한 뼘의 땅도 여러분의 영지라 부를 수 없게 될 것입니다. 여러분이 누워 있게 될 한 평 남짓한 땅도 여러분의 후계자들이 여러분에게 자비를 베풀어서 평안히 누워 잠잘 수 있게 허락하는 동안에만 여러분의 것이 될 수 있을 뿐입니다. 여러분의 돈 자루들에 작별을 고하십시오. 거리와 환전소에 작별을 고하십시오. 여러분은 많은 수고를 해서 큰돈을 모았지만, 이제 그 중의 한 푼도 가져가지 못하고 다 두고 떠나야 합니다.

또한, 한층 더 나쁜 것은 사망의 그늘진 문은 작별의 장소라는 것입니다. 종종 불경건한 사람이 그리스도인인 아내에게 작별을 고하기도 합니다. 그녀의 뺨에 입을 맞추십시오. 당신은 그녀를 다시는 결코 보지 못하게 될 것입니다. 당신에게는 최근에 교회를 다니기 시작한 사랑하는 그리스도인 자녀가 있지만, 당신은 그리스도를 따르는 자가 아닙니다. 당신이 죽게 되었을 때, 사람들은 그녀를 당신의 침상으로 데려오면, 당신은 그녀에게 이렇게 말해야 할 것입니다: "안녕, 메리. 다시는 당신을 보지 못하게 될 거야. 설령 다시 본다고 해도, 성경에 나오는 부자처럼, 당신과 나 사이에는 건널 수 없는 깊은 간격이 있어서, 나는 아브라함의 품에 안겨 있는 당신을 아주 멀리서만 볼 수 있겠지." 아직도 회심하지 않은 형제들이여, 여러분은 여러분의 그리스도인 자매들과 어떻게 작별하기를 원하십니까? 아직도 회심하지 않은 자매들이여, 여러분은 천국으로 가시게 될 여러분의 부모님들과 어떻게 헤어지기를 원하십니까? 여러분은 모두 "우리 가족이 모두 천국에서 다시 만나기를 원합니다"라고 말할 것입니다. 젊은 남녀들이여, 그리스도께서 자기 백성을 호명하여 본향으로 불러들일 때, 여러분의 이름이 호명되지 않는다면, 여러분은 어떻게 되겠습니까? 그때에는 사망의 그늘진 문은 영원한 작별의 장소가 될 것이 틀림없습니다. 하나님께서 여러분으로 하여금 그리스도 안에 있는 여러분의 골육들 중 그 어느 누구와도 영원한 작별을 하지 않게 하시고, 여러분도 천국으로 올라가서, 천사장의 나팔소리가 울려 퍼질 때에 그들과 함께 부활할 수 있게 해주시기를 빕니다.

이상으로 나는 이 땅에서의 삶의 마지막 순간에 대하여 최선을 다해서 말씀을 전했습니다. 사랑하는 심령들이여, 여러분의 하나님을 만날 준비를 하십시오. 왜냐하면, 여러분은 다시 태양이 뜨기 전에 하나님을 만나야 할 것이기 때문입니다. 하나님의 종인 내가 살아 계신 하나님의 이름으로 여러분에게 간곡히 부탁드리는 것은 회개와 믿음을 미루지 마시고, 은혜의 백기가 펄럭이고, 하나님께서 여러분에게 은혜를 베푸시기 위하여 기다리고 계시는 동안에, 그리스도의 십자가 앞에 나아와 엎드리시라는 것입니다. 예수를 믿고 구원을 받으십시오. 하나님께서 그리스도를 인하여 여러분에게 복 주시기를 빕니다. 아멘.

제
30
장
—

묘성과 삼성

—

**"네가 묘성을 매어 묶을 수 있으며
삼성의 띠를 풀 수 있겠느냐." ― 욥 38:31**

여러분 중 대다수는 아주 작지만 대단히 밝은 "묘성"(the Pleiades, 플레이아데스 성단)이라 불리는 특히 아름다운 성단을 아실 것입니다. 묘성은 특히 봄에 가장 잘 눈에 보이기 때문에, 시인들은 온 땅을 겨울잠에서 깨어나게 하고 푸른 풀과 형형색색의 꽃들로 뒤덮는 봄기운을 묘성과 연결시켜 왔습니다. 따라서 간단히 말해서, 우리는 봄과 여름을 가져다주는 따뜻한 기운을 묘성의 기운이라고 이해할 수 있습니다. 오늘의 본문에서는 바로 그러한 기운을 "매어 묶을 수 있는" 사람은 아무도 없다고 말합니다. 그리고 "삼성"(Orion)이라 불리는 아주 밝은 별들로 이루어진 성단인 오리온자리는 겨울이 오기 직전인 늦가을 무렵에 가장 잘 보입니다. 이렇게 삼성은 겨울의 문턱에서 가장 밝게 빛나기 때문에, 시인들은 겨울을 삼성과 연결시킵니다. 따라서 "삼성의 띠를 풀 수 있겠느냐"는 말씀이 담고 있는 의미는 서리의 "띠"를 풀 수 있거나 추위가 오는 것을 막아낼 수 있는 사람은 아무도 없다는 것입니다. 달리 말하면, 오늘의 본문은 아무도 계절의 순환을 막을 수 없다고 단언하고 있는 것입니다. 하나님께서 봄이 와야 한다고 정하신 계절에는 따뜻한 온기를 품은 달들이 웃으며 등장하고, 하나님께서 이번에는 겨울을 부르시면, 온 땅은 눈과 얼음으로 뒤덮인 황량한 시간을 보내야 합니다. 농부들은 하늘의 하나님을 전적으로 의지하고 살아갑니다. 그들이 소망을 가지고서 부지런히 밭을 갈고 좋은 씨앗을 뿌린다고 할지라도, 하늘의 따뜻한 기운이 온 땅을 감싸지 않는다면, 가을에 풍성한 수확을 거둘 수 없습니다. 극심한 가뭄이 오랫동안 지속되는 경우에는 그들의 힘으로 구름들로 하여금 비를 내리게 해서 목마른 밭이랑들을 촉촉이 적셔줄 수 없고, 비가 억수같이 내려서 초장들이 다 물에 잠겨 버려도, 그들의 힘으로는 하늘의 수도꼭지를 잠글 수 없습니다. 그러므로 그들은 모든 일을 자신의 뜻대로 다스리시는 하나님을 절대적으로 의지하고 살아갈 수밖에 없습니다. 그리고 하나님이 만드신 농촌에서 멀리 떠나 사람이 만든 도시에서 살아가기 때문에 농사에 대해서는 거의 알지 못하는 우리도 그 누구 못지않게 하나님을 의지하고 살아갑니다. 왜냐하면, 왕들도 밭의 열매를 먹기 때문입니다. 우리가 우리의 양식을 어떤 경로로 얻는다고 할지라도, 그 양식은 결국 밭에서 나온 것입니다. 우리만이 아니라, 짐승들과 새들을 비롯해서 모든 피조물들은 하나님을 전적으로, 그리고 절대적으로 의지해서 살아갑니다. 하나님의 도우심이 없다면, 피조물들은 스스로의 힘으로 살아갈 수 없습니다. 이것이 오늘의 본문이 지닌 단순한 가르침이지만, 여기에서 이 가르침이 욥에게 하늘이 정하신 것들을 그가 바꿀 수 없듯이, 섭리의 사건들을 통해 이루시고자 하시는 하나님의 뜻도 그가 바꿀 수 없다는 것을 가르치기 위하여 사용되었다는 것은 의문의 여지가 없습니다. 여러분은 봄이 빨리 오게 할 수도 없고, 겨울을 늦게 오게 할 수도 없습니다. 여러분은 나라들로 하여금 큰 재난 속으로 빠져들게 만드는 재앙들을 막을 수도 없고, 지파들을 들어올려 크게 번영하게 만들어 주는 은총들을 금할 수도 없습니다. 화이든 복이든 하나님의 뜻을 따라서 사람들에게 찾아옵니다. 인생들이여, 여러분이 아무리 분별력이 있고 노련하며 경영을 잘하고 부지런하다고 하여도, 하나님이 정하신 화를 피할 수 있는 힘은 여러분에게 없습니다. 저 무시무시한 풀 베는 자의 낫은 사람의 지혜로 막을 수 없기 때문에, 그 날은 모든 사람들에게 찾아옵니다. 하나님의 명하심을 따라서 궁핍과 질병, 그리고 사별이 우리를 공격해 옵니다. 우리는 그러한 것들의 강도를 많이 경감시킬 수는 있지만, 완전히 피해 갈 수는 없습니다. 하나님이 정하신 것들은 반드시 실행되어야 하기 때문입니다. 하나님이 작정하신 일들이 적혀 있는 책에 기록되어 있는 일들은 인간의 역사 속에서 때가 되면 반드시 이루어져야 합니다. 여러분이 그것들을 바꿀 수 없다면, 그것들을 인정하고 그 앞에서 무릎을 꿇고 순복하여야 합니다. 여러분이 하나님의 뜻을 바꿀 수 없다면,

거기에 순복해서, 그 뜻이 여러분에게 이루어지게 해주시라고 청하십시오. 욥이여, 당신의 가축 떼가 다 없어지게 되어 있고, 당신의 자녀들이 다 죽게 되어 있으며, 당신의 온 몸에 온통 종기들이 나게 되어 있고, 당신이 거름더미 위에 앉아있게 되어 있고, 그런데도 그 중 하나라도 바꿀 수 있는 힘이 당신에게 없다면, 무한하신 이의 손에서 나온 환난을 그대로 받으십시오. 당신의 마음을 낮추고서, 당신을 치는 그 손에 겸손히 입맞추며, "이는 여호와이시니 선하신 대로 하실 것이니라"(삼상 3:18)고 말하십시오. 하나님의 섭리에 관한 가르침은 사려 깊고 믿음이 있는 심령들 속에 자기 자신을 부인하는 영을 만들어 내기 위한 것입니다. 하나님의 섭리에 대항해서 싸워 보는 것이 어느 정도 소용이 있다면, 그들은 아마도 그렇게 했을 것이지만, 그렇게 해보아야 아무 소용이 없고, 하나님의 섭리의 거대한 바퀴는 우리가 눈물을 흘린다고 해서 멈추는 법도 없고 우리가 신음한다고 해서 빨리 가주는 법도 없이 계속해서 돌아가기 때문에, 결국에는 그 섭리가 모든 것을 합력하여 선을 이룰 것임을 믿고서, 그 바퀴가 돌아가는 대로 거기에 순복해서, 하나님이 정하신 모든 것들을 따르는 것이 가장 좋습니다.

하지만 이 아침에 나는 본문을 그런 의미로 사용하고자 하는 것이 아닙니다. 먼저, 우리는 본문이 묘성의 좋은 기운을 아무도 막을 수 없다고 말하고 있듯이, 사람들은 성령의 은혜의 역사를 전적으로 막을 수는 없다는 것을 살펴보고자 합니다. 다음으로, 우리는 본문이 삼성의 끈을 풀 수 있는 자가 아무도 없다고 말하고 있듯이, 사람들은 종종 사람의 마음을 사로잡는 저 겨울의 기운을 스스로의 힘으로 이겨낼 수 없다는 것을 살펴보겠습니다. 그런 후에 세 번째로, 우리는 이 두 가지로부터 얻을 수 있는 교훈들을 살펴보고자 합니다.

1. 첫째로, 성령의 따뜻한 감화를 묶어 둘 자가 누가 있겠습니까?

성령은 언제나 동일한 정도의 능력으로 활동하는 것은 아니지만, 시온이 은혜를 입을 때가 되면, "사람을 기다리지 아니하며 인생을 기다리지 아니하는" "풀 위에 내리는 이슬" 같이(미 5:7) 사람들 위에 내립니다. "이스라엘의 거룩한 자"가 자기 교회에 은혜를 베풀고자 하실 때, 사람이나 마귀에게는 그것을 막을 수 있는 힘이 없습니다. 하나님의 교회를 무너뜨리기 위한 많은 시도들이 있어 왔지만, 성령의 은혜로우신 감화가 하나님의 원수들의 모든 계획들을 다 좌절시켰기 때문에, 모두 실패로 돌아갔습니다. 하나님의 교회는 특히 초창기에 독기에 가득한 비방과 중상모략의 혀에 의해서 공격을 받았습니다. 사람들은 그리스도인들은 가장 야만적인 짓들을 행하는 자들이라는 소문을 로마 제국의 전역에 광범위하게 퍼뜨렸습니다. 그리스도인들이 모일 때마다 어떤 범죄들을 계속해서 저지른다고 그들이 비방했는지를 내가 구체적으로 언급하면, 여기에 계신 정숙한 분들의 뺨이 붉어질 것이기 때문에, 나는 그렇게 하지 않고, 그들이 비방했던 것들 중의 단지 한 가지만 말씀드리고자 합니다. 그들은 그리스도인들이 함께 모여서 주 예수 그리스도를 기억하며 떡을 떼고 포도주를 마시는 것을 보고서는, 그리스도인들은 사람의 살을 먹고, 사람의 따뜻한 피를 큰 잔에 담아서 서로 돌려가며 마신다고 비방했습니다. 당연히 로마 제국에 사는 사람들은 이 끔찍한 비방을 그대로 믿고서, 기독교 신앙을 격렬하게 반대하였습니다. 그런데 기독교 신앙은 그와 같은 비방에 의해서 촉발된 대중들의 반대를 어떻게 극복하였을까요? 아주 간단합니다. 그리스도인들은 성령의 능력을 힘입어서 그러한 비방과 반대를 이겨 냈습니다. 오순절에 제자들에게 임했던 성령의 감화는 그들에게 그대로 머물러 있었기 때문에, 그들은 하늘로부터 임한 성령을 힘입어서 말씀을 전할 수 있었습니다. 그들은 사적인 모임들에서 예수를 전할 때에, 자신들이 예루살렘에서 받은 바로 그 능력으로 전하였기 때문에, 그들에게 쏟아진 비방은 회오리바람 앞의 겨와 같았고, 불길과 싸우는 그루터기와 같이 아무런 힘도 발휘할 수 없었습니다. 그리고 정반대로, 이러한 비방은 사람들에게서 호기심을 불러일으켜서, 그들이 생각하기에 극악무도한 그리스도인들이 자신들의 끔찍한 종교의식에서 정말 천인공노할 짓들을 하는지를 보기 위하여 그리스도인들의 집회에 참석하게 하였고, 집회에 참석한 사람들은 그리스도인들의 입에서 나오는 은혜로운 말씀들을 듣고서는, 그들에게 역사하신 성령의 능력으로 인해서 복음을 믿고 그리스도인이 되는 역사가 일어났습니다! 사랑하는 자들이여, 이것은 오늘날에도 마찬가지입니다. 많은 그리스도인들이 비방과 중상모략을 견뎌내야 하고, 그러한 비방들 중에는 너무나 잔인한 것들도 있습니다. 예민한 심령에게는 비방을 받는 것이 채찍을 맞거나 고문을 당하는 것보다 더 견디기 힘든 혹독한 시련이 됩니다. 하지만 사람들이 우리를 비방하여 우리의 이름을 욕되게 한다고 하여도, 이스라엘의 거룩하신 이의 위로를 우리에게서 **빼앗을** 수는 없습니다. 우리가 세상으로부터 가장 욕을 많이 먹을 때가 우리의 하나님으로부터 가장 사랑 받는 때인 경우가 많습니다. 하나님의 백성이 사람들로부터 멸시와 배척을 당할 때, 하나님께서는 자기 백성에게 평소보다 훨씬 더 큰 자신의 사랑을 나타내셔서 그들을 붙들어 주십니다. 따라서 하나님의 백성의 잔에 쓰디쓴 것들이 많이 들어 있을 때에는, 하나님께서 그 잔에 자신의 보배로운 사랑의 꿀을 아주 듬뿍 넣어 주심으로써, 그들로 하여금 그 잔의 쓴 맛을 잊어버리게 만드십니다. 즉, 그들은 하나님과의 달콤한 교제 속에서 사람들의 비방이 주는 쓴 맛을 잊어버립니다. 사랑하는 자들이여, 여러분이 그리스도의 이름을 위하여 사람들로부터 온갖 악한 말을 듣는다면, 여러분은 복된 사람들입니다. 왜냐하면, 여러분은 여러분을 비난하고 고소하는 자들에게 이렇게 대답할 수 있기 때문입니다: "너희가 성령의 선한 감화를 묶을 수 있느냐? 약속의 묘성이 내 영혼을 환히 비추어서, 하나님의 위로들이 거기로부터 내 영혼 속으로 흘러들어올 때, 너희가 그것을 막을 수 있느냐?"

세상은 비방이라는 병기가 통하지 않을 때에는 언제나 더 난폭한 병기를 꺼내드는데, 그것은 공개적으로 박해하는 것입니다. 그러나 사랑하는 자들이여, 역사상 교회를 공격하였던 그 어떤 박해도 결코 묘성의 좋은 기운을 결코 막을 수 없었습니다. 즉, 그 어떤 박해도 성령의 역사를 소멸시킬 수 없었고, 하나님의 교회로부터 참된 위로를 빼앗을 수 없었다는 말입니다. 교회의 봄이 찾아 왔을 때, 지금까지는 그리스도인들이 아무리 많은 피를 흘렸다고 할지라도, 세상은 그들을 또다시 춥고 황량한 겨울 속으로 밀어넣을 수 없었고, 교회는 새로운 싹을 틔우고, 꽃들을 활짝 피우며, 가지가지에 열매들을 많이 맺어서, 하나님께 영광을 돌립니다. 빌립보 감옥에 갇힌 바울과 실라를 보십시오. 그들을 박해하는 자들이 그들을 채찍으로 때리고 차꼬에 채워서 구역질 날 정도로 더러운 감옥에 처넣었습니다. 그러나 묘성의 따뜻한 기운이 그들을 감싸자, 한밤중에 그들은 다른 죄수들이 다 듣는 가운데 큰 소리로 찬송을 부르기 시작합니다. 우리는 사도들의 발길이 닿았던 모든 곳에서 묘성의 이러한 따뜻한 기운을 느낄 수 있습니다. 유대인 박해자들이 사도들을 끈질기게 추격하였고, 이방인 폭도들이 그들을 괴롭혔습니다. 그러나 그들이 전하는 복음을 듣고서, 많은 사람들이 그리스도의 십자가 앞으로 나아왔습니다. 그들이 복음을 전하는 동안에, 하나님께서 사람들의 마음을 어루만지셔서, 구원 받을 자들을 날마다 교회에 더하신 것입니다. 사도 시대 이후에는 로마의 귀족들과 귀부인들과 평민들 같은 온갖 계층이 다 모인 검투장에서, 자기를 방어할 힘이 없는 몇몇 그리스도인 남자들과 여자들이

곰과 늑대와 사자에게 던져졌을 때, 묘성의 따뜻한 기운이 그들에게 임하였습니다. 사자들이 굴에서 놓여나서 검투장 중앙으로 쇄도해 올 때, 그들은 자신들을 그리스도의 고난에 참여하기에 합당한 자들로 여기신 하나님을 찬송하며, 평화로운 얼굴로 시편들을 노래하였습니다. 눈 덮인 알프스 산 위에서나, 피드몬트(Piedmont)의 골짜기들에서도 마찬가지였습니다. 프랑스에서 고난을 받던 위그노파(Huguenots)나 순교를 당한 우리의 선조들 가운데서도 마찬가지였습니다. 16세기에 이단자를 화형시켰던 곳인 스미스필드(Smithfield)에서는 우리의 선조들이 화형을 당할 때, 흔히 묘성의 기운이 임하여, 그들을 불태우던 불꽃들은 성도들을 천국의 보좌로 실어다주는 불 병거가 되었습니다. 스코틀랜드의 협곡의 깊은 산중과 무성한 숲에서 카길(Cargill)과 캐머런(Cameron)이 성경을 펴 놓고서 번갯불에 의지해서 본문을 읽고서, 만왕의 왕 예수에 대하여 말씀을 전하던 저 맹약자들의 시대에 묘성의 따뜻한 기운은 오늘날보다 훨씬 더 강력하게 임하였을 것입니다. 오늘날 사람들은 하나님의 진리의 말씀을 들으면서도 잠을 자는 법을 알고 있고, 너무나 많은 사람들이 약간의 이득을 위해서도 자신의 신앙 원리들과 천국에 대한 소망을 헌신짝처럼 버려 버립니다. 이마에 지옥의 문신을 하고서 우리 앞에서 행진해 가는 저 잔인한 박해자들의 무리여, 지금까지 너희가 우리를 박해해서 얻은 것이 무엇이더냐? 가인의 후예들이자 고라의 형제들이며 발람의 제자들인 너희여, 너희가 하나님의 교회가 전진해 가는 길을 단 한 시간이라도 가로막을 수 있었던 적이 있었더냐? 하늘로부터 하나님께서 너희를 대적하여 싸우셨기 때문에, 너희의 흉악한 술수들은 아무 소용이 없었다.

또한, 사랑하는 형제들이여, 역사상에서 시대 시대마다 하나님의 교회 속으로 은밀하게 침투해 들어왔던 교묘한 이단들도 성령의 감화를 묶어둘 수 없었습니다. 흔히 겉으로는 악이 온전히 승리한 것처럼 보였던 때에도, 교회의 봄은 찾아 왔습니다. 교황의 권력이 아주 견고해져서 온 세상에 미치게 되었을 때, 사보나롤라(Savonarola, 1452-98), 프라하의 제롬(Jerome of Prague), 얀 후스(John Huss), 그리고 우리나라의 존 위클리프(John Wickliffe) 같은 이들이 일제히 일어나서, 적그리스도의 보좌의 토대를 뒤흔들어 놓았습니다. 세계사 속에서 가장 어두웠던 순간에 빛이 비치기 시작하였습니다. 당시에는 교회의 모든 박사들이 교황 편에 서 있었고, 모든 지식인들이 교황의 독선적인 교리들을 유지하기 위하여 혈안이 되어 있었기 때문에, 그들이 이 사람들을 산 채로, 또는 그 시신들을 불태웠을 때, 이 사람들과 그 영향력은 지면에서 잊혀지고 사라지는 것이 당연한 일처럼 보였던 그런 상황 속에서, 무엇이 이 사람들로 하여금 저 아주 오래되고 유서 깊고 부유한 종교 집단에 대항하여 맞설 수 있게 하였을까요? 그러나 형제들이여, 오류로 가득했던 저 옛 종교는 퇴색하였고, 복음의 빛이 밝게 빛났습니다. 세상에는 다시 봄의 생명이 찾아왔고, 새들이 노래하고 꽃이 만발하는 때가 찾아왔는데, 사람들은 이것을 종교개혁이라고 불렀습니다. 오늘날에도 이런 일이 일어나게 될 것임을 믿으십시오. 사탄과 악의 무리들이 온갖 교묘하면서도 치명적인 술수를 동원해서 우리의 땅을 집어삼키려고 하고 있습니다. 그들은 로마 가톨릭에서 조악한 우상 숭배들을 탈색시켜서, 거기에 화려한 의상들을 입히고, 호화롭고 웅장한 것들을 더하여 광채를 내서 가톨릭의 아류인 종교를 만들어 내어, 겉보기에 지극히 경건하고 독실해 보이는 사람들로 하여금 그 종교를 이끌어가게 하였습니다. 그들의 그러한 술책이 성공할 수 있을까요? 이 나라를 아주 오랜 세월 동안 촉촉이 적셔 온 복음이 과연 그러한 술책으로 파괴될까요? 또한, 우리는 합리주의의 공격도 동시에 받고 있습니다. 합리주의는 기독교 신앙을 정면으로 부정하며 쇄도해 오는 것이 아니라, 인간의 사고의 폭을 넓히고 좀 더 자유롭게 사고하여야 한다고 하면서 아주 조심스럽고 영악하게 조금씩 자신의 궁극적인 목표를 향하여 나아가고 있습니다. 이것은 많은 사람들에게 대단히 매력적인 것이어서, 이 나라에서 좀 더 생각 있는 청년들의 상당수가 합리주의 쪽으로 기울어가고 있습니다. 이 두 연자 맷돌 사이에 끼여서 과연 그리스도의 나라는 여지없이 분쇄되어 콩가루가 될 것 같고, 합리주의(rationalism)와 예전주의(ceremonialism)는 우리 기독교 신앙이 서 있는 기둥들을 무너뜨릴 삼손의 두 손 같이 될 것 같지 않습니까? 하지만 결코 그렇게 되지 않을 것입니다. 성령께서 살아 계신 하나님의 교회들 위에 임하셔서, 우리가 진리의 말씀을 전할 때에 능력으로 함께 하시기만 한다면, 우리는 그런 것들을 담대히 비웃으며, 그런 것들을 옹호하는 큰 자들을 향하여, "하나님의 진리의 수호자이시고, 교회의 생명이시며, 믿음을 지키시는 자이시고, 오류들을 이기시는 자이시며, 지옥을 비웃으시는 자이시고, 진리의 제국을 견고히 세우시는 자이시며, 거짓의 보좌를 파괴하는 자이신 저 경배 받으시기에 합당하신 성령의 자비로우신 능력에 맞서서 너희가 단 일 초라도 견딜 수 있을 것 같으냐?"고 말할 수 있습니다.

　나는 한 걸음 한 걸음 앞으로 나아가면서, 인간 속에는 성령의 선하신 감화를 배척하는 큰 힘이 존재한다는 것을 여러분에게 상기시켜 드릴 것입니다. 어떤 한 사람이 구원 받게 될 때가 오면, 그 사람 속에 있는 하나님의 능력에 대한 **본성적인 적대감**이 한층 더 깨어나서 경계를 강화하고, 사탄도 자신의 졸개를 잃지 않기 위해서 더욱 힘을 쓰게 됩니다. 하지만 여러분이 한동안 성령을 배척하고 근심하게 하였을지라도, 성령께서 여러분을 구원하실 수 있는 전능하신 능력으로 여러분에게 실효적으로 찾아오시면, 여러분 속에 아무리 거기에 저항하는 적대감이 있다고 하더라도, 여러분은 영생의 성령의 선하신 기운을 묶을 수 없기 때문에, 그 능력에 굴복할 수밖에 없다는 사실로 인해서, 나는 하나님께 영광을 돌립니다. 그것은 마치 시골에서 농민들이 어떤 이유에서 하천을 막아서 만들어 놓은 댐에서 일어나는 일과 비슷합니다. 많은 비가 산과 들에 계속해서 쏟아지면, 계곡에서는 굵은 물줄기들이 콸콸거리며 아래쪽으로 뛰어 내려갑니다. 댐은 한동안 아무렇지도 않게 버티는 듯이 보여도, 물이 차오를수록, 댐이 무너질 가능성은 높아집니다. 마을 사람들은 댐을 더 보강하지만, 계속해서 비가 내리고, 물이 불면, 마침내 한순간에 댐은 와르르 무너져 내리고, 거센 물살은 큰 소리를 내며 밑으로 내달립니다. 우리의 악한 본성도 마찬가지입니다. 성령께서도 하나님의 영원하신 뜻들이라는 산들로부터 점점 더 큰 능력으로 임해서, 결국에는 거기에 저항하던 모든 것들을 다 쓸어 버리십니다. 성령의 크신 능력 앞에서 하나님께 적대적인 본성의 댐은 무너져 내리게 됩니다. 어떤 사람들은 "당신은 인간의 자유의지를 부인하시는 것입니까?"라고 말합니다. 누가 그렇게 말합니까? 나는 인간의 자유의지를 부인한 적이 없습니다. 정반대로, 나는 누구보다도 더 인간의 자유의지를 옹호하는 사람입니다. 저항할 수 없는 은혜에 관한 가르침과 인간의 자유의지는 서로 전혀 모순되지 않습니다. 여러분은 "사람이 이렇게 폭우에 의해서 저항하지 못하고 휩쓸려 가는 것이라면, 그가 어떻게 자유의지를 지니고 있다고 할 수 있겠습니까?"라고 말합니다. 내가 말하는 것을 한번 잘 생각해 보시고 스스로 대답해 보십시오. 여러분은 어떤 사람과 논쟁을 벌일 때에 자신의 논거를 내어놓고서 격론을 벌입니다. 그러다가, 상대방이 가장 설득력 있는 논거를 제시하였을 때에는, 여러분은 바로 그 논거를 받아들이게 되고, 그렇게 해서 논쟁은 끝이 납니다. 그랬을 때, 여러분에게는 여러분 자신의 이성이 없었던 것입니까? 결코 그렇지 않습니다. 여러분에게 자신의 이성이 있었기 때문에, 여러분은 가장 이치에 맞는다고 생각되는 논거를 스스로 인정하고 받아들일 수 있었던 것입니다. 만일 여러분이 백치처럼 이성을 지니고 있지 않았다면, 여러분은 다른 사람들이 그 어떤 논거를 제시할지라도, 그 논거를 수긍하거나 받아들일 수 없었을 것입니다. 그러나 여러분에게는 옳고 그른 것을 분별할 수 있는 지각이 있었기 때문에, 여러분은 자신의 지각에 비추어서 옳다고 생각되는 것을 받아들일 수 있었습니다. 이것은 자유의지에 대해서도 마찬가지입니다. 어떤 사람들은 하나님께서 사람들의 본성에 대하여 물리적인 강제력을 사용하신다고 생각하지만, 그것은 잘못된 망상일 뿐입니다. 우리는 하나님께서는 사람들에게 여러 가지 논거들을 들어서 호소하고 설득하셔서, 그들의 자유의지를 조금도 침범하지 않으시는 가운데, 무엇이 옳고 참된 것인지를 그들로 깨닫게 하심으로써, 그들로 하여금 자신의 전적인 자유의지로 거기에 동의하고, 하나님의 사랑의 온전하신 능력에 순복하게 하신다고 가르칩니다. 웨슬리(Wesley) 목사님이 자신이 지은 찬송들에서 "이기다"(overcoming), "기어이 … 하시다"(forcing)라는 표현들을 사용하실 때, 바로 그러한 단어들이 내가 말하고자 하는 의미를 잘 표현하고 있는 것이 아니겠습니까? 웨슬리 목사님은 그 찬송들에서 이렇게 노래하십니다:

> "인류 중에서 가장 악한 자인 나를 이기셔서,
> 기어이 은혜로 나를 구원하시다니요?"

이 가사는 내가 말하고자 한 바로 그것을 정확히 표현하고 있습니다. 우리는 하나님께서 인간의 자유의지를 짓밟아 버리시고 자신의 뜻대로 강제로 행하신다고 말하는 것이 아니라, 어떤 사람의 의지가 아무리 완악하다고 할지라도, 성령께서 임하셔서 자신의 기이한 감화력을 행사하시면, 그 사람은 그토록 완악했던 자신의 의지를 꺾고 성령의 그 감화에 순복하게 된다고 말하는 것입니다. 하나님께서 그 권능을 베푸시는 날에, 사람들은 자원하는 심령으로 스스로 나아올 수 있게 됩니다. 인간의 반역하는 의지도 묘성의 따뜻한 기운을 묶어 두지 못합니다.

또한, 어떤 사람이 구원을 받은 후에는, 아무도 그 선하신 감화를 완전히 묶을 수 없다는 것도 우리가 감사해야 할 제목입니다. 여러분의 경험이 나의 경험과 같다면, 여러분은 종종 정말 끔찍한 심령 상태 속으로 들어갈 때가 있을 것입니다. 그때에 여러분은 마치 여러분 속에 영적인 생명이라는 것이 하나도 없는 것처럼 느끼게 됩니다. 여러분은 기도할 수 없고, 설령 기도한다고 해도, 기도하는 것 같지가 않습니다. 하나님의 전에 올라가도, 아무런 위로를 받을 수 없고, 성경을 펼쳐보아도, 거기에서 아주 작은 빛줄기조차도 볼 수 없습니다. 여러분은 비참하고 참담한 심정이 되어서, 와츠(Watts) 박사님처럼 이렇게 노래할 수밖에 없습니다:

　"사랑하는 주님, 이 죽고 싶을 정도로 초라한 모습으로
　　언제까지 살아가야 하는 것입니까?"

　여러분이 그런 상태로 여러 달 동안 지내고 있노라면, 어느 날 느닷없이 은혜가 찾아옵니다. 그러한 은혜는 설교를 듣는 중에 찾아올 수도 있고, 성찬식 때에, 또는 여러분이 사업이나 장사를 하고 있을 때에도 찾아올 수 있습니다. 여러분이 인식하기도 전에, 여러분의 심령은 암미나답의 병거처럼 되어서, 이루 말할 수 없는 기쁨을 느끼게 됩니다. 그것은 육신적으로 흥분되고 고양되는 것이 아니라, 영적인 생명이 활기차게 약동하는 것입니다. 이제 여러분은 기도할 수 있습니다. 이제 여러분은 자신 속에 있던 것들을 눈물을 흘리며 쏟아 놓을 수 있습니다. 이제 여러분의 심령은 마치 꽃들이 만발한 정원처럼 되어서, 자기가 지극히 행복하고 복되다고 느끼고는, 왜 자신의 심령이 전에는 사막같이 삭막하고 황량했었는지를 의아해합니다. 여러분의 심령이 어둡고 죽어 있다고 해도, 성령의 따뜻한 감화가 그런 것에 묶이지 않고, 여러분을 찾아온 것입니다. 하나님께서 여러분을 찾아오시기로 작정하셨기 때문에, 성령께서 친히 모든 장벽을 다 허물어뜨리시고서 여러분을 찾아오셔서, 여러분의 영혼으로 하여금 이루 말할 수 없는 기쁨으로 기뻐하고 즐거워하게 하신 것입니다.

　사랑하는 자들이여, 교회도 마찬가지입니다. 나는 우리 교회가 큰 곤경에 처해 있다가, 성령의 따뜻한 기운이 그 가운데 역사하여, 다시 소생하여 꽃을 피울 수 있게 된 것이라고 확신합니다. 양들은 이리저리 흩어졌고 분열되어서, 교회는 초라해졌고, 낙심될 일들이 수도 없이 많았습니다. 하지만 성령께서 이 교회에 찾아오시자마자, 이 교회는 다시 부흥되고 기뻐하기 시작하였습니다. 이 몇 년 동안에 성령의 동일한 감화가 우리를 복되게 하였고, 장애물들이 극복되었으

며, 어려움들이 사라졌습니다. 성령의 감화가 우리를 찾아와서 다시 소생하게 하는 역사를 아무도 막을 수 없었습니다.

여러분은 이제 하나님의 성령이 인간의 힘을 비롯해서 그 어떤 것에도 묶이거나 매임이 없이 바람처럼 자신의 뜻대로 불어오신다는 것을 깨닫게 되셨을 것입니다. 이제 내가 한 가지 덧붙여 드릴 말씀은, 인간은 그 누구도 자신의 힘으로 하나님의 성령의 능력을 묶어 두거나 효과적으로 제한할 수 없기는 하지만, 하나님께서는 한동안 교회나 개인으로부터 성령을 거두셔서, 그들로 하여금 극심한 괴로움을 맛보게 하심으로써, 성령 없이는 선한 것이나 능력이 있을 수 없다는 것을 똑똑히 알게 하신다는 것입니다. 그러므로 성령의 역사를 무시하지 마시고, 주의를 기울이십시오. 성령의 능력을 아는 여러분, 하나님의 경고를 그 어떤 것도 하찮게 여기지 마십시오. 성령이 근심하시지 않도록, 열심을 내십시오. 성령의 아주 작은 움직임에도 민감하게 반응하셔서, 모든 일에서 여러분의 친구이자 안내자이신 성령을 공경하고 높이십시오. 성령께서는 자기에게 순종하지 않는 죄인을 떠나가실 수 있습니다. 성령께서 완전히 떠나가시면, 그 영혼은 버림받은 자가 됩니다. 또한, 성령께서는 성도들로부터도 잠시 물러가실 수 있으시지만, 그들이 낮아져서 회개하면, 비둘기처럼 다시 돌아오셔서, 자신의 모든 평안의 능력들로 그들과 함께 영원토록 거하십니다.

2. 둘째로, 우리는 추위와 서리의 끈을 풀 수 없습니다.

이제 우리는 오늘의 본문의 하반절을 살펴볼 차례입니다. 삼성이 다가오면, 교회와 개인에게는 겨울날이 찾아오게 되고, 우리는 추위와 서리로 꽁꽁 얼어붙은 것들을 풀어 보려고 하지만, 결코 그렇게 할 수가 없습니다. 개개인들의 경우에서 우리는 이것을 뼈저리게 실감합니다. 나의 사랑하는 형제들이여, 여러분은 전도를 하다가 절망에 빠져 있는 사람들을 종종 만나 보았을 것입니다. 절망에 빠져 있는 사람들에게는, 우리가 그들을 위로해 주려고 어떤 방법을 총동원한다고 해도, 아무런 위로가 되지 않습니다. 여러분이 그들 앞에 복음을 제시하면, 그들은 복음을 보고는 거부합니다. 어쩔 수 없이 복음을 보아야 하는 상황이라면, 그들은 복음 속에서 종종 약간의 빛을 얻을 때도 있긴 하지만, 조금 있으면 다시 복음에 대하여 눈을 감아 버리고 어둠 속으로 빠져들어 갑니다. 그들은 여러 가지 반론들을 제기하고, 여러분이 거기에 아주 확실한 대답을 제시해서, 그들의 불안감과 두려움들을 제거해 주면, 이번에는 또 다른 반론들을 제기하며 불안해하고 두려워합니다. 그들이 파놓은 구멍을 여러분이 막아 버려서 다시는 그 구멍으로 들어갈 수 없게 되었을 때, 그들은 다른 구멍을 팝니다. 여러분이 그들의 퇴로를 차단하면, 그들은 또 다른 퇴로를 만들어서 거기로 도망갑니다. 그들은 자신을 비참한 상황으로 몰아가기 위한 이유들을 만들어 내는 데 놀라운 능력을 지닌 귀재들입니다. 그들은 어떻게든 자기 자신을 고문하려고 애를 씁니다. 그들은 선한 사람들이고, 실제로 하나님을 경외하는 마음을 가지고 있으며, 영생을 원하고, 심지어 영생을 가지고 있기도 합니다. 그런데 이 모든 것에도 불구하고, 그들은 빠져나오려고 발버둥칠수록 더 얽혀 들어가는 덫에 걸려 있습니다. 나일강의 진창에 빠지면, 거기에서 빠져나오려고 몸을 움직일수록 점점 더 깊이 빠져 들어갈 뿐인데, 절망에 빠진 사람들도 꼭 그렇습니다. 여러분은 그들과 얘기를 나누면서 정말 어떻게 할 줄을 모르겠어서 완전히 당혹감에 빠지지 않았습니까? 여러분은 그 집을 나와서는, 이렇게 말하지 않았습니까? "나는 내가 사람들을 위로할 수 있을 것이라고 생각했어. 아무런 소망도 없는 사람들일지라도, 나는 보배로운 약속들을 그들에게 제시해서, 그들로 하여금 웃을 수 있게 해줄 수 있다는 자신감을 어느 정도 가지고 있었어. 그런데 나는 완전히 백기를 들어 버렸어. 나는 아무것도 할 수가 없었어." 아마도 여러분은 우리가 이 아침에 불렀던 찬송의 가사 같은 심정이었을 것입니다:

> "그가 기나긴 절망 가운데 들어가 문을 잠그고 나오지 않을 때,
> 누가 그 무거운 빗장을 제거할 수 있겠는가?"

그러한 경우들은 결코 드문 경우들이 아닙니다. 우리의 힘으로 "삼성의 띠"를 풀 수 없다는 것을 입증해 주신 하나님께서 자신의 능력으로 그 띠를 풀어 주시고서, 포로 되었던 자들에게 "이제 놓여났으니 가라"고 말씀하실 때, 그 날은 정말 복된 날입니다. 하나님의 이러한 역사가 그리스도인들에게 자유를 얻게 하시고 그들의 얼굴에 기쁨의 기름을 부어 주실 때, 그들은 하나님의 권속 가운데서 가장 아름다운 자들 중에 속한 자들이 됩니다. 그들은 끔찍한 경험을 했기 때문에, 다른 사람들의 마음을 이해할 수 있어서 그들을 위로할 수 있고, 그들에게 사탄의 술수들을 가르쳐 줄 수 있습니다.

여러분이 때때로 다른 사람들을 어떻게 기쁘게 해줄지를 잘 모르겠다면, 사실 여러분은 자기 자신을 어떻게 기쁘게 해줄지를 모르고 있는 것입니다. 나는 "삼성의 띠"에 묶여 있을 때마다, 내 손으로 그 띠를 풀 수 없다는 것을 깨닫습니다. 늘 지극히 행복하고 즐거워해서, 겨울이라는 것을 아예 모르는 것 같이 보이는 영혼들이 종종 있지만, 우리 중 대다수는 우리의 활기와 기쁨이 빠져나가는 썰물 때가 되면, 이따금씩 의심과 두려움에 빠지고, 영적인 쇠퇴를 겪게 됩니다.

"그런 때에 내게 느껴지는 것이 있다면,
　　그것은 내가 느낄 수 없다는 것을 발견했을 때에 오는 고통뿐이라네."

본문에 나오는 단어들로 표현해 본다면, 우리는 "삼성의 띠"에 묶여 있고, 서리에 묶여 있어서, 꽁꽁 얼어붙어 있는 것입니다. 전에는 맑은 시냇물처럼 조잘거리며 흐르던 우리의 영혼은 돌처럼 차갑고 단단하게 얼어 있습니다. 우리 영혼이 드리는 기도들은 고드름 같고, 우리 영혼의 감정들은 얼음 조각들 같습니다. 형제들이여, 그럴 때, 여러분은 "삼성의 끈"을 풀고 벗어나기 위하여 애를 씁니다. 그렇게 애를 써야 하기는 하지만, 여러분에게는 그 끈을 풀 수 있는 힘이 없습니다. 이때에 여러분은 "나를 떠나서는 너희가 아무것도 할 수 없음이라"(요 15:5)는 말씀을 경험적으로 배우게 됩니다. 무자비한 "삼성"이 우리의 영혼에 차꼬를 채우고 우리의 기쁨들을 사냥해서 다 죽이고 있는 동안에, 우리는 아무것도 할 수 없는 철저히 무력한 존재일 뿐임을 느끼게 됩니다. 하지만 머지않아 "묘성"이 다시 빛을 발하기 시작하고, 하나님의 따뜻한 사랑의 온기가 다시 찾아와서, 우리로 하여금 "말할 수 없는 영광스러운 즐거움으로 기뻐하게"(벧전 1:8) 하시는 하나님을 송축합니다.

형제들이여, 이 동일한 진리는 각각의 영혼과 관련해서 우리가 믿음으로 행하는 일들에도 그대로 적용됩니다. 여러분은 오늘 오후에 주일학교의 각 반으로 들어갈 것입니다. 내가 여러분을 낙심하게 만들고자 이런 말을 하는 것은 전혀 아니지만, 여러분이 각 반으로 들어가서 한 영혼을 회심시키고자 애를 쓰게 되면, 여러분의 뇌리 속에는 "네가 삼성의 띠를 풀 수 있겠느냐"는 오늘의 본문 말씀이 가장 먼저 떠오르게 될 것입니다. 여러분은 "진노의 자녀"(엡 2:3)를 하나님의 은혜의 상속자로 바꾸어 놓는 것보다는 차라리 겨울을 여름으로 바꾸어 놓는 것이 더 쉬울 것이라고 생각하게 될 것입니다. 여러분 앞에 놓여 있는 과제는 인간의 힘으로는 절대로 불가능한 일입니다. 세계를 창조할 능력이 여러분에게 없듯이, 한 영혼을 회심시킬 수 있는 힘도 여러분에게 없습니다. 사람을 거듭나게 하는 것은 여러분의 소관이 아닙니다. 사람은 저 크신 영들의 아버지에 의해서 거듭나서 산 소망을 갖게 되는 것입니다. 지금 이 순간에 하나님의 능력 앞에 엎드려서, 하나님이 여러분을 부르셔서 맡기신 바로 그 일을 해낼 수 있는 힘이 여러분에게는 조금도 없다는 것을 느끼십시오. 어두웠던 지각에 빛을 주시고, 완악한 마음을 부드럽고 유순한 마음으로 바꾸시며, 교만의 쇠 힘줄을 부수서서 기쁜 마음으로 머리를 숙이고 순종하게 하시는 것은 여러분에게 속한 일이 아니라, 심령의 세계에서 전능자이신 영원하신 성령께 속한 일입니다. 이것을 생각하시고, 여러분 자신의 힘이 아니라 성령의 능력을 의지해서 나아가십시오.

형제들이여, 개개인들이 그러하다면, 회중 전체도 마찬가지일 것은 뻔한 일입니다. 우리는 하나님의 종들로서 하나님께 순종하는 가운데 멸망해 가는 세상을 구원하여야 합니다. 우리는 황무지들을 그리스도의 밭으로 다시 만들어 놓기 위해서, 그리스도의 포도원에 일꾼으로 보내심을 받은 자들입니다. 이렇게 하나님께서 우리에게 주신 일은 어떤 일입니까! 우리의 힘으로는 해낼 수 없는 불가능한 일입니다! 우리가 하나님의 도우심을 힘입지 않고서, 억눌린 자들을 묶고 있던 악의 끈을 풀어서 그들에게 "이제 자유의 몸이니 가라"고 말할 수 있으려면, 먼저 "삼성의 끈"을 풀 수 있어야 합니다. 인간의 본성을 뛰어넘는 어떤 능력도 없이 선교 사역을 감당하고자 하는 것은 인간이 생각해 낼 수 있는 일들 중에서 가장 미친 짓이고 정신 나간 짓입니다. 우리가 하늘로부터 오는 능력만이 사람들을 말씀으로 변화시킬 수 있다는 것을 믿지 않는다면, 기독교 국가인 영국에서조차도 복음을 전하는 일은 인간이 할 수 있는 일들 중에서 가장 어리석은 일이 될 것임을 나는 감히 말씀드릴 수가 있습니다. 성령이 없고, 성령의 능력에 대한 우리의 믿음이 없다면, 우리가 전하는 가르침들은 사람들로부터 비웃음과 조롱을 당하기 딱 좋은 것들이 되고 맙니다. 잠자고 있는 교회를 깨우는 일도 마찬가지입니다. 나는 어느 교회가 잠자고 있는 교회인지를 비교적 쉽게 알아낼 수 있습니다. 내가 어느 교회에 가서 설교를 하고 있노라면, 나는 거기에 모인 사람들의 표정을 보고서, 내가 어떤 부류의 사람들에게 설교를 하고 있는 것인지를 금방 알 수 있습니다. 생명이 있는 곳에는 뜨거운 불이 있고, 진리의 말씀은 사람들 속에 있는 그 불을 끌어내기 때문에, 그리스도가 전파될 때에 믿음이 있는 사람들의 가슴은 뜨거워집니다. 그러나 어떤 교회들에서 말씀을 전하면, 사람들은 냉랭하고 무감각하고 죽어 있어서, 마치 그 교회를 둘러싸고 있는 푸른 산과 들을 향하여 설교하고 있는 것 같은 느낌을 받습니다. 하나님의 말씀을 들어도, 그들은 거기에 감동하기는커녕, 미동도 하지 않고 아무런 반응도 보이지 않습니다. 그런 때, 성령께서는 원하시기만 한다면 죽어 있는 교회들을 갑자기 깨우셔서 자기 백성들을 다시 살아나게 하실 수 있으시다는 믿음이 내게 없었다면, 나는 완전히 낙심하고 말았을 것입니다. 하지만 성령께서 역사하시는 순간, 에스겔이 환상 가운데서 본 마른 뼈들처럼, 그들은 살아나서 대오를 갖추고서, 그들의 주님을 위하여 싸울 준비를 갖춘 무수한 군대가 될 것입니다. 여러분은 "삼성의 끈"을 풀 수 있습니까? 그리스도인들이여, 여러분이 철저히 무력하다는 것을 느끼십시오. 하나님께서 여러분에게 맡기신 일들은 여러분 스스로의 힘으로는 조금도 할 수 있는 것이 없다는 것을 깨달으십시오.

3. 셋째로, 우리는 이 위대한 진리로부터 어떠한 교훈들을 얻어야 합니까?

여기에 서서, 지금 여러분에게 말씀하시는 하나님의 음성을 들어 보십시오. 나는 이 세 번째 대지에서 그 음성을 설명해 드리고자 합니다. 성령의 감화는 우리 마음대로 제한할 수도 없고 만들어 낼 수도 없다는 이 진리로부터 우리가 가장 손쉽게 얻어낼 수 있는 교훈은 겸손입니다. 형제들이여, 나는 이것에 대해서는 별 말을 할 필요가 없을 것이라고 믿습니다. 왜냐하면, 우리 앞에 있는 이 가르침이 이미 여러분의 심령에 각인되었다면, 여러분은 하나님의 능력은 크시고 여러분 자신의 능력은 아무것도 아니라는 것을 알게 되셔서, 여러분의 심령이 하나님 앞에 무릎을 꿇고 낮추어졌을 것임에 틀림없기 때문입니다. 일을 잘한다는 것은 언제나 위험합니다. 일을 잘하는 것은 은보다 더 원하고 정금보다 더 탐내야 하는 것이기는 하지만, 실제로 일을 잘하게 되었을 때에는 상당한 위험이 뒤따르게 됩니다. 왜냐하면, 굳이 여러분의 본성적인 교만이 아니더라도, 사탄이 여러분에게 이렇게 속삭일 것이기 때문입니다: "너는 얼마나 훌륭하고 뛰어난 사람인가! 네게 있는 자질들은 이루 말할 수 없이 훌륭하지 않은가! 하나님께서 너로 인하여 얼마나 큰 영광을 받고 계시는가!" 마귀는 계속해서 속삭입니다: "너로 인해서 구원 받은 사람이 얼마나 많고, 너로 인해서 위로 받은 신자들이 얼마나 많은지를 보라!' 그리고서 여러분의 심령에 있는 하나님의 전의 처마 바로 밑에 더럽고 악한 생각들이 둥지를 틀기 시작합니다: "역시 나는 대단한 사람이야!' 그러나 형제들이여, 우리는 다음과 같은 상태로 돌아가야 합니다: "나는 그리스도 밖에서는 아무것도 할 수가 없어. 그리스도를 떠난 나는 사람들이 모아다 불에 던져 버릴 말라 버린 가지와 같아." 설교자들이여, 여러분이 하나님으로부터 높임을 받아 능력 있고 일을 잘하고 있다고 할지라도, 그리스도를 떠나서는 여러분은 단지 말라 버린 가지에 지나지 않습니다. 여러분이 주일학교와 성경공부 반에서 경건하고 선하며 진실해서, 모든 사람들로부터 칭찬을 받는 사람들일지라도, 여러분은 그리스도와 생명으로 연합되어 있지 않다면, 비 없는 구름이고 물 없는 샘일 뿐입니다. 여러분이 그리스도 없이 한 영혼을 얻고자 하는 것은 어린아이가 알프스 산을 뿌리째 뽑아 버리겠다고 하는 것과 같습니다. 여러분이 그리스도의 능력을 의지함이 없이 지옥으로 들어가는 한 영혼을 건져내고자 하는 것은 갓난아이가 요람에서 기어나와서 해와 달을 따서 깊은 바다에 던져 버리겠다고 하는 것과 같습니다. 형제들이여, 나는 더 이상 이것에 대해서 말하지 않아야 할 것 같습니다. 왜냐하면, 그런 말을 하고 있는 동안, 나는 하나님 앞에 엎드려서, 내 자신이 무엇이라도 된 양 생각하도록 하나님이 나를 내버려두심으로써, 내가 하나님의 진노를 얻어 더 이상 하나님으로부터 쓰임을 받지 못하게 되는 일이 일어나지 않게 해주시라고 애원하고 싶은 심정이 간절하기 때문입니다.

이 위대한 진리를 생각할 때, 여러분의 마음에 다음으로 떠오르는 교훈은 하나님께 감사하고 경배하라는 것이 아니겠습니까? 우리는 성령의 능력을 행사할 수 없지만, 성령께서는 그렇게 하실 수 있으십니다. 우리는 "삼성의 끈"을 풀 수 없지만, 성령께서는 그렇게 하실 수 있으십니다. 절망 가운데 있는 영혼들이라도, 성령께서 찾아가실 때에 위로를 받을 수 없는 영혼은 없습니다. "임신하지 못하던 여자를 집에 살게 하사 자녀들을 즐겁게 하는 어머니가 되게 하시는도다"(시 113:9). "가난한 자를 먼지 더미에서 일으키시며 궁핍한 자를 거름 더미에서 들어 세워 지도자들 곧 그의 백성의 지도자들과 함께 세우시며"(시 113:7-8). "흑암에 행하던 백성이 큰 빛을 보고 사망의 그늘진 땅에 거주하던 자에게 빛이 비치도다"(사 9:2). 성령께서는 "눈먼 자들의 눈을 밝히며 갇힌 자를 감옥에서 이끌어내며 흑암에 앉은 자를 감방에서 나오게"(사 42:7) 하십니다. 성령의 이름에 영광을 돌립니다! 사람들의 팔이 실패해서 성과를 얻어내지 못할 때, 하나님의 팔은 쉽게 그 목적을 이루십니다. 우리의 마음이 아주 꽁꽁 얼어붙은 정원과 같을지라도, 성령께서 찾아오시면, 눈 녹듯이 녹아내리게 됩니다. 우리 영혼에 "사랑하는 이"가 찾아오기만 하면, 우리의 심령은 여름이 되어 온갖 향기로운 과일들을 맺게 됩니다. 예수께서 이 정원에 오셔서, 우리의 마음 문을 여시고 들어오시기만 하면, 이전에는 광야였던 우리의 심령은 낙원이 될 것입니다. 우리의 심령이 아무리 낮게 가라앉아 있다고 할지라도, 찬송 받으실 주님은 우리를 들어올리실 수 있으십니다. 우리의 심령이 불모지가 되어서 아무런 열매도 맺을 수 없게 되었을지라도, 주님은 우리로 하여금 다시 열매를 맺을 수 있게 하시고, 우리에게 기쁨과 평안을 주실 수 있으십니다. 주님이 다시 소생시킬 수 없으신 그런 교회는 없습니다. 여러분은 자고 있는 교회의 지체들입니까? 절망하지 마십시오. 여러분은 예배를 마치고 집으로 돌아가면, "내가 교회를 위해서 뭔가 선한 일을 할 수 있었으면 좋겠는데, 나 혼자서 무엇을 할 수 있겠어"라고 말할 것입니다. 사랑하는 형제여, 당신은 "삼성의 끈"을 풀 수 없지만, 하나님은 하실 수 있으십니다. 교회의 머리 되시는 분이 갑자기 자신의 전으로 오셔서, 그 전에 자신의 영광을 가득 채우실 수 있습니다. 그는 거의 다 꺼져가는 재들을 긁어 모으셔서 다시 불을 붙이시고 희생제물들을 가져오셔서, 여러분의 교회로 하여금 다시 그를 찬송하는 전이 되게 하실 수 있으십니다. 모든 것을 하실 수 있는 능력을 지니신 하나님의 이름에 영광을 돌리십시오. 절망이 여러분의 심령을 휘젓고 돌아다니게 하지 마십시오. 천지를 지으신 분이 살아 계시고, 만유의 기둥들을 떠받치고 계시는 분이 일하시며, 우리를 속량하시기 위하여 자기 아들을 우리의 대속물로 주신 분이 우리를 사랑하시는 한, 우리는 두려워 떨 이유가 전혀 없습니다. 시온은 위로를 받게 될 것이고, 시온이 기뻐할 날이 동터오게 될 것이며, 시온이 슬퍼하고 괴로워하던 겨울은 멀리 달아나게 될 것입니다. 하나님은 시온 편이기 때문에, "삼성"은 자신의 "끈"을 풀게 되어 있습니다.

　　내가 여러분에게 아주 짤막하게나마 꼭 제시하여야 할 또 한 가지 교훈이 있는데, 그것은 **믿음의 길로 행하라**는 것입니다. 믿음은 인간의 힘으로는 행할 수 없습니다. 믿음은 아주 밝은 눈을 가지고 있어서, 죽을 수밖에 없는 존재인 인간이 하는 일들은 단지 흉내만 내는 것임을 잘 압니다. 그래서 믿음은 눈에 보이지 않는 분의 능력을 의지해서 행합니다. "네가 묘성을 매어 묶을 수 있겠느냐"고 물으면, 믿음은 "나는 할 수 있다"고 대답합니다. 여호수아가 해를 묶어 둘 수 있었고, 달의 뿔들을 사슬로 맬 수 있었다면, 믿음은 자기도 동일한 일을 할 수 있다고 느낍니다. 여러분은 "삼성의 끈"을 풀 수 있습니까? 믿음은 "나는 할 수 있다"고 말합니다. 삼 년의 가뭄이 들었을 때, 엘리야가 믿음으로 기도하자, 하늘이 구름들로 뒤덮이고, 요란한 소리와 함께 많은 비가 내렸듯이, 우리도 가장 높은 하늘에 사시며 다스리시는 분의 능력을 힘입어서 그렇게 할 수 있습니다. 믿음은 하나님의 팔을 붙잡는 법을 알고 있기 때문에, 자신의 힘으로는 그 어떤 일도 할 수 없지만, 하나님의 팔을 움직여서 모든 일들을 할 수 있습니다. 믿음은 전능자를 움직이게 만드는 신경을 건드리고, 그럴 때에 그는 행하시고, 그가 행하시는 것은 무엇이든지 다 이루어집니다. 형제들이여, 우리가 믿고 기도할 수 있다면, 우리에게는 모든 일이 가능하게 될 것이고, 성령께서는 많은 세월 동안 우리 교회에서 우리와 함께 거하시게 될 것입니다. 우리가 끊임없이 눈물로 기도하고, 기뻐하고 감사함으로 찬송하는 동안에는, 그것이 금 사슬이 되어서 성령의 복되신 발을 묶어 두기 때문에, 성령께서는 절대로 떠나실 수가 없으십니다. 성령이 우리에 의해서 묶이고 발목을 잡히게 되시는 것입니다. 아가서에 나오는 신부가 자신의 사랑하는 신랑에게 하였듯이, 우리도 성령을 향하여 그렇게 할 수 있습니다. 거기에서 신부는 "내가 그를 찾았으니 절대로 떠나가지 못하게 하리라"고 말합니다(cf. 아 3:4). 이 교회의 사랑하는 지체들이여, 성령께서 절대로 우리를 떠나시지 못하게 하리라고 단단히 결심하십시오. 우리는 그 날이 멀지 않았음을 알고서, 부지런히 섬기고, 쉬지 않고 기도하며, 늘 감사함으로써 성령께서 이 교회에 머물러 계시지 않을 수 없게 하여야 합니다. 성령을 붙들어 둘 수 있는 가장 좋은 방법들 중의 하나는 성령이 우리에게 주신 능력들을 부지런히 사용하는 것입니다. 햇살이 밝게 비칠 때에 건초를 모아들이기 위해서 우리의 농부들이 지난 2~3주간 동안 얼마나 부지런히 일해 왔는지를 보십시오. 우리는 우리에게 주어진 하늘의 모든 햇살들을 예수를 위하여 사용하여야 합니다. 그 햇살들은 우리 곁에 늘 있는 것이 아니기 때문에, 하나님께서 우리 교회에 그 햇살을 비추어 주고 계시는 동안에, 우리는 있는 힘을 다해서 그 모든 햇살들을 다 사용하여야 합니다. 왜냐하면, 우리가 하나님의 은사들을 온전히 다 사용함으로써 우리의 감사를 표현하지 않는다면, 하나님은 그 은사들을 머지않아 거두어 가실 것이기 때문입니다. 이렇게 우리의 기도와 믿음은 성령을 붙잡아둘 수 있습니다.

또한, 기도와 믿음은 "삼성의 끈"을 풀 수 있습니다. 우리는 기도와 믿음으로 죄인들을 구원 받게 할 수 있고, 교회들이 부흥하게 할 수 있으며 온 런던을 하나님의 생명으로 뜨겁게 할 수 있습니다. 우리 자신의 힘으로는 그렇게 할 수 없지만, 우리가 기도와 믿음으로 하나님을 쉬실 수 없게 만들 때, 결국에는 하나님께서 저 은밀한 거처에서 나오셔서, 자신의 진리의 말씀의 능력과 생명력을 땅 끝까지 알게 하시지 않을 수 없게 될 것입니다. 오늘의 설교의 요지는 여러분 자신을 의지하는 것을 끊어내고서, 하나님 앞에 납작 엎드리라는 것입니다. 죄인들이여, 여러분은 스스로의 힘으로 자신을 구원할 수 없습니다. 여러분은 "묘성"의 따뜻한 기운을 묶어 둘 수 없습니다. 여러분은 여러분을 묶고 있는 "삼성의 끈"으로부터 스스로 벗어날 수 없습니다. 그러나 여호와께서는 하실 수 있으십니다. 오직 자신의 피로 우리를 대속하신 이를 믿는 믿음을 가지고서, 여러분의 아버지 하나님께 나아오셔서, 이 모든 일들을 여러분에게 해주시라고 구하십시오. 그러면 이 모든 일들이 여러분에게 이루어질 것이고, 여러분은 하나님의 이름에 영광을 돌리게 될 것입니다. 하나님께서 예수님을 인하여 이 말씀들에 복 주시기를 빕니다. 아멘.

제
31
장

—

재 가운데에서 회개하는 욥

—

"내가 주께 대하여 귀로 듣기만 하였사오나 이제는 눈으로
주를 뵈옵나이다 그러므로 내가 스스로 거두어들이고 티끌
과 재 가운데에서 회개하나이다." ― 욥 42:5-6

여호와께서는 말씀하셨고, 욥은 두려워 떨었습니다. 하나님께서는 자기 자
신을 계시하셨고, 욥은 하나님을 보았습니다. 사실, 하나님께서는 자신의 옷자
락만을 보여 주었고, 자신의 길들 중 일부만을 나타내신 것일 뿐이었습니다. 그
런데도 거기에서 하나님의 이루 말할 수 없는 영광이 나타났기 때문에, 욥은 자
신의 입을 손으로 막고서, 영원하신 이께서 하시는 말씀들을 그저 들으며 묵묵
히 고개를 끄덕일 수밖에 없었습니다. 하나님께서는 회오리바람 속에서 그의 지
극히 크신 능력과 그의 경이롭고 기이한 역사들, 그의 놀라운 솜씨, 그의 무한하
신 지혜에 대하여 욥에게 말씀하셨습니다. 지극히 높으신 이가 두려워 떨고 있
는 족장 욥에게 하신 저 놀랍고 경이로운 말씀들을 주의 깊게 읽어 보십시오. 나
는 감히 그것을 시라고 부를 수조차 없습니다. 왜냐하면, 인류 역사상 가장 고귀
하고 숭고한 시라고 할지라도, 이 말씀들 앞에서는 지극히 형편없고 지루한 글
에 불과한 것이 되고 말기 때문입니다. 여기에 나오는 하나님의 말씀들은 단지
사실들만을 나열하고 있고, 아주 단순한 언어로 표현되어 있습니다. 그러나 이
말씀들이 지닌 놀라운 영광은 이 말씀들이 선포하고 있는 사실들 자체에 있습니
다. 이 고귀한 시는 하나님의 관용어구들로 표현되어 있습니다. 오직 성령과 진

리로 된 거룩하신 말씀에 친숙한 사람들만이 살아 계신 하나님의 특유한 문체를 알고, 그런 사람들은 여호와께서 하신 말씀과 사람들이 한 말을 금방 구별할 수 있습니다. 하나님이 하신 말씀을 읽어 보십시오. 여러분은 여호와께서 환난 가운데 있는 족장 욥으로 하여금 하나님이 자기에게 얼마나 가까이 계시는지를 느끼게 만드시는 것을 알 수 있을 것입니다.

지금 우리 앞에 놓여 있는 이 고백 속에서 욥은 하나님의 무한하신 능력을 인정합니다. 왜냐하면, 그는 "주께서는 못 하실 일이 없사오며 무슨 계획이든지 못 이루실 것이 없는 줄 아오니"(2절)라고 찬탄하고 있기 때문입니다. 그는 하나님께서는 자기가 생각하시거나 원하시는 것들을 무엇이든지 즉시 이루실 수 있으시다는 것을 느꼈습니다. 욥은 하나님의 전능하심의 높이와 깊이는 인간의 마음으로는 측량할 수 없다는 것을 얼핏 보았습니다.

욥은 자신의 어리석음을 봅니다. 그는 자기가 뜬 구름 잡는 자처럼 말한 것임을 깨닫고서, "무지한 말로 이치를 가리는 자가 누구니이까"(3절)라고 말합니다. 욥기 38장 2절을 보십시오: "무지한 말로 생각을 어둡게 하는 자가 누구냐." 여러분은 여기에서 욥이 하나님께서 그때에 그에게 하신 말씀을 인용하고 있음을 알 수 있을 것입니다. 하나님으로부터 들은 말씀이 그의 귀에 계속해서 쟁쟁해서, 그는 고통 중에서 그 말씀이 자기를 두고 하신 말씀이라는 것을 인정하고, 이렇게 고백하고 있는 것입니다. 하나님의 말씀이 우리의 처지에 꼭 맞아서 우리에게 하시는 말씀일 때, 이런 일은 우리에게도 그대로 일어납니다. "여호와께서 폭풍우 가운데에서 욥에게 말씀하여 이르시되 무지한 말로 생각을 어둡게 하는 자가 누구냐"(38:1-2). 이제 욥은 "내가 너무나 어리석은 자여서, '나는 깨닫지 못한 일을 말하였고 스스로 알 수도 없고 헤아리기도 어려운 일을 말하였나이다'(3절)." 욥은 자기가 하나님에 대하여 지금까지 해온 말들이 대체로 참되다는 것을 알고 있었습니다. 그리고 하나님께서도 친히 욥의 세 친구에게 "너희가 나를 가리켜 말한 것이 내 종 욥의 말 같이 옳지 못함이니라"(7절)고 말씀하셨습니다. 그러나 하나님의 임재 앞에서 욥은 자기가 바르게 말한 것들조차도 그 깊은 의미를 제대로 알지 못한 가운데 말했었다는 것을 느꼈습니다. 많은 거룩한 선지자들이 그랬습니다. 왜냐하면, 하나님의 감동으로 말한 선지자들은 "연구하고 부지런히 살펴서 자기 속에 계신 그리스도의 영이 그 받으실 고난과 후에 받으실 영광을 미리 증언하여 누구를 또는 어떠한 때를 지시하시는지 상고했던"(벧전

1:10-11) 사람들이라고 묘사되기 때문입니다. 하나님의 감동을 받아 말한 선지자들이라고 해서, 자신의 말한 것들을 다 깨닫고 있었던 것은 아니었습니다. 그들은 하나님의 감동이 오면, 자기가 깨닫지 못하는 예언들이라도 그대로 전할 수밖에 없었기 때문입니다. 나의 형제들이여, 사실 믿음의 모든 위대한 신비들은 인간의 사고를 뛰어넘는 것이 아닙니까? 하나님의 감동을 따라 성령의 지시하심에 의해 받은 말씀들을 기록했던 선지자들 중에서 그 말씀들 속에 담겨 있는 하나님의 깊고 오묘한 뜻을 다 알고 있었던 사람은 단 한 사람도 없었다고 우리가 단언한다고 해도, 그것은 전혀 틀린 말이 아니지 않습니까? 그런 까닭에, 나는 선지자들에게는 축자적인 영감이 주어졌다고 단언합니다. 만일 그렇지 않다면, 우리는 선지자들에게 주어진 말씀들이 영감에 의해 주어졌다고 말할 수 없을 것입니다. 오늘의 본문에 나오는 욥은 자신의 어리석음을 절감합니다. 그는 대체로 자기가 참되다고 느꼈던 것들을 말한 것이었지만, 지금은 자기가 한 말들이 무슨 의미인지도 깨닫지 못한 채로 말한 것이라고 느낍니다.

아울러, 그는 자기가 극심한 고통 중에서 지혜롭지 못하고 합당하지 않은 말들을 많이 했을 수도 있다는 것을 암묵적으로 인정하고, 여호와 하나님 앞에 머리를 숙이고서, 자기가 알지도 못하는 것들을 말하고 깨닫지도 못한 일들을 말함으로써 "이치"를 가렸다고 고백하고, 그렇게 고개를 숙인 채로 하나님 앞으로 가까이 다가갑니다. 이 하나님의 사람은 자기가 어리석은 자라고 고백하면서도, 최고의 지혜로부터 멀리 도망가고자 하지 않습니다. 그는 지금까지 자기가 무지한 말들을 많이 지껄여댔다는 것을 알았지만, 여호와를 피하여 동산 나무 그늘로 숨었던 아담과는 달리 도리어 하나님 앞으로 더 나아갑니다. 아니, 그는 하나님이 하신 말씀들을 다시 붙들고서, 거기로부터 담대함을 얻어서 하나님께 더 가까이 나아갑니다. 38장 3절을 읽어 보십시오. 거기에서 하나님께서는 "너는 대장부처럼 허리를 묶고 내가 네게 묻는 것을 대답할지니라." 욥은 꿈을 꾸는 사람처럼 그 초대를 받아들여서, "보소서 나는 비천하오니 무엇이라 주께 대답하리이까 손으로 내 입을 가릴 뿐이로소이다 내가 한 번 말하였사온즉 다시는 더 대답하지 아니하겠나이다"(40:4-5)라고 대답합니다. 이것은 용감하고 지혜로운 행동이었습니다. 욥이 어떠한 존재였든, 한 가지 확실한 것은 그가 하나님 및 하나님께서 말씀하신 모든 말씀을 굳게 믿는 자였다는 것입니다. 그는 자기에게 낙심되는 말들조차도 온 힘을 다해서 필사적으로 붙들었고, 그에게 사자들처럼 포

효하며 달려드는 말씀들 속에서도 꿀을 찾아내는 법을 알고 있었습니다. 그런
까닭에, 그는 지극히 낮아져서 티끌 가운데 앉아 있을 때에도, 하나님이 그에게
가까이 나아오라고 명하셨다는 것을 기억합니다. 하나님의 그러한 명령은 그에
게 하나의 도전의 말씀으로 들려서 그에게서 두려움을 불러일으킬 수도 있었지
만, 믿음 가운데 있던 그에게는 격려하시고 힘 주시는 말씀이 되었기 때문에, 그
는 사실상 이렇게 대답합니다: "나의 하나님, 나는 주의 말씀을 있는 그대로 받
아들이고자 합니다. 주께서 내게 오라고 명하셨으니, 나는 주께로 갈 것입니다.
나는 티끌과 재 가운데 앉아 있지만, 주께서 명하신 대로 주께로 나아가서 내 사
정을 아뢰고 겸손히 호소할 것입니다." 사랑하는 친구들이여, 우리 자신의 어리
석음이나 죄를 깨닫게 되었을 때, 우리가 그것을 빌미로 하나님으로부터 멀리
도망치고자 하는 것은 완전히 잘못된 일입니다. 도리어, 우리가 아무것도 아닌
비천한 자에 불과하다는 것을 알았을 때에는, 우리의 궁핍함을 절실히 깨닫고
서, 하나님의 은혜의 보좌 앞으로 더욱더 가까이 나아가는 것이 지극히 옳은 일
입니다. 우리가 어리석고 죄악될수록, 오직 하나님만이 우리를 깨끗하게 해주실
수 있으시고, 하늘의 지혜로 우리를 가르치실 수 있으시기 때문에, 우리가 하나
님께 나아가야 할 필요성은 더욱 절실해집니다. 그러므로 나는 여러분에게 하나
님의 종 욥의 행동을 칭찬하고자 합니다. 왜냐하면, 우리가 욥에게서 어떤 잘못
을 본다고 할지라도, 우리도 욥과 같은 처지가 되었을 때, 하나님께서 우리에게
은혜를 주시지 않는다면, 욥처럼 그렇게 믿음으로 행동할 수 없을 것이기 때문
입니다. 하나님께서는 욥으로 하여금 그에게 시비를 걸도록 이끄셨지만, 욥을
탓하지 않으시고 칭찬하십니다. 욥에게 독설을 퍼부었던 세 명의 친구들에게는
하나님께서 그들의 죄를 용서받기 위해서 큰 돈을 들여 번제를 드리라고 명하시
지만, 욥에게는 그런 요구를 하지 않으셨습니다. 그리고 심지어 그들이 수소 일
곱을 가지고 와서 번제를 드렸지만, 하나님께서 그들이 정죄하였던 욥이 그들을
위하여 중보기도할 때까지는 그들의 번제를 열납하지도 않으셨습니다. 이 다툼
에서 욥이 승리한 것입니다. 따라서 우리도 욥이 그랬던 것처럼, 하나님이 우리
에게 눈살을 찌푸리시는 것처럼 보일 때에라도, 어린아이 같은 순진한 확신을
가지고서 하나님 앞으로 나아가서, 욥이 선 바로 그 자리에 서서 그가 그랬던 것
처럼 "그가 나를 죽이실지라도 나는 그를 의뢰하리라"(cf. 욥 13:15)고 호소하는
것이 마땅합니다. 우리가 하나님의 보좌 앞에서 가장 낮게 엎드릴지라도, 우리

는 그렇게 우리 자신을 낮추고 엎드리면서 하나님과의 어떤 거리감을 느껴서는
안 됩니다. "하나님이여, 우리를 주 앞에서 더욱 낮춰 주옵소서. 우리는 그렇게
되기를 원하나이다." 그러나 아울러 우리가 부르짖는 것은 "하나님께 더 가까이
나아가게 해주시라"는 것입니다.

　　이상으로 우리는 앞뒤 문맥을 오늘의 본문으로 들어가기 위한 계단으로 삼
아서 드디어 본문에 도달하게 되었습니다. 오늘의 본문 속에서 나는 세 가지를
말씀드리고자 합니다. 첫 번째는 우리는 종종 하나님을 아주 생생하게 체험하게 된다
는 것입니다. 욥은 "내가 주께 대하여 귀로 듣기만 하였사오나 이제는 눈으로 주
를 뵈옵나이다"라고 말했습니다. 두 번째는 우리가 이렇게 하나님을 생생하게 뵈옵
는 은총을 받게 되었을 때에는 우리 자신을 더욱 미천하게 생각하게 된다는 것입니다:
"그러므로 내가 내 자신을 혐오하여"(KJV, 한글개역개정에는 "그러므로 내가 스스로 거
두어들이고"). 세 번째는 우리가 이렇게 낮아질 때마다, 우리의 마음은 회개로 충만하게
된다는 것입니다: "그러므로 내가 내 자신을 혐오하여 티끌과 재 가운데에서 회
개하나이다." 성령께서 우리를 도우셔서, 우리로 하여금 이 말씀을 묵상하는 가
운데 이 말씀 그대로를 체험할 수 있게 해주시기를 빕니다.

1. 첫째로, 우리는 종종 하나님을 생생하게 체험하게 되는 때가 있습니다.

　　욥은 하나님에 대해서 오래 전에 들었고, 이것은 중요한 문제입니다. 나는
그가 단지 사람들이 하나님에 대하여 말하는 것을 들어 왔다고 말한 것이 아니
라, 실제로 스스로 하나님의 음성을 들었다고 말한 것이라고 생각합니다. 그는
하나님의 가르침들을 경외하는 신자였었고, 하나님의 명령들에 순종해 왔던 종
이었습니다. 이렇게 그는 실제로 하나님에 대하여 들어 왔습니다. 이렇게 말할
수 있는 사람은 다른 많은 것들을 말할 수 있는 사람입니다. 하나님께서 지금까
지 여러분과 말씀해 오셨다면, 그것은 여러분이 많이 감사해야 할 일입니다. 여
러분이 죄 가운데 죽어 있는 자가 아니라는 것은 분명합니다. 또는, 하나님께서
여러분에게 말씀하셨을 때에는 여러분이 죄 가운데 죽어 있었을지라도, 지금은
살아 있는 자라는 것이 분명합니다. 왜냐하면, 죽은 자들이 그의 음성을 들으면
살아나게 되기 때문입니다. 여러분이 자신의 영혼의 내밀한 곳에서 하나님의 음
성을 들었다면, 여러분은 신령한 사람입니다. 오직 영만이 하나님의 성령의 음
성을 들을 수 있습니다. 하나님이 주신 영적인 생명이 있는 사람들 외에는 그 누

구도 하나님의 음성을 알아들을 수 없습니다. 이렇게 욥은 하나님의 음성을 들어 왔지만, 지금은 하나님을 좀 더 생생하게 알게 되었습니다. 한 사람의 목격자가 남들로부터 전해 들은 열 명의 증인보다 더 낫다는 말이 있고, 이 말 속에는 상당한 정도의 진실이 내포되어 있습니다. 눈으로 직접 목격한 사실들은 귀로 들은 것보다 훨씬 더 생생하게 마음에 각인됩니다. 가난의 현장을 아주 생생하게 묘사한 글을 읽는 것보다도 우리가 그 서글픈 현장을 직접 가서 보면, 가난이라는 것이 무엇인지가 우리의 마음에 훨씬 더 깊이 각인됩니다. 어떤 일을 아무리 기가 막힌 말들로 잘 묘사하고 그려낸다고 하여도, 직접 가서 그 일을 보는 것만큼의 현실감과 생동감을 만들어 낼 수는 없습니다. 물론, 욥은 문자 그대로 하나님을 뵈올 수는 없었습니다. 그는 자기가 하나님을 직접 보았다고 말하고자 하는 것이 아닙니다. "어느 때나 하나님을 본 사람이 없으되"(요일 4:12). 그는 단지 이제는 자기가 이전에 알았던 것보다 훨씬 더 생생하게 하나님을 알게 되었다고 말하는 것입니다. 사실, 귀로 듣는 것보다는 눈으로 보는 것이 훨씬 더 생생하게 느껴지는 것은 당연합니다.

하나님께서는 이렇게 욥으로 하여금 그를 생생하게 볼 수 있도록 하시기 위하여 그에게 환난을 주셨던 것임을 주목하십시오. 욥이 질그릇 조각으로 피가 나도록 자신의 온 몸을 긁고, 그의 세 친구가 질그릇 조각보다 더 날카로운 독설들로 그의 마음을 후벼 파놓은 후에야, 그는 "이제는 눈으로 주를 뵈옵나이다"라고 말할 수 있었습니다. 욥이 소유하고 있던 모든 낙타와 양들을 다 도둑맞고, 그의 모든 자녀들이 다 죽고 나서야, 족장 욥은 환난 가운데서 "이제는 눈으로 주를 뵈옵나이다"라고 말할 수 있었습니다. 형통함 가운데 있을 때, 즉 자신의 많은 양들의 목에 매어 놓은 작은 종에서 나는 딸랑거리는 소리 속에서, 그리고 들판을 뒤덮고 있는 자신의 황소들이 음매 하며 우는 소리 속에서, 자신을 둘러싼 사랑스러운 자녀들의 애정 어린 목소리 속에서 하나님의 음성을 들을 수 있는 사람은 행복한 사람입니다. 그러나 형통함은 여러 가지 색으로 칠해진 창문이기 때문에, 우리의 시야를 아주 많이 차단하여서, 하나님을 분명하게 볼 수 없게 만든다는 것을 명심하십시오. 그 창문에서 푸른색과 주홍색과 황금 색 같은 것들을 제거해야, 창문의 유리는 본래대로 온전히 투명함을 회복하게 됩니다. 고난과 역경을 통해서 바로 그러한 색깔들이 유리에서 제거되고 벗겨내질 때, 우리는 우리 하나님을 이전보다 훨씬 더 잘 보게 됩니다. 물론, 우리의 눈이 그 빛을 볼 준비가 되어 있는 경우에 말입니다. 하나님께서는 욥에게서 모든 것을 앗아가셨고, 그런 식으로 욥으로 하여금 하나님을 더욱더 생생하게 뵈올 수 있는 길을 닦아 놓으셨습니다. 다른 좋은 것들이 없을 때, 선하신 하나님은 더 잘 보이게 됩니다. 형통할 때에 하나님의 음성을 듣는 것도 복이기는 하지만, 역경 속에서 하나님을 뵈옵는 것은 더 큰 복입니다. 하나님이 우리를 성별하시기 위하여 보내신 역경은 우리의 영적인 감수성을 깨어나게 합니다. 슬픔과 괴로움은 우리의 영혼을 깨어나게 하고 예민한 영적 분별력을 불어넣어 주는데, 이러한 분별력은 다른 방법으로는 우리에게 잘 오지 않습니다. 내가 "잘 오지 않는다"고 말한 것은 일부 훌륭한 성도들은 좀 더 부드러운 방법을 통해서 그런 분별력을 얻게 되는 경우가 있기는 하지만, 그런 경우는 극히 드물기 때문입니다. 우리 중 대부분은 불순물들이 많이 섞여 있어서 용광로에 녹여서 그 불순물들을 걸러낸 후에야 저 거룩한 부드러운 마음에 이르러서, 여호와 하나님을 뚜렷하게 볼 수 있게 됩니다. 하나님의 자녀들이여, 여러분이 욥과 같이 극심한 고난을 겪고서, 영적으로 밝아진 눈으로 하나님을 볼 수 있게 된다면, 여러분은 자기가 겪은 그 극심한 고난의 세월을 감사하는 것이 마땅합니다. 요한처럼 마지막 날에 대한 환상들을 볼 수 있다면, 누가 밧모 섬에 유배 가는 것을 마다하겠으며, "이제는 눈으로 주를 뵈옵나이다"라고 외칠 수만 있다면, 누가 욥처럼 거름더미에 앉아 있는 것을 마다하겠습니까?

또한, 욥이 그의 친구들에 의해서 배신을 당하고 혹독한 공격을 받은 것도 도움이 되었을 것입니다. 나는 욥의 세 친구들이 어떤 부류의 사람들인지를 압니다. 욥이 자기 백성 중의 귀인들 가운데서 왕처럼 다니며, 그를 본 모든 사람들이 그를 칭송했던 때에는, 그들은 그와 아주 친밀하게 함께 다니며, 그에게 온갖 지극정성을 다하고, 부드럽고 달콤한 말들로 그와의 친분을 과시했을 것이 틀림없습니다. 그러나 욥이 "재 가운데" 앉아 있는 것을 본 순간, 그에 대한 그들의 생각은 백팔십도 바뀌었습니다. 그들은 욥을 의심했습니다. 그들은 욥이 실제로 잘못했거나 죄악을 저질렀는지에 대하여 아무것도 아는 것이 없었지만, 욥이 이전과 같은 존귀함 가운데 있지 않다는 것은 확실하게 알았습니다. 동일한 사람일지라도, 왕으로서 모피를 입었을 때와 모든 것을 잃고서 베옷을 입고 있을 때, 그 사람을 완전히 다르게 보는 사람들이 많습니다. 또한 사람들은 자신들도 함께 몰락하게 될 것이 두려워서, 생존본능에 의해서 몰락한 사람과는 거리를 두고 멀리하는 경향이 있습니다. 이 훌륭한 사람들은 일주일 동안 아무 말도 하지 않고 침묵하고 있다가, 그들이 지금까지 곰곰이 생각해 보고 판단해 본 결과들을 욥에게 말해 주어야 한다고 생각하였습니다. 그들은 자신들이 전적으로 욥을 위해서 해주는 것이라고 생각한 자신들의 말 속에 잔인한 비수들을 여기저기에 집어넣었습니다. 욥의 온 몸은 종기로 뒤덮여 있지 않는가? 욥이 그렇게 된 데에는 그럴 만한 이유가 있지 않았겠는가? 세 친구들의 이러한 잔인한 고문을 통해서 하나님께서는 욥으로 하여금 사람들을 의지하지 않고 전적으로 하나님만을 의지하게 만드셨습니다. 이 일 이후로, 욥은 육체를 의지함으로써 재난을 자초할 가능성은 희박해졌습니다. 또한, 그는 단독자로서 하나님 앞에 서는 법을 더욱 더 배우게 되었습니다. 그는 자신의 호흡이 다른 사람들의 코에 있는 것이 아니라 자기 자신의 코에 있다는 것과 오직 하나님의 도우심만을 의지해야, 자기가 홀로 설 수 있고, 그를 공격했던 저 훌륭한 사람들에 맞서 설 수 있다는 것을 더욱 분명하게 알게 되었습니다. 친구들은 우리의 시야를 가려서, 우리로 하여금 우리의 최고의 친구이신 예수 그리스도를 잘 볼 수 없게 만들기가 너무나 쉽습니다. 그렇기 때문에, 자신이 믿었던 친구들로부터 박대를 당하게 될 때에야, 사람들은 하나님께로 가까이 나아가서, 다윗처럼 "나의 영혼아 잠잠히 하나님만 바라라 무릇 나의 소망이 그로부터 나오는도다"(시 62:5)라고 노래하는 법을 배우게 됩니다. 그러므로 나는 욥이 세 친구들로부터 배신을 당하고 호되게 질책을 당한 것은 그가 여호와 하나님께 "이제는 눈으로 주를 뵈옵나이다"라고 말할 수 있게 된 데에 큰 도움이 되었을 것임을 의심하지 않습니다. 엘리바스와 빌닷과 소발은 욥과 하나님 사이에 개입되어 있어서, 욥은 그들의 친절과 호의로 인해서 지속적으로 그들에게 신세를 지고 있어서 그들을 늘 고려하지 않으면 안되었지만, 이제는 전적으로 하나님만을 바라보고, 오로지 하나님만을 높일 수 있게 된 것입니다.

또한, 욥이 하나님을 볼 수 있기 위해서는, 하나님께서 욥에게 자기 자신을 특별히 나타내셔야 했습니다: "그 때에 여호와께서 폭풍우 가운데에서 욥에게 말씀하여 이르시되"(38:1). 하나님께서 은혜를 베푸시기 위하여 자신의 종들에게 오셔서 자기 자신을 나타내셔야 합니다. 그렇지 않으면, 그들은 하나님을 볼 수 없습니다. 여러분이 환난들을 당하면, 그 환난들 가운데서 저절로 하나님이 여러분에게 보이는 것이 아닙니다. 하나님께서 친히 자신의 얼굴을 나타내지 않으시면,

여러분은 환난과 괴로움을 겪는 가운데 도리어 눈이 멀고 마음은 완악해져서 하나님을 더욱더 반역하게 되고, 친구들이 여러분을 배신하고 냉대하는 것도 여러분이 하나님의 은혜를 받는 데 도움이 되기는커녕, 배신과 냉대 속에 담겨 있는 독기로 인해서 여러분은 신앙마저도 잃게 될 수도 있습니다. 그러므로 우리가 하나님을 생생하게 보고, 욥처럼 "이제는 눈으로 주를 뵈옵나이다"라고 말할 수 있기 위해서는, 하나님께서 친히 자기 자신을 우리의 영혼에 특별히 나타내셔야 합니다. 욥기 38장 전체를 읽으시면서, 여호와께서 자신의 지혜와 능력을 어떤 식으로 분명하게 선포하고 계시는지를 보십시오: "내가 땅의 기초를 놓을 때에 네가 어디 있었느냐 네가 깨달아 알았거든 말할지니라 누가 그것의 도량법을 정하였는지, 누가 그 줄을 그것의 위에 띄웠는지 네가 아느냐 그것의 주추는 무엇 위에 세웠으며 그 모퉁잇돌을 누가 놓았느냐 그 때에 새벽 별들이 기뻐 노래하며 하나님의 아들들이 다 기뻐 소리를 질렀느니라 … 네가 눈 곳간에 들어갔었느냐 우박 창고를 보았느냐 … 네가 묘성을 매어 묶을 수 있으며 삼성의 띠를 풀 수 있겠느냐 너는 별자리들을 각각 제 때에 이끌어 낼 수 있으며 북두성을 다른 별들에게로 이끌어 갈 수 있겠느냐"(4-7, 22, 31-32절). 이러한 말씀 속에는 우리가 생각해 보아야 할 경이로운 주제들이 널려 있습니다. 하나님께서 자연계에서 말씀하시면, 그 말씀이 그대로 이루어집니다. 하늘과 땅, 바다와 모든 깊은 곳들에 하나님의 영광이 드러나 있습니다. 하나님만이 계시고, 하나님 같은 이는 없습니다. 오직 여호와만이 하나님이십니다.

또한, 하나님께서는 욥에게 자신의 공의를 보여주시면서, 그에게 "어디 한 번 너도 그렇게 할 수 있다면 해 보아라"고 도전하십니다. 40장 11절과 12절을 보십시오: "너의 넘치는 노를 비우고 교만한 자를 발견하여 모두 낮추되 모든 교만한 자를 발견하여 낮아지게 하며 악인을 그들의 처소에서 짓밟을지니라." 하나님은 최고의 통치자이시고, "그가 공연히 칼을 가지고" 계시는 것이 아닙니다 (롬 13:4). 하나님은 편파적이거나 틀린 것이 없으시고, 그의 판단을 무효로 하거나 그의 행위들을 정죄할 수 있는 자는 아무도 없습니다.

나는 하나님께서 자신의 종 욥에게 하신 놀랍고 기이한 말씀을 일일이 다 장황하게 여러분에게 말씀드릴 필요가 없습니다. 왜냐하면, 하나님께서 하신 모든 말씀은 "내가 하나님인데, 너는 도대체 누구냐?"라는 말씀으로 요약될 수 있기 때문입니다. 하나님께서는 자신의 능력과 지혜로 불가능한 일은 아무것도 없다는 것을 증명하고 계십니다. 결국, 욥이 아무리 깊은 곳으로 내려가 있다고 할 지라도, 하나님은 하나님이시기 때문에, 언제라도 그를 거기에서 건지실 수 있 다는 것입니다. 여기에서도 여러분은 하나님은 우리의 판단에 의해서 좌지우지 되는 분이 아니시라는 것을 배우게 됩니다. 하나님은 자기가 하시는 일들을 우 리에게 설명하지 않으십니다. 하나님은 욥으로 하여금 자기가 하나님이시라는 것을 깨닫게 하시고, 욥이 그것을 깨닫기만 하면, 모든 일은 다 해결됩니다. 그렇 기 때문에, 하나님께서 욥에게 일일이 다 설명하시고 해명하시지 않아도, 욥은 하나님 앞에 무조건적으로 엎드리며 순복할 수밖에 없습니다. 그리고 실제로 욥 은 그렇게 합니다.

하나님께서 첫 번째 말씀을 마치시자마자, 욥은 그 즉시 입을 다물고, 오직 "보소서 나는 비천하오니 무엇이라 주께 대답하리이까 손으로 내 입을 가릴 뿐 이로소이다 내가 한 번 말하였사온즉 다시는 더 대답하지 아니하겠나이다" (40:4-5)라고 말하고 있는 것을 주목하십시오. 지금까지 욥은 하나님을 섬겨 왔 지만, 이제 거기에서 한 걸음 더 나아가서, "내가 내 자신을 혐오하여 티끌과 재 가운데에서 회개하나이다"라고 부르짖는 데까지 나아가야 했습니다.

2. 둘째로, 이렇게 하나님을 생생하게 체험하게 되면, 우리는 우리 자신이 얼마나 형편없는 자인지를 깨닫게 됩니다.

악인들이 그토록 교만한 이유가 무엇일까요? 그것은 그들이 하나님을 잊고 살아가기 때문입니다. 애굽 왕 바로가 감히 "여호와가 누구이기에 내가 그의 목 소리를 듣고 이스라엘을 보내겠느냐"(출 5:2)고 말할 수 있었던 이유는 무엇입니 까? 그것은 그가 여호와를 알지 못하였기 때문이었습니다. 열 가지 재앙을 겪은 후에, 애굽 왕 바로의 태도는 급변해서, 그는 "이제 충분하니, 나 대신에 여호와 께 청을 드려 다오"라고 모세에게 부탁합니다(cf. 출 9:28). 여호와 하나님이 보내 신 심판이 애굽 왕 바로에게 미치자, 그는 자신의 지독한 교만을 여호와 앞에서 꺾을 수밖에 없었습니다. 사람들이 하나님을 알게 된다면, 그들의 생각과 말이 얼마나 달라지겠습니까! 그들이 "귀로 듣는" 수준 정도라도 하나님에 대해서 알 수 있다면, 그들 중의 많은 수는 결코 지금처럼 이렇게 불경스럽게 행하거나, 자 신들의 지혜를 자랑하며 이토록 교만하지는 않을 것입니다. 그들이 욥처럼 하나 님을 "눈으로 보고" 그의 이루 말할 수 없는 영광을 볼 수 있다면, 그들은 지금보다 훨씬 더 유순하고 겸손해질 것입니다.

오늘의 본문 속에서 우리가 볼 수 있는 것은 하나님 자신은 올바른 것이 무엇인지를 보여주는 척도이시기 때문에, 우리가 하나님에 대해서 생각하게 되면, 우리 자신의 단점들과 죄악들을 금방 발견하게 된다는 것입니다. 우리는 너무나 자주 우리 자신을 다른 사람들과 비교해서 말하지만, 그것은 지혜롭지 못한 일입니다. 여러분은 "나는 다른 많은 사람들처럼 그렇게 나쁘지 않고, 좋은 평판을 듣고 있는 사람들만큼 선하다"라고 말합니다. 그 말이 사실이라고 할지라도, 그런 말이 무슨 의미가 있겠습니까? 여러분은 여러분과 똑같이 죄악을 범하며 살아가는 자들을 기준으로 삼아서 여러분 자신을 판단하고 있는 것이 아닙니까? 여러분이 여러분 자신을 판단할 때에 사용한 척도 자체가 잘못되어 있습니다. 인간 자체는 거룩함의 척도가 될 수 없습니다. 여러분이 자기 자신을 제대로 판단하고자 한다면, 하나님의 거룩하심을 척도로 삼아서 거기에 비추어서 여러분 자신을 판단하여야 합니다. 하나님 자신만이 온전한 거룩함과 참됨과 공의의 척도가 되실 수 있습니다. 따라서 여러분이 "하나님의 영광에 이르지 못하였다면"(롬 3:23), 여러분은 여러분이 마땅히 되어 있어야 할 모습에 이르지 못한 것입니다. 이 주제와 관련해서, 자기의(self-righteousness)를 내세우는 것은 정말 정신 나간 짓입니다.

여러분이 하나님이 어떤 분이신지를 알고자 하면, 하나님께서는 여러분에게 자신의 사랑하는 아들이신 예수 그리스도를 보라고 하십니다. 그렇기 때문에, 우리가 예수의 온전하신 성품과 비교해서 미치지 못한 부분들이 있다면, 바로 그 부분들에서 우리는 범죄하고 있는 것입니다. 나는 죄에 대한 정의 중에서 "죄는 하나님의 법에 미치지 못하는 모든 것이다"라는 정의가 최고의 정의라고 생각합니다. 하나님의 법은 하나님의 마음을 그대로 글로 옮겨놓은 것입니다. 어떤 도덕적이거나 영적인 측면에서 우리가 하나님의 성품에 미치지 못하는 부분이 있다면, 바로 그 부분에서 우리는 죄에 빠져 있는 것입니다. 나의 형제들이여, 우리가 낮아지고 또 낮아지고 지극히 낮아져서, 우리 자신을 혐오하게 되어, 티끌과 재 가운데서 회개할 때까지는, 우리는 그룹 천사들이 "거룩하다 거룩하다 거룩하다 주 하나님"(계 4:8)이라고 끊임없이 찬송하는 소리를 결코 들을 수 없습니다. 이 자리에 계신 분들 중에서 자기 자신이 얼마나 혐오스러운 존재인지를 알지 못하고, 자기 자신을 대단하다고 여기는 모든 사람들에게 내가 드리고 싶은 말씀은 사람은 하나님을 알지 못하면 그렇게 자기 자신을 높일 수밖에 없다는 것입니다. 하나님의 온전하심과 우리의 결함 간에는 이루 헤아릴 수 없이 넓은 간격이 존재하기 때문에, 우리가 하나님 앞에서 취해야 할 태도는 우리 자신을 지극히 낮추어 회개하는 것입니다.

우리가 다음으로 생각해야 할 것은 하나님 자신은 모든 범죄의 대상이라는 것입니다. 이러한 시각에서 볼 때에 죄의 끔찍함이 드러납니다. 흔히 죄는 사람들을 그 대상으로 삼지만, 그럴 때에도 그 죄는 하나님에 대하여 저지르는 죄라는 나의 말은 틀린 것이 아닙니다. 왜냐하면, 사람들을 상대로 한 죄들도 결국에는 하나님을 거슬러 저지른 죄들이기 때문입니다. 우리는 다윗처럼 "내가 주께만 범죄하여 주의 목전에 악을 행하였사오니"(시 51:4)라고 고백하는 것이 옳습니다. 그러므로 우리는 죄를 지을 때, 하나님이 보시고 계시는 가운데 그의 임재 앞에서 그를 거슬러 죄를 범하는 것임을 알아야 합니다. 나의 사랑하는 친구들이여, 이러한 시각에서 보면, 우리가 죄를 범한다는 것이 얼마나 제멋대로 오만방자하게 행하는 것인지가 그대로 드러납니다. 왜냐하면, 그것은 온전히 거룩하시고 온통 사랑뿐이신 하나님을 거슬러 감히 범죄하는 것이기 때문입니다. 하나님이 그런 분이신 데도, 왜 우리는 하나님을 따르지 않는 것입니까? 우리는 하나님 안에서 우리가 생각할 수 있는 모든 선한 것들을 보는데도, 왜 우리 자신과 우리의 의지와 우리의 소원은 하나님의 반대편에 서는 것입니까? 하나님께서는 인간에 대하여 한없이 은혜로우신 분이시기 때문에, 하나님은 "사랑"이라는 이 한 단어로 묘사될 수 있습니다. 사실이 그런데도, 왜 우리는 우리의 온 마음과 목숨과 힘을 다해서 하나님을 사랑하지 않는 것입니까? 그러므로 우리의 온갖 결함들과 범죄들은 무한하신 선을 거슬러 우리 멋대로 오만방자하게 행하는 것입니다. 만일 여호와께서 폭군이시라면, 우리가 반역을 한다고 해도, 명분이 있을 것입니다. 그러나 하나님은 무한히 의로우시고 전적으로 사랑뿐이신 분이시기 때문에, 그가 지으신 피조물, 아니 그의 자녀들이 그를 거슬러 범죄한다는 것은 극악무도한 짓입니다.

다음으로, 죄는 주제넘고 건방진 것입니다. 어떻게 우리가 감히 하나님을 거슬러 범죄한단 말입니까? 도대체 사람이 무엇이기에, 하나님을 거슬러 반역을 행하는 것입니까? 어떻게 인간이 하나님께서 인간에게 금하신 것들을 하나님의 면전에서 감히 대놓고 범한단 말입니까? 어떻게 인간이 하나님께서 인간에게 행하라고 명하신 것들을 하나님의 면전에서 감히 대놓고 행하지 않을 수 있단 말입니까? 이런 이유들 때문에, 죄는 인간이 주제넘고 건방지게도 주 하나님을 무모하고 뻔뻔스럽게 도발하는 것이라고 할 수 있습니다. 따라서 분명한 것은 죄의 진면목은 하나님의 임재 앞에서 여실히 드러날 수밖에 없다는 것입니다.

죄는 하나님을 겨냥하고 있다는 사실은 우리로 하여금 우리 자신을 지극히 낮추고 하나님 앞에 엎드리게 만듭니다. 우리 중에서 어떤 사람들은 같은 사람들 가운데서는 머리를 꼿꼿이 세우고서, "나는 술주정뱅이도 아니고 도둑도 아니며 거짓말쟁이도 아니고, 법을 어긴 적도 없다"고 말할 수 있을지 몰라도, 하나님 앞에 섰을 때에는, 우리가 하나님에 대하여 마땅히 행해야 했던 대로 행하지 못하였다는 것을 알게 됩니다. 하나님에 대하여 우리는 그의 영광을 도둑질해 온 도둑들이었습니다. "사람이 어찌 하나님의 것을 도둑질하겠느냐 그러나 너희는 나의 것을 도둑질하고도 말하기를 우리가 어떻게 주의 것을 도둑질하였나이까 하는도다"(말 3:8). 하나님에 대하여 우리는 거짓말쟁이들이었습니다. 우리는 하나님을 기만적으로 대해 왔고, 하나님께 행한 우리의 약속들을 깨뜨리고 지키지 않아 왔습니다. 하나님에 대하여 우리는 배은망덕한 자들이었습니다. 우리는 하나님 앞에서 짐승보다도 못한 자들이었습니다. 우리는 하나님을 의가 아니라 불의로 대해 왔고, 사랑이 아니라 적대감으로 대해 왔습니다. 하나님께서는 우리를 자녀로 키워 오셨는데, 우리는 하나님을 거슬러 반역해 왔습니다. 우리가 아무리 거룩하게 말하거나 행한 것 같을지라도, 그것들은 다 더러운 것들이었습니다. 우리가 진정으로 흘린 눈물조차도 통탄스러운 것이었고, 우리의 지극히 참된 믿음 속에도 불신앙이 크게 자리잡고 있었습니다. 이런 것을 생각하면, 우리는 욥이 왜 "이제는 눈으로 주를 뵈옵나이다 그러므로 내가 내 자신을 혐오하여"라고 말하였는지 그 이유를 알게 됩니다.

또한, 우리는 하나님을 뵈옵고 경배하게 될 때에 우리 자신에 대한 혐오감으로 충만하게 됩니다. 여러분은 하나님을 알게 되면 될수록(appreciate), 여러분 자신이 얼마나 형편없는 존재인지를 깨닫게 됩니다(depreciate). 여러분은 하나님의 존귀하심을 알게 되면 될수록, 여러분 자신을 존귀하게 여기는 마음은 점점 더 멀리 멀리 사라지게 됩니다. "내가 내 자신을 혐오하여"라는 욥이 사용한 말은 아주 강력한 표현입니다. 그 말을 풀어서 표현해 보면 이렇게 됩니다: "나는 내 자신이 구역질나고 메스껍고 역겹습니다. 내 자신을 조금이라도 높였던 온갖 교만한 생각들이 이제 내게 너무나 역겹고 도저히 참을 수 없는 것들이어서, 나는 그런 것들을 나의 심령으로부터 토해 냅니다." 사랑하는 친구들이여, 여러분의 혐오감이 여러분 자신이 아니라 다른 사람들을 향하고 있다면, 여러분은 하나님을 아직 제대로 뵈옵지 못한 것입니다. 그러나 여러분이 혐오하는 유일한 사람이 여러분 자신이라면, 여러분은 제대로 하나님을 뵈온 것입니다. 우리가 하나님을 제대로 뵈옵게 되면, 우리는 다른 사람들을 우리 자신과 동일한 죄에 얽매여서 비참한 삶을 살고 있는 존재들로 보고서 연민의 마음을 갖게 됩니다. 하나의 동일한 가라앉는 배에 탄 모든 사람들이 공통의 위험 앞에서 서로에 대하여 형제애를 느끼게 되는 것과 마찬가지로, 인간이 공통적인 죄책으로 인해서 모두 다 멸망 받게 되어 있다는 것을 우리가 분명히 알게 되었을 때에는, 사람들에 대하여 형제애를 느끼게 됩니다. 반면에, 우리가 하나님을 뵈었을 때에는, 우리 자신이 훌륭하고 뛰어나다는 망상이 깨지기 때문에, 우리는 가장 낮은 자리를 택하지 않을 수 없게 됩니다. 우리는 하나님의 영화로우심을 보면서, 우리 자신에 대하여 부끄러움을 느끼게 됩니다. 우리는 하나님을 경배함과 동시에, 우리 자신을 혐오하게 됩니다.

여러분은 자신을 혐오한다는 것이 무엇을 의미하는지를 아십니까? 여러분 중에는 그 의미를 알고 계시는 분들이 있습니다. 여러분이 진정으로 하나님을 사랑하고 경외하며 예배하는 정도만큼, 여러분은 자기 자신을 혐오하는 것입니다. 여러분 중에서 자신의 고개를 아주 꼿꼿이 세우고 다니느라, 일반 사람들이 다니는 작은 문으로는 다닐 수 없는 말쑥한 신사 분들이 있다면, 그분들은 이 말이 무슨 의미인지를 전혀 알 수 없습니다. 여러분 중에서 자신은 고귀하고 존귀한 여자이기 때문에 자기보다 못한 여자들과는 어울릴 수 없는 그런 숙녀 분들이 있다면, 그분들도 이 말이 무슨 의미인지를 전혀 알 수 없습니다. 여러분 중에서 자기가 세워 놓은 금송아지를 모든 사람들이 섬겨야 한다고 생각하는 교만한 부자들이 있다면, 그들은 이 말이 무슨 의미인지를 전혀 알 수 없습니다. 여러분 중에서 자기가 "사려 깊고 교양 있는" 사람이라고 여기는 놀랍도록 지혜로운 사람들이나 지성적인 사람들이 있다면, 그들에게는 복음을 믿는 자는 백치처럼 보이기 때문에, 그들은 신자들을 경멸하고 무시합니다. 하나님께서 여러분에게 욥과 같이 "내가 내 자신을 혐오하나이다"라고 고백하게 될 날을 주시면, 그때에는 여러분이 그 말이 무슨 의미인지를 알게 될 것입니다. 그러나 그 말이 무슨 의미인지를 모르는 지금의 여러분은 도둑들입니다! 왜냐하면, 여러분이 있어야 할 자리는 거름더미인데도, 여러분은 전능자의 보좌를 탐하고, 하나님께서 여러분에게 그 보좌를 주시지 않으니까, 하나님의 계시와 무오한 영감을 조작해서 그 보좌를 찬탈하여 자랑하기 때문입니다. 그러나 여러분의 자랑은 헛된 것입니다. 하지만 만일 여러분이 하나님을 제대로 뵈었더라면, 여러분은 자기 자신을 제대로 알았을 것입니다. 하나님께서 그 긍휼하심을 인하여 여러분에게 그런 날을 허락해 주시기를 빕니다.

3. 셋째로, 하나님을 본 사람의 마음은 참된 회개로 충만해집니다.

욥은 "내가 내 자신을 혐오하여 티끌과 재 가운데에서 회개하나이다"라고 말합니다. 여기에서 "내 자신을"이라는 단어는 히브리어 본문에는 없고, 번역자들이 더한 단어입니다. 번역자들은 이 단어를 보충하지 않고서는 이 구절을 번역할 수 없었던 것입니다. 하지만 히브리어 본문에 나오는 대로의 욥의 표현은 자기 자신으로부터 나온 모든 것, 또는 자기 자신 속에 숨어 있던 모든 것을 가리킵니다. 즉, 그는 자기가 지금까지 행하고 말해 왔던 모든 것을 혐오하였다는 뜻입니다. 히브리어 본문을 직역하면, "나는 혐오하고 티끌과 재 가운데서 회개하나이다"가 됩니다. 그렇다면, 욥은 무엇을 회개한 것입니까? 나는 욥이 가장 먼저 회개한 것은 자기가 출생한 날에 대하여 무지막지할 정도로 저주의 말을 퍼부은 것이었다고 생각합니다. 그 저주의 말은 정말 끔찍한 것이었습니다. 3장을 보십시오: "내가 난 날이 멸망하였더라면, 사내아이를 배었다 하던 그 밤도 그러하였더라면, 그 날이 캄캄하였더라면, 하나님이 위에서 돌아보지 않으셨더라면, 빛도 그 날을 비추지 않았더라면 … 해의 날 수와 달의 수에 들지 않았더라면"(3-4, 6절). 욥은 자기가 모태에서 죽어서 나오거나, 그의 첫 번째 울음소리가 그대로 마지막 울음소리가 되기를 바랐습니다. "그렇지 아니하였던들 이제는 내가 평안히 누워서 자고 쉬었을 것이니"(13절). 하지만 욥은 자기가 그렇게 뱉어 냈던 저 끔찍한 저주의 말들을 하나님 앞에서 다시 삼켜야 했습니다. 고통스러울 때에 말을 너무 많이 하는 것은 언제나 바람직한 일이 아닙니다. 왜냐하면, 우리는 그때에 우리의 입으로 뱉어 냈던 말들을 나중에 취소해야 할 때가 올 수 있기 때문입니다. 욥은 하나님을 저주하지는 않았지만, 자기가 태어난 날을 저주하였고, 이것은 합당하지 못한 일이었습니다. 이것에 대해서 그는 진심으로 회개합니다.

다음으로, 욥은 자기가 죽고 싶어 한 것을 회개하였습니다. 그는 앞에서도 여러 번 그랬듯이, 6장에서도 죽고 싶은 심정을 토로합니다: "나의 간구를 누가 들어 줄 것이며 나의 소원을 하나님이 허락하시랴 이는 곧 나를 멸하시기를 기뻐하사 하나님이 그의 손을 들어 나를 끊어 버리실 것이라"(8-9절). 여러분은 욥이 이렇게 말한 것이 이상하게 생각되십니까? 하지만 여러분 중에는 욥만큼 이렇게 하나님의 연단을 받은 분이 계십니까? 욥이 당시에 겪었던 온갖 육체적인 고통과 정신적인 괴로움을 생각하면, 욥이 자기가 태어난 날을 저주한 것조차도 나는 전혀 이상하게 느껴지지 않습니다. 나는 그가 인간으로서 그럴 수밖에 없었다고 생각합니다. 그럼에도 불구하고, 그는 자기가 고통을 참지 못하고 그런 말들을 뱉어 낸 것을 뒤돌아보면서 깊이 회개하지 않을 수 없었습니다. 욥기의 마지막 절들은 이렇게 되어 있습니다: "그 후에 욥이 백사십 년을 살며 아들과 손자 사 대를 보았고 욥이 늙어 나이가 차서 죽었더라"(42:16-17). 이것이 하나님께 죽기를 애걸하였던 사람의 결말입니다. 엘리야도 "지금 내 생명을 거두시옵소서 나는 내 조상들보다 낫지 못하니이다"(왕상 19:4)라고 말하며 죽기를 원하였지만, 죽음을 보지 않았습니다. 우리는 얼마나 형편없는 존재들입니까! 우리는 얼마나 참지 못하며 조급한 종자들입니까!

다음으로, 욥은 자기가 하나님을 거슬러 온갖 불평을 한 것을 회개하여야 했습니다. 그가 한 불평들은 아주 많았습니다. 7장에서 그는 하나님을 향하여 "내가 내 입을 금하지 아니하고 내 영혼의 아픔 때문에 말하며 내 마음의 괴로움 때문에 불평하리이다 내가 바다니이까 바다 괴물이니이까 주께서 어찌하여 나를 지키시나이까 혹시 내가 말하기를 내 잠자리가 나를 위로하고 내 침상이 내 수심을 풀리라 할 때에 주께서 꿈으로 나를 놀라게 하시고 환상으로 나를 두렵게 하시나이다 이러므로 내 마음이 뼈를 깎는 고통을 겪으니 차라리 숨이 막히는 것과 죽는 것을 택하리이다 내가 생명을 싫어하고 영원히 살기를 원하지 아니하오니 나를 놓으소서 내 날은 헛 것이니이다 … 주께서 내게서 눈을 돌이키지 아니하시며 내가 침을 삼킬 동안도 나를 놓지 아니하시기를 어느 때까지 하시리이까"(11-16, 19절). 가련한 욥은 자기가 하나님을 반역하여 한 모든 생각들을 다 회개하여야 했기 때문에, 침을 삼키는 것만큼이나 자기가 불평한 말들을 삼켜야 했습니다. 그는 자기가 불평한 것을 탄식하고, 자기 자신을 혐오하는 마음으로 티끌과 재 가운데에서 회개합니다.

나는 욥이 자기가 절망한 것에 대하여서도 회개하였을 것임을 의심하지 않습니다. 9장과 10장을 비롯해서 다른 많은 구절들에 나오는 욥의 말들 속에는 절망감이 묻어 있습니다. 그는 마치 하나님이 자기를 원수에게 넘기셔서 먹잇감이 되게 하신 것처럼 느꼈습니다. 그러나 그것은 사실이 아니었습니다. 하나님께서는 자기 백성 중 그 어느 누구도 결코 버리신 적이 없습니다. 인류의 모든 역사 속에는 하나님께서 자기를 믿고 의지한 사람을 실망시키셨던 사례에 대한 기록이 하나도 없습니다. 하나님께서는 "내가 결코 너희를 버리지 아니하고 너희를 떠나지 아니하리라"(히 13:5)고 말씀하지 않으셨습니까? 그리고 하나님은 그 어떤 신자도 떠나거나 버리신 적이 없으셨습니다. 그런데도 욥은 하나님이 자기를 떠나셨고 버리셨다고 확신하고서는 몹시 괴로워하였습니다.

욥은 성급하게 하나님께 도전하는 말들을 토해 내기도 하였습니다. 9장 33-35절을 보면, 그는 하나님과 자기 사이에 중재해 줄 자가 없다고 한탄하면서, 만일 그런 중재자가 있어서, 자기가 할 말을 다할 수만 있다면, "주께서 그의 막대기를 내게서 떠나게 하시고 그의 위엄이 나를 두렵게 하지" 못하게 되실 것인데, 현실적으로는 그런 중재자가 없다는 것이 한스럽다는 식으로 하나님께 도전합니다. 이것은 잘못된 말이었습니다. 그래서 욥은 자기가 너무나 속이 터져서 그렇게 말도 안 되는 혈기를 부리며 하나님의 사람에게 합당하지 않게 하나님께 도전한 것에 대하여 자기 자신을 혐오하였습니다.

세 친구들이 욥을 위선자이고 악한 자라고 잔인하게 비난하며 견딜 수 없을 정도로 괴롭게 하였을 때, 욥은 하나님께 "주께서는 내가 악하지 않은 줄을 아시나이다"(10:7)라고 호소하며, 온 힘을 다해서 자기 자신을 변호하였습니다. 그리고 그가 한 말은 사실이었습니다. 정직한 사람이 화가 나서 사람들에게 이런 식으로 말을 했다면, 그것은 책망 받을 만한 일은 아닙니다. 그러나 욥은 자기가 하나님 앞에서 그런 식으로 말해서는 안 되었다고 느꼈습니다. 그가 사람들의 법정에서 그런 식으로 자신의 무죄를 주장하였다면, 아무 문제도 없었을 것이고, 실제로 그는 사람들의 법정에서는 자기 자신을 충분히 변호할 수 있었습니다. 그러나 그는 만왕의 왕의 법정에서는 그런 식으로 자신의 무죄를 주장해서는 안 되었고, 자신의 죄책을 인정하는 것이 합당한 일이었습니다. 그래서 욥은 스스로 자기 자신을 변호했던 모든 주장들과 도전들을 다 철회하지 않을 수 없었습니다. 어떤 송사가 "여호와 대 욥" 간의 송사일 때, 욥은 무조건적으로 백기를 들지 않을 수 없습니다. 거룩함의 문제와 관련해서 자기를 지으신 조물주와 다툴 수 있는 피조물이 누가 있겠습니까? 우리는 잘못되었고, 하나님은 옳으실 수밖에 없습니다.

또한, 욥은 자기가 "무지한 말들로" 이치를 가리고 어둡게 하였다는 사실을 시인하지 않을 수 없었습니다. 종종 우리는 "나는 그것을 완벽하게 알고 있기 때문에, 그 신비를 해명할 수 있어"라고 말하면서, 우리의 형제들에게 그것이 이러저러하다고 자신 있게 말해 줍니다. 그러나 하나님의 임재 앞에 섰을 때, 우리는 우리가 한 말들이 우리의 무지를 여실히 보여주는 증거들이라는 것을 발견하게 됩니다. "허망한 사람은 지각이 없나니 그의 출생함이 들나귀 새끼 같으니라"(욥 11:12). 욥은 가장 지혜롭고 거룩한 사람들 중의 한 사람이었지만, 자기가 의롭다는 사실도 부정하고 자기가 지혜롭다는 사실도 부정합니다. 우리는 하나님을 보지도 못하였으면서도, 하나님의 말씀의 모든 수수께끼들을 다 해독해 낼 수 있다고 착각합니다. 그러나 우리가 하나님을 좀 더 생생하게 뵈옵게 되면, 다윗처럼 "내가 이같이 우매 무지함으로 주 앞에 짐승이오나"(시 73:22)라고 고백하게 됩니다. 우리는 하나님을 의지하여 하나님의 은혜를 구하기보다는 우리 자신의 연약하기 짝이 없는 지각으로 하나님을 판단하기 쉽습니다. 이것은 악으로부터 나옵니다. 욥은 하나님의 임재 앞에서 자신의 머리를 숙이고서, 자기가 하나님을 의심하고 불신했던 모든 것들을 회개하였습니다. 우리가 환난의 날에 하나님을 믿지 못하고 성급하고 혈기를 부리며 주제넘은 말들을 했다면, 우리는 그러한 것들을 나중에 회개하여야 합니다.

다음으로 넘어가서, 오늘의 본문에 의하면, 사람은 회개할 때에 자기 자신을 가장 낮은 자리에 둡니다. 욥은 "티끌과 재 가운데에서 회개하나이다"라고 말합니다. "티끌과 재"는 흙더미를 의미하거나, 스코틀랜드에서 말하는 "퇴비더미"를 의미합니다. 욥은 "티끌과 재"를 자기가 있어야 할 곳으로 삼았습니다. "거름더미" 또는 쓰레기더미는 지금 욥이 생각하기에 자기가 있기에 가장 적합한 곳이었습니다. 회개는 우리를 낮은 자리에 위치시킵니다. 여러분은 종종 겉만 번지르르하고 알맹이는 없는 오늘날의 지성인들이 "인간 본성의 존엄"에 대하여 말하는 것을 들은 적이 있을 것입니다. "인간 본성의 존엄"을 위한 보좌가 어디인지를 보십시오. "인간 본성"이라는 이 교만한 왕이 앉을 보좌는 "티끌과 재" 위입니다. 영광스러운 인간 본성이 가장 화려한 옷을 차려 입고서 앉아야 할 보좌는 거름더미 위입니다. 어떤 사람이 자신의 본성의 진면목을 깨닫게 되었을 때, 그 사람에게 가장 적합한 곳은 마귀와 그의 졸개들을 위하여 예비된 지옥의 가장 낮은 구덩이입니다. 사람이 자신의 가장 나은 의, 즉 주님의 의를 입었을 때, 그때조차도 그에게 가장 적합한 곳은 거름더미일 뿐이라는 말입니다. 참된 회개에 이른 모든 하나님의 사람들은 이것이 사실이라는 것을 인정합니다. 자신의 죄악된 모습을 제대로 보게 된 사람들은 내가 티끌 가운데 앉아 있으면 티끌에게 폐를 끼치는 것이 될 것이라고 느낍니다. 만일 내가 가정집의 썩은 쓰레기와 함께 버려진다면, 그 쓰레기들은 나를 피해서 슬금슬금 도망치려고 할 것입니다. 왜냐하면, 나의 죄는 물리적인 자연계가 알고 있는 그 어떤 부패보다도 더 부패한 것이기 때문입니다. 나는 쓰레기를 먹어 치우는 벌레에게도 폐가 됩니다. 왜냐하면, 자연계의 부패 가운데는 이 추악하기 짝이 없는 도덕적인 악 같은 그런 고약한 부패는 존재하지 않기 때문입니다. 그래서 회개하는 사람은 가장 낮은 곳에 자리를 잡습니다.

모든 진정한 회개는 거룩한 비탄과 자기 자신에 대한 혐오를 수반한다는 것을 주목하십시오. 나는 어떤 선생들이 자신의 설교문들에서 "회개는 단지 마음의 변화일 뿐이다"라고 한 것을 읽은 적이 있습니다. 그 말이 맞겠지만, "마음의 변화"라는 것이 무엇일까요? 그것은 여러분이 오늘 아침에 "밖이 너무 추워서 정말 나가기 싫다"고 말했지만, 나중에는 용감하게 눈을 헤치고서 이 교회로 왔을 때에 겪었던 것과 같은 그런 마음의 변화는 아닙니다. 회개는 철저하고 근본적인 마음의 변화이기 때문에, 자신의 죄를 진정으로 비통해하는 마음과 자기 자신을 혐오하는 마음이 동반됩니다. 죄에 대하여 비통해하는 것이 없는 회개는 그 영혼을 파멸시킬 것입니다. 죄에 대하여 비통해하는 것이 없는 회개는 하나님의 택함 받은 자들의 회개가 아닙니다. 여러분이 비통함 없이 죄를 바라볼 수 있다면, 여러분은 그리스도를 바라본 것이 결코 아닙니다. 믿음으로 예수를 바라보게 되면, 우리의 마음은 우리가 저지른 죄 때문에 찢어지는 듯한 비통함을 맛보게 됩니다. 이 시금석을 통해서 여러분 자신을 시험하십시오.

그러나 회개 속에는 위로가 내포되어 있습니다. "회개하다"로 번역되는 히브리어는 적어도 구약성경의 두세 군데에서는 "위로하다"라는 의미로 사용되고 있다는 것은 다소 의외처럼 느껴질 수 있습니다. 성경은 이삭이 리브가를 자기 어머니의 장막으로 데려왔을 때에 "그의 어머니를 장례한 후에 위로를 얻었더라"(창

24:67)고 말합니다. 거기에서 "위로를 얻었다"로 번역된 단어는 여기에서 "회개하다"로 번역된 단어와 동일합니다. 이것은 어머니의 죽음으로 인해서 슬픔에 잠겨 있던 이삭의 마음이 리브가를 맞이하여 아내로 삼음으로써 변화된 것을 가리킵니다. "회개하다"를 뜻하는 히브리어에 위로의 뉘앙스가 담겨 있듯이, 회개 속에는 지극히 큰 비통함과 아울러서 기쁨도 내포되어 있습니다. 회개는 쓴 맛을 지닌 달콤함, 또는 달콤한 맛을 지닌 쓴 것이라고 할 수 있습니다. 회개는 여러분의 입에서는 쓸개처럼 쓰지만, 뱃속으로 내려가면서 꿀, 아니 송이 꿀보다 더 달콤해집니다.

회개의 문은 기쁨의 전당으로 통해 있습니다. 티끌과 재 가운데에서의 욥의 회개는 그의 구원의 전조였습니다. 하나님께서는 욥을 비판하고 공격했던 세 친구에 대해서 진노하셨지만, 욥에 대해서는 옳다고 하셨고, 그들의 죄 사함을 위해 중보기도를 할 수 있는 존귀한 직임을 욥에게 주셨습니다. 그런 후에, "욥이 그의 친구들을 위하여 기도할 때 여호와께서 욥의 곤경을 돌이키시고 … 욥의 말년에 욥에게 처음보다 더 복을 주셨는데"(10, 12절), 그 전환점이 바로 욥이 티끌과 재 가운데 앉아 있었던 것이었습니다. 여러분이 낮아질 대로 낮아졌다면, 이제 여러분에게 남은 일은 올라가는 것뿐입니다. 그러므로 낮아지십시오! 여러분의 교만의 깃털과 자기의의 화려한 장식을 다 벗어 버리십시오. 지극히 낮아져서, 아무 짝에도 쓸모없는 정말 무익한 것들 가운데 자리를 잡으십시오. 그 시점부터 여러분은 올라가게 될 것입니다. 여러분이 더 많이 부서지고 낮아지며 기진맥진해서 거의 죽게 될수록, 하나님께서 여러분을 일으키실 때가 더욱 가까워진 것입니다.

욥은 비견할 자가 없을 정도로 독보적인 성인이었습니다. 우리 중에서 그와 견줄 수 있는 사람은 아무도 없습니다. 그런 온전하고 올바른 사람이 "내가 내 자신을 혐오합니다"라고 고백하지 않을 수 없었다고 한다면, 여러분과 나는 하나님을 뵈올 때에 무엇이라고 말할 것 같습니까? 우리는 머지않아 심판대에 앉으신 하나님을 뵈옵게 될 것인데, 우리가 그것을 어떻게 감당하겠습니까? 여러분이 여러분 자신의 의 외에는 그 어떤 의도 지니고 있지 않다면, 하나님께서 나타나시는 그 날에 여러분은 벌거벗은 채로 서서 창피를 당하게 될 것입니다. 자기 자신을 의롭다고 하는 사람들아, 당신들이 자신의 의를 입고서 감히 하나님 앞에 서고자 하는 것입니까? 당신들이 감히 그렇게 하고자 한다면, 나는 당신의 주제넘고 뻔뻔스러움을 기이히 여기게 될 것입니다. 욥은 감히 그렇게 하고자 하지 않았습니다. 그는 자기를 고소하고 비난하는 자들 앞에서는 담대하게 설 수 있었지만, 하나님 앞에서 그의 태도는 백팔십도 달랐습니다. 여러분이 죽어서 지존자 앞에 가게 되었을 때, 여러분이 스스로 만들어 낸 의 외에는 아무런 의를 가지고 있지 않다면, 도대체 여러분은 어떻게 하려고 하시는 것입니까? 하나님께서 여러분의 영혼을 지금 당장 데려가신다면, 여러분의 훌륭한 성품과 저 놀라운 도덕성과 사람들에게 후히 베풀고 살아온 삶을 들고서, 여러분은 하나님 앞에 설 수 있을 것 같습니까? 여러분에게 조금이라도 제정신이 남아 있다면, 여러분은 감히 그런 짓을 하고자 하지 않을 것입니다.

여러분과 나는 어떻게 될까요? 형제들이여, 우리는 두렵지 않습니다. 왜냐하면, 우리의 믿음으로 인하여 예수 그리스도로 말미암아 우리에게 주어진 하나님의 의가 있기 때문입니다. 우리가 가진 의는 하나님 자신의 의이기 때문에, 하나님께서는 우리에게 있는 의 속에서 아무런 흠도 찾으실 수 없으십니다. 하나님께서 내게 하나님 자신의 의, 곧 예수 그리스도를 믿는 믿음으로 말미암아 주어지는 하나님의 의를 주신다면(이 의는 모든 믿는 자들에게 주어지는 의입니다), 나는 마지막에 거름더미가 아니라 영원한 보좌 위에 앉게 될 소망이 있습니다. 그때에 나는 내 머리에 씌워진 면류관을 그리스도 예수의 발 앞에 던지면서 즐거워하고 기뻐하게 될 것입니다. 우리가 다음과 같이 노래할 수 있다면, 우리는 얼마나 행복하겠습니까!

> "예수여, 주의 피와 의는
> 나의 아름다움이요 나의 영화로운 옷이나이다.
> 활활 타오르는 세상들 가운데서,
> 나는 그 옷을 차려 입고서 기쁨으로 내 머리를 들리이다."

제
32
장
—

하나님께서 욥의 곤경을 돌이키심

—

"욥이 그의 친구들을 위하여 기도할 때 여호와께서 욥의 곤
경을 돌이키시고 여호와께서 욥에게 이전 모든 소유보다 갑
절이나 주신지라." — 욥 42:10

하나님께서는 변함이 없으시기 때문에 언제나 동일한 원리들 위에서 행하
십니다. 그러므로 하나님께서 옛적에 어떤 부류의 사람에게 행하신 일련의 행위
들은 그 사람과 동일한 처지에 있는 사람들이 하나님으로부터 무엇을 기대할 수
있는지를 보여주는 지침이 됩니다. 하나님은 변덕스럽게 행하시지도 않으시고,
즉흥적이고 발작적으로 행하시지도 않으십니다. 하나님께서 행하시는 길들과
방식들은 동일합니다. 시편을 노래하였던 다윗은 마치 하나님의 길들과 습관들
과 행하시는 방식들이 잘 알려져 있다는 듯이, "그리하면 내가 범죄자에게 주의
도를 가르치리니"(시 51:13)라는 표현을 사용합니다. 하나님이 행하시는 길들이
있습니다. 만일 그렇지 않다면, 하나님은 변함이 없으신 여호와가 되실 수 없으
실 것입니다. 요한계시록 15장에 기록된 "하나님의 종 모세의 노래, 어린 양의
노래"를 보면, "만국의 왕이시여 주의 길이 의롭고 참되시도다"(3절)라는 말씀이
나옵니다. 하늘이 땅보다 높듯이, 여호와 하나님의 길은 우리의 길보다 높습니
다. 하나님의 길들은 변덕스럽거나 자의적이지 않습니다. 그 길들은 우리가 피
상적으로 볼 때에는 서로 판이하게 다르고 각양각색인 것처럼 보이지만, 제대로
된 지각을 가지고 보면 실제로는 늘 동일합니다. 범죄자들은 그 길들을 알지 못

해서 넘어지고 엎어지지만, 실제로는 그 길들은 곧게 뻗어 있습니다. 그러나 의인들은 하나님의 길들을 압니다. 왜냐하면, 하나님께서는 의인들에게는 자신의 길들을 알게 하시고, 그들은 저 위대한 원리들이 하나님의 모든 행위들을 지배하고 있다는 것을 알기 때문입니다. 만일 그렇지 않다면, 욥과 같은 인물의 사례는 우리에게 아무런 유익이 되지 못할 것이고, 성경은 전에 일어난 일들은 우리에게 본이 되게 하기 위한 것이라고 말씀할 수 없었을 것입니다. 만일 하나님께서 일정한 원리들 위에서 행하시지 않으신다면, 우리는 어떤 새로운 경우에 하나님이 어떻게 행하실지를 결코 알 수 없게 될 것이고, 한 사람에게 일어난 일은 우리에게 그 어떤 준칙도 되지 못하고 그 어떤 힘도 되지 못할 것입니다. 우리 모두가 욥과 같은 것은 아니지만, 욥의 하나님은 우리 모두의 하나님입니다. 우리는 욥처럼 부유하게 된 적도 없고, 욥처럼 극도의 빈곤으로 떨어진 적도 없을 것이지만, 우리가 높임을 받는다고 해도 우리 위에는 욥의 하나님이 계시고, 우리가 지극히 낮아진다고 해도 자신의 영원하신 팔로 우리를 떠받치시는 욥의 하나님은 여전히 우리에게 계십니다. 하나님께서는 욥을 위해 행하셨던 일들을 우리를 위해서도 행하실 것입니다. 그 일들은 정확히 동일한 형태는 아니겠지만, 그 마음과 의도는 동일할 것입니다. 그러므로 우리가 오늘 밤에 낮아져 있는 상태라면, 우리는 하나님께서 우리의 곤경을 돌이키실 것이라고 생각하고 힘을 얻어야 하고, 시련의 때가 지나면, 우리가 특히 신령한 것들과 관련해서 이전보다 더욱 부요해질 것이라는 소망을 품어야 합니다. 우리가 처한 환난의 열기가 점점 더해진다고 하여도, 반드시 전환점이 있게 마련이고, 그때가 되면, 불은 꺼지게 되어 있습니다. 썰물 때가 극에 달하였을 때에는, 바다는 반드시 다시 힘을 회복하여 해안으로 밀려올 것입니다. 한겨울이 깊었다면, 봄이 가까운 것이고, 밤이 깊었다면, 동틀 때가 멀지 않은 것입니다. 우리에게 더 행복한 나날들이 다가오고 있음을 보여주는 전조는 아마도 회개한 족장 욥에게서 우리가 볼 수 있는 전조와 동일할 것입니다. 즉, 우리가 우리의 친구들을 위하여 기도할 때, 복들은 우리 자신의 품 속으로 부어지게 될 것입니다.

    오늘의 본문 속에는 세 가지 내용이 아주 분명하게 나와 있습니다. 첫째는 하나님께서는 자기 백성의 곤경을 금세 돌이키실 수 있으시다는 것입니다: "여호와께서 욥의 곤경을 돌이키시고." 둘째는 일반적으로 하나님께서 그렇게 하시는 시점이 있다는 것입니다. 욥의 경우에는 그가 그의 친구들을 위하여 기도하였을 때, 하나님께서는 그의 곤경을 돌이키셨습니다. 셋째는 하나님께서는 신자들이 결코 손해를 보지 않게 하신다는 것입니다. 왜냐하면, 하나님은 욥에게 "이전 모든 소유보다 갑절이나 주셨기" 때문입니다.

1. 첫째로, 하나님은 자기 백성의 곤경을 금세 돌이키실 수 있으십니다.

"곤경"으로 번역된 단어는 대단히 주목할 만한 표현입니다(이 단어는 히브리어로 단순한 "곤경"이라기보다는 "포로됨"을 의미한다 — 역주). 욥은 자신의 모든 재산을 잃고, 돈 한 푼 없는 극도의 빈곤의 나락으로 떨어져 있었지만, 본문은 "여호와께서 욥의 가난을 돌이키셨다"고 말하지 않습니다. 욥은 사별의 아픔과 수치와 비방에 시달리고 있었지만, 본문은 하나님이 욥에게서 그런 것들을 제거해 주셨다고 말하지도 않습니다. 본문은 "곤경"이라는 단어를 사용함으로써, 그런 것들보다 훨씬 더 많은 것들을 우리에게 말해 주고자 합니다. 어떤 사람은 아주 가난한데도 "곤경" 속에 있지 않을 수 있습니다. 그의 몸은 거름더미에 있고, 개들이 그의 종기들을 핥는데도, 그의 영혼은 천사들 가운데서 노래할 수 있습니다. 어떤 사람은 중병을 앓고 있는데도, "곤경" 속에 있지 않을 수 있습니다. 그는 비록 병상에서 일어날 수는 없지만, 언약의 은혜의 드넓은 들판을 거닐고 있을 수 있습니다. 그의 육신은 옆으로 돌아누울 수조차 없는 상태일지라도, 그의 영혼은 그 어느 때보다도 더할 나위 없이 큰 자유를 누리고 있을 수 있습니다. 본문에서 욥의 "곤경"으로 번역된 단어는 욥의 영혼에 쇠가 박혀서 그 마음이 결박되어 있는 상태를 표현하는 단어입니다. 욥은 그의 육체적인 고통들에 수반된 극도의 정신적인 시련 아래에서, 그의 심령의 손과 발이 묶인 채로 그가 사랑했던 자신의 본향에서 쫓겨나고, 그를 기쁘게 해주었던 것들을 박탈당하고서, 어둠 속에 갇힌 사람처럼 되어 있었을 것입니다. 즉, 나는 그의 육신과 심령이 혹독한 시련과 고통 가운데 있었을 뿐만 아니라, 어느 정도는 하나님의 임재를 상실한 상태에 있었을 것이라고 봅니다. 그에게 기쁨을 주고 위로가 되었던 것들은 대부분 그에게서 떠나갔습니다. 마음의 평안도 사라졌고, 그가 다른 신자들과 교제하고 서로 마음을 나누며 얻었던 위로들도 지금은 다 없어졌습니다. 이 모든 점에서 그는 고독한 포로와 같았습니다. 그의 세 친구들은 그를 위선자로 단죄하였고, 오직 그를 비난하며 공격하고자 하였을 뿐, 그와 마음을 나누며 교제하고자 하지는 않았습니다. 그래서 그는 자기가 하나님과 사람으로부터 추방되어 먼 나라로 유배를 간 사람이 된 것처럼 느꼈기 때문에, 오직 포로된 자처럼 짓눌리는 마음을 부여잡고서 울며 자신의 마음을 알아달라고 하소연하고 자신의 비통한 심정을 쏟아낼 수밖에 없었습니다. 그는 이방 땅에서 하나님을 찬송하는 노래를 부를 수 없다고 느꼈기 때문에, 자신의 수금을 탈 수 없어서 버드나무에 걸어둘 수밖에 없었습니다. 정말 가련한 욥이었습니다! 그는 자신의 사랑하는 자녀들을 잃었고, 극도의 빈곤 속으로 떨어져서, 온 몸에 종기가 나서 고통스럽게 온종일 몸을 긁을 수밖에 없는 처지가 처량하기도 했지만, 전에는 그의 머리 주위를 환히 비쳐 주었던 저 하나님의 촛불을 상실해 버린 것이 더욱더 처량한 것이었습니다. 바로 이것이 무엇보다도 그의 마음을 가장 아프게 후벼파는 괴로움이었습니다. 그것은 마치 전쟁터에서 우박처럼 날아다니는 무수한 총알들보다도 자신의 몸에 박힌 총알 하나가 병사에게 가장 고통스러운 것과 같습니다. 파도가 흉용한 바다와 맞서 싸우는 것도 몹시 힘들어서 기진맥진할 수밖에 없지만, 거친 바닷물이 심령의 엔진 속을 가득 채워서, 내면의 에너지의 불을 꺼버리고, 분별력의 바퀴를 멈춰 세우며, 의지의 펌프를 무력화시키게 될 때, 그 사람은 파선 직전의 상태로 몰리게 될 수밖에 없습니다. "사람의 심령은 그의 병을 능히 이기려니와 심령이 상하면 그것을 누가 일으키겠느냐"(잠 18:14). 어떤 사람의 뼈와 살을 쳐도, 그 사람은 아무렇지도 않게 기뻐할 수 있습니다. 그러나 하나님께서 자신의 손으로 그의 심령을 치시면, 그는 포로된 자와 같이 아무것도 할 수 없는 "곤경" 속에 놓이게 됩니다. 나는 본문의 "곤경"이라는 단어는 욥이 겪게 된 모든 어려움들을 다 포함하기는 하지만, 주로 그에게 찾아온 괴로움들과 질병, 친구들의 조롱, 그에게서 하나님의 은혜가 떠난 것 등으로 인하여 그가 겪게 된 그의 심령의 결박 상태를 가리키는 것이라고 생각합니다. 여기서 내가 말하고자 하는 요지는 하나님께서는 우리를 그러한 포로됨의 곤경에서조차도 건지실 수 있으시다는 것입니다. 하나님은 영적인 곤경과 육신적인 곤경, 이 둘 모두에서 우리를 건지셔서, 우리에게 기쁜 해방을 주실 수 있으십니다.

　　하나님께서는 우리를 영적인 곤경에서 건지실 수 있으시고, 그것도 아주 속히 건져내실 수 있으십니다. 오늘 밤에 이 말씀을 듣고 계시는 분들 중에는 자기가 느끼기 원하는 것을 제외하고는 모든 것을 느끼는 분들이 있을 것입니다. 그들은 은혜의 방편들 속에서 그 어떤 달콤함도 누리지 못하지만, 세상의 온갖 달콤함을 위해서 하나님의 은혜의 달콤함을 포기하려고 하지는 않습니다. 그들은 전에는 하나님을 기뻐하고 즐거워하곤 하였습니다. 그러나 지금은 하나님의 얼굴을 뵈올 수 없고, 그들이 기껏해야 할 수 있는 말은 "내가 어찌하면 하나님을 발견하고 그의 처소에 나아가랴"(욥 23:3)는 말뿐입니다. 그들은 다른 사람들이 늘 기쁨 가운데서 살아가는 것을 보거나 승리하며 살아가는 것을 보아도, 다 남의 일 같아서 즐겁지가 않습니다. 포로가 되어 먼 나라로 유배 가 있는 듯이 느끼는 영혼들에게는 그리스도인들은 기뻐하고 즐거워하는 것이 마땅하다고 아무리 말해 보아야 소용이 없습니다. 기뻐하고 즐거워해야 한다는 것은 잘 알고 있지만, 실제로 그렇게 할 수는 없습니다. 기뻐하고 즐거워하고 싶어도, 어떻게 해야 그렇게 될 수 있는지를 발견할 수가 없습니다. 괴로움에 빠져 있는 사람들의 귀에 여러분이 자신의 기쁘고 즐거워하는 목소리를 들려주어 보아야 아무 소용이 없습니다. 슬픈 마음에 대고 노래를 부르는 것은 화약에 식초를 붓는 것과 같습니다. 화약과 식초라는 두 성분은 서로 상극이기 때문에, 이 둘을 섞으면, 부글부글 끓어오릅니다. 하나님의 참된 자녀들이면서도, 어둠 가운데서 행하며 빛을 보지 못하는 사람들이 있습니다. 이 땅에서 훌륭한 신자들인데도, "나의 하나님, 나의 하나님, 어찌하여 나를 버리셨나이까"(마 27:46)라고 큰 소리로 부르짖을 수밖에 없는 사람들이 있습니다. 그런 사람들은 내내 교회에 있어 왔고, 앞으로도 늘 있을 것입니다. 우리의 온전한 형제들이 자기들 마음대로 그들을 정죄하겠지만, 하나님의 교회에는 그들처럼 애통하는 자들이 늘 있을 것입니다. 환난 가운데서 그렇게 부르짖는 사람들이 하나님의 교회에는 늘 있을 것입니다. 우리는 모두 경계하여야 합니다. 왜냐하면, 우리도 언제 시험을 받아서 엎드러지게 될지 모르기 때문입니다. 우리 중에서 가장 밝은 눈을 가진 사람의 눈이 어두워질 수 있고, 가장 담대한 심령을 지닌 사람이 심약해질 수 있습니다. 지금 이 순간에 하나님의 가장 가까이에서 살아가고 있던 사람이 비통한 심령 가운데서 "여호와여, 내게 돌아오셔서, 주의 얼굴을 들어 내게 비추소서"라고 외칠 수밖에 없게 될 수 있습니다.

그러므로 하나님께서는 여러분의 "곤경"을 즉시 돌이키실 수 있으시다는 이 기쁜 진리를 명심하십시오. 하나님의 자녀들 중에는 그들의 이전의 기쁨을 회복하는 데에는 오랜 시간이 걸릴 것이라고 생각하는 분들이 계십니다. 사랑하는 형제들이여, 만일 여러분의 길이 어그러졌던 바로 그 지점으로 여러분이 돌아가야 하는 것이라면, 그것은 고달픈 여정이 될 것입니다. 만일 기쁨이 언제나 내면의 상태의 결과로 오는 것이라면, 여러분은 자신의 심령을 아주 부지런히 살펴서 깨끗하게 하고, 타고난 욕심들 및 외적인 시험들과 힘겨운 싸움을 해야 할 것입니다. 만일 하나님과 여러분이 율법의 언약 아래에서 함께 거하려면, 하나님께서 여러분의 심령 속에 오시려면, 여러분은 심령의 전에 묻어 있는 때를 부지런히 긁어내고 닦아내고 광을 내야 할 것입니다. 그러나 여러분이 하나님의 사랑을 받기 위해서 여러분 자신을 그렇게 열심히 청소하고 깨끗하게 하는 것이라면, 그렇게 하는 것보다는 하나님의 사랑을 깨닫고서 그대로 받아들이는 것이 훨씬 더 좋은 방법입니다. 여러분이 처음으로 하나님을 만났을 때를 여러분은 기억하고 있지 않습니까? 여러분은 율법에 의거해서 여러분 자신을 단장해서, 하나님을 여러분의 심령의 전에 모시고자 열심히 준비했지만, 하나님은 그런 조건 아래에서는 여러분에게 오시고자 하지 않으셨습니다. 여러분이 있는 그대로의 모습으로 하나님 앞에 나아갔을 때, 하나님께서는 여러분에게 오셔서, 여러분의 심령의 성전을 더럽힌 침입자들을 친히 몰아내셨습니다. 하나님은 여러분을 온전히 정결하게 하시기 위하여, 여러분에게 오셔서 함께 거하셨습니다. 지금도 하나님께서는 처음과 동일한 조건 아래에서, 즉 거저 주시는 주권적인 은혜라는 조건으로 여러분으로 하여금 그의 임재를 누리게 하고자 하십니다. 그때에 여러분은 예수 그리스도 없이는 살아갈 수 없었기 때문에, 구주를 여러분의 영혼에 받아들인 것이 아닙니까? 바로 그것이 여러분이 그리스도를 영접한 이유였지 않습니까? 그리고 그것은 지금 또다시 그리스도를 영접하고자 하는 이유이지 않습니까? 여러분이 그리스도를 영접하였을 때에 여러분 속에 그리스도께 칭찬들 만하고 내놓을 만한 어떤 것이 있었습니까? 그때에 여러분은 온통 죄로 꽉 차 있었고, 죄로 인하여 더럽혀져서 추악하기 짝이 없는 모습이지 않았습니까? 하지만 여러분은 자신의 마음 문을 열고서, "내 주여, 나는 주님 없으면 죽을 수밖에 없사오니, 주의 값없는 은혜 가운데서 내 심령 속으로 들어오소서"라고 고백하지 않았습니까? 나의 사랑하는 친구들이여, 그런데 지금은 여러분이 어떤 다른 조건 아래에서 그리스도를 초대하고자 하시는 것입니까? 여러분은 성령으로 시작하였다가 육체로 끝내고자 하시는 것입니까? 은혜로 살아가는 것으로 시작하였다가 공로로 살아가는 것으로 바꾸고자 하시는 것입니까? 여러분이 외인이었을 때에는 그리스도의 사랑을 의지하였다가, 그리스도의 친구가 된 지금에 와서는 율법에 호소하고자 하시는 것입니까? 절대로 그럴 수 없습니다. 형제들이여, 예수께서는 여전히 여러분을 사랑하시기 때문에, 여러분이 그를 의지하는 순간, 즉시 여러분을 회복시키실 것입니다. 자매들이여, 예수께서는 다시 기쁜 마음으로 여러분의 심령에 돌아오실 것입니다. 그것도 즉시 말입니다. 여러분은 아가서에서 "부지중에 내 마음이 나를 내 귀한 백성의 수레 가운데에 이르게 하였구나"(아 6:12)라고 기뻐 소리치는 신부의 소리를 들어 본 적이 없으십니까? 지금도 그리스도께서 그런 식으로 여러분을 순식간에 깨어나게 하시지 못하실 이유가 어디 있겠습니까? 따지고 보면, 여러분의 지금의 상태는 그리스도께서 여러분을 처음으로 찾아오셨을 때의 여러분의 모습보다 더 악화되어 있는 것이 아니고, 여러분은 그리스도께서 여러분을 처음으로 찾아오셨을 때보다 더 기가 막힌 곤경에 처해 있는 것도 아닙니다. 왜냐하면, 그때에 여러분은 "허물과 죄로" 완전히 죽어 있었기 때문입니다(엡 2:1). 그러나 그리스도께서는 여러분을 살리셨습니다. 지금도 여러분은 자기가 죽어 있음을 느낀다고 말하지만, 여러분이 그렇게 느끼고 그렇게 말하고 있다는 것은 여러분 속에 약간의 생명이 남아 있다는 것을 증명해 주는 것입니다. 내 귀에는 여러분이 다음과 같이 말하고 있는 것이 들립니다:

> "거룩한 비둘기여, 어서 돌아오라.
> 안식을 전하는 달콤한 사자여,
> 너를 근심하게 하여 내 품에서 떠나게 만든
> 나의 죄들을 이제 나는 미워하노라."

친구들이여, 그러한 탄식과 신음 소리들은 하나님께 향기로운 것이고, 만일 하나님께서 그런 것들을 여러분 속에 두시지 않았더라면, 그것들은 여러분 속에 있지 않았을 것입니다. 그것들은 하나님의 은혜가 여러분에게서 완전히 떠나지 않았다는 것을 보여주는 확실한 증표들입니다. 하나님의 자녀들이여, 하나님의 은혜는 회심 전이나 후나 여러분을 모든 죄들에서 깨끗하게 하시기 위하여 주어지는 것임을 여러분은 알고 있지 않습니까? 여러분이 죄 가운데 빠져 살아가던 저 오래 전부터 하나님께서는 여러분을 사랑하셨고, 지금도 여전히 사랑하고 계신다는 것을 여러분은 알고 있지 않습니까? 여러분의 구원의 토대는 여러분의 지위나 성품이 아니라, 하나님 앞에서의 그리스도의 지위와 성품, 그리고 그리스도께서 하신 일이라는 것을 여러분은 알지 않습니까? 하나님께서 여러분을 여전히 사랑하고 계신다는 것을 굳게 믿으십시오. 왜냐하면, 그것은 엄연한 사실이기 때문입니다. 그리스도의 저 상처들을 직시하시고, 여전히 거기에 선명하게 씌어 있는 하나님의 사랑을 읽으십시오. 믿지 못하는 도마여, 당신의 손가락을 당신 자신의 상처들에 넣어 보지 마십시오. 그렇게 해보아야 별 도움이 되지 않을 것이니 말입니다. 대신에, 예수께로 가까이 나아가서, 당신의 손가락을 그의 상처들에 넣어 보십시오. 그러면, 여러분의 영혼은 황홀한 기쁨 가운데서 "나의 주님이시요 나의 하나님이시니이다"(요 20:28)라고 외치게 될 것입니다. 우리의 "곤경"을 돌이키시는 하나님의 이 경이롭고 놀라운 능력을 느낀다는 것이 무엇인지를 나는 잘 압니다. 쉬지 않고 목회 사역을 하다 보면, 종종 마음이 방황하고, 심령이 힘을 잃으며, 기력이 축 처지는 때가 있습니다. 하지만 하나님께서는 그런 우리를 깨우쳐서, 단 한순간에 뜨겁고 열정적인 사역자가 되게 하실 수 있으십니다. 성령께서 우리의 심령에 불을 붙이시면, 우리의 심령은 뜨겁게 활활 타오릅니다. 우리는 어떤 찬송 소리를 듣고서, "나도 저렇게 찬송해 보았으면 좋겠지만, 그렇게 할 수가 없네"라고 말했는데, 갑자기 우리의 영혼에 강풍이 불어 닥쳐서, 그 찬송 소리와 함께 우리를 천국으로 데려가는 경험을 해 보았을 것입니다. 하나님께서 역사하셔서 우리의 심령을 부흥시키시는 데에는 몇 달이나 몇 주간, 또는 몇 날이나 몇 시간이 걸리는 것이 아닙니다. 하나님은 6일 동안에 세상을 창조하셨지만, 말씀 한 마디로 즉시 빛을 만들어 내셨습니다. 하나님께서 "빛이 있으라" 말씀하셨더니, "빛이 있었습니다"(창 1:3). 그런 하나님이 지금도 시계의 초침이 재깍 하고 가기 전에 우리의 어둠과 암울함을 쫓아내지 못하실 리가 있겠습니까? 절망하지도 마시고, 여러분의 하나님을 의심하지도 마십시오. 하나님께서는 여러분의 "곤경"을 "남방 시내들 같이" 돌이키실 수 있으십니다(시 126:4).

　　사랑하는 자들이여, 하나님은 우리의 육신적인 곤경도 돌이키실 수 있으십니다. 우리는 말씀을 전할 때에 육신적인 것들에 대해서는 별로 말하지 않습니다. 나는 우리가 그런 것들에 대하여 충분히 말하고 있지 못한 것은 아닌가 하고 우려합니다. 왜냐하면, 하나님께서 육신적인 것들과 관련해서 자기 백성에게 역사하신 것들에 대한 구약성경의 이야기들은 정말 경이롭기 때문입니다. 많은 사람들은 하나님께서는 자기 백성이 기도하는 골방에만 대체로 관심을 두고 계시고,

그들의 곳간에는 아무런 관심도 없으시다고 생각합니다. 만일 그것이 사실이라면, 그것은 우리에게 정말 끔찍한 일이 될 것입니다. 그런데 나의 형제들이여, 우리는 성찬대에서만이 아니라 부엌의 식탁에 놓여 있는 음식들에서도 우리 하나님의 손길을 보아야 합니다. 왜냐하면, 우리 구주께서 우리를 사랑하셔서 죽으신 것을 기념하는 그 식탁을 베푸신 바로 그 사랑이 우리의 육신적인 생명을 유지하는 데 필요한 식탁도 우리를 위하여 베푸셔서, 우리로 하여금 그 성찬의 식탁에도 나아갈 수 있게 하시는 것이기 때문입니다. 우리는 모든 것 속에서 하나님을 보고, 우리에게 있는 모든 것을 인하여 하나님을 찬송하는 법을 배워야 합니다. 지금 내가 전하는 말씀을 들으시는 분들 중에는 금전적인 손실로 인해서 큰 고통을 겪고 계시는 분들이 있을지도 모릅니다. 사랑하는 친구들이여, 하나님께서는 여러분의 "곤경"을 돌이키실 수 있으십니다. 욥이 자신의 모든 것을 잃었을 때, 하나님께서는 그에게 그 모든 것을 다시 회복시켜 주셨습니다. 여러분 중에는 "하지만 그것은 아주 특별하고 이례적인 경우가 아니겠습니까?"라고 말하는 분들이 있을 것입니다. 물론, 그렇습니다. 그러나 우리가 상대하는 하나님은 늘 아주 특별하고 이례적인 일들을 행하시는 하나님이시라는 것을 우리는 기억하여야 합니다. 여러분이 욥에게 벌어진 일을 잘 생각해 보시면, 욥이 자신의 모든 소유를 다시 갑절로 돌려 받은 것만큼이나 그가 자신의 모든 소유를 다 잃어버린 일도 아주 특별하고 이례적인 일이었다는 것을 알 수 있을 것입니다. 여러분이 처음에 욥의 농장을 이리저리 다니며, 무수한 낙타 떼와 가축들을 보았고, 그의 저택에 들어가서 그 웅장한 설비와 가재도구들을 보았으며, 길에서 지나가는 사람들마다 그를 지극히 공경 받아 마땅한 인물로 보고서 진심으로 절하는 모습을 보았고, 그의 자녀들의 집들로 가서 그들이 편안하고 안락하게 살아가는 모습을 보았더라면, 여러분은 "이 사람은 과연 우스 온 땅에서 가장 대단한 재력가들 중의 한 사람이구나"라고 말하였을 것입니다. 그 온 지역에서 욥만큼 대단한 재력을 지닌 사람은 거의 없었습니다. 만일 어떤 사람이 욥이 어느 날 갑자기 자신의 모든 재산과 자녀를 다 잃게 될 것이라고 예언하였더라면, 여러분은 당연히 이렇게 말하였을 것입니다: "그런 일은 불가능해! 나는 큰 부자들이 하루아침에 몰락했다는 이야기를 들어오긴 했지만, 그들의 재산은 모래 위에 지어진 것들이었어. 그들이 가진 재산이라는 것은 단지 어음과 증서들 같은 것들로 이루어진 서류상의 재산들이었지. 그러나 이 사람의 경우에는 그의 재산이 전부

다 황소들과 양들과 낙타들과 땅 같이 하루아침에 공중분해될 수 없는 것들로 되어 있지 않은가. 욥은 실물 재산을 소유한 대단한 재산가이기 때문에, 그가 가난하게 된다는 것을 나는 믿을 수가 없어." 방백들이 앉아서 재판하는 성문으로 욥이 행차하면, 그들은 자리에서 일어나, 욥에게 상석을 내주었다는 것을 기억하십시오. 욥은 헤아릴 수 없이 많은 가축 떼를 소유한 사람이었고, 그의 어마어마한 재산은 단지 서류상의 것이 아니라, 전부가 다 실물 자산들이었습니다. 하지만 기이하게도 그 모든 재산이 갑자기 날개라도 달고 있었던 것처럼 날아가 버리고 사라져 버렸습니다. 분명한 것은 하나님께서는 흩으실 수 있으신 분이기 때문에 모으시기도 하실 수 있으시다는 것입니다. 하나님께서 욥이 소유하고 있던 도무지 없어질 것 같지 않았던 재산을 흩으실 수 있으셨다면, 그 재산을 다시 회복시키시는 것도 손쉬운 일일 것입니다. 그러나 이것은 우리가 늘 보는 것이 아닙니다. 우리는 하나님의 파괴하시는 능력은 잘 보지만, 하나님의 건설하시는 능력은 별로 잘 보지 못합니다. 하지만 나의 형제들이여, 하나님이 가져가시는 것보다는 주시는 것이 하나님의 본성과 더 잘 어울리고, 하나님이 징계하시는 것보다 껴안아 주시는 것이 더 하나님답다는 것이 분명하지 않습니까? 하나님께서는 심판은 자신에게 낯선 일이라고 늘 말씀하지 않으십니까? 나는 욥에게서 모든 재산을 거두어 가시고, 그를 깊은 고통 속으로 몰아넣으신 것은 하나님께 낯선 일이었다는 것을 확신합니다. 그러나 하나님께서 자기 종 욥에게 이전의 것을 다 돌려 주실 뿐만 아니라 갑절로 돌려 주신 것은 진심으로 너무나 그렇게 하고 싶으셔서 하신 일이었습니다. 그것은 하나님이 정말 기쁜 마음으로 행하신 일이었습니다. 왜냐하면, 하나님께서는 자신의 사랑을 후히 나누어 주실 수 있으실 때에 가장 행복해하시기 때문입니다. 그런데 왜 여러분은 자신의 환경을 바로 그와 같은 시각에서 보지 못하는 것입니까? 하나님께서 여러분을 징계하시고 여러분에게서 무엇인가를 거두어 가시는 것처럼 보일지라도, 사실 하나님의 본심은 여러분을 복 주시고 여러분에게 모든 것을 회복시켜 주고자 하시는 것입니다. 그리고 하나님은 여러분의 모든 재물을 다 회복시켜 주실 뿐만 아니라, 여러분에게 그 이상을 해주실 수 있으십니다.

　사랑하는 자들이여, 이것은 누구나 다 아는 너무나 진부하고 상식적인 고찰인 것처럼 보이지만, 모든 사람이 다 아는 바로 그것들이 우리의 경우에 딱 들어맞는 것들이라면, 우리는 무엇보다도 바로 그런 것들에 귀 기울여야 합니다. 우리가 형통할 때에 신경 쓰지 않았던 저 익숙한 것들이 우리가 환난의 두려운 타격으로 엎드러졌을 때에 우리에게 가장 귀중하고 필요한 것들입니다. 그러므로 나는 하나님께서 우리에게서 거두어 가신다고 하여도 금방 회복시켜 놓으실 수 있으시다는 너무나 진부한 진리를 반복해서 말하지 않을 수 없습니다. 하나님은 찢으시기도 하시고 싸매기도 하시며, 상하게 하기도 하시고 온전하게 해주기도 하시며, 죽이기도 하시고 살리기도 하십니다. 하나님께서 여러분에게 오랫동안 환난을 주셨다면 이제 곧 여러분을 회복시키시리라는 것을 믿으십시오. 여러분이 그것을 믿을 수 있다면, 여러분은 머지않아 하나님이 자신의 종의 비천함을 돌아보셨다고 말할 수 있게 될 것입니다. 그동안 하나님께서는 가난한 자들을 거름더미에서 들어올리셔서, 자기 백성의 귀인들 중에 두시는 일을 해 오셨습니다. 왜냐하면, 하나님은 강한 자들을 그들의 자리에서 내치시고, 비천한 자들을 높이시는 분이시기 때문입니다. 나는 여러분 앞에 하나님의 이 단순한 진리를 제시합니다: 하나님은 자기 백성의 "곤경"을 돌이키실 수 있으십니다. 여러분은 이 진리를 서로 다른 수많은 일들에 적용할 수 있습니다. 여러분 중에서 주일학교 교사이신 분들은 자기 반이 "곤경"에 처해 있고, 뾰족한 해법이 보이지 않는다고 하더라도, 걱정하지 마십시오. 하나님께서 그것을 바꾸실 수 있으십니다. 사역자들이여, 여러분이 오랜 시간 밭을 갈고 씨를 뿌렸지만, 열매를 거둘 수 없었다고 하더라도, 걱정하지 마십시오. 하나님께서 여러분의 "곤경"을 돌이키실 수 있으십니다. 남편을 위해서 기도해 오신 아내들이여, 자녀들을 위해 기도해 왔지만 그 어떤 결실도 아직 보지 못한 아버지들이여, 걱정하지 마십시오. 하나님께서는 여러분의 그러한 "곤경"을 돌이키실 수 있으십니다. 하나님께서 돌이킬 수 없으신 그러한 무시무시한 "곤경"이라는 것은 우리에게 있을 수 없습니다. 하나님은 우리를 결박하고 있는 그 어떤 쇠사슬도 깨뜨리실 수 있으시고, 아무리 철벽 같은 감옥도 그 빗장을 풀어서 자신의 종들을 건져 내실 수 있으십니다.

2. 둘째로, 하나님께서 자기 백성의 곤경을 돌이키시기 위하여 개입하시는 어떤 시점이 있습니다.

욥의 경우에는 그에 대한 저 대단한 시험이 이제 끝났기 때문에, 하나님께서는 그의 곤경을 돌이키신 것임은 의심의 여지가 없습니다.

욥에 대한 사탄의 참소는 욥의 경건이 이기적인 동기에서 비롯되었다는 것,

즉 정직이 최선의 방책이었기 때문에 그가 정직한 것이었고, 경건이 그에게 유익이 되는 것이었기 때문에 그가 경건하게 행하고 있다는 것이었습니다. 그래서 옛적부터 우리 형제들을 참소하고 고소해 왔던 사탄은 욥이 하나님을 경외하는 것은 "주께서 그와 그의 집과 그의 모든 소유물을 울타리로 두르심 때문이 아니니까"(1:10)라고 이의를 제기하였습니다. 일반적으로 마귀는 두 가지 중 하나를 행합니다. 어떤 경우에는, 그는 의인들에게 그들이 아무리 거룩하게 살아보아야 거기에 대한 상은 없다고 말합니다. 그러면, 그들은 "내가 내 마음을 깨끗하게 하며 내 손을 씻어 무죄하다 한 것이 실로 헛되도다"(시 73:13)라고 말합니다. 어떤 경우에는, 그는 그들이 오로지 상을 바라는 이기적인 목적 때문에 하나님께 순종하는 것이라고 말합니다. 만일 마귀가 하나님이 자신의 종들에게 제대로 상을 주지 않으셨다고 고소하였다면, 그것은 참람한 말이 되었을 것입니다. 만일 사탄이 "욥은 온전하고 올바른 사람인데, 주께서는 울타리로 그를 둘러주지도 않으셨고, 그에게 어떤 상도 주지 않으셨습니다"라고 말할 수 있었다면, 그것은 참람한 말이 되었을 것입니다. 왜냐하면, 그런 말들은 하나님의 선하심과 공의를 공격하여, 하나님은 선하지도 않으시고 공의롭지도 않으시다고 고소하는 것이 되었을 것이기 때문입니다. 그러나 마귀는 그런 식으로 말할 수 없었기 때문에, 하나님을 다른 식으로 공격합니다: "주께서 그와 그의 모든 소유물을 울타리로 두르셔서 보호해 주고 계시기 때문에, 그가 이득을 보고 자기가 존귀하게 되기 위하여 주를 섬기는 것입니다. 그러므로 그가 자신의 신앙을 흠 없이 지키고자 하는 것은 다 이기적인 목적 때문임에 틀림없습니다." 하나님의 허락하심 아래에서 욥에 대한 시험이 결정되었습니다. 마귀는 "이제 주의 손을 펴서 그의 뼈와 살을 치소서 그리하시면 틀림없이 주를 향하여 욕하지 않겠나이까"(2:5)라고 장담하였지만, 욥은 그렇게 하지 않았습니다. 그는 극심한 고통 속에서도 "주신 이도 여호와시요 거두신 이도 여호와시오니 여호와의 이름이 찬송을 받으실지니이다"(1:21)라고 말하였습니다. 하나님께서는 종종 자기 종들을 이러한 시험 가운데 두십니다. 하나님이 이렇게 그들을 시험하시는 것은 사탄으로 하여금 자신의 은혜가 그들을 얼마나 진실하게 만들었는지를 직접 알게 하시고, 세상으로 하여금 그들이 얼마나 담대하게 자신의 신앙을 지켜나가는지를 보게 하시기 위한 것입니다. 훌륭한 건축가들은 자기가 건설한 다리가 얼마나 튼튼한지를 사람들에게 알리기 위해서 일부러 엄청난 무게의 기차가 그 다리를 지나가게 합니다. 1851년에 최초의 대박람회장이 지어졌을 때, 그 건물들을 건축한 사람들은 그 건물들이 아무리 많은 수의 관람객들이 와도 충분히 감당할 수 있을 만큼 튼튼하게 지어졌다는 것을 증명하기 위해서, 수많은 군인들로 하여금 완전군장을 하고서 그 건물 위를 천천히 행군하게 하였다는 것을 여러분은 기억하실 것입니다. 잘 훈련된 군인들로 하여금 완전군장을 하고서 그 건물 위를 천천히 행군하게 하는 것은 그 건물이 과연 튼튼한지를 알아볼 수 있는 최적의 방법이었기 때문입니다. 마찬가지로, 우리의 지혜로우시고 현명하신 아버지 하나님께서는 환난이라는 군인들을 자기 백성이 의지하던 것들 위로 행군하게 하셔서, 모든 사람들로 하여금 하나님의 은혜가 그러한 모든 압박과 무게를 다 지탱할 수 있다는 것을 볼 수 있게 하십니다. 나는 여러분이 상당한 무게를 견디내야 하는 어떤 도구를 만들어 낸다면, 분명히 그런 식으로 시험을 해서, 그 시험을 통과했다는 소문이 널리 퍼져 나가기를 바랄 것이라고 확신합니다. 총을 만드는 장인은 어떤 총에 통상적으로 사용하는 화약의 양보다 더 많은 화약을 장전하고서 총을 시험 발사해서 최대의 압력도 총열이 견디낼 수 있는 것을 확인해 보는 것을 반대하지 않습니다. 왜냐하면, 그는 그 총이 그러한 시험을 통과할 줄을 알기 때문입니다. "이 총을 가지고 당신이 하고 싶은 대로 극한의 시험을 해보십시오. 그래야 이 총이 좋은 총이라는 것을 아실 테니까요." 정말 좋은 총을 만드는 장인은 그런 식으로 말하곤 하는데, 하나님께서는 자기 백성에 대하여 그런 식으로 말씀하시는 것으로 보입니다: "그들 속에서의 내 은혜의 역사는 강력하고 철저하다. 사탄아, 어디 한 번 시험해 보아라! 세상아, 어디 한 번 시험해 보아라! 사랑하는 사람들과 사별하게 만들고, 전 재산을 잃게 만들며, 온갖 모욕과 수치를 다 당하게 해서, 시험해 보아라. 그들 속에서의 내 은혜의 역사는 그 모든 시험들을 다 견뎌 내리라." 그리고 실제로 시험을 해보면, 그 은혜의 역사는 모든 것을 다 감당해 냅니다. 그랬을 때, 하나님께서는 자기 백성의 "곤경"을 돌이키십니다. 물론, 모든 시험이 다 끝났기 때문입니다.

욥의 성품 속에는 환난을 통해서 정화시켜야 할 어떤 결함이 있었을 가능성이 대단히 높습니다. 그에게 어떤 잘못한 것이 있었다면, 그것은 아마도 자기 자신을 어느 정도 높은 자로 여기고서, 다른 사람들에 대하여 엄한 태도를 취한 것이었을 것입니다. 아마도 그에게는 웃어른이라는 의식이 들어가 있었을 것입니다. 그래서 세 친구들이 위로한답시고 와서 그를 괴롭히기 시작하자, 그에게서는 상당한 정도의 시큼한 것이 나왔습니다. 물론, 그 양은 여러분이나 내가 그런 처지였다면, 우리에게서 나오게 될 양의 백분의 일도 되지 않았을 것이지만 말입니다. 그렇지만 만일 욥의 내면에 그러한 시큼한 것이 없었더라면, 그것은 결코 나오지 않았을 것입니다. 그것은 그의 내면에 있었던 것임에 틀림없습니다. 그렇지 않았다면, 온 세상이 들고 일어나서 그를 공격하고 도발한다고 할지라도, 그에게서는 그런 것이 결코 나올 수 없었을 것입니다. 하나님께서는 그에게 허락하신 시험과 환난들을 통해서 그로 하여금 자기 자신을 다른 관점에서 볼 수 있게 하셔서, 환난 가운데서가 아니면 결코 보지 못했을 자신의 성품에 있어서의 결함들을 찾아낼 수 있게 하고자 하셨습니다. 이렇게 해서, 욥은 환난이라는 빛과 하나님의 영광스러운 임재라는 한층 더 강력한 빛을 통해서 자신의 벌거벗은 모습을 볼 수 있었기 때문에, 티끌과 재 가운데에서 자기 자신을 혐오할 수 있게 되었습니다. 욥은 그때까지만 해도 온전히 낮아져 있지 않았을 가능성이 크지만, 이때에 비로소 철저히 낮아질 수 있었습니다. 그리고 어떤 이기심이 욥 안에 남아 있었다고 할지라도, 그가 자신의 잔인한 친구들을 위해서 기도하기 시작하였을 때, 그 이기심은 모두 제거되었습니다. 그런 친구들을 위해서 기도하기 위해서는 상당한 정도의 은혜가 필요할 것입니다. 진정한 친구들을 위해서 기도하는 것은 우리에게 자연스러운 일이지만, 욥이 자기를 향해 가증스러운 말들을 쏟아내며 신랄하게 공격하였던 저 빌닷을 비롯한 세 친구를 위해서 기도하였다는 것은 하나님의 차고 넘치는 풍성하신 은혜가 욥의 심령 속으로 깊이 들어가서 그의 성품 속에 상당한 정도의 향기와 빛이 존재하게 되었다는 것을 보여주는 것이었습니다. 그렇지 않았다면, 그가 땅에 넘어진 자기를 가차없이 짓밟은 세 친구를 위하여 중보기도하는 것은 거의 불가능한 일이었을 것입니다. 보십시오. 이제 욥은 자신의 결함을 찾아내서 제거하였습니다. 이 위대한 노인은 자기를 가리켜 위선자라고 했던 사람들, 자신의 영혼을 후벼 팠던 사람들을 위하여 기도하기 위해서 무릎을 꿇습니다. 그는, 자기를 불쌍히 여겼어야 마땅했는데도, 도리어 자기에게 아무런 자비도 베풀지 않고, 도리어 자기를 향하여 온갖 비수 같은 말들을 무자비하게 쏟아내며, 자신의 가장 아픈 곳들을 사정없이 찔러댔던 사람들에게 자비를 베풀어 주시라고 하나님께 기도합니다. 그들은 그의 비참한 모습을 자신의 눈으로 본 것만으로도 마땅히 그런 말들을 하지 않았어야 했지만, 도리어 그의 그런 모습을 보았을 때, 그에게는 동정의 여지조차도 없다고 여겨서, 더욱더 이루 말할 수 없이 잔인한 말들을 퍼부었습니다. 그러나 지금 욥은 자신의 그런 친구들을 위하여 기도합니다. 우리는 여기서 욥의 환난이 이미 그 정점을 지났다는 것을 알게 됩니다. 그 환난은 욥에게 복이 되었다는 것이 분명하였고, 사탄이 거짓말쟁이라는 것도 분명하게 증명해 주었습니다. 그래서 이제 불 같은 시험은 끝났고, 족장 욥은 순금이 되어서 이전보다 더 밝은 빛을 발하며 그 풀무불로부터 나옵니다.

사랑하는 친구들이여, 여러분이 처한 곤경은 욥의 곤경과는 다른 성격을 지닐 수 있기 때문에, 하나님께서 여러분의 "곤경"을 돌이키실 시점은 욥의 경우와는 다를 수 있습니다. 나는 하나님께서 여러분의 환난을 언제 돌이키실지를 간단하게 보여 드리고자 합니다.

때로, 하나님께서는 환난을 통해서 여러분의 특별한 죄를 여러분에게 드러내 주셨을 때에는 여러분의 곤경을 돌이키십니다. 지금까지 여러분은 자신의 수많은 잘못들을 깨닫고서 고쳐 왔지만, 여러분의 가장 큰 죄가 집중되어 있는 곳은 아직 건드리지 않았습니다. 하나님께서는 이제 여러분을 도우셔서 그 죄를 알게 해주시고자 합니다. 여러분은 풀무불 속에 있을 때에 여러분 자신을 살피면서, "주께서 왜 나와 다투시는지를 내게 보여 주소서"라고 부르짖게 됩니다. 여러분은 자신이 잘못하고 있는 서너 가지를 발견해 내어서, 여러분 자신을 하나님께 맡기는 가운데, "선하신 주여, 내게 은혜를 주셔서 이 악한 것들을 제거해 주소서"라고 기도하게 됩니다. 그러나 여러분은 아직 하나님이 의도하신 지점까지는 도달하지 못하였고, 오직 더 큰 환난만이 여러분을 그 지점까지 데려다 줄 것입니다. 여러분이 생각한 이런저런 잘못이 아니라, 여러분이 생각하지 못했던 또다른 악으로 인하여, 하나님의 진노가 여러분의 집에 임한 것이기 때문에, 여러분은 다시 한 번 여러분 자신을 살펴보지 않으면 안 됩니다. 왜냐하면, 우상은 여러분이 사랑하는 라헬이 앉아 있는 안장 아래 있을 수 있기 때문입니다. 여러분의 심령 속에 있는 악도 여러분이 시험으로부터 가장 안전하다고 생각하는 바로 그 지점에 있을 수 있습니다. 그러므로 사랑하는 형제들이여, 자기 자신을 살피고 또 살피십시오. 왜냐하면, 여러분이 마침내 자신의 죄를 발견해 내어서, 여러분 속에 있던 아간을 돌로 쳐서 죽였을 때, 아골 골짜기는 소망의 문이 될 것이고, 여러분이 거기로 올라갈 때에 하나님께서도 여러분과 함께 올라가셔서, 승리가 여러분의 것이 될 것이기 때문입니다.

또한, 여러분의 심령이 부서져 상하게 되었을 때가 여러분의 전환점이 될 수도 있습니다. 우리는 본성적으로 길들여질 필요가 있다는 점에서 상당 부분 말들과 같습니다. 성경에 나오는 비유를 들자면, 우리는 "멍에에 익숙하지 못한 송아지" (렘 31:18)와 같습니다. 말들은 모종의 훈련 과정들을 거쳐야만, 마침내 "완전히 길들여졌다"는 평가를 받을 수 있습니다. 우리에게도 비슷한 훈련 과정이 필요합니다. 아마도 여러분과 나는 아직 완전히 길들여져 있는 상태가 아닐 것입니다. 우리는 어떤 일들에 있어서는 주인이 고삐를 잡아당기는 대로 순순히 순종해서 아주 즐겁게 달려가지만, 우리가 생각했던 것과 다른 일을 하도록 요구받거나 고난을 겪어야 할 경우에는 달리려고 하지 않기 때문에, 주인은 우리에게 박차를 가하고, 우리의 입에 더 단단하게 재갈을 물릴 필요가 있습니다. 그런 경우에 우리는 우리의 심령이 온전히 부서져서 상한 심령이 되지 않았다는 것을 발견하게 됩니다. 우리의 심령이 부서져서 가루가 되어 하나님의 뜻에 전적으로 순복할 수 있게 되기 위해서는 오랜 동안의 고통스럽고 아픈 시간이 필요합니다. 어떤 일에 있어서는 우리의 심령 속에 여전히 우리 자신의 뜻을 고집하며 하나님의 말씀을 듣지 않고자 하는 것이 있습니다. "미련한 자를 곡물과 함께 절구에 넣고 공이로 찧을지라도 그의 미련은 벗겨지지 아니하느니라"(잠 27:22)는 말씀은 많은 사람들에게 해당됩니다. 매일같이 우리 자신을 곡물과 함께 절구에 넣고서 공이로 계속해서 찧어도, 우리는 여전히 미련합니다. 우리의 영혼이 "내 원대로 마시옵고 아버지의 원대로 되기를 원하나이다"(눅 22:42)라고 흔쾌히 말하게 될 때, 우리의 "곤경"은 거의 끝난 것입니다. 우리가 "그 일은 그렇게 되어서는 안 되고, 내가 그렇게 되도록 놔두지 않을 것입니다"라고 소리치며, 하나님의 뜻을 거슬러 싸우며 반역한다면, 우리는 그것이 가시채를 계속해서 발로 차는 것이고, 그렇게 발길질을 할 때마다 우리의 발이 상하고 있다는 것을 알아야 합니다. 그러나 우리가 그러한 싸움과 반역을 다 그만두고서, "주여, 그 일을 전적으로 주께 맡기오니, 주의 뜻이 이루어지리이다"라고 말할 때, 환난은 그치게 될 것입니다. 왜냐하면, 환난이 있을 필요성이 이미 없어졌기 때문입니다. 어떤 사람들에게는 이것이 환난의 절정이자 전환점이 됩니다. 그들이 주 예수처럼 "그러나 내 원대로 마시옵고 아버지의 원대로 되기를 원하나이다"라고 부르짖을 때, 겟세마네에서의 그들의 고난은 끝이 납니다.

또한, 하나님께서 여러분에게 복음 진리와 관련된 어떤 교훈을 가르치시고자 환난을 보내신 경우에는, 여러분이 그 교훈을 배웠을 때, 환난은 끝이 날 수 있습니다. 나는 복음의 많은 진리들은 열기를 받아야만 나타나는 잉크로 씌어진 편지들과 같다는 말을 종종 해 왔다고 생각합니다. 여러분이 그런 잉크로 씌어진 편지를 한 통 받았다면, 여러분은 그 편지를 아무리 뚫어져라 하고 바라보아도 거기에서 아무런 글자도 볼 수 없습니다. 여러분이 그 편지에 씌어진 내용을 읽기 위해서 해야 할 일은 그 편지를 불 가까이로 가져가는 것입니다. 그 편지가 불 옆에서 열을 받아 따뜻해질 때, 거기에 씌어진 글자들이 분명하게 나타나서, 여러분은 그 편지를 읽을 수 있게 됩니다. 우리를 향하신 하나님의 약속들은 우리가 역경과 환난의 혹독한 불들을 거쳐야만 여러분 앞에 현실로 드러나게 되기 때문에, 그때에서야 우리는 성령의 위로하심이라는 저 보배로운 비밀을 읽을 수 있게 됩니다. 여러분은 낮 시간에는 지표면에서 별들을 볼 수 없습니다. 그러나 여러분이 우물로 내려간다면, 거기에서는 낮에도 별들을 볼 수 있습니다. 마찬가지로, 여러분이 환난의 깊은 우물로 내려갈 때, 하나님의 약속 속에서 다른 사람들이 볼 수 없는 아름답고 영롱한 광채를 볼 수 있게 되는 경우가 많습니다. 하나님께서는 여러분이 지금까지 다른 곳들에서는 결코 볼 수 없었던 그의 은혜의 영광을 볼 수 있는 자리로 여러분을 데려다 놓으신 후에야, "내가 내 자녀에게 교훈을 가르치고자 하는 목적을 다 이루었으니, 이제 그를 놓아주리라"고 말씀하실 것입니다.

또한, 나는 어떤 사람들의 경우에는 하나님이 그들로 하여금 다른 사람과 공감하고 함께 아파하는 심령이 되게 하시기 위하여 환난을 주신다고 생각합니다. 만약 내가 한 번도 병을 앓아본 적이 없는 가운데 이 세상에서 40년을 살아 왔다면, 나는 나의 그런 삶을 별로 좋아할 것 같지 않습니다. 여러분은 "그런 삶은 너무나 바람직한 삶이어서 모든 사람이 간절히 원할 것 같은데요"라고 말할 것입니다. 나는 그런 삶이 여러분에게 아주 바람직하고 좋아 보일 것임을 인정합니다. 나는 전에 평생 동안 통증이나 고통을 느껴 본 적도 없고 하루 동안 병에 걸려 몸져 누운 적도 없이 살아온 한 사람을 만난 적이 있습니다. 그때에는 내가 그 사람을 부러워하였지만, 지금은 그렇지 않습니다. 왜냐하면, 나는 별 탈 없이 살아온 그는 인생의 패배자라는 것을 확신하기 때문입니다. 단 한 번도 환난을 겪지 않은 사람이 어떻게 다른 사람들이 겪는 환난에 공감하여 함께 아파할 수 있겠습니까? 한 번도 병에 걸려 고생해 본 적이 없는 사람이 어떻게 병으로 고생하는 다른 사람들을 보고서 마음이 아플 수 있겠습니까? 어떤 사람이 다른 사람들을 위로할 수 있는 사람이 되려면, 그는 다른 사람들의 슬픔과 괴로움과 병의 고통을 어느 정도 알고 있어야 합니다. 이것은 우리 주님이라고 예외일 수 없었습니다. 주님도 다른 사람들의 고통을 함께 아파하시기 위해서는 스스로 고통을 겪으셔야 했는데, 주님과 마찬가지로 다른 사람들을 섬기고 돌보는 목자들인 사람들에게도 그것이 필수적이라는 것은 두말할 필요조차 없습니다. 우리 중에는 선천적으로 공감 능력이 떨어지는 사람들이 있을 수 있는데, 나는 욥이 그런 사람이었다고 생각합니다. 욥은 가난한 자들에게는 인자하고 너그러웠음에도 불구하고, 다소 엄한 사람이었을 가능성이 있습니다. 그러나 하나님께서 보내신 환난들은 그에게 공감하는 법을 가르쳐 주었습니다. 아마도 하나님께서는 여러분의 마음이 더 부드러워져서, 나중에 여러분이 지치고 힘든 사람들에게 꼭 필요한 위로의 말을 해줄 수 있는 사람이 되게 하시기 위하여, 여러분에게 환난을 보내신 것인지도 모릅니다. 결국 여러분은 병자의 침상 옆에 앉아서, "나는 심하게 앓아본 적이 있기 때문에, 병자의 심정을 하나부터 열까지 낱낱이 다 압니다"라고 말할 수 있게 될 것입니다. 하나님께서는 여러분에게 그런 공감 능력을 이루어 내셨을 때, 여러분의 "곤경"을 돌이키실 것입니다.

　　욥의 경우에는, 그가 자기 친구들을 위하여 기도하였을 때, 하나님께서 그의 "곤경"을 돌이키셨습니다. 우리 자신을 위하여 기도하는 것도 복된 일이지만, 하나님의 자녀들에게 있어서는 다른 사람들을 위하여 중보기도하는 것이 더 고귀한 일입니다. 우리 자신을 위한 기도는 좋은 일이기는 하지만, 거기에는 일말의 이기심이 내포되어 있습니다. 하지만 다른 사람들을 위하여 기도하게 되면, 그러한 이기심에서 벗어나게 됩니다. 어떤 사람이 다른 사람들을 위하여 기도할 때, 성령 하나님께서는 그 사람의 마음속에 사랑이 자라나게 하십니다. 여러분을 멸시하고 학대해 온 사람들을 위하여 여러분이 기도한다면, 그것은 그리스도께서 드리신 기도와 너무나 닮은 기도가 될 것이고, 여러분은 여러분의 주님을 닮아가게 될 것입니다. 여러분 자신을 위하여 기도할 때, 그것은 여러분이 예수로부터 오는 은혜를 받기 위한 것입니다. 그러나 여러분의 원수들을 위하여 기도할 때, 여러분은 여러분을 위하여 죽으신 예수와 같이 행하는 것입니다. "아버지 저들을 사하여 주옵소서 자기들이 하는 것을 알지 못함이니이다"(눅 23:34)라는 기도는 스랍들의 찬송보다도 더 많은 천국을 포함하고 있습니다. 여러분이 여러분

을 학대하고 괴롭혀 온 사람들을 위하여 기도를 드릴 때, 그 기도는 여러분의 주
님이 죽으시면서 드리신 것을 많이 닮은 기도가 됩니다. 하나님께서는 욥을 그
의 친구들의 죄가 사함 받을 수 있는 통로가 되게 하셨을 때, 욥에게 고상한 복수
를 하도록 허락하신 것이었습니다. 그리고 나는 그것은 욥이 원했던 유일한 복
수였다고 믿습니다. 하나님은 그들이 자신의 종 욥에게 너무나 잘못된 말들을
쏟아 부었기 때문에, 그들의 기도를 듣고자 하지 않으신다고 말씀하셨습니다.
그래서 이제 욥이 그들을 위하여 중보기도하는 자로 나설 수밖에 없게 되었습니
다. 이렇게 족장 욥에게 쏟아진 경멸은 그를 존귀하게 하는 것이 되어 돌아왔습
니다. 하나님께서 여러분의 원수들의 영혼을 오직 여러분의 기도로 말미암아 구
원하기를 원하신다면, 여러분의 중보기도는 그들의 무자비한 말들에 대하여 되
갚아 줄 기가 막히게 멋진 방법이 될 것입니다. 어떤 사람들이 여러분에게 무자
비하고 악한 말들을 수도 없이 쏟아 부어 왔고, 여러분이 그런 말들로 여러분을
괴롭혀 왔던 그들을 위하여 기도함으로써, 하나님께서 여러분의 기도를 들으시
고 그들을 예수께로 인도하신다면, 그것은 천사들도 부러워할 놀라운 승리가 될
것입니다. 나의 형제들이여, 사랑의 병기 외에는 그 어떤 보복의 병기도 절대로
사용하지 마십시오. 여러분의 철천지원수에게 욕과 저주를 하거나 그들이 해악
을 입게 되기를 바라는 등 어떤 식으로든 여러분이 스스로 복수하려고 하지 마
십시오. 도리어, 그가 여러분에게 욕하고 저주한다면, 그를 축복하는 것으로 그
를 이기십시오. 여러분의 원수가 잘되기를 바라서 간절히 기도함으로써 그 원수
의 머리에 뜨거운 숯들을 쌓으십시오. 하나님께서 여러분을 사용하셔서 그 사람
을 구원으로 이끄실 때, 하나님은 찬송을 받게 되실 것이고, 여러분은 사람의 아
들들 가운데서 행복을 맛보게 될 것입니다.

여러분 중에는 지금 여러분의 원수들을 위하여 진심으로 기도할 수 없기 때
문에 환난을 겪고 있는 분들도 있을 수 있습니다. 그리스도인들이 적개심을 품
는 것은 중대한 잘못입니다. 어떤 사람이 "나는 아무개를 위해서 진심으로 기도
할 수 없습니다"라고 고백할 수밖에 없다면, 그것은 언제나 그가 적개심을 품고
있음을 보여주는 서글픈 증표입니다. 그 사람이 어떤 사람일지라도, 나는 그 어
떤 사람과 적대하는 가운데 단 한 시간도 살고 싶지 않습니다. 그리고 나는 그리
스도인이라면 누구든지 그럴 것이라고 생각합니다. 여러분의 원수의 행실이 아
무리 사기성이 농후하고 추악하며 불의하고 역겨운 것이라고 할지라도, 여러분

은 하나님의 은혜로 말미암아 여러분의 마음속에서 그 모든 것들을 진심으로 용서하였음을 느껴야 하고, 가능한 한 그것들을 다 잊어버려야 하며, 혹시라도 기억이 난다면, 그런 것들을 기억하는 여러분 자신을 탓할 수 있어야 합니다. 그러나 그런 잘못들을 범한 사람에 대한 적개심이나 미움이 여러분의 마음속에 있어서는 안 됩니다. 우리가 그러한 심령 상태에 도달했을 때, 십중팔구 하나님께서는 우리를 보시고 웃으시며 우리의 "곤경"을 돌이키실 것입니다.

3. 셋째로, 신자들은 자신들의 하나님으로 인하여 손해 보거나 실패하는 자가 되지 않을 것입니다.

하나님께서는 욥을 시험하시기 위하여 그에게서 그가 가진 모든 것을 빼앗으셨지만, 결국에는 모든 것, 심지어는 자녀들까지도 이전의 갑절로 되돌려 주셨습니다. 일전에 나는 욥의 자녀들에 대한 아주 기분 좋은 말을 들었습니다. 왜냐하면, 어떤 분이 이렇게 말했기 때문입니다: "욥의 첫 번째 가족은 멸망당하여 없어져 버린 것이 아니라, 욥보다 먼저 천국에 간 것이고, 여전히 그의 가족으로 남아 있는 것이기 때문에, 진정으로 하나님께서는 욥에게 자녀들을 이전의 갑절로 주신 것입니다." 하나님께서는 자기 백성이 천국으로 간 자녀들을 여전히 자신의 가족으로 여기기를 원하십니다. 그래서 워즈워스(Wordsworth)의 작은 시에 나오는 한 자녀는 "주여, 내 형제는 일곱입니다"라고 말할 수 있었고, 욥도 자신의 다른 모든 소유들에 대해서와 마찬가지로 자신의 아들과 딸들에 대해서도, 자기가 이전보다 갑절로 받았다고 말할 수 있었습니다. 그의 첫 번째 가족이 다 죽은 것은 사실이지만, 그는 그들이 잔치를 하는 날들에는 언제나 그들을 위하여 기도하였었고, 그들을 한데 모아서 하나님께 희생제사를 드렸었기 때문에, 그들에 대하여 선한 소망을 지닐 수 있었고, 여전히 그들을 자신의 가족으로 여겼습니다. 환난 가운데 있는 형제들이여, 하나님께서는 기뻐하시기만 한다면 땅에 속한 것들도 여러분에게 갑절로 회복시켜 주실 수 있으십니다. 하나님은 거두어 가실 수 있으신 분일 뿐만 아니라, 다시 되돌려 주실 수도 있으신 분입니다. 그것도 아주 속히 말입니다. 하나님은 영적인 것들에 대해서 분명히 그렇게 하실 수 있으십니다. 하나님이 땅에 속한 것들을 거두어 가시고서, 신령한 것들을 주신다면, 우리는 이루 말할 수 없을 정도로 큰 이득을 보는 자들이 됩니다. 어떤 사람이 나의 은을 가져가 버리고서는, 그 무게만큼의 금으로 내게 되돌려 준다면, 나는 마땅히 감사해야 하지 않겠습니까? 따라서 하나님께서 우리에게서 땅에 속한 것들을 거두어 가시고서 신령한 것들로 되돌려 주신다면, 가져가신 것보다 백 배는 더 우리에게 주시는 것입니다.

사랑하는 형제들이여, 여러분이 하나님을 위하여 잃거나 손해 본 것이 있는 것처럼 보일지라도, 사실 여러분은 그 어떤 것도 잃거나 손해 본 것이 결코 아닙니다. 여러분이 그리스도를 위하여 박해를 받는다면, 이 땅에 사는 동안에 하나님으로부터 상을 받게 될 것입니다. 그러나 그렇지 않는다고 할지라도, 기뻐하고 즐거워하십시오. 왜냐하면, 천국에서 여러분의 상이 클 것이기 때문입니다. 하나님께서 여러분에게 환난을 주실 때, 여러분이 잃거나 손해날 것은 아무것도 없습니다. 여러분은 잠시 겉보기에 손해 보거나 실패한 자로 보일 수 있겠지만, 결국에는 절대로 진정으로 손해 보는 자가 되지 않을 것입니다. 장차 여러분이 천국에 도착했을 때에는, 여러분은 자신이 이 땅에서 감당했던 온갖 손실들로 인해서, 거기에서 이루 말할 수 없을 정도의 이득을 보게 되었다는 것을 알게 될 것입니다. 여러분이 하나님께 어떤 것을 드렸다고 해서 손해를 보게 된다면, 그것이 말이 되겠습니까? 절대로 그런 일은 없습니다. 하나님께서는 아무에게도 빚을 지고 그냥 계시는 분이 아니시라는 것을 믿으십시오. 지존자에 대하여 채권자가 될 자는 이 땅에서나 천국에서나 아무도 없습니다. 사람이 행할 수 있는 최고의 투자는 올바른 동기에서 하나님께 드리는 투자입니다. 하나님의 일을 위해 드리는 것은 그 어떤 것도 손해 보는 것이 아니고 없어지는 것도 아닙니다. 한 여자가 하나님을 위하여 향유를 담은 자신의 옥합을 깨뜨린 것은 결코 쓸데없는 낭비가 아니었습니다. 자기가 가진 모든 것을 하나님께 드린 사람은 자신의 소유를 지혜롭게 사용한 것입니다. "가난한 자들에게 주는 자는 주께 꾸어 드리는 것이다"(잠 19:17). 하나님의 교회와 하나님 자신께 드리는 자는 하늘에 자신의 보화를 쌓아두는 것이고, 그 보화는 영원히 그의 것이 될 것입니다.

사랑하는 여러분, 우리는 선하신 주인을 섬기고 있기 때문에, 그가 우리에게 잠시 환난을 주시기로 결정하셨다면, 우리는 그 환난을 기쁜 마음으로 감당하고자 하여야 합니다. 왜냐하면, 하나님은 머지않아 우리의 "곤경"을 돌이키실 것이기 때문입니다.

끝으로, 나는 이 주제가 여러분 모두에게 해당되는 것이기를 바라지만, 실제로는 그렇지 않습니다. 그런 분들 중에는 자기가 "곤경"에 처해 있다고 느낀

적이 한 번도 없었던 분들도 계시지만, 언젠가는 그들에게도 무시무시한 "곤경"
이 찾아올 것인데, 그렇게 해서 그들이 일단 곤경 속으로 빠져 들어가게 되면, 하
나님께서 그들의 곤경을 돌이키실 소망은 전혀 없습니다. 왜냐하면, 그들에게는
하나님과 그리스도가 없기 때문입니다. 그들은 이스라엘 나라 밖에 있는 외인들
로서 이 날까지 결박된 삶을 살고 있고, 머지않아 결코 끝나지 않을 결박이 그들
에게 닥쳐올 것입니다. 여러분이 그런 분들이라면, 여러분은 자신의 친구들을
위하여 기도할 수 없습니다. 여러분은 여러분 자신을 위해서도 기도한 적이 없
습니다. 여러분이 먼저 하나님의 아들의 죽으심을 힘입어서 하나님과 화목하게
되지 않는다면, 다른 사람들을 위하여 기도한다고 할지라도, 하나님께서는 여러
분의 기도를 들으려 하지 않으실 것입니다. 여러분이 이러한 것들을 염두에 두
고서, 여러분의 구원을 위하여 오직 예수 그리스도를 바라볼 수 있게 되기를 빕
니다. 여러분이 그렇게만 하신다면, 주께서는 여러분을 영접해 주실 것입니다.
왜냐하면, 주께서는 자기에게 오는 자들을 그 누구도 내치지 않으시겠다고 약속
하셨기 때문입니다. 그런 후에, 여러분이 알아야 할 것은 하나님과 여러분의 영
혼 간에 모든 것이 올바르게 되어 있다면, 여러분은 장래에 여러분에게 무슨 일
이 일어날지를 염려하고 두려워할 필요가 없다는 것입니다. 여러분이 병에 걸리
든 건강하든, 가난하든 부유하든, 그 어떤 일이 여러분에게 일어날지라도, 그 모
든 것들은 여러분에게 유익을 가져다줄 것입니다. 여러분은 여러분 자신을 하나
님의 손에 맡겼기 때문에, 하나님께서 그 손들을 여러분에게서 치우시는 것 같
이 보이는 때에도, 여러분은 여전히 하나님의 손 안에 있습니다. 그러므로 여러
분은 언제나 안전하고 언제나 복을 받을 수밖에 없습니다. 여러분이 하나님에
대하여 진실하고, 하나님이 여러분을 기뻐하시기만 한다면, 여러분은 늘 의식적
으로 행복하지는 않다고 할지라도, 여러분에게는 늘 행복할 권리가 주어져 있습
니다. 하나님께서 예수 그리스도를 인하여 여러분에게 복 주시고, 여러분 모두
에게 구원을 허락하시기를 빕니다. 아멘.

스펄전설교전집
욥기

초판 인쇄 2014년 8월 15일
초판 발행 2014년 8월 25일

발행처 **크리스찬다이제스트**
발행인 박명곤
주소 경기도 고양시 일산동구 일산로 413번길 46
전화 031-911-9864, 070-7538-9864
팩스 031-911-9824
등록 제 396-1999-000038호
판권 ⓒ 크리스찬다이제스트 2014
총판 (주) 기독교출판유통
　　　전화 031-906-9191~4
　　　팩스 0505-365-9191